中国农垦农场志丛

北京农垦志

（1949—2017）

中国农垦农场志丛编纂委员会 / 组编

北京农垦志编纂委员会 / 编著

中国农业出版社

北　京

图书在版编目（CIP）数据

北京农垦志：1949—2017 / 中国农垦农场志丛编纂
委员会组编；北京农垦志编纂委员会编著. —北京：
中国农业出版社，2022.11
（中国农垦农场志丛）
ISBN 978-7-109-29806-4

Ⅰ. ①北… Ⅱ. ①中… ②北… Ⅲ. ①农垦－农业史
－北京－1949—2017 Ⅳ. ①F324.1②F329.1

中国版本图书馆CIP数据核字（2022）第141202号

出版策划：刘爱芳
丛书统筹：王庆宁
审 稿 组：干锦春　薛　波
编 辑 组：闫保荣　王庆宁　黄　曦　李　梅　吕　睿　刘昊阳　赵世元
设 计 组：姜　欣　杨　婧　关晓迪
工 艺 组：王　凯　王　宏　吴丽婷
发行宣传：毛志强　郑　静　曹建丽
技术支持：王芳芳　赵晓红　潘　樾　张　瑶

北京农垦志
Beijing Nongkenzhi

中国农业出版社出版
地址：北京市朝阳区麦子店街18号楼
邮编：100125
责任编辑：刘昊阳
责任校对：刘丽香　沙凯霖　　责任印制：王　宏
印刷：北京通州皇家印刷厂
版次：2022年11月第1版
印次：2022年11月北京第1次印刷
发行：新华书店北京发行所
开本：889mm×1194mm　1/16
印张：49.25　插页：8
字数：1600千字
定价：318.00元

ISBN 978-7-109-29806-4

1949年12月，农业部在双桥农场成立拖拉机手训练班，至1950年3月，共办三期，培养的2 000多名学员成为新中国第一批拖拉机手。图为京郊拖拉机站的女拖拉机手合影

1954年10月，五里店农场、和义农场、南苑畜牧场合并，成立国营北京市南郊农场。图为合并后的南郊农场场部所在地

1958年3月18日，南口农场在砂石滩上种下第一棵苹果树

1959年12月，国营农大农场移交北京市农垦局管理。图为农场场部所在地

1959年，南郊农场奶牛场工人每天要进行手工挤牛奶操作，以保证北京市的牛奶供应

1973年，双桥农场运用机械化手段开展农田基本建设

1980年10月，在全国农展馆举办了北京市第一届奶牛比赛会，京郊各农场都选出了最优秀的奶牛参赛。在这次比赛中，北郊农场参赛奶牛获"最佳"称号

1982年，北京市牛奶公司从丹麦DTD公司引进一套日产15吨酸奶的先进设备，酸奶生产实现自动化、机械化、封闭化，酸奶生产技术达到国内先进水平

1983年3月20日，中共北京市委、市政府决定，原北京市国营农场管理局（北京市长城农工商联合企业）改为北京市农工商联合总公司

1992年4月23日，北京首家麦当劳餐厅在北京王府井大街南口开业，为当时世界最大面积的麦当劳餐厅。该餐厅由北京市农工商联合总公司与美国麦当劳公司各持50%的北京麦当劳食品有限公司开办，开业当天的单日交易人次达到2.3万次，创下全球纪录

2002年10月16日，在人民大会堂举行了北京三元集团有限责任公司挂牌仪式

2003年9月15日，北京三元食品股份有限公司首次公开发行股票并在上海证券交易所上市交易

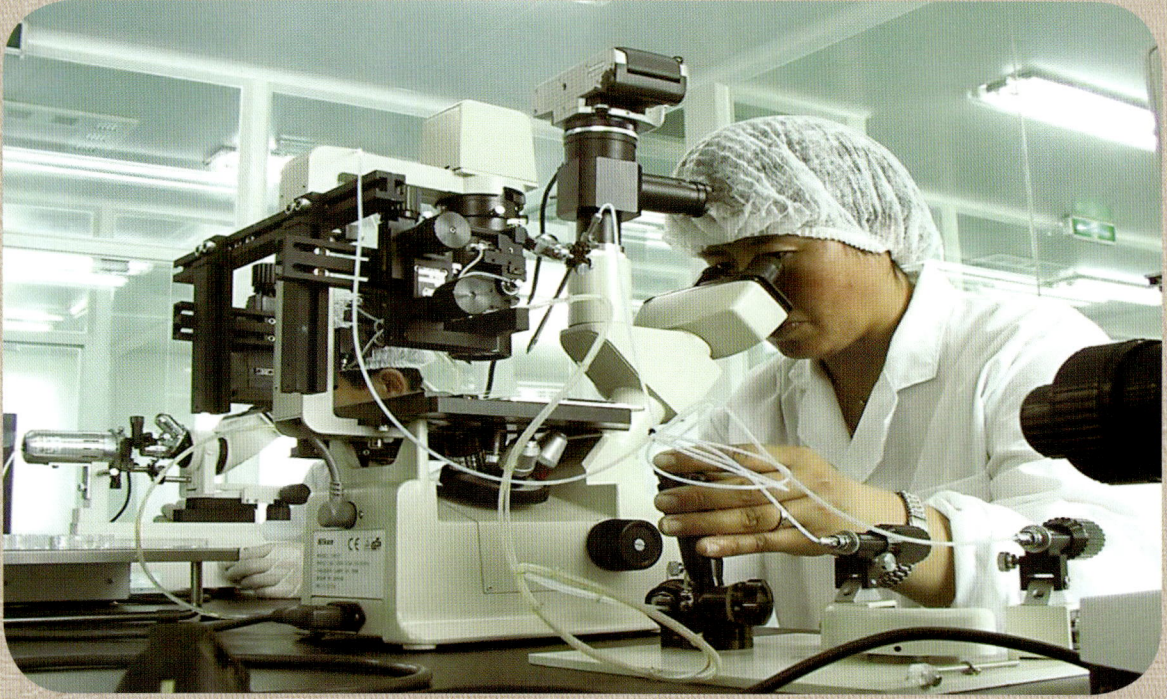

2009年2月，北京奶牛中心组建的"国家奶牛胚胎工程技术研究中心"通过国家科技部验收并予以命名。图为国家奶牛胚胎工程技术研究中心转基因克隆实验室

2009年3月6日，河北三鹿集团与北京三元集团有限责任公司、河北三元食品有限公司在石家庄亚太大酒店举行拍卖资产交接协议签署仪式

2009年6月15日，北京首都农业集团有限公司在北京国际饭店会议中心举行揭牌仪式，北京市市长郭金龙为首农集团新标牌揭开幕布

2011年1月9日，首农集团与河北省定州市人民政府"合作建设现代循环农业科技示范园区签约仪式"在人民大会堂隆重举行，为首农集团融入京津冀经济圈，增强企业的辐射力和影响力创造了窗口和平台

2012年5月，北京市人民政府召开北京市双河劳教所体制改革大会，位于黑龙江省齐齐哈尔市甘南县域内的北京市（甘南）双河农场正式移交首农集团管理

北京农垦通过引资、引技、引智，为发展现代食品工业注入新动能。图为2013年5月8日，北京丘比食品有限公司举行工厂二期竣工投产典礼

为实施国产奶粉振兴计划，2014年，河北三元食品公司实施河北新乐工业园项目，2016年5月建成投产。该项目是中国北方地区最先进、处理能力最强的奶产品生产线项目

北京农垦的京系列蛋种鸡制种规模居世界第一。图为北京市华都峪口禽业有限公司养殖场

首农集团京津冀协同发展的重点项目——河北滦平华都食品有限公司肉鸡分割生产线

河北首农现代农业科技有限公司是首农集团京津冀协同发展的重点项目。公司建成的转盘式挤奶厅可同时容纳80头奶牛进行流水式、全自动化挤奶，并可显示每头奶牛的电子信息和牛奶产量

北京南口北京鸭育种中心有限公司作为"国家级重点种禽场"和"国家级北京鸭保种场"，被誉为"北京鸭的摇篮"

遍布京城的三元石油有限公司的加油站

全国星级饭店利税贡献二十强——北京光明饭店有限公司夜景

北京三元出租汽车有限公司"三元党员志愿服务车队"在运营中开展党员车辆挂牌服务，获"首都的士英雄"称号

2008年10月，东郊农场将建成的物流配送中心出租给物美商业集团使用，由农场五元物流中心管理

北郊农场大力发展持有型物业。图为农场开发建设的龙冠和谐大厦

北京农垦房地产开发企业积极参与和承担政策性保障类住房建设任务。图为东风农场开发建设的回龙观社会和谐项目

首农集团疏解腾退"腾笼换鸟"，一批工业旧厂房已转型为"文化+产业"融合的全新创意产业园区。图为双桥农场原46个水泥筒仓改建的塞隆国际文创园夜景

位于美丽的永定河堤岸的都市农业观光项目"紫谷伊甸园"，被北京市乡村旅游等级评定委员会评定为"休闲农庄"，并获得北京市国资委颁发的商业模式创新奖

西郊农场建设的首农庄园集绿色果蔬标准化生产、科技示范、农业技术研发为一体，致力于打造首都新型高端农业示范园区

中国农垦农场志丛编纂委员会

主　任

张兴旺

副主任

左常升　李尚兰　刘天金　彭剑良　程景民　王润雷

成　员（按垦区排序）

马　辉　张庆东　张保强　茹栋梅　赵永华　杨洪波　刘丰艳
王守聪　许如庆　胡兆辉　唐冬寿　王良贵　钟昌华　赖金生
马常春　凌中南　李胜强　马艳青　黄文沐　张安明　王晓桥
徐　斌　田李文　邵建成　余　繁　林　木　王　韬　魏国斌
杨毅青　段志强　吴　晗　熊　斌　陈　谦　朱云生　常　芳

中国农垦农场志丛编纂委员会办公室

主　任

王润雷

副主任

王　生　刘爱芳　武新宇　明　星

成　员

胡从九　刘琢琬　干锦春　王庆宁

《北京农垦志》编纂委员会

主　任：马建梅　薛　刚
副主任：马　辉（执行）　郑立明
委　员（排名不分先后）：
　　　　王　钤　吴海云　贾先保　傅　鹏　刘　荣　郭君君
　　　　付　佳　郗雪薇　刘巧香　王玉贵　胡建军　雷坤石
　　　　沈吉仁　路玉杰　贾建伟　朱顺国　胡　刚　唐燕平
秘书长：傅　鹏（兼）

《北京农垦志》编辑部

主　编：马　辉　范为常　傅　鹏
副主编：王美玲　茅为立
成　员（排名不分先后）：
　　　　高雨芹　兰皓祥　初晓宁　陈　璞　陈国强　辛　利
　　　　李中辉

总 序

ZONGXU

中国农垦农场志丛自 2017 年开始酝酿，历经几度春秋寒暑，终于在建党 100 周年之际，陆续面世。在此，谨向所有为修此志作出贡献、付出心血的同志表示诚挚的敬意和由衷的感谢！

中国共产党领导开创的农垦事业，为中华人民共和国的诞生和发展立下汗马功劳。八十余年来，农垦事业的发展与共和国的命运紧密相连，在使命履行中，农场成长为国有农业经济的骨干和代表，成为国家在关键时刻抓得住、用得上的重要力量。

如果将农垦比作大厦，那么农场就是砖瓦，是基本单位。在全国 31 个省（自治区、直辖市，港澳台除外），分布着 1800 多个农垦农场。这些星罗棋布的农场如一颗颗玉珠，明暗随农垦的历史进程而起伏；当其融汇在一起，则又映射出农垦事业波澜壮阔的历史画卷，绽放着"艰苦奋斗、勇于开拓"的精神光芒。

（一）

"农垦"概念源于历史悠久的"屯田"。早在秦汉时期就有了移民垦荒，至汉武帝时创立军屯，用于保障军粮供应。之后，历代沿袭屯田这一做法，充实国库，供养军队。

中国共产党借鉴历代屯田经验，发动群众垦荒造田。1933 年 2 月，中华苏维埃共和国临时中央政府颁布《开垦荒地荒田办法》，规定"县区土地部、乡政府要马上调查统计本地所有荒田荒地，切实计划、发动群众去开荒"。到抗日战争时期，中国共产党大规模地发动军人进行农垦实践，肩负起支援抗战的特殊使命，农垦事业正式登上了历史舞台。

20 世纪 30 年代末至 40 年代初，抗日战争进入相持阶段，在日军扫荡和国民党军事包围、经济封锁等多重压力下，陕甘宁边区生活日益困难。"我们曾经弄到几乎没有衣穿，没有油吃，没有纸、没有菜，战士没有鞋袜，工作人员在冬天没有被盖。"毛泽东同志曾这样讲道。

面对艰难处境，中共中央决定开展"自己动手，丰衣足食"的生产自救。1939 年 2 月 2 日，毛泽东同志在延安生产动员大会上发出"自己动手"的号召。1940 年 2 月 10 日，中共中央、中央军委发出《关于开展生产运动的指示》，要求各部队"一面战斗、一面生产、一面学习"。于是，陕甘宁边区掀起了一场轰轰烈烈的大生产运动。

这个时期，抗日根据地的第一个农场——光华农场诞生了。1939 年冬，根据中共中央的决定，光华农场在延安筹办，生产牛奶、蔬菜等食物。同时，进行农业科学实验、技术推广，示范带动周边群众。这不同于古代屯田，开创了农垦示范带动的历史先河。

在大生产运动中，还有一面"旗帜"高高飘扬，让人肃然起敬，它就是举世闻名的南泥湾大生产运动。

1940年6—7月，为了解陕甘宁边区自然状况、促进边区建设事业发展，在中共中央财政经济部的支持下，边区政府建设厅的农林科学家乐天宇等一行6人，历时47天，全面考察了边区的森林自然状况，并完成了《陕甘宁边区森林考察团报告书》，报告建议垦殖南泥洼（即南泥湾）。之后，朱德总司令亲自前往南泥洼考察，谋划南泥洼的开发建设。

1941年春天，受中共中央的委托，王震将军率领三五九旅进驻南泥湾。那时，南泥湾俗称"烂泥湾"，"方圆百里山连山"，战士们"只见梢林不见天"，身边做伴的是满山窜的狼豹黄羊。在这种艰苦处境中，战士们攻坚克难，一手拿枪，一手拿镐，练兵开荒两不误，把"烂泥湾"变成了陕北的"好江南"。从1941年到1944年，仅仅几年时间，三五九旅的粮食产量由0.12万石猛增到3.7万石，上缴公粮1万石，达到了耕一余一。与此同时，工业、商业、运输业、畜牧业和建筑业也得到了迅速发展。

南泥湾大生产运动，作为中国共产党第一次大规模的军垦，被视为农垦事业的开端，南泥湾也成为农垦事业和农垦精神的发祥地。进入解放战争时期，建立巩固的东北根据地成为中共中央全方位战略的重要组成部分。毛泽东同志在1945年12月28日为中共中央起草的《建立巩固的东北根据地》中，明确指出"我党现时在东北的任务，是建立根据地，是在东满、北满、西满建立巩固的军事政治的根据地"，要求"除集中行动负有重大作战任务的野战兵团外，一切部队和机关，必须在战斗和工作之暇从事生产"。

紧接着，1947年，公营农场兴起的大幕拉开了。

这一年春天，中共中央东北局财经委员会召开会议，主持财经工作的陈云、李富春同志在分析时势后指出：东北行政委员会和各省都要"试办公营农场，进行机械化农业实验，以迎接解放后的农村建设"。

这一年夏天，在松江省政府的指导下，松江省省营第一农场（今宁安农场）创建。省政府主任秘书李在人为场长，他带领着一支18人的队伍，在今尚志市一面坡太平沟开犁生产，一身泥、一身汗地拉开了"北大荒第一犁"。

这一年冬天，原辽北军区司令部作训科科长周亚光带领人马，冒着严寒风雪，到通北县赵光区实地踏查，以日伪开拓团训练学校旧址为基础，建成了我国第一个公营机械化农场——通北机械农场。

之后，花园、永安、平阳等一批公营农场纷纷在战火的硝烟中诞生。与此同时，一部分身残志坚的荣誉军人和被解放的国民党军人，向东北荒原宣战，艰苦拓荒、艰辛创业，创建了一批荣军农场和解放团农场。

再将视线转向华北。这一时期，在河北省衡水湖的前身"千顷洼"所在地，华北人民政府农业部利用一批来自联合国善后救济总署的农业机械，建成了华北解放区第一个机械化公营农场——冀衡农场。

除了机械化农场，在那个主要靠人力耕种的年代，一些拖拉机站和机务人员培训班诞生在东北、华北大地上，推广农业机械化技术，成为新中国农机事业人才培养的"摇篮"。新中国的第一位女拖拉机手梁军正是优秀代表之一。

（二）

中华人民共和国成立后农垦事业步入了发展的"快车道"。

1949 年 10 月 1 日，新中国成立了，百废待兴。新的历史阶段提出了新课题、新任务：恢复和发展生产，医治战争创伤，安置转业官兵，巩固国防，稳定新生的人民政权。

这没有硝烟的"新战场"，更需要垦荒生产的支持。

1949 年 12 月 5 日，中央人民政府人民革命军事委员会发布《关于 1950 年军队参加生产建设工作的指示》，号召全军"除继续作战和服勤务者而外，应当负担一部分生产任务，使我人民解放军不仅是一支国防军，而且是一支生产军"。

1952 年 2 月 1 日，毛泽东主席发布《人民革命军事委员会命令》："你们现在可以把战斗的武器保存起来，拿起生产建设的武器。"批准中国人民解放军 31 个师转为建设师，其中有 15 个师参加农业生产建设。

垦荒战鼓已擂响，刚跨进和平年代的解放军官兵们，又背起行囊，扑向荒原，将"作战地图变成生产地图"，把"炮兵的瞄准仪变成建设者的水平仪"，让"战马变成耕马"，在戈壁荒漠、三江平原、南国边疆安营扎寨，攻坚克难，辛苦耕耘，创造了农垦事业的一个又一个奇迹。

1. 将戈壁荒漠变成绿洲

1950 年 1 月，王震将军向驻疆部队发布开展大生产运动的命令，动员 11 万余名官兵就地屯垦，创建军垦农场。

垦荒之战有多难，这些有着南泥湾精神的农垦战士就有多拼。

没有房子住，就搭草棚子、住地窝子；粮食不够吃，就用盐水煮麦粒；没有拖拉机和畜力，就多人拉犁开荒种地……

然而，戈壁滩缺水，缺"农业的命根子"，这是痛中之痛！

没有水，战士们就自己修渠，自伐木料，自制筐担，自搓绳索，自开块石。修渠中涌现了很多动人故事，据原新疆兵团农二师师长王德昌回忆，1951 年冬天，一名来自湖南的女战士，面对磨断的绳子，情急之下，割下心爱的辫子，接上绳子背起了石头。

在战士们全力以赴的努力下，十八团渠、红星渠、和平渠、八一胜利渠等一条条大地的"新动脉"，奔涌在戈壁滩上。

1954 年 10 月，经中共中央批准，新疆生产建设兵团成立，陶峙岳被任命为司令员，新疆维吾尔自治区党委书记王恩茂兼任第一政委，张仲瀚任第二政委。努力开荒生产的驻疆屯垦官兵终于有了正式的新身份，工作中心由武装斗争转为经济建设，新疆地区的屯垦进入了新的阶段。

之后，新疆生产建设兵团重点开发了北疆的准噶尔盆地、南疆的塔里木河流域及伊犁、博乐、塔城等边远地区。战士们鼓足干劲，兴修水利、垦荒造田、种粮种棉、修路架桥，一座座城市拔地而起，荒漠变绿洲。

2. 将荒原沼泽变成粮仓

在新疆屯垦热火朝天之时，北大荒也进入了波澜壮阔的开发阶段，三江平原成为"主战场"。

1954年8月，中共中央农村工作部同意并批转了农业部党组《关于开发东北荒地的农建二师移垦东北问题的报告》，同时上报中央军委批准。9月，第一批集体转业的"移民大军"——农建二师由山东开赴北大荒。这支8000多人的齐鲁官兵队伍以荒原为家，创建了二九〇、二九一和十一农场。

同年，王震将军视察黑龙江汤原后，萌发了开发北大荒的设想。领命的是第五师副师长余友清，他打头阵，率一支先遣队到密山、虎林一带踏查荒原，于1955年元旦，在虎林县（今虎林市）西岗创建了铁道兵第一个农场，以部队番号命名为"八五〇部农场"。

1955年，经中共中央同意，铁道兵9个师近两万人挺进北大荒，在密山、虎林、饶河一带开荒建场，拉开了向三江平原发起总攻的序幕，在八五〇部农场周围建起了一批八字头的农场。

1958年1月，中央军委发出《关于动员十万干部转业复员参加生产建设的指示》，要求全军复员转业官兵去开发北大荒。命令一下，十万转业官兵及家属，浩浩荡荡进军三江平原，支边青年、知识青年也前赴后继地进攻这片古老的荒原。

垦荒大军不惧苦、不畏难，鏖战多年，荒原变良田。1964年盛夏，国家副主席董必武来到北大荒视察，面对麦香千里即兴赋诗："斩棘披荆忆老兵，大荒已变大粮屯。"

3. 将荒郊野岭变成胶园

如果说农垦大军在戈壁滩、北大荒打赢了漂亮的要粮要棉战役，那么，在南国边疆，则打赢了一场在世界看来不可能胜利的翻身仗。

1950年，朝鲜战争爆发后，帝国主义对我国实行经济封锁，重要战略物资天然橡胶被禁运，我国国防和经济建设面临严重威胁。

当时世界公认天然橡胶的种植地域不能超过北纬17°，我国被国际上许多专家划为"植胶禁区"。

但命运应该掌握在自己手中，中共中央作出"一定要建立自己的橡胶基地"的战略决策。1951年8月，政务院通过《关于扩大培植橡胶树的决定》，由副总理兼财政经济委员会主任陈云亲自主持这项工作。同年11月，华南垦殖局成立，中共中央华南分局第一书记叶剑英兼任局长，开始探索橡胶种植。

1952年3月，两万名中国人民解放军临危受命，组建成林业工程第一师、第二师和一个独立团，开赴海南、湛江、合浦等地，住茅棚、战台风、斗猛兽，白手起家垦殖橡胶。

大规模垦殖橡胶，急需胶籽。"一粒胶籽，一两黄金"成为战斗口号，战士们不惜一切代价收集胶籽。有一位叫陈金照的小战士，运送胶籽时遇到山洪，被战友们找到时已没有了呼吸，而背上箩筐里的胶籽却一粒没丢……

正是有了千千万万个把橡胶看得重于生命的陈金照们，1957年春天，华南垦殖局种植的第一批橡胶树，流出了第一滴胶乳。

1960年以后，大批转业官兵加入海南岛植胶队伍，建成第一个橡胶生产基地，还大面积种植了剑麻、香茅、咖啡等多种热带作物。同时，又有数万名转业官兵和湖南移民汇聚云南边疆，用血汗浇灌出了我国第二个橡胶生产基地。

在新疆、东北和华南三大军垦战役打响之时，其他省份也开始试办农场。1952年，在政务院关于"各县在可能范围内尽量地办起和办好一两个国营农场"的要求下，全国各地农场如雨后春笋般发展起来。1956年，农垦部成立，王震将军被任命为部长，统一管理全国的军垦农场和地方农场。

随着农垦管理走向规范化，农垦事业也蓬勃发展起来。江西建成多个综合垦殖场，发展茶、果、桑、林等多种生产；北京市郊、天津市郊、上海崇明岛等地建起了主要为城市提供副食品的国营农场；陕西、安徽、河南、西藏等省区建立发展了农牧场群……

到1966年，全国建成国营农场1958个，拥有职工292.77万人，拥有耕地面积345457公顷，农垦成为我国农业战线一支引人瞩目的生力军。

（三）

前进的道路并不总是平坦的。"文化大革命"持续十年，使党、国家和各族人民遭到新中国成立以来时间最长、范围最广、损失最大的挫折，农垦系统也不能幸免。农场平均主义盛行，从1967年至1978年，农垦系统连续亏损12年。

"没有一个冬天不可逾越，没有一个春天不会来临。"1978年，党的十一届三中全会召开，如同一声春雷，唤醒了沉睡的中华大地。手握改革开放这一法宝，全党全社会朝着社会主义现代化建设方向大步前进。

在这种大形势下，农垦人深知，国营农场作为社会主义全民所有制企业，应当而且有条件走在农业现代化的前列，继续发挥带头和示范作用。

于是，农垦人自觉承担起推进实现农业现代化的重大使命，乘着改革开放的春风，开始进行一系列的上下求索。

1978年9月，国务院召开了人民公社、国营农场试办农工商联合企业座谈会，决定在我国试办农工商联合企业，农垦系统积极响应。作为现代化大农业的尝试，机械化水平较高且具有一定工商业经验的农垦企业，在农工商综合经营改革中如鱼得水，打破了单一种粮的局面，开启了农垦一二三产业全面发展的大门。

农工商综合经营只是农垦改革的一部分，农垦改革的关键在于打破平均主义，调动生产积极性。

为调动企业积极性，1979年2月，国务院批转了财政部、国家农垦总局《关于农垦企业实行财务包干的暂行规定》。自此，农垦开始实行财务大包干，突破了"千家花钱，一家（中央）平衡"的统收统支方式，解决了农垦企业吃国家"大锅饭"的问题。

为调动企业职工的积极性，从1979年根据财务包干的要求恢复"包、定、奖"生产责任制，到1980年后一些农场实行以"大包干"到户为主要形式的家庭联产承包责任制，再到1983年借鉴农村改革经验，全面兴办家庭农场，逐渐建立大农场套小农场的双层经营体制，形成"家家有场长，户户搞核算"的蓬勃发展气象。

为调动企业经营者的积极性，1984年下半年，农垦系统在全国选择100多个企业试点推行场（厂）长、经理负责制，1988年全国农垦有60％以上的企业实行了这项改革，继而又借鉴城市国有企业改革经验，全面推行多种形式承包经营责任制，进一步明确主管部门与企业的权责利关系。

以上这些改革主要是在企业层面，以单项改革为主，虽然触及了国家、企业和职工的最直接、最根本的利益关系，但还没有完全解决传统体制下影响农垦经济发展的深层次矛盾和困难。

"历史总是在不断解决问题中前进的。"1992年，继邓小平南方谈话之后，党的十四大明确提出，要建立社会主义市场经济体制。市场经济为农垦改革进一步指明了方向，但农垦如何改革才能步入这个轨道，真正成为现代化农业的引领者？

关于国营大中型企业如何走向市场，早在1991年9月中共中央就召开工作会议，强调要转换企业经营机制。1992年7月，国务院发布《全民所有制工业企业转换经营机制条例》，明确提出企业转换经营机制的目标是："使企业适应市场的要求，成为依法自主经营、自负盈亏、自我发展、自我约束的商品生产和经营单位，成为独立享有民事权利和承担民事义务的企业法人。"

为转换农垦企业的经营机制，针对在干部制度上的"铁交椅"、用工制度上的"铁饭碗"和分配制度上的"大锅饭"问题，农垦实施了干部聘任制、全员劳动合同制以及劳动报酬与工效挂钩的三项制度改革，为农垦企业建立在用人、用工和收入分配上的竞争机制起到了重要促进作用。

1993年，十四届三中全会再次擂响战鼓，指出要进一步转换国有企业经营机制，建立适应市场经济要求，产权清晰、权责明确、政企分开、管理科学的现代企业制度。

农业部积极响应，1994年决定实施"三百工程"，即在全国农垦选择百家国有农场进行现代企业制度试点、组建发展百家企业集团、建设和做强百家良种企业，标志着农垦企业的改革开始深入到企业制度本身。

同年，针对有些农场仍为职工家庭农场，承包户垫付生产、生活费用这一问题，根据当年1月召开的全国农业工作会议要求，全国农垦系统开始实行"四到户"和"两自理"，即土地、核算、盈亏、风险到户，生产费、生活费由职工自理。这一举措彻底打破了"大锅饭"，开启了国有农场农业双层经营体制改革的新发展阶段。

然而，在推进市场经济进程中，以行政管理手段为主的垦区传统管理体制，逐渐成为束缚企业改革的桎梏。

垦区管理体制改革迫在眉睫。1995年，农业部在湖北省武汉市召开全国农垦经济体制改革工作会议，在总结各垦区实践的基础上，确立了农垦管理体制的改革思路：逐步弱化行政职能，加快实体化进程，积极向集团化、公司化过渡。以此会议为标志，垦区管理体制改革全面启动。北京、天津、黑龙江等17个垦区按照集团化方向推进。此时，出于实际需要，大部分垦区在推进集团化改革中仍保留了农垦管理部门牌子和部分行政管理职能。

"前途是光明的，道路是曲折的。"由于农垦自身存在的政企不分、产权不清、社会负担过重等深层次矛盾逐渐暴露，加之农产品价格低迷、激烈的市场竞争等外部因素叠加，从1997年开始，农垦企业开始步入长达5年的亏损徘徊期。

然而，农垦人不放弃、不妥协，终于在2002年"守得云开见月明"。这一年，中共十六大召开，农垦也在不断调整和改革中，告别"五连亏"，盈利13亿。

2002年后，集团化垦区按照"产业化、集团化、股份化"的要求，加快了对集团母公司、产业化专业公司的公司制改造和资源整合，逐步将国有优质资产集中到主导产业，进一步建立健全现代企业制度，形成了一批大公司、大集团，提升了农垦企业的核心竞争力。

与此同时，国有农场也在企业化、公司化改造方面进行了积极探索，综合考虑是否具备企业经营条件、能否剥离办社会职能等因素，因地制宜、分类指导。一是办社会职能可以移交的农场，按公司制等企业组织形式进行改革；办社会职能剥离需要过渡期的农场，逐步向公司制企业过渡。如广东、云南、上海、宁夏等集团化垦区，结合农场体制改革，打破传统农场界限，组建产业化专业公司，并以此为纽带，进一步将垦区内产业关联农场由子公司改为产业公司的生产基地（或基地分公司），建立了集团与加工企业、农场生产基地间新的运行体制。二是不具备企业经营条件的农场，改为乡、镇或行政区，向政权组织过渡。如2003年前后，一些垦区的部分农场连年严重亏损，有的甚至濒临破产。湖南、湖北、河北等垦区经省委、省政府批准，对农场管理体制进行革新，把农场管理权下放到市县，实行属地管理，一些农场建立农场管理区，赋予必要的政府职能，给予财税优惠政策。

这些改革离不开农垦职工的默默支持，农垦的改革也不会忽视职工的生活保障。1986年，根据《中共中央、国务院批转农牧渔业部〈关于农垦经济体制改革问题的报告〉的通知》要求，农垦系统突破职工住房由国家分配的制度，实行住房商品化，调动职工自己动手、改善住房的积极性。1992年，农垦系统根据国务院关于企业职工养老保险制度改革的精神，开始改变职工养老保险金由企业独自承担的局面，此后逐步建立并完善国家、企业、职工三方共同承担的社会保障制度，减轻农场养老负担的同时，也减少了农场职工的后顾之忧，保障了农场改革的顺利推进。

从1986年至十八大前夕，从努力打破传统高度集中封闭管理的计划经济体制，到坚定社会主义市场经济体制方向；从在企业层面改革，以单项改革和放权让利为主，到深入管理体制，以制度建设为核心、多项改革综合配套协调推进为主：农垦企业一步一个脚印，走上符合自身实际的改革道路，管理体制更加适应市场经济，企业经营机制更加灵活高效。

这一阶段，农垦系统一手抓改革，一手抓开放，积极跳出"封闭"死胡同，走向开放的康庄大道。从利用外资在经营等领域涉足并深入合作，大力发展"三资"企业和"三来一补"项目；到注重"引进来"，引进资金、技术设备和管理理念等；再到积极实施"走出去"战略，与中东、东盟、日本等地区和国家进行经贸合作出口商品，甚至扎根境外建基地、办企业、搞加工、拓市场：农垦改革开放风生水起逐浪高，逐步形成"两个市场、两种资源"的对外开放格局。

（四）

党的十八大以来，以习近平同志为核心的党中央迎难而上，作出全面深化改革的决定，农垦改革也进入全面深化和进一步完善阶段。

2015年11月，中共中央、国务院印发《关于进一步推进农垦改革发展的意见》（简称《意见》），吹响了新一轮农垦改革发展的号角。《意见》明确要求，新时期农垦改革发展要以推进垦区集团化、农场企业化改革为主线，努力把农垦建设成为保障国家粮食安全和重要农产品有效供给的国家队、中国特色新型农业现代化的示范区、农业对外合作的排头兵、安边固疆的稳定器。

2016年5月25日，习近平总书记在黑龙江省考察时指出，要深化国有农垦体制改革，以垦区集团化、农场企业化为主线，推动资源资产整合、产业优化升级，建设现代农业大基地、大企业、大产业，努力形成农业领域的航母。

2018年9月25日，习近平总书记再次来到黑龙江省进行考察，他强调，要深化农垦体制改革，全面增强农垦内生动力、发展活力、整体实力，更好发挥农垦在现代农业建设中的骨干作用。

农垦从来没有像今天这样更接近中华民族伟大复兴的梦想！农垦人更加振奋了，以壮士断腕的勇气、背水一战的决心继续农垦改革发展攻坚战。

1. 取得了累累硕果

——坚持集团化改革主导方向，形成和壮大了一批具有较强竞争力的现代农业企业集团。黑龙江北大荒去行政化改革、江苏农垦农业板块上市、北京首农食品资源整合……农垦深化体制机制改革多点开花、逐步深入。以资本为纽带的母子公司管理体制不断完善，现代公司治理体系进一步健全。市县管理农场的省份区域集团化改革稳步推进，已组建区域集团和产业公司超过 300 家，一大批农场注册成为公司制企业，成为真正的市场主体。

——创新和完善农垦农业双层经营体制，强化大农场的统一经营服务能力，提高适度规模经营水平。截至 2020 年，据不完全统计，全国农垦规模化经营土地面积 5500 多万亩，约占农垦耕地面积的 70.5%，现代农业之路越走越宽。

——改革国有农场办社会职能，让农垦企业政企分开、社企分开，彻底甩掉历史包袱。截至 2020 年，全国农垦有改革任务的 1500 多个农场完成办社会职能改革，松绑后的步伐更加矫健有力。

——推动农垦国有土地使用权确权登记发证，唤醒沉睡已久的农垦土地资源。截至 2020 年，土地确权登记发证率达到 96.3%，使土地也能变成金子注入农垦企业，为推进农垦土地资源资产化、资本化打下坚实基础。

——积极推进对外开放，农垦农业对外合作先行者和排头兵的地位更加突出。合作领域从粮食、天然橡胶行业扩展到油料、糖业、果菜等多种产业，从单个环节向全产业链延伸，对外合作范围不断拓展。截至 2020 年，全国共有 15 个垦区在 45 个国家和地区投资设立了 84 家农业企业，累计投资超过 370 亿元。

2. 在发展中改革，在改革中发展

农垦企业不仅有改革的硕果，更以改革创新为动力，在扶贫开发、产业发展、打造农业领域航母方面交出了漂亮的成绩单。

——聚力农垦扶贫开发，打赢农垦脱贫攻坚战。从 20 世纪 90 年代起，农垦系统开始扶贫开发。"十三五"时期，农垦系统针对 304 个重点贫困农场，绘制扶贫作战图，逐个建立扶贫档案，坚持"一场一卡一评价"。坚持产业扶贫，组织开展技术培训、现场观摩、产销对接，增强贫困农场自我"造血"能力。甘肃农垦永昌农场建成高原夏菜示范园区，江西宜丰黄冈山垦殖场大力发展旅游产业，广东农垦新华农场打造绿色生态茶园……贫困农场产业发展蒸蒸日上，全部如期脱贫摘帽，相对落后农场、边境农场和生态脆弱区农场等农垦"三场"踏上全面振兴之路。

——推动产业高质量发展，现代农业产业体系、生产体系、经营体系不断完善。初步建成一批稳定可靠的大型生产基地，保障粮食、天然橡胶、牛奶、肉类等重要农产品的供给；推广一批环境友好型种养新技术、种养循环新模式，提升产品质量的同时促进节本增效；制定发布一系列生鲜乳、稻米等农产品的团体标准，守护"舌尖上的安全"；相继成立种业、乳业、节水农业等产业技术联盟，形成共商共建共享的合力；逐渐形成"以中国农垦公共品牌为核心、农垦系统品牌联合舰队为依托"的品牌矩阵，品牌美誉度、影响力进一步扩大。

——打造形成农业领域航母，向培育具有国际竞争力的现代农业企业集团迈出坚实步伐。黑龙江北大荒、北京首农、上海光明三个集团资产和营收双超千亿元，在发展中乘风破浪：黑龙江北大荒农垦集团实现机械化全覆盖，连续多年粮食产量稳定在 400 亿斤以上，推动产业高端化、智能化、绿色化，全力打造"北大荒绿色智慧厨房"；北京首农集团坚持科技和品牌双轮驱动，不断提升完善"从田间到餐桌"的全产业链条；上海光明食品集团坚持品牌化经营、国际化发展道路，加快农业"走出去"步伐，进行国际化供应链、产业链建设，海外营收占集团总营收 20% 左右，极大地增强了对全世界优质资源的获取能力和配置能力。

千淘万漉虽辛苦，吹尽狂沙始到金。迈入"十四五"，农垦改革目标基本完成，正式开启了高质量发展的新篇章，正在加快建设现代农业的大基地、大企业、大产业，全力打造农业领域航母。

（五）

八十多年来，从人畜拉犁到无人机械作业，从一产独大到三产融合，从单项经营到全产业链，从垦区"小社会"到农业"集团军"，农垦发生了翻天覆地的变化。然而，无论农垦怎样变，变中都有不变。

——不变的是一路始终听党话、跟党走的绝对忠诚。从抗战和解放战争时期垦荒供应军粮，到新中国成立初期发展生产、巩固国防，再到改革开放后逐步成为现代农业建设的"排头兵"，农垦始终坚持全面贯彻党的领导。而农垦从孕育诞生到发展壮大，更离不开党的坚强领导。毫不动摇地坚持贯彻党对农垦的领导，是农垦人奋力前行的坚强保障。

——不变的是服务国家核心利益的初心和使命。肩负历史赋予的保障供给、屯垦戍边、示范引领的使命，农垦系统始终站在讲政治的高度，把完成国家战略任务放在首位。在三年困难时期、"非典"肆虐、汶川大地震、新冠肺炎疫情突发等关键时刻，农垦系统都能"调得动、顶得上、应得急"，为国家大局稳定作出突出贡献。

——不变的是"艰苦奋斗、勇于开拓"的农垦精神。从抗日战争时一手拿枪、一手拿镐的南泥湾大生产，到新中国成立后新疆、东北和华南的三大军垦战役，再到改革开放后艰难但从未退缩的改革创新、坚定且铿锵有力的发展步伐，"艰苦奋斗、勇于开拓"始终是农垦人不变的本色，始终是农垦人攻坚克难的"传家宝"。

农垦精神和文化生于农垦沃土，在红色文化、军旅文化、知青文化等文化中孕育，也在一代代人的传承下，不断被注入新的时代内涵，成为农垦事业发展的不竭动力。

"大力弘扬'艰苦奋斗、勇于开拓'的农垦精神，推进农垦文化建设，汇聚起推动农垦改革发展的强大精神力量。"中央农垦改革发展文件这样要求。在新时代、新征程中，记录、传承农垦精神，弘扬农垦文化是农垦人的职责所在。

（六）

随着垦区集团化、农场企业化改革的深入，农垦的企业属性越来越突出，加之有些农场的历史资料、文献文物不同程度遗失和损坏，不少老一辈农垦人也已年至期颐，农垦历史、人文、社会、文化等方面的保护传承需求也越来越迫切。

传承农垦历史文化，志书是十分重要的载体。然而，目前只有少数农场编写出版过农场史志类书籍。因此，为弘扬农垦精神和文化，完整记录展示农场发展改革历程，保存农垦系统重要历史资料，在农业农村部党组的坚强领导下，农垦局主动作为，牵头组织开展中国农垦农场志丛编纂工作。

工欲善其事，必先利其器。2019年，借全国第二轮修志工作结束、第三轮修志工作启动的契机，农业农村部启动中国农垦农场志丛编纂工作，广泛收集地方志相关文献资料，实地走访调研、拜访专家、咨询座谈、征求意见等。在充足的前期准备工作基础上，制定了中国农垦农场志丛编纂工作方案，拟按照前期探索、总结经验、逐步推进的整体安排，统筹推进中国农垦农场志丛编纂工作，这一方案得到了农业农村部领导的高度认可和充分肯定。

编纂工作启动后，层层落实责任。农业农村部专门成立了中国农垦农场志丛编纂委员会，研究解决农场志编纂、出版工作中的重大事项；编纂委员会下设办公室，负责志书编纂的具体组织协调工作；各省级农垦管理部门成立农场志编纂工作机构，负责协调本区域农场志的组织编纂、质量审查等工作；参与编纂的农场成立了农场志编纂工作小组，明确专职人员，落实工作经费，建立配套机制，保证了编纂工作的顺利进行。

质量是志书的生命和价值所在。为保证志书质量，我们组织专家编写了《农场志编纂技术手册》，举办农场志编纂工作培训班，召开农场志编纂工作推进会和研讨会，到农场实地调研督导，尽全力把好志书编纂的史实关、政治关、体例关、文字关和出版关。我们本着"时间服从质量"的原则，将精品意识贯穿编纂工作始终。坚持分步实施、稳步推进，成熟一本出版一本，成熟一批出版一批。

中国农垦农场志丛是我国第一次较为系统地记录展示农场形成发展脉络、改革发展历程的志书。它是一扇窗口，让读者了解农场，理解农垦；它是一条纽带，让农垦人牢记历史，让农垦精神代代传承；它是一本教科书，为今后农垦继续深化改革开放、引领现代农业建设、服务乡村振兴战略指引道路。

修志为用。希望此志能够"尽其用"，对读者有所裨益。希望广大农垦人能够从此志汲取营养，不忘初心、牢记使命，一茬接着一茬干、一棒接着一棒跑，在新时代继续发挥农垦精神，续写农垦改革发展新辉煌，为实现中华民族伟大复兴的中国梦不懈努力！

中国农垦农场志丛编纂委员会

2021年7月

　　春秋代序，弦歌不息。一部追怀往事、昭示现今、启迪未来的《北京农垦志》（1949—2017）即将付梓问世，我作为《北京农垦志》编纂委员会主任，甚感欣慰，谨附浅见，是为序。

　　"观今宜鉴古，无古不成今"。从历史中汲取智慧和力量，是中国共产党的优良传统。习近平总书记强调，历史是最好的教科书，也是最好的清醒剂。我们走得再远都不能忘记来时的路。加强党史、新中国史、改革开放史、社会主义发展史学习，自觉做中国特色社会主义的坚定信仰者、忠实实践者。

　　1949 年，北京农垦初诞；至 2017 年，已走过了极不平凡的 68 年。回望来时路，可谓筚路蓝缕、风雨兼程。六十八载淬砺，写满了波澜壮阔；六十八年奋楫，诠释了使命担当。

　　北京农垦伴随着共和国一起成长。在农场草创时期，第一代拓荒人在沙荒乱石、盐碱不毛之地和水库淹没区斩荆棘、排积潦，建起了一批机械化国营农场和规模化养殖场。在物资供应不够丰富的年代，北京农垦为保障首都市民的"菜篮子""米袋子""奶瓶子""肉案子"做出了不可磨灭的贡献。进入改革开放时期，北京农垦兴办农工商联合企业，推动一二三产全面发展，成为首都重要的农副产品生产和供应基地，充分发挥了农垦"保供给、做示范"的作用。20 世纪 90 年代末，北京农垦完成了场乡体制改革，终结了长达 40 年的政企合一的管理体制，为全国农垦改革提供了宝贵经验。

　　北京首都农业集团有限公司重组成立后，北京农垦高擎"农"字大旗，坚守"立足农业，服务首都"的初心，全力打造"从田间到餐桌"全产业链发展模式，着力铸造首农集团"安心之选"的品牌形象，引领农产品质量安全与农业标准化建设，提升了保障首都农副产品安全和应急供应的能力。

　　在我国经济发展步入新常态、加快建设现代农业进入关键阶段的背景下，北京农垦贯彻执行《中共中央、国务院关于进一步推进农垦改革发展的意见》，推进全方位、多领域、多层级的改革，为北京农垦经济发展注入新动力、增添新活力、拓展新空间。在习近平新时代中国特色社会主义思想指引下，北京农垦落实新发展理念，实现新旧动能转换，创新商业模式，推进业务协同，以信息化技术和金融化理念催育新业态，全面增强企业内生动力、发展活力、整体实力。在疏解非首都功能的新形势下，北京农垦切实履行国有企业的政治责任和社会责任，主动融入京津冀协同发展的大格局，合理有序地推动了畜禽养殖业、食品加工业、蔬菜种植基地向外埠转移，利用腾退土地发展符合首都功能定位的产业，培育新的经济生长点，努力打造城市新地标，实现了减量发展、转型发展、高质量发展，在疏解整治促提升中树立了"首农标杆""首农样本"。

日月其迈，时盛岁新。68年来，北京农垦在党的领导下，雨沐厚爱，春华秋实，不负期待；在"艰苦奋斗，勇于开拓"的农垦精神的激励下，脚踏实地，披坚执锐，赓续前行。时间的如椽之笔谱写了时代的咏叹，从草创之初的一穷二白，到如今的煜然勃兴，北京农垦谱写了付出与收获、奋进与辉煌的壮丽画卷。一个首都标志性的现代农业产业集团和以强势品牌为依托的食品企业集群，已亮相于世人面前。

盛世修志，是中华民族的传统。根据中华人民共和国国史学会农垦研究分会的要求及安排，原北京首都农业集团有限公司在2017年11月完成编纂《北京农垦大事记》（1949—2015）之后，即刻启动《北京农垦志》（1949—2017）的编纂工作。四载寒暑，数易其稿，乃成斯志。《北京农垦志》以"述、记、志、图、表、录"之诸形式，取"篇、章、节"之架构，坚持辩证唯物主义和历史唯物主义的立场、观点与方法，不溢美、不讳过，广征博采，取精用宏，力求观点与史实一致、思想性与科学性统一。宏观鸟瞰，揽数年于一瞬，汇诸业为一体，由众手而成书，寓褒贬于要事之中，寻规律于兴替之内；微观透视，记事件之演变，叙事物之兴衰，以数据说明发展，以史实揭示得失。《北京农垦志》作为一部信史，不仅在时间坐标上清晰地镌刻了北京农垦一串串光辉的印记，翔实地揭示了北京农垦从哪里来、到哪里去，准确反映了北京农垦企业的地域特点和行业特色，同时也擘画了一幅"迢迢农垦路，熠熠农垦魂"的绚丽长卷，折射出北京农垦人"超越自我，勇于开拓"的进取观和"脚踏实地，共创健康美好生活"的价值观。《北京农垦志》是北京农垦文化建设最重要的典籍成果。如今本书终成卷帙，即将付梓，我谨代表《北京农垦志》编纂委员会，向参与《北京农垦志》编写及提供史料的全体人员表示感谢，也向中华人民共和国国史学会农垦史研究分会的专家和参与讨论修改的同志表示深深的谢意。

修志问道，以启未来。《北京农垦志》作为一部北京农垦事业的历史，一部进行社会主义、爱国主义和革命传统教育的教材，承载着北京农垦人厚重的历史记忆，忠实记录了北京国有农场的创业史、农垦战线的奋斗史、国有企业的改革开放实践史。展卷披读，犹如与北京农垦历史创造者们进行跨时空的对话，北京农垦几代建设者既是这部历史的书写者，也是见证者。知所从来，方知所去，一部《北京农垦志》定会有助于我们了解北京农垦的奠基立业、笃定前行的历史，感悟北京农垦事业的开拓者、继承者"特别能战斗"的精神血脉，为我们开辟未来、再创辉煌提供丰厚滋养。

凡是过往，皆为序章。致敬历史是为壮行未来。北京农垦进取的脚步，永远不会停滞于既有的成就与荣光。2017年12月，农垦人再次开启了北京农垦新的征程。中共北京市委、北京市人民政府对原北京首都农业集团有限公司、北京粮食集团有限责任公司、北京二商集团有限责任公司3家市属国企实施联合重组，组建北京首农食品集团有限公司，揭开了首都食品产业发展新的历史篇章，迎来了北京农垦历史上的又一高光时刻。2018年12月，首农食品集团重组后仅1年，经中共北京市委、市政府和北京市国有资产监督管理委员会批准，首农食品集团成为北京市第一家国有资本投资公司，赋予集团"首都食品供应服务保障的主要载体、引领首都食品安全的行业表率、构筑首都现代食品产业核心主体"的定位，北京农垦又一次率先站上了新赛道的起点。

首农食品集团组建 3 年来，集团上下凝聚共识，画出最大同心圆，创建了"党建统领、战略纲领、文化引领"的"三位一体"治理模式；建立以食品产业为"一体"，以现代服务业和物产经营业为"两翼"，以科技、金融、数据为"三平台"的"一体两翼三平台"开放型产业生态体系，努力将集团建成具有国际竞争力、引领健康美好生活的现代食品集团，履行好国有企业的政治、经济、社会责任，为构建新时代中国特色国有企业治理体系提供"首农智慧"。经过一系列的企业重构和资源整合，产业资源得到优化配置，主责主业更加突出，管理半径有效缩短，食品供应保障的产业链、价值链、协同链更为科学、完善和有效，经济实力大幅提升，经济效益实现三连增，全面完成"1＋1＋1＞3"的重组目标。2020 年，首农食品集团进入"中国企业 500 强"榜单，列第 143 位；同年，位列"中国农业企业 500 强"第 2 位、"中国农业产业化龙头企业 100 强"第 3 位，品牌建设取得重要成果。

岁序常易，华章日新。站在"两个一百年"的历史交汇点，初心如磐、使命相续的北京农垦广大干部职工，一定会在党的坚强领导下，踏上新征程、激发新作为、展现新气象、开创新局面，用"首农文化"凝聚起砥砺奋进的磅礴伟力，用"首农故事"续写彪炳史册的璀璨荣光。

马建梅

一、宗旨

本志编纂工作以马克思列宁主义、毛泽东思想、邓小平理论、"三个代表"重要思想、科学发展观和习近平新时代中国特色社会主义思想为指导，坚持辩证唯物主义和历史唯物主义的立场、观点与方法，全面客观地记述北京农垦政治、经济、文化和社会的历史与现状。

二、时限

本志使用公元纪年。上限一般起于 1949 年 1 月 1 日，为保持北京首农集团有限公司各下属单位或个别事项的记述完整性，可追溯至其事业之发端。为了做到个别重要事项的记录有完整的结果，下限可延至 2017 年 12 月 31 日之后。

三、记载范围

本志记载的范围是：①凡在 2017 年 12 月 31 日前归属首农集团的所有企事业单位；②虽在 2017 年 12 月 31 日前已被注销或划出，但此之前曾经归属过首农集团或其前身的企事业单位及农村（社队）。

四、人称

本志采用第三人称。为方便阅读，附录编写"单位全称与简称对照表"。以 1993 年 7 月 1 日为区分时点，在此时点之前使用"国营农场"称谓，在此时点之后使用"国有农场"称谓。

五、体裁

本书采用述、记、志、图、表、录等体裁，以志为主。因 1949—2015 年大事记已于 2017 年由当代中国出版社出版，故本志仅在附录中收录 2016—2017 年大事记。本志分 8 篇，采用章节体，配随文插图与表格，均以篇、章为单位依次排序编号。

六、文体

本志采用规范的现代语体文、记述体。语言文字、标点符号、数字数据、计量单位的使用和引文注释的书写等按国家有关规定执行。中华人民共和国成立后的计量单位一般采用法定计量单位，个别之处，为了行文方便和照顾读者的习惯，适当保留了非法定计量单位。

七、数据统计

统计数据以统计部门公布的统计年报为准，统计部门没有的数据采用有关主管部门提供的数据或工作报告等资料。财务数据以财务部门的决算数据为准，部分财务数据采用财务管理部门的财务分析报告和财务工作总结。所有的统计数据和财务数据，在2008年（含）之前的，均为原北京市国营农场管理局和北京三元集团有限责任公司的数据，不包括北京华都集团有限责任公司；2009年（含）之后的数据为首农集团数据。

八、资料来源

（1）公开出版的文献资料。主要有：1999年版《北京志·农业卷·国营农场志》；2007年版《北京志·农业卷·畜牧志》；2017年版《北京农垦大事记》；2013年版《中国奶业史》（通史卷、专史卷）；《北京志》的有关分卷。

（2）北京农垦系统编纂的未公开发行的志稿、大事记。主要有：北京市国营农场管理局农场史编辑室编写的《北京国营农场建设大事记》（1949—1985）；各农场编写印制的农场史、农场志；28个单位编写的大事记；农场（公司）建场（建司）纪念文选、征文汇编等成果。

（3）首农集团和各二级企业档案；集团总部有关部门的工作报告等。

（4）报刊、网站以及口碑等。

在上述资料来源中，因采用2017年版《北京农垦大事记》和二级单位大事记的史料较多，一般不注明出处。

目 录

》》　第六篇　管　　理　《《

>> **第七篇　科技教育** «

➤➤　第八篇　党群组织及企业文化建设　◀◀

概　述

北京农垦是地域和行业合一的统称，包括北京市辖区内农垦企业以及由其投资设置在国内外的企业。北京农垦是在 1949 年北平和平解放的历史条件下，为承担新中国恢复国民经济的光荣使命而建立的。经过 68 年的艰苦创业，北京农垦建成了一批现代化的国有农场和重要农产品生产、加工、供应基地，形成了组织化程度高、规模化特征突出、产业化链条完善的独特优势，锻造出了"超越自我，勇于开拓"的企业精神，为保障首都农副产品安全供应、示范农业农村农民做出了重大贡献。特别是在 2009 年北京首都农业集团有限公司成立以后，北京农垦改革稳步推进，一二三产融合发展，整体经济实力显著提升，已成为首都标志性的现代农业企业集团。

一、北京农垦发展历程

北京农垦在 1949—2017 年的 68 年里，经历了以下 4 个发展时期：

（一）筚路蓝缕，磨砺玉成：初步发展时期（1949—1965 年）

北京农垦的初步发展时期可以进一步细分为两个阶段：

1. 试办国营农场阶段（1949—1957 年）　1949 年 1 月 31 日，北平和平解放。2 月 11 日，北平市军事管制委员会物资接管委员会财经部农业水利处接管"励志社华北地区盟军用品供销处双桥农场"。3 月 18 日，华北人民政府农业部组建华北农业部机械垦殖管理处，作为国营农场筹建机构。3 月 19 日，北平市人民政府成立郊区工作委员会（以下简称市郊委）。根据北平市军管会颁布的《关于北平市辖区农业土地问题的决定》，在北平郊区土地改革中，没收所有地主土地，并征收富农出租土地。8 月，华北农业部机械垦殖管理处和市郊委均派出一批干部开展没收官僚资本家和部分地主庄园土地的工作，并在此基础上开始筹建国营农场。至 1950 年 4 月，北京市郊区完成土地改革；年底，国营农场有：①隶属农业部国营农场管理局领导的双桥农场、五里店农场和北京牛乳场；②隶属市郊委京郊国营农场管理局管理的彰化、黄村、和义、德茂、大生庄、天恩庄、钱庄子农场。在接管和创办之初，农场只有 100 多公顷土地，以旱地为主，种植玉米、小麦、高粱、棉花，也种植少量的水稻和蔬菜，粮食单产每亩①不超过百斤②，全部使用手工劳动工具，运输工具是骡马大车，生产用房多为土坯房。1951 年，各农场有一部分农田实行机耕，开始引用良种，学习苏联专家传授的深耕、密植、轮作等经验，农作物产量普遍提高，对周边农村起到了很好的示范作用。

1952 年，北京农垦接收一批中央在京的农业单位和北京市其他系统兴办的农副业生产单位。1954 年 10 月 14 日，经北京市人民委员会批准，北京市农林局将五里店农场、和义农场、南苑畜牧场（含新华奶牛场）合并，定名国营北京市南郊农场，为当时北京市最大的农场。1956 年，全市完

---

① 亩为非法定计量单位，1 亩≈667 米²。——编者注
② 斤为非法定计量单位，1 斤＝0.5 千克。——编者注

成对私人奶牛业的社会主义改造，兴办了公私合营东郊畜牧场、公私合营北郊畜牧场、公私合营养蜂场、公私合营家禽孵化场。1957年，农垦部和市人委加快新建国营农场，陆续建起灵山农林牧场、农大农场、龙泉寺家禽场。至此，基本完成了1949年12月农业部在全国农业生产会议上提出的"试办国营农场"的任务。

2. 场社合一体制形成和农场基本定型阶段（1958—1965年）　这一阶段，北京农垦发生了4个具有重要影响的事件：

一是集中新建了一批国营农场。从1958年起，在国家农垦部和市人委的领导下，陆续建起7家农场：国营北京市长辛店农场、国营北京市南口农场、国营北京市卢沟桥农场、全国农业展览馆农场（1958年）、国营北京市十三陵农场（1959年）、国营北京市延庆农场（1962年）、国营北京市永乐店农场（1963年）。根据国家提出的"不与民争利"的建场方针，新建农场基本上都建在土地瘠薄的沙荒地、盐碱地以及水库淹没区、河流故道荒滩，且土地极为分散，地貌不平整，不宜进行机械化作业，进行农田基本建设的任务非常艰巨。中共北京市委选派了一批抗日战争时期参加革命工作的老干部带队，并组织相关市级机关、大中专院校和市属公交、财贸企业的干部职工，浩浩荡荡开赴垦荒建场的第一线。广大干部职工在只有铁锹、大镐、扁担和抬筐的条件下，全凭肩挑人抬，大平土地，改土治水，筑路修渠，填土栽树，其开拓规模和艰苦程度在北京农垦史上留下了最浓重的一笔。至1963年，北京农垦的农场建设布局基本定型，为建成首都副食品生产基地奠定了物质基础。

二是北京市辖区内农垦企业统一归属北京市领导。1958年，农垦部提出管理权力下放，决定将部属的双桥机械化农场、双桥种畜场、农展馆农场下放给北京市。同时，中共中央办公厅中南海管理局将香山农场移交北京市管理；农垦部将与北京市共管的龙泉寺家禽场、农大农场交由北京市管理。至此，农场在管理体制上实现统一归属北京市领导。

三是开始建立"以场带社、场社合一"体制。在全国人民公社化运动的大背景下，在所有制问题上提出了办全民所有制人民公社，大批农村集体所有制社队并入国营农场，形成了"场社合一、以场带社"的北京农垦的特殊管理体制。全民所有制人民公社既挂人民公社牌子，又挂国营农场牌子；既是一级政权组织，也是一级经济管理组织。国营农场是人民公社的一个重要或主要组成部分，对同一公社的农村生产大队起示范作用，即"以场带社"。1958年及之后几年，出现国营农场与人民公社的合并、撤销、分立等情况，部分农村社队在整社中退出全民所有制公社（国营农场）。在1963—1965年国民经济调整时期，北京农垦的"以场带社、场社合一"体制以及农场规模逐步趋于稳定。

四是市级农垦管理机构处于变动和摸索过程。1959年7月12日，市人委决定成立北京市农垦局，市农垦局从市农林水利局析出，这是北京市第一次成立独立管理农垦事业的市属局级机构。1960年8月10日，市人委决定撤销市农垦局，市农垦局主管的业务并入市农林局。在全国加强国营农场建设的背景下，设立独立的北京农垦管理机构再次提到议程。1964年1月29日，国务院批准成立北京市国营农场管理局；2月6日，市人委决定将原来由市农林局负责的国营农场管理工作移交给市农场局接管。市农场局的设立鼓舞了农垦干部职工，管理关系进一步理顺，管理得到进一步加强与规范，北京农垦生产经营形势出现明显的上升趋势。与1958年相比，1965年耕地增加8.6倍，粮食总产量增加15倍，国营农场固定资产原值账面余额增加3.3倍，国营农场总收入增加4.6倍。

（二）疾风劲草，负重前行：曲折发展时期（1966—1978年）

这段时期可具体划分为两个发展阶段：

1. 严重挫折阶段（1966—1976年）　正当北京农垦意气风发地进行社会主义现代化农业建设时，1966年，"文化大革命"开始了，北京农垦进入了长达10年的低谷时期。"文化大革命"中，北京农垦管理体制出现重大变化。1968年11月8日，北京市革命委员会决定农口各局合并成立大农业局，市农场局建制被撤销。在此决定之前的一周，市革委会下发〔68〕142号文《关于市属国营农场划归县（区）领导的通知》，决定国营农场划归县（区）领导。农场下放各区县后，由于区县无农垦专管机构，将农场视同一般的人民公社对待，农场的生产计划、财务计划、固定资产投资计划、物资供应计划和劳动工资计划没有主管部门进行综合平衡，曾对北京农垦发展造成不利影响。1972 年 7 月 1日，市农业局革命领导小组第二十五次会议决定：按市革委会要求，农场工作归属市农林局农场组主管，结束了农场下放区县管理的历史。

"文化大革命"期间，农场各项管理规章制度废弛，科研及推广工作中断，各业生产萎缩，经济效益大幅下降，尤其是奶牛业遭受了最严重的挫折。1968 年，各农场的奶牛场被下放到农村由生产大队管理，原有的行之有效的操作技术规程和防疫检疫制度基本废弛，育种工作一度中断，奶牛品种退化，单产水平下降，疾病增多。1972 年后，国营农场奶牛生产开始逐步加强管理，通过调整饲料粮政策，加大牛舍、机械化挤奶设备及运奶车辆的投入，恢复奶牛育种工作等措施，奶牛生产有所恢复。但直到 1976 年，奶牛全群仍没有达到"文化大革命"前的 1965 年的规模，与历史最高年份 1963 年的水平相去更远。1976 年，奶牛总头数 14 162 头，比 1965 年减少 4 941 头；成母牛总头数 9 028 头，比 1965 年减少 1 052 头；产奶量 4 845 万千克，比 1965 年减少 32 万千克。

从 1972 年开始，北京农垦的农业生产开始有所转机。加强了农田基本建设，一批排涝工程、灌溉工程相继建成投入使用；位于北京东南郊的永乐店、南郊、双桥等农场根治盐碱地也取得显著效果，农田基本条件大为改善。1974 年，有 6 个农场粮食亩产"跨长江"；盐碱地面积最多的永乐店农场粮食单产第一次实现"过黄河"，成为盐碱地综合治理的全国典型之一。1976 年，北京农垦有效灌溉面积 41 728 公顷，比 1972 年增加 16.5%；1976 年粮食总产量 17 852 万千克，比 1972 年增加 47.3%。

2. 探索前进阶段（1977—1978 年）　1976 年 10 月 14 日，"文化大革命"结束。1978 年，各农场开展真理标准的学习讨论活动。广大干部群众解放思想，为工作重点转移准备了条件。1977—1978年，有两件大事对北京农垦未来的发展产生了重大影响：

一是北京农垦率先实行财务包干制。1977 年 4 月 20 日，市革委会批复市农林局《关于国营农场盈亏试行包干的请示》，即 15 个国营农场和市牛奶公司盈亏相抵包干，每年净上缴国家利润 200 万元，一定三年不变。财务包干实施的当年，北京农垦实现扭亏为盈，共盈利 651 万元，亏损农场、公司大幅减少，当年上交市财政 200 万元；1978 年又增加朝阳农场实行财务包干。财务包干改变了国营农场吃国家"大锅饭"的局面，并为全国农垦 1979 年实行财务包干提供了经验。

二是北京农垦率先进行农工商综合经营试点。1978 年 9 月 22—28 日，国务院在北京召开人民公社、国营农场试办联合企业座谈会，会议确定农工商联合企业的试办单位和办法，北京农垦被列入首批试点。是年 11 月 12 日，国家农垦总局在北京召开农垦工作座谈会，重点讨论办农工商联合企业和实行财务包干制问题，并决定在京郊农场抓紧落实。12 月底，北京市试办农工商联合企业工作组向市政府建议：在试办期间，挂两块牌子，即农工商联合企业和国营农场管理局，为进入实际运作确定了思路。

（三）长风破浪，与时偕行：快速发展时期（1979—1998 年）

1978 年 12 月，中共十一届三中全会召开，北京农垦进入了改革开放的发展时期。1979—1998 年的 10 年间，北京农垦发展史上有 4 个重要的年份：

一是 1979 年。3 月 21 日，市革委会下发京革发〔1979〕150 号通知，决定成立北京市长城农工商联合企业和北京市国营农场管理局，市农场局与市农林局分署办公。市农场局的复建及成立农工商联合企业，对北京农垦的发展意义重大：①对统一领导国营农场和农垦企事业单位有了体制和组织的保证；②能在较大的范围内进行资源和生产要素的统一规划、统一布局、统一运作；③赋予了市农场局开展农工商综合经营的新职能。

二是 1984 年。3 月 8 日，中共北京市委下发京发〔1984〕10 号文件，决定将"北京市农场局"正式定名为"北京市农工商联合总公司。"经过这次变更，北京农垦不再是政府序列的机构，虽然农工商联合总公司还承担全市奶牛业和所辖农村工作的行政管理职责，带有行政性公司属性，但国有经济部分开始全面实施企业化经营。

三是1996年。6月，市政府同意授予总公司国有资产经营管理权，对所属农场、企业、事业单位的国有资产进行经营管理。授权经营后，进一步扩大了总公司的经营自主权，促进了总公司国有资产经营管理水平，为之后的集团化和农垦企业建立现代企业制度创造了条件。

四是1998年。4月，中共北京市委和市政府常务会决定对北京农垦进行场乡体制改革，8月正式启动，年底基本完成改革。场乡体制改革后，北京农垦基本完成国有农场办社会职能的改革任务，也为全国农垦提供了剥离办社会职能的有益经验。

这一时期，北京农垦的发展有三大突出特点：

1. 企业改革激活了北京农垦活力　改革开放初期，北京农垦在管理体制和企业经营机制方面采取了4项重大改革措施：一是1979年财政部、国家农垦总局充分肯定北京农垦财务包干的办法，北京农垦实行财务包干政策一直延续至"八五"时期末，前后共20年。实行财务包干，突破了统收统支的财务管理体制，提高了农垦自我积累、自我发展的能力。二是改革农业经营体制，推行联产承包责任制。1980年年底，90％以上的农村生产队实行生产责任制，责任到组、到户、到人。1984年，联产计酬责任制成为主要形式；1988年，适度规模经营已占主导；20世纪90年代，北京农垦农业统分结合的双层经营体制基本定型且更为完善。三是推行场（厂）长、经理负责制，调动企业经营者的积极性。从1984年开始，在工商运建服企业基本实行厂长（经理）负责制。继而以劳动、分配、人事3项制度改革为重点，在企业开展优化劳动组合，竞争上岗；推行全员承包责任制、风险抵押责任制等，打破"铁饭碗"；实行全员劳动合同制，打破"铁交椅"。四是于1998年年底完成场乡体制改革，终结了实行40年的"场乡合一、以场带乡"的管理体制，实行政企分开，理顺政企关系，剥离国有农场办社会职能，为农场公司化改革奠定了基础。

2. 对外开放成为北京农垦经济发展的重要引擎　北京农垦从1985年开始引进外资，兴办三资企业。1985—1990年，共建成三资企业32家，投资总额1.28亿美元。1991—1992年，北京农垦形成一个发展三资企业的高峰期。至场乡体制改革前的1997年年底，有批准合同的三资企业243个，投资总额11.4亿美元。兴办三资企业对北京农垦拓宽投资渠道、改造传统农业和落后的农产品加工业、提高生产技术和科学管理水平、提升产品品牌和北京农垦知名度，均起到重要作用。

3. 农工商综合经营促进产业振兴和结构优化　1984年，总公司制定"以农牧业为基础，以工副业为支柱，大力发展第三产业，加快建设现代化的首都副食品生产基地"的经营方针，发展第二、第三产业的势头迅猛。1988年，北京农垦开始进行国民生产总值指标统计，当年第一产业增加值的比重为32.9％，第二产业比重为49.2％，第三产业比重为17.9％，表现为二产比重＞一产比重＞三产比重；至1997年，第一产业增加值的比重降至27.1％，第二产业比重降至34.6％，第三产业比重升至38.3％，三次产业比重关系表现为三产比重＞二产比重＞一产比重，反映了北京农垦产业结构高级化的递进过程。

（四）鲲鹏展翅，乘势而上：跨越式发展时期（1999—2017年）

1999年是北京农垦完成场乡体制改革后的第一年。1999—2017年的19年间，北京农垦的改革与发展出现了非常可喜的进步，主要呈现出以下4个新的特点：

1. 经济实现跨越式增长　与1998年相比，2017年的营业收入增长12.2倍，年均增长14.5％。1999年销售收入29.9亿元，增至2006年的40.6亿元，用了8年时间；2007年营业收入46.4亿元，增至2009年的90亿元，用了3年时间；从2010年起至2017年止，共8年时间，以每百亿元营业收入为一个台阶，北京农垦连续跨越了4个台阶，即由2010年的108.3亿元增至2017年的437亿元，平均每个台阶的停留时间缩短为2年。同时，与1998年比较，北京农垦2017年的利润总额增长58.1倍，年均增长24％；2017年地区生产总值比1998年增长10.6倍，年均增长13.8％。

2. 充分发挥战略管理的引领作用　场乡体制改革后，北京农垦面对新情况、新特点，准确识变，科学应变，及时对原有的发展战略和经济结构做出调整。1999 年，总公司提出三大主导产业：以种业为主的高效精品农牧业、以品牌产品为支撑的食品工业、以自有土地和社会土地开发经营相结合的房地产业。之后，不断深化战略管理，首农集团重组成立后，完成编制新的发展战略。新战略提出首农集团的愿景是：建设首都标志性、具有行业领导力和品牌竞争力的都市型现代农业产业集团，成为创新型的国家农业产业化龙头企业集群；确定的三大主营业务体系是：种业为主的现代农牧业是基础型主业，以乳制品、肉食品为主的食品加工业是支柱型主业，以涉农商务服务、农产品和食品冷链物流、商流为主的物产物流业是成长型主业。2012 年，首农集团加强顶层设计，深化远期战略目标，首次提出"发展全产业链"的战略思想，即在畜禽良种繁育、种植、养殖、食品加工、仓储物流等多环节实现全产业链融合发展。2013 年，首农集团提出到"十三五"末实现"千亿首农梦"的愿景。2014 年，首农集团提出"一体两翼"的战略，即坚持实业为体，金融化和信息化两翼并行发展。2016 年，首农集团提出集团定位：成为都市型现代农业示范区、安全安心农产品食品生产者和供应商、京津冀协同发展排头兵、园区开发者和平台运营商、国内领先的综合性现代农业产业集团。2017 年，首农集团提出"千亿首农、美丽首农、法治首农"三位一体的战略构想。

3. 建立起母子公司体制框架　从 2000 年起，总公司对企业组织结构实施了一系列重大改革措施，打破了长期形成的"块块为主"（即农场经济为主）的企业布局。2000 年整合畜禽种业企业，成立北京三元种业股份有限公司；整合石油商业企业、出租汽车企业，成立北京三元石油有限公司和北京三元出租车有限公司。2001 年，组建建筑、奶牛、农业、绿化工程、房地产开发五大专业性公司。以 2001 年为分水岭，一批专业化股份制公司兴起，为建立母子公司的体制框架创造了条件。2002 年9 月，北京三元集团有限责任公司正式挂牌，标志着北京市级的农垦管理机构完成了公司制改革，在集团化、市场化方向迈出了重要的一步。2003 年划归北京市国有资产监督管理委员会管理后，北京农垦不断优化体制构架和治理结构。2005 年，市国资委监事会正式进驻三元集团，对国有资产保值增值状况实施监督。2008 年，市国资委向三元集团派出外部董事。2009 年 5 月，三元集团、北京华都集团有限责任公司、北京市大发畜产公司重组为北京首都农业集团有限公司。首农集团成立后，旗下的畜牧企业进行了多轮重组，进一步理顺内部产权关系，完善公司治理结构，进一步梳理董事会、经理层的权限边界，提高了集团母公司的管控能力，放大了国有资本的控制力和带动力。

4. 不断深化供给侧结构性改革　党的十八大以来，北京农垦以新发展理念为引领，深化供给侧结构性改革取得积极进展。首农集团通过供给侧结构性改革，优化动力结构，转换发展动能，提升供给质量。在资金供给方面，北京农垦融资渠道趋向多元化，改善债务结构，至 2017 年，累计发行债券 25 期，共计 172 亿元。上市公司再融资能力增强，三元食品股份公司于 2009 年和 2015 年非公开发行股票，分别筹资 10 亿元和 40 亿元。在增加科技投入方面，"十二五"期间，北京农垦承担各级各类项目 76 项，自立课题 293 项，项目经费达 3.87 亿元；如果再加上科技培训，设备升级技术改造等科技投入超过 5 亿元。在土地利用及供给方面，北京农垦持续为城市发展建设、优化市政条件和建设保障性住房贡献土地资源。同时，经济发展新动能不断孕育壮大，一批符合转型升级方向的新产业、新项目快速成长，通过对一些具有工业遗迹的老旧厂房、仓库进行升级改造，发展文化创意、电子商务、移动互联以及休闲旅游等产业，形成环五环高端产业园区体系，以增强北京农垦的可持续发展能力。

二、北京农垦发展成就

68 年来，北京农垦人不忘初心，胸怀使命，勇于担当，切实履行了国有企业的政治、经济和社会责任，以"敢叫日月换新天"的英雄气概，取得了令人瞩目的发展成就。

（一）履行国有企业的经济责任，实现经济又好又快发展

一是经济规模发生巨大变化。从企业户数看，1949 年仅有 4 家农场；2017 年有 33 个二级法人单位、165 个三级独立核算法人企业、38 个四级单位。从职工人数看，1950 年职工仅 277 人；2017 年从业人员 46 645 人，其中在岗职工 25 656 人。从资产总额看，1949 年总资产 146 万元；2017 年总资产 693.85 亿元。从收入规模看，1949 年总收入 95 万元；2017 年营业收入实现 437.04 亿元。

二是经济效益稳步提升。从利润总额看，1949 年利润总额仅为 0.5 万元；1979 年市农场局复建，利润总额 1 820 万元；1998 年年末场乡体制改革后，利润总额 3 084 万元；2009 年首农集团成立，利润总额 11 126 万元；2017 年利润总额 182 365 万元，比 1998 年增长 58 倍，年均增长 24%。从国有资产保值增值情况看，2017 年总资产 693.85 亿元，比 1998 年的 82.85 亿元增长 7.37 倍，年均增长 11.8%；2017 年所有者权益 209.34 亿元，比 1998 年的 24.52 亿元增长 7.54 倍，年均增长 11.9%；以 2005—2017 年时段为例，13 年中，资产保值增值率平均为 106.37%，资本积累率平均为 27.04%。

三是为国家做出了巨大贡献。在计划经济时期，北京农垦在保证首都市民副食品供应方面做出了重要贡献。同时，向周边农村提供了大量的优良畜禽和作物良种。自成立以来，北京农垦累计向国家上缴利税和资本收益达 34.7 亿元，其中，上缴利润 0.9 亿元，上缴国有资本收益 5.4 亿元，缴纳所得税 28.4 亿元。职工人均上交税费快速增加，2009 年职工人均上交税费 11 388.7 元，2012 年为 19 161.7 元，2017 年增至 51 933.4 元，8 年平均递增达 21%。

（二）坚持锐意改革，建立符合竞争类企业集团功能定位的体制架构

中共十一届三中全会后，北京农垦开始实行改革开放的战略决策。改革初期，以放权让利、调动企业和职工的积极性为重点，努力打破传统高度集中封闭管理的计划经济体制。1992 年中共十四大提出要建立社会主义市场经济体制之后，北京农垦改革重点从企业层面深入到管理体制，从放权让利转入体制机制创新，从以单项改革为主转向全方位、多领域、多层级改革配套。在明确竞争类企业集团的功能定位后，集团化、市场化、股份化改革不断深化，具体表现在以下几个方面：公司治理进一步完善，构建党的领导与法人治理有机统一的制度体系；加快劣势企业退出市场；完成全民所有制企业的公司制改革；与中粮集团、中信集团、复星集团等大公司合资合作的一批混合所有制企业应运而生；积极涉足金融领域，参与产业基金和金融实体，涉农金融股权投资业务规模稳步扩大；积极参与各种产业联盟和技术联盟，实现资源、信息共享，携手发展；完善投融资体制改革，债券市场融资规模稳步扩大，上市公司再融资能力明显增强，集团总部资金管理中心运作成果显著；引资、引技、引智进一步结合，加快"走出去"步伐，海外并购取得重大突破，收购英国樱桃谷农场有限公司、加拿大克劳利公司和法国圣休伯特公司等国际知名公司，表明北京农垦的国际化扩展能力和经营能力有所提高。通过锐意改革，首农集团进一步强化了竞争类企业集团的功能定位，国有资本的带动力、控制力、影响力得以快速提升，为向国有资本投资公司转型奠定了基础。

（三）大力调整产业结构，加快产业融合和业务转型

1949—1978 年，北京农垦基本处于农业主导阶段，执行"以粮为纲，全面发展"的经营方针。1979 年，北京农垦开始实行农工商综合经营。虽然涉农企业在原料供应端普遍占有优势，能够很好地保障产品的质量，但相对而言，中下游产业发展滞后，整个产品线不丰富且附加值较低，第三产业内部结构仍表现出明显的低端化特点，主要以传统的商贸、餐饮、服务业、交通运输业为主。

从 1999 年起，北京农垦开始逐步清晰主业，实施主辅分离，精干主业，退出辅业。2009 年，首农集团重组成立后，通过"公司+农户""公司+基地"、订单农业等措施，创新商业模式，推进业务协同；通过组建技术服务联盟、产业联盟，完善技术供给端；通过发展休闲农业、观光农业，培育了

首农庄园、首农红星集体农庄、紫谷伊甸园、南农百果园、百年栗园会员农场、长阳农场绿色生态园、三元农业科教园等一批农业休闲观光企业，进一步放大农业的生活功能和文化功能。至 2017 年年底，北京农垦共有 12 家农业产业化重点龙头企业，其中国家级重点龙头企业 5 家，市级重点龙头企业 6 家，外省的省级重点龙头企业 1 家。

北京农垦不断尝试产业融合创新，仓储企业由单纯收取租金向复合型仓储企业转型；房地产开发业务逐步多样化，除商品房开发外，涉足保障性住宅开发，同时，开发重点转向商务、餐饮、休闲一体的持有型物业，兴建了一批工业园区、文旅园区、电商平台，企业向园区经营者和平台运营商转型。对腾退的养殖场、老旧厂房和仓库进行升级改造，分享经济、数字经济、生物经济、绿色经济、创意经济等方兴未艾，涌现了塞隆文创园、E9 区创新工场、中科电商谷、东枫德必产业园、法国国际学校等一批与首都经济结构高度匹配、深度融合的新型实体。在首农集团"一体两翼"战略的引导下，加快构建以"互联网＋"为基础，以"现代农业＋"为主体的一二三产业融合发展的创新产业发展模式。积极发展数字技术，改造传统的育种及养殖方式，推进"智慧蛋鸡""数字牛场"和"智慧猪场"建设。

（四）厚植核心竞争力，打造国内最有实力的畜禽种业科技高地

在长期的生产和科研活动中，北京农垦在畜禽种业和乳业方面形成了特有的科技优势。2009 年首农集团重组设立后，丰富了北京农垦畜禽育种的产品线。2011 年，首农集团把"成为创新型的国家农业产业化龙头企业"写进北京农垦"十二五"规划的指导思想。至 2017 年，畜禽良种繁育已成为北京农垦最具核心竞争力的基础产业和高端业务，在奶牛、种猪、北京鸭、蛋鸡、肉鸡、北京油鸡等畜禽良种领域具有显著的行业优势和国内领先的技术水平，拥有种群规模大、综合科研实力强、成果辐射面广的畜禽良种繁育能力与生产基地，已形成集育种、养殖、生产、销售、研发、服务于一体的全产业链发展模式。种业是国家战略性、基础性核心产业，北京农垦以科技为芯、品牌为信，在畜禽种业的科研上持续进行高岗培土，厚植核心竞争力，为保障食物安全、生态安全做出重要贡献。

1. 奶牛产业　拥有我国规模最大的奶牛良种繁育及供种基地，建有国家奶牛胚胎工程技术研究中心、奶牛遗传育种与繁殖农业部重点实验室和奶牛遗传育种与繁殖北京市重点实验室。拥有国内领先、规模最大的优秀种公牛自主培育体系，以及我国第一个奶牛基因组选择评估体系；拥有优质种公牛 300 头，年产冻精 300 万剂。构建了拥有自主知识产权的荷斯坦牛"首农选择指数"，并在国内率先建立了 A2-β 酪蛋白奶牛基因筛选平台，建有生产 A2-β 牛奶的专属牧场。集团旗下的北京奶牛中心是国家奶牛胚胎工程技术研究中心、全国农业技术推广先进单位、国家高技术产业化示范工程、国家引进国外智力成果示范推广基地。

2. 蛋鸡产业　华都峪口禽业有限公司是世界三大蛋鸡育种企业之一，也是国家蛋鸡产业技术体系——平谷综合试验站的依托单位和农业部"育繁推一体化"的蛋种鸡企业，具有世界最大的生产体系。蛋鸡在国内市场的占有率达到 50% 以上，中国人每消费 2 枚鸡蛋，就有 1 枚源自峪口禽业。拥有 5 个完全自主知识产权的"红""粉"系列蛋种，使蛋鸡成为唯一不受国外控制的高产畜禽品种，年推广商品代雏鸡 2.1 亿只。峪口禽业公司建有涵盖原种、祖代、父母代三级良种繁育体系，拥有原种 6 万只、祖代 38 万套、父母代 400 万套，年孵化商品代健母雏 2.8 亿只。

3. 猪业　北京农垦旗下的中育种猪育种有限公司是国家生猪产业技术体系——北京试验站的依托单位，也是国内首家引进、利用全基因组技术繁育种猪的公司。首批基因组选择公猪已经应用于实际生产，实现了国内种猪、国际品质。年销售种猪 2 万头，种猪及精液推广遍布 30 余个省市。拥有全国最大的具有自主知识产权的"中育"配套系；拥有 1 个畜禽新品种（配套系）证书；拥有国内唯一的 SPF 种猪安全生产体系，建有唯一掌握 SPF 技术的核心育种场和扩繁场。

4. 北京黑猪　北京黑六牧业科技有限公司是唯一拥有北京黑猪种质资源和北京黑猪自有知识产权的公司，是集北京黑猪科研育种、试验示范、"黑六"食品加工、"黑六福"餐饮、销售于一体的牧

业科技型企业，是北京市科学技术委员会认定的"北京市科技研究开发机构"，是北京黑猪国家级农业标准化示范区和农产品质量安全良好级标准化生产基地，年销售黑猪1.5万头。

5. 北京鸭　北京鸭育种中心是农业部首批认定的国家级北京鸭遗传资源保护场，是集北京鸭种质资源保护、育种、繁育一体的专业化国家级育种公司，自主培育了"南口1号北京鸭配套系"。育种中心北京鸭种鸭存栏6万余只，拥有北京鸭专门化品系13个，年推广北京鸭父母代30万只，年出栏北京鸭1 800万只。首农股份与中信农业于2017年联合收购樱桃谷鸭。樱桃谷鸭是全球最大的白羽肉鸭种源，占全球肉用种鸭市场80％以上的份额，可为我国肉鸭及蛋鸭育种提供更多种质资源。金星鸭业有限公司提供的烤炙型北京鸭在中国市场占有率第一，占据中国中高端烤鸭原料市场90％的份额。

6. 北京油鸡　北京百年栗园生态农业有限公司是专业从事北京油鸡育种研发、种鸡生产、生态养殖、食品加工、产品营销的全产业链企业。公司建有北京油鸡研究院，采用平衡育种和分子育种技术，选育了7个北京油鸡新品系，培育了"栗园油鸡蛋鸡"和"京星黄鸡103"两个优质高效配套系，通过了国家畜禽新品种审定。公司建立原种、祖代、父母代相对完善的三级繁育体系，拥有原种选育场1个、祖代场2个、父母代场2个、孵化场1个。蛋鸡占全国同类市场的15％，占北京同类市场的60％以上；肉鸡占北京同类市场的30％以上。

7. 肉鸡产业　北京农垦拥有自主知识产权的"艾维茵"肉鸡品牌，拥有完整的肉鸡产业链，是全国最大、最完善的肉鸡良种基地之一。北京爱拔益加家禽育种有限公司每年从美国引进优秀的AA＋祖代种鸡，年孵化父母代种雏650万套，90％推广到全国各地。滦平华都公司建设存栏5.1万套的现代化AA＋父母代肉用种鸡场8座，年生产种蛋4 000万枚。峪口禽业公司联合中国农业大学自主培育的WOD168小优鸡，是我国第一个具有自主知识产权的白羽肉鸡品种，开创了我国白羽肉鸡育种的先河，年饲养祖代种鸡15万套，年产父母代种雏500万套、商品雏1 500万只，其产品质量和市场占有率在国内同行业中名列前茅。

（五）释放管理创新的驱动力，全面提升企业素质

企业素质是经济增长的核心内生动力。从2004年起，北京农垦把加强企业管理作为"战略抓手"，在以下6个方面取得显著成效：

一是农业标准化建设走在全国前列。从2003年起，北京农垦全面推进农业标准化建设，至2014年年底，有5家企业获得国家标准化管理委员会授予的"国家农业标准化示范区"称号。

二是系统化、科学化管理取得明显进步。2008年，全面预算管理在全系统实现全覆盖；同年，三元集团全面执行《企业会计准则》，完成了会计标准与国际趋同。

三是品牌的战略创意、品牌系统形象、品牌传播与维护取得重要进展。2010年后，北京农垦进入了品牌成熟阶段。"首农""三元"的品牌价值不断提升，在2017年的《中国500最具价值品牌》排行榜中，"首农""三元"品牌资产价值分别为295.37亿元、164.95亿元，排名分别为129位和232位。

四是通过加强知识产权管理，为畜禽育种、乳品制造等有较强竞争力的优势企业筑起了宽阔的"护城河"。至2017年，北京农垦共获得专利授权530件，按Ⅰ类评价的发明专利增加较快，符合国家级"高新技术企业"的认定条件的企业达13家。2017年年底，拥有有效注册商标1 489件，获得"中国驰名商标"7件，获得"北京市著名商标"14件。

五是切实发挥国有龙头企业在首都食品安全行动中的引领作用。2004年开始创建农产品质量安全追溯系统试点，2008年全面启动追溯系统单位的创建，2017年可追溯产品总量超过29万吨。2008年，国内发生重要的食品安全事件，即三鹿集团生产的奶粉中被发现化工原料三聚氰胺，同年，三元食品股份公司的乳品经质检部门多批次、多品种检测，均未检出三聚氰胺，赢得了市场美誉度。从2013年起，为了落实国务院领导提出的"打一场提高婴幼儿配方乳粉质量的攻坚战"的要求，在中

共北京市委、市政府和市国资委的领导下，首农集团确立了"实现三元婴幼儿配方乳粉民族第一品牌"的目标，引进一流人才和管理理念，建立研发生产销售一体化的产业链，至 2017 年 4 月，三元奶粉以总评第一的成绩，第七次蝉联中国婴幼儿奶粉"好口碑"榜首。

六是全面提升了法律治理能力和水平。为适应国资监管的要求，建立企业总法律顾问制度，统一协调处理企业决策、经营和管理中的法律事务。坚持风险导向，按照全面覆盖、突出重点的要求，加强内部审计工作。从 2015 年开始，首农集团着手开展内控体系建设工作，提升合规管理能力，减少合规运营成本，实现二级企业内部控制体系建设全覆盖。"法治首农"建设取得明显成效。

（六）切实履行社会责任，充分彰显国企担当

北京农垦作为北京市最大的涉农国有企业，始终牢记初心和使命，积极履行社会责任。

一是坚持服务"三农"，带动京郊农村与外埠农村的经济发展，增加农民收入。北京农垦围绕"高端、高效、高辐射"的要求，将优势产业向京津冀地区布局。以投资项目为载体，一批亿元投资规模的大项目落地在经济欠发达地区，拉动区域经济发展的作用和影响明显增强。至 2017 年，按照"资源共享，产业融合，互利双赢，共同发展"的原则，在以津冀两地为主的外埠累计投资额超过 80 亿元，提供就业岗位 10 万余个，带动农户 20 余万户。

二是始终服务于全局利益，坚决完成市政府下达的应急保障任务，发挥了"抓得住、调得动、能应急"的重要作用。北京农垦圆满完成历次全国"两会"、全国党代会等重要会议的食品保障任务，以及国际会议、国际体育赛事的食品保障任务。2015 年后，首农集团开始承担活猪、鸡蛋、大米及稻谷、婴幼儿配方乳粉的政府储备任务。

三是勇于为市政府排忧解难。坚持顾全大局，发挥兼容性强的优势，多次接收外系统移交的困难企业，化解不稳定因素。20 世纪 90 年代初，为了落实党中央、国务院清理整顿公司的要求，总公司克服困难，接收了 4 家经营困难且有众多历史遗留问题的外系统公司。2009 年，按照国务院领导的指示，首农集团接手了河北三鹿集团全部资产和全部核心企业员工，确保了职工队伍和当地社会的稳定。2011 年，首农集团介入北京市双河劳教所体制改革，按照北京市政府的要求，作为战略投资者，接收了地处黑龙江省讷河市的北京市双河农场的经营权，为解决双河农场政企不分、经营困难等问题创造了条件。

四是积极做好扶贫工作。首农集团发挥自身品牌、市场、产业运营优势，加大投资力度，开展产业合作，助力当地产业升级发展，帮扶贫困地区群众增收，实现精准扶贫。27 家二级企业在 7 省市开展投资项目 61 个，总投资 152.73 亿元。与 7 省市的近 800 家基地、合作社、供应商建立了稳定的采购业务。集团旗下的首农供应链管理公司牵头启动建设"北京市受援地区消费扶贫产业双创中心"项目，创造了"京援——双创平台＋合资创建龙头企业"的国企精准产业扶贫新模式，取得良好的效果[①]。2017 年年底，首农集团直接提供就业岗位 17 400 多个，带动建档立卡贫困人口达到 3.5 万户，有效助力贫困户就业增收。

五是在疏解北京非首都功能工作中，提高政治站位，认真履行企业主体责任。2014 年，首农集团全面启动疏解腾退促提升工作。至 2017 年年底，首农集团累计拆除腾退 331 万米^2 的老旧厂房和违章建筑；综合整治 135 万米^2；疏解清退商户 3 410 户，疏解关停畜禽养殖场 42 个；涉及土地超过 2 万亩，涉及人员疏解 15.8 万人。这组数据超过北京市属国有企业总疏解腾退面积的三分之一。首农集团疏解整治工作取得的经验，得到了中共北京市委、市政府和市国资委领导的充分肯定，展示了首农作为、首农担当，在全市疏解整治促提升的工作中树立了"首农标杆""首农样本"[②]。

---

① 2021 年 2 月 25 日，北京首农供应链管理有限公司被全国脱贫攻坚总结表彰大会授予"全国脱贫攻坚先进集体"荣誉称号。

② 2017 年 1 月 11 日，北京卫视新闻报道：《建设京津冀协同发展的"首农样本"》。

三、北京农垦发展经验

成绩来之不易，经验弥足珍贵。站在新的历史起点上，总结、完善、运用这些经验，对实现建成具有国际竞争力的现代食品集团的目标具有十分重要的指导意义。北京农垦发展的成功经验，概括起来主要有以下几点：

（一）坚持党的领导，加强党的建设

坚持党的领导，加强党的建设，是做好农垦工作的根本遵循，也是国有企业的根魂所在。在北京农垦每一个发展成果、每一次重大转折、每一项责任坚守的背后，都能清楚地看到党的坚强领导、正确指引的印迹，都能看出党的强大号召力、组织力、领导力、凝聚力。北京农垦的建立与发展离不开党和国家的大力支持，许多老一辈党和国家领导人多次来北京农垦视察工作。垦建之初，农场的生产、生活条件极其艰苦。但在各级党组织的领导下，在党员干部身先垂范的带动下，农垦人披荆斩棘、节衣缩食，建起一批机械化国营农场和规模化养殖场，为建设首都农副产品生产和供应基地做出了不可磨灭的贡献。在场乡体制改革、国有企业重组与调整、劣势企业退出等新旧体制转轨的节点，各级党组织发挥了政治核心作用，引导干部职工转变观念，带领企业爬坡过坎，攻坚克难，踏上坦途。首农集团成立后，坚持"党委管党建、书记抓党建"，发挥各级党组织的战斗堡垒作用和共产党员的先锋模范带头作用，充分调动蕴含在广大干部职工中的政治热情，稳定了北京农垦改革和发展的大局。加快构建党的领导与法人治理有机统一的制度体系，牢牢把握国有企业党组织在公司法人治理结构中的法定地位，确保集团党委发挥领导核心和政治核心作用，把方向、管大局、保落实。实践证明，只有坚持党对农垦工作的全面领导，才能准确把握农垦改革发展的方向和战略定位，把党的领导制度优势转化为国企治理效能，实现"建设国内领先的综合性现代化农业产业集团"的目标；只有加强党的建设，才能发挥各级党组织的政治核心作用，实现党的政治优势，把管党治党责任落实到位，切实履行国有企业的政治责任、经济责任和社会责任。

（二）坚持改革开放，实现新旧动能转换

1979年以来，北京农垦解放思想，勇于进取，不断破除体制机制的藩篱，克服"等、靠、要"思想，大胆创新实践，不断丰富农垦经济发展的理论和内涵，实现由计划经济向市场经济的转变。建立社会主义市场经济体制是贯穿农垦改革开放的主线。北京农垦从财务包干、放权让利、推行各类责任制、搞活国企经营机制，到实行场乡体制改革，完成国有独资公司改制，建立和完善公司法人治理结构；从抓大放小，改组组建和发展各类专业公司，实施主辅分离、辅业改制，推进劣势企业退出，到参与混合所有制改革，实施国内外并购，完成传统国有企业的公司制改革。在改革征途上，北京农垦一路走来，冲破了计划经济体制的束缚，逐步确立了企业在市场的主体地位，实现从行政管理向资本管理的转变、从传统企业向现代企业的转变。实践证明，改革是北京农垦经济高质量发展的动力源。只有坚持改革，才能破解农垦面临的困难和问题；也只有坚持改革，才能更好地服务国家战略需要，创造更多的新业绩。

1979年，北京农垦开始走对外开放的发展道路，从零星引进种畜禽、农机设备，发展到大规模引进种畜禽和各种先进装备，为现代农牧业和食品加工业的转型换代提升打下了重要的物质基础。北京农垦结合自身优势，围绕主业，兴办了一大批规模以上的外商投资企业，成为重要的经济增长点和外贸出口的主力军。国际大品牌的引进大大提升了北京农垦的知名度和美誉度。同时，北京农垦尝试"走出去"，发展境外企业。对外开放的实践，为北京农垦培养了一批熟悉国际市场规则、具有全球配置资源实操能力的管理干部。加强与国外经济技术交流，积极引进国外"智力"，有效地赋能畜禽育种。实践证明，不断拓展对外开放的深度和广度，使北京农垦获得了更多所必需的资金、技术、资

源、市场、人才乃至机遇，不断为农垦经济发展注入新动力、增添新活力、拓展新空间。开放还促进了改革，成为北京农垦经济发展的重要引擎。

（三）坚持全产业链发展模式，实现绿色高质量发展

农业是北京农垦的根基，农场是北京农垦的资源汇集地。在北京农垦的历史发展中，以农业为基础、以农场为底版，衍生了农牧业、服务业和农产品加工业，但农场的工业、商业与农业的关联度并不高，基本各自作战，供应链、价值链没有完全打通。2009 年首农集团组建后，产品品类更为丰富，几乎包括了从原料生产到加工再到销售的全部环节，而且经过长期的历史积累，首农集团也拥有必要的资产规模和产业重新耦合布局的基础，有条件建立全产业链的业务模式。鉴于此，首农集团新制定的发展战略明确提出实施全产业链发展模式，重点抓住产业链中可以形成竞争优势和主要利润来源的关键环节，进行产业归核化发展。北京农垦建立的全产业链，是指由"田间到餐桌"所涵盖的农资供应、种业及育种、种植与养殖、屠宰与加工、食品制造、贸易与物流、分销及终端、品牌推广、涉农金融与保险等多个环节构成的完整的产业链系统。通过一产往后延、二产两头联、三产走高端，形成资产布局的链、运营协同的链。为了补上产业链中的短板，对饲料生产、防疫及食品检测、屠宰及熟食加工、冷链物流、进出口贸易、电商平台、农超终端对接、涉农金融、农业保险等环节增加投资，兴办了一批规模企业，迅速产生了放大效应。同时，北京农垦的全产业链实现了对产品质量的全程控制，食品安全可追溯，打造"安全、放心、健康"食品产业链。通过实施全产业链模式，提高了对食品源头的掌控能力，深化了食品产业链全程追溯体系建设。同时，北京农垦的产业链是开放包容式的，突破了地域的界限，抓住京津冀协同发展的战略机遇，通过在外埠建基地和抓服务，以资本和契约相结合的措施，推行托管式、订单式、平台式、站点式等综合性服务模式，强化农业生产关键领域和薄弱环节的服务供给。实践证明，坚持全产业链发展模式是北京农垦产业融合和振兴、推进农业供给侧结构性改革、拓宽绿色高质量发展的必由之路。

（四）坚持以人为本，全心全意依靠工人阶级

坚持"以人为本"，全心全意依靠工人阶级，把维护广大职工群众的利益作为农垦工作的出发点和落脚点，是北京农垦几十年一路闯关夺隘、劈波斩浪、笃定前行、创造辉煌的重要原因。建场初期，农垦职工白手起家，用矢志奋斗诠释了使命担当。多年来，面对一系列政治检验、市场考验和自然灾害，北京农垦总能勇立潮头，并在第一时间完成国家指令，为保持大局稳定提供坚强支撑，就是因为其拥有一支忠诚党的农垦事业、"特别能战斗"的职工队伍。从 20 世纪 80 年代中期至 90 年代中期，北京农垦逐步完善各项社会保险制度，形成了完整的"五险一金"保障体系。建立和完善职工代表大会制度，建立厂务公开制度，改制企业建立职工董事、职工监事制度，有效地推进基层企业民主政治建设。"十五"期初，北京农垦明确提出"要实现国有资产增值和富裕职工的双重目标"。1995年，劳动者报酬占 GDP 的比重为 43.1%，2017 年提升至 54.2%。在场乡体制改革的 1998 年年底，预算企业职工年平均工资为 8 065 元，2017 年增至 82 158 元，使职工分享企业效益增长的成果。多年来，在职工中持续开展以双增双节、技术革新、技术改造、合理化建议、劳动竞赛、创新工作室等多种形式的经济技术创新工程，取得了很好的效果，成为北京农垦创新发展的重要群众基础。自北京农垦组建以来，涌现出一大批劳动模范等先进人物，他们的先进事迹鼓舞了几代农垦人。各级党委重视劳模管理，大力宣传劳模先进事迹，开展"最美首农人"评选活动，充分发挥荣誉奖励的示范引领和激励导向作用。实践证明，坚持"以人为本"，全心全意依靠工人阶级，是北京农垦能够克服一切困难，取得经济发展与改善民生，形成良性循环的制胜密码。

（五）坚持弘扬农垦精神，脚踏实地创造美好生活

北京农垦作为城郊型农垦，是中国农垦事业的有机组成部分，有着自身独特的历史和文化积淀。

在短缺经济年代，北京农垦为保障首都市民的"菜篮子""米袋子""奶瓶子""肉案子"做出了不可磨灭的贡献，也诠释了"艰苦奋斗，勇于开拓"的中国农垦精神。北京农垦在创造并积累物质财富的同时，也创造了丰富的精神财富，企业精神伴随改革发展的演进，逐步做到与时代匹配、与实践相符、与前沿对齐。在总公司时期，确立了"团结，求实，创新，奉献"的企业精神；在三元集团时期，根据国有独资公司的定位和改革发展的新形势、新任务，确立了"纵向不比横向比，超越自我争第一"的企业精神，表明北京农垦敢于和同行强手比拼，努力向标杆企业学习。2011年，首农集团企业文化建设取得重要成果，综合重组前三家一级企业的文化建设经验，首农集团企业文化手册——《我们的精神家园》正式出台，提出企业使命是"共创健康美好生活"，企业精神是"超越自我，勇于开拓"。"超越自我，勇于开拓"是进取观，体现了首农人不懈探索、锐意进取的意志品质，刻画了首农人敢为人先、追求卓越的大格局。在企业精神的引导下，首农人不满足已有的成绩，在把握自身优势的同时，不断突破自我的局限，自我加压，如2013年提出"首农千亿梦"的总体目标；2014年提出"一体两翼"新战略；2015年确立"建设成为国内领先的综合性现代农业产业集团"的功能定位；2016年提出推动环五环"一圈一系"项目建设，建设"美丽首农"的总体思路；2017年提出"千亿首农、美丽首农、法治首农"三位一体的战略构想。"超越自我，勇于开拓"的精神驰而不息，成为促进北京农垦改革发展的精神力量和北京农垦事业发展的不竭动力。

第一篇 建制及沿革

第一章　北京农垦沿革

本章记述的内容，不仅包括北京农垦管理机构及其所属机关部门之发端、变化，也包括北京市辖区内农垦企业以及由其投资、设置在国内外的企业在历史上的延续与变迁情况。

■ 第一节　管理机构

1949年1月1日，中国人民解放军北平市军事管制委员会宣布正式成立，隶属于中国人民解放军平津前线指挥部，北平市人民政府亦于当日宣布正式成立。北京农垦的沿革大体可以划分为三个时期。

一、设置管理机构筹备时期（1949年2月11日—1949年9月5日）

接收国民党政府及官僚资本家的农场，是由3个不同的机构组织实施的：一是北平市军事管制委员会；二是华北人民政府农业部；三是北平市郊区工作委员会。1949年2月11日北平市军事管制委员会物资接管委员会财经部农业水利处委派军事联络员王继尧等人接管"励志社①华北地区盟军用品供销处双桥农场"，该场的前身是1942年侵华日军北平后勤机关建立的"偕行社"② 军用农场。3月18日，华北农业部委派戎占峡、吕福才、梁庆云、门一庭等人组建华北农业部机械垦殖管理处，作为国营农场筹建机构，由戎占峡任处长。机械垦殖管理处先后接收了"三校联合实验农场"③、位于旧宫的原国民党军用机场油库和弹药库所在地、原联合国善后救济总署机械农垦处河北省分处以及丰台农场、黄村农场（当时由河北省黄村林校管理，今为团河农场）。8月，机械垦殖管理处又接管了原盐业银行在和义庄的土地、电井和国民党政府大兴县长的大泡子庄园土地，为建立和义农场做准备。

依据《北平市军事管制委员会关于本市辖区内的农业土地问题的决定》，第一批国营农场的建立主要采取了"没收所有地主土地，并征收富农出租土地"的做法。④ 负责没收地主土地和征收富农出租的土地，并建立国营农场的工作机构有两个：一是华北农业部机械垦殖管理处，该机构奉华北人民

---

① 励志社于1929年1月成立于南京，1933年在北平建立分社。其任务是负责国民党政府首脑及官员的后勤生活以及国民党军队的文化、教育、娱乐、福利等事宜，也为美国军队驻华军人及眷属提供接待服务。

② 偕行社是日本陆军于1877年2月15日创立的陆军将校集会所和社交场（即将校俱乐部）。各地的师团分别在司令部所在地设立偕行社。偕行社是独立的财团法人性质，作为企业组织，主要以军人为服务对象。

③ "三校联合实验农场"是法勤、九三、大同3个私立中学联合办的农场，因其前身是国民党政府1947年8月成立的河北省建设厅直属的"河北省南苑农场"，有史书仍称之为"南苑农场"，又因地处六合庄，当地人俗称其为"六合庄农场"。

④ 《当代中国的北京》编辑部：《当代北京大事记》（1949—2003年），当代中国出版社，2003年，第13页。

政府的指令，从 1949 年 8 月开始陆续以没收地主土地的方式，开始筹建立德茂农场、天恩庄农场、钱庄子农场；9 月开始以同样的方式筹建大生庄农场。二是北平市人民政府郊区工作委员会，该机构于 1949 年 3 月 19 日成立。

二、中央和北京市分别设置农垦管理机构时期（1949 年 9 月 6 日—1958 年 6 月 5 日）

1949 年 9 月 6 日，华北农业部指令，撤销机械垦殖管理处，成立平郊农垦管理局，将双桥、丰台、黄村、南苑（即地处六合庄的新农场，后定名五里店农场）4 个国营农场划归华北农业部所属平郊农垦管理局领导，自此，北京农垦正式设立了管理机构。9 月 27 日，北平市人民政府更名为北京市人民政府。9 月底，北平市人民政府郊区工作委员会更名为北京市人民政府郊区工作委员会。11 月，市郊委以没收地主土地的方式建立了彰化农场。11 月 1 日，平郊农垦管理局更名为京郊国营农场管理局，并由华北农业部移交给中央农业部领导。至 1949 年年底，北京农垦的管理机构实为两个，即京郊国营农场管理局和市郊委。京郊国营农场管理局管辖双桥、丰台、黄村、五里店 4 个农场；市郊委管辖的农场仅彰化农场 1 家。

1950 年 4 月以后，通过土改方式建立的德茂农场、和义农场、大生庄农场、天恩庄农场、钱庄子农场，均归市郊委领导。1950 年 9 月 10 日，京郊国营农场管理局由中央农业部移交市郊委领导。除五里店农场、双桥农场、北京牛乳场（当年 2 月由中央农业部在双桥地区建立）仍由中央农业部领导外，郊区其他国营农场均隶属市郊委下属的京郊农场管理局领导。1950 年 12 月，农业部垦务局（前身是 1949 年 11 月成立的机垦处）改为国营农场管理局，五里店农场、双桥农场、北京牛乳场被确定为中央农业部直属农场。

1952 年 8 月 1 日，市郊委以（52）郊办 1163 号文通知京郊国营农场管理局，从 8 月 1 日起撤销京郊国营农场管理局，改由市郊委直接领导。9 月 3 日，市政府颁发（52）府秘张字第 531 号、柴字 532 号令：撤销市郊委，另行组建北京市农林局，原市郊委管理的农场改归市农林局管理。1952 年 12 月，农业部将国营农场管理局改为国营农场管理总局，五里店农场、双桥农场、北京牛乳场仍为农业部直属企业。

1954 年 8 月，北京市人民政府改为北京市人民委员会。1954 年 10 月 14 日，经市人委批准，市农林局将五里店农场、和义农场、南苑畜牧场（含新华奶牛场）合并，定名国营北京市南郊农场。至此，归中央农业部管理的只有双桥农场和北京牛乳场，其余农场均归北京市农林水利局（市农林局于 1955 年 2 月 18 日改名为北京市农林水利局）领导。这种管理体制一直持续至 1958 年 3 月。

1956 年 7 月，农垦部部长王震向中央农村工作部和国务院总理提交了《关于垦荒方针和国营农场领导体制等问题的报告》，提出将国营农场划分为中央国营和地方国营，实行双重领导体制，地方国营农牧场以地方领导为主，农垦部辅助指导。[①]

三、北京农垦统一归北京市管理时期（1958 年 3 月 2 日—2017 年 12 月 31 日）

1958 年 3 月 2 日，中共中央办公厅中南海管理局将香山农场移交给市农林水利局。6 月 5 日，农垦部党组向中共中央提交《关于国营农场管理体制下放的报告》。农垦部根据中央提出管理权力下放的指示，决定将部属的双桥机械化农场、双桥种畜场（1957 年 7 月由北京牛乳场更名为双桥种畜

---

① 北京市国营农场管理局农场史编辑室：《北京国营农场建设大事记》（1949—1985），第 21 页。

场）、农展馆农场、龙泉寺家禽场（后正式更名北京市家禽场）下放给北京市，业务由市农林水利局接管。从此，北京农垦管理体制进入由北京市统一管理时期，这一时期长达 59 年。其间，管理机构的名称和直接的上级部门发生了 12 次变化，1958 年 10 月至 1959 年 7 月、1968 年 11 月至 1972 年 6 月，农场共有两次被下放至所在区县管理。

第一次变化：1958 年 10 月 30 日，市农林水利局制定《关于国营农场发展为人民公社后的情况和几个问题的意见》，决定撤销企业科，农场党政工团下放，由区、县直接领导，同时，将计划、财务、会计、统计、人事、物资供应、基建、劳动工资一并下放，市农林水利局的任务改为贯彻政策、审编计划、技术指导、检查、参观评比、指导财会工作。这是北京农垦历史上第一次出现农场下放。1959 年 1 月，中央农垦部党组发出《关于国营农场公社化的基本情况和产生的问题及解决的意见》，要求"省、区原管理国营农牧场的机构经撤销的仍予以恢复""建议各省、区将下放的国营农牧场除基础较差和规模小者外，全部收回"。① 是年 1 月 26 日，中共北京市委工作会议决定，由农场参加组成的人民公社，可挂农场和公社两块牌子，并决定成立市农垦局，受中央农垦部、市人委双重领导。第一次农场下放的时间很短，前后仅七八个月。

第二次变化：1959 年 7 月 12 日，市人委（59）市厅秘字第 140 号函通知：成立北京市农垦局，市农垦局成立后，即从市农林水利局析出（该局当时仍存在）。市农垦局作为管理农垦事务的机构，存续了 12 个月。

第三次变化：1960 年 8 月 10 日，市人委第十九次办公会议决定，为了贯彻以农业为基础的方针，便于对郊区农林牧副渔进行统一规划和精简机构，将市农垦局撤销，农垦业务并入市农林局（是年 1 月，因北京市水利工程局成立，原北京市农林水利局又恢复北京市农林局名称）管理。是年 8 月 15 日，根据市人委撤销市农垦局的决定，在市农林局内成立企业管理处主管农场工作。1962 年，中共北京市委、市人委再次明确了国营农场的体制：市属国营农场有生产计划权、资产管理权、人员调动权、产品处理权，由市农林局统一领导，实行统一领导下的分级管理；党的工作归所在地区（县委）；农场的政治、文教、卫生、交通、邮电等事业统归当地政府办理。② 市农林局作为管理农垦事务的机构，存续了 42 个月。

第四次变化：1964 年 1 月 29 日，国务院批准成立北京市国营农场管理局和北京市水利气象局。2 月 6 日，市人委决定将市农林局原负责的国营农场管理工作移交给市农场局，同时撤销市农林局农场处（即前述的企业管理处）。市农场局作为管理农垦事务的机构，存续了 55 个月。其间，市农场局的上级单位发生了一次变化：1967 年 4 月 20 日，北京市革命委员会成立，市人委被撤销，市农场局的上级单位由市人委改为市革委会农林组。

第五次变化：1968 年 11 月 8 日，市革委会决定农口各局合并成立大农业局，即北京市农业局，撤销市农林局、市农场局、北京市水利气象局、北京市农业机械管理局的建制。在此决定之前的一周，市革委会下发〔68〕142 号文《关于市属国营农场划归县（区）领导的通知》，提出，国营农场划归县（区）后，革命、生产及人事调动等均由县（区）革委会统一领导；生产计划、基本建设投资、物资供应及财政预决算等由各场制定，经县（区）革委会审核后，报市主管部门汇总办理。农场虽然被下放区县，但管理农垦的市主管部门仍存在。市农业局作为管理农垦事务的机构，存续了 55 个月，市农业局上级单位仍为市革委会农林组。这是北京农垦历史上农场第二次下放，也是下放时间最长、造成影响及损失最大的一次。

第六次变化：1972 年 7 月 1 日，市农业局革命领导小组第二十五次会议决定，按市革委会要求，市农业局撤销，原合并于大农业局的各局分成农林、水利、农机三局，农场工作归属市农林局农场组主管，结束了自 1968 年 11 月以来农场下放区县管理的历史。市农林局农场组作为管理农垦的机构，

① 北京市国营农场管理局农场史编辑室：《北京国营农场建设大事记》（1949—1985），第 31-32 页。
② 同①：40。

存续了 81 个月，上级单位为市革委会农林办。

第七次变化：1979 年 3 月 21 日，市革委会下发京革发〔1979〕150 号通知，决定成立北京市长城农工商联合企业和国营农场管理局，实行"一套人马、两块牌子"，北京市国营农场管理局与市农林局分署办公；长城农工商按市属局一级待遇。是年 4 月，市农场局和市农林局正式分署办公。长城农工商和市农场局作为管理农垦事务的机构，存续了 48 个月。其间，上级单位发生了一次变化，即 1979 年 12 月撤销市革委会，复设北京市人民代表大会常务委员会和北京市人民政府，北京农垦的上级单位由市革委会农林办公室改为北京市人民政府农林办公室。

第八次变化：1983 年 3 月 20 日，中共北京市委、市政府决定，北京市国营农场管理局改为北京市农工商联合总公司。总公司作为管理农垦事务的机构，存续了 217 个月，即十八年零一个月，为历史上存续时间最长的管理机构。其间，总公司上级单位在 2000 年 1 月 21 日由市农办变更为北京市人民政府农村工作委员会。

第九次变化：2001 年 4 月 10 日，总公司向市政府请示，按北京三元集团总公司名称进行工商登记注册，经北京市工商行政管理局审核批准，总公司变更为北京三元集团总公司，企业性质为全民所有制。三元集团总公司作为管理农垦事务的机构，存续了 17 个月，其上级单位仍为北京市人民政府农村工作委员会。

第十次变化：2002 年 9 月 28 日，三元集团总公司经市工商局核准，更名为北京三元集团有限责任公司，企业性质为有限责任公司（国有独资）。北京三元集团有限责任公司作为管理农垦事务的机构，存续了 80 个月。其间，三元集团上级单位发生一次重要变化，即 2003 年 10 月 15 日，北京市国有资产监督管理委员会正式挂牌成立。三元集团正式纳入市国资委的监管范围，上级单位由市农委改为市国资委。

第十一次变化：2009 年 4 月 20 日，市国资委京国资〔2009〕93 号文通知三元集团、华都集团、大发公司，决定三家企业实施重组，组建北京首都农业集团有限公司。5 月 14 日，经市工商局核准，三元集团变更为首农集团，取得新的企业法人营业执照，公司章程明确市国资委代表市政府行使出资人职责。5 月 16 日，首农集团正式揭牌。10 月 8 日，市国资委京国资〔2009〕93 号文决定，将首农集团划转给北京国有资本经营管理中心。[①] 11 月 12 日，市国资委和国管中心修订《北京首农集团有限公司章程》，明确首农集团是国管中心出资设立的公司，公司的出资人职责由市国资委行使。[②] 首农集团存续 104 个月，即八年零八个月，为北京农垦历史上存续时间第二长的管理机构。

第十二次变化：2017 年 12 月 15 日，中共北京市委召开首农集团、北京粮食集团有限责任公司、北京二商集团有限责任公司领导干部会议。会议宣布，经中共北京市委、市政府批准，首农集团、京粮集团、二商集团三家企业联合重组北京首农食品集团有限公司；将北京首都农业集团有限公司更名为北京首农食品集团有限公司；京粮集团、二商集团的资产无偿划转给首农食品集团，并由首农食品集团对其行使出资人职责，京粮集团、二商集团保留法人地位，改为一人有限公司；市国资委派驻首农集团监事会的监督检查范围覆盖到京粮集团和二商集团。

北京农垦管理机构沿革见表 1-1-1，北京农垦沿革大事记见图 1-1-1。

表 1-1-1　北京农垦管理机构沿革

起止时间	管理机构名称	上级主管部门
1949.9.6—1949.10.31	平郊农垦管理局	华北人民政府农业部
	北京市政府郊区工作委员会	北京市人民政府

---

① 北京国有资本经营管理中心是 2008 年 12 月 30 日由市国资委独家出资成立的以国有资本经营和国有股权管理为重点的全民所有制企业。

② 《北京首都农业集团有限公司管理制度汇编》（2016 暂定稿），第 1 页。

（续）

起止时间	管理机构名称	上级主管部门
1949.11.1—1950.9.9	京郊国营农场管理局	中央人民政府农业部垦务局
	北京市政府郊区工作委员会	北京市人民政府
1950.9.10—1952.7.31	京郊国营农场管理局	北京市政府郊区工作委员会
	农业部国营农场管理局	中央人民政府农业部
1952.8.1—1952.9.7	北京市政府郊区工作委员会	北京市人民政府
	农业部国营农场管理局	中央人民政府农业部
1952.9.8—1955.2.17	北京市农林局	北京市人民政府
		北京市人民委员会
	农业部国营农场管理局	中央人民政府农业部
1955.2.18—1958.6.5	北京市农林水利局	北京市人民委员会
	农业部国营农场管理总局	中央人民政府农业部
1958.6.6—1959.7.11	北京市农林水利局	北京市人民委员会
1959.7.12—1960.8.9	北京市农垦局	北京市人民委员会
1960.8.10—1964.4.22	北京市农林局（企业管理处）	北京市人民委员会
1964.4.23—1967.4.19	北京市国营农场管理局	北京市人民委员会
1967.4.20—1968.11.7	北京市国营农场管理局	北京市革命委员会农林组
1968.11.8—1972.6.30	北京市农业局	北京市革命委员会农林组
1972.7.1—1979.3.20	北京市农林局（农场组）	北京市革命委员会农林办公室
1979.3.21—1983.3.19	北京市长城农工商联合企业	北京市革命委员会农林办公室
	北京市国营农场管理局	北京市人民政府农林办公室
1983.3.20—2001.4.9	北京市农工商联合总公司	北京市人民政府农林办公室
		北京市人民政府农村工作委员会
2001.4.10—2002.9.27	北京三元集团总公司	北京市人民政府农村工作委员会
2002.9.28—2003.10.14	北京三元集团有限责任公司	北京市人民政府农村工作委员会
2003.10.15—2009.5.13	北京三元集团有限责任公司	北京市国有资产监督管理委员会
2009.5.14—2017.12.14	北京首都农业集团有限公司	北京市国有资产监督管理委员会
2017.12.15至今	北京首农食品集团有限公司	北京市国有资产监督管理委员会

1949年	• 9月6日，华北人民政府农业部成立平郊农垦管理局 • 9月底，北京市人民政府郊区工作委员会成立，管理市属农场 • 11月1日，平郊农垦管理局更名为京郊国营农场管理局，由华北人民政府农业部移交给中央农业部领导
1950年	• 9月10日，京郊国营农场管理局由中央农业部移交市郊委领导 • 12月，中央农业部成立国营农场管理局，五里店农场、双桥农场、北京牛乳场被确定为中央农业部直属农场
1952年	• 8月1日起，撤销京郊国营农场管理局，改由市郊委直接领导 • 9月3日，市政府撤销市郊委，另行组建北京市农林局，原市郊委管理的农场改归市农林局管理 • 12月，农业部国营农场管理局改为国营农场管理总局，五里店、双桥、北京牛乳场仍为农业部直属企业
1958年	• 6月5日，农垦部将部属的双桥机械化农场、双桥种畜场（1957年7月更名为双桥种畜场）、全国农业展览馆农场、龙泉寺家禽场下放给北京市（后更名北京市家禽场），业务由市农林水利局接管
1959年	• 7月12日，市人委决定成立北京市农垦局
1960年	• 8月10日，市人委第十九次办公会议决定，撤销市农垦局，市农垦局主管的业务并入市农林局
1964年	• 1月29日，成立北京市国营农场管理局
1968年	• 11月1日，市革委会决定国营农场划归县（区）管理 • 11月8日，市革委会决定农口各局合并成立大农业局，即北京市农业局，撤销市农场局
1972年	• 7月1日，市农业局革命领导小组第二十五次会议决定：按市革委会要求，市农业局撤销，原合并于大农业局的各局分成农林、水利、农机三局，农场工作不再归县（区）管理，由市农林局农场组主管农场工作
1979年	• 3月21日，市革委会决定成立北京市长城农工商联合企业和北京市国营农场管理局 • 4月，市农场局和市农林局正式分署办公
1983年	• 3月20日，中共北京市委、市政府决定，北京市国营农场管理局改为北京市农工商联合总公司
2001年	• 4月10日，北京市农工商联合总公司变更为北京三元集团总公司
2002年	• 9月28日，北京三元集团总公司整体改制为北京三元集团有限责任公司（国有独资）
2003年	• 10月15日，三元集团纳入北京市国有资产监督管理委员会的监管范围，上级单位由市农委改为市国资委
2009年	• 4月20日，市国资委决定三元集团、华都集团、大发畜产公司重组为北京首都农业集团有限公司 • 5月14日，首农集团完成工商变更登记，公司章程明确市国资委代表市政府行使出资人职责 • 10月8日，市国资委决定，将首农集团划转给北京国有资本经营管理中心 • 11月12日，市国资委和国管中心修订公司章程，明确首农集团是国管中心出资设立的公司，公司出资人职责由市国资委行使
2017年	• 12月15日，中共北京市委、市政府批准：首农集团、京粮集团、二商集团联合重组为北京首农食品集团有限公司；首农集团更名为北京首农食品集团有限公司；京粮集团、二商集团的资产无偿划给首农食品集团，并由首农食品集团对其行使出资人职责，京粮集团、二商集团保留法人地位，改为一人有限公司

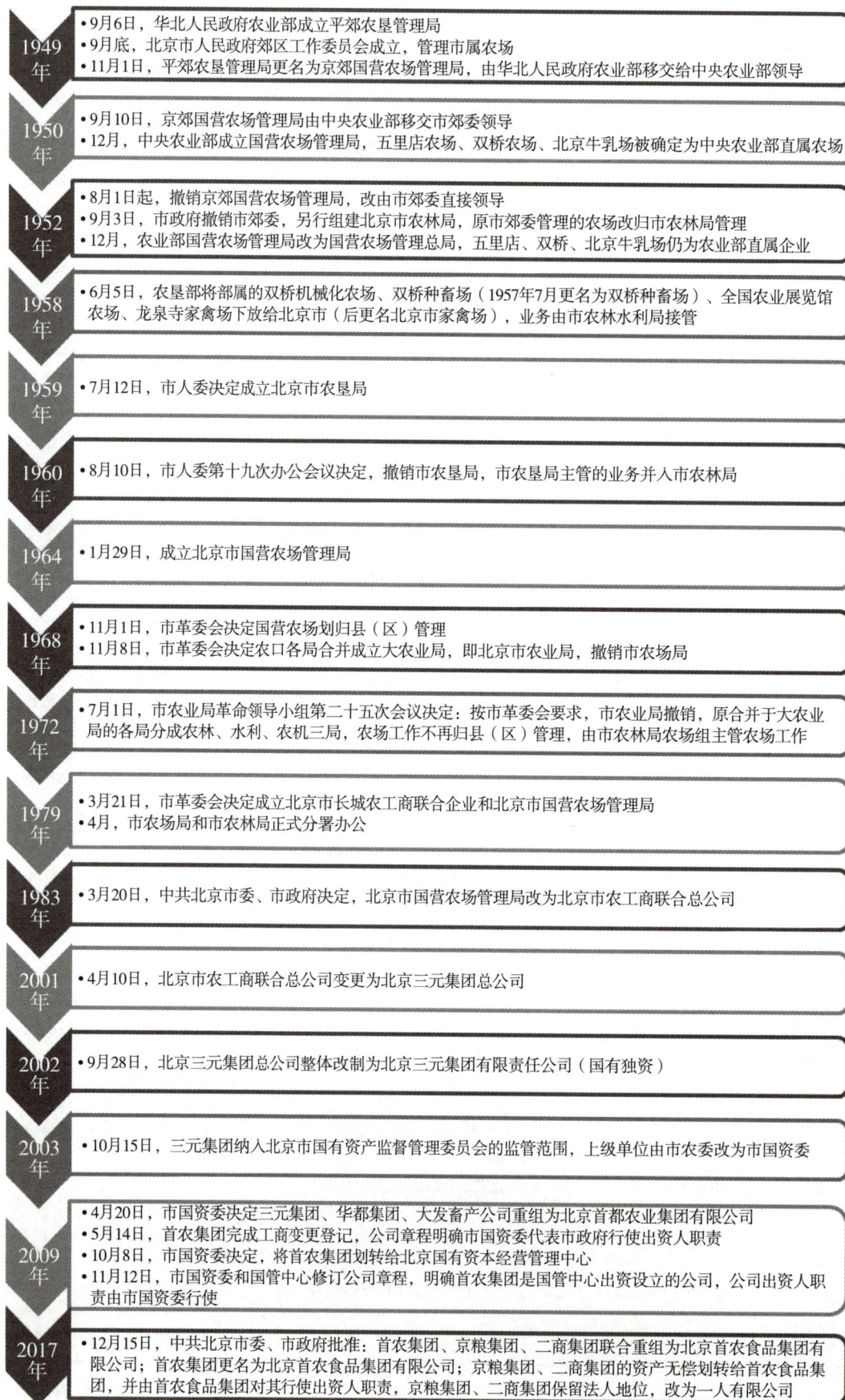

图 1-1-1 北京农垦沿革大事记

第二节　公司治理

公司治理是现代企业制度的核心要素。2002 年 9 月，三元集团成立，企业性质为有限责任公司（国有独资），完成由行政性公司向有限公司的重要转变；同时，明确了出资者，完成出资者对集团公司承担无限责任向承担有限责任的转变，为建立现代企业制度奠定了基础。

一、关于出资人

（一）出资人的变化

第一次：出资人为北京市人民政府。2002 年 9 月 28 日三元集团成立时，在市工商局备案登记的《公司章程》沿用市政府京政函〔1999〕63 号文《关于同意北京三元集团有限责任公司组建方案的批复》附件二《北京三元集团有限责任公司章程》。《公司章程》第二条规定："北京三元集团有限责任公司是由北京市人民政府出资并按照《公司法》在原北京市农工商联合总公司的基础上组建的国有独资公司。"第五条规定："北京市人民政府以原北京市农工商联合总公司截至 1998 年 12 月 31 日实际占有的国家所有者权益 152 045 万元中的 90 889 万元，作为对三元集团公司的出资，依法行使出资者的职能，依法享有出资者的各项权利，并以其全部出资额为限，对三元集团公司承担责任。"2003 年 10 月归市国资委领导，《公司章程》规定的出资人未变。

第二次：市政府授权市国资委行使出资人职权。2009 年 5 月 12 日，市国资委制订《北京首都农业集团有限公司章程》，第五条规定："北京市人民政府以 117 247.20 万元，作为对公司的出资，授权北京市人民政府国有资产监督管理委员会对公司依法行使出资人职权，以其全部出资额为限对公司承担责任，并依法享有各项权利。"①

第三次：出资人为北京国有资本经营管理中心，出资人职责由市国资委行使。北京国有资本经营管理中心是 2008 年 12 月 30 日由市国资委独家出资成立的以国有资本经营和国有股权管理为重点的全民所有制企业。2009 年 10 月 28 日，市国资委下发京国资〔2009〕93 号文《关于将北京首农集团有限等 5 家企业划转注入北京国有资本经营管理中心的通知》；11 月 12 日，市国资委修订原公司章程，第三条规定："北京首都农业集团有限公司是由北京国有资本经营管理中心出资设立，公司出资人职责由北京市人民政府国有资产监督管理委员会行使。"②

（二）出资人监管权力和责任

2003 年 5 月后，北京农垦的出资人职权，明确由市国资委行使。通过几年的运转，市国资委明确出资人对市属企业拥有 8 项监管权力与责任：①在规划与投资监管方面，出资人的权责事项包括市属企业中长期发展战略和规划制定、市属企业定位和主业核定、市属企业投资负面清单制定。②在资本运营与收益管理方面，出资人的权责事项有市属企业国有资本经营预算、决算编制及审核，市属企业国有资本预算收入监管，市属企业国有资本经营预算执行监管，市属企业国有资本经营预算支出监管，市属企业国有资本运作制度和规划制定。③在改革改组方面，包括市属企业新设、重组、合并、分立、破产方案审核，市属企业及重要子企业改制方案审核，市属企业所有制改革方案审核，市属混合所有制企业员工持股试点企业审核，市属企业章程制定修改或参与制定修改。④在董事会建设方

---

① 《北京首都农业集团有限公司章程》，北京首农食品集团有限公司档案室，归档号 4，第 9 页。
② 同①：30。

面，包括市属企业贯彻落实"三重一大"决策制度实施办法审批、市属企业董事会及董事评价。⑤在产权管理方面，包括国有资本权益变动事项审批、股份公司国有股权管理事项审批、国有产权流转事项监管、企业国有资产评估事项核准、企业发债事项审批、市属企业产权登记管理。⑥在业绩考核与薪酬管理方面，包括市属企业负责人薪酬审批、市属企业负责人履职待遇和业务支出管理、市属企业工资总额预算审批、国有控股上市公司股权和分红激励计划审批。⑦在财务管理方面，包括企业负责人经济责任审计和企业财务专项审计、清产核资审计。⑧在监督检查方面，包括监事会监督检查、违规经营投资责任追究。根据上述出资人监管权力和责任，2016 年 4 月，首农集团新修订的《审批权限管理办法》梳理规定了 61 项权限，其中属于市国资委的权限有 12 项，以确保出资人的权益。

二、关于董事会

（一）董事会组织建设

1. 董事会成员变化情况　三元集团董事会成员变动见表 1-1-2，首农集团董事会成员变动见表 1-1-3。

表 1-1-2　三元集团董事会成员变动一览

起止时间	董事会届次	董事名单	备注
2002.9.26—2004.11.21	三元集团第一届董事会	包宗业、张福平、邵桂林、范学珊、王力刚、宋春来、高青山	一届一次至八次会议
2004.11.22—2006.2.15	三元集团第一届董事会	包宗业、张福平、邵桂林、范学珊、王力刚、宋春来	一届九次至十四次会议
2006.2.16—2007.4.12	三元集团第一届董事会	包宗业、张福平、范学珊、王力刚、宋春来	一届十五次至二十四次会议
2007.4.13—2009.1.8	三元集团第一届董事会	张福平、范学珊、王力刚、宋春来	一届二十五次至五十八次会议
2009.1.9—2009.5.21	三元集团第一届董事会	张福平、薛刚、范学珊、王力刚、宋春来、陈天宝、李继延	一届五十九次至七十二次会议

表 1-1-3　首农集团董事会成员变动一览

起止时间	董事会届次	董事名单	备注
2009.5.22—2009.7.28	首农集团第一届董事会	张福平、冯巨元、薛刚、范学珊、王力刚、宋春来、陈天宝、李继延	一届一次会议
2009.7.29—2010.3.16	首农集团第一届董事会	张福平、冯巨元、薛刚、尹彦勋、张立昌、范学珊、王力刚、宋春来、陈天宝、李继延	一届二次至八次会议
2010.3.17—2011.9.14	首农集团第一届董事会	张福平、冯巨元、薛刚、尹彦勋、张立昌、范学珊、王力刚、宋春来、郑国本、李继延	一届九次至二十六次会议
2011.9.15—2013.2.21	首农集团第一届董事会	张福平、薛刚、尹彦勋、张立昌、范学珊、王力刚、宋春来、郑国本、李继延	一届二十七次至四十一次会议
2013.2.22—2013.11.4	首农集团第一届董事会	张福平、薛刚、尹彦勋、张立昌、范学珊、王力刚、宋春来、郑国本、李继延、符敬群	一届四十二次至四十七次会议
2013.11.5—2014.7.2	首农集团第一届董事会	张福平、薛刚、尹彦勋、张立昌、范学珊、王力刚、郑国本、李继延、符敬群	一届四十八次至五十二次董事会

（续）

起止时间	董事会届次	董事名单	备注
2014.7.3—2015.5.14	首农集团 第一届董事会	张福平、薛刚、尹彦勋、张立昌、范学珊、王力刚、郑国本、李继延、符敬群、郑立明	一届五十三次至五十六次董事会
2015.5.15—2016.8.28	首农集团 第一届董事会	张福平、薛刚、尹彦勋、张立昌、王力刚、郑立明、张军书、赵继明、李双杰	一届五十七次至六十六次董事会
2016.8.29—2017.12.31	首农集团 第一届董事会	薛刚、尹彦勋、王力刚、郑立明、张军书、赵继明、李双杰	一届六十七次至八十五次董事会

2. 外部董事 所谓外部董事，是指非本公司职员的董事。为了有效地维护出资人权益，增强董事会的独立性和专业性，真正实现企业决策权与执行权的分离，使董事会具备较强的决策能力和对经理层的问责能力，2008年11月19日，市国资委派出的2名外部董事参加三元集团董事会。至2017年12月31日，9年间，市国资委派驻的外部董事共7人。

三元集团和首农集团外部董事成员变动见表1-1-4。

表 1-1-4 三元集团和首农集团外部董事成员变动一览

起止时间	董事会届次	外部董事名单	备注
2008.11.19—2009.5.21	三元集团 第一届董事会	陈天宝、李继延	三元集团一届一次至七十二次董事会
2009.5.22—2010.3.16	首农集团 第一届董事会	陈天宝、李继延	首农集团一届一次至八次董事会
2010.3.17—2013.2.21		郑国本、李继延	首农集团一届九次至四十一次董事会
2013.2.22—2015.5.14		郑国本、李继延、符敬群	首农集团一届四十二次至五十六次董事会
2015.5.15—2017.12.31		张军书、赵继明、李双杰	首农集团一届五十七次至八十五次董事会

三元集团/首农集团历任外部董事多为企业主管投资、经营管理、财务会计、法律、人力资源等方面的专家或具有实践经验的人士。外部董事进驻后，主要对三元集团/首农集团的经营发展、财务管理、风险防控等日常运营各方面进行持续关注。在出席企业董事会、专门委员会会议，以及列席企业各项重要会议的过程中，外部董事发挥专业优势，独立、慎重地进行表决，在促进董事会提高决策水平、增强风险防范能力等方面提出意见和建议，履行对出资人的信托义务。

3. 职工董事 2002年9月，市政府任命的三元集团董事中包括集团公司工会主席宋春来。直到2013年8月8日，市国资委京国资任字〔2013〕50号文通知，免去其所任的首农集团董事职务。2013年5月，首农集团工会召开第一次代表大会，选举产生首农集团工会第一届委员会，郑立明当选工会主席。2014年1月14日，首农集团召开一届五次职代会，选举郑立明为首农集团职工董事。

4. 专门委员会和董事会办公室 三元集团董事会在2006年以前没有专门的委员会。2006年3月，三元集团机关机构改革，首次建立2个董事会专门委员会。之后，专门委员会有过多次变化。2009年4月，三元集团建立董事会办公室。

三元集团和首农集团董事会专门委员会变动见表1-1-5。

表 1-1-5 三元集团和首农集团董事会专门委员会变动一览

起止时间	董事会名称	数量	专门委员会名称
2006.3.20—2007.7.24	三元集团 第一届董事会	2	发展战略及投资决策委员会、薪酬及绩效管理委员会
2007.7.25—2008.7.21		4	发展战略及投资决策委员会、风险管理委员会、审计委员会、绩效考核及薪酬管理委员会

（续）

起止时间	董事会名称	数量	专门委员会名称
2008.7.22—2010.3.17	首农集团 第一届董事会	4	发展战略及投资决策委员会、风险管理委员会、预算管理委员会、薪酬及绩效管理委员会
2010.3.18—2015.5.15		5	战略委员会、审计委员会、风险委员会、薪酬与考评委员会、提名委员会
2015.5.16—2017.12.31		3	战略与投资委员会、审计与风险委员会、提名委员会

2010年4月，董事会制订了5个《专门委员会工作细则》。董事会专门委员会的工作逐步规范，会议次数有所增加，重视发挥董事会专门委员会辅助决策作用。2016年4月，首农集团修订《董事会专门委员会工作细则》。

（二）董事会制度建设

2003年4月8日，三元集团〔2003〕7号文印发三元集团《董事会议事规则》《经理常务会议事规则》《经理专题办公会议事规则》《党委会议事规则》《党政联席会议事规则》。这是北京农垦改制为国有独资公司后，第一次制定完整的议事规则。其中，《董事会议事规则》具体规定董事会议事内容、议事程序和方式、议事的相关要求、董事会决议决定的贯彻执行和对执行情况的监督检查等工作要求。

为了适应国资监管的新要求，首农集团于2011年4月重新修订规则和办事程序，通过《党委（常委）会议事规则》《董事会议事规则》《总经理办公会议事规则》《党政联席会议事规则》《董事会管理经理层的实施办法》《专门委员会工作细则》《公司制企业职工董事和职工监事管理办法》《国有企业贯彻落实"三重一大"决策制度的规定》等基本制度，进一步明确和规范了党委会、董事会、监事会与经理层的权责边界，初步形成了公司治理各主体分工明确、各负其责、高效运转、有效制衡的良好运行机制。

2016年4月，首农集团完成规章制度的修订，颁布了《党委（常委）会议事规则》《董事会议事规则》《总经理办公会议事规则》《党政联席会议事规则》《董事会专门委员会工作细则》《总部部室联席会议议事规则》《审批权限管理办法》等基本制度。新修订的《审批权限管理办法》梳理规定了61项权限，并对公司治理各层的权限进行了明确的划分。

2016年年底，首农集团完成将党建工作总体要求纳入公司章程的修改工作，同时修订《关于规范和执行"三重一大"决策制度实施办法》《党委（常委）会议议事规则》和《董事会议事规则》。新规定明确：董事会决定重大问题，应事先听取党委的意见；党委（常委）会提议时，董事长应在7个工作日内召集临时董事会会议；公司的重大经营管理问题经过党委常委会研究讨论，作为"三重一大"决策制度的前置程序。[①]

（三）董事会会议

董事会会议是董事会决策的重要形式。2005年6月后，三元集团严格执行市国资委《关于进一步加强国有独资公司董事会建设的指导意见》，对开好董事会会议做出许多改进。2017年，落实集团总法律顾问列席董事会会议的制度。董事会会议提前统筹，提高议题材料的完整性、准确性和及时性，严格执行记名投票的书面表决方式和未出席会议董事授权委托表决制度。规范决策流程，使会前论证更充分，会中决策更客观，会后存档更完备，董事会的质量效率更高。[②]

历年董事会会议及议题见表1-1-6。

---

① 《首农集团2016年度董事会工作报告》（2017年3月31日），第3页。
② 《首农集团2017年度董事会工作报告》（2018年5月15日），第5页。

表 1-1-6　历年董事会会议及议题统计一览

年度	会议次数（次）	议题数量（个）	主要议题
2008	17	69	贷款担保类 24 项；重组并购类 11 项；合资合作类 10 项；董事会建设类 4 项；企业改革改制类 4 项；企业改革改制类 4 项；全面预算管理和制度建设类 3 项；离任审计类 3 项；债权债务处理类 2 项；品牌建设类 1 项
2009	12	90	贷款担保类 24 项；重组并购类 15 项；合资合作及股权变更类 15 项；项目投资建设类 14 项；董事会建设类 4 项；制度建设类 3 项；债权债务处理类 3 项；全面预算管理类 2 项；其他类议题 6 项
2010	13	118	贷款担保及借款类 40 项；项目建设（包括增资）及合资合作类 19 项；股权变更、转让及劣势企业退出类 12 项；房地管理类 12 项；重组并购类 8 项；董事会建设类 7 项；清产核资类 4 项；改革改制类 3 项；全面预算及战略管理类 2 项；品牌建设类 2 项
2011	11	96	项目建设及合资合作类 34 项；股权变更、转让及劣势企业退出类 12 项；贷款担保及借款类 10 项；重组并购、资本运作类 10 项；房地管理类 7 项；战略管理及全面预算管理类 4 项；资产处置类 4 项；董事会建设类 3 项；制度建设类 3 项；品牌建设类 2 项
2012	10	100	合资合作（增资）类 24 项；建设项目类 19 项；贷款担保及借款类 12 项；股权变更、转让及劣势企业退出类 11 项；资本运作类（包括改革改制、重组并购、上市、融资）11 项；房地管理类 8 项；制度建设类 3 项；董事会建设类 3 项；资产处置类 1 项；薪酬与绩效考核类 1 项
2013	8	73	项目建设及合资合作类 26 项；股权收购、转让、变更类 11 项；增资扩股类 8 项；贷款担保及借款类 6 项；资本运作类（包括改革改制、上市、融资等）5 项；房地管理类 5 项；资产收购、处置类 3 项；人事变动类 2 项；薪酬与绩效考核类 2 项；制度建设类 1 项
2014	7	127	项目建设及合资合作类 34 项；股权收购、转让、变更类 23 项；房地管理类 18 项；资本运作类 12 项；增资扩股类 10 项；合并重组及劣势企业退出类 6 项；贷款担保及借款类 6 项；预算管理类 4 项；董事会建设类 2 项；战略管理类 1 项
2015	7	110	增资扩股、股权收购和股权投资类 16 项；资产核销、公司注销、疏解首都非核心功能类 11 项；项目投资类 10 项；房地管理类 10 项；资产、产权划转及变动类 10 项；新设公司类 6 项；境外收购和境外投资类 4 项；董事会建设、经理层聘任、监事会反馈问题整改类 4 项；战略规划、国有资本预算、合资合作、股改上市四类议题各 3 项
2016	9	142	财务预算、融资、贷款担保类 28 项；增资扩股、股权收购和股权投资类 28 项；资产核销、资产处置、公司注销、疏解非首都功能类 15 项；股权转让、劣势企业退出类 13 项；房地管理类 8 项；合资合作类 7 项；董事会建设、经理层聘任、监事会反馈问题整改类 7 项；修改公司章程、管理制度和注册资本金变更类 6 项；资产产权划转变动、项目投资、改制上市、战略合作四类议题各 5 项
2017	14	145	财务预算、融资、贷款担保类 46 项；增资扩股、股权收购和股权投资类 18 项；项目投资与建设类 13 项；战略合作类 11 项；股权转让、股权变动、劣势企业退出类 9 项；资产核销、资产处置、公司注销、疏解非首都功能类 7 项；修改公司章程、管理制度和注册资本金变更类 7 项；改制上市类 5 项；董事会建设、监事会反馈问题整改、绩效考核类 5 项；房地管理类、新设公司类各 4 项

注：根据 2008 年度至 2017 年度董事会工作报告整理，对原个别年度报告的某些类别做了合并调整。

（四）董事会工作报告

根据市国资委 2009 年 1 月 12 日印发的《关于 8 户企业向市国资委专题汇报 2008 年董事会年度工作的通知》的要求，三元集团为首批实施的市属企业。2008 年度至 2017 年度的董事会工作报告共 10 份，概括起来有以下主要事项：董事会建设及运转情况；发展战略及中长期规划；重大投资、融资及国有产权变动事项；改革改制情况；经济发展总体情况及预算执行情况；风险管控情况；品牌建设情况；经理人员的经营业绩考核与薪酬情况；经理人员的选聘情况及评价情况；履行社会责任情况；对市国资委总体评价整改落实情况；对监事会监督检查整改落实情况；下一年度的工作安排思路与主要措施；其他需要向市国资委报告的情况。董事会工作报告由董事长汇报，既肯定工作成绩，也分析存在的问题及其产生的原因，提出改进措施，对下一年度工作有指导意义。

三、关于监事会

（一）北京市国有企业监事会

1998 年，市政府开始试行稽查特派员制度，向部分市属国有企业派驻稽查特派员。2000 年 11 月 17 日，市政府印发《北京市国有企业监事会管理暂行办法》（京政发〔2000〕31 号）。2001 年年初，稽查特派员正式改为北京市国有企业监事会。2003 年 10 月，市国资委成立，监事会业务领导和日常管理归由市国资委负责。2005 年 3 月 29 日，市国资委召开委派监事会动员会，国资委代表市政府派出监事入驻包括三元集团在内的 36 家国有企业，对国有资产保值增值状况实施监督；4 月 15 日，市国资委监事会正式进驻三元集团。监事会办事处设监事会主席、副局级办公室主任各 1 人，下设专职监事和兼职监事。监事会办事处进驻企业实行定期轮换制度。至 2017 年 12 月 31 日，监事会第四办事处、第六办事处、第五办事处和第三办事处先后进驻北京农垦。

市国资委派驻监事会变动见表 1-1-7。

表 1-1-7　市国资委派驻监事会变动一览

起止时间	监事会成员	备注
2005.4—2009.9.14	赵崇捷（主席）、张建路（主任），方子虹（专职监事）、胡建军、芦淑芳	第四办事处
2009.9.15—2010.8	仇章建（主席）、刘建顺（主任）、胡建军（专职监事）、王彬、刘洪涛	第六办事处
2010.8.17—2011.8	仇章建（主席）、刘建顺（主任）、胡建军（专职监事）、王彬、刘洪涛、李军鸿、孙志解	第六办事处
2011.8—2012.10	仇章建（主席）、韩世春（主任）、胡建军（专职监事）、王彬、刘洪涛、李军鸿、孙志解	第六办事处
2012.10.10—2013.1	于新华（主席）、范惠珠（主任）、王志成（专职监事）、赵航、王彬、孙志解、吕继贤	第五办事处
2013.2—2014.7	于新华（主席）、裴英（主任）、王志成（专职监事）、赵航、王彬、孙志解、吕继贤	第五办事处
2014.7—2016.11.9	徐凤（主席）、裴英（主任）、王志成（专职监事）、赵航、王彬、吕继贤、孙志解	第五办事处
2016.11.10—2017.12.31	刘春芳（主席）、龚善（主任）、刘菲（专职监事）、郑利军（辅助专职监事）、陈宝生、谭玉珍	第三办事处

监事会以财务监督为核心，不参与、不干预企业的经营决策和经营管理活动。监事会的主要职责包括：一是检查企业贯彻执行有关法律、行政法规和规章制定的情况；二是检查企业财务，查阅企业的财务会计资料及与企业经营管理活动有关的其他资料，验证企业财务会计报告的真实性、合法性；三是检查企业的经营效益、利润分配、国有资产保值增值、资产运营等情况；四是检查企业负责人的经营行为，并对其经营管理业绩进行评价，提出奖惩、任免建议。监事会常驻企业，列席企业董事会会议、总经理办公会、党委会会议等有关会议，开展专项检查和集中检查，了解企业经营状况和企业负责人履职情况。监事会通过对首农集团走访调研，抽查基层企业相关资料，与董事、经理层和总部机关有关部室领导谈话等方式，掌握监管企业的情况。历届监事会还会重点参与集团公司的中长期规划研讨会、职代会等重要会议。监事会根据市国资委要求，每年向市国资委提交监督检查年度报告和监督检查专项报告。

（二）北京市国有企业监事会职工监事

根据《公司法》、市国资委《关于印发〈北京市国有企业监事会职工监事管理办法〉的通知》（京国资发〔2011〕32 号）及首农集团《民主管理和职工（代表）大会实施细则》规定，2016 年 6 月 7

日，首农集团召开一届四次职工代表团（组）长联席会议，审议决定选举马辉、雷坤石为首农集团职工监事。2017 年 1 月 18 日，首农集团一届八次职工代表大会听取并确认了一届四次职工代表团（组）长联席会议关于选举马辉、雷坤石为集团公司职工监事的决定和选举结果；2 月 14 日，首农集团党委向北京市国有企业监事会办公室报告关于选举职工监事选举结果（京首农党文〔 2017 〕13号）；9 月 4 日，首农集团完成职工监事的工商变更登记。

四、关于经理层

2002 年三元集团总公司改制为三元集团有限责任公司时，总经理是由中共北京市委提出建议人选，再由公司董事会履行法定程序聘任的。是年 8 月 19 日，中共北京市委农村工作委员会京农干〔2002〕49 号文通知三元集团总公司党委：经市委同意，建议张福平任三元集团有限责任公司总经理；9 月 26 日，三元集团董事会第一次会议履行法定程序，聘任张福平为总经理；10 月 8日，市委农工委京农干〔2002〕58 号文通知，建议范学珊、王力刚、高圣永、谢磊任三元集团副总经理，薛刚任总经济师，之后由三元集团董事会履行法定程序聘任。此届经理层的任用基本采取组织选拔的方式。2007 年，市国资委党委决定三元集团采取内部竞聘（竞争上岗）的方式产生总经理；8 月 22 日，5 名来自三元集团内部的竞聘者参加竞聘三元集团总经理的面试；9 月 17 日，市国资委党委宣布薛刚受聘为总经理。2008 年 7 月，北京市在 6 家市属国企进行董事会管理经理层的试点工作，其中三元集团为试点单位之一。2009 年，市国资委批复《首农集团董事会管理经理层试点工作实施办法》。首农集团采取内部民主推荐方式，增补 1 名副总经理；采用社会公开招聘方式产生总会计师。[①] 2016 年，首农集团重新修订《审批权限管理办法》，明确了经理层权限。

■ 第三节　管理机关职能部门设置

北京农垦管理机关职能部门在历史上变化频繁，变化的原因有很多，主要原因有以下几个：一是农垦系统的隶属关系变化；二是农垦管理机构的撤并与调整；三是随着农垦事业的发展，主营业务发生变化；四是管理机关自身精简或改革。

一、中央和地方分管时期的北京农垦管理机关（1949 年 3 月—1958 年5 月）

北京农垦草创之初，农垦系统分属中央农业部和北京市管理，因此，管理机关也分为两个系统。1949 年 11 月 1 日，平郊农垦管理局改名为京郊国营农场管理局，并由华北农业部移交中央人民政府农业部领导。京郊国营农场管理局设置三科一室一股，即财务科、经管科、销售科、秘书室、人事股，实有人员 30 人。[②] 同月，中央农业部成立机垦处，后改为垦务局，主管国营农场工作。1949 年3 月 19 日，北平市人民政府成立郊区工作委员会，负责郊区政权建设、土地改革、发展生产等工作；下设建设科，负责农业生产工作。5 月，北平市人民政府郊区工作委员会更名为北京市人民政府郊区工作委员会，市郊委开始筹建市属国营农场，农场业务由市郊委建设科分管。

1950 年 4 月，市属国营农场的业务分别由市郊委新设的农业科、水利科、林牧科管理。1950 年

---

① 《首农集团 2009 年度董事会工作报告》（2010 年 9 月 6 日），第 13 页。
② 北京市地方志编纂委员会：《北京志·农业卷·国营农场志》，北京出版社，2000 年，第 226 页。

9月，中央农业部把京郊国营农场管理局划给北京市郊委领导，但双桥农场、五里店农场和北京牛乳场仍归农业部垦务局（12月改为农业部国营农场管理局）管理。1951年的机关机构设置与上年相同，但在市郊委农业科增设畜牧兽医股。

1952年9月3日，北京市撤销市郊委，成立北京市农林局，同时设立农业生产科、互助合作科、园艺科、农田水利科、林业科、畜牧兽医科①；10月17日，市农林局设立农场管理科，在其下设立国营农场组和私营农场组，国营农场组负责检查各国营农场经营计划及管理，私营农场组负责办理私营农场的登记、审核，并指导其经营管理。1953年的机关机构设置与上年相同。1954年春，市农林水利局增设水产组，其余机构不变。

1955年，市农林水利局精简机构，撤销农场管理科，改为农场组。② 1956—1957年的机关机构设置与上年相同。

1958年3月，市农林水利局撤销农场组，成立企业科。③ 在1958年6月之前，双桥农场、双桥畜牧场、农展馆农场仍归农垦部管理。

二、北京市统一管理时期的北京农垦管理机关（1958年6月至今）

这一时期，北京农垦管理机关按照管理机构的属性，可分为以下3个阶段：

（一）行政局时期的管理机关（1958年6月—1984年2月）

北京农垦分管体制一直延续到1958年6月，之后，北京农垦由市人委主管。在北京市管理农垦的前26年的时间里，北京农垦管理机关的设置有两个特点：一是在1979年之前，北京农垦管理机关设置存在完整的机关部室与单一的业务部门交替出现的现象；二是从1979年至1984年年初，北京农垦基本按照专业建立健全了完整的管理机关。在这个时期，有6次较重大的变化：

第一次变化：1959年7月成立北京市农垦局，之后设立完整的机关职能部门，包括畜牧处、生产处、计财处、人事科、办公室，有机关人员40人。④

第二次变化：1960年8月，市人委将市农垦局撤销，市农垦局主管的业务并入北京市农林局，在市农林局内成立企业管理处主管农场工作。1961—1962年的机关机构设置与1960年相同。1963年3月6日，企业管理处改为国营农场处。

第三次变化：1964年2月，市人委决定成立北京市国营农场管理局，同时撤销市农林局农场处（即前述的企业管理处）。之后，市农场局相继组建完整的机关部室，包括生产处、畜牧处、建设处、人事处、财务处、办公室，有机关人员54人。1965—1968年1月的机关机构设置与1964年相同。

第四次变化：1968年2月，北京市国营农场管理局革命领导小组撤销机关处室，新建政治组、办事组、生产组、后勤组，延续至1968年10月底。

第五次变化：1968年11月，市革委会决定农口各局合并成立大农业局，即北京市农业局，撤销市农林局、市农场局、市水利气象局、市农业机械管理局的建制。同时，市革委会决定，国营农场划归县（区）管理，管理北京农垦事务的机关为市农业局的农场组。1969—1971年的机关机构设置没有变化。1972年7月，按市革委会要求，市农业局撤销，原合并于大农业局的各局分成农林、水利、农机3个局，农垦业务归属市农林局农场组主管。这种机构设置情况一致持续至1979年。

第六次变化：1979年3月，市革委会决定成立北京市长城农工商联合企业和国营农场管理局，

---

① 北京市地方志编纂委员会：《北京志·农业卷·种植业志》，北京出版社，2001年，第299页。
② 同①：19。
③ 同①：28。
④ 北京市地方志编纂委员会：《北京志·农业卷·国营农场志》，北京出版社，2000年，第226页。

实行"一套人马，两块牌子"。

1979 年 4 月，北京农垦开始建立完整的管理机关。新成立的市农场局经北京市人事局和北京市编制委员会批准，定编 157 人，设有办公室、生产处、科教处、计财处、劳资处（下设知青办公室）、人事处、政策研究室、纪检委、团委、工会和机关党委 10 个部门。

1980 年 1 月，中共北京市委农村工作部批准市农场局设立政治处（保留党委组织部、人事处、宣传教育处、纪检委），将生产处分为农业处和畜禽处。1980 年 3 月，为了适应粮食购销包干管理体制的变化，市农场局决定，在长城农工商联合企业粮食饲料公司设立粮食管理处，行政名称为"北京市国营农场管理局粮食管理处"，业务上接受北京市粮食局和市农场局的双重领导。4 月，市农场局设立顾问室，有顾问 11 人。5 月，市农场局设立总农技师室。1980 年底，机关设有顾问室、总农技师室、政治处（含组织部、人事处、宣教处、纪检委）、办公室、农业处、畜禽处、科技处、计财处、劳资处（下设知青办公室）、政策研究室、团委、工会、机关党委、粮食管理处共 14 个部门，机关编制扩大到 188 人。

1981 年 3 月，向市人事局和市编制委申请增加编制至 212 人（含局领导、顾问室顾问及机关勤杂人员）；7 月，市农场局成立劳动服务公司，与农场局知青办实行"一套人马、两块牌子"，实行企业化管理，业务上接受市劳动服务公司指导，不再由劳资处代管；10 月，市农场局成立农村工作办公室、蔬菜生产办公室（后更名为蔬菜处）。是年，粮食管理处行政职能划归总公司饲料公司。

1982 年 2 月，纪检委从政治处分立，成立纪检组；3 月，宣教处从政治处分立；4 月，农村工作办公室更名为农村经营管理处（简称农经处）；11 月，成立能源办公室，奶牛管理处（简称奶牛处）从牛奶公司整建制划出，直归市农场局领导。是年，市农场局成立奶类项目办公室，不占机关编制，经费自理。

至 1983 年 5 月，市农场局共有 24 个部门，其中有 19 个部门为机关职能部门，占机关编制。这 19 个部门为办公室、计财处、劳资处、基建物资处、科技处、外事处、农业生产处、畜牧水产处、蔬菜处、农经处、奶牛处、政治处、纪检组、宣教处、政策研究室、机关党委、老干部活动站、建筑设计室、能源办公室。此外，奶类项目办公室和北京长城农工商工业公司（行使工业处职能）、北京市长城农工商供销公司（行使供销处职能）、农机运输公司（行使农机运输处职能）、饲料公司（行使粮食饲料处职能），这 5 个单位不占机关编制，经费自理。11 月，纪检组更名为纪检委。12 月，成立市农场局物价处，隶属计财处。

（二）全民所有制企业时期的管理机关（1984 年 3 月—2002 年 9 月）

1984 年 3 月 8 日，中共北京市委京发〔1984〕10 号文，再次确认"北京市国营农场管理局"改称"北京市农工商联合总公司"。自此，北京农垦的管理机构作为全民所有制企业存在。这一时期历时 18 年，先后经历了农工商联合总公司和三元集团总公司时期，其中，在 1998 年，还经历了场乡体制改革。这一时期，管理机关的部门新设、撤并情况较为频繁，前期部门数量变化不是很大，后期管理机关在设置上开始压缩部门数量，并且较大幅度撤并专业管理部门，形成以综合管理部门为主的机关设置格局。几次重要变化情况如下：

1984 年 6 月，经中共北京市委农工部批复同意，总公司对机关机构进行了一次较大的改革。改革后设 28 个部门，其中 23 个部门作为职能部门，列机关编制。具体方案内容是：撤销政治处，成立组织部（人事处）、宣传部（后更名为宣教处，挂文教卫生处牌子）、纪检委、老干部处（下辖老干部活动站）、保卫处（初期曾与人事处合署办公）、工会（含计划生育办公室）、团委、机关党委；办公室分拆为办公室和行政处两个部门；外事处更名为外经处；撤销政策研究室；撤销农业生产处，设农业处、果林处（果林技术服务公司）；撤销畜牧水产处，设畜牧处、水产处（挂水产技术服务公司牌子）、肉牛处（挂肉牛公司牌子）；能源办公室、建筑设计室并入基建物资处，对外保留物资处、能源办公室、建筑设计室的牌子；原有的奶牛处、蔬菜处（挂蔬菜技术服务公司牌子）、计财处、劳资处、农经处、科技处保留不变。总公司在岗人员 360 人，其中机关干部人员 260 人。[①] 奶类项目办公室不列机关编制；4 个公司仍兼行政职能，但不占机关编制；工业公司仍行使工业处职能、供销公司行使供销处职能、农机运输公司行使农机运输处职能、饲料公司行使粮食饲料处职能；原农机运输公司所属的运输安全科，改为交通安全管理科，并作为市农场局交通安全委员会的办公机构，隶属保卫处领导。9 月，总公司决定将能源办公室、物资处并入总公司物资供应站，不再列入机关编制，对外仍保留能源办公室和物资处牌子。10 月，总公司决定将计财处分设为计划处、财务处，在计划处下设计划科、统计科、基建科和物价科（对外保留物价处的牌子）。

1985 年的机关机构设置与上年相同。

1986 年 1 月 2 日，总公司决定对 1984 年的机关机构情况做部分调整：撤销基建物资处，分设基本建设处（与设计室一套机构、两块牌子）、物资处（物资处仍归总公司物资供应站管理）；蔬菜处与果林处合并为蔬菜果林处（次年又分设两个独立处室）；肉牛公司清算，撤销肉牛处；撤销农机运输公司；恢复政策调查研究室。[②] 10 月，总公司决定成立旅游饭店管理处，该处与旅游公司、长城旅行社合署办公，"一套机构，三块牌子"，不列机关编制。11 月，总公司将办公室与行政处合并，统称办公室；文教卫生处更名为卫生处，并正式启用印信，不再由宣传部管理，改由办公室代管。年底，总公司机关设有 22 个部门，即办公室（含卫生处）、组织部（人事处）、安全保卫处、宣传部、政策调查研究室、纪检委、老干部处（下辖老干部活动站）、工会（含计划生育办公室）、团委、机关党委、计划处（对外保留物价处的牌子）、财务处、基本建设处（与设计室"一套机构、两块牌子"）、蔬菜果林处、劳资处、农经处、科技处、奶牛处、农业处、畜牧处、水产处、外经处。不列入机关编制的有 6 家，即奶类项目办公室、旅游饭店管理处、工业公司（行使工业处职能）、供销公司（行使供销处职能）、总公司物资供应站（能源办公室、环保办公室与物资处）和饲料公司（行使粮食饲料处职能）。

1987 年 4 月，总公司经理办公会决定改革工业管理体制，原由总公司工业公司对系统内工业企业进行行政管理的做法弊端较大，已不适应形势要求，故决定将工业公司解散，一分为三，组建总公司工业处、乡镇企业处和食品办公室，7 月正式启用印信；蔬菜果林处分设两个独立处室。同月，总公司党委常委会议决定成立农场史编辑委员会，编委会办公室设在党委宣传部。8 月，总公司经理办公会决定设立信访办，隶属办公室领导。10 月，总公司经理办公会决定成立审计处，与财务处合署办公。至年底，总公司共有机关处室 26 个，即办公室（含信访办、卫生处）、组织部（含人事处）、宣传部（含史志编委会和教育工作）、计划处（对外保留物价处的牌子）、财务处（与审计处合署办公）、政策调查研究室、劳资处、基建处（含设计室）、科技处、工业处、乡镇企业处、食品办公室、农经处、生产处（设有农机处，农机工作由生产处一名副处长分管，同时启用农机处的印信；水利工作未单独设置机构和牌子，亦无印信，由生产处一名副处长分管）、蔬菜处、果林处、畜牧处、奶牛处、水产处、外经处、纪检委、工会（含计生办）、团委、老干部处（下辖老干部活动站）、安全保卫处、机关党委。另有 5 个经费自收自支的单位，即物资处、能源办公室（由物资处代管）、奶类项目办公室、旅游饭店管理处、商业处。

1988 年 1 月 9 日，总公司第 1 次办公会决定成立机关服务公司，机关后勤实行企业化管理（于 5 月正式注册成立）；知青办不再由劳动服务公司管理，业务划归劳资处负责。[③] 2 月，总公司决定成立广告宣传部，由宣传部代管；总公司第 6 次办公会决定在基建处成立招标服务部，人员编制列入设

① 《首都重要副食品生产基地之一——北京市农工商联合总公司情况简介》，北京首农食品集团有限公司档案室，案卷号 217，电子版，第 3 页。

② 《关于总公司机关机构变动和干部任免的通知》（86 京农场发字第 2 号），北京首农食品集团有限公司档案室，案卷号 322，电子版，第 3-6 页。

③ 《北京市农工商联合总公司办公会议纪要》（1），北京首农食品集团有限公司档案室，案卷号 449，电子版，第 1-2 页。

计室，实行有偿服务。① 4 月，总公司经理办公会决定成立经贸服务公司，与总公司外经处"一套人马、两块牌子"。7 月，总公司党委决定成立体制改革办公室（简称体改办），政策调查研究室撤销，业务划归体改办。8 月，总公司机关党委制定机关部室岗位责任制考核办法。11 月，总公司党委常委会议决定成立监察处，与纪检委合署办公；同时，决定对总公司机关部室正副职实行聘任制，对机关部室进行定职、定编。是年，机关设有 26 个部门，即办公室（含信访办、卫生处）、组织部（含人事处）、宣传部（含史志编委会、公关宣传部和教育工作）、计划处（对外保留物价处的牌子）、财务处（与审计处合署办公）、体制改革办公室、劳资处、基建处（含设计室）、科技处、工业处、乡镇企业处、食品办公室、农经处、生产处（设有农机处）、蔬菜处、果林处、畜牧处、奶牛处、水产处、纪检委（与监察处合署办公）、工会（含计生办）、团委、老干部处（下辖老干部活动站）、安全保卫处、机关党委、外经处（挂经贸服务公司牌子）。

1989 年 1 月，总公司决定成立独立编制的审计处，不再与财务处合署办公，机关部门增至 27 个。4 月，总公司决定能源办公室改为事业单位，与物资处分离。

1990 年 1 月，总公司经理办公会决定调整计划生育办公室，设在办公室；商业公司与总公司商业处"一套班子、两块牌子"。6 月，总公司对机关后勤进行整合，成立服务管理处，为副处级单位。10 月，成立总公司计算机中心，为副处级单位，该机构与生产处的农业信息中心一套人马，同时增加了北京农垦的政务信息管理职能，计算机中心隶属总公司办公室；同月，成立总公司法制办公室，归办公室代管。11 月 23 日，总公司党委 1990 年第 17 次常委扩大会议决定成立总公司廉政工作小组，办公室设在纪检委。是年，成立北京市国营农场管理局建筑行业管理办公室，履行区（县）建筑行业管理职能，挂靠在北京市长城建筑工程总公司，不列入机关编制。1990—1991 年年底，总公司机关机构设置情况与 1989 年相同。

1992 年 4 月，总公司撤销体改办，成立政策研究室；同月，总公司决定，教育工作从宣传部分离，成立教育处，与总公司职工大学合署办公。7 月 1 日，总公司印发《总公司机关兴办服务经营型实体公司的若干规定（试行）》，提出进一步转变职能，加快兴办服务经营型实体公司的步伐。11 月，总公司成立价格事务所，为总公司直属的事业单位，撤销物价处牌子，价格工作不再归计划处管理。12 月，总公司下文，通知撤销基建处，成立北京市志力工程咨询公司，为总公司二级公司，原归基建处管理的北京市农场局设计室移交给该公司管理。是年，总公司有机关机构 26 个，即办公室（含信访办、计生办、计算机中心、法制办、服务管理处）、组织部（与人事处合署办公）、宣传部（公关宣传部、史志编委会办公室）、纪检委（与监察处合署办公）、政研室、工会、团委、机关党委、老干部处（下辖老干部活动站）、安全保卫处、计划处、财务处、审计处、劳资处、科技处、外经处、生产处（设有农机处）、蔬菜处、果林处、畜牧处、奶牛处、水产处、工业处、乡镇企业处、食品办公室、农经处。物资处、旅游饭店管理处、建筑行业管理办公室、奶类项目办公室、教育处、价格事务所、商业处 7 家单位不列机关编制。

1993 年 5 月，总公司党委常委会议决定在原法制办基础上，成立总公司法律事务处，同时挂法律事务所牌子，实行事业单位企业管理办法，机构及人员不列入机关编制。7 月，总公司机关对后勤服务进行改革，成立机关服务公司；部分机关干部分流到北京市金垦科贸发展公司、北京市三维达畜禽良种公司、北京农垦雄威总公司、北京市爱客广告公司。本次改革主要是分流人员到实体公司。调整后，机关人员由 400 余人减为 270 人。11 月，总公司成立第三产业办公室（简称三产办）。是年，总公司有机关机构 27 个，即办公室（含信访办、计生办、计算机中心）、组织部（与人事处合署办公）、宣传部（含广告宣传部、史志编委会办公室）、纪检委（与监察处合署办公）、政研室、工会、团委、机关党委、老干部处（下辖老干部活动站）、安全保卫处、计划处、财务处、审计处、劳资处、科技处、外经处、生产处、（设有农机处）、蔬菜处、果林处、畜牧处、奶牛处、水产处、工业处、乡

---

① 《北京市农工商联合总公司办公会议纪要》（6），北京首农食品集团有限公司档案室，案卷号 449，电子版，第 25 页。

镇企业处、食品办公室、农经处、三产办。物资处、建筑行业管理办公室、旅游饭店管理处、奶类项目办公室、教育处、商业处、价格事务所、法律事务所8家单位不列机关编制。

1994年2月，总公司党委研究决定，以花卉公司为基础，成立总公司花卉管理处，人员不列总公司机关编制。是年，总公司列入机关机构编制的数量与上年相同；有9家单位机构及人员不列入机关编制，即物资处、教育处、建筑行业管理办公室、花卉管理处、旅游饭店管理处、商业处、价格事务所、法律事务所、奶类项目办公室。

1995年2月，总公司对机关机构进行调整：一是继续将剩余的工勤人员转移出机关，进入物业管理中心。二是将工业处、乡镇企业处、食品办公室合并为工业办公室；畜牧处、水产处合并为畜牧水产处；保卫处并入办公室。三是奶牛处参加奶牛中心重组。至此，有机关设22个部门，即组织部（与人事处合署办公）、宣传部（含广告宣传部、史志编委会办公室）、纪检委、老干部处（下辖老干部活动站）、团委、工会、机关党委、办公室（含计生办、信访办、信息中心、安全保卫处）、农业生产处、蔬菜处、果林处、畜牧水产处、农经处、计划处、财务处、三产办、审计处、工业办公室、外经处、劳资处、政研室、科技处，机关岗位编制187人（不含工勤人员）。未列入机关编制的部门与上年相同。

1996年8月16日，总公司经理办公会第九次扩大会议决定成立总公司信息中心，为副处级单位，编制4人，由办公室分管。是年，总公司机关机构数量、未列入机关编制的部门均与上年相同。

1997年，因劳动服务公司重组分流到相关公司，知青办撤销。总公司机关设有23个职能部门，即办公室（含计生办、信访办、信息中心、卫生处）、安全保卫处、组织部、宣传部（公关宣传部、史志编委会办公室）、纪检委（与监察处合署办公）、工会、团委、机关党委、老干部处、计划处、财务处、政研室、农经处、劳资处、审计处、生产处、蔬菜处、果林处、畜牧水产处、工业办、三产办、科技处、外经处；不列入机关编制的有9个单位，即建筑行业管理办公室、花卉管理处、旅游饭店管理处、物价处（事务所）、法律事务处（事务所）、奶类项目办公室、物资处、教育处、商业处。

1998年5月，总公司党委下发机关机构改革方案，在这次改革中，机构数量和部门正副职数量均有大幅减少。共设置13个机构，即办公室（保留计生办、信访办、安全保卫处、卫生处牌子）、政治工作部（保留组织部、宣传部、机关党委、团委、老干部处牌子）、计划部、发展策划部（撤销政研室，政研体改和信息化业务划归发展策划部）、财务部、劳动人事部（保留劳资处、人事处牌子）、资产管理部（保留农经处牌子）、农牧开发部（保留农机处、果林处、蔬菜处、畜牧处、水产处牌子）、工贸部（保留工业处、乡镇企业处、第三产业办公室、食品办公室牌子）、外经处、科教处（保留科技处、教育处牌子）、纪检委（同时挂监察室牌子）、工会。所有部门负责人称为"经理"。机关部门比1997年减少10个；机关干部编制187名，与1997年人数相同；部门正副职干部比1997年减少59人。在机关编制之外，另设三个机构：法律事务所、审计事务所、物业管理中心。是年8月，正式成立昌华物业，机关后勤管理职能及人员划入该中心。随着场乡体制改革结束，以实体公司为依托的建筑行业管理办公室、花卉管理处、旅游饭店管理处、商业处、物资处陆续撤销，奶类项目办公室亦撤销，其职能及人员分解到机关有关部门。法律事务所、审计事务所、昌华物业保留，但不列机关编制。

1999年的机关机构设置与上年相同。

2000年12月5日，总公司党委召开机关改革大会，这次改革是为了适应场乡体制改革后的新形势。北京农垦对1998年的机关机构改革做出了新的调整，目的是加快集团化改制的力度。总部机关向"六大中心"，即投资决策中心、财务决算中心、国有资产管理中心、人力资源开发配置中心、发展战略策划中心、企业文化中心转变；机关共设置9个部门，即办公室（保留计生办、信访办、安全保卫处、卫生处牌子）、政治工作部（保留组织部、人事处、宣传部、纪检委与监察处、机关党委、团委、老干部处牌子）、发展计划部（撤销发展策划部，原政研体改和信息化业务划归发展计划部）、财务部、资产管理审计部、劳动人事部、企业管理部（保留农牧开发部、工贸部、奶牛处牌子，下设总公司科协办公室)、公关联络部(保留外经处牌子,下设企业文化协会)、工会。改革后,部门减少4个,机关岗位聘用104人,比1998年减少83人。撤销审计事务所,昌华物业改为企业化经营;未列入机关编制的法律事务所保留。

2001年7月,总公司党委常委会决定成立发展证券部(该部门于2002年1月并入新设立的北京三元创业投资有限公司,证券交易业务终止),定编3人,不列入机关编制。11月,纪检委办公室(监察处)不再与政工部合署办公。是年,总公司机关机构共设10个,即办公室、政治工作部、发展计划部、财务部、资产管理审计部、劳动人事部、企业管理部、公关联络部、工会、纪检委办公室(监察处)。

(三)国有独资公司时期的管理机关(2002年9月28日至今)

2002年9月28日,北京三元集团总公司经市工商局核准,更名为北京三元集团有限责任公司,企业性质为有限责任公司(国有独资)。是年,机构设置情况与2001年相同。

2003年3月,三元集团为了按照现代企业制度的规则运行,对总部机关机构设置进行了新一轮的改革。这次改革突出资产管理、资本运营、战略发展研究、资源管理、科技推广和企业文化等方面的工作力度,弱化行政和生产管理,保持党群工作的稳定。改革后,总部机关设置13个部门,即办公室(保留信访办、计生办牌子)、发展计划部(含信息中心)、财务管理部、资产管理审计部、人力资源部、企业管理部(保留奶牛处、安全保卫处牌子)、体改法律事务部(撤销法律事务所)、外经部、科技部、企业文化部(撤销公关联络部,保留党委宣传部牌子)、政治工作部(保留组织部、团委、老干部处牌子)、纪检委(监察处)、工会。机关党委不再作为实体部门,党委委员经选举产生。这次改革实行岗位选聘原则,划分为部门经理、部门副经理、部门总师、一级业务主管、二级业务主管、三级业务主管等6种岗位。7月,根据中共北京市委、市政府和北京卫戍区联合下发的京发〔2003〕11号文件的要求,三元集团党委下发京三元集团组字〔2003〕28号文件,决定成立武装部,负责集团公司的民兵工作。是年底,机关共设14个部门。

2004年6月,三元集团党委决定撤销武装部;9月,三元集团党委决定外经部与办公室合署办公。是年,机关部门由上年的14个减为12个。

2005年的机关机构设置与上年相同。

2006年3月,三元集团再次进行了机关机构设置改革。这次改革的原因是:2003年10月,三元集团划归市国资委领导,为了适应深化国有企业改革,突出董事会的决策地位,强化国有资产监管能力,提高发展战略的执行力,增强总部机关的服务能力。这次改革后,总部职能机构共设置8个,即办公室(保留信访办、计生办、卫生处牌子,管理法务工作)、发展改革部、财务管理部、企业管理部(保留绿色食品办公室、绿化办公室、安全保卫处、奶牛处牌子)、人力资源部(保留党委组织部、团委、青年工作委员会、老干部处牌子)、监察审计部、公关宣传部(保留党委宣传部牌子、含信息中心业务)、工会。这次改革的亮点是首次实施了工作人员竞聘、选聘的办法。

2007年7月24日,三元集团党委发文调整集团总部机构设置,调整情况为:撤销发展改革部,成立资本运营部和土地房屋管理部(正式运行时更名为房地管理部),由资本运营部负责编制战略规划、投资项目审核、资本运营及改革改制;成立食品安全办公室,作为企业管理部二级部,主任由集团公司副总经理兼任。改革后,机关部门共9个。

2008年7月21日,三元集团党委发文调整集团总部部分机构设置,将监察审计部分拆为监察部、审计部两个独立部门;组织部和人力资源部挂两块牌子,党委分别任命组织部部长和人力资源部部长。之后,将企管部管理的绿色食品办公室移交给东北旺农场管理。改革后,机关部门共11个。

2009年4月,市国资委京国资〔2009〕93号文通知三元集团、华都集团、大发公司,决定三家企业实施重组,成立北京首都农业集团有限公司。同月,集团公司党委发文通知,原集团公司办公室撤销,分别成立经理办公室和董事会办公室,党委办公室与经理办公室合署办公。改革后,机关部门共 12 个。

2010 年 3 月，北京农垦总部机关又进行了一次改革。这次改革的原因是：2009 年 5 月，在市国资委的主导下，三元集团、华都集团、大发公司重组为首农集团，为了进一步实施首农集团新制定的战略规划，建设一个分工明确、协调通畅、管控有力、服务到位的总部机关。职能部门有 13 个，其中，办公室（与党委办公室合署办公）、董事会办公室、财务管理部、房地管理部、企业管理部（含食品安全办公室、安全保卫处）、资本运营部、人力资源管理部（与组织部合署办公）、监察部（与挂纪检委合署办公）、审计部、工会保持不变，公关宣传部更名为企业文化部（保留党委宣传部牌子和信息化业务），新成立战略管理部、农牧管理部。机关岗位编制 77 人。

2011 年 9 月，首农集团党委决定将资本运营部与战略管理部合并，称资本运营部。至此，机关部门减至 12 个，即办公室（与党委办公室合署办公）、董事会办公室、财务管理部、房地管理部、企业管理部（含食品安全办公室、安全保卫处）、资本运营部、人力资源管理部（与组织部合署办公）、监察部（与纪检委合署办公）、审计部、工会、企业文化部（与党委宣传部合署办公、信息化工作）、农牧管理部。

2012 年 4 月，首农集团党委决定成立教育培训部，隶属人力资源部管理；原三元教育培训中心正式并入南郊农场。5 月，首农集团 2012 年第 2 次总经理办公会决定成立法律事务部。至此，机关部门为 13 个，即办公室（与党委办公室合署办公）、董事会办公室、财务管理部、房地管理部、企业管理部（食品安全办公室、安全保卫处）、资本运营部、人力资源管理部（与组织部合署办公、教育培训部）、监察部（与纪检委合署办公）、审计部、工会、企业文化部（与党委宣传部合署办公、信息化工作）、农牧管理部、法律事务部。

2013—2014 年的机关机构设置与 2012 年相同。

2015 年 5 月，首农集团成立信息化工作领导小组和信息化办公室，信息化办公室编制 3 人。6 月，首农集团党委发文，决定成立修志工作委员会和史志办公室，史志办公室设在企业文化部内。至此，机关部门共 14 个，即办公室（与党委办公室合署办公）、董事会办公室、财务管理部、房地管理部、企业管理部（含食品安全办公室、安全保卫处）、资本运营部、人力资源管理部（与组织部合署办公、含教育培训部）、监察部、审计部、工会、企业文化部（与党委宣传部合署办公、含史志办）、农牧管理部、法律事务部、信息化办公室。

2016 年的机关机构设置与上年相同。

2017 年 5 月 23 日，首农集团党委印发京首农党发〔2017〕21 号文，原信息化工作领导小组更名为网络安全和信息化领导小组；9 月 25 日，首农集团第 6 次党委常委会决定党委办公室与董事会办公室合署办公。是年底，首农集团机关设有 14 个部门，即办公室（含信访办）、党委办公室（与董事会办公室合署办公）、财务管理部、房地管理部、企业管理部（含食品安全办公室、保卫部）、资本运营部、人力资源管理部（与组织部合署办公，含教育培训部）、监察部（挂纪检委牌子）、审计部、工会、企业文化部（与党委宣传部合署办公、含史志办）、农牧管理部、法律事务部、信息化办公室。机关岗位编制 77 人。

第二章　二级企业沿革及简介

本章所述的"二级企业"指北京市属农垦领导机构（市农场局/农工商联合总公司/三元集团/首农集团）所管理的下一层级单位，划分层级的标准是以行政隶属关系而非产权关系。

■ 第一节　国有农场沿革

北京农垦的国营农场除了具有区域性和企业性的特点，早期还具有分别隶属于中央和北京市两个管理体系的特点。1994 年以后，按照中央提出的现代企业制度的要求，所有权与经营权分开，原来的国营农场称谓逐步被国有农场的称谓所替代。北京农垦国有农场的沿革大体可以分为以下 7 个时期：

一、草创时期（1949—1957 年）

这一时期，北京农垦按照 1949 年 12 月中央农业部召开的全国农业生产会议提出的"试办国营农场"的要求，以积极探索的精神，逐步推进，积累经验，稳步发展。

北平和平解放后，党和政府就着手筹建国营农场。根据新民主主义革命的任务，通过没收官僚资本和地主庄园开始筹建国营农场。北平市军管会、华北农业部、北京市郊区工作委员会成为推动京郊国营农场筹建的主要力量。至 1949 年年底，北京农垦非市属国营农场有双桥、五里店、丰台、黄村 4 家；市属国营农场有彰化农场。

1950 年 1 月，河北省通县县农场正式成立，场部在河北省通县第七区（今北京市通州区马驹桥镇）的堤上村。2 月，中央农业部在双桥成立农业部北京牛乳场，为农业部国营农场管理局直属企业。4 月，北京市郊区历时 8 个月的土改工作结束。在京郊土地改革没收地主土地的基础上，先后建立德茂农场、和义农场、大生庄农场、天恩庄农场、钱庄子农场。9 月 10 日，京郊国营农场管理局由中央农业部移交市郊委领导，黄村农场随同划归市郊委下属京郊国营农场管理局领导。10 月，五里店农场、双桥农场正式列为中央农业部直属农场。是年，香山副食品基地农场正式成立。年底，隶属市郊委京郊国营农场管理局管理的农场有彰化农场、黄村农场、和义农场、德茂农场、大生庄农场、天恩庄农场、钱庄子农场，共 7 个；由农业部国营农场管理局领导的有双桥农场、五里店农场和北京牛乳场；香山副食品基地农场归中共中央办公厅中南海管理局管理；通县县农场归河北省通县政府管理。

1951 年 3 月 12 日，根据政务院总理周恩来的指示精神，中央人民政府革命军事委员会民用航空局与通县三区 7 个村公所（孙河、北甸、康营、北皋、南皋、黑桥、苇沟）签订《京东新中国农场合作用地合同》。是年，京郊国营农场管理局在丰台长辛店建立张郭庄农场，在莲花池附近建立八一家禽场（鸭场）。年底，京郊国营农场管理局下辖彰化农场、黄村农场、大生庄农场、天恩庄农场、德茂农场、和义农场、钱庄子农场、八一家禽场、张郭庄农场，共9个农场；隶属农业部的有双桥农场、五里店农场和北京牛乳场；香山副食品基地农场归中共中央办公厅中南海管理局管理；京东新中国农场归民航局管理；河北省通县县农场归河北省通县政府管理。

　　1952年春季，钱庄子农场并入德茂农场，改为钱庄子生产队；黄村农场并入大生庄农场，黄村农场改为生产大队。5月1日，北京市供销合作总社接管中央部委和清华、燕京等大学办的奶牛场12个、奶牛359头，建立国营北京市西苑畜牧场。8月1日，市郊委以（52）郊办1163号文通知京郊国营农场管理局，从8月1日起，撤销京郊国营农场管理局，包括原所属的和义农场、大生庄农场、天恩庄农场、德茂农场、彰化农场、张郭庄农场、京东新中国农场和八一家禽场8个农场，以及京郊农场管理局轧花厂、制油厂等9个单位，改由市郊委直接领导。8月，京东新中国农场正式由市郊委与民航局共同管理。9月3日，市政府颁发（52）府秘张字第531号、柴字532号令：撤销市郊委，另行组建北京市农林局。9月10日，京东新中国农场更名为国营新中国农场，仍由市农林局与民航局共同管理。10月，高等教育部决定在原双桥机耕学校基础上成立中国第一所农业机械化学院——北京农业机械化学院，农业部将双桥农场作为农业机械化学院的实习农场，定名国营双桥机械化农场，仍受农业部国营农场管理局领导。12月13日，市政府通知，张郭庄农场从1953年1月起交给丰台区政府组织农业生产合作社；农具、家具、物资等移交给国营新中国农场。12月30日，市农林局决定，为了加强成本核算，减少开支，集中领导，抓好重点，精简人员，创造典型经验，八一家禽场并入彰化农场，大生庄农场并入德茂农场，天恩庄农场并入和义农场，改称天恩作业站。年底，市农林局下辖和义、大生庄、天恩庄、德茂、彰化、张郭庄、八一家禽场7个农场；隶属市供销合作总社的有西苑畜牧场；隶属农业部国营农场管理总局的有双桥机械化农场、五里店农场和北京牛乳场；香山副食品基地农场归中共中央办公厅中南海管理局管理；新中国农场由市农林局与民航局共管；通县县农场归河北省通县政府管理。

　　1953年1月，根据上年12月30日市农林局十六次局务会议决定，彰化农场正式接收地处广安门外莲花池的八一家禽场，大生庄农场正式并入德茂农场，天恩庄农场正式并入和义农场，张郭庄农场正式移交丰台区。同月，德茂农场正式改名为国营北京市南苑畜牧场，大生农场改为大生工作站。2月11日，市供销总社将西苑畜牧场移交给市农林局所属的南苑畜牧场管理。4月1日，市供销总社将成府牛场、厚生果园移交给彰化农场。8月，正式成立国营北京市香山农场。9月，八一家禽场又从彰化农场分出，独立经营，专门生产北京鸭。12月，北京农业机械化学院迁至西郊，双桥机械化农场为独立单位，不再是农机学院的实习农场。年底，市农林局下辖彰化农场、和义农场、南苑畜牧场、八一家禽场4个农场；隶属农业部国营农场管理总局的有双桥机械化农场、五里店农场和北京牛乳场；香山农场归中共中央办公厅中南海管理局管理；新中国农场由市农林局与民航局共管；通县农场归河北省通县专区管理。

　　1954年3月1日，农业部国营农场管理总局将五里店农场移交给华北行政委员会①农林局管辖。4月1日，彰化农场正式更名为国营北京市西郊农场。6月15日，民航局将新中国农场移交给市农林局。7月14日，市农林局接收俄侨石金设在西直门外南小街的奶牛场，更名为北京市农林局国营新华奶牛场。7月，国营新中国农场改称国营北京市东郊农场。8月1日，中央农业部决定，华北行政委员会农林局将五里店农场移交给北京市农林局领导。10月，市农林局将新华奶牛场划归南苑畜牧场管辖。10月14日，经市人委批准，市农林局将五里店农场、和义农场、南苑畜牧场（含新华奶牛场）合并，定名国营北京市南郊农场；原并入五里店农场的北京农业拖拉机站更名为北京市农林局农业拖拉机站，归南郊农场管理。10月25日，市农林局决定从次年1月1日起，将八一家禽场、南苑畜牧场西苑分场合并到西郊农场。12月6日，市农林局批准东郊农场改为北京市公私合营东郊畜牧

---

　　① 1952年4月18日，中央人民政府政务院华北行政委员会设立，1954年6月19日撤销华北行政委员会。

场。年底，市农林局下辖西郊农场、南郊农场、东郊农场、八一家禽场4个农场；隶属农业部的有双桥机械化农场、北京牛乳场；香山农场归中共中央办公厅中南海管理局供应科管理；通县农场归河北省通县专区管理。

1955年1月10日，东郊农场与北京福康畜殖有限公司合营，公私合营北京市东郊畜牧场正式挂牌，这是北京市第一个公私合营畜牧场。2月18日，北京市农林局更名为北京市农林水利局。12月15日，市人委批准在京西门头沟矿区上清水乡小西峪沟建一处山区试验畜牧场。12月下旬，南郊农场所属黄村生产队（即原黄村农场范围）的195公顷土地全部移交北京市公安局五处，改建为团河劳改农场。① 是年，裕民果园由西郊农场划归香山农场领导。年底，市农林水利局下辖西郊农场、南郊农场、公私合营东郊畜牧场3个农场；隶属农业部的有双桥机械化农场和北京牛乳场；香山农场归中共中央办公厅中南海管理局供应科管理；通县农场归河北省通县专区管理。

1956年10月6日，正式成立公私合营北京市北郊畜牧场。是年，通过公私合营的方式，成立公私合营养蜂场、公私合营家禽孵化场。年底，市农林水利局下辖公私合营东郊畜牧场、南郊农场、西郊农场、公私合营北郊畜牧场、公私合营养蜂场、公私合营家禽孵化场、山区试验畜牧场7个农场；隶属农业部的有双桥机械化农场和北京牛乳场；香山农场归中共中央办公厅中南海管理局管理；通县农场归河北省通县专区管理。

1957年1月1日，创办农大农场。4月12日，市人委批准山区试验畜牧场为企业经营，更名为北京灵山农林牧场。7月，农垦部成立畜牧管理局，局址设在双桥机械化农场东院，北京牛乳场改为农垦部双桥种畜场，为畜牧管理局直属企业。8月，河北省通县农场迁至通县第九区（今北京市朝阳区楼梓庄乡，即农场的现址）。11月7日，国务院正式批复国营农大农场成立，隶属农垦部和北京农业大学领导。11月13日，农垦部以（57）垦基字73号函告北京市人委，同意为解决北京市鸡蛋和鸡肉供应不足问题，投资37.3万元，在公私合营家禽孵化场的基础上，成立龙泉寺家禽场，重点建设老爷山鸡场。年底，市农林水利局下辖公私合营东郊畜牧场、南郊农场、西郊农场、公私合营北郊畜牧场、公私合营养蜂场、公私合营家禽孵化场、灵山农林牧场7个农场；双桥机械化农场、双桥种畜场归农垦部管理；农大农场由农垦部和北京农业大学共管；香山农场、通县农场不归北京市管理。

二、兴办人民公社时期（1958—1963年）

这一时期，北京农垦国营农场的发展有4个重要特点：一是数量增加快，新增加的农场有长阳农场、卢沟桥农场、农展馆农场、南口农场、十三陵农场、延庆农场、永乐店农场，共7家；二是在全国人民公社化运动的大背景下，在所有制问题上提出了办全民所有制人民公社，大批农村集体所有制社队并入国营农场，国营农场体量快速增大；三是国营农场与人民公社多次合并、撤销、分立，特别是地处朝阳区、海淀区、昌平区的国营农场的体制与规模变动频繁；四是中央农垦部将一批直属企业下放给北京农垦，在农垦管理体制上实现统一归属北京市领导。

1958年1月，农垦部畜牧生产局正式在聂各庄乡荒山上建龙泉寺家禽场，畜牧专家刘焰为第一任场长。2月，中共北京市委、市人委决定，在周口店区创建国营北京市长辛店农场，在昌平区创建国营北京市南口农场。3月1日，国营北京市卢沟桥农场由中共北京市委、市人委和市农林水利局正式命名成立。3月2日，中共中央办公厅中南海管理局将香山农场移交给市农林水利局。春季，市人委决定将归属西郊农场的巨山分场划给香山农场。3月18日，农垦部成立农展馆农场。5月，大兴县正式改为区建制（1960年1月恢复大兴县建制），南苑区撤销，原辖旧宫、红星、西红门、鹿圈、金星5个乡及南郊国营农场划入大兴区。② 4月5日，通县农场随楼梓庄乡划归北京市东郊区管理。4月12日，国营北京市南口农场正式成立。4月8日，中共中央政治局批准中共中央成都会议通过的

①②　源自《大兴区大事记》，大兴史志天地网站·大兴方志频道。

《关于把小型的农业合作社适当地合并为大社的意见》，之后，中共北京市委指示在郊区以现有农场为基础，开展吸收一两个农业社入场转为全民所有制的试点工作。5月28日，公私合营北京市东郊畜牧场更名为国营北京市东郊农场。5月29日，通县农场因行政区划（由东郊区调整到朝阳区）的原因，农场名称变更为北京市朝阳区朝阳农场。6月5日，农垦部党组向中共中央提出《关于国营农场管理体制下放的报告》。农垦部根据中央提出的管理权力下放的指示，决定将部属的双桥机械化农场、双桥种畜场和农展馆农场下放给北京市，业务由北京市农林水利局接管。之后，双桥机械化农场、双桥种畜场合并，定名为国营北京市双桥农场。5月28日，国营北京市东郊农场正式挂牌。6月，红星乡红星集体农庄、旧宫乡旧宫社、鹿圈乡晨光社、金星乡金星社和西红门乡曙光社正式并入南郊农场，成为农场下属的生产单位。同月，市人委批准，将公私合营北郊畜牧场、公私营养蜂场、公私合营家禽孵化场改为国营企业。6月12日，国营北京市北郊畜牧场正式挂牌。8月，农大农场与西北旺乡合并成立万寿山人民公社，接收唐家岭、土井、西北旺、韩家川4个行政村。8月23日，北郊农场与沙河、平西府、回龙观、北七家、松兰堡、百善6个高级农业合作社组成京郊第一个人民公社——红旗人民公社。[1] 8月31日，门头沟区成立斋堂公社，灵山农林牧场并入。[2] 9月1日，以南口农场为基础，与周边的7个乡镇组成昌平区前进人民公社。9月6日，良乡人民公社成立，长辛店农场并入良乡人民公社。9月7日，在南郊农场的基础上成立红星人民公社。10月9日 海淀区成立永丰人民公社（俗称"大永丰"公社），撤销万寿山人民公社，西郊农场、市家禽场和农大农场均并入"大永丰"公社。10月25日，朝阳区将全区合并为4个人民公社，即朝阳、和平、幸福、红光。其中，由孙河、酒仙桥、平房、东坝、长营、楼梓庄、金盏、豆各庄8个乡和东郊、农展馆、朝阳、双桥4个农场联合成立朝阳人民公社（俗称"大朝阳"公社），下设四站：东郊站、双桥站、农展馆站、东坝站。10月，红旗人民公社（含北郊农场）与东风人民公社合并，成立小汤山人民公社。11月，昌平区前进人民公社更名为南口人民公社，并明确南口农场是独立核算的国营企业。12月，土楼、李庄划入南口农场。年底，根据中央企业下放的精神，农垦部决定将龙泉寺家禽场下放给市农林水利局领导，之后，北京市家禽场、北京市养蜂场并入龙泉寺家禽场，正式名称为北京市家禽场（对外仍习惯称之为龙泉寺家禽场或老爷山鸡场）。是年，琅山果园由西郊农场划归香山农场领导。除了香山农场、卢沟桥农场是独立的国有企业外，其余11个农场，即东郊（"大朝阳"公社东郊站）、南郊（红星公社）、西郊（"大永丰"公社西郊站）、北郊畜牧场（先红旗公社、后小汤山公社）、长辛店（良乡公社）、南口（先前进公社、后南口公社）、灵山农林牧场（斋堂公社）、农展馆农场（"大朝阳"公社农展馆站）、双桥农场（"大朝阳"公社双桥站）、朝阳农场（"大朝阳"公社东坝站）、市家禽场（"大永丰"公社）都实行"公社化"；农大农场（先万寿山公社、后"大永丰"公社）由农垦部与北京农业大学共管。

1959年1月，北郊畜牧场和回龙观、平西府两个乡从小汤山人民公社分离出来，单独成立平西府人民公社。2月，崔各庄大队划入东郊农场。2—4月，东小营村、梅所屯、白水洼、双塔、前章村、后章村、八家、河北村、辛力屯等村划归西郊农场。3月，南口人民公社解体，南口农场重新独立。4月，朝阳区对全区人民公社进行调整，新成立双桥人民公社，包括双桥农场及豆各庄、常营两个乡；新成立星火人民公社，将农展馆农场、朝阳农场（原"大朝阳"公社农展馆站）并入星火人民公社；东郊农场仍作为朝阳人民公社（俗称"小朝阳"公社）的组成部分之一；上述4个农场的业务仍受市农林水利局指导。4月19日，市人委批复北郊畜牧场正式更名为国营北京市北郊农场。4月，长辛店农场与良乡人民公社分立，同时将长阳、水碾屯、杨庄子等21个自然村并入长辛店农场；西郊农场从"大永丰"人民公社划出，直属海淀区领导。5月，中共北京市委、市人委决定，因发展副食品生产的需要，建立十三陵农场。7月，以长陵园、仙人洞、大宫门和兴建十三陵水库时搬迁形成

① 昌平县志编纂委员会：《昌平县志》，北京出版社，2007年，第25页。
② 北京市门头沟区地方志编纂委员会：《门头沟区志》，北京出版社，2000年，第44页。

的北新村、南新村组建的十三陵农场正式挂牌成立；次月，以十三陵农场为基础，成立十三陵人民公社。7月12日，市人委第六次会议决定，成立北京市农垦局，从北京市农林水利局分出。9月28日，市人委通知，长辛店农场更名良乡农场。10月，中共北京市委决定海淀区四季青人民公社的香山、西山、田村、蓝靛厂、东冉村、玉泉6个大队和香山农场并入海淀区四季青中保友好人民公社，合并后并改为全民所有制人民公社。①同月，平西府人民公社（含北郊农场）吸收沙河、北七家、东小口3个管理区，成立沙河人民公社；西郊农场由海淀区直属单位重新归属"大永丰"人民公社，西郊农场改为"大永丰"公社上庄大队。11月，响潭村划入南口农场。12月1日，良乡农场更名为国营北京市长阳畜牧场，再次并入良乡人民公社。12月，农大农场移交给市农垦局管理。年底，市农垦局下辖15个农场，除南口农场、卢沟桥农场为独立的国有企业外，其他13个农场，即：东郊（"小朝阳"公社）、南郊（红星公社）、西郊（"大永丰"公社上庄大队）、北郊（先平西府公社，后沙河公社）、长阳畜牧场（良乡公社）、香山（四季青公社）、双桥（双桥公社）、朝阳（星火公社）、农展馆农场（星火公社）、农大农场（"大永丰"公社）、十三陵（十三陵公社）、北京市家禽场（"大永丰"公社）、灵山农林牧场（斋堂公社）全部实行"场社合一"的体制。

1960年1月，根据中共北京市委决定，朝阳区又将7个公社合并为朝阳、中德、和平3个人民公社。由原双桥人民公社、原红光人民公社组成新的朝阳人民公社（含双桥农场与豆各庄、常营等）；由原高碑店人民公社、原星火人民公社和原东坝人民公社合并为中德友好人民公社（含农展馆农场、朝阳农场与酒仙桥、平房、东坝、楼梓庄等）；由原朝阳人民公社与原和平人民公社（即来广营）合并为新的和平人民公社（含东郊农场与孙河、南皋、奶子房、大屯、洼里、太阳宫、东湖渠等）。同月，农展馆农场更名为"中德友好人民公社二站酒仙桥大队"。4月，海淀区对辖区人民公社进行调整，"大永丰"公社解体分为6个公社，西郊农场改为上庄人民公社，农大农场改为东北旺人民公社，北京市家禽场并入石景山人民公社，开始实行场社合一、政企合一领导体制。8月10日，市人委第十九次办公会议决定，将市农垦局撤销，农垦局主管的业务并入市农林局管理。12月1日，周口店区改为房山县，长阳畜牧场再次与良乡人民公社分立，长阳畜牧场改名为国营北京市长阳农场。年底，市农林局辖3个独立的国营农场，即南口农场、卢沟桥农场、长阳农场，其他12个农场均为"场社合一"体制，包括东郊（和平公社）、南郊（红星公社）、西郊（上庄公社）、北郊（沙河公社）、香山（四季青公社）、双桥（朝阳公社）、朝阳（中德公社）、农展馆农场（中德公社）、农大农场（东北旺公社）、十三陵（十三陵公社）、北京市家禽场（石景山公社）、灵山农林牧场（斋堂公社）。

1961年3月，农大农场正式更名为国营北京市东北旺农场。4月，北京市家禽场由石景山公社划入北安河人民公社。5月8日，朝阳区决定大社划小社，双桥农场5个农村大队（常营、咸宁侯、黑庄户、大鲁店、定辛庄）和全民企业分场组成双桥人民公社；"中德友好人民公社二站酒仙桥大队"恢复全国农业展览馆农场名称；调整后的和平人民公社由东郊农场与康营、崔各庄、南皋、辛堡、孙河、东营、奶子房等农村队组成。5月14日，中共门头沟区委决定3个公社划小为14个公社，灵山农林牧场从斋堂公社划出，成立灵山公社，场社一体。②6月22日，以长阳农场为主成立长阳人民公社，实行"场社合一"体制，下设一、二、四、长阳、杨庄子、稻田6个大队。6月，香山农场从海淀区四季青人民公社分出，归市农林局直接领导；同月，中共朝阳区委员会、区政府决定区属的朝阳农场并入农展馆农场；同时，全国农业展览馆农场更名为国营北京市种畜场，朝阳农场改称市种畜场一分场，市种畜场属星火公社。③7月31日，顺义县县办张喜庄农场改为市农林局直属农场。8月1日，通县政府年初在永乐店地区红旗人民公社试办的小农场，定名为国营北京市永乐店农场。9月，在延庆公社机耕队的基础上成立国营北京市延庆农场，由市农林局领导，同时作为全民所有制人民公

---

① 《中共四季青人民公社委员会关于在人民公社的集体所有制转变为全民所有制的过渡工作中对党员的几点要求》《中保友好人民公社转制宣传提纲（节选）》，两份资料来源于海淀区档案馆。

② 北京市门头沟区地方志编纂委员会：《门头沟区志》，北京出版社，2000年，第44页。

③ 北京市地名志编纂委员会：《北京市城近郊区地名志》，北京出版社，1996年，第581页。

社试点，挂延庆人民公社牌子。同月，筹建不久的永乐店农场划归市农林局领导。12 月，延庆县苗圃园并入延庆农场，为农场林业队。① 年底，市农林局辖 16 个农场，其中独立的国营农场有 2 个：香山农场、张喜庄农场；以场带队的农场有 3 个：南口农场、卢沟桥农场、市种畜场（含改为一分场的原朝阳农场）；"场社合一"的农场有 11 个：东郊（和平公社）、南郊（红星公社）、西郊（上庄公社）、北郊（沙河公社）、双桥（双桥公社）、东北旺农场（东北旺公社）、十三陵（十三陵公社）、长阳（长阳公社）、北京市家禽场（北安河公社）、灵山农林牧场（灵山公社）、延庆农场（延庆公社）。

1962 年 1 月，香山农场正式更名为北京市巨山农场；门头沟区撤销灵山公社，随后，北京市家禽场和灵山农林牧场划归市农林局直接领导，不再实行农垦部与北京市双管体制。2 月，葛村划入南口农场。5 月，延庆县西关渔场并入延庆农场。12 月 25 日，根据中共北京市委的指示，永乐店农场将柴厂屯人民公社扩建成农场，扩建后，永乐店农场设三堡、半截河、柴厂屯、应寺、德仁务 5 个分场。是年，大兴县县办的前辛庄农场划归市农林局领导；北京市公安局五处领导的团河农场、天堂河农场划归市农林局领导；西郊农场 1958 年划给中国农业科学院蔬菜研究所的数百亩菜田（地处彰化村），重新由蔬菜研究所划回给市农林局直接管理，定名为彰化农场，归西郊农场管理；延庆农场从延庆人民公社独立。年底，北京农垦形成 3 种类型的国营农场：一是独立的国营农场，有 6 个，即巨山农场、张喜庄农场、前辛庄农场、彰化农场、延庆农场、团河农场；二是以场带队的农场，有 5 个，即市种畜场（含一分场的原朝阳农场）、北京市家禽场、卢沟桥农场、南口农场、灵山农林牧场；三是"场社合一"的农场，有 10 个，即东郊（和平公社）、南郊（红星公社）、西郊（上庄公社）、北郊（沙河公社）、双桥（双桥公社）、东北旺农场（东北旺公社）、十三陵（十三陵公社）、长阳（长阳公社）、天堂河农场（1961 年建场，天堂河公社）、永乐店农场（先红旗公社、永乐店公社，后永乐店公社同时挂通县永乐店工作委员会牌子）。

1963 年 1 月 1 日，卢沟桥农场正式接收丰台区黄土岗人民公社管辖的齐庄子、老庄子、永合庄、北天堂 4 个村，实行"以场带村"的体制；② 1 月 11 日，国营北京市永乐店农场正式宣布成立。是年，北京农垦国营农场数量与上年相同。

三、农场相对稳定时期（1964—1967 年）

1964 年 2 月 6 日，市人委决定成立北京市国营农场管理局，市农林水利局原负责的国营农场管理工作移交给市农场局接管。6 月 16 日，根据市人委指示，北京市家禽场（即龙泉寺家禽场）改名为国营北京市西山农场。6 月，市农林局、市农场管理局联合通知，按市人委指示，将彰化农场、张喜庄农场划归市农林局领导，不再归市农场局领导。8 月，国营北京市种畜场更名为国营北京市东坝农场，朝阳农场为东坝农场一分场。9 月中旬，中共北京市委、市人委提出机关革命化的要求，农口各局由城区迁往郊区。市农场局由安德路 77 号迁往德外裕民果园办公；同时，将裕民果园提升为市农场局直属农场。是年，团河农场划归市公安局五处领导。年底，市农场局有东郊、南郊、西郊、北郊、双桥、十三陵、长阳、东北旺、延庆、卢沟桥、巨山、南口、西山、东坝、永乐店、天堂河、前辛庄、裕民果园、灵山农林牧场，共 19 家农场。

1965 年 3 月，市农场局将巨山农场领导的地处石景山办事处的琅山果园和五里坨果园划归卢沟桥农场。5 月 15 日，市人委决定将原石景山钢铁厂管理的五里店石钢农场移交卢沟桥农场。③ 6 月，北京市食品公司直属福利农场 1 224 亩耕地、4 眼电井移交南郊农场。④ 是年，北京农垦作为二级单位管理的国营农场数量与上年相同。

① 延庆县地名志编纂委员会：《北京市延庆县地名志》，北京出版社，1993 年，第 452 页。
② 《老庄子乡（卢沟桥农场）志》（1700—1990），第 222 页。
③ 同②：224。
④ 北京市国营农场管理局农场史编辑室：《北京国营农场建设大事记》（1949—1985），第 53 页。

1966 年 1 月 31 日，西山农场养蜂场（即原公私合营养蜂场）划拨给十三陵农场管理。8 月，国营北京市东坝农场更名为国营北京市东风农场，朝阳农场为东风农场的一分场。是年，将地处门头沟区的清水农场划归市农场局领导；西郊农场管理的圆明园分场和卢沟桥农场管理的琅山果园、五里坨果园升格为市农场局直属农场。12 月，市农场局与中共延庆县委员会商议将靳家堡公社的中羊场、黄柏寺、上都庄、苏庄、古城 6 个大队划归延庆农场。年底，市农场局有东郊、南郊、西郊、北郊、双桥、十三陵、长阳、东北旺、延庆、卢沟桥、巨山、南口、西山、东风、永乐店、天堂河、前辛庄、裕民果园、灵山农林牧场、清水、圆明园农场、琅山果园、五里坨果园，共 23 家农场。

1967 年，北京市国营官厅渔场划给延庆农场。[①] 是年，农场数量与上年相同。

四、农场下放区县管理时期（1968—1972 年）

1968 年，市属国营农场下放到区县管理，但农场自身建制没有打乱，数量基本稳定。

1968 年 2 月，天堂河农场划归市公安局领导，部分科技人员转入南郊农场。10 月，撤销裕民果园（时已更名为红旗果园）。11 月 2 日，市革委会下发〔68〕142 号文《关于市属国营农场划归县（区）领导的通知》，决定国营农场划归县（区）领导。文件制定了农场下放分配表：划归海淀区的有东北旺、西郊、西山、圆明园；划归朝阳区的有双桥、东风、东郊；划归大兴县的有南郊、前辛庄；划归昌平县的有北郊、南口、十三陵；划归房山县的有长阳；划归丰台区的有卢沟桥；划归石景山区的有琅山果园、五里坨果园；划归通县的有永乐店；划归延庆县的有延庆；划归门头沟区的有清水农场、灵山农林牧场；市农林局管理的张喜庄农场划归顺义县领导。[②] 11 月 8 日，市革委会决定农口各局合并成立大农业局，撤销市农场局的建制。12 月 31 日，朝阳区革委会决定东风农场一分场（即朝阳农场）改为朝阳区 104 干校，为区级机关干部下放劳动的场所，由区革委会直接领导。年底，共有 21 家农场，其中由市属改为区县属的有东郊、南郊、西郊、北郊、双桥、十三陵、长阳、东北旺、延庆、卢沟桥、南口、西山、东风、永乐店、前辛庄、清水、灵山农林牧场、圆明园、琅山果园、五里坨果园，共 20 家农场；[③]是年，由北京市管理的巨山农场已确定被中央警卫团接管。

1969 年 1 月 1 日，中央警卫团正式接管巨山农场，更名为 8341 部队巨山农场。年底，归区县管理的农场与上年相同。

1970 年 12 月，朝阳区革委会决定撤销 104 干校，正式恢复朝阳农场的独立建制，仍归朝阳区领导；丰台区把白盆窑种子站划归卢沟桥农场。[④] 年底，共有 22 家农场，其中 21 家区县属农场，分别为东郊、南郊、西郊、北郊、双桥、十三陵、长阳、东北旺、延庆、卢沟桥、南口、西山、东风、永乐店、前辛庄、清水、灵山农林牧场、圆明园、琅山果园、五里坨果园、朝阳农场。1971 年的情况与上年相同。

1972 年 7 月 1 日，市农业局革命领导小组第二十五次会议决定：按市革委会要求，市农业局撤销，原合并于大农业局的各局分成农林、水利、农机三局，农场工作归属市农林局农场组主管，结束了自 1968 年 11 月以来农场下放区县管理的历史，前辛庄、清水、灵山农林牧场、圆明园、琅山果园、五里坨果园 6 家农场仍留在区县。年底，有东郊、南郊、西郊、北郊、双桥、十三陵、长阳、东北旺、延庆、卢沟桥、南口、西山、东风、永乐店共 14 家市属农场。

[①] 延庆县地名志编纂委员会：《北京市延庆县地名志》，北京出版社，1993 年，第 454 页。

[②] 北京市革命委员会办事组：《关于市属国营农场划归县（区）领导的通知》（〔68〕142 号），北京首农食品集团有限公司档案室，案卷号 655，电子版，第 12 页。

[③] 1968—1972 年，农场下放区县管理，北京农垦没有自成体系的统计渠道。1979 年恢复市农场局后，对各农场的统计资料进行重新追记和调整。

[④]《老庄子乡（卢沟桥农场）志》（1700—1990），第 227 页。

五、基本定型时期（1973—1997 年）

1973 年 1 月 1 日，巨山农场由 8341 部队正式移交给市农林局。年底，有东郊、南郊、西郊、北郊、双桥、十三陵、长阳、东北旺、延庆、卢沟桥、南口、西山、东风、永乐店、巨山共 15 家农场。

1978 年 8 月，东风农场所属星火公社又改属东风人民公社。① 此时，北京农垦国营农场数量已趋于稳定，1974—1978 年年底，农场数量没有发生变化。

1979 年 3 月 21 日，市革委会下发京革发〔1979〕150 号通知，决定成立北京市长城农工商联合企业和北京市国营农场管理局。4 月，市农场局和市农林局正式分署办公；朝阳农场由朝阳区划归给市农场局管理，定名国营北京市朝阳农场。7 月，经有关区县革委会和市农场局决定，南郊、北郊、双桥、东郊、西郊、长阳、东北旺、东风、十三陵 9 个农场同时挂人民公社牌子。年底，市农场局还有 7 个农场不挂公社牌子，包括永乐店、延庆、卢沟桥、南口、西山、巨山、朝阳，共计 16 个农场，一直延续到场乡体制改革之前。

六、场乡体制改革时期（1998—2001 年）

1998 年 9 月 2 日，东郊、南郊、北郊、双桥、永乐店 5 个农场完成场乡体制改革；12 月底，西山、十三陵、南口（撤销土楼乡，乡政府工作人员由南口农场接收）、西郊、卢沟桥、东北旺 6 个农场完成场乡体制改革，其中十三陵农场整体移交给昌平县。年底，总公司有东郊、南郊、西郊、北郊、双桥、长阳、东北旺、延庆、卢沟桥、南口、西山、东风、永乐店、巨山、朝阳 15 家农场。

2001 年 6 月 12 日，总公司将西山农场及其全部下属企业整建制无偿移交给海淀区人民政府。至此，总公司有东郊、南郊、西郊、北郊、双桥、长阳、东北旺、延庆、卢沟桥、南口、东风、永乐店、巨山、朝阳 14 家农场。

七、内部整合时期（2002—2017 年）

这一时期，国有农场推进内部整合，主要做法是：打破地域界限，以强带弱，以大带小，采取托管、行政划拨和产权划拨等多种手段，精简农场户数。前后共进行了 5 次整合工作，截至 2011 年年底，北京农垦所辖的二级单位国有农场包括东郊、南郊、西郊、北郊、双桥、东风、巨山、延庆、南口，共 9 家。②

■ 第二节　二级企业简介

一、国有农场

（一）北京市东郊农场有限公司

1. 自然概况　东郊农场位于北京市东北部，距市区 12 千米，东北距首都机场 8 千米。北以温榆河为界，毗邻顺义区、昌平区，西接来广营乡，南与金盏、东坝、将台等乡交界。首都机场高

---

① 北京市地名志编纂委员会：《北京市城近郊区地名志》，北京出版社，1996 年，第 581 页。
② 2018 年，南口农场并入北郊农场，不再作为二级单位管理。

速、京承高速、京密路和京包铁路穿越境内。温榆河沿农场成弧形由西北向东南延伸，小清河、小北河纵贯东西。年降水量 630 毫米，年均温度 12℃，无霜期 170 天。2017 年年底，东郊农场总面积 987.67 公顷，其中绿地 296.6 公顷、农用地 356.8 公顷、居住用地 12.13 公顷、建设用地 322.14 公顷。

2. 建制沿革　1950 年秋，中央军委民用航空局在东郊购置土地 4 689 亩备建民用机场，后经政务院总理周恩来视察后，决定另选天竺为航空港，已购置土地改作农场。1951 年 3 月，民航局先后与孙河、北甸、康营、北皋、南皋、黑桥、苇沟 7 个村公所签订《京东新中国农场合作种地合同》。1952 年 8 月，京东新中国农场更名为国营新中国农场。1954 年 6 月，民航局把国营新中国农场移交给北京市农林局；7 月，在国营新中国农场的基础上，国营北京市东郊农场正式建立。1955 年 1 月 10 日，东郊农场与福康畜殖有限公司合并，更名为公私合营北京市东郊畜牧场，这是北京市第一个公私合营畜牧场。1958 年 5 月 28 日，东郊畜牧场恢复"国营北京市东郊农场"的名称；8 月，中共北京市委领导到场视察工作，明确东郊农场为全民所有制性质；10 月，东郊农场开始组建人民公社，先后与周边高级农业生产合作社合并，体制先后经历了"五乡一场委员会""（大）朝阳人民公社""（小）朝阳人民公社""（大）和平人民公社""和平中阿友好人民公社"5 次变动。1960 年 11 月 29 日，被国家外事部门命名为"和平中阿友好人民公社"。1968 年 11 月 2 日，市革委会下发〔68〕142 号文《关于市属国营农场划归县（区）领导的通知》，决定东郊农场划归朝阳区领导。1972 年 7 月 1 日，市农业局革命领导小组第二十五次会议决定：按市革委会要求，农场工作归属市农林局农场组主管，结束了自 1968 年 11 月以来农场下放区县管理的历史。1983 年年初，建立北京市东郊农工商联合公司，同时保留东郊农场、和平中阿友好人民公社的名称。1984 年，撤社建乡。和平中阿友好人民公社改为朝阳区和平农村办事处，属于朝阳区人民政府的派出机构；和平中阿友好人民公社党委更名为中共朝阳区和平农村工作委员会。和平农村办事处下辖孙河、黄港、崔各庄、南皋 4 个乡政府。1998 年年底，完成场乡体制改革，农场成为纯国有企业。2004 年 9 月，经三元集团决定，将朝阳农场整建制并入东郊农场。2017 年 12 月 28 日，东郊农场完成公司制改革，更名为北京市东郊农场有限公司，注册资本 6 993 万元。

3. 企业组织　2004 年年底，农场在全场范围内进行经济结构和组织结构的全面调整与改革，将过去的二级企业法人改为一级法人，由过去的二级决策、二级管理、二级核算的管理模式变为一级决策、一级管理和一级核算的管理模式。先后撤销农场下属联兴企业管理服务中心、油箱车身厂、青饲站、五元物流中心、饲料厂、首饰厂、构件厂 7 家二级法人单位，将这 7 家单位的资产、业务和职工全部集中到农场本部进行统一经营管理；益华物业管理中心和电管站未列入改革范围；北京石油化学总厂暂保留。2006 年 12 月，农场党委按照"理顺职能、明确职责、优化配置、降低成本、提高效能"的指导思想，再次对组织结构进行调整，按照全力打造"物产、物流、物业"的发展思路，关闭石油化学总厂，进一步做大北京五元物流中心。2008 年 3 月，由农场对北京匹比包装有限公司行使管理权；2010 年，对匹比包装公司实施破产。

至 2017 年年底，农场辖属 4 家全资子公司：北京市益华物业管理中心有限公司、北京五元供应链管理有限公司、北京市朝阳工商实业总公司、北京景盛东方投资管理有限公司；辖属 6 家京内控股子公司：北京东福房地产开发有限公司、北京天伦房地产有限公司、北京东洲房地产开发有限公司、北京东方瑞平房地产开发有限公司、北京东宝融坤置业有限公司、北京方泽融坤投资发展有限公司；辖属 2 家外埠控股子公司：宜兴科创慧谷投资发展有限公司、张家口市京润房地产开发有限公司；辖属 2 家参股子公司：北京东澜新业科技发展有限公司、北京建富置业有限公司。

4. 生产经营　1954 年 7 月，农场确立"以畜牧为主，兼发展其他"的经营方针，以解决首都鲜奶、蔬菜、肉、蛋供应问题，开始建设奶牛场。1954 年 11 月，东郊农场被定为全市私营乳牛业社会主义改造基地，先后与北京福康畜殖有限公司合营，吸收 13 家私人牛奶场，共并入奶牛 416 头，农牧业得到迅速发展。1957 年，东郊畜牧场通过多次购置、置换及开垦荒地，耕地面积达到 656.47 公顷，比1954年建场之初耕地增加一倍多；有职工1 400多人，比建场初增加6倍，被评为"北京市先进畜牧单位"。1958年年底，农场被国务院授予"农业社会主义建设先进单位"称号；1960年1月，被农垦部评为先进农场，并获"红旗奖"。1961年6月，农场规模基本定型。1958—1964年，农场大搞农田水利基本建设，在沙子营开荒333.33公顷。至1976年，建成了排灌良好的2 000公顷高产稳产田，还相继建成了南皋油厂、沙子营煤油厂等重点工业企业。1980年，东郊农场被评为1979年度"全国农垦系统红旗单位"。1987年，建立北京苇沟现代化猪场，并在1989年成为北京市第一个饲养万头瘦肉型猪的大型现代化养猪场。此外，还相继建成车身厂、油箱厂、建筑公司等一批骨干企业。特别是"八五"以来，农场经济快速发展，成为一、二、三产行业齐全，多层次、多种经济成分并存、综合经营的经济联合体，是首都重要的副食品基地之一。农场粮食生产以小麦、玉米、水稻为主，并与中国农业科学院作物所等科研单位合作，建成良种繁育基地。蔬菜面积达到25%，常年供应首都市场。畜牧业主要生产牛奶、猪肉、鲜蛋、肉鸡、填鸭及淡水鱼等。工业生产有石油化工制品、汽车车身及零部件、通用设备、阀门、轴承、仪表、电子元件、电视配件、珐琅、玉器、雕漆等特种工艺品、家具及木材制品等。农场在科技创新方面成绩显著，共获得局、区级以上科技成果奖50项。

场乡体制改革后，农场的奶牛场、建筑公司、花木公司、加油站等企业相继进入集团相关专业公司；同时，朝阳农场和匹比包装制品有限公司并入农场，农场开始"二次创业"的新征程。2005年，农场实施"一主两全"的科学管理方法，即以发展为主线，实施全面预算管理和全员绩效考核。进入"十三五"时期，农场以市场为导向，优化资源配置，强化内部管理，提升企业核心竞争力；以土地资源优势为依托，倾力打造现代物流产业，壮大物业板块群，大力推进自有土地房地产开发项目，积极拓展外埠房地产开发项目，逐步形成了"以房地产为龙头，物产物流物业一体协同发展"的产业格局。

（二）北京市南郊农场有限公司

1. 基本概况　北京市南郊农场有限公司位于北京南部城乡接合部，为永定河洪冲积平原，地貌低平，北高南低，区内有永定河、凉水河、新凤河、小龙河流经，土质主要为轻壤土及中壤土，有少量的沙壤土及轻黏土。农场所在的主要区域属温暖带半湿润大陆性季风区，自元、明、清就是皇家行围狩猎的苑囿，史称"南海子"，也是皇室贡品"南苑稻"和珍稀动物麋鹿的故乡。农场下属企业地跨大兴、丰台、房山、朝阳四区，南五环路横穿东西，中轴路纵贯南北，所辖土地接临京津塘高速公路、京台高速公路、京开高速公路、京石高速路、京良路、京保路、104国道、107国道等多条公路主干线，地铁8号线、4号线、亦庄线、房山线均在场域内设站。农场毗邻南苑机场，交通十分便利，土地面积近2 000公顷。

至2017年年底，南郊农场直接投资企业34家，其中，全资子公司20家，控股公司10家，参股公司4家。农场资产总额62亿元，实现营业收入35.9亿元，利润1.75亿元。职工总数6 550人，其中在岗职工1912人、离退休职工4 422人。2006年，办公地址从万源路迁至北京经济技术开发区景园北街2号国际企业大道39号楼。

2. 建制沿革　1949年3月，华北人民政府组建华北农业部机械垦殖管理处，接管"三校联合实验农场"和国民党军用"弹药库区"。是年秋季，新农场定名国营五里店农场，隶属平郊农垦管理局（11月1日改名为京郊国营农场管理局）。1950年4月，通过接管盐业银行的农场，建立和义农场；通过土地改革没收地主庄园，建立德茂农场、大生庄农场、天恩庄农场、钱庄子农场。是年9月10日，京郊国营农场管理局由中央农业部移交市郊委领导。10月，五里店农场确定为中央农业部直属农场，其他国营农场隶属市郊委下属的京郊农场管理局领导。1951年8月1日，市郊委撤销京郊国营农场管理局，原所属的和义农场、大生庄农场、天恩庄农场、德茂农场改由市郊委直接领导。1952年9月，市人委撤销市郊委，组建市农林局，和义农场、大生庄农场、天恩庄农场、德茂农场改由市农林局领导。1953年1月，大生庄农场正式并入德茂农场，天恩庄农场正式并入和义农场。同月，德茂农场改名为国营北京市南苑畜牧场。是年9月，并入五里店农场的北京农业拖拉机站更名为北京市农林局农业拖拉机站。1954年3月1日，农业部国营农场管理总局将五里店农场移交给华北行政委员会农林局管辖。是年7月，市农林局接收俄侨的150头奶牛场，更名为北京市农林局国营新华奶牛场。10月，市农林局将新华奶牛场划归南苑畜牧场管辖。10月14日，经市人委批准，市农林局将五里店农场、和义农场、南苑畜牧场（含新华奶牛场）合并，定名国营北京市南郊农场。1955年10月，毛泽东主席为《红星集体农庄的远景规划》题写《按语》。1958年6月，五乡五社（红星乡红星集体农庄、旧宫乡旧宫农业合作社、鹿圈乡晨光农业合作社、金星乡金星农业合作社、西红门乡曙光农业合作社）正式并入南郊农场；是年9月7日，成立红星人民公社。1960年8月11日，经中央外事办公室、农业部和中共北京市委农工部批准，红星人民公社被命名为"红星中朝友好人民公社"。1968年11月2日，市革委会下发〔68〕142号文《关于市属国营农场划归县（区）领导的通知》，决定将南郊农场划归大兴县领导。1971年11月7日，国务院总理周恩来、副总理李先念陪同柬埔寨王国西哈努克亲王到长阳农场参加中柬友好人民公社命名大会。1972年7月1日，按市革委会要求，农场工作归属市农林局农场组主管，结束了自1968年11月以来农场下放区县管理的历史。是年，集体经济部分划分为8个农村分场，即旧宫、亦庄、鹿圈、太和、瀛海、金星、孙村、西红门分场；建立2个全民企业分场，即畜牧分场和工业分场；农场（公社）形成10个分场及6个直属单位。1983年1月，南郊农场进行机构改革，组建"北京南郊红星农工商集团"并保留国营北京市南郊农场名称。是年10月，红星人民公社建制撤销（对外仍保留中朝友好公社名称），所辖范围为大兴县红星区并设区公所。1995年3月11日，在市工商局登记注册北京市南郊农场。1998年9月，实施场乡体制改革，成立大兴县红星地区工作委员会，同时撤销中共红星区委、区公所，农场不再具备政府职能，成为一家纯国有企业。1998—2002年，农场牛业、鸭业、猪业和出租车公司、加油站、建筑公司等资产先后从农场析出，加入总公司新组建的相关专业公司。2007—2012年，南郊农场先后接收长阳农工商（长阳农场）、卢沟桥农场和三元集团教育培训中心（原总公司职工大学）。2017年12月，北京市南郊农场完成公司制改革，更名为北京市南郊农场有限公司，注册资本12 151.1万元。

3. 经营管理　1953年，五里店农场确定了"以畜牧为主，农业为畜牧服务，结合发展园艺"的方针；2月，南苑畜牧场（即德茂农场）确定了"以饲养奶牛，供应首都用奶为主，结合开展多种经营，农业上种植水稻、棉花、饲料，为国家增产棉粮"的经营方针。1954年10月，新组建的南郊农场确定了"以畜牧业为主，农牧结合开展综合经营，为城市生产大批奶、肉、菜、果和粮食，为首都服务"的经营方针。1957年12月，南郊农场被评为"全国农垦先进单位"，获得由国务院总理周恩来签名的奖状。1958年12月31日，南郊农场以及南郊农场农村部被国务院授予"农业社会主义建设先进单位"称号，再次获得由周恩来总理签名的奖状。1963年4月，长阳农场荣获市人委授予的1962年度"北京市农业建设社会主义先进单位"称号。是年12月，长阳农场被农垦部评为1963年度"全国国营农场先进单位"，并被树立为样板农场。1963年秋，红星人民公社被国务院确定为农业"四化"（即农业机械化、电气化、化学化、水利化）试点单位之一。1965年12月20日，长阳农场、南郊农场因粮食丰产被农垦部评为样板农场。1972年，南郊农场（红星公社）开始实行"统一领导、统一计划、三级管理，国营、集体经济分别核算、自负盈亏"的管理办法。

改革开放后，农场相继成立工业、牛奶、畜禽、蔬菜、果林、农业、农机、水产、粮食饲料、劳动服务、物资供应、建筑12个专业公司。1980年3月，农垦部授予南郊农场1979年度"全国农垦系统红旗单位"称号。1994年，农场党委提出"一开二改三个三"的经济发展思路。随着北京经济技术开发区落户南郊亦庄，农场营商环境得以改善，引进外资成绩斐然，外经外贸工作取得长足进步，红星区被认定为国家级星火技术密集区。1996年8月，农场被农业部和财政部联合授予"1995年度全国农垦系统扭亏增盈先进企业"荣誉称号。1996年，在全国农垦国营农场中，农场国内生产总值排名第三，利润总额排名第一，销售税金排名第二；1997年在全国2 215个国有农林企业中，农场利润总额排名第一。

2016年，随着北京疏解非首都功能行动的开展，南郊农场推动产业转型升级，确立了经济发展"四大板块"：以首农紫谷庄园、红星集体农庄、长阳绿色生态园为代表的都市农业；以五环顺通供应链管理公司，卢沟桥、长阳养老项目，馨德润酒店，和义文创园，古玩城C座等为代表的持有型物业；以中国百麦为主的食品加工业；以燕庆旺泰为主的成品油贸易板块。2016年，南郊农场被列为北京市城乡接合部城市化建设第三批试点单位，为落实北京市疏解非首都功能要求，农场勇于承担国企社会责任，树立国企标杆，将拆违还绿与转型升级相结合，围绕"一轴一路"，打造"两园三区"的空间格局，实现"四个全面"任务目标，即全面完成拆违任务、全面实现规划绿地、全面完成棚户区改造、全面实现农场产业转型升级，打造产业优良、环境优美、生活优越的都市型现代农场。

（三）北京市西郊农场有限公司

1. 自然概况　西郊农场注册地为北京市海淀区上庄乡，位于北京市海淀区上庄镇辖区内，西接交通部海事卫星站，东临上庄路，南靠南沙河紧靠上庄水库西北岸，北靠上庄村。西郊农场土地共有110宗，土地总面积457.21公顷。按土地证载用途统计，全场建设用地68宗，面积112.8公顷；农业用地42宗，面积344.41公顷，其中基本农田面积77.22公顷。所有土地均位于海淀区，全场处于近山平原地区，西高东低，平均海拔45米，土质为棕黄色的黏土。其地域属于北温带大陆性气候，冬春两季干燥多风，夏秋两季潮湿多雨，雨量多集中在6—8月；冬季严寒少雪、多西北风，夏季较热多东南风。

2. 建制沿革　西郊农场有限公司是由西郊农场、东北旺农场、北京三元农业有限公司三家单位组成的。

（1）西郊农场。西郊农场的前身是国营北京市彰化农场，始建于1949年12月，位于北京市西直门外的彰化村，隶属于京郊国营农场管理局。1952年8月1日，彰化农场改由市郊委领导；同年9月3日，彰化农场归市农林局管理。1954年4月1日，国营北京市彰化农场更名为国营北京市西郊农场。1958年5月3日，西郊农场场部由彰化村迁到上庄村南；10月9日，划归海淀区，并入永丰人民公社，东马坊、西马坊、常乐、上庄、皂甲屯、南玉河、北玉河、永泰庄等村划归西郊农场。1959年2—4月，先后有东小营、梅所屯、白水洼、双塔、前章村、后章村、八家、河北村、辛力屯等村划归西郊农场；4月，西郊农场从永丰人民公社划出，直属于海淀区；7月，西郊农场归北京市农垦局管理；10月，重新归属永丰人民公社，西郊农场为上庄大队。1960年4月，永丰人民公社解体，国营北京市西郊农场为上庄公社，实行"以场带社、场社合一"的领导体制；同年8月10日，西郊农场归市农林局管理。1964年2月6日，西郊农场归市农场局管理。1968年11月，农场下放海淀区管理。1972年7月1日，结束了农场下放区县管理的历史，西郊农场归市农林局管理。1984年1月，撤销公社建制，设立上庄乡政府，实行"以场带乡、场乡合一"的体制。1997年3月，国营北京市西郊农场更名为北京市西郊农场。1998年11月，农场完成场乡体制改革，农村集体经济移交海淀区。2008年4月7日，三元集团决定，东北旺农场和西郊农场进行重组，实行统一管理。2010年11月18日，首农集团决定，将东北旺农场资产整体划转至西郊农场，合并后的西郊农场为首农集团二级单位。2011年1月1日，西郊农场接收东北旺农场的全部资产后，正式以北京市西郊农场名义对外开展经营活动。2017年12月21日，西郊农场改制为北京市西郊农场有限公司，注册资本1 600万元。

（2）东北旺农场。东北旺农场的前身是农大农场，隶属中央农垦部和北京农业大学。1959年12月下旬，农大农场由北京农业大学移交给市农垦局。1960年4月，农大农场属东北旺公社，实行"场社合一、政企合一"的领导体制。1961年3月，农大农场正式更名为国营北京市东北旺农场，受市农林局和海淀区双重领导。1964年1月，东北旺农场改变双重领导体制，直归市农林局管理；2月6日，东北旺农场归市农场局管理。1968年11月，农场下放海淀区管理。1972年7月1日，结束农场下放区县管理的历史，东北旺农场归市农林局管理。1978 年 10 月，东北旺农场与温泉公社冷泉大队、永丰人民公社合并成立中日友好人民公社。1979 年 2 月，永丰公社从中日友好人民公社划出。1984 年 1 月，东北旺农场地区建立东北旺乡政府。1997 年 3 月，国营北京市东北旺农场更名为北京市东北旺农场。1998 年 12 月，东北旺农场 9 个村及集体资产划归海淀区，农场完成场乡体制改革。2011 年 8 月 18 日，东北旺农场的国有产权无偿划转给西郊农场。2017 年 12 月 27 日，东北旺农场完成公司制改革，更名为北京市东北旺农场有限公司。

（3）三元农业有限公司。2001 年 7 月 14 日，三元集团决定成立三元农业。2002 年 10 月 31 日三元农业有限公司正式注册，注册资本 3 000 万元。2006 年 3 月 21 日，三元集团将持有的三元农业股权委托给西郊农场管理，三元农业党委与西郊农场党委合并。2007 年 12 月 29 日，市国资委批复三元集团，同意将其中以示范农场的全部股权和三元农业 90.31% 的国有股权转让给西郊农场。2010 年 4 月，西郊农场共持有三元农业 94.16% 的股权。

3. 生产经营 2017 年 12 月 31 日，西郊农场总资产 56.63 亿元，总负债 40.89 亿元；实现总收入 13.11 亿元，利润 2.03 亿元。农场依托地处海淀区中关村国家科技创新核心区、全国高科技知识和高新技能人才密集区的区位优势及土地资源优势，经过长期发展，形成以房地产开发、物产物流、都市农业为主导的产业格局。房地产业主要为保障性住房建设，同时加快产业园开发建设；物产物流业承接各类居民物业和写字楼等物业经营，物业公司引入"物业＋互联网"，打造智慧社区管理；都市农业板块结合农业供给侧结构性改革，加速建设"一场三园"，以科技力量打造特色休闲农业和以科研为引领的绿色科技农业，构建以共享为理念的平台农业。

4. 辖属单位 2017 年年底，西郊农场及下辖企业共计 25 家。其中，国有独资企业 8 家：北京市西郊农场有限公司、北京市东北旺农场有限公司、北京三元安达建筑有限公司、北京长建西郊建筑有限公司（并管）、北京三元博雅科技孵化器有限公司、北京兴建物业管理中心有限公司、北京安达房地产开发有限公司、北京双塔绿谷农业有限公司；国有控股、相对控股企业 13 家：北京三元农业有限公司、北京三元嘉业房地产开发有限公司、北京创意西山投资有限公司、北京首农信息产业投资有限公司、北京西郊悦居房地产开发有限责任公司、北京昊达房地产开发有限责任公司、北京三元百旺房地产开发有限责任公司、北京澳柯玛中嘉房地产开发有限公司、北京市西郊腾飞房地产开发有限责任公司、北京上地伟业科技服务、北京东居物业管理有限公司、北京东泰仓储有限公司、北京同和开元物业管理有限公司；参股企业 4 家：北京三元创业投资有限公司、北京三元长城建筑有限公司、北京永昌鼎力投资有限公司、北京丘比食品有限公司。农场从业人员 819 人。

（四）北京市北郊农场有限公司

1. 自然概况 北郊农场注册地为北京市昌平区回龙观镇回龙观饭店路北，位于北京市北郊，昌平区南端，距德胜门 15 千米。东邻顺义，南接朝阳，西连海淀，北与沙河、百善、北七家为界，处于回龙观文化居住区，有京藏高速、立汤公路、城铁 5 号线、13 号线贯穿场区。北郊农场及下属企业名下共有土地 54 宗地，证载面积共计 235.68 公顷。农场地处温榆河扇缘西山冲积平原，地势最高处为北郊农场龙冠置业大厦，海拔 43.3 米，最低处为燕丹畜牧三分厂，海拔 32.5 米，西北略高，东南略低。土质大多为二合土地带潮土和潮褐土，其地域属于北温带大陆性半干旱季风气候，春季干旱多风，夏季炎热多雨，秋季晴朗少雨，冬季寒冷干燥。年平均温度 11.3℃，年均降水量 584 毫米，雨水多集中在 7 月和 8 月。

2. 建制沿革 1956 年 2 月，中共北京市委、市人委决定组建公私合营北京市北郊畜牧场，将西郊农场和南郊农场的畜牧场并入，并接纳私营奶牛业主。市农林水利局从昌平区第五区建国农业合作社（位于霍营）征地 207.03 公顷进行筹建，初期办公地点设在德胜门内井儿胡同。10 月 6 日，公私合营北京市北郊畜牧场正式成立。1958 年 6 月 5 日，市农林水利局报请市人委，将公私合营北京市北郊畜牧场改为国营北京市北郊畜牧场。是年 8 月 23 日，在人民公社化运动中，北郊畜牧场并入红旗人民公社。11 月 24 日，红旗人民公社与东风人民公社合并，成立小汤山人民公社。1959 年 1 月，北郊畜牧场从小汤山人民公社分离出来，与原红旗人民公社的回龙观工作站、平西府工作站合并成立了平西府人民公社。是年 4 月 19 日，北郊畜牧场正式更名为国营北京市北郊农场。农场实施"场社合一、以场带队"的管理体制，受市农林局、昌平区双重领导。10 月，沙河、北七家、东小口 3 个工作站并入北郊农场，成立沙河人民公社。沙河公社辖 5 个工作站，即沙河、回龙观、东小口、北七家、平西府，共 56 个村。1960 年 8 月 29 日，沙河人民公社改称沙河中越友好人民公社。1961 年 11 月，沙河、北七家、东小口退出中越公社，中越公社辖 6 个大队、36 个村。1968 年 11 月 2 日，市革委会决定将北郊农场划归昌平县领导。1972 年 7 月 1 日，农场工作归属市农林局农场组主管，结束自 1968 年 11 月以来农场下放区县管理的历史。是年 7 月 15 日，沙河中越公社将所属 6 个生产大队改为 6 个管理区，即回龙观管理区、史各庄管理区、七里渠管理区、平西府管理区、霍营管理区、燕丹管理区，原大队下属的村均更名为大队。1973 年 1 月 1 日，北郊农场畜牧企业分场成立，有 6 个牛场、5 个猪场、1 个鸭场和 1 个饲料加工厂，共 13 个单位。1975 年 8 月 1 日，北郊农场工业分场成立，所属企业有化工厂、燕丹砖厂、玛钢厂、基建队、油漆厂、平坊林业队、汽车队等。1980 年，沙河中越公社革命委员会撤销，建立沙河中越公社管理委员会。1984 年 4 月 1 日，建立昌平县回龙观区公所，原沙河中越公社所属 6 个管理区均设立乡政府，即回龙观乡、史各庄乡、七里渠乡、平西府乡、霍营乡、燕丹乡。1990 年 4 月，回龙观、平西府撤乡设镇。1998 年 11 月，农场完成场乡体制改革。回龙观区公所撤销，6 个乡镇和科技站、果林公司、水产公司、水管站、电管站等整建制划归昌平县管理。2009 年 9 月 12 日，农场场部从西三旗龙兴园小区 11 号楼迁入回龙观西大街 118 号龙冠置业大厦。2017 年 12 月 28 日，农场完成公司制改革，更名为北京市北郊农场有限公司，注册资金 10 146 万元。

3. 生产经营 经过转型发展，北郊农场已成为以自有土地自主开发和商业、办公地产的经营管理为主导产业，一、二、三产企业齐头并进的国有企业。北郊农场下属企业分布于回龙观、东小口、北七家、沙河 4 个镇域范围内，行业涉及房地产开发、物业管理、房屋租赁、北京黑猪养殖加工、机床垫铁生产加工等，拥有"龙冠""黑六""原鸽"三大知名品牌。黑六牧业公司作为国家级农业标准化基地，拥有北京黑猪自主知识产权和产品自主研发的实力，生产加工的"黑六"牌冷却排酸肉受到广大消费者的青睐，在北京拥有良好的品牌形象，市场占有率稳步提升，被认定为北京市著名商标。长城机床附件公司生产的"原鸽"牌机床垫铁具有较高的科技含量和较强的市场竞争力，成为全国同行业中的领军企业，公司于 2016 年年底进行混合所有制改革，搬迁至河北沧州南皮县生产。在发展持有型物业方面，建成龙冠置业大厦、龙冠大厦、龙冠商务中心、龙冠和谐大厦、源泉商务楼、龙冠和谐大厦等。

4. 辖属单位 北郊农场下属企业有 11 家。其中，国有独资企业 6 家：北京黑六牧业科技有限公司、北京市龙冠物业管理有限责任公司、北京北农云建房地产开发有限公司、北京市北郊化工实业有限公司、北京市北郊油漆化工有限公司、北京市北郊冷饮食品有限公司；国有控股企业 1 家：北京龙冠房地产开发有限责任公司；国有参股企业 4 家：北京聚龙联发装饰有限公司、北京市长城机床附件有限责任公司、北京北郊联合房地产开发有限公司、甘南县首农黑六牧业有限责任公司。2017 年年末，职工在册人数 534 人，总资产 87.7 亿元。

（五）北京市双桥农场有限公司

1. 自然概况 双桥农场始建于 1949 年，是北京农垦系统最早的国营农场。农场位于北京市朝阳区东南部通惠河畔，东部、南部与通州区接壤，西部与王四营、十八里店、高碑店乡相连，北部与平房、楼梓庄乡毗邻。农场土地面积 549.71 公顷，其中双桥地区土地面积 381.65 公顷、永乐店地区 120.32 公顷、东郊农场地区 47.74 公顷。海拔 27 米，地势平坦，属暖温带半湿润大陆性季风气候。年降水量 600 毫米左右，年平均温度 11～12℃，无霜期 185 天。地下水位 1.5～2 米。土壤为中性土壤。

2. 建制沿革　双桥农场的前身是侵华日军于 1942 年兴办的"偕行社军用农场"，主要生产供应日军的农副产品。1945 年日本投降后，农场被国民党政府接收，改名"励志社双桥农场"。北平和平解放后，农场被中国人民解放军北平军事管制委员会财经部水利处接管，后改为由国家农业部直接领导，定名为农业部国营双桥农场。双桥农场作为农业部机耕学校实习农场，为新中国培养出了一大批农业机械化技术工人。1952 年 10 月，国家在原双桥机耕学校的基础上成立了中国第一所农业机械化学院——北京农业机械化学院，农业部将学院的实习农场定名为国营双桥机械化农场，实习农场受农业部国营农场管理局领导。1958 年 6 月，双桥农场由国家农垦部划归北京市领导。在人民公社化运动中，农场先后经历了朝阳公社—双桥公社—朝阳公社—双桥公社多次体制的变动，至 1961 年年底，双桥公社（双桥农场）基本定型，形成国营集体两种所有制并存、场社合一的管理体制，公社党的关系隶属中共朝阳区委员会，生产经营先后接受市农林局、市农垦局、市农场局领导。1962 年，双桥公社被国家外事部门命名为中古友好人民公社。1968 年 11 月，双桥农场下放朝阳区。1972 年 7 月，双桥农场划归市农林局管理。1979 年，市农场局复建，双桥农场划归市农场局领导，但党的组织关系仍隶属中共朝阳区委员会。1983 年 12 月，撤销双桥人民公社，建立朝阳区双桥农村办事处和黑庄户乡、豆各庄乡、三间房乡、管庄乡、常营回族乡政府，实行"场乡合一，以场带乡"体制。1988 年，为开展对外经济合作，农场成立北京市双桥农工商公司。自 1958 年开始实行"政企合一"体制，到 1998 年止，在 40 年间，农场形成了一个辖 66 平方公里、5.5 万人口、64 个自然村、36 个全民企业、200 多个乡镇企业（其中"三资"企业 17 个）、7 426 名国营和集体企业职工，并附有幼儿园、中小学和医院，集社会、政府、企业三项职能为一体的综合体。1998 年 8 月，双桥农场进行场乡体制改革，政府工作、农村集体经济以及社会管理职能移交朝阳区，农场改为纯国有企业，改革后的双桥农场存续 36 个国有企业。2008 年 6 月，以双桥农场为主体，吸收合并北京三元绿化工程公司和永乐店农场，成立新的双桥农工商。重组后的双桥农工商总资产 5.22 亿元，在职职工 1 600 多名。2017 年 12 月，农场完成公司制改革，更名为北京市双桥农场有限公司，注册资本 9 108.6 万元。

3. 生产经营　1952 年，中央农业部为双桥农场制定发展方针："以畜牧业为主，农牧结合，适当发展果树园艺，为城市服务。畜牧以发展乳牛为主，配合发展猪、鸡。农业以推广优良品种为主要任务。"双桥农场在推广农业机械化和北京黑猪、北京鸭Ⅰ系及Ⅱ系的选育中都做出重要贡献。1962 年，农场被北京市确定为小麦良种培育基地之一。1965 年，双桥农场粮食单产"过黄河"，1970 年"跨长江"，1974 年粮食单产首次超过 500 千克/亩。1979 年，国务院颁发嘉奖令，授予双桥农场"全国农业先进单位"称号。双桥农场连续在 1979 年、1980 年荣获国家农垦总局授予的"全国农垦系统红旗单位"称号。场乡体制改革后，双桥农场积极推进国有经济结构调整，大力盘活资产，抓大放小，面向市场，在文化创意、地产开发、医药制造、仓储物流、绿化工程、物业管理方面拓展发力，培育出一批骨干企业。2013 年以来，双桥农场通过"疏解整治促提升"专项行动，拆除腾退建筑物约 22 万米^2，同时积极利用别具特色的老旧厂区、厂房等工业遗址，调整产业布局，发展文化创意产业，打造出北京塞隆国际文化创意园、E9 区创新工场等文化创意园区。公司在现代农业、文化创意产业、物产物流业 3 个维度和领域不断做优、做强、做大，在"文化双桥""智慧双桥""创富双桥"3 个向度和纵深强基、提质、增效，逐步实现双桥农场的转型升级和持续稳健发展。截至 2017 年 12 月 31 日，农场在职员工 1 221 人；净资产 40 900 万元，实现营业收入 65 627 万元，实现利润总额 50 869 万元。

4. 辖属单位　2017 年年底，双桥农场及下属企业共有 14 家。其中，国有全资公司 6 家：北京立时达药业有限公司、北京双益达建安工程有限公司、北京胜利混凝土建材有限公司、北京三元绿化工程有限公司、北京市朝阳区双桥幼儿园、北京市永乐店农场有限公司；国有控股公司 5 家：北京双桥桥联物业服务有限公司、北京大秦物流有限公司、扬州暖山房地产开发有限公司、九九工场（北京）文化发展有限公司、北京塞隆国际文化发展有限公司；国有参股公司 3 家：北京惠丰博华精准农业技术有限公司、北京亿本房地产开发有限公司、北京太洋药业股份有限公司。

（六）北京市东风农场有限公司

1. 自然概况 东风农场注册地为北京市朝阳区东风南路，位于北京市东风乡辖区内，西接朝阳公园，北靠亮马河，与酒仙桥居民区隔河相望，东四环路紧靠东风农场西沿。东风农场及下属企业名下共有土地6块，证载面积共计114.2万米²，所有土地均位于北京市朝阳区。全场呈西部略高、东部略低的平原状，平均海拔35米左右，土质全部为棕黄色的黏性土。其地域属于北温带大陆性气候，冬春两季干燥多风，夏秋两季潮湿多雨，雨量多集中在6—8月；冬季严寒少雪、多西北风，夏季较热、多东南风。

2. 建制沿革 东风农场的前身为全国农业展览馆农场，隶属中华人民共和国农垦部领导，属事业单位性质。农展馆农场是1958年3月根据北京市城市规划管理局（58）城联字第10224号文批复，在征用原"星火""三八""五一"三个高级农业社合并的220公顷土地的基础上筹建的，建场目的是为全国农业展览馆繁殖、培育优良农畜品种，逐步向全国推广。1958年3月下旬，国家农垦部在农展馆农场筹建附属农业技术学校，实行半工半读，为北京农垦培养了一批专业技术干部。1958年6月，农垦部决定农展馆农场下放北京市管理；10月，农展馆农场并入朝阳公社，建制为朝阳公社农展馆站。1959年4月，朝阳公社农展馆站并入星火公社。1960年1月，农展馆农场与星火公社合并为中德友好人民公社，农场改名为中德友好人民公社二站酒仙桥大队。1961年4月，恢复"全国农业展览馆农场"名称，同时将台洼大队纳入农场领导；是年6月，农展馆农场更名为国营北京市种畜场，朝阳农场并入并改称市种畜场一分场，市种畜场党的关系归属星火公社，生产经营业务接受市农林局指导，经营方针是"繁殖培育和推广优良种畜，农牧并举，多种经营。"1964年8月，市种畜场更名为"北京市东坝农场"，其经营方针为"以畜牧为主，农牧结合"。1966年8月，农场更名为国营北京市东风农场，其经营方针改为"以粮为纲，农牧并重，多种经营，全面发展"。"文化大革命"期间，东风农场由朝阳区革委会领导。1968年12月31日，东风农场一分场（即朝阳农场）改为朝阳区104干校，划归朝阳区革委会直接领导，与东风农场正式脱离关系。1978年8月19日，中共朝阳区委发〔1978〕73号文件通知：经市委批准，东风农场再次与星火公社合并，所属星火公社的东风农场又改属东风人民公社，实际业务工作仍受市农林局（农场组）指导。东风公社（农场）下辖东直门、麦子店、辛庄、六里屯、豆各庄、将台洼6个大队。1979年3月，复建市农场局，东风农场和朝阳农场被均归市农场局管理。1983年12月，撤销东风公社，建立东风乡人民政府。1994年9月6日，东风农场成立北京市东风农工商公司。1998年9—11月，农场完成场乡体制改革。2001年7月14日，三元集团总公司宣布东风农工商与北京市通达房地产开发建设总公司合并，成立北京三元置业有限公司。2002年7月16日，三元置业公司领取工商营业执照，正式步入房地产行业。此后，三元置业公司和东风农工商实行"两块牌子、一套人马"建制。随着公司主业及定位的变化，以及集团公司产业模块的划分，东风农工商仍作为北京农垦的二级单位。2017年12月28日，东风农工商改制为国有一人有限公司，定名为北京市东风农场有限公司，注册资金10 700万元。

3. 生产经营 20世纪80年代中期，东风农场开始尝试利用土地资源和地缘优势进行房地产开发。早期开发主要以兴建职工宿舍和提供土地并引入有资质的开发企业合作建房为主。其间，虽然积累了一定的资产，但多为非经营性资产，持续经营能力不足。随着农场大量土地被代征为绿地和道路，可供开发的土地大幅减少。为此，农场开始转向自主开发，尝试从市场上寻找适合的土地资源，谋求新的突破，并注重发展新型业态，确立以房地产开发、资产经营与园区运营、物业服务为三大主业。

4. 辖属单位 2017年年底，东风农场下属企业共有25家。其中，国有独资企业8家：北京市通达房地产开发建设总公司（托管企业）、北京三元置业有限公司、北京市康乐工贸有限公司、北京市宏宝源商贸有限公司、北京华康宾馆有限公司、北京东枫国际体育文化有限公司、北京朝阳公寓有限公司、北京东港时代物业管理有限公司；国有控股企业 3 家：北京东苑公寓有限公司、北京朝阳高尔夫俱乐部有限公司、北京新元汇成科技有限公司；国有参股企业 14 家：北京东风物业管理有限责任公司、北京开研加油站有限公司、北京农村商业银行股份有限公司、北京三元德宏房地产开发公司、北京太合嘉园房地产开发有限责任公司、北京三元创业投资有限公司、北京友谊商店股份有限公司、北京市东风保健营养品有限责任公司、北京金木建筑装饰有限公司、张家界茅岩河旅游开发股份有限公司、北京东方奥景体育文化发展有限责任公司、北京新通房产管理经营有限责任公司、北京三全公寓有限公司、东枫八九八（北京）科技有限公司。职工在册人数 284 人，总资产 8.4 亿元。

（七）北京市巨山农场有限公司

1. 自然概况　巨山农场位于海淀区杏石口路 100 号（杏石口桥桥东、巨山农场车站南侧），西邻八大处公园，北靠香山公园，环境优美、空气清新，紧邻五环路，交通便利，距北京城区约 12 千米。农场地属温暖带半湿润大陆性气候，春秋短促，夏季炎热多雨，冬季寒冷干燥，年平均气温 11.7℃。1 月平均气温 -7~4℃，7 月平均气温 25~26℃。年平均降水量 646 毫米，全年降水量的 75% 集中在夏季，七八月常有暴雨，全年无霜期为 180~200 天，海拔为 65~70 米。农场的香山基地位于海淀区首都环境保护区的西山脚下，经农业部和北京市环境监测中心对农场生态环境进行监测，农场水质、大气、土壤的质量均达到国家规定的优级标准。农场的延庆基地位于北京市延庆县城西部约 6 千米，距北京市 90 千米，地处华北怀来盆地东部、延庆平川西部边缘地带——妫水河和蔡家河的交汇处，在燕山山脉的海坨山脚下，两面环水，位于首农食品集团延庆农场界内，延农公路直达县城，交通便利。经检测，巨山农场蔬菜基地的土壤、灌溉水及大气质量均符合绿色食品的环境质量标准。

2. 建制沿革　1949 年 3 月，中共中央由河北省平山县西柏坡移驻北京香山双清别墅时，考虑到当时北平的敌情、社情复杂，敌特活动频繁，为确保中央领导机构的安全，由中央政治局委员、中央书记处书记周恩来提议，并经中央政治局委员、中央书记处书记、中共中央革命军事委员会主席毛泽东等中央领导的同意，在香山建立中央副食品生产供应基地。1949 年 5 月，在原中法大学实验场（又称香山果园，即现在的香山会议中心）建立起一个小型副食品供应基地，负责为中央领导人提供牛奶和少量水果。1953 年 8 月以后，又在玉泉山附近购买了一些土地，建立香山农场，隶属于中南海管理局供给科。1958 年春，市人委决定将西郊农场的巨山分场并入香山农场。1959 年 10 月，香山农场及四季青公社的 6 个农村大队并入海淀区四季青中保友好人民公社，公社改为全民所有制。1961 年 6 月，香山农场从四季青公社析出，归属市农林局。在这期间，香山农场的生产任务没有变，仍为供应基地。1962 年 1 月，香山农场更名为北京市巨山农场。1969 年 1 月 1 日，中国人民解放军 8341 部队接管巨山农场。1973 年 1 月 1 日，巨山农场重新隶属于市农业局。1979 年复建市农场局，巨山农场隶属市农场局领导。1993 年 2 月 18 日，巨山农场取得企业法人营业执照，企业性质为全民所有制。2017 年 12 月，巨山农场改制为国有独资公司制企业，名称变更为北京市巨山农场有限公司，注册资本为 819.2 万元。

3. 生产经营　从建场初期至 1957 年，农场的生产经营指导思想是多品种、高质量生产农副产品，在满足中央领导机关对副食品的需求的前提下，实行企业经济核算。当时供应的主要产品有蔬菜、鸡、蛋、肉、牛奶和水果等。1957 年，种植面积为 13.33 公顷，职工人数由开始时 20 多人增加到近百人；全场总收入 16.76 万元，利润 8.04 万元。1961 年后，农场的经营规模进一步扩大，土地面积达 66.67 公顷，职工近 500 人。到 1965 年，农场总收入 101 万元，总利润 39.7 万元。1966—1976 年，农场职工自己动手，起早贪黑盖起了土温室 21 间，发展特色蔬菜与瓜果。改革开放后，农场确立"确保供应、发展经济、富裕职工、加强管理"的十六字经营方针，逐步形成以花卉、蔬菜、水果为主的种植业，以牛奶、蛋鸡、养鱼为主的养殖业，以及锅炉制造业、印刷加工业、玉器工艺品加工业和建筑业、仓储业、批发零售业综合经营的格局。农场生产的水果蔬菜先后获农业部"绿色食品"标志和有机食品的认证。1999 年后，农场对产业结构和企业组织结构进行较大幅度的调整，先后撤并牛场、蛋鸡场、渔场、锅炉厂、玉器厂、商业公司、巨山家园餐厅、印刷厂、职工消费合作社、供电所、车队、巨山仓储公司、香南汽车修理厂和巨山精益建筑工程公司等，突出了主业。2017年年底，下属企业有两家：农场供应基地和北京市巨山物业管理有限公司。

（八）北京市南口农场有限公司

1. 自然概况 南口农场位于北京市西北郊的燕山脚下，昌平区南口镇西南部，距北京城区德胜门西北 39 千米、昌平城区西北 7.5 千米。南口农场场部的地理坐标为：东经 116°7′7″，北纬 40°12′35″。毗邻北六环和京藏高速，交通便利。南口农场为冲积扇形平原，地势平坦连片，海拔最高处 130 米，最低处 65 米。气候属暖温带大陆性半湿润半干旱季风型气候，四季分明，光照充足，年日照 2 684 小时，年积温 4 000～4 500℃，平均气温 12℃，无霜期 200 天左右，年均降水 550 毫米。农场地处康庄、八达岭、南口、温运河谷风带，年平均风速大于 3 米/秒，冬季瞬间风速可达 20～30 米/秒，风较大。南口农场现有土地 29 宗，面积共计 981.48 公顷。

2. 建制沿革 1957 年，市人委决定改造沙滩荒地，兴建万亩果园，绿化首都，改善环境，缓解风沙危害，创建副食品生产基地，初为西郊农场分场。1958 年 2 月，南口农场开始筹建。同年 8 月，以南口农场为基础，由当时的亭子庄乡、桃洼乡、流村乡、高崖口乡、老峪沟乡、阳坊乡大部分、南口镇和在这一地区的地方国营企业、文教卫生等事业单位组成昌平县前进人民公社，南口农场为其一部。同年 11 月，前进人民公社撤销，改为南口人民公社。1958 年 12 月，中共昌平区委对南口农场吸收附近 6 个村加入农场的请示做出批复，土楼、李庄两村划入南口农场。1959 年 3 月，南口人民公社解体，南口农场重新独立。1959 年，响潭村划入农场。1962 年 2 月，葛村并入农场。四村划入后，农场包含两种所有制，企业为全民所有制，农村为集体所有制。1963 年 5 月，经市人委批准，成立南口果园乡。1968 年，南口果园乡裁撤，农场成立农村分场管理农村工作。1984 年 7 月，成立土楼乡，实行"场乡合一，以场带乡"的体制。1998 年，完成场乡体制改革，撤销土楼乡，农场转变为单一的国有企业。2017 年 12 月 18 日，南口农场完成公司制改制，名称变更为北京市南口农场有限公司。2017 年年末，农场在岗职工 229 人，资产总额 5.08 亿元。

3. 生产经营 建场初期，农场发展的重点是果树和畜牧业。果树生产以小国光苹果为主，畜牧业主要为奶牛饲养，兼有养猪、养鸡、养鸭等。工业生产主要是乳品、果脯等食品加工业。建场后，国家与北京市对农场的发展给予很大支持，但大多数年份，农场经营处于亏损状态，主要原因是沙质土壤果树效益较低，畜牧业与食品加工业规模不大，利润较低。改革开放后，农场确立了"精一强二兴三"的指导思想，经济发展步伐加快。1978 年，成立南口农场水泥构件厂。1980 年，在西单路口开办了燕山商场。1986 年，建起一座储藏 110 万千克的食品冷库。1990 年，农场生产的国光、金冠、红星苹果被评为全国第一批绿色食品，"燕山牌"甜炼乳、奶粉及"京南春牌"系列果脯也被评为绿色食品。1991 年，南口农场被定为全国第一批绿色食品示范生产基地。1995 年，富士苹果被评为绿色食品。农场生产的果品除热销国内，还远销到东南亚等国家。农场选育的Ⅲ、Ⅳ、Ⅴ、Ⅵ系高瘦肉率北京鸭，多项指标均超过世界名种鸭。农场的生产管理技术、科研成果、产品质量屡获国家、部市级奖励。农场在乳品加工、种鸭、奶牛、果树等方面的管理水平在全局名列前茅，发展成为以农牧业为基础、农工商并举，收入近亿元的综合企业。进入 20 世纪 90 年代中后期，农场立足都市农业，培育主业；通过主辅分离，辅业改制，转型关停亏损企业；完成土地确权，编制场域整体规划，开启二次创业新的里程。农场坚持创新驱动，构建现代农业、现代物流业、现代服务业融合发展的产业体系，努力打造美丽、法治、富强、和谐的新南农。

4. 辖属单位 农场所属全资企业 5 家：北京南农建筑科技有限公司、北京南口南农家园物业管理有限责任公司、北京市南口农场硕春冷库、北京市南口农场绿化工程中心、北京市南口农场果品经营中心；控股企业 2 家：北京坤和建谊置业有限公司、北京南农东亚房地产开发有限公司；参股企业 2 家：北京三元百旺房地产开发有限公司、北京秋海旭荣房地产开发有限公司。

（九）北京市延庆农场有限公司

1. 自然概况　延庆农场地理位置独特，是北京农垦在北京市最北部的农场，位于延庆区城西6千米，地处八达岭长城西北侧官厅湖畔，北靠松山、玉渡山、海驼山，南临康西大草原、野鸭湖，与妫水河和蔡家河相邻。农场区域环境优美，拥有丰富天然水资源及湿地资源、地热温泉资源，是北京市难得的风水宝地。延庆区气候类型属暖温带半湿润大陆性季风气候，年平均气温8.4℃，无霜期185天，昼夜温差大（13.6℃），可促进植物糖分积累。全年大于等于10℃的活动积温达3 578℃，全年日照时数2 500小时，光照充足。全年平均降水达429.4毫米，降水主要集中在7—9月。平均海拔500米以上，气候独特，冬冷夏凉，素有北京"夏都"之称。空气清新，含氧量高，全年空气质量指数二级以上占80％，生态环境好，温度适宜，益于野生动植物的生长。由于这里独特的自然气候条件，国家重点工程奶牛胚胎基地和切花菊出口生产基地、蔬菜特供基地先后落户延庆农场。

2. 历史沿革　1961年8月14日，中共北京市委农工部、中共延庆县委和市农林局在延庆县开会，会议决定由原延庆人民公社机耕队、官厅水库渔场合并建立延庆农场。是年9月，国营北京市延庆农场成立，由市农林局领导。之后，延庆县苗圃园亦划归农场。12月，在人民公社化运动中，改为延庆人民公社，同时挂延庆农场牌子。1962年4月，延庆县苗圃园由延庆农场重新划归延庆县管理。5月，延庆农场与延庆县西关渔场合并。1966年12月14日，市农林局与中共延庆县委员会商议将靳家堡公社的中羊场、黄柏寺、上都庄、苏庄、古城等6个大队划归延庆农场。1968年11月2日，市革委会下发〔68〕142号文《关于市属国营农场划归县（区）领导的通知》，决定延庆农场划归延庆县领导。1972年7月1日，市农业局革命领导小组决定，按市革委会要求，延庆农场划归市农林局农场组主管。2000年4月8日，国营北京市延庆农场正式更名为北京市延庆农场。2002年3月28日，总公司经理办公会研究决定，延庆农场委托奶牛中心管理，保留延庆农场独立法人地位，两个单位设立一个党委。2005年6月2日，经三元集团董事会研究决定，解除延庆农场与奶牛中心的托管关系，恢复延庆农场独立建制及集团公司二级单位。2017年12月25日，延庆农场完成公司制改革，企业名称为北京市延庆农场有限公司，注册资金1 250万元。2017年年底，农场职工126人，资产总额6 992万元。

3. 经营特色　延庆农场起步于合并吸收延庆县国有农业单位和部分集体企业，物质装备程度低，底子薄，长期处于经营亏损状态。为了扭转亏损，1972年7月，延庆农场完成《1973—1975年生产建设规划》的编制工作，首次明确了农场的发展目标和措施。1980年，延庆农场扭转了建场以来一直亏损的局面。20世纪90年代，延庆农场除了以种植业、养殖业为主，陆续发展场办工业和第三产业，建立了延庆橡胶厂、延庆经营部、宣武经营部、京都五金建材经营部，与花卉公司合作建立新华园艺场等。进入21世纪后，农场结合自身自然生态的优势，对农场发展方向做出重大调整，退出加工业，以出口花卉为主，蔬菜种植、绿色养殖为辅。结合延庆区大力发展生态涵养区建设和首农集团远景规划目标，农场启动土地综合开发，规划土地开发总面积约267公顷（折4 000余亩）。按照未来的规划蓝图，农场将逐步发展成集商务会议、高端休闲、旅游观光、种植养殖、养生度假为一体的新型企业。

（十）北京市（甘南）双河农场

1. 自然概括　北京市（甘南）双河农场位于黑龙江省齐齐哈尔市甘南县境内，南与齐齐哈尔市梅里斯区卧牛吐乡新村接壤，西、北与甘南县长山乡、音河乡交界，东隔阿伦河与甘南县长吉岗乡、查哈阳农场长吉岗分场相望。地理坐标为东经123°38′—123°55′，北纬47°41′—48°1′。场部距齐齐哈尔市区70千米，距甘南县城22.5千米。农场南北长34千米，东西宽18千米，生产经营性的土地共计36 164.33公顷。其中耕地27 225.27公顷、林地1 866.67公顷、草原1 654.4公顷、房屋及工程建设等用地3 733.33公顷、水利排支沟渠道路1 684.67公顷。地势从西北至东南由高到低，海拔

157～185 米。西北部属油沙性土壤，土层较薄，地温较高。中南部为草甸黑土，土壤含氮、钾丰富，pH 呈中性。土壤有机质含量为 3%～6.52%，其中大于 4% 的占 80% 以上。农场属大陆性亚寒带气候，处于黑龙江省第二积温带和第三积温带之间，年平均气温为 2.7℃，年活动积温 2 650℃，年日照 2 719 小时，无霜期 121 天左右。年平均降水量为 435.4 毫米，多集中于 6—8 月，降水量为 331 毫米，占全年降水量的 71.4% 左右，年可利用水量为 1.85 亿米³。河流、泡沼等水面面积为 66.26 公顷，地下水蕴藏丰富且无污染，2008 年全国第一次污染源普查全面达标，适于水田开发和旱田喷灌，具有独特的发展农业的条件。

2. 建制沿革　1956 年 5 月，黑龙江省公安厅嫩江劳改分局在甘南县东南部音河、阿伦河尾闾草地上组建了 3 个劳改农场，即敖宝山农场、阿伦河农场、音河农场；5 月 24 日，第一批干警到达音河农场建场；6 月 20 日，黑龙江省公安厅任命音河农场、阿伦河农场和敖宝山农场的领导班子；12 月，黑龙江省公安厅决定敖宝山农场停建，阿伦河农场合并到音河农场，名称为黑龙江省音河劳改农场。1964 年 8 月 30 日，北京市公安局五处接收黑龙江省音河农场；9 月 1 日，黑龙江省政府将音河农场移交给北京市，改称北京市地方国营音河农场。1966 年 8 月 27 日，音河农场移交给黑龙江省公安厅。1967 年 1 月，驻齐齐哈尔中国人民解放军 3388 部队宣布对北京市地方国营音河农场实行军管。1968 年 11 月 10 日，音河农场组建为中国人民解放军沈阳军区黑龙江生产建设兵团五师第五十六团。1976 年 3 月 20 日，兵团建制撤销，五十六团移交给黑龙江省国营农场总局所属的嫩江国营农场管理局；5 月 25 日，改称黑龙江省双河农场。1981 年 9 月 18 日，中共北京市委常委会议做出《关于收回双河农场的决定》；11 月 16 日，北京市人民政府办公厅下发《关于我市接管黑龙江省双河农场的通知》，决定将双河农场划归北京市劳改工作管理局；11 月 25 日，黑龙江省人民政府办公厅下发《关于移交双河农场的通知》；12 月 14 日，双河农场移交给北京市劳改工作管理局的交接工作办理完毕。1982 年 2 月 26 日，中共北京市政法委批准双河农场设立管教处。2000 年 4 月 10 日，双河农场与双河劳教所管理体制分离，实行所企分开，双轨运行。2012 年 5 月 16 日，市政府办公厅印发京政办函〔2012〕44 号文《北京市双河劳教所体制改革工作方案》，明确双河劳教所生产经营部分（双河农场）交由首农集团管理；5 月 23 日，市政府召开北京市双河劳教所体制改革大会，宣布北京市司法局劳动教养所双河办事处成立，双河农场正式移交首农集团管理；5 月 28 日，双河农场新班子开始到位。2013 年 6 月 20 日，北京市劳动教养工作管理局和首农集团签署《北京市劳教局双河办事处、北京市双河农场关于人员机构资产土地划分的协议》，明确了划给农场的机构、人员、土地、资产。

3. 经济概况　双河农场自 1956 年建场起，实行的是"改造第一"的方针，1997 年开始转为以生产经营为主。2000 年 10 月 26 日，办理北京市（甘南）双河农场企业法人执照，企业经济性质为全民所有国有企业，注册资金 3 200 万元。种植业是农场主业，已建立农业标准化实施标准、企业标准化管理、绿色食品基地管理标准、农作物标准化生产技术规程和 22 个无公害农产品技术规程。农场引进适合双河积温带种植的高产优质品种，建立水稻、玉米品种"试验—示范—繁育—推广"的四级工作体系，全流程开展测土配方施肥。双河农场已成为首都无公害农产品产地和无公害农产品一体化整体推进的农场。农场设立了万亩高产水稻示范田、万亩优质水稻示范田、万亩有机水稻示范田和万亩高产玉米示范田 4 个万亩示范田，发挥其示范和引领作用。农业生产经营管理实行"十统一"模式，加快粮食生产走向规范化、标准化和科学化。精品水稻种植面积在 1.53 万公顷（折 23 万亩）以上，全场职工靠种植水稻人均增收 5 000 元。农场把养殖业发展方向定位为以肉牛、肉羊、"黑六"猪、林地鸡、灌渠鹅、特种雁为重点，进行规范与规模养殖，建立"公司＋基地＋个体养殖户"规模化养殖格局。2016 年引进"黑六"猪，扩大到万头养殖规模。双河米业公司完成农业部的全产业链可追溯验收，通过 ISO 9001 质量管理体系认证和 ISO 22000 食品安全管理体系认证，2017 年 5 月获得黑龙江"放心粮油示范加工企业"称号。2012 年改制后，农场经济步入快车道，主要经济指标都有显著增长。2017 年，农场完成生产总产值 120 207.21 万元，粮食总产 21.08 万吨，种植业产值

50 916万元，场属企业产值64 054.28万元，畜牧业收入5 236.8万元。全场总收入69 291.08万元，职工人数2 622人，职均收入3.12万元，利润2 093.35万元。五年来，生产总值年均递增32.60%，其中种植业产值年均递增22.43%，场属各企业产值年均递增106.37%，畜牧业产值年均递增16%，职均收入比改制前增长75.8%。

4. 辖属单位

（1）场直属企业：农科所、电业通讯、水利公路管理公司、顺达公司、兴双牧业公司、京双粮库、米业公司、京隆兴双公司、松嫩公司、黑六公司。

（2）农业经营公司。2017年7月，农场将生产队改为农业经营公司，并将原20个农业生产队合并为11个农业经营公司。

二、公司

（一）北京三元食品股份有限公司

1. 建制沿革 1956年3月1日，经市人委批准，在南郊农场管理的原农业部北京牛奶站东单奶站和东郊畜牧场管理的德胜门奶站的基础上，成立国营北京市牛奶站，由北京市副食品商业局领导。1957年2月，市牛奶站由市副食品商业局正式移交给市农林水利局管理，作为市农林水利局直接领导的农场级单位，实行独立核算。年内，对所属奶站进行两次调整合并，由原来的22个奶站合并成10个奶站。1961年4月1日，根据市人委通知精神，市牛奶站划归市副食品商业局，牛奶加工和销售实行条块结合的管理办法，即具备牛奶加工生产能力的二级奶站仍由市牛奶站直接管理，负责供应的分站按所在地区分别划归各区副食品商业局管理。市牛奶站直属单位有奶粉厂，以及东单、德胜门、广安门、西郊牛奶加工站，5月23日，市牛奶站正式移交给市副食品商业局。是年10月4日，市人委决定，市牛奶站划归市农林局管理，原由市副食品商业局管理的所有奶站全部交回市牛奶站管理。1962年3月，各区县的牛奶站陆续移交给市牛奶站管理。1968年11月2日，市革委会下发〔68〕142号文，决定市农场局所属北京市牛奶站、13个分站和3个奶粉、奶油、炼乳加工厂，改为国营北京市牛奶公司。

1997年3月，总公司以市牛奶公司经营性资产为主体，重组系统内乳业资产，包括双桥乳品厂、南口乳品厂、中国-瑞典北京奶业培训中心，并与北京企业（食品）有限公司签订合资经营合同，成立北京三元食品有限公司，注册资本2 952万美元。1998年9月，三元食品有限公司注册资本增至5 627万美元。2001年1月，有限公司整体改制为北京三元食品股份有限公司。2月，三元食品股份公司领取外商投资企业法人营业执照，总股本4.85亿股，全部为发起人法人股。2003年8月，股份公司向社会公开发行人民币普通股1.5亿股，是年9月15日在上海证券交易所上市，公司总股本变更为6.35亿股。2009年7月，股份公司完成非公开发行股票，总股本增至88 500万股。2015年2月，股份公司第二次完成非公开发行股票，总股本增至149 755.7426万股。截至2017年12月31日，首农集团持有股份公司35.79%的股份，北企食品持有19.64%的股份，复星国际有限公司所属公司上海平闽投资管理有限公司和上海复星创泓股权投资基金合伙企业（有限合伙）合计持有20.45%的股份。因首农集团持有北企食品51.14%的股份，故首农集团合计控制三元食品股份公司55.43%的股份。

2. 生产规模 主要业务涉及加工乳制品、饮料、食品、冷食冷饮，产品涵盖低温鲜奶、低温酸奶、常温纯牛奶、常温酸奶、常温乳饮料、奶粉、干酪及冰激凌等。至2017年年底，三元食品共有全资和控股子公司16家，其中包括拥有部分强势品牌公司的股份，即北京麦当劳50%的股份，间接持有广东三元麦当劳食品有限公司25%的股份、艾莱发喜公司90%的股份、加拿大高端有机奶生产企业Avalon公司51%的股份、法国St Hubert公司49%的股份。

三元食品在国内外共拥有17个生产加工基地，日处理鲜奶2 000余吨，销售网络覆盖全国，海外布局加拿大、新西兰、法国。2011年，三元食品整合北京原分属各区县的加工厂产能，投资7.78

亿元建成全新的三元北京工业园。2016 年，为推进京津冀三地协同发展，投资 16 亿元，引进全世界最先进的生产工艺和加工设备，建成三元河北工业园，年产能达到 4 万吨婴幼儿配方乳粉及 25 万吨液态奶。2017 年，借助"一带一路"倡议，甘肃张掖工厂顺利试产，填补西北市场的空缺。2017 年营业总收入 61.2 亿元，净利润 7 602 万元。

3. 商标品牌　三元食品享有较高的品牌知名度、深厚的市场基础，并作为历次中国和北京市重大政治、经济、文化大型活动的乳制品供应商，拥有"三元""极致""爱力优"等著名商标。"三元"巴氏杀菌乳在北京市场占有率高达 90％以上。"三元"是国内知名的鲜奶品牌、华北最大的奶酪生产商，同时也是麦当劳、肯德基等国际知名餐饮品牌的核心乳制品供应商，"三元"奶粉数度蝉联中国婴幼儿奶粉口碑冠军。"三元爱力优母乳模拟与临床验证项目"顺利通过市科委验收，凭借雄厚的科研实力，让"三元"奶粉成为更受消费者信赖、更具市场竞争力的国产婴幼儿奶粉品牌；三元布朗旎烧酸奶在 2016 年法国巴黎国际食品展览会上斩获"SIAL 国别奖"。60 多年来，三元食品始终坚守品质，积淀出非凡的品牌实力，深受消费者喜爱，已成为首都市民心中的"城市名片"。"三元"商标自 1996 年起，连续 8 次被认定为"北京市著名商标"；2009 年被认定为"中国驰名商标"；2011 年收购湖南太子奶集团，拥有"日出""太子奶"2 个"中国驰名商标"。2015 年以来，三元食品在品牌塑造和品质升级方面更是不断发力，相继引入战略投资者复星，启动收购冰激凌品牌八喜。至 2017 年，连续 14 次进入《中国 500 最具价值品牌》排行榜，品牌价值由 2004 年的 15.91 亿元提升至 2017 年的 164.95 亿元。

4. 质量管理　60 多年来，三元食品始终坚持"质量立市、诚信为本"的经营理念，以消费者需求为导向，以安全、营养、健康、美味为目标，在行业内率先形成了集育种、养殖、加工、配送、消费及售后服务于一体的乳品全产业链质量发展模式，全面保障乳品质量与安全。秉承"工匠精神"，不断提升加工水平，坚守产品品质。三元食品自 2001 年首次取得 ISO 9001 认证后，2007 年又通过了ISO 9001质量管理体系、ISO 14001 环境管理体系、ISO 22000 食品安全管理体系、GB/T 28001 职业健康管理体系认证，成为通过"四合一"管理体系整合的食品企业。2009 年，三元食品被列为北京市食品安全教育基地。2015 年 5 月，三元食品股份公司获得首届"北京市人民政府质量管理奖提名奖"。三元食品坚持"预防为主，持续完善"的质量管理理念，建立以预防为主的质量管控体系、质量信息可追溯系统、标准化的管理模式，并逐步完善卓越质量管理体系，实现源头严防、过程严管、风险严控，打造了三元产品"安全、品质、健康"的积极形象，确保产品质量安全。2014 年，三元食品开展牛奶的质量追溯工作，截至 2017 年年底，累计完成追溯牛奶 8.8 万吨。2017 年，子公司河北三元食品开展生鲜牛乳、婴幼儿配方乳粉的质量追溯工作。至 2017 年年底，三元食品共获得 2 个有机食品、10 个绿色食品认证。

5. 科技研发　三元食品专注于研发生产适合国人的乳制品，坚持以"健康国人"为己任，以科研创新实现产品质量升级，驱动产业发展。公司拥有国家认定企业技术中心、企业博士后科研工作站、国家乳品加工技术研发分中心、国家级母婴乳品健康工程技术研究中心四大平台，并牵头成立国家首个"国家乳品健康科技创新联盟"。三元食品是国家高新技术企业、国家技术创新示范企业和首批国家级两化融合示范企业，与国内外高校、院所、医院及企业合作，形成产学研用的合作体系，获国家科技进步奖 2 项、省部级科技奖 21 项、新产品奖 30 余项。在干酪、ESL 奶、发酵奶、爱力优婴幼儿配方奶粉等新型乳制品加工关键技术与设备研究、乳品快检与安全在线监控等方面取得系列成果，填补了国内多项研究空白。三元食品累计拥有专利授权 103 件（含同族），其中发明专利 84 件、实用新型专利 4 件、外观设计专利 16 件，发明专利的引证率保持较高水平。

（二）北京三元种业科技股份有限公司

北京三元种业科技股份有限公司是全国农垦现代农业示范区、中国畜牧行业百强优秀企业、北京市农业产业化重点龙头企业。作为北京农垦主业板块的重要企业，公司的功能定位是：以种牛、种猪等种畜的繁育为核心，以饲料加工、牧草种植、技术服务为保障，是集科技研发、产业示范、现代化养殖为一体的大型畜牧产业集团。

1. 建制沿革　1999年12月28日，总公司为主发起人，联合其他4家发起人，共同发起设立北京三元种业股份有限公司。2000年8月17日，北京三元种业股份有限公司变更为北京三元种业有限公司，总公司持有的三元种业有限公司97%的股权无偿划拨至北京农业集团公司，成为北京农业科技股份有限公司的控股子公司。2001年8月27日，由北京农业集团公司持有的北京三元种业有限公司97%的股权又划回三元集团总公司。2003年7月31日，三元集团为主发起人，引进新的战略投资者，重组三元种业有限公司；是年8月14日，三元种业完成企业名称、企业性质、注册资本及股东等事项的工商变更登记，新公司名称为北京三元种业科技股份有限公司，注册资本15 275万股。2008年4月7日，三元集团再次决定对三元种业进行重组，将北京三元绿荷奶牛养殖中心、金星鸭业中心、奶牛中心、北京市养猪育种中心、三元集团畜牧兽医总站整建制重组进入三元种业，至2011年2月1日，完成重组及个别股东更替，注册资本增至66 268.302 8万股。2014年10月20日，三元种业注册资本增至70 068.302 8万股。2016年4月11日，首农集团以国有资本经营预算资金认购1亿股，注册资本增至80 068.302 8万元，其中首农集团持有77 943.621 8万股，占97.346 4%，企业性质为股份制有限责任公司（非上市国有控股），注册地点为北京市大兴区旧宫镇德茂庄德裕街5号。

2. 企业构架　至2017年12月31日，三元种业旗下拥有9个子公司、分公司，分别为：北京首农畜牧发展有限公司、北京中育种猪有限责任公司、承德三元有限责任公司、三元集团畜牧兽医总站、饲料分公司、畜牧研究院、天津首农东疆牧业有限责任公司、北京普瑞牧农业科技有限公司、北京绿荷康牧生物科技有限公司，并委托管理北京南牧兴资产管理中心有限公司。生产企业分布在北京、河北、山东、河南、天津、内蒙古、黑龙江、吉林、安徽、云南10个省市，初步形成以北京为核心，以津冀等环渤海为基础，辐射全国主要地区和基本市场的新发展格局。

3. 经济规模　2017年12月31日，三元种业总资产78亿元，年营业收入20亿元，利润1 451万元。拥有44个规模化养殖场，牛群存栏87 526头，其中成母牛45 621头，全年总产奶量41 850.50万千克，成母牛头日产26.63千克，种公牛存栏281头，冻精销售192.06万剂；肉牛存栏4 206头，累计出售1 423头。猪总存栏40 643头，其中基础母猪4 078头；种公猪存栏309头。猪总出栏87 405头，种猪销售20 461头，商品猪销售66 802头。加工饲料219 749.7吨，外销饲料59 676.7吨。种植业上茬面积508.2公顷，播种面积465.6公顷，收获面积1 313.73公顷，农作物总产24 430.27吨。

4. 科技创新　三元种业现有职工3 900人，拥有本科以上人员近500人，其中研究员5人、博士19人、硕士110人。三元种业注重人才引进及培训，积极开展与国内外同行的技术与研发合作，被认定为国家引智示范基地。公司建立金银岛科教人才培养基地，把企业办成开放型、学习型组织。先后建立了一批专业科研平台，如国内奶牛行业首家博士后科研工作站、国家胚胎工程技术研究中心、农业部奶牛遗传育种与繁殖专业重点实验室、奶牛育种与繁殖北京市重点实验室、农业部牛冷冻精液质量监督检验测试中心（北京）、农业部乳品质量监督检验测试中心、北京市乳品质量监督检验测试中心、北京市企业技术中心、猪"SPF"技术产学研基地、性控冻精生产研发基地。人才培养平台和研发平台的建立及运转，推进了产学研用合作，在科技研发、成果推广、良种繁育、饲养管理、员工技能等方面，提升了全员的创新能力，完善了三元种业的核心竞争力，部分成果填补国内空白。如创建了国内领先的"A2-β酪蛋白"牛奶生产技术体系、"EDTM"现代化奶牛管理体系、"四要素"集合的现代畜牧业发展模式等，集合了"高产、高效、优质、安全、生态、循环"的现代农业特点，助推现代生态循环农业的发展，也促进了现代畜牧产业的升级与发展，都市型休闲观光牧场建设初见雏形。

自2000年以来，三元种业逐步完善科研及推广工作体系与机制，建立畜牧研究院，承担了一批国家、农业部、北京市重大科研及推广课题，有41项课题获得各级各类奖励成果，其中，获国家科技进步奖二等奖2项，北京市科学技术奖11项（其中一等奖4项、二等奖3项、三等奖4项），农业部科学进步奖、丰收奖9项（其中一等奖5项、二等奖1项、三等奖3项），北京市农业技术推广奖18项（其中一等奖8项、二等奖5项、三等奖5项），外埠省级科技进步奖1项。至2017年年底，三元种业拥有"首农畜牧""SPF""中育""粮牧""三元绿荷饲料"等多件注册商标，获得国家专利局认定的专利111件，其中，发明专利23件、实用新型专利86件、外观设计专利2件。商标品牌及专利注册量的增加，使旗下的主体企业首农畜牧成为国家级高新技术企业。

三元种业是国内农业标准化先行的单位，是首家被国家标准委认定的"标准化良好企业行为"的农业企业，旗下养猪育种中心也是国家标准委在国内养猪业首家认定的"标准化良好企业行为"企业。"奶牛标准化示范"项目以及养猪育种中心的"种猪标准化示范区"项目被授予"国家农业标准化示范区"，一大批畜牧养殖场被农业部授予"国家级畜禽标准化示范场"称号。三元种业还拥有国家良好农业规范（GAP）认证，创建了2家中国农垦乳业标杆牧场。三元种业所属企业参与制定国家标准3项、农业部行业标准3项、北京市地方标准2项，企业标准做到全覆盖。

三元种业积极推进企业管理现代化。2009年12月，旗下绿荷中心完成的"现代奶牛生产技术体系的构建与实施"获第十六届"国家级企业管理现代化创新成果"二等奖。进入"十三五"时期，三元种业与日俱进，启动了智能化牛场、智能化猪场建设；使用奶牛群体精准改良数据分析平台，与手机客户端实现实时互联，建立服务考核管理平台；猪场生产、育种管理数据实现了网络化。2011年12月，绿荷中心完成的"建设一体化信息管理平台，推进我国奶牛养殖业的现代化进程"项目被评为第26届北京市企业管理现代化创新成果一等奖。2013年，旗下首农畜牧加入农业部农垦局质量追溯项目建设项目，确保生鲜牛乳产品质量可追溯，截至2017年年底，累计完成生追溯鲜牛乳15.3万吨；2017年，河北首农现代农业科技有限公司开展生鲜牛乳产品质量追溯。2017年，三元种业平均牛奶乳脂率3.81%、乳蛋白率3.20%、体细胞26.11万个/毫升以下、细菌总数6.0万个/毫升以下，生鲜牛乳已连续多年荣获国家绿色食品A级证书。

（三）北京首农股份有限公司

北京首农股份有限公司的前身是北京市畜牧局。首农股份是国家级农业产业化重点龙头企业，主要经营种畜禽业、食品业和生物制药业，注册资本84 000万元。所属企业20家，其中全资和控股企业15家、参股企业5家。2017年，首农股份资产总额50.81亿元，年销售收入31.12亿元。员工人数7 487人，其中研究生以上学历114人、大学本科学历500人、大学专科学历810人。

1. 建制沿革　1975年6月，北京市成立北京市机械化养鸡场养猪场工程指挥部。1977年9月29日，成立北京市畜牧水产局，由原市机械化养鸡场养猪场工程指挥部、市畜牧办公室以及农林局所属畜牧兽医和水产的业务机构组成。1978年7月6日，经中共北京市委、市革委会批准，市畜牧水产局改为市畜牧局，原水产业务移交给新成立的市水产局。1980年7月，农业部畜牧总局与市畜牧局商定合办北京市华都牧工商联合公司。1981年4月，经市政府批准，华都牧工商联合公司与市畜牧局实行"两块牌子，一套人马"。1983年5月23日，市畜牧局改为北京市牧工商总公司，但仍代行市畜牧局的行政职能。1994年3月29日，市政府决定撤销市牧工商总公司，组建北京华都集团。华都集团的核心企业为北京华都集团公司，由原牧工商总公司本部、市兽医生物药品厂组成。1996年12月31日，市政府同意华都集团改制为国有独资公司，名称变更为北京华都集团有限责任公司。2000年8月15日，北京市畜牧业行政管理职能从华都集团划归市农业局。

2009年4月20日，市国资委对三元集团、华都集团和大发畜产公司3家企业实施重组，设立首农集团，华都集团改为首农集团的全资子公司。2010年3月19日，市国资委决定，对华都集团与大发畜产公司实施重组合并，重组后的单位名称仍为北京华都集团有限责任公司。2014年4月，华都集团实行混合所有制改革，增加新股东上海京西投资有限公司、北京友山衡融亚农投资管理中心（有限合伙）、北京友山圣跃投资管理中心（有限合伙）。2016 年 4 月 21 日，经市工商行政管理局核准，北京华都集团有限责任公司正式更名为北京首农股份有限公司。2017 年 12 月，首农股份引进中信农业投资股份有限公司作为战略投资人，增资 3 亿元，其中 1.4 亿元为新增注册资本。增资后，首农股份注册资金 8.4 亿元，其中，首农集团持股 45.324 3%；友山圣跃持股 10.135 7%，衡融亚农持股 10.135 7%，上海京西持股 17.737 5%，中信农业投资股份有限公司持股 16.666 7%。

2. 主导产业及主要企业　首农股份包括 5 个产业：鸭产业、蛋鸡产业、白羽肉鸡产业、北京油鸡产业、非家禽产业，拥有全国唯一的国家级北京鸭品种资源保护场、全国最大的北京油鸡生产基地、国内最具实力的蛋鸡育繁推一体化体系、白羽肉鸡全产业链加工基地。首农股份拥有"华都""华都食品""峪口禽业""百年栗园""三元金星""樱桃谷"等国内外知名品牌，通过合资合作，被授权使用"AA""CEVA""KFC""Cherry Valley"等国际知名品牌。

（1）鸭产业。主体企业包括北京金星鸭业有限公司、承德三元金星鸭业有限责任公司和英国樱桃谷农场有限公司。其中，金星鸭业和承德鸭业实施统一管理。首农股份鸭产业拥有从育种到屠宰加工的完整产业链，肉用分割型樱桃谷品种市场占有率全球第一，占中国市场份额的 80% 以上；烤炙型北京鸭品种中国市场占有率第一，占据中国中高端烤鸭原料市场 90% 的市场份额；自主培育了"南口 1 号北京鸭配套系"，拥有金星鸭、金星填鸭、三元金星北京鸭 3 个全国及北京市著名商标。2017 年北京鸭产蛋种鸭存栏 3.84 万只，生产雏鸭 520.44 万只，销售雏鸭 449.9 万只，商品鸭销售 1 371.46 万只。

（2）蛋鸡产业。主体企业为北京市华都峪口禽业有限责任公司，其为世界三大蛋鸡育种公司之一、亚洲第一大蛋鸡育种公司，拥有自主培育的京系列高产蛋鸡品种 4 个、特色蛋鸡品种 2 个，还有正在进行审定的品种 3 个。峪口京系列蛋鸡的父母代雏鸡全国市场占有率在 40% 左右，2017 年销售商品代蛋雏鸡 2 亿只，商品代雏鸡销量占全国市场的 18.5%，在全国占比最高，商品代雏鸡销售价格实现全面引领，树立了中国蛋鸡行业第一品牌的地位。2017 年生产祖代种蛋 3 384.8 万枚、父母代种蛋 43 933.1 万枚、蛋用父母代雏鸡 551.5 万套、蛋用商品代雏鸡 15 794.5 万枚。

（3）白羽肉鸡产业。主体企业包括河北滦平华都食品有限公司和北京爱拔益加家禽育种有限公司。首农股份白羽肉鸡产业与国际领先的美国安伟捷公司建立了白羽肉鸡祖代种鸡公司，建立了集良种繁育、饲料生产、肉鸡养殖、食品加工、销售为一体的"一贯化"食品安全经营体系，为消费者提供安全、营养、新鲜、美味的华都食品，是 2008 年奥运会唯一指定的鸡肉产品供应商，产品出口至日本、韩国、新加坡等国家。2017 年，华都 AA＋祖代种鸡引种量 4.4 万套，父母代种雏孵化量 398 万套，生产商品雏鸡 2 983 万只，商品肉鸡放养 2 518.3 万只，屠宰肉鸡 2 383.6 万只，鸡肉产品总量 61 222.5 吨。

（4）北京油鸡产业。主体企业是北京百年栗园生态农业有限公司，拥有北京地理标识品种北京油鸡育种选育体系，是国内唯一一家将北京油鸡进行商业化生产的企业，拥有北京油鸡育种选育体系。百年栗园牌有机柴鸡蛋、柴鸡肉产品遍布北京、上海、南京、广州、深圳，天津、大连等城市的 500 多家大中型超市，"百年栗园"已成为深受消费者欢迎的高档有机食品品牌。2017 年生产鸡肉产品 148 万只，鸡蛋产量 4 364.8 万枚，销售父母代雏鸡 13.9 万只，商品代雏鸡 57.5 万只。

（5）非家禽产业。主体企业为北京首农电商科技有限公司和北京华都诗华生物制品有限公司。北京首农电商科技有限公司成立于 2015 年 11 月 27 日，处于经营起步阶段，积极探索社区生鲜店业务模式。华都诗华公司的主要经营范围为研发、生产、销售高、精、尖的动物疫苗产品，产品包括活疫苗和灭活疫苗两个大类。2017 年，在活疫苗中，马立克氏病疫苗 MD814 株在市场有近 1.8 亿羽份，占全国马立克疫苗全部市场的 4.8%，在 814 株马立克疫苗一级汇总中以 58% 的市场占有率高居榜首；孵化厅喷雾用新支二联疫苗（HB1＋H120）以 3.5 亿羽份占该类疫苗市场份额的 10.4%。在灭活苗中，华都诗华公司所生产的四联灭活疫苗新城疫-传染性支气管炎-减蛋综合征-禽脑脊髓炎占同类疫苗的 98%。此外，新城疫-流感 H9 疫苗以 2.2% 的市场占有率名列全国第 12 位。

（四）北京三元酒店管理有限责任公司

1. 建制沿革　2008 年 6 月 26 日，经三元集团党委常委研究，决定成立北京三元酒店管理有限责任公司，将北京市圆山大酒店（含北京市昌华物业服务中心、北京长城国际旅行社、北京市谷丰商贸有限公司）、北京市德胜饭店、北京三元香山商务会馆及北京市康乐工贸公司（含华康宾馆）委托三元酒店公司统一管理。三元酒店管理公司于 2009 年 4 月 30 日在市工商局西城分局注册成立，系国有一人有限公司，由首农食品集团出资，注册资本 100 万元。2011 年 2 月 14 日，北京市康乐工贸公司（含华康宾馆）划出至东风农工商。同年 10 月，北京长城国际旅行社在北京产权交易所挂牌交易并出售，国有股全部退出，北京长城国际旅行社改制为民营企业。2012 年 2 月 21 日，经首农集团党委常委会研究决定，北京首农香山会议中心从三元酒店公司析出，作为集团的二级单位管理；北京市华农物资公司整体划入三元酒店公司。同年 11 月，北京市谷丰商贸有限公司清算注销。2015 年 6 月 1 日，昌华物业从圆山大酒店分离出来，成为独立的三级企业。

2. 企业架构　2017 年 12 月，圆山大酒店、德胜饭店、华农物资公司、昌华物业 4 家企业全部完成公司制改革，由全民所有制企业改制为国有一人有限公司，由股东三元酒店公司 100％出资。截至 2017 年 12 月 31 日，三元酒店公司共有 4 家全资子公司：圆山大酒店、德胜饭店、华农物资公司、昌华物业。

3. 经营内容　三元酒店公司主要从事酒店管理、物业管理、会议服务、餐饮管理、保险代理、房产租赁等相关业务。自 2012 年重组后，三元酒店公司开始扭转经营亏损的局面，经济效益稳步提升。截至 2017 年 12 月 31 日，公司资产总额 2.4 亿元，营业收入 1.15 亿元，利润总额 1 127 万元。

（1）酒店板块。酒店公司旗下圆山大酒店位于西城区裕民路 2 号，是 1990 年开业的挂牌三星级酒店，占地面积 5 327.74 米^2，营业面积约 3 万米^2，其中包括 272 套客房、15 个会议室、2 个宴会厅、11 个中餐包间，以及茶艺、咖啡、KTV 等娱乐项目。酒店开业初期，由台湾人承包经营，自 1996 年起，由总公司收回自己经营。圆山饭店的市场定位以会议为主，接待散客为辅。德胜饭店位于西城区北三环中路 14 号，1985 年开业，2008 年重装开业后，为三星级酒店。饭店占地面积 1 318.4 米^2，营业面积超过 5 000 米^2，其中包括 83 套客房、2 个会议室、1 个宴会厅和 11 个中餐包间。饭店餐厅主营淮扬菜、川菜和创意融合菜，主打品牌菜品为"德胜烤鸭"。德胜饭店的市场定位为精品商务酒店。三元酒店公司作为首农集团的窗口展示单位，在菜品开发过程中注重使用首农原材料，在严控从"田间到餐桌"全过程食品安全工作的同时，充分发挥窗口作用，用心提升服务品质，持续改善客户体验。自 2015 年起，圆山、德胜两家酒店的客房收入、平均房价、平均出租率和单间客房实现收入连续三年创历史新高。

（2）保险板块。华农物资公司成立于 1984 年，前身是北京市农场局物资供应站。在计划经济向市场经济转化的过程中，华农物资公司主动调整自身结构和功能，逐步转变为市场化运营的企业。2003 年，华农物资公司统一代理了集团公司的车辆保险和财产保险业务。2007 年，开始负责集团政策性农业保险业务。经过十余年的努力耕耘，从选择险种投保到开发新险种投保，从实物保险到价格指数保险，从初期的年保费 1 000 余万元，到 2017 年年末，集团政策性农业保险涵盖了畜禽养殖和种植保险中的 25 个品种，年保费 7 300 万元。

（3）物业板块。昌华物业是 1998 年为了配合总公司机关改革而成立的服务性单位，最初其员工都是从集团机关剥离出的后勤人员，主要为集团办公楼、食堂、家属院提供基本服务。2015 年以来，昌华物业扩大服务范围，逐步实现规范化管理、市场化运营、专业化服务，物业管理范围包括首农食品集团太阳宫办公楼、裕民中路办公楼、服务楼以及家属院。

（五）北京光明饭店有限公司

1. 建制沿革　北京光明饭店有限公司的前身为北京光明实业有限公司。1985 年 4 月 22 日，北京光明实业有限公司获得国家对外经济贸易部颁发的《中外合资经营企业批准证书》，投资总额 2 280 万美元，注册资本 570 万美元，总公司出资 171 万美元，占注册资本的 30%，日本株式会社徐园出资 399 万美元，占 70%，合资期限 14 年。这是总公司第一个投资额超过 2 000 万美元的合资企业。是年 6 月 18 日，北京光明实业有限公司取得国家工商行政管理总局颁发的《核准登记通知书》，注册地为北京市朝阳区亮马桥路 42 号院。1986 年 4 月 5 日，北京光明实业有限公司开办的日式公寓建成并正式开业。1988 年，注册资本增至 750 万美元。1989 年 3 月 20 日，北京光明实业有限公司更名为北京光明饭店有限公司。1992 年，光明饭店合营期限由 14 年延长至 30 年。1997 年 1 月 7 日，光明饭店的总投资由 2 280 万美元增至 5 250 万美元，注册资本增至 1 938 万美元，合营年限延至 40 年。2001 年 2 月 23 日，光明饭店原乙方日本株式会社徐园将其所持合资公司 70% 的股权全部转让给日本东光商事株式会社。2002 年，光明饭店中方股东变更为三元集团。2004 年 4 月，光明饭店投资方日本东光商事株式会社将所持有合资公司 70% 的全部股权转让给其在日本的关联公司，即日本株式会社徐园。2005 年 1 月 13 日，市商务局同意光明饭店投资总额及注册资本由 5 250 万美元、1 938 万美元分别增至 5 971.5 万美元、2 252.9 万美元。2009 年，光明饭店中方股东变更为首农集团。

2. 发展情况　1985 年 7 月 1 日，光明实业公司 136 栋日式公寓动工，总建筑面积 18 306 米²。1986 年 12 月 10 日，光明实业的公寓已出租 134 套。1987 年 4 月，集写字间、客房、餐饮、康乐设施为一体的光明大厦动工，总建筑面积 13 303 米²，地上 13 层，地下 1 层。1989 年 9 月 18 日，光明饭店综合性功能大厦建成开业。1988 年，光明饭店被国家农垦部评为"全国农垦系统十大创汇企业"；1997 年，被市政府首批授予"国际经贸合作奖"。自 1995 年起，光明饭店开启了六个四年发展规划的历程。1995—1999 年，建立了各项管理制度，软件服务和硬件设施开始完善。1999 年 8 月 8 日，光明饭店 25 栋美式别墅建成开业，项目总建筑面积 5 146 米²，并同步建成 8 000 米² 地下停车场，总投资 7 500 万元。1999—2002 年，光明饭店先后新建 25 栋美式公寓、7 000 多米² 的地下停车场和 8 000 米² 的光明花园。1990 年、2000 年，分别被北京市旅游局评为"首都旅游紫禁杯最佳（先进）企业"。2000 年，光明饭店被批准为北京市首批（预备）四星级公寓，是国家旅游局规定的公寓最高星级。

1995—2005 年，连续 10 年被中国外商投资企业协会评为"全国外商投资先进饭店"；2003 年，被国家商务部评定为"中国外贸企业信用体系指定示范单位"。2003—2010 年，光明饭店以北京奥运会为契机，圆满完成新建 2 万米² 写字楼、扩建改造 1.5 万米² 商务酒店工程，建成 5A 级写字楼、四星级商务酒店，经营面积从 3.1 万米² 一跃扩大到 7 万余米²。2011 年以来，光明饭店认真研究市场走向，随时随势在经营中求变，深挖潜力，加大改扩建和新建公寓，解决了日式公寓格局陈旧、面积狭小的难题，着力开发欧美客源市场，使光明公寓重新回归高端公寓市场平台，收入和利润再一次刷新历史纪录。2011—2014 年第五个四年规划期间，光明饭店将公寓 8 号服务楼全部改造成单身公寓，生活设施一应俱全，8 号楼每年仅租金收入就达到 300 余万元。在自 2015 年开始的第六个四年计划中，光明饭店边经营边改造，不断升级公寓品质，逐步完成建筑结构、客源结构和服务模式的转型，扩大了欧美客源的市场比重。2015 年完成经营收入 15 563 万元，实现利润 6 186.9 万元，创开业以来最高纪录，一跃成为同行业的佼佼者。截至 2017 年 12 月 31 日，光明饭店资产总额 3.23 亿元，累计营业收入 27.31 亿元，营业利润 10.56 亿元，上缴国家税款 5.16 亿元，净利润 7.37 亿元。

3. 经营特点　截至 2017 年 12 月 31 日，光明饭店共有两个分支机构：光明饭店徐园宫餐厅、光明饭店美容美发厅。企业员工总数 342 人。30 年来，光明饭店在经营中形成了自身的特点及优势：一是中外双方股东秉承"理解、信任、合作、共赢"的原则，形成了光明独特的"人文情怀"企业文化和"团结勤奋、务实创新、敬业高效"的企业精神，建立了一支稳定、和谐、高效、执行力强、经验丰富的管理团队，形成了一套规范化、程序化、系统化服务管理体系。二是经营业态合理。光明饭店完成了从单一的公寓出租向公寓、写字楼、商务酒店三位一体的经营格局的重要转变，做到三者经营互补，市场竞争力和抗风险能力大大增强。三是客源结构合理。光明饭店尊重市场，主动调整客户群，由单一的日本客源发展到多元化国际市场，提高了抗风险能力，四是造血能力强。始终坚持滚动投入、持续投入，在建设和经营方面形成了良好的衔接，保证了企业发展有较强的后劲。2016年，按照利润总额与实缴税金排名，光明饭店在全国星级饭店中名列第15位，荣获2015年度全国星级饭店利税贡献二十强。

（六）北京首农香山会议中心有限公司

北京首农香山会议中心有限公司是一家仿古庭院花园式会议型酒店，集会议、餐饮、住宿、娱乐、健身等多项服务为一体。香山会议中心位于风景如画、环境怡人的香山脚下，占地面积2.67万米^2，建筑面积2万米^2，共有客房总数93间、停车位100个，周边遍布众多名胜古迹，如香山公园、碧云寺、卧佛寺、植物园。距离香山公园北门步行500米、植物园800米，在夏季和秋季是旅游度假休息的最佳选择。

香山会议中心的前身是北京市国营农场管理局香山老干部休养所，属于事业单位，成立于1991年5月15日，注册资金72万元，归总公司老干部处直接领导。1997年12月，香山干休所改名北京市海淀香山干休所。1999年8月20日，总公司党委决定香山干休所改为二级单位（副处级），直属总公司党委管理。2004年4月，香山干休所进行改扩建。2005年5月26日，北京市海淀香山招待所名称变更为北京三元香山商务会馆。2007年5月9日，三元集团董事会决定对系统内酒店业进行重组，撤销香山商务会馆二级单位的资格，授权圆山大酒店管理。2008年5月8日，香山商务会馆正式开业。2008年6月26日，三元集团成立三元酒店公司，将香山商务会馆委托该公司统一管理。2010年4月29日，北京三元香山商务会馆名称变更为北京首农香山会议中心。2012年2月21日，香山会议中心从三元酒店公司分立，为首农集团二级单位。2017年12月26日，北京首农香山会议中心名称变更为北京首农香山会议中心有限公司，完成公司制改革。

香山会议中心坚持以"从田间到餐桌，安全放心"的经营理念，打造绿色有机的用餐体验，农副产品均选自首农食材，让顾客吃得安心、住得舒心。2009年4月，香山商务会馆经北京市爱国卫生运动委员会、北京市商务委、北京市卫生局评定为北京市无烟餐饮单位。2010年2月，根据中华人民共和国国家标准《旅游饭店星级的划分及评定》（GB 14308—2003），经北京市旅游星级饭店评定委员会评定，香山会议中心为中国四星级饭店。2011年12月，根据中华人民共和国旅游行业标准《绿色旅游饭店》（LB/007—2006），经北京市旅游星级饭店评定委员会评定，香山会议中心被评定为"金叶级绿色旅游饭店"。

（七）北京首农三元物流有限公司

1. 公司沿革 北京首农三元物流有限公司的前身先后为北京三元环都物流有限公司和北京三元双日食品物流有限公司。2006年7月26日，由三元集团与东郊农工商、双桥农工商、南郊农场、东北旺农场、华成商贸公司共同出资组成环都物流公司，注册资金为3 000万元。2007年8月22日，三元集团以环都物流公司出资，与双日株式会社、双日（中国）有限公司合资设立北京三元双日食品物流有限公司，注册资金6 000万元，三元集团持股51%、双日株式会社持股39%、双日（中国）有限公司持股10%。是年10月1日，双日物流公司正式运营。2017年6月21日，双日株式会社、双日（中国）有限公司将其名下所有股权转让给首农集团；9月6日，名称变更为北京首农三元物流有限公司，经营期限由12年变更为30年，公司性质由中外合资有限责任公司变为国有独资公司，首农集团100%控股。

2. 经营情况 首农三元物流有限公司的注册地址在北京市朝阳区南皋路123号院，注册资金6 000万元，员工300人。公司拥有三类温度带（冷冻、保鲜、常温）物流机能的大型配送中心，并配备120余辆"三温带"配送车辆，同时每辆车配备通行证。公司拥有3个物流配送中心，位置分别在大兴区三元食品工业园区、海淀区杏石口路、朝阳区南皋路。总部基地毗邻首都国际机场高速公路和京哈、京包干线铁路，距首都机场近 30 分钟车程，距国贸中心 11.9 千米，地理位置十分优越，地处连接东北与华北的交通枢纽位置。紧邻天津港、秦皇岛港，海陆空三位一体的交通网络使得公司所在地区成为北京食品流通业务交通最发达的地区之一。公司主要业务包括面向北京和全国大中城市以及国际市场进行以食品为主的运输、仓储、货运代理，各类商品批发和零售及加工、技术服务，以及进出口业务等。公司实行以商流带物流、以物流促商流的"双驱动"发展战略，先后成立冰品供应链事业部、国际贸易部、共享锂电池事业部等部门。冰品事业部产品在一指遥、新东安、每日优先等各个渠道销售，并与八喜、和路雪、雀巢等战略合作商对接，利用人工智能、物联网、互联网等技术，陆续在蓝岛、秀水街等近 20 余个商区铺设冰激凌自动售卖机，为新零售新模式建立跨出了重要的一步。国际贸易部开展代购代采国外的猪肉系列、牛肉等业务。电商部以公司冷链物流的先天优势为纽带，打通商流上下流通道，整合国内外适销对路的产品，利用互联网、电商平台，把建立社会微型社区无人自动售卖作为引爆点，先后在蒲黄榆、香炉营、明光村、永定路、双秀公园、回龙观等地建立社会微仓。与西城区政府达成共识，由西城区提供 54 个社区给公司，建立无人售卖生鲜店，公司每周可以在这些社区开办"首农食品社区大集"地面推广活动。社区微仓和社会无人售卖店项目已列入北京市商务委员会发展农副产品流通体系的补贴名单。进口商品事业部以经销日本清酒为主，并在北京几十个餐饮店售卖牛羊肉、鸡翅、羊蝎子等产品，反映良好。锂电池事业部与德邦、京东、顺丰、圆通等知名快递公司建立联系，首批锂电池和充换电柜正在测试阶段。

（八）北京市华成商贸有限公司

1. 历史沿革及企业重组　　1980 年 3 月 16 日，市农办（80）京政农字 46 号文批复北京市长城农工商联合企业，同意成立北京市长城农工商联合企业供销公司。1983 年 3 月，更名为北京市农工商总公司商业服务公司。1984 年 1 月，总公司成立总公司劳动服务公司。1986 年 7 月 7 日，总公司（86）京农场字第 16 号文通知，总公司商业服务公司与总公司劳动服务公司合并，统一为总公司商业服务公司，劳动服务公司所属康乐饮料厂、燕青新商行、北京京豫联营公司（凯帝实业公司前身）、大北窑燕乐餐厅、燕鸣副食店 5 个企业并入商业服务公司。1992 年 1 月 9 日，总公司（92）京农管办字第 2 号文正式通知，总公司商业服务公司名称变更为北京市华成商贸公司。1995 年 6 月，华成商贸公司与佳程经协公司合并，佳程经协公司改为华成商贸公司的下级单位。1997 年 1 月，北京市阜康实业公司并入华成商贸公司。1999 年 2 月，总公司直属的海南万利工贸（集团）公司的资产和人员划归华成商贸公司管理。2003 年 12 月 19 日，三元集团董发〔2003〕1 号文决定，华成商贸公司与华农物资公司重组成立北京三元商贸有限责任公司。2005 年 3 月 10 日，三元集团发文通知，北京三元商贸有限责任公司恢复为北京市华农物资公司与北京市华成商贸公司分立的原建制。2007 年 5 月 9 日三元集团董事会决定，牛奶公司与华成商贸公司合并，统一为北京市牛奶公司，同时决定华成商贸公司所属的北京市康乐工贸公司的全部资产交由圆山大酒店管理。是年 6 月，三元集团董事会决定，将牛奶公司和华成商贸公司持有的三元出租车公司股权合并至牛奶公司名下。2008 年，三元集团决定华成商贸公司接受集团委托，代管集团的二级企业——北京市三环实业总公司。8 月 18 日，三元集团发文，同意将集团公司持有的牛奶公司的国有资产无偿划转给华成商贸公司。划转完成后，华成商贸公司为集团公司二级单位，牛奶公司为集团公司的三级单位。是年 11 月，三元集团经理办公会决定将总部持有的北京三元金安大酒店一层大众餐厅、三层、四层、六层资产转让给华成商贸公司经营。12 月，三元集团发文决定，将集团公司名下位于东城区北京站东街 6 号的 3 639.2 米^2 办公用房以增加注册资金的形式划转至华成商贸公司，经评估，华成商贸公司增加注册资金 2 755.24 万元，增至 3 305.24 万元。2009 年 3 月 26 日，三元集团〔2009〕75 号文再次确认，华成商贸公司为集团公司二级企业，以华成商贸公司名义对内、对外开展经营。2011 年，北京华都安然物业服务中心整体划入华成商贸公司。2017 年 12 月 19 日，完成公司制改革，更名为北京市华成商贸有限公司。

2. 基本情况　2017 年年底，公司注册资金为 3 305.24 万元，注册地点为北京市朝阳区安慧北里雅园一号。公司设执行董事一人，为企业法定代表人。截至 2017 年 12 月底，公司总资产 3.43 亿元，总负债 1.27 亿元，所有者权益 2.16 亿元，其中归属于母公司的所有者权益 2.16 亿元，资产负债率 37.09%。公司下属 3 家法人企业：北京市牛奶有限公司、北京华都安然物业管理中心有限公司、北京市亚运村华洋菜市场有限公司。北京市牛奶有限公司持有三元出租车公司 32.23% 的股权，持有承德晓雅乳业有限公司 40% 的股权。华成商贸公司的主营业务是写字楼、底商租赁和住宅物业管理，属于集团公司的物产物流板块。公司有经营性房产共计 52 663.4 米²，提供服务的住宅物业总面积为 201 717.71 米²，物业分类有写字楼、底商、文创园、市场、小区物业。公司与多家知名客户建立了长期稳定的租赁关系，主要有麦当劳、眉州东坡、花家怡园、好利来、京味斋、本格料理、良子健身、达美乐、味多美、稻香村、优才教育、中招国际、中国农业信息网、中国勘测院、甘肃电力、中国移动通信、三元食品、东单菜市场等。

为了配合集团总体改革与调整，华成商贸公司先后接收了众多亏损或存在历史遗留问题的企业。涉及三级及以下层级企业多达上百家，其中僵尸企业 95 家、有产权登记的 49 家，为处理系统内不良资产和企业冗员做出了重要贡献。2017 年年底，非经营性房产占公司房产总量的 65%，绝大部分房产建成 20 年以上。公司有离退休人员 1 503 名，在职员工与离退人员比例为 1：6.99。

（九）北京三元出租汽车有限公司

1. 公司沿革　2000 年 9 月 21 日，总公司决定将南郊农场、北郊农场、双桥农场、东北旺农场、长阳农场、东风农场、牛奶公司、华成商贸公司 8 个二级企业所属的 12 家出租车公司重组为北京三元出租汽车有限公司。2001 年 2 月 26 日，北京市整顿出租汽车行业和企业、小公共汽车经营和营运秩序工作领导小组办公室以京城客整办字〔2001〕019 号文批复总公司，同意上报的三元出租车公司重组方案。4 月 20 日，三元出租车公司取得企业法人营业执照，公司拥有运营出租车 452 辆，注册资金 2 200 万元。2006 年 6 月，三元出租车公司完成受让北京汽车服务有限责任公司的控股权。收购完成后，北汽服公司拥有出租分公司和汽车租赁分公司，有出租车 300 辆，可提供租赁业务用车 400 辆。2007 年 6 月，三元集团董事会决定，将持有三元出租车公司不足 10% 股权的 5 家二级企业（东风农工商、南郊农场、双桥农工商、北郊农场、东北旺农场）的股权划转到三元集团名下。2009 年 10 月，三元出租车公司决定将北汽服公司 14 辆旅游大客车过户到三元出租车公司名下，组建一支共有 17 辆旅游大客车（含三元出租车公司原有 3 辆）的管理队伍，统一由三元出租车公司运营管理。三元出租车公司股东会由首农集团和牛奶公司两家组成，其中首农集团持股 68%，牛奶公司持股 32%。公司设立董事会，管理机构设有安全部、运营部、财务部、办公室，下属企业有两个分公司和一个控股子公司。三元出租车公司持有北汽服公司 65% 的股权。

2. 经营规模与业绩　通过兼并、挂靠、控股等市场化运作方式，不断扩大运营车辆的规模，公司从最初的 452 辆出租车扩大到 2017 年年底拥有出租车和租赁车总量 1 662 辆。其中，三元出租车公司拥有出租车 1 019 辆、旅游大客车 17 辆；控股公司北汽服公司拥有出租车 299 辆、租赁车 327 辆。截至 2017 年 12 月 31 日，三元出租车公司从业人员 1 778 人，其中管理人员 74 人、驾驶员 1 704 人；总资产 1.55 亿元，总负债 6 053 万元，所有者权益 9 446 万元，资产负债率 39.05%；实现运营收入 1.26 亿元，利润 1 778 万元。

3. 企业管理　三元出租车公司坚持以人为本的服务理念，始终站在服务市民的前沿，充当好运营服务和运力保障的排头兵，充当好"首农流动宣传名片"。作为首都窗口服务行业的一分子，公司以"创建首都一流出租汽车企业"为目标，在行业内率先提出了"六声、五多、一快乐"的企业文化理念。2004 年，公司制定的《驾驶员手册》正式实施。是年 6 月，经北京市交通委员会批准，公司党委决定驾驶员党员公开身份，在运营中开展党员车辆挂牌服务。11 月，公司成立"复转军人服务车队"。2011 年 7 月 1 日，公司成立"党员志愿服务车队"。公司的党员志愿服务车队、退伍军人服务车队等志愿团体为乘客出行提供了优质的运营服务，为推广首农品牌、宣传首农文化做出了应有的贡献。2003 年 2 月，三元出租车公司标准化管理体系经北京市质量技术监督局评审通过并实施。2012 年 4 月，公司被市质监局评为"三级"标准化达标企业。公司全面落实安全生产责任制，坚持"以人为本，安全第一，和谐发展"的工作方针，倡导"人性化管理、社会化效益"的经营理念。自成立以来，公司交通违法率控制在 8% 以内，低于行业 15% 的标准，低于集团公司 10% 的标准；交通事故率控制在行业和集团公司制定的 1% 以内，没有发生过重大安全事故。2011—2013 年，公司连续三年获得市公安局授予的"治安管理、治安保卫工作先进单位"称号。

4. 主要荣誉 2003 年 10 月，公司被北京市出租协会授予全国出租租赁行业"抗非典先进单位"称号。2004 年 3 月，公司被市质监局授予 2003 年度"北京市服务标准化单位"称号。2007 年 8 月，公司被首都文明委授予 2006 年度"首都文明单位"称号。2008 年 3 月，公司被首都窗口行业奥运培训工作协调组授予"首都文明服务示范窗口"称号；10 月，公司退伍军人服务队被市总工会授予"奥运立功北京市工人先锋号"称号，公司被北京市劳动和社会保障局、首都窗口行业奥运培训工作协调小组办公室联合授予"首都窗口行业技能示范单位"称号，被首都文明委授予"迎奥运、讲文明、树新风活动先进集体"称号，被市交通委授予"奥运会、残奥会交通保障工作先进集体"称号。2009 年 4 月，公司被中华全国总工会授予退伍军人服务车队"奥运立功全国工人先锋号"称号；9 月，公司荣获北京市运输行业企业信誉评比第一名。2010 年 12 月，公司被市总工会授予北京市"工人先锋号"荣誉称号。2011 年 1 月，公司被中国海员建设全国委员会、中华全国总工会授予 2010 年度全国交通建设系统"工人先锋号"称号。2012 年 2 月，公司"三元党员志愿服务车队"获"首都的士英雄"称号；4 月，公司被首都文明委评为 2011 年度"首都文明单位"；9 月，公司获市交通委举办的出租车行业首届"北京现代杯"驾驶员综合技能竞赛活动"优秀组织奖"。2014 年 7 月，公司获北京市运输协会授予的"诚信服务企业"称号。2015 年 3 月，公司被首都文明委授予 2012—2014 年度"首都文明单位"称号。

（十）北京三元石油有限公司

1. 公司沿革 2000 年 7 月 20 日，总公司与中国石油化工股份有限公司北京石油分公司签约，合资建立北京三元燕庆石油有限责任公司（暂定名），总公司拟以评估后的 33 个加油站净资产出资，占 70%，中石化北京石油分公司以现金出资，占 30%（该协议于同年 8 月 22 日由双方重新确认签字）。其后，根据总公司京农管文（2000）29 号文件，各二级单位不再拥有加油站的经营管理权，经营管理权移交给新组建的公司，各加油站的人、财、物，供、销、储及生产、安全、更新改造等经营管理权完全由新公司负责。2001 年 3 月 2 日，北京三元石油有限公司在市工商局完成登记注册，注册资本 7 722.32 万元。其中，总公司以实物出资 5 405.54 万元，占比 70%；中石化北京石油分公司以货币 2 316.66 万元作为出资额，占比 30%。已经重组接收的加油站（除一座外）改为非法人单位，公司实行一级法人管理。2008 年 3 月 31 日，三元集团与中石化北京石油分公司签署《合作备忘录》。自 2009 年 1 月 1 日起至 2023 年 12 月 31 日止，三元集团将三元石油公司 26 座加油站及油库委托给中石化北京石油分公司全面经营管理。

2. 经营规模与业绩 2000 年年底，公司共接收 25 座加油站。2002 年接收南口加油站；2004 年接收北沙滩加油站；2005 年将京顺路加油站租赁给壳牌石油公司；2006 年确认在金泰诚加油站的股权，2013 年将其转让给南郊农场。2013 年霍营加油站因市政施工停业；2014 年黄村加油站因市政工程拆除；2017 年万顺达加油站因市政施工停业。截至 2017 年年底，公司有直营加油站 22 座。三元石油成立以后，不断提高经营管理水平，努力开拓市场，扩大进销渠道，降本减费，大幅度提高销售量，公司的经济效益连年大幅度攀升。组建之初的 2001 年，公司成品油销售量为 5.72 万吨，实现销售收入 2.14 亿元，实现利润 350 万元。2004 年，公司成品油销售量为 12.18 万吨，实现销售收入 4.51 亿元，利润总额 1 234 万元，提前一年实现公司确定的"十五"规划目标。2007 年，公司销售成品油 12.73 吨，实现销售收入 6.84 亿元，实现利润总额 1 836 万元。2017 年，公司有职工 325 人，资产总额 18 316.4 万元，负债总额 6 973.7 万元，所有者权益 11 342.7 万元；完成销售成品油 16.49 万吨，销售收入 11.88 亿元，利润 1 261.7 万元。

3. 企业管理 2000 年 8 月公司开始组建后，实行一级法人管理和财务的统一核算。同时，加大了清理应收款力度，在很短的时间回收账款 2 000 多万元，清理了一批长期遗留的历史问题，为公司今后的发展奠定了基础。到 2007 年，公司管理体制完备，形成了标识统一设定、财务统一核算、经营统一管理、商品统一配送、人员统一调度、服务统一标准的"六统一"式的经营管理格局。本着精、细、严的原则，公司对生产经营和日常工作进行规范管理，建立和完善各项规章制度，先后制定《加油站管理规范》《对员工违章违纪行为的处罚办法》《加油站达标创星办法》及《考评细则》，建立包含技术标准、管理标准和工作标准的标准化体系，并通过市质监局认证。公司标准化文件中的《加油站加油作业指导书》获得市质监局颁发的《北京市产品标准注册登记证》，公司因而成为北京市成品油流通行业第一家在该局注册服务标准的企业。公司建立的职业安全健康管理体系在全市同行业中首家通过中国职业安全健康管理体系（OHSAS18001）认证。管理工作的不断制度化、标准化和科学化，大大促进了企业管理水平的提高和企业素质的提升，确保了安全生产和经济持续、快速、健康发展。公司加油站引入神秘访客检查考核办法，上线加油站零售管理系统，实现销售自动化管控、远程管理，管理数据自动归集。同时，全部改为电子账表册，实现中石化加油卡、银联卡刷卡加油。三元石油公司重视企业文化建设，投资导入 CIS 系统，聘请专业广告公司为公司量体设计了富于感染力和生命力的企业识别系统，向社会展示了三元石油公司的良好形象，确立了企业精神、企业经营理念和企业广告语。

4. 硬件改造 三元石油公司组建以后，对所属加油站进行了大规模硬件升级改造。在改造中，通过设计和建立一套企业个性化的识别系统，使加油站具有独特的外观和明显的标识，既为客户提供了良好的消费环境，又向外界打响了公司的品牌。经过持续努力，将加油站逐步改造成为造型美观、标识醒目、布局合理、车流顺畅、符合环保要求、设备先进、利用现代科技手段管理的加油站。2008 年以后，公司加油站的形象和技术改造持续进行，尤其是 2014 年开始的技术贯标改造，升级油路管线、上线油气回收系统、布控安全监控系统等，大幅度提升了加油站安全硬件和环保系统保障系数，加油站的外貌形象也有了较为全面的改观。2016 年改造完成的北沙滩加油站成为行业系统的形象标杆站，被誉为"京北第一站"。

5. 主要荣誉 2002 年，公司获得"北京市经济技术创新先进单位"和"北京市安全生产先进单位"称号，并获得"北京市农口企业效能监察优秀成果奖"。2003 年，被市质监局评为"服务标准化单位"，被市工商局评为"守信企业"，公司在全市同行业中首家通过中国职业安全健康管理体系（OHSAS18001）认证。2002—2006 年，连续被评为"首都文明单位"。2004 年，公司获得"首都劳动奖状"，并获得"北京市模范职工之家""北京市先进工会"称号。2005 年，公司被评为"北京市厂务公开工作先进单位"，回龙观加油站获得北京市"青年文明号"称号。2009 年，公司下属 5 座加油站被共青团北京市委员会评选为"北京市青年文明号单位"。2014 年，永乐店加油站被北京市妇女联合会、北京市总工会、北京市人力资源和社会保障局授予"北京市三八红旗班组"称号。

（十一）北京壳牌石油有限公司

1. 公司沿革 北京壳牌石油有限公司的前身是北京力孚机动车综合服务有限公司，成立于 1993 年 12 月 13 日，注册资本 640 万元美元，其中总公司持股 30%。1998 年 3 月 12 日，力孚机动车综合服务有限公司重组并更名为北京崇启机动车服务有限公司，壳牌集团所属的香港崇启有限公司受让北京崇启原股东 70% 的股权。是年 8 月 25 日，北京崇启的第一家加油站北沙滩油站开业。2003 年 12 月 17 日，香港崇启有限公司与壳牌中国控股私有有限公司、壳牌（中国）有限公司签署股份转让协议，香港崇启有限公司向壳牌中国控股私有有限公司转让其持有的 60% 的投资权益，向壳牌（中国）

有限公司转让其持有的 10％的投资权益。2004 年 1 月，北京崇启正式更名为北京壳牌石油有限公司。2007 年，北京壳牌注册资本增资至 1 285 万美元，各方股东持股比例不变。2009 年，公司中方股东变更为首农集团。2010 年 5 月，首农集团单独增资 550.714 3 万美元，增资后，北京壳牌注册资本为 1 835.714 3万美元，首农集团持股 51％，壳牌中国控股私有有限公司持股 39％，壳牌（中国）有限公司持股 10％。

2. 经营范围 北京壳牌经营范围为：建设经营加油站，含机动车加油、零售机动车用油品，提供汽车清洁和保养，向接受本公司服务的客人零售预包装食品、乳制品（不含婴幼儿配方乳粉）、日用品；进行加油站特许经营；加油站经营管理服务；企业管理咨询服务；企业策划；计算机技术培训；会议服务；企业管理服务；投资咨询和商务咨询。

3. 企业架构 2011 年 8 月 23 日，北京壳牌成立全资子公司承德壳牌石油有限公司。北京壳牌下设数质量部、供应与配送部、运营市场部、网络开发部、安全与工程部、公共关系部、人事行政部、财务部和 IT 部。

4. 经济规模 北京壳牌在北京地区经营 22 座自营加油站、3 座加盟油站。随着壳牌品牌战略的发展，公司业务不断壮大，截至 2017 年年底，在承德地区经营 10 座自营加油站，分布在双滦区，承德县，滦平县，隆化县和宽城满族自治县。公司每天向 3 万名驾车人士提供 24 小时的加油服务，供应高品质的燃油产品；另外，加油站都配备方便顾客的便利商店，为顾客提供便捷服务。北京壳牌秉承顾客至上的服务理念，立足于现有的油站网络精耕细作，2017 年，北京壳牌销售成品油 17 万吨。

5. 公司优势 首先，品牌价值。英国知名品牌评估机构 Brand Finance 公布了 2017 年全球最具价值品牌 500 强榜单，壳牌以 367 亿美元的品牌价值位居第 18 位。

其次，壳牌的先进能源技术正在帮助北京壳牌更好地为中国市场提供能源解决方案，并帮助中国解决能源领域中的三大优先问题——能源供应安全、环境保护和能源效率。比如，壳牌高质量的燃油添加剂可以清洁汽车引擎，帮助中国用户提高燃油效率。壳牌在燃油创新领域拥有超过一百余年的经验，壳牌 V-Power 燃油是壳牌研发出的第一款面向普通消费者的高端燃油，是壳牌独创的能效燃油，于 1998 年首次发售，2012 年 5 月，壳牌 V-Power 燃油正式进入中国内地。壳牌 V-Power 燃油在北京 25 个加油站发售，未来还将在更多市场为更多当地的顾客提供领先动力，驱动国内燃油产品向高端化升级。

再次，建立 HSSE 管理体系。HSSE 是 health、safe、security、environment 的缩写，代表健康、安全、保障、环境，体现了完整的一体化管理思想。北京壳牌一直视健康、安全、安保、环境及社会业绩为公司业务管理的重要部分，竭力防止一切危害员工安全事故的发生，确保安全作为一切工作的重中之重。为了实现这个具有重大意义的"零伤亡"，北京壳牌运用严格的安全标准与训练有素的人员来确保执行力，如"壳牌黄金三原则"（遵守、尊重、干预）以及"12 条救命规则""停工政策"被所有员工熟记于心，入职第一个流程就要先培训 HSSE 承诺和原则的。公司的 HSSE 体系是建立在 PDCA 基础上的，涵盖健康、安全、保安、环境、社会业绩，包含着 8 大要素：领导力与承诺、政策与战略目标、组织职责资源标准、危害与影响管理、计划与程序、实施事故报告与监控、审计、管理评审。公司设有 HSSE 关键岗位人员，有专门的培训和考核框架。公司鼓励员工尽可能地参与到 HSSE 事务中，比如隐患、未遂事故报告。

最后，建立会员管理系统。2016 年 7 月 19 日正式开通北京壳牌会员管理系统，会员可登录壳牌北京地区所有油站。该管理系统致力于打造以油站为核心的 360°会员生态圈，为会员提供差异化专属会员服务，助力会员的每一段旅程，凝聚会员力量，展现会员风采。

（十二）北京盛福大厦有限公司

北京盛福大厦有限公司注册资本 20 858.34 万元，注册地址为北京市朝阳区麦子店街 37 号，企业经营范围为开发、建设规划范围内的房屋、配套设施，出租出售规划内商住用房及批发零售商业用设施，营业期限五十年。

1. 沿革及股东　1994年10月，总公司与德国最大的建筑承包商菲利普霍尔兹曼公司在北京燕莎中心签署《关于合资组建北京燕花大厦有限公司的项目协议书》。1995年6月，燕花大厦更名为北京盛福大厦有限公司。12月4日，盛福大厦获得市工商局颁发的企业法人营业执照。盛福大厦投资总额2 950万美元，注册资本1 200万美元。其中花卉公司以土地使用权折合480万美元出资，占注册资本的40%；德国北京国际商务大厦有限公司以现金720万美元出资，占注册资本的60%，合营期限为50年。1996年9月30日，盛福大厦项目奠基。1998年，盛福大厦注册资金增至3 266.67万美元。1999年3月24日，盛福大厦建设工程竣工。是年8月4日，国家工商行政管理总局颁发盛福大厦企业法人营业执照。2000年12月18日，总公司决定其子公司京泰农工商以承债式收购盛福大厦外方持有的盛福大厦60%的全部股权。至2004年8月，盛福大厦股东及持股比例变更为：三元集团占40%，京泰农工商占60%。2017年10月，首农集团决定盛福大厦外方京泰农工商将其持有的全部股权无偿转让给中方股东首农集团。2018年7月20日，公司完成出资人股权工商变更（改制）登记（备案）准予登记的全部手续，企业类型由台港澳与境内合资企业变更为一人有限公司（法人独资企业），成为首农食品集团100%控股的全资二级子企业，取得新的企业法人营业执照。

2. 主营业务　公司主要业务是经营盛福大厦及元嘉国际公寓房屋租赁。

盛福大厦坐落于东三环外燕莎商圈麦子店街37号，为涉外甲级纯商业写字楼，总建筑面积53 068米²，共28层，其中地上25层，建筑面积41 325米²，地下3层，建筑面积11 014米²。大厦目前共有6家产权人，产权面积共43 975.23米²，其中，公司产权面积35 960.47米²，所占份额为81.77%。大厦每层可供租赁面积从100米²到整层1 840米²不等，出租率保持在98%左右。

元嘉国际公寓坐落于东二环外东直门东中街40号，为涉外商住两用甲级国际公寓，总建筑面积约3.5万米²。2005年11月，公司出资购买元嘉国际公寓A座二层和三层的部分房屋产权及地下停车位15个，所购买房屋产权建筑面积总计2 792.36米²，其中，公寓A座二层07号房屋产权面积530.82米²，三层302号房屋产权面积831.13米²，303号房屋产权面积794.25米²，304号房屋产权面积636.16米²，出租率100%。

3. 经营管理　公司不设董事会，由股东委派或解聘公司执行董事、监事，决定执行董事、监事的报酬事项，决定聘任或解聘公司经理、副经理、财务负责人及其报酬事项。组织架构设置为股东、执行董事/经理、经理助理、办公室、财务部、市场部、工程部、安全管理部，有员工13人。截至2017年12月31日，公司资产总计34 281.77万元，所有者权益30 400.22万元，营业总收入9 836.29万元，利润总额3 712.92万元。公司始终以现代企业制度为基础，采用国际化、现代化的经营管理理念，深耕细作，坚持以"打造盛福大厦精品商务楼宇和打造盛福物业优质服务品牌"为主线，实施管理创新、服务温馨和差异化经营策略，构建以"人无我有、人有我优"为经营品质的核心竞争力，实行综合立体化市场营销网络，步步深入，层层递进，联系紧密，有序衔接，高标准规范各项经营管理和服务工作，带动和提升公司整体经营管理水平与服务能力，确立了盛福大厦在北京CBD燕莎商圈中的稳固地位，享有很高的知名度。从2011年1月1日凌晨起，北京盛福物业服务有限公司完成对盛福大厦整体物业的顺利交接和平稳过渡。至此，盛福大厦完成从单一的资产经营模式向"资产经营和物业服务并举、实施低成本扩张、在行业内创建优质物业管理品牌"的经营模式转变。公司先后荣获"全国物业管理示范大厦""北京市物业管理示范大厦'五星级'""北京市优秀物业管理企业""朝阳区物业管理示范大厦项目""北京市维护国家安全先进集体""北京市安全文化建设示范企业"等荣誉，从而进一步提高了盛福大厦的品牌形象。

（十三）北京首农供应链管理有限公司

1. 公司沿革　2010年9月7日，市国资委京国资〔2010〕194号文同意首农集团成立北京首农食品经营中心。11月12日，首农集团第一届董事会第17次会议决议，同意将北京德瑞实业公司名称变更为北京首农食品经营中心。2011 年 8 月 22 日，北京首农食品经营中心完成工商登记，企业性质为全民所有制，注册地址在北京市丰台区草桥东路 2 号 8 幢，注册资金为 2 200 万元，全部由首农集团出资。2017 年 7 月 26 日，北京首农食品经营中心更名为北京首农食品有限公司。2017 年 12 月 26 日，首农集团同意北京首农食品有限公司更名为北京首农供应链有限公司。次年 1 月 19 日，公司完成变更登记。

2. 所辖企业及业务 首农供应链管理公司有员工 400 余人。经营业务涉及国际贸易、农产品生产、初级加工、物流运输、批发、零售等领域。公司的宗旨是以转型创新为动力，以贸易业务为重点，积极推进重点项目建设，勇担社会责任，助力扶贫攻坚，在防控风险的基础上，全力打造全球一体化供应链体系战略布局。主要实体企业有：

（1）北京首农商业连锁有限公司。公司成立于 2012 年 9 月 6 日，注册资金 600 万元，为首农供应链全资子公司。该公司是首农供应链旗下的专业化食品销售公司，是"首农安全农产品零售终端体系"建设的项目实施单位。公司蔬菜生产基地分布在北京市延庆区、北京市顺义区和辽宁省朝阳市等地。辽宁省朝阳市作为衔接京津冀、东北三省及周边二、三线等城市重要节点，交通便捷，成为东北面向京津冀最近的优质农产品生产基地。公司为充分利用朝阳农产品的供应时间与南方产地相错位的特点，发挥朝阳市发展高品质农产品的要求和方向，将"朝阳菜园子"装入"首都菜篮子"，更好地将朝阳农产品推向北京中高端市场。

（2）北京三元梅园乳品发展有限公司。2013 年 3 月 1 日，首农食品中心全面接管其控股的三元梅园。2014 年 5 月，三元梅园注册资本增至 4 092.8 万元，首农食品中心无偿受让西郊农场所持三元梅园 16.57% 的股权。股权调整后，首农食品中心出资 2 000 万元，持股 66%，三元食品股份公司出资 817.74 万元，持股 34%。

（3）天津港首农食品进出口贸易有限公司。公司于 2014 年 5 月 9 日在天津东疆保税港区注册成立，注册资本 1 亿元，首农食品中心出资 4 000 万元，占比 40%，是公司控股股东。天津港首农公司在东疆保税港区内专业从事食品进出口贸易及相关仓储物流等服务业务，是在食品、农副产品进口领域唯一与天津港建立战略合作的企业。天津港首农公司以天津市滨海新区和天津港为依托，在优良的物流管理人才及管理经验的基础上，打造快捷高效的北方食品进出口通道，满足北方市场对进口食品的需求，同时提升天津港食品进出口贸易交易额。

（4）首农供应链（大连）有限公司。公司于 2016 年 3 月成立，注册资本 1 亿元，首农食品中心出资 3 800 万元，持股 38%，是首农大连公司的控股股东。公司依托保税区政策功能优势，专注跨境生鲜食品供应链综合服务，提供自境外产地采购到食材上桌的全流程一站式供应链解决方案，同时运营生鲜商品国际贸易代理和与之相关的金融服务等业务。2016 年 5 月，首农大连公司项目在大窑湾保税区奠基，总占地面积约 3.3 万米²，总投资 1.8 亿元。

（十四）北京市裕农优质农产品种植有限公司

北京市裕农优质农产品种植有限公司是集蔬菜种植、加工、销售、科研、农资贸易为一体的农业公司。公司常年为大型连锁餐饮企业、超市便利店、餐饮服务企业等提供鲜切蔬果和新鲜蔬菜，也是肯德基、麦当劳在中国最早的蔬菜供应商。2017 年，裕农公司被中关村科技园区管委会认定为"中关村高新技术企业"。公司拥有职工 472 人，拥有本科以上学历的职工 52 人，其中博士 1 人、硕士 12 人。

1. 公司沿革 1992 年 8 月 1 日，北京市农业局下属北京市优质农产品产销服务站发起设立北京市裕农优质农产品贸易中心。1992 年 8 月 24 日，北京市裕农优质农产品贸易中心变更为北京市裕农优质农产品贸易公司。2002 年 3 月 12 日，北京市裕农优质农产品贸易公司变更为北京市裕农优质农产品种植公司。2015 年 12 月 9 日，裕农公司由市农业局划归首农集团。2017 年 12 月 25 日，北京市裕农优质农产品种植公司变更为北京市裕农优质农产品种植有限公司，注册资本 100 万元，为首农食品集团全资子公司，注册地址为北京市怀柔区雁栖经济开发区乐园大街 26 号。

2. 所辖企业 截至 2017 年年底，裕农公司拥有 7 家子公司、分公司，分别为河南裕农食品有限公司、北京绿蔬科技有限公司、北京市裕农优质农产品种植有限公司怀柔分公司、北京市裕农优质农产品种植有限公司顺义分公司、北京市裕农优质农产品种植有限公司通州分公司、北京市裕农优质农产品种植有限公司海淀销售分公司、北京市裕农优质农产品种植有限公司大兴分公司。生产企业从京内的 1 个工厂扩张至 3 个工厂，并迈出京外发展第一步。

3. 生产经营 截至 2017 年 12 月 31 日，裕农公司总资产 8 842 万元，当年营业收入 1.71 亿元，实现利润 418 万元。自有基地 180 公顷，自控及合作基地 1 866.67 公顷，年销售蔬果产品 2 万多吨。裕农公司供应的主要客户有百胜集团（肯德基及必胜客的母公司）、麦当劳、星巴克、汉堡王、吉野家等 20 多家连锁餐饮企业，以及永旺、华堂、盒马鲜生、全家、便利蜂、罗森、爱玛客等超市、便利店、餐饮服务公司、食品加工企业，供应的各类餐饮门店总计达 6 000 多家。裕农公司 2007 年组织并参与制定了农业部《鲜切蔬菜加工技术规范》（NY/T 1529—2007）、《鲜切蔬菜》（NY/T 1987—2011）两项行业标准，填补了行业空白；获得国家专利局认定的专利 10 件，其中发明专利 1 件、实用新型专利 9 件；有软件著作权 3 件。裕农公司有着严格的食品安全和企业管理系统，种植基地通过 SGS（通标标准技术服务有限公司）的 GLOBAL GAP（全球良好农业操作）认证；蔬菜加工厂通过 HACCP（危害分析的临界控制点）认证体系、ISO 22000 等食品安全管理体系的认证。2015 年 2 月，公司率先通过北京市食药局的审核，获得食品生产许可证（QS），为北京市鲜切蔬菜行业第一家获得食品生产许可证的企业。裕农公司是北京农学院产学研基地、北京农林科学院示范基地、北京市叶类蔬菜创新团队加工示范基地，是中国烹饪协会和北京市蔬菜流通协会的会员和首都农产品加工科技创新服务联盟理事长单位。

第二篇 第一产业

第一章　种　植　业

中华人民共和国成立后，百业待兴，发展农业生产，生产更多的粮食、蔬菜、水果是国家赋予国营农场的主要任务之一。北京农垦经过几十年的艰苦奋斗，坚持不懈，大搞农田水利建设，大力发展农业机械化，积极推进农业科技进步，把昔日的低产田改造成旱涝保收的稳产高产田。20世纪80年代中期以后，北京农垦率先涉足农业信息化工程，在建设智慧农业、设施农业方面继续对京郊农村种植业的发展起到示范引领作用。

■ 第一节　粮食生产

粮食生产在北京农垦种植业中占据最重要的位置。由于国有农场拥有装备、技术和人才的优势，北京农垦的粮食生产从20世纪50年代开始，至1998年场乡体制改革之前，始终对北京市郊区农业生产起着示范作用，在先进的农艺、农机技术应用推广和良种繁育推广方面，对北京市农业生产做出过重要贡献。

一、粮食作物结构

20世纪50年代初中期，北京农垦粮食生产并没有被确定为主要生产项目。从50年代末、60年代初起，国营农场开始执行"以粮为纲、全面发展"的方针，粮食生产逐步占据种植业的主导地位。这点可以从粮食播种面积占农作物播种面积的比重变化反映出来：1949—1964年，农场系统粮食作物种植面积占农作物播种总面积的30%～50%；1965年，粮食作物播种面积占农作物总播种面积71%；一直到场乡体制改革前的1997年，粮食生产仍占种植业的主导地位。

粮食作物按种植、收获季节区分为夏粮、秋粮两大类别。夏粮主要有冬小麦、春小麦、大麦、燕麦、豌豆、蚕豆，秋粮主要有玉米、水稻、高粱、谷子、甘薯、马铃薯、荞麦、豆类、糜黍。这些作物北京农垦均有种植。20世纪90年代中期后，夏粮比重开始逐年增加，秋粮比重略有下降（表2-1-1）。

表 2-1-1　夏粮与秋粮种植结构

年份	夏粮作物			秋粮作物		
	占粮食播种面积比重（%）	占粮食耕地面积比重（%）	占粮食总产量比重（%）	占粮食播种面积比重（%）	占粮食耕地面积比重（%）	占粮食总产量比重（%）
1995	46.1	40.2	45.0	53.9	59.8	55.0
1996	47.0	40.5	45.3	53.0	59.5	54.7
1997	47.9	42.3	46.3	52.1	57.7	53.7

说明：数据根据北京市农工商联合总公司统计资料汇编计算。

从粮食作物结构变化的趋势看，有以下几个特点：一是冬小麦种植面积占粮食播种面积的比重呈现逐步增加的趋势，1956年冬小麦比重仅占粮食播种面积的12.3%，以后逐年增加，至场乡体制改革前一年的1997年，增至47.1%；二是水稻种植面积占粮食作物播种面积的比重逐年下降；三是玉米种植面积占粮食作物播种面积的比重相对稳定，略有增加；四是杂粮作物的种植比重在20世纪60～70年代初期最高，个别年份的比重接近三分之一，进入80年代快速下降，至场乡体制改革前，比重已降至1.5%（表2-1-2）。

表 2-1-2　粮食作物种植结构动态情况

单位：公顷

	年份								
	1956	1961	1965	1972	1978	1985	1990	1994	1997
冬小麦播种面积	94	6 687	10 499	11 544	20 644	17 872	19 452	19 032	20 353
占粮食播种面积比重（%）	12.3	28.4	22.1	23.6	37.0	37.7	41.6	42.5	47.1
水稻播种面积	265	2 317	9 043	9 502	12 626	11 973	9 077	5 381	5 308
占粮食播种面积比重（%）	34.9	9.8	19.0	19.4	22.6	25.2	19.4	12.0	12.3
玉米播种面积	216	7 518	15 149	12 698	12 796	14 945	17 232	18 059	16 859
占粮食播种面积比重（%）	28.4	32.0	31.9	25.9	22.9	31.5	36.8	40.4	39.1
杂粮播种面积	186	6 989	12 804	15 241	9 738	2 631	1 042	2 274	653
占粮食播种面积比重（%）	24.4	29.8	27.0	31.1	17.5	5.6	2.2	5.1	1.5

说明：1985年前（含）数据源自《北京市国营农场管理局统计资料（1950—1985）》，1986—1997年数据源自北京市农工商联合总公司各年统计资料。

二、粮食主栽品种

北京农垦种植的粮食作物种类主要是小麦、水稻和玉米三大类，其他杂粮，如谷子、高粱、薯类、豆类等作物也有种植。冬小麦从种到收约257天，积温2 000℃左右（其中冬前积温500℃左右），选用品种要求亩产400～500千克，抗病（锈病、白粉病等）、抗倒伏，具有强抗寒性，属强冬性品种。主栽品种平均亩收获42万～45万穗，穗粒数26粒左右，千粒重40～42克。夏玉米从种到收约102天（6月20日—9月30日）左右，积温2 400℃，属中早熟品种。选用品种要求亩产400～500千克，抗病（大、小斑病、矮花叶病）、抗倒伏，主栽品种平均亩收获4 000～4 200穗，穗粒数400～450粒，千粒重280克左右。春玉米从种到收125天左右，积温2 700℃左右，选用品种抗病（大、小斑病、矮花叶病）、抗倒伏，亩产700～800千克。水稻选用优质、高产、抗病品种，生产上种植的品种较多。粮食品种通过引进或者自己培育，完成多代次更替。粮食作物主栽品种变化情况见表2-1-3。

表 2-1-3　粮食作物主栽品种变化情况

时期	小麦主栽品种	玉米主栽品种	水稻主栽品种
建场初期至20世纪50年代中后期	小红芒、五花头、农大90、农大183、华北187	快籽白、狗乐、灯笼红、墩子黄、小八趟、把粗、火葫芦、金皇后、白马牙、春杂1～14号	银坊、紫金箍、白马尾、黑马尾、水源300粒、野地、黄金、铃鸣
20世纪60年代初期至70年代末期	农大1号，农大3号，农大138，农大311，东方红3号，北京5、6、7、8、10号，农大139，农大183，京旺1、2、3号，芒白4号，京双1、2、3、4、5号	京双号，农大4、6、7、14号，京杂6号，京白10号，京黄113号，中单乙，丰收101、103、105，朝阳103、101、105	农垦40、京糯1号、御膳米、越富
20世纪80年代初期至90年代中后期	京双10号、京双12号、京双16号、长丰1号、长丰3号、京垦96	掖单2、4号，农大60，沈单7号，中单120，丰收105，京黄18，京黄113，京黄127，京黄133，京垦103，京垦129，京垦114，京垦116，东46，京垦22	越富、红星5号、红星6号、秋光、御膳米、黑米

三、粮食生产规模

（一）生产规模持续扩大阶段（1949—1997 年）

这一阶段粮食生产规模扩大的原因有：一是粮食播种面积不断扩大。1950 年农场粮食播种面积仅 566 公顷，1979 年跃至 55 248 公顷，增长近 97 倍。至场乡体制改革前的 1997 年，因为占地原因，粮食播种面积略有回落，但仍达 43 173 公顷。二是由于常年坚持兴修水利，改变了农田生产条件，抗灾能力增强，加上农机装备水平的提高、粮食作物良种化水平的提升，以及农机、农艺技术不断改进和提升，使得粮食三大作物单产水平稳步提升。三是由于改进耕作制度，提高了复种指数，稳定了粮食总产量。1983 年复种指数为 163.1%，1991 年为 169%，1995 年为 175.9%，1997 年为 175%，高于京郊农村 10 多个百分点。

三大粮食作物单产动态见表 2-1-4。

表 2-1-4　三大粮食作物单产动态

单位：千克/亩

年份	小麦	水稻	玉米	年份	小麦	水稻	玉米
1965	138.9	334.5	190.5	1985	248.5	370.5	294.0
1975	229.5	378.5	183.5	1995	442.0	516.0	444.0

说明：资料来自北京市农工商联合总公司统计年报。

（二）生产规模巨幅缩减阶段（1998—2017 年）

1998 年场乡体制改革后，农村耕地划给所属区县管理，北京农垦耕地面积大幅减少，1998 年耕地面积仅为 2 752 公顷，其中粮食播种面积 1 356.8 公顷。之后几年，受北京市政土地储备规划、绿化隔离带建设、退耕还林等因素的影响，农垦系统北京市辖区内的粮食播种面积逐年减少，至 2017 年仅为 245 公顷。与此相应的变化是，粮食总产量也呈巨幅缩减。虽然种植业生产水平没有下降，但因为城市市政建设等原因，造成农田的排灌体系不配套，粮食单产还是比之前有所下降。以 2017 年为例，粮食单产 365 千克/亩，比场乡体制改革当年（1998 年）下降 2.5%。

场乡体制改革后粮食生产情况见表 2-1-5。

表 2-1-5　场乡体制改革后粮食生产情况

	年份						
	1998	1999	2006	2011	2012	2015	2017
播种面积（公顷）	1 356.8	1 274.3	313	891	765	439	245
总产量（吨）	7 609	7 255	1 289	4 145	3 606	2 672	1 340
每公顷产量（千克）	5 608	5 693	4 627	4 625	4 714	5 392	5 469

说明：数据来自北京市农工商联合总公司、北京首都农业集团有限公司各年度统计资料汇编。

四、粮食种植技术

（一）粮食综合生产能力

从 20 世纪 50 年代起，在国家的支持下，由于农业机械化、良种化，北京农垦早于京郊农村的发展，因此，国营农场的粮食生产一直对农村起到示范引领作用。

1951 年，双桥农场首先使用 C-4 康拜因（联合收割机）收割密植小麦，密植后的小麦产量达到每公顷 1 954.5 千克（折亩产 260.6 斤），远超京郊小麦亩产百斤左右的水平。1953 年 7 月，双桥机械化农场学习苏联的栽培技术，小麦单产又创新高，18.67 公顷小麦每公顷产量 2 581.8 千克（折亩产 344.24 斤），比当地农民的单产高出两倍多。1954 年，南郊农场粮食种植全部实现机播；1957 年，南郊农场实现每公顷产量 4 687.5 千克（折亩产 625 斤），超过《全国农业发展纲要》"过黄河"的指标，被评为"全国农垦先进单位"。1960 年 10 月 12 日，中共北京市委提出《关于在近郊建立蔬菜、粮食高产区的规划（草案）》，其中，红星人民公社（即南郊农场）、沙河人民公社（即北郊农场）、良乡人民公社（即长阳农场）与朝阳、丰台、海淀三个区一起被列入蔬菜和粮食高产区。1962 年，东北旺农场 166.07 公顷小麦平均每公顷产 3 562.5 千克（折亩产 475 斤），创北京市小麦单产第一。1963 年 12 月，长阳农场被农垦部评为 1963 年度全国国营农场先进单位，并被授予"样板农场"称号。1963 年，农场系统粮食单产每公顷超 3 000 千克（折亩产 400 斤），全局单产实现"上纲要"，提前 4 年完成《一九五六年到一九六七年全国农业发展纲要》规定的指标。在 1964 年中华人民共和国成立 15 周年游行活动队伍中，东北旺农场小麦粮食生产彩车通过了天安门广场。1965 年，双桥农场粮食平均每公顷产量 5 602.5 千克（折亩产 747 斤），南郊农场平均每公顷产量 4 807.5 千克（折亩产 641 斤），均实现"过黄河"。1965 年 12 月，农垦部召开全国农垦科学技术和高产经验交流会，长阳农场和南郊农场因粮食丰产、东北旺农场因小麦高产被农垦部授予"样板农场"称号。1966 年 7 月，市人委在怀柔县召开北京市小麦工作总结大会，会上宣布东北旺农场采用 24 行播种机种植的 376.07 公顷小麦平均每公顷产量 4 470 千克（折亩产 596 斤），创全国冬小麦单产最高纪录。1970 年双桥农场粮食平均单产达到每公顷 6 810 千克（折亩产 908 斤），第一次实现"跨长江"（即亩产 800 斤的指标）。1974 年，北京农垦粮食总产 1.7 亿千克，比 1965 年增产 400 万千克。南郊、东郊、长阳等 6 个农场粮食亩产"跨长江"；双桥农场粮食亩产在连续 4 年"跨长江"的基础上，闯过千斤大关，达到亩产 503 千克；永乐店农场粮食单产第一次实现"过黄河"。1976 年，9 个农场粮食单产"跨长江"，其中 3 个农场粮食平均每公顷产量突破 7 500 千克（折亩产 1 000 斤）大关。改革开放后，北京农垦继续保持粮食生产的高水平、高质量、高效益。1983 年，总公司系统粮食总产突破 2 亿千克，单产突破每公顷 6 750 千克（折亩产 900 斤）。1988 年、1989 年，总公司连续两年在小麦高产竞赛中获得"丰收奖"奖杯。1989 年 6 月，南郊农场小麦每公顷产量 5 568 千克（折亩产 743.4 斤），获市政府授予的"全市小麦单产最高奖"。1991 年 1 月 22 日，总公司获得农业部颁发的"1990 年全国农垦系统粮食丰收奖"荣誉证书。20 世纪 90 年代，北京农垦粮食总产量占全市粮食总产量的比重比 70～80 年代提高 1 个百分点，从 1990 年至场乡体制改革之前的 1997 年，北京农垦粮食总产量占全市粮食总产量的比重基本稳定在 11.5% 左右。

北京农垦粮食总产量占全市粮食总产量的比重见表 2-1-6。

表 2-1-6　北京农垦粮食总产量占全市粮食总产量的比重

年度	粮食总产量占全市比重（%）	年度	粮食总产量占全市比重（%）	年度	粮食总产量占全市比重（%）
1978	11.0	1989	10.7	1994	11.4
1979	10.5	1990	11.2	1995	11.5
1985	9.8	1991	11.0	1996	11.6
1987	10.1	1992	11.3	1997	11.5
1988	9.9	1993	11.7		

说明：全市粮食总产量数据来自各年度《北京统计年鉴》。

（二）科学种粮水平

1. 耕作制度改革　20 世纪 50 年代，农场粮食作物生产基本是一种一收，即玉米春种秋收、小麦秋种夏收，农田利用率低，单产低。60 年代改为两种两收，间作套种。1975—1980 年推行三种三收，即秋播冬小麦，第二年 5 月埂上套种玉米，收小麦后种豆子。从当年 9 月至翌年 9 月，一个周期，单位产量略有增加，但劳力大，地力消耗大。80年代初，南郊农场、双桥农场率先完善两茬两平播，上茬小麦，下茬夏玉米或麦茬水稻，平播，不套种，效果突出，扩大了作物实播面积，土地利用率增加8%～10%，节省劳力，生产率提高，也有利于实行喷灌和大型农机进地。1981年后，该方法陆续在全系统全面推开。

2. 良种化水平　20世纪50年代初期，种子比较混杂。到50年代中期，部分农场，如南郊农场、东郊农场等已建立了农业科技站或良种站、良种试验田，开始培育适合当地生产的新品种。1958—1965年，东北旺农场与北京农业大学合作，引进小麦、玉米良种10多个，并推广到西南地区。1962年，双桥农场被北京市确定为小麦良种培育基地之一。1963年，双桥农场建立"良种繁育试验站"，承担着良种繁育等科学试验等工作，其培育的双杂交玉米"京双号"良种在1963年农垦部所属国营农场的种子会议上被评为一等奖。1963年6月，市农林局组织技术人员，对京郊12个担负小麦良种繁殖任务的国营农场、人民公社的466.67公顷种子田进行种子纯度的检查和鉴定，绝大部分纯度在97%以上，北京5、6、7号和农大183等小麦品种均被列为京郊大面积推广的良种。至1964年，市农场局系统国营农场普遍与中国农业科学院、北京农业大学建立协作关系，在科研单位的指导下，采用"边繁殖、边试验、边推广"的办法，直接由科研单位引入新品种，加速繁殖推广小麦新品种，取得了良好的效果。特别是东北旺农场，在北京农业大学的协助下，着手繁殖农大311、北京6号等耐肥、抗锈的良种。尽管1964年前期连降阴雨，后期锈病流行，东北旺农场213.33公顷的农大311小麦，平均每公顷产量仍达3 037.5千克（折亩产405斤）。

南郊农场于20世纪70年代连续数年在海南岛制种，自行培育出10余个玉米优良品种。长阳农场自行选育出小麦优良品种长丰1、3号。1970年，东北旺农场接受北京市下达的小麦育种任务，设立小麦育种组，并培育出抗病生产性强的"京旺1、2、3号"。1972年10月，北郊农场科技站选育的"京糯一号"水稻良种，在广州中国进出口商品交易会上获国家科技进步奖。1978年，东北旺农场科研站培育的京杂6号、京白10号、京黄113号玉米和芒白4号小麦，在华北地区得到大面积推广。1979年，双桥农场科技站先后培育出小麦京双1～5号，双杂交玉米朝阳103、101、105，丰收101、103、105等10多个优良品种，并在全国各地推广使用。1978年3月，东北旺农场科研站完成的京杂6号、京白10号、京黄113号玉米和芒白4号小麦选育，荣获"全国科学大会优秀科技成果奖"。1982年，东北旺农场科技站赵垂达等人完成的"推广京杂6号玉米良种"项目获国家农业科技推广奖二等奖。1985年，长阳农场科技站完成的"冬小麦新品种长丰1号选育"获得北京市科技成果奖三等奖。1986年，双桥农场完成的"耐晚播早熟冬小麦新品种选育（京双早）"项目获北京市科技成果奖三等奖。1994年4月，东北旺农场科技站新培育的玉米品种"京黄127"被市政府授予北京市农业技术推广奖二等奖，该玉米新品种次年获得第二届中国农业博览会金奖。1995年8月，农业部下发《关于公布全国农垦系统"三百工程"首批试点企业名单的通知》（农垦发〔1995〕10号），批准东郊农场（小麦、水稻、玉米）、东北旺农场（玉米、小麦）为全国农垦系统良种试点企业。2002年4月26日，金垦公司培育的"京垦22"玉米、"京垦96"小麦新品种通过北京市农作物品种审定委员会审定。

3. 新技术的应用推广

（1）小麦种植技术。20世纪50年代初期，农业部直属的双桥农场、南郊农场开始学习苏联小麦密植技术，取得明显增产效果，1952年7月，《机械化农业》杂志专门介绍了双桥农场的密植经验。1963年，双桥农场良种繁育试验站进行小麦施磷肥试验取得成功。1964年9月，南郊农场农业技术员黄曾藩首次开展小麦精播种子量筛选研究并取得明显增产效果，播种小麦1.032公顷（折15.48亩），每公顷播种量48千克（折每亩6.4斤），每公顷产量5 467.5千克（折亩产729斤）。此项试验成果的学术论文于次年9月发表在《中国农业科学》（月刊）。1980年3月，全国农垦系统第四次科技工作会议在北京召开，会议评选出70项农业科研成果，由市农场局总农艺师宋秉彝主持、与东北旺农场合作完成的"北京地区小麦栽培指标化研究"获农垦部科技成果奖一等奖。

　　1986 年 9 月下旬，总公司生产处与北京农业大学合作，在南郊农场科技站应用"小麦计算机决策系统"种植小麦，取得成功经验。1991 年 8 月，总公司召开小麦生产研讨会，提出在各农场大面积推广"小麦栽培计算机辅助决策系统"。1992—1993 年，推广面积 1.9 万公顷，占全部小麦播种面积的 97％，每亩产量达 416 千克。从此，北京农垦小麦生产告别了传统农业经验决策方式，进入了信息农业和数字决策的新阶段。1992 年 9 月 20 日，中国工程院院长卢良恕一行视察南郊农场科技站小麦精播生产性示范田。该示范田由总公司生产处主持、南郊农场科技站实施，示范田面积 1.2 公顷，每公顷单产 6 358.5 千克（折亩产 847.8 斤），对照田 0.67 公顷，每公顷单产 5 557.5 千克（折亩产 741 斤）。卢良恕视察后认为，这是北京地区小麦高产的方向。1993 年 5 月 25 日，北京市"小麦节"在北郊农场科技站开幕，农场科技站展示了半矮秆小麦的中试系统。1994 年 4 月，总公司生产处完成的"小麦计算机模式栽培系统推广应用"被市政府授予北京市农业技术推广奖一等奖；1994—1998 年，北京农垦小麦平均亩产为 411～433 千克，并在北京郊区推广 6 666.67 公顷。1995 年，总公司基本建立了精播小麦高产栽培技术体系，1996 年，在本系统大面积推广，效果显著，如南郊农场 1996 年精播小麦 1 066.7 公顷，1997 年小麦平均亩产 495 千克。1995 年，总公司组织科技人员开始研制适合北京地区前茬秸秆还田的大型小麦精播机，1997 年定型并批量生产，填补了我国双排孔水平圆盘式小麦精播机的空白，为北京市全面推行小麦精播高产配套技术体系做出了重要贡献。

　　（2）水稻种植技术。20 世纪 50 年代初期及中期，在北京东南郊和西郊地区的国营农场就开始种植水稻。1952 年，和义农场有 45.33 公顷水稻，每公顷产量 3 900 千克（折亩产 260 千克），比京郊平均亩产 200 千克高出 30％。之后，国营农场系统水稻种植面积从不足万亩逐步发展到 1972 年的 9 502 公顷。从 70 年代开始，由于水资源的减少，开始进行旱直播试验。1974 年 5 月，南郊农场开始进行水稻旱直播试验与示范，随后扩展到东郊、北郊、东北旺等农场。1977 年 10 月，南郊农场小面积水稻旱种成功，试种面积 0.6 公顷，每公顷产量 4 005 千克（折亩产 534 斤）。1980 年，东北旺农场水稻引进的仿日式盘育秧、机插秧技术取得成功并逐步推广；1981 年 3 月，东北旺农场开始进行水稻工厂化育苗和机械插秧技术试验与示范，随后扩展到西郊、双桥、北郊等农场。1985 年 5 月，南郊农场种子站完成的"杂交水稻旱播制种技术"获得北京市科技成果奖三等奖。1989 年 3 月，日本水稻专家到东北旺农场向各农场技术人员传授水稻旱育、稀植技术，随后，东北旺、西郊、南郊等农场开始进行试验推广，至 1995 年，应用面积达 666.67 公顷。1992 年 4 月，西郊农场在北京地区首次引进水稻钵盘育苗抛秧技术，取得良好的经济效益。1994 年 6 月，农业部组织全国各省市农业厅（局）长到西郊农场参加抛秧技术现场会，受到一致好评。西郊农场的"水稻综合节水技术示范推广"项目是 1992 年市科委下达的"北京市平原地区节水型农业示范研究"课题的子课题，1996 年 2 月，该子课题被市政府授予北京市星火奖二等奖。1997 年 3 月，总公司生产处、西郊农场、东郊农场、东北旺农场等合作完成的"北京农场系统水稻钵盘育苗抛秧技术的应用与推广"获 1996 年度北京市农业技术推广奖二等奖；同年 5 月，中央农业电影制片厂在西郊农场百亩水稻育苗中心拍摄《旱育稀植抛秧技术》专题影片，向全国进行推介；西郊农场进行的"移栽灵加甲霜灵锰锌本田土不调酸"育苗试验被列入市级星火计划。1990 年，开始研发水稻栽培计算机模拟决策系统，到 1994 年基本完成，水稻亩产普遍实现 500 千克，部分农场向亩产 600 千克目标迈进；至 1995 年，水稻栽培计算机模拟决策系统累计推广 175 公顷。1995 年，西郊农场小面积稻田养蟹试验成功，之后在西郊、东北旺农场得以发展。

　　（3）玉米种植技术。北京农垦夏玉米单产水平的进步，首先得益于使用良种，同时，农艺、农机技术的进步也是玉米单产提高的重要原因。1985—1989 年，在永乐店农场渠头试验 4 年夏玉米免耕覆盖技术，形成一套"覆盖免耕，两茬平播，粮饲结合，全年高产，全过程机械化"的配套技术。在试验区建成高产稳产区，将 46.67 公顷（折 700 亩）低产田变成丰产方。1989 年，该技术在永乐店农场扩大推广，达 6 666.67 公顷（折 10 万亩），且大面积增产，吨粮田面积近 20 公顷。1986 年，东北旺农场 160 公顷冬小麦的下茬夏玉米全部实行免耕覆盖栽培技术。小麦机械收获与夏玉米免耕精播实行"一条龙"作业，表现出节省油料和工时、保持水土等良好效果。1993 年，该方式在总公司系统大面积推广，示范面积 1.2 万公顷，占夏玉米播种面积的 70%，平均亩产 497.7 千克，比翻耕的夏玉米亩产高出 60.3 千克，增产 13.8%。加上辅助技术"种子标准化、麦秸覆盖、免耕精播、底化肥深施、化学除草除虫、机械联合收获"，形成农机、农艺结合的配套技术，做到增产、省种、省工、节油。[①] 这种冬小麦机械收获与夏玉米免耕精播"一条龙"的作业场景，每年都吸引了众多的各级领导和各地同行来现场观摩。1996 年 3 月，总公司生产处完成的"夏玉米免耕覆盖精播机械化配套技术"获 1995 年度北京市农业技术推广奖二等奖。1997 年，夏玉米覆盖免耕条件下的机械化移栽配套技术体系取得成功，改变了直播耕作栽培方式，为玉米实现亩产 600 千克以上提供了技术保障，也为实现 10 万亩吨粮田的目标打下了基础。

　　（4）粮食生产技术的系统集成。北京农垦是京郊农业先进技术集成、示范、推广的重要基地。1981 年，市农场局经过近一年的调研，提出发展粮食生产的基本指导思想："粮变种、套改平、粗改细、旱改水"。据此指导思想，总公司所属农场在京郊农村率先推广两茬平播，研发配套的农艺、农机技术措施，并予以集成完善，形成小麦-夏玉米耕、对角耙、播、收一条龙机械化作业技术体系，为北京市农村推广两茬平播起到示范作用。至 1997 年，全系统小麦播种面积稳定在 2 万公顷，"粮变种"面积逐年扩大，北京农垦成为京郊良种的供应基地。

　　1986 年，总公司与北京农业大学合作开展"计算机种小麦"课题取得成功，北京农垦栽培技术集成研究进入新阶段：用数字技术升级改造传统栽培技术，构建作物生长模型，同时构建专家决策系统，最终健全预测功能、评估功能、优化功能的决策系统，以实现作物的精准栽培。例如，1985 年，总公司生产处曲中甲主持的"北京东南郊中低产盐碱地综合治理"课题组，在永乐店农场西堡一户农民责任田进行"夏玉米免耕覆盖精播"种植技术的示范，当年单产为每公顷 6 802.5 千克（折亩产 907 斤），比大田每亩单产高 100 千克。此项生态农业耕作技术在中国尚属首次示范应用，同时研制并批量生产出中国第一代免耕精播机。"北京东南郊中低产盐碱地综合技术开发"项目运用系统工程理论和方法，以永乐店农场渠头分场一万亩农田作为试区，组织了农业经济、农田水利、土壤农化、农业机械、作物、畜牧和林业多学科进行联合攻关。经过 4 年运转，试区建设获得成功，粮食亩产从 175 千克提高到 300 千克，平均每年增长约 60 千克。农业生产条件相对落后的永乐店农场 1990 年粮食总产量突破 1 亿千克，比 1980 年翻一番；交售商品粮 4 515 千克，成为北京市重要的商品粮生产基地。该项目 1990 年获得北京市科技进步一等奖。1989 年 4 月，北京农业大学、总公司、东北旺农场、南郊农场、北郊农场、永乐店农场合作完成的"夏玉米免耕覆盖精播机械化配套技术与国产第一代精播机的研制"项目被评为 1988 年度北京市科学技术进步奖二等奖。此后，继续对该项技术进行数字化升级改造，至 1998 年，完成夏玉米覆盖免耕计算机模拟决策系统软件的研发。从 1986 年开始计算机种麦项目起，至 1998 年的 12 年里，总公司完成了小麦、水稻以及玉米三大作物的计算机模拟决策系统，实现了数字化精准栽培。

　　1989 年，北京农垦提出粮食生产要向数字农业、信息农业进军。1996 年 10 月，总公司召开玉米、水稻生产研讨会，会议提出集成新的科研成果，使粮食单产上新台阶的要求，即小麦和夏玉米均为每公顷 7 500 千克（折亩产 1 000 斤）、水稻每公顷 9 000 千克（折亩产 1 200 斤）。要着重研究提供小麦精播＋麦茬稻抛秧组合以及小麦精播＋夏玉米移栽组合的吨粮田数字化、机械化栽培配套技术。1997 年春，北京农垦提出建设"窗口农业"。1999 年，国家计委向总公司下达建设精准农业试点任务。

　　北京农垦在实践中，把行之有效的各种增产技术措施，包括小麦精量播种技术、夏玉米免耕覆盖精量点播技术、测土配方施肥技术、化学除草剂技术、水稻旱育稀植栽培技术、水稻工厂化育秧技术、大型喷灌机技术、水稻综合节水技术、中低产田盐碱地综合开发技术、农田四水转化技术、卫星遥感技

---

① 《北京国营农场志》编纂委员会：《北京国营农场志》（精简本）。北京出版社，2000 年，第 97 页。

术监测农情技术、计算机模拟栽培技术、三大作物秸秆还田技术、大面积推广杂交水稻以及吨粮田综合工程等进行集成配套，使北京农垦的粮食生产保持了创新的动力，始终处于全市领跑的地位。

■ 第二节 蔬 菜

京郊农场的蔬菜生产于20世纪50年代初起步，规模逐步扩大，品种逐步增加，至改革开放前，蔬菜生产总量已占全市的10%，成为首都重要的"菜篮子"。场乡体制改革后，北京农垦蔬菜生产向以发展设施农业和精品蔬菜为主的方向转型。

北京农垦蔬菜生产经历了三个发展阶段：

一、初步建成北京市蔬菜基地阶段（1951—1978年）

1950年，国营农场只有少量的蔬菜生产，并且以自食为主。1951年7月10日，京郊农场管理局决定：彰化农场主要经营蔬菜、温室。1951年，京郊国营农场管理局蔬菜播种面积48.07公顷，总产量154.2万千克。之后几年，蔬菜种植面积逐年增加，除彰化农场、香山副食品基地种植蔬菜以外，双桥农场、五里店农场也建起蔬菜专业组（队）。1952年，以生产蔬菜为主的彰化农场创造大白菜亩产9 950千克的高产纪录，获得农业部爱国丰产奖奖金500万元（旧币）。1953年，彰化农场的蔬菜种植技术已在国内有一定影响力，不仅西北农业大学、北京农业大学、山东农学院、河北农学院、四川大学等高校学生到彰化农场实习，而且先后有朝鲜民主主义人民共和国、越南民主共和国、印度共和国等国相关人员来农场学习蔬菜种植技术。1954年3月，农业部国营农场管理总局召开直属单位第一届劳模代表大会，五里店农场园艺组组长、62岁的劳模赵尚贤和双桥机械化农场园艺队副队长王德厚被邀请做发展蔬菜的经验报告。1954年，为了解决蔬菜销售问题，西郊农场（原彰化农场）与市供销合作总社签订蔬菜产销结合合同，全年计划生产的625万千克蔬菜全部由市供销合作总社按议定价格包销，这标志着北京农垦正式向首都市场供应商品蔬菜。是年8月，《农业科学通讯》1954年第8期刊登《国营彰化农场1953年白菜栽培经验》。1955年，农场系统蔬菜播种面积183公顷，总产量830万千克，分别比1951年增长2.8倍、4.4倍。北京市食用菌生产最早在20世纪50年代，在国营农场种植凤尾菇。[①] 1958年5月，西郊农场场部由彰化村迁往上庄，彰化村的数百亩菜田移交北京市农业科学院；9月，中国农业科学院蔬菜研究所（前身为华北农业科学研究所园艺系蔬菜研究室）经农业部党组和北京市人委批准正式成立。成立时的蔬菜所以蔬菜研究室和市农林局所属西郊农场为基础，对提高蔬菜生产水平起到了促进作用。

在人民公社化运动期间，大批社队并入农场，农场系统蔬菜播种面积由1958年的224.6公顷激增到1959年的4 585.5公顷，1960年继续增至24 080公顷。1960年10月12日，中共北京市委提出《关于在近郊建立蔬菜、粮食高产区的规划（草案）》，将红星人民公社、沙河人民公社、良乡人民公社与朝阳、丰台、海淀三个区一起列入蔬菜和粮食高产区。南郊农场从少量种菜发展到菜田83.9公顷，引进蔬菜良种达百余种，建温室200间。[②] 由于菜田地块细小分散、蔬菜种类繁多、活茬细繁零散，蔬菜生产一直以人力操作为主，连畜力也较少使用，以后菜田面积扩大连片，耕翻作业开始使用新式步犁。20世纪50年代末，采用机械培埂打畦，播种使用畜力点播机，除虫打药使用手动喷雾器。1960年，红星人民公社采用机械进行蔬菜（主要是大白菜）培埂、播种、中耕、施肥等作业，

---

① 北京市地方志编纂委员会：《北京志·农业卷·种植业志》，北京出版社，2001年，第189页。
② 《北京国营农场志》编纂委员会：《北京国营农场志》（精简本），北京出版社，2000年，第101页。

工效提高 1 倍。① 1958—1962 年，农场蔬菜总产 8.35 亿千克，对保证市民吃菜起到重要作用。从 1962 年起，农场系统进行农业结构调整，1965 年蔬菜的播种面积锐减至 3 384 公顷，年产蔬菜量为 1.29 亿千克。与 1950 年建场初期比，1965 年农场系统蔬菜总产增加 445 倍。1966 年以后，受"文化大革命"影响，农场蔬菜播种面积出现 10 年徘徊，至 1976 年年底，蔬菜播种面积为 3 345 公顷，仍未超过 1965 年。直到 1977 年，农场系统菜田面积上升到 4 596 公顷，总产量才接近 1965 年的水平。

二、建成高标准商品菜基地阶段（1979—1997 年）

1979 年，市农场局复建。1980 年，市农场局建立蔬菜协作组。1983 年，市农场局设立蔬菜处。蔬菜协作组陆续推出一些新技术、新品种，如大棚番茄高接换头、黄瓜育种冰冻处理、春棚黄瓜、秋棚番茄高产技术等。1983 年，东郊农场的日光温室首次在春节采收到黄瓜，为日光温室的发展打下基础。② 1980—1984 年，每年冬季举办蔬菜技术培训班。1986 年 9 月 15 日，市政府印发京政发〔1986〕133 号文《批转市农林办公室〈"七五"期间郊区现代化商品菜基地建设意见〉的通知》，决定"在近郊（朝阳、海淀、丰台、石景山区和南郊农场）划定基本菜田十七万亩"，明确了南郊农场应建成"标准较高规模较大的现代化商品菜生产基地"。1990—1992 年 1 月，中央农业管理干部学院举办蔬菜栽培大专班，农场系统 30 名职工取得专业证书。此外，各农场还举办了各类短训班，有农艺师学习班、远郊新菜田学习班、植保班、日光温室、保护地蔬菜、特菜栽培等学习班，提高了职工的蔬菜生产技术水平和管理水平。1988 年 3 月 10 日，在北京市蔬菜生产工作会议上，总公司被市政府评为"蔬菜工作先进单位"；南郊、卢沟桥、东风和东北旺 4 个农场被评为"北京市蔬菜工作先进单位"。1995 年，总公司蔬菜播种面积 4 192.5 公顷，总产量 36 939.7 万千克，有高标准菜田面积 3 379.1 公顷；市民的当家蔬菜大白菜产量占到全市大白菜总产量的 45%，总公司因而被农口誉为"白菜王"。1996 年，农业部授予"北京垦区"为"'菜篮子'产品生产先进垦区"称号。

在市政府和总公司的安排下，在南郊、东风、东郊、西郊、东北旺、卢沟桥、双桥等农场原有基地菜田的基础上，投资 5 000 万元，重点对基地菜田的保护地水利配套、田间道路、农业机械、育苗设备等进行综合规划，连片建设，使高标准菜田的钢架大棚成行连片，砖、钢（或水泥构件）温室设备齐全，田间道路纵横整齐，水利设施（机井、防渗渠）成龙配套，农业机械化水平高，育苗开始无土化，增强蔬菜的生产抗灾能力，达到四季均衡生产，保持高产高效，极大地提高了蔬菜生产的现代化水平，标准化菜田的耕翻、平整、作畦、起垄、开沟作业基本实现机械化。1987—1990 年，北京农垦建成高标准菜田 586.7 公顷，普遍提升了生产能力。基地菜田面积稳步增加，1987 年，北郊农场、长阳农场、永乐店农场新开基地菜田 800 公顷，全系统基地菜田达到 3 100 公顷，每年可向首都市场提供商品菜 2.4 亿千克。在基地菜田面积中，保护地面积比例逐步增加，1980 年保护地面积 149.5 公顷，1989 年达 322 公顷，1993 年扩大至 659.3 公顷。③ 1995 年，总公司蔬菜播种面积 8 297.8 公顷，总产量 36 939.7 万千克；高标准菜田面积达 3 379.1 公顷。北京农垦蔬菜生产占全市的比重一直保持稳定，具体见表 2-1-7，蔬菜生产规模动态见表 2-1-8。

表 2-1-7　蔬菜总产量占全市比重动态

年份	占全市比重（%）	年份	占全市比重（%）	年份	占全市比重（%）	年份	占全市比重（%）	年份	占全市比重（%）
1978	10.6	1987	8.8	1990	9.2	1993	8.4	1996	8.5
1979	10.5	1988	9.6	1991	9.2	1994	8.0	1997	9.4
1985	9.0	1989	10.1	1992	9.1	1995	9.4		

说明：北京市数据来自有关年度《北京统计年鉴》。

---

① 北京市地方志编纂委员会：《北京志·农业卷·种植业志》，北京出版社，2001 年，第 51 页。
② 北京市地方志编纂委员会：《北京志·科学卷·科学技术志》，北京出版社，2005 年，第 527 页。
③ 《北京国营农场志》编纂委员会：《北京国营农场志》（精简本）。北京出版社，2000 年，第 104-105 页。

表 2-1-8　蔬菜生产规模动态一览

年份	播种面积（公顷）	总产量（万千克）	年份	播种面积（公顷）	总产量（万千克）
1951	48	153	1979	5 515	17 668
1955	183	830	1985	4 781	16 825
1961	5 211	12 114	1990	6 441	32 815
1966	2 089	7 810	1995	8 298	36 940
1972	2 807	10 961	1997	8 377	37 486

说明：1985 年前（含）数据源自《北京市国营农场管理局统计资料（1950—1985）》，1986—1997 年数据源自北京市农工商联合总公司各年统计资料。

三、蔬菜生产转型与提质阶段（1998—2017 年）

1998 年场乡体制改革后，北京农垦蔬菜生产面临重要的转型。根据自身的优势，开始将蔬菜生产转向以发展设施农业和精品蔬菜生产为主，同时赋予蔬菜生产基地新的社会功能，向休闲农业和鲜切蔬菜方向延伸产业链与价值链。

设施农业是指应用温室、大棚等种植设施生产蔬菜、花卉、瓜果的一种农业类型，对提高冬春淡季和元旦、春节期间蔬菜的生产供应能力有重要作用，其经济效益通常为露地种植的 5 倍以上。在设施农业方面，北京农垦积累了成熟的技术及较丰富的经验。1995 年，总公司与以色列合作建立了中以示范农场，这是中国第一家引进以色列滴灌设施及技术的农业企业。2003 年 1 月，中以示范农场的蔬菜被农业部确定为"全国农垦无公害农产品示范基地农场"创建单位。经过引进、吸收、消化以色列的设施农业技术，北京农垦在巨山农场、西郊农场、南郊农场先后建起了蔬菜、果品现代化生产设施。

2005 年 8 月，巨山农场承担的农业部大型沼气示范工程项目开工建设，项目设计标准为年产沼气 4.32 万米^3、沼液 2 000 吨、沼渣 80 吨，总投资 137 万元。项目于 2007 年 8 月通过专家组验收，专家组经现场观摩和文件资料审核认定：巨山农场沼气项目设计合理，工艺先进，沼气、沼渣、沼液得到了充分利用，符合项目批复的设计要求。农场基地将菜地产生的菜叶、菜帮、秧蔓等废弃物集中沤肥，菜地环境干净，其产生的沼气可用于生产、生活，沼渣、沼液作为优质肥料供菜地使用，基地生产进入了循环经济的生态模式，符合有机农业的发展方向，经济效益、社会效益和环保效益显著，起到了良好的示范作用。2008 年，巨山农场投入 520 万元建设了蔬菜、果品现代化生产设施，即透光板连栋温室 3 666.7 米^2。2015 年后，巨山农场延庆供应基地陆续投资购置了田间拖拉机、收割机、铲车等中小型农业机械，提高了生产效率。

2006 年 1 月，三元集团主持的"安全蔬菜产业化行动Ⅲ（配送体系技术研究与示范）"项目顺利通过市科委农村中心的绩效评估与现场考察。2009 年首农集团成立后，北京农垦进一步在设施农业方面发力，把种植业现代化和机械化的重点转向了设施农业，其中智能化设施接近 50%。至 2017 年，全系统在北京市辖区自有的菜田面积仅有 141.67 公顷，其中设施菜田面积 20 余公顷，全年可为北京市场提供以各类特菜、细菜为主的高档蔬菜 3 559 吨。

表 2-1-9　2006—2017 年设施农业建设面积表

年份	温室及大棚面积（米^2）	年份	温室及大棚面积（米^2）
2006	67 176	2012	532 870
2007	81 083	2013	560 058
2008	92 844	2014	595 691
2009	100 844	2015	584 296
2010	403 277	2016	572 296
2011	519 308	2017	572 296

说明：数据来自三元集团和首农集团统计年报，2017 年数据与 2016 年相同。

至 2017 年年底，北京农垦形成了以下 3 家主要的蔬菜生产基地：

1. 巨山农场 巨山农场从 1949 年建香山副食品生产基地起就生产蔬菜。1996 年，农场建成延庆基地；2013 年，建成延庆基地二期；是年 8 月，建成海南屯昌县基地。巨山农场有香山、延庆、海南 3 个生产基地，总占地面积 48 公顷，可生产供应根茎叶花果五大类 70 余种蔬菜、30 余种鲜桃。2013 年，巨山农场蔬菜供应基地节水灌溉工程、有机蔬菜质量追溯项目均通过验收。2016 年 6 月，香山基地日光温室和蔬菜整理保鲜车间改造正式施工，改造内容包括日光温室、连栋温室、蔬菜整理间以及供电供水供暖与道路等农业生产配套设施，投资总额为 6 850 万元。

2. 裕农公司 裕农公司怀柔分公司、大兴分公司和河南裕农食品有限公司主要从事即食鲜切蔬果、冷链即食食品生产加工；通州分公司、张家口裕农食品有限公司主要从事即用鲜切蔬菜生产加工；顺义分公司主要从事蔬菜种植业务；北京绿蔬科技有限公司主要从事农资服务业务；海淀销售分公司进行食品门店销售业务。为实现周年不间断地供应蔬菜，裕农公司在北京、河北、山东、福建、云南等地设立了 10 余个不同维度、不同海拔、不同设施的蔬菜种植基地，每个地块都经过周围环境、使用历史及水土质量的检测，确保产品的洁净与安全。公司在全国范围内拥有自种蔬菜基地近 200 公顷，合作基地近 1 333.3 公顷。其中自有的沽源基地 113.3 公顷、杨镇基地 20 公顷、赤城基地 26.6 公顷、福建基地 26.6 公顷、大兴基地 7.3 公顷。沽源、杨镇、赤城、福建 4 块自有基地全部通过了 SGS 公司的"全球良好农业操作"认证审核；沽源基地顺利通过麦当劳的 MGG 审核，取得了 90 分的高分。

裕农公司把风险控制到了田间。为减少农药的使用，公司重视对蔬菜种植的科技研发、引进与选育专用品种，仅生菜这一品类，引进的品种就达 60 余种。公司还注重肥料与农药的施用，推行生态调控、生物防治等，减少化学农药用量，推行膜下滴灌，实现水肥一体化管理，以先进的农业机械及配套农艺技术为支撑，在国内率先引进应用播种、起垄、覆膜、栽苗、施肥、喷药等一批进口农机，大幅提高生产效率。2013 年 11 月，裕农公司获得北京市农林科学院科技惠农行动计划"蔬菜、瓜果鲜切加工技术展示示范基地"称号。

3. 双塔绿谷公司（对外亦称首农庄园） 公司成立于 2012 年 2 月，是西郊农场出资 7 400 万元建立的新型农业公司。公司种植薯类农作物、豆类农作物、蔬菜、花卉、水果、坚果、饮料作物、香料作物、花、草及观赏植物。首农庄园在绿色食品生产流程上安全可控。在品种选择上，公司与先正达、瑞克斯旺、绿亨等国际和国内一流的种子行业公司合作，种植选用优良品种；在无土育苗工作中，借助联栋育苗温室内有自动排风、降温系统，苗期没有任何病虫害，从而保证种植的都是优质健壮的种苗。在基础生产上，温室大量施用的腐熟有机肥能有效改善土壤团粒结构，增强作物的抗性，避免病害的发生，既可提高产品观感又提高品质。在投入品控制上，杜绝购买禁用药物或物品，从源头上保证绿色生产的可靠。在病虫害控制上，以物理的方法防治杀灭可能发生的病虫害，从而保证产品的优质；部分害虫防治采用苦参碱等植物源药物、灭幼脲制剂、亩旺特等有机产品可用的药物进行防治，保证产品符合质量要求与环保要求。

首农庄园作为首农食品集团旗下重点发展的都市农业项目之一，以发展生态循环农业为理念，集绿色果蔬标准化生产、科技示范、农业技术研发于一体，致力于打造首都新型高端农业示范园，现已有 11 个品类的蔬菜获得 A 级绿色食品的认证证书。

■ 第三节 花 卉

花卉种植作为北京农垦系统的一项新兴产业，自 20 世纪 80 年代初期开始小规模栽植，90 年代进入规模化、产业化生产。但在"十一五"至"十二五"期间，由于多种原因，花卉产业发展出现曲折，陆续有花卉企业退出经营，但存续的花卉企业仍处在经营转型之中。

1981年，总公司成立园艺研究所。1985年，巨山农场依托园艺研究所开始生产经营花卉，以开发花卉新品种为主，生产的切花供应首都高档饭店。东风农场的花卉产业始于1985年，以最初100米²的温室，开始育苗和种植花卉，1988年，东风农场成立了东风花木园艺场，建温室600米²，种植多种绿化苗木以及多种室内观赏植物。1989年秋季，东风花木园艺场承接全国花卉博览会主会场的花卉布展，取得成功。1989年、1990年，东风农场从荷兰引进了大量的百合球茎和剑兰球茎，丰富了首都的花卉市场。东风花木园艺场承接了东苑公寓、北京青年政治学院、东风小区等多个园艺绿化工程项目，为京城众多高档饭店和人民大会堂提供鲜花租摆服务。

1992年1月31日，北京市计划委员会批复总公司，同意成立北京市花卉服务公司，注册资金50万元；是年3月，总公司决定花卉公司为总公司二级公司。花卉公司确立了集科、工、贸、产、供、销一体化的综合企业的发展目标，随后进行花卉基地建设，建立了种苗公司和绿化工程公司。1994年2月，总公司党委研究决定，以花卉公司为基础，成立总公司花卉管理处，与花卉公司合署办公。同年，总公司花卉交易市场建成，为国内第一座室内大型花卉交易市场，营业厅占地700米²，为全市最大封闭式室内展销大厅，全市有7家连锁店。1995年，花卉公司与延庆农场合营成立新华园艺场，以生产鲜切菊花为主，瞄准日本市场；1996年1月，新华园艺场经营方式从双方合作经营改为由花卉服务公司租赁延庆农场土地独家经营。1995年5月，中以示范农场成立，该示范农场以种植蔬菜种苗和玫瑰等花卉为主。1997年4月，总公司京农管字（1997）27号文通知，将北京市国营农场管理局园艺研究所、巨山花木绿化公司并入花卉服务公司。1998年8月，东风花木园艺场更名为东风花木公司，在新址建成花卉温室150米²。1999年12月，总公司组建三元种业，花卉公司的亮马河花卉交易市场、花卉种苗中心、花卉研究所资产投入三元种业。

2002年7月，新华园艺场改制为北京双卉新华园艺有限公司，注册资本为227万元。花卉服务公司以净资产68.1万元入资，占股30%；双桥农场以147.1万元入资，占股64.8%；职工以11.8万元现金入股，占股5.2%。2005年10月，双卉新华园艺有限公司注册资本金由原来的227万元增至1035万元，双桥农场持股56.5%。2003年，三元集团重组三元种业科技股份有限公司，原投入股份公司的花卉公司整体退出；是年8月，北京市花卉服务公司正式更名为北京三元绿化工程公司。2008年6月，三元绿化公司并入双桥农场。

2013年，卢沟桥农场利用疏解腾退牛场的饲料地、荒地和垃圾场，开工建设首农·紫谷伊甸园。园区远期规划占地360公顷，现对外开放66.67公顷。园区内种植的花卉包括薰衣草、马鞭草、冰岛虞美人等80多个品种，现已成为集花卉种植、旅游观光、婚纱摄影、农事体验多功能于一体的花卉种植园，发展观光休闲型都市农业。

花卉产业发展存在一些不利因素，如设施投入大，固定资产折旧高，企业投资回收困难，流通方式落后，以对手交易为主，企业效益低，经营亏损为多。因此，有多家企业先后退出花卉经营，包括中以示范农场、郑州市京花园艺工程有限公司、北京卉隆干燥花有限责任公司、北京盛斯通生态科技有限责任公司和南郊农业生产经营管理中心水培花卉试验场。至2017年年底，北京农垦存续的花卉企业有以从事绿化工程、苗木生产为主的三元绿化工程有限公司和以生产花卉为主的双卉新华园艺有限公司。

2006年4月，双卉新华园艺有限公司承担的市农委"切花菊规模化生产技术试验示范项目"通过市农委组织的专家评估验收。公司从2001年开始在北京延庆和大兴生产切花菊，与日商岩井畜牧园艺公司签订了周年出口切花菊的订单，2004—2006年，新华园艺向日本提供的切花菊数量由200万支/年增长到500万支/年。公司生产的切花菊品种主要包括盛花期为秋后到早春的"神马"、盛花期为夏季的"精海"、夏秋季开花的"优花""新年"等。新华园艺出口日本的切花菊品质主要有两个级别：A级花长度90厘米，叶片匀称，重60~85克，且上部叶片拢起后能够包住花头；B级花重量稍轻，为50~59克，长度也是90厘米。2010年8月，首农集团与延庆大榆树镇切花菊共建基地揭牌，作为全国花卉生产示范基地、北京市花卉引智成果推广示范基地、北京花卉育种研发创新示范基地的双卉新华园艺有限公司将承担项目建设任务。

北京农垦园林绿化工程施工也有一定的发展。2000 年 5 月，双桥农业服务公司被钓鱼台国宾馆园林处确定为"草坪生产定点供应基地"，出售草坪 12 万米^2。2007 年 5 月，三元农业在"四川日元贷款草种采购招标项目"竞投标会上竞标成功。2016 年 6 月，三元绿化公司成功中标通州区重点区域绿化项目"减河公园景观提升工程一标段"项目，项目建设面积 31.5 万米^2，工程造价 1.57 亿元，工程计划 559 日历天，是三元绿化公司首次承接超亿元工程项目；11 月，公司完成的通州新城运河核心区路网绿化工程（一期）一标段被北京市园林绿化行业协会评为 2016 年度优质工程。

第四节　水　　果

北京农垦的水果生产起步较早，但基础十分薄弱。经过大力发展，到 20 世纪 60 年代，已有一定的规模；到 80 年代初，已经成为北京市重要的水果生产供应基地，对丰富市民的"果盘子"发挥了重要作用；从 80 年代中期开始，水果生产经营进入快车道，其提供的果品在数量、品种及质量上均有极大提高。1998 年，北京农垦完成场乡体制改革，果园种植面积大幅减少，存续的果园向精品、高效、多功能方面发展，仍然具有市场竞争力。北京农垦的果业发展大体经历了以下 4 个发展阶段：

一、果业基地初创阶段（1949—1962 年）

1949 年北平和平解放后，没收了地主和官僚资本的果园，北京农垦的果品生产开始起步。当时果树面积仅有 40 公顷，主要果园有：裕民果园（1943 年定植，面积 8.67 公顷，主栽苹果、葡萄）、阜兴果园（1930 年定植，面积 8 公顷，主栽桃）、阜丰果园（面积 5.33 公顷，主栽桃）、厚生果园（40 年代定植，面积 3 公顷，主栽苹果、桃），以及团城果园（今巨山农场）、圆明园、五里坨、琅山等多个果园。这些果园规模不一，树种、品种较混杂，管理技术参差不齐，除桃树有较高产量外，苹果树大多 10 年才结果且产量较低。

1951 年春季，中央农业部直属的五里店农场栽种 1.73 公顷果树苗，农场第一次出现成片果林。1952 年 9 月成立市农林局，团城、琅山、圆明园果园划归彰化农场，该场有 5 个果园（裕民、复兴、团城、琅山、圆明园），全系统果树面积达到 46.1 公顷，其中 42.1 公顷由彰化农场经营。同时，归入一批果树技术人员，农场果树生产迎来了转机。1953 年，琅山果园水果丰收。1953 年 4 月，彰化农场接收市供销总社的厚生果园。1954 年，北京农业大学教授沈隽帮助琅山果园规划设计了适应机械化作业的大行距桃园，面积 26.6 公顷，选用大久保、岗山白、岗山 500 等优良品种，当年农场系统果树面积上升到 73.3 公顷。1955 年，北京果树指导站白家疃果园归入西郊农场，1956 年，农场又从温泉乡白家疃村征购土地 37.3 公顷，扩大果园。在社会主义改造高潮中，一些私营果园并入农场，农场系统果园面积达到 113.2 公顷，其中西郊农场 89.9 公顷、南郊农场 23.3 公顷。

1957—1964 年，按国家确定的果树发展以"上山下滩"为原则，北京农垦在市人委的领导下，开始大规模利用荒滩废地建果园。1959 年年初，卢沟桥农场完成定植以砀山酥梨为主的果园。1958 年 2 月，南口农场开垦建设，当年完成 133.3 公顷果园定植。1958 年，西郊农场在原有果园基础上，扩建白家疃果园，新建上庄果园、双塔果园、前彰村果园，定植果树，以当时最好的金冠、红星早晚熟品种为主，总面积 133.3 公顷。东郊农场为了配合机场路绿化，建果园 40 公顷。东风农场建果园 36.3 公顷。至 1959 年，农场系统果树总面积达 1 439.6 公顷，比 1957 年扩大近 10 倍。除农场本身发展，1958 年，京郊掀起人民公社化热潮，53 个社队连同大量农村果园并入国营农场。

在西郊农场、东北旺农场归属大永丰公社期间，农场主要果树技术干部和北京农业大学园艺系师生参加了果树规划和建设，在海淀区西山沿线的冷泉、温泉、苏家坨、上庄及西山农场等地区，进行了大规模的果园建设，从国营北郊苗圃、东北旺苗圃调苗木，由农村抽调劳力，新发展果园近万亩。南口农场每年开发果园面积66.6公顷，发展进度迅速。1960年，农场系统果园面积达到9 810.3公顷（包括并入的村镇果园）。后来，在"大社划小社"过程中，一批社队果园随之剥离，1961年，农场系统果树面积减至154.5公顷。1961年以后，由于大批下放干部回城，同时招收一批新工人，加之新建果园大部分还未结果，果园收入少、开支增大，果树生产一度困难。为解决新工人缺乏技术的问题，各农场纷纷建立职工学校，对果树工人进行技术培训，同时招收一些大专院校毕业的专业技术人员到农场。后来，北京市组织专家组，对1958—1962年发展的果树进行考察，对在粮田、园地条件不适宜的地区发展的果园采取退园还耕等措施。在国民经济调整时期，北京农垦逐步调整发展思路，建设了一批高水平的果品生产基地。昌平县太陵园人民公社并入十三陵农场，带入以柿子和杏为主的近万亩山地果园。1961年，南口农场果园面积达666.67公顷，成为北京市最大的果树生产基地。

1949—1962年水果生产情况见表2-1-10。

表 2-1-10　1949—1962 年水果生产情况

年度	果树面积（公顷）	干鲜果总产量（万千克）	年度	果树面积（公顷）	干鲜果总产量（万千克）
1949	40.00	—	1957	213.07	30.05
1952	44.73	7.0	1958	415.80	54.90
1953	66.67	16.75	1959	1 439.60	170.55
1954	73.33	8.25	1960	9 810.27	765.55
1955	100.00	14.35	1961	1 605.47	130.00
1956	113.20	16.90	1962	1 487.87	285.20

说明：1. 数据来自《北京市国营农场管理局统计资料（1950—1985）》、北京市国营农场管理局《农垦系统三十年基本统计资料》（1949—1978）。

2. 划"—"表示缺此项数据。

二、提升管理，步入良性发展阶段（1963—1983 年）

1963年后，北京农垦水果生产从全面开花转为重点发展。1964年，农场系统果树发展第一个高峰期结束，面积达2 989.3公顷，从扩大面积转入管理为主阶段。南口农场连续几年扩坑换土，改良土壤环境，取得了成功经验，在农场系统推广。1963年，市农林局成立果树研究小组，后来在市农垦局干校开设果树技术培训班，由专家讲课，1964年制定出果树生产技术措施。市农林局和后来的市农垦局组织农场技术干部到山东、辽宁等果树面积大、栽植年代早的地区参观，同时请山东、辽宁、河北省的果树专家来进行技术指导，确定了农场果树整枝修剪的方式。到1966年，经过七八年的培养，果园树形基本形成，卢沟桥、南口、西郊农场的果树进入结果初期，农场系统果品产量达939.65万千克。由于主枝基角小，顶端生产旺盛，树高增长快，相应增大了对病虫害防治的需要，南口农场把手摇喷药机械改为由机械带动和电动，提高工效。由于树体结构存在缺陷，管理困难，该场于1965年冬剪时进行了树体改造试验，降低中央干高度，将树形转变为三挺身半圆形，降低树高，开通光照，促进三主枝生长缓和转入结果。

"文化大革命"期间，因农场果园队长、技术干部下放到班组劳动，原已制定的管理规范、技术措施难以正常执行，1967年，农场系统果品产量10 268万千克，1968年下降到846.8万千克，西郊农场白家疃果园产量下降50%。20世纪70年代初，南口农场果树面积582.9公顷，产量仅618.75

万千克，果品价格低，平均每千克不超过 0.10 元，农场入不敷出，产生亏损。

1972 年，果树生产开始复苏。1972 年 5 月 3 日《人民日报》刊载通讯《昔日荒沙滩，今朝百果园》，介绍南口农场的发展成绩；同年 10 月 24 日，《光明日报》也刊载通讯《硕果满园——访北京市南口农场》，南口农场果树发展得到社会的充分肯定。1974 年，农场组设专人负责果树工作，主要是抓管理和技术培训，使果树生产转入正轨。1977 年后进一步加强农场果园管理，重点开发、以点带面的常规技术得到恢复。经过两年努力，1978 年，北京农垦水果总产达 3 102.35 万千克，创历史最高水平。1977 年，市农林局在南口农场进行桃的优选，从两年生自然实生苗中发现一株树体矮小、果大、味甜、丰产的实生苗，7 月初成熟，嫁接后形状稳定；1984 年定名"早魁"。[①] 1980 年，农场系统果树面积达 3 200 公顷，其中苹果 1 533.3 公顷，梨 466.7 公顷，葡萄 126.7 公顷，李、杏等226.7 公顷，杂果 500 公顷，总产量 2 362 万千克。其中国营果园 41 个果树队面积 1 367.3 公顷，占全系统果树总面积的 42.7%；集体果园 73 个果树队面积 1 832 公顷，占果树总面积的 57.3%，生产规模有较大发展。1983 年成立果林处（即果林公司），提出老果树以养为主，恢复树势，稳定产量，积极展新果园。同时重点加强果树肥水管理，增加有机肥的投入，防治腐烂病等致命性病虫害，并促进产销一体化。1983 年，十三陵农场果树二队投资兴建"观光果园"，开启了北京市观光农业的先河。

1963—1983 年水果生产情况见表 2-1-11。

表 2-1-11　1963—1983 年水果生产情况

年度	果树面积（公顷）	干鲜果总产量（万千克）	年度	果树面积（公顷）	干鲜果总产量（万千克）
1963	2 578.87	633.35	1974	2 906.13	2 386.85
1964	2 989.33	691.75	1975	2 852.87	2 508.25
1965	2 896.67	870.25	1976	2 928.33	2 995.05
1967	2 908.53	939.65	1977	2 941.67	2 267.60
1968	2 803.87	846.80	1978	2 921.73	3 102.35
1969	2 830.07	1 180.50	1979	2 285.93	2 813.90
1970	2 569.93	1 239.20	1980	2 528.13	2 362.30
1971	2 381.87	1 380.80	1981	2 839.20	2 331.80
1972	2 389.80	1 801.85	1982	2 895.07	2 014.40
1973	2 486.73	1 859.60	1983	3 078.07	2 403.65

数据来源：《北京市国营农场管理局统计资料（1950—1985）》。

三、果业稳步发展阶段（1984—1997 年）

1984 年，提出斤果斤肥（有机肥）施肥标准。同时，加强果树育苗工作，引进先进品种，推广了日本品种着色富士，1984 年后确定为农场系统苹果主栽品种，果树生产进入科学化管理的新时期。1984 年，农场系统果树发展进入新高潮，当年定植幼树 214.2 公顷，1985 年新植幼树 116 公顷，1987 年新植幼树 471.6 公顷。1990 年，十三陵农场新开发平地果园 266.7 公顷。为适应幼树大面积定植，总公司果林处提出加强幼树管理，采用新技术，促进幼树早结果。西山农场富士示范果园创出4 年生亩产 1 000 千克的优异成绩和管理经验。1986 年，又提出要求苹果树 4 年见果、5 年生亩产千斤的技术指标。1987 年，提出鼓励果园发展大规模、集约化、基地化。1988 年，十三陵、长阳农场分别形成 266.7 公顷（4 000 亩）和 333.3 公顷（5 000 亩）规模的新果树生产基地。是年，全系统结

---

① 北京市地方志编纂委员会：《北京志·科学卷·科学技术志》，北京出版社，2005 年，第 538 页。

果大树的树势基本恢复,产量稳定,总产量回升到 2 724.5 万千克。这期间,推广了管道喷灌技术,改进植保工作,进行机械化管理技术试验。1990 年,农场系统果树面积达 4 158.9 公顷,比 1964 年增加 1 333.3 公顷,总产量 3 149 万千克,果树从业人员 8 025 人。卢沟桥农场的酥梨、南口农场的小国光苹果和西山农场的红富士苹果均为市场紧俏优质产品。南口农场所产苹果向香港地区和韩国、俄罗斯出口。北京农垦成为首都重要的优质果品生产基地。进入 20 世纪 90 年代,农场系统果树生产进入良性循环。幼、中、老树合理搭配,大小年适当控制,产量趋于稳定增长,树势保持良好;投入、产出成正比发展,不断有新品种开发;十三陵、南口、南郊农场为了保持果品均衡供应,分别建起贮存果品的冷库。到 1995 年,果树面积 4 495.93 公顷,总产量 3 815.3 万千克,均达到历史最高水平。是年,南口农场的晚熟苹果国光在全市评比中获第一名。

1984—1997 年水果生产情况见表 2-1-12。

表 2-1-12　1984—1997 年水果生产情况

年度	果树面积(公顷)	干鲜果总产量(万千克)	年度	果树面积(公顷)	干鲜果总产量(万千克)
1984	1 612.33	2 626.80	1991	4 136.40	2 685.20
1985	1 632.33	2 447.50	1992	4 134.13	3 459.90
1986	3 428.07	2 471.35	1993	4 202.33	3 447.60
1987	3 653.27	2 829.10	1994	4 514.67	3 983.80
1988	3 850.20	2 704.10	1995	4 495.93	3 815.30
1989	3 930.40	2 820.50	1996	4 350.80	3 629.40
1990	4 019.33	3 012.60	1997	4 118.80	4 585.10

说明:1984—1985 年数据来自《北京市国营农场管理局统计资料(1950—1985)》,1986—1997 年数据来自北京市农工商联合总公司历年统计资料。

四、由规模数量型向精品效益型转变阶段(1998—2017 年)

1998 年,受场乡体制改革影响,大量果园从农场系统剥离出去,农场系统的果园面积由 1997 年的 4 118.8 公顷骤降到 782.3 公顷,产量减少到原来的十分之一。

2001 年后,农场系统果树种植规模逐年调整,果树种植业由规模数量型向精品效益型转变。如南口农场 2001 年通过整合内部资源,优化管理结构,提高管理效能,打破以往四十多年的"块块"经济运营模式,组建南口农场果林公司。2004 年 12 月,南口农场观光采摘果园被北京市果树产业协会、百万市民观光采摘活动组委会批准为"北京市观光采摘定点果园"。在设施农业方面,果林公司积极探讨名、特、优、新品种树种的引进和试种,在充分利用现有日光温室的基础上,2004 年 3 月启动"南果北种"项目,在京郊率先陆续引进试种台湾青枣、阳桃、芭乐、柚子、莲雾、金橘、砂糖橘、番木瓜等热带及亚热带南方水果。2009 年 4 月,果中之皇枇杷落户果林公司。

南口农场南农百果园项目共建造了 14 栋温室大棚,用作种植草莓、柚子、金橘、砂糖橘、枇杷、番石榴、无花果、葡萄、桃、西瓜、特色蔬菜等,同时建造钢架大棚 8 栋。园区陆地部分陆续种植富士、王林、红星、桃、杏、梨、李子、樱桃、核桃、山楂等树种。2014 年,新增温室大棚 6 栋,整修园内道路 4 100 余米,修建铁艺围栏 200 余米。2015 年 3 月,在百果园东南侧打造一处长 90 米、宽 13 米的葡萄长廊景观,种植玫瑰香、巨玫瑰、摩尔多瓦品种葡萄,共计 270 株;4 月,在百果园东侧、北侧启动"苹果高密高效集约化栽培技术"试验项目(定植苹果 2 200 棵),该项目极大地提高了公司在苹果种植业领域内的影响力。至此,百果园已形成温室与露地栽培并行、一年四季有果可摘的生产格局。

南郊农场、西郊农场转变果业经营模式,南郊农场的金星园艺场果园、红星集体农庄、卢沟桥农场占地 13.3 公顷的鑫桥田园小镇家庭小农场建成并向社会开放，将水果及蔬菜种植、采摘与观光休闲结合起来，取得很好的效益。红星集体农庄有机水果采摘园占地 33.3 公顷，共计 1.8 万棵果树，从果树培育研究所引进樱桃、西梅、苹果、葡萄等 9 个高端树种，一直严格按照有机认证管理规程进行操作，每年有机果品认证公司对果树管理进行检查及水果检测，均达到了有机水果的标准。从 2003 年开始，长阳农场创建以樱桃采摘为主的 30 公顷绿色生态园，其中樱桃种植面积 16.6 公顷，辅以种植梨、葡萄、桃、李子、杏、草莓等。2015 年，生态园的樱桃和梨均获得了国家绿色食品 A 级认证。西郊农场投资建成"首农庄园"，把单一的水果生产业态转换为多功能的都市农业园区，成为具有品牌效应的新业态。

1998—2017 年水果生产情况见表 2-1-13。

表 2-1-13　1998—2017 年水果生产情况

年度	果树面积（公顷）	干鲜果总产量（万千克）	年度	果树面积（公顷）	干鲜果总产量（万千克）
1998	782.3	501.6	2008	543.8	318.8
1999	601.3	342.1	2009	328.0	218.1
2000	760.0	272.6	2010	340.0	174.1
2001	337.6	228.2	2011	340.0	128.4
2002	332.2	208.0	2012	340.0	105.7
2003	405.8	187.9	2013	335.9	97.4
2004	315.9	159.1	2014	283.0	85.4
2005	307.7	419.8	2015	272.0	86.1
2006	264.0	349.5	2016	155.0	74.0
2007	320.0	326.1	2017	152.0	70.6

数据来源：北京三元集团有限责任公司和北京首都农业集团有限公司历年统计资料汇编。

第五节　青饲料及牧草

为保证奶牛养殖业健康发展，北京农垦一直重视种足饲料地，以保证青饲料供应。青饲料主要种植品种有苜蓿、燕麦、早青玉米、晚青玉米、薯类、甜菜、胡萝卜、多穗高粱、豆科作物等，实现了青饲料常年循环供应，延长青喂期，从早春到初冬都有青饲供应。北京农垦青饲料及牧草生产大体经历了 3 个发展阶段：

一、青饲料生产稳步扩大阶段（1950—1997 年）

农场自 20 世纪 50 年代初期开始种植青饲料。1953 年，南苑畜牧场、彰化农场、和义农场饲料地只有 126.3 公顷，总产青饲料 298 万千克。1955 年，东郊、南郊、西郊 3 家农场饲料地种植面积达到 950 公顷，总产量达到 3 180 万千克。1957 年，有饲料地 921 公顷，东郊、南郊、西郊、北郊农场达到青饲自给。1958 年，青饲播种面积激增至 2 405 公顷。1964 年，饲料地首次突破 1 万公顷，达到 10 200 公顷，产量大幅增加，品种也多样化。60 年代开始进行青饲青贮，以保证青饲的常年供应。通过改进耕作制度，农业结构由单一种植饲料改为粮、饲间作、轮作，使粮、饲生产两利，并有利于培肥地力。"文化大革命"期间，奶牛养殖大幅下降，青饲种植也随之减至 5 794 公顷。从 70 年代开始，农场系统种植块根饲料大为减少，改为从外地购买廉价的饲料补充。市革委会农林组要求恢复奶牛生产，提出必须保证每头成乳牛有 0.3 公顷饲料地，由粮食部门核减征购粮指标，争取达到全部青贮、青饲、块根自给自足，适当解决部分干草。农场系统从中国科学院遗传所引进京多一号多穗玉米，亩产达 4 000 千克。70 年代中期，从德意志民主共和国引进 281 青贮联合收割机。70 年代末期，青饲料生产改为主要种植高产的麦类、玉米、高粱。80 年代起全面推广做青贮。90 年代引进高产优质饲料良种，普遍提高了青饲单产，农场系统青饲的收、贮、运、加工全部机械化。从 90 年代中后期开始，北京农垦青饲料播种面积逐年减少，面积减少的主要原因包括：城市化进程加快，农村集体耕地面积在减少；粮食市场逐步放开，畜牧企业外购饲料增加；部分畜牧企业开始在外埠租赁土地种植饲草；青饲种植水平提高，土地产出率提升。

1979—1997 年青饲料种植情况见表 2-1-14。

表 2-1-14　1979—1997 年青饲料种植情况

年度	播种面积（公顷）	占总播种面积比重（%）	亩产（千克/亩）	总产量（万千克）
1979	9 889	13.4	1 276	37 859
1980	9 241	13.1	1 382	38 314
1981	8 729	12.7	1 272	33 308
1982	8 017	11.8	1 350	32 469
1983	8 232	12.4	1 423	35 142
1984	8 478	12.8	1 616	41 090
1985	7 675	12.1	1 631	37 549
1986	7 129	11.1	3 259	34 845
1987	8 485	13.3	1 833	23 332
1988	9 172	14.3	1 930	26 555
1989	9 042	14.1	2 123	28 798
1990	8 923	13.8	2 264	30 304
1991	8 417	12.7	2 297	29 003
1992	7 812	11.8	2 230	26 136
1993	6 039	9.6	2 152	19 495
1994	5 425	8.8	2 073	16 865
1995	5 795	9.6	1 838	15 977
1996	5 418	9.7	2 478	20 138
1997	5 142	9.1	—	—

说明：1. 1979—1985 年数据源自《北京市国营农场管理局统计资料（1950—1985）》，1986—1997 年数据源自北京市农工商联合总公司各年统计资料。

　　　2. 划"—"表示缺少该项数据。

二、北京地区青饲料生产规模缩小阶段（1998—2011 年）

1998 年场乡体制改革后，北京农垦只有国有企业种植青饲，青饲种植面积锐减，饲料播种面积由 1997 年的 5 142 公顷锐减至 2000 年的 1 360 公顷。2006 年播种面积减至 650.4 公顷，2011 年进一步减至 188 公顷。虽然在北京农垦辖区内青饲料种植规模减小，但开始向租赁牛场和远郊区县农村租种土地种植青饲料，同时也加大外购比重，以保证牛群需要。2001 年，绿荷中心设立专门的人员队伍和化验室，对青贮饲料的收割时机、铡短长度要求等把控得更加科学严格。2010 年以来，为保证全株玉米青贮能快速收割并铡短到 1~2 厘米，同时对玉米籽粒进行揉搓破碎处理，绿荷中心引进世界先进的全自动自走式玉米青贮收割机，工作效率和青贮质量都得到大幅提升。

1998—2011 年北京区域青饲生产情况见表 2-1-15。

表 2-1-15 1998—2011 年北京区域青饲生产情况

年度	播种面积（公顷）	总产量（万千克）	年度	播种面积（公顷）	总产量（万千克）
1998	2 583.53	8 817.60	2009	252.00	536.80
2000	1 360.00	—	2010	188.00	393.40
2006	650.40	2 410.10	2011	188.00	634.50
2008	327.00	999.40			

数据来源：总公司/三元集团/首农集团历年统计年报。

三、加大外埠种植规模阶段（2012—2017 年）

为了支撑奶业规模的发展，北京农垦从 2012 年起，在尽可能坚守北京区域内青饲料生产的同时，开始把解决青饲料的目光转向外埠。2017 年，北京农垦系统青饲料播种面积 839 公顷，能够部分满足北京辖区本系统 3.3 万头奶牛的青饲料需求，不足部分需要与周边地区农村签订青饲玉米种植协议来补充。

2012—2017 年北京区域青饲生产情况见表 2-1-16。

表 2-1-16 2012—2017 年北京区域青饲生产情况

年度	播种面积（公顷）	总产量（万千克）	年度	播种面积（公顷）	总产量（万千克）
2012	121.0	637.6	2015	685.0	1 528.6
2013	101.0	241.6	2016	738.0	1 858.3
2014	463.0	1 056.2	2017	839.0	1 494.0

数据来源：首农集团历年统计年报。

（一）建立专业化生产优质牧草基地

从 2012 年起，三元种业加大了外埠青饲料和牧草生产基地的建设力度。是年，为保障牧场有稳定优质的粗饲料供应，三元种业与美国辛普劳集团合资成立首农辛普劳农业科技有限公司，并以租赁的形式，在内蒙古赤峰市阿鲁科尔沁旗设立赤峰首农辛普劳绿田园有限公司（现名称为赤峰普瑞牧农业科技有限公司），专门生产优质牧草。该公司 2012 年正式投产，种植总面积 1 217.47 公顷，当年收获一茬苜蓿干草，总产量 1 585 吨。2013 年，首农辛普劳优化生产流程，改进生产技术，将美方技术理论与当地气候及生产条件特点相结合，成功收获三茬苜蓿草，总产量 10 762.32 吨，创当地最高亩产记录。是年，公司生产的苜蓿干草捆被第五届中国苜蓿发展大会评为"优秀水平奖"。2014 年，公司从澳洲进口燕麦草种子，改进种植方案，开始试验性种植燕麦草，当年收获优质燕麦草 588.03 吨、苜蓿草 8 549 吨。2016 年，公司已经总结出了一套科学高效的苜蓿和燕麦种植理论与生产流程，并被当地广泛引用和借鉴。是年，优质牧草基地进入全面收获期，收获的牧草在产量与质量上均达到国际先进水平，收获优质燕麦草 15 890.79 吨、苜蓿草 365 吨，创亩产近 1 吨的成绩，实现销售收入 3 100 万元，实现利润 226 万元，取得较好的生产与经营业绩。2017 年，赤峰普瑞牧农业科技有限公司收获燕麦干草两茬共 14 630 吨、苜蓿干草三茬共 981.22 吨。

（二）以农牧结合方式，建立一批为牛场配套的青饲料生产基地

根据生产布局需要，为了配合牧场青饲料自我供应，河北首农和山东首农开始周边配套种植，

实现青饲供应多元化，加强饲料来源与生产成本的稳定性。2013年，河北首农种植苜蓿草和玉米青饲，山东首农种植玉米青饲和冬小麦。首农河南分公司于2015年开始试验性种植燕麦草。2017年，又增加承德三元公司种植玉米青贮和小麦。至2017年，在外埠基地的青饲料及牧草种植面积共计1 884.66公顷，是北京辖区种植面积的2.2倍；总产量32 293.56吨，是北京辖区总产量的2.2倍。从2017年开始，三元种业启动的外埠基地项目均与周边农村签订了土地租赁合同，用于青饲料种植，2018年后可控制的种植面积达到2 300公顷以上，为牛群的大规模发展提供了坚实的保证。

第二章 养 殖 业

北京农垦养殖业起步于垦建之初，一切从零开始。经过几代人的艰苦奋斗，产业关联度更高、比较效益更大的养殖业发生了巨变，形成了"从养殖场到餐桌"的畜牧业经济体系。北京农垦不仅拥有深厚的农业底蕴，更富有强烈的种业情怀和科技基因，在奶牛、猪、肉鸡、蛋鸡、肉鸭等产业积累了丰富的种业资源和产业运营基础，以种业为龙头的现代畜牧已成为北京农垦重要的基础产业和最有科技含量的高地。

◼ 第一节 奶 牛 业

奶牛业是北京农垦畜牧业最重要的分支，是首农集团的传统优势产业。北京农垦奶牛业在北京市社会、经济生活中有着特殊的位置和作用。近 70 年来，北京农垦奶牛业走过了由分散向集约、由传统向现代的改造与发展历程。在中共十四大确立社会主义市场经济体制以后，北京农垦通过专业化、股份化、市场化的改革措施，对传统奶牛业管理体制进行现代化改造，在奶牛生产技术及工艺方面开展了一系列具有革命性、开创性的工作，在全国率先创建了一套现代畜牧业生产管理体系和现代畜牧场管理技术集合，实现了管理模式、工艺技术的全面革新与升级，做到了在中国奶牛业有优势、有地位、有作为、有贡献。北京农垦奶牛业不仅成为业界翘楚、领跑者，也跻身国际奶牛业先进行列。

一、奶牛业生产规模

1949 年中华人民共和国成立前，北京有 60 多家私人奶牛场，养牛 1 100 余头，年产奶约 200 万千克，年人均占有牛奶不足 1 千克。中华人民共和国成立后，北京跨入现代奶牛业的历史门槛。北京农垦奶牛业从零起步，经过几代农垦人的艰苦奋斗，到 2017 年，发展到奶牛存栏 8.7 万头，国有牛场成乳头年单产突破 10 吨，已打造成集育种、养殖、加工、冷链运输、饲料生产、牧草种植和技术服务、疫病防治于一体的完整的生产体系与产业链条，为北京奶业谱写出了一部创业史和民族复兴史。

北京农垦 1953—2017 年奶牛规模变化见图 2-2-1。

北京农垦奶牛业的生产规模经历了以下 4 个发展阶段：

（一）奶牛业初步发展阶段（1949—1965 年）

国家对国有奶牛业的投资和无偿拨入部分牛场，是北京农垦奶牛业迅速起步并打下发展基础的重要原因。1950 年 2 月，中央农业部在双桥农场地区成立农业部北京牛乳场，为农业部国营农场管理

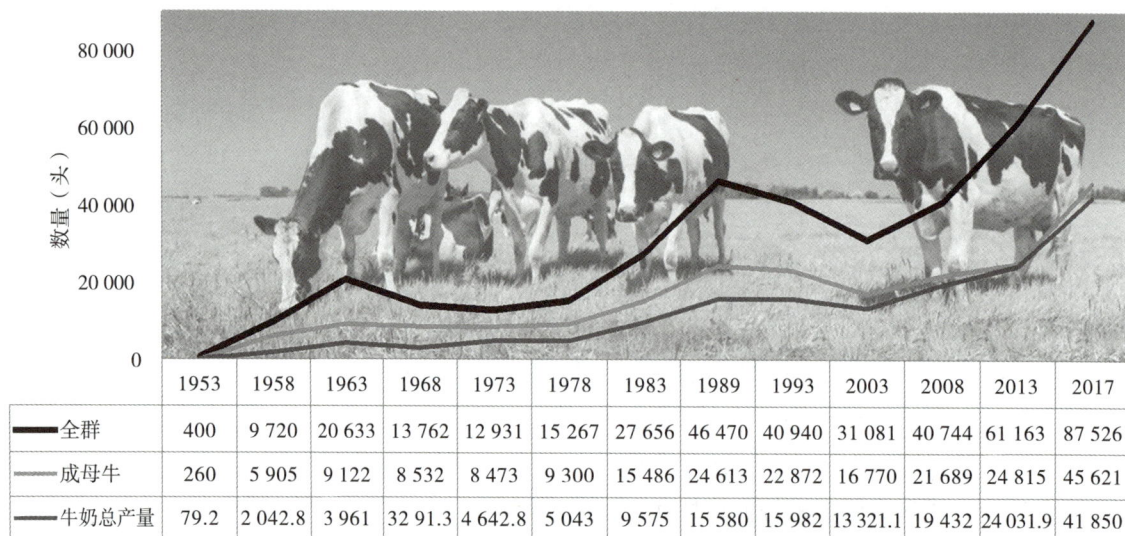

	1953	1958	1963	1968	1973	1978	1983	1989	1993	2003	2008	2013	2017
全群	400	9 720	20 633	13 762	12 931	15 267	27 656	46 470	40 940	31 081	40 744	61 163	87 526
成母牛	260	5 905	9 122	8 532	8 473	9 300	15 486	24 613	22 872	16 770	21 689	24 815	45 621
牛奶总产量	79.2	2 042.8	3 961	32 91.3	4 642.8	5 043	9 575	15 580	15 982	13 321.1	19 432	24 031.9	41 850

图 2-2-1　北京农垦 1953—2017 年奶牛规模变化示意

局直属企业；3 月下旬，北京牛乳场双桥牛队接受京郊农场管理局调来的第一批 14 头奶牛；4 月上旬，北京牛乳场双桥牛队接受天津渤海区调进的第二批 29 头奶牛，建简易畜禽舍 879 米²。是年，中央农业部垦务局改为农业部国营农场管理局，首任局长张省三派技术员到农业部直属的五里店农场筹建奶牛场。1951 年 4 月，农业部确定直属的双桥农场、五里店农场和北京牛乳场经营方针是"以发展乳、肉、蔬菜、水果为重点"。是年，北京牛乳场双桥牛队又从东北购入乳牛 18 头。在美国友人韩丁的指导下，双桥农场首次试制青贮饲料并取得成功，为以后的奶牛生产发展解决了一个非常重要的问题。1952 年，农业部进一步明确双桥农场的经营方针是"以畜牧业为主""畜牧以发展乳牛为主。"1952 年春，北京市供销合作社接管中央一些部委和清华、燕京等大学办的奶牛场 12 个，成立西苑牧场，有奶牛 359 头、公牛 30 头，该场于 1953 年 2 月移交给市农林局所属的南苑畜牧场（前身是德茂农场）管理。1952 年 9 月，农业部投资扩建五里店农场，包括建奶牛场 3 849.7 米²（即后来的旧宫北牛场），养奶牛 128 头，其中种公牛 2 头、成母牛 45 头、育成牛 81 头，平均每头牛日产奶 8.5 千克；10 月，北京牛乳场双桥牛队接受华北农业科学研究所拨给的部分乳牛，又购入苏联科斯托罗姆乳牛 10 头、种公牛 2 头。至此，北京牛乳场有高产牛 5 头、特等牛 27 头、一等牛 25 头；全部乳牛搬入宽敞、舒适、通风良好、有自动饮水设备的新式牛舍；90％的牛群开始使用苏联援助的第一台电气挤奶器挤奶。1953 年 4 月，市供销总社将成府牛场移交给彰化农场，五里店农场从东北购入奶牛 68 头；5 月，五里店牛场落成，将各处散养的牛群迁入；同月，南苑畜牧场开始新建位于南郊中立堂村的德茂牛场；9 月，德茂牛场竣工，建成牛舍及配套设施 13 栋，共 2 940 米²，将西苑分场 256 头奶牛迁入。1954 年 7 月，市农林局接收俄侨石金设在西直门外南小街的 150 头奶牛场，更名为北京市农林局国营新华奶牛场；9 月，东郊农场从内蒙古海拉尔购买奶牛 173 头；10 月，市农林局将新华奶牛场、南苑畜牧场均并入新成立的南郊农场。是年，南郊农场接收 1947 年晋察冀军区建立的奶牛场，移交种公牛 19 头、成母牛 685 头、育成牛 371 头（其中公 12 头，母 359 头）、犊牛 211 头（其中公 12 头、母 133 头）。南郊农场的经营方针确定为"以畜牧业为主，农牧结合开展综合经营，为城市生产大批奶、肉、菜、果和粮食，为首都服务"，奶牛业开始成为该场主业之一。1955 年，全国进口纯荷兰奶牛 100 头，其中 50 头分配到西郊农场巨山分场。是年底，南郊农场开始筹建亦庄牛场，次年 11 月，亦庄牛场建成。1956 年，西郊农场奶牛存栏 353 头。1958 年 4 月建场的南口农场，同步建设奶牛场，起步仅 40 头黄牛改良杂交奶牛，次年底牛奶存栏 89；新建的农展馆农场，由农垦部调入种奶牛 40 头，次年牛奶存栏发展到 149 头。

私营奶牛业社会主义改造是促进北京农垦奶牛业加快发展的重要原因。1955 年年初，北京市私营奶牛业社会主义改造办公室成立，提出 3 年内完成私人奶牛业改造任务。确定对饲养 20 头以上或雇用人工 10 人以上的大中型奶牛户与国营农场实行公私合营，奶牛入股、定股定息；对不到 20 头奶牛的小户，则可分别加入郊区农业生产合作社。具有一定规模的福康畜殖有限公司等 13 家私营奶牛场率先于 1955 年 1 月 10 日加入新成立的公私合营东郊畜牧场。1956 年的公私合营使私营奶牛场转为公营达到高潮。3 月，东郊畜牧场先后又有逢源等 14 家私营奶牛场、416 头奶牛通过公私合营并入该场，之后又合并原加入 6 个农业社的奶牛户 228 户，至 9 月，东郊畜牧场奶牛存栏已达 2 137 头；北郊农场根据市农林水利局决定，将南郊农场畜牧场、西郊农场畜牧场的原私营奶牛并入公私合营北郊畜牧场；南郊农场接管南苑区曙光农业生产合作社入社奶牛户 101 户、人员 973 人、奶牛 444 头，之后又接收附近 7 个农业社（鹿圈、西红门、五里店、樊家村、黄土岗、张郭庄、大井）和红星集体农庄的奶牛入场。1956 年 10 月，全市私营奶牛业的社会主义改造提前完成。年底，北京农垦奶牛达 6 123 头，是 1955 年 3 倍多，牛奶总产量 604.9 万千克，是 1955 年的 1.9 倍，形成三大奶牛养殖基地，北郊畜牧场存栏 2 370 头，东郊畜牧场存栏 2 130 头，南郊农场存栏 1 247 头。1957 年 7 月，西郊农场接收五路居、马家堡的奶牛 612 头；10 月，接收松堂子、圆明园等单位的奶牛 220 头，建立畜牧一队，农场奶牛存栏超过 1 200 头，成为第四大奶牛养殖基地。

1958 年，国家开始实施"二五"计划，把奶业第一次纳入国民经济计划管理。受 1959—1961 年困难时期的影响，饲料短缺，制约了奶牛业的发展。1959 年，北京的牛奶供不应求，市民订奶困难，不断向北京市和中央反映。1958 年秋，毛泽东主席和周恩来总理将数十封反映北京市牛奶供应紧张的人民来信批转给时任农垦部部长的王震将军。王震将军受命抓奶牛生产，解决"喝奶难"的问题。1961 年 12 月 9 日，中共北京市委、市人委召开全市奶牛专业会议，副市长万里在讲话中提出，牛奶生产要解决好饲料问题。同年，北京市制定《全市奶牛发展规划》。1962 年春，万里在前门饭店主持召开各农场领导、技术人员、养牛工代表等参加的专门会议，解决了奶牛精饲料供应标准和保障、奶牛粗饲料专用地划拨、奶牛工人粮食定量标准及社调工享受商品粮等 6 个方面的问题。1962 年 7 月，国务院副总理谭震林在听取北京市领导汇报国营农场发展、牛奶生产经营情况及存在困难之后，请示国务院总理周恩来同意，国务院给北京市国营农场拨款 2 000 万元，农垦部和市人委配套拨款 1 000 万元，用于农场建设，并计划新建 40 个规模奶牛场，以解决北京市牛奶供应不足的问题。在这种背景下，北京农垦克服困难，节衣缩食，不辱使命，相继新建一批牛场：长辛店农场（长阳农场前身）1959 年 9 月建场，同步新建起牛场，饲养奶牛 745 头，是年底，奶牛数量发展到 1 173 头，一跃成为农场系统第五大奶牛养殖基地。农大农场 1959 年建奶牛场，当年奶牛数量 748 头，至 1961 年，数量突破千头，达 1 201 头，成为农场系统第六大奶牛养殖基地。南郊农场 1960 年 4 月建成金星牛场，5 月建成太和牛场，10 月建成鹿圈牛场，1962 年 9 月建成西红门牛场，1963 年 7 月建成笃庆牛场，秋季建成旧宫南牛场，至 1961 年，南郊农场饲养奶牛增至 4 710 头。朝阳农场 1961 年购进奶牛 5 头，开始养牛业，至 1964 年，奶牛增至 375 头，当年还调拨给天堂河农场奶牛 82 头。东郊农场 1961 年 12 月建成妈子房牛场，至 1964 年，奶牛存栏达到 2 990 头。双桥农场 1963 年 5 月建成常营牛场，至 1964 年，奶牛总头数也超过千头，达到 1 194 头。南口农场 1962 年 11 月扩大奶牛养殖规模，从北郊、南郊农场共引进 100 头北京黑白花奶牛，牛场发展到 4 个。1963 年，北京农垦奶牛存栏首次超过 2 万头，达 20 633 头，创历史纪录。这些奶牛主要分布在 16 个农场的 48 个牛场，其中饲养奶牛超过 1 000 头的农场有 7 家，即南郊农场 5 371 头、北郊农场 4 287 头、东郊农场 2 829 头、西郊农场 1 895 头、长阳农场 1 627 头、双桥农场 1 368 头、东北旺农场 1 124 头。[①]

1953—1965 年的 12 年里，北京农垦的奶牛数量和牛奶产量一直保持上升，分别是 1953 年的 48

① 北京市国营农场管理局：《北京市国营农场统计资料（1950—1985 年）》，第 122 页。

倍和62倍，在我国奶业史上也属特例。这一阶段，北京农垦奶牛业获得过以下荣誉：1957年，东郊畜牧场被市人委评为"北京市先进畜牧单位"；1958年，在农垦部主持的京津沪三市国营农场和公私合营畜牧场生产竞赛中，公私合营北郊畜牧场获得优胜奖旗；1959年，在京津沪三市国营农牧场生产竞赛中，双桥农场、东郊畜牧场、北郊畜牧场获先进场荣誉称号；1960年，在京津沪三市国营农牧场生产竞赛中，双桥农场被农垦部评为先进农场，并获"红旗奖"。

1953—1965年奶牛业生产规模见表2-2-1。

表 2-2-1　1953—1965 年奶牛业生产规模

年份	奶牛存栏 （头）	其中成母牛 （头）	牛奶产量 （万千克）	年份	奶牛存栏 （头）	其中成母牛 （头）	牛奶产量 （万千克）
1953	400	260	79.2	1960	15 498	7 456	2 143.2
1954	966	496	158.2	1961	17 589	8 223	2 368.5
1955	2 010	1 181	325.6	1962	19 191	8 461	3 063.0
1956	6 123	3 414	604.9	1963	20 633	9 122	3 961.5
1957	6 768	3 555	1 143.0	1964	18 877	9 510	4 267.4
1958	9 720	4 408	1 718.7	1965	19 103	10 080	4 876.7
1959	12 414	5 905	2 042.8				

数据来源：《北京市国营农场统计资料（1950—1985年）》，第102页。

（二）奶牛业曲折发展阶段（1966—1978年）

1966年开始的"文化大革命"，对奶牛业的发展造成重大破坏。奶牛品种退化，饲料质量下降，奶牛死亡、淘汰率上升，成母牛头日产奶量显著下滑。1970年下半年，市牛奶公司成立牛场组，并从农场抽调一些干部负责管理奶牛生产。但由于体制不顺，至1970年，农场系统的奶牛生产仍没有止住滑坡的势头。当年，牛奶存栏12 742头，其中成母牛9 293头，生产牛奶4 571.05万千克，分别比"文化大革命"前的1965年减少33％、7.8％、6.3％。

1972年8月，市革委会农林组发布的142号文件规定，奶牛场由国营农场畜牧分场管理，每头成母牛安排0.3公顷（折4.5亩）专用饲料地，由粮食部门核减征购粮指标。从1972年起，在中央农林部和市财政的支持下，每年拨款200万～300万元，用于改善牛场生产条件，先后改造了东郊、双桥、东北旺、西郊等农场一批破旧牛舍，使生产条件有一定改善。同年，美国专家寒春、阳早到南郊农场，着手研制新型挤奶机，并于1981成功研制了"电脉动式管道挤奶成套设备"。1973年5月，北京市粮食局、市农林局发布《关于奶牛饲料地有关规定》，再次重申每头成乳牛可留0.3公顷饲料地的规定。各农场根据成乳牛存栏数建立饲料基地，配备专管饲料生产的技术人员，饲料作物由每年一茬改两茬，亩产由2～2.5吨提高到3吨。

1974年，中共北京市委、市革委会召开全市奶牛工作会议，决定调整牛奶价格，恢复原来有利于奶牛生产的以奶换料政策。市农林局革命领导小组决定：今后各场售牛均由牛奶公司掌握，并确定出售标准，控制高产奶牛外流。是年12月，市农林局、北京市农机局提出关于建立机械化奶牛场试点的报告，确定南郊农场畜牧分场原种马场为机械化奶牛场的改建试点，把奶牛场全部改建为机械化生产的先进牛场，规模为常年养奶牛400头，取得经验后再全面推开。1975年，市牛奶公司牛场组并入市农林局农场组，奶牛生产的管理指导有所加强。从未养牛的永乐店农场在1975年从德仁务种马场引进120头奶牛，其中成母牛83头。之后几年，奶牛生产规模逐步企稳回升，开始盘出下降通道。至1978年，农场系统奶牛总头数达15 267头，其中成母牛9 300头，全年产奶量5 043万千克。

1966—1978 年奶牛业生产规模见表 2-2-2。

表 2-2-2　1966—1978 年奶牛业生产规模情况

年份	奶牛存栏（头）	其中成母牛（头）	牛奶产量（万千克）	年份	奶牛存栏（头）	其中成母牛（头）	牛奶产量（万千克）
1966	16 031	9 317	4 108.1	1973	12 931	8 743	4 642.8
1967	15 386	9 462	3 802.1	1974	13 866	9 026	4 705.1
1968	13 762	8 532	3 291.3	1975	14 727	9 256	4 825.8
1969	13 123	9 473	4 153.8	1976	14 162	9 026	4 844.9
1970	12 742	9 293	4 571.1	1977	14 524	9 176	4 813.0
1971	12 930	8 807	4 615.5	1978	15 267	9 300	5 043.0
1972	12 951	8 637	4 775.7				

数据来源：《北京市国营农场统计资料（1950—1985 年）》，第 102 页。

"文化大革命"结束后，奶牛生产虽有所恢复，但奶牛全群仍没有达到 1965 年的规模，与历史最高年份 1963 年的水平相去更远。到 1978 年，奶牛总头数达到 15 267 头，比"文化大革命"前的 1965 年减少 3 836 头；成母牛总头数 9 300 头，比 1965 年减少 780 头；产奶量 5 043 万千克，比 1965 年增加 167 万千克；牛奶产量占全市 5.4 万吨的 93.4%。

（三）奶牛业稳步发展阶段（1979—1997 年）

随着社会经济形势变化和市民对鲜奶消费需求的快速增长，鲜奶供应与需求的矛盾日益突出。1978 年，北京市开始凭票供应。1979 年年初，市农场局复建，奶牛业进入一个有史以来发展最快的时期，到 1991 年，全市牛奶敞开供应，结束了首都人民凭票证购奶、吃奶难的状况。这一阶段，北京农垦奶牛业表现为头十年快速发展和后半程波浪式发展的特点。

1. 建立并完善奶牛业管理机构　北京农垦为了加快奶牛业发展，陆续建立健全奶牛业管理机构。1979 年 10 月，市农场局成立北京市奶牛研究所。1982 年 8 月，市农办（82）京政发 162 号通知，为便于牛奶生产、加工、销售的统一管理，由市畜牧局管理的郊区社队集体养奶牛和社会个人养牛统一划归市农场局管理。为了更好地承担起管理全市奶牛业，11 月，市农场局将奶牛管理处从市牛奶公司整建制划出，直归市农场局领导。是年，为了做好接受联合国奶粉援助的工作，成立奶类项目办公室。1992 年 10 月 4 日，总公司决定，在奶牛研究所、中瑞奶业培训中心、北京市乳品质量监督检验站、北京市种公牛站、北郊奶牛良种繁育场 5 个单位的基础上，成立北京奶牛中心。1994 年 2 月 15 日，成立北京市农工商联合总公司兽医总站，为总公司二级事业单位。各农场在 20 世纪 80 年代初中期也都建立了畜牧科、兽医站或兽医室，国有奶牛规模较大的农场建立了畜牧分场或奶牛公司，如南郊农场的牛奶公司、北郊农场的奶牛公司等，对本场奶牛业发展起到了重要的组织保障作用。1988 年 9 月，北郊奶牛公司被评为"全国优秀畜禽养殖业"。

2. 调政策，保增牛　1978 年 12 月，市政府专门召开奶牛工作会议。会议决定：实行牛奶价格补贴，利润返还，用于扩大再生产；调整牛奶价格；落实奶牛精料供应政策，实行交 2.5 千克奶供应 1 千克粮的政策。这次会议还提出了严格控制淘汰牛，采取"见母就留、先留后选"的增牛措施，要求各农场淘汰率不得超过 8%。市农场局严格贯彻市政府增牛措施，在 1979 年、1980 年、1982 年三次就出售淘汰牛、控制奶牛外流的问题下发文件，对淘汰奶牛的标准及审批办法做出具体的硬性规定。各农场采取"见母就留，先留后选"的增牛措施，很快就收到效果：1980 年奶牛全群达 18 658 头，其中成母牛达 10 784 头，分别比 1979 年增加 1 706 头、764 头；1981 年继续保持强劲的增长势头，年末奶牛全群达 21 623 头，其中成母牛达 12 039 头，均创历史最高纪录。1980 年 3 月，北郊畜牧分场因发展奶牛业成绩突出，获 1979 年度"全国农垦系统红旗单位"光荣称号。1987 年 11 月，市政府办公厅（1987）厅秘字第 73 号文批复总公司，同意国营农场每头牛饲料地标准由 0.2 公顷（折 3 亩）改为 0.233 公顷（折 3.5 亩），集体农场每头牛 0.133 公顷（折 2 亩）不变，以核减粮田面积，增加奶牛饲料地。

3. 发展集体牛场和养牛专业户   1981 年 6 月，中共北京市委、市政府确定"大力发展奶牛，国营、集体、个人一齐上"方针。市农场局认真贯彻"国营、集体、个体一起上"的方针，采取"一带（一个场带几个农村大队）、二帮"（帮助解决牛源、传授技术、防疫治病、饲料配方和收购牛奶）的办法，扶持社队和专业户发展奶牛。首先在农场系统的农村办起一批集体奶牛场。如北郊农场于 1981 年建起小辛庄大队牛场，成为北郊农场第一个集体农场，《北京日报》还予以报道，之后陆续又建立了北店、马连店、上坡、平西府 5 家集体奶牛场。[①] 永乐店农场 1983 年建立三间房、付各庄两个集体奶牛场，1984 年，奶牛专业户发展到 10 家；之后，陆续建立北寺、柴厂屯、东垡、西马坊 4 个集体牛场。[②] 南郊农场在 1983 年建立瀛海西一大队、南宫大队、金星团河、振亚庄大队 4 个集体牛场，共养奶牛 203 头；之后又建旧宫四队、鹿圈宝善庄大队、团河北大队、新建二队和寿宝庄大队 5 个集体牛场。在农场系统集体牛场的示范作用下，郊区的集体和个体养牛迅速发展。1983 年，各国营牛场向集体养牛单位和养牛户提供牛源 2 520 头，由市牛奶公司对集体和专业户外购奶牛款的 5% 利息进行补贴。至 1985 年，国有奶牛场发展到 53 家，集体奶牛场发展到 76 家；奶牛存栏 31 860 头，其中国有占 82.3%、集体占 10.9%、农户占 6.8%；牛奶总产量达 11 462.9 万千克，其中国有占 87.1%、集体占 7.8%、农户占 5.1%。[③] 集体奶牛场数量最高年份是 1990 年，之后由于牛奶收购价格调价远低于饲料价格上涨幅度等原因，集体奶牛场数量逐年回落。至场乡体制改革前的 1997 年，集体奶牛场数量减少一半。

1986—1997 年北京农垦奶牛场数量见表 2-2-3。

表 2-2-3   1986—1997 年北京农垦奶牛场数量

单位：个

年份	国有奶牛场		集体奶牛场		年份	国有奶牛场		集体奶牛场	
	总数	其中：独立	总数	其中：独立		总数	其中：独立	总数	其中：独立
1986	52	—	75	—	1992	49	49	85	50
1987	51	—	83	—	1993	44	42	69	46
1988	51	—	90	—	1994	45	42	55	33
1989	52	47	94	45	1995	48	43	46	29
1990	54	50	97	51	1996	47	43	46	28
1991	57	52	95	51	1997	48	43	47	26

说明：1. 数据来自北京市农工商联合总公司各年度统计资料。
　　　2. 划"—"表示缺此数据。

4. 通过财政扶持和多方合资合作，加大对奶牛业的投入   1979 年 12 月，北京市奶牛工作会议提出：要采取国家投资和农场自筹的方式，恢复并增加对奶牛生产投资。根据会议决定，市财政每年拨款 300 万元作为发展资金。1981—1985 年，市政府通过各种渠道向国营牛场投资共计 8 551 万元；以奶换料，平价供应饲料粮，饲料价每千克补贴 0.70 元，五年共补贴 25 030 万元。同期，银行向国营牛场发放低息贷款 9 182 万元，郊区养牛贷款 3 000 余万元。1982 年 7 月，南郊农场牛奶公司投资

① 尹德立：《北郊农场史》，中国大地出版社，1996 年，第 60-61 页。
② 《永乐店区志》，第 175-176 页。
③ 《北京市农工商联合总公司一九八五年统计资料》，第 2、52 页。

430万元建成高标准、规范化的金星牛场；同年，投资2 000万元的奶牛中心良种场竣工投产。1983年7月，市农场局与中国国际信托公司合资成立北京市京联奶牛公司，从国外引进奶牛800头，建立2个牛场；次年4月，京联公司从丹麦引进良种黑白花奶牛。1984年1月，农牧渔业部畜牧局和市计委批准，在北郊农场畜牧四队成立中瑞奶业培训中心，该项目于1985年竣工。1985年，在王震的直接关怀下，总公司从日本进口243头荷斯坦青年母牛，饲养在永乐店农场渠头牛场。1987年3月，农牧渔业部农垦局与总公司签署《北京市十个规范化牛场项目协议书》，建设期为1987—1990年，1987年安排投资400万元，其中国家安排农牧渔业商品生产基地专项投资（拨改贷）200万元。从1992年起，市政府对规模化牛场（基地）改造实行扶持政策，北京市财政局每年拨款200万元，累计拨款800万元，用于危旧牛舍改造。从1993年5月起，市政府设立奶牛风险基金（后改为奶牛生产基金），由市财政局每年安排4 000万元，该基金运行期三年，共安排1.2亿元，用于奶价补贴、牛奶生产的技改、保种培训、牛业服务费和牛场机制转换。这些举措支持了奶牛生产的发展。

5. 在政府的支持下，积极消化饲料涨价因素 1985年，国家取消粮食征购，实行合同定购，合同定购以外的粮食全部放开。为了减小对奶牛场的冲击，是年5月，北京市放开牛奶销售渠道，实行国家指导价。1986年11月，市政府报请国务院批准，收购价由每千克0.48元调至0.66元；销售价格由每千克0.60元调至0.84元，稳定了奶牛生产。由于"七五"期间北京市保证了平价料的供给政策，这次农产品价格改革给奶牛养殖企业的冲击并不大。1988年，奶牛饲料价格比上年增长50%以上，其中"平价饲料"也上涨三成多。1990年5月1日起，调整牛奶收购价格，并实行按质定价的原则，即优质优价，低质低价；牛奶收购按质共分为五级，特级牛奶收购价格由每千克0.66元调至0.84元。到1992年，玉米、豆饼和青贮价格进一步上涨，牛场生产成本大幅上升，而牛奶购销仍按国家指导价格执行，奶牛养殖出现大面积亏损，每千克商品奶亏损0.10～0.15元，奶牛养殖亏损。1992年是奶牛养殖最困难的一年。1993年5月，北京市粮食市场彻底放开，取消奶牛平价粮供应政策。市政府及时决定，1993年5月起，调整牛奶收购价：一级牛奶每千克规模牛场上调1.10元，非规模牛场及个体养牛户为0.98元；规模牛场每千克补助0.12元，其他牛场及个体户不补助。为了遏止奶业的负增长，从1994年3月1日起，鲜奶收购价格一级奶每千克调价到1.40元。1995年1月调到1.60元，是年5月调到1.80元，是年11月调到1.90元。从1996年8月1日起，一级奶每千克调到2.10元。从1995年开始，奶牛生产形势开始回升，是年底，奶牛总头数为41 569头，比1993年增加629头，但与最高的1991年相比仍少5 356头。

牛奶收购价格动态见表2-2-4、1979—1997年奶牛业生产规模见表2-2-5。

表2-2-4 牛奶收购价格动态

调整价格日期	调整前价格（元/千克）	调整后价格（元/千克）	本次调价涨幅（%）
1979.11.01	0.366	0.48	31.1
1986.11.01	0.48	0.66	37.5
1990.05.01	0.66	0.84	27.3
1993.05.01	0.84	1.10	31.0
1994.03.01	1.10	1.40	27.3
1995.01.01	1.40	1.60	14.3
1995.05.01	1.60	1.80	12.5
1995.11.01	1.80	1.90	5.6
1996.08.01	1.90	2.10	10.5

说明：1. 数据来自《北京农垦大事记》（1949—2015）。
    2. 牛奶收购价格指一级奶的价格。

表 2-2-5　1979—1997 年奶牛业生产规模

年份	奶牛存栏（头）	其中成母牛（头）	牛奶产量（万千克）	年份	奶牛存栏（头）	其中成母牛（头）	牛奶产量（万千克）
1979	16 952	10 020	5 639	1989	46 470	24 613	15 880
1980	18 658	10 784	6 439	1990	46 860	25 645	16 925
1981	21 623	12 039	7 258	1991	46 925	26 811	18 139
1982	24 953	13 945	8 252	1992	43 541	23 896	19 290
1983	27 656	15 486	9 575	1993	40 940	22 872	15 982
1984	30 178	16 426	10 742	1994	40 033	23 265	15 883
1985	31 860	18 073	11 463	1995	41 569	23 588	15 543
1986	35 782	19 748	11 896	1996	42 510	24 200	15 910
1987	39 995	21 396	12 673	1997	42 481	23 959	16 864
1988	42 896	23 690	14 492				

说明：1979—1985 年数据来自《北京市国营农场管理局统计资料（1950—1985 年）》，1986—1997 年数据来自北京市农工商联合总公司各年度统计资料。

6. 建成一批规范化、规模化牛场，现代养殖开始起步　1985 年，国有牛场饲养规模平均为 536 头，集体牛场规模平均为 83 头，牛场规模虽在国内属于较高水平，但与畜牧业发达国家相比仍然差距很大。1986 年，总公司确定 10 个牛场为规范化牛场建设试点，于 1989 年初步建成，规模化牛场牛群结构适宜，生产性能较高，为持续高产打下基础。1988 年，东郊农场近 2 000 头成母牛单产突破 8 吨，创全国最高水平。1989 年、1990 年，总公司连续被中国奶牛协会授予"全国高产效益奶牛场评比特等奖"奖旗。1988 年 5 月，南郊农场奶牛存栏 1.06 万头，成为国内首家奶牛超万头的农场。1991 年，市政府授予北郊农场"万头奶牛生产基地"牌匾。1997 年，国有牛场饲养奶牛规模平均为 777 头，与 1985 年相比增加 45%，集体牛场规模平均 168 头，增加 1 倍。1997 年，北京农垦奶牛头产奶量达到 7 058 千克，是全国达标奶牛最多的垦区。

（四）奶牛业跨越式发展阶段（1998—2017 年）

1998 年年底场乡体制改革后，北京农垦通过全面引进现代奶牛养殖业的组织方式、工艺模式，对传统产业进行现代化改造，奶牛业发展进入快车道。

1. 通过改革改制，建立新的市场主体，推进奶牛生产专业化　2001 年 7 月 14 日，分散在 9 农场内的 36 个牛场及 10 余个相关产业（企业）组建北京三元绿荷奶牛养殖中心，标志着奶牛养殖专业化管理时代的到来。绿荷中心实行扁平化管理，总部为一级法人实体，取消各基层企业法人资格，推行"五统一"的管理模式，即统一财务核算，统一分配制度，统一供销制度，统一用工制度，统一生产技术管理，按地域下设 7 个分公司（2005 年后调整为 4 个）。2003 年 8 月，新重组的三元种业正式注册登记，奶牛业生产性资产全部注入新公司。2008 年 4 月，三元种业再次重组，实现全系统畜牧业资源的整合。2008 年 7 月，绿荷中心取消分公司建制，建立南北区管理部模式，实行中心总部对基层单位直接管理、直接考核的管理模式。配合一体化管理模式的实施，延长奶牛业链条，打通产业的隔断，陆续整合发展了一批新企业，如肉牛分公司、饲料分公司、技术服务分公司。

2. 全面推广新技术、新工艺，生产水平快速提升　中以示范牛场的兴建成为奶牛养殖由传统养殖模式向现代化迈进的分水岭。从 2003 开始，绿荷中心瞄准世界先进水平，引进吸收以 TMR 为代表的国外技术和工艺，通过消化和创新，到 2006 年，基本上在全国首创了 EDTM 管理体系现代奶牛生产管理体系，成为绿荷中心奶牛生产水平提升的引擎。自 2008 年起，贯彻"健康养殖，精细管理，节本增效"的经营理念，经济效益的增长由过去主要依靠产量拉动转变为主要依靠提升生产水平和牛奶质量。先后实施"八吨工程"和"九吨工程"攻坚计划。2003 年对挤奶设备进行重点投资改造，

22 个牛场新装改造 55 套挤奶机，绿荷中心整体母牛头年单产达到 8 336 千克，中以示范牛场单产历史性突破 10 吨，达到 10 067 千克。2008 年，绿荷中心整体成母牛头年单产历史性突破 9 吨，达到 9 002 千克；2011 年，绿荷中心整体成母牛头年单产首次突破 10 吨，达 10 537 千克；2012—2014 年，成母牛头年单产连续突破 10 吨。之后，由于牛场大规模搬迁和新建基地，首农畜牧整体成母牛头年单产略有回落，但仍接近 10 吨。从全群规模上看，2017 年年底，北京农垦自有和可控制的牧场奶牛存栏连续三年突破 8 万头的规模，达到 87 526 头，其中成母牛存栏 45 621 头，牛奶总产量 41 850.5 万千克，全群存栏、成母牛存栏和牛奶总产量分别是 2001 年的 3.1 倍、2.8 倍、3.4 倍，提前完成"十二五"规划奶牛存栏工作目标。

2001—2017 年国有牛场奶牛生产规模见表 2-2-6。

表 2-2-6　2001—2017 年国有牛场奶牛生产规模

年度	牛场个数（个）	全群存栏（头）	成母牛存栏（头）	总产奶量（万千克）	成母牛头年单产（千克）	成母牛头日产（千克）
2001	33	28 256	16 312	12 399.2	7 650	20.96
2002	30	28 369	15 666	13 617.9	8 545	23.41
2003	35	31 286	16 904	13 321.1	8 336	22.84
2004	33	31 582	16 712	14 205.8	8 684	23.73
2005	34	31 571	16 053	14 142.1	8 673	23.76
2006	36	35 847	17 644	14 605.2	8 717	23.88
2007	37	38 600	20 503	17 009.1	8 976	24.59
2008	38	40 744	21 689	19 432.8	9 202	25.20
2009	37	43 043	22 564	21 638.4	9 716	26.62
2010	37	42 912	22 666	22 055.6	9 958	27.28
2011	40	45 247	23 728	24 965.8	10 537	28.87
2012	38	47 094	24 133	25 472.9	10 719	29.29
2013	39	61 163	24 815	24 031.9	10 334	28.31
2014	38	75 731	35 793	31 234.4	10 375	28.43
2015	37	81 175	40 738	37 125.6	9 952	27.27
2016	35	84 696	41 278	40 494.2	9 979	27.27
2017	34	87 526	45 621	41 850.5	9 722	26.63

3. 以租赁经营方式，实施低成本扩张　2003 年，绿荷中心开始采用租赁、合作、承包等适宜方式扩大养殖规模，增加市场控制力和调节能力。当年租赁了顺义、怀柔、通州和大兴的 5 个牛场，牛群存栏为 1 181 头。2008 年，租赁牛场达到 12 个，租赁牛群存栏 5 548 头，总产奶量 2 129.02 万千克。2010 年，租赁牛场全部纳入国有牛场管理体系。租赁牛场的生产实现飞跃，2011—2017 年，成母牛头年单产连续 7 年超过 9 吨，2014 年到达最高水平，为 10 309 千克。

2003—2017 年租赁牛场牛群规模见表 2-2-7。

表 2-2-7　2003—2017 年租赁牛场牛群规模

年度	牛场个数（个）	全群存栏（头）	总产奶量（万千克）	头日产奶（千克/头）	母牛头年单产（千克）
2003	5	1 181	144.80	11.90	4 344
2004	6	1 211	333.39	14.12	5 169
2005	8	2 562	865.73	17.97	6 558
2006	11	4 584	1 270.58	17.69	6 456

（续）

年度	牛场个数（个）	全群存栏（头）	总产奶量（万千克）	头日产奶（千克/头）	母牛头年单产（千克）
2007	12	5 637	1 784.46	18.50	6 752
2008	12	5 548	2 129.02	19.32	7 072
2009	12	6 247	2 163.05	21.10	7 701
2010	12	6 456	2 221.22	21.50	7 849
2011	12	6 863	2 942.54	25.74	9 395
2012	11	7 199	3 358.75	28.06	10 240
2013	10	6 654	3 262.60	27.53	10 047
2014	10	6 522	3 260.88	28.17	10 309
2015	10	6 871	3 367.24	27.97	10 210
2016	10	6 950	3 435.02	28.68	10 496
2017	6	5 640	2 948.64	28.86	10 533

资料来源：三元种业科技股份公司志稿。

4. 加大投资力度，提升奶牛业技术装备水平　1999 年以后，累计投资 20 多亿元，新建一批现代化牛场，同时集中对传统牛场进行改造，陆续建成一批设计合理、工艺先进、功能齐全的现代牧场。其中较重要的建设项目有：

（1）奶牛中心胚胎工程产业化示范项目。1999 年 10 月 13 日，国家发展计划委员会批准北京奶牛中心胚胎工程高技术产业化示范工程立项，列入国家生物技术高技术产业化重大专项计划。2000年 2 月 3 日，奶牛中心胚胎工程产业化示范项目列入 1999 年国家高技术产业化国债项目。项目占地107.94 公顷，总投资 7 700 万元，其中利用国债 1 200 万元，北京市配套资金 1 200 万元。2001 年 7月 19 日，奶牛胚胎产业化示范工程投入使用，转入 1 100 头供体母牛和 100 头种公牛。

（2）中以示范奶牛场项目。该项目依据 1997 年 5 月中国农业部与以色列国农业部达成的协议，在永乐店农场德仁务牛场建设中以示范奶牛场，2000 年 5 月 8 日动工。项目实际总投资 1 602 万元，其中中方投资 1 187 万元，以方投资 50 万美元（折 415 万元人民币）。项目分二期，一期总投资 596万元，完工于 2001 年 10 月 12 日；二期投资 591 万元，完工于 2002 年 2 月。2001 年 5 月中旬进行成乳牛生产试运行，2001 年 7 月进行正常生产。项目是由以色列专家主持设计，关键技术设备由以色列引进，奶牛场管理采用以色列模式。

（3）金银岛牧场项目。项目占地 32.7 万米^2，牛场的设计规模为 2 800 头，其中成乳牛 1 500头。工程分两期进行，一期和二期整体工程投资共计 4 457.7 万元。

（4）绿荷第一牧场项目。项目占地 22.67 万米^2，2002 年 7 月 18 日开始建设，2003 年年底竣工投入使用，建筑总面积 31 854 米^2。项目总投资 3 194.72 万元，其中土建 2 758 万元，设备、设施436.72 万元。建设内容包括挤奶厅 1 座、成乳牛棚 6 个、后备牛棚 4 个、干奶牛棚 1 个、犊牛岛 180个，牛场的设计规模达到全群 2 300 头，其中成乳牛 1 250 头。

（5）绿荷第二牧场项目。项目位于天津市宝坻区牛道口镇，占地 20.5 万米^2。2005 年 11 月开始施工，总建筑面积 4.27 万米^2，总投资 4 425 万元，其中土建投资 3 651 万元、设备设施投资 774 万元，设计规模为饲养奶牛 3 000 头，2009 年 1 月完工。

（6）承德晓雅千头牛场项目。项目位于河北围场县，总建筑面积 5 544 米^2，总投资 3 300 万元（不含土地投入，含沼气工程，牛只引进），2009 年 10 月建成使用。2013 年 9 月，改扩建工程项目动工，投资 1 622 万元，2014 年 11 月竣工，规模为饲养奶牛 1 500 头。2015 年，新建粪污处理设施一套。

（7）渠头牛场 2 500 头成母牛专门饲养场的翻建、扩建项目。项目占地 21.6 公顷，总投资 5 097

万元。项目分两期进行，2011 年 1 月竣工投入使用。主要建设内容为：建成国内第一个高度集约化的、存栏 2 500 头成母牛专门饲养场，牛场集成母牛散栏饲养、奶牛生理在线检测、新型卧床垫料等多项国际领先工艺技术，挤奶台规格为 2×48，每个挤奶位都安装魔盒。该牛场将成为北京农垦奶牛业的科技前沿试验、示范牛场。

（8）奶牛中心良种场改扩建工程项目。项目总投资 1 006.22 万元。新建成母牛舍 2 栋、奶牛卧床 684 个、奶牛颈夹 332 个、卷帘门 15 个、利拉伐刮粪机 5 台、电风扇 124 台（小风扇 96 台，大风机 28 台）、奶牛饮水槽 19 个。新建挤奶、参观厅一座，引进机器人挤奶技术；改造建立牛场粪污处理系统、水电路改造及配套设施等。2013 年 11 月 19 日，项目竣工，正式进牛生产。

5. 有序转移产能，建立外埠现代化养殖基地　北京农垦从战略高度推进奶牛养殖业转移，在转移与布局中获得发展新动能。

（1）对京内牛场进行整体搬迁。从搬迁规模、强度及搬迁的距离看，可分为两个阶段：①2001—2011 年为小规模搬迁阶段，主要在北京市辖区内进行牛场调整与搬迁，前期搬迁的牛场多为环保压力最大的老旧牛场。②2012—2017 年为大规模搬迁阶段。除了部分牛群还在北京市辖区内转移，已发展到跨省界的远距离搬迁，在外埠建立的自有牧场和租赁牛场成为主要的接收地。

2001—2017 年年底，共搬迁牛场 28 个，转移、分流牛只 18 140 头，占京内奶牛总数的 64%，完成了一项中国奶牛史罕见的大规模的牛群转移、搬迁工程。①

2001—2017 年牛场搬迁情况见表 2-2-8。

表 2-2-8　2001—2017 年牛场搬迁情况

序号	时间	搬迁牛场	搬迁头数（头）	序号	时间	搬迁牛场	搬迁头数（头）
1	2001.8	旧宫南牛场	432	18	2014.3.21	西郊一场搬迁	366
2	2002.1	长阳一场	194	19	2015.6.8	鹿圈牛场搬迁	947
3	2002.6	旧宫北牛场	496	20	2015.10.14	朝阳北牛场搬迁	1 249
4	2002.7	亦庄牛场	1 001	21	2015.11.26	西郊二场搬迁	556
5	2003.1	北郊二场搬迁	787	22	2016.8.24	北郊三场搬迁	276
6	2003.8.13	南口一场搬迁	569	23	2016.9.13	北郊五场搬迁	1 078
7	2004.1	北郊四场搬迁	640	24	2016.9.13	长阳二场搬迁	448
8	2004.1	豆各庄牛场搬迁	592	25	2016.12.28	辛堡牛场搬迁	291
9	2004.4	笃庆牛场搬迁	837	26	2017.3.16	永红牛场搬迁	371
10	2005.1	太和牛场搬迁	612	27	2017.3.16	红林牛场搬迁	342
11	2006.12	北郊一场搬迁	1 535	28	2017.6.20	京元并入二牧	418
	2001—2008 年合计		7 695		2009—2017 年合计		10 445
12	2009.10.8	西郊四场搬迁	1 074		2001—2017 年		18 140
13	2012.12.14	朝阳南牛场搬迁	597	29	2018.8.19	金星牛场搬迁	1 547
14	2012.12.25	崔各庄牛场搬迁	559	30	2019.5.6	绿牧园牛场	212
15	2013.5.16	良山牛场	378	31	2019.9.2	里二泗牛场	126
16	2013.7	德茂牛场搬迁	1 272	32	2019.9.13	渠头牛场搬迁	2 199
17	2014.2.26	宋庄牛场搬迁	223		2001—2019 年合计		22 224

资料来源：三元种业股份有限公司志稿。

（2）主动参与京津冀协同发展。2015 年，北京农垦进一步加大向京津冀等地区转移的力度，陆续在全国 10 省、自治区、直辖市建设开辟 40 处养殖基地。建立外埠产业基地主要通过以下两种形式：

---

①　到 2019 年 10 月，搬迁牛场共计 32 个，涉及牛只 22 224 头。

①采用自建方式。

a. 定州现代循环农业科技示范园区（西区）项目。工程建设于 2012 年 6 月正式启动，2015 年年底，工程基本完成并投入使用。该项目占地 447.753 公顷，是三元种业单体规模最大奶牛产业园区，实际总投资 90 563.87 万元。2017 年奶牛存栏 20 025 头，其中成母牛 11 629 头，年产鲜牛奶 8 880.38 万千克，成母牛头年单产 8 734 千克。

b. 山东寿光示范牧场项目。项目于 2012 年 12 月开工建设，占地 34.87 公顷，建设内容为奶牛存栏 5 000 头的牧场，计划总投资 2 亿元。2015 年 2 月 18 日，项目完工，建筑面积 9.6 万米²。2015 年 11 月，项目正式投产运营。2017 年年底，该场奶牛存栏 4 478 头，总产奶 2 292.15 万千克，头日产 28.37 千克。

c. 御道口牧场 1 000 头奶牛项目。项目计划总投资 4 410 万元，占地 13.33 公顷，总建筑面积 18 964 米²，建设奶牛存栏 1 000 头。2014 年 5 月开工建设；2015 年 12 月底，御道口牧场 1 000 头奶牛项目基础和部分主体工程完成；2016 年 10 月底，土建竣工验收。2017 年，又进行了粪污处理和观光体验项目建设（2018 年 12 月，正式引牛投产）。

②采用"轻资产经营"方式。首农畜牧采用的"轻资产经营"方式，是指合作方负责征地，并按首农畜牧要求进行牛场建设，首农畜牧主要投资移动设备和牛只，定期向对方交纳资产收益金。至 2017 年年底，采用此方式，先后在河北滦县、河南延津、吉林白城、黑龙江兰西、内蒙古巴彦淖尔、云南昆明等地建立 11 处产业基地，10 处奶牛存栏 27 952 头，1 处肉牛基地存栏 4 206 头，总产奶 11 074.4 万千克，头日产奶 24.7 千克。奶牛存栏占三元种业总量的 31.94%。

至 2017 年年底，北京农垦奶牛业主要产能的分布已发生巨大变化，在外埠基地的牛群规模已超过 5 万头，达到 53 661 头，占三元种业奶牛总存栏的 61.3%。

6. 大力引进国外优良品种奶牛，满足外埠基地的牛源需求，快速做大奶牛业规模　北京农垦大规模引进国外优良品种奶牛起步于 2003 年。至 2017 年年底，累计引进优良品种奶牛 20 836 头。

2003—2017 年首农畜牧进口牛情况见表 2-2-9。

表 2-2-9　2003—2017 年首农畜牧进口牛情况

品种	日期	接收牛场	合计（头）	青年牛（头）	育成牛（头）	犊牛（头）
荷斯坦	2006.6	金银岛牧场	580	580		
	2006.5.23	第一牧场	607	208	399	
	2007.11	绿荷二牧	934		934	
	2001—2008 年进口荷斯坦牛合计		2 121	788	1 333	
荷斯坦	2013.4.21	河南分公司	999	167	832	
	2013.7.8	河南分公司	1 603	1 603		
	2013.7.7	绿荷新绿洲	1 000	1 000		
	2013.11.19	奶牛中心	502	302	200	
	2013.11.16	定州园区	5 496	909	4 585	2
荷斯坦	2014.8.30	奶牛中心	132		132	
	2014.9.1	定州园区	4 397		4 397	
	2014.11.1	定州园区	853		853	
	2009—2017 年进口荷斯坦牛合计		14 982	3 981	10 999	2
娟姗	2013.4.26	绿荷新绿洲	3 105	2 285	818	2
	2014.9	定州园区	628	628		
	2009—2017 年进口娟姗牛合计		3 733	2 285	1 446	2

（续）

品种	日期	接收牛场	合计（头）	青年牛（头）	育成牛（头）	犊牛（头）
荷斯坦＋娟姗	2009—2017 年进口牛合计		18 715	6 266	12 445	4
荷斯坦＋娟姗	2003—2017 年进口牛总计		20 836	7 054	13 778	4

说明：资料由三元种业科技股份有限公司提供。

二、奶牛育种

（一）奶牛品种

中华人民共和国成立前，北京的奶牛种质资源比较繁杂，血缘系统也十分复杂。1952 年 10 月，农业部直属的北京牛乳场双桥牛队接受华北农业科学研究所拨给的部分乳牛，又购入苏联科斯托罗姆乳牛 10 头、种公牛 2 头。上级管理部门多次从东北、内蒙古购置或拨给北京国营农场一批奶牛。1951 年 1 月，五里店农场从私营奶牛户购买 20 多头杂种牛，每天仅产一挑奶（约 50 千克）。1952 年，北京农垦接收了中央部委和清华、燕京等大学办的奶牛场，接收的多为美国荷斯坦牛。1956 年，西郊农场巨山分场接收国家进口的纯荷兰奶牛 50 头。

从 20 世纪 50 年代末开始，北京农垦的畜牧科技人员以耐粗放饲养管理条件的当地杂种黄牛和滨州杂种牛为母本，引用高产的纯种荷兰牛为父本，进行级进杂交，再经过横交固定，在此基础上，有计划、有目的地长期进行自群繁育，形成了“北京黑白花奶牛”，北京黑白花奶牛是中国黑白花奶牛的一个主要组成部分。1962 年年底，市农林局系统存栏奶牛 18 640 头，其中有北京黑白花牛 1.7 万头左右，占全部牛群的 90％以上，其余为荷兰荷斯坦牛、苏联荷斯坦牛以及几个种间杂种牛。1966 年前，东北旺农场奶牛主要是原北京农业大学畜牧站的牛群，品种以农大 1 号血统为主，如农 6、农 27、农 54 等；1968 年，该场开始饲养北京黑白花奶牛，1970 年淘汰全部兼用牛。[①] 永乐店农场奶牛品种主要是北京黑白花奶牛和日本黑白花奶牛两种。[②]

北京黑白花奶牛的特点有：一是耐粗饲，适应性强，不仅在北京地区，而且在我国广大北方地区和南方的亚热带山地也能正常生长繁殖。二是体型中等，生产性能较高。北京黑白花奶牛属中等偏大体型，目的是使其既能达到饲料报酬高，又能负荷牛奶产量高的任务。三是北京黑白花奶牛的后代无论在生产性能还是在体型外貌等方面，一般表现比较一致，也没有退化现象，遗传性能基本稳定。到 1972 年，平均每头奶牛的年产奶量已超过 5 300 千克，比中华人民共和国成立初期的 3 500 千克提高 51.4％。1974 年和 1976 年两次列入国家良种登记的 3 365 头奶牛，平均每头 305 天的产奶量为 5 662 千克，与西德乳业研究中心 1973 年报道的资料相比较，仅低于美国的 6 830 千克（11.1 万头平均）和瑞典的 5 704 千克（3 000 头平均）。[③]“北京黑白花奶牛”在大群高产上具有较高水平，受到国内的欢迎。1976 年 4 月，北京农垦调给陕西、宁夏、湖北、河南、云南、江西、河北、内蒙古、福建、广东等省（自治区）黑白花种公母牛 567 头；9 月，种公牛站生产的常温精液和冷冻颗粒型精液 47 万支（粒），除供应北京市外，还供应其他省市的 161 个单位，并首次向巴基斯坦出口公牛细管冷冻精液 3 100 支。

1. 中国荷斯坦牛　1992 年，农业部发文，决定将中国黑白花奶牛品种更名为“中国荷斯坦牛”，现行《中国荷斯坦牛》国标号为 GB/T 3157—2008。中国荷斯坦牛是我国产乳量最高、数量最多、分布最广的奶牛品种。中国荷斯坦牛皮薄、有弹性，骨骼较细而强壮。皮薄多皱纹，垂肉少。肩狭长，胸深而宽，背线平直。母牛后躯较前躯发达，腹部圆大，侧视呈楔形，乳房发达，乳静脉粗而弯

---

① 《北京市东北旺农场创业五十周年》（1957—2007），第 67-68 页。

② 《永乐店区史》，第 176 页。

③ 北京市农林局农场组：《北京黑白花奶牛》，《动物学杂志》1978 年 03 期，第 26-27 页。

曲。毛色多黑白花或白黑花，额、腹、四肢下部，乳房和尾帚多为白色。成母牛体高一般在135厘米左右，体重450～750千克。体格健壮，结构匀称，毛色呈黑白花，花片分明。一个泌乳期（305天计）的产奶量为7 000～9 000千克，高产牛可达10 000千克以上，乳脂率一般为3.05%～3.7%。

2. 娟姗牛　为了整体提高鲜奶品质，满足差异化的市场需要，北京农垦于2013年4月26日首次从澳大利亚进口3 105头娟姗牛，改变了荷斯坦牛群一统的局面。娟姗牛外貌特征为体型小，清秀，轮廓清晰。头小而轻，两眼间距宽，眼大而明亮，额部稍凹陷，耳大而薄，鬐甲狭窄，肩直立，胸深宽，背腰平直，腹围大，尻长平宽，尾帚细长，四肢较细，关节明显，蹄小。娟姗牛被毛细短而有光泽，毛色为深浅不同的褐色，以浅褐色为最多。鼻镜及舌为黑色，嘴、眼周围有浅色毛环，尾帚为黑色。娟姗牛体格小，成年母牛体高113.5厘米，体长133厘米，胸围154厘米，体重340～450千克。犊牛初生重为23～27千克，乳房发育匀称，形状美观，乳静脉粗大而弯曲，后躯较前躯发达，体型呈楔形。娟姗牛生产性能的最大特点是乳质浓厚，乳脂肪球大，易于分离，乳脂黄色，风味好，适于制作黄油，其鲜奶及奶制品备受欢迎。乳脂、乳蛋白含量均明显高于荷斯坦奶牛，优质乳脂率4.6%，乳蛋白率3.5%以上。2014—2017年，北京农垦养殖的娟姗牛平均产奶量为6 176千克。

2017年年底，北京农垦奶牛存栏87 526头，其中荷斯坦奶牛全群存栏82 351头，占94.1%，成母牛存栏42 875头；娟姗牛全群存栏5 175头，占5.9%，成母牛存栏2 746头。

（二）奶牛育种

1. 奶牛育种的发展过程　20世纪50年代，全国没有统一的育种方案及相应的育种组织，奶牛育种由各农场独立开展。1952年10月，北京牛乳场双桥牛队采用苏联先进经验，率先应用新鲜精液给奶牛人工授精取得成功，这是中国奶牛史上第一次试用人工授精配种技术；同期，南苑畜牧场所属德茂牛场也开始试用人工授精配种制度。[①] 1956年，市农林局要求农场进行牛只来源、生产性能、健康状况的普查工作。牛场普遍建立牛籍卡档案制度，形成品种登记工作的雏形，为进一步开展育种工作奠定基础。1957年，北京市最早的种公牛站在南郊农场建立，对种公牛以农场为单位进行集中管理，提高公牛的使用效率。

从20世纪60年代开始，北京农垦奶牛育种工作开始进入有组织、有规划、有目标的阶段，为培育中国黑白花奶牛品种做了基础性工作。1961年，市农林局成立国营农场奶牛育种小组，是全国最早成立的奶牛育种组织。奶牛育种小组首先对全市奶牛群体进行普查和整群，建立和健全牛场谱系资料，编制奶牛现场品质鉴定指导书，制定统一的系谱和各种育种记录表格，开展牛只个体登记、产奶记录等各种育种记录制度。奶牛育种小组为了推行新品种培育，对不同代次的改良牛进行横交试验，制定了"自群选育为主，杂交改良为辅"的育种方针。奶牛育种小组制定《黑白花牛鉴定标准》，这是中国黑白花牛品种的最初育种目标。1962年，奶牛育种小组制订选种配种计划，市农林局下文，要求各国营奶牛场和相关农场指定专人负责奶牛育种工作。奶牛育种小组对当时的北京黑白花奶牛的体质外形、生产性能、生长性能及生长发育情况进行普查，从中选出1 039头牛，按当时"北京黑白花奶牛"鉴定标准，有一等牛639头、特等牛279头，其中高产牛69头，平均产奶量5 079千克，这一生产性能高于当时苏联的水平，且不低于世界其他奶用品种的性能。同年，北京农垦牛场试行依据后裔性能分析并结合自身鉴定的综合评定法选择种公牛。1963年，北郊农场在中国农业科学院畜牧研究所的协助下用干冰作冷冻源，研制颗粒冷冻精液成功。1964年，奶牛育种小组编写的《北京黑白花奶牛育种资料汇编》（第一集）公布黑白花牛鉴定图谱，详细规范了包括整体观察与鉴定、外貌部位的观察与鉴定，以及种公牛鉴定在内的"种牛鉴定的方法"。1965年，奶牛育种小组应用部分种公牛后裔的生产记录，采用国外当时使用的简单算法，进行种公牛育种值估计，这是中国奶牛史上

---

① 刘成果：《中国奶业史》（专史卷），中国农业出版社，2013年，第8页。

首次进行种牛遗传评定工作。[1] 同年，农场系统普遍实施鲜精人工授精技术，每头公牛平均配种母牛336头，种公牛在全群中的比例由1953年的1.5%降至1965年的0.25%。中国农业科学院畜牧研究所编写《牛人工授精操作规程》，由该所繁殖研究室主任董伟主持，在北郊农场种公牛站实施。1966年1月，农垦部从荷兰引进液氮发生器（PLN106），在北郊农场以液氮（−196.0℃）为冷源制作和保存牛冷冻精液，获得成功，使北京农垦在国内奶牛育种技术方面处于领先地位。

1972年10月，农林部科技局成立"北方部分地区奶牛场黑白花奶牛育种协作组"（以下简称北方协作组），推选北京市农林局为组长单位；11月，"奶牛冷冻精液技术"作为秋季中国进出口商品交易会（广交会）重点参展项目，引起了业界广泛关注，为中国牛冷冻精液人工授精技术的应用和普及打下基础。到1972年，以液氮为冷源生产的颗粒冻精液输精261头，受胎145头，情期受胎率达到55.6%，比同期常温新鲜精液的情期受胎率55.3%还略有提高。[2]

1973年3月21日，以北郊农场种公牛站（前身是农场马场）为基础，奶牛育种小组从南郊农场、双桥农场、东风农场、西郊农场、东郊农场等场级种公牛站的120多头公牛中，严格选择出了20余头优秀公牛，集中饲养和生产冷冻精液，组建了全国第一个省市级的种公牛站——北京市种公牛站，归市农林局领导。3月，农林部从日本引进黑白花奶牛冷冻精液100支，分配给市牛奶公司14支。12月，北方协作组在天津召开第一次会议，会议通过《北方地区黑白花奶牛育种协作办法》《北方地区黑白花奶牛育种方案》和《北方地区黑白花奶牛鉴定办法》。是年，市种公牛站承担农林部下达的"家畜冷冻精液人工授精繁殖技术"重点科技项目，继续在颗粒冷冻精液的稀释配方、冷冻工具、冷冻温度等方面进行深入研究，开始颗粒冷冻精液的批量生产。

1974年3月20日，农林部下达（74）农林（科）字第8号文《关于开展家畜冷冻精液技术研究和分配进口液态冷冻精液贮存容器的通知》，建议市牛奶公司以研究奶牛、肉牛、役用牛的冷冻精液为主，进一步提高颗粒冷冻精液的质量，同时进行塑料细管分装新方法和分装机械化问题的研究。4月，北方协作组在北京举办黑白花奶牛鉴定学习班。之后，北方协作组动员组织8 000多名育种技术人员参加牛群普查鉴定工作，确定每头牛的等级，在此基础上逐级申报良种登记牛。10月，北方协作组在市牛奶公司良种登记工作会议上，制定了《北方地区黑白花奶牛良种登记暂行办法》，出版《良种母牛登记簿》（第一卷）。此后，在1976年、1978年、1981年，又连续出版第二卷至第四卷，并于1979年出版《良种登记公牛》（第一卷），这些测定和纪录为改良牛群横交固定提供了重要依据。1974年，市种公牛站开始承担农林部下达的"冷冻精液人工授精繁殖技术"重点科技项目，成功研制出0.5毫升细管冷冻精液，并开始批量生产。

1979年8月，北京长城农工商奶牛研究所成立。1980年10月，在北京农展馆举办北京市第一届奶牛比赛会，这是国内第一个奶牛比赛会。在京郊各农场选出的最优秀的奶牛中，经鉴定，共选出最佳奶牛10头、优秀母牛35头、高产长寿冠军牛1头。最佳奶牛前三名分别是东郊农场20782号牛、北郊农场17608号牛、北郊农场9588号牛。前2名是同父异母的半同胞姐妹，是北京市产奶量和外貌均为最佳的奶牛；北郊农场畜牧三队7016号牛获长寿高产冠军。1981年，种公牛站利用联合国开发计划署资助，从法国凯苏（IMV）兽医药械公司引进制作细管冷冻精液的全套设备，成功生产出奶牛细管冷冻精液，从此，北京农垦率先开始取消颗粒冻精生产，逐步全面使用细管冻精，并向全国推广和批量生产。1982年8月，国家标准局颁布《中国黑白花奶牛》（GB 3157—82），该国家标准由北京农业大学和中国黑白花奶牛科研育种协作组共同起草，是我国第一个奶牛品种的国家标准，北京农垦奶牛育种人员在其中发挥了重要作用。1984年，奶牛研究所开展"奶牛细管冷冻精液的试制与推广研究"，该项目可减少精液损失，节省精液用量，提高母牛受胎率5%左右。

从20世纪80年代中后期开始，北京农垦进一步加大对奶牛群体遗传改良的力度，学习、借鉴并

---

[1]　刘成果：《中国奶业史》（专史卷），中国农业出版社，2013年，第6页。

[2]　同[1]：81。

应用国外奶牛育种前沿技术，为我国奶牛育种技术进步做出了新贡献。1985年6月，总公司决定开展奶牛胚胎移植的研究，明确由奶牛研究所负责。是年，奶牛研究所第一次引进国外"繁殖管理"概念，编写教材《奶牛繁殖管理》，后来这些经验总结被纳入市农场局编写的《北京市奶牛场试行规范》。[①] 1987年，奶牛研究所刘忠贤先生赴日本学习归来，系统地将奶牛体型外貌线性评定法这项技术引入中国。[②] "七五"期间（1986—1990年），在中国选育的中国荷斯坦奶牛核心群中，北京选入的头数达4 364头，占53%。总公司所属的种公牛站饲养的种公牛都来自国际著名家系，如美国的黑星、马克、威廉（1650414）和加拿大的空中之星、雷达、序曲等家族。种公牛站在群的80多头种公牛，其血统来自26个不同的父亲、12个不同的祖父，有44种血统组合，血统资源异常丰富。1991年，北京农垦开始推行中国荷斯坦牛编号办法；奶牛研究所开始使用单性状公畜模型BLUP法，分别评估生产性能和体型外貌评分性状之后，再综合为每头牛的总性能指数（TPI）排队。这些方法都是在全国最早采用的。1991年11月，奶牛研究所参与完成的"中国黑白花奶牛核心群的选育"获农业部科学技术进步奖三等奖。1992年4月，奶牛研究所被农业部农垦司授予"全国农垦系统科研先进单位"称号。1996年，奶牛中心以科研协作的方式参与了《全国联合奶牛群改良方案》分担的任务；北京农垦被纳入"中国-加拿大奶牛育种综合项目"（IDCBP）第二期计划，重点推广DHI测定工作；奶牛中心承担的"九五"国家重点科技项目（攻关）计划"应用胚胎生物技术建立良种牛繁育体系和生产体系"课题开始实施。同年，奶牛中心在国内首先使用动物模型（Animal Model）BLUP法，充分利用多年的历史数据对所有有关的公牛和母牛进行统一遗传评定，这为中国荷斯坦牛应用动物模型BLUP进行遗传评定做了十分有意义的尝试。[③] 1996年，国家科学技术委员会下达"九五"国家重点科技项目（攻关）计划——"应用胚胎生物技术建立良种牛繁育体系和生产体系"，由北京奶牛中心和黑龙江省畜牧研究所承担，奶牛中心主任许宗良为课题主持人。1996—2000年，共超排供体母牛859头次，获得可用胚5 077枚，头均获得可用胚5.91枚；移植受体母牛4 102头，妊娠2 123头，受胎率51.76%；获得良种母牛犊1 049头、系谱优秀种公牛犊11头；移植性别鉴定胚胎59枚，受胎率37.3%，产犊22头，性别鉴定合格率100%；累计繁殖8 000千克以上的高产奶牛1 049头，其中9 000千克以上、乳脂量270～290千克的高产奶牛核心群331头。[④] 1997年2月，中国农业大学、奶牛中心等单位合作完成的国家"八五"重点攻关课题"中国荷斯坦牛MOET育种体系的建立与实施"成果通过鉴定，该课题由中国农业大学动物科技学院张沅教授主持，在奶牛中心良种场实施完成；11月，"中国荷斯坦奶牛MOET育种体系的建立与实施"项目，被农业部评为1998年度科学技术进步奖一等奖。

从2000年开始，北京农垦在品种登记、奶牛生产性能测定、青年公牛联合后裔测定、优秀种公牛冷冻精液普及与推广、奶牛遗传改良技术逐步与国际接轨等方面做了许多重要工作，对中国荷斯坦牛群遗传改良技术的发展做出了重要贡献。奶牛中心先后被国家有关部委和北京市授予"全国农业技术推广先进单位""国家高技术产业化示范工程""奶牛胚胎工程技术研究中心""国家引进国外智力成果示范推广基地""北京市先进农业标准化示范基地""北京市群众性经济技术创新先进企事业单位""北京市农业产业化重点龙头企业"和"中国良好农业规范认证示范牧场"等一系列荣誉称号。

2. 奶牛育种技术进步及成果推广

（1）在应用及推广人工授精技术（AI）方面。为了保证冷冻精液质量，2007年，《牛人工授精技术规程》（NY/T 1335—2007）、《种公牛饲养管理技术规程》（NY/T 1446—2007）正式颁布；2008年，《牛冷冻精液》（GB 4143—2008）颁布；2015年，《牛性控冷冻精液生产技术规程》（GB/T 31581—2015）、《牛性控冷冻精液》（GB/T 31582—2015）颁布。这些国家标准和行业标准体现了北

---

① 刘成果：《中国奶业史》（专史卷），中国农业出版社，2013年，第117页。
② 同①：31。
③ 张胜利，张沅，石万海等：《中国奶牛遗传改良与技术发展》，《中国奶牛》2009年S1期。
④ 朱士恩：《中国动物繁殖学科60周年发展与展望》，中国农业大学出版社，2010年，第108页。

京农垦奶牛科技人员长期研究的成果。2005年4月,奶牛中心完成的"改进牛冷冻精液生产工艺的研究与应用"项目获北京市科学技术奖三等奖。2009年1月,奶牛中心参与完成的"奶牛X/Y精子分离—性别控制产业化关键技术"项目获内蒙古自治区科学技术奖一等奖。2009年9月,奶牛中心BDCC牌牛冻精获"中国国际农业博览会名牌产品"。2010年9月,首农集团召开"奶牛优质冻精及配套技术推广项目"总结会,该项目自2006年起在北京7个区县开展,覆盖牛群规模17.6万头,累计使用54头优秀验证公牛和20头优秀青年公牛的优质冻精766 725剂,配种母牛366 782头次,繁殖优良母牛158 470头。2010年12月,奶牛中心完成的"奶牛优质冻精及配套技术推广"被农业部评为2008—2010年度全国农牧渔业丰收奖三等奖;次年,又被评为2010年度北京市农业技术推广奖一等奖。至2011年,奶牛中心种公牛站的每头成年种公牛年均生产3.8万剂冷冻精液,终身牛冷冻精液产量可改良母牛20万头,可育出约10万个优秀女儿;全年销售优质种公牛冻精350万剂,冻精产销量连续13年蝉联全国第一。

(2)在青年公牛后裔测定方面。2008年,北京农垦共20个牛场被中国奶业协会认定为"中国荷斯坦青年公牛联合后裔测定牛场",占全国的六分之一。2010年11月,奶牛中心15头青年公牛入选第44次全国联合后裔测定。2012年1月,据《北京市2012年1月优秀种公牛概要》公布的最新后裔测定成绩,奶牛中心自主培育的优秀种公牛11106002后裔测定成绩排名第二,TPI(总性能指数)2053,体型优美,尤其乳房结构好(乳房结构15分)。2012年,北京农垦成母牛头年单产达10 952千克,是我国第一个大群体单产最高的良种奶牛资源群体,其中95%以上的成母牛来自奶牛中心种公牛后代。奶牛中心依托9万头高产奶牛良种资源群体,结合北美和欧洲优秀种质资源,建立了我国最大的优秀种公牛自主培育体系之一,曾培育出众多明星公牛,如16747、340、311、94107、94108、11100113等,每年培育优秀种公牛50头以上,存栏种公牛近300头,对加速我国牛群遗传改良做出了重要贡献。

(3)在应用胚胎移植、性别控制、体细胞克隆、基因组选择分子育种等技术方面。2001年8月28日,奶牛中心承担的国家"99"高技术奶牛胚胎产业化示范项目基本完成,实施此项目使中国奶牛遗传改良速度较常规方法加快25~30年,国家发展计划委员会授予奶牛中心"国家高技术产业化示范工程"牌匾。2002年4月15日,农业部在北京奶牛中心延庆基地启动"万枚高产奶牛胚胎移植富民工程";同月,奶牛中心被市科委授予"奶牛胚胎工程技术研究中心"。2003年6月,奶牛中心完成的"奶牛胚胎生物技术应用推广"项目获2002年度北京市农业技术推广奖三等奖。是年,奶牛中心的种公牛存栏数量、冷冻精液产量、冷冻精液市场占有率、销售收入、种子母牛单产、实现利润、职均收入、科技人员数量、科研成果数量、承担国家和部委科研课题数量等10项指标,创造了全行业第一的佳绩。2004年4月,奶牛中心完成的"应用胚胎生物技术建立高产奶牛繁育体系和生产体系研究"项目获得2003年度北京市科学技术进步二等奖,该项目建立起国内第一个高产奶牛繁育体系和生产体系,共培育出优秀种公牛28头、高产母牛1 000头和产奶量1万千克以上的核心群400头,获直接经济效益8 040万元。2002年11月30日—2004年11月30日,奶牛中心开展"高产优质奶牛胚胎工厂化生产和移植技术研究",该项目采用供体牛超数排卵技术新工艺和乙二醇代替甘油作为胚胎冷冻保护剂直接移植的方法,建立了奶牛胚胎生产和移植的企业标准体系,为建立中国荷斯坦牛MOET(即超数排卵与胚胎移植)育种体系做出贡献;获得母犊3 400头,推广冻精130万剂,获得改良后代30万头,直接经济效益3 909.45万元,社会效益显著。2004年5月1日,由中国农业大学和奶牛中心合作,加拿大政府赠送给朱镕基总理、由奶牛中心饲养的种公牛"龙",被成功克隆出两头健康的个体,这标志着奶牛中心参与完成的生物克隆技术项目达到国际先进水平。朱镕基总理亲笔题词,为其分别取名为"大隆"和"二隆"。2004年12月,奶牛中心实施的农业科技跨越计划"高产奶牛MOET育种核心群的建立"项目通过农业部科教司组织的专家组验收。2006年1月22日,奶牛中心科研人员将利用自行分离的X精液生产的奶牛性控胚胎移植给本地黄牛后,第一头性控胚胎母犊在延庆基地顺利降生。2006年3

月，中国农业大学与奶牛中心等单位合作完成的"应用体细胞克隆技术生产和拯救优质奶牛"项目、奶牛中心完成的"高产优质奶牛胚胎工厂化生产和移植技术"项目，分别获北京市科学技术奖一等奖和二等奖。2007年7月，奶牛中心与中国农业大学合作开展的转基因牛胚胎移植试验获得成功。是年12月，奶牛中心起草制定的农业部行业标准《奶牛胚胎移植技术规程》（NY/T 1445—2007）正式实施。2009年2月9日，科技部下发国科发计〔2009〕74号文，通知奶牛中心实施组建的"国家奶牛胚胎工程技术研究中心"通过验收并予以正式命名。该研究中心已形成年生产优质冻精400万剂、年推广优质胚胎1万多枚的供种能力，胚胎移植受胎率鲜胚达到67.4%，冻胚受胎率达53.7%，体外受精胚受胎率达到41.5%。2010年4月8日，"中国荷斯坦牛分子育种关键技术研究与应用"课题通过教育部组织的成果鉴定，以熊远著院士为首的鉴定委员会一致认为该成果的总体水平居国际先进水平，该课题主要完成单位有中国农业大学、奶牛中心、中国农业科学院畜牧兽医研究所和中国奶业协会，主要完成人包括张沅、张勤、张胜利等30人。2010年9月，首农集团申报的"奶牛良种高效扩繁技术创新与产业化"科研项目经过严格评审，被列入科技部"十二五"国家科技计划农村领域首批项目库。2011年7月15日，农业部1612号公告公布综合性专业性（区域性）重点实验室和"学科群"名单，认定"农业部奶牛遗传育种与繁殖重点实验室"依托单位为北京奶牛中心。2011年11月，"中国荷斯坦牛分子育种关键技术研究与应用"获2010年度北京市科学技术奖二等奖。是年12月29日，奶牛中心承担的科技部"十一五"科技支撑计划"奶牛良种扩繁技术研究及产业化开发"项目通过验收，项目累计生产优质冻精3 864万剂，选育出年产10万剂的高产冻精公牛12头；获得科技成果奖励8项，获得发明专利6项，编写标准7项；建立优质冻精生产线4条，胚胎中试生产线6条，供体母牛一次超排平均获得胚胎7.6枚；胚胎移植受胎率为55%左右，处于国内领先水平；累计生产优质组合胚胎79 944枚，并形成标志性成果"奶牛性别控制综合技术"。奶牛中心原种场经过几轮改扩建，至2017年，已有高产荷斯坦种子母牛650头，年单产达10 500千克，牛奶体细胞数15万个以下，细菌数2万个以下，青年牛情期受胎率60%以上，成母牛情期受胎率45%以上；拥有种牛繁育智能一体化设备设施，主要包括种子母牛饲养监控系统、健康监控系统、繁殖管理系统、信息管理系统及种子母牛场视频监控系统，实现了种子母牛饲养、繁育全程科学监控和数据信息自动化采集。北京奶牛中心、首农畜牧参与的由中国农业大学为第一完成单位的"中国荷斯坦牛基因组选择分子育种技术体系的建立与应用"项目，于2015年和2017年分别获得北京市科技进步奖一等奖和国家科技进步二等奖。该项目被农业部指定为我国荷斯坦青年公牛的遗传评估方法，在全国所有种公牛站推广应用，公牛选择准确性达到0.67~0.80，公牛世代间隔由常规育种的6.25年缩短到1.75年，年遗传进展达到0.49遗传标准差，每头母牛的年产奶量提高225千克。

三、奶牛饲养技术、工艺设备及牧场管理

奶牛饲养涵盖内容丰富，包括牛场设计与建设、饲草料制造及供给、饲喂方式及设施、挤奶及设备、牛场环境保护等环节，也包括管理标准、质量管理、管理体制等。北京农垦奶牛饲养技术、工艺及设备的演进可分为以下4个阶段：

（一）中华人民共和国成立初期（1949—1957年）

1949—1957年是北京农垦奶牛业的草创时期。当时奶牛饲养条件简陋，管理粗放，饲养水平低下，饲草料自种自给，饲养方式是有啥喂啥，牛群健康水平低，结核病、布鲁氏菌病、牛肺病、牛瘟流行严重。1952年，双桥农场通过向苏联学习，建立了自动饮水设施，引进苏式电气挤奶机，开始将分散饲养的奶牛装入通风良好的新牛舍，加强奶牛疫病防治工作。1955年11月，北京牛乳场牛奶

生产使用电力消毒、冷藏、机器装瓶设备。农大农场进行犊牛代乳料的研发，取得成功。[1] 1956 年，北京市开始实行奶牛饲养计划管理，制定奶牛饲养管理制度、奶牛场防疫制度与饲养工作制度、配种工作制度、配种操作制度以及种公牛的饲养管理规则、育成牛的饲养管理规则、成年奶牛的饲养管理规则、产奶牛的饲养管理规则、犊牛的饲养管理规则等。[2] 但总的看，这一时期，奶牛饲养还属于低水平状态，以成乳牛头日产奶量为例，1953 年，成乳牛头日产奶量为 12.8 千克/日，1954 年为 12.3 千克/日，1955 年为 12.5 千克/日，1956 年为 12.7 千克/日，1957 年为 9.7 千克/日。[3]

（二）计划经济时期（1958—1978 年）

这一时期，国营牛场饲养牛群规模快速扩大，牛场建设标准有所提高。从 1962 年起开始划拨饲料地。1964 年，市农场局兴起一个以提高牛奶产量和降低牛奶生产成本为中心的比学赶帮运动，当年，在全群数量比上年减少的情况下，牛奶总产量、每头成乳牛产奶量、成乳牛头日产奶量均有所增长，而牛奶生产成本每千克平均比上年同期降低 16.5%。1974 年年底，北京市提出加速奶牛机械化，南郊农场研制成功电子脉冲挤奶器，牛场的手工挤奶改为机器挤奶；同年，开始着手解决运送生奶机械化问题，安排有关工厂制造奶罐汽车，做到机动专车运送牛奶。1975 年，北郊农场畜牧分场试制成功奶牛管道式电动挤奶机样机，北郊农场畜牧二队自行研制建造转环式挤奶台，采用流水作业方式，设 24 个床位，每 8 分钟转一圈，由 2 人操作。1978 年北郊农场畜牧分场机修厂成功研制 9JSG-8 型双管道真空挤奶设备。

（三）改革开放时期（1979—2000 年）

这一时期，由于奶牛业管理体制、经营机制深入改革，奶牛养殖企业逐步成为市场主体，对饲草料价格和原料奶收购价格的放开，提高了适应能力和应变能力。养殖企业接受了新的养殖技术、工艺及管理理念，开始引进新设备。同时，随着育种技术的提高，奶牛场从粗放转变为集约，高产奶牛饲养规范得到落实，奶牛饲养标准得到贯彻。一批规模化牛场的建立，提高了集约化程度，便于先进技术的推广。奶牛科研工作得到加强，1980 年在全国率先建立了奶牛研究所，同年出版《奶牛科技》（简报）。20 世纪 80 年代，北京农业大学和双桥农场成功利用 90 千克发酵新鲜初乳哺喂犊牛 1 个月断奶的技术，改变了长期以来按照苏联培育犊牛高喂奶量、长哺乳期的方案，降低了转群成本。[4] 奶牛研究所除了在奶牛育种方面取得研究成果外，在奶牛饲喂方面也陆续开展研究，取得了一些成果。1985 年，北京农业大学畜牧系和奶牛研究所合作完成"奶牛饲养标准"。同年，北京农业大学在南郊农场金星牛场和亦庄牛场进行 TMR 的饲养实验，取得较好的效果。1986 年，奶牛研究所承担的"北京市奶牛业配套技术研究"获得市政府授予的北京市科学技术进步奖三等奖；奶牛研究所完成的"奶牛营养需要和饲料配方的研究"获得国家计委、国家经委、国家科委和财政部联合颁发的"六五"国家科技攻关成果奖。进入 20 世纪 80 年代后，北京农垦对奶牛现代养殖技术进行了前导性实验和尝试，如 1988 年亦庄牛场成为全国第一家使用计算机技术管理牛群的规模化牛场。1990 年，奶牛中心良种场由瑞典引入 TMR 机械，TMR 机械的应用比全国早十年。1997 年，旧宫北牛场参考国外资料，为提高牛奶质量，尝试推广"两次药浴、纸巾干擦"挤奶技术，摒弃了传统的水洗乳房的挤奶方式，成为挤奶工艺改革的先行者。这一时期，开始重视奶牛饲料问题，双桥农场配合饲料厂获得农业部颁发的"质量管理奖"；朝阳农场良种奶牛场与北京市饲料科学技术研究所合作建设高效奶牛饲料示范基地；奶牛中心实施北京市重大科技成果推广计划"奶牛精饲料综合高效技术推广"项目。2000 年，三元种业的金星牛场参考国外饲养模式，在室内设置自由卧栏，挤奶厅集中挤奶，为在北京大面

---

① 刘成果：《中国奶业史》（专史卷），中国农业出版社，2013 年，第 165 页。

② 鹿圈、晨光农业社乳牛饲养观察报告，北京市档案馆，档案号 036-002-00066，1956 年。

③ 北京市国营农场管理局：《北京市国营农场管理局统计资料（1950—1985）》，第 102 页。

④ 同①：192-193。

积推广散栏饲养模式提供了经验。这一时期，北京农垦成乳牛日产奶量跃上 20 千克/日关口，在奶牛饲养方面为进入 21 世纪的转型升级奠定了基础。

（四）现代奶牛养殖生产管理体系确立时期（2001—2017 年）

2001 年组建绿荷中心后，对标世界先进水平，通过引进、消化、融合、创新，并借助承担国家科技部启动的"十五奶业科技专项"和北京市启动的"奶业示范工程"两个课题，创建了以 EDTM 为核心的现代奶牛生产管理体系。该体系集成了奶牛环境控制（environment）、奶牛生产数字化系统（data）、全混合日粮饲养技术（total mixed ration）、奶牛生产标准化管理体系（management）等各项关键技术，运用于企业管理与奶牛生产全过程。该体系覆盖现代奶牛生产各环节的技术、管理和工作标准，规范了奶牛生产管理制度，集成凝练优质高产奶牛饲养技术理论，是对传统奶牛养殖技术的扬弃与创新，为加快我国奶业现代化进程创造了可借鉴的发展模式。主要关键技术起点高，达到奶业发达国家奶牛饲养管理水平。这一管理模式的确立，也为以后北京农垦奶牛养殖超常规、跨越式发展提供了必要条件。通过多年的实施，主要生产技术指标达到甚至超过世界先进水平，在业界产生广泛的影响，开创了我国奶牛养殖集团化、集约化、现代化的先河。

EDTM 技术路线见图 2-2-2。

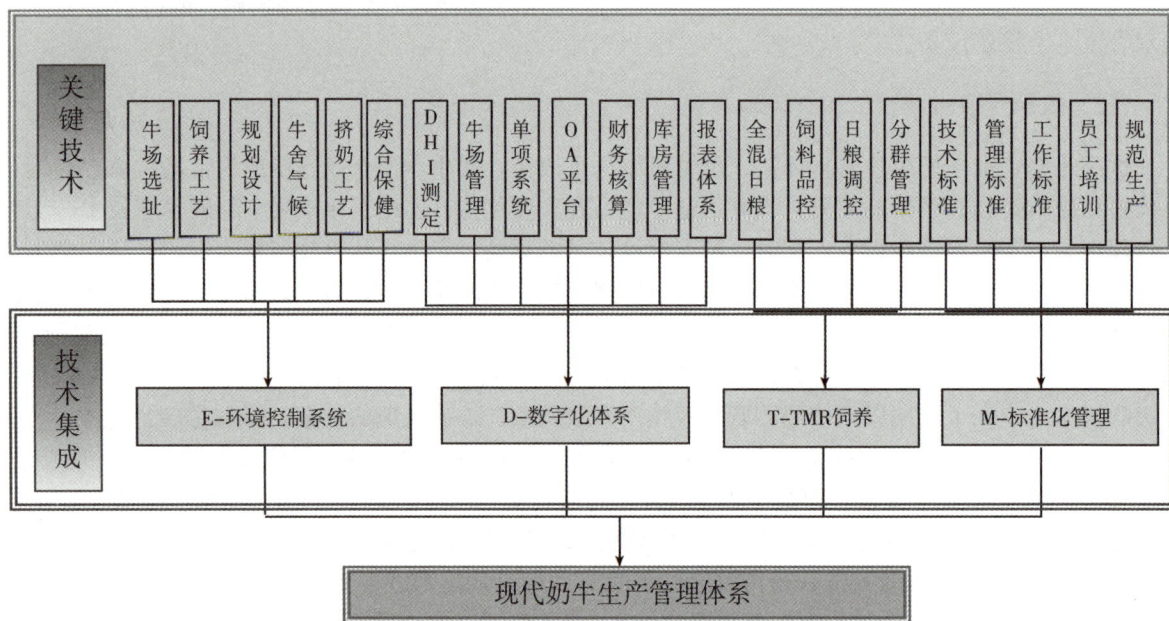

图 2-2-2　EDTM 技术路线

1. 标准化体系建设　2002 年 10 月，完成《三元绿荷奶牛饲养管理技术规范》的编写和印制工作。2002 年 12 月底—2004 年 1 月初，三元绿荷企业标准化体系建设通过制定、贯标试行、验收，获得市质监局颁发的《标准体系确认合格证书》。企业标准体系包括工作标准（Q/NC G—2003）、管理标准（Q/NC L—2003）和技术标准（Q/NC J—2003）三大标准，全部标准总计 204 项。2004 年 4 月，统一印制《技术标准》《管理标准》和《工作标准》书籍，总计 7 000 余册，发放至每位员工，组织员工分期分批进行系统培训，并进行理论考试和实际操作考核。2004 年 8 月，补充制订了奶牛场 TMR 饲养技术标准及配套的分群管理、饲料调配、体况评分等标准。2004 年 10 月 29 日—11 月 10 日，绿荷中心标准化技术委员会组织员工进行标准化知识考试，考试内容为员工各自的工作标准和相关的管理、技术标准。绿荷中心每季度组织一次由生产、财务、劳资、安全等组成的联合检查组，将考核结果作为牛场管理人员奖罚的依据。

对标准化体系建设工作采取动态管理。2004 年，修订《奶牛产后监控》和《奶牛全混日粮

（TMR）饲养技术》。2007年，制定《奶牛暑期管理技术标准》。2008年，建立补充完善《奶牛肢蹄保健》《产后监控管理》《犊牛饲养管理》三项技术标准。2009年，制订《犊牛期管理》《奶牛产后100天》等新的技术标准。2011年初冬至2013年秋，对2003版技术标准进行第一次全面梳理和修订。新技术标准融入近年来新修订的技术规范，参照国标、地标和大量的国内外专业技术资料，对2003版《技术标准》中的《犊牛饲养管理》《奶牛围产期管理》《奶牛繁殖配种方案》《奶牛肢蹄保健》等进行修改完善，同时，增加奶牛福利、TMR饲喂技术和乳品质量监控标准及缩略语等部分。2013年10月1日，新版《绿荷牛业公司企业标准生产技术标准》修订完毕并运行。从2017年年底开始着手新的技术标准修订。[①]

2. 以TMR饲养工艺为代表的新技术、新工艺的应用与实施

（1）全混合日粮（TMR）饲养工艺的引进。TMR（Total Mixed Ration）为全混合日粮的英文缩写，是根据奶牛在不同生长发育和泌乳阶段的营养需要，按营养专家设计的日粮配方，用专用设备对日粮各组分进行搅拌、切割、混合和饲喂的一种饲养工艺。使用TMR全混合日粮，保证了奶牛所采食每一口饲料都具有均衡性的营养。TMR饲养工艺的特点是：精粗饲料均匀混合，避免奶牛挑食，维持瘤胃pH稳定，防止瘤胃酸中毒，增加奶牛干物质采食量，提高饲料转化效率。充分利用农副产品和一些适口性差的饲料原料，减少饲料浪费，降低饲料成本；实行分群管理，便于机械饲喂，提高劳产率，降低劳动力成本，减少管理的随意性。如果把机械挤奶代替手工挤奶视为现代奶业第一次革命，那么，21世纪初发生的全混日粮（TMR）代替传统饲喂方式（先粗后精、少喂勤添、不堆槽不空槽、勤匀槽等）则被称为现代奶业的第二次革命。

1990年，奶牛中心良种场从瑞典引进TMR机械进行生产应用，TMR搅拌车是容量18米²4轴搅笼牵引式饲料电子计算搅拌车，另配一台拖拉机和一台1.4米²生产车。进入21世纪，TMR饲喂技术作为国家"十五"重大科技专项的重要内容在中国广泛推广。2003年，绿荷中心参与"十五国家奶类重大科技专项"——"北方大城市郊区奶业现代化生产技术集成与产业化示范"课题，购置11台TMR饲料搅拌车。2003—2004年，绿荷中心从以色列、意大利等国引进一批全套TMR设备，至2004年10月，所属27个国有牛场全部采用TMR饲养方式，成为在全国率先大规模使用TMR饲养工艺的奶牛养殖基地。

（2）全混合日粮饲养技术标准的建立。TMR饲养工艺是一项综合配套技术体系，涉及奶牛分群饲养、日粮配方设计、日粮制作程序、机械设备维护、配套设施建设以及饲槽管理措施等。2003年，金星牛场、中以示范奶牛场、金银岛牧场、长阳二场作为试点，在15个牛场进行TMR工艺推广。同年，引进8套以色列Gavish饲料配方软件，中心及7个分公司生产部各1套，为科学调配日粮、优化日粮结构、降低饲养成本创造了条件。2004年，通过对日粮组分的添加程序、不同奶牛阶段的营养水平与饲料配方、分群标准与各群TMR饲喂方案、水分控制与粒度评价及饲槽管理等关键环节的探索与实践，在国内率先建立了一套适合规模化奶牛场实际需求的《奶牛全混日粮（TMR）饲养技术标准》（Q/NC LHJ 1301—2004）。

（3）全混合日粮饲养工艺的实施。

①对基础设施进行改造。为了推行TMR饲养工艺，仅2003—2004年两年间，就投资了2 235万元，对牛场的牛舍、槽道、青贮窖、补饲槽、饮水槽、运动场等进行多方面的改造。

②TMR设备的引进与管理。TMR设备包括TMR搅拌车及牵引拖拉机等配套设备。2003年，从意大利引进15台（套）TMR设备，加上中以示范牛场此前引进1台，2003年年底有TMR设备16台（套）。2003—2004年，投资6 697万元（含新牛场设备投资）进行机器设备的更新，其中投资1 540万元购置饲料搅拌及牵引、装载设备27台（套），2004年，27个牛场全部配置TMR搅拌设

---

① 2018年10月正式启动新的技术标准的修订工作；2019年1月1日，《首农畜牧奶牛养殖标准化操作规程（SOP）》正式运行。

备。2017年年底，三元种业共有74台套搅拌车，各牛场均配备2～3台（套）。2016年建立二个维修队，统一对TMR设备进行维护、保养，并对TMR进行集中管理。

③做好奶牛分群与阶段划分。奶牛养殖采用分群饲养自由采食的饲养模式，即根据奶牛不同的生长发育和泌乳阶段进行分群，提供不同营养水平的日粮，采取自由采食的饲养方式。根据奶牛不同的生长发育和生理阶段特点，把牛群划分为4个阶段，即犊牛、育成牛、青年牛、成母牛（青年牛妊娠产犊后转入成母牛群），其中犊牛、育成牛、青年牛合称为后备牛。由此，牛群可分为两大阶段，即后备牛和成母牛。此外，成母牛根据其生理、泌乳阶段划分为干奶牛和泌乳牛。干奶牛又分为干奶前期（停奶—产前3周）、干奶后期（又称围产前期，产前3周—分娩）两个阶段；泌乳牛分为新产牛、泌乳早期、泌乳中期、泌乳末期4个阶段。分群管理上通常采用大分群和组内分群两种办法。有条件的牛场一胎牛单独饲养，利用日粮配方软件调配不同群别日粮，充分发挥奶牛的泌乳性能，降低奶牛的消化道疾病。

④加强饲槽管理，注重饲养效果。饲槽管理是TMR日粮工艺中十分重要的环节，为此，强调24小时全天候采食理念，以舍饲为主，补饲为辅，为传统的老牛场增补足够的补饲槽。班前班后查槽，观察日粮一致性，进行搅拌均匀度评价。根据奶牛采食量、季节以及奶牛反刍情况，合理调整投放量。及时清槽，保持饲料新鲜。针对夏季高温高湿的气候特点，及时采取措施，降低热应激。如调整夏季日粮配方，提高日粮中的能量浓度，开启风扇喷淋系统，为奶牛提供舒适的小环境；为保证给奶牛提供新鲜的日粮，把两次制作日粮改为三次，同时延长夜班饲喂时间，提高奶牛采食时间。

⑤建立饲料营养数据库，充分利用日粮配方软件。绿荷中心建立饲料营养数据库，规范饲料种类，主要饲料样品送到权威部门检测，掌控常用饲料的营养水平。青贮饲料的收贮严格由分公司统一运作。全面推广应用自主开发的1%预混料及膨化大豆，积极运用配方软件筛选配方，对配方软件的使用进行培训和监控，使各群奶牛饲料的营养得到有效的技术保障。

⑥结合标准化贯标，组织培训考核和生产检查，促进TMR工艺的总结推广。2005年年底，所有牛场都基本达到熟练、规范使用TMR工艺。2007年，围绕TMR饲养工艺，讲求精准饲养，在日粮配方、添加顺序、水分控制、搅拌时间、饲喂顺序等方面，建立科学程序化的操作规范。绿荷中心引进美国宾夕法尼亚大学的四层筛子分离法，对TMR搅拌粒度进行评估和监测，力求最大限度地发挥TMR饲养工艺的综合效率。为了使TMR日粮品质与营养达到标准，TMR日粮调配更加科学经济优化，2008年，主要大宗饲料实现"厂家采购、产地采购"，建立健全饲料品控工作流程和质量追溯制度，降低饲料成本，提高饲料质量。完成化验室的改造建设，常用饲料营养成分数据库更新更为及时，使TMR日粮调配更加科学优化。结合奶牛生长发育和产奶阶段的营养需要，开发研制"绿荷牌"奶牛精饲料产品。2008年，"绿荷牌"饲料销售10万吨，覆盖内外50万头奶牛。2009年，为了落实"健康养殖"的理念，从国外进口优质苜蓿干草1.5万吨。优质苜蓿能减少奶牛热应激，提高牛奶质量，中心及时调整日粮结构，在高产牛日粮配方中增加苜蓿干草，降低膨化大豆的喂量，降低饲料成本0.05元/千克。同时，充分利用农副产品，用大麦、胚芽粕替代玉米，使后备牛混合料降低成本0.13～0.16元/千克。2010年、2011年分别进口2.3万吨、2.6万吨苜蓿干草，以后进口苜蓿成为常态。2013年，为加强TMR制作监控提供技术支持，引进TMR Watch和Feed Watch监控设备，配备简易粪筛，及时直观地检测TMR制作质量和监控饲喂状况，确保牛群吃进的每一口饲料都和配方一样。是年，有11个牛场使用TMR饲喂监控系统。2014年，为了提高各牛场TMR制作准确性，开发自有TMR监控系统；2015年，在10个牧场推广。至2017年年底，除两个租赁牛场之外，其他牧场全部使用TMR监控系统。

3. 数字化管理体系

（1）数字化管理体系的内涵。绿荷中心自2003年起开始构建数字化管理系统，到2009年，系统初步形成。系统以"协同商务、集中管理、监控过程、掌控终端"为基本宗旨，以财务为基础，有序推进其他业务的整合，将企业的人力、财务、物资及信息资源进行系统集成，形成集团型企业一体化信息共享服务中心和管理调控平台。此系统的建立开创了我国奶牛养殖业数字化、智能化管理的先河，实现了奶业增长方式的转变。

三元绿荷数字化管理体系见图 2-2-3。

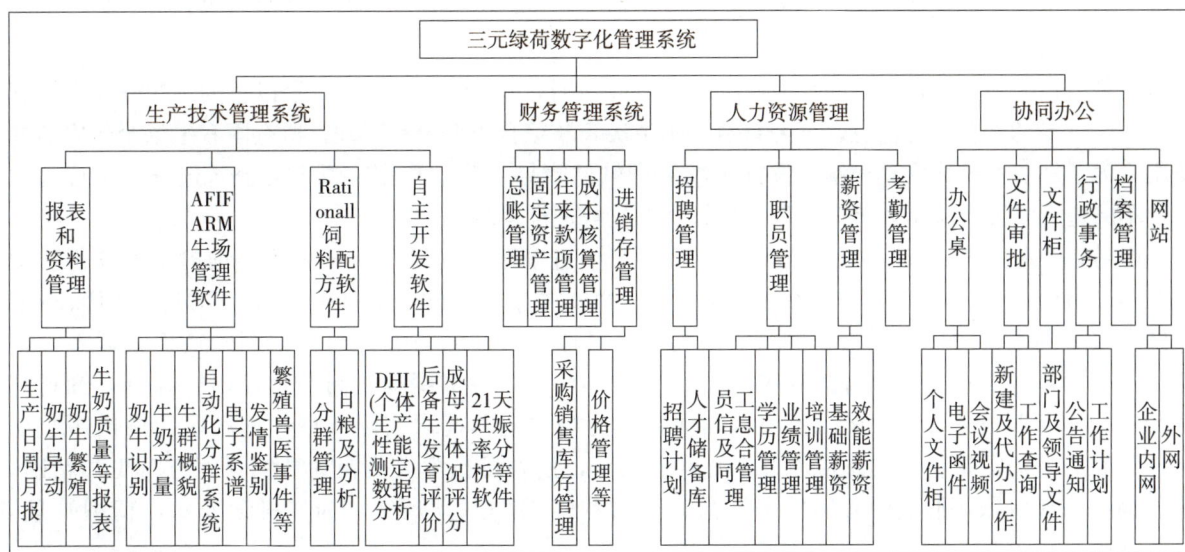

图 2-2-3 三元绿荷数字化管理体系

（2）奶牛生产技术管理系统。绿荷中心生产技术管理系统主要包括两个方面：

①建立奶牛生产记录体系。奶牛生产记录体系的建立，为进一步应用奶牛场管理、DHI 报告分析、良种登记、体况评分等系列软件奠定基础。2001 年，开始着手设计，2002 年基本建立符合生产实际、可用于规模化奶牛场管理的一套奶牛生产记录体系，主要包括奶牛生产、良种销售和奶牛淘汰与死亡、奶牛繁殖与疾病、饲料与营养、牛奶质量、DHI 报告等 8 个方面的内容。2005—2017 年，根据生产管理的需要，增加和完善了犊牛初乳质量检测和饲喂、对 TMR 搅拌粒度的检测和评估、产后监控、性控精液配种、21 天妊娠率等分析和记录、饲料营养资料库。

②建立奶牛生产数字化分析系统。2003 年 7 月从以色列引入牛场管理软件后，记录体系和管理软件有机结合。建立的奶牛生产数据分析系统主要包括以下 6 个方面的内容：

一是 DHI 报告及分析软件。DHI 是"奶牛群体改良"的英文缩写，又称"奶牛生产性能测定体系"，是世界上普遍采用的提高奶牛生产管理水平的测定技术。DHI 通过测试奶牛的产奶量、乳成分（乳脂、乳蛋白、固型物等）、体细胞数等，收集奶牛群体的有关资料，经过分析后形成反映奶牛场日粮饲养、繁殖配种、疾病防治、生产性能等信息的报告。通过这些信息，科学地指导奶牛场的饲养管理，促进全群奶牛生产高产、稳产，进而提高奶牛饲养的经济效益；开展个体生产性能测定也是奶牛群体遗传改良体系的核心工作之一。奶牛中心是我国最早开展奶牛生产性能测定的单位之一，并负责北京地区奶牛生产性能参测牛场的品种登记、生产性能测定原始数据的收集和录入，出具奶牛生产性能测定报告。反馈的 DHI 报告主要包括乳脂率、乳蛋白、体细胞、峰奶、高峰日、305 天产奶量等27 项指标。

2002 年 3 月，绿荷中心各牛场符合条件的泌乳牛全部参加奶牛生产性能测定。DHI 测定中心提供的 DHI 报告是一个反馈内容相对丰富的分析报告，但仍满足不了实际生产的需要，中心生产部门利用 Excel 的功能，按泌乳天数、胎次、体细胞数量以及按牛群组别等进行分类，设计了一套自动生成的表格，既有基础数据又有分类汇总，使牛场技术管理人员使用起来更加直观便捷。2008 年，在以色列专家的帮助下，根据生产技术管理的需要，设计了 DHI 分析软件，每月，牛场将奶牛中心返回的 DHI 报告导入到软件后，即可自动生成相应的分析报表。通过分析，有利于了解和跟踪牛只状况、牛群生产、繁殖及健康状况，科学指导饲养管理，显著提高了奶牛群的管理水平和产奶性能，降低了牛群发病率，增加了牛场的经济收入，逐步做到了"能度量，才能管理"。

二是牛群动态软件。2001年7月，绿荷中心推广原南郊牛奶公司设计的牛群动态软件，为牛场管理牛群，掌握牛群整体状况（如成母牛胎次与各组产量、配种情况以及筛选牛只等）起到较好的参考和辅助作用。

三是以色列Afifarm奶牛场管理软件。2003年7月，绿荷中心引进32套以色列Afifarm牛场管理软件，主要功能有牛群信息、育种繁殖、奶牛疾病及综合查询统计管理，所有国有牛场全部安装并使用。为了加快数字化管理进程，发挥牛场管理软件指导生产的作用，每个分公司选一个单位为试点，不断进行培训、总结和推广，数字化管理的优势逐渐体现。

四是以色列Gavish饲料配方软件。2003年，引进8套以色列Gavish公司的饲料配方软件，中心及7个分公司生产部各1套。各分公司设专人负责各牛场各群牛的日粮改制，每月使用Rationall软件上报不同牛群的日粮报告。牛场根据饲料原料情况，及时与分公司日粮调配负责人联系，进行日粮变动，各牛场日粮报告按要求格式上报。2008年，建立绿荷饲料数据库，做到所有饲料都进行实验室营养成分分析，随时监测饲料质量，为奶牛饲养提供实际数据，彻底取代靠借用数据计算营养的方法。饲料数据库可通过中心网上共享，使各场技术人员在计算饲料配方时更加精确。建立饲料消耗台账，形成中心饲料采购与奶牛日粮需要的联动模式，为"科学养殖，精细管理"打下基础。

五是后备牛生长发育软件。2004年开发并应用后备牛发育评定软件，随时掌握后备牛群发育状况。结合后备牛培养目标，确定后备牛各月龄的标准体尺体重，利用计算机绘制相应月龄阶段体尺体重的标准范围区域，定期在软件中录入实际测量值，软件自动分析后形成报告。通过报告，评估各关键阶段发育情况，指导日粮调整方案，确保后备牛正常的生长发育。

六是成母牛体况评分。2005年设计完成成母牛体况评分软件。体况评分是对奶牛体况数字化评定的手段，利用评分的分值判定奶牛脂肪储存情况。通过数据积累，建立不同阶段奶牛的适宜体况曲线，将现场评分实际值输入相应的软件表格，软件利用统计方法进行自动分析，既能反映牛群整体的体况平均分值分布，又能表现牛群个体体况的变异度。利用体况评分结果，可准确评估日粮的能量投入水平，有利于控制饲料成本并保证牛群健康高产。

2009年以来，数字化管理进一步升级，主要体现在以下5个方面：开发牧场信息管理系统，第一次引入数据总平台的设计理念，着重解决信息孤岛的问题，将分散在牛场终端电脑上的数据链接起来，为生产管理服务，从2014年年初开始，在北京的35个牛场试用，取得一定的效果；建立TMR日粮制作粒度技术参数，引进美国宾夕法尼亚大学的四层筛子分离法，对TMR搅拌粒度进行评估和监测，建立起一套适合中心粗饲料条件的TMR粒度评定标准，2013年，进一步完善TMR日粮制作粒度技术参数；研发奶牛场综合数据分析系统，系统包括DHI数据分析、繁殖数据分析、疾病数据分析和淘汰牛数据分析4个模块；从国外引进TMR Watch和Feed Watch两种加工投喂监管设备，及时直观地检测TMR制作质量和监控饲喂状况；引入新的CPM、AMTS配方评估软件，对饲料配方进行更完整的评估，最大限度满足奶牛的营养需求，提高日粮的转化效率。2001—2018年，所有牛场、相关管理部门均实现网络化管理电子报表、数字传输、资源共享。

4. 奶牛环境控制 奶牛环境控制也称奶牛福利，是北京农垦现代奶牛生产管理体系的重要内容，主要有：

（1）奶牛饲养条件与环境控制。围绕奶牛环境控制，合理分群，改进传统饲养工艺，改造、搭建补饲槽，保证奶牛24小时自由采食。2001年以来，牛场实现由拴系饲养向散栏饲养的转变，有效提高了奶牛的福利待遇。改革挤奶工艺，采取"两次药浴、纸巾干擦"的挤奶方式，包括"弃头三把奶—预药浴—纸巾干擦—套奶杯—挤奶—摘奶杯—立即药浴"6个关键步骤，其中，"弃头三把奶"到"套奶杯"的操作时间不超过90秒。"两次药浴、纸巾干擦"的挤奶工艺对传统的水洗乳房是一次彻底的技术革命，在北京农垦牛场全面实施此工艺，有效减少了乳腺炎的交叉感染。在牛场选址、规划设计、生产工艺等方面，综合考虑奶牛行为、饲养工艺、气候条件、建设成本等设计要素，采取适合北京地区气候条件的"大跨度开放式"牛舍设计结构。牛舍檐高在4～5米，脊高11～13米，跨度25～35米，同时采取阶梯式屋顶结构，浅色的屋面板有利于减少夏季奶牛热应激，自由式卧栏、松软舒适的垫料保证奶牛干净干燥，24小时全天候TMR饲喂保证奶牛最大的干物质采食量，充分挖掘高产奶牛的产奶潜力。牛场生产、生活区布局科学，泌乳牛、干奶牛、产房、后备牛各区有机协调，便于牛群周转和日常生产管理，集中挤奶保证了牛奶的安全健康。

（2）奶牛保健控制技术。研究奶牛饲养内外环境对奶牛健康的影响，包括奶牛肢蹄保健技术、乳房健康控制技术、子宫内膜炎防治技术以及奶牛场疫病防控体系的建立，奶牛关键环节的环境条件改造、改善等。牛舍通风采光好，并进行运动场设计与日常维护，为奶牛创造干燥、干净、舒适的生活环境，使牛群健康水平与生产水平显著提高，普通病年总发病率7.2%，死亡率低于2%，适繁母牛年繁殖率86%，肢蹄病年发病率由2001年的38%下降到2005年的21%，临床乳腺炎发病率由7%下降到3%，牛奶体细胞数由50万个/毫升下降到30万个/毫升以下。2008年，通过DHI数据分析软件，选择不同的测定日，设置泌乳期天数，查询体细胞高、中、低产组的头数和比例及相应组别的牛只明细；对个体牛只测定月的体细胞数进行追踪，观察牛只的体细胞发展趋势，用于及早发现牛只隐性乳腺炎，判断牛只乳腺炎的治疗效果。

（3）奶牛场粪污处理技术。三元种业研究通过固液分离、微生物发酵等技术，建立奶牛场适宜的粪污无害化处理方式，创新一套适合北方自然环境特点的奶牛环境体系控制规范。建立"三级沉淀、固液分离、有机肥还田""堆肥发酵、制造有机肥""固液分离、沼气发电"3种不同方式的粪污处理系统，解决了粪便对环境的污染问题，实现粪污达标排放，做到污粪无害化处理和资源循环利用。2005年，引进以色列技术，对中以示范牛场、绿荷第一牧场等新建牛场进行牛粪固液分离、中水处理回用的粪污无公害处理工程。2010年11月，中以示范奶牛场大型沼气综合利用工程项目通过验收，这是首农集团建成的第一个大型沼气站，总投资329万元，建成沼气池1 200米^3、贮液池2 150米^3，每天可处理奶牛粪污约30吨，产生沼气1 000米^3。2011年，金银岛牧场大型沼气综合利用工程投入使用，日处理粪污100吨，采用中温厌氧发酵，日产沼气1 980米^{3}用于发电，日发电量3 000千瓦时，处理后，沼渣、沼液用于周边农田。2013—2017年，三元种业先后投入1.33亿元（含政府投入），实施环保设施整体提升工程，其中包括对京内的老旧牛场环保设施进行更新、改造，对河南、山东、白城等分公司的环保设施进行配套性改造。

5. 不断扩充和完善EDTM管理体系，使奶牛养殖技术和管理水平跻身世界先进行列

（1）全自动机器人挤奶系统（VMS）。2014年8月，奶牛中心良种场引进的2台利拉伐全自动机器人挤奶系统开始投入使用。这2台机器人由电脑中的Delpro系统统一控制，每一头被VMS识别的奶牛都有一个档案，包含这头奶牛所有相关信息。2台机器人挤奶系统可为80头奶牛24小时挤奶。奶牛一旦进入机器人挤奶区，从清洗乳头、套杯挤奶、挤后药浴，到地面冲洗、补饲精料、机器清洗、奶缸清洗，全部自动化运行。VMS具有在线体细胞检测功能、电导率检测功能、血乳检测功能、MDI（乳腺炎检测指数）乳腺炎检测功能，可对奶牛乳房的健康进行实时监控。此外，VMS具有强大的数据统计分析能力，可将每天总产奶量、平均产量、每次挤奶平均产量以及总吃料量等信息汇总显现在PC的控制面板上，使管理者一眼了解即时生产情况。

（2）转盘式挤奶机系统。2015年5月，山东分公司寿光牧场博美特80位转盘式挤奶机投入使用，可同时容纳80头奶牛进行流水式、全自动化挤奶。每个挤奶位都配备一台电子显示器，可显示每头奶牛的电子信息和牛奶产量。转盘式挤奶厅专门建有兽医室、配种室。通过牛群健康管理软件，可全天候监测每头奶牛的健康状况，发现有疾病或发情的牛只，将通过挤奶厅的调牛设备自动调送到兽医室或配种室，由技术人员进行处理，这种技术在奶牛疾病防控和提高牛奶产量方面效果显著。2015年10月，河北首农A区挤奶厅采用美国博美特设备1套80位转盘式挤奶机，具有牛只自动识别、自动脱杯、自动收集分析奶牛生产、生理数据信息等功能。牛奶挤出后，通过冰水制冷系统，瞬间降温到 4℃ 以下，直接输送到大容量冷藏奶罐车运送到乳品厂，保证牛奶的新鲜、卫生。2016 年 7 月，80 位转盘式挤奶机又在首农畜牧兰西分公司牧场挤奶厅正式投入使用。

（3）犊牛自动饲喂系统。2016 年 1 月，河北首农正式启用犊牛初乳厨房、连续巴杀犊牛自动饲喂系统，加强对初生犊牛的护理，提高犊牛成活率。河北首农每个成母牛饲养区均配套建设犊牛初乳厨房，在犊牛出生 24 小时内进行初乳灌服、去角等护理，随后转移到后备牛培育中心。犊牛岛哺乳约 7 天后，再由饲养员引导至犊牛自动饲喂车间，连续巴杀哺乳至 2 月龄断奶。连续巴杀犊牛自动饲喂系统是从美国引进的技术与装备，提高了生产效率与犊牛饲喂效果。

（4）建立 A2β-酪蛋白纯合奶牛场和学生奶奶源基地。2017 年 3 月，首农畜牧精选 1.6 万头牛开展精准血统追溯，筛选了首批 230 头 A2β-酪蛋白纯合的泌乳牛调入半截河牛场，采用现代化集约化工艺集中饲养，为三元食品生产 A2 纯牛奶提供奶源保证。学生奶奶源基地在各奶牛养殖场优中选优，在场址与布局、繁育管理、日粮与饲养管理、疾病防控、环境管理等方面有更严苛的要求。2017 年 2 月，北京市学生奶奶源基地共确认 10 家，其中首农畜牧旗下的第一牧场、金星牛场、金银岛牧场、长阳四场、中以示范牛场和奶牛中心共 6 家入选。

（5）首农畜牧数据平台。

①牧场信息管理系统。2003 年，从以色列引进阿菲金牛场管理软件。2013 年，开发符合公司管理要求的牧场信息管理系统，第一次引入数据总平台设计理念，着重解决信息孤岛问题，将分散在牛场终端电脑上的数据链接起来。2014 年，在 35 个牛场试用，取得一定的效果。

②奶牛体型外貌鉴定应用程序。2014 年，奶牛中心开发了"奶牛体型外貌鉴定应用程序"。这是一个手机应用运行与安卓手机平台，育种人员可以直接在智能手机上对奶牛的体系外貌进行评定，同时，可以利用移动互联网直接上传至数据分析平台，生成体系外貌的分析报告。此程序为奶牛中心的选种选育提供了有力的数据支撑。

③首农畜牧精准育种服务平台。2015—2016 年，奶牛中心在原来奶牛体系外貌评定系统的基础上，开发了"首农畜牧精准育种服务平台"。该平台具有体型外貌评定、血统分析、系谱查询、近交排查、DHI 数据分析、群体选配六大主要功能，在北京及外埠 13 个地区开展牧场育种服务，有效提升了育种服务的效率与成效。

④奶牛中心冻精销控平台。2017—2018 年开发了"奶牛中心冻精销控平台"，将奶牛中心冻精的生产、存储、销售、运输全部流程重构优化后建设成信息化平台，提高了冻精销售环节的效率，并可对潜在的销售风险进行提前预警。

⑤牛奶质量管理方案。2017 年出台《牛奶质量管理方案》，制定了更为细致的奶厅评估方案，包括奶牛环境管理、奶厅管理流程、挤奶设备检查与检测、大罐奶样病原菌检测、DHI 数据分析，从而开启奶厅全面评估的工作，助力牛奶质量的提升。

（6）滑动屋顶设计模式。2013 年，长阳三场尝试饲喂与凉棚一体化建设的模式：①在原 29.5 米的基础上，牛棚超跨度达到 43 米，取消卧床，不单独再建凉棚，形成了饲喂与凉棚一体化建设的模式；②首次使用凉棚部分机械带动开启，开启宽度为 7.5 米，面积为 3 710 米²，占饲喂及凉棚整体建筑面积的 36.8%。2015 年，河北首农新建 3 个独立的成母牛饲养区（每个区 3 500 头），每栋成母牛棚长 366 米、宽 61 米，可饲养奶牛 960 头，采用滑动屋面板技术设计建造，奶牛运动场全覆盖在棚下；实现雨污分流，保证运动场充分的日照，最大限度地提高奶牛福利。

第二节 养 猪

近 70 年来，北京农垦养猪业经历多次起伏，由小规模、低水平发展到集约化、现代化，发展历程艰辛而曲折。改革开放以后，北京农垦加快引进先进设备和工艺技术，大力发展现代化规模猪场，在育种、养殖、管理以及产业化方面取得重要突破，为首都"菜篮子"建设工程做出重大贡献。

一、养猪生产规模

北京农垦养猪业与牛业、禽业相比起伏较明显，大体经历了以下 5 次起伏：

（一）养猪业第一次起伏（1949—1961 年）

1949 年接管五里店农场、丰台、黄村、双桥农场的猪场。1949 年 12 月下旬，双桥农场购入本地猪 353 头，修建猪舍 52 间，开始国营农场最早的养猪业。1951 年，北京牛乳场双桥牛队从东北购入约克夏种猪 15 头。1952 年 9 月，农业部投资建设五里店农场北猪场；是年底，国营农场猪存栏 501 头，其中接管华北农业试验场苏白、约克夏、巴克夏等优良种猪 80 余头。1953 年，五里店农场从东北引进 70 头巴克夏猪及苏联大白猪，开始进行与本地品种黑猪杂交试验，为以后选育北京花猪积累经验。1957 年 12 月 1 日，北京市猪肉实行凭证供应。1958 年年底，有国营猪场 9 个，年末存栏猪 8 264 头，其中成年母猪 800 头，当年出栏 4 724。1959—1960 年，北京农垦养猪业出现爆发式增长，其原因有三：一是 1959 年市人委提出争取实现京郊"一亩一猪、一人一猪"，中共北京市委多次召开养猪大会，要求政治挂帅，各级党委要有一名书记主管养猪，同时也提高了商品猪的收购价。二是国有猪场数量增至 30 个，东郊农场苇沟猪场建成全国最大的半机械化万头猪场。三是周边农村合作社并入国营农场，养猪数据并入农场统计，生猪出栏和肥猪出栏数陡升。但由于粮食减产的原因，养猪饲料严重不足，集体猪场猪只开始出现大量死亡。1961 年开始贯彻执行中央"调整、巩固、充实、提高"的方针，部分农村集体所有制生产大队又退出全民所有制人民公社。至 1961 年年底，北京农垦生猪存栏骤降至 23 255 头，比上年减少 80.3%；出栏肥猪骤降至 3 518 头，比上年减少 92.5%，形成北京农垦养猪业的第一次起伏（表 2-2-10）。

表 2-2-10　北京农垦养猪业第一次起伏情况

年度	年末生猪存栏（头）	当年出栏肥猪（头）	猪肉产量（吨）
1952	501	—	—
1953	461	285	23.0
1954	1 162	416	30.7
1955	1 363	615	62.5
1956	1 406	905	88.8
1957	1 652	509	50.2
1958	8 264	4 724	389.5
1959	49 864	8 960	739.0
1960	118 021	46 792	1 400.0
1961	23 255	3 518	263.9

说明：1. 1952—1961 年数据来自《北京市国营农场统计资料（1950—1985 年）》。

　　　2. 1958 年数据为国有，1959 年后数据是国有、集体及农户的饲养合计数。

　　　3. 划"—"表示缺此数据。

（二）养猪业第二次起伏（1962—1969 年）

1962 年，养猪生产跌势趋缓。1963—1965 年，北京市明确将"公养为主、私养为辅"的方针调整为"公养私养并举，以私养为主"。1963 年，中共北京市委、市人委召开全市国营农场工作会议，要求农场抓好养猪工作，以解决全市猪肉供应问题。[①] 市人委拨出保种饲料，国营农场等市级种猪场保住优良种猪 3 000 头，为养猪业恢复与发展奠定基础。1965 年，养猪生产开始复苏，存栏 121 385 头，出栏 82 230 头。1966 年和 1967 年继续保持惯性上升。1968 年，农场下放区县，经营管理水平下降。至 1969 年，生猪生产明显下滑，存栏和出栏分别比 1966 年下降 32.9%、29.2%，形成北京农垦养猪业的第二次起伏（表 2-2-11）。

表 2-2-11　北京农垦养猪业第二次起伏情况

年度	年末生猪存栏（头）	当年出栏肥猪（头）	猪肉产量（吨）
1962	27 097	6 085	456.4
1963	46 586	13 327	799.6
1964	99 991	47 727	3 298.0
1965	121 385	82 230	5 896.0
1966	148 427	79 543	5 959.4
1967	143 464	95 175	7 138.2
1968	115 420	56 318	4 349.7
1969	99 662	47 248	4 122.0

说明：1. 1962—1969 年数据来自《北京市国营农场统计资料（1950—1985 年）》。
　　　2. 数据为国有、集体及农户的饲养合计数。

（三）养猪业第三次起伏（1970—1987 年）

1970 年 8 月，国务院召开北方地区农业会议，会议提出"积极发展集体养猪，鼓励和支持社员户养猪。"北京市逐步恢复"文化大革命"前的扶持养猪的各项政策，提出争取用三至四年实现按农业人口平均达到"一人一猪"的目标。[②] 10 月，市革委会批转《北京市养猪生产会议纪要》，提出"为革命大养特养其猪"的口号，要"见母就留，先留后选，适时配种，一产育肥"。1971 年 3 月，市革委会召开千人参加的工作会议，要求"大力发展养猪事业，支援社会主义建设"。3 月 1 日，市革委会制定了对国营农场外调种猪、饲料供应的优惠办法，东郊苇沟猪场和双桥、南郊、北郊、长阳农场的国营猪场被列入由市农科院牵头组成的猪经济杂交技术协作组，使国营种猪基地得到巩固和提高。[③] 从 1973 年起，生猪存栏开始超过历史最高峰的 1966 年，至 1978 年，存栏达 224 909 头，比 1966 年增加 51.5%；出栏 181 418 头，比 1966 年增加 128%。但从 1981 年起，养猪生产出现徘徊，尤其在 1985 年前后，养猪生产开始下滑。主要原因有两个：一是粮食市场逐步放开，出现猪粮比价不合理，生猪收购价偏低，集体猪场普遍效益下滑，甚至亏损。二是原集体猪场享受的扶持政策被取消，小型猪场经营困难，一部分猪场开始兼营蛋鸡养殖，一部分停办。1980 年，北京农垦有国营猪场 39 个、集体猪场 691 个；至 1987 年，国营猪场减至 16 个，集体猪场减至 104 个，存栏比 1980 年减少 64.4%，出栏减少 39.3%，[④] 形成养猪业的第三次起伏（表 2-2-12）。是年，北京市再次实行"凭票"供应猪肉的办法。

① 北京市地方志编纂委员会：《北京志·农业卷·畜牧志》，北京出版社，2007 年，第 18 页。
② 同①：19。
③ 北京市地方志编纂委员会：《北京志·农业卷·国营农场志》，北京出版社，1999 年，第 102 页。
④ 数据来自北京市农工商联合总公司《一九八一年统计资料》《一九八七年统计资料》。

表 2-2-12　北京农垦养猪业第三次起伏情况

年度	年末生猪存栏（头）	当年出栏肥猪（头）	猪肉产量（吨）
1970	108 480	56 511	4 520.9
1971	150 627	77 465	6 133.1
1972	171 914	26 377	9 131.5
1973	159 489	29 694	10 213.6
1974	162 878	102 698	7 419.5
1975	206 745	122 741	10 126.2
1976	212 565	150 906	10 925.9
1977	216 434	145 079	10 742.5
1978	224 909	181 418	13 946.7
1979	224 279	191 449	16 178.5
1980	201 360	203 041	18 006.0
1981	169 065	178 265	16 043.9
1982	158 709	174 022	15 662.0
1983	134 635	174 704	17 470.4
1984	110 144	165 279	14 957.7
1985	107 380	142 929	13 292.4
1986	94 926	134 495	12 959.9
1987	71 671	123 228	12 265.6

说明：1. 1970—1985 年数据来自《北京市国营农场统计资料（1950—1985 年）》，1986—1987 年数据来自总公司统计资料汇编。

2. 数据为国有、集体及农户的饲养合计数。

（四）养猪业第四次起伏（1988—1997 年）

这一阶段首都猪肉供应紧张的情况引起各方面的关注。1987 年 9 月，市政府召开全市畜牧工作会议，部署发展现代化规模养猪，提出争取用 3 年或更长一点的时间，使北京猪肉自给率从现在的30%提高到 60%～70%。[①] 北京农垦参与了由市农办牵头组织实施的"七五"计划重点项目"瘦肉型猪生产系列工程"。1987 年 11 月 28 日，总公司召开经理办公会，决定成立以经理邢春华为组长的养猪领导小组，加快推进瘦肉型猪项目的系列工程进度。为实施此工程，总公司在南口地区兴建的原种猪场被列入国家经济委员会下达的"七五"期间"瘦肉型猪生产系列工程"计划。项目拟饲养成年母猪 500 头，即 A、B、C、E、F 每个系 10 头，可以提供配套祖代种猪 2 500 头。猪舍和设备全部从美国三德公司引进；另一座父系原种猪场北京市杜洛克种猪场为市级原种猪场，建在南郊农场，可饲养成年母猪 100 头，提供种猪 500 头。此外，又扩建北郊畜牧试验站、七里渠种猪场、双桥黑猪原种场、南郊花猪原种场。1989 年 1 月 18 日，市计委批准在东郊农场北京苇沟现代化猪场用地范围内新建一座万头瘦肉型商品猪场，建设面积 8 774 米^2，总投资 402 万元。继而，开始新建 71 个百头规模的集体猪场。1989 年，东郊苇沟现代化猪场共出售生猪 10 050 头，实现万头商品猪的目标，成为北京市第一个饲养万头瘦肉型猪的大型现代化养猪场。1990 年 11 月，市计委批准北京祖代猪场项目建议书，生产规模为年饲养祖代种猪 1 000 头，年生产父母代种猪 8 000 头、瘦肉型商品猪 1 万头。项目总投资 950 万元，使用国家农业投资公司经营性基金 400 万元，北京市建设指标拨款 250 万元，企

---

① 北京市地方志编纂委员会：《北京志·农业卷·畜牧志》，北京出版社，2007 年，第 22 页。

业自筹 300 万元。同年，农业部（1990）农（科）字 18 号文《关于下达 1990 年国家重点农业新技术推广计划项目的通知》中列入的"现代（集约）化养猪的综合技术的推广与应用"项目，确定由农业部农垦司主持，北京市国营农场管理局和黑龙江省农垦科学院牵头承担，组织了全国 12 个省、市、自治区的相关单位，共同完成"工厂化养猪饲养工艺改革及配套技术的研究"项目。达标母猪 26 944 头，平均年产 2.13 胎，9 周龄仔猪成活率 95.2%，每头母猪年提供商品猪 20.1 头，育成率 98%。

1991 年 3 月，市计委批准北京南口原种猪场调整建设规模、建筑面积及总投资，建筑面积由原批准的 4 070 米^2 调整为 6 792 米^2，总投资由 564 万元调整为 1 201 万元（不含引种费）。6 月 21 日，养猪育种中心原种猪场建群引进的迪卡配套系原种猪 A、B、C、E、F 五个品系 407 头种猪，按规定完成隔离观察、检疫后进入新建的北京原种猪场猪舍进行饲养管理。7 月，市计委京计能字〔91〕第 655 号文批准东郊农场北京苇沟现代化猪场建设生态系统示范工程立项，总投资 120 万元，日产沼气 2 000 米^3，年产复合肥 1 000 吨。1993 年，北京农垦的养猪业完全走出低谷，当年共有规模猪场 62 个，年出栏瘦肉型猪 28.8 万头，创历史最高水平。1995 年 4 月，养猪育种中心在现有原种猪场内建设核心猪场，总投资 120 万元，总建筑面积 4 000 米^2；11 月，核心猪场工程通过验收。1995 年，北京市实现猪肉自给率 66%，实现了 1987 年北京市制定的发展目标，总公司系统年末存栏 19.5 万头，交售瘦肉型商品猪 24.7 万头，占全市的 9.4%。但也从 1995 年起，养猪出现回落的现象，主要是由于疫病的原因和饲料价格涨幅超过生猪收购价格的涨幅，北京农垦的集体猪场和农户抗风险能力不足，集体养猪场逐年减少：1992 年有 109 个，1993 年有 77 个，1994 年有 53 个，1995 年有 48 个，1996 年有 43 个，至 1997 年仅剩 19 个。这是北京农垦养猪生产规模的第四次起伏。由于国有猪场单体规模大，抗风险能力强，国有猪场数量不降反增：1991 年有国有猪场 25 家，1997 年增至 38 家，使第四次起伏幅度成为历次最小的一次（表 2-2-13）。

这一阶段，北京农垦对国有养猪企业进行整合，1991 年 9 月正式成立北京市养猪育种中心，该中心在建立曾祖代原种猪场后，又建成包括祖代猪场、父母代猪场在内的完整的生产体系，生产规模均为出栏 1 万头。1993 年 4 月 24 日，农业部第 22 号公告公布第一批国家级重点种畜禽场名录，养猪育种中心进入首批名单。1997 年 1 月，北京市三维达畜禽良种站并入养猪育种中心；12 月，南郊农场所属的建新猪场、杜洛克种猪场、双桥门猪场 3 家种猪企业划给养猪育种中心管理，对形成养猪龙头企业起到了促进作用。

表 2-2-13　北京农垦养猪生产第四次起伏情况

年度	年末生猪存栏（头）	当年出栏肥猪（头）	猪肉产量（吨）
1988	94 111	119 383	9 116
1989	124 664	152 247	10 746
1990	144 836	199 796	12 854
1991	171 694	258 302	17 467
1992	194 963	281 183	17 930
1993	184 449	288 231	17 532
1994	183 743	289 449	17 909
1995	195 045	246 910	14 002
1996	159 330	272 185	20 386
1997	146 639	250 788	18 811

说明：1. 1988—1997 年数据来自总公司各年度统计资料汇编。
　　　2. 数据为国有、集体及农户的饲养合计数。

在建设瘦肉型猪生产系列工程中，总公司取得了一些荣誉。如1989年8月，在全国农垦系统提高猪瘦肉率技术协作组年会上，农业部农垦司表彰在农垦养猪事业做出突出贡献的先进集体和先进个人，总公司系统的于来玉、蔡南山、王崇道、樊生楠、陈洪、白兴来、常广来、于秀琦、刘广冬、李素芬10人被授予先进个人称号；1991年3月，市政府召开北京市畜牧工作会议，会议表彰规模养猪先进单位，总公司系统的永乐店农场小务猪场、永乐店农场渠头分场种猪场、东郊农场北京苇沟现代化猪场、双桥农场商品示范猪场、北郊农场平西府猪场、北郊农场霍营猪场、北郊农场燕丹猪场7个单位榜上有名。

（五）现代化养猪业稳步提高阶段（1998—2017年）

场乡体制改革后，国有养猪业一度出现逐年滑坡的现象。生猪存栏从1998年的4.09万头，最低下降到2004年的2.33万头，肥猪出栏从1998年的8.96万头，最低下降到2007年的3.17万头。为了扭转养猪业被动的局面，北京农垦主要采取了以下3个重要措施：

1. 以改革改制为动力，使企业真正成为市场主体，增强抗风险能力　1999年3月，总公司将南郊农场的杜洛克种猪场、建新猪场和双桥门猪场由原来托管改为划归养猪育种中心，同时将苇沟猪场并入养猪育种中心；7月，将西郊农场下属的双北鸡场土地8.06公顷及地上物、中荷农业部-北京畜牧培训示范中心土地11.86公顷有偿转让给养猪育种中心。这些措施增强了养猪育种中心的实力，使得种猪资源更为丰富，繁育体系更为健全。2002年，北郊农场对养殖北京黑猪的霍营猪场进行改制，成立北京世新华盛牧业科技有限公司。2005年9月，北京市三维达畜禽良种站变更为中育种猪养殖中心；2011年11月，该中心完成公司制改革，更名为北京中育种猪有限责任公司。2010年1月，首农集团决定将原三元集团和原华都集团的养猪企业进行重组，划归养猪育种中心管理。重组后的养猪育种中心在种猪资源、品牌和人才方面优势明显增强，种猪质量与品种资源居全国前列，基础母猪达到6 000头，年出栏10万头猪，其中种猪3万余头，在北京种猪市场占有绝对优势，是我国北方地区最大的种猪育种、生产、销售基地。2010年4月，首农集团猪业资产全部注入三元种业。通过上述一系列企业重组和调整，提高了养猪企业的规模化、集约化程度。

2. 加大投入，新建和扩建一批养猪生产基地

（1）新建项目。1998—2017年，新建项目累计总投资12 542.3万元。1998年6月，种猪性能测定中心（今SPF猪中心扩繁场）建成，总投资110万元，建设规模为720头/每批；是年，北郊农场所属北京黑猪原种场建成并投产。2000年1月，养猪育种中心承担农业部科技跨越计划项目"优质瘦肉型配套系猪组装技术的熟化与示范"，建成600头母猪的核心群和两个规模为500头母猪的示范猪场。2001年，SPF种猪资源场项目建成投产，总投资2 950万元，基础母猪1 200头，年新增种猪供种能力8 000头。2003年，坐落在延庆县康庄林场内的北京长城丹育畜产有限公司破土动工，总投资850万元，这是国内首家多点式隔离饲养猪场。2004年，SPF猪中心人工授精站建设项目土建工程竣工，该项目总投资432万元，存栏规模300头，建成后年生产鲜精3.5万剂、冻精10万剂。2006年9月，由养猪育种中心和承德三元公司合资建设的承德三元中育畜产有限责任公司养殖基地项目启动，以"公司+农户"的经营模式发展猪业生产。2008年12月，养猪育种中心大连基地开始建设，规模为270头基础母猪。2011年11月，承德畜产公司种公猪站开工建设，总投资108.8万元，规模为100头种公猪，2015年7月投入使用。2014年9月，承德畜产公司平泉种猪示范场2 400头基础母猪仔猪繁育场项目动工，总投资4 423万元，2017年11月土建项目竣工。2017年10月，中育种猪公司大庆大同分公司租赁的种猪场投产，规模为600头基础母猪。2017年11月，承德畜产公司平泉种猪培育场动工，总投资3 668.5万元，出栏规模为二元种猪1.5万头和商品猪3.3万头，2018年投产。

2017年养猪育种中心种猪存栏与出栏分布情况见表2-2-14。

表 2-2-14　2017 年养猪育种中心种猪存栏与出栏分布情况

单位：头

区域	猪场	存栏数	出栏数
北京	原种场	10 713	22 603
	祖代场	4 980	9 686
	资源场	860	14 777
	中荷猪场	0	5 141
	公猪站	354	538
	SPF 核心场	1 422	2 517
	SPF 扩繁场	147	7 192
	长城丹玉场	5 865	11 365
	西邵原种猪场	14 584	10 277
	合计	38 925	84 096
外埠	大庆大同分公司	1 718	1
	承德中育	0	3 308
	合计	1 718	3 309
京内外	总计	40 643	87 405

说明：1. 资料来自北京养猪育种中心志稿。
　　　2. 数据不含北郊农场黑六牧业有限公司。

（2）改扩建项目。1998—2017 年，改扩建项目累计总投资 7 366 万元。2010 年，原种猪场进行了 3 次基础设施改造。改造内容为原种猪场旧猪舍改造工程，投资额为 474.6 万元；将原有猪舍改造成育成舍和育仔舍，并进行扩建，新建产房、休息室、妊娠舍、育肥舍，总投资额为 3 557 万元；原种猪场改扩建项目二期。3 次改造项目均于 2013 年完成。2011 年，投资 78 万元对种公猪站进行空气过滤改造，当年施工，当年完工。2014 年，华都种猪繁育有限责任公司进行了两次改造，改造内容为基础设施改造和机器设备改造。具体项目为西邵原种猪场改造项目（种猪区），投资 771.2 万元；猪栏、环控设备改造，投资 700 万元。两次改造于 2015 年完成。2014 年，长城丹玉公司进行了两次改造，改造内容为基础设施改造和机器设备改造。具体项目为新建妊娠舍 1 栋、产房 1 栋、育仔舍 1 栋和测定舍 1 栋，投资 902.8 万元；猪栏、环控设备改造，投资 170.2 万元。两次改造于 2017 年完成。

3. 积极引进国外优良种猪品种和先进设备，改善与优化猪群结构　1999 年，养猪育种中心启动种猪资源场建设，次年 11 月，从法国伊彼德公司引进的 4 个品种 388 头原种猪顺利空运到京，经过 45 天的隔离检疫后进入养猪育种中心种猪资源场。2002 年 9 月，引进的伊彼得配套系原种猪 388 头已扩繁至 1 100 头。2003 年 6 月，长城丹玉公司引进约克夏、长白、皮特兰种猪 322 头，引种费用 470.1 万元。2006 年 2 月，长城丹玉公司再次从法国伊彼得种猪优选公司引进 314 头种猪。2013 年 4 月，中育种猪公司原种场引进 695 头美系大白、长白、杜洛克种猪。2015 年年底，北京华都种猪繁育有限责任公司购买海波尔（加拿大）公司法系（原伊彼得公司种猪血统）种猪 835 头，合同总价 164 万美元；2016 年 4 月 23 日，该批种猪结束国内隔离后正式转入西邵原种猪场进行生产；9 月 14 日，进口的一头长白原种母猪在中育种猪西邵原种猪场首窝产仔分娩，顺利产出 13 头仔猪。2016 年 1 月，中育种猪公司种公猪站投入 226 万元采购的全套法国卡苏进口精液自动化处理设备全部投入运行使用，包括 2 套自动采精系统、102 米的精液动力传输系统、世界最先进的 CASA 精液分析系统、大容量稀释液配置桶以及精液的自动灌装系统，实现了公猪精液从采集到封装的自动化、标准化，提高了精液质量。

北京养猪育种中心引进的优良品种见表 2-2-15。

表 2-2-15　北京养猪育种中心引进优良品种

单位：头

引种时间	大白	长白	杜洛克	皮特兰	圣特西	合计	来源
1999 年						388	法国伊彼得
2003 年						322	法国伊彼得
2006 年						314	法国伊彼得
2013 年	409	202	84			695	美国华特希尔
2016 年	384	239	115	97		835	海波尔（加拿大）

说明：资料来自北京养猪育种中心志稿。

二、养猪育种

（一）北京地区猪的品种

北京地区养猪品种的变化经历了由脂肪型向肉脂兼用型、瘦肉型品种的转变过程。饲养的主要优良猪种有：

1. 大白猪　大白猪又名大约克夏猪，18 世纪育成于英国，在世界各地分布很广，许多国家将大白猪引入本国后，经过选育，培育出本国的大白猪，因此，世界大白猪的品系很多。我国早在 20 世纪初期就引进过大白猪，20 世纪 50 年代后期又陆续引入，在国内各地均有分布。20 世纪 80 年代以来，北京市先后从法国、加拿大引进了大白猪，经过科技人员的不断选育和京郊风土驯化，大白猪已适应了北京地区的气候环境和饲养条件，成为北京大白猪，在发展瘦肉型猪生产中发挥了重要作用。大白猪的体型外貌为：毛色全白，头颈较长，脸面微凹，耳小直立，体躯长大，成年猪体长在 170 厘米左右，胸宽深，成年猪胸围 150 厘米，体高 90 厘米，背腰稍呈弧形，四肢结实，后躯较宽，具有典型瘦肉型品种猪的体型。其生产性能具有较好的适应性，繁殖性能较好。初产母猪窝产仔在 10 头左右，经产母猪产仔 11～12 头，60 日龄仔猪个体重 20 千克。商品猪生长发育快，饲料利用率高，胴体瘦肉率高。在正常饲养管理条件下，商品猪 150～160 日龄体重可达 90 千克，育肥期日增重 700～800 克，每增重 1 千克，消耗饲料不高于 3 千克。平均背腰厚 2 厘米左右，瘦肉率 58%～62%。由于大白猪配合力强，生产上多用作父系与其他品种进行杂交。20 世纪 80 年代，主要用大白猪做终端父本，与长白猪、北京黑猪、北京花猪杂交一代母猪配套生产"大长北"商品猪，杂交效果很好。进入 20 世纪 90 年代，由于人们对瘦肉猪的质量要求越来越高，现在有的祖代种猪场以饲养的大白猪母猪与长白公猪杂交，生产的"长大杂"一代母猪再与杜洛克公猪杂交，配套生产商品猪。

2. 长白猪　长白猪又名兰德瑞斯，原产于丹麦，是世界上著名的优良瘦肉型品种，也是丹麦的"国宝"。早在 1887 年，丹麦人首先用日德兰半岛土种母猪和英国大白猪杂交，经长期选育，培育出长白猪。而后又经过 90 多年的不断选育，使其背腰脂肪厚度逐渐降低，肌肉渐趋发达，育成现今瘦肉型猪种。长白猪的体型外貌为：全身被毛白色，体型颀长，最大的特点是比其他品种猪多一节脊椎骨和两根肋骨，因此取名长白猪。长白猪头小清秀，颜面平直，耳向前倾略下耷，体躯呈流线型，后躯肌肉丰满。成年种猪体长 175 厘米左右，胸围 150 厘米，身高 85～90 厘米。长白猪具有较好的繁殖性能，初产母猪产仔 10 头左右，经产母猪平均窝产仔近 12 头。在较好饲养管理条件下，160 日龄可达 90 千克，育肥日增重 750 克左右，每增重 1 千克，消耗饲料 3 千克左右。长白猪胴体性状很好，屠宰率 72% 以上，平均背膘厚不超过 2 厘来，胴体瘦肉率 60% 以上。由于丹麦长白猪遗传性能稳定，用它改良地方品种、提高瘦肉率效果显著。许多国家采用丹麦长白猪和本国猪种杂交，培育出自己的长白猪。我国于20世纪60年代从英国、荷兰、法国引进过长白猪，20世纪80年代又从丹麦、法国、加拿大等国引进了长白猪。北京郊区饲养的长白猪主要是丹麦系和加拿大系，原在双桥农场管庄种猪场进行过饲养。除纯繁外还进行杂交改良，应用很广。京郊规模猪场饲养的种母猪大部分是长白杂交一代母猪。

3. 杜洛克猪 杜洛克猪原产于美国东北部的新泽西州和纽约州，20世纪80年代输入我国。其体型外貌为：全身被毛棕红色，颜色有深有浅，无杂毛，嘴较长直，耳中等大小，稍向前倾，耳尖微下垂，背腰向上呈弓形微隆起，体质强健，四肢粗壮，腿臀丰满，性情温顺，生长发育快。成年公猪体重可达380千克，成年母猪可达300千克。杜洛克猪繁殖性能偏低，初产母猪窝产仔8～9头，经产母猪平均窝产仔9～10头。育肥性能较好，出生180日龄以内体重可达90千克，育肥日增重700克左右，每增重1千克，消耗饲料3.2千克左右。杜洛克猪以瘦肉率高著称，瘦肉率在60％以上。杜洛克猪在世界各地分布较广，是世界四大瘦肉型品种之一。北京市曾在南郊农场建有杜洛克原种猪场一座，饲养成年母猪100头，在北京饲养繁育情况良好，主要用作父系与其他品种杂交，生产商品猪。

4. 施格猪 施格猪原产于比利时，为商品猪配套系，是由各国长白猪选优杂交而培育成的瘦肉型猪种，主要血缘来自比利时长白猪。体型外貌为：全身被毛白色，头大小适中，耳向前倾，有时能直立，躯体紧凑，四肢发育良好，较长白猪身体粗壮，稍矮，最大特点是后躯发达，腿臀特别丰满，突出体表。施格猪繁殖性能良好，经产母猪每窝产仔11～12头，商品猪6月龄体重达90千克以上，育肥期日增重700克，料肉比3.0：1，胴体性状较好，屠宰率72％以上，瘦肉率可达64％。施格猪在北京郊区饲养实践中，表现出较强的适应性，与北京黑猪、花猪杂交表现出良好的杂交优势，是很有利用价值的优良瘦肉型种猪。

5. 北京黑猪 北京黑猪是北京市培育出的第一个本地品种，属肉脂兼用型。北京黑猪的系统选育从1963年开始。在育种过程中，先后吸收了巴克夏、苏联大白猪和高加索等引进的品种猪以及新民、定县及深县等国内土种猪的血缘，经过近10年的选育，于1972年培育出全黑、中等体型的肉脂兼用型品种。此后，又经10年选育、提高、固定，于1982年通过农业部组织的专家鉴定，正式验收为"北京黑猪"新品种。北京黑猪的体型外貌为：全身被毛黑色，体质结实，结构匀称，四肢健壮，头大小适中，两耳向前方直立或平伸，面部微凹，额较宽，颈肩结合良好，背腰平直，乳头多为7对，成年种猪体重200千克左右，体长150厘米，胸围140～150厘米。其生产性能适应性强，经产母猪每窝产仔10头以上，7月龄体重可达90千克，育肥期日增重600～650克，料肉比3.7：1。90千克屠宰率71％，胴体瘦肉率50％～52％。平均背膘厚3厘米，大腿比例29％。北京黑猪原种猪分别饲养在北郊农场七里渠种猪场、畜牧实验站和双桥种猪场。北京黑猪及杂交后代在北京郊区分布很广，在郊区养猪生产和品种改良中发挥了重要作用。20世纪70年代，曾用北京黑猪与内江、荣昌、梅山、宁乡等南方品种进行杂交，生产商品猪。20世纪80年代以来，以北京黑猪为母本，与国外品种长白、大白、杜洛克等为父本进行二元或三元杂交，生产商品瘦肉猪，很受生产者欢迎，一度成为北京郊区的当家品种。

6. 北京花猪 北京花猪是正在培育而尚未经农业部正式验收的品种，种猪核心群饲养在南郊建新种猪场。20世纪50年代，选用华北黑猪为母本，用引进的巴克夏、苏白等种猪为父本，经过复合杂交培育此品种。1963年，由市农办牵头成立养猪育种小组，制订"北京花猪育种方案"，明确了育种目标和选育方向，并采用品系选育的方法提高生产性能。北京花猪的体型外貌为：全身毛色黑白花，背膘平直，头大小适中，嘴较短稍向上撅，两耳稍向前倾，腰线直而不下垂，后腿臀较丰满，四肢较高而强健。成年在猪体长155厘米，胸围145～150厘米，体重200～250千克。北京花猪适应性强，性情温顺，性欲旺盛。6月龄即可配种，8月龄（100～110千克）为最佳配种使用期。经产母猪平均每窝产活仔10.5头，初生个体平均重1.25千克，60日龄平均体重20.2千克。北京花猪生长发育快，据 179 头商品猪测定，180 日龄可达 90 千克，育肥期日增重 641.8 克，料肉比 3.5∶1，背腰厚不超过 3 厘米，瘦肉率 53.9%。1984—1989 年，市农场局、北京农业大学畜牧系、南郊农场完成了北京花猪 LH89 杂优猪生产配套技术的推广应用研究。LH89 杂优猪是以北京花猪 I 系为母本，与长白公猪杂交，产生 LH89 杂优猪的母猪，其中母猪用杜洛克公猪或汉普夏公猪作四元杂交，或进行终端父本三元杂交。北京花猪、LH89 杂优猪、YH 杂优母猪 3 种猪均可留作种母猪用，繁殖商品猪。①

7. 迪卡猪 迪卡猪是养猪育种中心于 1991 年从美国迪卡布公司引进的杂交配套系种猪，共引进 A、B、C、E、F 五个品系，均是从该公司核心群中经体型鉴定、系谱选择和严格检疫挑选出来的。这些品系于 1991 年开始在北京南口原种猪场建群，以后形成配套组合。其体型外貌为：A 系似汉普夏，B 系似杜洛克，C 系似美国长白猪，E 系和 F 系似美国大白猪。迪卡猪的主要优点是生长速度快，饲料报酬高，体型粗壮，适应性强。据原种猪场对 5 个系的种猪的生产性能测定，233 窝平均窝产仔 8.72 头，育肥性能好，156.9 日龄体重达 90 千克，育肥期料肉比 2.7∶1。祖代场 180 窝平均窝产仔 8.82 头，后代育肥 150～160 日龄达 90 千克，育肥期料肉比为 3.0∶1。

北京农垦的中育种猪公司拥有上述大多数的种猪品种资源。其种猪主要分为三大来源：一是从法国引进繁育的法国大白、长白、皮特兰；二是从英国引进繁育的英国大白、长白猪；三是从美国引进繁育的大白、长白和杜洛克猪。中育种猪公司拥有"中育"和"华都"两个著名种猪品牌，种猪品种资源丰富、品质优良，能够为我国养猪业品种改良及新品系培育提供优良遗传资源。2017 年年底，中育种猪公司基础母猪存栏 4 078 头，其中大白母猪 2 690 头，占 66%；长白母猪 996 头，占 25%；杜洛克母猪 294 头，占 7%；皮特兰母猪 98 头，占 2%。

（二）良种培育

1. 在引进国外优良品种的同时，开始培育地方品种猪 1953 年，五里店农场从东北引进 70 头巴克夏猪及苏联大白猪，并开始进行与本地品种黑猪的杂交试验，为以后选育出北京花猪积累经验。1957 年，双桥种畜场开始培育北京花猪、白猪、黑猪 3 个品系，南郊农场也开始培育北京花猪，分别称为双桥系和南郊系。1958 年，北郊畜牧场霍营猪场引入本地黑猪、定县杂交猪和巴克夏、苏白、哈尔滨白猪、约克夏以及高加索等种猪，进行广泛杂交。两年后，其毛色形成黑、白、花 3 个基本群，从而选育出性能最好的黑猪。1961 年，国营农场饲养的北京黑猪、北京花猪被北京市养猪技术领导小组列入种猪育种名录。是年，在北京举办的国际农业展览会上，法国参展的兰德瑞斯（长白猪）引入张喜庄农场，开始在北京市推广瘦肉型良种猪。

20 世纪 60 年代初期，双桥农场、北郊农场和北京市畜牧兽医研究所、北京农业大学协作，开始培育北京黑猪和北京花猪，并成立育种领导小组，制定北京黑猪和北京花猪的育种方案。1967 年，市农场局从英国引进 40 头长白猪，分别在张喜庄农场、双桥农场饲养。张喜庄农场在加强本地品种猪培育的同时，还从国外引进了一些优良猪种。1956—1976 年，先后从法国、瑞典、英国、荷兰引进了 41 头长白猪，在张喜庄农场建立长白猪种猪场。国外品种的引进，对改良北京郊区猪种、实行经济杂交、提高猪的生产性能起到了重要作用。1976 年 3 月，北郊农场三拨子猪场更名为北郊农场畜牧试验站，以推进北京黑猪的育种工作。

20 世纪 80 年代以来，先后从法国、美国、加拿大等国引进了大白猪、长白猪、杜洛克猪、汉普夏猪、迪卡猪等瘦肉型良种猪，促进了北京市良种猪繁育体系的建设。1982 年，由双桥农场、北郊农场和市畜牧兽医研究所、北京农业大学共同协作培育的北京市第一个品种猪——北京黑猪，通过农业部组织的专家鉴定，此项育种成果从 1963 年正式起步研究，历时 20 年。北京黑猪分别饲养在北郊农场七里渠种猪场、北郊畜牧实验站和双桥种猪场。是年，双桥农场、北郊农场和市农场局畜牧处合

① 北京市地方志编纂委员会：《北京志·科学卷·科学技术志》，北京出版社，2005 年，第 545-546 页。

作完成的"北京黑猪培育"获得农牧渔业部技术改进一等奖。1983年，南郊农场建立北京市杜洛克种猪场，为市级原种猪场，可饲养成年母猪100头，提供种猪500头。1983年2月，双桥农场、北郊农场和市农场局畜牧处合作完成的"北京黑猪培育"获得1982年度北京市科技成果一等奖。1984年，总公司、北京农业大学和南郊农场共同协作，恢复北京花猪的育种工作，在南郊建新猪场建立核心群并加强了北京花猪的育种，使北京花猪的生产性能不断提高，北京花猪繁育体系及配套建设推广项目先后获得1992年度北京市星火科技二等奖、国家级科技进步奖二等奖，北京花猪Ⅱ系选育被评为1994年度北京市科技进步奖一等奖，使北京花猪成为继北京黑猪后北京农垦培育出的第二个品种猪。

2. 建立良种基地，形成配套的良种繁育体系　1987年5月，总公司南口原种猪场开始建设，1990年6月建成投产，建设地点位于昌平县南口农场二分场。原种猪场饲养成年母猪500头，即每个系100头，可以向本市和外地提供配套祖代种猪2 500头。该场的猪舍和设备全部由美国三德公司引进，原种猪场被农业部定为国家级配套系原种选育场。1991年5月，北京祖代猪场开始建设，同年12月建成投产，建设地点位于昌平县南口农场三分场，建设规模为600头基础母猪。祖代种猪场是由市计委批准投资与原种猪场配套兴建的，可饲养成年母猪600头，年生产成年猪1.1万头，可提供配套父母代种猪4 000头，该场猪舍及设备全部按现代化养猪生产工艺要求建造。祖代种猪场的任务是为商品猪场生产父母代种猪，并为原种场曾祖代种猪选育反馈选择参数，从而促进原种猪群的选育。1993年5月，养猪育种中心与东郊农场联合经营北京苇沟现代化猪场并签订合同书，将北京苇沟现代化猪场改建成迪卡父母代猪场，饲养迪卡配套系父母代种猪。至此，北京农垦初步建成原种、祖代种猪场、规模化商品猪场的良种繁育体系。1995年8月14日，农业部下发《关于公布全国农垦系统"三百工程"首批试点企业名单的通知》（农垦发〔1995〕10号），批准养猪育种中心（猪）、南郊农场杜洛克原种猪场（猪）为全国农垦系统良种试点企业。1997年是北京农垦养猪育种基础设施投资建设的重要一年，先有年饲养270头母猪、40头种公猪的种猪示范场和人工授精站在中荷畜牧培训中心开工；后有种猪测定工程项目动工；同时，北郊农场北京黑猪原种场建成投产。1999年11月9日，养猪育种中心完成的"迪卡配套系猪引进、选育和推广"项目被农业部评为1998年度科学技术进步奖三等奖。

2006年7月，农业部北方区种公猪站在养猪育种中心南口基地落成，并投入使用。该种公猪站可以饲养300头优秀种公猪，年提供优质种公猪精液3万余份。2009年6月，养猪育种中心的"猪冷冻精液技术的引进与推广"项目入选农业部"948"重大储备项目。2010年，农业部实施全国生猪遗传改良计划，计划遴选100家国家核心育种场，开展生猪联合育种工作，养猪育种中心被农业部确定为第三批"国家生猪核心育种场"。2012年7月，养猪育种中心对所属中荷猪场进行清群，清群后的中荷猪场定位为父系种猪试验场，主要饲养杜洛克和皮特兰，按中育配套系模式生产父系杂交皮杜公猪。2013年4月，中育种猪公司引进695头美系大白、长白、杜洛克种猪，装入新改造完成的北京原种猪场，为配套系选育增加了新的遗传资源；8月，中育种猪公司原种猪场扩建项目二期工程完工并验收合格，项目总投资3 557万元，总建筑面积17 189.34米²，改扩建后形成存栏1 200头基础母猪、年出栏21 600头商品猪的标准化示范种猪场。2013年10月，农业部农科教发〔2013〕13号文，公布"2011—2013年度全国农牧渔业丰收奖"获奖名单，中育种猪公司完成的"猪人工授精技术集成创新与推广应用"项目获"2011—2013年度全国农牧渔业丰收奖二等奖"。2014年7月，首农畜牧华育种猪分公司完成西郊原种猪场清群工作，将该猪场改造成为种猪繁育场，总投资2 701万元，建筑面积17 057米²，年饲养种母猪1 500头，健全了种猪繁育体系。至2017年年底，建立了11个良种基地，形成了配套的良种繁育体系，对外供应种猪的能力提高。2017年种猪销售20 461头，比2015年的11 582头增长76.7%；种猪销售比重为36%，比2015年的14%增加12个百分点。

中育种猪公司2017年良种繁育体系及良种基地种猪生产情况见表2-2-16。

表 2-2-16　中育种猪公司 2017 年良种繁育体系及良种基地种猪生产情况

单位：头

繁育体系	序号	猪场及区域	2017 年存栏数	2017 年出栏数
原种	1	原种场	10 713	22 603
	2	长城丹玉公司	5 865	11 365
	3	SPF 核心场	1 422	2 517
	4	西郊原种猪场	14 584	10 277
	5	公猪站	354	538
祖代	1	祖代场	4 980	9 686
	2	SPF 扩繁场	147	7 192
	3	资源场	860	14 777
	4	中荷猪场	0	5 141
父母代	1	大庆大同分公司	1 718	1
	2	承德中育	0	3 308

说明：1. 数据来自北京养猪育种中心志稿。
　　　2. 数据不含北京黑六牧业公司、双河农场数。

3. 培育具有自主知识产权的"中育"配套系种猪　养猪育种中心长期致力于优质瘦肉型猪的良种培育研究。自 1997 年开始，根据世界养猪育种发展趋势，中心制订配套系猪选育基本方案，由中心和中国农业大学共同研究、培育优质瘦肉型猪配套系，新品种（配套系）命名为"中育配套系"。经过 8 年的努力，中育配套系基本培育完成。2004 年 10 月，受国家畜牧品种鉴定委员会委托，猪品种审定专业委员会对养猪育种中心培育的"中育猪配套系（01）"进行评审鉴定，并获通过。2005 年 3 月 8 日，养猪育种中心与中国农业大学共同培育的"中育猪配套系"获得农业部颁发的《畜禽新品种（配套系）证书》（农 01 新品种证字第 8 号）。

养猪育种中心充分利用自身的遗传素材，并根据配套系选育目标引进了新的遗传资源，选取 B02、B04、B06 和 B08 作为配套系的母系品种，C01、C03 和 C09 作为配套系的父系品种。运用现代育种技术 BLUP 法，借助猪场生产育种管理软件——GPS 软件分析系统、基因诊断技术（ESR、FSHβ 和 Hal-）、ACEMA 种猪性能测定系统以及 B 超胴体测定技术，并采用家系分化组合技术对中心的各专门化品系进行选育。经过测定站和场内测定分析以及大规模配合力测定，最终确定了以 B06 系为母系父本、B08 系为母系母本、C03 系为父系父本、C09 系为父系母本的最佳的四系配套模式。中育猪配套系具有生产性能和杂交效果好的特点，其生长速度快，达 100 千克体重日龄小于 155 天，饲料转化率高，小于 2.43；胴体瘦肉率大于 65%，背膘较薄，且肉质品质好。自 2004 年开始至 2013 年，累计向全国 25 省区推广各代次中育配套系种猪 10 万余头，实现了良好的社会效益和经济效益。中育配套系种猪已经成为养猪生产中一个新的猪种。

2010 年，在本品种选育的基础上，中心承担了北京市科技计划"精品种猪培育及产业化示范"的子课题"京 S2、D5 系专门化品系培育"的研究，成功培育了生长速度快、胴体品质好、瘦肉率高的 S2 父系专门化品系和突出高产仔数的 D5 母系专门化品系。养猪育种中心 2013 年实施"应用分子标记技术选育提升中育配套系种猪"课题，2016 年实施"中育配套系种猪新品系选育"课题。这两个课题分别应用标记辅助选择和全基因组选择分子技术，对原有的中育配套系种猪进行选育。前者通过检测繁殖性状主基因（ESR 和 FSHβ）和肉质性状主基因（IGF2），将携带有这些基因优势基因型的个体纳入选配计划，使得优势基因在群体中得以扩大；后者使用全基因组芯片检测技术，使得中育配套系种猪各品种、品系在产仔数、100 千克体重日龄、100 千克体重背膘厚及眼肌厚度等性状在表型上取得提高，在遗传上取得了一定的遗传进展。

北京农垦养猪育种工作被授予的荣誉称号见表 2-2-17。

表 2-2-17　北京农垦养猪育种工作被授予的荣誉称号

时间	被授予单位名称	荣誉称号	授予单位名称
1993.4	养猪育种中心	国家级重点种畜禽场（第一批）	农业部
1995.8	养猪育种中心	全国农垦系统良种试点企业（首批）	农业部
1995.8	南郊农场杜洛克原种猪场	全国农垦系统良种试点企业（首批）	农业部
2000.10	养猪育种中心	全国大白猪育种协作组成员单位	
2003.5	养猪育种中心	优质种猪基地	中国畜牧兽医学会养猪学分会、全国首届种猪擂台邀请赛组委会
2003.9	养猪育种中心	全国农垦百家良种企业	农业部
2003.12	养猪育种中心	中国畜牧业协会猪业分会理事单位	
2007.6	养猪育种中心原种场	全国农垦现代农业示范区	农业部
2007	养猪育种中心	中国畜牧业协会猪业分会会长单位	
2010.10	养猪育种中心	国家生猪核心育种场（第三批）	农业部
2011.6	养猪育种中心	精品种猪培育及产业化示范京 S2、D5 系培育基地	市科委
2013.10	中育种猪公司	北京农学院校外实践教学基地	
2014.6	首农畜牧公司华育种猪分公司	农垦农业技术远程培训试点单位	农业部
2014.6	首农畜牧公司华育种猪分公司	徐利创新工作室	市总工会、市科委
2014.6	黑六牧业公司	石国华工作室	市总工会、市科委
2016.12	黑六牧业公司	国家级高新技术企业	市科委、市财政局、国家税务总局北京市税务局、北京市地方税务局
2017.1	中育种猪公司	中国畜牧业协会会员单位	
2017.9	养猪育种中心	全国猪基因组选择平台成员单位	国家生猪遗传评估中心
2017.10	中育种猪公司	国家级高新技术企业	市科委、市财政局、国家税务总局北京市税务局、北京市地方税务局
2017	黑六牧业公司	中关村高新技术企业	中关村科技园区管理委员会

资料来源：《北京农垦大事记》（1949—2015）和三元种业科技股份公司志稿。

三、养猪技术及工艺

20 世纪 80 年代后，北京农垦实施"瘦肉型猪系列攻关项目"，对双桥、建新、南郊、北郊畜牧实验站和七里渠种猪场 5 个原种猪场进行了全面的技术改造，初步建立了良种猪繁育和商品猪生产体系。2000 年以后，养猪育种中心建立现代生猪生产技术体系、建设生猪养殖产业基地、建立数字化管理模式等手段，使养猪业进入生产水平高、工艺模式先进、技术管理规范的阶段。

（一）SPF 技术

SPF 是英文 Specific Pathogen Free 的缩写，意思是"无特定病原"。在我国，SPF 猪是指实验室检测无伪狂犬、蓝耳病、传肠、流行性腹泻、猪瘟、布病、猪肺疫、喘气病、传染性胸膜肺炎、猪痢疾、虱和螨12 种病原的猪。其核心技术包括无菌剖宫产手术、SPF 仔猪人工寄养、SPF 仔猪过渡饲养、SPF 猪防疫体系、SPF 猪标准化饲养、SPF 猪育种、SPF 猪实验室检测等。1988 年 7 月，市计委批复同意建立 SPF 猪育种管理中心剖宫产手术室及育种试验场项目。1989 年 7 月，建立 SPF 猪育种管理中心。中心的主要任务为研究探索 SPF 猪在我国的生长规律，熟化和推广 SPF 技术，逐步将 SPF 技术应用于大规模生产。

　　SPF 猪中心把一些世界先进理念和技术集成到 SPF 技术体系中来，如猪舍空气净化系统、批次生产及定时输精技术等。1993 年 3 月，SPF 猪中心完成的"SPF 猪系统开发研究"项目获 1992 年度北京市科学技术进步奖二等奖。2001—2005 年，SPF 猪中心参与完成国家科技部公益项目"我国小型猪实验动物化及生物安全性研究""中国实验用小型猪资源开发与研究应用"，以及国家高科技研究发展计划（863 计划）生物与现代农业领域生物工程重大专项"人源化血细胞研究项目"等，SPF 猪技术的应用填补了我国在此领域的空白。2011 年、2012 年完成农业部农垦局推广项目"SPF 种猪及配套技术推广"。2017 年主持"十三五"国家重点研发计划专项畜禽疫病防控专用实验动物开发（2017YFD050601）项目子课题"SPF 大白猪群保存"。北京农垦拥有国内唯一的 SPF 种猪安全生产体系，以建立 SPF 级核心种源为切入点，建有唯一掌握 SPF 技术的核心育种场和扩繁场，为建立和完善无特定病原的高健康生猪良种自主繁育体系做出了重要贡献。

（二）养殖工艺

1. 养殖工艺　养殖工艺有"三点式""两点式"和"一条龙"。同时，配备全自动环控、自动料线、空气过滤等现代化规模养猪场的先进设施设备。"一条龙"流水式生产线是从猪的配种、妊娠、保育、生长肥育以至销售，形成一条龙的流水作业，各阶段都有计划、有节奏地进行，如祖代场、中荷场、大庆大同分公司。"两点式"和"三点式"生产工艺是 20 世纪 90 年代发展起来的一种全新的生产工艺，它的主要优点是将猪群分阶段进行远距离隔离饲养，有效地截断了疫病的传播途径，提高了各个阶段猪群的生产性能。"两点式"是种猪阶段和保育、育肥阶段分别饲养在两个远距离不同物理位置的猪场（舍），如西邵原种猪场、承德中育种猪示范场和培育场。"三点式"是种猪、保育和育肥阶段分别饲养在 3 个远距离不同物理位置的猪场（舍），如长城丹玉猪场、原种场。

2. 生产工艺

　　（1）工艺流程。生产环节包括后备猪入群、母猪配种、母猪妊娠、母猪分娩、仔猪哺乳、仔猪保育和生长育肥等。按照这一过程，将猪群分为后备猪群、公猪群、基础母猪群、哺乳仔猪群、保育猪群和生长育肥群。整个生产按繁殖过程安排工艺流程，见图 2-2-4。

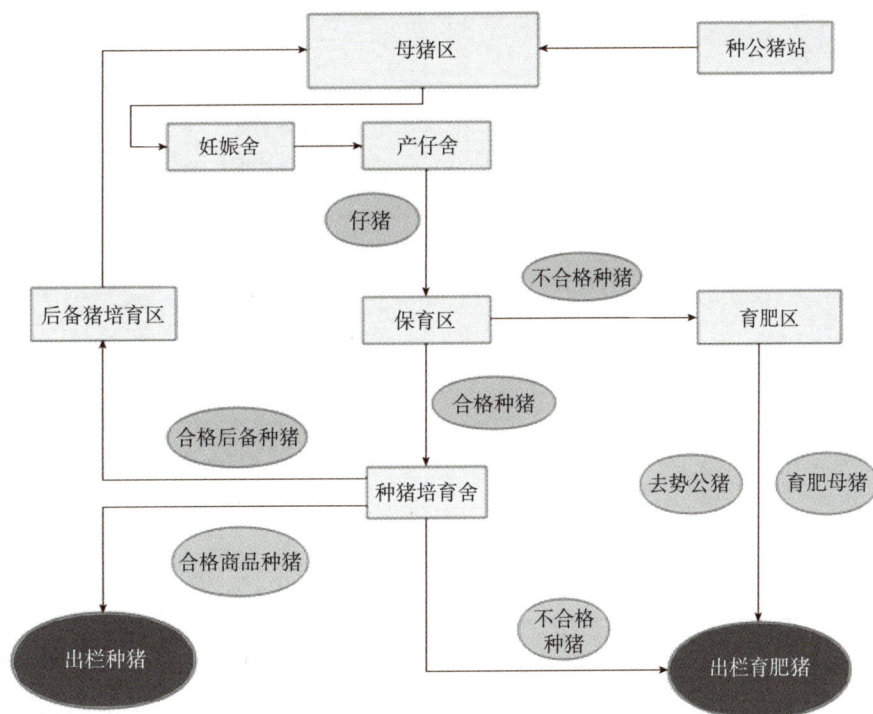

图 2-2-4　生产工艺流程图

（2）工艺参数。繁殖周期（理论）＝妊娠期＋哺乳期＋断奶至受胎间隔天数＝115＋21＋7＝143

实际上，断奶至母猪配种受胎间隔天数一般为5～10天，分娩率影响实际的繁殖周期。繁殖周期＝（115＋21＋7）÷分娩率；母猪年产窝数＝365÷繁殖周期

600头基础母猪周生产节律计算见表2-2-18，猪场工艺参数见表2-2-19，生产所需单元及栏位数量（600头母猪）见表2-2-20。

表2-2-18　600头基础母猪周生产节律计算

产窝数	妊娠天数	哺乳天数		断奶-配种间隔天数	周期（天数）
母猪生产周期（天）	115	28 或 21		7	150 或 143
年产窝数（理论）	365÷（150 或 143）＝（2.43 或 2.55）				
年实际产窝数	配种分娩率80%:（1.94、2.05）；85%:（2.06、2.16） 90%:（2.18、2.29）；95%:（2.3、2.42）				
全年应产窝数	600×（2.1 或 2.2）＝（1 260 或 1 320）				
每周妊娠数	（1 260、1 320）÷52＝（24、25）				
每周配种头数	（24、25）÷0.85＝（28、29）				
总产活仔头数	1 260×10＝12 600 1 320×10＝13 200				
年断奶头数	12 600×0.94＝11 844 或 13 200×0.94＝12 400				
周断奶仔猪头数	11 844÷52＝228 或 12 400÷52＝238				
PSY	11 844÷600＝19.74 或 12 400÷600＝20.6				
周出栏猪数	228×0.97×0.98＝216 或 238×0.97×0.98＝226				
年出栏育肥数	216×52＝11 232 或 226×52＝11 752				

资料来源：《规模化猪场现场管理及技术操作规范》。

表2-2-19　猪场工艺参数

项目	参数	项目	参数
妊娠期（天）	115 天	达100千克体重日龄	155 千克
哺乳期（天）	21 天或 26 天	初生重	1.45 千克
保育期（天）	42～49 天	21日龄断奶重	6.2 千克
断奶至受胎（天）	5～7 天	26日龄断奶重	7.5 千克
繁殖周期（天）	159 天～165 天	70日龄保育下床重	25 千克～28 千克
母猪年产胎次	2.1～2.2 胎次	每头母猪年出栏商品猪数	18 头～22 头
总产仔数（头）	11 头	母猪年更新率（%）	40%～45% 或 33%
产活仔数（头）	10 头	公猪年更新率（%）	100%
成活率（%）	89%	母猪情期受胎率（%）	90%～95%
哺乳仔猪	94%	母猪分娩率（%）	87%
断奶仔猪	97%	断奶母猪7天内发情比例	90%
生长育肥猪	98%	母猪临产前进产房时间（天）	3 天～5 天

资料来源：《规模化猪场现场管理及技术操作规范》。

表2-2-20　生产所需单元及栏位数量（600头母猪）

每周分娩窝数：24	每周批次产仔数： 24×10＝240	断奶成活率：94% 保育成活率：97%	育成育肥成活率：98%
哺乳天数：21 天（3 周）	保育天数：49 天（7 周）	育成育肥周数：13 周 母猪年更新率：40%	配种分娩率：85% 受胎率：90%

（续）

妊娠限位栏数量	空怀栏（母猪数 头）	后备母猪数（头）	分娩栏（个）
＝（600÷20）×16＝480 一个单元	＝（600÷20）×（1－90％）× 6＝18 头 同妊娠为一个单元	＝（600×40％×1.2）÷52× 9＝50 同妊娠为一个单元	＝（600÷20）×85％×（3＋ 1＋1）＝128（分 5 个单元）
保育猪数量（头）	育成育肥猪数量（头）	＞55 千克 候选后备母猪数	160～187 日龄后备母猪存栏
每批次头数＝24×10×94％ ＝225；共 7＋1 个单元；存栏 仔猪 225×7＝1575 头	每批次头数＝225×97％＝ 218；共存栏 13 个批次猪；共 存栏数＝218×13＝2834 头， 分 13＋1 个单元	每批次至少需候选后备猪数 ＝600×40％×1.2×3÷52＝ 17 头； 候选后备存栏数＝17×6＝ 102 头	每批次存栏数＝600×40％× 1.2÷52＝5.5 头；共存栏后备 猪＝5.5×4＝22 头

资料来源：《规模化猪场现场管理及技术操作规范》。

（三）养猪生产的荣誉及养殖技术成果

北京农垦养猪业所获荣誉见表 2-2-21。

表 2-2-21　北京农垦养猪业荣誉一览

荣誉称号	获奖单位	颁奖单位	获奖年度
北京市模范生产单位	南郊农场、农大农场、市牛奶站、金星社养猪场、晨光社养猪场、怡乐养猪队	市人委	1958
农垦部红旗奖	南郊农场养猪生产	农垦部	1960
北京市养猪先进单位	农大农场	市人委	1960
北京市养猪先进单位	永乐店农场小务猪场、永乐店农场渠头分场种猪场、东郊农场苇沟现代化猪场、双桥农场商品示范猪场、北郊农场平西府猪场、北郊农场霍营猪场、北郊农场燕丹猪场	市政府	1991
北京市农业标准化示范基地	华都肉食公司种猪场	市农委、市质监局、市农业局、市林业局	2002
全国农垦无公害农产品示范基地农场创建单位	世新华盛公司、养猪育种中心	农业部	2003
北京市农业标准化示范基地	养猪育种中心原种猪场、北郊农场北京黑猪原种场	市农委、市质监局、市农业局、市林业局	2003
北京市农业标准化优秀单位	养猪育种中心南口种猪场、北京市 SPF 猪场	市农委、市质监局、市农业局、市林业局	2004
北京市农业标准化先进单位	世新华盛公司、华都种猪公司	市农委、市质监局、市农业局、市林业局	2004
标准化良好行为证书（AAAA 级）	养猪育种中心	国家标准委	2005
全国农垦现代农业示范区	养猪育种中心	农业部	2007
中国畜牧业协会猪业分会会长单位	养猪育种中心		2007—2011
第五批全国农业标准化示范区	养猪育种中心	国家标准委	2008
农垦现代化养殖示范场（第二批）	养猪育种中心	农业部	2008
第一届全国养猪行业百强优秀企业	养猪育种中心	2010 年中国猪业发展大会组委会	2010
国家级畜禽标准化示范场	中育种猪公司南口种猪场	农业部	2010
国家生猪产业技术体系-北京综合试验站	养猪育种中心	农业部、财政部	2011

（续）

荣誉称号	获奖单位	颁奖单位	获奖年度
农垦现代化养殖示范场（第三批）	养猪育种中心原种猪场	农业部	2011
国家级农业标准化示范区	世新华盛公司"北京黑猪养殖标准化示范区"	国家标准委	2011
国家级畜禽标准化示范场	养猪育种中心长城丹玉公司、华都种猪公司西邵原种猪场	农业部	2011
全国农业标准化示范县（农场）	养猪育种中心	农业部	2012
中国畜牧业协会猪业分会副会长单位	养猪育种中心		2012—2017
北京市"菜篮子"工程良好级标准化生产基地	世新华盛公司北京黑猪原种场	市农委、市农业局、市质监局	2012
北京市畜禽标准化示范场	养猪育种中心西邵原种猪场	市农委、市质监局、市农业局、市林业局	2012
北京黑猪标准化健康养殖示范基地	黑六牧业公司	市科委	2014
国家农业标准化示范区	黑六牧业公司"北京黑猪养殖标准化示范区"	国家标准委	2014
北京市农业产业化重点龙头企业	养猪育种中心	市农委、市发改委等 12 家委局	2015
全国农垦现代化养殖示范场	养猪育种中心、养猪育种中心原种场	通过农业部农垦局复核	2015
第四届中国畜牧行业先进企业	中育种猪公司	第十四届中国畜牧业博览会组委会	2016
国家动物疫病净化创建场	中育种猪公司原种猪场	农业部中国动物疫病预防控制中心	2016

资料来源：《北京农垦大事记》（1949—2015）和三元种业科技股份公司志稿。

四、猪场管理

（一）标准化建设

养猪育种中心从 2002 年起开始编制企业标准《种猪出场标准》，2003 年 9 月 2 日实施，10 月 29 日在市质监局备案，是北京农垦第一个企业标准。2004 年 1 月 30 日，获得市质监局颁发的《标准体系确认合格证书》（证书编号：NY-011）。2007 年 4 月 20 日，养猪育种中心获国家标准委颁发的"标准化良好行为证书"（AAAA 级），成为国内养猪业首家获此称号的企业。2008 年 8 月，养猪育种中心的"种猪标准化示范区"项目被国家标准委认定为"第五批全国农业标准化示范区"。2011 年 9 月 15 日，世新华盛公司承担的"北京黑猪养殖标准化示范区"被国家标准委认定为第六批"国家级农业标准化示范区"。长城丹玉公司、华都种猪公司银冶岭种猪场获 2011 年第一批"国家级畜禽标准化示范场"称号。2012 年 1 月，养猪育种中心获得"全国农业标准化示范县（农场）"称号；2 月，世新华盛公司北京黑猪原种场获得"北京市'菜篮子'工程良好级标准化生产基地"称号；12 月，养猪育种中心西邵原种猪场被评为"北京市畜禽标准化示范场"。2014 年 9 月，市科委授予黑六牧业公司"北京黑猪标准化健康养殖示范基地"称号。

（二）信息化管理

1. 生产信息网络平台 2012 年 2 月，养猪育种中心承担的三元种业自立课题项目——"北京养猪育种中心生产信息网络平台建设"正式启动，旨在为公司打造网络版的生产育种管理平台—

KFNets猪场生产及育种分析信息系统；9月5日，生产信息网络平台上线运行。

2. 财务 NC　2005年，养猪育种中心开始使用用友U8财务软件，启用总账及财务报表模块，仅总部财务部使用财务软件，基层各单位设报账会计，实行报账制。2012年，养猪育种中心启动NC5.6软件上线工作，将存货名称、客商等信息进行统一定义，按照各企业的经营业务分别确定业务流程并进行了统一，并在上线工作逐步推进的过程中，逐步完善业务流程，为企业实现标准化管理提供财务数据支持。

（三）农产品质量安全管理

1. 加强疫病防治工作　每个猪场设有兽医室及防疫员，负责本场的防疫工作。各畜禽场均建立了完善的防疫设施及防疫制度。2016年11月，中育种猪公司原种猪场被农业部中国动物疫病预防控制中心授予"国家动物疫病净化创建场"称号。

2. 加强农产品质量安全工作　2002年11月，养猪育种中心原种猪场在北京市养猪行业中率先通过中国质量认证中心的国际质量管理体系认证，获得ISO 9001：2000质量管理体系认证证书。2003年1月，农业部确定全国农垦无公害农产品示范基地农场创建单位100个，其中，世新华盛公司的种猪和肉猪、养猪育种中心的种猪和肉猪进入创建单位名单。2005年3月29日，农业部、中国国家认证认可监督管理委员会发布第481号公告，经农业部农产品质量安全中心认证，华都肉食公司生产的猪肉获得"无公害农产品认证"证书，准许使用全国统一的无公害农产品认证标志。2009年12月，承德畜产公司的"玉米和苜蓿"以及"商品猪"产品获有机转换产品认证证书。2011年12月，北京华都阳光食品有限责任公司在延庆县永宁镇南关村生产的产品"白条猪肉"获中国质量认证中心颁发的有机产品认证证书。

■ 第三节　蛋　　鸡

北京农垦的蛋鸡生产早于肉鸡。在20世纪70年代中期之前，北京市饲养蛋鸡主要集中在国营农场系统，国营农场的鸡场在北京市占最大比重。自1975年后，北京市畜牧局及北京市牧工商总公司（均为华都集团前身）陆续建立起一批现代化的养鸡场，北京市蛋鸡产业初露端倪，农场系统在国有蛋鸡产业中的主导地位逐步被这批现代化程度高、产出量大的鸡场所替代。2009年，首农集团成立，以经营养鸡产业为主营业务的峪口禽业公司、北京市俸伯鸡场等企业并入首农集团，蛋鸡产业成为首农集团的重要业态之一。

一、蛋鸡产业发展历程

（一）国有农场蛋鸡养殖业

1. 蛋鸡生产起步（1950—1957年）　1949年，北京市年末蛋鸡存栏仅60万只，鸡蛋收购量176万千克，按照全市200万人口计算，人均消费鸡蛋0.8千克。1950年3月，双桥农场购入来亨鸡210只，之后农场又用平式孵化器孵化出185只，标志着农场蛋鸡业的起步。1952年，双桥农场向三河县推广来亨鸡幼雏1.8万只，并新建孵化室、育雏室5间，华北农业科学研究所拨来大型立体孵化器一台（容6 000枚），添购芦花、油鸡、澳洲黑、新汗县、红岛等种鸡，当年饲养来亨鸡467只。是年，五里店农场开始规模化饲养蛋鸡，在南苑大泡子地区建成万只规模的养鸡场，后因经营不善而关闭，仅在五里店农场和德茂农场饲养少量蛋鸡。之后，仍有一部分农场进行小规模饲养蛋鸡，如彰化农场、农大农场。1955年年底，各农场存栏鸡仅有7 755只。

2. 国有农场蛋鸡养殖业的第一个高潮（1958—1960 年）　1958 年，国营农场蛋鸡养殖业出现第一个高潮。1958 年 3 月，南郊农场在旧宫凉水河畔投资建立大兴县第一个规模养殖的鸡鸭场，总面积 3 000 米²，有电力孵化器 2 台；同月，公私合营东郊畜牧场新建养鸡队，饲养 3.6 万只小鸡，全年养鸡 5 万余只；7 月，南口农场由银行系统下放干部建立养鸡场。1958 年农垦部在建立农展馆农场时，给农场调入一批种鸡；同年，农垦部投资在海淀区老爷山办起龙泉寺家禽场。1959 年，龙泉寺家禽场养鸡总数达到 10 万多只，号称"万鸡山"，农业部召开现场会推广养鸡经验。这些鸡场生产的鲜蛋对北京市的副食品供应起到很大的作用。至 1960 年，北京农垦生产鸡蛋 36.2 万千克。但随着 1960 年困难时期的到来，养鸡场相继倒闭。

3. 国有农场蛋鸡养殖业长达 17 年的徘徊（1961—1977 年）　从 1961 年起，国营农场蛋鸡生产陷入低谷阶段，多数年份的鸡蛋商品量在 10 万千克左右徘徊；1965 年略有回升，出售商品鸡蛋 12.5 万千克；在"文化大革命"期间又加剧下滑，最低的 1969 年滑落至 2.9 万千克；直至 1977 年，才重新恢复到 36.8 万千克。[①] 蛋鸡徘徊发展的主要原因有以下几个：一是经营方针贯彻"以粮为纲"；二是遇到三年国民经济困难时期，粮食短缺，饲料严重不足；三是受到"文化大革命"的影响；四是由于养殖粗放等技术管理原因，多数鸡场经营亏损而相继下马，农场局系统仅剩龙泉寺家禽场的老爷山养鸡场还存续，但该场鸡舍简陋，饲料不足，雏鸡长到五六十天就放到荒山上觅食。这一时期，农场科技人员坚持育种繁育工作，1968 年，南郊农场科技人员常景备等人以中英友好协会赠送的"萨克斯"商品代鸡为育种素材，培育出褐壳蛋鸡——红育鸡。[②] 1973—1974 年，北京市鸡蛋的供需矛盾非常突出，需要外省调运鸡蛋，北京市每购销 1 千克鸡蛋，就亏损 0.516 元，每年财政补贴上千万元。[③] 为了解决鸡蛋紧缺问题，市革委会召开中华人民共和国成立后的第一次养鸡工作会议，提出了养鸡要达到每个农村人口 1.5 只的目标。市农林局组织所属国营农场积极为郊区农民提供雏鸡和种蛋，如西山农场（前身是龙泉寺家禽场）每年向郊区推广种雏 20 只和种蛋 30 多万枚。1976 年，北京市成立"机械化养猪养鸡工程指挥部筹备处"，从各农场抽调一批干部和技术人员参加，北郊农场、南郊农场还划出大片土地建设机械化养鸡场和猪场（即后来建成的东沙种禽公司和红星养鸡场、机械化猪场实验场），为本市现代化养鸡事业做出了贡献。

4. 国有农场蛋鸡养殖业的第二个高潮（1978—1998 年）　1977 年 9 月，国家领导人视察红星养鸡场和机械化养猪实验场并题词："总结经验，把机械化养猪、养鸡事业发展起来，满足人民需要"。受此鼓舞，农场系统的养鸡业出现了第二次高潮。1979 年 9 月，市计委批准在中日友好人民公社（东北旺农场）建设现代化养鸡场，规模为饲养产蛋鸡 12 万只，总建筑面积 16 100 米²左右，土建及配套投资 250 万元。该项目由日方援建，日本公明党委员长竹人义胜为此项目捐赠饲养 12 万只蛋鸡的全套设备和全部雏鸡，日本鸡业协会提供技术指导。1981 年，延庆农场建立养鸡场。1982 年 10 月，中日友好人民公社养鸡场投产。1983 年 4 月，日本公明党赠送的 12 万羽商品雏鸡全部输入，同时，增赠海赛克斯品系种雏 6 000 羽。1985 年 8 月，西郊农场与新华社联营建立新西鸡场。1986 年 11 月，市计委批准总公司在巨山农场建设一座 2.5 万只规模的蛋鸡场，总投资 200 万元，占地 1.87 公顷；是年，北郊农场平西府分场建立饲养 7 万只蛋鸡的养鸡场。1987 年，延庆农场进一步扩大蛋鸡生产，将农田三队的职工宿舍改建为养鸡场，农场蛋鸡存栏达到 6 万只。

1988 年和 1989 年是农场系统建立蛋鸡场最多的两年。1988 年 1 月，总公司批准西郊农场将 5 个小型蛋鸡场合并，新建一座 10 万只蛋鸡场项目。3 月，市计委批复同意京联公司投资 470 万元，建设一座 10 万只规模的蛋鸡饲养场。10 月，南口农场与国家科委农村开发中心合作，在四分场建

---

① 北京市国营农场管理局：《北京市国营农场管理局统计资料（1950—1985）》，第 171 页。
② 北京市地方志编纂委员会：《北京志·科学卷·科学技术志》，北京出版社，2005 年，第 546 页。
③ 北京市地方志编纂委员会：《北京志·农业卷·畜牧志》，北京出版社，2007 年，第 59 页。

起祖代鸡场；南郊农场建立饲养 10 万只蛋鸡的养鸡场；双桥农场、十三陵农场、西郊农场各建一座饲养 5 万只蛋鸡的养鸡场。1989 年，西山农场先后淘汰了各种原始种鸡，引进伊莎褐父母代种鸡和巴布考克父母代种鸡；京联公司、长阳农场各建一座饲养 10 万只蛋鸡的养鸡场。到 1989 年年底，农场系统有 5 万～10 万只规模的蛋鸡场 7 个，10 万只以上的蛋鸡场 4 个，这 11 个大中型鸡场共饲养产蛋鸡 100 余万只，全系统有各种所有制的鸡场 200 余个，国有、集体、个体鸡场各占三分之一。[1] 1990 年，北郊农场首次实现鲜蛋调市 100 万千克。1991 年 9 月，南口农场祖代种鸡场与以色列科尔公司驻京办事处合作首次引进新品种"亚康"粉壳蛋鸡。1991 年年底，农场系统蛋鸡存栏 377.6 万只，生产鲜蛋 3 445 万千克，占全市鸡蛋产量 12.7%。[2] 1994 年 11 月，东北旺农场中日养鸡场的鸡蛋产品被农业部中国绿色食品发展中心认定为"绿色食品"。至 1994 年，农场系统蛋鸡存栏达到 348.9 万只，生产鸡蛋 3 794.5 万千克，出售鸡蛋 3 461.4 万千克，均创历史最高纪录。之后年份略有回落，至场乡体制改革前的 1997 年，农场系统蛋鸡存栏 176.14 万只，其中种鸡 14.67 万只，鲜蛋总产量 2 425.3 万千克，占全市总产量 23.8 万吨的 10.2%，[3] 出售鸡蛋 2 343.6 万千克，商品量比 1977 年增加近 11 倍。[4] 1998 年国有农场完成场乡体制改革后，农场系统逐步退出蛋鸡养殖。

场乡体制改革前部分年份鸡蛋商品量见表 2-2-22。

表 2-2-22 场乡体制改革前部分年份鸡蛋商品量

单位：万千克

年份	鲜蛋	年份	鲜蛋	年份	鲜蛋	年份	鲜蛋	年份	鲜蛋
1960	36.20	1968	5.20	1976	10.95	1984	1 416.55	1992	3 297.70
1961	19.45	1969	2.90	1977	36.80	1985	1 885.00	1993	3 272.70
1962	6.15	1970	11.15	1978	41.70	1986	1 857.45	1994	3 461.40
1963	10.50	1971	—	1979	68.75	1987	2 075.80	1995	3 417.70
1964	—	1972	7.00	1980	64.85	1988	2 497.30	1996	3 152.80
1965	12.50	1973	7.35	1981	121.35	1989	2 870.03	1997	2 343.60
1966	9.60	1974	24.45	1982	582.10	1999	2 988.00		
1967	8.60	1975	5.05	1983	1 373.30	1991	3 164.10		

说明：1. 1985 年前（含）数据源自《北京市国营农场管理局统计资料（1950—1985）》；1986—1997 年数据源自北京市农工商联合总公司各年统计资料。

2. 划"—"表示无该年数据。

（二）首农股份有限公司旗下的蛋鸡产业

1. 蛋鸡产业的形成阶段（1975—1997 年） 1975 年之前，蛋鸡养殖规模小，技术水平低，工艺设备落后，产前与产后链条短，不具备成为独立产业的条件。1975 年后，蛋鸡产业初具端倪，表现出 3 个明显的特点：一是投资强度大，蛋鸡场建设规模大；二是引进国外先进技术及设备，建设起点高；三是除了蛋鸡生产体系已有完整的良种繁育体系、商品蛋鸡生产体系外，还建立了配合饲料生产体系、兽医防疫体系、机械设备制造体系和鸡场工艺与建筑设计体系。

1975 年 6 月，为了彻底解决鸡蛋生产与市场需求之间的尖锐矛盾，成立北京市机械化养鸡场养

① 北京市地方志编纂委员会：《北京志·农业卷·畜牧志》，北京出版社，2007 年，第 75-76 页。

② 同①：76。

③ 北京市鲜蛋总产量数据来自《北京统计年鉴》（1998）。

④ 《北京市农工商联合总公司一九九四年统计资料》，第 64、69 页。

猪场工程指挥部。1975年9月,北京市第一个现代化20万只蛋鸡场——红星鸡场动工兴建。此后,峪口、俸伯两个大型蛋鸡场也开始筹建。1977年9月,北京市峪口养鸡场破土动工,总投资1 164万元,建筑面积1.9万米²,包括4栋育雏育成鸡舍、10栋蛋鸡舍,常年饲养蛋鸡25万只;10月,峪口养鸡场从匈牙利引进全套饲养规模25万只的养鸡设备,包括鸡笼、喂料、清粪、捡蛋等设备,成为北京市机械化程度最高的大型养鸡场。1978年1月,北京现代化养鸡场红星鸡场建成投产。是年4月,北京市俸伯鸡场动工兴建,总投资644万元,建筑面积2.6万米²,年饲养产蛋鸡21万只。1979年3月24日,峪口养鸡场正式投产。红星、峪口、俸伯3个大型现代化蛋鸡场的蛋鸡总饲养规模达到66万只,这对缓解鸡蛋供需矛盾起到了决定性的作用。当时,北京市民每吃10枚鸡蛋,就有4.2枚来自市畜牧局系统的蛋鸡场。1983年5月,市畜牧局改为北京市牧工商总公司,又建立了东沙蛋鸡场(饲养规模为20万只产蛋鸡)、红华鸡场(饲养规模为20万只产蛋鸡)、实验鸡场(饲养规模为17.5万只产蛋鸡),至此,华都集团蛋鸡稳居北京市蛋鸡产业的龙头地位。1983年,北京市收购鸡蛋突破1亿斤大关,达到6 466.5万千克,其中几个大型机械化蛋鸡场均衡向首都市场供应鲜蛋5 113.8万千克,占全市总量的39.5%;[①] 是年底,全市鸡蛋敞开供应,不再凭本限量购买。1985年5月,全市禽蛋购销渠道放开,实行国家指导性议购议销政策。1987年4月,市牧工商总公司所属种兔场划归峪口鸡场改作养鸡;次年,改建为种鸡场,饲养父母代种鸡6万只,年产商品雏鸡140万只,其中可外销60万只。1989年,峪口鸡场为响应市政府"把北京的福气带到全国去"的指示,进行第二期扩建工程,在原有10栋产蛋鸡舍的基础上,再建10栋产蛋鸡舍,实现一个场区80万只鸡笼位,生产规模为亚洲第一。1991年,俸伯鸡场饲养成年产蛋鸡的规模达到36.7万只;1992年,该场建成鸡粪加工厂。1994年,峪口鸡场改名为北京市峪口养鸡总场,辖蛋鸡一场、二场、育雏育成鸡场、种鸡场以及蛋鸡产业所配套的企业,如饲料厂、环保示范场、设备修造厂、饼类加工厂等,产业链条开始延伸,年产鸡蛋近700万千克,成为亚洲最大的蛋鸡场。为保证蛋鸡生产,1975年,红星鸡场建立南苑饲料厂。之后,随着现代化大型鸡场的增加,又建设了东沙饲料厂、宏达饲料厂、峪口饲料厂、俸伯饲料厂以及红星饲料厂、东郊农场饲料厂等。同时,红星鸡场维修车间改建为北京市畜牧机械厂。1987年,市牧工商总公司成立北京市农牧工程公司设计所,为专业乙级设计单位。北京市初步完成从单一的蛋鸡生产体系向以"一条龙"为特点的蛋鸡产业体系的转变。1997年10月,北京市种禽公司的"京白"蛋鸡高产配套系被中国第三届农业展览会主办方评为"北京市名牌产品"。

2. 蛋鸡产业的规模化发展阶段(1998—2008年)   1998年后,峪口养鸡总场按照"有所为,有所不为"的原则,提出"退一进三"的战略构想,即调整产业结构,由生产鸡蛋为主向生产蛋种鸡转变,退出蛋鸡饲养,向高技术含量的产业链上游和下游发展,进军种鸡、饲料和食品产业。用"蛋鸡产业化工程",让农户承接蛋鸡饲养,变过去的竞争对手为蛋鸡产业化链条上的合作伙伴,利益共享、风险共担,实现"富民兴企"。1999年,峪口养鸡总场被确定为北京市190家国有企业改制试点单位,成立北京市华都峪口禽业有限责任公司,40%以上的员工成为股东。

2000年和2004年,峪口禽业公司租赁经营俸伯鸡场和华都良种基地,公司上下实施全面质量管理,形成统一的生产模式、管理模式、营销模式,全力打造峪口海兰品牌,最终实现提供给养殖户物美价廉的产品。在营销网络上建立平台是当时的一个大胆构想,通过雏鸡的大规模销售,配上以"峪口海兰"品牌为核心的峪口海兰雏鸡专用饲料和兽药的销售,让客户销售网络变成一个平台,这个平台的创建与完善,让客户在享受到高质量雏鸡和饲料、兽药的同时,还能享受峪口禽业公司20多年的蛋鸡饲养经验、独特的饲料配方和先进的防疫技术。

由于受到土地等资源限制,从2006年开始,扩大规模、建立更为持久的种鸡生产孵化基础成为峪口禽业公司面对的新课题。峪口禽业公司成功摸索出带动农民致富的"产权式"农业经营模式。该模式下,峪口禽业公司在北京顺义、平谷等地新建14个标准化养殖基地,不仅满足了峪口禽业发展

---

① 北京市地方志编纂委员会:《北京志·农业卷·畜牧志》,北京出版社,2007年,第61页。

的需求，母雏生产能力翻了一倍，企业获得了更大的发展潜力和空间，也使传统农民成为投资人，为手中的"闲钱"找到一个很好的"生钱"的途径，此外，还盘活了山区闲置土地，提高了土地的利用效率，解决了部分农村闲置的劳动力和下岗职工就业问题。

3. 蛋鸡产业的国产品种推广阶段（2009—2013 年）　2009 年 4 月 18 日，由峪口禽业公司自主研发的国产蛋鸡品种京红 1 号、京粉 1 号在人民大会堂湖北厅隆重发布。至 2017 年 12 月，峪口禽业公司先后培育出 6 个具有自主知识产权、生产性能国际领先的京系列蛋鸡及肉鸡品种，受到政府、行业、客户的高度认可，连续 5 年入选农业部主推品种名单。2009 年首年推广超过 1 亿只，2009—2017 年累计推广 40 亿只。同时，更是以产蛋多、死淘低、耗料少、蛋品好等优良性能占据了中国蛋鸡市场的半壁江山，成为唯一一个不受国外控制的畜禽品种，打破"洋鸡"一统国内江山的局面，确保种业源头安全，实现了蛋鸡行业由"中国制造"到"中国创造"，蛋鸡产业步入品种国产化时代。

4. 蛋鸡产业的智慧蛋鸡新时代（2014—2017 年）　早在 2000 年，峪口禽业公司开始以物联网为核心的信息化技术应用，在业内率先引入并推行全球最先进的 ERP 管理平台——SAP 系统平台，建设 ERP 核心应用系统、生产数据采集系统和智能分析系统，不仅实现从育种到种鸡生产、雏鸡孵化等全过程的基础数据的翔实记录、功能数据的智能分析，而且实现了全国 6 万名客户（养殖户）基础信息的数据化管理。

2014 年，峪口禽业公司明确新时期"以蛋鸡为互联网门户，整合行业上下游资源，建立贯穿蛋鸡全产业链的增值服务平台，实现线上数据采集和交易、线下端到端一站式服务"的发展目标，实施"智慧蛋鸡"工程，即以"家禽育种工程"作为蛋鸡产业互联网生态入口业务，通过构建"蛋鸡全产业链增值服务平台"，深度整合产业链，重构产业流程，实现产业转型升级；通过大数据、云计算、物联网等互联网技术，实现各类数据的互联互通，形成蛋鸡行业"大数据"应用模式，并以线下"流动蛋鸡超市服务工程"为支撑，全面增强企业的精准服务水平，提升蛋鸡产业效率和效益，增强企业盈利能力。

2016 年 2 月，智慧蛋鸡项目正式启动；5 月，峪口禽业公司为蛋鸡行业量身打造的智慧蛋鸡 App 实现首秀；9 月，在第 25 届世界家禽大会上，峪口禽业公司隆重发布"智慧蛋鸡在中国"，标志着我国蛋鸡产业迎来智慧新时代。2017 年 4 月，智慧蛋鸡 Apphui 首页上线；同月，智慧蛋鸡成功入选北京市 2017—2019 年度"星创天地"名单；10 月，市场行情上线；11 月，电商交易 2.0 上线。2017 年 8 月 31 日，《科技日报》根据中国畜牧协会发布的《中国禽业发展报告（2016）》报道：峪口禽业公司的蛋种鸡市场占有率达到 40% 以上，意味着中国人每吃的 10 枚鸡蛋就有 4 枚源自峪口禽业培育的京系列高产蛋鸡。峪口禽业公司用 40 年的时间，探索出一条中国育种企业发展之路。

在"互联网＋"改造传统产业的大环境下，峪口禽业公司通过移动互联网、大数据等技术的实施，开展贯穿蛋鸡全产业链的增值服务平台建设，深度融合蛋鸡产业生产链、供应链、物流链、销售链，打通从蛋鸡育种到鸡蛋生产、销售的各环节流程，实现中国 6 万个养殖场（户）2 亿只蛋鸡和产业链相关企业全过程上千亿数据的互联互通，形成蛋鸡行业"大数据"应用模式，构建蛋鸡行业互联网 O2O 商业模式，打造种鸡到商品蛋鸡及商品蛋在企业、供应商、养殖场（户）、消费者等不同维度端到端的服务，包括精准化的技术服务、金融服务、保险服务、流通服务，全面提升产业效率和效益。

二、现代化蛋鸡生产体系

（一）蛋鸡育种体系

为摆脱种源受制于人的局面，1999 年，峪口禽业公司在饲养国外品种的同时，开始进行具有自主知识产权的蛋鸡品种选育。2011 年，峪口禽业蛋鸡新品种培育选育后备场建设项目被农业部列入全国 19 个畜禽遗传资源保护场建设项目之一。项目总建筑面积为 6 057 米^2，总笼位 6.5 万只，饲养纯系 12 个，总投资为 1 575.33 万元，项目于 2015 年 12 月底顺利通过验收。2014 年 9 月 29 日，农业部办公厅下发农办牧〔2014〕31 号文《关于公布第一批国家蛋鸡核心育种场和国家蛋鸡良种扩繁推广基地名单的通知》，第一批国家蛋鸡核心育种场有 5 家，峪口禽业公司占有 1 席；第一批国家蛋鸡良种扩繁推广基地有 10 家，峪口禽业公司及其关联公司占有 3 席，分别为峪口禽业公司父母代种鸡场、山东峪口禽业有限公司、荆州市峪口禽业有限公司。这标志着峪口禽业系企业在国内已成为蛋鸡育种及良种扩繁推广最具有实力的企业群体之一。至 2017 年年底，峪口禽业公司拥有蛋鸡核心选育场 3 个，其中后备场 1 个、产蛋个体性能测定场 2 个。经过多年的系统选育、形成蛋鸡专门化品系 13 个，蛋鸡原种 6 万只，为新品种培育和已审品种持续选育工作的开展提供保障。峪口禽业公司把科技创新作为企业可持续发展的重要抓手，每年在蛋鸡新品种培育、现有品种持续选育、育种前沿技术和方法研发等方面立项攻关，年均立项 10 个，每年育种研发投入 1 000 万元左右。

峪口禽业饲养规模动态见图 2-2-5。

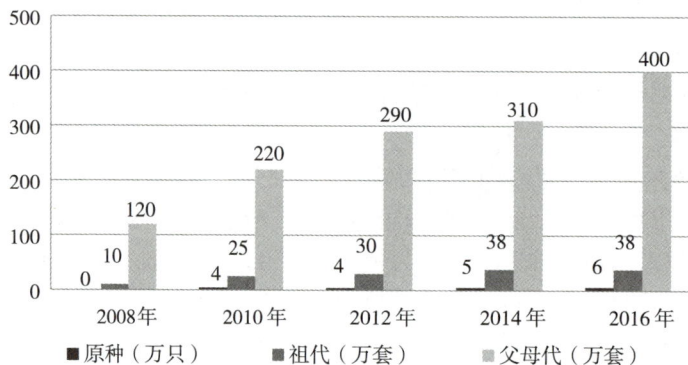

图 2-2-5　峪口禽业饲养规模动态图

1. 蛋鸡育种流程

（1）第一阶段：育种素材筛选（1999—2002 年）。分为以下三个步骤：

第一步：育种素材收集。收集、保存众多国内外优秀品种遗传资源，包括国外 Hyline、Lohmann、ISA、Hisex、Bovans Goldline、Bovans White 等素材，国内北京红鸡、北京白鸡、华都京白 A-98、京红 B-98、京红 C-98 和京粉 D-98 等自主品种素材。

第二步：育种素材分析。以适合中国饲养环境为目标，对素材进行分析，包括生产、生长、繁殖、蛋品质、外貌特征等性状的表型特征、遗传参数、遗传规律等。

第三步：育种素材确定，通过对收集、保存的育种素材进行分析，最终确定白来航、洛岛红、洛岛白 3 个标准品种用于新品系和新品种选育。

（2）第二阶段：品系特征摸索（2002—2005 年）。此阶段重点对纯系品系的特点进行摸索，根据市场需求方向，确定父本品系主要选择的性状为产蛋、成活率和体重，母本品系主要选择性状为蛋重、蛋品质等。

（3）第三阶段：综合指数选育（2005—2008 年）。确定了主要性状后，本阶段重点对主要性状进行综合指数选育，即按照选育侧重的不同，确定各个性状指标的选育权重，寻找最佳配比，这样既能保留不同品系各自优秀的遗传力，又能获得多品系杂交的优势。创新建立了 6 个记时点和 4 个选育点相互结合的测定规程和 39 步选育方法。

（4）第四阶段：遗传评估巩固（2009—2012 年）。遗传评估巩固主要是通过建立功能性数据库和系谱，掌控群体近交程度，通过估计性状遗传参数，科学开展遗传评估。

（5）第五阶段：精细化分子育种（2012 年至今）。采用分子育种手段对相关性状和技术进行完善，主要涉及：①鱼腥味敏感等位基因分子检测，采用 PCR-RFLP 技术对 FMO3 基因进行检测，剔除纯系中携带鱼腥味敏感等位基因的个体，快速改善鸡蛋品质；②建立快慢羽速分子标记检测技术，利用所发现的品系特异的突变位点，采用特定的分子标记，对纯系中快慢羽速不明显的个体进行检测，确定个体羽速及性别，准确率高达 99.7%；③洛岛红三白特征遗传机理研究，京红父系存在翅、胸、腿三白的特性，以此实现雌雄自别；④建立羽色分子标记辅助选择技术，利用全基因组重测序技术鉴定到的羽色基因突变位点，创造性引入酶切位点，通过 PCR 扩增-酶切确定个体羽色基因突变基因型，快速分化选育出羽色基因纯合突变型新品系，进而应用于红羽鸡产粉壳蛋新配套系的培育；⑤率先建立蛋鸡基因组选择平台，与中国农业大学合作，共同研发首款针对国产蛋鸡的高效率、低成本的专用 DNA 芯片——凤芯壹号，并率先在京系列蛋鸡育种核心群中实施全基因组选择技术，选种准确性平均提高 20% 以上，为基因组选择技术的规模化应用铺平道路，为育种前沿技术的应用树立典范。

峪口禽业公司品种培育流程见图 2-2-6。

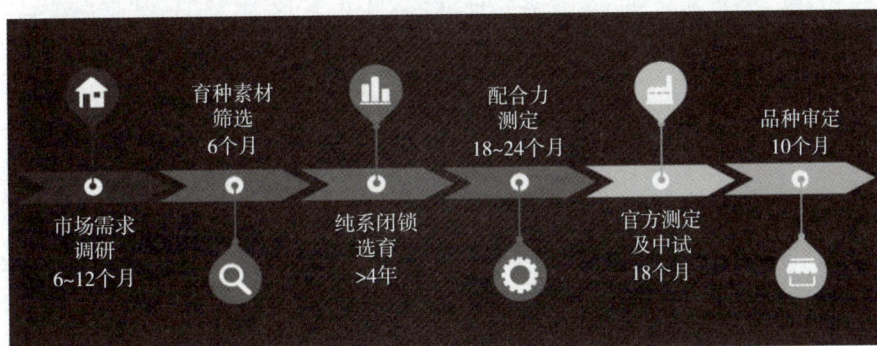

图 2-2-6　峪口禽业公司品种培育流程

2. 峪口雏鸡品种介绍

（1）京红 1 号。红鸡产大红蛋，农业部主导品种。商品代成年母鸡全身羽毛基本为红褐色，头部及被毛紧凑，单冠，皮肤、喙和胫黄色，性情温顺，体型中等结实，呈元宝型，蛋壳颜色褐色。种鸡繁殖效率高，蛋雏比 2.3∶1。种鸡劳动效率高，人均饲养量达 8 000 套，公母比例 1∶80。蛋鸡生产效率高，0～80 周龄全程死淘率低于 5%，80 周龄饲养日产蛋 375 个，产蛋期料蛋比 2.0∶1。鸡蛋商品化率高，50～68 克重量的鸡蛋占产蛋总数的 90% 以上，蛋壳红润鲜亮。

（2）京粉 1 号。粉鸡产大粉蛋，农业部主导品种。商品代成年鸡背部、胸腹部羽毛成灰浅红色，翅间、腿部和尾部呈白色，皮肤、喙和胫的颜色均为黄色，体型轻小清秀，蛋壳颜色为浅褐色。产蛋多，80 周龄饲养日产蛋数 376 个，平均蛋重 62 克。料少，产蛋期料蛋比 1.98∶1，日耗料 110 克，体重 1.8 千克以上。蛋品好，蛋壳粉色、均匀、光亮，L 值 78～82，蛋壳质量优。

（3）京粉 2 号。白鸡产大粉蛋，农业部主导品种。商品代鸡群体型紧凑、整齐匀称，外观羽毛颜色均为白色，蛋壳颜色为浅褐色，色泽均匀。产蛋多，80 周龄饲养日产蛋数 372 个。死淘低，全程死淘率 5% 以内。体重大，淘汰体重 1.9～2.0 千克。抗逆性强，耐高温高湿环境。

（4）京白 1 号。白鸡产大白蛋，商品代公母雏全身白色，可依据羽速自别雌雄，公雏为慢羽，母雏为快羽。成年母鸡全身羽毛为白色，成年母鸡头部及被毛紧凑，单冠，皮肤、喙和胫黄色，耳叶白色，性情温驯，体型清秀小巧，蛋壳颜色为白色。胚胎用蛋，蛋壳白色，透光性好，适合胚胎用蛋；加工用蛋，鸡蛋干物质含量高，出粉率更高，适合加工用蛋。出品率高，产蛋尖峰高达 98%，蛋重 53～68 克达到 90% 以上，蛋壳质量好。

（5）京粉 6 号。红鸡产中粉蛋，商品代雏鸡可依据羽速自别雌雄，公雏为慢羽，母雏为快羽。成年母鸡全身羽毛为红色，单冠，皮肤、喙和胫为黄色，性情温驯，体型清秀小巧，蛋壳颜色为浅褐色。产蛋多，0～80 周龄饲养日产蛋数达到 380 个，产蛋高峰达到 98%，90% 以上维持 11 个月以上。蛋品优，蛋壳颜色有光泽，全程破损率低于 2%。死淘低，全程死淘率低于 5%。综合效益高，全程综合效益高 6 元/只。

3. 峪口京系列品种审定
2002 年，采用传统育种和现代育种技术相结合的手段，开始了新品种选育。2004年，根据华都集团统一规划，良种基地纳入峪口禽业统一经营管理，峪口禽业拥有了培育新品种的资格和华都30年的育种经验。2006年，新品种开始在父母代、商品代两个环节上中试，京红1号、京粉1号品种成型。2007年，新品种接受农业部家禽品质监督检验测试中心（北京）性能测定，结果证明，新品种生产性能国际领先。

2008年12月15日，"京红1号"和"京粉1号"两个蛋鸡配套系通过了国家畜禽遗传资源委员会家禽专业委员会的审定。2009年2月13日，"京红1号"和"京粉1号"两个蛋鸡配套系通过了中华人民共和国农业部国家畜禽遗传资源委员会的审定。2009年3月18日，"京红1号"和"京粉1号"两个蛋鸡配套系获得《畜禽新品种（配套系）证书》。2012年2月3日，农业部发布2012年主导品种和主推技术名单，峪口禽业公司的"京红1号"和"京粉1号"双双入选。2013年2月27日，"京粉2号"获得《畜禽新品种（配套系）证书》。2015年12月27日，"京白1号"蛋鸡配套系接受农业部家禽品质监督检验测试中心（北京）性能测定。2016年8月23日，京白1号蛋鸡，获得《畜禽新品种（配套系）证书》。

（二）峪口禽业公司下属企业

1. 北镇峪口德营禽业有限公司　2003年4月22日，开始租赁经营。由峪口禽业、辽宁德营集团、青堆子镇政府三方共同投资兴建，公司坐落于北镇市生态农场，占地1万米²，主要生产"京红京粉"商品代雏鸡。拥有80台先进的微电脑控制孵化设备，年生产4A级健母雏2000万只，平均日产6万只。产品主要销往东北三省及内蒙古自治区。

2. 洛阳峪口禽业有限公司　成立于2006年8月，位于洛阳市老城区邙山镇后洞村（东）310国道，总占地面积2.4万米²，有巷道式孵化厅2座，面积逾4000米²，内设巷道式孵化器和出雏器85台，年生产规模达2000万只。

3. 山东峪口禽业公司　成立于2010年4月，是峪口禽业在山东投资兴建的标准化蛋种鸡示范园区，也是华东地区规模最大的蛋种鸡企业，入选了首批国家蛋鸡良种扩繁推广基地。项目总投资5.1亿元，种鸡饲养规模150万套，年生产健母雏1.2亿只。其中，济宁金乡基地投资3亿元，占地33.3公顷，拥有2个育雏育成场、4个蛋种鸡养殖场、3个孵化场和1个年产18万吨的饲料加工场，种鸡饲养规模50万套；菏泽成武基地投资2.1亿元，占地17.2公顷，拥有1个育雏育成场和4个蛋种鸡场，种鸡饲养规模100万套。

4. 湖北峪口禽业公司　成立于2010年11月8日，2011年投产。投资2.5亿元，集良种扩繁、推广和饲料、销售于一体，是湖北地区规模最大的蛋种鸡养殖企业和农业产业化重点龙头企业。占地50.93公顷，拥有2个育雏育成基地、4个蛋种鸡养殖基地、2个孵化基地和1个年产18万吨的饲料加工基地，种鸡饲养规模50万套，年生产健母雏4000万只，销售网络覆盖西南八省一市。

5. 云南云岭广大峪口禽业公司　成立于2014年9月5日，由昆明云岭广大种禽饲料有限公司与峪口禽业合资成立，注册资本3160万元，位于红河州开远市乐百道办事处乍黑甸村，占地14万米²。主要经营种鸡、蛋鸡、肉鸡繁育养殖销售项目，产品销售覆盖云南、四川、贵州等市场，产销率达100%。现有育雏舍3栋、蛋种鸡舍13栋、父母代蛋种鸡规模20万套，1个年孵化2000万只的商品代孵化厅，还有饲料加工厂1座、有机肥厂1座。

6. 江苏峪口禽业公司　成立于2014年4月29日，由峪口禽业与江苏成子湖禽业共同合资注册成立，注册资金3160万元。公司占地14.67公顷，建筑面积4500米²，总投资7000多万元。现有父母代蛋种鸡20万套，年孵化健母雏2000万只。一次性可供健母雏8万只，年可提供商品代青年鸡50万只。

7. 天津广龙生物科技公司　成立于2015年，总部坐落于天津市宝坻区，占地40余公顷，专业从事白壳蛋种鸡饲养、苗鸡孵化和胚蛋生产，是中国白壳蛋鸡行业的"领军企业"。现拥有蛋种鸡存栏38万套，年孵化健母雏能力2000万只，胚蛋年生产能力达2500万枚。

8. 新疆中盛峪口禽业公司　成立于2016年7月，由峪口禽业与中盛嘉康牧业、阜康市福康源禽业、新疆新湖晨光农业强强联合成立。公司占地 17.3 公顷，现有 1 个 12.5 万套蛋种鸡基地、1 个年孵化能力 2 000 万只的孵化厅。

9. 河北峪口禽业有限公司　成立于 2016 年 8 月 8 日，是峪口肉鸡的生产供应基地，主要经营峪口肉鸡的养殖与销售、饲料及复合肥生产。项目总投资约 2.5 亿元，位于河北省邯郸市大名县，占地 20 公顷。2018 年开始投产，计划于 2019 年年底建成投产 2 个年孵化能力 7 000 万枚的孵化厅，建成投产 1 个存栏量 32 万套的肉种鸡养殖场；2020 年建成投产 1 个 32 万套肉种鸡养殖场及 1 个年生产饲料 11.52 万吨的饲料厂。

10. 石家庄峪口禽业有限公司　成立于 2016 年 12 月 28 日，位于行唐县上方乡及只里乡，占地 50.6 公顷。2019 年开始投产，计划 2020 年建成投产 1 个 100 万套蛋种鸡养殖基地、1 个 50 万笼位育雏育成基地、1 个年孵化能力 8 000 万枚的孵化基地、1 个年生产饲料 11.52 万吨的饲料厂。

（三）蛋鸡生产配套体系

1. 饲料产业　峪口禽业的饲料产业起步于 20 世纪 80 年代中期，历经 20 年的发展建设，"峪口饲料"已经成为颇具市场竞争力和深受广大养殖户信赖的蛋鸡饲料品牌。2005 年，饲料产业共有员工 70 多人，大中专以上学历人员占 80%，有高级职称人员 4 名，拥有现代化配合饲料、预混料、颗粒料生产车间各 1 座，饲养试验小型生产车间 2 座，年生产加工能力 5 万吨，可生产三大系列 42 个品种。其中，自主研发的强化幼雏料、雏鸡开食料、预混料、浓缩料、全价料深受客户青睐，蛋鸡 1 号料获全国农业博览会银奖。产品种类主要是强化料、开食料和预混料。按代次分：种鸡料、商品鸡料。按饲养阶段分，可分为三个阶段九个时期。按添加比例分，可分为配合饲料和复合预混合饲料。配合饲料分为颗粒料、粉料，其中颗粒料包括强化幼雏料、雏鸡开食料和种公鸡颗粒料，粉料包括流动蛋鸡超市专用配合饲料、生 1、生 II、蛋 1 等。复合预混合饲料包括 1%、3%、4%、5% 的青年鸡、预产期、产蛋期预混料。

2. 疾病防控　峪口禽业作为蛋鸡行业领军企业，形成了系统的、全方位的疾病防控理念和技术。从防控思路和方法出发，将疾病分为垂直传播性、免疫控制性和环境条件性疾病；梳理建立"4321"疾病防控理论，确保"均匀有效抗体"；建立"4335"生物安全体系，将各项措施有效落地；率先践行科学减负"12345"，形成涵盖禽流感、传染性支气管炎、新城疫等主要疾病的"一场一批一策"防控方案，减少鸡群应激，确保鸡群健康，推动养殖业健康发展。

三、现代化蛋鸡生产工艺及技术

（一）商品代雏鸡生产流程

具体见图 2-2-7。

图 2-2-7　商品代雏鸡生产流程

（二）商品代饲养阶段

商品代饲养阶段划分见表 2-2-23。

表 2-2-23　商品代饲养阶段划分

阶段	育雏期	育成期	预产期	高峰前期	高峰期	高峰后期
周龄	0～6	7～14	15～18	19～27	28～55	56～80

（三）父母代种鸡饲养

1. 饲养阶段划分　具体见表 2-2-24。

表 2-2-24　父母代种鸡饲养阶段划分

阶段	育雏期	育成期	产前期	高峰期	高峰中期	高峰后期
周龄	0～6	7～14	15～22	23～35	36～45	46～63

2. 饲养工艺　种鸡饲养采取"1888"的人工授精的方式，即 1 对 1（1 名员工输精，1 名员工翻肛），人均饲养量 8 000 只，采用 8 天一轮的输精周期，公母比例达到 1∶80。

3. 人工授精流程　具体见图 2-2-8。

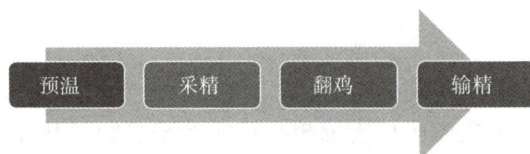

图 2-2-8　人工授精流程

（四）雏鸡孵化

1. 孵化六期管理　具体见表 2-2-25。

表 2-2-25　孵化六期管理

形态	蛋的形态		鸡的形态			
六期	种蛋管理期	孵化管理期	出雏管理期	雏鸡处理期	运输管理期	客户管理期
小时	0～168	0～432	433～504	1～10	1～50	0～168
备注	关键 504h					

2. 孵化生产运输流程　具体见图 2-2-9。

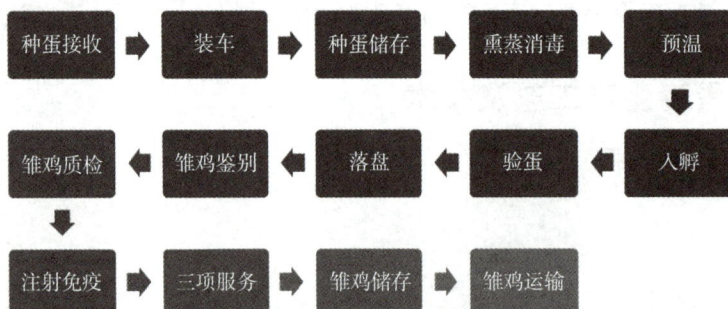

图 2-2-9　孵化生产运输流程

四、现代化蛋鸡产业的管理

（一）品牌管理

2009 年，峪口禽业公司推出具有自主知识产权、生产性能国际领先的京系列蛋鸡，开启了国产蛋鸡品牌打造的新时代。2011 年，确立"带动农民致富和引领中国蛋鸡行业健康发展"的品牌核心诉求体系，让有价值的品牌内容引发客户持续关注，形成客户认同、认可峪口品牌的强大力量，打造中国蛋鸡第一品牌，成就峪口禽业世界级育种龙头企业形象。2011 年 6 月，"峪口禽业"商标的种家禽、饲料产品被认定为"北京市著名商标"。2013 年 1 月 9 日，"峪口禽业"商标被国家工商行政管理总局商标局评定为"中国驰名商标"。2014 年 6 月，"峪口"商标的饲料产品被认定为"北京市著名商标"。2016 年，创建"智慧蛋鸡"服务品牌，构建"峪口禽业公司品牌和智慧蛋鸡服务品牌"两线品牌架构，并实施以智慧蛋鸡 App 为核心的线上线下一体化品牌推广模式，形成蛛网式传播网络，让品牌深入全国市场的神经末梢，塑造中国领先的民族种业品牌形象。2017 年年底，峪口禽业公司商标授权量 146 件，商标有效注册量 119 件，均占首农集团第三位，比重均为 10％。

（二）质量管理

1. 引进国际质量管理体系　2005 年，峪口禽业公司蛋种鸡产业通过 ISO 9001 国际质量管理体系认证，饲料产业通过 ISO 9001—HACCP 一体化质量体系认证。2006 年，开展良好农业规范（GAP）认证工作，成为迄今为止国内第一家开展 GAP 认证的禽类养殖企业，并被国家质量监督检验检疫总局指定为唯一参与 GLOBAL GAP 家禽模块认证企业，顺利完成 China GAP 与 GLOBAL GAP 互认验证工作。

2. 标准化体系建设　2001 年，根据 20 多年积累的商品蛋鸡经验和大规模种鸡饲养管理经验，峪口禽业公司建立了行业首部蛋种鸡标准化生产管理体系。2003 年，制定 4A 级雏鸡质量标准，立即得到行业响应，并发展为行业标准。2013 年，被评为"全国农业标准化优秀示范区"。2017 年，峪口禽业公司承担第九批国家农业标准化示范区建设项目，重点开展信息化标准体系建设，促进了峪口禽业企业信息化和产业互联网工作的高质量开展，提升了企业的经营效率，推动了智慧蛋鸡线上综合服务平台的高效运行，开创了"快乐养鸡，轻松卖蛋"的中国蛋鸡行业发展新时代。

（三）信息化建设

1. 以物联网为核心的信息化技术应用　为了提高生产技术水平，峪口禽业自 21 世纪初开始使用三层半阶梯笼架系统、行车喂料、水线乳头饮水系统等，并在此基础上，引进、应用 AC2000 自动控制系统，建立整个养殖基地自动化控制模型和远程终端联网控制系统，实现生产信息化、精准化。同时，专门针对蛋鸡饲养开发"蛋鸡饲养管理系统"，实现了蛋鸡入场、育雏器、育成期、产蛋期及淘汰 5 个阶段在生产、饲养、产蛋、环境、免疫、疾病、变动等环节的生产数据数字化管理，为管理者了解总体的生产情况并及时发现生产中存在的问题提供了直观、客观的依据，提高了生产效率。开发应用"蛋鸡育种数据管理与分析系统"，实现蛋鸡育种资料的科学化管理，提高了育种数据的准确性和安全性，有效地改善了蛋鸡选种选配的准确性和育种工作效率，为公司的育种工作提供了强有力的技术支撑。

2. 以 ERP-SAP 为核心的企业信息化建设　建立了以鸡为核心的 ERP 核心应用系统、生产数据采集系统、人力资源管理系统、自动化办公系统和智能分析系统，打通外部客户需求向内部供应需求转换的中间环节，实现销售、育种研发、生产孵化、材料采购、库存、运输物流和财务管理的集成一体化平台，提高企业的运行效率和管理水平。

3. 以"智慧蛋鸡"为核心的产业互联网建设　基于 40 年专业养鸡优势，依托全产业链资源，应用大数据、云计算等互联网技术，把与鸡相关的各项资源整合连接起来，建立线上交易线下服务的一体化"智慧蛋鸡"平台，实现产业链中各相关方共享共赢，构建中国蛋鸡行业生态圈。"智慧蛋鸡"平台的功能及作用主要表现在以下 5 个方面：

（1）汇集养鸡人最需要的信息和技术。平台精选养殖重大政策，囊括蛋鸡最新技术，推送管理大师理念、成功企业经验，展示养殖企业成功案例。在信息碎片化的时代里，养鸡人在这里能找到所需要的信息和技术。

（2）一场一策，帮助养殖场（户）快快乐乐养好鸡。平台具备数据记录、数据分析和在线服务等功能，规范养殖日常记录，智能分析生产成绩，并根据数据分析结果，提供"一场一批一策"的饲养管理预案。配套"坐堂兽医"在线一对一技术服务，可在第一时间解决养殖疑难问题，最终实现"生产有记录、饲养有预案、问题有解决",从而让养殖户快快乐乐养好鸡。

（3）实现一键式交易，让养殖场（户）买得放心、卖得舒心、赚得开心。平台提供养鸡所有的生产资料（雏鸡、饲料、药械）和产品（鸡蛋、老母鸡）在线交易服务，将传统的蛋鸡行业商务流程电子化、数字化，降低了交易成本，提高了交易效率，实现"买得放心，卖得舒心，赚得开心"。

（4）建立精准综合服务体系。面对蛋鸡养殖周期长、风险多，养殖户贷款融资难，保险公司服务项目少的情况，"智慧蛋鸡"平台为养殖场（户）和金融保险机构搭建融资和保险桥梁，以平台中沉淀的大量数据资源作为担保依据，养殖场（户）贷款快、利息低，且投保易、赔付快，解决养殖户的资金困难，降低养殖风险。

（5）提高蛋鸡产业效率和效益。智慧蛋鸡的电子商务平台整合雏鸡生产、饲料加工、兽药疫苗、鸡蛋需求企业等方面的资源，为养殖场（户）提供农资集采服务、农产集销服务，解决农民"买什么、什么贵""卖什么、什么便宜"的痛点。同时，为饲料加工、兽药疫苗等农资供应商稳定的客户资源，为鸡蛋需求企业提供数量稳定、质量可靠的鸡蛋产品，从而提高产业交易效率和效益，实现产业链中的多方共赢。

（四）科技创新

2012年，成立企业研发机构——峪禽蛋鸡研究院。研究院是为系统解决蛋鸡产业链"育、繁、推"及服务增值等环节的关键问题而设立的。2013—2017年，研究院主持并完成国家科技支撑计划子课题"优质高产高效蛋鸡新品种选育关键技术研究与示范"、国家863计划子课题"蛋鸡生长、繁殖、蛋品质、抗病、饲料报酬性状的功能基因组学研究"、国家重点专项项目"高产蛋鸡高效安全养殖技术应用与示范"，以及北京市科技计划课题10余项。在国产蛋鸡培育及配套关键技术、产业化推广等方面开展了大量研究工作，获得北京市科技进步奖二等奖3项，北京市农业技术推广奖一等奖2项，全国农牧渔业丰收奖二等奖1项；授权专利55项，其中发明专利21项（均含同族专利），专利授权量占首农集团专利授权总量的10%，列第4位；发表论文139篇，其中SCI论文5篇，中文核心期刊论文42篇。

（五）市场营销及服务模式

峪口禽业公司自1997年开始实施代理制，2009年落实目标合同管理，2015年变代理为超市经理，全面落地线上、线下一体化的全新产业链营销服务模式——流动蛋鸡超市。流动蛋鸡超市是蛋鸡产业互联网线上服务运营的终端，也是线下为所有养殖户提供专业化服务的站点，为中国2亿个养殖场（户）提供雏鸡、饲料、疫苗等高科技产品和疾病诊断、抗体监测、鸡群免疫、营养监控等高科技服务，做到客户需要什么企业就提供什么，实现高科技产品"送货上门"、技术服务"配送到家"、经营管理"服务全程"。同时，超市实施蛋鸡产业链保险，最大限度降低养殖风险，让农民养鸡无后顾之忧，并搭建商品交易平台，使养殖场（户）直接面向集采客户（高校、企业、超市、批发商和零售商等不同群体），线下打通流通环节，解决鸡蛋卖难、价低的问题，打造线上线下一体化的智能服务模式。为保证流动蛋鸡超市快速发展，峪口禽业公司推行以"流动蛋鸡超市"为核心的SHS经营模式，打造事业合伙人，峪口雏鸡代理全部转变为超市经理，让代理由过去的自我发展转变为现在与团队的共同发展，实现销售产品到经营超市、自我管理到团队管理、中间商到服务商3个转变。

■ 第四节 肉 鸡

肉鸡生产是北京农垦禽业板块的重要子项。肉鸡生产起步于20世纪50年代初，但规模化、工厂化生产则在 20 世纪 70 年代后期。在 90 年代初期，逐步形成了以肉鸡育种与扩繁、养殖、屠宰与加工为主要内容的完整的产业链，在满足首都市场供应和带领农村养鸡业发展方面做出了重要贡献。

一、肉鸡产业的发展

北京农垦肉鸡产业从起步时的简单的养殖户、单一经营的养殖场，发展到现在集种鸡繁育、饲料生产、肉鸡饲养、屠宰加工、冷冻冷藏、物流配送、批发零售等环节为一体的产业链，并基本形成了由肉鸡养殖、屠宰分割、鸡肉制品深加工、冷冻、冷藏、物流配送、批发零售等环节构成的肉鸡产业体系，大体经历 3 个发展阶段：

（一）缓慢发展阶段（1949—1973 年）

中华人民共和国成立前，北京郊区饲养的鸡种多为蛋肉兼用型品种，如北京油鸡、柴鸡、杂交鸡等，而并无专门从事肉鸡生产的行业。农民养鸡主要为了产蛋，只有淘汰的产蛋鸡才作为肉鸡食用，偶尔也有一些农户饲养一些公鸡，到过年过节时宰杀或出售。1949 年以后，北京的一些国营农场开始零星饲养一些蛋肉兼用型品种，如澳洲黑、新汉县、芦花等，但数量很少，对市场影响不大。[①] 1952 年，五里店农场（南郊农场前身）在大泡子建成万只规模的养鸡场，这是北京市第一家规模养鸡场，但后因经营不善关闭。同年，双桥农场成立养鸡队。1956 年，北京农业大学实验农场（东北旺农场前身）建立养鸡场。1957 年 11 月 13 日，农垦部为解决北京市鸡蛋和鸡肉供应不足的问题，投资 37.3 万元，在西山聂各庄建立老爷山鸡场，这是国内最早的，也是当时规模最大国营种鸡场之一。1958 年，在南口农场、农展馆农场建场时，同步建立养鸡场。《中国农垦》1959 年第 9 期刊出龙泉寺家禽场以笼养结合放牧方法发展养鸡的经验，被誉为“山区发展养鸡业的一面旗帜”。1959 年春季，南郊农场新建旧宫鸡鸭场、德茂鸡场、钱庄子鸡场，共养鸡 7 万只。至 1959 年年底，老爷山鸡场形成 7 个养鸡队，养鸡总数最高时达 10 万多只，号称“万鸡山”，向北京市和全国各地供应雏鸡。朱德、徐特立、王震等党和国家领导人先后到老爷山鸡场参观视察。

20 世纪 60 年代初期，北京开始大力发展肉鸡专业化生产，主要为了供应外贸出口。当时，全市每年供应出口的肉鸡数量在 100 万～200 万只，在本市销售 20 万只左右。这时的肉鸡生产还没有成为一个产业，全市没有良种基地。外贸部门虽从国外引进过几批父母代良种鸡，由于没有肉鸡种鸡场，引进的肉鸡父母代良种鸡都是粗放饲养，经过连续几代的自繁后，其生产性能已大幅度下降，没有形成基本的良种繁育条件。20 世纪 70 年代，北京农垦大部分农场都建立了鸡场，专业化生产水平有所提高。1972 年，市农林局所属的国营农场肉鸡存栏 1.07 万只，出售商品肉鸡 8.65 万只，其中以西山农场规模最大，存栏占全局的三成。[②]

（二）快速发展阶段（1974—1997 年）

这一阶段出现了 3 个发展的新特点：

1. 由于政府产业政策的支持，加大了投资力度，机械化养鸡快速发展　1974 年 3 月，市革委会召开了中华人民共和国成立以来的第一次养鸡工作会议，提出要加强养鸡工作的领导，“要求到 1974 年年末，全市养鸡达到每个农村人口 1.5 只”的目标；是年 11 月 22 日，市革委会决定成立北京市机械化养鸡场养猪场筹建领导小组，并决定在平谷县和红星人民公社（南郊农场）等 3 处兴建 100 万只

---

① 北京市地方志编纂委员会：《北京志·农业卷·畜牧志》，北京出版社，2007 年，第 95 页。
② 北京市农林局：《北京市国营农场 1972 年统计资料（汇编）》，第 169 页。

鸡的机械化养鸡场。至 1979 年，市农场局系统生产肉鸡 10.57 万只，占全市的 5.4%。1982 年 3 月，市政府号召京郊发展菜田养鸡，按每亩菜田养 10 只鸡的指标下达郊区县，市农场局系统承担菜田养鸡 35 万只的任务。1982 年 5 月，国务院副总理万里视察北京市种禽公司，提出北京市应该建设现代化肉鸡生产体系，尽早解决广大市民吃肉鸡问题。① 是年 10 月，市畜牧局开始动工兴建北京市肉鸡生产联营公司项目；1984 年年底竣工，包括原种鸡场、父母代种鸡场、孵化厂、商品肉鸡示范场、配合饲料加工厂、肉鸡屠宰加工厂和 1 座大型冷库；1985 年试生产；1986 年正式投产。1985 年，以生产、经营肉鸡为主的大发畜产公司成立。1985 年 7 月，卢沟桥农场在永合庄村北建立种鸡场。1988 年 1 月，朝阳农场与中国农林水利工会共同投资，在朝阳农场兴建 20 万只肉鸡场的项目。1994 年 5 月，华都肉鸡联营公司对孵化厅、饲料厂、屠宰加工设备进行配套改造，实现年孵化能力 1 800 万枚，年生产能力 6 万吨，单班年屠宰量 1 000 万只。1995 年 8 月，东北旺养鸡场、唐家岭种鸡场、土井养鸡场和马连洼种鸡场合并为"东北旺农场养鸡场"。是年 8 月，农业部授予西郊农场畜禽公司"全国农垦系统良种试点企业"称号（该公司所属双塔肉鸡场之后划转给养猪育种中心）。至场乡体制改革前的 1997 年，北京农垦有鸡场 52 个，其中国有鸡场 20 个；肉鸡存栏 25 万只，其中种鸡存栏 7.64 万只；出售肉鸡 62.96 万只，出售淘汰鸡 165 万只。

2. 合同养殖模式兴起　1985 年 6 月 10 日，北京市肉鸡生产联营公司在昌平县成立（1988 年 8 月更名为北京华都肉鸡公司），公司采取国营、集体、专业户联合经营、生产、加工、销售"一条龙"，为当年最大的现代化商品肉鸡生产企业。公司与周边农户合作，与农户签约，向农户提供鸡苗、饲料、防疫药品和饲养技术，按预定价格回收成鸡，推动各地养鸡业的发展，带动饲料销售，同时也促进了养殖企业成为独立的市场主体。1994 年，华都肉鸡公司启动扩大生产规模的合作项目，采取由顺义、昌平县政府组织乡镇建场、公司租用场地的合作方式，先后建立了 25 个规模化养殖场。1986 年 3 月，大发公司与密云县西田各庄乡农工商总公司联合建设原种、祖代肉鸡场。1997 年，华都肉鸡公司与昌平、怀柔、平谷地区共 9 个村组织签订扶贫合作协议，建立 100 万只规模的肉鸡养殖基地，发展农民合作养殖户 1 200 多户。

3. 加快对外开放，引进国外优良种禽，与一批外国涉农企业合资、合作　1978 年，西郊农场从东北农学院引进星布罗（加拿大）祖代肉鸡，其商品代性能较以前有明显提高，对郊区肉鸡生产起到了促进作用。② 20 世纪 80 年代中后期，大发公司和华都肉鸡公司与外商先后设立北京家禽育种有限公司、北京大发正大有限公司、爱拔益加公司。1997 年 3 月，中荷畜牧培训中心项目运作，项目内容除了养猪业，还包括建设年饲养 2.5 万只鸡的实验肉鸡场 1 座。该鸡场采取全封闭建设，鸡粪采取无害化处理，可通过干燥加工成颗粒状有机肥。该项目不仅带来了国外的合同养殖模式、先进的育种及养殖技术和管理理念，也大大提升了肉鸡产品的市场竞争力，促进了肉鸡企业面向国际市场、扩大肉鸡出口。1988 年 12 月，家禽育种公司向泰国曼谷出口销售 37 500 套肉用种鸡。这是中华人民共和国成立后第一次向国外出口自主生产的肉用种鸡。爱拔益加公司自 1988 年成立以来，连续从美国安伟捷育种公司引进每一年都有遗传进展的 AA 祖代种鸡和先进的饲养管理技术，生产和销售肉鸡遗传育种中具有最高品质的 AA 父母代种鸡，年饲养祖代种鸡 15 万套，年产父母代种雏 550 万套，是全国主要的肉用祖代种鸡饲养繁育基地之一，产品遍布全国各地。

（三）转型发展阶段（1998—2017 年）

由于多种原因，肉鸡企业成本上升的压力逐步加大，发展鸡肉深加工、开拓国际市场被提上日程。1997 年 12 月，华都肉鸡公司开工建设 1 425 米² 的第一熟食工厂，年加工熟食能力 7 000 吨，使肉鸡公司从以生产鸡肉原料为主的农牧型企业转变成为食品加工企业。1998 年，扩增对日本出口熟

---

① 北京市地方志编纂委员会：《北京志·农业卷·畜牧志》，北京出版社，2007 年，第 96 页。
② 同①：95。

食产品的产销量及品种，全年共出口熟食1 835.14吨，是1997年的2.38倍。同时，开拓国内熟食销售市场，全年内销熟食产品206吨。2002年10月，肉鸡公司投资2 983万元兴建第二熟食工厂，车间内设三条熟食生产线，生产能力5 000吨/年。2003年，肉鸡公司成为国内肉类企业中首家获得国家大通关绿色通道的企业，全年鸡产品出口11 249吨。2004年，华都肉鸡公司出口鸡产品收入已占全部鸡产品营业收入的30.5%。

肉鸡公司大力实施"公司＋基地＋农户"养殖模式，推动农村肉鸡放养工作。2000年放养肉鸡871.2万只，占全年加工肉鸡1 515万只的50%以上。2001年，公司全面退出规模化养殖。北京市要求五环路以内清除养殖区，六环路内限制规模化畜禽养殖区，肉鸡产业"一条龙"企业向外埠转移势在必行，由此华都集团和河北省滦平县政府共同确定肉鸡产业化项目建设计划。2008年6月27日，滦平华都公司肉鸡屠宰加工厂顺利启动，750名生产人员从北京顺利转移到河北滦平。2016年1月15日，首农集团董事会批准华都肉鸡公司退出方案。

二、肉鸡养殖

（一）肉鸡育种

北京农垦饲养肉鸡主要品种有：

1. 艾维茵 艾维茵鸡是美国艾维茵国际有限公司培育的三系配套白羽肉鸡品种。1987年11月，中国首先由家禽育种公司分三批从美国引进原种鸡3.1万只，之后在全国大部分省建有祖代和父母代种鸡场，是白羽肉鸡中饲养较多的品种。艾维茵肉鸡为显性白羽肉鸡，体型饱满，胸宽、腿短、黄皮肤，具有增重快、成活率高、饲料报酬高的优良特点。

2. AA种鸡 AA种鸡是安伟捷公司最早的品牌，也是进入中国最早的品种之一，国内占比达到50%以上。AA鸡能适应各种养殖环境，父母代拥有稳定的生产性能，商品鸡生长速度快，拥有优秀的产肉性能。1988年，北京市肉鸡生产联营公司开始引进爱拔益加（AA）肉鸡祖代种鸡。

3. 科宝500 科宝种鸡是美国科宝公司的主打品牌，其拥有出色的料肉比和较大的胸肉，在美国市场占比60%。2004年11月，家禽育种公司决定加快与美国科宝公司的合作，引进科宝祖代肉种鸡。

4. 哈巴德 哈巴德是法国哈巴德育种有限公司培育的品种，2014年全国饲养占比2.29%。该配套系的特点是白羽毛、白蛋壳，商品肉鸡生长速度快，出肉率高，适合深加工和生产高附加值产品。1983年，原北京市畜牧局从欧洲著名的西德罗曼家禽育种公司引进祖代肉用种鸡，开始了肉鸡育种繁育工作。

1989年，总公司兴建了两个父母代肉鸡种鸡场，使全市形成了肉鸡良种繁育体系。北京市于20世纪80年代初中期建立的肉鸡繁育体系，基本保存在北京农垦系统内（图2-2-10）。

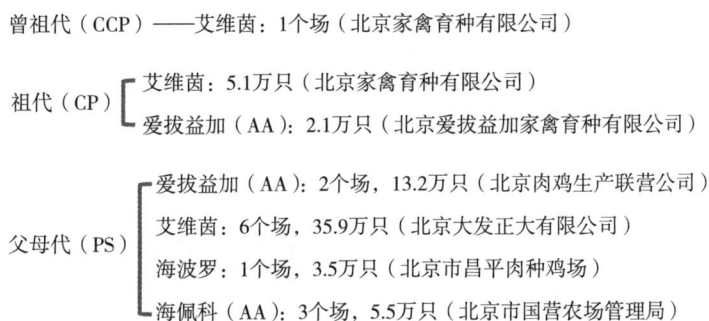

曾祖代（CCP）——艾维茵：1个场（北京家禽育种有限公司）

祖代（CP）
- 艾维茵：5.1万只（北京家禽育种有限公司）
- 爱拔益加（AA）：2.1万只（北京爱拔益加家禽育种有限公司）

父母代（PS）
- 爱拔益加（AA）：2个场，13.2万只（北京肉鸡生产联营公司）
- 艾维茵：6个场，35.9万只（北京大发正大有限公司）
- 海波罗：1个场，3.5万只（北京市昌平肉种鸡场）
- 海佩科（AA）：3个场，5.5万只（北京市国营农场管理局）

图 2-2-10　北京市国有肉鸡良种繁育体系

（二）祖代鸡养殖

1. 产能规模　爱拔益加公司每年从美国引进优秀的 AA＋祖代种鸡，年孵化父母代种雏 650 万套，其中有 90％推广到全国各地。

2. 生产工艺

（1）原种蛋孵化工艺。具体见图 2-2-11。

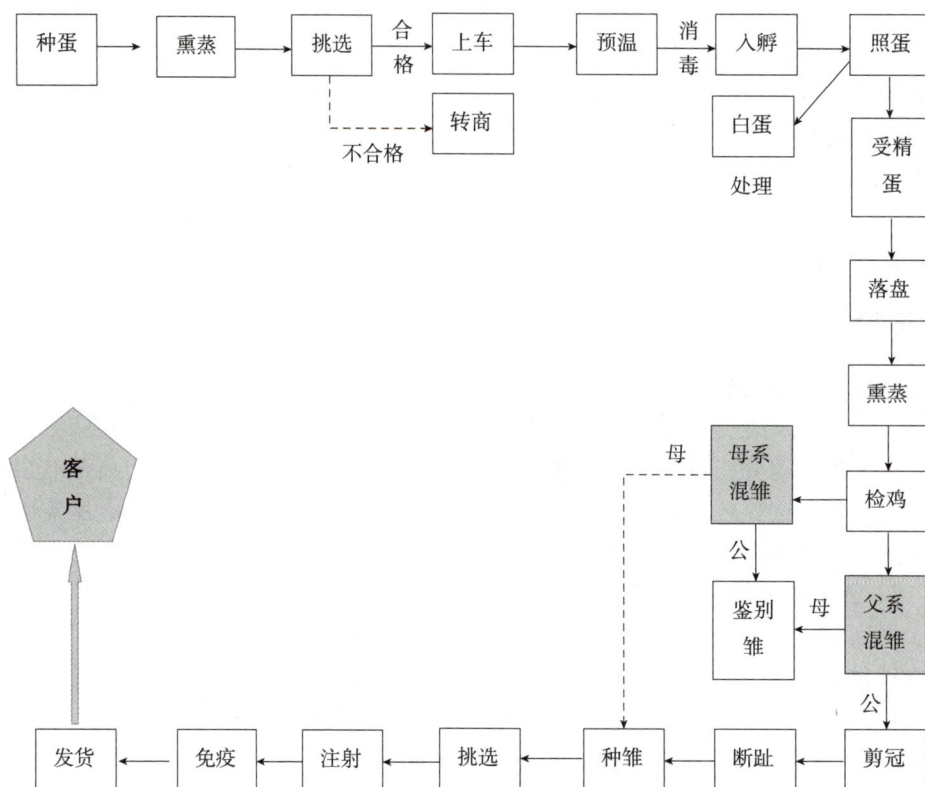

图 2-2-11　种蛋到种雏工艺流程

（2）祖代鸡饲养工艺。具体见图 2-2-12。

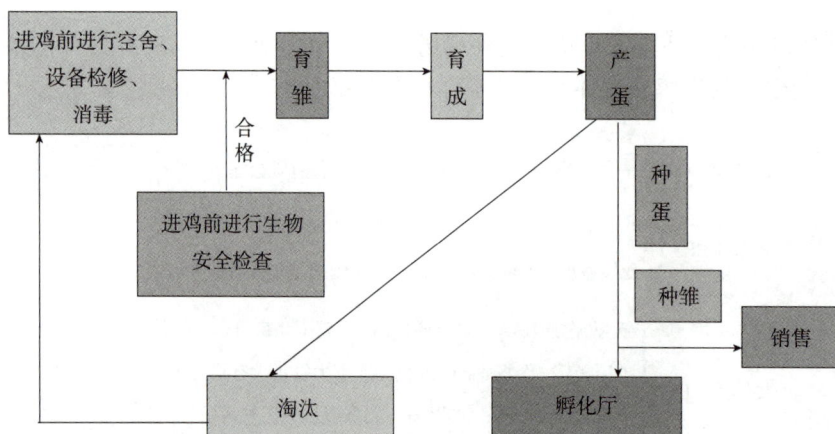

图 2-2-12　主要业务流程

3. 生产指标　华都 AA＋祖代种鸡引种量见表 2-2-26，华都父母代种雏孵化量见表 2-2-27。

表 2-2-26 华都 AA＋祖代种鸡引种量

单位：万套

年份	数量	年份	数量	年份	数量
1995	6.900 0	2003	6.692 4	2011	11.050 0
1996	7.000 0	2004	4.650 0	2012	13.400 0
1997	6.900 0	2005	5.600 0	2013	13.050 0
1998	7.000 0	2006	3.800 0	2014	9.800 0
1999	9.000 0	2007	7.600 0	2015	3.850 0
2000	7.200 0	2008	9.250 0	2016	4.400 0
2001	8.100 0	2009	9.200 0	2017	4.400 0
2002	8.803 6	2010	8.550 0		

数据来源：《北京首农股份有限公司志（初稿）》。

表 2-2-27 华都父母代种雏孵化量

单位：万套

年份	数量	年份	数量	年份	数量
1997	309	2004	395	2011	452
1998	286	2005	384	2012	657
1999	315	2006	400	2013	576
2000	354	2007	429	2014	587
2001	412	2008	449	2015	469
2002	373	2009	453	2016	403
2003	370	2010	500	2017	398

数据来源：《北京首农股份有限公司志（初稿）》。

（三）父母代鸡养殖

1. 父母代种鸡养殖 父母代肉用种鸡场的任务是通过饲养父母代肉用种鸡生产商品代种蛋，以供给孵化厂孵化商品代肉用雏鸡。

（1）生产能力。华都肉鸡公司拥有 7 个父母代种鸡场，年产商品代雏鸡 3 900 万只。河北滦平华都食品公司建设存栏 5.1 万套的现代化 AA＋父母代肉用种鸡场 8 座，年生产种蛋 4 000 万枚。

（2）父母代肉用种鸡的饲养工艺。现代化肉鸡生产体系必须有现代化生产工艺和技术相配套。父母代肉用种鸡饲养管理分期见图 2-2-13，父母代肉鸡养殖工艺流程见图 2-2-14。

育雏期的饲养管理（零日龄至第6周）　育成期的饲养管理（第7周至第24周）　产蛋期生产管理（第25周至第64周）

图 2-2-13 父母代肉用种鸡饲养管理分期

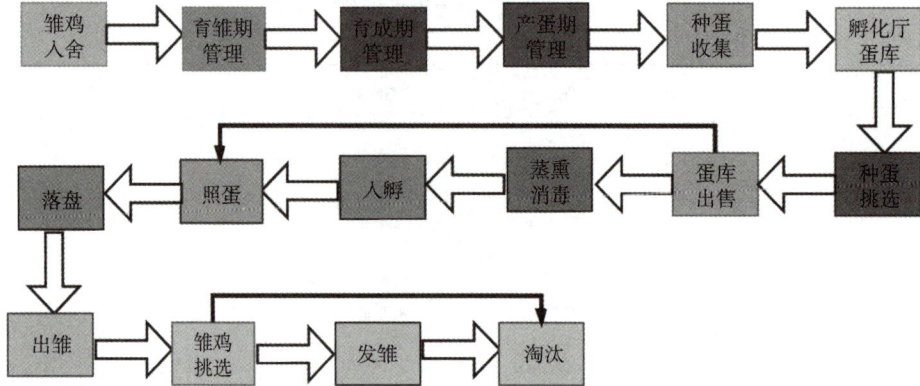

图 2-2-14　　父母代肉鸡养殖工艺流程

（3）生产指标。华都父母代肉用种鸡产蛋情况见表 2-2-28。

表 2-2-28　华都父母代肉用种鸡产蛋情况

单位：万枚

年份	产蛋总量	合格种蛋	年份	产蛋总量	合格种蛋
1985	1 394	1 154	2002	2 777	2 632
1986	879	786	2003	3 475	3 314
1987	1 005	946	2004	3 699	3 591
1988	1 089	1 042	2005	4 103	3 937
1989	898	846	2006	4 349	4 178
1990	1 392	1 261	2007	5 600	5 384
1991	1 586	1 478	2008	6 480	6 147
1992	1 751	1 595	2009	7 600	7 186
1993	2 084	1 890	2010	8 576	8 245
1994	2 246	2 077	2011	8 221	7 806
1995	1 554	1 378	2012	10 309	9 944
1996	1 675	1 477	2013	10 419	9 837
1997	1 952	1 813	2014	11 014	10 383
1998	2 589	2 399	2015	8 750	8 250
1999	2 489	2 434	2016	3 022	2 865
2000	2 496	2 250	2017	4 069	3 785
2001	2 775	2 521			

数据来源：《北京首农股份有限公司志（初稿）》。

2. 商品雏鸡孵化

（1）生产能力。华都肉鸡公司年入孵 AA＋商品肉鸡种蛋 5 000 万枚，出雏率 80％。滦平华都公司年入孵 AA＋商品肉鸡种蛋 4 800 万枚，出雏率 82.5％。

（2）生产工艺。孵化分为自然孵化和人工孵化，而机器孵化是人工孵化的一种，它采用了自动调温、调湿、翻蛋系统，因而操作简便，温湿度容易控制，提高了工作效率，孵化效果良好。

孵化工艺流程见图 2-2-15。

图 2-2-15 孵化工艺流程

（3）生产指标。华都商品雏鸡生产情况见表 2-2-29。

表 2-2-29 华都商品雏鸡生产情况

单位：万只

年份	商品健雏	年份	商品健雏	年份	商品健雏
1985	645	1996	922	2007	4 276
1986	463	1997	1 393	2008	4 818
1987	574	1998	1 871	2009	5 819
1988	654	1999	1 849	2010	6 240
1989	415	2000	1 709	2011	6 390
1990	363	2001	1 970	2012	7 561
1991	529	2002	2 342	2013	7 716
1992	354	2003	2 584	2014	8 638
1993	340	2004	2 645	2015	6 336
1994	463	2005	2 968	2016	2 285
1995	738	2006	3 349	2017	2 983

数据来源：《北京首农股份有限公司志（初稿）》。

（四）商品代肉鸡养殖

1. 生产能力 华都肉鸡公司最多时发展养殖户 3 100 户，年放养肉鸡 2 300 万只；滦平华都公司拥有标准化商品肉鸡备案养殖场 92 个，年放养 4 000 万只商品肉鸡；华都种养殖有限公司建设商品肉鸡饲养鸡舍 4 栋，年出栏 240 万只肉鸡。

2. 饲养工艺 商品肉鸡场的任务是经过 6～8 周的饲养，使 1 日龄的公母混合肉用雏鸡体重达到2～2.3 千克上市。

商品代肉鸡饲养工艺流程见图 2-2-16。

图 2-2-16 商品代肉鸡饲养工艺流程

3. 生产指标 商品代肉鸡放养量见表 2-2-30，商品代肉鸡屠宰量见表 2-2-31。

表 2-2-30　商品代肉鸡放养量

单位：万只

年份	放养量	年份	放养量
2011	6 259	2015	4 784
2012	6 694	2016	2 163
2013	6 714	2017	2 518
2014	6 603		

数据来源：《北京首农股份有限公司志（初稿）》。

表 2-2-31　商品代肉鸡屠宰量

单位：万只

年份	屠宰肉鸡	年份	屠宰肉鸡	年份	屠宰肉鸡
1985	236	1997	1 129	2009	4 143
1986	233	1998	1 334	2010	5 359
1987	319	1999	1 419	2011	5 641
1988	340	2000	1 515	2012	6 022
1989	263	2001	1 815	2013	6 126
1990	258	2002	2 117	2014	5 917
1991	400	2003	2 284	2015	4 670
1992	377	2004	1 944	2016	1 952
1993	275	2005	2 556	2017	2 384
1994	255	2006	3 037	2018	2 252
1995	240	2007	3 136		
1996	495	2008	3 327		

数据来源：《北京首农股份有限公司志（初稿）》。

三、构筑食品安全生产体系

首农股份肉鸡产业在构筑食品安全生产体系方面形成了以下 8 个显著特点：

（一）引进具有最新遗传育种进展的肉用种鸡

首农股份肉鸡拥有 AA＋祖代、父母代、商品代三个代次的养殖鸡群，其中，爱拔益加公司每年从美国引进具有优良遗传特性的 Arbor Acres 祖代种鸡，不断为自身以及国内其他企业提供肉鸡良种。2001 年，家禽育种公司的艾维茵肉种鸡已占国内种鸡市场的 54％以上。通过引进具有最新遗传育种进展的肉用种鸡，确保肉鸡生产性能始终与国际同步。爱拔益加公司建立了 12 个父母代种鸡场，有力保证了公司发展肉鸡养殖所需的良种，即种源好、少生病，从遗传育种的角度保证了鸡群的健康。

（二）研发全价营养饲料

随着肉鸡遗传性能的持续改进，全球最优秀的营养学家不断为新的鸡种开发满足其营养需求的全价饲料。首农股份拥有自己的饲料生产工厂，主要针对 AA＋祖代、父母代、商品代三个代次鸡群的营养需求，以玉米、大豆为主要原料，分别研制了不同生产种群、不同生产阶段的全价营养饲料，建立完善的饲料管理体系，有效地控制饲料的安全性，保证婴儿般的饲料营养供应，即吃得好，从营养的角度保证鸡群的健康。

（三）优良的肉鸡饲养环境

优良的生长环境是确保鸡群健康的重要因素。由于生产周期短，生产效率高，肉鸡是少有的能够获得在环境可控房舍里生产的畜禽。首农股份商品代鸡饲养采用"公司＋基地＋标准化"的肉鸡饲养模式，从源头抓养殖基地的硬件投入，推动标准化小区建设和肉鸡现代化鸡场建设，建立了 124 个标准化备案养殖基地，为鸡群提供别墅般的生长环境，即住得好，从环境的角度保证鸡群的健康。

（四）完善的肉鸡养殖生物安全体系

在商品代肉鸡养殖过程中，建立并不断完善生物安全体系，有效地保证鸡群的健康成长。所有养殖基地都选址在远离市区、群山环绕、拥有天然良好隔离环境的偏远山区。养殖场采用各自独立、全进全出制饲养，执行严格的防疫制度和严格的兽医监测体系，有效切断每批鸡之间疫病传播的可能性，即管得好，从而保证鸡群的健康生长。

（五）严格执行疫病防控体系

在整个养殖环节，建立严格的疫病防控体系，实行三级疫病分级制度和重大疫病四级预警机制。成立防治重大疫情指挥小组和执行小组，制定突发重大动物疫情应急预案。养殖场严格执行场区清理、清扫和消毒程制度，及时灭蚊蝇、灭鼠和防鸟，搭建防鸟网，有效切断候鸟迁徙的病毒传播风险。加强空舍消毒、饮水消毒、出入口消毒、带鸡消毒、环境消毒、车辆消毒、种蛋与孵化消毒等消毒管理。按照《中华人民共和国动物防疫法》，对病死鸡、粪便等严格执行无害化处理，制定疫苗选择程序和免疫操作程序并不断优化，祖代、父母代场按规定进行净化；建立鸡场环境卫生、免疫效果和鸡群疫病监测制度。

（六）养殖场严格执行"五统一"管理

在商品代肉鸡养殖过程中，执行"五统一"管理，即统一供应雏鸡、统一防疫消毒、统一供应饲料、统一供应药物、统一屠宰加工。其中，在防疫环节，公司制定符合当地的科学的免疫程序，选择确实可靠的疫苗，设立专业免疫队，实施精确的免疫操作；统一消毒，制定科学合理的清理、冲洗及消毒程序，并定期对免疫和消毒效果进行监测。在屠宰环节，肉鸡出栏前 3 天，技术人员随机抽取活鸡进行实验室检测；同时，由当地动物防疫监督部门进行产地检疫，合格后方可安排运输；在屠宰过程中，由驻场官方兽医同步进行屠宰检疫。

（七）推进标准化规范化管理

通过推进标准化管理，使肉鸡生产经营全过程的各个要素和各个环节达到规范化、科学化、程序化，建立起企业运转的最佳秩序。为了加强国际交流、提高生产水平、扩大出口，华都肉鸡公司先后引进和建立 ISO 9000、HACCP、ISO 22000、GAP、食品安全可追溯体系和食品安全防护体系等规范化管理体系，其中，2001 年 1 月通过 HACCP（危害分析与关键控制点）食品安全管理体系认证，成为北京地区首家通过 HACCP 体系认证的企业。2002 年，大发正大公司通过由 ISO 9002 转换 ISO 9001：2000 版和扩大范围到各个事业部，涉及雏鸡与种蛋、饲料、肉鸡生熟系列产品的国际质量管理体系认证。华都肉鸡公司从 2006 年 11 月开始运行 CNAS-CLO1（IDT ISO/IEC17025：2005）管理体系，并一直保持和改进。是年，华都肉鸡公司、大发正大公司被国家质检总局首批认定为"出口食品农产品免验企业"。为实现与国际标准接轨，华都肉鸡公司建立完善了可追溯系统，通过建立生产数据库、电子标签等，实现了从种蛋孵化、基地养殖、生产加工到产品市场流通的全程可追溯性。通过扫描包装袋、包装箱上的电子标签，可以详细地了解产品的原料来源、生产日期、保质期等关键信息，一旦某一批次产品出现了质量问题，华都可以在第一时间内全部召回，从而保证华都品牌的信誉。

（八）执行全程监控管理体系

首农股份在养殖、加工过程中，从生产到出厂要经过 18 道检验关。其中，在养殖过程中，要经过种蛋、雏鸡、兽医检验及防疫消毒等 6 道检验关；在产品加工过程中，要经过毛鸡屠宰、兽医检验、中心温度控制、微生物及理化指标检测、异物控制、金属检验、产品放行等 12 道检验关。通过 18 道检验关的把关，做到"不合品，不出厂"，确保产品安全。

为了方便对生产现场进行监控，首农股份建立了视频监控系统。通过安装摄像头，生产管理人员、质量监督人员可以对生产各环节进行全程监控。公司投入上千万元资金，建立具有国际先进设施和检测技术的检测中心，对饲料生产、鸡群养殖、生产加工、流通销售全过程进行检测监控。检测中心建筑面积 700 多米^2，拥有员工 49 人，其中博士 1 人、硕士 3 人、本科 12 人、大中专 25 人，下设饲料检测室、肉品检测室、兽医检测室和公室。饲料检测室主要负责饲料原料及成品料的检验工作；肉品检测室主要进行食品中各项微生物学的检测；兽医检测室主要进行养禽场疫病和宰前肉鸡的喜药残留检测工作。通过对饲料、宰前肉鸡及屠宰后肉品的各项指标进行检测，以保证"从养殖场到餐桌"的食品安全。检查中心配备从美国、日本、丹麦引进的液质联用仪（LC/MS/MS）、高效液相色语仪、气相色谱仪、RT-PCR 荧光仪、生熟度分析仪、凯氏定氮仪、远红外线水分测定仪等国际尖端检测仪器，做到及时对饲料原料和成品料质量、鸡群养殖环境及健康，以及鸡肉中氯霉素、磺胺类、呋喃类等 19 种抗生素和大肠杆菌、沙门氏菌等 16 种微生物进行检测，及时准确地发现鸡肉食品生产加工全过程中可能存在的风险，把好鸡群健康关和食品安全关。

■ 第五节　北京油鸡

北京油鸡又名"中华宫廷黄鸡"，原产地为北京海淀、安定门、德胜门一带，该地区地势平坦，水源充足，土质肥沃，农业生产以粮菜间作为主，是北京油鸡最佳的生长环境。北京油鸡以外形独特、肉味鲜美而著称，是我国珍贵的优良地方鸡种，曾为中国清代宫廷御膳所选用，已有 300 年历史。清代慈禧太后钦点此鸡为宫廷御膳所用，史料中有"太后非油鸡不食"的记载。1949 年，中华人民共和国成立宴会上选用此鸡为国宴用鸡。20 世纪 50 年代，北京油鸡曾输出到东欧国家。

20 世纪 70 年代以来，国外蛋鸡品种陆续被引入中国。国外品种具有生长迅速、产蛋量高、饲料成本低等优势，而北京油鸡一般须达到 100～120 日龄后方可作为商品鸡上市，作为蛋鸡饲养的母鸡年产蛋量仅有 120 枚左右。基于上述原因，养殖户纷纷转养国外鸡种，致使北京油鸡在原产区的养殖数量急剧下降，且出现品种混杂不纯现象，濒临灭绝。为了挽救北京油鸡这一优良鸡种，北京市农林科学院畜牧兽医研究所等单位从 20 世纪 70 年代起，开始从养殖农户中收集鸡种，建立保种场，从而使这一品种得以保存至今。据 1980 年北京市农林科学院畜牧兽医研究所调查统计，产区约有北京油鸡 3 万余只。

随着人们生活水平的普遍提高，城乡居民的饮食方式已经从单纯的满足吃饱转向崇尚优质健康食材和品鉴饮食文化的阶段。北京油鸡也被人们从记忆的尘封中挖掘出来，重新回到餐桌，让老北京人再次品味到儿时的那个味儿，让外地人可以亲尝正宗的京味儿黄鸡。北京油鸡历经百余年前的辉煌、近几十年的衰落，而今终于获得了重生。北京油鸡是中国国家重点保护品种和北京市特需农产品。

一、北京油鸡产业

2005年9月，百年栗园公司成立，这是我国最早规模化饲养北京油鸡的企业。公司建立的"百年栗园柴鸡散养培训示范基地"位于北京市密云县穆家峪镇后栗园村东，占地约266.67公顷，建造厂房86间，有柴鸡养殖大棚40栋、约1.6万米²的鸡舍，基地存栏柴鸡13万只，日产柴鸡蛋6万多枚。区域无任何工业污染，不允许使用任何农药化肥，为完全原始的生态环境。公司依托生态优势，严格按照有机食品的各项标准，保证了所生产的油鸡属于高品质的原生态有机食品。公司注重环境和质量建设，先后通过了环境评估和质量体系认证，荣获"北京市'菜篮子'工程良好级标准化生产基地"称号。公司创造性地提出"山地散养"模式，建立了环境、品种、防疫、工艺、饲料、销售"六统一"的技术推广服务模式，带动农户致富。公司采取"公司＋合作社＋农户"的模式，充分整合自身技术资源，成立专业的技术服务队，为养殖户服务，带动了近百个农户养殖北京油鸡，被授予"北京市农业产业化重点龙头企业"称号。

百年栗园公司山地散养柴鸡蛋、柴鸡遍布北京、上海、广州、深圳、天津、大连、南京、青岛、福州、西安等城市，年销售额近1亿元。2005年9月，注册"百年栗园"商标。2006年12月，"百年栗园"柴鸡蛋、柴鸡肉通过国家有机食品认证。"百年栗园"品牌先后被评为"北京知名品牌""北京市著名商标"，成为深受消费者欢迎的高档有机食品品牌。

2010年，成立北京百年栗园油鸡繁育有限公司。育种板块拥有一个父母代种鸡场，存栏20万套，年孵化能力3 000万只；一个育种中心；一个祖代种鸡场，存栏6万套，可年推广北京油鸡商品肉鸡200万只，商品蛋鸡存栏35万只，年生产北京油鸡鸡蛋3 000多吨。公司重视自主研发，作为北京油鸡养殖规模最大的公司育种研发团队，与北京市农林科学院畜牧研究所合作，经过多年研究、试验，先后培育出具有自主知识产权的新品种（配套系）京星黄鸡103和栗园油鸡蛋鸡，并于2016年荣获农业部颁发的畜禽新品种（配套系）证书。2013年，公司被科技部授予"国家级科技特派员创业链"称号。为了保证投入品的安全、无公害，成立北京百年栗园饲料加工工有限公司，单班产能在4万吨，与市农林科学院合作研发的鸡饲料为有机养殖提供了必要条件。

二、油鸡生产

（一）油鸡的种类及生产特性

1. 蛋用型油鸡　将矮小基因转入北京油鸡，商品蛋鸡节省饲料，体态呈元宝型，羽色淡黄，肉质细腻，肉味鲜美。4周龄重220克，20周龄母鸡重1 200克。5％开产日龄为145～161天，180日龄左右产蛋率达50％，29周龄达到产蛋高峰期，高峰期日耗料为90克/只·天，高峰期产蛋率维持在75％～80％，72周龄入舍母鸡产蛋数为180～190个，平均蛋重50克，蛋壳粉色，少数蛋壳呈淡紫色和浅粉色，43周龄蛋形指数1.30，蛋黄颜色级别为10.0～12.0，蛋黄比例高达31％。

2. 肉用型油鸡　经多年选育，上市日龄和料肉比有很大提高，中速型肉用油鸡上市日龄为70天，上市体重1 410克，料肉比2.46∶1，抗病性好，成活率98％～99％，养殖周期短，经济效益高，且肉质鲜美，适宜山地散养。

（二）北京油鸡的饲养管理

北京油鸡的生产工艺流程见图 2-2-17。

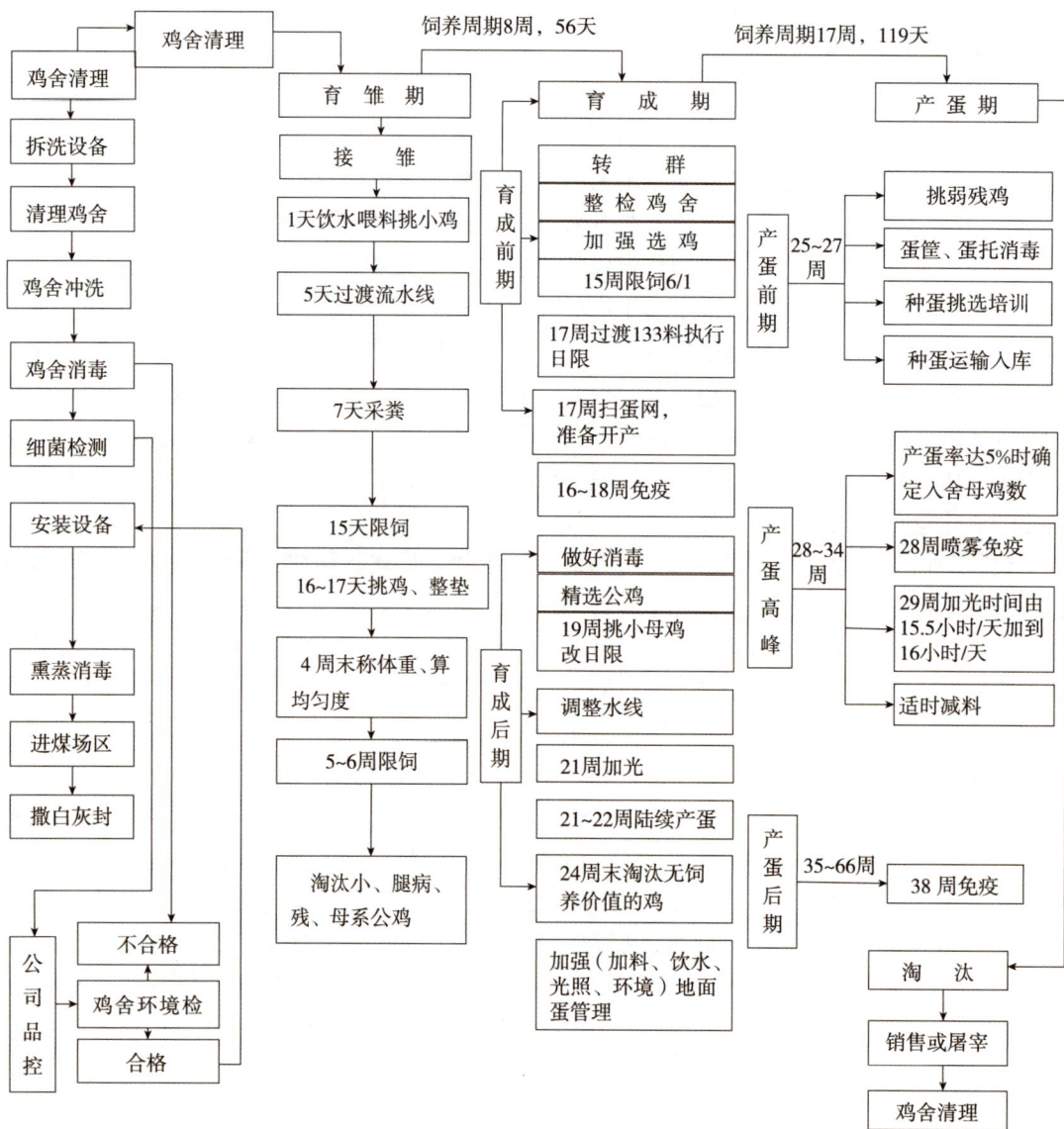

图 2-2-17　北京油鸡生产工艺流程

三、油鸡生产性能及技术指标

商品蛋鸡生产性能见表 2-2-32，商品肉鸡生产性能见表 2-2-33，百年栗园公司油鸡生产指标见表 2-2-34。

表 2-2-32　商品蛋鸡生产性能

指标	数值
开产体重（克）	1 578.8±133.7
72 周末体重（克）	1 740.0±148.9
50%开产日龄（天）	159

（续）

指标	数值
72周饲养日产蛋数（个）	242
产蛋期料蛋比	2.72：1
全程平均蛋重（克）	52.0

表2-2-33　商品肉鸡生产性能

周龄	体重（克）	料肉比
2	170	1.40
4	440	1.26
6	760	1.82
8	1 100	2.37
10	1 410	2.46
13	1 780	2.98

表2-2-34　百年栗园公司油鸡生产指标

产品	年份				
	2013	2014	2015	2016	2017
出产雏鸡（万只）		57.9	139.3	17.3	60.2
产蛋鸡存栏（万只）		18.8	21.2	10.2	7.9
鸡蛋产销量（万枚）	4 378.4	2 181.6	2 948.1	3 328.1	4 395.2
鸡肉产销量（万只）	97.0	103.1	128.1	99.0	130.4

数据来源：《北京百年栗园生态农业有限公司志（初稿）》。

■ 第六节　北 京 鸭

北京鸭是世界著名的肉鸭品种，是享誉盛名的北京烤鸭不可替代的原料用鸭，堪称国宝。经过科研人员和养鸭职工长期的共同努力，北京农垦形成了集良种繁育、肉鸭生产、屠宰、加工、销售于一体的北京鸭产业格局，金星鸭业已成为国内一流的北京鸭育种公司，被誉为北京鸭产业的领军人。金星鸭业品牌已成为"北京鸭第一品牌"。

一、北京鸭简介

（一）品种起源

据文献记载，北京鸭形成于我国明朝时期，距今已有600多年的历史。明成祖朱棣迁都北京，大量漕粮经运河水路北上，随运粮船带来的部分"白色湖鸭"落户到北京东郊。同时，东郊潮白河一代也饲养着一种白鸭，叫"白河蒲鸭"。为了满足宫廷御膳的需要，将东郊的白鸭迁移到西郊玉泉山脚下饲养。京西稻谷丰盛，泉水充沛，水草繁茂，鱼虾成群，且玉泉山地处京西北环山地带，严冬泉水不冻，夏季绿阴凉爽，具有鸭群生长发育的良好自然环境，又经养鸭户长期精心饲养和有意识选择，使其优良性状不断得到提高并稳固下来，逐渐培育成"北京鸭"良种，并逐步成为皇宫的贡品。

（二）外貌特征

1. 北京鸭原种

（1）羽色特征。北京鸭初生雏鸭的绒毛为金黄色，俗称"鸭黄"，随年龄增长，羽色变浅并换羽，成年鸭的羽毛为白色。

（2）喙、胫和脚蹼特征。北京鸭皮肤白色，喙扁平，上下腭边缘成锯齿状，角质化突起，颜色为橙黄色，喙豆为肉粉色，胫和脚蹼为橘红色。母鸭开产后，喙、胫和脚蹼颜色逐渐变浅，喙上出现黑色斑点，随产蛋增加，斑点增多，颜色变深。

（3）头、颈、体型特征。北京鸭体形硕大丰满，体躯呈长方形，前部昂起，与地面约呈30°～40°角，背宽平，胸部丰满，两翅不大，依附紧密，尾部钝齐，微向上翘起。头部卵圆形，无冠和髯，颈粗，长度适中，眼明亮，虹彩呈蓝灰色。

（4）性别特征。北京鸭公鸭尾部带有3～4根卷起的性羽，母鸭腹部丰满，前躯仰角加大。母鸭叫声洪亮，公鸭叫声沙哑。

2. 北京鸭专门化品系　根据市场需求，按照育种目标不同，建立了具有某一突出性能的特色品系。专门化品系在外貌上和原种北京鸭一致，只是在体尺、体重和生产性能上有所差异。

（三）生产性能

1. 种用生产性能　北京鸭成年体重为公鸭3.5～4.0千克，母鸭3.0～3.5千克；开产日龄160～170天；40周产蛋数180～220个；种蛋合格率95％以上；平均蛋重85～92克，蛋壳白色。受精率90％～92％；入孵蛋孵化率77％～83％；初生雏鸭体重51～58克。

2. 肉用生产性能　6周龄体重2.6～3.1千克，料肉比为（2.2∶1）～（2.6∶1）；7周龄体重3.1～3.6千克，料肉比为（2.5∶1）～（2.9∶1）；胸肉率14.5％～15.5％，腿肉率13.8％～14.6％，皮脂率28％～31％。

（四）历史地位及用途

1. 历史地位　据文献记载，北京鸭于1873年首次输入美国，1874年输入英国，很快轰动了西方市场，并冲击了英国爱斯勃雷鸭的销路。当时英国商人用贷款预购北京鸭，并在天津设立了北京鸭收购部，把宰好的北京鸭运往英国，十分畅销。由于国外争相购买，北京鸭的名声愈来愈大，一时供不应求，售价昂贵，有人把它比作"金砖"。1888年，北京鸭被日本引进，1925年又输入苏联。

英国和美国均把北京鸭定为家禽标准品种。自最初引进到现在的100多年间，各国育种专家按照自己的目标，把北京鸭培育成本国的品系或杂交育成新的肉鸭品种。世界著名商品肉鸭都是以北京鸭为主要育种素材或完全用北京鸭选育而成的，如英国樱桃谷公司的樱桃谷鸭、法国克里莫公司的奥白星鸭和奥尔维亚公司的南特鸭、美国枫叶公司的枫叶鸭、澳大利亚的狄高鸭、苏联的莫斯科白鸭等。由于饲养北京鸭收益大，北京鸭被广泛引种，分布于亚洲、欧洲、美洲、大洋洲及非洲的部分地区，北京鸭取代了一些国家原有的鸭种，成为国际性禽肉生产的主要品种之一。经过100多年的昌盛繁衍，北京鸭是标准品种中的佼佼者，被公认为是最优良的肉用鸭种。

2. 用途　北京鸭全身是宝，肉质优良，除用作烤鸭原料外，还能分割胴体各部位供应顾客，也可以加工成其他熟制品，如板鸭、盐水鸭、酱鸭、烧鸭等。北京烤鸭是享有国际盛誉的美味佳肴，具有浓郁的地方特色。鸭蛋可以加工制成咸鸭蛋、松花蛋等。鸭内脏经过加工可制成卤水鸭心、盐水鸭肝、炸鸭胗、烩鸭血、炒鸭舌、芥末鸭掌等，被誉为"鸭八吃"，全鸭宴也由此闻名。除此之外，北京鸭因有纯白色的羽毛，屠宰后可利用优质的羽绒加工成各种羽绒制品，是羽绒制品的上等原料。

二、北京鸭产业的发展

起初，北京鸭的生产规模一直很小，大多以"鸭子房"（即个体养鸭户）的形式分布于玉泉山及小汤山一带，而后逐渐向莲花池、朝阳门外、护城河等城近郊区发展，遍布于内外城周围一带。明永乐14年（公元1416年），便宜坊烤鸭店开业，清同治三年（公元1864年），全聚德挂牌，而后逐步扩大经营，民国时期形成饭店式的店铺。烤鸭的兴起促进了北京鸭的发展，同时奠定了北京鸭的品种特点。1926年，北京的养鸭户有300多家，饲养种鸭约4 500只，每个养鸭户批饲养北京鸭数百只至千只，规模不等。随后英国商人开办的和记洋行，在天津设立北京鸭收购部，收购北京鸭宰后冷藏运回英国，颇受欢迎。于是，到了1932年，英国人就用贷款预购的办法，大量收购京津两地的北京鸭，成了这一阶段北京养鸭史上的兴盛时期。1937年，日本发动侵华战争后，养鸭业逐渐衰退。据1942年统计，北平地区养鸭户仅剩下47家，种鸭只有1 300只左右。到1949年，全市的填鸭生产仅6 000只左右。[①]

中华人民共和国成立后，北京农垦的北京鸭产业发展经历了以下3个阶段：

（一）北京鸭规模化发展的起步阶段（1949—1997年）

1949年北平和平解放后，在政府的支持下，国营农场积极恢复农业生产，北京鸭生产恢复很快。1950年后，由国家投资，在国营农场系统和副食品公司系统建立一批全民所有制的鸭场，如莲花池鸭场、圆明园鸭场、青龙桥鸭场、八一家禽场等。各鸭场单独经营，自由出售。全聚德烤鸭店曾与莲花池鸭场挂钩，定点供货，莲花池鸭场年养鸭增至1万只。1952年3月，彰化农场接收圆明园农场（含牛场、鸭场等）。1952年6月，莲花池鸭场移交八一家禽场。1953年1月，市农林局决定由彰化农场正式接收八一家禽场；9月，八一家禽场又从彰化农场分出，独立经营，专门生产北京鸭。从1955年1月1日起，八一家禽场合并到西郊农场。1956年，农场系统在八一家禽场的基础上成立公私合营北京市家禽孵化场，成为市农林局直属单位，对扩大北京鸭养殖起到了促进作用。1957年1月，《机械化农业》1957年第1期介绍：西郊农场自1954年以后，已向国内外推广北京鸭的种蛋共17 681枚、雏鸭9 634羽，苏联、保加利亚、罗马尼亚等国都从西郊农场引进北京鸭。1957年7月，莲花池鸭场划归公私合营家禽孵化场管理。1958年夏，农展馆农场开始建养鸭场，向公私合营孵化场订购1 500只北京鸭鸭雏。1959年春，南郊农场金星大队在双泡子建金星鸭场，在旧宫建立鸡鸭场；是年底，南郊农场瀛海大队在钱庄子和桃园牛场饲养肉鸭13 595只，其中填鸭783只，其他为喂鸭，开启了南郊农场填鸭生产之先河。双桥农场在鸡队建立养鸭组（后独立为养鸭队），因当年生产取得成绩，被评为北京市先进单位，出席北京市群英会。1959年年底，北京农垦北京鸭存栏达88 850只，出售填鸭91 874只，是北京鸭饲养及销售的最高年份。[②] 1960年，南郊农场建立新建鸭场，北郊农场建立二拨子鸭场、半截塔鸭场；是年4月，双桥农场养鸭队开始生产填鸭。1958—1960年建立的这些养鸭场具有一定规模，实行自繁自养，生产填鸭1万～10万只，一部分产品交售市副食品公司大红门屠宰厂，分级包装，冷冻出口换汇；另一部分产品上市，制成烤鸭或加工成熟食。

从1960年起，由于国民经济处于困难时期，饲料短缺，北京鸭生产受到影响，养鸭规模没有超过1959年，并且还出现下滑的势头。随着国民经济调整结束，农场系统养鸭业开始复苏。1964年，南郊农场金星鸭场生产的活鸭开始销往广州，通过广东外贸部门转销香港。1965年，北京市召开北京鸭生产专业会议，加强了对北京鸭生产的领导，解决了生产中存在的问题，使北京鸭发展较快，当年出售填鸭41.1万只，创历史新高。1966年，延庆农场西关渔场建立小型养鸭场，饲养填鸭2 000

---

① 北京市地方志编纂委员会：《北京志·农业卷·畜牧志》，北京出版社，2007年，第110页。
② 《北京市国营农场管理局统计资料（1950—1985）》，第115、171页。

多只（1972 年西关渔场划归延庆县）。1966 年"文化大革命"开始后，农场系统出售填鸭逐年下降，1968 年下降到 9.4 万只，仅略高于 1959 年。1969 年 6 月，莲花池鸭场 900 只北京鸭出口到香港，带动各鸭场相继通过广州外贸部门出口活鸭，促进了养鸭业的发展。1970 年，农场系统北京鸭存栏首次突破 10 万只大关，达到 10.62 万只，出售填鸭 45.4 万只。

1978 年中共十一届三中全会后，养鸭业实行"全民、集体、个人一起上"的方针，农场系统的养鸭业发展明显提速，是年，南郊农场又建成太和、团河两个北京鸭饲养场。1979 年，农场系统北京鸭存栏首次突破 30 万只大关，达 33.9 万只，出售填鸭 97.6 万只。[①] 1983 年，卢沟桥农场在五里店成立了鸡鸭屠宰厂；同年 8 月，在鸡鸭屠宰厂的基础上，成立北京市卢沟桥东方食品公司，可生产方肉、火腿、烤鸭等，鸭产品的深加工开始起步。1985 年，南口农场在四分场建立北京市南口农场种鸭场，开展北京鸭选育工作，该场逐步成为北京鸭保种育种的专业化基地。

1985 年，国家进一步放开粮食和禽产品价格，养鸭的饲料粮价格上涨，养鸭成本上升较大，对养鸭业造成较大影响，农场系统养鸭规模一度陷入徘徊。是年，农场系统北京鸭存栏 30 万只，出售填鸭 95.6 万只，均未超过 1979 年，但在北京市的权重略有上升，分别占全市的 28.4%、30.9%。[②] 进入 20 世纪 80 年代中后期，中外交流日盛，外国来华旅游、贸易的人数逐年增加，同时，市民消费水平有所提高，带来了北京烤鸭的需求端放量，促进了填鸭供给端的增加。1988 年，总公司系统生产北京鸭 170.6 万只，占全市的三分之一。1990 年，莲花池鸭场北京填鸭产量达到 30 万只，产品通过中国绿色食品中心认证，获得中国首批绿色食品证书。尽管 1992 年之后，饲料粮价格上涨幅度较大，但北京鸭的生产规模却稳步增加。1992 年，总公司北京鸭生产量首次突破 200 万只关口。至场乡体制改革前的 1997 年，北京农垦有国营和集体鸭场 8 家（金星、新建、西红门、东方红、莲花池、双桥、南口、永乐店），北京鸭存栏 31.2 万只，出栏 260.9 万只。

1986—1997 年北京鸭生产情况见表 2-2-35。

表 2-2-35　1986—1997 年北京鸭生产情况

单位：万只

年份	生产量	其中：国有	年份	生产量	其中：国有
1986	129.9	72.8	1992	226.8	152.5
1987	153.6	82.1	1993	244.5	171.0
1988	170.6	96.5	1994	241.7	153.1
1989	175.1	102.9	1995	232.0	155.8
1990	152.0	93.4	1996	223.5	162.1
1991	193.1	122.4	1997	260.9	193.2

资料来源：北京市农工商联合总公司各年度统计资料。

（二）北京鸭专业化生产阶段（1998—2011 年）

1998 年场乡体制改革后，总公司系统内仅有 4 个国有鸭场和 1 个屠宰公司。这些鸭场各自为战，分散经营，重复建设，一体化优势未能发挥。1998 年年初，总公司决定由不同农场管理的 4 个鸭场和 1 个屠宰公司（即金星鸭场、南口种鸭场、莲花池鸭场、双桥鸭场和东方食品公司）组建北京金星鸭业中心。重组当年，东方食品公司、双桥鸭场亏损，莲花池鸭场濒临破产的边缘，仅有南口种鸭场、金星鸭场盈利。全中心商品鸭年出栏量只有 120 万只左右，亏损 154 万元。经过近一年的努力，莲花池、双桥鸭场经营步入正轨，生产开始上升。1999 年，金星鸭业中心出售商品鸭近 200 万只，

---

① 北京市国营农场管理局：《北京市国营农场管理局统计资料（1950—1985）》，第 155 页、179 页。
② 根据北京市国营农场管理局《北京市国营农场管理局统计资料（1950—1985）》第 167、184 页以及《北京志·农业卷·畜牧志》第 111 页的数据计算。

销售收入达 6 036 万元，实现利润 80 万元，企业扭亏为盈。

2000 年，金星鸭业中心提出"低成本扩张，走快速发展之路"的发展思路，大胆调整养殖模式，采用"五统一"和"订单式"的养殖管理模式，开始把产业链条中技术含量相对较低的雏中鸭和父母代种鸭饲养环节放给农户饲养。通过"公司＋农户养殖基地"的管理模式，大力发展农户养殖，形成了"养殖—收购—销售"的良性化、效益化市场链，实现了公司和农户的双赢。由于农户抵御市场风险的能力较低，为帮助农户有效规避市场风险，中心建立了一整套服务体系，特别是合理的收购制度，采用先供雏、供料，鸭子养成出栏后再和农户结账的方式，在父母代种鸭基地、中鸭养殖农户基地、饲料供应商三者间搭建起资金周转的桥梁，有效解决了农户启动资金不足的问题。针对季节养殖的特殊性，实行了冬季雏鸭和中鸭取暖费补贴，夏季填鸭高温费补贴政策，保证农户养殖基地的利益。同时，金星鸭业中心纵向延伸产业链，组建自己的烤鸭店，并先后接管德胜饭店、新建青翠烤鸭店，拓宽市场终端渠道，提高市场占有率。

2002 年，金星鸭业中心对企业内部资源进行再次整合，把双桥鸭场并入金星鸭场。中心分别对南口种鸭场、双桥鸭场、莲花池鸭场西场、金星鸭场太和分场、金星鸭场饲料库等进行改造，投资 1 016 万元，改扩建工程 1.83 万米^2，并完成东方食品公司拆迁改造项目的选址工作。

2003—2004 年，"非典"与禽流感疫情给金星鸭业中心带来严重的冲击。尽管金星鸭业中心没有发生禽流感，但由于企业的产品市场结构以北京鸭生鲜市场为主，企业冷冻及冷藏的能力不足，鸭子卖不出去，大量产品囤积滞销。"非典"与禽流感疫情过后，金星鸭业中心的产品销售迎来高峰。2004 年，商品鸭生产突破 300 万只大关，达到 346 万只，销售收入突破亿元大关，实现销售利润 400 万元。

2005 年，三元集团与全聚德集团强强联手，组建全聚德三元金星食品有限责任公司。该公司作为鲜冻产品供应基地，打造北京鸭系列产品，成为国内规模最大、工艺最先进的现代化北京鸭屠宰加工厂暨鸭系列熟食品生产基地，使北京鸭产业步入了一个新的发展时期。同时，与之匹配的第一个出口产品北京鸭养殖示范基地正式开工建设，并于 2005 年 6 月底竣工投产。到 2005 年年底，即"十五"期末，商品鸭产量迈过 400 万只台阶，达到 436 万只，比"九五"期末翻一番；总资产 1.84 亿元，固定资产 1.3 亿元，分别是"九五"期末的 3 倍和 4.3 倍，初步实现做大做强北京鸭产业的目标。

2006 年，本着全方位的市场销售管理网络原则，金星鸭业中心组建销售公司。同年，"三元金星"鸭产品出口实现重大突破，第一批 1 200 只鸭胚运抵香港。为了继续实现"低成本扩张，走可持续发展"之路，金星鸭业中心成立养殖发展公司，组建专业的技术服务人员，全程为农户服务，实现双赢，共同促进北京鸭产业的快速发展。

2007 年 10 月，金星鸭业中心与北京奥运会组委会签订协议，成为 2008 年北京奥运会第一批食品供应备选企业。金星鸭业中心作为国内唯一的奥运会北京烤鸭原料供应商，从 2008 年 7 月 17 日—9 月 20 日，共为北京奥运会、残奥会供应 8 万多只北京烤鸭原料。

2009 年 9 月，承德鸭业公司北京鸭屠宰加工项目在滦平县竣工投产。项目总投资 1.23 亿元，包括承德三元公司投资 1.06 亿，建设年屠宰加工能力 500 万只的北京鸭屠宰加工厂和北京鸭原种资源保护场各 1 座；三元种业投资 1 666 万元，建设年加工能力 5 万吨的北京鸭专用饲料加工厂 1 座。是年，三元集团同意对金星鸭场原有屠宰加工车间进行异地改扩建，建设年加工 500 万只的北京鸭屠宰加工厂 1 座。2009 年年底，金星鸭业中心有 13 家养殖企业，分布在昌平、大兴、通州等区县，其中 6 家地处大兴区，分别是莲花池鸭场、怡乐鸭场、青云店鸭场、金星鸭场、太和鸭场、牛坊鸭场，这 6 家企业占全部产量的 70％以上。至 2011 年年末，基本形成完整的北京鸭产业链，构筑了"种鸭、填鸭、加工"三足鼎立的产业布局，拥有国家级北京鸭良种繁育基地、全国最大的北京鸭商品养殖基地、全国最大的北京鸭屠宰加工暨熟食品生产基地，发展成为名副其实的集北京鸭育种、养殖、屠宰、加工、销售为一体的中国最大的北京鸭产业集团，成为行业内公认的"北京鸭产业的领军人"。

1998—2011 年金星鸭业中心北京鸭生产销售情况见表 2-2-36。

表 2-2-36　1998—2011 年金星鸭业中心北京鸭生产销售情况

单位：万只

年份	种雏销量	商品鸭产量	商品鸭销量
1998	3.21	154.09	158.70
1999	8.95	198.68	198.22
2000	14.85	217.98	212.14
2001	14.27	221.56	229.71
2002	15.89	253.74	249.12
2003	15.53	292.11	306.91
2004	20.00	346.00	340.00
2005	30.80	436.71	383.73
2006	35.40	487.59	640.00
2007	48.60	632.93	761.02
2008	43.00	691.59	832.39
2009	25.60	699.26	839.14
2010	24.10	616.06	850.86
2011	31.80	648.70	824.41

资料来源：北京金星鸭业有限公司志书。

（三）北京鸭产业升级阶段（2012—2017 年）

2012 年 11 月，北京金星鸭业中心改制为北京金星鸭业有限公司。2012—2017 年，金星鸭业进入北京鸭产业升级阶段，主要表现在以下 4 个方面：

1. 完善企业组织布局和业务板块，打造完整的北京鸭产业链　金星鸭业公司坚持"发展'两头'（即北京鸭良种繁育及屠宰深加工），带动中间（即养殖环节）"的发展思路，逐步完善"一个种源中心、三个屠宰加工基地、多个商品鸭养殖场"的企业组织布局，延伸了北京鸭产业的价值链、供应链。北京鸭产业的三大业务板块是：

（1）种质资源板块。种质资源板块包括一个北京鸭研究所、一个育种基地和多个规模化种鸭养殖场。一个育种基地是指北京南口北京鸭育种中心有限公司（原北京南口北京鸭育种中心），担负着国家赋予的北京鸭保种和良种繁育推广的双重历史使命与神圣职责。育种公司种鸭存栏 6 万多只，拥有烤炙型和分割型两个推广配套系，其中烤炙型北京选育是北京鸭育种工作的核心，烤炙型北京鸭主要用于填鸭生产。育种公司承担多项国家北京鸭科技攻关课题，率先采用 B 超测定鸭胸肌厚度选择胸肉率的方法，使常规育种技术有新突破；与中国农业大学合作绘制出第一张鸭遗传图谱，进行了主要经济性状的基因定位，为开展北京鸭分子生物育种工作奠定了基础。育种中心采用常规育种和生化、分子遗传标记手段相结合的方法，先后选育出 10 余个北京鸭专门化品系。自主培育的南口 1 号北京鸭通过了国家畜禽品种审定，生产性能突出，适用范围广、抗病能力强，成为我国最适合集约化、规模化饲养的烤制型肉鸭品种，推广到本市及全国 20 多个省、自治区、直辖市。

（2）屠宰加工板块。三个屠宰加工基地是金星鸭业产业链的中坚力量。北京金星鸭业有限公司金星分公司、北京全聚德三元金星食品有限责任公司、承德三元金星鸭业有限责任公司共同组成了全国最大的北京鸭屠宰加工暨熟食品生产基地。三大屠宰基地集北京鸭屠宰加工、冷冻储存、销售为一体，年屠宰加工能力达到鲜冻产品 1 500 万只。

（3）商品鸭养殖板块。金星鸭业一直采用"自有基地填鸭养殖＋合作基地中鸭养殖"的模式，拥有 5 个规模化自有填鸭养殖基地和多个合作中鸭养殖基地，年出栏优质北京鸭 1 300 多万只。在国家农业产业化政策指导下，积极发挥龙头企业带动作用，采用"五统一"的管理模式，带动企业化农户和家庭农场发展北京鸭养殖，繁荣地方经济。

2. 主动融入京津冀协同发展，调整企业空间布局 金星鸭业公司根据北京市政府关于"疏解腾退促提升"的要求，初步完成产能外移、企业空间结构调整的任务。继在河北省滦平县建立养殖、加工基地后，从 2012 年开始，陆续把北京市地区内太和养殖基地、金星养殖基地、莲花池养殖基地、青云店养殖基地外迁，在河北省廊坊地区建立起安育养殖基地、京顺养殖基地和鑫维养殖基地。这 3 个基地全部饲养公司自主培育的北京鸭。其中，安育养殖基地总投资 2 808.36 万元，拥有标准化鸭舍 33 栋，养殖面积 2.56 万米^2，年出栏北京填鸭 130 万只；京顺基地总投资 1 588.53 万元，拥有标准化鸭舍 24 栋，养殖面积 2.6 万米^2，年出栏北京填鸭 150 万只；鑫维养殖基地总投资 1 432.52 万元，拥有标准化鸭舍 27 栋，养殖面积 2.94 万米^2，年出栏北京填鸭 150 万只。这 3 个养殖基地可带动农户 200 户，直接或间接提供就业岗位近 1 000 个。2017 年年底，金星鸭业在京郊及周边地区发展北京鸭父母代养殖孵化基地 11 个，发展商品鸭养殖农户 300 多户，每年可为农户增加收入 4 000 多万元。

3. 大力发展绿色养殖，向环境友好型企业迈进 金星鸭业秉持"标准管理、综合防治、绿色发展、生态友好"的环保理念，走出了一条绿色养殖、清洁生产、环境友好的发展新路。

（1）在养殖资源开发方面。着重提升自有新建养殖场的规模化、规范化建场水平，提升养殖基础设施的现代化、智能化、绿色养殖环保水平，建立配套的废弃物收集、处理和利用设施。同时，在发展合作中鸭养殖农户的过程中定标准、提门槛，逐步淘汰小散户，促使合作养殖户向家庭式农场和企业化农户转变。

（2）在养殖模式创新方面。金星鸭业从 2012 年开始对发酵床养殖模式进行探索试验，这项技术在肉猪养殖上的应用已较为成熟，但在水禽养殖上的应用一直处于空白。自 2012 年以来，金星鸭业全部养殖基地逐步实现发酵床技术在养殖场的推广应用，使得鸭群粪便得到及时的发酵分解，有害气体排放量和污水排放量有效降低，进而降低了鸭舍有害气体含量和疾病传播概率，实现了北京鸭发酵床养殖技术新突破。

北京鸭发酵床养殖模式是根据微生物发酵理论，在圈舍内铺设稻壳、锯末、发酵剂等，混合组成一定厚度（30～40 厘米）的垫料，动物饲养在上面，其粪便等排泄物持续与垫料混合，经微生物发酵、降解、转化，实现粪污的无害化降解。垫料发酵后可制作优质的有机肥料，从而实现种养结合、循环发展。生物发酵床养殖模式还可减少圈舍内有害气体的含量，降低疾病传播的概率，提高动物群体健康水平，提高产品的质量和安全水平，最终达到生态养殖的目的，同时，节约垫料资源以及因清粪带来的人工成本。

（3）在节水改造方面。屠宰加工厂加大中水回用，确立循环经济思路，养殖基地将老式饮水器全部改造成高效乳头式饮水器和"定时给水＋浮漂"饮水器，同时探索"种养结合"模式，发展北京鸭养殖。养殖和加工厂的废水经过沉淀、化学处理和过滤后成为中水，水资源的循环利用率有效提高，节水量可达 90%。

（4）在污水治理方面。养殖场和屠宰加工厂全部建立污水处理站或污水处理设施，通过沉淀池、调节池、生化处理池及膜生物反应器处理系统等进行深度处理，提高废水处理能力，降低污染物排放浓度，实现达标排放。

（5）在清洁能源改造方面。开展屠宰加工厂、育种场生产使用的大型天然气锅炉改造工程，养殖场宿舍、食堂生活使用的电锅炉改造工程，基本实现生产生活无煤化。此外，主动进行养殖户清洁能源供温模式研究，引导带动合作养殖户改用醇基燃料作为替代能源。2017 年年底，金星鸭业的合作养殖基地环保设施升级改造取得突破进展，已完成清洁供温设备升级改造的合作养殖基地达 182 个。

4. 把传统的养殖企业打造为国际化的企业集团 金星鸭业从"十一五"时期开始实施新的发展战略，其目标是把北京鸭产品打造为"中国名片"，把传统的养殖企业重塑为国际化的企业集团，以实现北京鸭传统产业质的提升。

金星鸭业作为全国最大的北京烤鸭原料生产企业，不仅向全聚德、大董、九花山、四季民福等90％以上的北京市中高端烤鸭店供应原料，还与知名的新零售代表盒马鲜生开展深度合作。在2008年北京奥运会及残奥会、2010年广州亚运会、2014年 APEC 会议、2017年"一带一路"峰会等重要国际会议和重大体育赛事中，金星鸭业高质量圆满完成供应任务。在北京烤鸭扬名世界的同时，也提升了金星鸭业作为烤鸭原料专家的国际知名度。在国际化发展方面，金星鸭业大力开拓国际市场，积极开展出口业务，与缅甸、伊朗、印度尼西亚、蒙古、格鲁吉亚等多个国家建立了长期的业务合作关系。

2016年6月，金星鸭业公司正式纳入首农股份管理。我国是最大的鸭养殖国，也是鸭产品生产和消费大国，种鸭繁殖是鸭产品产业链中盈利水平最高的环节之一，也是决定鸭产品质量和市场的核心环节，但是我国核心育种和种鸭繁育技术依然由国外企业掌控，其中全球肉鸭70％的市场份额被 Cherry Valley Farms Limited（英国樱桃谷农场有限公司）所拥有。为践行我国打造民族畜禽种企的战略，增强我国育种方面的储备及研发能力，首农股份与中信农业基金合作，决定收购英国樱桃谷农场有限公司全部股权。2017年9月11日，首农股份与中信农业基金在北京宣布，以15亿元的价格合作收购 Anatis UK Limited 的100％股权及其持有100％股权的 Cherry Valley Farms Limited（英国樱桃谷农场有限公司）。前身为"北京鸭"的英国"樱桃谷鸭"鸭种长期占据着我国肉鸭市场超八成的份额，英国公司长期凭借育种技术专利获取高额利润。此次收购是我国动物育种行业第一次跨国收购，标志着这个百年前流失的品种已经通过海外并购回归中国，育种技术和专利权由我国全部掌控，挽回了物种流失造成的巨大损失，将有助于中国鸭业站在行业制高点，由此获得全球鸭种市场的话语权，对中国的农产品安全产生巨大影响，在政治、经济、社会各方面意义重大。2012—2017年北京鸭生产销售情况见表 2-2-37。

表 2-2-37　2012—2017 年北京鸭生产销售情况

单位：万只

年份	种雏销量	商品鸭产量	商品鸭销量
2012	17.91	683.27	834.14
2013	19.48	749.23	853.52
2014	14.80	782.32	935.06
2015	17.71	817.36	920.84
2016	14.55	877.65	961.66
2017	14.30	859.15	944.72

资料来源：北京金星鸭业有限公司志书。

三、北京鸭产业的生产体系

（一）保种育种

1. 保种 1992年，农业部农垦局同意在南口农场种鸭场的基础上成立北京鸭育种中心。1993年，该场被定为"国家级重点种禽场"。1995年8月14日，农业部下发《关于公布全国农垦系统"三百工程"首批试点企业名单的通知》（农垦发〔1995〕10号），批准北京鸭育种中心（鸭）为全国农垦系统良种试点企业。为了适应系统内鸭业资源重组和做好北京鸭保种育种工作，1998年12月，总公司批准在北京南口农场种鸭场的基础上成立北京南口北京鸭育种中心。北京南口北京鸭育种中心承担着北京鸭保种任务，每年对4个北京鸭保种群进行原地活体保种，每年每个保种群留种母鸭不少于300只、公鸭60只；提供合理的饲料营养和饲养环境，规范饲养管理，严格执行防疫制度，保证鸭群的健康生产；同时，做好各项生产性能数据的记录和分析。2003年7月，南口北京鸭育种中心的"北京鸭品种保护项目"列入农业部畜禽良种补贴专项支持计划。2008年7月7日，农业部1058号公告颁布第一批国家级畜禽遗传资源保护场名单，被认定为"国家级北京鸭保种场"的全国只有两家单位，即北京金星鸭业中心北京南口北京鸭育种中心和中国农业科学院畜牧兽医研究所。根据农业部1058号公告，2009年11月，农业部畜牧司和全国畜牧总站举办"国家级畜禽保种场、保护区和基因库授牌仪式"，南口北京鸭育种中心被农业部授予"国家级北京鸭保护场"牌匾。2010年11月28日，市政府发布《关于2010年度北京市科学技术奖励的决定》，中国农业科学院北京畜牧兽医研究所与金星鸭业中心合作完成的"北京鸭种质资源创新与应用"获北京市科学技术进步奖一等奖。2012年1月，农业部批准北京鸭资源场建设项目可行性研究报告。北京鸭资源场建设项目属于改扩建性质，建设单位为北京金星鸭业有限公司，建设内容为建筑安装工程及配套设备、工器具等，建设地点在房山区琉璃河镇。项目总投资610万元，其中中央支持资金180万元，企业自筹430万元。2015年12月，依据《农业部关于北京鸭资源场等19个畜禽遗传资源保护场建设项目可行性研究报告的批复》（农计函〔2011〕221号），市农业局组织召开畜禽良种工程验收会，对列入中央良种工程项目的北京鸭资源场建设项目进行验收，北京鸭资源场顺利通过验收。

2. 育种　20世纪60年代以前，北京没有专门进行育种（或选种）的种鸭场。种鸭与商品鸭的来源基本相同，各个鸭场自繁自养，定期到外场外地调换种公鸭以更新血缘，有的场甚至完全从填鸭中选留，也不进行人工强制换羽。种鸭8～9个月才开始产蛋，受精率在80%左右，公母配种比例1∶4，种鸭一般利用3年。

北京鸭的现代育种工作从1963年开始，由中国农业科学院畜牧所和北京市农业科学院畜牧兽医所共同执行，在农业部拨款建设的种鸭场先后组建两个血缘不同的生产性能测定基础群，各经一年的测定后建立两个品系并开始连续继代选育，计划形成配套系。英国樱桃谷农场的肉鸭育种工作起步于1958年，我国首次由政府支持的、有计划的北京鸭育种与其在时间上大约推迟了5年。

1973年9月，北京市确定了6个北京鸭选育点，其中农场系统占2个，即双桥鸭场、莲花池鸭场，由市畜牧局主持，市农业局（当时国营农场的上级单位）、市粮食局、市外贸局、市二商局协同进行。在现代遗传学的理论指导下，采用闭锁群家系继代选育方法培育种鸭，优良种鸭在生产中得到应用，结束了自繁自养、鸭场间定期交换公鸭避免近亲繁殖的留种历史。

1974—1979年，中国农业科学院畜牧所、北京市畜牧兽医站、北京市农场局和北京市副食品公司等单位对双桥、莲花池、前辛庄、东沙屯、圆明园、西苑等鸭场种鸭进行按场系的选育。以1974—1975年（生物学年度）为零世代，共进行了4～5世代的选育。其中，双桥鸭场1世代产蛋215.08个，4世代产蛋248.67个。与其他种鸭场相比，双桥Ⅰ系、Ⅱ系是选育出的高产蛋良种。1979年，双桥Ⅰ系的主要生产性能为：50日龄仔鸭体重1.89千克，年产蛋283个；6世代7周体重为2.38千克，105只母鸭年产蛋量平均为296个。双桥Ⅱ系的主要生产性能为：50日龄仔鸭体重2.4千克，年产蛋261.2个；8世代7周体重为2.68千克，母鸭年产蛋量平均为297.6个。[①]

1981年10月，农垦部委托市农场局召开北京鸭双桥Ⅰ系鉴定会，全国26个单位的50名专家、教授和科技人员参加会议，北京鸭双桥Ⅰ系通过鉴定。1982年3月，在全国农垦系统第四次科技工作会议上，双桥农场鸭场、市农场局畜牧水产处合作完成的"北京鸭双桥Ⅰ系"获农垦部科技成果奖二等奖。1985年8月，总公司畜牧处和双桥农场种鸭场合作完成的"北京鸭双桥Ⅱ系选育"获农牧渔

---

①　北京市地方志编纂委员会：《北京志·农业卷·畜牧志》，北京出版社，2007年，第115页。

业部 1985 年度科技进步奖三等奖：是年 12 月，双桥农场种鸭场袁光斗和农场局畜牧处杨学梅等人完成的"北京鸭双桥Ⅰ系选育"获得 1985 年度国家科技进步奖三等奖。总公司畜牧处、双桥农场合作完成的"北京鸭双桥Ⅱ系选育"获得农牧渔业部科技进步三等奖。

"七五"期间，北京市农场局畜牧处和南口种鸭场承担国家科委"七五"重点科技攻关项目，成功培育出北京鸭南口Ⅲ系和Ⅳ系两个专门化品系，并组建配套系进行推广。该成果于 1991 年通过专家鉴定，并荣获 1992 年北京市科技进步一等奖。

"八五"期间，继续承担国家科委重点科技攻关项目，与中国科学院遗传研究所合作完成鸭血清抗体制备，利用血型测定计算北京鸭品系间遗传距离研究，探索 B 超在北京鸭活体鸭肉厚度测量的应用，建立鸭胸肉选择新方法，培育出北京鸭Ⅴ系和Ⅵ系，项目顺利通过国家科委组织的专家验收。

"九五"至"十一五"时期，北京农垦的北京鸭育种水平进一步提升，金星鸭业中心先后开展了烤炙型和分割型北京鸭新品系的选育和配套利用工作。如，2001 年 10 月，由三元集团总公司、北京南口北京鸭育种中心共同完成"北京鸭南口新品系培育及配套组合建立"项目获北京市科技进步三等奖。2003 年 9 月，金星鸭业中心承担的国家"十五"期间农业科技成果转化项目——"优质北京鸭良种繁育技术体系中试与示范"项目获得财政部拨付的专项支持资金 70 万元，该项目于 2006 年 9 月通过市科委专家组验收。2005 年 8 月，由金星鸭业中心组织实施的"分子标记技术在北京鸭专门化品系培育中的应用"课题获得市科委项目支持资金 100 万元。是年，金星鸭业中心与中国农业大学合作建立北京鸭资源群体，制作了首张高密度遗传图谱，并克隆了生长、繁殖、肉质性状主效基因，在此基础上开始建立分子标记辅助育种模型，并开始应用于北京鸭新品系的培育。2006 年 5 月，农业部"948"项目管理办公室组织有关专家对金星鸭业中心承担的"引进樱桃谷鸭，提高中国肉鸭生产水平"项目进行验收，并获一致通过。是年 6 月，南口北京鸭育种中心培育的"南口 1 号北京鸭配套系"获得农业部《畜禽新品种（配套系）证书》。2007 年 4 月，金星鸭业中心和中国农业大学共同承担的"分子标记技术在北京鸭专门化品系培育中的应用"课题通过市科委专家组验收。2009 年，金星鸭业公司进入国家水禽产业技术体系，成为北京综合试验站，重点承担北京鸭育种和肉鸭饲养工艺研究与示范的任务。

2011 年 1 月至 2015 年 12 月，金星鸭业承担国家科技支撑计划"优质高产高效家禽新品种（系）选育与关键技术研究及示范"项目的子课题——"优质高产高效肉鸭品种选育关键技术研究与示范"；2014 年 1 月至 2016 年 12 月，主持市科委重点课题——"优质北京鸭品种改良及选育"。两个课题的主要内容有：采用北京鸭纯系繁育、杂交、横交固定等技术，分别建立高胸肉率、高饲料报酬的品系和高皮脂率的专门化品系；利用闭锁群家系选育的方法和标记辅助选择的方法，建立 4 系配套的肉脂型与瘦肉型北京鸭繁育体系；与广州广兴公司、中国农业大学动科院一起研发肉鸭个体饲料报酬测定设备，并应用于北京鸭育种实践；研究北京鸭胸肌、皮脂、饲料转化效率、产蛋性能等早期常规选种技术；分离鉴定与北京鸭胸肌发育、脂肪沉积、饲料转化效率、产蛋性能紧密相关的主效基因 2～3 个，建立北京鸭重要经济性状的分子标记 2～3 个；探索北京鸭全基因组选种技术方法，特别是研究建立改善北京鸭饲料转化效率的育种技术与方法。课题分别达到预期目标，顺利通过主管部门验收。2017 年 12 月 7 日，北京金星鸭业有限公司院士专家工作站成为首批通过中国科协认证审核的院士专家工作站，为公司育种研发提供智力支持。经过几代人的不懈努力，北京农垦在北京鸭育种扩繁方面已形成规范、完整的技术体系。在育种手段上，不断更新和改进，逐步使用血型分析、DNA 指纹、RAPD、微卫星标记等生化和分子遗传标记来辅助北京鸭的常规育种，已跻身国内北京鸭育种最前列。

（二）养殖工艺技术

1. 北京鸭养殖技术的演进　北京鸭特有的填饲养殖技术是北京鸭养殖技术的标志性优势，也是北京鸭产品比普通肉鸭产品更具市场价值的技术诀窍。但郊区北京鸭传统的饲喂方法是将土面、玉米、小米、绿豆面烫成半熟，和稠，用手搓成长度5～6厘米、直径2～3厘米的长条状"剂子"，将"剂子"填入鸭嘴中，1人可养50～80只鸭。一昼夜填4顿，手工操作填喂，劳动强度大、速度慢、生产量少，填鸭日龄长，后减至一日三顿、两顿。填鸭出栏日龄在90天以上，体重仅2.25千克上市，生长1千克体重耗料9千克左右。育雏采用篓育，每个小篓放20余只鸭苗，20天时出篓在地面饲养，直至出栏。后来改为全程地面饲养，铺垫稻草、幼鸭炉火取暖，孵化由勤鸡（爱抱窝的鸡）孵化改为炕孵。在全市专门进行育种（或选育）的种鸭场，种鸭采取放养方式饲养，公母比例（1∶3）～（1∶4），种公鸭利用率低，成本高，种蛋受精率低，人工孵化，孵化率、出雏率都不高。

20世纪50年代，中国农业科学院畜牧所研究人员开始研究电力孵化技术，改进育雏鸭设备，用机械压杆机代替人工填喂等。1957年，开始探索机械填鸭。北京市农业科学院畜牧研究所对短期北京鸭育肥期进行了研究，采用生料粉代替整粒煮熟饲料，并在饲料中加入动物性饲料等。

1974年，由北京大学生物系老师授课，每个鸭场派人参加，培训养鸭技术人员。1975年，莲花池鸭场率先更改种鸭使用年限，将原来的种鸭连续使用三年改为一年即淘汰，母鸭年产蛋由原来的150～180个提高到200～230个。1977年，莲花池鸭场又率先进行了笼养和网上养鸭；之后，双桥、金星等鸭场相继实行网上育雏。在此期间，改进了饲养技术，填鸭出栏缩短到65天，活重与饲料比降到（1∶4.5）～（1∶6）。北京农业大学和双桥鸭场对北京鸭的孵化技术进行了温度和晾蛋等试验，使孵化率提高到85％以上。[①]

20世纪80年代中期后，各养鸭场从传统的地面饲养雏鸭变为网上饲养，以莲花池鸭场为代表的先进经验得以推广。1987年7月，卢沟桥农场所属莲花池鸭场和市农业机械研究所开始实施北京鸭工厂化网上饲养项目，该项目被列为北京市"七五"星火计划重点开发项目。经过两年半的努力，北京鸭双桥Ⅱ系商品鸭经全程网上饲养49天，不仅品质优良，适合工厂化网上饲养，而且平均体重（3千克）、料肉比［（3∶1）～（3.02∶1）］、成活率（90％～95％）等各项技术经济指标都达到了所规定的要求。之后，此项目先后获1990年度北京市星火科技奖和1991年度国家星火科技三等奖。工厂化网上饲养技术的推广，减少了鸭粪和稻草潮湿发酵造成的疫病传染，减少了疫病的发生，大大提高了雏鸭的成活率和健壮程度。在饲喂方法上，雏鸭、育成鸭和种鸭都采用了自动料槽饲喂，改粉状料为颗粒料，不仅保持了饲料的清洁，并且减少了浪费。根据鸭群不同发育阶段的营养要求，制订不同的科学饲料配方进行配制和饲喂，提高了饲料效率。由于鸭群喜水，排粪湿度大，造成舍内湿度高，不利于防疫和生长。通过加强鸭舍的通风换气，勤换稻草，采用网上饮水器饮水，有效地降低了鸭舍内的湿度。在北京鸭的饲养繁殖过程中，还创造了人工换羽、调换种鸭、控制产蛋时间等新技术，从而形成了一整套科学的北京鸭饲养管理技术。这一技术不断发展，沿用多年。

2007年4月，金星鸭业中心完成"北京填鸭传统养殖工艺革新"项目，被市总工会评为2006年度"北京市经济技术创新工程优秀成果"。2013年，金星鸭业在承德鸭业公司和通州中辛庄北京填鸭养殖基地遵循"控制污染、节能降耗、美化环境、安全健康"的环保理念，摸索出北京鸭环保生态的微生物发酵床养殖技术，从而实现无污染，接近零排放目标，达到了免冲鸭舍，无臭味，节水省工，降低料肉比，进而从源头实现无公害绿色生态养殖目标。通过近一年时间的试验摸索，发酵床四季均衡养殖模式基本成型，于2014年在全部养殖场逐渐推广。2015年12月，金星鸭业承担的"十二五"国家水禽产业技术体系北京综合试验站项目通过农业部验收，顺利结题。2016年11月至2017年12月，金星鸭业承担北京市农委"北京填鸭生态养殖新模式的示范与推广"项目，顺利通过验收。随着智能化填鸭机、微生物发酵床等一批养殖技术及设备的开发及使用，北京农垦鸭业保持了独有的填鸭养殖技术优势，始终占据北京烤鸭高端原料市场的榜首。

---

①　北京市地方志编纂委员会：《北京志·农业卷·畜牧志》，北京出版社，2007年，第112页。

2. 饲养流程 北京鸭饲养流程见图 2-2-18。

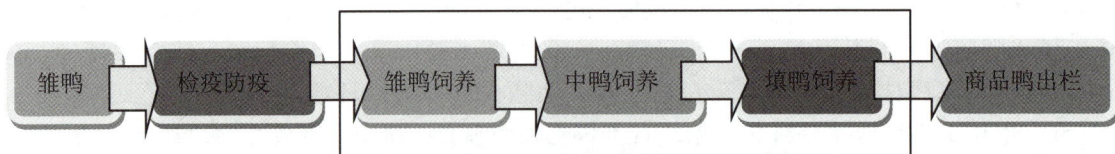

图 2-2-18 北京鸭饲养流程

经过不断总结经验，金星鸭业已经建立了行之有效的商品鸭养殖技术规范。具体包括以下 3 个方面：

（1）雏鸭饲养技术规范。涉及：①雏鸭舍的干燥及消毒要求。②雏鸭入舍时的舍内温度。③不同日龄雏鸭的饲养密度。④光照时间。⑤光照强度。⑥雏鸭期温度。⑦鸭舍湿度。⑧育雏室的通风。⑨饲喂方式。⑩饮水要求。

（2）中鸭的饲养技术规范。涉及：①22～35 日龄的饲养密度。②光照时间。③光照强度。④饲喂方式，中鸭阶段的鸭子要按顿饲喂，每天 4 次，每 6 小时一次，每次采食时间 1 小时。⑤饮水要求。

（3）填鸭的饲养技术规范。涉及：①密度，以每平方米 2～2.5 只为宜。②保证充足的光照。③分群，转填中鸭体重上存在着差异，因此必须细致进行分群，按各群的体重来决定填料量，在填饲过程中，已分群的鸭子由于个体差别，增重快慢也不一致，每天还须对鸭群进行调整。④饲喂方式，用填鸭器以顿食方式填饲，每天 4 次，每 6 小时一次。⑤填饲日粮及填饲量，填鸭日粮要有较高能量和适量粗蛋白，要符合颗粒填鸭料营养标准和填鸭料的调制要求。同时，关于填饲量，中鸭转填日龄一般在 30～35 天，平均体重为 2.25～2.6 千克，填饲 1 周后即可出栏。中鸭转填后在进行首顿填饲时，填饲量按体重的 7%～10% 计算水料量，要一边填饲一边按鸭子的体重大小进行分群，将鸭群分为大、中、小三类。首日填饲量不需要增加太多，要让鸭子有个适应过程。从第 2 天开始，要根据天气情况及鸭群消化情况每天增加填饲量，正常情况每日增加量为水料比占体重的 0.5%～1%，直至填饲剂量为体重的 10% 为止，不再增加直到出栏。⑥饮水要求，应保证饮水清洁和充足的饮水。

（三）屠宰加工流程

填鸭屠宰加工流程见图 2-2-19。

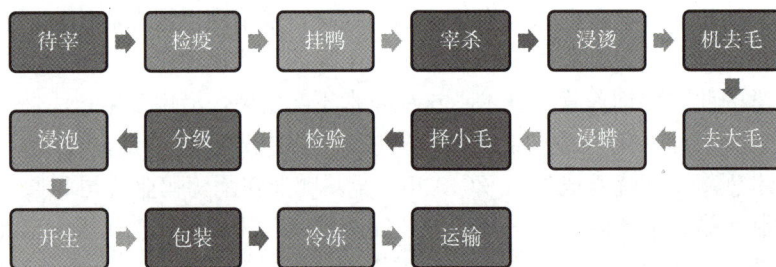

图 2-2-19 填鸭屠宰加工流程

四、北京鸭产业的管理

北京鸭产业的管理主要涉及以下 4 个方面：

（一）品牌管理

2007 年，金星鸭业中心明确提出"以品牌塑造为龙头"的指导思想。2011 年 5 月，金星鸭业制定出台《金星鸭业中心品牌管理手册》，以指导塑造品牌的全过程，避免品牌传播中的盲目性、随意性、短视性，提高品牌投入的有效回报，进而构建强势品牌体系，提升整体品牌价值，提高品牌的市场竞争力和对资源、资本的吸引力，支持战略规划的实现。《品牌管理手册》提出，"三元金星"的品牌定位是"北京鸭第一品牌"，采取主副品牌、母子品牌、单一品牌、多品牌等不同的品牌体系，品牌核心价值的表述是"中国人的骄傲"，并且明确了品牌识别管理的具体内容。2014年，金星鸭业获得"首都安全优质农产品品牌企业"称号。2017年，金星鸭业在做响品牌方面取得诸多收获，先后被有关方面授予"中国餐饮30年优秀伙伴""北京烤鸭正宗原料供应商""中国肉类食品行业强势企业"等荣誉称号。

(二) 标准化管理

北京农垦以建设标准化示范区、示范基地、示范项目为抓手，提升鸭业标准化建设水平。2004年5月，南口育种中心获2003年度北京市"农业标准化优秀单位"称号。2008年8月，金星鸭业中心"北京鸭标准化示范区"项目被国家标准委认定为"第五批全国农业标准化示范区"。2012年1月，农业部授予承德鸭业公司、金星鸭业中心"全国农业标准化示范县（农场）"称号。2014年年底，北京金星鸭业有限公司"北京鸭标准化示范区"再次获得国家标准委授予的"国家农业标准化示范区"称号。同时，金星鸭业由生产者发展到标准的制定者。金星鸭业参与起草了1个行业标准、1个地方标准，其中地方标准完成一次修订。

(三) 知识产权管理

1. 商标　至2017年年底，法律状态处于有效的商标共34件，分别为第7类、第22类、第23类、第29类、第30类、第31类、第32类、第43类。其中，"三元金星"商标于2012年12月被认定为"北京市著名商标"，2015年再次被认定并续展。

2. 专利　金星鸭业自2009年取得第一件发明专利后，至2017年年底止，共取得国家知识产权局专利授权28件（含同族专利），其中，发明专利4件，实用新型专利24件。专利授权总量占北京农垦系统的10%。2015年11月，金星鸭业被认定为国家级"高新技术企业"。

(四) 农产品及食品质量安全管理

1. 质量管理体系认证　2006年11月，全聚德三元金星食品有限公司获得质量管理ISO 9001、环境管理ISO 14000、危害分析与关键控制点HACCP认证。是年12月，金星鸭业中心获得质量管理ISO 9001认证。2017年10月，承德鸭业公司获得食品安全管理体系ISO 22000、环境管理ISO 14000、危害分析与关键控制点HACCP认证。

2. 无公害农产品示范基地农场　2002年5月，金星鸭场被北京市农村工作委员会授予"绿色安全食品基地"，并正式挂牌。2003年1月，农业部确定全国农垦无公害农产品示范基地农场创建单位100个，金星鸭业中心的北京鸭进入创建单位名单，示范规模为饲养130万只北京鸭。2004年8月，金星鸭业中心获得农业部农产品质量产品中心颁发的"无公害农产品示范基地农场"证书。2005年12月，在北京召开的第二批全国农垦无公害农产品示范基地农场验收总结会上，金星鸭业中心通过了"农业部无公害农产品示范基地农场"的验收。2017年11月，金星鸭业通过"无公害农产品"认证。

3. 农产品地理标志　北京鸭是北京独有的著名家禽品种。2005年，北京鸭被北京市政府认定为首批9个"北京市优质特色农产品"之一，被国家列为首批遗传资源保护品种。北京名菜"北京烤鸭"就是用北京鸭烤制而成的，已成为中国向世界展示中国文化的重要元素。"北京鸭"于2017年9月1日正式取得农产品地理标志登记证书，它是北京市唯一一个以省域名称冠名的地理标志产品，同时也是北京市畜禽产品中首个获得地理标志登记的产品。金星鸭业成为首家北京鸭农产品地理标志授权使用单位。

4. 农垦无公害农产品质量追溯　2004 年，农业部农垦局率先启动"农垦无公害农产品质量追溯"试点工作，研究探索农产品质量追溯制度模式和路径；3 月，金星鸭业中心被农业部农垦局列入试点单位。2008 年，金星鸭业中心作为第一批项目建设单位，参加了农业部农垦局组织的农垦农产品质量追溯系统建设项目，项目建设期为 2008—2012 年，为期 5 年。是年 7 月 11 日，农业部农垦局在北京举行"农垦农产品质量追溯系统建设项目签约暨北京金星鸭业中心北京鸭实现质量可追溯发布会"，在发布会上，农垦局宣布，北京鸭养殖实现全程质量可追溯，并将在当年完成 400 万只北京鸭产品全程质量追溯任务，标志着"三元金星"牌北京鸭鲜冻产品质量可追溯体系初步建立。2015 年 1 月，农业部发文通报《农垦农产品质量追溯系统建设项目 2014 年量化考核结果》，金星鸭业的北京鸭质量追溯系统建设项目获得 100 分的考核评分。北京金星鸭业和承德金星鸭业的每只鸭子都佩戴追溯标签，实现产品追溯 100％全覆盖。2017 年，两家公司共追溯北京鸭 1 100 万只，产量 2.7 万吨。追溯标签已成为北京金星鸭业和承德金星鸭业重要的防伪标识，获得了经销商的认可和青睐。

五、所属企业简介

1. 承德三元金星鸭业有限责任公司　承德鸭业公司于 2007 年 4 月 29 日注册，2009 年 7 月 6 日试投产，9 月 4 日竣工投产。项目地处承德市滦平县大屯乡兴洲村，占地 15.3 公顷，总投资 3 000 万元，年设计屠宰加工能力 500 万只。承德鸭业公司的产品种类为白条鸭、净膛鸭及鸭系列副产品，主要销往北京、上海、天津、兰州、西安、河南、青海、新疆等省、自治区和直辖市。公司积极开展出口业务，与伊朗、印度尼西亚、蒙古、格鲁吉亚等多个国家建立了长期的业务合作关系。承德鸭业公司实现了农产品质量可追溯，连年被评为河北省农业产业化重点龙头企业。公司旗下的浩顺养殖场被评为出口备案场，加工厂成功通过出口注册审核。公司产品被认定为河北省名牌产品、国家级无公害农产品，并得到河北省质量技术监督局签发的"QS"认证证书。

2. 北京金星鸭业有限公司金星分公司　2009 年 5 月，首农集团批准北京金星鸭业对金星鸭场原有屠宰加工车间进行异地改扩建，工商注册名称为北京金星鸭业有限公司金星分公司，分公司位于大兴区庞各庄镇东黑垡村东。2010 年 8 月，北京鸭屠宰加工建设项目开工建设，项目占地 5.4 公顷，总投资 8 418 万元，年可屠宰加工北京鸭 500 万只、加工熟食产品 200 万只。2013 年 5 月，项目竣工投产。分公司主要屠宰北京填鸭，产品种类主要为鸭坯、白条鸭及鸭系列副产品，供应北京中高档烤鸭店（包括大董、鸭王、九华山等）以及 20 余个省、自治区、直辖市的 200 余家烤鸭店。分公司拥有现代化的生产加工设备和污水处理设备，严格按照 ISO 9001 质量管理体系的标准运行，产品质量安全性和品质一直处于行业前列。

3. 北京全聚德三元金星食品有限责任公司　2005 年 12 月 30 日，中国全聚德（集团）股份有限公司与金星鸭业中心合资成立的北京全聚德三元金星食品有限责任公司注册成立，注册资本 6 000 万元，全聚德（集团）持股 60％，金星鸭业中心持股 40％。公司位于通州区漷县镇黄厂铺村，占地 11.2 公顷，拥有符合出口标准的北京鸭生产加工车间和鸭系列熟制品生产车间，具备年屠宰活鸭 500 万只、鸭坯加工 300 万只、熟食制品 400 万只的生产能力，是全国最大的北京鸭生产加工基地。公司以北京鸭为原料，产品分为生鸭系列产品和熟鸭系列产品。生品系列主要有鸭坯、白条鸭、净膛鸭等，熟制品系列主要有真空烤鸭、各种风味鸭及鸭类副产品和鸭肉产品。公司生产的鸭坯及系列鸭产品，一方面供应全聚德各直营店、连锁企业，另一方面供应本市中高档烤鸭店，以及外埠经销商和中高档烤鸭店。生产的熟制品面向本市超市、商场、饭店、旅游区等。

4. 北京南口北京鸭育种中心有限公司　1992 年，农业部批准在南口建立北京鸭育种中心，即北京南口北京鸭育种中心前身。1993 年，该中心被农业部命名为"国家级重点种禽场"。1998 年，总公司批准正式成立北京南口北京鸭育种中心，企业性质为全民所有制，被农业部认定为"国家级北京鸭保种场"，2000 年 11 月 15 日取得营业执照。2008 年 7 月，中心名称变更为北京南口北京鸭育种中心有限公司。北京鸭育种中心占地 80 公顷，种鸭存栏 6 万多只。作为"国家级重点种禽场"和"国家级北京鸭保种场"，北京鸭育种中心被誉为"北京鸭的摇篮"，承担着双重"历史使命和神圣职责"。育种中心参与制定了第一张北京鸭基因图谱，拥有个体饲料报酬自动测定系统、繁殖性能测定设施、活体 B 超胸肌厚度测定技术和育种管理分析软件。2006 年 6 月，育种中心培育的"南口 1 号北京鸭配套系"获得农业部《畜禽新品种（配套系）证书》。2012 年 5 月，"南口 1 号北京鸭配套系"被第十届中国畜牧业展览会评为"创新产品金奖"。

■ 第七节　役畜、肉牛、羊和特种养殖业

役畜、肉牛、羊和其他特种养殖业曾是北京农垦畜牧业经济的重要组成部分。场乡体制改革前，养羊、养兔、养蜂、养蚕主要为农村农户的家庭副业。场乡体制改革后，役畜、羊、鹿、蜂及特种养殖都出现由盛变衰甚至全部退出的过程。

一、役畜

北京农垦饲养役畜（马、驴、骡）经历了 6 个阶段的变化：

（一）起步阶段（1952—1957 年）

建场初期，由于机械化水平低，农业工人数量少，饲养少量的马、驴、骡，主要用于农事活动和运输。20 世纪 50 年代，北京市提倡"增畜保畜，严禁屠宰耕畜"，要求"驴生驴，马生马，母畜不空怀"。1952 年，农场系统仅饲养马 12 匹、驴 2 头、骡 116 头；到 1957 年，马增至 205 匹、驴增至 33 头、骡增至 263 头。1953 年，农场系统开始正式建立养马场。1955 年 12 月 15 日，市人委批准在京西门头沟矿区上清水乡小西峪沟建一处试验畜牧场（即灵山农林牧场前身）。1957 年 8 月，双桥种畜场开始引进山丹牧场的马。

（二）数量骤增阶段（1958—1960 年）

1958 年 5 月，根据中共北京市委、市人委的决定，由市工商局局长张文华主持，在门头沟正式建立灵山农林牧场。不久，从内蒙古引进蒙古马 200 匹，从新疆昭苏马场引进昭苏马 40 匹。1958 年，农垦部向新建的农展馆农场调入良种马 49 匹。北京农垦饲养的马种以蒙古马为主，其次是从苏联进口的马种，有苏重挽马、高血马、顿河马、俄罗斯马，此外，还有从新疆引进的伊犁马。[1] 由于北京农垦养马较早，1958 年 8 月 1 日，农垦部在南郊农场举行蒙古人民共和国赠送中国 15 000 匹蒙古役马的受礼仪式，场长赵彪代表中国人民接受赠礼。1959 年，北京农垦有 10 家国营农场吸收了附近的农村集体所有制社队，使得北京农垦大牲畜存栏数量比 1958 年大幅增加。1958 年，马存栏 1 435 匹，1959 年增至 2 406 匹；驴存栏 127 头，1959 年增至 3 462 头；骡存栏 460 头，1959 年增至 2 150 头。1960 年，全面完成场社合一，马存栏骤增至 10 872 匹，驴增至 26 218 头，骡增至 6 477 头。该年成为北京农垦历史上马、驴、骡存栏数量最多的年份。

---

① 北京市地方志编纂委员会：《北京志·农业卷·国营农场志》，北京出版社，2000 年，第 113 页。

（三）数量锐减阶段（1961—1964 年）

1961 年开始整社运动，一大部分农村集体所有制生产大队又划出全民所有制人民公社。北京农垦饲养役畜的数量迅速回落，当年马存栏减至 3 124 匹，驴存栏减至 4 351 头，骡存栏减至 1 851 头。1962 年，灵山农林牧场解散，马匹调出或散失。到 1964 年国民经济调整结束，北京农垦役畜的存栏才略有回升，马存栏 5 943 匹，驴存栏 5 458 头，骡存栏 1 931 头。1963 年，北京市共建起配种站 249 处，其中国营农场 11 处，开始引进国外的苏重挽、弗拉基米尔、阿尔登、顿河、苏高血、阿哈、奥尔洛夫、贝尔修伦和蒙古马等品种。[1]

（四）稳步回升阶段（1965—1972 年）

从 1965 年起，役畜的存栏数量开始逐年增加，南郊、北郊，双桥、东风、永乐店农场均建立了养马场。引进苏高血马 106 匹，主要在双桥农场和东风农场饲养；南郊农场引进苏重挽马 45 匹；北郊农场引进顿河马 7 匹；永乐店农场引进蒙古马 216 匹[2]，从法国引进重挽马贝尔修伦马，并拥有美国的摩尔根马。各农场利用引进种马对本地马进行改良，对良种马进行了推广。[3] 各种马场对适龄母畜进行普查登记，建立母畜配种卡片和公畜配种纪录，促进了改良工作。据调查，苏重挽杂交一代成母马体身高增加 8.9%，体长增加 9%，胸围增加 8.5%，管围增加 20%。[4] 1965 年，马存栏 7 297 匹，比上年增加 23%。到 1971 年，马的存栏首次突破 1 万匹。1972 年，共有马场 10 家，马的存栏增至 10 547 匹，成为北京农垦养马的第二个高峰年份。

（五）持续回落阶段（1973—1997 年）

由于农业机械化水平以及农用载重汽车的增加、养马与养奶牛对饲草的挤占矛盾日益突出，加上市民喝奶难问题和马车进城带来的环境污染问题，市革委会决定调整畜牧业的结构。1973 年 3 月，北郊农场马场改建为北京市种公牛站；是年 8 月，市人委成立整顿运输办公室，限令马车进城；[5] 9 月，根据市革委会"压马增牛"的调整方针，北京农垦的 10 个种马场撤销了 5 个。比较典型的是东风农场的东风马场，建场 20 年以来，繁育和饲养了国内外最优良马 9 种，畜群最大时达到 188 匹，每年生产 40～50 头健康的小马驹，共繁育马驹 414 匹，出栏成年马 462 匹，为全国的养马行业提供了大量的良种役马。东风马场于 1977 年关闭。以后年份，各农场公养的马匹减少较快，只有农户还在养马。至 1997 年，马存栏仅 870 匹，驴存栏 1 225，骡存栏 1 303 头，所有役畜均为农户养殖。

（六）全部退出阶段（1998 年年底以后）

1998 年完成场乡体制改革，所属农村移交给有关区县管理，北京农垦饲养役畜的历史画上了句号。

北京农垦役畜养殖情况见表 2-2-38。

二、肉牛

历史上，北京郊区养牛主要用于田间耕作和短途运输，饲养品种以黄牛为主，多由农户分散饲养，

---

[1][5] 北京市地方志编纂委员会：《北京志·农业卷·畜牧志》，北京出版社，2007 年，第 125 页。
[2] 北京市地方志编纂委员会：《北京志·农业卷·国营农场志》，北京出版社，2000 年，第 128 页。
[3] 同[2]：113。
[4] 同[1]：128。

表 2-2-38　北京农垦役畜养殖情况

年份	马（匹）	驴（头）	骡（头）	年份	马（匹）	驴（头）	骡（头）
1952	12	2	116	1975	9 176	3 613	2 900
1953	10	1	108	1976	9 043	3 373	3 115
1954	19	6	152	1977	8 933	3 197	3 297
1955	18	5	184	1978	8 891	2 950	3 523
1956	118	37	231	1979	8 467	2 331	3 494
1957	205	33	263	1980	8 210	1 703	3 425
1958	1 435	127	460	1981	8 218	1 284	3 654
1959	2 406	3 462	2 150	1982	7 676	920	3 874
1960	10 872	26 218	6 477	1983	6 923	882	4 086
1961	3 124	4 351	1 851	1984	6 223	1 034	4 286
1962	3 424	3 890	1 615	1985	5 255	1 361	4 279
1963	4 745	4 906	1 731	1986	4 453	1 833	4 602
1964	5 943	5 458	1 831	1987	3 882	2 129	4 487
1965	7 297	5 757	1 839	1988	3 570	2 433	4 244
1966	7 724	5 551	1 781	1989	3 085	2 725	4 352
1967	8 482	5 471	1 854	1990	2 808	2 864	4 297
1968	8 506	4 586	1 612	1991	2 838	2 874	4 165
1969	8 820	4 634	1 802	1992	2 464	3 041	3 455
1970	9 331	4 671	2 035	1993	2 079	2 748	3 498
1971	10 157	4 518	2 243	1994	2 028	2 637	3 189
1972	10 547	4 174	2 431	1995	1 849	2 309	2 348
1973	10 187	3 977	2 748	1996	1 171	1 382	2 006
1974	9 406	3 693	2 727	1997	870	1 225	1 303

　　说明：1985 年之前数据来自《北京市国营农场管理局统计资料（1950—1985）》，1986—1997 年数据来自北京市农工商联合总公司各年度统计年报。

在畜牧业中占有重要地位。1957 年，北京农垦黄牛存栏仅 5 头，在 1959 年人民公社化运动中，国营农场附近农村大批并入农场，北京农垦黄牛数量激增。1959 年存栏 2 896 头，1960 年达 10 896 头。此后，由于整社运动及国民经济调整，北京农垦黄牛饲养数量一路减少，到 1983 年，仅存栏 1 991 头。随着农场农业机械化程度的提高，黄牛的使役价值不断降低，黄牛的用途向肉用方向转变。北京市种公牛站除了引入国外优良乳用种公牛外，也引入了优良肉用种公牛，市种公牛站的优良品种冷冻精液对改良黄牛起到了促进作用。经过多年对黄牛杂交改良，黄牛质量有明显提高。

　　1984 年 2 月，总公司党委决定成立总公司肉牛公司；3 月，市委农工部批复同意建立三兴肉牛公司，为总公司所属二级公司。该公司后因与联营方的遗留问题，于 1986 年 1 月撤销，发展商品肉牛的管理职能归总公司奶牛处。1987 年 10 月，总公司第 30 次办公会议研究并同意奶牛处提出的发展肉牛的规划，在十三陵、南郊和永乐店农场重点发展肉牛养殖，在卢沟桥农场拟建设肉牛屠宰加工基地。根据北京农垦牛业以奶牛为主的实际情况，重点开展奶公牛犊育肥。过去各奶牛场奶公牛犊出生后即被淘汰，自开展肉牛生产后，奶公牛犊育肥发展较快。经测算，奶牛场肉牛育肥的经济效益大体为每头牛盈利 100 元左右。北京农垦肉牛存栏和出栏最高年份均为 1994 年，存栏 8 056 头，出栏 11 767 头。按照所有制情况看，国有部分的肉牛存栏和出栏是平稳增长的，集体部分的肉牛存栏和出栏也是逐年增加的，起伏较大的是农户部分，1994 年农户饲养的肉牛存栏和出栏达到最高峰，之后由于国有部分自留奶公牛犊育肥的数量逐年增加，加之干草涨价过快，农户养殖肉牛的纯收益明显下降，农户养殖肉牛的积极性受挫。1994 年，牛肉商品量 2 050 吨，1997 年降至 1 169 吨。[①] 从 1998 年场乡体制改革之后，肉牛饲养成本进一步上升，总公司系统肉牛数量下降很快，各年度统计年报已不再对肉牛生产情况进行统计。

北京农垦肉牛存栏及出栏情况见表 2-2-39 和表 2-2-40。

表 2-2-39　北京农垦肉牛存栏情况

单位：头

年份	年末存栏合计	其中：国有部分存栏	集体部分存栏	农户部分存栏
1985	2 007	5	56	1 946
1991	5 870	280	229	5 361
1992	6 400	107	273	6 020
1993	6 715	102	347	6 266
1994	8 056	100	105	7 851
1995	5 946	2 259	626	3 061

资料来源：北京市农工商联合总公司有关年度统计年报。

表 2-2-40　北京农垦肉牛出栏情况

单位：头

年份	年末出栏合计	其中：国有部分出栏	集体部分出栏	农户部分出栏
1988	3 649	1 250	330	2 069
1994	11 767	1 261	533	9 973
1995	5 946	2 259	626	3 061
1996	6 347	1 746	1 356	3 245
1997	6 505	1 260	4 360	885

资料来源：北京市农工商联合总公司有关年度统计年报。

2001 年 7 月，绿荷中心提出围绕奶牛养殖主业，大力培育相关产业及肉牛业。2002 年 12 月 5 日，绿荷中心成立肉牛分公司，组建了 2 个肉牛场，即肉牛一场（南口一场）、肉牛二场（中以牛场西区）。2003 年 11 月，豆各庄牛场改建为肉牛场三场。至 2005 年，绿荷中心在北京市境内有 3 处肉牛养殖场所，即魏善庄牛场（绿荷肉牛分公司所在地）、南口一场、中以牛场西区，肉牛总存栏约 1 650 头。当时，肉牛品种主要是各牛场留用育肥的黑白花公牛，另有少量的黑白花乳牛与日本和牛杂交出生的杂交牛。但由于市场、养殖环境等原因，京内的肉牛养殖境况日益窘迫。2007 年 11 月 5 日，绿荷中心被迫注销肉牛分公司。

从 2013 年 6 月开始，首农辛普劳公司启动荷斯坦奶公犊试验性育肥项目。至 2015 年 6 月底，存

---

① 北京市农工商联合总公司 1994 年、1997 年统计资料。

栏肉牛1 500头，累计出栏肉牛800余头。通过屠宰测定，结果表明，试验养殖基本达到预期效果，16月龄平均出栏体重达到610千克，平均胴体率达到了58％，接近合作伙伴美国辛普劳标准的95％。按照2017年7月的综合评定，已执行并实施的饲养技术和直线式育肥模式，对生产符合标准的优质中高档牛肉是可行的。

2016年，首农畜牧决定利用自有奶公犊资源，加速发展肉牛业。一是成立肉牛事业部，积极推进肉牛业务发展；二是明确发展思路和发展目标，依靠现有养殖场，利用自有牛源，开展奶公犊育肥销售，初步形成"研究中心＋生产基地"双轨道的发展模式。南口三牛场作为肉牛研究中心和肉牛养殖试验基地，同时，在北区管理部成立品鉴中心、国家肉牛产业技术体系试验站和中国农业大学专业学位研究试验基地。未来，南口三牛场和肉牛品鉴中心主要作为研究中心，北京地区的北三牛场和新租赁的位于许昌市许昌县的恒天然牛场作为专业肉牛养殖生产基地。据2017年测定，肉牛死亡率2.4％，淘汰率0.37％，各项指标位于全国前列。同时，计划以市场为导向，做好产品销售，与隆昊、科尔沁等屠宰加工厂进行合作。2017年，首农畜牧加快在河南省养殖肉牛的布局：9月，首农畜牧与河南省上蔡县人民政府、河南京开农业发展有限公司签署《标准化肉牛养殖场项目框架协议书》；10月，又与河南省兰考县人民政府、河南豫牛农牧科技有限公司签署《万头标准化奶牛肉牛养殖场项目框架协议书》。是年底，首农畜牧肉牛存栏4 206头，全年累计出售1 423头。

三、羊

北京农垦于1951年开始养羊。当年，京郊农场管理局决定：彰化农场的温泉分场除种植葡萄、藕、果木外，还要发展养蜂、养羊等。1952年，北京农垦仅有羊149只，1956年羊存栏增至1 282只。1958年建灵山农林牧场时，从新疆巩乃斯种羊场进母羊800只，从呼图壁奶羊场进母羊200只，从南山羊场进种羊5只，均为细毛羊。同年，自新疆引进卡拉库尔羊15只，自宁夏引进中卫山羊80只，均为裘皮羊。1959年，灵山农林牧场又从新疆引进福海及哈萨克肉用母羊200只、公羊200只，由于牧场条件差，草源不足，羔羊、成羊成活率低，1962年，灵山农林牧场解散，种羊陆续调出，有些羊只散失消亡。1960年，北京农垦吸收了附近农村社队，以农村集体和农户养羊为主，羊存栏骤增至28 532只。同年，经农垦部部长王震批示，从青海运来一批藏羊，在延庆农场饲养，后由于饲料缺乏、条件不适而死亡。1962年，北京农垦引进一批美利奴细毛羊，在长阳农场饲养，因不适应当地气候，逐渐淘汰。1963—1968年，羊只总数均在1.2万～1.6万只，1971年达23 173只，1972年以后降至2万只以下。[①]中共十一届三中全会以后，农村政策进行调整，允许并鼓励农户发展养殖业，1979年羊存栏上升到21 931只，接近20世纪70年代初期水平；之后逐年增加，到1985年，羊存栏达40 726只，1988年达到53 221只。

北京农垦国有部分养羊数量自20世纪80年代起逐步减少，到80年代中期，基本以农户养殖为主，1990年，南郊农场只有8个农村分场还在饲养绵羊，其中孙村、西红门最多，分别为1 670只和1 150只；[②]到1991年，北京农垦国有部分全部退出，只有永乐店农场存栏绵羊30只，其余全部是农户饲养。1994年，户养羊存栏56 119只，出栏57 397只，羊肉商品量850吨，羊毛产量36吨，均为历史最高水平；1997年，户养羊存栏59 245只，出栏54 061只，羊肉商品量648吨，羊毛产量36吨；[③]1998年场乡体制改革，户养羊全部划给农场所在的区县，至此，北京农垦已没有养羊业。

① 北京市地方志编纂委员会：《北京志·农业卷·国营农场志》，北京出版社，2000年，第113页。
② 大兴县地立志编纂委员会：《大兴县志》，北京出版社，2002年，第166页。
③ 北京市农工商联合总公司1994年、1997年统计资料。

2012 年北京农垦接收双河农场管理权后，农场畜牧业形成"南禽北畜"的规模化养殖格局，原有的肉羊养殖有所发展。2012 年，双河农场肉羊存栏 8 700 只，五年后增至 17 600 只，增长一倍。

北京农垦养羊情况见表 2-2-41。

表 2-2-41　北京农垦养羊情况

单位：只

年份	年末存栏	年份	年末存栏	年份	年末存栏
1952	149	1967	16 549	1982	38 155
1953	51	1968	12 854	1983	41 006
1954	73	1969	22 616	1984	32 001
1955	73	1970	21 325	1985	40 726
1956	1 282	1971	23 173	1986	38 243
1957	823	1972	17 530	1987	47 909
1958	2 558	1973	16 606	1988	53 221
1959	6 483	1974	16 916	1989	53 210
1960	28 532	1975	19 904	1990	48 734
1961	7 998	1976	19 843	1993	44 011
1962	8 856	1977	19 530	1992	45 031
1963	15 696	1978	19 242	1994	56 119
1964	16 966	1979	21 931	1995	51 628
1965	14 244	1980	23 915	1996	55 724
1966	13 686	1981	29 354	1997	59 246

说明：1985 年之前的数据来自《北京市国营农场管理局统计资料（1950—1985）》，1986—1997 年数据来自北京市农工商联合总公司各年度统计年报。

四、特种养殖业

（一）养鹿

北京农垦饲养鹿始于 1958 年。1958 年，农展馆建场，当年农垦部调入鹿 10 头；1959 年，农展馆农场鹿存栏 25 只。1970 年，永乐店农场建立鹿场，养鹿 105 只，[1] 1971 年增至 171 只。1971 年，东风农场养鹿 346 只，年产鹿茸 64.5 千克。1974 年，长阳农场建立鹿场，养鹿 46 只。1979 年，永乐店农场养鹿 348 只，年产鹿茸 83.35 千克。[2]到 1980 年，农场系统共养鹿 864 只，年产鹿茸 306 千克，这一年，鹿存栏与鹿茸产量均为北京农垦历史最高水平。20 年间，北京农垦共向国家提供鹿茸 3 500 千克。后来由于鹿茸滞销，1985 年，长阳鹿场和永乐店鹿场解散，仅存东风农场的鹿场，存栏 190 只。1986 年，东风鹿场转产，改为饲养肉鸽。[3]

北京农垦养鹿情况见表 2-2-42。

---

[1][2]　北京市通州区地方志编纂委员会：《通县志》，北京出版社，2003 年，第 159 页。
[3]　北京市地方志编纂委员会：《北京志·农业卷·国营农场志》，北京出版社，2000 年，第 114 页。

表 2-2-42　北京农垦养鹿情况

年份	年末存栏（只）	鹿茸产量（千克）	年份	年末存栏（只）	鹿茸产量（千克）	年份	年末存栏（只）	鹿茸产量（千克）
1958	10	—	1968	167	35.0	1978	817	273.0
1959	25	3.5	1969	233	46.5	1979	848	253.0
1960	38	5.5	1970	207	53.5	1980	864	306.0
1961	44	6.0	1971	346	64.5	1981	740	287.0
1962	60	12.0	1972	498	88.0	1982	768	303.0
1963	80	17.5	1973	497	109.5	1983	738	306.0
1964	110	20.5	1974	609	140.0	1984	578	270.5
1965	93	28.5	1975	668	201.0	1985	190	114.0
1966	114	21.0	1976	743	230.0			
1967	136	26.0	1977	760	265.5			

数据来源：《北京市国营农场管理局统计资料（1950—1985）》。

（二）养蜂

京郊国有农场养蜂起步较早。养蜂一直以国营为主，集体与农户所占比重很小。1951 年 7 月，京郊农场管理局决定在彰化农场温泉分场发展养蜂。1956 年，市农林水利局对私人养蜂进行公私合营改造，成立了北京公私合营养蜂场。1957 年 10 月 24—29 日，北京公私合营养蜂场受邀参加了全国养蜂工作座谈会，次年 1 月，国务院转发《农业部、农垦部关于全国养蜂会议工作座谈会的报告》，促进了国营农场养蜂的积极性。1958 年 6 月，北京公私合营养蜂场改为国营性质，龙泉寺家禽场（即家禽场）开始养蜂。市家禽场大量生产王浆，已有一套比较成熟的经验。1959 年，《中国农垦》第 23 期刊登龙泉寺家禽场场长刘焰撰写的《应积极发展中蜂》文章，介绍该场针对引进的意大利蜂和苏联北高加索蜂出现的病害，积极探索改良中蜂的经验。

1960 年，京郊国营农场养蜂达到历史最高峰，养蜂 4 938 箱。1961 年，北京市气候干燥，蜜源缺乏，蜂群发生蜂螨，蜂群损失较大，严重的单位损失达 50%。1963 年 5 月，市农林局召开防治蜂螨座谈会，国营农场养蜂单位参加，研讨防治措施。1964 年 7 月，市农林局召开国营农林场养蜂会议，讨论了定地饲养、转地饲养和蜂群防疫问题，并参观西郊农场园艺二队养蜂场。该养蜂场曾认为本地蜜源不好，1959 年开始转地饲养，结果 3 年亏损，蜂群从 200 群减至 65 群，1964 年改为定地饲养，收到较好的效果。这次会议肯定了西郊农场养蜂场的经验，提出北京市今后以定地饲养为主，并有计划地进行短途放养的方针。1965 年 3 月，市农林局召开国营农场养蜂工作会议，西郊农场白家疃果树队簸箕水养蜂场介绍了防治蜂螨的经验，与会代表参观了簸箕水养蜂场。1965 年 10 月，市农林局召开养蜂座谈会，十三陵、双桥、西山、西郊等农场参加会议并介绍经验。1966 年 1 月 31 日，西山农场养蜂场（即原公私合营养蜂场）划拨给十三陵农场管理，至此，十三陵农场成为北京农垦养蜂业的主要基地，养蜂数量约占总养蜂量的 80%。20 世纪 70 年代，永乐店农场开始养蜂，至 1979 年，产蜜量达 446 千克，在 80 年代中期逐步退出。1972 年，北京市养蜂工作划归北京市市土产公司统一管理。1981 年，北京农垦产蜜量达 8.4 万千克，为历史最高水平。之后年份，北京农垦养蜂数量逐年减少，到 1986 年，北京农垦养蜂 1 279 箱，其中国营 1 240 箱、集体 15 箱、农户 24 箱，产蜜 36 750 千克。到 1987 年，北京农垦全部退出养蜂生产（表 2-2-43）。

表 2-2-43 北京农垦养蜂情况

年份	蜂（箱）	蜂蜜产量（万千克）	年份	蜂（箱）	蜂蜜产量（万千克）
1956	1 225	—	1972	2 131	6.10
1957	2 027	—	1973	2 264	5.07
1958	907	—	1974	2 346	4.60
1959	1 202	—	1975	2 585	5.80
1960	4 938	—	1976	2 498	5.60
1961	2 512	—	1977	2 138	6.15
1962	2 125	5.45	1978	—	—
1963	3 487	—	1979	2 116	4.15
1964	—	—	1980	2 026	3.35
1965	2 780	—	1981	2 127	8.40
1966	2 071	—	1982	1 790	1.25
1967	2 226	—	1983	1 585	0.85
1968	2 339	—	1984	1 878	1.25
1969	1 324	—	1985	1 575	3.35
1970	—	—	1986	1 279	3.675
1971	2 229	6.10			

说明：1. 1985 年之前的数据来自《北京市国营农场管理局统计资料（1950—1985）》，1986 年数据来自北京市农工商联合总公司统计年报。

2. 表中划"—"表示统计资料缺少该年度数据。

（三）养兔

北京农垦养兔始于 1951 年，南郊地区的农场开始办养兔场。1955 年，南郊农场通过北京市畜产公司向外省销售 1 800 只优良种兔。1956 年，南郊农场存栏 1 600 只优良品种的毛用兔和皮用兔，平均一只母兔年产 16～20 只小兔，可盈利 20～25 元。1956 年，农场系统养兔 4 000 多对。20 世纪 60 年代中后期，北京市外贸部门开始组织出口兔肉和兔皮，促进了养兔生产的发展。1968 年之后，由于外贸部门的收购和屠宰加工能力跟不上养殖的发展，出现了"卖兔难"，农场和农户的养兔积极性受挫，兔业发展停滞并萎缩。1973 年，北京市粮油食品进出口公司在南口农场五分场投资建立种兔场，饲养肉兔、獭兔和长毛兔，饲养方式有室内笼养、露天笼养和散养，一度存栏达千只规模。[①] 改革开放后，北京农垦的农村户养兔重新发展，以肉兔为主，毛兔为辅。1989 年，肉兔存栏 1.03 万只，毛兔存栏 2 500 只。1991—1994 年，平均每年出栏肉兔 6 100 多只，其中 1994 年为历史最高水平，达 7 337 只。之后，由于兔产品销售主要依赖国际市场，部分产品存在农药残毒、包装问题，出口量年际波动大，生产忽上忽下，对农场和农户的积极性打击较大，兔存栏逐年减少。直至场乡体制改革后，北京农垦已没有养兔业。

（四）养蚕

在北京农垦历史上，养蚕的一直是少数农户，以永乐店农场最多。20 世纪 60 年代，永乐店农场引进了桑树，促进了该场养蚕业的发展。至 1971 年，永乐店农场农村大队的林业队共养蚕 88 张，生产蚕茧 1 956.6 千克，其中柞蚕茧 88 千克；1973 年，桑园面积 9.1 公顷，养蚕 134 张，蚕茧 2 866 千克。1976 年后逐步减少，至 1990 年，养蚕业基本退出。

---

① 北京市地方志编纂委员会：《北京志·农业卷·畜牧志》，北京出版社，2007 年，第 137 页。

（五）特种禽类

北京农垦西郊农场畜禽公司于 1986 年建特种经济禽类饲养场，后改名西郊农场特禽场，是北京市规模最大的特禽场。北京市畜牧局所属的种禽公司也生产特禽。这两家企业主要养殖的特禽种类有鹌鹑、火鸡、珍珠鸡、肉鸽、鹧鸪、雉鸡等。

1. 鹌鹑 北京市的鹌鹑场最早是地处广安门外的莲花池鸭场，该场于 1937 年从日本引进 500 枚种蛋。北京农垦养殖鹌鹑始于 1957 年。私营工商业公私合营时，西城瑞云鹌鹑场业主带鹌鹑及资财合营，进入西郊莲花池鸭场，成立莲花池鹌鹑原种场。1958 年，北京家禽场成立，当年建场就生产鹌鹑蛋 100 多万枚、肉用鹌鹑 8 000 只，供应国内市场和出口。20 世纪 60 年代后，鹌鹑蛋和肉开始少量出口香港。1966 年，北京农垦产鹌鹑商品蛋 29.7 万打，创历史最高水平，90％以上出口。1978 年，北京市畜牧局所属种禽公司建成一座现代化的种鹌鹑场，种鹌鹑规模为 1 万只。① 1979 年，朝鲜金日成主席赠送龙城、黄城两系种蛋 200 枚，种鹌鹑 40 只，在莲花池鹌鹑原种场饲养。1980—1984 年，经过选育，市种禽公司种鹌鹑厂的繁殖饲养量达 40 万只，产鹌鹑蛋 4.5 亿枚，向全国推广约 300 万只。1986 年，从法国引进肉用鹌鹑。法国肉用鹌鹑比朝鲜栗色鹌鹑增重快，体形较大，35 日龄活重可达 210 克，成年体重 400 克。1987 年，该场生产肉鹌鹑 19.2 万只。② 1985 年，由总公司和北京农业大学合作选育Ⅰ、Ⅱ系成功。1986 年，引进法国迪法克公司的肉用鹌鹑，以Ⅰ、Ⅱ系做母本进行二元杂交，得到生产性能优于迪法克鹌鹑的效果。③ 北京市种禽公司种鹌鹑场投产后，在科技人员和职工的努力下，对朝鲜蛋用鹌鹑、法国肉用鹌鹑进行选育。1984 年，从栗色鹌鹑群中突变出 1 只白母鹌鹑。此后，运用现代遗传理论和方法进行选育，获得了 4 只白羽公鹌鹑和 61 只白羽母鹌鹑。经过多次大规模的测交工作，剔除了早期成活率低（零世代成活率 39.41％）的家系，经过 7 个世代的系统选育，育成了遗传性能稳定、产蛋性能高的 150 个纯系家系，年平均产蛋 279.6 枚，比朝鲜栗色羽鹌鹑年产 260 枚增加 19.6 枚。1988 年，该项研究农业部科技进步奖三等奖，1992 年获得北京市科技推广奖三等奖。④ 1987 年，卢沟桥农场莲花池鸭场也先后引进法国巨型肉鹌鹑和日本、朝鲜鹌鹑（农系、黄系）。

1988 年，农场系统养殖鹌鹑 13.2 万只，为历史最高水平，以后逐年减少，1991 年养殖 4.46 万只，1992 年为 4.17 万只，1993 年为 3.17 万只，1994 年为 2.3 万只。⑤ 到 1992 年，市种禽公司累计生产鹌鹑蛋 150 万千克，向全国累计推广鹌鹑 1 万只。20 世纪 90 年代中期，鹌鹑蛋市场销量不旺，饲养量开始逐年下降。

2. 火鸡 1980 年，市畜牧局种禽公司在昌平县东沙各庄兴建一座现代化的父母代种火鸡场。1981 年，从美国引进尼古拉大型白羽种火鸡父母代种蛋 3 万枚，孵化出幼雏在种火鸡场内饲养。1982 年，又从美国引入尼古拉大型种火鸡种蛋 1.2 万枚，孵出种雏 6 000 只，并向全国 20 多个省市推广了部分种雏和种蛋。饲养 20 周，公火鸡活重达 12 千克，母火鸡活重 7 千克，第一产蛋期 22 周产蛋 79 枚。1984 年，又从法国引入贝蒂纳和贝蒂布两个品种的种蛋，孵化后放在密云县畜牧场进行饲养。这种火鸡体型稍小，耐粗饲程度比白羽火鸡高。饲养 20 周后，公火鸡体重 9 公斤，母火鸡 4.5 公斤，第一个产蛋期 25 周产蛋 95 枚。后又在山区生产队放养一部分，但由于市场销路小，亏本甚巨，两年后全部淘汰。1988 年，从加拿大引入海布里德种火鸡 1 万只，24 周产蛋 90 枚，20 周龄公火鸡活重 10 千克，母火鸡重 6 千克。1992 年，东沙种火鸡场迁移至原种鸭场，又从美国引入尼古拉父母代种蛋 2 600 枚，孵化后饲养成种火鸡，向全国推广火鸡种蛋 5 万枚。经过几年的饲养研究，

---

① 北京市地方志编纂委员会：《北京志·农业卷·畜牧志》，北京出版社，2007 年，第 143 页。

②④ 同①：144。

③ 北京市地方志编纂委员会：《北京志·农业卷·国营农场志》，北京出版社，2000 年，第 114 页。

⑤ 北京市农工商联合总公司 1991 年、1992 年、1993 年、1994 年统计资料。

北京种禽公司种火鸡场攻克了火鸡人工授精的难题，并获农业部科技进步奖三等奖。[①] 由于火鸡价格高，市民买得不多，各国大使馆和涉外宾馆也只是季节性需求，导致销售困难，火鸡场一直亏损，不得不停产。至 1994 年，种禽公司东沙种火鸡场仅保留 300 只作为保种。

3. 肉鸽、信鸽 鸽肉是一种营养价值较高且味道鲜美的食品，蛋白质含量为 24.5%，超过兔、牛、鸡、鸭、猪、羊等肉类，而脂肪含量仅为 0.7%。北京农垦发展乳鸽较晚，西郊农场特禽场于 1984 年先后从广东和国外引入美国王鸽。当年从美国引进肉用品种的落地工鸽，年产种鸽、乳鸽 1.5 万对以上。1988 年 3 月，该场新建肉鸽饲养车间 700 米²，生产规模为肉鸽 1 500 对，当年生产肉鸽 4 877只。1988 年 7 月，市计委以（88）京计农字 689 号文批复总公司，同意东风农工商与泰国正大国际投资有限公司合作建设"北京信鸽育种中心"，项目由东风农工商提供场地和水电等外部条件，外方出资 200 万元，生产规模为每年饲养信鸽 3 510 对。

4. 珍珠鸡 珍珠鸡原产非洲几内亚地区，又名"几内亚鸡"。1985 年，市牧工商总公司首次从法国伊萨尔公司引入 2 000 只珍珠鸡雏鸡，采用小群散养方式饲养，珍珠鸡种鸡后改为笼养。珍珠鸡母鸡每笼 2~3 只，珍珠鸡公鸡每笼 2 只。采用人工授精后，受精率可提高到 70%~80%，珍珠鸡种鸡笼养和人工授精技术获得北京市科技进步奖三等奖。1985—1987 年，牧工商总公司连续三年向广东、广西等地养殖场推广珍珠鸡种雏，获得较好的经济效益。后来，由于市场销路不畅，养殖亏损，1990 年后全部淘汰。1992 年，西郊农场特禽场从法国引入父母代珍珠鸡 1 000 套，每只价格折合人民币 30 元。幼雏采用小笼饲养，成鸡采取人工授精，每只年产蛋 150 枚。[②] 1993 年养殖珍珠鸡 10 213 只，1994 年出栏珍珠鸡 7 001 只。[③]

5. 其他特禽 西郊农场畜禽公司特种经济禽类饲养场为北京市大型特禽养殖场，饲养有美国七彩山鸡、华北雉鸡、美国鹧鸪、美国落地王鸽、珍贵的锦鸡、鹌鹑，以及观赏狗、藏獒等。1985 年，该场从广东江门引入种鹧鸪，繁育孵化后出售[④]；从吉林引进雉鸡 500 多只。1988 年，引进美国七彩雉种鸡 1 000 多只[⑤]，当年养殖雉鸡 1969 只。[⑥] 1988 年 3 月，西郊农场畜禽公司畜牧四队兴建山鸡种鸡舍 1 400 米²、山鸡育雏车间 1 700 米²，总建筑面积 3 100 米²，饲养种山鸡 1 500 只。这些野禽、特禽产品在各大饭店供不应求，经济效益良好。

2014 年 5 月，地处黑龙江省的双河农场和富裕县国际龙腾生态温泉度假庄园合作建立大雁养殖基地。该项目投资 93 万元，禽舍面积 1 100 米²，每年可饲养雏雁 5 000 只。2017 年，双河农场开发了酱香大雁蛋、腌制大雁蛋和大雁熟食系列产品，受到消费者的欢迎。

第八节 渔 业

京郊国有农场的渔业起步于 1954 年，由北京市农林局所属苇塘管理所利用南郊农场大泡子开发 3 333 米² 池塘，从白洋淀引进鱼苗，养草鱼 1 200 尾，开启了农场系统养鱼事业。1955 年春季，南郊农场和义作业区水产组与北京市水产研究所合作，以大泡子为基础，开始人工养鱼；同年，市农林水利局成立养鱼工作站，利用泡子、窑坑、旧河道开发水面。从 20 世纪 50 年代中期开始至 60 年代，南郊和义农场开发大泡子、双泡子、大有庄，东郊农场开发利用孙河旧河道，双桥农场开发利用小

---

① 北京市地方志编纂委员会：《北京志·农业卷·畜牧志》，北京出版社，2007 年，第 142-143 页。
② 同①：146。
③ 北京市农工商联合总公司 1993 年、1994 年统计资料。
④ 同①：147。
⑤ 北京市地方志编纂委员会：《北京志·农业卷·国营农场志》北京出版社，2000 年，第 114 页。
⑥ 北京市农工商联合总公司 1988 年统计资料。

寺、北双桥、果家店和豆各庄的旧河道、窑坑，永乐店开发半截河等地，朝阳区五一农业合作社开发废窑坑，共开发水面 86.67 公顷，从南方接运鱼苗，放养草鱼、鲢鱼、蝙鱼。但由于缺乏经验和技术，管理粗放，品种单调，平均每公顷鱼产量仅为 150～225 千克（折亩产 20～30 斤）。1966 年春季，在市水产研究所的帮助下，南郊农场在本地繁育鲤鱼、草鱼、鲂鱼鱼苗成功，实现自繁自养。

进入 20 世纪 70 年代，国家在财力和物力上扶持国有农场建 50 亩以上连片养鱼基地，京郊农场系统建成第一批国有和集体商品鱼生产基地。南郊农场建成商品鱼生产基地 12 处，养鱼水面 133 公顷，并建成京郊第一个拥有 16 公顷水面的国有渔场——大泡子渔场。双桥、北郊、东郊、长阳、西郊、永乐店、东北旺等农场建成十几个 50 亩以上连片的国有和集体渔场。1971 年，双桥农场管庄分场八里桥生产队创养鱼亩产千斤记录，为此，双桥农场被邀参加全国水产会议。20 世纪 70 年代中后期，形成 5 个国有大渔场，即南郊大泡子、双桥黑庄户、永乐店渠头，以及东郊农场、北郊农场各 1 个。1974 年起，在大泡子、三海子、黑庄户、渠头、六里屯 5 个渔场建立鱼苗孵化点，自身孵化鱼苗成功，结束了依赖从南方接运鱼苗的历史，年产草鱼、鲢鱼、鳙鱼、鲤鱼、鲫鱼鱼苗 4 000 多万尾。红星公社（南郊农场）成为全市最早进行家鱼苗生产的单位之一。[①] 1978 年，巨山农场已有坑塘改造的水面有 16.6 公顷，年产鱼 5 400 千克，全年商品量达 5 000 千克；1990 年，养殖水面 34.3 公顷，捕捞量达 20.4 万千克，全年商品量达 20.2 万千克。1978—1980 年，农场系统每年还支援内蒙古等地鱼苗 1 500 万尾。到 1979 年，农场系统养鱼水面增至 678.86 公顷，总产达到 63.95 万千克。双桥农场自 1968 年开始池塘养鱼，到 1980 年，8.87 公顷养殖水面平均单产达到每公顷 7 395 千克（折亩产 986 斤），为全市第一，两次参加全国水产工作会议，被评为全国养鱼红旗单位。[②]

1982—1987 年，北京农垦完成老基地改造、新基地建设，完成电力、机井、渠道、增氧机、捕鱼机配套 266.67 公顷。1987 年秋，总公司利用世界银行贷款，各农场建成高标准的千亩连片商品鱼基地 243.33 公顷，增建连片大面积商品鱼基地 140 个，养鱼水面达到 1 002 公顷。北郊农场燕丹渔场、朝阳渔场各建起 1 个 3.33 公顷的活鱼库；永乐店农场、南郊农场水产公司建起 2 000 米^2 的鱼类食品加工厂，开发产品 10 多种。

1983 年 10 月，总公司成立水产处，大型农场相继建立水产公司或水产科，分场设水产员。1987 年后，总公司引进北京市水产技工学校和市水产学校毕业生 30 多人，在总公司职工大学开设水产中专班，培养总公司系统水产部门学员 33 人，成为各渔场技术骨干。到 1990 年，全系统养鱼生产人员增至 1 349 人，比 1978 年增加 647 人，其中养鱼技术骨干 106 人，有高级工程师 2 人、工程师 11 人、技术员 11 人、工人技师 8 人。总公司生产部门的科技人员先后完成了国家计委、农业部、北京市的一批科研成果，如"北京地区池塘养鱼高产技术大面积综合试验"项目获 1987 年北京市科研一等奖，"以草鱼为主、一龄鱼种，千亩千斤食用鱼技术措施的研究"项目获 1989 年北京市科技进步奖三等奖，"池塘养鱼大面积高产综合技术"项目获农业部 1990 年"丰收计划"二等奖。

1990 年，总公司系统总产鱼 904.8 万千克，占全市池塘养鱼产量 17.7%，总产为全市各区县第二名。平均每公顷养鱼产量达 6 584.82 千克（折亩产 439 千克），比全市池塘养鱼单产高出 25.6%，万亩池塘水面单产为全市第一名。是年，南郊农场成鱼捕捞量 238.4 万千克，占大兴县总产量的 73.4%。[③] 到 1995 年，总公司养鱼水面虽然比 1990 年减少 200 公顷，但总产、单产仍超历史，养鱼水面和总产量均占全市的 1/6。

1991—1995 年，总公司制定《发展优质鱼五年计划》。之后，在南郊农场三海子建立黑鱼基地，在北郊农场五里渠建立斑点叉尾鱼基地，在西郊农场建立甲鱼基地。同时，在西郊农场利用稻田养中

①　北京市地方志编纂委员会：《北京志·农业卷·水产业志》，北京出版社，2003 年，第 41 页。
②　孔繁瑢：《多种经营好处多——双桥农场畜牧分场访问记》，《中国农垦》，1981 年第 10 期。
③　大兴县地方志编纂委员会：《大兴县志》，北京出版社，2002 年，第 170 页。

华绒毛蟹；在双桥农场建立观赏鱼基地，并以双桥农场为龙头，在朝阳、通县一带形成产业化生产格局[1]；在南郊农场、永乐店农场渔场饲养罗氏沼虾。到1994年，北京农垦饲养的优质草鱼、鲤鱼的产量由20世纪80年代占总产量的20%上升至42.4%，名特优鱼产量所占比例较大幅度增加，形成花白鲢鱼与名特优鱼产量各占一半的格局。至1995年，双桥农场以大鲁店村为中心，有4乡20多个村、200多户农户从事金鱼生产，养殖水面达133.3公顷，年产值达2 000多万元[2]，并在大鲁店村建立黑庄户观赏鱼交易市场。到场乡体制改革前一年，即1997年年底，总公司养鱼水面回落到1987年的水平，即1 003.73公顷，但每公顷鱼产量达到9 231.57千克，为历史最高水平，比1987年增加85.7%。

1998年，由于场乡体制改革，集体渔场整体移交给所在区县管理，总公司的养殖水面锐减至11.93公顷，曾在养殖业中有过重要地位的渔业，终结了在京郊国有农场的产业地位。

北京农垦渔业生产情况见表2-2-44。

表2-2-44 北京农垦渔业生产情况

年份	养殖水面（公顷）	总产量（万千克）	单产（千克/公顷）
1960	126.67	6.65	524.99
1961	220.00	8.15	370.45
1962	173.33	16.00	923.09
1963	173.33	12.70	732.71
1964	186.67	9.15	490.17
1965	173.33	12.95	747.13
1966	213.33	12.80	600.01
1967	180.00	3.78	210.00
1968	200.00	7.30	365.00
1969	146.67	15.25	1 039.75
1970	253.33	16.45	649.35
1971	273.87	16.45	600.66
1972	380.47	16.05	421.85
1973	342.27	18.10	528.82
1974	380.27	28.60	752.10
1975	636.60	32.80	530.95
1976	640.33	37.75	589.54
1977	624.87	43.10	689.74
1978	706.53	52.45	742.36
1979	725.53	64.15	884.18
1980	726.87	73.60	1 012.56
1981	564.93	84.10	1 488.68
1982	559.47	82.80	1 479.97
1983	525.73	121.45	2 310.12
1984	863.07	247.35	2 865.93

---

[1] 北京市地方志编纂委员会：《北京志·农业卷·水产业志》，北京出版社，2003年，第116页。
[2] 同[1]：117。

（续）

年份	养殖水面（公顷）	总产量（万千克）	单产（千克/公顷）
1985	955.07	322.50	3 376.72
1986	1 021.60	408.30	3 996.67
1987	1 102.47	548.00	4 970.66
1988	1 388.87	697.70	5 023.51
1989	1 299.47	783.70	6 030.92
1990	1 374.07	904.80	6 584.82
1992	1 303.20	957.20	7 360.34
1993	1 263.80	964.40	7 630.95
1994	1 301.33	1 123.90	8 636.55
1995	1 138.60	945.40	8 303.18
1996	1 062.00	823.40	7 753.30
1997	1 003.73	926.60	9 231.57
1998	11.93	54.34	4 554.90

说明：1985 年之前的数据来自《北京市国营农场管理局统计资料（1950—1985）》，1986—1998 年数据来自北京市农工商联合总公司各年度统计年报。

第三章　农牧业设施及服务体系建设

自垦建以来，北京农垦始终坚持投入，改善农牧业基础设施和基本生产条件。在"一穷二白"的基础上，使自身农牧业生产的基础条件和物质装备水平发生了翻天覆地的变化，完成了现代化农牧业建设的必要条件。

■ 第一节　农田基本建设

京郊各国营农场基本上建在土地瘠薄的沙荒地、盐碱地以及水库淹没区、河流故道荒滩，而且土地极为分散，地貌不平整，不宜进行机械化作业，进行农田基本建设的任务非常艰巨。为了创造农业生产的基本条件，北京农垦从 20 世纪 50 年代开始有计划、有组织地展开农田基本建设。经过 40 多年的拼搏，通过平整土地，修建排涝、灌溉工程，建设防风林，治理盐碱地，发展节水设施农业，把昔日的低产田改造成稳产高产的粮田，为建设首都"米袋子""菜篮子""果盘子"做出了巨大贡献。

一、平整土地工程

在建场初期，各国营农场就进行了土地规划，并对部分土地进行平整改造，对撂荒地进行复耕。1950 年，双桥农场在农业部农田水利局测量队的指导下，测出土地水平，进行新的区划，使 160 公顷耕地成方成块，并在每区边界用开沟机开挖宽 1 米、深 1.7 米的排水沟 2 850 米；平整了土地，修复了 5 眼机井。

1957 年是北京农垦进行土地规划和平整土地的第一个高潮年份。在国务院副总理谭震林和水利部副部长钱正英的关怀下，北京市水利局的专家帮助农大农场制定土地区划。之后，农场按照规划开展了平整土地，并且三分场的三分之二土地首次使用了机械平整土地，为北京市郊区首例。[①] 经市农林水利局和农垦部工作组先后对南口农场 1 400 公顷荒地进行了勘察，提出了建立果园的建设方案。之后，把全场土地化为 4 个分场，确定果树栽植区圃面积在 5 公顷以内，还对防风林及灌溉网系进行了规划。栽植果树，必须先改良土壤。是年，南郊农场、西郊农场和北郊畜牧场平整土地、整修排水系统，共完成土方 27 万米^3。[②]

从 1958 年 2 月起，南口农场在砂石荒滩上进行了 3 个阶段的平整土地和改土工程：挖坑换土、

---

① 《北京市东北旺农场创业五十周年》(1957—2007)，第 59 页。
② 北京市国营农场管理局农场史编辑室：《北京国营农场建设大事记》(1949—1985)，第 25 页。

扩坑换土、挖渠换土。① 1958年3月，农大农场动员组织职工和北京农业大学师生共1500人，组成水利化工程队，由场长沈其益担任指挥，开挖东西向排水沟8条，填平老沟，平整土地，形成格方连片。② 1959—1962年，东北旺农场开展了以"大平大整、建立耕作区"为中心任务的农田基本建设，共平整土地1000公顷，占全场耕地的75%③；经过平整的土地被划分为66个大田耕作区，每区长500～700米，宽约300米，面积在15.33公顷左右。在耕作区内南北向隔50～70米设固定性斗渠，东西向隔30米设临时性毛渠，斗渠、毛渠相间配套，形成网络。根据农场南高北低的地势，在耕作区南端设灌水支渠，北端设排水支渠，做到旱能浇、涝能排，在耕作区四周修建了20余条纵横交错的田间道路网，路面宽6～8米，便于机械运行，保证了田间运输。1963—1964年，东北旺农场在基本实现水利化的基础上，土地平整工作转向大规模的细平细整，以实现标准化、田园化。④ 北郊农场经过1961年和1962年连续的平整土地，到1963年，基本建设完成了54米一排一灌的"方田化"。⑤

更大规模的平整土地是从1965年以后开始的。1965年11月8日，永乐店农场党委召开兴修水利动员大会，提出1965年冬至1966年春要完成300万～400万米^{3}的土方，实现"一大步通，分小步平"，基本实现水利化的目标。动员大会后，全场共出工18万人次，每天坚持十几小时的劳动，6个月共完成土方量540万米^3，把全场13333.33公顷土地砍出了大框，初步进行了平整。同时，开始建设环场公路，开展植树造林，初步实现了沟、路、林、渠、田配套，使农场面貌为之一新。⑥ 1965年10—12月，市农场局开展平整土地、兴修水利和积肥运动，到12月6日，完成土地平整5266.67公顷，完成土方250万米^3。⑦ 西郊农场从1966年开始，一直到1976年，每年秋冬期间把平整土地、兴修水利作为重要工作。十年来，共平整土地400多公顷，完成土方330万米^3，全场2000公顷土地形成平坦格方。⑧ 1969年，双桥农场复平土地800公顷，大平土地66.67公顷，完成土方量40多万米^3。⑨ 1971年，永乐店农场对2757.6公顷土地进行平整，完成连片割方、沟路林渠配套。⑩ 1972年10月17日，市革委会召开平整土地工作会议。入冬后，市农林局系统的各农场人、畜、机出动，掀起平整土地的高潮。是年，南郊农场平整土地2666.67公顷。1973—1974年，双桥农场以常营、管庄和三间房3个分场，为主打"平地仗"，开展搬土丘、填废沟，削平的土坡最高达2.5米，填平废沟最深达9米，使1133.33公顷丘陵地变成了成方连片的丰产田。⑪ 1974年，永乐店农场共平整土地9333.33公顷，其中大平大整2333.33公顷，基本上实现畦田化。⑫ 1975年12月下旬，西郊农场大平复平土地，建设农业协作区⑬，全年，西郊农场平整土地92.67公顷，以后两年分别平整土地218公顷、113.33公顷。1976年，东风农场农田基本建设共完成土方量超4万米^3，大平土地31.33公顷，复平土地22公顷。1978年冬，永乐店农场完成砍方配套任务130万米^3，完成大平大整土地326.37公顷，完成造地任务26.67公顷。⑭

到1979年3月北京市国营农场管理局复设时，北京农垦大规模的土地平整工程基本结束，农场普遍转入土地细平阶段，并向山、水、林、田、路统一规划及综合治理方向发展。

———————————

① 《北京市南口农场史》（1958—2008），第26-28页。
② 《海淀区水利志》，1993年，第106页。
③⑬ 北京市海淀区地方志编纂委员会：《北京市海淀区志》，北京出版社，2004年，第445页。
④ 《北京市东北旺农场创业五十周年》（1957—2007），第56-57页。
⑤ 郭汉文：《1956—1970年的国营北郊农场》，《北京文史资料精选·昌平卷》，北京出版社，2006年，第176页。
⑥ 《永乐店农场史》，第10页。
⑦ 北京市国营农场管理局农场史编辑室：《北京国营农场建设大事记》（1949—1985），第54页。
⑧ 《北京市国营西郊农场史》，第34页。
⑨ 《双桥农场大事记》（1949—2015），第46页。
⑩ 《永乐店区志》，第199页。
⑪ 《双桥农场史》（1949—2008），第41页。
⑫ 《永乐店区志》，第200页。
⑭ 同⑨：201。

二、排涝工程

暴雨是北京地区夏季（6—8月）主要的灾害性天气，年内降水主要集中在汛期，而汛期的降水又集中在几场大暴雨中，极易形成洪涝灾害，特别是地处北京市东南郊的南郊农场、永乐店农场和双桥农场地势低洼，深受洪涝灾害之苦。对于建在低洼易涝区、河滩地、水库淹没区的农场，防洪排涝是水利建设工程的重要内容。

早在1949年秋，十一区（今为大兴区）政府拨出85万千克玉米，用"以工代赈"的形式，组织南郊海子里的农民修挖凤河的旧河道（由团河宫至南宫村东），解决当地排涝问题。1955年，南郊农场开挖新凤河，该河流经通县马驹桥入凉水河，长30.01千米，总流域面积160平方公里，对解决红星地区沥水有一定作用，但其标准较低，每秒仅能排泄53米³的洪水。1959年大雨，河道决口满溢，下泄流量达75米³/秒。① 鉴于此，1959年冬至1960年春，南郊农场对新凤河系进行治理，完成20年一遇标准的排水沟22条，总长44千米；② 至1961年，南郊农场先后疏挖新凤河水系西红门至南大红门段19.3千米、南大红门以下段9.3千米，行洪流量达100米³/秒。③ 1960年，双桥农场组织人力参加修建小红门水库、黄厂水渠、沈家坟灌渠和阳坊水库的水利工程大会战。④ 1962年1月上旬，双桥农场开挖8条大型排水沟，形成了比较完整的排水系统。在1963年大涝之年，农场系统共修筑大小渠道41千米，完成万亩以上的大型灌区12个、扬水站37处。⑤ 1964年11—12月，坝河工程上马，双桥农场组织人力参与施工，并投入运河、潮河、减河排干的清淤工程。1968年，双桥农场党委分析，自1965年粮食单产"过黄河"以后，粮食生产出现徘徊，连续几年没能实现"跨长江"，原因在于农场3 333.33公顷农田抗灾能力低，三分之一的耕地面积属于低产田，遇灾则严重减产，甚至颗粒不收。为改变这种状况，双桥农场党委决定苦战两个冬春，打好"排涝仗"，开展了以排涝为中心的农田基本建设工程。是年冬季，双桥农场会战大稿沟，进行清淤和加宽，扩大了泄水量。⑥

在"文化大革命"期间，西郊农场仍坚持每年秋冬进行水利打会战，西郊农场10年建成排干8条，长达23 810米。⑦ 1968—1969年，双桥农场利用两个冬春，打了一场"排涝仗"，开挖大稿沟、萧太后河，完成土方60万米³，沟通两个排水系统，建立了两灌、两排耕作区。1969年10月，永乐店农场组织全场社员、职工、中小学生共8 000多人，仅用10天时间，开挖了长7 370米的东风干渠，动土30万米³。紧接着又连续作战，先后在凤港河上高速度建起东马各庄拦河闸、南仪阁扬水站、丁庄拦河闸、西六支边沟等水利工程和水利设施，解决了农场中西部6 666.67公顷土地的排灌问题。⑨ 1969年，双桥农场动土方60万米³，沟通整个排水系统，建立两排两灌的耕作区，加深和新挖排水沟十多条。⑩ 在1969年冬和1970年春，永乐店农场疏挖田间百米格的排沟，缩短排水距离，全场群众顶风冒雪、破冰开冻，开挖400米长的排水沟1 666条，动土90多万米³，做到沟沟相通，排水通畅。同时，扩大水稻种植面积，水稻面积由1969年的533.33公顷猛增到2 666.67公顷，并对新增稻田进行细平细整。1971年，永乐店农场对原有的13条主干排沟进行疏挖，共挖支渠沟400多条、田间沟4 000多条，全部达到20年一遇的标准。⑪ 1974年3

①③ 北京市地方志编纂委员会：《北京志·自然灾害卷·自然灾害志》，北京出版社，2012年，第208页。
② 大兴县地方志编纂委员会：《大兴县志》，北京出版社，2002年，第187页。
④⑧ 《双桥农场史》（1949—2008），第29页。
⑤ 北京市国营农场管理局农场史编辑室：《北京国营农场建设大事记》（1949—1985），第49页。
⑥ 《双桥农场大事记》（1949—2015），第36、44页。
⑦ 《北京市国营西郊农场史》，第34页。
⑨ 《永乐店农场史》，第12—13页。
⑩ 同④：46。
⑪ 《永乐店区志》，第200页。

月 11 日，永乐店农场最大的主干沟——柏风沟治理工程正式动工。工程全长 17.9 千米，总土方量 60 万米³。全场组织 6 000 人奋战 25 天，比计划提前 15 天完工。1974 年 10 月，西郊农场修建后河排水工程，完成土方 10 万米³，全长 1 800 米，容水量 16 万米³。[①] 1975 年 12 月底至 1976 年年初，南郊农场两次共出动 1.6 万名劳动力，动土 160 万米³，完成农场历史上土方量最大的疏浚风碱河工程。1976 年 3 月 12—30 日，永乐店农场疏挖德风沟、九台沟、十五支边沟水利工程开工，这三项工程完成土方量 32 万米³，总长 20 千米，全场共出动 3 000 多名劳力，历时 19 天。

"文化大革命"结束后，北京农垦加大排涝工程建设的力度。1977 年，永乐店农场开挖大港沟上段，工程全长 4.85 千米，完成土方量 10 万米³；开挖红旗沟，全长 8.58 千米，完成土方量 33 万米³，控制流域面积 10.2 平方公里，解决于家务、渠头两个分场部分村庄的排涝问题。1978 年，永乐店农场在水利部的支持下，在马房东建成北京市第一个地下暗管排水示范区，占地 200 公顷，之后，在该场大面积推广。1977—1978 年，东北旺农场清理了铁道排干，并对八排干进行加宽、清淤；与永丰乡联合开掘 1 000 米长的"友谊渠"，对农场水利排涝起到重要作用。从 1979 年起，东北旺农场进一步调整排水系统布局，使骨干排水工程配套。[②] 1981 年 10 月 25 日，永乐店农场德前沟、跃进沟同时开工，6 000 名劳力经过 15 个昼夜的奋战，完成施工任务，两沟总长 1.1 千米，完成土方量 34 万米³，解决了农场东部 1 333.33 公顷农田的排灌，同时也减轻了农场西部的用水压力。1984 年，北郊农场采用永乐店农场首先采用的地下暗管排水技术，解决了僵石层农田除渍难题。1986 年 3 月，南郊农场孙村分场参加大兴县组织的清淤大龙河工程，全长 20 千米，完成土方量 54 万米³，达到 20 年一遇的排洪标准。[③]

"八五"时期（1991—1995 年），北京农垦的水利建设向高标准排涝水平推进。南郊农场在冬修水利期间，坚持每年出工 30 余万个，出资 200 余万元，疏浚了一条农场级主干沟；9 个分场每场每年疏挖 1～2 条主支沟，使全场的 1 万公顷农田基本上具备了高标准排涝能力。1994 年 7 月 12 日下了一场大雨，但南郊农场基本上没有受淹。永乐店农场在冬修水利期间，坚持每年出工 40 余万个，疏挖两条主干沟，6 个分场每场每年疏挖两条主支沟，使全场的 13 333.33 万公顷农田具备了高标准排涝能力。北郊农场为根治渍涝，在地下僵石层上埋设暗管排涝，为夏玉米保苗和"三秋"种麦土壤减墒，解决渍涝面积 1 333.33 公顷。[④]

三、灌溉工程

北京春季干旱多风，降水量仅占年降水量的 8%～9%，而蒸发量占年蒸发量的 30%～32%，干旱灾害时有发生，对农业生产的威胁较大，因此，在解决排涝的同时也需要建设灌溉工程。北京农垦的灌溉工程建设大体有三个阶段，各阶段的水利建设项目虽有所交叉，但主线比较清晰，呈现出建设水平由低向高演进的特点。

（一）第一阶段：以建水柜、打机井为主线

为了解决农牧业用水问题，北京农垦从 20 世纪 50 年代初期就开始重视灌溉问题，灌溉工程以建水柜、打井为起步。如五里店农场在六合庄以深挖、围埝、锥泉下管的办法建成"小泡子"，以此为水源试种水稻成功。[⑤] 同时，人工开挖水柜。水柜为长方形，上口宽 20 米，底宽 4.5 米，深挖 5.5～

① 《北京市国营西郊农场史》，第 93 页。
② 《北京市东北旺农场创业五十周年》（1957—2007），第 67、87 页。
③ 《大兴县水利志》，第 160 页。
④ 北京市地方志编纂委员会：《北京志·农业卷·国营农场志》，北京出版社，2000 年，第 55-56 页。
⑤ 大兴县地方志编纂委员会：《大兴县志》，北京出版社，2002 年，第 184 页。

6米，超过地下水位2米左右以积蓄潜水做灌溉之用。1955年年底，永乐店区陆续建成半截河、德仁务、三堡、永乐店、张各庄5个水柜。[①] 至1958年，南郊农场建成水柜25座。[②] 之后，打井灌溉逐步取代水柜，直至20世纪90年代初期，水柜被全部弃用。

1952年10月，市农林局成立水利工程事务所钻探队，在五里店农场打压水机井。[③] 1952年，德茂农场打机井16眼。[④] 1954年，市农林局水利工程事务所钻探队在东郊农场、裕民果园正式打机井，[⑤] 之后，又在南郊农场地区打了几十眼机井。1956年，北京农业拖拉机站与钻探队合并，成立北京拖拉机站打井队，引进苏联钻机2台，有6台冲击钻，队伍达80多人，下设2个机组。1958年，南郊农场成立专业打井队。1959年，市农林水利局打井队划归国家水电部基础处理总队。1960年，卢沟桥农场在河床地首次打电井5眼。[⑥] 1961年，南口农场成立了由40多人组成的打井队，奋战39天，钻到90米深处才打成第一眼井。打井队先后完成46眼机井的任务，为农场建设解决了水源问题。[⑦] 1962年，南郊农场打井队有冲击钻3台。1966年，北京市水利工程局打井队撤销，队伍和设备分配至各县和市农场局，市农场局成立打井队。20世纪60年代至70年代末，专业打井队在北京农垦抗旱打井工作中发挥了重要作用。1972年，北京遭受百年不遇的旱灾，永乐店农场农田基本建设从1972年起转向打井为主，当年打井285眼，是建场10年来打井总数的2.7倍。1973—1974年，双桥农场在打"平地仗"中打井70多眼，使农场有效灌溉面积达3 133.33公顷，占土地总面积的90%。[⑧] 至1974年，卢沟桥农场有机电井79眼、水泵152台。[⑨] 据北京市水利局统计，从1957年起，至1985年止，市农场局合计打井2 004眼，其中机电井1 663眼。[⑩] 1990年，卢沟桥农场由于30多年来地下水位下降了25米多，果树地用水逐年困难，威胁到133.3公顷果树，特别是30年的生优质酥梨20公顷面积严重缺水，致使部分果树旱死。在市政府的支持下，市水利局投资60万元，农场自筹26.7万元，在农场15乙区打5眼电井，每井出水50米^3/小时，出水汇流，通过钢丝网水泥管5千米，实行地下暗管、阀门控制。工程建成后效果明显，挽救枯死梨树16.6公顷，恢复灌溉面积15公顷，改善灌水面积17.6公顷。[⑪]

（二）第二阶段：以建设灌渠及灌区为主线

从20世纪50年代中期开始，北京农垦在继续打井的同时，把兴建灌渠及灌区工程作为农田水利建设的重要内容。1956年7月，在农垦部的指导下，市农林局、东郊区积极支持寻找水源，双桥农场修建了自高碑店至农场共15千米长的一支渠，使农场233.33公顷旱田变水田。[⑫] 1957年10月，在京中央各部委和北京市189个单位共计6万余人参加了修建温榆河灌区10千米西干渠水利工程，该工程极大地解决了东郊畜牧场农牧业的水资源问题；11月中旬，为兴建卢沟桥农场，市牛奶站组织劳力，用一个半月时间，在永定河大堤内修建了一条长8.05千米、宽4~5米、高1.5~2米，设有水泥闸口20余个的引水渠，完成土方21 431米^3。1957年，各场改旱地为水浇地，平整土地，南

① 《永乐店区志》，第203页。
② 《大兴县水利志》，第174页。
③⑤ 北京水利史志编辑委员会：《北京水利志稿》（第二卷），1992年，第174页。
④ 大兴县地方志编纂委员会：《大兴县志》，北京出版社，2002年，第189页。
⑥⑨ 《老庄子乡（卢沟桥农场）志》（1700—1990），第54页。
⑦ 《北京市南口农场史》（1958—2008），第29页。
⑧ 《双桥农场史》，第41-42页。
⑩ 同③：170、172。
⑪ 同⑥：52-53。
⑫ 《双桥农场大事记》（1949—2015），第19页。

郊、北郊、西郊农场完成土方 27 万米³。① 1958 年春季，红星集体农庄、旧宫合作社与南郊农场联合修建的凉凤灌渠胜利竣工，此渠引凉水河水入凤河，纵贯海子南北，全长 11 千米，共完成土方16 580 米³，使 666.67 公顷旱地变成水浇地，红星地区受益面积达 4 333.33 公顷。1969 年，凉凤灌渠改为引污工程，河道走向上段不变，下段自忠兴庄闸经瀛北支流排水渠穿越新凤河，经北野场灌渠向南延伸至河北辛庄注入大龙河，全长 23.82 千米，受益面积进一步扩大。② 1959 年，北郊农场发动36 个村开展万人大会战，完成土方 60 万米³，建成七里渠至燕丹干渠，灌溉方式为提水，引提水能力为 3.39 米³/秒，有干支渠 9 条，总长 39 千米，灌溉面积 2 533.3 公顷，灌区内有机井 100 眼、建筑物 50 座。③ 1959 年 10—12 月下旬，红星公社孙村大队参加大龙河水系灌区建设，完成干渠 16 条，总长 36.5 千米。灌区有支渠 43 条，总长 46.5 千米；斗渠 104 条，总长 111 千米；毛渠 772 条，总长 238 千米，还包括相应的排水渠和 3 条公路，完成土方量 89 万米³，建闸 70 座，控制流域面积2 333.3 公顷，有效灌溉面积 2 220 公顷。自此，孙村灌区成为大兴县第一个灌排渠道配套成龙的标准化水利工程。④

20 世纪 60 年代初期，北京农垦加大了灌溉工程的建设步伐。1960 年，北郊农场郑各庄扬水站建成。1961 年，南郊农场太和分场建成新凤河扬水站，功率 85 千瓦，扬水能力 1 米³/秒，有效灌溉面积 333.33 公顷。⑤ 东郊农场建成沈家坟灌区，灌溉方式为提水，引提水能力为 2.40 米³/秒，有干支渠 10 条，总长 21.3 千米，灌溉面积 1 333.3 公顷。⑥ 1962 年，农场系统全年建成万亩以上的中型灌区 12 个，新建 40 千瓦以上的扬水站 37 处。⑦ 1963 年 5 月，双桥农场建成污水工程建筑物 139 座。从 1958 年算起，至 1964 年，东郊农场苦战 7 年，共修水渠 156 条，全长 58.8 千米，打机井 23 眼，建设大小扬水站 50 座，完成土方 25 万米³，控制灌溉面积达 3 066.67 公顷。1965 年 2 月，东郊农场组织 260 人修建东窑扬水站工程。10 月，西郊农场动员 2 000 名劳动力修建二干主渠，该渠由京密引水渠八分口水闸为起点，途经辛力屯、双塔、白水洼、后章村、畜牧五队到白水洼扬水干渠，全长3.4 千米，可灌溉 466.67 公顷。是年，东北旺农场建成东北旺灌区东干渠，灌溉方式为自流，引提水能力为 1.80 米³/秒，有干支渠 17 条，总长 33.58 千米，灌溉面积 1 053.3 公顷。⑧ 北郊农场苦干五年，至 1965 年，建成南七家、窦各庄等 9 处扬水站，修挖大小渠道 128 条，渠长 200 余千米，打机井 59 眼。⑨ 1966 年 6 月，东郊农场北顶河扬水站修建工程完工。⑩ 1967 年，西郊农场第四次改建白水洼扬水工程，全长增至 4.1 千米，可灌溉土地增至 699.33 公顷。是年，南郊农场建成东风灌区，干渠在双桥门接北京东南郊灌渠尾闾，至东红门退入凉水河，全长 5.2 千米，9 条支渠总长 9.2 千米，实际灌溉面积 1 000 公顷。

自 1969 年大旱后，农场更重视兴建灌溉工程。1969 年，西郊农场在史家桥修建拦河闸，并组织400 名劳力修建八口拦河闸。⑫ 从 1969 年冬季开始，双桥农场连续两年开展以抗旱为中心的农田基本建设。至 1971 年 3 月，双桥农场共完成土石方 40 万米³，完成通惠河截留引水和北水南调、南水北调工程；建成一座横跨通惠河的大型闸桥，开挖了一条 6 米深的引水渠，沿渠修建 20 座建筑物和 1 座扬水站，解决了 2 000 公顷农田的灌溉和排水问题。⑬ 1971 年，双桥农场建成双桥灌区，灌溉方式

① 北京市国营农场管理局农场史编辑室：《北京国营农场建设大事记》（1949—1985），第 25 页。
②⑪ 大兴县地方志编纂委员会：《大兴县志》，北京出版社，2002 年，第 186 页。
③⑥ 北京水利史志编辑委员会：《北京水利志稿》（第二卷），1992 年，第 162 页。
④ 《大兴县水利志》，1994 年，第 190-191 页。
⑤ 同②：188。
⑦ 同①：49。
⑧ 同③：163。
⑨ 郭汉文：《北京文史资料精选·昌平卷》，北京出版社，2006 年，第 178 页。
⑩ 《东郊农场大事记》，第 10 页。
⑫ 《北京市国营西郊农场史》，第 91 页。
⑬ 《双桥农场史》，第 41 页。

为自流和提水，引提水能力为 5.0 米³/秒，有干支渠 12 条，总长 42 千米，有建筑物 210 座，灌溉面积 1 200 公顷。[1] 是年，永乐店农场新建扬水站 13 处，新建排灌渠 685 条，完成土石方 203 万米³；[2] 南郊农场建成亦庄扬水站，扬水能力 1.8 米³/秒，有效灌溉面积近 1 000 公顷。[3] 至 1976 年，西郊农场修建了 1 条总干长 1 100 米、3 条主干长 9 670 米，可灌溉 1 600 公顷农田的水渠，建成中型扬水站 5 个，可灌溉农田 1 333.33 公顷，小型扬水站 27 个，可引入京密运河水灌溉全场农田；10 年间共打机井 90 眼。[4]

北京农垦场乡体制改革前水利灌溉情况见表 2-3-1。

表 2-3-1　北京农垦场乡体制改革前水利灌溉情况

年份	有效灌溉面积（公顷）	机电井（眼）	年份	有效灌溉面积（公顷）	机电井（眼）
1971	37 952.47	1 005	1989	41 388.60	4 804
1972	35 805.33	1 499	1990	40 731.33	5 102
1973	37 100.87	2 319	1991	39 073.47	5 080
1974	39 699.80	2 697	1992	39 841.07	4 939
1975	40 916.00	3 366	1993	40 532.20	5 118
1976	41 727.93	4 235	1994	40 382.00	5 047
1977	40 485.07	4 518	1995	37 641.47	5 004
1978	45 270.53	4 468	1996	37 018.93	4 894
1988	40 913.60	5 049	1997	33 916.40	4 656

资料来源：北京市国营农场管理局和北京市农工商联合总公司各年度统计年报。

场乡体制改革后，由于城市开发等原因，造成种植业面积大幅缩减，水利的总体规模也发生了重大变化。2016 年，农用排灌机械保有量为 63 台，排灌总动力为 695.2 千瓦，有农用水泵 87 台、滴喷灌溉机械 219 套、机电井 92 眼，有效灌溉面积 896 公顷。2017 年，农用排灌机械保有量仅为 42 台，排灌总动力为 457.7 千瓦，有农用水泵 63 台、滴喷灌溉机械 216 套、机电井 89 眼，有效灌溉面积 1 005 公顷。[5]

（三）第三阶段：以发展节水灌溉工程为主线

1957 年，水电部水利水电科学研究院在东郊农场首次举行喷灌试验，采用半固定式：地埋主管为钢筋混凝土管，地面移动支管为上海生产的薄壁铁管，用上海产的仿苏喷头。因移动难度大、操作不便，不久就停止使用了。[6] 1963 年，南口农场为解决沙质土渠道渗漏严重问题，决定利用砂石滩上的石头修浆砌卵石的防渗渠道。是年，新修浆砌块石的防渗渠道 2 万米，减少了渗漏，加快了流速，节约了用水，提高了灌溉效率。之后，试制 2 500 多米水泥预制构件的渠道，铺接后能引水灌溉。二分场电井处低于果树区，担水浇树要行走近千米，最远处需 10 人接力，于是组织职工修成了一条 84 米的高架渠道，解决了 33.33 公顷果树的灌溉问题。经过 8 年的努力，农场共修主干渠 50 多千米，大部分果园和农田得到了自流灌溉，做到了旱涝保收，实现了水源多样化、渠道网络化、主渠防渗化。[7] 1963—1964 年，东北旺农场针对水利工程出现的严重渗漏问题以及由此造成的沼泽化和

① 北京水利史志编辑委员会：《北京水利志稿》（第二卷），1992 年，第 163 页。
② 《永乐店区志》，第 199 页。
③ 大兴县地方志编纂委员会：《大兴县志》，北京出版社，2002 年，第 188 页。
④ 《北京市国营西郊农场史》，第 34 页。
⑤ 数字来自 2016 年和 2017 年的《农业部农垦局统计年报》。
⑥ 同①：185。
⑦ 《北京市南口农场史》（1958—2008），第 29 页。

次生盐渍化现象，与水利电力研究所合作，开展渠道防渗的试验研究，采取混凝土衬砌的方法，对干渠和接近干渠的部分支渠进行改造，以达到防渗、节水和提高灌溉效果的目的。该场连续两年组织劳动力，共修筑水泥灌渠 8 000 米，修建水利建筑物 30 余座，完成衬砌工程约 4 300 米。①

从 20 世纪 70 年代开始，农业节水工程成为水利工作的重点。1970 年 10 月，西郊农场修建白家疃果树队蓄水池 2 224 米²，容水量 2 800 吨。② 1973 年，东郊农场进行喷灌与地面畦灌的对比试验，喷灌省水 45%～50%，小麦增产 22.2%。③ 1974 年 10 月，西郊农场第一生产大队修建地下管道灌溉工程，全长 2 400 米。1974 年冬，双桥农场党委提出"奋战几年，实现大田管道化，园田喷灌化、大棚蔬菜滴灌化"的目标，1975 年，安装菜田喷灌管道，铺设地下管道 5 千米，33.33 公顷菜田实现了喷灌。④ 1976 年，东风农场灌溉系统铺设地下管道 600 米、水泥预制板渠道 80 米；东北旺农场进行燕麦茬中稻节水试验，全生育期灌水 17 次，每亩灌水量 398 立方米；⑤ 双桥农场温室、大棚黄瓜试验节水 80%，增产 3 倍多。⑥ 1978 年，双桥农场建成一个有滴灌设备的十亩钢架大棚及长达 6 千米的地下灌水管道。⑦ 1983 年，永乐店农场高标准排灌结合的"深沟暗管井群水利工程"体系全部建成，所完成的土方量以 1 米³/米 计算，可绕地球赤道一周；是年，永乐店农场建成北京市第一个自动化暗管灌溉示范区，有地下暗管 3 700 米，之后，低压地下暗管灌溉在全场推广，成为主要的农业节水技术之一。从 1985 年起，永乐店农场实施"星火计划"，节水工程迅速发展，至 1990 年，永乐店农场铺设地下输水管道总计 22.44 千米。⑧ 1989 年，卢沟桥农场果树队的 26.6 公顷果园改用软管浇水，效果较好；农场农业用地使用轻型水泥板修造防渗漏渠道，总计 7.5 千米。⑨ 到 1990 年，东北旺农场完成支渠衬砌 1 万多米，总投资 97.6 万元，发展电机井 124 眼，灌溉面积 1 271.8 公顷。东北旺农场大力发展节水增产技术，先后完成冷泉果园引水上山一、二、三期工程，滴灌工程 60 公顷，粮食喷灌工程 206.67 公顷，⑩ 地表水供应由"七五"期间的 1 000 万米³ 减少到 1990 年的 160 万米³。

"八五"时期，北京农垦的农业节水工程得到快速发展。从 1991 年开始，各农场加快了农业节水工程的发展速度，广泛筹集资金，大力发展以喷灌为主的节水工程，5 年共发展喷灌面积 3 400 公顷，取得了显著的节水效果。1995 年 5 月，中以示范农场建场，该示范农场是中国第一家引进以色列滴灌设施及技术的农业企业，仅 1996 年一年，就有日本、法国、澳大利亚等 20 个国家、300 多位客人到农场参观考察。⑪ 北郊农场 1991—1995 年共完成渠道衬砌 45.2 千米、低压输水管灌 146.67 公顷，喷灌设备增至 200 套，节水面积达 1 486.67 公顷。到 1995 年，北京农垦系统共有机电井 5 004 眼，其中配套机电井 4 982 眼；有各种类型扬水站 307 座；有效灌溉面积 37 641 公顷，占总耕地面积的 88.6%，其中自流灌溉面积 740 公顷、电灌面积 34 913 公顷、机井灌溉面积 1 989 公顷、喷灌面积 5 909 公顷；有喷灌设备 667 套，控制面积 10 293.33 公顷，占两茬（小麦、玉米）平播面积的 64.2%；有低压输水管道 3 333.33 公顷，占两茬（小麦、玉米）平播面积的 20.8%。⑫ 到 2000 年，永乐店农场共计修建地下暗管 22.14 万米，节水节地效果明显。

2009 年 9 月，首农集团在延庆农场和南口农场实施 2008 年节水灌溉工程。该工程建设总规模

① 《北京市东北旺农场创业五十周年》（1957—2007），第 57 页。
② 《北京市国营西郊农场史》，第 91 页。
③ 北京水利史志编辑委员会：《北京水利志稿》（第二卷），1992 年，第 186 页。
④ 《双桥农场大事记》（1949—2015），第 57-58 页。
⑤ 《海淀区水利志》，1993 年，第 121 页。
⑥ 同③：187。
⑦ 同④：63。
⑧ 《永乐店区志》，第 213 页。
⑨ 《老庄子乡（卢沟桥农场）志》（1700—1990），第 54 页。
⑩ 同①：87。
⑪ 北京市通州区地方志编纂委员会：《通县志》，北京出版社，2003 年，第 584 页。
⑫ 北京市地方志编纂委员会：《北京志·农业卷·国营农场志》，北京出版社，2000 年，第 56 页。

400 公顷，南口农场和延庆农场各 200 公顷，其中滴灌 264.87 公顷、喷灌 135.13 公顷。项目总投资 1 532 万元，其中使用市政府投资 1 072 万元。该工程于 2010 年 12 月底投入使用。其主要建设内容为：更新机井 17 眼，新建井房 18 座，安装水泵 20 台，安装机井首部 15 套、变频控制系统 18 套。管线铺设 331 千米，其中铺设 UPVC 管线 40 千米、铝合金管线 12 千米、PE 管线 279 千米。2010 年 6 月，首农集团在南口农场实施 2009 年节水灌溉工程，项目总投资 1 281 万元，其中使用市政府投资 897 万元。该工程建设总规模 333.33 公顷，全部为果树滴灌。主要建设内容为：维修机井 17 眼，更新机井 2 眼，安装水泵 19 台（套），安装机井首部和变频控制系统 19 套，新建井房 19 座，铺设管线 1 201 千米。项目于 2010 年 12 月底投入使用。2012 年 8 月，首农集团实施巨山农场特供基地节水灌溉工程。项目总投资 661 万元，工程总规模 19.33 公顷，建设内容包括：大田果树环绕滴管工程、温室蔬菜上喷下滴工程、露地蔬菜微喷工程、露地蔬菜喷灌工程和大棚蔬菜滴管工程；新建泵房 5 座，安装水源首部变频设备 5 套，首部叠片过滤器、离心过滤器等 5 套，更换水泵 5 台。项目于 2012 年 12 月底竣工并投入使用。上述 3 个高标准节水工程提高了节水效果，同时做到了区域自动化控制灌溉，使首农集团现代化农业水平上了一个新台阶。

四、水库工程

1957 年 12 月，由西红门的少先队员发起修建水库，1 000 多名社员和少先队员冒着严寒，苦战一冬，在库中开凿 137 个 7 米多深的自流井，工程量 130 多万米³。该水库被命名为红领巾水库，于 1958 年 2 月完工，在红领巾水库竣工的庆功大会上，中国文联主席郭沫若率领著名艺术家 100 多人前来祝贺。1958 年下半年，为了解决用水的问题，南口农场决定修建水库，在北京昌平区南口镇西北 2.5 千米、温榆河支流北沙河唐猊沟出山口、响潭村村边最窄处修一条水泥坝，挡住上游下来的水并储存起来。1959 年 11 月，一期工程完工后，以响潭村的名字命名为响潭水库。1961 年又抽调人力，扩修了响潭水库，砌坝 2 260 米³，将水坝提高 3 米，蓄水由 28 万米³ 增加到 60 万米³。[①] 1970 年 7 月，水库全部竣工；1974 年 11 月，进行水库加固防渗工程，1979 年 12 月竣工。水库大坝原为浆砌石，后改为埋石混凝土重力坝。该水库总库容 718 万米³，控制流域面积 57.5 平方公里，灌溉面积 1 200 公顷。[②] 1959 年 11 月，红星人民公社（南郊农场）在鹿圈乡与瀛海乡交界处，利用泡子及低洼荒地改建三海子水库，水库面积 12.41 平方公里，总库容 345.7 万米³，完成土方量 72 526 米³，水源引自凉水河与凉水河灌渠。11 月 22 日，《北京农民报》以《红星公社三天修好三海子水库》为题做了报道。[③] 同期，十三陵农场建成德胜口水库，西山农场建成八一水库。

1960 年 6 月，上庄水库竣工。该水库由永丰人民公社（西郊农场）于 1959 年 11 月抽调各大队劳动力修建而成。上庄水库是农场系统最大的水库，其水源为京密运河，属南温榆河，河流全长 6 500 米，水面 66.67 公顷，蓄水 220 万米³，可灌溉土地 333.33 公顷；在汛期，还可为北安河乡、苏家坨乡、西山农场和西郊农场农田排涝，其排洪量占海淀区的 55%。[④] 1962 年，农场系统新建小型水库 6 座。[⑤] 1965 年，北郊农场建成沙河拦河大坝，使沙河水库蓄水能力提高至 1 300 万米³；完善了燕丹水库的水利配套设备。[⑥] 1966—1976 年，西郊农场修建 2 座小型水库，蓄水 10 万米³。[⑦] 1969 年，双桥农场修建、扩建小型水库 2 处。[⑧] 1975 年，西郊农场组织 1 000 名劳力修建罗家坟水

---

① 《北京市南口农场史》（1958—2008），第 28-29 页。
② 昌平县地方志编纂委员会：《昌平县志》，北京出版社，2007 年，第 410 页。
③ 《南郊农场史》（1949—1989），第 74 页。
④ 《北京市国营西郊农场史》，第 24-25 页。
⑤ 北京市国营农场管理局农场史编辑室：《北京国营农场建设大事记》（1949—1985），第 49 页。
⑥ 尹德立：《北郊农场史》，中国大地出版社，1996 年，第 19 页。
⑦ 同④：34。
⑧ 《双桥农场大事记》（1949—2015），第 46 页。

库，库容量为 5 万米³。1984 年 10 月，上庄水库由人工提闸改建为电动提闸，并拓宽河道，清淤土方 3 万米³。①

五、治碱工程

北京农垦的永乐店农场、南郊农场、双桥农场是北京市盐碱较重的地区。1958 年，永乐店农场有盐碱地 6.3 万亩，约占总耕地面积的三分之一；南郊农场有盐碱地 5 万多亩，约占耕地面积三分之一。中华人民共和国成立初期，这些地区一片白花花，粮食亩产仅五六十斤，许多农民户以熬硝盐作为副业，群众中流传着"春熬硝，夏打草，秋捞鱼，冬外逃"的民谣。② 解决低洼盐碱土地粮食产量低这一问题的经验做法是"以稻治碱"，如南郊农场和双桥农场在 20 世纪 60 年代初期在重盐渍化土壤进行种稻改土，取得了一些经验，水稻面积也有较大的扩大。但随着地表水的减少，特别是在1972 年罕见的旱灾之后，以单一改变种植结构治碱的办法局限性较大，必须采取综合措施进行根治盐碱地。在这方面，永乐店农场通过多年的实践，走出了一条可行的路子。

永乐店农场地势低洼易涝，土壤大面积次生盐渍化，长期受"旱、涝、碱、薄"的灾害影响，每遇灾害就要靠国家救济。仅 1959—1961 年的三年里，永乐店地区吃国家返销粮 762 万千克，获得各类救济款 83 万元。③ 为了根治"旱、涝、碱、薄"，1963 年，永乐店农场建起旱涝碱综合治理试验站，由市水利科学研究所派人主持试验与研究，全体人员自建站以来，20 年如一日，坚守岗位，在防旱、除涝、治碱方面取得较好成果。④ 1964 年 3 月，中共北京市委组织中央和北京市科研单位、高等院校及有关市局的十几个单位进驻农场，制定了《国营北京市永乐店农场 1965—1970 年规划》，之后十多年里，开展了改土治水的"三个战役"。

1965 年 11 月至 1966 年 8 月，永乐店农场通过兴修水利、平整土地，完成土方 540 万米³，为农场全部土地砍出了框架。

1970 年 11 月至 1973 年 3 月，永乐店农场针对当年降水偏多的特点，结合农场发展规划要求，提出了开展以疏挖大小排沟，提高质量，加大排水效能和田间工程为主的农田基本建设任务。1970年 11 月，永乐店农场召开第二次党代会，会议提出了"全面规划，以排为主，排灌结合"的原则，以及"以灌而不碱为前提，水、农、林、牧密切配合，旱、涝、碱综合治理"的农田基本建设的新要求，在根治旱、涝、碱上狠下功夫，力争在三五年内把全场耕地连片割方，土地平整，沟、路、林、渠配套，做到旱能浇、涝能排，稳产高产。⑤ 1971 年 5 月 13 日，《北京日报》发表题为《纲举目张，互相促进》的调查报告，介绍永乐店农场小海字大队把盐碱沙洼地改造成大面积高产稳产田的事迹。⑥

1973 年 4 月—1978 年，永乐店农场针对"旱、涝、碱、薄"四大不利因素，制定了"排、灌、平、肥、林"改土治水的措施。"平"就是大平大整土地，为浇地压碱创造条件。"排"就是挖沟排水，降低地下水位，防涝治碱，疏挖、新挖主干排沟、斗支沟共计 2 000 多条，这些工程对治碱起了很大作用。"灌"就是扩大灌溉面积，充分利用地表水，采取地上地下结合，打井 300 多眼。"肥"就是大力发展农家肥，改土抗碱，大搞养猪积肥、秸秆还田、高温堆肥、增施磷肥。"林"就是大搞植树造林，采取种植用材林、灌木相结合的方式。通过采取了这 5 种措施，其农业生产条件有了很大改变。1974 年 4 月，农场又把"排、灌、平、肥、林"五项综合措施总结为"深挖沟、细平地、多打

---

① 《北京市国营西郊农场史》，第 93、96 页。
② 北京水利史志编辑委员会：《北京水利志稿》（第二卷），1992 年，第 192 页。
③ 《永乐店农场史》，第 6 页。
④ 同②：196。
⑤ 同③：12-13。
⑥ 北京市通州区地方志编纂委员会：《通县志》，北京出版社，2003 年，第 38-39 页。

井、广积肥、造好林"的十五字方针，这十五字是永乐店人民十几年治理"旱、涝、碱、薄"的科学总结，永乐店人民为形成这十五字方针付出了艰辛的努力。① 到1978年，经过十几年的奋斗，永乐店农场13 333.33公顷土地按照20年一遇标准形成了完备的排灌体系，对26.67公顷以上的方块进行了规划平整，按照10公顷一眼井建立了配套的灌溉系统。昔日高低不平，有雨水汪汪、无雨白茫茫的盐碱洼，全部成了地平，埂直，沟、路、林、渠、井、电、机配套的旱涝保收的高产稳产田。是年5月5日，中国科学院南京土壤研究所所长、土壤专家熊毅到永乐店农场检查指导盐碱地改良工作，对农场综合治碱的经验给予了高度评价与肯定。1983年，经中国农业工程研究设计院推荐，永乐店农场成为唯一北京市属的全国"黄淮海平原盐碱地综合治理典型单位"。

六、水利管理工作

（一）水利管理机构

北京农垦虽然没有设立专门的水利管理机构，但早在1964年，就在农业生产管理机构内统一管理水利和农业生产。1981年3月以后，在农业处专管水利的工程技术人员由过去的1人增至3人，设有1名副处长分管水利工作。1986年后，农机工作也由农业处统筹管理，农、机、水三类技术人员共同为农业的水利化、机械化、信息化出谋划策，有利于形成合力、出成果。

北京农垦水利工程技术人员主要分布在各农场。建场之初，实行水利为主的农田基本建设先行的方针，在各农场都设有水电科或水管站，专门负责农场的水利工作，并且技术力量比较强，大型农场都有工程师或高级工程师主持工作。从20世纪80年代中后期开始，全系统健全和充实了水利管理机构。到"八五"时期，各农场水管站实行"水利为主，适度经营"的经营方针，涌现出不少经济效益显著的先进水管站，如永乐店农场水管站、双桥农场水管站、十三陵农场水管站等，其中，永乐店农场水管站被当时的北京市水利局领导誉为"京郊水管第一站"。

（二）水利管理工作的职责

1. 制定治水目标、方针和规划 "八五"初期，北京农垦总结几十年治水的经验，提出了治水目标：各农场要在现有基础上继续提高，建设一个相对独立自主、功能完善、以充分利用降水和土壤水资源进行节水灌溉的水利工程体系，并形成一支具有较高技术水平的水利管理队伍。所谓"相对独立自主"，是指各农场的水利工程要自成体系，水利体系的运行要有自主权，上下游的业务关系要有文件规定并形成制度化。所谓"功能完善"，是指水利工程系统要具备抗旱、除涝、排渍、治盐碱、调控地下水位、动态监测水资源、涵养并调控水资源的全方位功能。北京农垦同时提出了治水方针，即"降、蓄、灌、排、调"。这个治水方针依据重力水垂直运动规律，以充分利用降水资源为目的，为节水农业服务，体现了北京农垦的特色，为北京市水资源保护、利用和开发提供了"北京农垦智慧"。

2. 制定水利行业管理技术规则和技术标准 1989年8月，北京农垦编写并出版了《农田节水灌溉及除涝技术》，发行1 000册，并推广到京郊各区县；1990年8月，编写并出版了《农村水资源合理利用》，发行5 000册，推广到京郊各区县。1996年，制定了《北京市国营农场水利行业技术标准》，科学指导了北京农垦水利工作，促进了京郊农场的水利管理工作步入规范化、现代化的轨道。

3. 积极争取水利投资 1991—1995年，平均每年投入各种水利资金约2 200万元，其中国家平均每年补助约700万元；首农集团成立后的三年内，争取水利投资2 630万元。

4. 组织和指导农场实施水利工程 农场坚持每年开展冬修和春修水利活动，冬修水利的主要内容是疏挖排水沟渠和排洪河道，春修水利的主要内容是修建水工建筑物和节水工程，每年活动时间长达100天左右。

---

① 《永乐店农场史》，第15页。

5. 组织水利技术人员的培训　1984 年 7 月，市农场局和中国农业工程学会联合在永乐店农场举办"全国国营农场系统开发工程培训班"；1990 年 9 月，总公司从各农场水管站选派 20 名职工到北京市水利学校学习，1993 年毕业后回原单位任水利技术员；1991 年 9 月，总公司委托北京农业工程大学水利工程学院代培 10 名大学生，1995 年毕业后分配到没有配备大学生的农场水管站，至此，各农场水管站都有中专及以上学历的水利技术人员。

6. 提升水利管理效能　1993 年，北京市农口第一个计算机网络系统在北京农垦建成，该系统以总公司生产处计算机中心为中心。到 1995 年，有 13 个农场水管站实现了计算机管理，并与北京市农工商联合总公司联网，实现了信息传输网络化。

7. 水利科研成果　北京农垦的水利科技人员取得了一些重要的科研成果：1986 年 3 月，永乐店农场和北京市水利所、北京市农林科学院合作完成的"北京市东南郊永乐店地区粮食中低产田综合治理的研究"被市政府授予北京市科技进步奖二等奖。1990 年 3 月，总公司生产处主持完成的"北京东南郊中低产盐碱地综合治理"项目被市政府授予北京市科学技术进步奖一等奖；永乐店农场与北京市农林科学院合作完成的"东南郊中低产盐碱地区培肥改土配方颗粒肥研究"获北京市星火科技奖二等奖。1993 年，北京市水利科学研究院、总公司生产处合作完成的"农田四水转化"获北京市星火科技奖二等奖。1996 年 2 月 1 日，西郊农场的"水稻综合节水技术示范推广"项目被市政府授予北京市星火奖二等奖。2000 年 12 月，三环实业公司和北京航空航天大学合作完成的"橡塑渗灌管的研制与开发"被市政府授予 1999 年度北京市科学技术进步奖三等奖。

■ 第二节　农业机械化

北京农垦在 1949 年建立双桥农场、五里店农场时，除了接收国民党政府的少量农业机械外，农场农事活动主要依赖传统农具。这些传统农具包括：①耕播农具，主要有犁、耙子、耧等，犁分老犁和新式步犁（亦称七寸步犁）两种。从 1950 年起，五里店农场、双桥农场弃用老犁，20 世纪 50 年代初期，新式步犁也基本弃用，比当地农村弃用新式步犁要早十多年。②传统收获农具，主要是镰、碌碡等。1950 年之后，逐步减少用镰刀收割稻、麦、豆类等，在 20 世纪 50 年代中期就主要使用牵引式联合收获机作业了，1955 年，场院脱粒也弃用碌碡，全部使用脱粒机。③传统运输农具，主要是手推车、畜力大车等。20 世纪 50 年代中后期，主要使用载重汽车、轮式拖拉机配挂车，只有少部分胶轮畜力大车从事田间及短途的运输，至 60~70 年代，也逐步被小四轮拖拉机所替代。

北京农垦是北京市最早使用农业机械的垦区。1949 年，首次用拖拉机带圆盘犁、二铧犁垦荒耕地，首次用割麦机割麦。1950 年，使用苏联产牵引五铧犁耕地，使用苏联进口 24 行条播机及 6 行点播机播种小麦、玉米等，使用苏联制 4 行棉花播种机种棉花，使用苏联制 6 行精量播种机播种玉米，使用牵引式联合收割机收获小麦。1953 年，使用国产仿苏式五铧犁、四铧犁，由链轨式拖拉机牵引，犁后配装合墒器。在国家的大力支持下，北京农垦大体用了三四年的时间，完成从传统农具向使用农业机械的华丽转身，对京郊农村起到了极大的示范作用。到场乡体制改革前一年的 1997 年止，北京农垦种植业机械化水平处于全国领先水平，机耕率达 93.9%，机播率达 93.3%，机收率达 80.2%，其中小麦机收率达 100%。

一、农业机械化的发展

北京农垦是我国较早实行农业机械化的垦区，农机装备水平的变化经历了起步、初步发展、快速发展和场乡体制改革后 4 个时期。

（一）起步时期（1949—1958 年）

北京农垦的农机事业是在国家大力支持下开始起步的。1949 年 3 月下旬，新成立的华北农业部机械垦殖管理处接管原联合国善后救济总署机械农垦处河北省分处（即原国民政府善后事业委员会农垦管理处河北分处）的美制拖拉机 10 台、汽车 2 辆、吉普车 2 辆及配套的农机具等。4 月，地处南苑区六合庄的新农场成立京郊拖拉机站，下设 1 个机耕队，拥有 10 台阿里斯拖拉机和新接收的 2 台克拉克链轨式拖拉机、2 台福特拖拉机。6 月，中央农业部从河北省冀衡农场调来 5 台福特拖拉机、配套的农机具和机务人员到地处六合庄的新农场，已在中央农业部工作的美籍专家韩丁也到新农场指导工作。6 月 11 日，双桥农场首次用割麦机割麦。10 月 8 日，平郊农垦管理局调来 3 台拖拉机帮助双桥农场耕地，这是双桥农场第一次使用拖拉机作业。10 月 12 日，双桥农场第一次用马拉 10 行播种机播种小麦。

1950 年春季，京郊拖拉机站首次进口苏联"纳齐"链轨式拖拉机 2 台，拖拉五铧犁 2 台、41 片圆盘耙、4 行棉花播种机、6 行点播机、24 行条插机和 C-4 自走式联合收获机各 1 台，并首次在五里店农场机播小麦、玉米和棉花。6 月，五里店农场和双桥农场率先使用牵引式联合收割机收获小麦，中央人民政府副主席、中国人民解放军总司令朱德视察双桥农场机收小麦作业。1951 年 6 月，双桥农场使用 C-4 联合收获机收割密植小麦，党和国家领导人刘少奇、彭真、徐特立等来麦地参观。密植后的小麦产量达到每公顷 1 954.5 千克（折亩产 260.6 斤），远超京郊小麦亩产百斤左右的水平。夏季，中央人民政府副主席朱德再次到双桥农场视察，并于夏末秋初指示新疆派 400 人到双桥农场学习驾驶拖拉机。9 月，中央农业部拨款修建五里店农场拖拉机站机库、办公室等，此时，拖拉机站已有拖拉机 10 台、农机具 45 台件、C-4 联合收获机和马拉收割机各 1 台，以及少量的修理设备和手修工具等。

1952 年 3 月 22 日，中央人民政府委员会主席毛泽东将罗马尼亚人民共和国政府部长会议主席格罗查赠送的 2 台拖拉机转交农业部双桥机耕学校。机耕学校和双桥机械化农场举行接收仪式，机耕学校驾驶员田军凯和农场评出的劳动模范李俊伦进行田间操作表演。9 月，农业部投资五里店农场，扩建原机具库，增建拖拉机修理间 290 米² 等。10 月 31 日，农业部以京郊拖拉机站为基础，在南苑建立北京农业机器站，拥有大小拖拉机 16 台，为农场和组织起来的农民代耕。是年，五里店农场使用苏制大型机引联合喷药机，防治棉田、稻田的病虫害。[①] 1953 年 6 月，双桥农场接受捷克斯洛伐克共和国赠送的拖拉机、拖车、培土机各 1 辆及各种配件 195 件。是年 9 月下旬，农业部决定将北京农业机器站正式改名为北京农业拖拉机站，并与五里店农场合并。是年秋季，双桥农场使用苏制 48 行播种机播种小麦。

1954 年 10 月，北京农业拖拉机站更名为北京市农林局农业拖拉机站；是年，南郊农场粮食种植全部实现机播。1956 年，南郊农场从苏联进口 2 台小麦大型脱谷机。1957 年 10 月，农业拖拉机站已拥有中小型拖拉机 101 台、联合收获机 7 台，为支持京郊农业合作化的发展，将部分农机具下放到郊区农业生产合作社，调给门头沟区罗马尼亚 KD-35、捷克热拖-25K、匈牙利 GS-35 型拖拉机各 1 台，[②] 调给海淀区 6 台大型拖拉机以及 15 名拖拉机驾驶员、调度员、统计员、机务技术员、农艺技术员。[③] 1958 年，调给周口店区大中型拖拉机 4 台[④]，农垦部向新建的农展馆农场调入拖拉机 18 台。

农业机械化起步时期北京农垦的农机装备情况表见表 2-3-2。

---

① 大兴县地方志编纂委员会：《大兴县志》，北京出版社，2002 年，第 198 页。
② 北京市门头沟区地方志编纂委员会：《北京市门头沟区志》，北京出版社，2000 年，第 259 页。
③ 北京市海淀区地方志编纂委员会：《北京市海淀区志》北京出版社，2004 年，第 448 页。
④ 北京市房山区地方志编纂委员会：《北京市房山区志》，北京出版社，1999 年，第 113 页

表 2-3-2　农业机械化起步时期北京农垦的农机装备情况

年份	农机总动力 （千瓦）	每公顷农机动力 （千瓦/公顷）	大中型拖拉机 （台）	联合收获机 （台）	农用载重汽车 （辆）
1952	—	—	—	—	2
1953	215	0.20	2	0	3
1954	750	0.56	11	1	5
1955	1 116	0.79	19	3	8
1956	1 396	0.72	21	4	10
1957	6 019	2.27	101	7	19
1958	7 176	1.33	139	10	43

说明：1. 表中数据统计范围均指北京市属国营农场。
　　　2. 数据根据北京市国营农场管理局统计年报数据进行整理，1954 年前不含南郊农场，1958 年前不含双桥农场。
　　　3. 本表缺 1949—1951 年数据。

（二）初步发展时期（1959—1977 年）

1959 年 1 月，市委农工部提出，为了尽快在首都郊区建立起现代化的副食品生产基地，争取在较短的时间内，实现生产过程的机械化、电气化，迅速提高劳动生产率。由此，北京农垦农机事业发展的速度开始加快。1959 年 4 月 5 日，农垦部派出一架"安-2"飞机，在南郊农场 400 公顷麦田喷洒农药，防治小麦锈病，这是北京郊区第一次使用飞机进行作业。双桥农场用 13 台新式磨面机取代人畜劳动，同时承担饲料加工磨碎；农展馆农场改装机引平地器，每台可代替 400 人的工作量。[①] 1959 年年底，农机总动力首次超过 10 000 千瓦，达 12 181 千瓦，比上年增加 71%。1960 年 3 月，北京市农业机械化管理局成立，由市农垦局管理的北京农业拖拉机站交由市农机局管理。是年，北京农垦机耕、机播面积均达 50%，同时，已有 14 个农业机修厂，厂房面积 22.2 万米²，当年生产粉碎机、土豆播种机、水稻插秧机、打梗机等农机 2 000 多台。[②] 1961 年，双桥农场有马拉收割机 21 台，作业限于农场，两年后因不适用于小麦高产且故障较多停用。[③] 1962 年，双桥农场 80% 的耕地实现了机耕。[④]

1963 年 5 月 30 日，市农林局以农场机字 87 号文下达《关于当前加强国营农场机务管理的意见》，这是北京农垦历史上第一个关于全面加强农机工作的重要文件。文件要求各农场建立、健全农机管理机构，发挥现有机械设备能力，提高机械作业水平，执行成本核算制度，实行"二定"（任务和成本），落实奖励办法，有计划地进行技术培训。同时，文件还提出了完成机械作业指标的八项具体措施。[⑤] 8 月 15 日，经市委农工部批准，市农林局成立了北京市国营农场农业机械化等 6 个研究小组，进一步开展农机科研工作。秋季，红星人民公社（南郊农场）被国务院确定为农业"四化"（农业机械化、电气化、化学化、水利化）试点单位之一。是年，南郊、双桥等种粮大场的机耕面积达 92%，机播面积达 60%。[⑥] 1964 年 9 月，南郊农场农业技术员黄曾藩首次开展小麦精播种子量筛选研究并取得明显增产效果，播种小麦 1.032 公顷（折 15.48 亩），每公顷播种量 48 千克（折每亩 6.4 斤），每公顷产量 5 467.5 千克（折亩产 729 斤），此项试验成果的学术论文于次年 9 月发表在《中国农业科学》（月刊）上。1964 年年底，北京农垦农机总动力突破 4 万千瓦，已拥有大中型拖拉机 288 台、联合收获机 32 台、农用载重汽车 149 辆、机引农机具 1 536 台，各农场普遍成立了农机管理站，农机管理走在全市前列。

---

① 北京市朝阳区地方志编纂委员会：《北京市朝阳区志》，北京出版社，2007 年，第 205 页。
② 北京市国营农场管理局农场史编辑室：《北京国营农场建设大事记》（1949—1985），第 36 页。
③ 同①：204。
④ 同②：42。
⑤ 同②：46-47。
⑥ 同②：48-49。

　　"文化大革命"期间，北京市国营农场下放区县管理。1966 年和 1967 年，北京农垦每公顷农机动力分别为 0.78 千瓦和 0.77 千瓦，低于 20 世纪 60 年代初期的装备水平。1972 年，国营农场系统有大中型拖拉机（混合台）394 台，其中 166 台为 1952—1960 年期间进口的，已到报废年限的拖拉机占总数的 42%，造成"三夏"和"三秋"农业的被动局面。[①] 1972 年，市农林局成立农场组，决定加快农机更新和整顿，加强农机管理工作。同年 9 月，市革委会农林组召开国营农场工作座谈会，会上分配给农场拖拉机 51 台、手扶拖拉机 70 台。1972 年年底，农机总动力超过 6 万千瓦，每公顷农机动力首次跃升至 1.27 千瓦，年底拥有大中型拖拉机 429 台、配套农机具 1 327 台（套）、联合收割机 14 台。[②] 当年机耕率为 80.3%，机播率为 37.3%，但机收率仅为 0.68%。[③] 从 1973 年起，北京农垦重点发展收获机械化。南郊农场畜牧分场首次引进德意志民主共和国自走式小麦联合收获机 3 台、国产东风自走式小麦联合收获机 2 台、北京产的自走式小麦联合收获机 3 台，为农场系统农机升级换代起到了示范引领作用。1974 年，南郊农场再次引进德意志民主共和国 E-281 青贮收割机。是年，双桥农场试制 105 型割晒机。[④] 到 1977 年年底，北京农垦农机总动力超过 15 万千瓦，拥有大中型拖拉机 707 台、配套农机具 1 844 台（套）、联合收割机 68 台、农用载重汽车 667 辆，每公顷耕地拥有农机动力 3.22 千瓦（表 2-3-3）。

表 2-3-3　农业机械化初步发展时期北京农垦的农机装备情况

年份	农机总动力（千瓦）	每公顷农机动力（千瓦/公顷）	大中型拖拉机（台）	联合收获机（台）	农用载重汽车（辆）	农机具（台）
1959	12 281	0.46	146	37	81	—
1960	32 876	0.35	420	57	112	1 215
1961	26 990	0.88	243	43	88	1 051
1962	28 605	0.91	225	42	78	1 115
1963	38 210	0.98	267	36	139	1 579
1964	40 434	0.81	288	32	149	1 536
1965	42 642	0.82	281	28	152	1 573
1966	41 157	0.78	292	28	150	1 160
1967	41 666	0.77	295	26	152	1 143
1968	38 260	0.80	285	9	139	1 186
1969	40 393	0.85	297	3	145	1 255
1970	41 444	0.87	325	3	130	1 370
1971	45 082	0.95	387	3	135	1 376
1972	60 042	1.27	429	14	181	1 327
1973	68 275	1.43	511	10	256	1 364
1974	79 096	1.66	557	14	278	1 411
1975	102 233	2.18	611	18	282	1 617
1976	111 147	2.38	661	26	518	1 596
1977	150 113	3.22	707	68	667	1 844

　　说明：本表根据《北京市国营农场统计资料（1950—1985）》和《北京市国营农场管理局统计资料（1949—1978）》（内部油印稿）的数据整理，其中缺 1959 年农机具数据。1972 年前联合收获机主要是牵引式收获机。

---

① 北京市国营农场管理局农场史编辑室：《北京国营农场建设大事记》（1949—1985），第 46-47 页。
② 北京市地方志编纂委员会：《北京志·农业卷·国营农场志》，北京出版社，2000 年，第 57 页。
③ 同②：58。
④ 北京市朝阳区地方志编纂委员会：《北京市朝阳区志》，北京出版社，2007 年，第 204 页。

（三）快速发展时期（1978—1997 年）

北京市农工商联合总公司成立后，北京农垦农机事业保持了较高的发展速度。这一时期，北京农垦农机事业的发展主要有 4 个特点：

1. 农机装备水平在数量和质量上有重大变化　从数量上看，1981 年，农机总动力为 28.3 万千瓦，大中型拖拉机首次突破 1 000 台，达到 1 069 台，联合收获机首次突破 300 台，达到 304 台，农用载重汽车达到 1 917 辆。1989 年，农机总动力跃升至 45.3 万千瓦，大中型拖拉机增至 1 497 台，联合收获机增至 467 台，农用载重汽车达到 2 290 辆。1995 年，农机总动力增至 53.2 万千瓦，有大中型拖拉机 1 208 台、联合收获机 465 台、农用载重汽车 2 599 辆。至 1997 年，农机总动力达 442 130 千瓦，为 1978 年的 2.5 倍，每公顷耕地拥有农机动力 11.26 千瓦，是 1977 年的 3.22 千瓦的 3.5 倍，远远高于全国农垦平均水平。

农业机械化快速发展时期北京农垦的农机装备情况见表 2-3-4。

表 2-3-4　农业机械化快速发展时期北京农垦的农机装备情况

年份	农机总动力（千瓦）	每公顷农机动力（千瓦/公顷）	大中型拖拉机（台）	联合收割机（台）	农用载重汽车（辆）	农机具（台）
1978	173 736	3.70	784	100	893	1 991
1979	195 537	4.20	825	225	848	1 826
1980	257 698	5.56	980	236	1 173	1 769
1981	283 001	6.13	1 069	304	1 917	1 801
1982	304 799	6.61	1 166	319	2 049	1 976
1983	332 572	7.07	1 401	338	2 089	2 052
1984	346 547	7.54	1 467	381	2 439	2 207
1985	354 008	7.79	1 513	397	3 530	2 192
1986	365 448	8.06	1 407	481	1 580	2 161
1987	375 463	8.30	1 481	458	1 565	2 154
1988	395 737	8.81	1 424	546	1 485	2 202
1989	452 713	10.09	1 497	467	2 290	2 417
1990	407 044	9.13	1 383	511	1 794	2 615
1991	376 739	8.12	1 450	518	1 836	2 334
1992	359 760	8.15	1 433	511	1 820	2 206
1993	419 534	9.51	1 347	506	2 599	2 713
1994	418 750	9.74	1 359	486	2 544	2 782
1995	531 826	12.52	1 208	465	2 599	2 783
1996	505 156	12.87	1 312	470	2 628	2 832
1997	442 130	11.26	1 331	486	2 591	2 879

说明：数据来自《北京市国营农场统计资料（1950—1985）》和农工商联合总公司各年度统计年报。

从质量上看，机型更新换代，装备上了新台阶。1978 年麦收时节，鉴于南郊农场 5 年前就率先引进了德意志民主共和国 1065 自走式联合收获机，一机部和农林部在南郊农场畜牧分场召开全国联合收获机产品定型定产现场会，推动国营农场的收获机械化。1980 年，北京农垦从日本引进水稻工厂化育秧设备及机械插秧设备，率先在北京市实现水稻工厂化育秧及机械插秧技术。1982 年，各农场普遍引进德意志民主共和国 1065、1075 自走式联合收获机，并开始引进大马力轮式拖拉机。1983 年，双桥农场率先引进佳木斯生产的 1000 系列联合收获机，在京郊得到推广，成为京郊首选的收获机型；同年 6 月，东郊农场接受比利时王国合作发展部赠送农场的 6610 型拖拉机。1987 年，农业部在南郊农场召开全国大马力拖拉机新产品展示会，推广北京农垦以轮式拖拉机取代链轨式拖拉机的经验，为全国农机更新换代起到示范作用；同年，北京农垦又引进苏联 6 行自走式玉米收获机，解决了玉米机械收割和机械脱粒的问题，成为京郊最受欢迎的玉米机收的机型。

2. 农业机械化作业水平大幅提升　1978 年，北京农垦的机耕率为 86.2%，机播率为 67.7%，机收率仅为 12.2%。之后，北京农垦在解决小麦耕、播、收全面机械化的同时，逐步提高了玉米、水稻生产过程的机械化水平。随着农机装备水平的逐步提高和机型的更新换代，特别是玉米和水稻机械化收获能力的提升，北京农垦的农业机械化整体水平有显著提高。1979 年 7 月 5 日，市农场局在双桥农场召开水田机械现场会，该场装配了 170 多台水稻插秧机，233.33 公顷稻田基本实现插秧机械化，并制定了《插秧机组工作手册》《晚稻插秧操作规程》，其经验在北京垦区迅速得以推广。[1] 1980 年后，水稻机收面积逐年增加。至 1996 年，北京农垦农业生产田间作业综合机械化率达 90.2%，机耕率达 93.5%，机播率达 97.6%，机收率达 79.5%，其中小麦机收率达 100%。

北京农垦农业机械化作业水平见表 2-3-5，1996 年农机机械化水平比较见图 2-3-1。

表 2-3-5　北京农垦农业机械化作业水平

年份	机耕面积（公顷）	机耕率（%）	机播面积（公顷）	机播率（%）	机收面积（公顷）	机收率（%）	小麦机收率（%）
1978	43 094	86.2	38 572	67.7	6 803	12.2	33.0
1985	40 499	89.1	37 779	79.7	20 107	42.4	64.0
1989	39 067	87.1	40 605	88.5	29 929	73.7	95.0
1995	36 747	92.8	38 782	97.2	30 434	78.7	99.0
1996	36 704	93.5	39 029	97.6	31 797	79.5	100.0
1997	36 882	93.9	40 102	93.3	31 590	80.2	100.0

说明：表中数据根据北京市国营农场管理局和北京市农工商联合总公司统计年报数据整理。

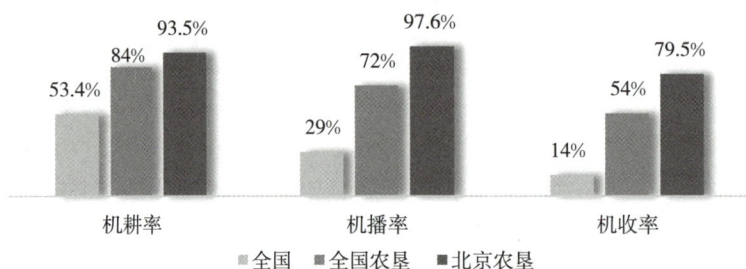

图 2-3-1　1996 年农机机械化水平比较
说明：全国和全国农垦数据源自《农业机械》1997 年第 11 期。

3. 在引进消化的同时，农机自主研制能力提高　早在 20 世纪 60 年代，京郊国营农场陆续建立了一批农机修造厂，以修复农机具为主，并随着设备和工艺的改进，有了一定的研制能力。1971 年 5 月，南郊农场红星农机修配厂制造东风-2.5 机动插秧机获得成功，北京市农机局在南郊农场和义生产队召开演示推广现场会；1974 年 4 月，双桥农场农机修配厂试制成功"红旗 700"脱谷机 11 台。农机研发制造发展较快的时期是在 20 世纪 80 年代以后，特别是在引进国外先进农机以后，通过引进、消化，研制了一批适应新的栽培技术措施的新农机，取得了良好的经济效益和社会效益。

1980 年，东北旺农场引进日式水稻盘育秧、机插秧技术取得成功并逐步推广。1986 年 6 月，总公司生产处主持的"夏玉米免耕覆盖精播"种植技术取得成功，同时研制并批量生产出中国第一代免

---

①　北京市国营农场管理局农场史编辑室：《北京国营农场建设大事记》（1949—1985），第 91 页。

耕精播机。1989 年 4 月，由北京农业大学、总公司、东北旺农场、南郊农场、北郊农场、永乐店农场合作完成的"夏玉米免耕覆盖精播机械化配套技术与国产第一代精播机的研制"项目被评为北京市科学技术进步奖二等奖。1990 年北京农垦研制成功秸秆捡拾粉碎机，1991 年研制成功与联合收获机配套的 4LFJQ 型秸秆粉碎机，为三大作物秸秆还田起到重大作用。1994 年，总公司生产处、南郊农场、永乐店农场试制的"2FTM-4 型覆盖免耕多品种化肥深施机"被评为北京市科技进步奖三等奖。1994 年 1 月，永乐店农场机械总厂试制的"4LX2.5C 全悬挂式谷物联合收割机研制开发"获市政府颁发的 1994 年度北京市星火奖三等奖。1996 年 3 月，总公司生产处完成的"夏玉米免耕覆盖精播机械化配套技术"获 1995 年度北京市农业技术推广奖二等奖。1997 年 3 月，总公司生产处试制的"IZSS-600-3 型振动深耕松鼠道犁"获北京市 1996 年度北京市科学技术进步奖三等奖；同月，总公司生产处、西郊农场、东郊农场、东北旺农场等合作完成的"北京农场系统水稻钵盘育苗抛秧技术的应用与推广"获 1996 年度北京市农业技术推广奖二等奖。1998 年，总公司生产处、长阳农场试制的"4LFJQ 型茎干切碎机推广"获得 1997 年度北京市农业技术推广奖一等奖。1998 年，总公司生产处、南郊农场、北郊农场合作完成的"北京地区冬小麦精播机具及高产综合配套技术体系的研究与应用"获得北京市科技进步奖三等奖。

4. 农机管理规范化标准化　1978 年 12 月以后，北京农垦落实国家农垦总局《关于试行国营农场机务工作规章（修正草案）的通知》的要求，对农场机务区的建设加大投入，加强了农机基础设施建设，加强了农机管理和技术档案的管理，加强了农机安全监理。做到了"五统一"，即农业机械统一停放和保管、农机统一保养和维修验收、田间作业统一质量和验收、油料统一供应、农机统一管理和指挥。1987 年 12 月，南郊牛奶公司农机站获得农业部授予的"全国设备先进单位"和"全国农机管理标准化先进单位"称号，被农业部列为"大城市农业机械化综合试点"。1990 年 12 月，双桥农场农机公司被农业部授予"全国农垦系统标准化管理优秀单位"称号。1996 年 2 月，北郊农场被农业部授予"1995 年度农机标准化优秀单位"称号。

（四）场乡体制改革后时期（1998—2017 年）

场乡体制改革后，由于种植业规模的缩小，特别是粮食生产规模的缩小，纵向对比北京农垦的农机装备水平，在绝对数量和相对水平上均出现下降。以 1997 年与 2000 年比较为例，2000 年农机总动力 11 784 千瓦，比 1997 年减少 97.3%；每公顷耕地拥有农机动力 4.87 千瓦，比 1997 年下降56.7%。之后，每公顷耕地拥有农机动力水平有所回升，直到 2015 年达 8.22 千瓦/公顷，接近全国8.3 千瓦/公顷[①]的水平，但仍仅为最高年份 1996 年的 64%。

首农集团自 2012 年 5 月接收双河农场的管理权后，在 2013 年、2015 年、2016 年和 2017 年共 4次享受农业机械补贴政策，购买农机职工累计享受农业机械补贴政策 4 000 余万元；新增大型农业机械及农机具 323 台套，建设水稻育秧大棚 712 栋。2012 年，农场投资 1 200 余万元，建设占地 3 500余米[2]、生产能力 1 300 吨的水稻智能化浸种催芽车间 1 座，可满足 16 666.67 公顷的水稻生产，已做到农场水稻浸种催芽全覆盖。农场投资 100 万元，配置先进的测土施肥土壤分析设备，配套成熟的专业软件，5 年来共检测分析样本 1 648 个，累计测土配方施肥面积 30 666.67 公顷，推广率达 81%，其中水田达 100%，累计减少化肥使用量 2 300 吨，减少投入 460 万元。2013 年 9 月，投资 60 余万元，建成种子加工生产线 1 条，至 2016 年年底，加工生产优质水稻种子 1 500 吨。2013 年，农场在南、北、中方向分别建立了以"万亩优质高产水稻示范基地""万亩绿色有机水稻示范基地""万亩高产玉米示范基地"和"现代旱作农业装备和技术综合示范基地"为重点的农业科技示范基地。[②]　经过

---

① 数据来自 2016 年 11 月 24 日《中国经济网》。
② 甘南县人民代表大会常务委员会《致首农集团的一封信》（甘人大函〔2017〕2 号），北京首农食品集团有限公司档案室，室编号 105，第 2-4 页。

4 年的经验积累，2017 年，对双河农场京隆兴双农业科技有限公司的智能化浸种催芽车间进行了系统化、机动化、规模化升级，全场增加 9 个浸种催芽的品种，浸种催芽量增加到两批次，达到 1 244 吨，可为 1.6 万多公顷水田提供优质水稻芽种。[①]

场乡体制改革后北京农垦的农机装备情况见表 2-3-6。

表 2-3-6　场乡体制改革后北京农垦的农机装备情况

年份	农机总动力（千瓦）	每公顷拥有农机动力（千瓦/公顷）	大中型拖拉机（台）	联合收获机（台）	农用载重汽车（辆）	农机具（台）
2000	11 784	4.87	47	13	100	226
2006	9 764	6.02	95	5	8	100
2007	10 866	6.71	75	5	5	96
2008	9 429	5.57	74	5	6	95
2009	9 803	5.91	85	5	9	92
2010	6 707	4.52	54	8	11	91
2011	10 218	7.02	60	16	19	54
2012	8 727	6.00	47	18	27	31
2013	7 856	5.30	46	20	52	25
2014	10 211	7.12	69	19	60	60
2015	12 202	8.22	67	19	25	80
2016	30 810	21.41	73	19	26	95
2017	32 499	23.30	71	15	24	78

说明：1. 数据分别来自农工商联合总公司、二元集团和首农集团统计年报。
　　　2. 农机具包括拖拉机配套机械、种植业植保机械中除不含排灌机械之外的全部机械。

二、畜牧机械化的发展

（一）畜牧机械数量和质量的变化

北京农垦在创建之初就确定了为首都提供肉、蛋、奶、菜等副食品供应的服务宗旨，因此，畜牧业在农业中的占比比较高。从 20 世纪 50 年代开始，北京农垦在发展畜牧业的同时，就重视并尝试畜牧机械化。

1. 在饲草青贮收购机械化方面　1952 年，五里店农场使用苏联马拉收割机和机引三联割草机、6 米搂草机收获牧草。1954 年，从苏联进口大型圆盘直刀切草机，至 1956 年共引进 8 台。1964 年，南郊农场拥有切草机 147 台。[②] 至 1989 年，南郊农场拥有青贮收获机 20 台，青贮收获全部实行机械化。2016 年，首农集团拥有牧草播种机 3 台、牧草收割机 10 台、牧草打捆机 7 台；2017 年，拥有牧草播种机 4 台、牧草收割机 9 台、牧草打捆机 7 台。[③]

2. 在奶牛饲养设备机械化方面　1952 年，北京牛乳场双桥牛队建立有自动饮水设备的新式牛舍；是年，北京牛乳场双桥牛队 90% 的牛群开始使用苏联援助的第一台电气挤奶器挤奶。1954 年，五里店牛场在两栋牛舍中首次使用苏式提筒式挤奶机挤奶。1955 年 8 月，《机械化农业》1955 年第 8 期介绍了北京牛乳场双桥牛队制作的乳牛室外保温自动饮水槽，并加编者按语。1959 年，北郊农场、南郊农场引进捷克斯洛伐克人民民主共和国高配管道提筒式挤奶机。1964 年，北郊农场畜牧三队引进

---

①　《双河农场大事记》(1956—2017)，第 87 页。
②　大兴县地方志编纂委员会：《大兴县志》，北京出版社，2002 年，第 199 页。
③　数据来自首农集团报送的 2016 年和 2017 年《农业部农垦局统计年报》。

苏式坑道式挤奶机。1966年1月，农垦部从荷兰引进液氮发生器（PLN106），并在北郊农场以液氮（-196.0℃）为冷源制作和保存牛冷冻精液获得成功。1972年，美国专家寒春、阳早夫妇二人来到南郊农场，着手研制新型挤奶机。[1] 1974年，市农林局向市革委会提交《关于解决国营农场挤奶机械化问题的报告》，反映了牛场手工挤奶劳动强度大、工作效率低、不卫生的问题，尤其是5个对外友好公社，外宾经常参观，与首都的政治地位很不适应。北京市有关部门随即拨出研制经费，委托南郊农场研制电子脉冲挤奶器，经过试用，效果很好。于是，市计委落实安排批量生产100台，将国营农场手工挤奶改为机器挤奶。解决挤奶机械化后，北京农垦又着手解决运送生奶机械化问题。用落后的运输工具运输生奶，每年各牛场路耗损失牛奶250吨以上。是年，北京市委决定安排有关工厂制造8辆奶罐汽车，做到机动专车运送牛奶。[2] 同年12月，市农林局、市农机局提出关于建立机械化奶牛场试点的报告，市农林局、市农机局联合确定南郊农场畜牧分场原种马场为机械化奶牛场的改建试点，把奶牛场全部改建为机械化生产的先进牛场，计划在南郊农场先行试点，再全面推开。中共北京市委书记、市革委会副主任万里对加速奶牛生产械化做出指示，并请农林部、中国农业科学院出国考察过的同志以及有奶牛业生产经验的人员进行座谈，听取他们的意见。最终确定场址在南郊农场畜牧分场，规模为常年养奶牛400头。[3] 1978年，双桥农场从丹麦引进鱼骨式挤奶机。1981年，北京市种公牛站利用联合国开发计划署资助，从法国凯苏（IMV）兽医药械公司引进制作细管冷冻精液的全套设备，成功生产出奶牛细管冷冻精液，从此，细管冻精在全国大规模批量生产。1990年，奶牛中心良种场由瑞典引入TMR机械进行生产应用，北京农垦系统TMR机械的应用比全国早十年。首农集团成立后，在发展奶牛养殖机械方面进一步加大了力度，机械化水平得到极大提升。以机动挤奶器保有量为例，2011年为102套，2012年为166套，2013年为120套，2014年为145套，2015年为153套，2016年145台，2017年108台。[4] 2014年12月，河北首农定州现代循环农业科技示范园区后备区自动饲喂投产。2015年6月，世界领先的80位转盘式挤奶机在首农畜牧公司山东分公司寿光牧场挤奶厅正式投入使用。转盘式自动感应挤奶机可以同时为80头奶牛挤奶，此外，每个挤奶位都配备一台电子显示器，可以显示每头奶牛的电子信息、牛奶产量，提高了奶牛养殖的自动化和标准化水平。

3. 在养猪、养鸡机械化方面 1958年2月，南郊农场在旧宫凉水河畔投资建立大兴县第一个规模养殖鸡鸭场，有电力孵化器2台。1974年12月，市革委会决定在3处兴建100万只鸡的机械化养鸡场，南郊农场被列入建设单位。1977年10月，峪口养鸡总场从匈牙利引进全套饲养规模25万只的养鸡设备，包括鸡笼、喂料、清粪、捡蛋等设备，成为北京市机械化程度最高的大型养鸡场。1979年9月，东北旺农场从日本引进饲养12万只蛋鸡的全套设备。1987年，国家经济委员会下达"七五"期间"瘦肉型猪生产系列工程"，总公司在南口地区兴建的原种猪场被列入计划，猪舍和设备全部从美国三德公司引进。1988年10月，卢沟桥农场从匈牙利引进整套猪舍设备，包括铝合金保温猪舍、自动料箱和饮水设备、铝合金高产床、电动通风设备、保温暖气设备，建成一座现代化养猪场，每头母猪一年可提供20头商品猪。[5] 1989年1月，北京市计委批准在东郊农场北京苇沟现代化猪场用地范围内新建一座万头瘦肉型商品猪场，总投资402万元；次年10月，北京苇沟现代化猪场引进匈牙利养猪设施、设备。1989年7月，市政府决定建立SPF猪种管理中心，下设剖宫产手术室和猪场，设备从丹麦引进。1996年，总公司开始实施中荷北京畜牧培训示范中心项目，引进培训设备和粪污处理系统。2016年1月，中育种猪公司种公猪站投入226万元，采购的全套法国卡苏进口精液自动化处理设备已全部投入使用，全套设备包括2套自动采精系统、102米的精液动力传输系统、

① 《南郊农场志》（1949—2018），第92页。
② 刘成果：《中国奶业史》（通史卷），中国农业出版社，2013年，第238-239页。
③ 同②：236。
④ 数据来自首农集团报送的2011—2015年《农业部农垦局统计年报》。
⑤ 《老庄子乡（卢沟桥农场）志》（1700—1990），第67页。

世界最先进的 CASA 精液分析系统、大容量稀释液配置桶以及精液的自动灌装系统。从此，中育种猪种公猪站精液的采集、稀释、灌装、封口、标签打印工作全部实现自动化和标准化。

1960 年，北京农垦畜牧机械保有量为 348 台，1965 年为 601 台，1970 年为 1 535 台，1973 年 2 070 台，至恢复市农场局前一年的 1978 年增至 2 187 台。[①] 1991 年，畜牧机械总动力为 11 405 千瓦，到场乡体制改革前一年的 1997 年增至 20 957 千瓦，6 年增加 84%，年均增加 10.6%[②]。

（二）畜牧机械的研制开发及成果

在研制畜牧机械方面，北京农垦起步也较早，一批研制成果获得科技成果奖，并在国内得到推广。1963 年，北郊农场畜牧二队第一个转盘式挤奶台研制成功，次年 7 月投入试生产，标志着挤奶机械化有重要突破。该转盘挤奶机可容纳 24 头乳牛同时挤奶，每人可管乳牛头数从 19.4 头提高到 33.3 头，为北京市首创，被誉为"亚洲第一机"，之后，国务院副总理李先念到该场参观并给予其较高的评价。[③] 1974 年，南郊农场研制成功电子脉冲挤奶器，批量生产后，牛场由手工挤奶改为机器挤奶。1975 年 7 月，北郊农场畜牧分场试制成功奶牛管道式电动挤奶机样机，通过有关部门鉴定。1976 年，北郊农场畜牧分场机修厂成功研制 9JSG-8 型双管道真空挤奶设备。1977 年，北京市农机研究所、北郊农场、北京市自动化技术研究所合作研制成功 9JZ-2 自控挤奶机，并运用到北郊农场畜牧二队的转环式挤奶台。该挤奶机有乳杯自动脱落功能，其工效是提筒式挤奶机的 10 倍。1978 年 4 月，北郊农场与其他单位合作研制成功的 9JZ-2 自控挤奶机获市农业科研成果二等奖，北郊农场畜牧分场机修厂成功研制的 9JSG-8 型双管道真空挤奶设备获市农业科研成果三等奖。1979 年 7 月，南郊农场组织 14 名专业人员到美国参观考察，回国后成立由寒春、阳早等 5 人组成的挤奶机研制小组；农场投资 30 万元在德茂牛场试制电脉动式管道挤奶成套设备，于 1981 年研制成功，实现了管道自动洗涤消毒及奶罐的自动冷却，荣获农垦部科研成果三等奖。[④] 1984 年 3 月，北郊农场畜牧分场机修厂研制的 9JSG-8-1 型真空挤奶设备获 1983 年度北京市科技成果奖三等奖。1985 年 11 月，西山农场所属的北京西山孵化设备厂设计制造的 GDF-12096 自动孵化机和配套设备 GDC-4000 及 GDC-5000 型出雏器通过了农牧渔业部畜牧局、国家经济委员会质量局、中国农牧机公司、北京农业大学等单位专家的技术鉴定。1987 年 7 月，卢沟桥农场所属莲花池鸭场和市农业机械研究所开始实施北京鸭工厂化网上饲养项目，该项目被列为"七五"星火计划重点开发项目，先后获 1990 年度北京市星火科技奖和 1991 年度国家星火科技奖。1994 年 8 月，总公司完成的"工厂化养猪饲养工艺改革及配套技术的研究"，获农业部科学技术进步奖二等奖。1995 年 3 月，总公司奶牛处、北郊农场奶牛公司、南郊农场牛奶公司完成的"机械化挤奶冷罐配套技术推广"获 1994 年度北京市农业技术推广奖二等奖。

■ 第三节　自然灾害

一、北京市的地理与气候特点

首农集团地处北京市辖区的国有农场主要分布在朝阳区、海淀区、丰台区、大兴区、昌平区、延庆区、通州区、房山区，部分畜禽养殖企业和食品加工企业也有设在平谷区、顺义区、怀柔区、密云区境内的。北京自然灾害发生的原因与其所处的自然地理环境及所拥有的地质构造条件有密切的关

---

① 《北京市国营农场管理局统计资料（1949—1978）》（内部手抄稿），归档号 8，第 47 页。
② 数据来自有关年度的《北京市农工商联合总公司统计资料汇编》。
③ 尹德立：《北郊农场史》，中国大地出版社，1996 年，第 21 页。
④ 《南郊农场志》（1949—2018），第 92 页。

系。在大区域范围内，北京位于欧亚大陆东缘，背靠内蒙古高原，面向华北大平原，左望渤海，右拥太行，属于北京市所属暖温带半湿润半干旱季风气候类型。北京西部、北部和东北部为山地，三面山体使北京的西部和北部形成一道弧状天然屏障；中部、南部和东南部为平原，海拔多在 50 米以下。[①]

北京平原地区的年平均气温为 11～13℃，海拔 800 米以下的山区为 9～11℃。年极端最高气温一般为 35～40℃，年极端最低气温一般在－20～－14℃。年平均降水量为 570～645 毫米，全年平均日照时间为 2 000～2 800 小时，年平均无霜期 180～190 天，年均风速 1.8～3 米/秒。

北京市地处华北大平原北端、燕山山脉南麓，山区面积占总面积的 61.4%，平原面积占总面积的 38.6%。其地理环境特殊，海拔高度变差大，山地和平原之间过渡急剧，界限清晰。地形的复杂多变造成了北京地区天气状况的多样性。

春季干旱多风，降水量仅占年降水量的 8%～9%，而蒸发量占年蒸发量的 30%～32%，春旱、霜冻等自然灾害时有发生。夏季炎热多雨，水热同季，为农业生产提供良好的条件，降水量占全年降水量的 70% 左右。暴雨和强对流天气是北京地区夏季（6—8 月）主要的灾害性天气，导致北京地区涝灾和雹灾频繁，北京市年内降水主要集中在汛期，而汛期的降水又集中在几场大暴雨中，极易形成洪涝灾害。[②] 秋季天高气爽，晴朗少雨，冷暖适宜，光照充足，但持续时间短，且降温迅速，因此有时发生初霜冻。冬季寒冷干燥，多风少雪，各月平均气温都在 0℃ 以下。冬季降水量占年降水量的 2%～3%，寒潮、大风和干旱对越冬作物是很大的威胁。

北京农垦地处平原地带的国有农场发生的自然灾害主要是旱灾、涝灾和农作物病虫害；地处北部、西部及东北部的国有农场发生的自然灾害主要是暴雨、旱灾、雹灾、风灾和冻灾。

二、北京农垦的自然灾害

（一）气象灾害

气象灾害是北京农垦自然灾害中为害频率最高、群发性最为显著、造成损失最大的自然灾害，其中以水灾、旱灾、雹灾、风灾最甚。北京农垦主要气象灾害及特点见表 2-3-7。

表 2-3-7　北京农垦主要气象灾害及特点

灾种	灾害特点	次生灾害
水灾	山洪暴发、河水泛滥、农田被淹、居民点积水、房屋倒塌	阻断交通、山体滑坡、泥石流
旱灾	种植业、林果业受旱减产、畜牧业缺水，农村饮水困难	土地沙化、山林火灾、民居火灾
风灾	作物倒伏、摧毁温室大棚、倒树倒房、吹落果实、伤人	沙尘暴、扬沙、土地沙化
雹灾	砸坏农作物，减产或绝产，砸坏房屋，伤害人畜	
低温冻害	农作物、果树冻害减产、畜禽冻害，水、气管冻裂	
干热风	农作物正常生长发育受阻，减产	山林火灾、民居火灾
霜冻	冻死、冻伤农作物幼苗，减产	
雪灾	交通受阻	交通事故
龙卷风	局部毁坏性灾害	

1. 水灾　水灾是北京农垦最主要的灾害，平均每 3 年发生一次，对北京农垦危害最大。在垦殖初期，对农场的主业打击最大，其中灾害最严重的年份是 1954 年、1959 年、1963 年、1969 年、1984 年、1994 年、1998 年、2012 年和 2016 年。

1949 年 6 月下旬—9 月上旬，双桥农场共降水 664.4 毫米，7 月下旬第一次大雨后，农场 80 公

---

① 北京市地方志编纂委员会：《北京志·自然灾害卷·自然灾害志》，北京出版社，2012 年，第 1 页。
② 孙振华、冯绍元、杨忠山、吴海山：《1950—2005 年北京市降水特征初步分析》，《灌溉排水学报》，2007 年 2 期。

顷农田一片沼泽，场内积水过膝，排水沟已不足泄用，直至收秋，地里仍一片泥泞，作物严重减产，当年小麦亩产为 55 千克，收成只完成当年计划的 40%。

1950 年 4 月，北京郊区连续降水 110 毫米，为常年同期 4 倍，造成麦田麦叶蜂发生。地处南苑的五里店农场及一批小农场小麦亩产仅 37 千克；[①] 双桥农场小麦亩产也比上年低，仅为 50.2 千克。[②]

1954 年，由于小麦锈病严重，灌浆期又逢连续降水，小麦产量严重减产，国营农场系统亩产 178.5 千克，比上年减产 37.4%。[③] 6—8 月连续阴雨，累计降水量 988 毫米，日照少，影响作物正常生长发育。6 月南苑区海子里连续降雨，未收割的小麦泡在水里，春玉米、棉花等农作物被水冲、被淹；8 月 1—12 日，海子里又连续下暴雨，累计降水量达 316.5 毫米，地面积水深达 30～66 厘米，三分之二的农作物被毁，很多房屋倒塌，团河村凤河决口一丈之宽。[④] 双桥农场同期也遭遇水灾，损失粮食、饲草、饲料等几十万千克。[⑤]

1955 年 8 月，双桥农场降水 523.4 毫米，比上年同期多 104.6 毫米；9 月降水 139.8 毫米，比上年多 124.8 毫米。水淹农田，部分牲畜棚圈倒塌，薯类损失 34 万千克，造成直接经济损失 9 万元。

1957 年 7 月 29 日—8 月 10 日，北京郊区连续降雨，累计雨量高达 650.9 毫米，造成严重涝灾，四分之一农田被淹没，大面积减产。市农林局所属农场粮食亩产 188.5 千克，比上年减产 3.8%。[⑥]

1958 年，通县农场遇水灾。该农场 1957 年由通县迁至朝阳区楼梓庄，按照"五边"方针[⑦]建场开荒，当年开荒 363.88 公顷，但农田水利建设没有跟上，1958 年播种面积 276.46 公顷，遇水灾被淹 68.75 公顷，损失严重。

1959 年夏季，农展馆农场遭遇多年不遇的水灾，降水量高达 1 169 毫米，比常年降水量增加 527 毫米。农场损失粮食 6 万千克、蔬菜 17.5 万千克，果树死亡 7 772 株，雏鸡死亡 31 280 只，雏鸭死亡 44 200 只，仔猪死亡 269 头，受灾损失共计 32 万元。南郊农场自 7 月 21 日至 8 月 18 日，大雨不断，农场地区河水泛滥，双桥门、碱庄一带发大水，上游地区房屋倒塌，家具等物资顺流而下。市人委派来救援船只，并给亦庄大队发放救济款 3 万元。[⑧] 南郊农场在春季新建的旧宫鸡鸭场、德茂鸡场、钱庄子鸡场共养鸡 7 万只，遭遇大雨淹没，鸡场关闭，鸡场改为鸭场。7—8 月，双桥农场降水量达 927.5 毫米，农场 229.3 公顷大田、20.2 公顷园田被淹，作物颗粒无收；场区、村庄漫水，坍塌房屋 321 间，154 户人家痛失房舍；倒塌猪圈、畜棚 136 间，淹死猪只 29 头、羊 10 只。[⑨] 8 月 13 日，中共北京市委召开郊区县委书记、农场党委书记电话紧急会议，要求各级党委带领群众向涝灾做斗争，力争丰收。[⑩] 卢沟桥农场齐庄发大水，部分民居被水泡塌，猪圈猪游泳，村地面积水跑鱼。[⑪] 是年，北京市降水量高达 1 406 毫米，高出正常年份一倍。市农林水利局所属农场的粮食亩产仅 96 千克，比上年亩产 274 千克减少 65%。[⑫]

1960 年夏，卢沟桥农场发生涝灾，地面水与大口井的水位分不清，永合庄的玉米和蔬菜被水泡烂。[⑬]

---

① 《南郊农场史》（1949—1989），第 118 页。

② 《双桥农场史》（1949—2008），第 22 页。

③ 《北京市国营农场管理局统计资料（1950—1985）》，第 27-28 页。

④ 同③：53。

⑤ 《双桥农场大事记》（1949—2015），第 15 页。

⑥ 同③：30-31。

⑦ "五边"方针指边开荒、边生产、边建设、边积累、边扩大。

⑧ 《南郊农场史》（1990—2008），第 74 页。

⑨ 同⑤：27。

⑩ 《当代中国的北京》编辑部：《当代北京大事记》，当代中国出版社，2003 年，第 141 页。

⑪ 《老庄子乡（卢沟桥农场）志》（1700—1990），第 24 页。

⑫⑬ 同③：32、34。

1963年8月8—9日，北京市降大暴雨，全市平均降水量206毫米，暴雨中心区在来广营，24小时降水量达464毫米，这是自1949年以来北京市最大的一次暴雨灾害。清河、坝河、通惠河、莲花河、长河、凉水河、温榆河均满溢成灾，全市淹没99万亩农田。[①] 因暴雨引发温榆河决堤30余米，朝阳农场242.9公顷耕地被淹没，冲走活猪90余头，毁坏房舍141间，圈棚167间，桥涵洞、扬水站71处，渠道长1.6万米，霉烂粮食2.3万千克、饲料2.8万千克，直接损失45.7万元。朝阳农场职工顶着上涨大水抢险抗灾，救出奶牛140头、马62匹、羊140多只。东郊农场受灾面积552.3公顷，占播种面积的四分之一，粮食减产807吨。双桥农场全境遭淹。北郊农场降雨450毫米，受灾粮田面积2 333.33公顷，造成损失76万元。地处海淀区的西郊、东北旺、西山农场暴雨历时72小时，农田积水24～48小时。[②] 国营农场系统共有5 733.33公顷农田，因雨受涝减产三成以上，其中1 933.33公顷基本绝产，占农田总面积的33.7%。[③]

1964年8月12日，永乐店农场地区降雨137毫米，形成涝灾，农场受涝农田面积达4 000公顷，积水三天以上的面积达3 066.67公顷，因涝灾粮食减产200万千克。

1969年8月9日，永乐店农场普降大暴雨，地势低洼的柴厂屯等11个村和5个国营单位的2 666.67公顷土地被淹，其中2 000公顷出现积水，最深地方达1.5米，当年粮食亩产仅56.5千克，单产减少66%。[④] 双桥农场全年降水量达866毫米，大多集中在夏秋两季，形成了沥涝灾害，466.67公顷亩产仅42千克，地势较低地块亩产为15千克，部分农田颗粒无收。[⑤] 农场系统粮食单产比上年减少13.9%。[⑥]

1973年7月1—3日连降大雨，平均雨量170毫米，降雨量最大地区达208毫米，集中在中阿公社、楼梓庄、双桥等公社。[⑦]

1974年7月下旬—8月上旬，北郊农场地区连续降雨600多毫米，涝灾面积达1 466.67公顷，粮食亩产比上年下降11.7%，其中小麦亩产下降15.5%，玉米亩产下降23.2%。[⑧]

1977年7—8月，雨水偏多，部分农田内涝，夏粮减产。农场系统全年粮食总产量减少15%，单产减少12%。[⑨]

1984年8月6—9日，北京郊区连降特大暴雨和冰雹，东风农场地区的降水量达到264毫米，致使种植玉米的大田、种植蔬菜的大棚和果园被洪水淹没，造成重大经济损失。暴雨期间，大风吹断供电线路，致使奶牛场的冷藏储奶设施断电，造成大量的牛奶变质。

1984年8月10日，永乐店农场降水量达192毫米，日降水量为之前十年最大的一次。

1987年7月20日，北郊农场的平西府、燕丹等乡降暴雨伴风灾，农田受灾较重。[⑩]

1988年8月1—2日，海淀区3个农场普降淫雨，历时28小时，平均雨量128毫米，积水10～24小时，蔬菜损失严重。[⑪] 2—4日，"连日大雨，农场玉米倒伏9万多亩，水稻受灾2万多亩，预计减产几百万斤"。[⑫]

1989年7月21日，地处北部的农场遭遇暴雨，部分农田遭受涝灾。

1994年7月11—12日，永乐店农场地区出现较大降水过程，两天降水量达308.4毫米，为历史

---

① 北京市农村经济研究中心：《北京市农村改革发展60年大事记》，中国农业出版社，2010年，第60页。
②⑪ 北京市海淀区地方志编纂委员会：《北京市海淀区志》，北京出版社，2004年，第127页。
③ 北京市国营农场管理局农场史编辑室：《北京国营农场建设大事记》（1949—1985），第48页。
④ 《永乐店区志》，第34页。
⑤ 《双桥农场大事记》（1949—2015），第46页。
⑥ 《北京市国营农场管理局统计资料（1949—1978）》（内部油印稿），第68页。
⑦ 北京市朝阳区地方志编纂委员会：《北京市朝阳区志》，北京出版社，2007年，第51页。
⑧ 《北郊农场志》（1956—2016），第57页。
⑨ 《北京市国营农场管理局统计资料（1950—1985）》，第68、70页。
⑩ 引自《昌平区志·自然地理概况·自然灾害》，昌平区地方志党史网站，古今昌平·自然地理频道。
⑫ 北京国营农场史编审委员会：《北京国营农场史》（1949—1989），1992年，第221-222页。

罕见。农田大面积受淹，受灾面积达 4 333.33 公顷，工业企业、奶牛场及学校也受到经济损失。此次灾害给农场造成直接经济损失达 1 000 万元以上。7 月 12 日，双桥农场地区连续 24 小时降雨，降水量达 200 多毫米，双桥农场 1 000 多公顷农田、多数果园被淹，鸭场部分生产设备过水后毁坏严重，渔场 4 个金鱼池内所养名贵金鱼基本跑光，制药厂成品库房进水，180 多户职工宿舍雨水漫进，常营分场部分民房墙倒屋漏。

1996 年 5 月 26 日晨，延庆地区突降暴雨和冰雹，2 小时降水量 131 毫米，是同期该地区历史上最大的降水量，造成延庆农场 100 公顷粮田受灾，其中 40 公顷绝产，直接损失 31 万元，间接损失 10 万元。特菜基地 13.33 公顷受灾严重，经济损失 15 万元左右；渔场 5.33 公顷鱼池被淹，暴雨冲毁一部分堤坝，造成 12 万元的损失；牛场牛棚和运动场被淹，造成经济损失 20 多万元。

1998 年 6 月 30 日，双桥农场短时间内降水 223 毫米。黑庄户分场 666.7 公顷农田、常营分场 266.7 公顷稻田及菜地被淹；农场 133.33 公顷饲料地遭水淹，减产过半；五里桥东大洼南北大堤被水冲开三个豁口，约 10 米宽，13.3 公顷稻田遭灾；常营桥被冲垮，大水淹没 20.7 公顷田园，110 户民房、2 个库房、1 个综合市场进水；八里桥立交桥下和双桥铁路桥洞积水深达 1.5 米。7 月 5 日，北京市普降暴雨，地处延庆、昌平、房山的农场受灾。[①]

2012 年 7 月 21 日，北京遭遇罕见特大暴雨，全市平均降水量 164 毫米，总体达到特大暴雨级别。最大的降雨点房山区河北镇达到 541 毫米，引发房山地区山洪暴发，拒马河上游洪峰下泄，造成房山、通州、石景山等 11 区县受灾。[②] 三元种业公司有 23 个基层畜禽场受灾，受灾最严重的是地处房山区的金星鸭业中心金星天鸿顺种鸭场和地处大兴区的三元绿荷奶牛养殖中心德茂牛场，金星天鸿顺种鸭场直接经济损失高达 2 043 万元。

2016 年 7 月 18—21 日，延庆地区遭遇强降水，巨山农场延庆蔬菜基地的露地、温室、塑料大棚严重积水，种植作物受涝死亡；7 月 20 日，北京市平均降水 200 毫米，首农集团各企业启动防汛应急预案；7 月 24—25 日，天津、河北定州、滦县等地遭遇最强降雨。受强降雨影响，首农畜牧公司、中育种猪公司部分基层单位、东疆牧业厂区等不同程度受灾，造成直接经济损失 1 254.01 万元，间接损失 1 862.08 万元。

2017 年 8 月 2 日，北京突降暴雨，长阳农场地区降水量达到 182.8 毫米。

2. 旱灾 1960 年 1—6 月，降水仅 61 毫米，只有常年同期的一半。朝阳农场由于遭受严重的旱灾，全年粮食绝产面积 124.33 公顷，占播种面积 273.4 公顷的 45.5%，小麦亩产仅 72.5 千克，水稻亩产仅 101.7 千克；栽种葡萄仅收入 39.56 元；养殖业损失也极为惨重，猪、羊、兔和鸡、鸭均大批死亡，其中鸭死亡 20 372 只，占存栏鸭 28 585 只的 71%。

1962 年 7—9 月，长阳农场地区伏旱连秋旱，7 月 16 日至 12 月底，降水量仅 40 毫米，造成秋季作物严重减产。[③]

1965 年 1—6 月，降水仅 41.6 毫米，只有常年同期的三分之一。但由于 1964 年 9—10 月降雨 121 毫米，比常年同期多三分之一，耕地底墒较好，农场系统粮食总产和单产均未下降。

1971 年，降水量比往年偏少，农场系统粮食亩产下降 5.4%。[④]

1972 年，北京市严重干旱，从年初至 7 月 18 日连续 140 天无雨，全年降水量比常年减少 38.5%，为 50 年来所罕见。[⑤] 直到 7 月 19 日才下了透雨，秋粮减产，北郊、南口、东北旺等一批农场种植业损失严重。市农林局所属农场粮食总产下降 16.8%，亩产下降 15.6%。[⑥] 以东北旺农场水

① 《当代中国的北京》编辑部：《当代北京大事记》，当代中国出版社，2003 年，第 615 页。
② 当代北京编辑部：《当代北京大事记》，当代中国出版社，2014 年，第 227 页。
③ 北京市房山区地方志编纂委员会：《北京市房山区志》，北京出版社，1999 年，第 94 页。
④ 《北京市国营农场管理局统计资料（1950—1985）》，第 55、58 页。
⑤ 同①：227。
⑥ 同④：58、60。

稻为例，当年亩产 290.5 千克，比 1971 年的 400.56 千克下降 27.5%。永乐店农场因大旱，1 158.9 公顷水稻为避灾改种玉米等其他作物，此后，永乐店农场水稻种植面不再扩大并逐步减少，至 1991 年仅为 1 公顷。北郊农场因重旱，粮食总产减少 29.2%，粮食单产下降 28.5%。①

1974 年，春旱严重，但农场系统夏粮依然丰收，说明农场系统的水利灌溉设施发挥了较好的作用。

1975 年 1—5 月，降水仅 28.4 毫米，为常年同期的 46%，农场系统粮食单产基本与上年持平。

1980 年，在农作物生长大量需水的 7 月，降水仅 28.5 毫米，是北京市 110 年来同期降水最少的一年。农场系统蔬菜瓜果损失严重，卢沟桥农场齐庄子所种茄秧全部旱死。②

1981 年，北京市全年降水只有 340 毫米，是大旱年份，7 月又持续 12 天高温天气，日平均气温高达 28.7℃。以永乐店农场为例，是年 3—5 月，只降水 40.3 毫米，春旱迁延至夏，相继出现春旱、卡脖子旱和伏旱，严重影响玉米、水稻生长，晚玉米出苗不齐，春玉米叶子枯黄，水稻不能及时补水。9 月、10 月只降水 20.5 毫米，继而秋旱，玉米、水稻等作物受灾严重。③

1983 年，从 6 月下旬至 8 月初，因遇异常高温，旱情严重，农场系统 1 万公顷春玉米遭受卡脖旱，666.67 公顷夏玉米不出苗，4 000 公顷夏玉米不发苗，4 933.33 公顷水稻因旱不能保水影响生长，粮食共减产 2 150 万千克。④

1984—1986 年，因永定河连续三年无水，卢沟桥农场地下水位下降，电井抽不出水，致使果树队的梨树旱死，其他果树结果又少又小。⑤

1989 年 8 月，长阳农场、北郊农场、南口农场、延庆农场遭遇较严重的旱情，由于农场系统的水利灌溉设施发挥了有效作用，粮食、蔬菜的总产量和单产仍比上年有所增加。

3. 雹灾 雹灾常伴有暴雨、大风，这种强对流天气对生长期的农作物具有毁灭性的打击，对畜牧业、工业和群众生活的影响很大。

1956 年 7 月 25 日 16 时，彰化农场温泉分场、香山农场降雹 20 分钟，粒径 1 厘米左右。⑥

1959 年 6 月 22 日下午，苏家坨、上庄、永丰、东北旺受雹灾，粮、菜、棉等农作物被砸伤，小鸡被砸死。⑦

1964 年 6 月 10 日，长阳农场降雹，小麦受灾严重。⑧ 6 月 24 日傍晚，雷雨大风，东郊农场降冰雹，农作物受损严重。⑨ 7 月 5 日下午 1 时 55 分，延庆农场遭受雹灾，264 公顷粮田受到不同程度的灾害。其中，246.67 公顷玉米和谷子比 1963 年减产 47.8%。⑩

1965 年 5 月，卢沟桥农场果树队降雹，桃、梨、苹果严重减产。⑪

1966 年 8 月 8 日，延庆农场遭受雹灾和风灾，粮食作物毁种面积较大，严重减产。⑫

1967 年 5 月 24 日，永乐店地区遭受雹灾，雹粒大如核桃，受灾面积上万亩。7 月 15 日 19 时，永乐店地区天气突变，6～7 级大风伴雷雨冰雹持续了 20 分钟。⑬

1968 年 6 月 8 日，南郊农场地区降大雨伴有风雹，夏收作物受损严重。⑭

---

① 《北郊农场志》（1956—2016），第 57 页。
②⑤⑦⑪ 《老庄子乡（卢沟桥农场）志》（1700—1990），第 28 页。
③ 北京市通州区地方志编纂委员会：《通县志》，北京出版社，2003 年，第 98 页。
④ 北京市国营农场管理局农场史编辑室：《北京国营农场建设大事记》（1949—1985），第 118-119 页。
⑥ 北京市海淀区地方志编纂委员会：《北京市海淀区志》，北京出版社，2004 年，第 130 页。
⑧ 北京市房山区地方志编纂委员会：《北京市房山区志》，北京出版社，1999 年，第 98 页。
⑨ 北京市朝阳区地方志编纂委员会：《北京市朝阳区志》，北京出版社，2007 年，第 52 页。
⑩ 《延庆农场大事记》，第 3 页。
⑫ 延庆县地方志编纂委员会：《延庆县志》，北京出版社，2006 年，第 87 页。
⑬ 同③：99。
⑭ 《大兴县水利志》，1994 年，第 57 页。

1969 年 8 月 29 日，8 级大风夹冰雹袭击卢沟桥农场。①

1970 年 8 月 4 日 20—23 时，突降雷雨大风，风力 6～8 级。风起东郊农场、双桥农场一线，双桥石槽果园损失严重。②

1971 年 9 月 9 日下午 6 时，永乐店农场的于家务、渠头、柴厂屯等 25 个农村大队和 3 个国营单位遭受雹灾。降雹 20 分钟，冰雹最大如鸡卵，小似大豆粒，地面积冰雹 6～10 厘米，融化持续 4～5 小时，受灾面积 2 732.13 公顷，其中粮食播种面积 2 332.4 公顷、棉花播种面积 399.73 公顷。③ 同日，东郊农场 22 个生产队遭受雹灾，333.33 公顷粮田绝收，100 公顷菜田严重受灾，86.7 公顷棉花受灾。

1974 年 8 月 26 日，十三陵农场遭雹灾，农作物受损严重。④

1977 年 8 月 15 日下午，东郊农场、朝阳农场、双桥农场遭遇雷阵雨夹冰雹，蔬菜被大面积砸毁。⑤

1978 年 6 月 9 日 17 时 20—50 分，海淀区自北向南大面积降雹，伴有 7 级以上大风和暴雨，雹粒多似卫生球，少数如核桃、鸡蛋、拳头，西山农场 50 万千克水果被砸。⑥

1979 年 6 月 14 日，京郊降冰雹，东风、双桥、北郊、西郊、西山、东北旺等 16 个农场有 1.4 万公顷小麦、860 公顷蔬菜、400 公顷果树以及其他作物受灾。

1980 年 6 月 21 日夜，永乐店农场地区突降冰雹，雹块大如鸡卵，农田大面积受损，部分面积绝产。⑦

1981 年 9 月 28 日，南口、西郊、南郊、十三陵等农场遭受雹灾。水果被砸落、碰伤 75 万千克，266.67 公顷蔬菜减产 1 250 万千克，水稻受灾面积 2 666.67 公顷，共计损失 120 万元。

1982 年 7 月 14 日，东风农场地区遭受特大冰雹灾害，给农场所种植的粮食作物、蔬菜和果树造成极大破坏，直接经济损失达 50 万元。

1982 年 7 月 15 日，双桥农场果园及 136.27 公顷蔬菜遭冰雹袭击，直接经济损失达 30 多万元。

1984 年 8 月 6—9 日，强风暴雨夹冰雹袭击了南郊农场东部和南部，农作物等遭受严重损失，南郊农场直接经济损失 540 万元。东风农场降水 264 毫米，部分玉米、蔬菜、果树、塑料大棚受灾，大风吹断电线，因断电、停水，东风农场奶牛场有 3.5 万千克奶在高温下变质，奶牛头日产下降 1～1.5 千克。6 月 18 日 21 时至 19 日 2 时，雷雨大风夹冰雹使东风农场和双桥农场受灾严重。⑧ 7 月 16 日晚，延庆农场黄柏寺村降雹 15 分钟，积雹 10～13 厘米，粮田受灾严重。⑨ 8 月 7 日，西山农场、东北旺农场降雹 10 分钟，粒径 1 厘米左右，农作物大面积受灾。⑩

1985 年 7 月 4 日下午 2 点 30 分至 3 点，双桥农场出现短时间狂风暴雨，伴有冰雹，持续 10 分钟，地面积雹 2 厘米厚。7 月 26 日凌晨 3 时 30 分至 5 时 30 分，雷雨大风伴有冰雹，晚 20 时，第二次雷雨大风伴有冰雹，双桥农场降雹 24 分钟，66.67 公顷菜田和 53.33 公顷水稻受灾，减产 5 成；东风农场一带风力达 8 级以上，刮倒大树 400 多棵，高秆作物和菜架被刮倒，果树掉果 40%；朝阳

① 《北京市丰台区志》，北京出版社，2001 年，第 50 页。
② 《北京市朝阳区豆各庄乡志》编纂委员会：《北京市朝阳区豆各庄乡志》，中国时代经济出版社，2016 年，第 54-55 页。
③ 《永乐店区志》，第 36 页。
④ 引自《昌平区志·自然地理概况·自然灾害》，昌平区地方志党史网站，古今昌平·自然地理频道。
⑤ 北京市朝阳区地方志编纂委员会：《北京市朝阳区志》，北京出版社，2007 年，第 52 页。
⑥ 北京市海淀区地方志编纂委员会：《北京市海淀区志》，北京出版社，2004 年，第 130 页。
⑦ 北京市通州区地方志编纂委员会：《通县志》，北京出版社，2003 年，第 99-100 页。
⑧ 同⑤：53。
⑨ 延庆县地方志编纂委员会：《延庆县志》，北京出版社，2006 年，第 89 页。
⑩ 同⑥：131。

农场 66.67 公顷玉米被刮倒 60％以上。① 8 月 8 日 15 时，长阳农场遭风雹袭击，蔬菜和果树受损严重。②

1986 年 8 月 9 日下午 5 点 5 分至 5 点 30 分，南口农场遭受到建场以来最严重的一次雹灾，遭灾面积达 333.33 公顷，直接损失 150 万元以上。8 月 31 日傍晚，大屯至朝阳农场及高碑店至双桥农场一带出现大风及冰雹，水稻大面积倒伏，高秆作物和蔬菜 50％被刮倒，减产 3～4 成。③

1987 年 5 月 2 日午后，雷雨伴冰雹，降雹 35 分钟，朝阳农场蔬菜、小麦受灾严重。

1988 年，双桥农场降雹 3 次，其中 6 月 1 日成灾。双桥农场 5 个乡受雹灾，降雹 10 余分钟，雹粒直径 1.5 厘米，地面积雹 2 厘米厚，666.67 粮田、213.33 公顷菜田、6.67 公顷水果严重受灾。④ 6 月 10 日，双桥农场豆各庄分场受雹灾，降雹 10 余分钟，雹粒直径 1.5 厘米，地面积雹 2 厘米厚，粮田、菜田、果园严重受灾。

1989 年 8 月 28 日傍晚，东郊农场暴风雨夹冰雹，粮田及菜田受损严重。8 月 29 日晚，7 级、8 级大风夹冰雹袭击卢沟桥农场，冰雹成堆，久久不化，莲花池鸭场的鸭子被砸伤砸死 3 300 只。⑤ 9 月 17 日 19 时许，西山、西郊、东风和永乐店等农场遭受暴风雨和冰雹袭击，果、菜和秋粮受灾面积达 1 000 公顷。其中，西山农场降雹 10 分钟，大如核桃，小如卫生球，损失惨重，333.33 公顷果树和 100 公顷水稻基本绝收。⑥

1990 年 5 月 29 日，南口农场地区降冰雹，粒径 20 毫米，农村大队小麦受灾严重。⑦ 7 月 14 日傍晚，双桥地区暴雨伴有 8～9 级大风，刮倒树木，其中一棵直径 40～50 厘米的树砸断高压线，双桥农场豆各庄分场全面停电停水。⑧ 8 月 30 日 19 时 40 分，西山农场狂风骤起，突降暴雨冰雹，雹径 0.5～1 厘米，粮食、蔬菜和水果损失严重。⑨ 9 月 2 日，双桥农场地区受到强风暴雨和冰雹袭击。220 公顷水稻、26.7 公顷果园、18.7 公顷蔬菜严重被毁；鱼塘成鱼因缺氧而大量死亡。因高压线折断，导致农场磁性材料厂高温炉内烧制中的电子元件全部报废。此次强风雹灾造成的直接经济损失超过 200 万元。⑩

1991 年 6 月 8 日 18 时 30 分至 19 时 30 分，西山农场降雹，伴有大雨、龙卷风。雹粒最大直径 3 厘米，密度为 300 个/米²。果树被砸，落果 70％～80％。⑪西郊农场遭受雹灾，经济损失 180 万元；东北旺农场遭受雹灾，经济损失 443 万元。6 月 24 日 14 时许，朝阳农场部分村队出现雷雨冰雹，降雹 20 分钟，密度大，粒径最大超过 2 厘米。⑫ 7 月 7 日，十三陵农场遭风雹袭击，农田受损严重。⑬9 月 4 日傍晚至 5 日凌晨普降大雨，朝阳农场降大暴雨，伴有大风和冰雹，阵风 7 级，冰雹直径 1.5 厘米，两次降雹 10 分钟，部分粮田、菜田绝收 406 亩，造成朝阳农场部分地区停电。⑭

1992 年 6 月 21 日 16 时，十三陵农场、南口农场地区遭风雹袭击。⑮

1993 年 8 月 16 日 15 时许，大风夹冰雹，风力达 7～8 级。朝阳农场、双桥农场部分地区受灾，其中朝阳农场风灾严重。⑯

1994 年 6 月 12 日，北郊农场平西府镇西沙各庄、东沙各庄和平坊村的 93.33 公顷果树遭雹灾，损失严重。

① ③ ④ ⑫　北京市朝阳区地方志编纂委员会：《北京市朝阳区志》，北京出版社，2007 年，第 53 页。
②　北京市房山区地方志编纂委员会：《北京市房山区志》，北京出版社，1999 年，第 98 页。
⑤　北京市丰台区地方志编纂委员会：《北京市丰台区志》，北京出版社，2001 年，第 107 页。
⑥　《海淀区水利志》，1993 年，第 38 页。
⑦ ⑬ ⑮　引自《昌平区志·自然地理概况·自然灾害》，昌平区地方志党史网站，古今昌平·自然地理频道。
⑧　《北京市朝阳区豆各庄乡志》编纂委员会：《北京市朝阳区豆各庄乡志》，中国时代经济出版社，2016 年，第 55 页。
⑨ ⑪　北京市海淀区地方志编纂委员会：《北京市海淀区志》，北京出版社，2004 年，第 131 页。
⑩　《双桥农场史》（1949—2008），第 154 页。
⑭　同①：54。
⑯　北京市朝阳区地方志编纂委员会：《北京市朝阳区志》，北京出版社，2007 年，第 54 页。

1998年6月14日，北郊农场的北店、三合庄、马连店、良庄、平西府、上坡、七里渠南三队、西店以及畜牧一分场的部分地块遭受大风、冰雹袭击，致使全场1 066.67公顷小麦和40公顷春玉米不同程度受灾，直接经济损失230多万元。1998年7月18日，又一场大风冰雹袭击北郊农场所属的平西府镇、霍营乡的大部分村庄，被毁农田面积933.33公顷，倒塌房屋200余间，刮倒大树1 300余棵、电线杆10多根，造成8家乡镇企业临时停产，直接经济损失1 100万元。

2002年5月10日，双桥农场黑庄户果园20公顷桃树、6.7公顷苹果树遭受雹灾。

2005年6月7日，巨山农场的香山、延庆蔬菜基地和团城果品基地均遭受冰雹及大风袭击，受灾面积10公顷，产量损失20%～30%。

2008年6月23日，长阳农场发生特大雹灾，最大的冰雹直径达6厘米，属长阳地区几十年之罕见，给农林业生产造成重大损失。

2014年6月26日，永乐店农场遭受当地有记录以来罕见最大的大风、冰雹灾害。冰雹直径为5厘米以上，风速瞬间达到33米/秒，风力12级以上。大风刮倒折断树木545棵，造成院墙倒塌400多米，屋顶损坏5 000余米^2，损坏地砖200米^2，毁坏节门渗水井2个；种植的菜地、大棚毁坏500米^2；电线线路损坏6 000余米。

2016年，北京农垦风雹灾受灾面积259.33公顷，直接经济损失高达1 331万元。2017年，北京农垦风雹灾受灾面积85.5公顷，直接经济损失74万元。[①]

4. 风灾 1958年5月，大风不断，卢沟桥农场北天堂村种的白薯全部被风刮死。

1962年3月中旬以来，卢沟桥农场多次遭受大风冻害；4月12日，北天堂村4公顷多萝卜严重受损。[②]

1964年8月28日，卢沟桥农场遭受罕见大风侵袭，位于五甲地区的6.67公顷单臂立架葡萄全部被刮倒，2 000根混凝土立杆从地面处折断，成排的葡萄架匍匐在地上，主蔓被压折，叶子碎裂，果实被摔烂。

1969年8月29日晚，地处海淀区的农场遭遇7至8级大风夹冰雹，庄稼被刮倒，有的直径1.5米的树木被连根拔起。[③]

1972年，全市出现大风日数达64日，是1949年以来最多一年，[④] 农场系统粮食总产量比1971年减产16.8%。[⑤]

1973年7月20日，长阳农场遭遇7级大风，粮棉蔬菜水果受损。[⑥]

1976年，5月13日、15日，地处海淀区的农场遭遇两场大风，农作物受灾严重。[⑦]

1977年8月10日，长阳农场地区遭受风灾，中茬玉米严重减产。[⑧]

1981年5月2日、3日、10日，地处海淀的农场遭遇9级、10级大风袭击，农作物受损。[⑨]

1983年3月27日，卢沟桥农场瞬间风力达10级，草莓大棚被掀翻6个，毁坏5个。[⑩]

1984年8月6—9日，飓风袭击南郊农场东部和南部，鹿圈等村风力高达11级.[⑪]

1986年3月16日，卢沟桥农场遇7级大风袭击，刮毁蔬菜大棚（1亩地1个棚）17个，风后地面温度−4℃，蔬菜严重减产。[⑫]

---

① 数据来自北京首都农业集团有限公司2016年和2017年报送农业部农垦局的统计报告。
② 《老庄子乡（卢沟桥农场）志》（1700—1990），第25页。
③ 北京市海淀区地方志编纂委员会：《北京市海淀区志》，北京出版社，2004年，第128页。
④ 《当代中国的北京》编辑部：《当代北京大事记》，当代中国出版社，2003年，第271页。
⑤ 《北京市国营农场管理局统计资料（1950—1985）》，第58、60页。
⑥ 北京市房山区地方志编纂委员会：《北京市房山区志》，北京出版社，1999年，第96页。
⑦⑨ 同③：129。
⑧ 同⑥：96-97。
⑩⑫ 同②：27。
⑪ 《当代中国的北京》编辑部：《当代北京大事记》，当代中国出版社，2003年，第386页。

　　1988年4月12—22日，大风刮了7天7夜，平均风力7级，瞬时风力超过8级，永乐店农场荣华服装厂在建厂房被吹倒；4月17—23日，正值梨树盛花期，卢沟桥农场果树队河滩北大荒、一区、二区、三区均遭遇6至7级大风，瞬间风力达8级，漫天土沙致使梨树花雌蕊、柱头沾尘沙，雄蕊吹折、花粉吹掉，严重影响授粉坐果，减产12.5万千克，减产高达90％；[①] 8月5日，永乐店地区突遭8级以上阵风袭击，几万亩玉米倒伏。[②]

　　1991年4月30日，东风农场遭遇7级大风袭击，66.53公顷菜田受灾，其中露地菜田受灾56.73公顷、大棚和温室菜田受灾9.8公顷；[③] 5月2日，卢沟桥农场刮大风，持续时间3～4小时，风力5至6级，短时间达7至8级，齐庄、老庄子、北天堂、永合庄蔬菜大棚和温室受损严重，其中大棚骨架损毁1 333米^2，棚膜损毁6 666米^2；温室骨架损毁567米^2，温室棚损毁9 133米^2；露地蔬菜受灾面积27.6公顷，其中半数以上为严重损失。[④]

　　1992年6月29日傍晚，双桥农场地区出现雷雨大风，风速达34米/秒，风力9至11级，园田（主要有架豆、黄瓜等）严重被毁，刮倒树木600余棵，倒树压坏民房、牲口棚、猪圈，砸坏高低压线路、电话线、广播线。[⑤]

　　1993年4月6日、7日、9日，永乐店农场遭风灾，平均风力7至8级，阵风10级，蔬菜大棚被吹毁，菜苗冻死，菜田受损严重。[⑥]

　　2003年9月8日，百年一遇的飓风突袭延庆农场，风力超过10级，持续约15分钟，造成农场地区停电24小时之久，乳品厂、橡胶厂停产，140公顷青贮玉米全部倒伏，6.67公顷蔬菜连根拔起，22个花卉大棚罩顶被掀开，使出口鲜切花大部分损毁，出口订单无法完成。此次风灾给延庆农场造成直接损失350多万元。

　　5. 低温冷害　低温冷害发生概率较低，但对蔬菜、小麦及果树生长极为不利。

　　1960年11月，平均气温−7.2℃，属冷冬，小麦受冻害，全局农场平均亩产79.5千克，比1959年亩产112.5千克减少29.3％。[⑦]

　　1977年4月，上年冬天以来持续低温、干旱，小麦返青后又遇春寒，小麦死苗严重。中共北京市委先后召开5次电话会议、3次现场会议部署麦田管理。[⑧] 市农林局系统的农场粮食亩产比上年减少12％。[⑨]

　　1978年4月21日，南郊农场遭受霜冻，地面最低温度−5.5℃。[⑩]

　　1980年也遇到低温和干旱，但由于农田基本建设发挥效益和生产技术的提高，粮食仍然增产。

　　1986年3月14日，卢沟桥农场果树队草莓大棚遇冻害，地表温度−4℃，近1公顷草莓头茬没有产量；4月9—10日，卢沟桥农场遭遇6级大风，凌晨降霜冻，农村大队蔬菜16.6公顷、芸豆15.3公顷被冻坏，其中70％芸豆被冻死，露地西红柿50％被冻坏，圆白菜、菜花也不同程度受损。[⑪]

　　1988年4月27日，卢沟桥农场北天堂村13 333米^{2}豇豆苗被冻死。

　　1991年2月，卢沟桥农场先遇大风，3月遇雨雪，蔬菜大棚和温室遇冻害，冻害面积13 333米^2。

　　1993年4月10日晨，朝阳农场最低气温−0.3℃，地面最低温度−5.2℃，棚内黄瓜全部冻死。

①⑪　《老庄子乡（卢沟桥农场）志》(1700—1990)，第27页。

②　北京市通州区地方志编纂委员会：《通县志》，北京出版社，2003年，第100页。

③　《国营北京市东风农场史》，第147页。

④　同①：26。

⑤　北京市朝阳区地方志编纂委员会：《北京市朝阳区志》，北京出版社，2007年，第54页。

⑥　同②：101。

⑦　《北京市国营农场管理局统计资料（1950—1985）》，第84、86页。

⑧　北京市农村经济研究中心：《北京市农村改革发展60年大事记》，中国农业出版社，2010年，第95页。

⑨　同⑦：68、70。

⑩　大兴县地方志编纂委员会：《大兴县志》，北京出版社，2002年，第99页。

6公顷春播露地卧栽菜和地膜覆盖架子中的大椒全部冻死。地处朝阳区的其他农场的露地和保护地蔬菜也有不同程度的损失。[①]

2010年，北京农垦蔬菜和果品生产遇到霜冻害，受灾面积17公顷。

6. 雪灾　比较严重的雪灾有两次。1959年2月25日，北京遭受百年不遇的雪灾，积雪厚达66.6厘米，全市交通中断。2012年11月3—4日，延庆县遭遇1960年以来的最大降雪，平均积雪量47厘米，奶牛中心延庆基地遭受大雪灾害，总受灾面积7 720.5米^2，直接经济损失381.16万元。经测算，受灾设备和设施的再建总金额为678.3万元。

（二）生物灾害

北京农垦的生物灾害有病、虫、鼠、草四类，其中以病害、草害为主要生物灾害。粮食作物的主要病虫害有黏虫、玉米螟、地下虫害、麦蚜、小麦散黑穗病、丛矮病和水稻白叶枯病、稻瘟病、纹枯病；蔬菜的主要病虫害有白菜病毒病、霜霉病、软腐病、黑斑病和黑腐病；西红柿的主要病虫害为晚疫病、灰霉病、病毒病；黄瓜的主要病虫害为霜霉病、白粉病及蚜虫；果树的主要病虫害有苹果桃腐烂病、苹果松锈病、苹果水锈病、早期落叶病、蚜虫、红蜘蛛、桃食心虫、卷叶虫等。在农场建场初期，病虫灾害发生频率较高。20世纪50年代病虫害对农业生产的危害较大，其原因是农田基本建设薄弱，植保水平低，早期没有新型农药，70年代后逐步使用了高效、低毒、低残留的新型药剂。

1950年4月，麦叶蜂为害双桥农场麦田，虫害面积超过50%。[②]

1951年6月，在十一区（南苑区前身）团河村南866.67公顷的农田里发现蝗蝻，平均每平方米有蝗蝻36～45个，多的达900个左右。此次虫灾对五里店、黄村、大生庄、天恩庄、德茂、和义、钱庄子等农场农业危害很大。市郊委和十一区政府成立捕蝗指挥部，组织当地农民和五里店等农场职工共计5万多人次灭虫，市政府还组织城区职工、学生参加捕打。到6月24日，蝗蝻基本消灭。[③] 1951年7月，双桥农场地区发生虫害，以蝗虫、棉蚜虫、红蜘蛛、钻心虫等为害最重。[④] 7月中旬，五里店农场地区秋蝗复发，高峰时，农场及周边24个村的1 000多公顷农田被吃成光杆。[⑤] 8月下旬，双桥农场棉田遭遇严重旱灾和虫灾，经苏联专家指导后，有效地防治了蚜虫、红蜘蛛和叶斑病。是年，五里店农场小麦因病虫害影响，亩产仅38千克。

1952年4月，北京郊区发生麦田虫害，市郊委发出通知，要求加强防治工作，各农场组织职工进行捕杀。4—5月，发生旱情。至6月下旬，虫害又有发展，市区两级组织工作组到部分农场组织抗旱和灭虫。五里店农场当年小麦亩产仅37.5千克。[⑥] 是年，双桥农场种植的棉花遇到棉铃虫，由于防治措施不到位，籽棉亩产仅125千克，比1951年减产42%。[⑦]

1953年6月中旬，双桥农场地区钻心虫为害，玉米、高粱秆占50%以上。[⑧] 6月，北京郊区大田作物发生黏虫，市级机关干部800多人到各村和各农场帮助捕打。[⑨] 1957年3月，双桥农场、南郊农场农田发生蝗虫、钻心虫。

1959年，小麦生长后期条锈病中度流行，农垦部派安-2型飞机在南郊农场西红门、天恩庄、瀛海等大队的400公顷麦田喷洒石硫合剂进行防治，同时试用人工喷雾对氨基苯磺酸钠防治小麦

① 北京市朝阳区地方志编纂委员会：《北京市朝阳区志》，北京出版社，2007年，第54页。
②④ 北京市通州区地方志编纂委员会：《通县志》，北京出版社，2003年，第98页。
③ 北京市农村经济研究中心：《北京市农村改革发展60年大事记》，中国农业出版社，2010年，第10页。
⑤ 大兴县地方志编纂委员会：《大兴县志》，北京出版社，2002年，第139页。
⑥ 《南郊农场史》（1949—1989），第118页。
⑦ 燕凌、鲁生：《记取五里店和双桥两个国营农场没有完成棉花增产任务的教训》，《机械化农业》1953年第3期。
⑧ 《北京市朝阳区豆各庄乡志》编纂委员会：《北京市朝阳区豆各庄乡志》，中国时代经济出版社，2016年，第54页。
⑨ 《当代中国的北京》编辑部：《当代北京大事记》，当代中国出版社，2003年，第61页。

锈病。[1]

1960 年，永乐店柴厂屯一代发生飞蝗 666.6 公顷，先用 30 余门喷粉炮防治，因进度慢，改用飞机防治，为北京市首次飞机治蝗。[2]

1963 年，一代玉米螟大发生，为近十年最严重的一次，百株累计卵量一般 300 块，高的达千块以上，夏玉米被害率为 30%，东北旺农场与北京农业大学合作，使用飞机防治 4 098 亩，效果很好，挽回了损失。5 月，北郊农场农作物陆续发生虫害，春玉米大面积发生玉米螟。7 月，永乐店地区棉田大面积发生棉蚜虫、棉铃虫、红蜘蛛，普遍喷药 2～3 遍，虫害得到控制。[3]

1964 年，小麦条锈病大发生，北郊农场使用飞机喷洒"敌锈钠"进行防治。[4]

1967 年 7 月 13 日，全市普遍出现第二代黏虫和玉米螟，双桥农场数千亩农大 7 号、14 号玉米减产 60%。是年，双桥农场水稻为害也很严重，6 月 19 日，赤枯病在万西、黑庄户一带发生，6—7 月又发生叶稻瘟病，严重病田一片片枯死；恶苗病在常营三队发病率达 10% 以上。8 月，白叶枯病在重兴寺大队发生。9 月，稻瘟病发病率达 10%。[5]

1968 年 6 月，在双桥农场管庄分场咸宁侯大队稻水蝇为害水稻十分严重；二代二化螟在黑庄户分场千亩稻田发生，受害重的稻田白穗率达 8%。

1970 年，北京市白叶枯病大发生，病害面积达 50%，双桥农场定西大队等单位白穗率达 50%。

1972 年，水稻条纹叶枯病在双桥、高碑店一带大发生，其中双桥农场水稻发病面积 333.33 公顷，发病率为 10%。[6]

1973 年 5 月，南口和十三陵地区人工林发生松毛虫。[7] 是年，一代玉米螟大发生，春玉米受害较重，全市重病区包括南郊农场；[8]双桥农场稻颈瘟发生面积 200 公顷，重病田减产 80%。[9]

1974 年，卢沟桥农场果树队七甲苹果地发生黏虫害，把禾本科类草吃光。[10]

1976 年，南郊农场科技站在北京市首次利用赤眼蜂防治二代玉米螟。[11]当年，农场系统秋粮因虫灾严重，双桥等一批农场秋粮减产，与上年相比，玉米单产下降 10%，水稻单产下降 26.4%。[12]

1979 年 5 月中旬，东郊农场和南郊农场用飞机超低量喷雾防治麦蚜。[13]

1982 年，全市麦蚜大发生，百株蚜量在万头以上，全市大面积减产，南郊农场用飞机防治麦蚜，市委领导十分重视，建议在北京市大面积推广。[14] 是年，双桥农场 333.3 公顷水稻发生稻颈瘟，病穗率 30%～40%，部分稻田减产一半左右。

1983 年，北郊农场和市植保站、北京航空学院、北京航校合作，应用蜜蜂 3 号轻型飞机防治稻蝗 26.67 公顷试验成功。[15]

1984 年 3 月，由于灰飞虱传播，小麦出现丛矮病，水稻出现纹枯病，玉米出现粗缩病，水稻产量减产较大。

1988 年，恶性杂草麦瓶草（又称米瓦罐）由大兴县芦城乡引进麦种带入，很快蔓延至南郊农场西红门分场的麦田。次年又复发，使小麦产量减产 20% 以上。[16]

---

① 北京市地方志编纂委员会：《北京志·自然灾害卷·自然灾害志》，北京出版社，2012 年，第 508 页。

② 同①：509。

③ 北京市通州区地方志编纂委员会：《通县志》，北京出版社，2003 年，第 99 页。

④ 同①：524。

⑤ 同①：510。

⑥⑧ 同①：512。

⑦ 引自《昌平区志·自然地理概况·自然灾害》，昌平区地方志党史网站，古今昌平·自然地理频道。

⑨⑪⑬ 同①：513。

⑩ 《老庄子乡（卢沟桥农场）志》（1700—1990），第 29 页。

⑫ 《北京市国营农场管理局统计资料（1950—1985）》，第 66 页、68 页。

⑭⑮ 同①：514。

⑯ 大兴县地方志编纂委员会：《大兴县志》，北京出版社，2002 年，第 141 页。

1989 年，巨山农场地区发生木樛尺蠖洋槐，树叶被吃光。[1]

1994 年 5 月，北郊农场将 GPS 卫星导航用于麦蚜飞机防治的试验成功，试验面积 8 000 公顷，防治效果 93.28%，此项技术为国内首创。[2]

（三）地质灾害

1967 年 7 月 28 日，延庆发生 5.8 级地震。[3] 1976 年 7 月 28 日，唐山一带发生 7.8 级地震，波及北京，永乐店农场 8 个农村大队受灾较重，除发生人员伤亡外，房屋倒塌 10 707 间，房屋毁损无数；[4] 南郊农场北部的部分房屋出现裂缝；东郊农场和双桥农场受损较重，黄港、常营等地区烈度较大，黄港 70% 的房屋遭受不同程度损害，其中 20% 的房屋严重倒塌。[5] 1984 年 3 月 28 日发生地震，震中在昌平县南口镇，震级 3.7 级。[6]

近年来，北京农垦设施农业的建设水平有所提高，抗灾能力进一步增强，但防灾减灾的任务依然艰巨。从 2006 年以后的统计可见，在各种灾害的受灾面积中，风雹灾害最高，占受灾面积的七成，仍是威胁工农业生产和人民生活的最主要的灾种，各种灾害造成的直接经济损失高达 5 500 万元。

2006—2017 年北京农垦自然灾害及损失情况见表 2-3-8。

表 2-3-8　2006—2017 年北京农垦自然灾害及损失

年份	受灾面积（公顷）					减产粮食（吨）	死亡牲畜（头）	倒塌房屋（间）	直接经济损失（万元）
	洪灾	旱灾	霜冻灾	风雹灾	其他				
2006			43.3		119.3				68
2008				71.9		60			106
2009		100.0		50.0					15
2010			17.0						20
2012	270.0			238.6	13.2		275 886	242	3 490
2013				238.6					
2014				183.0					240
2015	2.0			176.0					206
2016				359.3					1 331
2017				85.5					74

说明：1. 数据取自北京首都农业集团有限公司各年度统计年报，2007 年、2011 年无灾情统计。
　　　2. 直接经济损失数额不包含 2012 年畜禽场损失的 2 000 多万元、2016 年畜禽场损失的 1 200 多万元。

第四节　畜禽疫病防治

北京农垦的畜禽疫病防治工作是随着畜牧业发展而逐步得到加强和提高的。60 多年来，北京农

[1] 北京市海淀区地方志编纂委员会：《北京市海淀区志》，北京出版社，2004 年，第 134 页。
[2] 北京市地方志编纂委员会：《北京志·自然灾害卷·自然灾害志》，北京出版社，2012 年，第 516 页。
[3] 延庆县地方志编纂委员会：《延庆县志》，北京出版社，2006 年，第 90 页。
[4] 《永乐店区志》，第 41 页。
[5] 北京市朝阳区地方志编纂委员会：《北京市朝阳区志》，北京出版社，2007 年，第 55 页。
[6] 引自《昌平区志·自然地理概况·自然灾害》，昌平区地方志党史网站，古今昌平·自然地理频道。

垦疫病防控工作坚持预防为主、防治结合的方针，主要动物疫病得到了有效控制，疫病防治技术也逐步提高。

一、防疫体系建设

（一）市级兽医防疫机构

中华人民共和国成立前，北京畜禽养殖以户养为主，规模小、品种杂、疫病流行。中华人民共和国成立后，各级人民政府十分重视畜禽防疫工作。1951 年，市郊委在农业科下增设畜牧兽医股，这是第一次组建市级兽医防疫机构。1952 年 9 月 3 日，北京市撤销市郊委，成立北京市农林局，内部机构设有畜牧兽医科。[①] 1956 年 7 月，市农林局组建北京市兽医院。1957 年，市农林局在兽医院的基础上，成立北京市农业科学院畜牧兽医研究所，下设防疫队，执行家畜家禽疫病防治任务。[②] 1962 年 10 月，市人委决定组建北京市畜牧兽医站，归市农林局领导，并将畜牧兽医研究所所属的防疫队并入市畜牧兽医站，下设兽医防疫队和畜牧技术室，市畜牧兽医站负责对郊区畜禽防疫工作进行组织和指导。

"文化大革命"开始后，市农口各局多次改组，兽医防疫机构亦随之变动。1968 年 11 月，市革委会决定撤销市农林局、市水利气象局，市农机管理局、市国营农场管理局合并为市农业局。市畜牧兽医站撤销，留部分人员与农业局所属的植物保护站、农业种子站、林业站共同组建北京市农业服务站，农业服务站的生产组下设畜牧兽医组。1969 年 4 月，经市革委会批准，原市农林、农场、农机、水利气象 4 个局正式合并为农业局，农场及畜牧兽医工作均列入农业组管理。1971 年 10 月，市革命委员会决定恢复北京市畜牧兽医站，设畜牧、兽医两个专业组，站下辖疫苗厂和兽医院。1972 年 7 月，按北京市革委会要求，市农业局撤销，原合并于大农业局的各局分成农林、水利、农机三局，农场工作归属市农林局农场组主管，畜牧兽医工作归属市农林局畜牧组主管。1977 年 10 月，市畜牧兽医站从市农林局划入北京市畜牧水产局。

1981 年 11 月，市政府批准北京市畜牧局成立畜牧兽医技术咨询服务公司，下设市畜牧兽医工作站等机构。1986 年 2 月，市畜牧局（市牧工商总公司）决定恢复兽医处，与市畜牧兽医工作站合署办公。1993 年 4 月，经北京市编制委员会办公室批准，市畜牧兽医工作站更名为北京市畜牧兽医总站。1994 年 3 月，市牧工商总公司改建为北京华都集团公司（1996 年改为北京华都集团有限责任公司），下设兽医处和市畜牧兽医总站合署办公。2000 年 7 月 18 日，北京市机构编制委员会办公室发文，将华都集团所属的北京市畜牧兽医总站、北京市"防五"办公室、北京市动物检疫站、北京市兽医卫生监督检验所、北京市饲料监察所、北京市兽药监督所、北京市兽医实验诊断所、北京市畜禽环境监测站、北京市畜牧兽医技术培训中心、北京市牧草技术推广站 10 家单位整建制归口市农业局管理。

（二）农场系统的兽医防疫机构

北京农垦的兽医防疫机构及体系建设可大体分为 3 个阶段：

1. 以市级兽医防疫机构统管为主的阶段（1951—1978 年）　　20 世纪 50～70 年代，北京市国有农场曾有较长时期归北京市农林局领导，故市农林局负责的全市兽医防疫工作范围也包括市属国有农场。但在其中短时期内，国有农场从市农林局划出，成立了市农垦管理机构，在这种情况下，农场系统设置了单独的兽医防疫机构。如，1959 年，北京市农垦局成立，农场管理业务从市农林局划出，市农垦局就单独成立畜牧处，负责国营农场兽医防疫工作；次年，农垦局撤销，农场兽医防疫工作又

---

①　北京市地方志编纂委员会：《北京志·农业卷·种植业志》，北京出版社，2001 年，第 299 页。
②　北京市地方志编纂委员会：《北京志·农业卷·畜牧志》，北京出版社，2007 年，第 195 页。

划回市农林局管理。1964 年 2 月，市人委决定成立北京市国营农场管理局，农场的兽医防疫工作归市农场局管理，农场局下设畜牧处。

20 世纪 50 年代后期，大型农场陆续建立了兽医室。1959 年 6 月，南郊农场成立畜牧兽医研究所，这是企业兴办的第一家畜牧兽医研究所。1963 年 8 月 15 日，经市委农工部批准，市农林局成立北京市国营农场畜牧、家禽、兽医以及农业、果树、农业机械化等 6 个研究小组，各专业技术干部 50 余人参加小组工作，农场的兽医及疫病防治工作得以进一步加强。1965 年 9 月，红星人民公社（南郊农场）建成兽医院。"文化大革命"开始后，1968—1972 年，农场下放区县领导，农场的畜牧兽医工作也实行属地管理。1972 年，农场划回市农林局管理，各农场普遍在 20 世纪 70 年代中期建立中心兽医站，永乐店农场还建立了畜禽合作防疫制度，各村都配备 1 名专职防疫人员。[①]

2. 独立管理农场防疫工作和初步形成疫病防治体系的阶段（1979—1993 年）　1979 年 4 月，市农场局复建，并挂北京市长城农工商联合企业牌子，从市农林局析出，新成立的市农场局的生产处为疫病防治管理部门。1980 年 5 月 29 日，市农办（80）京政农 117 号文批准成立北京市长城农工商联合企业兽医总站，站址设在南郊农场兽医站。

1979 年 10 月，长城农工商成立奶牛研究所，除对奶牛生产中的技术难题开展科研、技术咨询和技术培训外，也负责系统内的奶牛的疫病防治工作。1980 年 1 月，农场局将生产处分设为农业处和畜禽处两个部门，畜禽疫病防治的行政工作转由畜禽处负责；1982 年，成立奶牛处；1983 年，成立畜牧处，生猪及家禽疫病防治工作由畜牧处负责，奶牛疫病防治工作由奶牛处负责。

至 1989 年，北京农垦系统疫病防治机构初步形成，包括市农场局畜禽疫病防治领导小组、各农场畜禽疫病防治领导小组和畜禽场兽医室 3 个层次。

（1）市农场局畜牧兽医机构。由畜牧处、奶牛处、奶牛研究所和兽医总站组成疫病防治领导小组。畜牧处、奶牛处主抓兽医行政和畜禽疫病防治的组织工作；兽医总站主要负责畜禽疫病诊断、防治技术实施和推广，以及开展对兽医人员的培训；奶牛研究所侧重负责奶牛的疫病检疫、诊断和疫病的研究工作。两处一站一所共有技术人员 66 人，其中高级兽医师 13 人、中级兽医师 18 人、初级兽医师 34 人。

（2）农场兽医防疫机构。畜禽饲养量较多的农场均建立了农场畜禽疫病防治领导小组，由主管畜牧工作的副场长任组长。农场下设畜牧科，有行政机构 22 个，其中行政人员 5 人、高级兽医师 12 人、中级兽医师 28 人、初级兽医技术人员 19 人。东郊、南郊、北郊、双桥、永乐店 5 个农场在农业分场设立分场兽医站，负责分场管辖范围内的疫病防疫及兽医工作。农场分场（乡）级兽医防疫机构共有 38 个，有高级兽医师 4 人、中级兽医师 17 人、初级兽医技术人员 152 人。

（3）种畜禽场和规模畜禽场。种畜禽场和规模畜禽场均设有兽医室，配备专职兽医防疫人员。全系统最多时共有国有、集体畜禽养殖场 250 个，全部设有兽医室，有技术人员 429 人，其中高级兽医师 2 人、中级兽医师 50 人、初级兽医技术人员 357 人。此外，各村还有防疫员 212 人，负责本村的兽医防疫工作。

3. 伴随畜牧企业重组进行疫病防治体系调整和巩固阶段（1994 年至今）　这一阶段，北京农垦逐年扩大畜禽养殖规模，养殖密度增加，对动物危害严重的疫病，如高致病性禽流感、口蹄疫、猪蓝耳病等疫病暴发概率增加，养殖业防疫工作形势严峻。同时，这一阶段，北京农垦加大对所属养殖企业的重组、合并步伐，为了确保本系统突发重大动物疫情时能及时上报和高效地应急处置，以减少对畜牧业和公众健康造成危害，在机构调整中，对防疫工作做到机构不能撤、体系不能散、规章制度不能废。1994 年 2 月 15 日，总公司成立北京市农工商联合总公司兽医总站，为总公司二级事业单位。兽医总站的主要任务是负责本系统内国营牛场、规模猪场、规模种鸡场和规模鸭场的防疫与检疫工

---

① 《永乐店区志》，1993 年，第 191 页。

作。1995年，总公司机关机构改革，虽然把畜牧处、水产处合并为畜牧水产处，但由于建立了兽医总站，农场系统防疫体系仍能正常发挥作用。

至1995年，总公司系统疫病防治领导小组的日常工作依托兽医总站，参加领导小组业务工作的兽医技术人员有66人。每个农场都设有兽医防疫小组，具体负责本场的卫生防疫检疫工作。南郊、北郊、永乐店农场建有兽医站，东郊、西郊、双桥、长阳、东北旺、南口等农场设有畜牧科，负责疫病防治工作。农场带村的乡，设有兽医站，各畜禽场均设有兽医室。1997年，农工商联合总公司兽医总站更名为北京市农工商联合总公司畜牧兽医总站。

1998年年底，北京农垦完成场乡体制改革，虽然疫病防治的工作范围有所缩小，但系统内的疫病防治体系并没有削弱。1999年12月，市农办法制处授权农工商联合总公司兽医总站负责本系统内畜禽场及屠宰厂的卫生防疫、监督执法工作，并将总公司兽医总站与区县兽医站同等对待，明确总公司畜牧兽医总站是市机构编制委员会批准的事业单位。

至1999年，北京农垦健全的总公司、农场、畜禽场三级防疫监督体系包括：

（1）总公司级机构。具体包括总公司畜牧兽医总站，设有防疫科、化验室、兽药服务部等，负责全系统畜禽场的防疫检疫工作。

（2）农场级机构。南郊、西郊、北郊、永乐店、双桥、南口、卢沟桥7个农场建有兽医站，负责各自农场畜禽场的防检疫工作。

（3）畜禽场级机构。每个畜禽场设有兽医室及防疫员，负责本场的防疫工作。各畜禽场均建立了比较完善的防疫设施及防疫制度，并且有一支专业技术比较强的兽医队伍。

至1999年，局、农场、畜禽场三级防疫体系在岗兽医技术人员432人，其中高级职称7人、中级职称103人、初级职称210人，整个兽医队伍非常稳定，为建设无规定疫病区奠定了基础。

21世纪初，北京农垦加大对畜牧企业的重组力度，农场的牛场、猪场、鸭场先后重组进入专业公司，这些专业公司都设有专职的疫病防治工作机构和人员。2004年3月18日，总公司发文，同意将北京市农工商联合总公司畜牧兽医总站变更为北京三元集团畜牧兽医总站，后经市编制办批准确定，于2004年3月19日事业单位法人登记名称变更为北京三元集团畜牧兽医总站。

2008年4月7日，三元集团决定将畜牧兽医总站整建制划归三元种业管理，畜牧兽医总站仍作为集团防疫工作的总牵头单位。2009年5月至2017年12月，三元集团在市国资委的主导下，进行了两轮市属一级公司的重组，重组后的首农集团和首农食品集团的疫病防治工作仍然由畜牧兽医总站负责牵头，由其进行防疫工作的部署、检查和监督。至2017年，畜牧兽医技术人员总计365人，畜牧师和兽医师共156人，其中正高级2人、副高级22人、中级50人、初级82人。

二、防疫设施建设

北京农垦防疫设施建设是逐步改善和提高的。1995年以前，主要防疫设施包括兽医室、消毒池、洗澡室、更衣室、喷雾器、火焰喷射器、消毒车等。这些设施用于车辆进场消毒，生产人员进入生产区洗澡、消毒和更衣，全场环境定期消毒以及鸡舍转群后空舍冲洗、消毒等。1995年以后，特别是1999—2002年，北京农垦为了提高畜牧业发展水平，适应人们对安全畜产品的需求，满足国际市场上对动物及其产品出口检疫的严格要求，提出建设"无规定动物疫病区"项目。按照北京市"无规定动物疫病区"建设项目实施方案的要求，北京农垦的"无规定动物疫病区"项目建设重点在建立动物防疫体系，主要加强动物疫病监测及预报体系建设。在局（总公司）畜牧兽医总站建立动物疫病监测诊断中心，配备大学本科生以上学历技术人员，仪器设备具有国内先进水平，建立高标准的细菌室、病毒室、血清学诊断室、病理室等，运用先进的监测诊断手段，对严重威胁辖区内动物的新老疫病定期进行监测并及时发布预报，对常见细菌性疫病进行监测、诊断，以便早、快、严、小扑灭疫情。局级动物疫病监测中心的主要仪器设备有二氧化碳培养箱、超净工作台、高压灭菌器、干燥箱、倒置显微镜、生化培养箱、恒温箱、酶标仪、生物显微镜、冰冻切片机、生物显微镜、紫外可见光分光光度计、电子天平、全自动生化仪、自动血清分析仪等。

2015 年 12 月 31 日，畜牧兽医总站实验室升级改造工程全面完工，疫病检测中心的检测环境大为改善，包括生物安全二级（BSL-2）实验室 105.73 米² 和生物安全一级实验室 281.95 米²。2017 年 2 月，畜牧兽医总站取得市质监局颁发的 CMA 计量认证证书，具备了第三方检验检测能力，可以向社会出具具有证明作用的数据和结果。2009—2017 年，畜牧兽医总站先后购进了内毒素分析仪、生物安全柜、制冰机、凝胶呈相仪、台式高速离心机、全波长酶标仪、全自动核酸提取仪、荧光偏振仪、ABI7500 型荧光定量 PCR 仪、Bio-Tek 405 型洗板机、全自动染色机，水浴锅，超微量分光光度计，酸度计，小型离心机，菌落计数仪等 45 台（套）仪器设备。

三、防疫制度建设

从 20 世纪 50 年代开始，农场系统就对养猪、养牛、养鸡、养鸭、养马以及水产养殖分别制定了防疫制度和兽医工作职责等规定。1972 年，下放给区县管理的国营农场划回市农林局管理。1973 年 4 月，市农林局发布《关于北京市奶牛场防疫措施办法通知》。1979 年 6 月，市农场局下达《关于奶牛淘汰办法和标准》的通知，淘汰需经兽医签字，农场盖章，不经批准，不能擅自处理。1982 年 8 月，市农场局兽医专家根据有关规定和多年实践经验编写了《北京市奶牛防疫卫生暂行规定》，牛场兽医工作更规范，坚持定期检疫，保证了养牛业的健康发展。1984 年 12 月，总公司下发（84）京农管字 12 号文《关于采取措施防止 A 型禽流感的紧急通知》。1989 年年底，由总公司牵头起草，以总结育种、繁殖、饲养、卫生保健为重点《北京市奶牛场管理及技术规范》得到了农业部的肯定。

1991 年 8 月，总公司召开农场兽医站站长工作会议，结合北京市和总公司的具体情况，提出了加强领导、层层落实责任制、坚持综合防控的具体措施，要求做到"外疫不传入，内疫不发生"；会议再次强调加强三级防疫机构，制定严格防控措施。1995 年 3 月，总公司兽医总站根据市畜牧兽医总站春防会议精神，要求春防工作狠抓畜禽场的环境治理，强化疫苗免疫接种工作；抓好鸡白痢、禽流感、布病和马传贫四种疫病的净化工作；搞好春防宣传和组织工作，做好疫苗和消毒药的供应，做好春防检查工作。1999 年 12 月，市农办法制处批准兽医总站承担农工商系统内国营畜禽场及屠宰场兽医卫生证、章及标志管理工作。1999 年 12 月，总公司下发《关于做好奶牛 W 病免疫、检疫工作的通知》，文件提出，为让首都人民喝上放心奶，总公司防 W 免疫、检疫、消毒工作要做到：①奶牛场每年春、秋各做一次 W 病的强制免疫程序；②总公司畜牧兽医总站做好监测工作；③凡出现 W 病的畜牧场，采取强制封锁、强制扑杀、强制免疫、强制消毒、强制检疫"五个强制"；④要按"防、查、测、免、堵、消、报、管"八字方针做好平时的疫病防治工作；⑤加强兽医培训；⑥在 W 病发病高峰期，严禁偶蹄动物运输。

2001 年 6 月，根据市农业局《关于实行动物免疫登记和建立养殖小区（场）动物防疫明示制度的通知》精神，总公司兽医总站要求各畜禽场全面实行动物免疫登记以及动物防疫明示制度。2004 年 5 月，为做好偶蹄动物亚洲Ⅰ型口蹄疫疫情的防控工作，畜牧兽医总站要求养殖场切实加强口蹄疫防治工作的组织领导，加强封闭式管理，防止疫源传入，切实做好口蹄疫疫情的监测工作，密切监视疫情动态。同时，继续做好 O 型口蹄疫的免疫工作。2004 年 9 月，畜牧兽医总站下发《关于调整奶牛结核病检测方法的通知》（京农管兽医字〔2004〕16 号），该通知要求根据北京市畜牧兽医总站下发的京牧医站字〔2004〕67 号《关于调整奶牛结核病检测方法的通知》，结合对本系统奶牛的结核病检测方法的研讨，对三元集团奶牛结核病检疫方法进行调整，即奶牛日常检疫净化工作按照国家标准《动物结核病诊断技术》（GB/T 18645—2002）执行，注射结核菌素的剂量为 2 000 国际单位/头；产地检疫，包括购进奶牛的检疫工作中执行 OIE（世界动物卫生组织）推荐的诊断标准，注射剂量为

5 000国际单位/头。2005年，为了加强北京农垦奶牛及种公牛的免疫和疫病净化工作，畜牧兽医总站下发文件《关于北京三元集团奶牛及种公牛建立动物健康免疫证的通知》。2005年4月26日，农业部批准同意北京市对奶牛进行亚洲Ⅰ型口蹄疫的免疫。2006年，畜牧兽医总站下发《关于做好"猪高执热病"防控工作的紧急通知》，要求各单位要从关系到集团养猪业生死存亡的高度认识当前的"猪高热病"的防控工作。2009年6月24日，畜牧兽医总站下发《关于做好A型口蹄疫灭活疫苗免疫工作的通知》，要求各单位按《关于开展A型口蹄疫灭活疫苗免疫工作的通知》（京牧医站字〔2009〕41号）要求，做好A型口蹄疫灭活疫苗的免疫工作。从2013年开始，三元种业建立了奶牛场免疫、用药、检疫申报、疫情报告、消毒、无害化处理、畜禽标识、养殖档案、结核与布病净化制度；2016年4月，三元种业制定《牛业动物防疫工作管理办法（试行）》（京三元种业〔2016〕31号）和《猪业动物防疫工作管理办法（试行）》（京三元种业〔2016〕32号），决定由畜牧兽医总站组织对种业所属各牛场及猪场进行防疫考核。为确保做到客观、公平、公正地给牛场、猪场打分，在检查前，畜牧兽医总站与首农畜牧股份公司生产运营部、中育种猪育种有限公司生产部制定《牛场防疫工作现场检查评分表》及《猪场防疫工作现场检查评分表》。在此基础上，增加以下两项内容：牛场发生口蹄疫、布病、炭疽等重大动物疫情的，防疫考核为0分；为有效掌握免疫和检疫情况，现场考核时增加采血项目。依据防治重大动物疫病工作实行属地管理的原则，北京农垦建立了重大疫情应急处置工作制度，要求落实疫情报告制度，强化责任报告单位和责任报告人的职责，做好应急响应的人员、物资、资金的准备工作以及善后恢复工作。同时，北京农垦开展了政策性农业保险业务，奶牛、种公牛、猪、北京鸭、肉鸡和种鸡已纳入投保范围，免除了养殖场的后顾之忧。

2010—2017年，北京农垦每年春季和秋季都要召开动物防疫工作会议，主要是分析防疫形势，提出做好重大动物疫病免疫、检疫监督、疫情报告、消毒和检疫净化等工作的要求。在每年的春季防疫会上，集团公司与相关二级单位责任人签订动物防疫安全责任书。除了一年两次的防疫会议外，如果防疫形势严峻，也会召开紧急会议，如2013年4月，首农集团召开防控H7N9禽流感疫情的紧急会议。集团畜牧兽医总站定期举办"奶牛疾病防治培训班"，对种业牛场实验室技术人员进行技术培训；并举办奶牛疾病防治技术培训班。

四、主要动物疫病

（一）牛病

1. 布鲁氏菌病　1949年，北京郊区奶牛布氏杆菌病和结核病较多。1953年年底，五里店牛场在群的249头奶牛中，患有布鲁氏菌病、结核病的奶牛共有97头，占全群牛的38.9%；德茂牛场在群的256头奶牛中，患有以上疾病的病牛共有108头，占全群牛的42%。1954年10月，南郊农场开始制定和实施布鲁氏菌病和结核病的防治措施，包括将大、小牛分群隔离饲养管理，建立病牛区、犊牛站、中间站、假定健康区，定期检疫和捕杀病牛等一系列综合措施，对牛群进行健化管理。[①]　1954年2月，双桥农场乳牛的结核、流产病发病率高达93%，严重影响产奶，场领导决定将防治疫病作为全场的中心工作；9月23日，农业部国营农场管理局召开会议，决定将双桥农场作为防治乳牛结核流产病试点场之一，根据苏联专家的建议，农场讨论制定了乳牛结核、流产防治措施，着手培养农场第一代健康牛群；10月，根据苏联专家建议，农场讨论制定了乳牛结核、流产病防治措施，开始实行分四区（病牛区、假定健康区、中间转移区、健康区）严密隔离法，着手培养农场第一代健康牛群。1957年10月，经过一年9次的彻底大消毒，双桥农场的牛群成为一个健康的牛群。[②]

---

①　《北京市南郊农场大事记》（1948.11—2015.12），第34、36页。
②　《双桥农场史》（1949—2008），第16、18、19页。

1955—1956 年，市农林局对全市奶牛进行普遍检查，按检疫结果分为假定健康牛群、病牛群（布鲁氏菌病、结核双阳性），分别集中在国营农场分群隔离饲养。同时，建立定期检疫消毒和预防接种等防疫制度，建立新生犊牛中间站，培育健康牛犊，有计划地淘汰病牛，更新牛群，并实行自繁自养，有效地控制了布鲁氏菌病的危害。到 1970 年，国营农场奶牛场已经基本消灭了"两病"，形成了健康牛群。[①]

从 2000 年开始，北京市牛布鲁氏菌病检疫检出的阳性牛数量呈现逐年上升趋势，2003 年为布鲁氏菌病阳性牛数量新的高峰。2005 年 10 月 10 日，绿荷中心西郊二队在秋防检疫过程中发现布鲁氏菌病阳性牛 8 头，立即对其进行了无害化处理，并对运动场、牛舍、道路等进行了严格的消毒；畜牧兽医总站分别于 2005 年 11 月至 2006 年 4 月又对该场进行了多次检疫，又检测出布鲁氏菌病阳性牛 14 头，其中 2006 年 4 月 3 日检测的 6 头阳性牛经市兽医诊断所确诊，证实无误。

按照 2010 年 4 月 6 日市农业局京农发〔2010〕65 号《关于印发北京市奶牛布鲁氏菌病和结核杆菌病净化项目实施方案的通知》和 2011 年 4 月 6 日市农业局《关于开展 2011 年全市奶牛布鲁氏菌病检测与免疫等工作的通知》的要求，首农集团奶牛场布鲁氏菌病的防控采取春秋防检疫净化及免疫必须经属地防疫部门进行审批的办法。从 2017 年 1 月开始，畜牧兽医总站对非免疫场进行布鲁氏菌病监测预警，每月 2 次对大罐奶样进行布鲁氏菌病 ELISA 检测，保证了北京农垦奶牛业的健康发展。

2. 牛结核病 北京郊区的牛结核病主要存在奶牛群中，最早报道见于 1950 年的丰台区牛场。当时，由于奶牛场多在城近郊区，场地狭小、条件差，没有防疫制度和设施，结核病相当严重，并有向郊区农场扩大蔓延之势，给人畜健康造成严重威胁。从 1953 年起，开始在全市范围进行检疫，此后每年定期进行，并有计划地淘汰阳性牛。在检疫基础上，按检疫结果分为假定健康牛群和病牛群，即结核、布鲁氏菌病双兼，在各牛场隔离饲养；对假定健康牛群和健康牛群每年进行 4 次结核检疫，发现结核病牛立即调到结核牛群，对污染场地彻底消毒，开放性病牛立即淘汰。连续检疫 2 年以上均为阴性改为每年检疫 2 次。建立犊牛中间站，犊牛生后 5～7 天消毒后转入中间站，于生后 25～30 天、90 天、180 天、240 天分别各做一次结核检疫，检疫阴性的逐渐转入下一群，历次均为阴性的，经消毒后转入健康群。[②] 到 1970 年，国营农场奶牛场已经基本消灭了"两病"，形成了健康牛群。1982 年 8 月，农场局兽医专家根据有关规定和多年实践经验编写了《北京市奶牛防疫卫生暂行规定》，此后，所有牛场的管理更加规范，坚持定期检疫，保证了养牛事业的健康发展。

为了统一规范奶牛结核病的检测方法，2004 年 9 月 16 日，三元集团畜牧兽医总站组织兽医专家对本系统牛的结核病检疫方法进行了研讨。依据专家意见及北京市畜牧兽医总站京牧医站字〔2004〕67 号《关于调整奶牛结核病检测方法的通知》要求，三元集团畜牧兽医总站下发《关于调整奶牛结核病检测方法的通知》，重新规定了奶牛结核病的检疫方法：①本系统牛日常检疫净化工作按照国家标准《动物结核病诊断技术》（GB/T 18645—2002）执行，注射结核菌素的剂量为 2 000 国际单位/头。②在产地检疫，包括购进奶牛的检疫工作中，应执行 OIE 推荐的诊断标准，注射剂量为 5 000 国际单位/头。2016 年 11 月，为做好牛场结核病的检疫净化工作，畜牧兽医总站组建结核检疫队，专职负责集团所有牛场的结核病检疫。

3. 口蹄疫 口蹄疫在我国定为五号病，是由口蹄疫病毒感染引起的，为国家规定的一类传染病。1949 年，北京发生口蹄疫是从牛开始的。1952 年，从内蒙古购入的菜牛带入病原，导致全市 500 多头奶牛发病，病原为 A 型口蹄疫病毒。此次疫情发生后，各级领导和业务部门十分重视，及时采取了行之有效的措施，控制了疫情的扩大蔓延，到第二年春天全部平息。1967 年，十三陵牛场发生口蹄疫，疫情小且很快被扑灭。到 1989 年，再未发生牛口蹄疫。但在 1990 年之后，北

---

① 北京市地方志编纂委员会：《北京志·农业卷·畜牧志》，北京出版社，2007 年，第 49 页。
② 同①：218。

京市又发生牛口蹄疫病毒流行。1991—1995 年，北京农垦的个别牛场发生口蹄疫，共 3 个疫点，发病牛 13 头，扑杀 12 头。这些疫点在采取隔离、封锁和扑杀病牛等措施后，疫情即得到控制，未出现扩散和蔓延。

1999 年年底，全市用牛、羊 O 型口蹄疫流行毒株灭活疫苗免疫后，2000 年 4 月以后至 2003 年 11 月，未发生牛、羊口蹄疫。2005 年 4 月以来，河北、山东、江苏、北京等省市爆发亚洲 I 型口蹄疫疫情。针对北京周边防疫形势，是年 4 月 25 日，三元集团召开防疫工作紧急会，决定从 4 月 27 日开始全系统所有奶牛场进入全封闭式管理；4 月 28 日开始进行亚洲 I 型口蹄疫免疫，同时各单位采取加强防疫消毒，禁止各畜牧场奶牛、牛粪出场等管理措施。2005 年 12 月 28 日，开始应用 O-亚洲 I 型二联苗。2009 年 6 月 24 日，畜牧兽医总站下发京农管兽医〔2009〕8 号《关于做好 A 型口蹄疫灭活疫苗免疫工作的通知》，要求集团各牛场开始进行 A 型灭活疫苗的免疫。2013 年，开始用 O-A-亚洲 I 型三联苗进行免疫。从 2018 年 7 月 1 日起，首农集团所属牛场对亚洲 I 型口蹄疫进行退免，疫苗调整为 O-A 二联苗。

牛口蹄疫疫苗使用变化情况为：1999 年年底，开始使用 O 型口蹄疫疫苗；2004 年 4 月 28 日，开始使用亚洲 I 型单苗及 O 型单苗；2005 年 12 月，开始应用 O-亚洲 I 型二联苗；2009 年 6 月 23 日，开始使用 A 型单苗及 O-亚洲 I 型二联苗；2013 年，开始用 O-A-亚洲 I 型三联苗；2018 年 7 月 1 日，开始使用 O-A 二联苗。

4. 牛传染性鼻气管炎 1984 年，5 个国营农场饲养的从日本、丹麦引进的奶牛都检查出牛传染性鼻气管炎血清阳性。[1] 1989 年 4 月，总公司部署对重点奶牛场的疾病普查，对 11 个农场的 518 头奶牛进行了牛白血病、焦虫病、锥虫病、牛传染性鼻气管炎及病毒性腹泻-黏膜病的检疫，发现北京地区部分奶牛场已有牛传染性鼻气管炎及病毒性腹泻-黏膜病的感染，其中牛传染性鼻气管炎的阳性检出率为 29％。1991 年，进一步扩大对牛传染性鼻气管炎及病毒性腹泻-黏膜病的监控，共检查 1 418 头奶牛，其中牛传染性鼻气管炎阳性检出率为 8.03％，牛病毒性腹泻-黏膜病阳性检出率为 10.8％。奶牛研究所肖定汉、双桥农场冯万信等科研人员开展了牛传染性鼻气管炎及病毒性腹泻-黏膜病的综合防治措施的研究，并总结出有效的应对办法，即除加强检疫、消毒等常规措施外，还对牛群进行牛传染性鼻气管炎疫苗注射，并追踪观察接种疫苗后免疫抗体的消长规律；制定了牛传染性鼻气管炎的免疫程序，从而有效控制了牛传染性鼻气管炎的蔓延，奶牛临床流产率下降，牛传染性鼻气管炎得到有效控制。针对北京奶牛高产的特点，总公司在畜牧行业推广兽医保健的系统防治办法，加强了对奶牛酮病、蹄病及乳腺炎的预防，达到了奶牛保健的目的。[2]

5. 奶牛流行热 奶牛流行热又名牛流感，1956 年和 1966 年就在奶牛场流行，1976 年第三次流行，1986 年第四次在国有农场出现散发。在季节到来之前大规模灭蚊灭蝇，可对控制该病的传播起到良好作用。[3]

（二）猪病

1949—1952 年，农场系统常有猪瘟等疾病的发生。1954—1956 年，在苏联专家的帮助和农场技术人员的努力下，对猪疫病采取"防重于治"的方针，收到较好效果。1958 年后，农场系统猪场普遍推广使用猪瘟兔化弱毒疫苗，猪瘟逐渐得到控制。1978 年以后，猪瘟基本得到控制，只偶见散发，发病死亡率降到 0.07％以下。1971—1985 年，农场系统部分养猪场发生口蹄疫。1978 年，南郊农场万头猪场发生猪密螺旋体病（又称猪血痢）。[4] 1982 年，市畜牧局所属的北京市实验猪场检出猪细小

---

① 北京市地方志编纂委员会：《北京志·农业卷·畜牧志》，北京出版社，2007 年，第 220-221 页。
② 《北京国营农场志》编纂委员会：《北京农垦 50 周年纪念文集》，中国大地出版社，1999 年，第 146 页。
③ 同①：219。
④ 《大兴畜牧水产志》，2012 年，第 183 页。

病毒阳性抗体。[①] 1983 年 10 月，北京市制订了口蹄疫扑灭计划，在加强领导、深入教育的基础上，要求采取"封、隔、杀、灭"措施。市农场局严格执行防疫法规和上级要求，1985 年以后，猪场的口蹄疫基本被控制。2000 年 11 月，根据农业部全国五号病疫情通报，总公司畜牧兽医总站进一步加强对防疫工作的领导，强化免疫规章制度的监督检查力度，普遍重视了消毒工作。2006 年，为做好"猪高热病"的防控工作，三元集团在养猪育种中心和北郊农场建立了疫情日报制度；可加强了对疫情的监测，可及时掌握猪场防疫动态；加强防疫工作的监督检查，增加了检查的次数；同时，落实、安排好防疫专项资金，储备足量的消毒药。

1. 猪蓝耳病　1997 年，猪繁殖与呼吸综合征（又称猪蓝耳病）首次在国内报道，郭宝清率先分离出 CH-1a 毒株的猪繁殖与呼吸综合征病毒。2006 年，高致病性猪蓝耳病在全国范围爆发，国内养猪业损失惨重，分离出以 JXA1 株为代表性型毒株。随后，国家推出 JXA1-R 株灭活疫苗及减毒活疫苗，对高致病性猪繁殖与呼吸综合征防控工作起到积极作用。在此次疫情中，北京同样受到严重影响，几乎所有猪场的猪群都感染了蓝耳病，但农垦系统内所属机构北京市 SPF 猪管理中心猪群的蓝耳病检测始终维持阴性状态，为北京市乃至全国高校、研究所提供了高度健康的蓝耳病双阴性实验猪，成为行业内的典范。后期，中国农业大学杨汉春教授分离出北京本土毒株，将其命名为 BJ4，进一步证实该毒株与经典株 VR2332 株高度同源，极有可能是其变异而来，该项工作对指导北京市猪蓝耳病防控具有重要意义。

2. 猪伪狂犬病　2010—2011 年，猪伪狂犬病再次席卷全国，部分猪场猪群伪狂犬转阳。首农集团旗下北京养猪育种中心作为国家级生猪核心育种场，兽医防控机制健全，具体工作细节落实到位，猪群持续保持阴性状态，为全国提供了高健康猪种源。

3. 猪流行性腹泻　2012 年，病毒性腹泻开始在国内养殖场出现，对规模化养殖企业造成巨大影响。北京养猪育种中心积极采取有效的防控措施，开展了后备猪培育工作，选择了 ZJ08 株弱毒活疫苗＋CV777 株灭活苗组合免疫，收到良好的防控效果。自 2007 年以来，北京农垦的猪场基本都处于相对稳定状态，对病毒性腹泻的控制效果显著。从 2017 年开始，借助首农集团课题项目"PED-PRRS 控制与净化关键技术体系的构建及初步应用"，积极探索"两病"净化的可行性，并取得阶段性成果。

4. 猪瘟　自"十一五"开始，至"十二五"和"十三五"时期，北京养猪育种中心本着优势互补、强强联合的原则，与中国兽医药品监察所王琴老师领衔的猪瘟科研组（OIE 猪瘟参考实验室）合作开展猪瘟净化工作。实验场已达到良好效果，各阶段猪群猪瘟病毒野毒检出率为零，基本实现了猪瘟净化的目标。

5. 猪口蹄疫　尽管猪口蹄疫在国内偶有发生，但北京农垦牧场猪群口蹄疫防控效果显著。全群采用高效 O 型口蹄疫灭活疫苗、O-A 口蹄疫二联灭活疫苗免疫，猪群健康得到有效保护。2010—2017 年，北京农垦牧场猪群未暴发过任何口蹄疫疫情。

（三）禽病

1. 鸭肝炎　20 世纪 80 年代，北京地区流行鸭病毒性肝炎，该病发病急、传播快、死亡率高。因为其一般死亡多发生在 3～5 日龄内，所以俗称"小鸭肝炎"。农场局系统的鸭场普遍使用由海淀区兽医站提供的鸡胚传代减毒苗（该疫苗由北京大学原生物系研制），2000 年以后，鸡胚化肝炎弱毒疫苗研制技术日渐成熟，疫苗接种 1 日龄雏鸭成为该病有效的防控措施。2009 年以后，鸭中心开展健康养殖、疫病净化工作，通过环境消毒、圈舍改造、合理生产密度、雏中鸭外放农户养殖、延长高温间空舍期等措施，有效控制了该病，并撤除了疫苗免疫。

2010 年 8 月，在金星鸭业中心外放大兴区礼贤镇的一个 21 日龄商品鸭群发生了新型鸭肝炎，死

---

① 《北京国营农场志》编纂委员会：《北京农垦 50 周年纪念文集》。中国大地出版社，1999 年，第 212 页。

亡率12％，经过中国农业大学动物医学院诊断为新型鸭肝炎（该病原被称为鸭肝3型、"韩国型"）。随后，新型鸭肝又在金星鸭业中心外放河北省廊坊市固安地区的一商品中鸭群发生，死亡率高达45％。该血清型没有商品化的疫苗，只能用抗体控制，偶尔个别栋发病时，紧急注射对型的抗体即可控，因此未出现该病暴发和流行的趋势。

2. 鸭传染性浆膜炎 传染性浆膜炎一直是商品肉鸭场的常见、多发疾病，尤其冬季发病率最高，导致僵鸭、弱残鸭比例增高，严重影响企业的生产效益。早期控制该病主要依靠药物预防和发病时增加用药剂量治疗的方式。2008年奥运会前，金星鸭业中心与山东省滨州市绿都生物技术公司签订框架合作协议，在蜂胶佐剂的浆膜炎疫苗供应和使用上达成一致，从此，鸭浆膜炎防控进入全面疫苗免疫时期。2009年，金星鸭业中心成立水禽体系北京鸭的北京试验站，在体系岗位科学家的帮助指导下，浆膜炎疫苗质量和免疫效果不断提升，达到可控状态。

3. 鸭坦布苏病毒 2010年4月，浙江地区的蛋鸭首先出现急剧降蛋现象，随后，江苏、福建、河南、山东地区陆续发生。2010年10月，该病传入金星鸭业中心外放河北省白洋淀一带的种鸭群，最初，该病被称作"鸭出血性卵巢炎"，至当年11月底，外放的种鸭群无一幸免。其临床表现为产蛋急剧下降（一周内可以从90％以上降为0），采食下降至废绝，母鸭瘫痪，鸭群发病期产蛋的受精率降低，有些鸭群种蛋受精率可跌破70％。剖解病鸭，母鸭主要表现为卵泡变形、变性、坏死，病程长的鸭子的卵巢、输卵管萎缩。2011年3月，金星鸭业中心托管的房山区前柳种鸭场也感染发病，其中高产群发病后强制换羽，恢复产蛋很快，但不能达到发病前的产蛋率。南口种鸭场在外界防疫形势紧张初期即采取封场措施，鸭群安全，并一直封场至2011年6月底。该病来势凶猛、传播迅速，给养鸭业造成了严重的经济损失。据金星鸭业中心不完全统计，2010年10月—2011年6月，该病导致鸭业中心直接经济损失800万元。

为了保证北京鸭产业链的稳定，金星鸭业中心通过畜牧兽医总站，委托北京市农林科学院畜牧兽医研究所刘月焕研究员团队就该病的防控技术和疫苗研发开展"产学研"攻坚合作。2011年3月，试验疫苗在河北种鸭小范围使用；6月，扩展到部分商品鸭试验，随后免疫鸭群数量逐渐扩大；8月，该疫苗被纳入除南口种鸭场以外所有北京鸭种鸭、商品鸭群的必免之列。随着种鸭群的普遍免疫及孵化蛋源、卫生的管控，该病趋于稳定。2012年7月，金星鸭业中心获得三元种业自立课题经费支持，就该病的综合防控技术进行总结，最终形成了技术规范并推广应用。从2013年1月起，金星鸭业中心停止了商品鸭的疫苗免疫，继续坚持种鸭免疫（不含南口种鸭场），使该病得到了有效控制。

4. 鸡新城疫 鸡新城疫俗称亚洲鸡瘟，是危害养鸡生产重要疾病，自1951年起，北京市就有发生的记载。20世纪70年代末期，北京市兴建机械化、半机械化鸡场后，此病的发生和流行更加严重。20世纪80年代初，全市规模化鸡场采取抗体检测技术以后，推广应用鸡新城疫免疫程序，此病才逐渐得到控制。[①]

5. 高致病性禽流感 高致病性禽流感在国内最早发生于1984年，发生地点为华都集团所属的东沙鸡场和父母代种鸡场，病鸡多表现为严重的呼吸道感染和产蛋下降等症状，经哈尔滨兽医研究所定性后，按照农业部的要求，将两场鸡只全部进行扑杀化处理。[②] 2003年11月，北京市为了保护北京鸭原种的安全，下令将距离南口种鸭场2.9千米的京垦祖代鸡场的7 000只海赛克斯全部扑杀，该场停产空场。2005年11月，北京市召开防控禽流感工作会议，三元集团、华都集团、大发公司参加会议，并认真落实禽流感防控措施，开始强制免疫禽流感疫苗。养殖场通过建立完善的防疫体系，并且100％免疫禽流感疫苗，没有发生禽流感。2008年12月，为防止疫情发生，市畜牧兽医总站转发农业部办公厅《关于做好高致病性禽流感变异病毒防范工作的紧急通知》和《北京市重大办对防控工作的有关部署》（京防指办字〔2008〕36号），三元集团对做好高致病性禽流感变异病毒防范工作提出

---

① 北京市地方志编纂委员会：《北京志·农业卷·畜牧志》，北京出版社，2007年，第228页。
② 《大兴畜牧水产志》，2012年，第159-160页。

"三个加强"：加强管理，严格落实各项防控措施；加强监测，严格落实疫情报告制度；加强值班和信息报送工作。

禽流感疫苗毒株的变化使用情况为：2006年4月，禽流感疫苗为H5N1 Re-1株；2007年4月，更换为H5N1 Re-1株＋Re-4株；2009年5月，推出H5N1 Re-4株＋Re-5株二价苗；2009年10月，推出Re-5单价苗用于水禽免疫；2012年6月，推出H5N1 Re-6株＋Re-4株；2014年8月，推出H5N1 Re-6株＋Re-7株；2015年4月，推出H5N1 Re-6株单价苗用于水禽免疫；2016年5月，推出H5N1 Re-6株＋Re-8株；2017年9月，推出H5＋H7二价灭活苗（H5N1 Re-8株＋H7N9 Re1株）。

五、重要疫情及封场情况

1966年和1968年，市农场局所属鸭场两次暴发大规模传染性疾病。1966年，霍乱在鸭场流行，1968年流行小鸭病毒性肝炎，这两种病均导致两周内小鸭的死亡率达30%，造成严重损失。后来与北京农业大学合作生产出小鸭肝炎疫苗，使小鸭肝炎病得到控制。

1967年，十三陵牛场发生口蹄疫，疫情较小，且很快被扑灭。

1974年3月24—26日，延庆农场奶牛场连续死亡奶牛3头，后两头经市兽医站初步诊断为炭疽病；27日，农场有4名职工发病，根据接触史和症状均为可疑炭疽病。之后，在市、县政府和市农林局相关部门的指导和协助下，延庆农场开展炭疽疫情防控工作，接种牲畜508头，职工及相关人员719人也接种了疫苗。至4月9日，延庆农场成功控制疫情。

1978年12月，北京市实验猪场从湖北引进种猪67头。1979年6月，在场内各栋猪群中普遍发生猪痢疾，死亡1 043头。为彻底消灭病源，该场将存栏的7 000余头猪全部扑杀。1987年，北郊农场霍营种猪场和丰台区种猪场发生痢疾疫情后未上报，并将带菌猪出售到顺义、海淀等区县16个注册，导致此病再次流行。[①]

1994年10月，永乐店农场三堡牛场共检出布鲁氏菌病阳性牛323头，所有阳性牛做一次性扑杀处理。

1997年春，南郊农场金星分场团河南队牛场200头奶牛发生口蹄疫，扑杀处理损失100万元。[②]

1999年10月，永乐店农场半截河奶牛场发生五号病疫情。疫情发生后，半截河奶牛场配合上级"防五"部门，主动、严肃、认真执行破灭疫情方案，迅速扑灭疫情。12月5日，东郊农场奶子房牛场发生口蹄疫，市"防五"办公室、市监督所、朝阳区"防五"办公室和总公司"防五"办公室按照规定，对该场实行封锁、消毒，扑杀病牛及同群牛共计404头，扑灭了疫情，并于2000年5月12日解除封锁。

2001年1月3日，奶牛中心良种场发生牛口蹄疫，该场奶牛存栏1 317头，共扑杀发病及同群牛247头，对全场1 039头牛紧急免疫接种口蹄疫疫苗；奶牛场实行封场管理，每天消毒两次，不同生产区之间禁止人员流动，职工生活由后勤统一解决，粪便杂物堆积发酵处理，鲜奶煮沸后废弃，同时严格控制人员、车辆进出。通过采取一系列措施，牛群健康状况稳定，未出现新发病牛。

2001年3月，朝阳区"防五"办公室协同市"防五"办公室、市监督所对双桥农场双桥种猪场的发病猪进行会诊，确诊为猪口蹄疫，对发病猪及同群猪共117头进行扑杀。

2003年4月1日—5月31日，受"非典"疫情的影响，为了确保牛场工作人员的安全，绿荷中心所有牛场实行封场管理，此次封场共60天。4月22日，金星鸭业中心、绿荷中心、奶牛中心、养猪育种中心、巨山农场特菜供应基地都实行了封场管理。4 000多名职工顾全大局，坚守在几近隔离

---

① 《大兴畜牧水产志》，2012年，第215页。
② 同①：164。

的封闭式生产环境里达一个月之久。

2004 年 11 月，养猪中心开始进行全封闭式管理，解封时间为次年 6 月。

2009 年 1 月 6 日，为防控禽流感，金星鸭业中心所有养殖场实行封场管理。

2009 年 1 月 23 日，面对口蹄疫防控的严峻形势，绿荷中心所有奶牛场、养猪育种中心养猪场实行封场管理。此次封场管理共 60 天。

2010 年 1 月 12 日，绿荷中心所有牛场实行封场管理；三天后，奶牛中心实施封场管理。此次封场共计 79 天。

2010 年 11 月，由于疫情影响，白洋淀地区的几家鸭苗供应农户先后出现种鸭产蛋下降和少量死亡的现象，种鸭户全部停产，给金星鸭业中心造成经济损失 1 770 万元。

2010 年 12 月 3 日起，首农集团对所有牛场、猪场、鸭场实行封场管理。

2013 年 2 月 17 日，首农畜牧所有牛场实行封场管理，此次封场长达 89 天。

六、疫病防治工作成果及荣誉

2007 年，滦平华都公司被河北省畜牧兽医局评为"无公害畜产品产地认定单位"。

2012 年 10 月 22 日，奶牛中心肖定汉被中国兽医协会评为"中国杰出兽医"。

2013 年 12 月 30 日，中国奶业协会发布第 2 号公告，公布中国奶业专家库名单，畜牧兽医总站站长陈华林进入兽医类专家名单。

2014 年，峪口禽业公司获得由市总工会、市科委命名的"禽病预防和诊断技术研究与应用市级职工创新工作室"称号。

2015 年 8 月，爱拔益加公司获得中国动物疫病预防控制中心颁发的《规模化养殖场主要动物疫病净化和无害化排放技术集成与示范项目动物疫病净化创建场》证书。

2015 年 8 月，峪口禽业公司获得农业部中国动物疫病预防控制中心授予的"禽白血病净化示范场"称号；金银岛牧场被认定为"奶牛布鲁氏菌病非免疫净化示范场"称号。

2016 年 11 月，中育种猪公司原种猪场获得农业部中国动物疫病预防控制中心授予的"国家动物疫病净化创建场"称号。

2018 年，市种公牛站通过中国动物疫病预防控制中心"结核净化示范场""布病净化示范场"验收；中育种猪公司原种场通过中国动物疫病预防控制中心"伪狂犬病净化示范场"的验收。

第三篇　第二产业

第一章　乳制品制造业

乳和乳制品的消费量是一个国家人民生活水平的重要指标。60多年来，北京农垦以满足人民需求为己任，从简陋的奶站起步，逐步把北京奶业发展成为国内著名的现代化乳品制造企业。几代奶业工人为北京奶业的发展付出了青春、汗水和智慧，实现了北京奶业"从无到有""从有到足""从足到好"的重要转变，并在保障供给、产业引领方面发挥了重要作用，也为我国乳业生产的发展、乳业技术和管理水平的提高做出了突出贡献。

■ 第一节　乳品企业及产量规模

一、乳品企业

（一）牛奶加工企业由作坊式向工业化转变时期（1952—1967年）

中华人民共和国成立前，北京的牛奶加工以手工操作、小批量生产为主，主要是加工炼乳，另有少量的奶酪、酪干、酸奶等，供应居民饮用的鲜奶都是未经加工消毒的生奶。1952年，福康畜殖有限公司生产巴氏低温消毒牛奶，结束了北京没有消毒牛奶的历史。[①] 北京国有乳品加工业发端于中央农业部建立农业部北京牛奶站。北京牛奶站在大华电影院对面建立东单站，进行作坊式消毒牛奶生产，成为北京国有乳品加工第一家。1953年4月，北京市农林局接管原农业部北京牛奶站东单站，并将该站划归南苑畜牧场管理。1954年11月，北京牛奶站东单站正式划归国营北京市南郊农场。

1955—1956年是北京乳品加工业发展的重要起点。1955年1月，东郊农场与北京福康畜殖有限公司合营，北京市公私合营东郊畜牧场正式挂牌，公私合营东郊畜牧场管理德胜门奶站。当时，全市日需奶至少27～31.5吨，而实际生产能力不足27吨。随着全市开始奶业资本主义改造，双德顺、逢源等一批私营奶牛场加入公私合营东郊畜牧场、公私合营北郊畜牧场及南郊农场。由于奶牛养殖规模迅速扩大，对全市鲜奶加工能力的要求也应有所提高。1956年3月1日，经市人委批准，在南郊农场管理的原农业部北京牛奶站东单奶站和东郊畜牧场管理的德胜门奶站的基础上，成立国营北京市牛奶站，由北京市副食品商业局领导。北京市牛奶站对全市各奶牛场生产的鲜奶进行统一加工，并实行统购、包销政策。7月，北京市牛奶站所属的广安门奶站成立。11月，按照上级指示，市牛奶站接管公私合营的新街口、苏州、西四、马杓、德外、北小街、前王公厂、西八里庄、东八里庄、红星、五路居、西中街、什坊院、南河沿、蔡公庄、兵部洼、晨光、东方、红十月、樊家村共19个奶站。是年底，市牛奶站共拥有22个奶站。12月1日，私营保生、健生炼乳社划归市牛奶站管理，随后建立

---

① 北京市地方志编纂委员会：《北京志·农业卷·国营农场志》，北京出版社，2000年，第88页。

北京市牛奶站炼乳厂。

这一时期，北京乳品工业有两个特点：

一是乳品工业管理体制仍处于不断调适的过程。1957年2月，市牛奶站由市副食品商业局移交给市农林水利局管理，作为市农林水利局直接领导的农场级单位，实行独立核算。市牛奶站对所属奶站进行调整合并，由原来的22个奶站调整为16个，后再次合并成10个，即东单、德胜门、广安门、苏州、东四、西四、南河沿、西郊、兵部洼和海淀。1961年4月1日，市奶站又划归市副食品商业局领导，牛奶加工和销售实行条块结合的管理办法：具备牛奶加工生产能力的二级奶站仍由市奶站直接管理，负责供应的分站按所在地区分别划归各区副食品商业局管理。市牛奶站直属单位有：奶粉厂、东单、德胜门、广安门、西郊牛奶加工站。1962年7月，市奶站开始实行分站独立核算制。10月4日，为实现牛奶生产、加工和销售的统一管理，协调产销矛盾，市牛奶站又划归市农林水利局管理，原由副食品商业局管理的所有奶站全部由北京市奶站管理。

二是乳品工业开始建立工业化生产基地。1958年6月，在海淀区皂君庙征地2万多米^2，投资100万元，开始兴建北京市牛奶站奶粉厂。1959年6月，市牛奶站奶粉厂建成正式投产，日处理牛奶2万千克，生产东风牌全脂奶粉和混合奶粉。1962年，以广安门分站为基础，在北京市南白菜湾建成一个玻璃厂生产奶瓶（该厂于1963年划归玻璃行业归口管理）。1963年，南口农场在原食品厂基础上改建为乳品厂，开始手工制造甜炼乳，日处理量不足500千克；1965年，该厂日处理鲜奶量扩大至30吨，并由原来的纯手工制作改为部分机器生产。1964年6月，南郊农场建立乳品厂，引进日本生产的日处理40吨鲜奶的奶粉、黄油全套设备，成为华北地区第一家生产黄油的企业。1966年，市牛奶站建立泡子河酸奶加工厂，负责外宾的牛奶和酸奶供应。

（二）乳品企业进入规模化发展时期（1968—1996年）

1968年11月2日，经市革委会批准，国营北京市牛奶站更名为国营北京市牛奶公司。同月25日，北京市牛奶公司报请上级批准，对所属机构进行调整：东单、德胜门、广安门和西郊牛奶加工厂改称鲜奶加工厂；东城、西城、朝阳、崇文、海淀牛奶供应站改称牛奶供应处，并将泡子河酸奶加工厂、通县分站划归为东单鲜奶加工厂管理。1969年，炮子河酸奶加工厂搬迁至朝阳门外，建立了朝阳供应处酸奶生产车间。1972年3月，成立北京市牛奶公司门市部管理处，对所属8个门市部（前门、米市大街、三里河、西单、新街口、西四、和平里和东直门）进行统一管理，开始建立和培养自己的市场营销队伍。1974年4月，东单鲜奶加工厂拆迁，筹建北京市牛奶公司东直门外乳品厂。1980年5月，东直门外乳品厂建成投产。1983年，为落实联合国粮农组织和世界粮食计划署援助北京市的奶类专项，经市计委批准，牛奶公司分别筹建两个再制奶项目，扩建西郊乳品厂和东直门乳品厂，总投资分别为330万元和218万元。1983年，双桥乳品厂建成。1984年，牛奶公司投资250万元，在丰台区草桥兴建右安门乳品厂。是年，南口乳品厂开始生产酸奶和奶油。1987年，南口乳品厂新建1700米^{2}的乳品车间，日处理鲜奶量达到40吨，成为当时华北地区最大的炼乳生产企业。[①]1985年，与延庆县畜牧水产局联营八达岭乳品厂，生产延乐牌的奶粉。

1987—1990年，总公司投资1.65亿元，在海淀区安宁庄兴建占地12公顷的华冠乳品公司。公司建有7条生产线，全部引进荷兰、德国的先进技术，由微机自控生产；日处理能力150吨，生产全脂速溶奶粉、巴氏杀菌奶、奶油、干酪、酸奶、稀奶油、冰激凌等，几乎涵盖全部乳制品。其中，凝固型酸奶采取250克玻璃瓶，风味极佳，深受市民欢迎。1989年，市牛奶公司投资700万元，在西郊乳品厂、大兴乳品厂兴建奶粉车间。

1992年11月，总公司与美国卡夫通用食品有限公司签订在华冠乳品公司现有业务基础上建立和经营合资公司的意向书。1993年2月，市计委京计农字（93）第0458号文批准北京卡夫食品有

---

① 《南口农场志》，2018年，第29页。

限公司可行性报告，合资公司总投资 8 100 万美元，注册资本 4 982 万美元，其中总公司持股35%，卡夫食品国际有限公司持股 65%；7 月，北京卡夫领取企业法人营业执照。1995 年 1 月，牛奶公司统一加工厂厂名；原西郊乳品加工厂更名为乳品一厂，原东外乳品加工厂更名为乳品二厂，原右安门乳品加工厂更名为乳品三厂，原亚细亚食品公司更名为乳品四厂，原大兴乳品加工厂更名为乳品五厂，原燕山乳品加工厂更名为乳品六厂。是年 5 月 8 日，牛奶公司成立北京梅园乳品连锁总店。

（三）建成现代化大型乳品企业时期（1997 年至今）

这一时期，北京乳品加工业完成了重组改制、提高乳品企业集中度、公开发行股票和再融资、并购、走向海外市场等一系列重大转型，在做强做大乳业企业方面进行了成功的探索。

一是对国有乳品企业进行重组改制。1997 年 3 月 11 日，市计委和北京市对外经济贸易委员会分别下文，批准总公司以乳业全部资产（牛奶公司、中瑞奶业培训中心、双桥乳品厂、南口乳品厂）和北京麦当劳 50% 的权益，与北企食品签订合资经营合同，成立北京三元食品有限公司。是年 7 月，原双桥乳品厂更名为三元食品有限公司乳品一厂，原牛奶公司乳品二厂更名为三元食品有限公司乳品二厂，原牛奶公司乳品三厂更名为三元食品有限公司乳品三厂，原南口乳品厂更名为三元食品有限公司乳品四厂，原中瑞奶业培训中心更名为三元食品有限公司乳品五厂。

二是推动公司上市，并利用资本市场做好再融资。2001 年 1 月 18 日，北京三元食品有限公司改为北京三元食品股份有限公司。2003 年 8 月，股份公司向社会公开发行人民币普通股 1.5 亿股，募集资金 3.9 亿元；9 月 15 日，股份公司股票在上海证券交易所上市。上市后，公司利用募集资金引进国际先进乳品加工设备，乳品加工包装生产线在国内首屈一指，成为第一家全面引进国际先进乳品加工设备的企业，产能成倍提高，产品品种由原来的几十种扩充到上百种，鲜奶销售量占北京地区90% 的份额，为生产高品质的奶制品提供了保障。2009 年、2015 年，股份公司分别完成两次非公开发行股票，共筹资 50 亿元。

三是打好资本运营的牌，扩展企业发展空间。通过资本运作，完善了乳业产业链和供应链。股份公司先后收购海拉尔乳品厂、广东麦当劳 50% 的股权、北京卡夫 2 家外方的全部 85% 的股权、广西柳州市奶业有限公司 90% 的股权；股份公司与新华联组成联合体，以承债方式收购湖南太子奶、株洲太子奶、供销公司 100% 的股权以及太子奶的全部重整资产，为拓展华中市场和补齐灭菌乳饮料产品线奠定了基础；接收河北三鹿集团股份有限公司有效资产；收购上海三元全部股权；收购新乡三元食品有限公司全部股权，扩宽了在中原的市场；收购江苏三元双宝乳业有限公司 53% 的股权，完善在南方市场的布局；收购艾莱发喜公司 90% 的股权，进一步完善公司产业链；并购唐山三元乳业有限公司，成为公司第二婴配奶粉生产基地；收购加拿大置业有限公司（Crowley Property Limted）100% 的股权，从而取得阿瓦隆乳业有限公司（Avalon Diary Ltd.）100% 的股权，补充公司有机奶奶源基地及中高端市场；并购法国圣休伯特公司（St Hubert），增加植物涂抹酱生产线和植物蛋白产品，丰富了产品线。

二、产量规模

（一）牛奶站时期的生产规模（1956—1967 年）

市牛奶站成立之初，加工能力有限，只有 3 个稍具规模的牛奶加工点。东单分站采用高温消毒（大锅蒸）牛奶；德胜门分站采用巴氏低温消毒，使用灌装机灌装消毒牛奶。这两个分站加工消毒牛奶的数量只占全市供应牛奶总量的 45%，其余都是手工灌装的生奶。另一个是奶站所属的炼乳厂加工平锅炼乳和奶粉，每日加工量只有 500 千克左右，以调剂牛奶的淡旺季生产和供应。1956 年年底，市牛奶站拥有大小加工供应点 20 余个。1957 年，依照行政区划并为 10 个奶站，日收购牛奶总量

61 705磅（折2.8万千克），供应订奶户6 400户、订奶托儿所292个、医院64个。[①] 1958年，在海淀区皂君庙建成北京第一个奶粉厂。1962年，市牛奶站开始引进国外当时较先进的设备，摒弃了土法消毒和手工灌装，日供鲜奶量跃升至6.62万千克。1965年，市牛奶站在奶粉厂二车间新建一台卧式高压喷雾设备，日处理牛奶25吨，奶粉质量有所提高。1962年，开始采用较先进的机械化消毒设备加工牛奶，代替原来的土法消毒设备；在灌装方面，摒弃手工操作，改用6头自动装机，提高了劳动效率。1964年，兴建南郊乳品厂，从日本引进3条乳品生产线，1966年建成投产，生产脱脂奶粉、黄油和炼乳，日处理牛奶40吨。1963年，南口乳品厂日处理鲜奶能力仅为500千克，1965年增至30吨。1964—1965年间，市牛奶站从日本引进4条乳品加工线，日处理鲜奶量比1962年前陡升10倍以上。北京市牛奶站1956—1967年牛奶生产规模见表3-1-1。

表3-1-1 北京市牛奶站1956—1967年牛奶生产规模

单位：万千克

年份	牛奶收购量	牛奶销售量	年份	牛奶收购量	牛奶销售量
1956	516.0	487.5	1962	2 426.5	2 207.5
1957	1 236.0	1 209.5	1963	3 587.5	2 785.0
1958	1 633.5	1 365.0	1964	4 011.0	2 791.5
1959	1 790.5	1 657.0	1965	4 768.0	2 811.0
1960	1 746.5	1 615.5	1966	3 561.5	2 203.0
1961	1 915.5	1 796.0	1967	2 861.5	2 021.5

说明：资料来自《北京三元食品股份有限公司大事记》。

（二）牛奶公司时期的生产规模（1968—1996年）

这一时期大体分为两个阶段：

第一阶段：1968—1977年。

1968年11月，市牛奶站更名为北京市牛奶公司，下设东单、德胜门、广安门、西郊4个鲜奶加工厂和竣工投产的奶粉厂。同月，国营农场下放所在区县领导，奶牛养殖业进入低谷。1972年7月，按市革委会要求，农场划回市农林局管理。总的来看，1968—1972年，牛奶收购量处于低位徘徊，1973年后逐步得到恢复，但仍没有超过1965年，牛奶销售量也从1973年开始复苏。1970年，奶粉厂干部、工人、技术人员联合攻关，研制成功鲜奶加工成套设备，有洗瓶机、40头方盘灌奶机、扣盖机，改变部分手工操作，提高了效率，建成"一条龙"生产线。1974年10月，在奶粉厂一车间安装了麦乳精烤箱，进行麦乳精试制批量生产，产品上市后很受欢迎。1976年，广安门鲜奶加工厂进行翻建和改造，安装了"一条龙"生产线。同年，公司在黑堡奶牛场新建炼乳车间，解决了该场自产牛奶的加工问题。

北京市牛奶公司1968—1977年牛奶生产规模见表3-1-2。

表3-1-2 北京市牛奶公司1968—1977年牛奶生产规模

单位：万千克

年份	牛奶收购量	牛奶销售量	年份	牛奶收购量	牛奶销售量
1968	2 969.0	2 159.0	1973	3 426.5	2 884.5
1969	3 291.0	2 225.5	1974	3 482.5	3 082.5
1970	3 395.5	1 918.0	1975	3 542.0	3 117.5
1971	3 325.5	1 930.0	1976	4 011.0	2 950.5
1972	3 251.0	2 346.5	1977	3 503.5	3 044.0

资料来源：《北京三元食品股份有限公司大事记》。

---

① 北京市地方志编纂委员会：《北京志·农业卷·国营农场志》，北京出版社，2000年，第89页。

第二阶段：1978—1996 年。

1978 年以后，改革开放为北京乳业的发展注入了强劲动力。1980 年 5 月，东直门外乳品厂建成投产，采用机械洗瓶机、30 头圆盘灌奶机生产消毒奶，日加工处理消毒牛奶 4 万千克，增加了全市消毒奶的供应量。1982 年，公司利用丹麦政府无息贷款 1 500 万克朗，从丹麦 DTD 公司引进一套日产 15 吨酸奶的先进设备，使酸奶生产自动化、机械化、封闭式，达国内先进水平。1982 年，公司投资 50 万元，对西郊乳品厂和东直门外乳品厂的鲜奶加工设备进行改进，日加工能力均由 4 万千克提高到 6 万千克。1984 年 6 月，西郊乳品厂和东直门外乳品厂新建的再制奶车间投产，日加工再制奶 3 万千克，为消化受赠奶粉、黄油起到重要作用。1983 年，日处理牛奶 8 万千克的双桥乳品厂建成投产。1985 年，为了满足当时各国驻华大使馆的餐食需求，应农业部和外交部要求，公司从丹麦引进中国第一条奶酪生产线，生产出国内的第一块奶酪——北京干酪；9 月，公司投资 250 万元新建的右安门乳品厂酸奶车间建成投产，日产酸奶 2 万千克；10 月，公司投资 180 万元引进 9 台法国百利包公司的软包装牛奶灌装机，在东直门外乳品厂投产；同月，中瑞奶业培训中心引进瑞典 Alfa-Lavalw 公司、Tetra Park 公司、Tecator 公司无偿提供的价值 710 万瑞典克朗的奶业加工设备。1987 年 8 月，广安门乳品厂迁往右安门乳品厂，公司投资 900 万元扩建右安门乳品厂，扩建后，建筑面积达 6 000 米²，建成日处理鲜奶 1 000 吨的生产线。1988 年，东直门外乳品厂接受芬兰政府 25 万芬兰马克的援助，引进依达姆（Edam）半硬质干酪生产线，日产干酪 500 千克。

北京市牛奶公司 1978—1989 年牛奶生产规模见表 3-1-3。北京农垦 1990—1996 年主要乳制品销售量见表 3-1-4。

表 3-1-3　北京市牛奶公司 1978—1989 年牛奶生产规模

单位：万千克

年份	牛奶收购量	牛奶销售量	年份	牛奶收购量	牛奶销售量
1978	3 905.0	3 648.5	1984	8 845.0	9 251.0
1979	4 418.5	4 015.5	1985	9 120.0	10 497.0
1980	5 254.0	4 822.0	1986	9 363.0	8 584.0
1981	6 183.0	5 942.0	1987	9 417.0	8 852.0
1982	7 053.5	6 721.5	1988	11 632.0	8 947.0
1983	7 697.0	7 186.0	1989	11 474.0	9 150.0

资料来源：《北京三元食品股份有限公司大事记》。

表 3-1-4　北京农垦 1990—1996 年主要乳制品销售量

单位：万千克

产品	年份						
	1990	1991	1992	1993	1994	1995	1996
低温鲜奶	16 607	16 003	14 959	13 439	12 434	7 270	7 601
常温奶	—	—	—	216	296	372	—
发酵乳	1 233	1 330	1 390	1 101	949	512	480
乳饮料	13	—	—	—	—	—	34
调制乳粉	404	444	462	387	251	121	72
干酪	4	5	—	9	10	10	11
其他乳制品	80	2	37	188	86	—	—

资料来源：北京市牛奶公司财务数据。

（三）三元食品时期的生产规模（1997—2017 年）

从 20 世纪 90 年代末开始，中国乳制品产量增长很快。在这种背景下，北京农垦乳业企业规模越做越大。截至 2017 年年底，三元食品股份公司在全国拥有 14 处大型生产加工基地，年销售量由三元食品有限公司组建当年的 9.84 万吨上升到 2017 年的 60.82 万吨，增长 6.2 倍；2017 年实现营业收入 61.21 亿元，比 1997 年的 3.73 亿元增长 15.4 倍，实现了跨越式发展。北京农垦在京津冀区域建成两大现代化的综合生产基地。

2011 年 12 月，三元食品总投资 7.5 亿元，建成北京工业园。项目相继引进德国基伊埃（GEA）、瑞典利乐（Tetra Pak）等公司的全自动生产设备，实时在线监控，建成自动化生产车间，日处理生鲜乳 1 200 吨。随后，引进 3 台与 ABB 公司合作研发的自动装箱机械手投放到瓶奶车间，取代传统的人工装箱，大大降低了人工成本。从生鲜牛奶进入奶仓至产出成品，闪蒸、均质、杀菌等过程不再与外界接触，全部在各种大型机械和管道中运转，极大地避免了环境对产品质量的影响。

2016 年 5 月 16 日，三元食品河北工业园正式投产。工业园位于石家庄新乐市，占地 40 公顷，总投资 18 亿元，可年产婴幼儿配方奶粉 4 万吨、液态奶 25 万吨。项目在全自动生产设备和实时在线监控的基础上，进一步加强后包的自动化，推广立体库的使用，通过扫码实现信息化追溯。工业园引进德国基伊埃公司（GEA）的全自动压力喷雾干燥设备生产奶粉，产能约为 5 吨/小时。奶粉新厂的主要产品种类包括液态乳（灭菌乳、调制乳、发酵乳、巴氏杀菌乳）、饮料（含乳饮料及蛋白饮料）、婴幼儿配方乳粉、乳粉（全脂乳粉、调制乳粉、脱脂乳粉、部分脱脂乳粉）、婴幼儿及其他配方谷粉等配套产品。

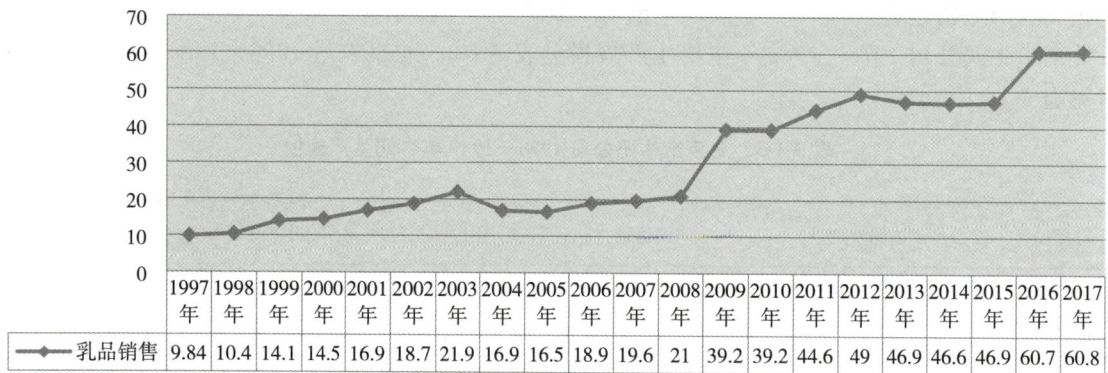

	1997年	1998年	1999年	2000年	2001年	2002年	2003年	2004年	2005年	2006年	2007年	2008年	2009年	2010年	2011年	2012年	2013年	2014年	2015年	2016年	2017年
乳品销售	9.84	10.4	14.1	14.5	16.9	18.7	21.9	16.9	16.5	18.9	19.6	21	39.2	39.2	44.6	49	46.9	46.6	46.9	60.7	60.8

图 3-1-1　三元食品 1997—2017 年乳品销售量（单位：万吨）

第二节　乳制品产品

乳制品产品是动态变化的。产品品项数量及结构的变化通常与包装和生产设备技术的进步、生产工艺的改进以及人们的消费理念和取向有密切的关系。经过 60 多年的研发及引进吸收，北京乳业产品已涵盖了屋型鲜乳系列、超高温灭菌乳系列、酸乳系列、袋装鲜乳系列、乳粉系列、干酪系列及各种乳饮料、冷食、宫廷乳制品等百余种产品。

一、产品品项结构

20 世纪 50 年代，以无任何添加的土灶消毒奶为主，辅以"土洋"两种工艺生产的乳粉和炼乳，构成了当时乳制品工业的三个主导产品。90 年代及以前，中国乳品企业大多以生产低温鲜奶为主，采用低温杀菌技术，不易长期保存，销售半径有限。利乐包装的常温奶拥有便于携带、容易储存、适合长途运输及价格更低等优势，迎合了中国人均液态奶消耗量的爆发式增长趋势。液态奶的结构自 1995 年以来也发生了巨大变化。随着包装技术与材料的进步，从包装形式上看，有瓶、盒、枕、袋等。三元食品股份公司的产品已做到品种丰富、品类口味多样，可以满足不同消费者的需要。

从图 3-1-2 至图 3-1-6 可以看出：①低温鲜奶比重大幅下降，1986 年占 90%，2017 年只占 16%；与此反向变化的是常温奶由 1997 年的 2% 上升到 2017 年的 31%。②发酵乳在 1986 年只占 7%，10 年后的 1997 年，其比重仍为 7%；发酵乳比重在 2009 年之后增至 23%，之后，其比重大体在总量中占据四分之一弱。③2017 年，常温奶、发酵乳、低温鲜奶比重分列前三位，三者合计比重为 71%，液态乳仍是北京乳业的主要品种，乳粉、干酪及冰品的发展潜力还很大。

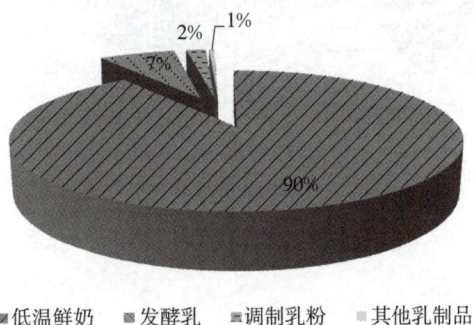

图 3-1-2　1986 年牛奶公司乳品品种结构

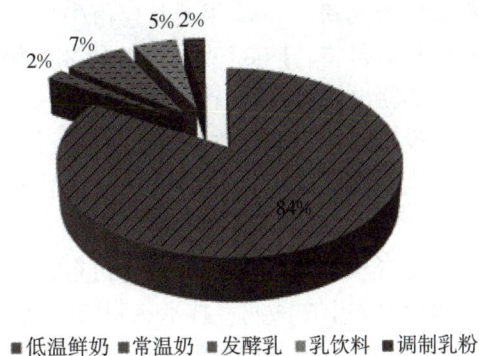

图 3-1-3　1997 年三元食品乳品品种结构

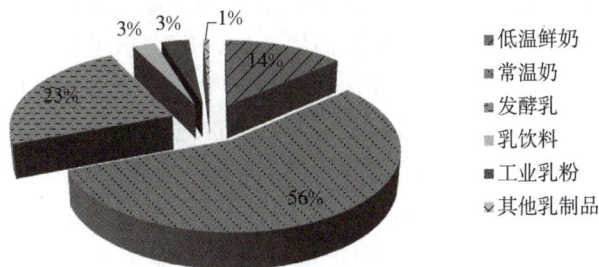

图 3-1-4　2009 年三元食品乳品品种结构

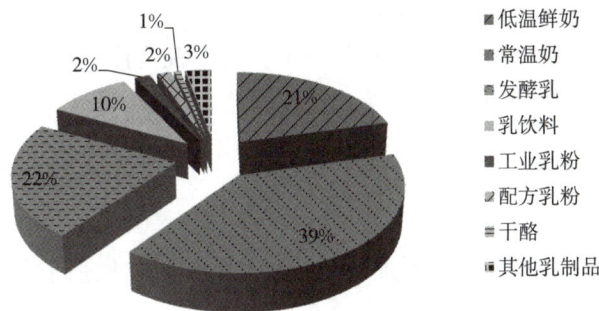

图 3-1-5　2014 年三元食品乳品品种结构

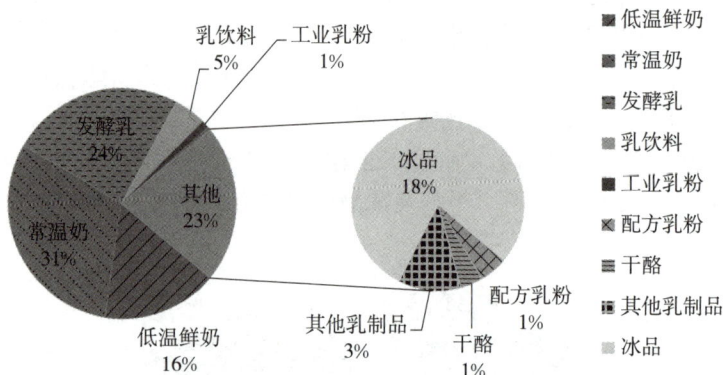

图 3-1-6　2017 年三元食品乳品品种结构

二、各时期的主要产品

1958 年，国家投资 100 多万元在海淀区皂君庙兴建的市牛奶站奶粉厂建成投产，日处理牛奶 2 万千克，生产东风牌全脂奶粉和混合奶粉。1965 年 6 月，市牛奶站奶粉厂二车间建立卧式高压喷雾干燥设备，生产北京牌 500 克塑料袋包装、1 000 克马口铁包装的奶粉及大包装工业奶粉。奶粉质量达到出口级标准，完成支援古巴奶粉出口和为越南生产军用铁筒奶粉的任务。1974 年 10 月，牛奶公司西郊乳品厂麦乳精生产线正式投产，生产马口铁包装和塑料袋包装的麦乳精。麦乳精是一种乳固体含量为 25％～30％的固体饮料产品，糖类达 60％以上，属于含乳的固体饮料。[①]

1979—1990 年，随着奶源生产的好转与供应量的不断增加，乳制品产品结构发生了显著变化。1984 年 4 月，中国和丹麦王国的经济合作项目——牛奶公司东直门外乳品厂果料酸奶项目建成，该项目采用自动化、机械化、封闭化方式生产酸奶，技术达到国内先进水平，成功生产出果料塑杯酸奶和凝固型塑杯酸奶。同年，乳品研究所、东直门外乳品厂合作完成"乳酸饮料的研制（酸奶露）"。1985 年，与延庆县畜牧水产局联营八达岭乳品厂，生产延乐牌奶粉。北京东直门外乳品厂主要生产天然干酪（不杀菌圆形干酪、荷兰 Edam 干酪）和融化干酪（业内也称"再制干酪""重制干酪"等）两个品种。1987 年，从丹麦引进中国第一条奶酪生产线，生产出了国内第一块奶酪——北京干酪，规格是 180 克，该奶酪含有丰富的蛋白质、钙、脂肪、磷和维生素等营养成分，是纯天然食品。

1986—1989 年，市牛奶公司系统有 13 种奶制品获得部级优质产品奖，获得市级优质产品奖的有 7 种。东直门外乳品厂生产的三元牌消毒牛奶于 1989 年被评为北京市优质产品，选举乳品厂生产的"北京牌"奶粉多次被评为部优和市优产品。1987—1990 年，公司投资 1.65 亿元，在海淀区安宁庄兴建占地 12 公顷的华冠乳品公司，建有 7 条生产线，日处理能力 150 吨，生产全脂速溶奶粉、巴氏杀菌奶、奶油、干酪、酸奶、稀奶油、冰激凌等。

1992 年，发喜冰激凌公司正式生产 BUD'S 牌冰激凌。1995 年，牛奶公司乳品二厂生产出屋形包装鲜牛乳，乳品一厂生产出全脂酸牛奶。1997 年，三元食品有限公司拥有"三元""燕山""绿鸟"等多个驰名商标，生产全脂速溶奶粉、巴氏杀菌奶、奶油、干酪、酸奶、稀奶油、冰激凌等产品，销售网点覆盖北京市各城区、郊区，并辐射全国十几个城市。1999 年，三元食品有限公司乳品一厂研制的早餐奶正式投产并上市，包装规格为 250 毫升，于 2003 年获中国食品工业协会"全国食品工业科技进步优秀新产品奖"。

进入 21 世纪后，中国乳制品企业在增加乳制品产量的同时，加强了自主创新能力，不断开发新

---

① 刘成果：《中国奶业史》（专史卷），中国农业出版社，2013 年，第 281 页。

产品，丰富产品品种，优化产品结构。除了巴氏杀菌乳、超高温灭菌乳、酸奶和奶粉等传统品种外，还有干酪、奶油等。

2003年，研发出国内第一款规格为250毫升的低乳糖牛奶。低乳糖奶分解了乳糖，产生了单糖，虽甜度增加，但含糖量不增加，其他营养成分也不发生变化，适合乳糖不耐受人群饮用。所以，低乳糖奶是集营养和美味于一身的健康食品。同年，推出核桃花生牛奶复合蛋白饮品，规格为250毫升，产品采用优质生牛乳为原料，添加核桃粉、花生酱等辅料，经标准化、均质、超高温灭菌和无菌灌装等工艺制成，产品在以动物蛋白为主的基础上，添加优质植物蛋白，口感及营养更加丰富，于2005年获中国食品工业协会"全国食品工业科技进步优秀新产品奖"。

2004年2月，三元食品股份公司自主研发的陶瓷膜微滤技术在乳品一厂正式投产使用，乳品一厂成为国内首家采用微滤膜除菌技术研制出"ESL鲜奶"的企业。2005年，采用陶瓷膜微滤除菌技术，生产最纯净的新鲜牛奶，低温极致ESL鲜牛奶在三元上线。三元极致ESL鲜乳不仅在奶源方面优中选优，而且还采用了三元独有的膜除菌先进技术，将陶瓷膜微滤技术应用于牛奶除菌，在比普通巴氏杀菌更低的温度下对产品进行处理，从而有效地使牛奶中含有的免疫球蛋白以及乳铁蛋白等微量营养成分不被破坏，全程冷链控制超洁净罐装，保证营养和风味。免疫球蛋白可以防止微生物对细胞的侵蚀，乳铁蛋白具有抗菌、防止感染的作用，还具有免疫调节的作用，二者被称为鲜乳中的两大机能营养素，有助于增强人体免疫力。该产品推出250毫升、490毫升、950毫升3种规格，并于2007年获中国乳制品工业协会"新产品开发一等奖"。

2006年，推出规格为1升的超高温产品"淡奶油"纯牛奶。淡奶油的主要原料为鲜奶油，味道纯正，奶香浓郁，脂肪含量为35%～37%，一般用于餐饮业，如奶油蛋糕的裱花等。

2007年，推出马苏里拉干酪、三元哈酸乳乳饮料、三元益菌多系列酸奶。干酪的营养价值很高，内含丰富的蛋白质、乳脂肪、无机盐和维生素及其他微量成分等，对人体健康大有好处。干酪中的蛋白质经过发酵后，由于凝乳酶及微生物中蛋白酶的分解作用，形成陈、肽、氨基酸等，很容易被人体消化吸收，所含的必需氨基酸与其他动物性蛋白质相比，质优而量多。尽管干酪随种类不同所含的蛋白质、脂肪、水分和盐类的含量也略有不同，但其营养成分总和相当于原料乳中营养成分总和的10倍以上。干酪中的盐类含有大量的钙和磷，都是形成骨骼和牙齿的主要成分。三元哈酸乳饮料分为原味、草莓味两种产品，规格为250毫升。三元益菌多系列产品分为杯装125克、瓶装420克、桶装1.2千克3种，口味包括原味、草莓味、黄桃味。同年，马苏里拉干酪获中国乳制品工业协会"技术进步三等奖"，三元哈酸乳饮料、三元益菌多系列酸奶获中国食品工业协会"食品工业科技进步优秀新产品奖"。

2009年，推出爱益袋装中老年、女士、学生、儿童成长奶粉，规格为400克、900克。同年，还推出了国内第一款"五色养生"理念的牛奶，并于2010年一举摘得"SIAL金奖国别奖"桂冠。五色养共5个风味，分别为黑色逸致、白色滋养、红色秀美、黄色丰盈、绿色清新，规格为250毫升利乐砖，该产品获得6项授权发明专利。

2010年，三元食品股份公司生产的新鲜奶酪上市。新鲜奶酪——Quark是一种源自德国的传统奶酪，这种奶酪可以追溯到新石器时代。自然发酵的奶酪有浓浓的香气，表面光滑细腻，入口柔软香甜，可用于制作三明治、沙拉和奶酪蛋糕。产品每杯92克，分为原味和青柠两种口味。

2011年，推出纤果汇果汁酸牛奶饮品、老北京凝固型酸奶、妙乐星儿童成长牛奶。纤果汇果汁酸牛奶乳饮品规格为250毫升，包装为紫、绿、红3种颜色，分别对应3种口味：黑加仑+蓝莓、奇异果+芦荟、草莓+石榴。该产品采用优质原料奶，经乳酸菌发酵后，添加天然果汁进行调配，再经过超高温和无菌灌装，保质期长，便于携带及饮用。老北京酸奶规格为凝固型180克产品。妙乐星儿童成长牛奶更适合儿童生长所需，为250毫升利乐砖产品。同年，"纤果汇果汁酸牛奶饮品的研究及产业化""儿童牛奶的研究及产业化""老北京凝固型酸牛奶研制于产业化"获中国食品工业协会优秀项目奖。

2012 年，推出恩贝睿系列婴幼儿配方奶粉，该产品添加了低聚果糖、低聚半乳糖、多聚果糖 3 种益生元组合。多聚果糖发酵缓慢，可对结肠末端起到有益作用，分为 1 段、2 段、3 段，规格为盒装 400 克、听装 900 克。

2013 年，推出畅益饮活性乳酸菌饮品。该产品分全糖型和低糖型两种形式，规格为 330 毫升。是以进口脱脂乳粉为原料，经副干酪乳杆菌发酵后调配制成的低温短保质期产品。为了满足不同消费者的需求，公司在研发全糖产品的同时，还推出了一款无糖产品，采用热量较低的甜味剂代替传统的白砂糖，在饮用过程中可以大大减少热量的摄入，成为新一代健康饮品。该产品于 2016 获中国食品科学技术学会乳酸菌分会乳酸菌行业创新产品奖。

2014 年，推出金装爱力优婴幼儿配方奶粉，分为 1 段、2 段、3 段，规格为听装 400 克、听装 900 克。该产品采用改变了植物油结构的结构油脂（1，3-二油酸-2-棕榈酸甘油三酯，OPO），对脂肪酸进行优化，可防止婴儿便秘，减少婴儿大便中钙皂化物的形成，提高脂肪和钙的吸收率；使产品的营养价值更接近母乳。三元金装爱力优乳粉为国产高档次婴幼儿系列乳粉，在配方中添加了富含 α-乳清蛋白的乳清蛋白粉。添加该物质可有效提高产品中 α-乳清蛋白），提高配方乳粉蛋白质营养价值。

2015 年，布朗旎烧酸奶上市，并于 2016 年在法国巴黎国际食品展览会中荣获"SIAL 国别奖"。布朗旎是针对年轻消费者的一款新产品，是一款有格调、有品质的轻奢休闲食品，采用特别的名字和特别的工艺。由于其工艺属于烧酸奶，因此在产品设计上特别强调"烧"，故瓶身上特别设计了一只火色蝴蝶。

2015 年，推出爱力优舒释系列婴幼儿配方乳粉。该产品在满足国标要求的基础上，添加部分酶水解乳清蛋白，增加小分子蛋白质含量，使得蛋白质更易于消化吸收，同时提高配方粉中游离氨基酸的含量。产品采用全乳糖配方，保证婴幼儿配方乳粉营养更加合理，更接近母乳营养水平。爱力优舒释系列婴幼儿配方乳粉于 2016 年荣获第八届中国（北京）国际妇女儿童产业博览会"品质金奖"。

2016 年，基于健康大数据开发出国内首款婴幼儿配方乳粉——蓝标爱力优婴幼儿配方奶粉。国家母婴乳品健康工程技术研究中心历时 3 年，横跨 6 省，获取 2 000 多万条数据，建立了最完善的"中国母乳成分数据库"，研发出了更适合中国宝宝的三元爱力优婴幼儿配方乳粉，并于 10 月首家通过了临床验证。该产品分为 1 段、2 段、3 段，规格为盒装 400 克、听装 800 克。① 至 2017 年，三元奶粉销连续七届获得"民族婴幼儿配方奶粉口碑榜"第一名。

2017 年，全面采用 72 ℃/15S 生产低温巴氏杀菌鲜牛奶，成功开发出国内首款 A2-β 酪蛋白纯牛奶，其规格为 250 毫升利乐砖。三元极致 A2β-酪蛋白纯牛奶中的 A2β-酪蛋白成分和母乳中的 β-酪蛋白分子结构更为接近，亲和人体，且在消化过程中不会生成 β-酪啡肽-7（BCM-7），不刺激肠胃，更易于人体消化和吸收，同时能降低过敏风险。三元极致 A2β-酪蛋白纯牛奶中每吨约含 9 千克 A2β-酪蛋白，十分稀奢，特别是三元极致 A2β-酪蛋白纯牛奶需要建立奶牛血统追溯及基因筛查体系，通过甄选出血统纯正的 A2 型奶牛，才能得到珍贵的 A2β-酪蛋白纯牛奶，其独有的 β-酪蛋白基因分型技术不仅是国内首创而且达到国际先进水平，用生命科学技术改变了以往对奶源的细分方式，实现了从源头开始的创新升级。

2017 年，推出三元轻能优酪乳产品。三元轻能优酪乳推出原味、黄桃＋大麦两种口味，规格为 250 克、450 克，使用的是富有创意的利乐冠包装。其具备时尚现代的外观，"一步式"开盖，确保瓶子内食品的安全，非常适用于冷藏的乳品，且易于反复开启，既适合在途饮用，又适合家庭饮用。其部分脱脂，轻能量又美味，添加国家专利菌种，让肠道轻松无"腹"担，轻脂益身，轻能生活，唤醒身体轻能力。该产品于 2017 年获中国（北京）国际妇女儿童产业博览会"消费者好口碑"奖。

---

① 至 2018 年，三元奶粉销连续八届获得"民族婴幼儿配方奶粉口碑榜"第一名。2018 年荣获中国（北京）国际妇女儿童产业博览会妇儿博览会"消费者好口碑"奖项。

第三节　生产工艺及设备

北京奶业从始建之初的简陋奶站，发展成为具有先进的育种技术、养殖水平、现代化的生产加工、先进的物流配送的全产业链模式大产业，是北京农垦发展史上值得浓墨重彩书写的一笔。北京奶业从农户的奶牛散养和乳品的作坊式加工，到大规模的现代化牧场和高度自动化的乳品加工生产线；从简单的蒸锅杀菌工艺得到消毒奶，到工艺完备的巴氏杀菌奶和各式奶制品，乳业从小到大的发展历程，大体经历了起步创业、快速发展、现代乳业3个阶段。

一、起步创业阶段（1956—1978 年）

20世纪50年代，乳品包装容器大多为玻璃瓶、镀锡桶或马口铁罐等，以玻璃瓶居多。1956年，国营北京市牛奶站正式成立，下辖的东单、德胜门和广安门站点设备简陋，使用大锅蒸的作坊式消毒办法，只能依靠手工灌装，占全市牛奶总量的55％。1959年，为解决居民吃生牛奶的问题，市牛奶站在广安门和西郊两个分站及奶粉厂鲜奶车间建起牛奶消毒炉灶，进行牛奶消毒，使消毒牛奶产量增至1.77万千克，供应居民的牛奶全部实现了消毒牛奶，从而结束了北京市居民喝生奶的历史。当时普遍采用的是间歇式巴氏杀菌法，一般是将奶放进锅里，锅壁有"夹层"结构，如果夹层里面流过热水或水蒸气，锅内的奶将在不断搅拌的情况下被均匀地加热，当温度上升到63～65℃时，需在该温度下保持30分钟，然后迅速切断热水或水蒸气，改为冷水或冰水在"夹层"里流动，以迅速冷却奶汁到5～10℃，完成消毒加工并立即灌装后移入冷库，供第二天上市。在封口标签注明第二天为"星期X"，就是保质期。由于只能是逐锅（缸）进行加工，该法称"间歇式巴氏杀菌法"。另外，还有一种方法是将奶装入容器，暂不封口，移入"蒸笼"实施加热，达到一定温度后移出蒸笼再封口。在奶未完全冷却之前即分送给客户，标签标注的"星期X"，指杀菌加工的当天。"蒸笼法"对温度和时间的控制比较粗糙，适于当时的小城镇供奶。1962年，市牛奶站引进国外当时较先进的设备，摒弃土法消毒和手工灌装，日供鲜奶量跃至6.62万千克。

20世纪50年代，炼乳制作采用"平锅（板）法"，即将奶汁倾倒于平底的浅锅里，奶汁厚度不超过2厘米。锅下用木炭等燃料加热，辅以不断地搅动与翻炒，使奶中的水分挥发。前期加热温度可以控制在65℃左右，随着水分的挥发，温度应逐步下降，奶体积减少到临近40％时，温度不能超过60℃（此时加入已溶解的蔗糖）。待牛奶变成了糊状，按照"先稠板、后铁铲"的顺序，小心翻炒。再过约10分钟，停止加热，用冷水等办法降温，即成"炼乳"。经此方法制得的浓缩奶，色香味和质地较差，复水性不好，品质不佳，无法与"盘管真空浓缩罐"制造的"洋炼乳"相比，所以称"土炼乳"。乳粉生产主要使用"平锅（板）法"干燥技术，即当生乳的体积减至原体积的40％时，边翻炒、边压扁、边翻身，直至变成近乎干燥的"奶片"，再移到别处降温"晾片"。最后，再以手工方法施加压力，使奶片变成粉末，制成"平锅奶粉"，俗称"土奶粉"。"平锅奶粉"杂质含量高，与水的复原性能比"土炼乳"更差，水分含量难以控制，保存期不确定，品质较差。此外，还有一种在平锅法基础上加以改良的"滚筒干燥法"。一般滚筒以铜或铸铁制成，直径为600毫米，长度为1.1米，内部维持着一定压力的蒸汽，以12转/分的速度旋转，使生乳均匀喷洒在缓慢转动的滚筒上方表面，成为一层奶薄膜，待转到下方，奶薄膜已干燥成为固态薄片，通过一个刮板，将奶薄片刮下盛接，再施压粉碎成乳粉。虽然产品质量有所改良，但仍属"土奶粉"类。[①] 简单的生产方式使得乳粉、炼乳质量

---

① 刘成果：《中国奶业史》（专史卷），中国农业出版社，2013年，第249-250页。

较差，如何保证和提高乳与乳制品质量成为当时的关键问题。

20 世纪 60 年代初期，市牛奶站开始引进当时国外较先进的设备，摒弃了土法消毒和手工灌装。1964—1965 年，从日本引进 4 条乳品加工线，日处理鲜奶量比 1962 年以前提高 10 倍以上，生产模式由手工化步入半机械化模式。

1968 年 11 月，北京市牛奶站更名为北京市牛奶公司，将公司原属的各分站分别改名为鲜奶加工厂和牛奶供应处。其中，东单、德胜门、广安门、西郊 4 个鲜奶加工厂和竣工投产的奶粉厂已初具规模，生产模式由手工化向机械化转变，鲜奶、奶粉和炼乳的工艺逐步出现。尽管该阶段生产逐步向机械化转型，基本满足了当时中国乳品加工生产的需要，但中国的乳品加工规模和技术与发达国家相比仍处于较落后的状态。①

20 世纪 70 年代，市牛奶公司研制的国产洗瓶机设备进入生产线，取代人工清洗。牛奶公司对灌装机、扣盖机也进行了自主探索改造，形成了初具规模的生产线。片式消毒机取代了鼓式消毒机，提高了生产效率和鲜奶质量。牛奶公司西郊乳品厂开始用国产喷雾干燥设备生产奶粉，较之"平锅（板）法"有了很大的提高，每小时产量为 200 千克。

二、快速发展阶段（1979—1996 年）

进入 20 世纪 80 年代，首都市场乳品消费需求逐渐上升。为提高生产能力，改善奶制品市场品种单一、档次偏低的状况，市牛奶公司率先从丹麦、法国、芬兰引进一批先进的生产设备，由此告别了传统工艺，形成了规模化专业化的格局，产能大幅提高，生产模式由半机械化向半自动化迈进。

1980 年 5 月，东直门外乳品厂投产，引入了 30 头圆盘灌奶机生产消毒奶，增加了全市消毒奶供应量。② 1983 年，东直门外乳品厂从丹麦进口了一套日产 15 吨酸奶的生产设备，酸奶生产实现自动化、机械化、封闭化，达到了国内先进水平。1985 年，牛奶公司引进了法国百利包公司的软包装牛奶灌装机，替代瓶装生产线。同年，牛奶公司从丹麦引进了中国第一条奶酪生产线。1986 年 12 月，国家经济委员会、财政部联合下达 1987 年国家重点支持技术改造的大中型骨干企业名单，列入名单的有 1 100 个企业，北京市牛奶公司榜上有名。1987 年，东直门外乳品厂从芬兰引进依达姆（Edam）半硬质干酪生产线，日产干酪 500 千克。③ 牛奶公司还与瑞士合作建立中瑞奶业培训中心，并购进一系列乳品加工生产线。④总公司建设的华冠乳品公司全部引进荷兰、德国的先进技术，由微机自控生产，生产范围几乎涵盖了全部乳制品，其中，凝固型酸奶采取 250 克玻璃瓶，风味极佳，深受市民欢迎。1990 年亚运会期间，生产的巴氏杀菌奶、奶油、干酪专供运动员餐厅；干酪品种有硬质干酪、半硬质干酪、再制干酪和鲜干酪 4 中，其中再制干酪（切片型）后来主供北京麦当劳。

婴儿配方鲜奶由 1990 年由北京市南郊乳品厂与中国预防科学院营养与食品卫生研究所共同研制生产，以"万年青牌宝宝奶"投入批量生产。婴儿配方鲜奶是以脱脂牛乳、脱盐乳清粉、稀奶油、精炼玉米油为主要原料，添加维生素及微量元素，经配料、预热、均质、标准化、杀菌、冷却加工而成，可直接食用，适于 6 个月以内的婴儿。⑤ 经过一系列改造和引进，北京农垦系统内的奶业发挥各乳品厂的优势，进行产品生产的专业化分工，从根本上解决了北京市牛奶加工能力不足和乳品品种单

---

① 佚名：《巨大的变迁—三元和北京奶业 50 年成就巡礼之一》，载《中国农垦》2006 年 3 期，第 31-32 页。
② 刘成果：《中国奶业史》（专史卷），中国农业出版社，2013 年，第 274 页。
③ 同②：284。
④ 王怀宝等：《中国奶业 50 年》，海洋出版社，2000 年，第 14-18 页
⑤ 同②：279。

一的问题。[1] 从国外引进的先进设备提高了加工效率和产品的多样化。

三、现代乳业阶段（1997 年至今）

在这个阶段，为提高竞争力，节约人工成本，全国各大乳品企业纷纷从荷兰、德国、瑞典、丹麦等地引进先进设备，如牛奶无菌加工设备和利乐包装线，实现了乳品加工技术的跨越式发展。各大乳品企业都在通过技术进一步降低人工成本和材料成本，在提高利润率的同时，向全自动化目标推进。[2]

1997 年 5 月底，北京控股有限公司在香港联合交易所上市。三元食品有限公司的控股股东北企食品是北京控股的全资企业，从而获得 3.47 亿元募集资金的投入。主要投资项目有：①新建与改扩建液态奶加工基地，即双桥乳品加工厂（一厂）。1998 年建成投产，2001 年新增浓缩奶车间，2002 年新增学生奶车间，2003 年新增桶奶生产线，2004 年新增 ESL 奶生产线，2005 年新增瓶奶生产线。原奶处理总能力 600 吨/天。②新建与改扩建奶粉与干酪加工基地，即南口乳品加工厂（四厂），2003 年改造炼乳车间，2007 年新建原干酪及相关附属产品，如脱盐乳清粉加工车间。原料奶总处理能力 250 吨/天。③2001 年收购北京卡夫，主要生产"三元"牌酸奶，专供麦当劳奶昔、圣代；2003 年改建重制干酪生产线，产能达 10 吨/天；2004 年扩建酸奶灌装线；2005 年扩建酸奶生产线，产能达 150 吨/天，成为酸奶与重制干酪基地。通过引进国际先进的生产设备和试验仪器，建成了国际先进、国内一流的液态奶、固态奶、发酵奶和研发中心四大基地，拥有三元品牌九大系列 200 多个品种。

20 世纪 90 年代末，三元食品有限公司开始大规模引进瑞典利乐公司（Tetra Pak）的生产线，均质机、分离机、超高温杀菌机等设备逐步由半自动化向全自动化转换。1997 年，三元食品有限公司出品了国内第一款早餐奶，独创的三重调味生产工艺，融合新鲜牛奶、精选燕麦和优质的鸡蛋，给早餐更多营养。

2007 年 4 月，三元食品股份公司自主研发的陶瓷膜微滤技术在乳品一厂正式投产使用，成为国内首家采用微滤膜除菌技术研制 ESL 鲜奶的企业。该产品以国家"十五"科技攻关项目——"乳制品加工技术研究与新产品开发"为依托，首次采用膜微滤除菌和低温巴氏杀菌相结合的系统，可有效去除原料乳中细菌、酵母菌、霉菌及孢子等微生物及体细胞等，去除率达 99.9%；采用比普通巴氏杀菌温度更低的温度进行杀菌，减少维生素的损失，避免蛋白质过度的热变性，可最大限度地保留生鲜牛乳中的免疫球蛋白和乳铁蛋白等功能性营养成分，同时延长产品的保质期，获得授权专利 2 项。

2009 年，三元食品股份公司捕捉到市场新的需求，即消费者由过多关注味觉转向锁定于食品的营养和保健功能，食品养生赢得了越来越多消费者的青睐。秉承中医传统固本益元的养生学理论，公司潜心研制出兼具口感与滋补效果的"五色养生"理念的牛奶，满足了当下消费者"药食同源"的需求。五色养牛奶传承了《黄帝内经》中"五色养生"的理念，其最大的亮点在于分别针对人体心、肝、脾、肺、肾五脏的生理特点和调养关键，精选五类、五色本身具有切实养生功效的纯天然食材，如金银花、玫瑰茄、淡竹叶、木瓜等营养水果和药食两用的食料，以上佳牛奶为基料，根据科学配方比例进行添加，不论是营养、口感，还是由外在沁入肌理内在的滋养，"五色养"都力求通过配方与工艺集结基础养生的最关键部分——由五脏调理身心和谐，给予饮用者每天亟须的营养与调理，全面守护健康。2010 年，凝结三元科技团队智慧与心血的五色养牛奶一举摘得法国巴黎食品博览会"SIAL 金奖国别奖"桂冠，标志着中国养生牛奶产品成功登陆世界舞台。

为进一步提高生产加工设备的现代化程度，加快产品更新换代，2011 年 12 月，三元食品北京工业园项目投产，建成日处理 1 200 吨生鲜乳的加工厂。工业园引进德国基伊埃（GEA）、瑞典利乐（Tetra Pak）等公司的全自动生产设备，如 A3 高速无菌生产线、A3 柔性无菌包装生产线、A3 紧凑

① 佚名：《巨大的变迁——三元和北京奶业 50 年成就巡礼之一》，载《中国农垦》2006 年 3 期，第 32 页。
② 王泽：《北京奶业可持续发展评价研究》，北京农学院，2016。

柔性无菌包装生产线、TBA19无菌包装生产线、全自动化立体库房等，实时在线监控，建成无人化生产车间。进一步改善乳品杀菌方式，引进蒸汽浸入式杀菌机，利用蒸汽、牛奶直接换热，在极短时间内有效杀灭微生物，保证口感和营养成分。瓶奶车间的3台与ABB公司合作研发的自动装箱机械手取代传统的人工装箱，降低了人工成本。从生鲜牛奶进入奶仓，直至加工成成品，全部在各种大型机械和管道中运转，鲜奶闪蒸、均质、杀菌等过程不再与外界接触，避免环境对产品质量产生影响。

在三元食品北京工业园建设成牛奶科普基地，宣传和推广牛奶生产科普知识，展示低碳、清洁、安全的乳业生产工艺，参观群体包括政府领导、企事业单位的参观考察人员、中小学校以及送奶到户的用户，平均至少每天可接待300人以上。

2013年以来，国产奶粉振兴计划全面实施。国务院领导在几次讲话中都谈到三元，希望三元争创婴幼儿奶粉最优民族品牌。为落实国务院关于振兴国产婴幼儿配方乳粉重要指示精神，加快三元婴幼儿配方奶粉业务发展，河北三元食品公司于2014年实施新乐工业园项目，2016年5月建成投产。项目集乳品研发、加工、物流为一体，引进全世界最先进的生产工艺和加工设备，拥有医药级GMP厂房设计，建有国际最先进的干燥塔、最高安全等级配置的生产车间，生产环境等级分区严格，并能自动监测，具备承担生鲜牛乳、奶粉、灭菌奶、酸奶等一系列乳制品的检验能力，是中国北方地区最先进、处理能力最强的奶产品生产线项目。新乐工业园年产乳粉4万吨，干燥塔生产乳粉能力5吨/小时。乳粉生产线共计10条，全部采用全自动生产设备，其中，听装乳粉包装生产线2条、袋装乳粉包装生产线6条、条装乳粉包装生产线2条，生产工艺为湿法工艺。液态奶年产25万吨，其中常温14万吨、酸奶7.5万吨、鲜奶3万吨、乳饮料0.5万吨。有液态奶生产线9条，其中常温生产线4条，超高温杀菌处理能力分别为6吨/小时、4吨/小时、5吨/小时、8吨/小时常温生产线各1条；酸奶生产线3条，巴氏杀菌处理能力分别为搅拌型10吨/小时、搅拌型5吨/小时、凝固型5吨/小时酸奶生产线各1条，鲜奶生产线1条，巴氏杀菌处理能力10吨/小时的鲜奶生产线1条，乳饮料生产线1条，超高温处理能力3.2吨/小时的乳饮料生产线1条。

新乐工业园引进世界先进的设备与工艺，为产品质量的控制提供了有效的硬件保障。工业园设有独立的质检中心，共有检验人员近150人，且全部通过国家乳品检验职业资格认证，拥有雄厚的技术力量；配备了国内外一流的检验仪器和设备上百台套，具备生乳、奶粉、婴幼儿配方奶粉、豆奶粉、灭菌奶、酸奶等一系列乳制品的检验能力，开展了对乳粉和婴幼儿配方乳粉的感官指标、理化指标、卫生指标、真菌毒素指标、三聚氰胺指标和微生物指标等60余个项目的检测。

在北京市乳品工程技术研究中心的基础上，购置先进研发设备52台套，建成近1.7万米^{2}的国际先进研发平台与工程化转化生产示范基地，设备、中试线、平台运转正常，具备工程技术研发与转化的综合配套试验条件，配备了国际先进的科研、检测仪器及中试设备，如飞行时间质谱（TOF）、电感耦合等离子体质谱仪（ICP-MS）、分子测序平台、三重四级杆液-质联用系统（QExactive质谱仪）、超高效液相色谱（UPLC）、快速层析系统、高通量分离纯化UV系统（自动纯化制备系统）、三重四级杆气-质联用系统（TSQQuantumGC/MS）、氨基酸分析仪（L-8900）、杜马斯定氮仪、高效液相色谱仪（HPLC）、液质联用系统（UPLC＋TQD）、气相色谱仪（GC）、全自动微生物鉴定系统、荧光倒置显微镜、荧光定量PCR仪、生物显微镜、全自动发酵罐、质构仪、电子舌、氨基酸分析仪、母乳成分分析仪、稳定性分析仪、分体流变仪、激光粒度分析仪、Zeta电位分析仪、蛋白层析系统、微波水分测定仪、微波消解系统等。

■ 第四节　质量安全管理

通过导入多项国际、国内先进管理体系，三元食品逐步建立并持续完善"从农田到餐桌"的基于风险分析和全产业链的质量标准化管理模式。

一、供应商质量管理

乳品加工所涉及的供应商主要包括原料奶供应商和原辅材料供应商。三元食品将对供应商管理从传统进货查验、使用反馈转变为对供应商的生产保障能力和供应产品质量稳定性的全过程考核及客观评价，从"事后把关"前移至"源头预防"，最大限度杜绝或减少产品质量问题。

（一）奶源质量管控

1. 奶源质量管理变化情况　2008年，公司整理归纳在奶源管理方面的先进经验，形成《原料奶质量安全员制度》和《原料奶安全留样制度》，执行原料奶试饮制度与安全留样制度，原料奶在验收合格后，由原料奶质量安全员和工厂检测人员共同对原料奶进行试饮。同时，取样封存至该原料奶所加工的产品过保质期。2010年8月1日，公司开始执行三元奶源管理内控文件，包括《奶源调度管理规定》《奶源信息管理规定》《奶源质量管理规定》《原料奶供方合同管理规定》《原料奶供方评价管理规定》《原料奶价格计算管理规定》和《原料奶验收管理办法》。坚持确保产品安全原则、统一检测标准原则、第一责任人原则、验收负责制原则、管理负责制原则和多级监管原则这六项奶源质量控制与管理原则，制定奶源管理部和工厂奶源使用单位以及公司质量管理部在奶源质量检测、供应商走访、质量查访和管理监督等方面的职责。2012年6月，开始编制增加管理流程图，同时增加了一个供应商标准文件。2012年，开始执行原料奶生产日报制度，牧场及时填报牛群规模、挤奶牛头数、日产奶量、弃奶牛明细、预产牛头数等数据，便于公司准确地预测该奶源供应商的供奶数量，同时，也能防止其将非自己的奶源上交给公司。制定常规的奶源质量查访计划，对原料奶供应商进行日常维护与查访工作，具体包括对奶户供奶计划与实际数量的查访、对原料奶质量异常的查访、参与供应商现场评分工作、对原料奶生产成本及销售价格的调查等。牛场现场查访的人员应按规定做好详细记录、填写表格，对影响原料奶质量因素的所有环节进行检查或询问，必要时应进行现场取样检测，提出整改措施或方案。

2. 生鲜乳计价政策演变　2002年3月15日，公司发布《生鲜牛奶收购价格管理办法》（2002年4月1日执行），对生鲜乳计价政策进行重大变革：取消脂肪、蛋白质以及干物质等级计价方式，实行按脂肪和蛋白质的含量进行精确计价；同时，实现倍罚制度。增加对生鲜乳卫生指标的奖罚，体细胞数超过60万个/毫升的罚0.10元/千克，依据细菌总数制定详细的分月份不同梯度的奖罚措施。明确各种异常生鲜乳的处罚力度，同时制定各项指标的拒收标准。2003年1月1日，对上述《生鲜牛奶收购价格管理办法》部分指标进行调整，重点是针对生鲜乳体细胞数的奖罚也实行不同梯度的奖罚措施。2003年，将生鲜乳的乳脂率和乳蛋白率计价数量由小数点保留一位有效数字调整到保留两位有效数，更加体现计价的科学性和公平性。2004年4月7日，公司将生鲜乳中的非脂乳固体含量纳入计价指标，很快遏制了当时生鲜乳中的非脂乳固体含量下滑的趋势，该项指标的设定比国家标准提早6年。2005年6月1日，针对生鲜乳的脂肪和蛋白质受季节影响较大的问题，为保护牛场经营利益，提高奶牛养殖积极性，公司取消倍罚措施。2007年11月1日，公司取消由各工厂执行生鲜乳计价的模式，改由公司奶源部进行统一计价、统一付款，加强公司层面对计价的监督。

2010年3月1日，为促进生鲜乳供应商提高奶牛养殖规模和饲养水平，改进生鲜乳生产模式，促进奶牛养殖小区向牧场转型，公司设定了不同奶源生产经营模式的不同基础价格水平。2015年1月1日，虑到当前国内奶源生产经营现状，增设对生鲜乳生产过程控制、数量管理等方面的计价，鼓励牛场增加先进的奶牛养殖设备和技术（比如TMR饲喂等），提高牛场的契约精神。2016年1月1日，公司开始执行真正的"按质论价"的国际通用的计价方式，在2015年的基础上取消基础价格，实现按脂肪总量和蛋白质总量计价，同时将体细胞数和细菌总数的直接数量奖罚改为奖罚系数，通过"乘积"来放大计价指标对最终价格的影响，鼓励牛场全方位提高生鲜乳质量，是"国内领先，超越国际"的计价政策。

2017年1月1日，通过调低体细胞数、细菌总数、频次、波动性和拒收车数的计价奖罚力度，加大脂肪和蛋白指标的计价比例（蛋白质与脂肪的单价之比由2016年的1.20提高到1.30），同时，将原乘积关系的改为加和关系。进一步完善奶源分级计价方案，不仅细化牧场等级划分标准，而且增加供应商日供奶规模的价格奖励系数，加大对牧场D级（待合格牧场）的计价处罚力度，增加过程管理的计价奖励评分项，特别突出记录信息的重要性。增加奶源需求联动的计价奖罚，鼓励供应商顺应乳品市场对奶源的需求进行生鲜乳生产。进一步明确了运费补贴的范围，同时，增加对支付运费补贴的考核要求。

3. 生鲜乳质量监控技术发展　2008年，在部分牧场安装生鲜乳生乳质量在线监测系统，可以对生鲜乳的挤奶、管道清洗等情况进行监测，实现了生鲜乳挤奶、储运过程的在线监控。同年，公司技术中心开发了原料乳质量"指纹图谱模型"，形成了完善的质量评价技术体系，并开发了乳品蛋白质掺假的检测方法。2009年12月，公司技术中心开发了原料奶解抗酶色谱检测方法，填补了国家原料奶解抗酶检测的空白。2010年，开发多重PCR检测原料乳中沙门氏菌、无乳链球菌和金黄色葡萄球菌的方法。2011年5月，开发金黄色葡萄球菌肠毒素AB基因PCR同步检测技术。2012年，开发多重PCR检测金黄色葡萄球菌六型肠毒素基因方法。2013年，开发原料乳中有机氯农药残留量的检测方法。2014年，开发检测乳制品中狄试剂残留量的方法。同年，实现了对牧场的鲜奶运输车辆进行GPS监控，实施监控奶车的运输轨迹。2015年，开发了基于TaqMan探针荧光定量PCR技术快速检测乳中金黄色葡萄球菌肠毒素A、D的方法。同年，利用16S rRNA分子技术，创建了霉菌、酵母、嗜冷菌等有害微生物的牧场—加工厂等关键环节的有害微生物分布地图，实现了来源可溯和定点消除，做到生乳质量"事前监控"，实现互利共赢。

（二）原辅材料供应商质量管理

1. 供应商质量审核　2004年，公司建立生产原料供应商现场评价标准并实施现场质量评价，评价标准覆盖工厂基本情况、质量体系运行、原辅材料的控制、化验室控制、产品贮存与运输、顾客投诉等。2008年，综合第三方评审机构专家的意见，建立供应商二方审核评价标准，形成了更专业、公正、客观的评价供应商质量的体系。2011年，公司结合麦当劳、肯德基等国际食品公司的质量管理要求，将评价标准重新梳理并建立《供应商文件准入评价标准》和《供应商现场审核评价标准》。《供应商文件准入评价标准》主要由资质准入、风险评估、标准执行、过程控制、检测、售后服务6个要素构成，在每个要素下提出具体的测度指标及得分要点，共计3 000分，其中基础资质和许可资质同时作为否决项。《供应商现场审核评价标准》主要由全自主管理单位/委托单位管理、基础管理、管理体系、源头管理、过程控制、检验检测、仓储物流、虫害管理、标识/可追溯与应急管理、诚信经营及社会责任10个要素构成，在每个要素下提出具体的测度指标及得分要点，共计3 000分，针对供应商的审核结果形成供应商质量成熟度指数测评系统。

2. 二方审核　为加强供应商监管，优化供应链，公司委托第三方审核机构对供应商进行评估，即供应商第二方审核。2008年首推"供应商二方审核"，评价范围涉及内容物、内包装材料供应商、经销商等。2008年3月，公司质量管理部出版《供应商评价手册》（第一版），评价准则包括供应商申请表、内容物供应商等级评分标准、内包装材料供应商等级评分标准、一级经销商等级评分标准。2010年7月，质量管理部出版《供应商评价手册》（第二版），评价准则包括供应商申请表、内容物供应商等级评分标准、内包装材料供应商等级评分标准。2011年8月，质量管理部出版《供应商评价手册》（第三版）。2013年5月，质量管理部出版《供应商评价手册》（第四版），评价准则包括供应商申请表、内容物及包装材料供应商等级评分标准。二方审核引入各相关行业专家，在对供应商进行专业评审基础上，引导供应商对标三元管理要求，改进提升，保障供货产品的质量安全。

二、过程质量管理

（一）过程质量管理模式的形成阶段

1997 年 3 月，三元食品有限公司成立之初，质量管理相关职能由生产部负责。1999 年，公司正式成立质量管理部，开始建立系统的质量管理体系文件，同时，加强员工培训，使产品质量得到了根本保证，提升了质量管理水平。2004 年，公司质量管理部撤销，质量管理相关职能并入研发部。2005 年，公司再次单独设置质量管理部。

1. 质量管理体系的认证 2000 年 3 月，三元食品有限公司通过 ISO 9001 质量管理体系认证。2004 年 6 月，三元食品股份公司中心实验室通过中国合格评定专家认可委员会的实验室认可评定。2005 年，公司的乳品一厂、乳品四厂和华冠工厂通过国家认可机构对食品安全管理体系（ISO 22000）的权威认证。2006 年 8 月，整合质量、食品安全、环境和职业健康安全管理体系制度文件，发布并实施《北京三元食品股份有限公司四合一管理手册》以及配套程序文件。2006 年 9 月，华冠分公司顺利通过质量管理体系、食品安全管理体系、环境管理体系以及职业健康安全管理体系四标一体认证，提升了三元品牌的效益。2007 年 1 月，三元食品股份公司成为首家通过四合一管理体系整合的食品企业。通过国家认可机构对质量管理体系、环境管理体系、食品安全管理体系、职业健康管理体系的权威认证，公司质量管理水平更上一层楼，也成为现代食品企业的管理水平和持续发展能力的重要标志之一。2009 年 12 月，根据国家认证范围的调整，将乳制品的食品安全管理体系（ISO 22000）认证转为危害分析与关键控制点（HACCP）体系认证。2013 年 1 月，公司通过诚信管理体系认证。2016 年 6 月，公司通过乳制品良好生产规范（GMP）认证。

2."检验检测＋过程控制"质量管理模式 20 世纪末至 21 世纪初，中国乳制品新技术得到了较快发展，产业化研究与示范不断进步。从 2002 年起，三元食品实行"检验检测＋过程控制"的质量管理模式，优化原料奶收购的中间环节，实现了"牛＋奶＋储＋运"一体化，引入原辅料留样制度和产品品尝制度，确保产品安全可追溯，实现加工过程严管。

2002 年 9 月，三元液态奶被国家质检总局授予"中国名牌产品"称号。2003 年 11 月，三元食品股份公司被市农业局认定为无公害畜产品产地。2004 年 2 月，三元食品股份公司乳品一厂（原双桥农场乳品厂）的膜微滤技术生产线正式投产，日处理能力 100 吨，主要生产高品质鲜奶（ESL 奶）。该工艺采用陶瓷膜微滤技术除菌净化原料奶，除菌率达 99.93%，结合低温巴氏杀菌并实施清洁或无菌灌装。全套生产工艺技术均为"三元"自主研发，一改过去传统的单一热处理方式，不存在过度杀菌问题，产品无蒸煮味道。ESL 奶为国内首创，开辟了中国巴氏杀菌奶加工技术的新时代。2004 年 12 月 15 日，三元牛奶被农业部农产品质量安全中心认证为无公害产品，三元食品股份公司认定为无公害基地。2004 年 12 月，三元牛奶被授予"人民大会堂专用牛奶"。

2005 年 4 月，三元食品股份公司荣获农业部颁发的"农业产业化国家重点龙头企业"称号。2005 年 6 月，"三元"荣获中国保护消费者基金会颁发的"消费者信赖的质量、服务放心品牌"；9 月，荣获中国品牌产品证书。2005 年 7 月 13 日，三元食品股份公司被再次认证为绿色食品与奶源基地。2005 年 9 月，三元液态奶再次被国家质检总局授予"中国名牌产品"称号。2005 年 11 月开始，公司所属生产企业开展"精益生产，降成本，提高生产效率"的活动。2005 年 12 月 19 日，三元食品股份公司荣获中国绿色食品发展中心颁发的绿色食品标准证书。2005 年 12 月 19 日，三元食品荣获有"中国品牌奥斯卡"之称的"2005 年中国最具影响力品牌"乳制品类 TOP 10。

（二）全产业链质量管理阶段

1. 产业链质量管理模式　2006 年，公司导入风险管理，实行"检验检测＋过程控制＋风险预防"的全产业链质量管理模式，建立扁平化的质量管理组织架构以及质量一票否决制度。同年，推行合格原料奶供需双方品尝制度，实现原料奶生产的日报制与奶源现场管理的量化考核。2007 年 1 月，奶粉事业部加强原料奶抗生素检验，增加戴尔沃检验项目，避免或减少了淡粉小样不凝情况的发生，提高了产品质量；11 月，公司协办 2007 年全国质量月大型食品宣传周活动，对于提升三元品牌的知名度和美誉度具有重要意义。

2. 产品认证

（1）绿色食品。2001 年 4 月 20 日，中国绿色食品发展中心为三元食品出品的"三元牌"成长奶粉、低脂高钙奶粉、低脂无糖奶粉、全脂甜炼乳、中老年奶粉、中小学生奶粉、婴儿配方奶粉 1 段、较大婴儿奶粉 2 段、幼儿配方奶粉 3 段、全脂甜奶粉、孕妇奶粉颁发绿色食品证书。2004 年 7 月 5 日，三元食品股份公司成为首批通过国家质检总局食品质量安全市场准入企业，共取得所有巴氏奶、UHT 奶、酸牛奶以及早餐奶、花色奶、炼乳、奶粉、乳饮料乳酸菌饮料等 11 张"QS"证书。2004 年 7 月 13 日，三元食品股份公司生产的三元牌纯牛奶、巴氏杀菌脱脂牛奶、巴氏杀菌牛奶、脱脂无抗奶粉、原味炼乳（全脂加糖炼乳）、全脂甜奶粉、成长奶粉、低脂高钙奶粉、全脂奶粉（不含蔗糖）、中老年配方奶粉、幼儿配方奶粉 3 段（速溶）、较大婴儿配方奶粉 2 段（速溶）、婴儿配方奶粉 1 段、孕妇配方奶粉、特品纯牛奶 15 个产品，燕山牌全脂甜奶粉、全脂甜炼乳、成长奶粉（速溶）、低脂高钙奶粉（速溶）、中老年配方奶粉（速溶）、孕妇配方奶粉、幼儿配方奶粉 3 段（速溶）、较大婴儿配方奶粉 2 段（速溶）、婴儿配方奶粉 1 段（速溶）9 个产品，分别被中国绿色食品发展中心认定为绿色食品 A 级产品。2005 年 12 月 19 日，三元食品股份公司生产的三元牌草莓果粒酸牛奶、草莓果粒酸奶、酸牛奶（原味）、酸牛奶（草莓味）、果粒酸奶（草莓）、菠萝果粒酸牛奶、酸牛奶（天然）、天然酸奶、纯牛奶（高铁高锌）、芦荟果粒酸牛奶、黄桃果粒酸牛奶、黄桃果粒酸奶、无蔗糖酸奶，雪凝牌优酪乳（芦荟味）、优酪乳（草莓味）、优酪乳（原味）16 个产品，分别被中国绿色食品发展中心认定为绿色食品 A 级产品。

（2）无公害农产品。2007 年 4 月 15 日，三元食品股份公司生产的三元、燕山灭菌乳和三元、燕山巴氏杀菌乳均获农业部农产品质量安全中心颁发的"无公害农产品证书"。

（3）有机产品。2009 年 9 月，河北三元通过有机纯牛奶的有机产品认证。2009 年生产有机纯牛奶 9.15 吨，2010 年生产 117 吨，2011 年生产 394 吨，2012 年生产 513 吨，2013 年生产 829 吨，2014 年生产 445 吨，2015 年生产 697 吨，2016 年生产 207 吨。三元食品股份公司通过极致有机鲜牛奶、极致有机纯牛奶、匠心 60 年有机纯牛奶、匠心 70 年有机纯牛奶等的有机产品认证。2016 年生产极致有机鲜牛奶 261 吨；2017 年生产极致有机鲜牛奶 1 455 吨，生产极致有机纯牛奶 138 吨。2015 年 9 月，新乡三元通过极致有机纯牛奶的有机产品认证，2016 年生产极致有机纯牛奶 342 吨，2017 年生产极致有机纯牛奶 253 吨。2017 年 12 月，江苏三元通过生鲜牛乳的有机产品认证。

（4）清真（Halal）认证。2016 年 3 月，三元食品股份公司生产的稀奶油产品通过了清真（Halal）认证；8 月，河北三元生产的婴幼儿配方乳粉、调制乳粉、特殊膳食食品、发酵乳产品通过了清真（Halal）认证。2017 年 8 月，河北三元生产的婴幼儿配方乳粉、调制乳粉、特殊膳食食品、发酵乳产品再次通过了清真（Halal）认证。

（5）奶粉生产许可。2007 年 6 月，奶粉事业部的首批奶粉产品通过中国检疫局的检疫，拿到出口奶粉商检合格证，三元食品股份公司成为北京市第一家正式出口奶粉的企业。2007 年 10 月 10 日，奶粉事业部顺利通过市质监局的婴幼儿配方乳粉生产许可证申请实地核查。2014 年 3 月 27 日，河北三元成为河北省食药监局新版乳粉企业生产许可证审查细则实施后首批"合格换证"企业。

三、质量安全管理的深化与创新

三元食品股份公司质量安全管理的深化与创新主要表现在以下几个方面：

（一）改进及加强质量安全管理的基础工作

1. 全面推行产品质量内控指标体系　搭建产品质量安全数据库，实现源头、加工过程等环节等风险严控。统一"三元"产品热线服务系统。

2. 推行及改进生产现场管理　2009 年 8 月 10 日，组织开展"5S＋2S"管理培训，推行"5S"改善生产现场管理。2009 年 11 月，低温事业部举办质量管理内训班组长现场管理及质量提升，乳品一厂及华冠工厂的车间、生产、设备、品控等生产直接相关部门参加了培训。

3. 导入卓越绩效管理模式　2015 年，有效整合公司制度及四合一体系管理制度，进而推动企业不断提高经营绩效。11 月，公司荣获中国食品安全年会组委会 2015 年度全国食品安全管理创新十佳案例。

（二）建立质量可追溯系统

2011 年，针对生产线建立全程网络监控系统，在各关键质量控制点增加网络高清摄像头，确保全天候生产过程始终处于受控状态，各级管理人员可以通过局域网随时查看生产现场情况，查阅历史录像，以便及时发现问题并改进，为产品追溯提供依据。2014 年，农业部农垦局推动农产品质量追溯系统项目，通过项目建设，使追溯精确到收购牛奶后的生奶仓，追溯深度到产品销售的一级经销商。建立了生产和追溯信息化系统，通过 ERP、MES、WMS、原料产品附码系统、经销商管理系统、消费者积分系统之间高效率的信息共享，实现产品从原料到消费者的全程正向和反向的双向追溯与生产全程电子化信息管理。三元食品股份公司是农业部农垦农产品质量追溯项目建设单位，追溯信息覆盖原料奶验收、生产加工、成品检验和出入库销售等信息。2014 年 6 月，公司被工业和信息化部确定为婴幼儿奶粉产品质量安全追溯平台建设 4 家试点企业之一，婴幼儿奶粉产品信息定期上传至国家工业和信息化部食品质量安全追溯系统平台中，全国消费者均可通过扫描二维码获得所购买产品的质量安全信息。三元食品股份公司通过整合农垦追溯平台和企业内部生产信息管理系统，实现追溯信息实时自动上传，使低温液态奶产品的 90 多个品种质量追溯 100％全覆盖，追溯产品产量超过 11 万吨；艾莱发喜公司同样整合农垦追溯平台和企业内部生产信息管理系统，实现追溯信息实时自动上传，2016 年完成追溯 7 600 多吨。

（三）提升检验检测能力

公司在严格遵守国家与行业标准的基础上，执行更为严格的内控标准。对工艺参数和在线检测指标，在符合标准及规定的基础上，加严控制限值，实施红线预警响应机制，在保证产品质量的同时追求品质稳定均一。在检测设备方面，公司配备美国沃特世、安捷伦、赛默飞、PE，德国耶拿和日本岛津等国际一流的进口检测仪器设备 160 余台（套），包括高效液相色谱仪、超高效液相色谱仪、高压离子色谱仪、气相色谱仪、气相色谱-质谱仪、液相色谱-质谱联用仪等，具备承担生鲜牛乳、奶粉、液体乳等乳制品的出厂检测、风险监测和研究开发的检验能力。在成品检验放行及留样方面，公司成品检验严格按照国家标准进行全项检验，只有产品在完成全项检验合格后方可放行出厂。对原辅材料、原料奶和产成品实行留样制，留样期限为相应产品保质期＋48 小时。

（四）加强物流、奶站及终端质量管理

2006 年，质量管理部的监督检查覆盖至物流、终端、奶站。为保证公司生产的乳制品在物流运

输和物流贮存过程中满足产品的需要，保证产品的质量安全，统一规范了公司的物流质量管理制度，质量管理部负责监督抽查物流公司与公司产品相关的质量工作。各加工厂负责与物流公司的接口管理，并监督物流公司的日常规范操作。2012 年 6 月，结合国家及地方相关标准和要求，更新并实施新物流质量管理相关制度，对产品储存、运输、销售等关键环节进行有效控制，降低潜在食品安全危害，确保产品在储运及销售环节的产品质量安全均能够持续满足要求。2017 年，为保证公司生产的产品在仓储物流和终端售卖环节的质量安全，制定了仓储物流及终端售卖质量管理规定，定期检查仓储物流及终端售卖环节质量管理实施情况。

四、质量管理的效果

2004 年 5 月，召开新闻发布会，向全国同行业公开了五项质量承诺：①"三元"奶的鲜奶收购标准采用国际先进的欧盟标准；②销售的"三元"乳制品均有 100％无抗生素的新鲜原料奶制造，不添加任何香精、增稠剂、防腐剂等外来物质，所有原料奶均经过近 30 项指标的检测，确保达到发达国家标准；③质量营养达标足量，其中乳脂率、乳蛋白率、总干物质等主要营养指标保证高于国家相关标准，达到国际先进水平；④从奶牛养殖基地封闭化机械化挤奶到原料奶挤出后冷却、密封、冷藏运输至加工厂等环节，均实现全程封闭冷链加工，保证"当天鲜奶当天到"；⑤不做虚假广告，诚信销售。三元食品是国内同行业里第一个提出收购鲜奶采用欧盟标准的乳品企业。

三元食品股份公司始终以国字号企业的社会责任严格要求自己，牢记"奶源就是乳粉企业的生命线"。为了保障消费者"舌尖的安全"，在源头、生产、销售的各个环节严把质量关，全力打造优质安全品牌。2008 年 9 月 28 日，国家质检总局局长王勇视察三元食品股份公司，对三元重视奶源质量的行为表示充分肯定。

三元食品股份公司在保证产品质量安全的同时，也取得一大批质量安全管控的成果及荣誉，为推动中国乳业高质量发展做出了应有的贡献。

三元食品股份有限公司历年取得的管理相关奖励见表 3-1-5。

表 3-1-5　三元食品股份有限公司历年取得的管理相关奖励

序号	时间	奖项名称	颁发单位
1	1959.5	全国儿童工作先进集体	
2	2000.1	中国食品工业优秀企业	中国食品工业协会
3	2000.1	中国学生奶推广活动（定）试点企业	中国食品工业协会
4	2000.9.23	北京市首批"放心购物单位"	北京市质量技术监督局
5	2000.10.6	第一批"农业产业化国家重点龙头企业"	农业部、国家计委等 8 部委
6	2001.1.6	全国农业产业化经营重点龙头企业	中共北京市委农工委、市农委
7	2001.6.18	全国食品行业质量企业效益型先进企业特别奖	中国食品工业协会
8	2001.11	1981—2001 年中国农业产业化经营 20 大龙头食品企业	中国食品工业协会
9	2004	中国食品工业质量效益先进企业奖	中国食品工业协会
10	2005.6.6	消费者信赖的质量服务企业品牌	中国保护消费者基金会
11	2004.11.25	三元食品股份公司及三元乳制品分列北京"十大名企"第一名、"十大名牌"第二名	"北京国企'四名（明）'群众评选"活动
12	2004.12.10	北京影响力十大企业	"华夏银行杯"首届北京影响力评选活动
13	2006.10	2006 年北京市百强企业	北京市企业联合会、北京市企业家协会等 7 家协会

（续）

序号	时间	奖项名称	颁发单位
14	2006.12.10	"三元"品牌荣获"2006年影响百姓生活的十大品牌"	第三届北京影响力评选活动
15	2006.12.10	十佳诚信企业	2006年生活用品行业诚信企业评选
16	2007.12.13	2007年北京市百强企业	北京市企业联合会、北京市企业家协会等7家协会
17	2008.3	诚信服务示范单位	北京市消费者协会
18	2008.10	品牌中国总评榜（2007—2008）金谱奖	第二届中国品牌节
19	2008.10	行业创新型试点企业	中国食品工业协会
20	2008.12.4	2007—2008年度中国食品工业质量效益卓越奖	中国食品工业协会
21	2008.12.4	全国食品工业优秀龙头食品企业	中国食品工业协会
22	2008.12	"最佳品牌社会责任典范"奖	40家媒体
23	2009.2.19	北京市食品安全教育基地	北京市工商行政管理局
24	2009.3.15	北京市消费者教育基地	北京市消费者协会
25	2009.8.30	最具安全责任感的食品企业	"2009食品药品安全论坛"组委会
26	2009.9	北京质量管理贡献奖——优秀企业奖	北京市质量协会、市总工会和市科协
27	2009.10	质量效益卓越奖	中国食品工业协会
28	2010.5	中国食品工业百强企业	中国食品工业协会
29	2010.5	中国液体乳及乳制品十强企业	中国食品工业协会
30	2010.6	最佳人气食品奖	中国营养学会、中国农业大学、中国疾控中心和北京协和医院等组成的专家评审团
31	2010.8.1	消费者满意奖	第二届中国（北京）国际妇女儿童产业博览会
32	2010.10.25	农业产业化行业十强龙头企业	第八届中国国际农产品交易会组委会
33	2010.11	食品安全示范单位	第八届中国食品安全年会
34	2011.3.15	消费者放心健康产品企业	保健时报社
35	2011.3.15	网友最喜爱的乳品品牌	人民网第二届"食品行业3.15网上调查"
36	2011.3.30	2010年度全球消费者信赖的"中国食品行业十佳优秀自主品牌"	首届中国优秀自主品牌国际发展战略高峰论坛
37	2011.4.8	第三届中国广告主金远奖"中国最具社会责任感"奖项	中国传媒大学BBI品牌研究所和《广告主》杂志
38	2011.9	优秀会员单位推进质量活动特别贡献奖	北京质量协会
39	2011.12.15	"三元"牛奶荣获"影响百姓经济生活的十大品牌"	第五届"北京影响力"评选
40	2012.4.28	2012年度市级绿色通道成员单位	北京市工商行政管理局
41	2012.5.30	2011—2012中国最受尊敬企业	《经济观察报》社与北京大学管理案例研究中心联合
42	2012.11	中国食品安全报社理事长单位	中国食品安全报社理事会
43	2012.11.14	2011—2012年度重点乳品加工企业信息监测工作先进单位	中国奶业协会
44	2013.7.25	2012—2013年度重点乳品加工企业信息监测工作先进单位	中国奶业协会
45	2013.8	2012—2013全国食品工业优秀龙头食品企业	中国食品工业协会
46	2013.9	《中华人民共和国产品质量法》施行20周年知识竞赛先进单位	国家质量监督检验检疫总局
47	2013.9.15	第十一届中国食品安全年会十强企业	中国食品安全年会组委会

(续)

序号	时间	奖项名称	颁发单位
48	2013.9.15	百家诚信示范单位	中国食品安全年会组委会
49	2014.5	食品安全示范单位	食品博览会组委会
50	2014.6.14	婴幼儿配方乳粉企业质量安全追溯体系建设试点企业	工业和信息化部
51	2014.10	第十二届中国食品安全年会十强企业	中国食品安全年会组委会
52	2014.10	中国食品安全年会突出贡献单位	中国食品安全年会组委会
53	2014.10	百家诚信示范单位	中国食品安全年会组委会
54	2015.3	2014年度质量守信单位	中国品牌杂志社
55	2015.3.14	北京农村劳动力就业安置先进单位	市委农工委、市农委、市人力社保局
56	2015.5.21	质量管理奖提名奖	北京市人民政府
57	2015.11.1	中国十大责任国企	国务院国资委新闻中心、中国社会科学院经济学部企业责任研究中心
58	2015.11.7	2015年中国食品安全管理创新十佳案例	第十三届中国食品安全年会
59	2015.11.12	2015年消费者最喜爱的食品品牌	"2015中国食品产业发展和品牌创新"论坛组委会
60	2015.11.18	"乳品产业卓越质量管理体系的建立与实践"获第三十届北京市企业管理成果奖一等奖	北京市企业管理现代化创新成果评审委员会
61	2015.12	质量优秀奖	中国乳制品工业协会
62	2015.12.15	北京市农业信息化龙头企业	北京市农委
63	2015.12.16	2014—2015年度全国食品工业优秀龙头食品企业	中国食品工业协会
64	2016.1	"乳品企业以食品安全为核心的全程质量管理"获第二十二届国家级企业管理现代化创新成果一等奖	全国企业管理现代化创新成果审定委员会
65	2016.1	母婴乳品健康北京市国际科技合作基地	市科委
66	2016.3.15	"诚信的力量"承诺企业	北京电视台主办的首届"诚信北京"——315消费者权益日晚会
67	2016.7.14	三元舒释爱力优婴幼儿配方奶粉"品质金奖"	第八届中国(北京)国际妇女儿童产业博览会
68	2016.8.20	质量管理优秀企业	中国乳制品工业协会
69	2016.11.19	"百家诚信示范单位"	中国食品安全年会组委会
70	2017.1.9	三元牌婴幼儿配方乳粉2016年度质量金奖	中国乳制品工业协会
71	2017.1	2016年度"责任产品奖"	中国社会责任百人论坛
72	2017.3.15	最受消费者信赖的十大乳制品品牌	中国保护消费者基金会、中国食品报社
73	2017.11.19	食品安全管理创新十佳案例奖	第十五届中国食品安全年会
74	2017.12.29	2017年度品牌坚守奖	《新京报》"2017放心食品寻访之旅"评选活动

资料来源：北京三元食品股份有限公司志稿和《北京农垦大事记》。

第二章 乳品以外的其他制造业

北京农垦其他食品制造业主要有饲料工业、肉类加工、调味品、葡萄酒、薯类制品、面点食品等，其他制造业主要有化学药品、兽药、动物疫苗、水泥建材、涂料、仪器仪表等。

北京农垦工业企业变化见表 3-2-1、2017 年北京农垦工业主要行业总产值见表 3-2-2。

表 3-2-1 北京农垦工业企业变化情况

项目指标	2000 年	2009 年		2017 年	
		完成数	与 2000 年相比（%）	完成数	与 2009 年相比（%）
企业个数（个）	114	23	−79.8	38	+65.2
其中国有企业	90	14	−84.4	34	+142.9
工业销售产值（万元）	160 188	181 489	+13.35	781 177	+330.4
工业增加值（万元）	59 738	54 071	−9.5	191 033	+253.3
产品销售收入（万元）	166 428	218 522	+31.3	751 485	+243.9
利润总额（万元）	4 173	2 941	−29.5	13 086	+345.0
固定资产原值（万元）	190 216	112 412	−40.95	475 934	+323.4
年末从业人员数（人）	12 309	2 890	−76.5	9 552	+230.5

资料来源：北京市农工商联合总公司/北京首都农业集团有限公司报送农业部农垦局《统计年报》。

表 3-2-2 2017 年北京农垦工业主要行业总产值

指标名称	数量（万元）	比重（%）	指标名称	数量（万元）	比重（%）
工业总产值（现价）	872 142.72	100	医药制造业	8 322.55	1.0
农副产品加工业	91 439.11	10.5	非金属矿物制品	13 744.00	1.6
其中：饲料加工	58 530.33	6.7	其中：水泥石灰石膏制造	13 617.00	1.5
食品制造业	756 911.06	86.8	砖瓦、石材等建材制造	127.00	0
其中：乳制品制造	599 035.96	68.7	计算机通讯电子设备制造业	6.40	0
罐头食品制造	52 268.00	6.0	其他制造业	679.60	0
化学原料和化学制品制造	1 040.00	0.1			

资料来源：北京首都农业集团有限公司报送农业部农垦局的《2017 年统计年报》。

■ 第一节 骨干食品工业企业简介

食品工业企业是北京农垦工业布局及发展的重点。经过长期的投入与发展，在 21 世纪初已具有相当的规模水平。2000 年 5 月，系统内的三元食品公司、北京吉百利食品有限公司、北京卡夫食品有限公司、北京辛普劳食品加工有限公司、北京发喜冰激凌有限公司、北京百麦食品有限公司、北京荷美尔食品有限公司、北京丘比食品有限公司均进入北京食品工业百强企业榜。

一、北京荷美尔食品有限公司

北京荷美尔成立于 1995 年 2 月 12 日，美国荷美尔食品公司持股 80%，首农集团持股 20%。公司位于北京市朝阳区孙河乡顺黄路，占地面积 2.6 万米^2，有员工 315 人。北京荷美尔的主要产品包括培根、火腿、香肠等，生产量约 1 000 吨/月。公司不断优化管理，逐步将原传统管理模式转变为矩阵式管理，并且通过零售、餐饮和生鲜 3 个方面，拓展了销售渠道，每月生产量可达 1 000 吨，提升了盈利能力。公司于 2008 年荣获北京奥运会、残奥会先进单位奖；2009 年荣获北京市和谐劳动关系先进单位称号；2014 年荣获北京市"安康杯"竞赛优胜单位奖、最佳雇主奖、美国荷美尔全球最佳项目奖和"首都环境保护先进单位"荣誉称号；2015 年荣获北京市模范集体奖；2017 年荣获首都劳动奖状称号。

二、北京艾莱发喜食品有限公司

艾莱发喜公司成立于 1990 年 8 月 7 日，是农业产业化国家重点龙头企业、国家级"高新技术企业"，主要产品有冰激凌、餐饮牛奶、冰激凌蛋糕以及为世界知名品牌餐饮连锁企业加工的奶浆。2003 年，公司投资 5 000 万元在北京市顺义区金马工业区建成了占地 4.3 公顷的新工厂，每天使用鲜牛奶约 100 吨，公司的品牌得到了市场的高度评价和认可。在第六届"北京影响力"评选活动中，八喜冰激凌荣获"最具影响力十大品牌"称号。2016 年，三元食品股份公司占股 90%，北京艾莱宏达商贸有限公司持股 10%。

三、北京丘比食品有限公司

1994 年 5 月，北京丘比正式成立，主要生产沙拉酱、沙拉汁、果酱等丘比品牌产品。2000 年 5 月，北京丘比进入北京食品工业百强企业榜。2005 年，总投资 4 500 万元、坐落在怀柔区雁栖开发区的北京最大的调味品生产厂家——北京丘比新厂竣工投产。2009 年 11 月，品牌荣获"最受消费者喜爱的品牌"。2015 年，北京丘比获得"中国调味品行业二十年调味酱产业十强品牌企业"称号。2017 年，合资公司股东及持股比例为：日本丘比株式会社持股 65%，首农集团持股 10%，西郊农场持股 25%。

四、北京安德鲁水果食品有限公司

1998 年，北京安德鲁成立，生产果酱、果泥等产品。公司总投资 1 500 万美元，注册资本 800 万美元，总公司出资 60 万美元，占出资额的 25%，法国安德鲁股份有限公司出资 600 万美元，占出资额的 75%。初期，公司与中国国际航空股份有限公司、北京首都航空有限公司建立合作，后期，中国东方航空股份有限公司、南联航空食品有限公司、海南航空股份有限公司也成为其客户。除国内大型航空公司以外，很多国外航空公司也对北京安德鲁的产品十分认可，法国航空、美国达美航空公司、德国汉莎航空股份公司、阿联酋航空等公司在配餐中都选用了安德鲁的产品。

五、北京百麦食品有限公司

北京百麦成立于 1992 年 9 月，注册资本 77 万美元，投资总额 110 万美元，美国百麦甜品公司持股 82%，红星蔬菜食品冷冻厂持股 18%。1993 年，百麦开始向麦当劳餐厅提供产品冷冻派。1995 年，变更投资方和持股比例，注册资本变更为 640.8 万美元，投资总额为 1 281.6 万美元，美国百麦公司持股 60%，中方变更为南郊农场，持股 40%。1998 年年初，在大兴县旧宫北庑殿路 30 号建成具有全球领先水平的新工厂，厂区面积 7 300 米²。公司的主要产品有苹果派、菠萝派，香芋派、三角派等多种风味派产品，产品覆盖中国大陆全部麦当劳餐厅，并出口香港、马来西亚、新加坡、日本、韩国、菲律宾，出口销售收入占总销售收入的 40％。

六、北京百嘉宜食品有限公司

2003 年 11 月 25 日，北京百嘉宜食品有限公司成立，主营业务为开发和生产速冻面米食品（风味派、速冻面团）、糕点、裱花蛋糕等，经营期 50 年。2008 年 1 月，公司建成投产。2017 年 4 月，南郊农场收购美国百麦公司 35％股权，收购后，南郊农场持有 75％的股权，美国百麦公司持有 25％的股权。

七、广州百买食品有限公司

2007 年 12 月，南郊农场和在美国百麦公司在广州经济技术开发区共同投资设立广州百麦食品有限公司。公司总投资 5 500 万元，注册资本 2 050 万元，其中南郊农场出资 820 万元，持股 40％；美国百麦出资 1 230 万元，持股 60％。公司主营业务为开发、生产、销售食品、烘焙食品，经营期 50 年。2009 年 6 月，公司建成投产。2016 年 11 月，南郊农场受让美国百麦公司 60％股权，12 月交易完成后，广州百麦变更为内资企业。

八、东莞百嘉宜食品有限公司

2015 年 5 月 4 日，南郊农场与美国百麦公司共同投资设立东莞百嘉宜食品有限公司；产品为麦当劳汉堡包、松饼面包。公司总投资 12 000 万元，注册资本 9 340 万元，其中南郊农场出资 3 736 万元，持股 40％；美国百麦公司出资 5 604 万元，持股 60％，但双方并未实际入资。2017 年 4 月，南郊农场以 0 元价格受让美国百麦公司 60％的股权，交易完成后，广州百麦公司变更为内资企业。2017 年 12 月工厂建成，次年 2 月正式生产。

九、北京太阳葡萄酒有限公司

公司成立于 1995 年 12 月 19 日，投资总额 1 600 万美元，注册资本 800 万美元，中方出资人为总公司（后变更为首农集团）/长阳农场，外方为法国太阳集团，中法双方各持股 50％。公司主营业务为生产、加工葡萄酒及白兰地酒，并种植葡萄。1997 年，从法国引进优良葡萄品种 13 个，发展 30 公顷示范园。1998 年以后，利用繁育的种苗，累计发展 166.6 公顷葡萄基地。1998 年，公司引进的意大利灌装设备试车成功，生产能力为 3 000 瓶/小时，生产的干红和干白葡萄酒被评为"中国十大名牌葡萄酒"。2000 年，种植基地的葡萄进入收获期，开始自酿葡萄酒。2005 年，太阳干邑 XO 荣获"北京国际餐饮食品博览会金奖"。2012 年，太阳金玫瑰葡萄酒荣获《中国葡萄酒》杂志百大葡萄酒金奖。

■ 第二节　其他制造业企业简介

一、北京立时达药业有限公司

立时达药业隶属双桥农场。1984 年 12 月之前，为北京市双桥针织厂；1985 年转产，更名为北京市双桥有机化工厂；1988 年，企业转产，生产兽药，更名为北京市兽药厂；2000 年 3 月，企业改制，更名为北京立时达药业有限公司，专业生产动物用原料药、制剂产品及饲料添加剂。2002 年 10 月，立时达药业被评为中国动物保健品行业 50 强。2005 年 8 月改制为国有控股的有限责任公司。2013 年，公司作为唯一的兽药生产企业，成功进入国家牛奶"金钥匙"技术示范工程，立时达品牌效应得到有效提升。2016 年，共生产产品 66 个。2017 年，公司被农业部中国兽医药品监察所列为地方省所免抽检单位；11 月 30 日，第七次顺利通过 GMP 验收。

二、北京太洋药业股份有限公司

北京市双桥制药厂于 1992 年与国外公司合资创办现代化中外合资企业——北京太洋医药化工有限公司。1994 年，公司更名为北京太洋药业有限公司。2015 年 3 月 9 日，北京太洋药业有限公司更名为北京太洋药业股份有限公司。至 2014 年，公司注册资本为 1.3 亿元，双桥农工商持股 33%。

太洋药业拥有完善的研发、生产体系。2000 年 12 月 22 日，太洋药业药物研究所被北京市经济委员会认定为市级企业技术中心，高度自动化制药车间全部通过国家药品生产质量管理规范 GMP 的认证。公司主要产品有原料药、粉针剂、片剂、胶囊剂、颗粒剂、膏剂等，拥有口服降糖药系列产品艾汀（盐酸吡格列酮片，一类新药）、艾涟（伏格列波糖咀嚼片）、易稳平（盐酸二甲双胍缓释片）、易平稳（格列喹酮片）、优降糖及格列喹酮片等品种。"艾汀"作为 2001 年国内首家上市的一类化学降糖新药，在国内胰岛素增敏剂类药物中销量最大，市场占有率名列前茅。公司原料药重酒石酸间羟胺（国内独家）、盐酸吡格列酮、盐酸苯海拉明、甲氧氯普胺、对氨基水杨酸钠、盐酸氨溴索等品种多次获部优、市优产品称号，远销欧美及东南亚等国家和地区，在国际市场上享有很高的地位和声誉。太洋药业现已成为国内知名的专业降糖药物生产企业、北京市原料药生产基地和抗生素生产骨干企业。

三、北京华都诗华生物制品有限公司

2009 年 11 月 25 日，华都诗华公司成立。2017 年 5 月，合资公司股东及持股比例调整为首农股份持股 40%，法国诗华公司（CevaSante'AnimaleS. A）持股 38.4%，Laprovet 持股 21.6%。法国诗华是一家全球性的兽医及动物保健公司，主要致力于宠物、家畜、生猪及家禽所使用的医药产品和相关疫苗的研发、生产及销售。2012 年 1 月 1 日，合资公司正式生产经营。公司已取得中关村高新技术企业、北京市高新技术企业、畜禽疫病防控技术北京市重点实验室的共建单位、专利试点单位等资质。

华都诗华公司设立生物技术开发中心引进国外先进的生产技术、工艺和设备，执行法国诗华全球技术标准，产品质量达到诗华欧盟标准，拥有一支国际化的生产、质管、质检团队，中国区工业总监由具有多年生产管理经验的法国专家担任，产品主要包括活疫苗和灭活疫苗两个大类。马立克氏病疫苗 MD814 株液氮活疫苗经过诗华欧盟一系列的检测标准，于 2013 年 5 月获得了法国诗华的商标使用权，2013 年 12 月正式上市，在国内家禽养殖业具有良好的口碑。2017 年华都诗华生产的四联灭活疫苗新城疫-传染性支气管炎-减蛋综合征-禽脑脊髓炎在同类疫苗中的市场占有率达 98%。

四、北京首农畜牧发展有限公司饲料分公司

首农畜牧饲料分公司的前身是 2011 年 9 月 28 日正式成立的三元种业科技股份公司饲料分公司，2015 年 9 月改为现名，注册地为北京市通州区永乐店镇德仁务后街村。饲料分公司产品品种分为预混料系列、全价颗粒料系列、浓缩料系列、精补料系列、膨化料系列、浓缩料系列六大系列几十个品

种。分公司自动化综合饲料厂是中国华北地区规模最大的饲料加工基地，拥有国内一流的饲料生产设备，年加工能力可达 42 万吨。7 条生产线全套采用"牧羊"最新型号设备，还引进了英国 AB 公司生产的蒸汽玉米压片系统，设备精良，工艺先进。2017 年 12 月 31 日，分公司累计生产各类饲料 21.86 万吨、销售 20.55 万吨。

五、北京市长城机床附件有限责任公司

长城机床附件公司的前身为 1987 年成立的北京市长城机床附件厂，2014 年成为农场全资子公司。公司作为机床减振垫铁的专业厂家，是北京市高新技术企业、中关村高新技术企业，有 15 个系列、60 多个规格的定型产品，适用于数控机床、金属切削机床、锻压机械、橡塑机械、汽车、制药机械、机电、工程设备等的隔振减振，研发的 S78-11A 系列充气减振垫铁填补了国内中小型高速压力机减振器的空白。2008 年，弹簧阻尼隔振器实验成功；2009 年，高速压力机用弹簧阻尼隔振器投入生产，打破了该产品被国外垄断的局面。2010 年，设计出用于大型压力机的弹簧阻尼隔振器；2012 年，S78-18 系列产品研发成功。

六、北京南农建筑科技有限公司

1978 年，南口农场成立北京市南农水泥构件厂。2017 年，完成公司制改造，定名为北京南农建筑科技有限公司，为农场全资子公司，厂区占地面积 21 公顷。公司为行业二级生产企业，主要产品有工业化住宅 PC 产品外墙板、内墙板、楼梯板、空调板、阳台板、叠合板、隔墙板、长向板、短向板、屋面板、沟盖板、过梁、柱子、H 型钢结构系列产品、透水砖、盘扣式脚手架等。2016 年，公司退出盘扣式脚手架加工业务；2017 年，退出预制楼板业务，水泥预制构件、钢结构构件、脚手架加工业务分三年逐步完全退出。为适应北京市住宅产业化政策要求，公司把转型发展目标放在了国家鼓励发展的住宅产业化部品生产加工上。

七、北京胜利混凝土建材有限公司

北京胜利混凝土建材有限公司的前身是 1985 年成立的双桥物资供销公司，1995 年，成立北京市胜利搅拌站，2002 年，企业改制为北京胜利混凝土建材有限公司，为国有独资公司以加工混凝土、水泥制品，销售钢材、木材、粉煤灰、建筑材料，出租库房和房屋为主。混凝土搅拌站位于北京市朝阳区双桥中路"两广路二期延长线"南侧，占地 46 666 米^2，有生产设施 5 套，全部为仕高玛强制搅拌机，总装机容量 13 米^3，此外，还有运输车辆 40 台、泵送设备 6 台，可承接 C10～C80 等不同等级的混凝土业务。胜利建材公司陆续为北京市建筑市场提供优质合格混凝土约 500 万米^3，曾参建北京市三、四、五、六环路，地铁 7 号线、八通线，北京副中心，广渠路延长线，环球影城等工程，开发生产了钢渣重混凝土、轻集料混凝土、聚丙纤维混凝土、防辐射混凝土、清水混凝土等特种混凝土。公司参建的多项工程荣获"鲁班奖"和"长城杯"，受到北京市行业主管部门的好评，为首都建设做出了贡献。

第三章　建　筑　业

建筑业是北京农垦产业兴衰变化最为显著的业态。北京农垦建筑业几十年的变化，几乎走出了一个"马鞍形"，即从小到大，逐步形成规模，又逐步收缩和退出市场。

■ 第一节　建筑业的发展变化

建场初期，北京农垦为解决职工住房问题和农牧业生产用房、库房，先后建立起建筑队（如南郊农场）或基建队（如南口农场）。20世纪60～70年代，这些农场的建筑队不仅建造生产用房、水利设施（如扬水站等），还能承担农场职工平房住宅的建设。早期，这些建筑队/基建队多数依附在农牧业生产单位，后来随着业务的增加，有的开始成为独立核算单位。1979年，市农场局复建，当年全系统有14个独立核算的基建队。[①] 是8月11日，市革委会农林办（79）京革农发149号文，批复同意成立北京市长城农工商联合企业建筑公司。长城农工商联合企业建筑公司是在原市农林局基建队的基础上建立的。1980年8月，为了加强对农场基建施工队的行业管理，长城农工商联合企业建筑公司印发了《农场基建施工队组织管理条例》。1982年3月15—16日，市农场局首次召开建筑工作会议，各农场国有建筑队陆续改为长城建筑公司的分公司。为了有序、规范地发展农村集体建筑业，1986年5月19日，总公司（86）京农管字第22号文通知各农场，所属的农村集体建筑施工队由各农场长建公司分公司统一领导，承担任务必须由总公司建筑公司统一签署合同、统一审批预算、统一分配任务、统一技术管理、统一进行决算。1987年，南郊农场集体所有制性质的南郊第二建筑公司被全国集体建筑业联合会评为先进单位。1988年2月，总公司第6次办公会决定在基建处成立招标服务部，人员编制列入设计室，实行有偿服务。至1989年，北京农垦独立核算的建筑队已有90个。长城建筑工程公司发展到拥有7个直属工程队、6个工程处（其中包括古建筑工程处和水电工程处）。[②] 1990年，成立北京市国营农场管理局建筑行业管理办公室，履行区（县）建筑行业管理职能，挂靠在北京市长城建筑工程公司。1993年9月23日，总公司（93）京农总字第15号通知，北京市长城建筑工程公司更名为北京市长城建筑工程总公司。长建总公司在各农场相继建立了13个分公司。1995年前后，北京农垦的农场几乎都兴办了国有建筑企业，少则一家，多则四五家，除从事工程施工，也有涉足市政工程和房屋装饰业务的公司。场乡体制改革前一年的1997年，北京农垦共有建筑企业81家，其中国有建筑企业29家，集体建筑企业52家。[③] 场乡体制改革前北京农垦国有建筑安装企业见表3-3-1，国有建筑施工企业基本情况见表3-3-2。

---

① 北京市国营农场管理局《一九七九年统计年报》。
② 《北京国营农场史》（1949—1989），第78页。
③ 北京市长城农工商联合企业《一九九七年统计年报》。

表 3-3-1　场乡体制改革前北京农垦国有建筑安装企业名录

序号	国有建筑安装企业名称	上级单位
1	和平建筑工程公司（建筑一公司与建筑二公司合并，后为北京市中创建筑工程公司）	东郊农场
2	北京长建东风建筑公司	东风农场
3	北京金木建筑装饰有限公司	东风农场
4	北京市志力工程咨询公司	市农场局/东风农场
5	南郊建筑工程公司	南郊农场
6	南郊第二建筑工程公司	南郊农场
7	南郊新兴锅炉安装公司	南郊农场
8	北京市五环市政公司	南郊农场
9	北京市华润防腐直埋保温厂	南郊农场
10	西郊建筑工程公司	西郊农场
11	西郊京纶修建工程公司	西郊农场
12	西郊长青装饰公司	西郊农场
13	北京市永乐安建筑工程处	永乐店农场
14	北京市长建永乐建筑工程公司	永乐店农场
15	长建北郊建筑公司（第一、二施工队）	北郊农场
16	北郊华丽建筑工程公司	北郊农场
17	北郊市政工程处	北郊农场
18	北京三元高比特建筑有限公司	北郊农场
19	北郊农场锅炉安装队	北郊农场
20	长建双桥建筑工程公司	双桥农场
21	北京双桥锅炉安装队	双桥农场
22	北京市旺平水电工程公司	双桥农场
23	北京市双旺电力工程处	双桥农场
24	双桥农场基建队	双桥农场
25	北京朝阳华杰建筑工程队	双桥农场
26	北京市旺平水电工程公司	双桥农场
27	长阳建筑工程公司（长建兴旺建筑工程公司）	长阳农场
28	东北旺建筑工程公司（安达建筑公司）	东北旺农场
29	北京上地装饰服务公司	东北旺农场
30	北京北环水暖装修服务部	圆山大酒店
31	长建巨山分公司（北京巨山精益建筑工程有限公司）	巨山农场
32	十三陵建筑工程公司	十三陵农场
33	长建十三陵第二施工队	十三陵农场
34	西山建筑工程公司	西山农场
35	朝阳燕城建筑公司	朝阳农场
36	华成长城装饰公司	华成商贸公司
37	华成五建十六工程处	华成商贸公司
38	华成佳诚装饰公司	华成商贸公司
39	三环市政建筑工程公司	三环实业公司

（续）

序号	国有建筑安装企业名称	上级单位
40	三环福达装饰公司	三环实业公司
41	北京长城建筑工程总公司	农工商联合总公司
42	北京长城宾州装饰工程有限公司	长城建筑工程总公司

资料来源：各单位大事记以及 1995 年的统计年报。

表 3-3-2   场乡体制改革前国有建筑施工企业基本情况

年份	建筑企业个数（个）	年末职工人数（人）	固定资产原值（万元）	机械设备总台数（台）
1982	12	1 594	—	—
1986	27	5 764	651.4	—
1989	90	9 757	2 621.9	—
1991	53	7 138	1 692.9	684
1995	18	5 309	5 744.8	2 118
1997	25	5 893	8 305.9	1 810

资料来源：北京市农工商联合总公司有关年度的统计年报。

场乡体制改革后，北京农垦开始对国有建筑业进行改制重组。1999 年 8 月，永乐店农场所属北京市永乐安建筑工程处改制为有限责任公司，农场持有的 40％的股权转让给自然人。2000 年 1—5 月，总公司对十三陵农场管理的一级资质企业——北京市百环建筑工程公司进行产权界定，并更名为北京三元建设工程公司。2001 年 9 月 13 日，三元集团总公司京农管企发（2001）59 号文决定以北京三元建设工程公司为主体，重组系统内长城建筑公司、南郊一建、南郊二建、东郊中创、双桥建筑公司等 13 家建筑企业；10 月，北京三元建设集团有限公司成立，公司注册资本 10 836.58 万元，是具有国家一级资质的大型建筑企业集团。2004 年，三元建设集团又退回部分建筑企业给原属农场，公司予以减资，同时，公司更名为北京三元建设有限公司，为三元集团控股的二级公司。

场乡体制改革后，北京农垦建筑业总规模是缩小的，国有小型建筑企业在市场竞争中生存愈发困难，退出市场渐成趋势：长建东风建筑公司被民营高科技企业天筑伟业科技发展有限公司收购；双桥农场向 13 个自然人转让其持有的双桥建筑工程公司 48.74％股权；长建永乐建筑工程公司实行破产；2004 年，北京市华润防腐直埋保温厂和北京市本土建筑设计公司国有股权全部退出。至 2004 年，北京农垦国有及国有控股建筑企业仅剩 10 家。

1998—2004 年北京农垦国有建筑企业情况见表 3-3-3。

表 3-3-3   1998—2004 年北京农垦国有建筑企业情况

年份	1998	1999	2000	2001	2002	2003	2004
国有建筑企业个数（个）	34	31	24	23	13	10	10
建筑业总收入（万元）	45 972	45 049	42 590	45 060	52 771	56 229	62 858
建筑业增加值（万元）	10 001	13 116	19 185	7 705.9	8 521	9 470	8 733

资料来源：北京市农工商联合总公司/北京三元集团有限责任公司有关年度的统计资料。

2004 年 12 月，市国资委批准三元建设纳入辅业改制的范围，集团引进外部法人北京联东投资集团有限公司并由其控股。2005 年 12 月，长建双桥建筑工程有限公司完成辅业改制，双桥农场全部退出。2007 年 8 月 3 日，北京市第二中级人民法院判决华都集团所属北京市华都建筑总公司破产。

2011 年 3 月，巨山农场全部退出北京市长建精益建筑工程有限公司。2015 年 4 月，首农集团将其持有的三元建设 10.38％国有股权全部转让。2016 年 2 月，东风农工商转让其持有的北京金木建筑装饰有限公司 10％国有股权。至 2017 年，有国有建筑企业 2 家：北京三元安达建筑有限公司、北京双益达建安工程有限公司；国有参股企业 1 家：北京三元长城建筑有限责任公司。

2006—2017 年北京农垦国有建筑企业基本情况见表 3-3-4。

表 3-3-4　2006—2017 年北京农垦国有建筑企业基本情况

年份	企业个数（个）	固定资产原值（万元）	机械设备总台数（台）	全年施工房屋建筑面积（万米²）	房屋竣工面积（万米²）
2006	4	1 730	47	7.7	4.8
2008	4	1 061	185	6.13	4.13
2009	3	998	15	12.15	3.75
2010	2	1 045	22	6.0	1.0
2011	2	1 012	24	3.0	3.0
2012	2	974	16	3.0	3.0
2013	2	975	18	2.3	2.3
2014	2	912	16	3.6	1.0
2015	2	913	16	7.7	6.6
2016	2	998	16	6.2	3.1
2017	2	268	11	3.5	3.0

资料来源：北京三元集团有限责任公司/北京首都农业集团有限公司有关年度的统计报表。

■ 第二节　存续的建筑企业简介

一、北京三元安达建筑有限公司

2012 年 1 月 1 日，西郊农场停止使用北京长建西郊建筑有限公司名称对外经营，正式启用北京三元安达建筑有限公司名称及资质。安达建筑公司注册资本金 2 672.4 万元，为西郊农场全资子公司，具有建筑工程施工总承包二级资质。安达建筑公司主要经营施工总承包项目、普通货物运输，拥有专业技术人员及管理人员 100 余人，其中具有初级以上职称的有 11 人，有二级以上建造师 9 人，通过安全生产考核三类人员的有 18 人，材料员、质检员、试验员、水暖及土建员等技术岗位共 72 人。安达建筑公司自成立以来，先后承接住宅楼百余栋，并多次承揽不同结构的教学楼、办公楼和别墅工程，施工范围涉及住宅、公建、装修等，工程合格率达到 100％，得到业主的一致好评。西北旺新村 B2-5♯住宅楼工程、西二旗公共租赁房项目被评为北京市建筑行业优质样板工程；上庄镇 C14 地块限价商品住房项目获得结构长城杯银质奖工程的标杆。

二、北京三元长城建筑有限责任公司

2004 年 6 月，北京三元长城建筑有限责任公司从原长建总公司剥离，并由西郊农场和双桥农场注资重组。注册资金 2 700 万元，西郊农场和双桥农场各持有 50％股权。2010 年，西郊农场和双桥农场向自然人吴存刚转让各自 30.37％的股权。完成交易后，西郊农场、双桥农场各持有公司

19.63%股权，自然人持有 60.74%股权。公司以经营工业与民用建筑、装饰装修、设备安装、市政工程、热力工程为主，具有建筑工程施工总承包二级资质、建筑装修装饰工程专业承包二级资质、市政公用工程施工总承包二级资质。公司下设 6 个分公司、6 个直属项目部，有专业技术人员及管理人员 100 多人，其中具有中级以上职称的 25 人、二级以上建造师 16 人。公司先后承建的大型工程项目有：国家游泳中心著名的水立方热力站工程、三嘉信苑 10♯经济适用房等 7 项；海淀区上庄镇中心区 C-14 地块限价商品住房项目四标段；海淀区上庄镇 B10 地块自住型商品房项目五标段（上述三个群体工程均获得北京市结构长城杯银质奖）、北清家园住宅小区 10♯住宅等 12 项；北清住宅小区 5♯住宅等 13 项；南口农场职工住宅楼等 4 项工程；艾莱发喜食品有限公司新建西库房；西二旗公共租赁房项目 1♯、4♯、5♯楼；东北旺农场科研楼 2 号楼、3 号楼；生活垃圾分转运中心；设备用房等 4 项（南口农场危旧翻建项目），海淀区上庄家园 N28、N34 地块定向安置房项目 31♯楼、34♯楼等。上述工程均获得北京市是优质工城奖。公司曾多次荣获"北京市推行全面质量管理先进企业"及"用户满意企业"称号。

三、北京双益达建安工程有限公司

1997 年 3 月，双桥农场组建北京双益达建安工程集团。2017 年年底，更名为北京双益达建安工程有限公司。双益达建安公司注册资金 1 000 万元，共有下属企业 2 家：北京市双旺电力工程有限公司和北京双益达饮用水有限公司，涉及仓储租赁、电力工程、饮用水生产等多个行业。双旺电力工程有限公司的前身是北京市双旺电力工程处，成立于 1996 年 6 月，经营范围为单项合同额不超过企业注册资本金 5 倍的 110 千伏及以下送电线路（含电缆工程）和同电压等级变电站工程的施工。2017 年 12 月，改制为北京市双旺电力工程有限公司，股东为双桥农场，注册资本 2 000 万元。2017 年，公司从业人员 40 人，总资产 2 587 万元，主营业务收入 3 613 万元。

第四篇 第三产业

第一章 住宿和餐饮业

改革开放初期，社会上普遍存在"吃饭难"和"住店难"等问题，北京农垦充分发挥自身优势，主动进取，巧妙利用所处的地理位置、周边环境等有利因素。从小旅馆、农场招待所干起，发展到现在的星级酒店和中高档餐馆，经历了从无到有、从小到大的发展历程。

■ 第一节 住宿和餐饮业的发展变化

北京农垦住宿餐饮业起步于改革开放之初的近郊农场。1980 年 9 月，东风农场开始建设第一家酒店——酒仙饭店，1982 年 11 月竣工开业。1984 年建设三元宾馆，1985 年 6 月建成中日合作的朝阳公寓，1989 年建成中日合资的东苑公寓，1997 年建成中日合作的三全公寓等，由此，在北京的东北三环和东北四环地区形成了一个酒店公寓集群。同期，各农场在投入小、见效快的餐饮业上首先取得快速发展。至 1985 年，全系统餐饮业网点达到 162 个，其中个体 112 个、集体 43 个、全民 7 个，全民 7 个网点安置职工 202 人；餐饮业全年营业额 745 万元，其中全民 114 万元。[①]

北京农垦 1990 年与 1995 年餐饮业发展情况对比见表 4-1-1。

表 4-1-1　1990 年与 1995 年餐饮业发展情况对比

年份	网点个数（个）			年末从业人数（人）			营业面积（米²）			年营业额（万元）		
	合计	国有	集体	合计	国有	集体	合计	国有	集体	合计	国有	集体
1990	46	9	37	857	276	581	20 367	4 344	16 023	1 474	396	1 078
1995	65	22	43	1 229	397	832	15 832	9 306	6 526	28 565	24 908	3 657
1995 年与 1990 年相比（%）	+41	+140	+16	+43	+44	+43	−22	+140	−59	+1 800	+6 200	+240

旅馆住宿业也是北京农垦最早发展的第三产业。1990 年，北京农垦旗下共有 5 家涉外饭店：回龙观饭店、天寿山饭店、田园庄饭店、德胜饭店、光明公寓，当年共接待外国宾客 2 323 人，取得营业收入 5 254 万元，其中外汇人民币 2 263.7 万元。[②] 至 1995 年，营业面积在 1 000 米² 以上的旅馆有 7 个，分别是牛奶公司招待所、天寿山饭店、圆山大酒店、东苑公寓、朝阳公寓、光明饭店、回龙观饭店。

北京农垦住宿餐饮业通过优胜劣汰，少数企业退出市场，多数企业稳步扩大经营规模，保持了住宿餐饮业的良性运行。2017 年，住宿餐饮业年营业收入 326 866 万元，增加值 110 845 万元，与首农

---

① 《北京市国营农场管理局统计资料》（1950—1985 年），第 297 页。

② 《北京市农工商联合总公司一九九〇年统计资料》，第 157 页。

集团成立前的 2008 年相比，尽管营业用房面积减少了 11 519 米²，减少 9.6%，但营业收入与增加值分别比 2008 年增长 110% 和 99%。

首农集团时期住宿餐饮业基本情况见表 4-1-2。

表 4-1-2　首农集团时期住宿餐饮业基本情况

| 年份 | 独立核算企业个数（个） | | 营业网点（个） | 固定资产原值（万元） | 营业用房面积（米²） | 从业人员（人） | 营业收入（万元） | 增加值（万元） |
	合计	其中：国有						
2009	11	7	144	124 545	181 003	9 417	176 372	63 324
2010	11	7	169	132 228	110 681	6 526	202 273	74 774
2011	10	8	189	130 780	107 851	6 958	251 499	89 291
2012	8	6	244	146 958	105 435	8 203	280 259	100 893
2013	11	10	276	159 350	115 158	8 943	291 830	96 847
2014	11	10	293	161 020	115 713	9 356	293 085	103 663
2015	11	10	290	167 145	112 129	9 119	313 548	105 128
2016	10	9	294	173 012	109 032	8 995	326 866	110 845
2017	9	8	298	174 249	103 514	17 585	379 435	140 046

资料来源：首农集团报送农业部农垦局的历年统计年报。

■ 第二节　住宿和餐饮企业简介

一、宾馆、酒店

（一）开业状态的宾馆、酒店

1. 北京三全公寓有限公司　三全公寓于 1995 年 4 月开工建设，1997 年 12 月竣工，1998 年 3 月开始营业，主要出租公寓并提供配套的服务。公司位于朝阳区麦子店亮马河南岸，占地 9 546.46 米²，总建筑面积 54 315 米²，为一座 26 层高的公寓建筑。项目总投资 3 516 万美元，注册资本 1 276 万美元，东风农场持有 20% 股权，外方持有 80% 股权。三全公寓共有 320 套公寓住房及配套服务设施，包括餐厅、超市、健身房、游泳馆、美容中心、壁球室、网球场等。

2. 北京东苑公寓有限公司　东苑公寓于 1987 年 6 月动工建设，1989 年 9 月竣工，1990 年 10 月开业运营，合资期为 29 年。公寓占地面积 24 136.67 米²，建筑面积 23 570.99 米²，共 128 套客房，包括 76 套别墅型公寓及 52 套高层复式公寓。东苑公寓 1988—2016 年，公寓连续 28 年出租状况稳定，业绩良好。东苑公寓股东及股权有过多次变动，至 2015 年 1 月，东苑公寓股东变更为东风农工商持 95% 的股权；京农工商澳洲有限公司持 5% 的股权。

3. 北京馨德润酒店管理有限公司　馨德润酒店的前身是南郊农场招待所。2006 年 4 月，进行第一次装修改造，增加了营业面积，硬件设施、对外形象均有所提升。随着住宿餐饮行业变化的形势，招待所变更为馨德润酒店。经过 2010 年和 2011 年的改造，客房房间、餐位数均有所增加，配套设施及品质大幅提升。2012 年 6 月试营业，2012 年 12 月正式挂牌成为三星级酒店。2014 年，正式承租大兴区另一家三星级酒店——红恩度假村。2015 年 11 月，馨德润酒店正式接管北京枫叶春秋旅行社有限责任公司。接管后，公司由传统的团队旅游向亲子游、工业游、研学游拓展，积累了一定的客源，逐步打开了市场。

4. 北京三元酒店管理有限责任公司　2008 年 6 月，成立三元酒店管理有限责任公司，北京市圆山大酒店（含北京市昌华物业服务中心、北京长城国际旅行社，北京市谷丰商贸有限公司）、北京市德胜饭店、北京三元香山商务会馆、北京市康乐工贸公司（含华康宾馆）由三元酒店公司统一管理。2009 年 4 月 30 日正式注册成立，系国有独资公司。之后，所属企业多次调整，截至 2017 年 12 月 31 日，三元酒店公司共有 4 家全资子公司：圆山大酒店、德胜饭店、华农物资公司、昌华物业。圆山大酒店是 1990 年开业的三星级酒店，占地面积 5 327.74 米²，营业面积约 3 万米²，其中包括 272 套客房、15 个会议室、2 个宴会厅、11 个中餐包间和茶艺、咖啡、KTV 等娱乐项目，市场定位以会议为主，接待散客为辅。德胜饭店于 1985 年开业，2008 年重装开业后，升级为三星级酒店。饭店占地面积 1 318.4 米²，营业面积 5 000 余米²，包括 83 套客房、2 个会议室、1 个宴会厅和 11 个中餐包间，市场定位为精品商务酒店。饭店餐厅主营淮扬菜、川菜和创意融合菜。

5. 北京首农香山会议中心有限公司 香山会议中心是一家仿古庭院花园式会议型酒店，集会议、餐饮、住宿、娱乐、健身等多项服务于一体。其前身是市农场局香山老干部休养所，成立于 1991 年 5 月 15 日。2004 年 4 月，香山干休所进行改扩建；2005 年 5 月，更名北京三元香山商务会馆；2008 年 5 月 8 日，香山商务会馆正式开业；2010 年 4 月 29 日，三元香山商务会馆名称变更为北京首农香山会议中心。香山会议中心占地面积 2.67 万米²，建筑面积 2 万米²，共有客房总数 93 间、停车位 100 个。

6. 北京光明饭店有限公司 北京光明饭店于 1986 年 4 月 5 日登记成立，注册资本有过多次调整，至 2005 年，注册资本为 2 252.9 万美元，其中日本株式会社徐园持股 70%，三元集团持股 30%。光明饭店建有日式公寓 135 栋，总建筑面积 18 306 米²。1989 年 9 月，集写字间、客房、餐饮、康乐实施为一体的光明大厦建成开业，总建筑面积 13 303 米²，地上 13 层，地下 1 层。1999 年 8 月，光明饭店 25 栋美式公寓建成开业，总建筑面积 5 146 米²，同步建成 8 000 米² 的地下停车场。2000 年，光明饭店被批准为北京市首批四星级公寓，是国家旅游局规定的公寓最高星级。2007 年 10 月，光明饭店商务酒店建成并正式营业，总建筑面积 2 万米²，地上 14 层，地下 1 层，有商务客房 252 套。至 2017 年年底，累计营业收入 27.31 亿元，营业利润 10.56 亿元，上缴国家税款 5.16 亿元，净利润 7.37 亿元。2016 年，按照利润总额与实缴税金排名，北京光明饭店在全国星级饭店中名列第 15 位；2016 年，荣获 2015 年度全国星级饭店利税贡献二十强。

（二）退出的宾馆、酒店

北京农垦退出市场的宾馆、酒店见表 4-1-3。

表 4-1-3　北京农垦退出市场的宾馆、酒店

酒店名称	经济性质	级别	隶属关系	退出原因
朝阳公寓	由中外合资变更为国有独资		东风农场	2004 年 8 月，企业转型，将 32 套公寓客房全部改造成商务办公区整体出租
华康宾馆	由全民所有制改制为公司制		东风农场	2012 年年底，企业转型，将宾馆经营业务调整为写字楼出租
酒仙饭店	全民所有制		东风农场	1993 年 4 月，酒仙饭店新、老楼整体作价 9 000 万元转让给中城乐天房地产公司
三元饭店	国内联营	二星	东风农场	1995 年 4 月，以 4 300 万元的对价向北京红旗物业管理有限责任公司转让三元宾馆全部股权
回龙观饭店	全民所有制	三星	北郊农场	2002 年 6 月 27 日饭店停业，2007 年 6 月，在原址开工兴建龙冠置业大厦
田园庄饭店	中日合资	二星	东北旺农场	1995 年 7 月 28 日，以 4 300 万元总价将饭店转让给中国高级律师、高级公证员培训中心
天寿山饭店	全民所有制	一星	十三陵农场	划出北京农垦系统
明苑饭店	国内联营	二星	十三陵农场	划出北京农垦系统

二、餐饮业

1981 年，北郊农场开办歇甲庄便民食堂，东郊农场开办孙河饭店、下辛堡饭馆，长城农工商联合企业供销公司开办劲松饭庄。1983 年 4 月，卢沟桥农场下属莲花池鸭场开办该场第一家餐馆，取名"闻香来"。1984 年，东北旺农场和西北旺乡供销社联营办"海东餐厅"。1986 年 5 月，总公司商业服务公司接收了总公司劳动服务公司的燕乐餐厅，商业服务公司又兴办了鑫鑫酒家。1987 年，卢沟桥农场在石景山游乐园内建成"方园冷饮快餐厅"并正式开业。20 世纪 80 年代末至 90 年代中期，北京农垦积极引进外资兴办一批餐饮企业。在总公司与美国麦当劳公司合作成功的影响下，中外合资的餐饮公司增加较快。但由于市场定位及经营方面等多种原因，一些运营效益不理想的公司之后陆续注销退出市场。从 20 世纪 90 年代末起，国有餐饮企业多数亏损，个别企业也因城市规划调整或营业场地拆迁陆续退出市场。

（一）处于开业状态的餐饮企业

1. 北京麦当劳食品有限公司　北京麦当劳食品有限公司于 1991 年 3 月 29 日注册成立，主营业务为餐饮服务，销售麦当劳食品，销售麦当劳纪念品、小礼品、玩具，送餐服务等。自 1992 年 4 月 23 日首家餐厅开业以来，所有餐厅都是直营方式，截至 2017 年年底，在营业餐厅有 295 家，其中北京市有 245 家，河北省有 50 家，主要分布在石家庄、保定、张家口、承德、邢台、廊坊等城市。北京市场雇员人数为 2.2 万人。

2. 广东三元麦当劳食品有限公司　1992 年 8 月 21 日，广东麦当劳成立，主营业务为在广东市场（包括广州、佛山、汕头、清远、韶关等地区）投资和经营麦当劳餐厅。1993 年 2 月 20 日，广东麦当劳在广州市的第一家麦当劳餐厅营业，当天交易人次打破当时麦当劳餐厅的全球纪录。2000 年，三元食品有限公司完成收购广东麦当劳中方 50％股权的交易，收购完成后，广东麦当劳食品有限公司更名为广东三元麦当劳食品有限公司，三元食品有限公司及美国麦当劳公司各拥有广东麦当劳 50％的股权。2001 年 4 月 7 日，三元食品股份公司将其持有的广东麦当劳 50％的股权转让给北京麦当劳，股东及股权变动为北京麦当劳和美国麦当劳公司各持 50％股份。2015 年年底，广东麦当劳已有 312 家餐厅，广州市成为麦当劳餐厅最多的中国内陆城市。2016 年年底，广东有麦当劳营业餐厅 336 家。2017 年年底，广东麦当劳餐厅服务顾客超过 1 亿人次。

3. 北京好麦道餐饮管理有限公司　好麦道餐饮管理有限公司系日本株式会社富礼纳思、滦平华都公司、日本鹏达株式会社共同投资，于 2010 年 7 月 22 日成立。2018 年，滦平华都公司持股比例变为 20.60％。[①]　好麦道公司的经营范围主要是餐饮服务和餐饮管理，其餐饮模式定位于外带外送，产品主要为日式便当，品牌为来自日本的"HottoMotto"（中文名称为好麦道）。好麦道公司在北京市既存店铺 2 家，分别为好麦道海淀中街店和好麦道望京 SOHO 店。

4. 红星韶膳国际餐饮养生会馆　南郊农场下属企业农管中心与毛小青共同创办了毛小青红星韶膳国际餐饮养生会馆。该会馆以毛家菜为特色的餐饮企业，是红星集体农庄的重要经营项目之一。2007 年 12 月 25 日，会馆正式对外营业，会馆餐厅可以承接会务、婚庆等活动。

5. 北京黑六福餐饮管理有限责任公司　2011 年 6 月 17 日，世新华盛公司在小汤山基地成立黑六福餐厅，主要以北京黑猪肉为原料经营餐饮，实现了从基地到餐桌的全产业链经营管理模式。2013 年 8 月 27 日，北郊农场出资成立北京黑六福餐饮管理有限责任公司，注册资本 600 万元。2014 年 3

---

① 2018 年，富礼纳思向好麦道单方增资 1 061 万元，好麦道投资总额和注册资本变更为 4 661 万元，其中，富礼纳思出资 3 221 万元，持股比例 69.11％；滦平华都出资 960 万元，持股比例 20.60％；鹏达出资 320 万元，持股比例 6.87％；日本水产株式会社出资 160 万元，持股比例 3.43％。

月，黑六福食府正式对外营业。2015年5月，黑六福食府由黑六牧业公司托管。2016年10月，黑六福食府由北郊农场总部托管。

6. 北京三元梅园乳品发展有限公司 20世纪80年代中期，牛奶公司成立了第一家梅园台基厂店，制作和销售传统奶制品。1995年5月，北京梅园乳品连锁总店成立。2004年6月，梅园乳品连锁总店完成公司制改制，成立北京三元梅园乳品发展有限公司。三元梅园在北京地区拥有直营店和加盟门店20余家，由牛奶公司负责管理。之后，三元梅园股东及股权比例有过多次变化，至2014年，首农食品中心持股66%，三元食品股份公司持股34%。1987年5月和1988年10月，传统奶制品两次东渡日本参加国际食品博览会。2005年11月，在首届"国际餐饮·食品博览会"上，三元梅园参展的产品获"优秀产品奖"。2007年4月，三元梅园乳品店参加北京国企"四名"评选活动，获得"北京国企特色名店"称号。2009年7月，三元梅园的宫廷奶品列入西城区非物质文化遗产保护名录。

（二）退出市场的部分餐饮企业

北京农垦退出市场的中外合资餐饮企业见表4-1-4。

表4-1-4 北京农垦退出市场的中外合资餐饮企业一览

企业名称	经营范围	注册资本	中方股东	中方持股比例	退出方式
北京星巴克咖啡有限公司	咖啡、咖啡用具	1 100万美元	三元集团	10%	2007年股权转让给外方股东
北京首农希杰餐饮管理有限公司	以牛排和高档自助餐为主，韩式风格菜品	1 000万美元	首农集团	51%	2017年公司解散
北京樱花屋餐饮管理有限公司	日本料理、西洋料理	19万美元	东北旺商贸服务总公司	40%	2001年股份全部转让给北京拓末华贸易有限公司
北京真的咖啡餐饮有限公司	西式快餐、咖啡饮料	15万美元	牛奶公司	20%	股权全部转让给北京登科技术发展有限责任公司
北京柳京餐厅有限公司	餐饮	280万元（人民币）	北京农工商食品供应公司	50%	2007年经营期满注销
北京富商酒吧有限公司	欧式酒吧、西餐、快餐、卡拉OK歌厅	80万美元	北京梅园乳品总店	43.75%	2002年12月注销

第二章　房地产业

北京农垦的房地产开发经营是随着国家改革开放的深入发展起来的。经过近50年的探索与发展，房地产开发经营已成为北京农垦重要的经济支柱。在房地产开发经营活动中，自持性物业也得到迅速发展，越来越多的持有型物业为北京农垦提供了丰沛的现金流。

■ 第一节　房地产开发经营

北京农垦绝大多数企业分布在城郊甚至远郊区，企业职工来源渠道较广泛，既有政府分配的干部、转业军人、大中专毕业生，也有周边农民转工到企业工作的人。为了解决企业职工的"职住平衡"，一般采取在农场总部所在地或生产单位周边建设规模不等的家庭住宿房屋方式，形成了企业利用自有用地建设平房住宅并向职工租赁的"房地产"，较具代表性的有双桥农场五号井、东郊农场东营、北郊农场场部北平房区、南郊农场老四分场的大片棚户区等。随着社会和企业经济的发展，20世纪70年代中后期，有的农场开始建设多层楼房，在企业职工中进行调配，并保留租赁居住的方式，90年代初期，农场在职工住宅建设、分配上，仍然基本沿用计划经济时期的管理办法。1992年全国开展住房制度改革后，北京农垦按照政府规定的有关办法和价格标准，将历年来企业建设的住宅出售给当时的住房人，遗留下来的平房区，在新时期逐步纳入了"棚户区改造项目"。将房地产开发作为企业的经营活动，则是在北京农垦实行财务包干的1977年。就房地产开发的运营模式而言，大体经历了合作开发建设、专业化公司开发的变化过程；在用地方式上，包含了直接利用企业划拨用地、划拨转向协议出让、市场化取得等发展阶段。

一、以合作开发为主要方式的阶段

1977年，北京农垦开始实行财务包干政策。财务包干后，农场有了改善职工居住条件的财力，据对1979—1981年三年财务包干结余使用情况的调查，用于改善职工居住条件的投入占用于非生产性支出的61.6%，计995万元，1977年以来，职工宿舍增加18万米^2，比1977年新增75%。[①]

利用自有资金建造职工住宅远不能满足日趋增长的需求。自1979年起，为了解决资金的瓶颈，在国内发展经济横向联合的大背景下，在农场局基建处的主导下，农场开始采取"利用自有土地，吸引社会资金建设住宅并分成取得住房产权"的方式，渐成房地产开发的主要方式。合作开发的对象主要有两类：

---

① 中国农垦经济研究所调查组：《关于北京市长城农工商联合企业的经济调查》，载《国营农场经济研究资料》第14期，1983.3.30。

1. 与国内企事业单位合作 以5∶5分成方式，与国家物资部联建海淀区北太平庄路9号楼，开了先河。1983年前后，在东风农场区域分别与大成、大北房地产开发公司进行联建，多为3∶7分成比例。此外，还有按照基建程序，由农场局或下属企业立项并组织施工，吸收农业部、卫生部和其他农场资金，建设职工宿舍，然后进行分成的"类销售"项目。

在2004年全面实行居住用地以"招拍挂"方式进行市场化供应以前，在南郊农场、双桥农场、西郊农场、东北旺农场、巨山农场等单位，均采取联合方式进行住宅开发建设。其间，由于北京市实施"统建"（由北京市建设委员会牵头设立的商品房开发建设管理机构，仅对企事业单位销售）的模式，农场局也将部分土地纳入"统建"范围，并在1986年通过异地安排（因团结湖小区建设公交场站占用东风农场土地，农场局采取置换建设指标的方式，获得2个楼座、约2万米² 指标），将建设用地置换到西城区裕中西里小区规划范围。后因成立通达公司，该项指标交予该公司，但企业没有实施自主开发，只是置换了部分住宅。

2. 与外商投资企业合作 总公司利用外资，开发建设了光明公寓；西郊农场引进外资，开发建设翠湖别墅；东风农场利用外资，开发建设朝阳公寓、三全公寓、东苑公寓；东郊农场与外商合资，开发建设了香江别墅。

二、以专业化房地产开发公司为开发主体的阶段

与社会单位进行合作开发的初期，北京农垦通常直接以××农场或××农工商公司名义进行对外合作，农场负责房地产开发的是开发办公室。东北旺农场于1992年7月成立房地产开发办公室。1998年10月，北郊农场成立开发办，其主要职责是协助天鸿集团完成回龙观文化居住区建设的征地、土地确权、职工房改房产权办，以及华龙苑南里部分住宅楼的前期手续办理、工程建设和销售工作。2002年，开发办的主要工作是协助天鸿集团的后续征地以及被占地企业的搬迁选址，办理龙兴园前期手续及开工建设，定泗路、京汤路的占地，后续的土地确权、职工房改房的产权办理工作。

20世纪90年代初期，南郊农场成立北京市大兴县新兴住宅合作社南郊牛奶公司分社，注册资本200万元，注册地为大兴县德茂庄，经营范围有商品房销售、房地产开发咨询服务、住宅小区设施维修服务，业务上接受北京市大兴县新兴住宅合作社指导，利用自有土地在和义、德茂开发建设居民住宅区，这是南郊农场最早的房地产开发企业。

1993年6月，东北旺农场在开发办的基础上，成立北京市海淀区西二旗房地产开发公司（1997年12月更名为北京市安达房地产开发公司）。

在总公司层面，1988年11月，经市政府批准北京市农工商联合总公司房地产开发建设公司成立，这是总公司第一家以房地产开发为主营业务的国有全资企业，1993年更名为北京市通达房地产开发建设总公司。之后，建立6个直属分部（后改为分公司），标志着北京农垦房地产开发开始步入专业化公司经营阶段。同时，与总公司系统内各农场和二级单位合作设立了北郊分公司、南郊分公司、东风分公司等10多家分公司，利用总公司系统内各农场和二级单位的自有土地进行房地产项目开发。

1996年，通达公司取得房地产开发（行业）二级资质。通达公司自设立至2001年，先后自主开发建设了宣武区广安门外湾子项目、朝阳区砖角楼项目、朝阳区北沙滩项目、海淀区安宁里小区项目一期、海淀区安宁里小区项目二期；采取合作开发的形式建设开发了丰台区高庄子项目、西城区北京市农工商联合总公司职工住宅楼项目、朝阳区北苑项目、宣武区枣林前街危改项目、朝阳区小黄庄项目。另外，北京农垦系统的企业以通达公司分公司立项开发了朝阳区南沙滩项目、大兴区和义项目、昌平区金达园项目、海淀区鑫雅苑项目、昌平区通达花园项目。

随着农场开发项目的增加，各农场陆续设立了房地产开发项目公司，这些专业公司的市场化运作能力逐步加强，成为房地产开发的主体。1993年5月，东北旺农场采取"以资代劳，按资分配"的办法，筹集内部资金，加快房地产开发。1994年年底，马连洼一队59户农民搬迁上楼，迈出了新农

村建设的第一步。农场确定了以房地产开发为重点，瞄准城市危改、解困和搬迁的大市场，结合解决旧村改造和职工住房问题，实行合作开发与自行开发相结合、房地产开发与工业开发相结合的整体开发策略，先后开发建设了东馨园、梅园、竹园、菊园等住宅小区。利用房地产建设积累的资金，农场新建了东北旺医院、马连洼小学、农场办公大楼、农场培训中心、老干部活动中心等项目。安宁西里是北京市第一批19个经济适用住房项目之一，1995年，农场圆满完成安宁西里26万米²的经济适用房建设任务。南郊农场于1999年5月成立北京红星房地产开发有限公司，注册资本2 000万元，农场持股49％，为最大股东，先后开发了幻星家园、润星家园两个项目；2000年4月，南郊农场成立北京懿麟房地产开发有限公司，注册资本1 000万元，注册地为大兴县亦庄镇东部工业区，开发了一栋洋房项目。北郊农场龙冠房地产开发公司除继续履行原开发办的管理职能外，开始在资产经营、项目开发、项目建设等方面进行积极的尝试与探索。2003—2005年，完成了龙清苑、源泉商务楼项目的建设。

三、房地产开发快速发展阶段

场乡体制改革后，总公司确立"土地换资本"的发展思路，明确发展物产物流业的战略目标，房地产开发进入较快发展阶段。2001年，总公司决定东风农场成立三元置业有限公司；2007年，三元集团决定成立房屋土地管理部，以加强对土地开发的政策研究及工作指导。

北京农垦关注国家、北京市政府相关政策的变化，依据法规、政策的规定，及时对土地开发方式进行有针对性的调整。

一是利用北京建设绿化隔离地区项目的政策，通过招商引资寻求合作伙伴，对与绿化面积配套的房地产开发项目进行开发，其中包括东郊农场的香江别墅、观唐花园，双桥农场的康城暖山，东风农场的太合家园等。

二是利用社会资源，促进企业用地规划调整，同时协议转让了部分国有土地使用权，获得了支撑企业经济发展和维持职工生活需要的资金，项目包括西郊农场北大资源、北郊农场畜牧四场、南郊农场一栋洋房和世嘉丽景等。

三是围绕政府建设回龙观文化居住区、天通苑经济适用房等房地产开发的用地需求，以较低的价格向政府指定的房地产开发公司转让了较大面积的企业用地；后期也由系统内房地产开发企业参与了上述土地中通达花园、和谐家园、和谐大厦等项目的开发建设。

四是自2004年北京市全面实行土地"招拍挂"以来，北郊农场畜牧四队部分场区的规划居住用地通过挂牌方式转让给北京澳柯玛中嘉房地产开发有限公司，后由东北旺农场所属的北京三元嘉业房地产开发有限公司、昊达房地产公司收购澳柯玛中嘉公司的全部股权，利用上述用地开发建设了园墅项目，主动消除了协议转让土地补偿价格与上市出让土地补偿价格存在差额的矛盾，使企业获得了贴近市场的土地使用权转让补偿收益。同时，对已经签订过占地协议的事项进行全面梳理，采用评估调整补偿价格或按照不低于周边征占农村集体土地的补偿标准向企业支付补偿的方式，保障了企业的合法所得。在系统内企业之间形成的房地产开发项目的土地使用权转让价格也是随行就市的，使各项开发成本更加客观翔实。

从2008年起，西郊农场（含东北旺农场）各类房地产项目开发建设有序推进，成为农场经济的第一板块，先后开发了北清家园，润杰风景小区，三嘉信苑，西二旗润中苑，蓝海中心，馨瑞家园，顺义明德家园，海淀嘉郡，上庄家园N28、N34定向安置房项目以及N35、N46安置项目，西郊农场东部局部地块（北区）定向安置房项目等，累计开发建设169万米²。至2017年年底，西郊农场拥有房地产开发公司7家。从2006年起，北郊农场所属的龙冠开发公司先后开发建设了冠庭园、龙冠置业大厦、龙冠和谐大厦、龙冠商务中心、冠芳园、冠华苑项目。特别是2014年，建筑规模达62万米²的北京市规模最大的自住型商品房项目（冠华苑）的实施，为农场产业转型做出了积极贡献。

随着房地产开发企业的市场化运作意识及能力增强，北京农垦开始从开发自有土地逐步转向到系统外拓展业务，如东郊农场在张家口市、宜兴市，双桥农场在扬州市、大连市，东风农场在青岛市均有房地产开发项目。

四、参与和承担政策性保障类住房建设的阶段

北京农垦房地产开发企业抓住了政府推广开发保障性住房建设项目的机遇，盘活了大量的企业用地，保证了房地产业持续增长。

2009 年，三元嘉业公司承担上庄地区 B09、C14 地块经济适用房项目建设，形成了开发公司直接利用现状国有用地实施保障性住房建设的新局面。随后，双桥农场一号地、农用物资站，东郊农场崔各庄牛场等先后进行了双限房、公租房等项目的建设。2012 年，市政府号召市属国企利用自有土地建设自住型商品房（后称为共有产权房，属于政府主导下为市民解决改善型的居住房源，通常按照较周边商品房价格的七折定价，并对购房人资格予以限制），通过北京市住房和城乡建设委员会、北京市规划和国土资源管理委员会等部门的筛选和招标，东洲公司开发了"朝阳东洲"、三元嘉业公司开发了"海淀嘉郡"、龙冠公司开发了"昌平冠华苑"等项目。至 2017 年年底，各类保障性住房的竣工面积 312 万米²，建设住宅 3.85 万套。

为解决职工住房问题，北京农垦所属农场依托土地资源，以自建合建等方式，建设各类职工住房约 300 万米²。积极贯彻落实中央"住房不炒"的要求，践行"完善住房保障体系，扩大保障范围，提高保障能力，逐步构建起符合本市实际的多层次、多渠道、多方式的基本住房保障制度"的工作指导思路，利用企业自有用地建设各类保障性住房 4.3 万套，住宅总面积 356 万米²，总用地面积约 290 万米²，为平抑房地产市场价格，增强群众的获得感、幸福感、安全感贡献了国企力量。

五、房地产企业

1988 年成立的通达公司是当时北京市政府批准设立的 10 家专业化房地产开发企业之一，下设通达公司一、二、三、四、五、六分公司，同时在农场设立了十多家分公司。1997 年后，通达公司在房地产开发经营方面的作用及地位逐步下降，北京农垦房地产开发经营形成以农场为主的局面。

2017 年年底存续的房地产开发公司见表 4-2-1，北京农垦保障房建设情况见表 4-2-2，截至 2017 年年底已开工或竣工的房地产开发项目见表 4-2-3。

表 4-2-1　2017 年年底存续的房地产开发公司

公司名称	注册资本（万元）	股东及持股比例	成立日期	主管企业
北京通达房地产开发建设总公司	3 000	北京首都农业集团有限公司持股 100%	1988.01.08	首农集团
北京东方瑞平房地产开发有限公司	5 000	东郊农场持股 51%，观唐伟业投资集团有限公司持股 49%	2006.02.23	东郊农场
北京东洲房地产开发有限公司	3 000	东郊农场持股 51%，北京伯仲联投资有限公司持股 49%	2012.03.02	东郊农场
北京东宝融坤置业有限公司	1 000	东郊农场持股 51%，中冠宝投资有限责任公司持股 49%	2014.02.28	东郊农场
北京东福房地产开发有限公司	1 000	东郊农场持股 51%，北京东福四元文化发展有限责任公司持股 49%	2014.03.06	东郊农场
宜兴科创慧谷投资发展有限公司	5 000	北京方泽融坤投资发展有限公司持股 93%，清控科创控股有限公司持股 7%	2012.12.20	东郊农场
北京方泽融坤投资发展有限公司	12 000	东郊农场持股 51%，中冠宝投资有限责任公司持股 49%	2012.02.14	东郊农场

（续）

公司名称	注册资本 （万元）	股东及持股比例	成立日期	主管企业
北京永同昌龙都房地产开发有限公司	2 000	常乐持股55%，万泽集团有限公司持股30%，朝阳实业总公司持股30%	2001.04.13	东郊农场
北京天伦房地产有限公司	18 000	东郊农场持股51%，北京贝迪克集团持股49%	1994.03.28	东郊农场
张家口市京润房地产开发有限公司	5 200	东郊农场持股51%，北京天润昱宸投资有限公司持股49%	2009.08.12	东郊农场
北京三元德宏房地产开发有限公司	20 000	南郊农场持股90%，三元食品股份公司持股10%	2005.11.28	南郊农场
北京长阳世欣投资有限公司	10 000	南郊农场持股51%，北京世欣旺泰投资有限公司持股49%	2015.07.02	南郊农场
北京中科电商谷投资有限公司	100 400	南郊农场持股50%，中佳安（北京）投资有限公司持股50%	2012.03.30	南郊农场
北京市安达房地产开发有限公司	2 200	西郊农场持股100%	1993.06.04	西郊农场
北京昊达房地产开发有限责任公司	2 000	西郊农场持股60%，北京市安达房地产开发有限公司持股40%	2002.12.16	西郊农场
北京市西郊腾飞房地产开发有限责任公司	1 000	北京市安达房地产开发有限公司持股75%，北京京宏源科技发展有限公司持股25%	2000.10.17	西郊农场
北京西郊悦居房地产开发有限责任公司	5 000	南郊农场持股51%，北京悦居盛景房地产开发有限公司持股49%	2012.12.27	西郊农场
北京三元嘉业房地产开发有限公司	5 000	西郊农场持股50%，北京国信嘉业房地产开发有限公司持股25%，北京嘉德投资集团有限公司持股25%	2005.07.08	西郊农场
北京三元百旺房地产开发有限责任公司	3 000	南口农场持股33.33%，西郊农场持股33.33%，北京市安达房地产开发有限公司持股33.33%	2007.02.13	西郊农场
北京首农信息产业投资有限公司	10 000	北京三元嘉业房地产开发有限公司持股100%	2010.09.20	西郊农场
北京创意西山投资有限公司	5 000	北京三元嘉业房地产开发有限公司持股60%，北京西山产业投资有限公司持股20%，巨山农场持股20%	2012.12.18	西郊农场
北京澳柯玛中嘉房地产开发有限公司	2 000	北京市安达房地产开发有限公司持股60%，北京昊达房地产开发有限责任公司持股40%	2000.09.28	西郊农场
北京龙冠房地产开发有限责任公司	5 000	北郊农场持股93.49%，北京市龙冠物业管理有限责任公司持股6.51%	2003.03.10	北郊农场
北京北郊联合房地产开发有限公司	5 000	北京新华联置地有限公司持股70%，北郊农场持股30%	2006.09.01	北郊农场
北京北农云建房地产开发有限公司	2 000	北郊农场持股100%	2017.05.19	北郊农场

资料来源：首农集团房地管理部。

表 4-2-2 北京农垦保障房建设情况

序号	项目名称	建设单位	所属区域	项目地点	项目性质	项目状态	计划总投资（万元）	累计总投资（万元）	总用地规模（米²）	建设用地面积（米²）	总建筑规模（米²）	住宅面积（米²）	住宅套数（套）	土地补偿金（万元）
1	冠芳园小区	龙冠房地产开发有限责任公司	昌平区	昌平区沙河镇	两限商品房	竣工完成	44 610	37 861	43 929.61	31 984.31	69 241	61 718	807	1 680.42
2	冠华苑小区	龙冠房地产开发有限责任公司	昌平区	昌平区北七家镇	自住型商品房	竣工完成	791 958	713 981	430 509.47	216 360.19	621 321	408 134	4 703	181 474
3	东郊农场保障房项目	东方瑞平房地产开发有限公司	朝阳区	朝阳区崔各庄乡	公共租赁房	竣工完成	168 000	159 850	160 792.56	96 954	231 225	174 218	3 143	61 842
4	东洲家园项目	东洲房地产开发有限公司	朝阳区	朝阳区崔各庄乡	自住型商品房	竣工完成	500 000	483 157.05	92 555.19	78 241.8	318 961	207 292.24	2 368	192 776
5	双桥京桥1号地公共租赁住房项目	双桥农场有限公司	朝阳区	朝阳黑庄户乡双桥中路12号院	公共租赁房	竣工完成	44 459	50 000	43 650.02	32 414.79	147 812.21	65 295.06	1 296	4 250
6	双桥农场限价商品住房项目	亿本房地产开发有限公司	朝阳区	朝阳区黑庄户乡康中街6号院	两限商品房	竣工完成	95 866	81 000	30 771.72	22 224.43	75 037.4	57 583.23	759	0
7	海淀区上庄中心区B10地块自住型商品房项目	三元嘉业房地产开发有限公司	海淀区	海淀区上庄镇中心区	自住型商品房	竣工完成	339 202	350 315	112 910.88	83 231.57	258 233	178 193	2 070	127 274
8	海淀区上庄中心区镇C-14地块限价商品房项目	三元嘉业房地产开发有限公司	海淀区	海淀区上庄镇中心区	两限商品房	竣工完成	198 630	154 865	172 403.43	105 149.42	313 652.18	248 084.08	3 211	31 567
9	海淀区上庄镇中心区B-09地块经济适用房项目	三元嘉业房地产开发有限公司	海淀区	海淀区上庄镇中心区	经济适用房	竣工完成	46 667	46 667	72 195.8	51 980.28	112 778.67	79 484.53	1 537	10 000

（续）

序号	项目名称	建设单位	所属区域	项目地点	项目性质	项目状态	计划总投资（万元）	累计总投资（万元）	总用地规模（米²）	建设用地面积（米²）	总建筑规模（米²）	住宅面积（米²）	住宅套数（套）	土地补偿金（万元）
10	海淀区上庄家园 N28、N34 地块定向安置房项目	西郊腾飞房地产开发有限责任公司	海淀区	上庄家园小区	定向安置房	竣工完成	63 700	95 703	52 790	38 062	103 343	83 552	1 041	12 074
11	东郊农场保障房项目	东方瑞平房地产开发有限公司	朝阳区	朝阳区崔各庄乡	定向安置房	在建项目	803 176	480 993	367 651.6	212 325.45	793 501.42	466 562.45	6 016	303 352
12	奶子房牛场保障房项目（45/55）	东洲房地产开发有限公司	朝阳区	朝阳区崔各庄乡	公共租赁房	在建项目	800 000	351 786.57	298 412.75	188 266.3	748 203.67	475 136	5 016	65 024
13	大兴区黄村南广发实业自住型商品房项目	三元德宏房地产开发有限公司	大兴区	大兴区黄村林校路	共有产权房	在建项目	61 000	63 132	25 500	20 200	54 418	34 807	450	0
14	南郊农场棚户区改造项目	三元德宏房地产开发有限公司	大兴区	大兴区旧宫镇德茂 B 街区	定向安置房	在建项目	256 220	120 452	363 668.76	128 978.66	155 835.89	87 194	1 176	0
15	海淀区上庄 N35-N46 地块定向安置房项目（悦居）	西郊悦居房地产开发有限责任公司	海淀区	海淀区上庄镇上庄家园南区南侧院内	定向安置房	在建项目	200 000	99 761	199 974.75	109 988	340 459	229 356.18	2 008	72 599.37
16	海淀北部地区 1 片区西郊农场东部局部地块（北区）棚户区改造定向安置房项目（福田西）	三元嘉业房地产开发有限公司	海淀区	海淀区上庄镇 1-1 街区	棚改定向安置房	在建项目	420 000	38 146	174 064.01	103 087.9	368 264.97	264 384.56	2 922	199 006.21
合计							4 833 488	3 327 669.62	2 641 780.55	1 519 449.1	4 712 287.41	3 120 994.33	38 523	1 262 919

说明：资料由首农集团房地管理部提供。

表 4-2-3　截至 2017 年年底已开工或竣工的房地产开发项目

序号	企业名称	主管企业	项目名称	项目地点	项目类别	项目状态	建设日期	面积小计（万米²）	建筑面积（万米²）	投资小计（亿元）	总投资（亿元）
1	东方瑞平	东郊农场	东郊农场保障房 E 地块	北京市	保障房	竣工完成	2012.11—2015.3	102.04	23.12	104.9	16.8
2			东郊农场保障房 ABCD 地块棚户区改造定向安置房项目	北京市	保障房	开工建设	2016.3—2022 年年底		78.92		88.1
3	东洲地产		朝阳区崔各庄乡来广营北路居住项目	北京市	住宅商品房	竣工完成	2014.4—2017.10	106.71	31.89	130	48.31
4			朝阳区崔各庄乡来广营北路 29-324 等地块二类居住及住宅混合公建用地项目	北京市	保障房	开工建设	2017.7—2022 年年底		74.82		81.69
5	方泽融坤		融坤养老中心建设项目	北京市	养老	开工建设	2015.10—2019 年年底	7.63	7.63	13.7	13.7
6	天伦地产		沙子营生态生活园土地一级开发	北京市	一级开发		2011.1—2019 年年底	—	—	—	—
7	建富置业		辛堡牛场土地一级开发	北京市	一级开发			—	—	—	—
8	张家口京润		张家口上小站"城中村"改造项目一期、二期、三期、福利房	外埠	保障房和商品房	竣工完成	2011—2017.9	47.25			83.32
9	宜兴科创		宜兴清华科技园配套工程	外埠	住宅商品房	竣工完成	2014.5—2018.1	22.83	8.09	32	32
10			宜兴清华科技园	外埠	生产研发	开工建设	2015.1—2020 年年底		14.74		
11	三元德宏	南郊农场	职工大学	北京市	生产研发	竣工完成	2016—2018	4.12	4.12	2.0	2.9
12	三元嘉业		海淀北部地区 1 片区西郊农场东部局部地块（北区）棚户区改造定向安置房项目	北京市	保障房	开工建设	2017.8.31—2020.6.30	105.3	36.83	100.45	42
13		西郊农场	海淀区上庄镇中心区 B10 地块自住型商品房项目	北京市	保障房	竣工完成	2014.12.4—2016.8.11		25.82		33.92
14			海淀区上庄镇中心区 C-14 地块限价商品房项目	北京市	保障房	竣工完成	2011.12.28—2013.11.4		31.37		19.86
15			海淀区上庄镇中心区 B-09 地块经济适用房项目	北京市	保障房	竣工完成	2009.8.21—2011.5.25		11.28		4.67

（续）

序号	企业名称	主管企业	项目名称	项目地点	项目类别	项目状态	建设日期	面积小计（万米²）	建筑面积（万米²）	投资小计（亿元）	总投资（亿元）
16	西郊悦居		海淀区上庄 N35-N46 地块定向安置房项目	北京市	保障房	开工建设	2017.6.8—2019.12.31	34.05	34.05	21.00	21.00
17	西郊腾飞		上庄家园 N28N34 定向安置房项目	北京市	保障房	竣工完成	2015.3.20—2019.1.18	10.33	10.33	9.21	9.21
18			马连洼东馨园	北京市	保障房	竣工完成	1989—1994		9.17		—
19			梅园	北京市	保障房	竣工完成	1990—1996		8.64		—
20			竹园	北京市	保障房	竣工完成	1994—1996		5.96		1.8
21			菊园	北京市	保障房	竣工完成	1994—1996		13.37		—
22			西二旗学苑	北京市	保障房	竣工完成	1999—2005		30.35		6.14
23	安达地产	西郊农场	菊花盛苑	北京市	住宅商品房	竣工完成	2001—2002	142.02	2.29	22.36	1.00
24			铭科苑	北京市	住宅商品房	竣工完成	1995—2002		17.18		5.33
25			金领时代大厦	北京市	住宅商品房	竣工完成	2004—2006		1.68		0.62
26			润杰风景小区	北京市	住宅商品房	竣工完成	2007—2008		3.65		2.34
27			西二旗润中苑	北京市	住宅商品房	竣工完成	2010.8.31—2012.10.22		5.22		1.83
28			顺义明德家园	北京市	住宅商品房	竣工完成	2012.6.4—2014.9.19		2.51		3.21
29	澳柯玛中嘉		蓝海中心项目 1#、2#、3#、4#楼	北京市	生产研发	竣工完成	2010.11.12—2017.6.26	17.75	6.36	7.36	—
30			北清家园项目（园墅）	北京市	住宅商品房	竣工完成	2006—2013		11.39		7.36
31			冠芳园	北京市	保障房	竣工完成	2012—2015		6.77		3.78
32			冠华苑	北京市	保障房	竣工完成	2014—2019		62.00		79.00
33			和谐大厦	北京市	商业办公	竣工完成	2009—2011		2.99		1.05
34	龙冠地产	北郊农场	龙冠置业大厦	北京市	商业办公	竣工完成	2007—2009	99.26	6.13	99.48	2.29
35			龙冠商务中心	北京市	商业办公	竣工完成	2012—2013		4.67		2.12
36			厦门华信广场	外埠	商业办公	开工建设	2016 年至今		9.80		8.36
37			冠庭园	北京市	住宅商品房	竣工完成	2005—2006		5.90		2.88

（续）

序号	企业名称	主管企业	项目名称	项目地点	项目类别	项目状态	建设日期	面积小计（万米²）	建筑面积（万米²）	投资小计（亿元）	总投资（亿元）
38	扬州暖山		暖山金域城	外埠	住宅商品房	竣工完成	2015.8—2017.9	15.83	7.17	9.77	4.28
39	扬州暖山		暖山金域城	外埠	住宅商品房	开工建设	2017.6—2019.6		8.66		5.49
40	一方东港	双桥农场	当代艺术 D17H07（一期）	外埠	住宅商品房	竣工完成	2012.10—2018.2	33.92	21.99	68.5	68.5
41	一方东港		当代艺术 D16（二期）	外埠	住宅商品房	开工建设	2017.8—2020.6		11.93		0
42	亿本地产		两限房	北京市	保障房	竣工完成	2012.5—2015.12	7.50	7.50	5.49	5.49
43			南十里居办公楼	北京市	商业办公	竣工完成	2006.3—2008.3		2.99		1.60
44	三元置业		东港鑫座	北京市	商业办公	竣工完成	2013.3—2014.11	15.01	6.20	9.98	4.30
45		东风农场	三元科技研发中心	北京市	文创园区	竣工完成	2015.7—2017.12		5.82		4.08
46	青岛能源		青岛华信大厦	外埠	商业办公	竣工完成	2015—2019	4.45	4.45	2.90	2.90
47	太合嘉园		太合嘉园一期	北京市	住宅商品房	竣工完成	—	9.96	9.96	42.90	42.90
48	枫树置业	盛华四合	温星华森林	北京市	住宅商品房	竣工完成	2002—2007	32.66	32.66	—	—
49	牧工商		德华公寓	北京市	住宅商品房	竣工完成	1996—1999	5.06	5.06	—	—
			合　计					819.56		668.3	

说明：1. 资料由首农集团房地管理部提供。
2. 凡在 2018 年 1 月 1 日之后开工建设的工建设的工的项目，以及因历史遗留问题的影响在 2017 年年底仍未开工的项目，均未列入本表。
3. 划"—"表示无此项数据

第二节　物业管理

北京农垦的物业管理大体可分为两种类型：

一、受物业产权人的委托或指定，物业管理单位对被委托的物业（主要是自建自管住宅小区）行使管理权

这种类型的物业管理是北京农垦最常见的形式，主要管理的是由本系统/本单位自有产权的物业，重点是自建自管的职工住宅小区。

这种物业管理类型，可以追溯到 20 世纪 50 年代末。1958 年，南口农场办公室负责家属区管理工作，后组建家属委会对家属区进行日常管理。南郊农场在 1962 年成立居民委员联合总会，负责管理农场职工宿舍，管理面积达 10 多万米^2。改革开放以后，多数农场相继建造了职工住宅楼，以福利分配的方式分给职工居住，陆续成立自建自管小区管理机构，有的称为"管理中心"，有的称为"房管所"，有的称为"公司"，开始有了物业管理实体的雏形。1992 年以后，多数农场自建或者合作建设职工住宅的规模越来越大。从民政管理角度看，农场自建的小区无法纳入北京市社区管理的计划，几乎所有小区的物业管理仍然由产权单位自己负责。为此，农场陆续成立了物业管理公司，开始走上以经济手段管理物业的专业化路子，并逐步做到独立核算、自负盈亏。

北京农垦住宅小区的物业管理情况见表 4-2-4。

表 4-2-4　北京农垦住宅小区的物业管理情况

序号	二级单位	管理小区	管理面积（米^2）			管理单位或物业公司
			合计	其中楼房面积	平房面积	
1	东郊农场	马泉营南里	52 333.58	52 333.58		益华物业管理中心有限公司
2		朝阳区孙河乡孙河村东侧孙河排房	788.24		788.24	
3		丰台区和义地区松林庄	12 092.25		12 092.25	
4		丰台区和义地区和义东地	1 541.16		1 541.16	
5		丰台区和义地区和义平房	1 057.74		1 057.74	
6		丰台区和义地区嘉禾庄	6 611.47		6 611.47	
7		丰台区和义地区和义西里	4 272.30		4 272.30	
8		红星北里小区	85 170	85 170		
9		红星楼小区	3 207	3 207		
10	南郊农场	清和园小区	21 602	21 602		德茂物业管理有限公司
11		德茂小区	101 254	101 254		
12		上林苑小区	103 816	103 816		
13		旧宫北里小区	33 071	33 071		
14		佳和园小区	45 728	45 728		
15		清逸西园小区	107 377	107 377		
16		清逸园小区	45 818	45 818		
21		清欣园	6 592	6 592		
22		文锦苑西区	138 892	138 892		
23		和义西里	200 959	200 959		

（续）

序号	二级单位	管理小区	管理面积（米²）			管理单位或物业公司
			合计	其中楼房面积	平房面积	
24		松林庄楼房	12 231	12 231		
25		南苑北里三区	4 369	4 369		
26		和义东里	48 665	48 665		
27		幻星家园	56 739.36	56 739.36		
28		润星家园	128 116.2	128 116.2		
29		兴南大厦	12 163.9	12 163.9		
30		润龙家园	49 661.67	49 661.67		
31		本家润园	154 279	154 279		
32		灵秀山庄	157 672.5	157 672.5		泰宇物业管理有限公司
33		秀水花园	86 309.56	86 309.56		
34		清乐园	76 152.47	76 152.47		
35		清逸园	28 846.16	28 846.16		
36		美然	11 648.88	11 648.88		
37		康福园	6 087.36	6 087.36		
38		清和园甲区	19 830.6	19 830.6		
39	南郊农场	旧宫新苑南区	303 439.4	303 439.4		
40		旧宫新苑北区	62 084.08	62 084.08		
41		丰台区和义地区一渔场	2 196.40		2 196.40	和义农场
42		丰台区卢沟桥地区三队	6 790.03		6 790.03	
43		丰台区卢沟桥地区五里店	24 150.55		24 150.55	
44		丰台区卢沟桥地区卢沟桥元件厂	1 074.50		1 074.50	卢沟桥农场
44		丰台区卢沟桥地区卢沟桥西南坟	2 183.85		2 183.85	
45		丰台区卢沟桥地区卢沟桥一队	4 870.75		4 870.75	
46		房山区长阳镇保合庄村南（四队北家属区）	2 677.80		2 677.80	
47		房山长阳镇保合庄村南（四队中家属区）	1 659.10		1 659.10	
48		房山区长阳镇保合庄村南（四队南家属区）	3 211.10		3 211.10	长阳农场
49		房山区碧溪路南侧（二牛场家属区）	1 435.40		1 435.40	
50		房山区长阳镇北广阳城村南（鸡队家属区）	13 093.30	8 160.30	4 933.00	
51		长阳镇北广阳城村西（三角地家属区）	3 068.60		3 068.60	

（续）

序号	二级单位	管理小区	管理面积（米²）			管理单位或物业公司
			合计	其中楼房面积	平房面积	
52		昌平区霍营村西华龙苑南里东平房及七里渠村东	2 468.00		2 468	
53		昌平区霍营村西	5 584.00		5 584	龙冠物业管理有限责任公司
54		朱辛庄村南	200.00		200	
55		昌平小汤山沟流路101号	0.00			华都肉鸡公司
56		北京市南口农场有限公司原三分场西侧	5 455.30		5 455.3	
57		南农家园小区	15 759.78	15 759.78		
58		冠华苑一区	121 998	121 998		
59		冠华苑二区	165 175	165 175		
60	北郊农场	冠华苑三区	104 018	104 018		
61		冠华苑四区	172 252	172 252		
62		冠芳园	69 241	69 241		龙冠物业管理有限责任公司
63		冠庭园	54 006.13	54 006.13		
64		北郊农场家属院	9 055.49	9 055.49		
65		龙兴园	20 142	20 142		
66		龙华园	17 804.44	17 804.44		
67		华龙苑中里小区	26 157.91	26 157.91		
68		华龙苑南里小区	85 522.43	85 522.43		
69		慧龙居	27 089.88	27 089.88		
70	延庆农场	延庆县城西五公里家属区	6 614.70		6 614.70	延庆农场
71		延庆县城西五公里农田果林队	3 429.00		3 429.00	
72		东风小区	116 000	116 000		
73		农光里小区	42 800	42 800		东风物业管理有限责任公司
74	东风农场	六里屯北里小区	5 000	5 000		
75		朝阳区南十里居16号院	11 066.68		11 066.68	
76		海淀区安宁里小区	157 000	157 000		新通房产管理经营有限责任公司
77		丰台116号院	16 000	16 000		

（续）

序号	二级单位	管理小区	管理面积（米²）			管理单位或物业公司
			合计	其中楼房面积	平房面积	
78	华成商贸	鑫雅苑	69 300	62 000		牛奶公司海淀物业管理分公司
79		皂君庙 14 号院 10 号楼	1 346	1 346		
80		海淀区上庄家园小区	207 786.26	207 786.26		兴建物业管理中心有限公司
81		温泉镇秀山小区	27 333.38	27 333.38		
82		北京市海淀区红旗村甲 2 号院	50 409.56	49 455.96	953.60	巨山物业管理有限公司
83		海淀区西北旺大桥宿舍	400.70		400.70	
84		东馨园	54 379.95	54 379.95		
85		东旭园	15 955.76	15 955.76		
86		梅园	64 709	64 709		
87		菊园	129 613.3	129 613.3		
88		竹园	57 895	57 895		
89		菊花盛苑	22 912	22 912		东居物业管理有限公司
90	西郊农场	铭科苑	167 264	167 264		
91		智学苑	250 571.1	250 571.1		
92		金领时代	16 751	16 751		
93		三嘉信苑	112 778.67	112 778.67		
94		馨瑞嘉园	310 432.09	310 432.09		
95		清泽园	230 000	230 000		
96		园墅	122 011	122 011		同和开元物业管理有限公司
97		明信家园	103 000	103 000		兴建物业管理中心有限公司
98		碧水家园	28 966.48	28 516.48	450	兴建物业管理中心有限公司（代管）
99		双桥嘉园小区	66 736.85	66 736.85		双桥桥联物业服务有限公司
100		温泉北里小区	22 992.5	22 992.5		
101		温泉东里小区	92 858.5	92 858.5		亿本康乐物业管理有限公司
102	双桥农场	双桥嘉园小区	66 736.85	66 736.85		双桥桥联物业服务有限公司
103		温泉北里小区	22 992.5	22 992.5		
104		温泉东里小区	92 858.5	92 858.5		亿本康乐物业管理有限公司
105		新五号井小区	19 687.41	19 687.41		
106		六号井小区 14、17、18、31 号楼	12 175.75	11 983.75	192	

说明：资料由首农集团房地管理部提供。

二、就开发房地产的盈利模式而言，持有型物业已经逐步成为北京农垦开发经营商业用房、工业用地、写字楼宇等物业的重要选项

北京农垦早期房地产开发经营主要以销售型物业为主，建好了就卖掉，一次性回笼资金。在首农集团重组成立后，为了企业可持续发展，持有型物业被企业所重视，集团公司也明确将持有型物业作

为房地产开发的发展重点。首农集团持有型物业的建设内容主要有两类。

第一类是具有商务、办公、休闲等多功能性质的持有型物业，如北郊农场龙冠置业大厦、龙冠和谐大厦，西郊农场的蓝海中心，东郊农场开发建设的北京戴高乐法国国际学校，三元置业公司建设的南法信东港·鑫座等。

第二类是产业园区性质的持有型物业，如南郊农场启动北京首个城乡一体化改造项目"中科电商谷"，双桥农场投资的塞隆国际文创园，三元嘉业公司的创意西山产业园等。

（一）北京盛福大厦有限公司

盛福大厦有限公司于 1995 年 12 月 4 日设立，2018 年 4 月，首农食品集团成为盛福公司 100％控股唯一股东。公司主要业务为盛福大厦及元嘉国际公寓的房屋租赁。[①]

1. 盛福大厦 盛福大厦坐落于东三环外燕莎商圈麦子店街 37 号，为涉外甲级纯商业写字楼，总建筑面积 5.3 万米²，共 28 层，其中地上 25 层、地下 3 层。大厦共有六家产权人，产权面积近 4.4 万米²，其中盛福公司产权面积约 3.6 万米²，占 81.77％。大厦可供租赁面积从 100 米² 到整层 1 840 米² 不等。

2. 元嘉国际公寓 元嘉国际公寓位于东二环外东直门东中街 40 号，为涉外商住两用国际公寓，总建筑面积约 3.5 万米²。2005 年 11 月，盛福公司出资购买元嘉国际公寓 A 座二层和三层的部分房产及地下停车位 15 个，房产建筑面积总计 2 792 米²。

（二）北郊农场持有型物业

北郊农场把建设及经营商务、办公、餐饮项目作为第三产业发展的重点，2006 年，农场持有型物业项目仅 2 个，面积 23 892 米²，年租金 710 万元，合作客户 2 个。至 2015 年，持有型物业项目增至 9 个，面积 170 897 米²，年租金 12 028 万元，合作客户达 381 个。农场先后完成建设的重大持有型项目有：

1. 源泉商务楼 源泉商务楼位于昌平区回龙观镇回龙观西大街，开工时间为 2004 年 7 月，竣工时间为 2005 年 7 月，建筑规模 9 849 米²，建设性质为商业，是龙冠房地产公司建设的第一个商业地产项目。2005 年 4 月，与美廉美连锁商业有限公司签订了整体租赁合同，并于 2005 年 7 月按期竣工。美廉美超市、肯德基的入驻为周边居民提供了生活便利。本项目为北郊农场商业地产的建设、管理、经营探索出了一条新途径。

2. 龙冠大厦 龙冠大厦位于昌平区回龙观镇北郊农场桥东北角，开工时间为 1993 年 3 月，竣工时间为 1996 年 5 月，建筑规模 1.3 万米²，建设性质为办公，为北郊农场总部办公楼。从 2004 年起，北郊农场将龙冠大厦整体出租，主要服务于创业型中小企业，成为回龙观地区较早的商务办公楼宇之一，在农场地产发展中发挥了重要作用。2010 年，北郊农场收回龙冠大厦自行招商运营，取得了良好的经济效益和社会效益。

3. 龙冠置业大厦 龙冠置业大厦位于昌平区回龙观镇回龙观西大街，开工时间为 2007 年 5 月，竣工时间为 2009 年 4 月，建筑规模为 61 041 米²，建设性质为商业、办公，是在原"回龙观饭店"基础上进行的改扩建项目。大厦是集餐饮、娱乐、办公于一体的多功能建筑，是北郊农场"十一五"的重点建设工程，工程质量优良，取得了"北京市结构长城杯银奖"和"昌平区结构优质工程"称号。2009 年 9 月，龙冠置业大厦正式启用，一年内即 100％出租。2012 年 9 月，龙冠置业大厦获得北京市物业管理示范项目五星级认定，成为昌平区首家五星级写字楼项目。

---

① 2019 年 7 月 26 日，首农食品集团第八次董事会决议决定，将上海首农投资控股有限公司持有的坐落于上海市徐汇区虹桥路 777 号的纯商业写字楼——汇京国际广场 28 层整层房产，以 1.05 亿元的价格转让给盛福公司，该房产建筑面积总计 1 504.84 米²，共有 8 个不动产权登记证号。

4. 龙冠和谐大厦　　龙冠和谐大厦位于昌平区东小口镇回龙观东大街，开工时间为 2009 年 9 月，竣工时间为 2011 年 5 月，建筑规模 30 539 米^2，建设性质为商业、办公，是北郊农场构建三大物产物流商圈之一的回龙观东部商圈的核心项目。2011 年 5 月 26 日，完成了该项目的市政工程和竣工验收。基于项目地理位置优越、设计布局新颖、功能定位合理等优势，项目竣工后即实现整体出租。

5. 龙冠商务中心　　龙冠商务中心位于昌平区回龙观镇回龙观西大街，开工时间为 2012 年 2 月，竣工时间为 2013 年 8 月，建筑规模 46 653 米^2，建设性质为商业、办公。龙冠商务中心项目规划设计方案突出了"魔方"和"钻石"两个设计新颖的钢结构造型，这两个造型的成功建成，不仅提升了龙冠商务中心的品位和美感，也为公司项目建设积累了丰富的钢结构工程施工经验。

（三）东风农场持有型物业

1. 东港鑫座写字楼　　东港鑫座是一个由东风农工商全资开发建设的商用高端 5A 级写字楼项目，位于北京市顺义区南法信镇，总建筑面积 6.2 万米^2，总投资 4.3 亿元，是东风农场通过挂牌竞价交易获得土地出让权进行房地产开发建设的项目。2011 年 10 月 8 日，东风农场以 1.1 亿元的土地出让价格竞得顺义区南法信镇 34-1♯商业金融地块并签订了挂牌出让成交确认书；是年 12 月，取得国有土地使用证，正式命名为东港鑫座写字楼项目。2013 年 3 月，东港鑫座项目开工建设。2014 年 11 月 27 日，完成竣工备案，项目建设正式完成。2016 年，东风农工商与三峡资产管理中心签订了房屋买卖合同，作价 2.95 亿元，将东港鑫座 1 号楼 2～9 层及 155 个车位出售给中国三峡集团。

2. 三元科技研发中心（东枫德必 WE 人工智能创新基地）　　三元科技研发中心即东枫德必 WE 人工智能创新基地，是东风农工商在东风南路投资开发建设的一个高端智能写字楼集群，总建筑面积 58 243 米^2。2017 年 12 月，项目竣工。2017 年 6 月 30 日，东风农场与北京德必荟文化创意产业发展有限责任公司合资兴办东枫德必（北京）科技有限公司，注册资本 1 000 万元。东枫德必（北京）科技有限公司负责建设与管理人工智能产业基地——东枫德必 WE 人工智能创新基地，将三元科技研发中心项目打造为北京市朝阳区人工智能产业中的地标型产业园区，以推动人工智能技术和产业的结合。"东枫德必 WE"共计 11 座低密度花园式独栋写字楼，单体独栋面积 2 000～9 000 米^2，采用独特的半围合式独栋布局，有退台式屋顶花园，精心打造的 50 余个休闲文化场景、时尚文娱商业街区、户外艺术展演空间，以及德必集团自主研发 we home 园区智能管理系统。①

3. 北京华康宾馆有限公司　　北京华康宾馆建于 1994 年，原名为北京康运宾馆，隶属总公司劳动服务公司。1999 年更名为北京华康宾馆，是北京市康乐工贸有限公司的全资子公司，隶属华成商贸公司，后划归东风农场管理。2012 年年初，东风农场决定将华康宾馆转型为商用写字楼；是年底，工程全部完工，企业经营业务全面转型为写字楼出租。

4. 北京东枫国际体育文化有限公司　　北京东枫国际体育文化有限公司于 2016 年 3 月 10 日正式成立，注册资金 1 000 万元，是东风农场全资子公司。公司坐落于北京市朝阳区农展南路甲 9 号，占地面积 13.13 万米^2（折 197 亩），经营项目有高尔夫培训、室外灯光篮球场、乒乓球室、天然足球场、高尔夫练习场以及各类户外活动场地。

5. 北京朝阳公寓有限公司　　1985 年 4 月，中日合资北京朝阳公寓成立。朝阳公寓总建筑面积 1 664 米^2，拥有 32 套公寓式客房和配套服务设施，总投资 332 万元。1985 年朝阳公寓开业之后，主要经营 32 套酒店式公寓客房，用以接待日本的商务客人。从 2004 年 8 月开始，朝阳公寓管理层根据市场变化和需求，将 32 套公寓客房全部改造成商务办公区整体出租。2015 年 3 月，东风农工商收购外方全部股权，企业性质由中外合作企业变更为国有独资企业。

（四）西郊农场持有型物业

1. 三元博雅科技孵化器有限公司经营的持有型物业项目　　2010 年 9 月，东北旺农场完成对北京

---

①　东枫德必于 2018 年 6 月正式建成竣工并启动招商。

三元博雅科技孵化器有限公司全部股权的收购，使三元博雅公司成为东北旺农场的全资子公司。2011年6月，三元博雅公司出资方由东北旺农场变更为西郊农场，西郊农场正式明确三元博雅公司是农场优良资产的经营管理者的定位。在新的定位下，三元博雅公司开始新一轮公司建设和业务经营。2011年10月27日，顺利完成海淀社保大厦资产移交签字仪式，三元博雅公司正式对此项目进行管理与服务。从2011年开始，陆续完成了北太楼、蓝海中心、东馨园原老年人活动中心的经营管理工作。2016年，三元博雅公司深化农场优质资产经营公司的定位，对公司经营发展方向、业务创新进行了研究和探索。从2017年起，三元博雅公司抓住紧邻蓝海中心的海淀区行政办公楼竣工入住的契机，对园区进行整体形象升级，全面提升软件与硬件配套服务，向专业写字楼运营迈出了重要的一步。公司先后引进北京宝岛国际妇产医院、海淀区人民政府、北京灵图软件技术有限公司、海淀区人民政府上地街道办事处、科框软件（北京）有限公司、中农颖泰生物技术有限公司、中地宝联（北京）建设工程有限公司、北京炎黄圣火国际广告有限公司、北京位智天下技术有限公司等20余家高科技、实力型大客户。

2. 北京创意西山投资有限公司　2012年12月，北京创意西山投资有限公司成立。公司针对西郊农场和巨山农场土地资源（位于海淀区香山南路74～86号的巨山农场和首农集团用地）的综合开发利用，发展符合首农集团产业升级转型需求的规划项目。2014年7月，首农集团〔2014〕175号文批复西郊农场，同意其将持有的北京创意西山投资有限公司20%的股权无偿转让给巨山农场。9月16日，北京创意西山投资有限公司原股东西郊农场变更为巨山农场。2017年4月，三元嘉业公司的创意西山产业园项目通过市规土委审核，项目包括园区产业面积20万米²。

3. 中关村移动智能服务创新园项目　中关村移动智能服务创新园作为非首都功能产业疏解、产业升级的示范项目，被列入市级"高精尖"项目，从2016年开始一直被列为市级"重点工程"。项目占地面积6.9万米²，建筑面积34.6万米²，其中地上建筑面积21万米²，总投资55亿元。项目共14栋楼，功能规划有办公、研发、产品展示和发布、文化交流、商业配套、商旅酒店、地下车库等，成为上地区域的商务价值新名片。项目楼宇面积从3 500米²到3.5万米²，能够满足高科技龙头企业、中小微创新企业不同的办公需求。

4. 牛园项目（电竞乐园）　牛园项目位于海淀区上庄村东南侧，西距上庄路约500米。场区占地面积102 326.5米²（约10公顷），原为西郊畜牧三队，于2016年年底进行疏解腾退。由西郊农场出资36%、三元嘉业公司出资34%、北京乐工场资产管理有限公司出资20%、上海华奥电竞信息科技有限公司出资10%，共同成立牛园（北京）体育科技发展有限公司。①新公司将通过对奶牛一场腾退空间的改造升级，将牛园项目打造成以新型体育、科技体育、电竞为内容，以营地教育为主题，以中小学生第二课堂及研学旅游为基础，以培训为主导、赛事为核心、品牌孵化为产业助推、行业总部为目标的数字体育培训园区。未来的牛园将是一个集电子体育中心、营地中心、单项运动协会基地于一体的综合性的科技文化体育消费型产业园区。

（五）双桥农场的持有型物业

1. 北京塞隆国际文化创意园　2013年4月27日，双桥农工商公司与中电信泰文化创意投资有限公司共同设立北京塞隆国际文化发展有限公司。公司注册资本2 000万元，双桥农工商出资1 020万元，持股51%，中电信泰出资980万元，持股49%。2015年5月19日，由双桥农工商与中电传媒集团共同投资的塞隆国际文创园正式开园。这里曾经是华北地区最大的水泥集散地，位于胜利混凝土建材有限公司东厂区，现已转型为"文化＋产业"融合的全新创意产业园区。园区占地约4.67公顷，由46个筒仓、铁路和库房组成。经改造，园区可使用面积2.4万米²，最多可容纳六七十家企业入驻，当年12月底，塞隆国际文创园签约企业达53家，签约面积达17 700米²，正式入驻办公企业35

---

① 2019年9月11日，牛园（北京）体育科技发展有限公司完成工商注册登记。

家。2017年4月，首农集团同意双桥农工商收购中电信泰文化创意投资有限公司持有的49%股权，交易完成后，公司成为双桥农工商全资子公司。

2. 九九工场运作的"E9区" 2014年4月，双桥农场与民营企业三音石（北京）文化传媒有限公司成立九九工场（北京）文化发展有限公司，注册资本2 000万元，其中双桥农场以51%绝对控股，三音石团队占股49%并全面负责公司的运营工作。合资公司对三元食品乳品一厂和京华纺织厂进行了改造转型发展产业园。九九工场的产业园区品牌"E9区"定位为产业创新服务平台。"E"是英文单词explore、electric和entertainment的首字母缩写，代表不断探索文化科技融合发展的产业定位；"9"寄寓着园区与企业持久永续发展的愿景；"区"代表着未来5大园区分布式发展，带动双桥区域升级式发展的战略方向，体现着公司担当着带动区域发展、实现产城融合的国企责任。

在线下实体园区方面，E9区建设有E9区创新工场和E9区影视基地两个项目。E9区综合改造工程总投资1.36亿元，其中E9区创新工场已完成投资1.04亿元，改造总面积66 536米^2；E9区影视基地已完成投资3 166.5万元。

E9区创新工场占地面积7.86公顷（折118亩），建筑面积6.5万米^2，于2017年10月开始运营。园区合理配置企业办公、商务配套和公共服务空间，主要分为五大功能板块：公共服务中心、企业总部基地、文化科技融合中心、综合休闲中心和展览展示中心。E9区创新工场将行业不断聚集，锁定在人工智能领域，目前初步形成了以大数据独角兽企业集奥聚合、人工智能语音识别领域细分龙头智齿科技、AR领域细分代表企业新维畅想等为代表的人工智能产业集群。

E9区影视基地由原京华纺织厂改造而来，占地面积3公顷，建筑面积约2.5万米^2，是一座以数字制作为核心的一站式影视产业基地。E9区影视基地规划有影视发布中心、道具器材仓库、酒店餐饮中心、前期拍摄空间、后期制作空间、商务办公空间六大功能区。基地通过影视主题公寓、创意工作空间、发布中心、数字摄影棚、普通摄影棚等功能板块，全面构建影视拍摄、制作、流通、服务及产品研发、人才培训、文化旅游等完整的产业链条。

E9区致力于成为线上线下相结合的产业发展平台，通过构建创新创业服务体系和产业融合生态系统，让园区平台与企业共生成长，引领企业间深度合作。2017年，在建设园区硬件环境的同时，公司加速推进产业平台的搭建工作：一是E9区文化科技融合产学研合作平台；二是E9区大数据产业服务平台；三是E9区体育产业发展促进平台；四是E9区VR/AR产业加速平台。2016年12月，E9区创新工场入选2016年最"飒"园区榜单，被评为2016年最具创新性园区。

3. 双益达建安工程有限公司的持有型物业 双桥农场所属双益达建安公司发挥自身区位优势，在做好产业腾退调整的同时全面推动传统产业创新发展。双益达建安公司总疏解面积3万余米^2，建成并投入使用的有信尔泰来演播厅、2049文创园、旭日中天文创园、七一七演播大厅、吉祥苑老年公寓等项目。其中，信尔泰来演播大厅由公司独立出资，针对原厂区库房进行高标准改造，并整体出租给信尔泰来公司使用。整个项目总占地面积5 200米^2，建筑面积5 500米^2，分别建成900米^{2}和1 300米^{2}的两个演播厅，并包含生活区和办公场所，最终实现年租金收入300余万元，为公司创造了新的经济增长点，是双益达建安公司近年来的亮点工程项目，更是今后以文创产业促进公司经济高质量发展的样板项目。

（六）南郊农场的持有型物业

1. 首农·中科电商谷 2014年1月，南郊农场启动北京首个城乡一体化改造项目——首农·中科电商谷。该项目是由北京中科电商谷投资有限公司与首农集团共同投资开发的，设计三期面积超过100多万米^2，总投资超100亿元，被列为首批国家电子商务示范基地之一和北京市重点工程。首农·中科电商谷以发展北京电子商务中心区（CED）为核心定位，以构建国家级电子商务服务生态圈为目标，将项目建设成为"高端产业新区、国际电商门户"和北京市新的城市名片。2015年年底，入园企业达到100家，入园企业注册资金超过5亿元。该项目凭借"5U创投孵化平台"（政策扶持、云服务、立体办公、金融服务、培训咨询的超智能孵化平台）获得中关村科技园区管理委员会"特色产业孵化平台"的认证及授牌。园区与京东、当当等企业合作，提供全程专业化、全方位的孵化服务，与"中关村移动互联网产业联盟"达成战略合作，打造国家和北京市重点支持的试点示范工程，成为国内标杆型的"原创＋基地＋基金"综合型园区。

2. 北京南郊星红仓储中心 北京南郊星红仓储中心位于大兴区旧宫镇西毓顺村东，占地 12.26 公顷，前身是建于 1975 年 9 月的红星养鸡场。2000 年，南郊农场斥资 3 500 万元回购养鸡场。经过几年的投资改造，整个园区环境面貌得到根本改变，过去低矮破旧的养鸡舍变成一栋栋高大明亮的厂房。通过逐年改进各种配套服务设施，将该中心建成了一个集高科技、现代化、都市型、花园式、和谐高效的工业园区，入驻企业既有国家中兵光电航天公司等国家重点企业，也有法国投资的倩瑶服饰有限公司，还有海外留学归国人员创办的高科技精密仪器加工企业，园区员工最多达 1 500 人。2016 年 11 月，北京星红仓储中心并入农场所属的五环顺通中心。

（七）东郊农场的持有型物业

1. 北京戴高乐法国国际学校 北京戴高乐法国国际学校是东郊农场开发建设的持有型物产项目。该项目是为解决来华法籍及其他外籍人士子女教育需求而建设的法国公立国际学校和配套设施，是中法建交 50 周年献礼工程。2012 年 6 月，东郊农场、法国海外教育公署、北京东澜新业科技发展有限公司、法国 JFA 建筑事务所和中国建筑设计研究院五方在法国大使馆举行《东郊法国国际学校新校舍建设和使用框架协议》的签约仪式。东郊法国国际学校位于朝阳区来广营东路北侧、新锦路西侧，总用地面积 20.21 万米²，总建筑面积 15.62 万米²，容积率 1.38，主要包含南部教学楼等 3 项（建筑面积 20 571.7 米²）、中部 1♯集体宿舍及配套服务楼等 8 项（建筑面积 107 620.92 米²）、北部培训中心（建筑面积 8 033.5 米²）、活动中心等 4 项（建筑面积 19 934.88 米²），项目总投资 11.56 亿元。2014 年 10 月 19 日，北京戴高乐法国国际学校举行奠基仪式。2016 年，教学楼等 3 项工程已竣工并于交付使用，其他部分仍在建设中。2016 年 5 月 16 日，北京戴高乐法国国际学校开学。

2. 地坛融坤养老中心 该项目定位于高端养老产业，属东郊农场持有型物业投资，位于东城区安定门外大街地坛公园 13 号（原地坛医院旧址），建筑以传统四合院形式为主，北京方泽融坤投资发展有限公司为开发建设主体，该公司于 2012 年 2 月由东郊农场全资注册成立。在完成土地和地上物无偿划转后，经首农集团批准，于 2013 年 11 月完成增资扩股，注册资本 1.2 亿元，东郊农场控股 51%，合作方中冠宝投资有限责任公司占股 49%。项目总用地面积 3.25 万米²，总建筑面积 7.63 万米²，其中地上面积 1.85 万米²，地下面积 5.78 万米²。容积率 0.57，共有独栋养老单元 18 个、接待中心 1 个、总投资约 13.7 亿元。至 2017 年年底，项目仍处于建设期。

3. 自持商业地产项目

（1）东方瑞平 BC 地块底商。项目属东郊农场保障房项目 BC 地块自持商业，由东郊农场控股子公司北京东方瑞平房地产开发有限公司负责建设及管理，位于朝阳区崔各庄乡香江北路南侧，总建筑面积 17 559.93 米²，总投资约 3.5 亿元，目前处于招租阶段。

（2）东洲家园自住型商品房商业配套项目。东洲家园自住型商品房商业配套已于 2017 年竣工，建筑面积约 2 400 米²，目前处于招租阶段。

（八）北京华成商贸有限公司的持有型物业

华成商贸公司自有房产和受托管理的房产分布在北京市西城、朝阳、海淀、昌平 4 个区，共有 38 处，房产总面积 48 847 米²。其中，办公房产 7 处，房产面积 20 128 米²；商铺性质房产 27 处，房产面积 22 126.26 米²；厂房性质房产 1 处，房产面积 6 593 米²。

1. 劲松 208 楼项目 劲松二区 208 号院是华成商贸公司在 20 世纪 80 年代初投资购买的商用持有型物业，2017 年年底由下属单位北京华都安然物业管理中心有限公司负责对房产进行管理，面积

3 080米^2。该房产位于东二环外劲松路与劲松中街交汇处，毗邻地铁 10 号线劲松站，交通便利，区位优势明显。由于周边以居民区为主，商业房产较少，该持有型物业在本地区已形成以餐饮为主的小商业氛围。

2. 文化创意园区项目　1980 年，对商品流通周转库房的市场需求较大，华成商贸公司在清河仓营村建设简易库房（原为远郊农场果品中转站及仓库），后租赁给周边批发市场商户作为商品仓储。2014—2017 年，华成商贸公司累计投资 1 200 万元，对近 4 000 米^2 的库房进行修缮。2017 年 7 月，顺利完成基础设施升级改造项目，逐渐转型为文创园。文创园区占地面积为 1.2 万米^2，有房屋建筑 8 栋，总建筑面积 8 196 米^2，容积率为 6.75，其中主要的经营面积 6 593 米^2。受公司委托经营的资产还包括安宁里办公用房 402 米^2，瑞旗家园底商 1 005 米^2。

园区招商定位为以文化创意类企业、设计类企业、广告类企业、IT 类、企业重点信息的传播、交易、创意制作为核心，同时兼顾音乐、动漫设计服务、文化消费刊物发行、集团办公等多元素企业发展的模式，重点吸引传媒、影视、动漫、新媒体、科研鉴定办公等文化传媒类企业进驻，致力于打造文化工作者的专属园区。[1] 文创园区在房屋设计上做到了空间与功能的完美融合，具备独立摄影棚、贵宾休息室、化妆间、办公区域等，可独立分隔。大屏幕多功能厅音响（音像）设备齐全，可容纳 200 人举行看片会、新片发布会等交流活动。园区的转型符合首都核心功能的定位，并为奥运村地区的物质文明和精神文明建设做出了积极的贡献。园区内已制作出央视系列专题片《红色经典》及 CCTV 财经频道全国 500 强企业领导人部分访谈直播，电视剧《情满四合院》部分室内拍摄也是在园区内完成的。

3. 鑫三元写字楼项目　鑫三元写字楼于 1997 年年底竣工并投入使用，为钢混框架式结构，建筑面积 11 828.3 米^2，地上 9 层，地下 1 层，设计用途为办公用房及居民居住（商住两用），属复合型经济环境。其中，东侧部分房屋竣工时出售，作为康居工程的居民用房，西部为写字楼，可出租面积 9 311 米^2，有电梯、步行楼梯、设备间等公摊面积 2 571 米^2。写字楼前停车场注册了 70 个停车位，进行过停车场软件系统和监控系统升级。

鑫三元写字楼位于北三环联想桥南皂君庙路，地处中关村国家自主创新示范区内，毗邻十多所高等院校和中央在京的科研机构。科技企业入驻本写字楼，可与诸多国家级科研院所和行业内领军的高校为邻，沉浸式感受国内一流科技研发实验室集聚的集群效应，非常有利于产学研平台的搭建。中关村科技园区的中小型科技类优质企业资源丰富，对于高品质中小户型房屋有一定市场需求，鑫三元写字楼的潜在挖掘空间巨大。2017 年年底，鑫三元写字楼租赁客户 65 家，行业分布较庞杂，其中科技创新类 35 家（包括新一代信息技术产业 3 家、生物与健康产业、先进制造业 2 家、现代服务业 26 家）、互联网公司 6 家、便民服务类 10 家、批发及零售 3 家、教育类 3 家、医药类 5 家，其他 3 家。

4. 鼓楼片区房产项目　鼓楼片区房产位于西城区前马场胡同内 75 号，建于 20 世纪 80 年代，建筑面积 1 443.6 米^2，可出租面积 918 米^2。该项目共 3 层、42 间（含 6 间三元食品学生宿舍以及公用卫生间），对外经营出租 27 间，每间 34 米^2，为独立小院设计，拥有停车场和 206 米^2 的员工食堂，可满足不同客户的就餐需求。由于写字楼位于老城区，为非临街场所，受房间数量和面积的限制，以及该区域旅游产业的辐射影响，其经营范围存在一定的局限性，无法满足企业的多元化需求。

5. 祺祥园写字楼项目　祺祥园写字楼位于西城区前半壁街 66 号，原为库房，后改为牛奶加工车间，于 1996 年正式改造为写字楼，开始对外招租。写字楼建筑面积 3 911 米^2，主楼地上 4 层、2 741 米^2，配楼 1 170 米^2，可出租面积 3 420 米^2。

祺祥园写字楼地理位置优越，临近地铁及多条公交线路，交通便利，临近社保中心和政务办公机构，商务氛围较浓。但其各项软硬件设施不够先进，与成熟写字楼有一定差距。

北京农垦商务楼宇见表 4-2-5，2017 年年底北京农垦物业企业基本情况见表 4-2-6。

---

[1]　2019 年 4 月，园区正式命名为北京市华成商贸有限公司文化产业分公司，简称"华成文化创意园"。

表 4-2-5　北京农垦商务楼宇

序号	楼宇名称	类型	是否自有产权	是否自有物业	建筑面积（米²）	所属企业	详细地址	物业管理单位
1	南口农场场部办公楼	办公大楼	是	是	3 399.16		北京市昌平区南口镇南农路10号	龙冠物业管理有限责任公司第七分部
2	国建龙冠建科办公楼	办公大楼	是	是	1 032.98		北京市昌平区南口镇南农路11号	
3	教学1、2、3、5号楼	非类型化楼宇	是	是	9 725.31	北郊农场	昌平区东辛庄321号	北郊农场
4	龙兴园办公楼	办公大楼	是	是	1 949.47		回龙观龙兴园11号	
5	工业公司楼	办公大楼	是	是	8 859.37		回龙观西大街168号（风雅园三区南侧）	
6	源泉商务楼	商场超市	是	是	9 848.77		回龙观西大街99号	
7	千禧超市商业楼	办公大楼	是	是	1 800		海淀区上庄镇	兴建物业管理中心有限公司
8	上庄派出所办公楼	办公大楼	是	是	1 033.17		海淀区上庄镇	
9	上庄镇人民政府办公楼	办公大楼	是	是	1 704		海淀区上庄镇	
10	北太楼（宝岛医院）	非类型化楼宇	是	是	15 218.29	西郊农场	海淀区新街口外大街1号	三元博雅科技孵化器有限公司
11	宏达大厦	办公大楼	是	否	20 830.24		海淀区上地西路41号院1号楼	北京天元宏达物业管理有限公司
12	蓝海中心	办公大楼	是	是	28 531.13		海淀区东北旺南路29号	三元博雅科技孵化器有限公司
13	北沙滩6号楼	宾馆酒店	是	是	2 337		德胜门外北沙滩甲6号2栋	
14	调味品厂办公楼	宾馆酒店	是	是	1 700		海淀区上庄路西、上庄水库南岸	西郊农场
15	西郊农场办公楼	办公大楼	是	是	3 494.3		海淀区上庄镇	
16	饲料分公司办公楼	办公大楼	是	是	4 000		通州区永乐店镇德仁务村委会西北1 500米	三元博雅科技孵化器有限公司
21	中荷办公楼	办公大楼	是	是	12 700		海淀区上庄镇前章村西侧500米	
22	综合办公楼	办公大楼	是	是	1 352.5		通州区永乐店南郊饲料分公司	
23	培训楼	办公大楼	是	是	2 236.6	三元种业科技股份公司	延庆区延农北路2号	三元种业科技股份公司
24	综合实验楼	办公大楼	是	是	2 896.35		延庆区延农北路2号	
25	营销中心办公楼	办公大楼	是	是	1 235.8		朝阳区清河南镇仓营6号院	
26	乳品站实验楼	办公大楼	是	是	898.6		朝阳区清河南镇仓营6号院	
27	兽医总站办公实验楼	办公大楼	是	是	1 185.8		朝阳区清河南镇仓营6号院	
28	奶牛中心办公楼	办公大楼	是	是	1 150.5		朝阳区清河南镇仓营6号院	

（续）

序号	楼宇名称	类型	是否自有产权	是否自有物业	建筑面积（米²）	所属企业	详细地址	物业管理单位
29	首农香山会议中心	宾馆酒店	是	是	14 032	首农香山会议中心有限公司	海淀区北辛村28号	首农香山会议中心有限公司
30	五号井7号楼	办公大楼	是	是	1 700	双桥农场	双桥5号井	双桥农场
31	双桥农场机关办公楼	办公大楼	是	是	3 904.2		双桥东路	双桥联得物业服务有限公司
32	首农股份办公楼	办公大楼	是	是	6 976.43	首农股份有限公司	西城区冰窖口胡同75号	首农股份有限公司
33	五元办公楼	办公大楼	是	是	4 453.14		朝阳区南皋路123号院3号楼-1层至5层101	五元供应链管理有限公司
34	信用社办公楼	办公大楼	是	是	6 038.28	东郊农场	朝阳区来广营东路北侧	东郊农场
35	东郊农场办公楼	办公大楼	是	是	3 000		朝阳区崔各庄乡京顺东街1号	益华物业管理中心有限公司
36	花虎沟9号院1号楼	非类型化楼宇	是	是	3 126.5		花虎沟9号院	昌华物业服务有限公司
37	集团太阳宫办公楼	办公大楼	是	是	13 000		曙光西路28号	
38	集团裕民中路办公楼	办公大楼	是	是	6 434		裕民中路4号	
39	华农物资公司	办公大楼	是	是	963.7		裕民东路1号	
40	德胜饭店	宾馆酒店	是	是	5 396.3	三元酒店管理有限公司	北三环中路14号	三元酒店管理公司
41	圆山大酒店	宾馆酒店	是	是	20 356.4		裕民路2号	
42	古玩城	非类型化楼宇	是	否	18 757		朝阳区弘善善家园108号楼	南郊农场
43	职工大学	非类型化楼宇	是	否	41 164		丰台区和义西里南街南街产业园路交叉路口	职工大学园区自管
44	锦江之星	宾馆酒店	是	是	3 750.54	南郊农场	大兴区亦庄景园北街2号24号楼	锦江之星自管
44	南郊农场场部	办公大楼	是	是	2 079.25		大兴区亦庄景园北街2号39号楼	
45	馨德润酒店	宾馆酒店	否	否	5 600		大兴区旧宫镇小洋坊中路1号	南郊农场
46	馨德润酒店	宾馆酒店	是	是	4 864		大兴区旧宫镇迎宾路2号	
47	南十里居28号楼	办公大楼	是	是	3 715.29		朝阳区南十里居28号楼	东风农场
48	东风农场办公楼	办公大楼	是	是	3 106.8		朝阳区南十里居1号	
49	北京市康乐商贸有限公司（含华康宾馆、1号综合楼、2号写字楼、3号写字楼）	非类型化楼宇	是	是	11 627.5	东风农场	朝阳区麦子店街78号	

（续）

序号	楼宇名称	类型	是否自有产权	是否自有物业	建筑面积（米²）	所属企业	详细地址	物业管理单位
50	公司事业部办公楼	办公大楼	是	否	3 160.2		西城区鼓楼西大街75号	
51	公司科研楼	办公大楼	是	是	12 082.74	北京三元食品股份有限公司	大兴区瀛海镇瀛昌街8号	三元食品股份有限公司
52	公司综合楼	非类型化楼宇	是	是	2 906.67			
53	公司办公楼	办公大楼	是	是	9 342.76	华成商贸有限公司	北三环联桥想皂君庙路	北京市牛奶有限公司
54	鑫三元写字楼	办公大楼	是	是	11 828.3			
55	祺祥园写字楼	办公大楼	是	是	3 911		西城区前半壁街66号	

说明：资料由首农集团房地管理部提供。

表 4-2-6　2017 年年底北京农垦物业企业基本情况

序号	企业名称	上级出资企业	注册资本（万元）	资质等级	企业属性	管理层级	管理项目（个）	房屋管理面积（米²）							2017年物业收入（万元）	2017年租金收入（万元）
								按类型分类				按房屋产权分类				
								住宅	商业	办公	其他	本企业自有	系统内其他企业	系统外		
1	益华物业管理中心有限公司	东郊农场	300	三级	全资	3	1	101 656.32	2 059.C6	860.2	2 554.37	0	5 473.63	101 656.32	76.78	256.25
2	北京德茂物业管理有限公司	南郊农场	419	三级	全资	3	13	989 172.14	13 074.58	0	0	0	107 402.74	894 843.98	606.88	592.09
3	北京泰宇物业管理有限公司	南郊农场	300	二级	全资	3	15	1 078 832.2	101 023.2	2 288.4	0	24 668.1	0	1 157 475.7	1 526	326
4	北京东居物业管理有限公司	西郊农场	1 482	二级	控股	3	11	1 075 254.1	38 597.73	1 715.77	3 250.68	因小区房屋产权复杂，无法明确分类			2 024.22	4 768.82
5	同和开元物业管理有限公司	东居物业有限公司	300	三级	控股	4	1	108 118.15	3 598.41	270.59	1 350.48				504.70	0
6	兴建物业管理中心有限公司	西郊农场	62	三级	全资	3	5	391 682.38	0	0	0	0	240 410.7	151 271.68	191.8	863.21
7	巨山物业管理有限公司	巨山农场	50	三级	全资	3	1	49 940.93	2 119.96	578.68	349.48	0	52 989.05	0	0	17.43
8	龙冠物业管理有限责任公司	北郊农场	300	二级	全资	3	4	1 024 187	149 000	813	0	813	1 173 187	0	3 557.1	444

（续）

序号	企业名称	上级出资企业	注册资本（万元）	资质等级	企业属性	管理层级	管理项目（个）	房屋管理面积（米²）							2017年物业收入（万元）	2017年租金收入（万元）
								按类型分类				按房屋产权分类				
								住宅	商业	办公	其他	本企业自有	系统内其他企业	系统外		
9	龙冠（上海）物业管理有限责任公司	龙冠物业管理有限责任公司	50	一	全资	4	1	0	27 569.14	344.83	0	0	27 913.97	0	0	0
10	北京南口南农家园物业管理有限责任公司	南口农场	50	三级	全资	3	1	62 532.54	10 943.46	532	0	0	74 008	0	31.17	88.81
11	双桥桥联物业服务有限公司	双桥农场	310	三级	控股	3	5	207 661.78	830	572.2	0	208 491.78	0	0	215.62	68.5
12	亿本康乐物业管理有限公司	双桥农场	11	三级	全资	3	1	88 525.4	0	200	13 068.2	101 793.6	0	0	149.23	21
13	永乐鑫达物业管理有限公司	双桥农场	50	一	全资	3	0	0	0	0	0					
14	塞隆国际文化发展有限公司	双桥农场	2 000	一	控股	3	1	0	0	0	0	22 000	0	0	0	1 913
15	东港时代物业管理有限公司	东风农场	50	一级	全资	3	1	0	3 763.16	41 749.98	16 451.9	0	0	61 965.05	0	0
16	北京东苑公寓有限公司	东风农场	800（美元）	一级	控股	3	1	0	0	46 703	11 540	58 243	0	0	588	0
17	北京新通房产管理经营有限责任公司	东风农场	50	一	参股	3	0	东风农场改制企业，管理农场非经营资产								
18	东风物业管理有限责任公司	东风农场	50	一	参股	3	0	东风农场改制企业，管理通达公司非经营资产								

（续）

序号	企业名称	上级出资企业	注册资本（万元）	资质等级	企业属性	管理层级	管理项目（个）	房屋管理面积（米²）							2017年物业收入（万元）	2017年租金收入（万元）
								按类型分类				按房屋产权分类				
								住宅	商业	办公	其他	本企业自有	系统内其他企业	系统外		
19	昌华物业服务中心有限公司	三元酒店管理有限责任公司	200	—	全资	3	5	28 462	0	20 924	0	0	49 386	0	317.5	70.8
20	华成商贸有限公司	首农食品集团	3 305	—	全资	2	2	0	7 312.76	2 103.16	9 201.46	18 617.38	0	0	451.18	1 893.09
21	北京市牛奶有限公司海淀物业管理分公司和西城物业管理分公司	华成商贸有限公司	1 689	三级	全资	3	3	156 261.96	2 879.21	17 960	0	177 101.17	0	0	58.23	3 408.49
22	华都安然物业管理中心有限公司	华成商贸有限公司	60	三级	全资	3	4	45 455.75	8 099.7	0	0	7 248.3	46 307.15	0	58.23	438.51
23	鑫华洋商业管理有限公司	华成商贸有限公司	200	—	全资	3	2	0	3 394.4	173.1	0	3 567.5	0	0	0	412.43
24	北京盛福大厦有限公司	首农食品集团	20 858	—	全资	2	1	0	0	53 085.79	0	53 085.79	0	0	0	9 584.83
25	盛福慧达物业服务有限公司	盛福大厦	100	三级	全资	3	3	420 000	0	53 085.79	0	0	53 085.79	420 000	1 602.66	0
26	北京盛华四合资产管理有限公司（合并）	首农食品集团	500	—	全资	3	—	—	—	—	—	—	—	—	0	698.07

说明：资料由首农集团房地管理部提供。

第三章　交通运输和仓储业

交通运输和仓储业是北京农垦第三产业发展的重要方面。2002年三元集团设立后，开始明确把仓储物流业作为主业。2010年，首农集团明确以涉农商务服务、农产品和食品冷链物流、商流为主的物产物流业是成长型主业。2015年，明确物产物流业（持有型物业、仓储物流）是首农集团的主业。

■ 第一节　交通运输业

北京农垦的交通运输业是随着农业生产规模的扩大而发展的。早期，交通运输附属于农业生产，服务于农场内部的农业生产资料的运输、田间运输，运输工具基本以胶轮大车、轮式拖拉机和农用载重汽车为主。20世纪60年代中期，开始使用奶罐汽车，做到机动专车运送牛奶。总的来看，在改革开放之前，北京农垦没有独立核算的交通运输企业，载重汽车主要服务于农业生产，农用载重汽车一般都归农场的农机站管理。为了弥补农业生产运能力的不足，直到20世纪90年代初期，农场仍有不少胶轮大车。以1990年为例，国有部分仍有胶轮大车209辆，农村集体部分有5 132辆。从1993年起，畜力运输工具基本淘汰（个别农户仍有使用）。改革开放后，独立核算的交通运输企业应运而生。三元集团成立后，出租车行业作为保障板块的组成部分，出租车拥有量增加很快，交通运输业营业收入出现较大幅度的增长。

1990—2008年部分年份国有交通运输业基本情况见表4-3-1。

表 4-3-1　国有交通运输业基本情况

年份	独立核算企业个数（个）		从业人员（人）	固定资产原值（万元）	拥有载重汽车（辆）	载客汽车（辆）	营业收入（万元）
	合计	国有					
1990	142	13	437	510	69	21	533
1991	112	10	298	507	55	—	429
1995	36	8	404	856	84	330	3744
2006	2	2	1 729	18 847	112	1 676	7 923
2008	5	5	1 984	24 593	138	1 683	17 572

资料来源：北京市农工商联合总公司/北京三元集团有限责任公司有关年度统计资料。

2009年首农集团成立后，把重点放在发展高端冷链上，交通运输与仓储业融合程度加深，虽然货运量和客运量均基本稳定，但交通运输业的增加值明显。

首农集团时期交通运输业基本情况见表4-3-2。

表 4-3-2　首农集团时期交通运输业基本情况

| 年份 | 独立核算企业个数（个） | | 从业人员（人） | 固定资产原值（万元） | 年末拥有主要运输工具 | | | 全年客货运输量 | | 营业收入（万元） | 增加值（万元） |
	合计	国有			总台数（台）	①载重汽车（辆/吨位）	②载客汽车（辆/客位）	①货运量（万吨）	②客运量（万人）		
2009	8	7	2 312	33 527	1 888	220/587	1 668/9 106	22.98	1 212.0	23 180	13 791
2010	7	5	2 393	31 908	1 909	212/532	1 697/9 669	17.15	1 242	20 925	15 466
2011	5	4	2 350	34 735	1 868	135/379	1 733/6 932	40.3	1 300.12	33 734	15 448
2012	4	1	2 445	26 789	1 851	115.318	1 736/7 150	14	1 192	23 813	17 176
2013	6	5	2 719	29 845	2 069	315/378	1 754/7 069	12.74	1 286.16	21 654	13 556
2014	3	3	2 503	21 594	1 706	120/259	1 586/6 332	15	1 300.77	21 674	19 199
2015	3	1	2 571	21 461	1 722	113/247	1 609/7 363	16	1 131.38	21 744	21 923
2016	3	3	2 312	21 247	1 742	115/253	1 627/6 508	16.05	1 118.78	22 002	22 374
2017	3	3	2 133	21 441	1 770	111/247	1 659/6 636	13.83	1 003.06	22 034	21 744

资料来源：北京首都农业集团有限公司报送农业部农垦局的统计年报。

第二节　出租汽车行业

一、出租汽车行业的起步

从 20 世纪 80 年代初开始，北京公共交通的车辆品种日趋增多。从 1985 年起，北京市出租汽车行业迎来了大发展，北京农垦出租汽车行业在这种背景下应运而生。1986 年开始营业的田园庄饭店率先成立出租汽车公司，为合资企业，中方股东是北京市东北旺农工商联合总公司，合资公司拥有出租汽车 17辆，[①] 是北京农垦出租汽车行业的开端。至 1993 年，5 家企业共兴办全民所有制出租汽车公司 11 家：长阳农场兴办 3 家出租汽车公司（北京市飞力达出租汽车公司、北京市房山长运出租汽车公司、北京市云帆出租汽车公司），还有 4 家企业，分别兴办了 2 家出租汽车公司，它们是东风农工商（北京海豹出租汽车公司、北京市升华出租汽车公司，之后华升公司并入海豹公司）、南郊农场（北京市大兴县南海出租汽车公司、北京市飞翔汽车公司）、北郊农场（北京市北平出租汽车公司、北京市同发出租汽车公司）、牛奶公司（北京华隆出租汽车公司、华福出租汽车公司，之后华隆公司并入华福公司）。

二、三元出租车公司的重组设立

2001 年 2 月 16 日，经北京市整顿出租汽车行业和企业、小公共汽车经营和营运秩序工作领导小组办公室批准，总公司设立北京三元出租汽车有限公司。

三元出租汽车有限公司组建时的出租汽车拥有量见表 4-3-3，股东及持股比例变化见表 4-3-4。

表 4-3-3　三元出租汽车有限公司组建时出租汽车拥有量

序号	出租汽车公司	注册资本（万元）	出租汽车数量（辆）	出资单位
1	北京市云帆出租汽车公司	300	39	长阳农场

---

① 北京市地方志编纂委员会：《北京志·市政卷·公共交通志》，北京出版社，2002 年，第 430 页。

（续）

序号	出租汽车公司	注册资本（万元）	出租汽车数量（辆）	出资单位
2	北京市飞力达出租汽车公司	220	25	长阳农工商
3	北京市房山长运出租汽车公司	225	17	长阳农工商
4	北京海豹出租汽车公司	410	45	东风农工商
5	北京市华福出租汽车公司	400	39	市牛奶公司
6	北京市双桥出租汽车公司	450	31	双桥农场汽车队
7	北京市东水出租汽车公司	150	40	上地农工商联合总公司
8	北京市方成出租汽车公司	450	76	华成商贸公司
9	北京市北平出租汽车公司	160	25	北郊农场牛奶公司
10	北京市同发出租汽车公司	160	25	北郊农场
11	北京市飞翔出租汽车公司	450	70	南郊农场
12	北京市大兴县南海出租汽车公司	300	20	南郊农场
	合 计		452	

表 4-3-4　三元出租汽车有限公司股东及持股比例变化

日期	股东	出资额（万元）	持股比例（%）	出资方式
2001-04-20	长阳农工商	783.43	35.56	实物
	华成商贸公司	415.24	18.85	实物
	牛奶公司	331.22	15.04	实物
	东风农工商	245.77	11.16	实物
	双桥农工商	213.34	9.68	实物
	南郊农场	120.42	5.47	实物
	北郊农场	67.91	3.08	实物
	东北旺农场	25.47	1.16	实物
2007-07-15	三元集团总公司	1 263.16	57.35	实物
	华成商贸公司	391.8	17.79	实物
	牛奶公司	318.2	14.45	实物
	东风农工商	170.5	7.74	实物
	长阳农工商	39.2	1.78	实物
	北郊农场	5.0	0.227	实物
	东北旺农场	5.0	0.227	实物
	南郊农场	5.0	0.227	实物
	双桥农工商	4.94	0.224	实物
2007-10-26	三元集团	1 492.7	67.76	实物
	牛奶公司	710.1	32.24	实物
2009-09	首农集团	1 492.7	67.76	实物
	牛奶公司	710.1	32.24	实物

三、三元出租车公司的并购活动

三元出租车公司成立后，为了降低管理成本，取得规模效益，开展了一系列并购活动。到 2003

年年初，并购及挂靠的出租车达到 529 辆，是成立之初时车辆的 117%。

2001—2003 年三元出租汽车有限公司并购情况见表 4-3-5。

表 4-3-5 2001—2003 年三元出租汽车有限公司并购情况

日期	并购标的	并购及挂靠出租汽车数量（辆）
2001 年 6 月 5 日	北京市星兴出租汽车公司	135
	北京市五星出租汽车公司	32
2001 年 8 月 30 日	北京市朝阳区向阳出租汽车公司	24
2001 年 9 月 10 日	北京市兴鹿出租汽车公司	20
2001 年 11 月 7 日	北京市鹏程出租汽车公司	50
2001 年 12 月 19 日	北京建富出租汽车公司	63
2002 年 3 月 29 日	北京市影迷出租汽车公司	43
	北京市三友出租汽车公司	28
2002 年 11 月 25 日	北京市华辰出租汽车公司	69
	北京好佳出租汽车有限公司	25
2003 年 1 月 8 日	北京市陆华出租汽车有限公司	40
合计		529

2003 年年底，三元出租车公司车辆规模达到 981 辆，其中通过兼并、挂靠等形式增加的车辆占总规模的 53.9%。2003 年之后，三元出租车公司的并购活动主要是收购北京汽车服务公司的控股权。2005 年 9 月 15 日，京泰实业（集团）有限公司、三元出租车公司、北京东方恒泰汽车租赁有限公司三方达成北京汽车服务公司和北京汽车服务公司修理厂重组改制合作意向。京泰实业（集团）以重组改制企业的房屋土地及其他非经营性资产剥离后的经营性资产，包括出租运营车辆、租赁车辆、北汽服修理厂雪铁龙品牌汽车销售及售后服务、东风日产品牌汽车销售的资产评估后减去负债的净资产，以及经营资质、客户资源、北汽服品牌形成的商誉等无形资产出资；三元出租车公司以现金溢价受让京泰实业（集团）部分资产，取得新公司股权；北京东方恒泰汽车租赁有限公司以租赁运营车辆经评估后的净资产以及经营资质、客户资源、商誉等无形资产出资。京泰实业（集团）拥有的 313 个出租运营指标作为无形资产协议作价，其中出租顶灯车辆指标 299 个、京 B 字头大客车指标 14 个、租赁汽车 327 辆。

2006 年 2 月 28 日，京泰实业（集团）、三元出租车公司、恒星投资有限公司三方达成协议，同意将北京汽车服务公司按增资扩股的形式改制为有限责任公司，改制后更名为北京汽车服务有限公司，以汽车出租、汽车租赁、汽车销售和售后服务为主营业务，注册资本 4 517 万元。其股权结构为：京泰实业（集团）持有 35% 股权，三元出租车公司持有 51% 股权，恒星投资有限公司持有 14% 股权。2015 年 4 月 7 日，市国资委批复同意三元出租车公司收购恒星投资有限公司所持有的北汽服公司 14% 的股权。完成交易后，北汽服公司股权结构为：京泰实业（集团）持有 35% 的股权，三元出租车公司持有 65% 的股权。

2011 年 9 月 9 日，首农集团印发京首农发〔2011〕205 号文，同意三元出租车公司收购北京福星出租汽车公司的全部股权，三元出租车公司车辆又增加 18 辆。2013 年，北京市运输管理局奖励三元出租车公司出租汽车指标 41 个，公司车辆规模达到 1 022 辆，其中出租汽车 1 019 辆、旅游大客车 3 辆。至 2013 年，三元出租车公司通过兼并、挂靠、控股等方式，不断扩大车辆规模，从最初的 452 辆增加到拥有出租车和租赁车 1 662 辆，市场占有率达 2.5%。其中，三元出租车公司有出租车 1 019 辆、旅游大客车 17 辆，控股子公司北京汽车服务有限公司有出租车 299 辆、租赁车 327 辆。全公司有从业人员 1 702 人，其中管理人员 74 人、驾驶员 1 628 人。

四、经营情况

（一）出租汽车数量变化

三元出租车数量变化见图 4-3-1。

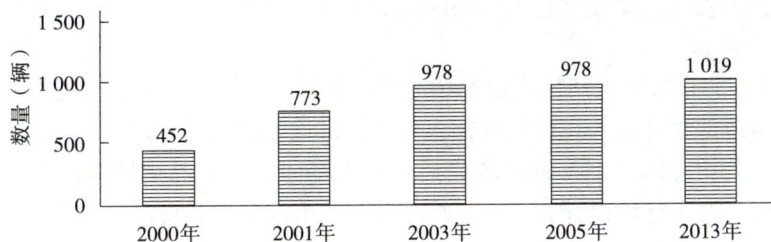

图 4-3-1　三元出租车数量动态

说明：2013—2017 年出租汽车数量没有变化，均为 1 019 辆。

（二）客运量变化

2001—2017 年三元出租车公司客运量见表 4-3-6。

表 4-3-6　2001—2017 年三元出租车公司客运量

年份	客运量（人）	年份	客运量（人）	年份	客运量（人）
2001	4 858 768.8	2007	8 554 239.9	2013	9 373 352.4
2002	5 960 474.1	2008	8 642 161.35	2014	9 464 096.7
2003	6 281 987.4	2009	8 730 082.8	2015	9 554 841
2004	6 349 322.7	2010	8 818 004.25	2016	7 376 680.5
2005	8 378 397.0	2011	8 905 925.7	2017	6 949 359
2006	8 466 318.45	2012	8 993 847.15		

说明：资料由北京三元出租车有限公司提供。

（三）经营业绩

2001—2017 年三元出租车公司经营业绩见表 4-3-7。

表 4-3-7　2001—2017 年三元出租车公司经营业绩

年份	营业收入（万元）	利润总额（万元）	年份	营业收入（万元）	利润总额（万元）	年份	营业收入（万元）	利润总额（万元）
2001	2 996.6	306	2007	10 925.5	842.6	2013	14 010	1 944
2002	4 961.4	282.7	2008	12 037.2	844.4	2014	13 474	3 163
2003	4 424	26.7	2009	12 013	1 289	2015	13 283	1 917
2004	5 374	613.6	2010	12 735	1 533	2016	12 616	1 642
2005	5 329.5	458.5	2011	14 311	1 795	2017	12 634	1 778
2006	6 253	856	2012	14 458	1 641			

说明：资料由北京三元出租车有限公司提供。

第三节 仓 储 业

一、仓储业初步发展阶段（1985—1998 年）

20 世纪 80 年代，北京农垦仓储物流业开始起步。发展仓储业的最初目的主要是解决闲置资产出路问题，出租场地房屋的租金收入在初期数额也较小。80 年代中期，为了解决果品均衡上市的问题，南口农场建立了商业公司冷库，十三陵农场先后建设农场冷库、果品周转库。1987 年，南郊农场引进全套南斯拉夫设备，开工建设设计容量 3 000 吨的北京市红星蔬菜食品冷冻厂冷库，总投资 697 万元。1987 年，双桥农场投资 470 万元建设的北京市双桥建材储运库投产，并扩建储运库专用铁路线，该储运库占地面积 22 440 米²，是北京地区最大的水泥集散地。北京市双桥化工原料仓储库成立于 1991 年 8 月 6 日，主营化工原料、钢材等货物的储存运输业务。北京市双桥储运库成立于 1991 年 8 月，主要开展烟草等货物的储存运输业务。1992 年，东北旺农场对畜牧业进行调整并逐步退出，将东北旺南牛场几栋破旧牛棚改建成库房，加高、加固了围墙，平整了场地，成立东北旺上地仓储公司。东北旺仓储公司成立后，先后与联想集团、时代公司和万桥物资公司等客户签订了承租合同。同年，巨山农场成立仓储公司，将原来一队大田 10 公顷土地修建为露天仓储场地，主要为首钢设备处提供服务，年收入 65 万元，缓解了农场流动资金的困难。1994 年，双桥农场建成水泥库，一次能贮存 20 万吨，输出量占北京市需求的一半以上。至 1995 年，北京农垦有国有骨干仓储企业 10 家，年末从业人员 780 人，仓储企业总资产达 1.5 亿元，营业收入 8 409 万元，实现利润 1 084 万元。其中较大规模的仓储企业有北京市双桥建材库、北京市卢沟桥农场五里店储运公司、红星蔬菜食品冷冻厂、化工部双桥代管库（即北京市双桥化工原料仓储库）、南口农场商业公司（硕春冷库）、北京市双桥储运仓库。[①] 总的来看，初期的仓储企业规模普遍较小，企业化、市场化运作程度偏低，与企业的主营业务关联度较低，功能单一，多数是向客户出租厂房或场地。

二、仓储物流业快速发展阶段（1999—2017 年）

场乡体制改革后，总公司认识到农场的区位优势，同时，社会对仓储的需求也越来越大，总公司逐步把物产物流业明确为主导产业。有的农场将闲置厂房改造为符合客户需要的库房，并逐步发展为自主经营的仓储物流企业。如南郊农场将原五环高级润滑油公司改造为北京五环顺通物流中心；原东北旺农场的东泰仓储有限公司购买北京丘比地块组建仓储租赁企业；东郊农场物资供销企业转型为仓储物流企业——五元物流。

2002 年，三元集团成立，把物产物流业确定为主业。同时，三元集团看到国内冷链物流业具有极大的市场潜力和发展机会，把保障农产品和食品安全作为集团公司的战略要求，对系统内的仓储物流企业提出转型升级的要求。2006 年，南郊农场五环顺通中心贷款 100 万元改建了 640 米² 的第一座冷库，2012 年 4 月又斥资 1.4 亿元购买大兴生物医药基地天华街 21 号厂区，厂区建设用地面积 3.95 万米²，房屋 3.1 万米²，2015 年新建冷库 2 万米²，该企业于 2016 年被中国食品工业协会食品物流专业委员会授予"2016 中国食品冷链产业物流金牌服务商"。南口农场硕春冷库最初库存仅 110 万千克（其中冷藏库 10 万千克、保鲜库 100 万千克），经过多轮改扩建，至 2011 年，库容量达到 1 000 万千克，成为北京西北地区最大的低温冷藏库之一。三元集团先后投资形成了两家与主业关联

---

① 资料来自北京市农工商联合总公司《统计资料汇编》(1995 年)，第 166-167 页。

度高、以食品物流为主、具有复合型流通特点的骨干企业：北京首农三元物流有限公司和北京首农供应链管理有限公司。首农三元物流公司是拥有三类温度带（冷冻、保鲜、常温）物流机能的大型配送企业，配备了 120 余辆"三温带"配送车辆，有 3 个物流配送中心，主要业务包括面向北京和全国大中城市以及国际市场的以食品为主的运输、仓储、货运代理，各类商品批发和零售及加工、技术服务，以及进出口业务等。公司多次进入"中国食品物流 50 强""中国冷链物流企业 50 强"排行榜。首农供应链管理公司经营业务涉及国际贸易、农产品生产、初级加工、物流运输、批发、零售等领域，除了为本集团服务外，还在天津、大连、上海等地布局，在北京建立农商对接的连锁超市，以双创中心为平台，助力扶贫攻坚，同时，开始布局全球一体化供应链体系，已初见成效。以首农供应链管理公司主营业务收入为例，2012 年为 2 374 万元，2013 年为 2 127 万元，2014 年为 6 847 万元，2015 年为 45 400 万元，2016 年为 47 251 万元，2017 年为 148 124 万元。

从规模及企业服务功能看，北京农垦逐步涌现一批多功能、第三方的仓储物流企业。其中具有一定规模和市场影响力的仓储物流企业有以下几家：

1. 双桥农场从以水泥建材、化工原料为主的国有控股仓储企业，逐步向仓储与持有型物业融合转型 1998 年 6 月 26 日，北京市双桥化工原料仓储库吸收合并北京市双桥储运库。2000 年 8 月，双桥物资供销公司 32 250 吨散装水泥仓建成。该项目投资 1 850 万元，用时 7 个月，共建成 28 个立体钢结构散装水泥筒仓，直径 8.5 米，高度 12.5 米，容量 1 150 吨，引进德国先进技术进行筒仓卷制，整体没有焊接点，并采用具有国内领先水平的激光物位测试系统，可随时掌握仓内水泥的高度和容量。2002 年 12 月，胜利建材再投资 631.41 万元建成 4 个容量为 1 150 吨、14 个容量为 600 吨（直径 7 米，高 10.5 米）的水泥散灰仓并投入使用，加上前期建成的 28 个散灰仓，共有散灰仓 46 个，最大总容量为 6 万吨。2004 年 5 月 31 日，以北京市双桥化工原料仓储库为母体，改制为国有控股的有限责任公司，企业名称变更为北京大秦物流有限公司。公司业务为普通货运、仓储、装卸搬运，有大小库房 36 栋，仓储营业面积 5 万余米²，拥有客户 40 余家，库房出租率基本上在 90％左右。2010 年，商务部物流司通过数据分析，锁定了大秦物流，将其作为商务部抽样调查的物流行业中的代表企业，对其进行综合评价，为大秦物流颁发了商贸流通业统计典型企业的奖牌。根据北京市总体功能规划，水泥库于 2015 年停止原来的业务功能。自 2016 年开始，大秦物流陆续完善了监控系统和消防设施。2002—2012 年的 10 年间，公司陆续扩建库房面积 2 万多米²，平均每年扩建 2 000 多米²。大秦物流、胜利建材自 2015 年开始退出水泥储运业务，开始利用仓库设施发展持有型物业。

2. 南郊农场的五环顺通中心成功转型为以冷冻储存为主营的大型物流企业 2001 年 2 月 21 日，北京市五环顺通物流中心正式注册成立。2006 年 8 月，五环顺通中心调整经营方向，确定冷链物流为企业发展方向；9 月，开始建造第一座冷库，同时购买新的运输车辆，扩大运输车队营运规模。2012 年后，五环顺通中心加大投资，通过并购、承租、新建等途径，使仓储用地面积逐步扩大，冷库、常温库面积也不断扩大，成为国内有影响力的冷链物流企业。2016 年 7 月，五环顺通中心启动家乐福、沃尔玛、欧尚等 15 家商超的共同配送项目。2017 年 5 月 9 日，五环顺通公司运输管理系统 TMS（运输管理系统）项目正式启动；9 月，TMS 正式上线；12 月，五环顺通公司 WMS（仓储管理系统）信息系统正式上线。

3. 东郊农场五元物流中心成为向大型商超集团提供综合性服务的供应链服务商 2006 年 2 月 24 日，东郊农场成立北京五元物流中心，物流业被确定为农场主业。2008 年 11 月，五元物流北区库房竣工，项目投资 950 万元，占地 8 666.7 米²。南区物流项目总占地约 13 公顷，规划建筑面积 73 539.88 米²，已交付使用的建筑面积达 66 147.4 米²，其中包括 53 240 米² 的常温库、6 600 米² 的冷库，以及 6 307 米² 的办公和配套用房。项目总投资超过 2.2 亿元，由东郊农场与双日物流公司共同出资建设。2008 年 6 月 7 日，东郊农场建设的物美新物流配送中心项目开工，10 月正式交付租赁方北京物美商业集团股份有限公司使用，由五元物流负责管理。

2017 年年底，五元物流中心改制为北京五元供应链管理有限公司。公司以社会特色产品物流为核心，以首农集团业务为辅助，提供仓储、区域配送、干线运输以及商务办公、信息管理、餐饮配送、物流物业管理、冷链加工等配套增值服务。随着新型消费方式的发展，北京五元供应链管理有限公司及时调整经营模式，以市场为导向，以南区现代物流园区为支撑，建立和完善与之相适应的现代物流服务体系，努力提高配送的规模化和协同化水平，加快电子物流建设，促进线上线下良性互动。北京五元供应链管理有限公司在夯实物流物业管理和仓储、配送的基础上，以培育和开拓新型市场为导向，推动物流贸易一体化快速发展，适时开展金融物流业务，实现由物流服务商向供应链服务商转变，打造具有竞争力的综合现代供应链物流企业和服务品牌。

4. 南口农场把硕春冷库打造为集速冻、冷冻、保鲜、常温、加工于一体的京西北第一物流平台　20世纪80年代，水果市场放开，南口农场为保证果品均匀上市，减轻采摘季节的销售压力，于1986年10月16日成立北京市南口冷库。当时只有一座冷库，主要储存农场各果树分厂的果品。1990年6月，北京市南口冷库更名为北京市南口农场商业公司。1992年建成第二座冷库，除为农场储存果品外，还进行招商引资，对社会开放。1997年9月，北京市南口农场商业公司更名为北京市硕春商贸公司，经营主要以仓储为主。2001—2005年，分三期对全部保鲜库进行低温改造。2006年10月，更名为北京市南口农场硕春冷库。2010年7月，7 000米²的新库建成投入使用后，总库容达到1万吨。2010年11月，正式通过了ISO 9001：2008管理体系认证和HACCP食品质量安全体系认证。2011年，在开展仓储业务的同时，尝试开展商贸业务，商贸收入占总收入的比重逐年增加，主营业务调整到以生肉、水果、蔬菜储存和销售食品为主的物流平台。2017年，硕春冷库实现收入8 000万元、利润300万元。

5. 东北旺农场/西郊农场形成了服务于中关村高科技园区的物流企业　1992年，东北旺农场成立东北旺仓储公司。1995年，根据东北旺区域总体规划，东北旺仓储公司搬迁到唐家岭村南。2004年更名为北京上地物流有限公司，有专业运输、装卸机械车辆20余部，仓储面积近4.5万米²，停车面积7 500米²。公司定位于集仓储、物流运输于一体的综合性企业，随着中关村高科技产业的不断发展，上地软件园和永丰高科技园区相继开发建设，面对庞大的物流市场，公司与海淀区运载管理处共建海淀区物流基地。2004—2006年年初，公司租用原中日养鸡场场地，兴建库房、物流办公室43 300米²，修建道路铺设混凝土路面23 800多米²，铺设下水管线3 580多米，更新安装消防设施，恢复电力使用，增加安防设施。2006年11月，公司成为"2008年北京奥运物流业网络独家赞助商"。2007年，在公司西区改建了近千平方米的防静电生产检测车间，为客户提供了高科技产品生产平台。公司拓展物流领域多层次的业务市场，建立库房覆盖下的生产车间以及分拣包装车间，为客户降低成本，实现双赢。公司通过网站等现代化的信息交流方式，不断收集信息，拓宽业务市场，提高市场竞争力，实现公司高效高速发展的目标。2017年5月，北京上地物流有限公司更名为北京上地伟业科技服务有限公司，配合中关村软件园的发展，吸引了联想集团、中国外运集团等大型优质企业进驻合作，同时建立了与园区企业需要相配套的运输、储存、装卸、搬运、包装、流通加工、配送、信息处理等设施，为商家创新实践拓展服务功能，使货物在储运过程中向第三方物流发展，为客户提供产品到货的接收、装卸、运输、配送和及时的信息反馈。

6. 集团公司确立食品物流为物产物流业的发展重点，兴办由集团公司控股的食品物流公司　2006年7月，由三元集团及5家二级企业出资组建北京三元环都物流有限公司，注册资金3 000万元。环都物流公司的主营业务是以奶制品为主的食品冷链物流业，主要从事"三温带"冷链食品的配送、仓储、批发，主要客户是三元食品股份公司、北京丘比、艾莱发喜食品公司，以及中粮集团和百旺达连锁超市等，拥有的3 000余个配送网点覆盖北京及华北、华东地区，年配送及仓储量15万~20万吨。12月，三元集团按净资产无偿受让环都物流公司其他五家股东的全部股权，三元集团成为环都物流公司的唯一股东。

2007年10月1日，由三元集团、双日株式会社、双日（中国）有限公司合资设立的双日物流公司正式运营。合资公司依托三元集团和双日株式会社，发展以核心企业为轴心的食品冷链体系，联结供应链上下游，逐步形成覆盖分类食品产业的冷链保障体系。在业务模式上，公司从食品仓储、库存管理、搬运和定向性运输为主的"散点型"传统业务，逐步向综合性、全过程、集成化的现代物流服务商转变。2008年5月1日，双日物流公司D2库开工。2008年12月，华北地区规模最大的东郊物美物流中心竣工，该项目由东郊农工商和双日物流公司共同出资建设。2014年1月4日，双日物流公司成立冷链事业本部。2016年5月，双日物流公司所有的车辆GPS（卫星定位系统）安装完毕，改善派送流程。2017年6月21日，首农集团受让双日株式会社、双日（中国）有限公司持有的双日物流公司合计49%的股权；9月，外方股权完全退出，合资公司更名为北京首农三元物流有限公司，为首农集团全资子公司。① 公司拥有三类温度带（冷冻、保鲜、常温）物流机能的大型配送中心，配备了120余辆"三温带"配送车辆，设有三个物流分中心（一区、二区、四区）。公司物流运输的主要客户有三元食品公司、三元食品四厂、迁安三元食品、天津三元食品、上海三元、丘比、棒约翰、八喜、百世罗缤等。2017年，公司总运输量395 988吨，冷链运量15 420吨，营业收入9 400万元。

7. 建立国内外贸易、货运、仓储以及通关等服务的多功能物流企业　首农供应链管理有限公司从事仓储物流业务的子公司有以下几家：

（1）天津港首农公司。天津港首农公司由首农集团、天津港集团、中集集团、亚东信基等共同出资在东疆保税港区注册成立。2014年6月，开始建设天津港首农食品项目，旨在建设集食品进出口贸易、食品综合展示厅、海外代理、港口服务、仓储服务、销售、分拨、配送等功能于一体的大型食品进出口流通基地，打造快捷高效的北方食品进出口通道。公司在天津东疆保税港区投资建设1座物流仓储园区，占地面积为5.6万米²，总建筑面积1.8万米²，其中理货大楼建筑面积5 500米²、冷库建筑面积1.25万米²，堆场占地面积3.5万米²。2017年7月，天津港首农冷库及堆场正式投入使用，其中冷库库容2万吨，可实现－30℃～10℃控温，可分区存储冻肉、水产、水果、红酒、奶制品等各类货品；堆场划分为冷箱区、普箱区和查验区，整体堆场实现无线信息覆盖。

（2）首农大连公司。公司于2016年3月成立，由首农食品中心控股。2016年5月，首农大连公司项目在大连大窑湾保税区奠基，总占地面积约3.3万米²，总投资1.8亿元。项目由A、B两个部分构成：项目A地块建设冷链物流园，项目B地块建设综合办公区和展示交易区。公司以进口水果为经营主项，同时，也进口猪肉、牛肉、羊肉、海洋水产、婴幼儿食品、休闲食品、酒类等。这些进口产品会带来向北方各地区或各主要流通渠道分拨配送的增值服务业务。2017年，在边建设边经营的情况下，首农大连公司营业收入为4.22亿元。

三、仓储物流企业获得的荣誉

2009年12月5日，双日物流公司、五环顺通中心在"中集杯"竞赛活动中荣获由中国食品工业协会/食品物流专业委员会颁发的"2009中国食品物流50强"称号，分别列第9名和第22名。

2010年10月26日，双日物流公司、五环顺通中心在"中集杯"竞赛活动中荣获由中国食品工业协会/食品物流专业委员会颁发的"2010中国食品物流50强"称号，分别列第5名和第17名。

2012年11月22日，在中国冷链物流万里行第十七届会议上，双日物流公司被中国冷链物流联盟、中国食品工业协会食品物流专业委员会联合授予"2012年度中国冷链物流50强企业"称号，名列第22位。

2013年12月20日，在中国冷链物流联盟与《中国食品工业》杂志社联合主办的"2013年度中国冷链物流50强企业"测评活动中，首农集团、双日物流公司均获得"中国冷链物流50强企业"称号，分别列第10名和第19名。

---

① 2018年8月1日，北京首农食品集团有限公司与北京首农股份有限公司签订股权转让协议，北京首农食品集团有限公司将100%股权转让给北京首农股份有限公司。2018年9月4日，完成工商营业执照变更。

2014年5月5日，双日物流公司被中国物流与采购联合会冷链物流专业委员会评为2013年度"中国冷链物流百强企业"，列第62名。

2015年6月5日，双日物流公司、五环顺通中心被中国物流与采购联合会冷链物流专业委员会授予"2014中国冷链物流企业百强"称号，分别列第48名和第50名。

2016年3月23—24日，五环顺通中心参加在江苏省镇江市举办的2016年（第五届）餐饮酒店供应链峰会，并获得《餐饮冷链物流服务规范》行业标准试点企业授牌。同月，五环顺通中心成为餐饮冷链物流规范WB/T 1054—2015行业标准试点企业。

2016年6月30日，五环顺通中心被中国物流与采购联合会冷链物流专业委员会授予"2015中国冷链物流百强企业"称号。10月，五环顺通中心成为中国电子商务协会农业食品分会授予常务理事单位。11月25日，在中国物流与采购联合会冷链物流专业委员会举办的第十届中国冷链产业年会中国冷链双年"金链奖"中，五环顺通中心获得"优秀区域配送服务商"称号。12月30日，五环顺通中心在中国食品工业协会食品物流专业委员会主办的"2016年度中国食品冷链产业金鼎奖"中被授予"2016中国食品冷链产业物流金牌服务商"称号。

2017年6月23日，五环顺通中心荣获"中国冷链物流诚信50强企业"称号。7月13日，在大连市召开的2017第九届全球冷链峰会上，五环顺通中心荣获2016年度"中国冷链物流百强企业"殊荣。

第四章　批发和零售业

批发和零售业是北京农垦第三产业重要的经营内容，也是较早介入的经营领域。改革开放以后，农垦实施农工商综合经营，首当其冲的着力点就是兴办商业。经过几十年的发展、调整、转型，逐步形成了以石油商业为主的商贸业，批发零售业与仓储物流业的融合愈加紧密，新零售呈现较好的发展势头。

■ 第一节　商　贸　业

一、商贸业的发展变化情况

（一）商贸业的起步、发展与调整

在1958年"人民公社化"时，京郊国营农场周边的部分农村社队并入农场，同时带进一些乡供销合作社，这是北京农垦批发零售贸易业的发端。随着国营农场工农业的发展和农场职工家属的生活需要，农场陆续建立了物资供销部门，对国家下拨的柴油、煤炭、水泥、钢材、木材以及化肥、农药等生产资料进行分配。20世纪50～70年代，农场出口供货有所发展。

1979年，北京农垦成立长城农工商联合企业，明确走农工商综合经营的发展路子。8月11日，市革委会农林办（79）京革农发149号文批复同意成立长城农工商物资供应站，主要经营农机、农业生产资料、汽车、钢材、建材和石油制品，为农场生产和基本建设服务。10月5日，中共中央颁发《关于加快农业发展若干问题的决议》，对国营农场提出的要求中有"发展推销自己产品的商业"。1979年，长城农工商联合企业提出在发展商业方面要"主要销售自己生产的农副产品。目前，主要是增加牛奶公司的门市部，销售鲜奶和奶制品。同时，借用商业市场和流动售货等方式销售水果、鲜鱼、鸡、鸭、鹌鹑等。"[①] 是年，北京农垦首次向香港出口活填鸭，全系统出口商品供货额比1978年增长63.7％。

1980年3月16日，市农办（80）京政农字46号文批复长城农工商，同意成立北京市长城农工商供销公司，这是北京农垦第一家直属的商业企业。同期，南口农场在西单十字路口建立燕山售货亭，成为第一家进城办商店的农场。4月，供销公司建立了马甸果品站，解决了16个农场新鲜水果直销问题，实现了自产自销，减少了中间流通环节。6月，供销公司建立了三里屯售货亭（后并入亚光商场），营业面积280米²，主要销售北京农垦和全国农垦系统的特色产品。7月21日—8月3日，北京农垦协助中国农垦农工商联合企业总公司在北京市东风农场召开第一次农工商联合企业商业座谈会。8月，供销公司建立北太平庄售货亭（后改称天义商场）。10月，市农场局工作会议总结了供销公司经验，提出"大力推进产、供、销一条龙"。11月，建立中关村售货亭（后改称中关村商场）。

---

① 郭方：《从实际情况出发，办好农工商联合企业》，载《中国农垦》第4期，第17页。

12 月，建立东四商亭（后改称春城商店）。是年，粮食购销不再按农场所属行政区划管理，改由市长城农工商对粮食购销实行包干管理；农场生产的水果由过去市果品公司统一收购改为自行销售。1980 年年底，供销公司当年起步就建成商业网点 5 个，从业人员从几十人增加到 500 余人，实现销售收入 1 008 万元，利润 5 万元。

1981 年 2 月，供销公司成立供销经理部、西苑门市部；4 月，市农场局首次召开供销工作会议；12 月，供销公司在西城区德胜门外路口增设安德路商亭（后更名为农工商商品经营部）。是年，市农场局成立劳动服务公司，陆续开办了燕青新商行、北京京豫联营公司（凯帝实业前身）、大北窑燕乐餐厅、燕鸣副食店；北郊农场史各庄工艺美术品商店开业，采取前店后厂直销自制景泰蓝工艺品。1981—1982 年，北郊农场开办迎新商亭、三院商亭；西郊农场开办综合商店，南郊农场开办食品店，东北旺农场开办场部商亭，朝阳农场在双井地区开办两个商亭，双桥农场开办管庄商亭。1983 年，双桥农场管庄分场建成燕京医药商店，营业面积 1 417 米²，103 名员工，共经营 1 800 多个不同规格、品种的药品，1990 年销售额 5 635 万元。

1984 年 7 月 13 日，市农场局下发（84）京农管字 47 号文《关于加强供销队伍建设，进一步做好商品流通工作的意见》，同时，总公司专门召开供销人员大会，总公司党委副书记、经理房威代表党委提出要给总公司系统的供销人员松绑。1984 年，西郊农场成立长江贸易实业公司，主要经营日用百货、家用电器、五金交电、计划外建材。1985 年年底，长阳农场已有批发部、商店、工业品销售站、物资采购供应站、冷冻技术服务部等 9 个企业。从 1985 年起，农场系统出现第一家加油站，即朝阳区双桥石油供应站第一加油站，在石油商业方面趟开了路子。至 1990 年，全系统国有商业网点发展到 102 个，年销售额达 3.6 亿元。总公司商业服务公司从 1980 年起步，至 1990 年止，先后开办了北京云南联营经销公司、燕海五金供应站、新源里商品经营部、展销批发商场、亚风商场、江丰副食店、鑫鑫酒家、亚光菜市场和百货批发部（后更名为亚光商场）、北方农垦商贸集团等企业，直属企业由 1980 年的 5 家增加到近 20 家，从业人员由 500 余人增加到 1 000 余人。1990 年，总公司接收北京市社会福利事业总公司（更名为三环实业公司）；1991 年，总公司接收康华矿业发展运输公司（更名为北京市广域贸易公司）；1992 年，总公司接收北京市慎昌实业公司。这些公司的主营业务虽较繁杂，但商贸业所占比重仍较大。从 20 世纪 90 年代起，在商贸业快速发展的同时，也出现了一批微利和亏损的商业企业，商业服务公司先后对这些企业采取了关、停、并、转的措施，包括北方农垦商贸集团、劲松饭庄、燕乐餐厅、亚风商场、三里屯售货亭、新源里贸易中心、展销批发商场、科罗斯公司、京成信公司、华冶物资供应站等。总的来看，商贸业总量是增长的，1995 年和 1986 年国有商业年销售额均达 8.7 亿元，为场乡体制改革前最高的两个年份。

2000 年，总公司提出"减压控"措施，劣势企业加快退出，同时，对以商贸和餐饮、住宿服务为主营业务的企业，提出逐步转型的要求，即逐步转型到商贸业与以自有房产的租赁经营相结合的经营方向。2000 年，批发零售网点仅剩 51 家，从业人员和营业额均大幅缩水。

北京农垦国有批发零售业情况见表 4-4-1。

表 4-4-1　北京农垦国有批发零售业情况

年份	网点个数	年末从业人员（人）	年销售额（万元）
1980	12	396	273
1982	19	668	1 069
1985	70	1 384	7 672
1990	102	2 361	36 118
1991	136	2 887	62 871
1995	118	3 042	87 341

（续）

年份	网点个数	年末从业人员（人）	年销售额（万元）
1997	133	5 339	82 427
2000	51	1 410	48 125
2008	42	632	117 007

资料来源：《北京市国营农场统计资料》（1955—1985年）、总公司和三元集团有关年度统计资料。

（二）首农集团时期批发零售业情况

2009年，首农集团成立，明确以涉农商务服务，农产品和食品冷链物流、商流为主的物产物流业是成长型主业，把建设保障首都安全（应急）食品供给的平台作为北京农垦的战略任务，新建了一批骨干企业，新建的电商、超市、农产品批发市场、供应链企业成为北京农垦新的增长点。首农集团成立后，批发零售商贸业的发展有两个显著的特点：

1. 大力发展国内外贸易与仓储物流融合发展的企业　传统的仓储企业逐步开展加工、商贸等增值服务。南口农场硕春冷库于2011年尝试开展商贸业务，商贸收入占总收入的比重逐年增加，至2017年，已从单纯的仓储企业发展为以商贸收入为主的企业，在当年8 000万元的收入中，商贸经营收入达7 147万元。天津港首农公司运作的天津港首农食品项目，集食品进出口贸易以及港口服务、仓储服务等功能于一体。首农大连公司以仓储物流设施为平台，以进口水果为经营主项，也经营其他品类进口食品，如猪肉、牛肉、羊肉、海洋水产、婴幼儿食品、休闲食品、酒类等。首农三元物流公司定位物流＋商流，即冷链运输仓储和食品批发经营并行，同时积极大胆拓宽批发零售业务范围。具体业务方向及内容有：①国际贸易业务，主要分为国际代采业务、肉类贸易，以及现阶段需求量日趋上升的母婴、休闲食品、酒水饮料等几大板块业务。②冰品业务，公司冰品业务推出了冰鲜总管水饺产品，主要销售渠道是商超系统、流通系统、餐饮系统、外埠地区。③日本清酒及日餐料理产品的销售业务。④自动贩售机项目，以自动售卖生鲜商品的方式切入社区。⑤榴梿制品销售业务，公司榴梿制品销售在盒马生鲜门店铺货。⑥牛羊肉销售业务，主要包括乌拉圭黄瓜大条进口贸易和内蒙古羔羊肉串两大类产品。

2. 积极尝试开展新零售"互联网＋销售"业务　2015年，三元食品股份公司、华都集团、黑六牧业公司等一批二级企业利用电商平台积极探索线上销售模式，首农食品中心的"首农生活"App运营，"首农生活e购"生活超市开业，首农食品网B2C模块上线运行。2015年8月，华都集团与民生电商控股（深圳）有限公司共同出资组建北京首农电商科技有限公司。2016年7月，北京壳牌会员系统上线；北京荷美尔电商渠道销售量同比增长58％；北京壳牌的滴滴、微信及百度支付上线，打造多元化生态圈及支付体验；北京丘比电商渠道的销售额一直维持在100％左右的增长速度。2017年，首农大连公司研发了智慧生鲜供应链综合服务平台，包括订单管理系统、仓储管理系统、运输管理系统、配送管理系统、分销系统等，将产品、仓储、配送、商家、消费者联通起来，统一标准、统一管理，形成专注于跨境生鲜产品的全流程物流网络。同年4月25日，首农HELO宅鲜配正式上线，探索首农打通消费者渠道、打造消费品牌的新业务模式。

首农集团时期批发零售业基本情况见表4-4-2。

表4-4-2　首农集团时期批发零售业基本情况

年份	独立核算企业（个）	营业网点（个）	固定资产原值（万元）	营业用房面积（米²）	从业人员（人）	营业收入（万元）	增加值（万元）
2009	4	30	12 277	17 197	421	95 408	8 770
2010	4	23	17 333	23 056	499	196 241	8 291

（续）

年份	独立核算企业（个）	营业网点（个）	固定资产原值（万元）	营业用房面积（米²）	从业人员（人）	营业收入（万元）	增加值（万元）
2011	4	52	20 034	21 814	487	219 194	11 684
2012	8	74	22 060	23 734	590	241 320	8 513
2013	9	65	25 080	42 257	545	306 360	12 760
2014	11	65	28 144	75 415	705	411 768	17 580
2015	11	113	28 700	77 878	765	481 174	23 390
2016	10	96	28 532	77 807	734	530 615	42 559
2017	14	116	50 777	83 353	784	687 038	49 162

资料来源：北京首都农业集团有限公司报送农业部农垦局的历年统计年报。

（三）总公司直属批发零售企业的变化

1. 北京市华成商贸有限公司 2000 年，北京云南联营经销公司停业清算。2012 年，佳程经协公司注销。2013 年，注销北京华成瑞丰贸易有限公司、海南万利工贸（集团）公司、北京市海淀中关村商场。2017 年年底，华成商贸公司仅存的商贸企业是北京鑫华洋商业管理有限公司，其前身是北京亚运村华洋水产品交易市场有限公司。[①] 2007 年后，水产品经营逐步变为菜市场经营。

2. 北京市华农物资有限公司 1985 年，总公司物资供应站由事业单位改为自负盈亏的经济实体，名称为总公司物资供应公司。1986 年 8 月 10 日，市农办京政农（86）96 号文批复总公司，同意总公司物资供应公司负责农场系统计划内物资的分配，采购供应本系统计划外石油、钢材、水泥、化肥、拖拉机、有色金属、新闻纸等物资。1989 年 11 月，总公司物资供应公司取得企业法人营业执照。1992 年，物资供应公司改名为北京市华农物资公司，物资供应完全转入市场经济。1997 年 1 月，北京农垦雄威总公司并入华农物资公司。2003 年 6 月，三元集团决定由华农物资公司统一管理和运作系统内保险业务。2009 年 3 月，首农集团进一步整合车险、企财险、农险、建筑安装工程险，明确由华农物资公司全权代理。2012 年 12 月 25 日，首农集团决定将华农物资公司的国有产权无偿划转给三元酒店管理公司，仍保留法人地位。2017 年年底，华农物资公司完成公司制改革，更名为北京市华农物资有限公司。

3. 北京市农工商粮食饲料公司 1979 年 8 月，长城农工商饲料公司成立，1981 年更名为粮食饲料公司。2001 年，粮食饲料公司改制，采取国有资本全部退出的方式，公司资产全部由经营者和职工购买。

4. 北京市慎昌实业公司 2004 年 8 月 26 日，三元集团党政联席会决定同意慎昌公司实施破产清算；10 月，市国资委同意慎昌公司向法院申请破产；11 月 3 日，经北京市第一中级人民法院审理，依法裁定宣告慎昌公司破产。

5. 北京市三环实业总公司 2003 年 2 月 26 日，三元集团董事会决定三环实业公司停业。2008 年 2 月，三元集团〔2008〕43 号文决定牛奶公司（后以华成商贸公司名义）接管三环实业公司。2012 年，三环公司完成工商注销登记手续。

6. 北京市广域贸易公司 1996 年 7 月，总公司京农管字（1996）47 号文决定北京市广域贸易公司整建制并入华农物资公司。1997 年 1 月 17 日，该公司完成工商注销登记手续。

---

① 2019 年 5 月，华洋菜市场华丽落幕，正式退出市场经营的历史舞台。5 月 20 日鑫华洋商业管理有限公司正式取得营业证照，挂牌成立。

第二节　石油商业

一、石油商业发展变化概述

1953 年，国家开始执行第一个五年计划，同年，国家开始对石油产品生产、销售实行计划管理。北京市国营企业的用油计划需向市计委提出申请，受中国石油公司和北京市商业局双重领导的北京市石油分公司负责及组织供油。1962 年，国家明确规定汽油、柴油、润滑油和煤油、润滑脂五大类石油产品均由国家统一分配。1978 年，为了支持农业机械化的发展，北京市各区县设立石油公司，统一归北京市石油公司领导，为二级批发机构。20 世纪 80 年代，国家分配给北京市的石油产品指标由市计委按季下达给市农场局，再由市农场局下达给下属用油单位。在这种背景下，1982 年，市农场局成立能源办公室，其职能是协调系统各单位的能源供应。随着市场供应的放开，水、电、煤的供应充足，取消了配额限制，能源办的主要工作集中到成品油的配额管理和使用。以 1984 年为例，总公司全年成品油配额为柴油 7 649 吨、汽油 4 000 吨，分配方向主要是大型农业机械、牛奶运输，确保"三夏""三秋"期间的需求。1983 年 5 月，总公司明确能源办为机关职能部门；1984 年 9 月，总公司决定能源办、物资处并入物资供应站，不再列入机关编制，对外仍保留能源办、物资处牌子。

随着国家对石油产品经营政策的放宽，总公司能源办开始介入成品油经营，与北京燕山石化的东方红炼油厂和大庆石化总公司的三产单位建立了密切的协作关系，拓宽了北京农垦生产所需的成品油供应渠道。1987 年年底，总公司要求能源办作为经费自收自支单位。从 1990 年起，总公司能源站介入建设加油站，开始成品油的销售，标志着其由行政服务转为商业经营。

石油商业设施包括油库、加油站，在北京农垦辖区内的石油商业设施有：①1975 年，铁道物资公司在双桥农场建设油库，有储油罐 3 座，容量 3 000 米³，还有铁路专用线 1 条、卸油栈桥 1 座。[①]②燕庆能源供应公司在永乐店农场和朝阳区南皋村建立油库，存储能力为 6 400 米³。[②]

20 世纪 80 年代中期，北京石油市场开始打破独家经营局面，北京农垦开始进入建设加油站的行列。为了解决首都车辆"加油难"的问题，北京市鼓励社会单位自有加油站开展对外加油业务，由北京市石油产品销售公司给予经济补贴，称代加油站。北京农垦最早的代加油站是 1986 年南郊农场在旧宫镇北建设的油站，之后列为代加油站的还有北郊农场加油站、平西府加油站、双桥农场加油站、卢沟桥农场五里店加油站、东北旺农场加油站、东郊农场汽车队加油站、南郊农场畜牧分场加油站、东郊农场加油站、南口农场加油站、长阳农场加油站。[③] 1994 年后，石油流通体制改革，油品计划管理终止，代加油站转变为独立经营的实体，直接参与石油市场的竞争，同时，石油市场开始整顿，北京农垦加油站数量增长势头减弱。1994 年北京农垦系统加油站情况见表 4-4-3。

表 4-4-3　1994 年北京农垦系统加油站情况

序号	加油站名称	地理位置	建设时间	占地面积（米²）
1	北京市南郊农场加油站	大兴县旧宫镇北	1986 年	8 667.1
2	北京市南郊农场德茂加油站	大兴县旧宫镇德茂村	1989 年	6 667.0
3	北京市红星农场亦庄加油站	大兴县亦庄	1992 年	2 000.0

---

① 北京市地方志编纂委员会：《北京志·商业卷·石油商业志》，北京出版社，2008 年，第 259 页。
② 同①：261。
③ 同①：291-293。

（续）

序号	加油站名称	地理位置	建设时间	占地面积（米²）
4	北京市大通发石油公司	大兴县孙村乡磁魏路北口	1993 年	3 333.5
5	北京市燕庆能源供应公司第三加油站	大兴县黄村镇南	1992 年	2 666.8
6	北京市五里店加油站	丰台区小屯路 119 号	1987 年	5 333.6
7	北京市南郊农场和义加油站	丰台区南苑镇北	1992 年	6 667.0
8	北京市朝阳区双桥石油供应站	朝阳区双桥中路	1989 年	6 000.0
9	北京市朝阳双桥石油供应站第一加油站	朝阳区京通快速路北果家店村	1985 年	2 000.0
10	北京市朝阳区管庄加油站	朝阳区管庄镇	1994 年	1 333.4
11	北京市万顺达加油站（联营）	朝阳区奶子房崔各庄西村	1993 年	6 667.0
12	北京市朝阳区京顺路加油站	朝阳区北皋村西北	1989 年	6 333.7
13	北京市京联加油站	朝阳区楼梓庄村东	1993 年	3 666.9
14	北京市燕庆能源供应公司第一加油站	朝阳区北沙滩	1994 年	1 666.8
15	北京市昌平飞龙加油站	昌平区史各庄乡朱辛庄村	1988 年	2 466.8
16	北京市昌平七星加油站	昌平区七里渠乡东	1994 年	2 666.8
17	北京市昌平西三旗加油站	昌平区回龙观村南	1993 年	3 333.5
18	北京市南农加油站	南口农场二分场	1992 年	3 333.5
19	北京市海淀区东北旺加油站	东北旺村马路南	1986 年	3 666.9
20	北京市巨海加油站	海淀区南辛庄	1994 年	1 333.4
21	北京市燕庆能源供应公司第二加油站	海淀区西北旺乡付家窑 17 号	1994 年	3 000.2
22	北京市西山加油站	海淀区聂各庄村南	1992 年	1 000.1
23	北京市西郊加油站	海淀区上庄乡永泰庄村	1991 年	2 933.5
24	北京市永乐店加油站	通州区德仁务村北	1989 年	1 333.4
25	北京市长良加油站	房山区长阳镇辛爪地村	1987 年	1 333.4
26	北京市黄良加油站	房山区长阳镇黄良路北	1994 年	2 400.1

资料来源：《北京志·商业卷·石油商业志》，北京出版社，2008 年，第 303 页。

1993 年 2 月，总公司能源站变更为总公司二级公司，命名为北京市燕庆能源供应公司，能源供应站所经营的加油站归燕庆公司管理。1998 年 3 月 12 日，中外合资的北京崇启机动车服务有限公司注册成立。是年，北京崇启的北沙滩油站、小营油站开业。2004 年 1 月，北京崇启正式更名为北京壳牌石油有限公司。1998 年年底，北京农垦完成场乡体制改革，总公司开始研究并推行企业重组、发展专业化公司。2000 年，总公司决定将系统内的加油站由分散管理改为实体化的统一经营管理，并与中石化北京石油分公司合资成立专业的石油产品销售公司。2001 年 3 月 2 日，北京三元石油有限公司完成登记注册。

二、石油商业公司

（一）能源供应站/北京市燕庆能源供应公司/北京市燕庆旺泰成品油销售有限公司

1990 年，为了给即将召开的第十一届亚运会提供加油服务，北京市有关部门决定由总公司在朝阳区小营地区建设亚运加油站。经总公司有关领导与北京石油公司领导协商，双方决定开展合作，总公司负责土地开发，北京石油公司负责加油站建设及运营，总公司在该站派驻 5 名职工。加油站前十年的收益归总公司所有，十年后交由北京石油公司经营，具体合作事宜由能源供应站负责。这是总公司系统建设的第一座加油站，当年实现利润 76 万元。

此后，能源供应站分别以各种形式在朝阳区北沙滩、延庆县张山营镇、海淀区西北旺地区和朝阳区皮村兴建了 4 座加油站。20 世纪 90 年代初，北京拆借 7 亿元资金对口支援东北地区，其中，总公司负责拆借 2 000 万元支援抚顺有机化工厂。作为答谢，该厂向总公司提供优惠价格成品油 1.2 万吨，该批油品有效地支撑了总公司系统加油站初期的经营。

1993 年 2 月，能源站变更为北京市燕庆能源供应公司，该公司具有成品油批发、零售资质，原能源供应站经营的加油站归由燕庆公司管理。1995 年 6 月 20 日，华农物资公司与燕庆能源公司合并，合并后的华农物资公司为总公司二级公司，同时挂总公司物资处、能源办、协作办的牌子，原燕庆能源公司的下属企业划归华农物资公司管理。

在后来的几年中，燕庆公司所属张山营加油站被出售，朝阳区皮村的加油站被转给京联公司经营。1997 年，随着原雄威公司并入华农物资公司，其所属位于大兴黄村附近的一座加油站转入燕庆公司。到 2000 年，燕庆公司共有 3 座全资加油站，分别命名为燕庆一站（北沙滩）、燕庆二站（西北旺）、燕庆三站（黄村），并持有协和石油公司加油站的股份。

2000 年，随着总公司重组所属加油站，燕庆能源公司被委托给三元石油公司管理，其名下的加油站一起参加重组，被转入三元石油。2005 年 7 月 5 日，三元集团委托华农物资公司管理燕庆能源公司。2008 年 12 月 25 日，三元集团通知，撤销华农物资公司对燕庆能源公司的托管，另行委托南郊农场负责管理燕庆能源公司。

2012 年 12 月 5 日，燕庆能源公司改制为北京市燕庆旺泰成品油销售有限公司，注册资本增至 5 932.58 万元，其中南郊农场以燕庆能源公司评估后的净资产 3 025.62 万元出资，占 51%，旺泰控股集团有限公司以现金出资 2 906.96 万元，占 49%。从 2013 年开始，燕庆旺泰公司注重多元化发展，业务不断扩大，并与中石油、中海油等建立稳定长期的资源渠道。同中石化签订了战略合作协议后，实现了央企和市属国企的强强联合，为公司的销售工作打下了坚实的基础，销售范围扩大到天津、上海、江苏、浙江、内蒙古、黑龙江、吉林、辽宁等地，分别与 20 多家石油化工企业建立了新的合作伙伴关系。燕庆旺泰公司销售收入呈现跨越式增长：2013 年实现销售收入 3.8 亿元，利润 137 万元；2016 年销售油品 635 929 吨，创历史新高，实现销售收入 25 亿元，利润 804 万元；2017 年，实现销售收入达 28 亿元，利润 799 万元。

（二）北京三元石油有限公司

1. 独立经营时期　2000 年，为了在农场体制改革后的新环境下更好地生存发展，总公司启动各类专业化公，三元石油公司正是在这个背景下应运而生的。2000 年 1 月，总公司正式宣布决定对系统内加油站（点）进行重组和股份制改造，确定与中石化北京石油分公司合作成立合资公司。7 月，总公司以评估后的 33 个加油站以净资产出资，占新公司 70%，中石化北京石油分公司以现金出资，占 30%。新公司分步骤开始接收原分属于各农场、公司的加油站。到年底，共接收加油站 24 座。2001 年 3 月，三元石油公司完成登记注册，公司实行一级法人管理。随后几年，公司共接管直属经营加油站 28 座。

三元石油公司成立以后，不断提高经营管理水平，努力开拓市场，扩大进销渠道，狠抓降本减费，大幅度提高销售量，公司的经济效益连年大幅度攀升。组建之初的 2001 年，成品油销售量为 5.72 万吨，实现销售收入 21 407.9 万元，实现利润 350 万元；到 2007 年，销售成品油 12.73 吨，实现销售收入 68 375 万元，实现利润总额 1 836 万元。

在管理上，三元石油公司本着精、细、严的原则，对生产经营和日常工作进行规范管理，建立和完善各项规章制度。先后制定了《加油站管理规范》《对员工违章违纪行为的处罚办法》《加油站达标创星办法》《考评细则》；建立包含技术标准、管理标准和工作标准的标准化体系，并高分通过市质监局组织的认证。公司标准化文件中的《加油站加油作业指导书》获得市质监局颁发的《北京市产品标准注册登记证》，成为全市成品油流通行业取得服务标准注册的第一家企业。公司建立了职业安全健康管理体系，在全市同行业中首家通过中国职业安全健康管理体系（OHSAS18001）认证。三元石油公司投资导入CIS系统，向社会展示了三元石油公司的良好形象，做响了三元石油品牌。三元石油公司组建以后，对所属加油站进行大规模硬件升级改造。在改造中，通过设计和建立一套企业个性化的识别系统，使加油站具有了独特的外观和明显的标识。经过持续努力，将加油站逐步改造成为造型美观、标识醒目、布局合理、车流顺畅、符合环保要求、设备先进、利用现代科技手段管理的加油站。

2. 委托经营时期　2006年，由于三元石油公司进货渠道所限，进销差价倒挂，一度出现亏损，经过公司的努力，到2007年扭转了局面。三元集团为了对专业化公司实行专业化经营管理，有效地规避经营风险，自2009年1月1日起至2023年12月31日止，将26座加油站及油库委托给中石化北京石油分公司全面经营管理。公司被托管以后，由中石化北京石油分公司统一供货，彻底解决了货源供应不稳定的问题。管理硬件和软件不断升级换代，向专业化、规范化和行业高标准靠拢。加油站上线了加油站零售管理系统，实现了销售自动化管控、远程管理，管理数据自动归集，同时全部改为电子账表册。实现了中石化加油卡、银联卡刷卡加油，持卡率逐年上升。公司还引入了神秘访客检查考核办法，管理和服务水平在专业化的严格要求下不断提高。2008年以来，三元石油公司实行了预算化管理，合理安排费用、资金支出进度，把一切资金使用纳入预算化轨道，使预算与实际经营紧密衔接，取得了显著成绩。由于专业化管理水平的提高，公司抵御市场风险的能力大大增强，销售量屡创新高。从2014年开始，推行技术贯标改造、升级油路管线、上线油气回收系统、布控安全监控系统等，大幅度提升了加油站安全硬件和环保系统保障系数，加油站的外貌形象有较大改观。

（三）北京壳牌石油有限公司

1998年，成立北京崇启机动车服务有限公司。2004年1月，北京崇启正式更名为北京壳牌石油有限公司。2010年5月19日，市商委京商务资字〔2010〕370号文批复同意首农集团单方增资北京壳牌，持股比例为51%，并同意合资公司经营年限变更为42年。2011年8月23日，北京壳牌的子公司承德壳牌石油有限公司在承德市工商局注册登记。

自1998年北沙滩油站、小营油站开业以来，北京壳牌遵循滚动式经营的方针，在北京市建立加油站网点，采用以租赁为主的经营方式，并根据全球统一的建设标准对加油站进行改建，用统一的服务模式和服务标准进行经营。2017年年底，公司在北京地区经营22座自营加油站、3座加盟油站；在承德地区经营10座自营加油站，分布在双滦区，承德县，滦平县，隆化县和宽城满族自治县。2017年，北京壳牌销售成品油17万吨，销售收入12亿元，实现利润1.2亿元。随着壳牌品牌战略的发展，公司业务不断壮大，每天向30 000名驾车人士提供24小时加油服务，供应高品质的燃油产品；另外，加油站都配备了方便顾客的便利商店，为顾客提供便捷服务。北京壳牌秉承顾客至上的服务理念，立足于现有的油站网络精耕细作。公司拥有一批专业的成品油检验、计量、储存、消防安全人员；具有稳定的成品油供应渠道，选择的供应商具有较强的运输配送能力；具备良好的财务状况，强大的经济实力；拥有一套切实可行的经营方案。公司使用壳牌品牌，全面采用壳牌先进的管理经验，从壳牌加油站加出去的每一升油，都添加了壳牌从国外进口的添加剂，可使油品燃烧得更加充分，减少对大气的污染，提高油品品质。通过以上措施，公司每个租赁的加油站都在原销量的基础上有100%～300%的增长，为投资双方及加油站原业主带来了较好的回报。壳牌加油站已在北京的加油站行业树立了很好的品牌效应。

（四）北京协和燕庆石油化工有限公司

1994年2月3日，北京协和燕庆石油化工有限公司注册成立。2002年3月，原北京市金安经济发展公司持有的15％股权变更为总公司持有，原燕庆能源公司持有的15％股权变更为华农物资公司持有。2003年12月，协和燕庆石油化工有限公司合资方香港协和石油化工集团（中国）有限公司将其持有合资公司35％的股权全部转让给上海佳龙加油站管理有限公司，合资公司股东及持股比例调整为：三元集团持有15％的股权，华农物资公司持有15％的股权，香港协和石油化工（集团）持有35％的股权，上海佳龙加油站管理有限公司持有35％的股权。

第五章　旅游业及观光农业

北京农垦旅游业的发展发端于改革开放之初。到场乡体制改革前，北京农垦旅游业的发展已经有了一定的基础。首农集团设立后，北京农垦旅游业聚焦观光农业、休闲农业以及文旅园区建设，又有了长足的发展。

■ 第一节　旅游业发展概况

1980 年 5 月 31 日，市农场局上报市政府《关于进一步办好农工商联合企业的报告》，在规划设想中提到今后要发展旅游服务业，改变生产经济结构，以适应首都市场城市建设及旅游外贸事业发展、人民生活水平提高、食品结构变化的需要。之后，北京农垦从 3 个方面发展旅游业：

一是兴办一批旅游饭店。至 1985 年 3 月，总公司系统已建立回龙观、酒仙、西三旗、天寿山、宝山 5 个旅游饭店。《中国农垦》1985 年第 3 期刊文介绍了北京农垦发展旅游饭店的做法及效果。

二是开始兴办旅行社。1984 年 11 月 24 日，北京市旅游局京旅管字（84）第 011 号文批复总公司，同意成立北京长城旅行社，经营国内旅游业务。1986 年 3 月 17 日，北京市旅游局京旅字（86）第 047 号文批准北京长城旅行社由三类社变更为二类社。1998 年 7 月，北京长城旅行社升级为国际旅行社获国家旅游局批准，北京长城旅行社更名为北京长城国际旅行社。东北旺农场成立了冬日旅行社。1992 年，南郊农场工业公司成立红星旅游公司。2007 年，北京南郊农业生产经营管理中心成立控股的北京枫叶春秋旅行社有限责任公司。

三是开始介入旅游景区业务。1996 年 4 月 1 日，西山农场成立的北京驻跸山旅游度假中心正式对外营业，总公司和农场累计投资 2 000 多万元，开发整治凤凰山自然景区；4 月 9 日，西山农场凤凰岭旅游风景区举行新闻发布会和开放典礼。1997 年 6 月，东风农场与湖南省张家界茅岩河旅游公司签订合作经营湖南省张家界茅岩河永东旅游有限责任公司的协议书。1998 年 7 月 18 日，西郊农场上庄翠湖水乡旅游度假区举行开业典礼。

由于国内旅游市场竞争加剧，旅行社经营愈发困难。2007 年，东北旺农场的冬日旅行社解散注销。2011 年，圆山大酒店国有法人股全部退出北京长城国际旅行社，改制为民营企业。因场乡体制改革原因，西山农场凤凰岭旅游风景区于 2001 年 6 月无偿划归海淀区政府管理。北京农垦的旅游业进入一个低谷时期。

首农集团成立后，在旅游业的发展方向上做出相应的调整，即结合自身资源优势和业务特点，扬长避短，形成自己特点，其中，比较典型的是承德三元公司控股的御道口牧场有限责任公司的旅游业。2006 年，御道口牧场明确主要经营农牧业开发及旅游资源开发，利用御道口牧场丰富的林地、草原资源，在保护生态的前提下进行旅游资源的开发。2014 年后，首农集团总经理薛刚多次与承德市政府主要领导洽商"御道口现代农业综合开发项目"，双方对御道口牧场建设目标达成共识，即成为国内一流的主题休闲度假旅游目的地、综合文化旅游产业园和现代服务聚集区；8 月 15 日，首农集团在圆山大酒店召开"御道口国际生态旅游度假区总体规划"项目启动会。2015 年 6 月 17 日，承德御道口生态旅游项目在"京津冀旅游投融资项目推介会"亮相；10 月 12 日，市政府印发《关于落实〈京津冀协同发展规划纲要〉2015 年项目的通知》，由首农集团承担的承德旅游项目被列入发展规划。2016 年 1 月，首农集团/承德三元御道口牧场有限责任公司与道顺咨询（北京）有限公司签署《御道口牧场四季旅游运营战略合作协议》，标志着御道口牧场旅游项目进入正式运行阶段。是年 1 月，在御道口牧场举行"首农杯"2015—2016 年全国雪地摩托车越野锦标赛；2017 年 1 月，第二届"首农杯"全国雪地摩托锦标赛年度总决赛在承德御道口牧场开赛，成为国内唯一的雪地摩托类国家级赛事，受到国家体育总局、国家旅游局的重视，做响了品牌。

2016 年 5 月，首农集团旗下的三元创业投资有限公司与中国港中旅资产经营有限公司合资，设立农港控股有限公司，注册资本 6 000 万元，双方各持 50％股权。公司定位发展"休闲农业＋房车旅游"产业，建设房车休闲农庄体系。南郊农场通过股权受让，接收了北京枫叶春秋旅行社有限责任公司，使其业务成为馨德润酒店配套服务的一部分，由传统的团队旅游向亲子游、工业游、研学游拓展，积累一定的客源，逐步打开市场。2016 年，枫叶春秋旅行社扭亏为盈。

■ 第二节　观光农业的发展

观光农业是都市型农业的一种，指广泛利用城市郊区的空间、农业的自然资源和乡村民俗风情、文化等条件，通过合理规划、设计、施工，建立集农业生产、生态、生活于一体的农业区域。北京农垦的观光农业有一个逐步发展、成型的过程。

一、观光农业发展思路及概况

20 世纪 80 年代是北京农垦观光农业、休闲农业的雏形时期。1983 年，十三陵农场果树二队投资兴建"观光果园"，开北京市观光农业的先河。之后，观光果园数量增多，但从功能上看，多数为品尝型和购物型观光农业，功能比较单调。90 年代，北京农垦部分农场，如北京、南郊、双桥、朝阳、巨山等利用水面向社会开放垂钓，或组织全国性垂钓比赛，一度也相当红火。

北京农垦旅游业发展的主攻方向调整到观光农业则是在明确集团发展都市型农业定位之后。2005 年以后，北京市政府明确提出要发展都市型农业；7 月，三元集团制定了《大力发展都市型农业，推进农牧业产业化发展的意见》；2005 年，三元集团提出"农业园要在项目规划、设计和经营管理中高标准、高档次，利用农场土地资源优势形成规模化经营"的指导方针。是年，南郊农管中心决定挖掘红星集体农庄厚重的文化底蕴，并且赋予其新内涵，打造现代版的红星集体农庄；南口农场对农业园进行新规划，在昌平区的支持下，建设高标准的南农百果园。2008 年，三元农业开始运营市民农园项目。

从 2012 年起，北京农垦进入发展观光农业新阶段。2012 年 1 月，卢沟桥农场决定将所辖永定河堤内约 53 公顷土地（含林地约 17.3 公顷）规划为以"花卉种植、旅游观光、婚纱摄影、农事体验"多功能于一体的花卉种植园，发展观光休闲型都市农业。是年 7 月 1 日，卢沟桥农场以农事体验、土地认养为主的占地约 13.3 公顷的鑫桥田园小镇家庭小菜园（含垂钓）建成首先向社会开放。2012 年，双塔绿谷公司的都市农业示范园项目一期工程动工兴建，2013 年 2 月完工，包括 3 栋智能温室、39 栋日光温室，总建筑面积 40 488 米²。

2016 年 1 月，首农集团在一届七次职代会上首次提出推动"美丽首农"建设；2017 年 1 月，首农集团在一届八次职代会上，提出落实好"千亿首农、美丽首农、法治首农"三位一体战略布局。这两次大会坚持以新发展理念引领现代农业发展，围绕北京城市功能定位，以"田园综合体、美丽生态牧场、美丽乡村"等园区建设新理念和新模式为指引，推动集团"一圈一系"工程，有效拓展首农都市农业发展空间。

"一圈"，即突出农业的生态和文化旅游功能，重点发展集农业观光、农务体验、特色庄园于一体的农业休闲业态，打造环五环休闲观光文化旅游圈，服务人民对美好生活休闲体验的需求，沿线分布紫谷伊甸园、百果园、首农庄园、红星集体农庄等；"一系"，是重点对一些具有工业遗迹的老旧厂房、仓库进行升级改造，发展文化创意、电子商务、移动互联、教育和大健康等产业，形成环五环高端产业园区体系。其目标是依托集团园区绿水青山、田园风光、乡土文化等资源，促进农业与旅游休闲、教育文化、健康养生等产业深度融合，促进园区生产生态生活协调发展，打造产业优良、环境优美、生活优越的新型都市文化旅游产业。

北京农垦近年兴办的观光农业园区具有以下几个特点：一是位于城市近郊，有较稳定的客源消费市场，可加速对观光农业旅游的人流与物流运转；二是充分发挥农场农牧业较强的科技力量，为观光农业旅游的发展提供科技支撑和科技含金量；三是除充分利用园区内原有的自然农业景观，如林地、果园、菜地、水面外，还打造人造农业景观吸引物，做到与农业技艺观光有机结合。

二、观光农业的重点项目

至2017年年底，北京农垦的观光农业项目主要有：

（一）首农红星集体农庄

红星集体农庄所在地南海子，是历经元、明、清三代的皇家苑囿。1952年8月，瀛海地区筹备组建集体农庄。1953年元宵节，召开集体农庄成立大会，为农庄取了一个极具有时代特征的名字——红星集体农庄。1958年3月，红星集体农庄并入南郊农场。

2005年，为了发展都市农业，南郊农场通过建设农业科技展示与种植中心，搭建传承"红星集体农庄"这段红色记忆的平台，以弘扬红星文化和农垦精神，并为城市居民提供游玩踏青、体验农事的新去处。经过几年的投入建设，红星集体农庄农业园区包括阳光兴红农业种植园和金星科技园区两部分。

阳光兴红农业种植园成立于2014年，分新、旧两个体验园，占地分别为9.2万米^2、11.2万米^2。经过几年的发展，逐渐由原来的农业种植、土地认养转型为集土地认养、家庭亲子活动、农事科普教育、蔬菜采摘、油菜花观光等于一体的休闲农业庄园。整个园区宣扬绿色生态理念，采用物理、生物等方法进行病虫害的防治。认养者或青少年学生可以在这里体验一把快乐农夫的生活，把平日所学应用到农业当中，亲手种植五谷蔬菜，学习了解农业知识，见证蔬菜的成长过程。园区还保留了一部分土地用于科技成果的展示，如太空种子的栽培展示、同一类蔬菜不同品种的差别，还将引进一些名优新品种进行栽培。2017年4月，兴红种植园被北京市农业技术推广站授予2016年度北京市"十佳优秀农田观光点"称号。

金星科技园位于北京城南中轴路振亚庄南，占地60公顷，由办公楼、果品观光采摘园、农副产品基地、红星快乐营、红星韶膳生态餐饮园等功能区组成，是一个集旅游观光、休闲度假、餐饮娱乐、农事体验、科普教育多功能于一体的绿色生态庄园，并于2006年通过有机认证。园区以观光采摘园、农事体验和科普教育为主导产业。采摘园占地33.3公顷，共计1.8万棵果树，有樱桃、杏树、桃树、李子、西梅、苹果等9个树种，共计65个品种。

2016年9月20日，红星集体农庄第一届葵花节开园，接待游客4 000余人，实现收入20多万元。2017年，红星集体农庄先后举办了葵花节、有机樱桃采摘节、油菜花节等活动，吸引广大市民前来游园、赏花、采摘鲜果。

（二）紫谷伊甸园

紫谷伊甸园位于永定河堤岸，毗邻古岸长堤，是卢沟桥农场于 2012 年启动、2013 年建成的大型薰衣草庄园，是年 7 月 6 日正式开放。园区规划占地总面积约 360 公顷，现已建成对外开放面积 66.67 公顷，主要以薰衣草、马鞭草等多种花卉种植为主，种植薰衣草、马鞭草等花卉的面积约 26.67 公顷。同时，该园区也是集旅游观光、婚纱摄影、草坪婚礼、土地认养、农事体验、马术培训、冰雪嘉年华、野外露营、学生校外实践、科普教育及组织开展各种户外活动等多种功能于一体的现代都市农业项目。2015 年 2 月，网民投票选出的 30 个年度"丰台美丽元素"正式发布，紫谷伊甸园被评为"发现丰台之美·丰台美丽元素"最美自然景区之一。2015 年 3 月，经北京市乡村旅游等级评定委员会评定，卢沟桥农场紫谷伊甸园花卉种植园符合《乡村旅游特色业态标准及评定》（DB11/T652）的有关规定，被评定为"休闲农庄"并颁发证书；8 月，北京市教育委员会京教函〔2015〕421 号文公布北京市中小学生社会大课堂第五批市级资源单位，首农紫谷伊甸园被列为"北京市青少年校外实践活动基地"。2016 年，获得市国资委颁发的商业模式创新奖。

园区整体景观规划设计为"两轴、一环、五区"。两轴是一纵一横两条景观展示廊道，是园区的发展轴，主要满足规划区内人们散步、静修等基本功能；一环指环湖林休闲景观，贯穿平原造林区域，与湿地景观融为一体，是一条重要的生态绿地景观环；五区是浪漫花海区、餐饮休闲区、民俗度假区、户外拓展区、林海氧吧区。园区内花卉种植面积约 26.6 公顷，花卉品种可达 50 余种，主要以薰衣草、马鞭草为主，其他小品种花卉为辅。春季，油菜花、二月兰、冰岛虞美人、芍药、板蓝根等 20 余种花卉竞相开放；夏秋，薰衣草、马鞭草、波斯菊、金光菊、醉蝶花、松果菊、千日红等花卉争相斗艳。园区还建有喷泉广场、风车、钢琴、水车、廊架、长椅等 20 余处景观，与绵延如浪的薰衣草花海、错落有致的欧式建筑遥相呼应。园区结合环境特点和必要的舞台、背景装饰，烘托效果的场景布置，音响及灯光的安排，营造了温馨浪漫、清新自然、独具特色的婚礼场地，并与十余家知名影楼合作，可为新人提供婚纱拍摄场所。园区萌宠乐园占地约 2 公顷，园区利用北侧 20 公顷林地为学生提供校外实践场所，被列为"北京市中小学生校外实践大课堂示范基地"。

2016 年 4 月 22 日，"2016 北京国际风筝节"在紫谷伊甸园举办放飞表演；6 月 19 日，由首农集团与北京市人民对外友好协会联合主办的"2016 北京国际健身交流大会太极拳展演活动"在紫谷伊甸园举行；9 月 25 日，由中央人民广播电台"都市之声"与紫谷伊甸园共同主办的"野餐音乐节"在紫谷伊甸园上演；10 月 31 日，"斯巴达勇士障碍赛"在紫谷伊甸园完赛，这是该项赛事第一次进入中国。

（三）长阳农场绿色生态园

长阳农场绿色生态园位于北京市西南部房山区境内永定河畔长阳农场所属的北京市房山永兴果林实验厂，地处长阳镇保合庄村南。1993 年，长阳农场兴建长阳绿色生态园区，园区总占地面积 30.2 公顷，主要以果树及农产品种植、园林绿化等为主。绿色生态园区大力发展绿色种植，加之沙质土壤和施用有机肥，使得生态园里种植的果品味道纯正、酸甜可口、绿色健康，广受消费者的喜爱和好评。目前，园区形成了以樱桃种植为主，辅以种植梨、桃、李子等精品果树种植的发展模式。其中，樱桃种植面积达 16.7 公顷，是京西南樱桃种植规模最大的园区。2015 年，生态园里种植的樱桃和梨产品被中国绿色食品发展中心认定为绿色食品 A 级产品。从 2016 年开始，生态园重点发展果品采摘，其中以樱桃采摘销售为主，一个月左右的樱桃季接待入园客人 5 000 人次以上，销售收入达 70 万元，成为房山区休闲农业的名片。

（四）南农百果园

始建于 1958 年的北京市南口农场是北京市最早的绿色果品生产基地。2004 年 9 月，南口农场结合产业发展实际，提出建设"南农百果园"的初步思路并初步建设，同年 12 月，南口农场观光采摘果园被北京市果树产业协会、百万市民观光采摘活动组委会批准为"北京市观光采摘定点果园"。2007 年，在昌平区昌流路北侧 120 亩土地上完成平整土地、水电路改造、建造部分大棚设施、蓄水池及水泵房等工程，并建成 2 栋温室大棚。2011—2012 年，公司又先后对农业园进行了二、三期工程建设，共建造 12 栋温室大棚，用作种植草莓、柚子、金橘、砂糖橘、枇杷、番石榴、无花果、葡萄、桃、西瓜、特色蔬菜等，同时建造春秋大棚 8 栋。园区陆地部分陆续种植了富士、王林、红星、桃、杏、梨、李子、樱桃、核桃、山楂等树种，2014 年新增温室大棚 6 栋。2015 年，在百果园东南侧打造葡萄长廊景观，种植玫瑰香、巨玫瑰、摩尔多瓦品种葡萄。作为农垦农产品质量追溯建设单位和首农旗下独具特色的规模水果种植基地，南农百果园面积 26.3 公顷（395 亩），已建设成为集果树种植、农业科技、农事体验于一体，形成千亩连片，温室与露地栽培技术协调发展的良性循环格局，具有较强区域辐射力的现代果业示范园区，为广大市民提供了一个一年四季均有果可摘的理想去处。南农百果园先后荣获农博会畅销产品奖、北京首届农业嘉年华精品草莓擂台赛金奖、北京市"优级农业标准化基地"称号等诸多奖项。

（五）百年栗园会员农场

为了迎合高端消费者的需求，2017 年 10 月成立北京百年栗园旅游文化有限公司，涉足农业休闲产业，专为会员打造了有机休闲体验农场。该会员农场集观光旅游、休闲娱乐、亲子互动、科普教育、特色餐饮为一体，为会员及亲朋好友提供亲近自然、放松身心的天然体验场所，已成为北京市休闲农业五星级园区。农场依托园区内自然景观，结合北京油鸡散养过程介绍，展现农耕文化和有机生活体验，设置了北京油鸡饲养体验、农事体验、时令采摘、休闲垂钓、有机烧烤、儿童游乐与科普、萌宠喂养、马术训练等生动有趣的活动项目。通过会员农场的建设，百年栗园公司构建了"以禽为核，以农为本，以游为翼"的农耕旅游相互促进的发展格局，以"一产"有机产品供给会员，以"三产"特色旅游服务于会员。公司被授予"北京国家现代农业科技城密云国际休闲生态科技园"荣誉称号。

（六）三元农业有限公司科教园

园区是西郊农场旗下的三元农业于 2014 年投资兴建的，地处北京市海淀区上庄镇境内，占地面积 66.67 公顷。园区荣获北京市休闲农业四星级园区称号，其建设理念是携手三元食品、三元种业等知名品牌，为北京市民提供安全、绿色、健康的农产品及休闲观光体验。园区依山傍水，拥有得天独厚的地理位置、交通优势及自然生态环境，主营项目涉及市民菜园、休闲采摘、农耕文化教育及都市阳台农业应用推广。三元农业不仅是现代农业示范园区、农事科普教育基地，还成为绿色首都健康生活的引领者。作为休闲农业园区，三元农业依据自身优势和园区特色，利用林花共生、南果北种、单株多品种嫁接等技术，将园区植物与果树及整个环境景观相结合，大力发展现代农业新业态以及都市型农业，形成一个完善、多功能、自然质朴的游赏空间。园区内建有百亩樱桃林，分为单株多品种嫁接樱桃林及智慧樱桃林两片区域，所产樱桃均通过国家绿色食品认证。作为园区的科技展示项目，园区建有蚯蚓堆肥展示区和 3 000 米^2 核心科技连栋温室。公司有日光温室 40 栋，主要分为三个功能区：新品种试种，果蔬种植，育种育苗。在农事体验方面，园区建有 17.3 公顷市民农园，共计 1 400 余个小地块。公司将这些地块以年整租的形式出租给市民，并提供优质种苗和技术指导，市民们可以亲身体验春耕秋收。该农园已荣获海淀区市民农园模范点。2015 年，园区开始组织农耕文化课程，通过简单的做畦、播种等活动，让孩子对农业有所认知。2016 年，建起占地 800 米^2 的儿童拓展区，开始系统地组织农耕文化教育活动，让孩子们能够了解农耕文化知识，进行农事耕作。2017 年，成立了市场推广部，专门组织农耕文化教育活动。

（七）双塔绿谷农业有限公司首农庄园

园区位于海淀区上庄镇双塔村，由西郊农场有限公司 2012 年出资建设，占地面积 74.3 公顷。园区以发展生态循环农业为理念，集绿色果蔬标准化生产、科技示范、农业技术研发为一体，致力于打造首都新型高端农业示范园区，主要从事有机农产品的生产及销售。园内有 3 栋智能化连栋温室，主要进行荷兰无土栽培技术的示范种植，有彩椒、茄子、西红柿等 10 余种菜品，此外，还有 39 栋日光温室，种植品类多达 30 余种。园区致力于打造"首农庄园"品牌，坚持"服务中端，瞄准高端"的原则。在现有客户基础上，根据生产供应能力逐步稳步扩大客户群体，以高质量的绿色食品发展具有一定规模的高端客户群。在开发高端客户群体的同时，对菜品进行分级处理，用以开拓不同渠道、等级的销售市场。同时，本着"经济建设依靠科技进步，科学技术面向经济建设"和"资源互通、优势互补、人才共建、利益共享"的原则，公司与中国农业大学园艺学院进行产学研全面合作，签署了农业科技创新示范园合作协议。

2017 年北京农垦观光农业园区情况见表 4-5-1。

表 4-5-1　2017 年北京农垦观光农业园区情况

园区名称	占地面积（亩）	营业收入（万元）	年接待量（万人次）
北京三元农业有限公司科教园	1 000.00	402.43	1.50
北京双塔绿谷农业有限公司首农庄园	1 114.36	60.34	0.50
北京百年栗园旅游文化有限公司会员农场	6 000.00	140.00	1.35
北京南口农场有限公司南农百果园	395.00	417.00	0.70
北京长阳农场有限公司绿色生态园	453.00	116.64	0.70
北京南郊农场有限公司红星集体农庄	1 268.00	956.00	23.00
首农·紫谷伊甸园	1 000.00	566.00	11.10
合　计	11 230.36	2 658.41	38.85

说明：资料由首农食品集团有限公司农牧管理部提供。

第六章　金融服务业

北京农垦涉足金融投资较晚。20世纪90年代后期，总公司作为发起人之一投资中外运空运发展股份有限公司，市牛奶公司作为发起人之一投资大亚科技股份有限公司，不久，这两家公司均在A股市场上市，是比较成功的投资案例。但同时也有投资失败的案例，如入股华夏证券股份有限公司。

首农集团把发展涉农金融服务业作为新的业务发展方向始于2012年，明确了通过金融助力主业发展的投资导向。2015年，首农集团提出"一体两翼"战略，正式把发展涉农金融业作为新的业务之一。同年，市国资委也明确了"涉农金融股权"是首农集团的培育业务。随后，首农集团又把参与混合所有制改革与推进涉农金融有机结合起来，金融服务业的规模与合作层次出现了可喜的变化。首农集团在涉足金融服务业方面实施的主要项目有：

一、国开厚德（北京）投资基金有限公司

2012年11月2日，国开厚德（北京）投资基金有限公司召开首次股东会，股东26个；11月20日，公司在市工商局正式注册，公司经营范围包括非证券业务的投资管理、咨询，注册资本34.5亿元，首农集团出资5亿元，出资比例14.49%，为出资比例最高的股东。该基金规模首期120亿元，面向该行重大客户定向私募，运作期限10年，该基金设定门槛收益率为8%/年。近年来，该基金重点投资综合金融、能源、城镇化、制造业等项目。国开厚德（北京）投资基金成立以来，首农集团分红共计5 188.42万元，其中，2014年分红2 453.76万元，2015年分红1 875.44万元，2016年分红859.21万元。

二、北京顺隆投资发展基金（有限合伙）

为了加大对中小微企业等的政策扶持和服务力度，解决北京市中小企业融资难的问题，北京股权交易中心于2013年12月27日发起设立北京股权交易中心中小企业高收益私募债券投资发展基金，即北京顺隆投资发展基金（有限合伙）。2014年9月17日，首农集团签署北京顺隆投资发展基金（有限合伙）入伙协议、认缴出资确认书等相关文件，首农集团认缴1亿元，占比13.6%。10月13日，市国资委京国资〔2014〕200号文批复同意首农集团出资1亿元，投资北京顺隆投资发展基金（有限合伙）。

该基金主要投资模式有3种：私募债券投资、增信投资、股权投资。顺隆基金由北京顺隆私募债券投资基金管理有限公司进行管理。该基金已投资项目包括：累计投资北京四板市场私募债券2.26亿元；累计投资沪深交易所公司债券超过10亿元；已购买艾莱发喜公司（八喜冰激凌）发行的中小企业私募债券2 000万元，票面利率7.5%。2014年、2015年，顺隆基金在沪深交易所投资公司债券年化收益率均超过8%，2016年整体基金投资收益均超过5%。顺隆基金成立以来，对首农集团共计分红967.64万元，其中，2015年分红92.73万元，2016年分红594.00万元，2017年分红280.91

万元。

三、北京农村商业银行股份有限公司

为提升资本实力，北京农村商业银行股份有限公司邀请首农集团参与其增资扩股，2014 年 11 月 21 日，北京农商行与首农集团签署《股份认购协议》，首农集团认购 3.5 亿股，每股价格为 3.3 元，出资 11.55 亿元，占比 2.88%；12 月 24 日，市国资委京国资〔2014〕242 号文批复，同意首农集团以不高于 15 亿元认购北京农商行 3.5 亿股；12 月 31 日，首农集团领取北京农商行签发的股权证书（股东编号：C0200401）。

2017 年，根据银监会要求，农商行单一股东不能超过 10%，北京农商行现股东国管中心和国资公司需减持其股份，北京农商行拟引入新的投资者和原小股东增持股份。根据首农集团发展战略，首农集团第一届董事会第八十五次会议决定增持北京农商行股份。按照 2017 年 6 月 30 日确定的价值，首农集团需出资 41.236 亿元，认购北京农商行股份 8.45 亿股，即每股价格 4.88 元/股。本次认购完成后，首农集团持股增至 11.95 亿股，持股比例由原第 7 位股东变为第 3 位股东。①

此外，2005 年 8 月，东风农场对北京农商行投资，投资金额 1 000 万元，认购 1 000 万股。

四、新农创投资发展有限公司

2014 年 7 月 8 日，北京首都创业集团有限公司、首农集团、芭蕾雨国际控股有限公司、中集阳光（北京）投资管理有限公司、大通国际融资租赁（天津）有限公司召开第一次股东会议，签署《新农创投资发展有限公司发起人协议》和公司章程。公司注册资本 5 000 万元，首创集团、首农集团各认缴 25%，芭蕾雨国际控股有限公司、中集阳光（北京）投资管理有限公司各认缴 20%，大通国际融资租赁（天津）有限公司认缴 10%。是年 9 月 18 日，公司在市工商局密云分局注册登记。新农创公司由首农集团与首创集团两大国企集团联合发起，坚持为农民服务的初心和使命，以改变人们的生产生活方式、构建城乡融合的生态系统为己任，坚持从根源入手，系统解决"三农"问题。新农创定位于搭建乡村全产业投资运营平台，为全域乡村振兴提供系统解决方案。公司形成四大中心：新农创智库讲习中心、新农创规划设计中心、新农创乡村振兴金融中心、新农创联合体投资中心。

五、上海农信产业投资基金

上海农信产业投资基金（暂定名，有限合伙）的基金规模暂定为 50 亿元，由上海农信产业投资管理有限公司作为普通合伙人（GP）及基金管理人，上海华信国际集团（有限合伙人，LP）出资 5 亿元为劣后资金；首农集团（LP）出资 10 亿元为优先级资金，剩余 35 亿元资金主要由华信和首农共同从相关金融机构伙伴方募集。

基金存续期暂定为 7 年（5+1+1），其中投资期为 5 年，退出期为 1 年，延长期为 1 年。基金的投资方式为股权投资，基金所投农业项目比重应大于 50%，投资范围为：①首农集团内部以及产业链相关优质股权资产；②借由上海华信强大的国内国外资源获取的优质农业产业相关的股权资产；③上海首农投资控股有限公司在开展大宗农产品贸易中，能够支撑、优化其业务发展的优质股权、资产。合作的对象包括但不限于现有的交易对手，如中储粮、嘉吉、邦吉、路易达孚、深圳市农产品等。

由上海首农、上海大生农业金融科技股份有限公司、厦门长诺资产管理有限公司共同出资发起设

---

① 首农集团认购北京农村商业银行股份有限公司股份的交割日为 2018 年 3 月 9 日。

立上海首农大生股权投资基金管理有限公司（暂定名，以实际注册登记为准），注册资本拟定为5 000万元。其中，上海首农出资2 000万元，占注册资本的40％，上海大生农业金融科技股份有限公司出资2 000万元，占注册资本的40％，厦门长诺资产管理有限公司出资1 000万元，占注册资本的20％。

六、北京高精尖产业发展基金——复星三元健康消费产业投资基金

2016年12月16日，首农集团第一届董事会第七十一次会议审议通过：首农集团、三元食品股份公司、首农股份共同作为LP，分别出资7.6亿元、1.2亿元和1.2亿元，与复星集团共同成立北京高精尖产业发展基金的子基金——复星三元健康消费产业投资基金（有限合伙），基金规模30亿元。同时，子基金管理公司——复星首农健康消费基金管理有限公司（暂定名）由复星集团、首农股份合资设立，注册资本3 000万元，复星集团占75％，首农集团占25％。

基金存续期限为基金存续期8年，其中投资期4年，退出期4年。投资进度为在投资期内，平均每年完成基金规模的25％。退出模式主要包括：①优先考虑被投资企业被首农集团或三元食品等北京市注册的企业并购，基金退出；②被投资企业独立上市或借壳上市后，基金退出；③被投资企业被其他企业并购后，基金退出。

七、中粮资本

中粮集团有限公司是国务院国资委首批国有资本投资公司试点央企之一，其子公司中粮资本是国家发展和改革委员会确定的混改试点企业之一，中粮资本混改项目是2017年国务院深化改革领导小组实施的重要混改试点项目。首农集团作为战略投资人之一，全程参与中粮资本混改。中粮资本以发展农业金融促进产融协同为业务方向，业绩较突出，首农集团参与其混改具有较好的投资回报预期，业务契合度高，有利于开展后续合作。2017年8月21日，首农集团取得中粮资本入资证明，标志着集团参与中粮资本增资混改项目全面完成。首农集团对中粮资本投资9亿元，折为注册资本出资6 189.821 2万元，占4.629 6％，为中粮资本第4大股东。

八、保险业

2003年6月，三元集团整合系统内保险业务，合并集团内部保险代理业务，交由集团内部具有保险兼业代理资格的华农物资公司统一管理和运作。2009年3月1日，首农集团进一步整合车险、企财险、农险、建筑安装工程险，明确由华农物资公司全权代理，以合理开发系统内保险资源，降低企业成本，形成整体优势，增强企业抵抗风险能力。为了延长农业产业链、打通全产业链条，北京农垦在深耕农业保险业务，从2008年涉足农业保险后，为奶牛、北京鸭、蔬菜、水果生产企业开展政策性农业保险业务，至2017年，政策性农业保险业务已覆盖25个品种。

第五篇　经营

第一章　经营方针及经营策划

企业经营是对企业的经济活动进行筹划、设计与安排的活动，解决的是企业的发展方向、发展战略问题，因而具有全局性和长远性。20 世纪 50 年代，北京农垦不断调适经营方针，以适应国家政策和企业外部环境；从 60 年代中期开始，北京农垦开始制订中长期发展计划，加强了经营活动的谋划职能。从"十一五"时期起，北京农垦开始加强中长期发展规划的编制工作。引入发展战略的思维，则基本是在 20 世纪 80 年代初期以后，而逐步把战略管理摆上工作议程上则是在 2003 年之后。

■ 第一节　经营方针

北京农垦国营农场的经营方针变化大体可以划分为 3 个阶段：

一、农业主导阶段（1949—1977 年）

北京农垦在农业主导阶段的经营方针又可以分为前后两个小阶段：

（一）前期阶段（1949—1959 年）

1949 年 12 月，中央农业部召开全国农业生产会议，提出 1950 年试办国营农场。1950 年 3 月，中央农业部确定国营农场的经营方针是树立社会主义集体农业旗帜，国营农场要在政治上、经济上起到两个示范作用，要改良耕作技术，使用拖拉机，实行轮作制，发展畜牧，增置必要的科学设备。[①]这是第一次明确国营农场的示范作用。

1951 年 1 月，五里店农场提出经营方针：以种植棉花为主，水稻、洋麻为辅，兼营畜牧业和粉房副业。3 月，中央农业部召开的全国国营农场场长会议提出，1951 年国营农场仍应贯彻试办的方针。要求达到国营农场的示范作用，并积累经验，培养干部，准备将来发展的条件。4 月，按照中央指示精神，京郊国营农场管理局首次提出，要根据首都需要制定经营方针，即城市郊区的国营农场以发展乳、肉、蔬菜、水果为重点。7 月 10 日，京郊国营农场管理局决定：彰化农场主要经营蔬菜、温室；巨山分场种植果树；温泉分场种植葡萄、藕、果木，饲养蜂、羊等。该年，国营农场的经营方针首次提出了为首都需要，但仅仅是在产品层面。

1952 年 2 月，京郊国营农场管理局提出"以服务首都为原则，以发展果树、蔬菜、畜牧、奶牛服务首都人民需要"的经营方针：①为郊区农民服务，从科技、经营管理等方面示范、团结、帮助农民；②提供农产品为城市服务；③发挥引导农民走集体化道路的作用；④培养职工；⑤进行企业化经

---

① 北京市国营农场管理局农场史编辑室：《北京国营农场建设大事记》（1949—1985），第 2 页。

营，逐步实行经济核算。该年提出的经营方针进一步细化了为首都服务的具体含义。9月12日，中央农业部召开直属国营农场会议，确定了双桥农场的发展方针："以畜牧业为主，农牧结合，适当发展果树园艺，为城市服务。畜牧以发展乳牛为主，配合发展猪、鸡。农业以推广优良品种为主要任务。"这是京郊国营农场第一次从产业层面提出的经营方针。

1953年1月，五里店农场通过总结1952年亏损的教训，确定"以畜牧为主，农业为畜牧服务，结合发展园艺"的经营方针。2月，南苑畜牧场确定"以饲养奶牛，供应首都用奶为主，结合开展多种经营，农业上种植水稻、棉花、饲料，为国家增产棉粮"的经营方针，这是第一次明确提出"多种经营"经营方针。12月，全国国营农场会议在北京召开，会议确定今后三年国营农场发展方针，要求贯彻中央"投资少、收效快、收获大、不与民争地"的发展方针。①

1954年1月，京郊国营农场制订年度计划，提出1954年的任务是大张旗鼓地宣传党在过渡时期的总路线，执行"为首都，为工业服务"的方针，发展菜、奶、肉、果，提高粮、棉、油产量，支援工业，供应首都，通过厉行节约，降低成本，改进经营管理，以丰产经验、大生产优越性，增加对农民的示范作用。② 10月，新组建的南郊农场确定"以畜牧业为主，农牧结合开展综合经营，为城市生产大批奶、肉、菜、果和粮食，为首都服务"的经营方针。12月，农业部召开全国国营农场工作会议，提出国营农场的工作方针是巩固、提高现有农场，有计划地发展新农场。

1955年1月，公私合营北京市东郊畜牧场是北京市第一个公私合营畜牧场。该场确定的经营方针是"供应城市所需要的乳肉蔬菜，逐步向国营企业看齐"。③ 是年10月，中共中央召开七届六中全会，通过《关于农业合作化问题的决议》，该决议指出：应该加强国营农场工作，使国营农场对合作化运动，更多的起帮助和示范作用。

1956年1月，毛泽东主席召集最高国务会议，讨论中共中央提出的《一九五六年到一九六七年全国农业发展纲要（草案）》。第二十二条要求所有的国营农场团结和帮助周围的农业合作社，在生产技术方面发挥应有的示范作用。国营农场应当实行多种经营，提高劳动力利用率，不断地改进生产技术和劳动管理，提高劳动生产率，必须厉行节约，贯彻执行勤俭办农场的方针，改进工资制度，既要增加产量，又要降低成本。此条规定再次重申了国营农场对农业合作社应有的帮助和示范两大作用。

1959年1月2日，市委农工部向市委、市人委提出《关于将国营农场组成的人民公社及近郊区人民公社过渡为全民所有制的请示报告》。报告称，为了尽快在首都郊区建立起现代化的副食品生产基地，迅速大量地发展商品性副食品生产，以充裕的菜、肉、鱼、蛋、奶类、果品等多种副食保证首都的供应，从根本上改变副食供应的紧张情况，拟进一步将国营农场组成的人民公社及近郊的人民公社过渡到全民所有制，并争取在较短的时间内实现生产过程的机械化、电气化，迅速提高劳动生产率。这进一步明确了京郊国营农场应建成副食品生产供应基地的任务。

（二）后期阶段（1960—1977年）

这个阶段，北京农垦国营农场的经营方针是"以粮为纲，全面发展"，但在实际工作中把粮食生产摆到了突出的优先发展的地位，走的是单一经营的路子。

1960年3月19日，中共中央转发农业部党组《关于全国农业工作会议的报告》，报告指出，我国的农业应当是以粮为纲，"粮、棉、油、菜、糖、果、烟、茶、丝、麻、药、杂"12个字统一安排，全面发展多种经营。④ "以粮为纲，全面发展"作为党指导农业工作的重要方针被正式写入中央文件。1961年2月，市农林局贯彻中央"调整、巩固、充实、提高"的八字方针，提出"努力发展

① 《当代中国》编辑委员会：《当代中国的农垦事业》，中国社会科学出版社，1986年，第456页。
② 北京市国营农场管理局农场史编辑室：《北京国营农场建设大事记》（1949—1985），第13页。
③ 同②：16。
④ 中共中央文献研究室编：《建国以来重要文献选编》第13册，中央文献出版社，1996年，第98页。

副食，积极增产粮食，为城市服务"的经营方针。① 是年 10 月 20 日，农垦部办公厅印发《国营农场试行工作条例（草案）》，其中第二条规定国营农场基本任务是：①向国家提供商品粮食、畜产品和工业原料；②继续开荒扩大耕地面积；③总结现代化农业生产经验，向人民公社示范；④提供各种农作物和畜禽的优良品种。国营农场的经营方针是以农业为基础，以粮为纲，农牧并举，多种经营。② 此后，北京农垦国营农场的经营方针也采纳了"以粮为纲，全面发展"的提法，如 1964 年 3 月，永乐店农场确定"以粮为纲，农牧结合，多种经营，逐步建成首都的副食品基地"的经营方针。随着国民经济调整结束，国家对国营农场经营方针的提法有所变化，1965 年 4 月 6 日，中共中央批转农垦部党组《关于党组扩大会议的报告》，报告的第十五条提出："国营农场必须充分利用各种劳动力，在搞好主业生产的同时，积极开展多种经营。除发展畜牧业和林业外，还应积极发展农产品的加工业、副业和手工业，既为社会增加产品，又解决农场生产和生活的自给需要。"但"以粮为纲"的指导思想仍在实际工作中继续贯彻，如 1966 年 8 月，国营北京市东坝农场更名为国营北京市东风农场时，该场确定的经营方针依然表述为"以粮为纲，农牧并重，多种经营，全面发展"。

二、多业并举阶段（1978—1998 年）

这个阶段，北京农垦的经营方针有重大变化，在实际工作中摒弃了"以粮为纲"的指导思想，确立了"农林牧副渔全面发展，农工商综合经营"的经营方针，强调要因地制宜，扬长避短，补上农副产品加工和商品流通的短腿，做到农工商综合发展。

1978 年 9 月 15 日，中共中央副主席邓小平访问朝鲜归来，视察黑龙江省国营农场时指出，农场不仅要搞粮食，还要变成农工商联合企业。9 月 22—28 日，国务院在北京召开"人民公社、国营农场试办联合企业座谈会"，会议确定农工商联合企业的试办单位和办法，北京农垦被列入首批试点之一。1979 年 3 月 21 日，市革委会下发京革发〔1979〕150 号通知，决定成立北京市长城农工商联合企业和国营农场管理局，北京市长城农工商联合企业同时挂北京市国营农场管理局的牌子，要求长城农工商联合企业实行农工商并举，产、供、销一体化。

1980 年 5 月 31 日，市农场局上报市政府《关于进一步办好农工商联合企业的报告》。该报告分两部分，一是一年来试办农工商联合企业的简要情况，二是对进一步办好农工商联合企业的规划设想。规划设想的方针为：以发展奶牛为中心，发展乳、肉、菜、果等副食品及其加工产品，建成副食基地；发展具有自己特点的高、精、尖、奇、特、缺的新产品和新品种，丰富首都市场；发展工商及旅游服务业，改变生产经济结构，以适应首都市场城市建设及旅游外贸事业发展、人民生活水平提高、食品结构变化的需要。是年 10 月 16—30 日，市农场局在双桥农场召开工作会议，确定国营农场要贯彻"产、供、销一条龙"的经营方针。

1981 年 3 月，市农场局下发《一九八一年工作要点》，提出 1981 年经济工作重点是"继续贯彻为城市人民生活服务的原则，建设稳定的副食品生产基地，建设社会主义新农村，生产更多的为城市人民生活所需要的副食品及其他加工产品，提高经营管理水平，提高劳动生产率，提高产品质量，改进服务态度，促进农工商各业稳步发展"。③ 是年 10 月，《中国农垦》1981 年第 10 期刊登《多种经营好处多》的调查报告，介绍双桥农场畜牧分场发展多种经营的经验。1981 年，北京农垦经过近一年的调研，提出发展粮食生产的基本指导思想为"粮变种、套改平、粗改细、旱改水"。1983 年 1 月 2 日，中共中央印发《当前农村经济政策的若干问题》的通知（中发〔1983〕1 号），该通知指出，国营农、林、牧、渔场，是国家重要的商品生产基地，应实行经济责任制，农工商联合经营，努力增加

---

① 北京市国营农场管理局农场史编辑室：《北京国营农场建设大事记》（1949—1985），第 37 页。
② 同①：38。
③ 北京市国营农场管理局：《一九八一年工作要点》（81）京农管字 57 号，北京首农食品集团有限公司档案室，案卷号 50。

商品产量，提高商品质量，做出更大贡献。1月，中共北京市委在平谷召开农村工作会议，提出"服务首都、富裕农民、建设社会主义现代化新农村"的郊区农村工作指导方针。

1984年，市农场局正式定名为北京市农工商联合总公司，同时制定了"以农牧业为基础，以工副业为支柱，大力发展第三产业，加快建设现代化的首都副食品生产基地"的经营方针。[①] 为了适应农工商综合经营的要求，总公司先后成立了工业、商业等一批专业公司，北京农垦领导的农村乡镇也都成立了农工商公司，村成立了农工商经济合作社，全系统发展第二、和第三产业的势头迅猛，"以粮为纲，单一经营"的局面开始被打破。1990年4月13—14日，总公司党委为制定好"八五"规划召开务虚讨论会，党委书记房威作总结讲话，指出总公司要坚持"农牧业是基础，不能放松；工副业是支柱，务必抓紧；商业是薄弱环节，必须加强"的经营方针。[②] 与1978年相比，1990年，北京农垦各类工商企业发展到1 600多家。1994年，总公司召开半年经济工作会议，会上提出"一个基础、两根支柱"的产业布局构思，即夯实农牧业基础地位，做强食品加工业和第三产业两大支柱产业。《中国农垦》1995年第11期刊登专文《充分发挥国有农场示范作用，为首都居民提供优质菜篮子产品》，介绍了北京农垦发展农工商的经验与成绩。

三、主业逐步清晰阶段（1999—2008年）

1998年年底，北京农垦完成场乡体制改革，经营方针在内容上除了继续强调带头示范作用外，初步提出建设都市农业的目标、主导产业和企业愿景。

1999年1月19日，总公司经理包宗业在经济工作会议作工作报告，首次提出今后的三大主导产业：种业为主的高效精品农牧业、以品牌产品为支撑的食品工业、以自有土地和社会土地开发经营相结合的房地产业为龙头的第三产业。[③] 2005年7月，三元集团总经理张福平向市领导作《大力发展都市型农业，推进农牧业产业化发展》专题汇报，市领导肯定了三元集团发展都市型农业的思路和措施。2006年1月12—13日，三元集团召开一届三次职工代表大会，总经理张福平作题为《做强主业、做活机制、做响品牌，努力建设首都标志性现代农业企业集团》的工作报告，正式提出"建设首都标志性现代农业企业集团"的企业愿景。2008年10月22日，市国资委〔2008〕306号文对三元集团"十一五"发展规划予以批复，确认都市型现代农业为三元集团的主业，要围绕主业，加大投入力度，重点加快发展以种业为核心的现代农牧业、以乳品为代表的食品加工业及其相关配套产业。

四、主业定位不断深化阶段（2009—2017年）

2009年4月，首农集团重组设立，北京农垦开始进入集团主业及功能定位不断深化的阶段。2009年6月4日，中共北京市委常委、常务副市长吉林，市委常委牛有成和市国资委、市农委的主要领导到首农集团进行调研，听取首农集团党委书记、董事长张福平的汇报。汇报提出首农集团的功能定位为"立足首都，服务'三农'，建设首都标志性的现代农业产业集团"，主业调整为"以现代农牧业为基础，以农畜产品加工业为龙头，以现代物产物流业为支撑，构建首农集团都市型现代农业的产业价值链和企业集群"。市领导肯定了汇报提出的首农集团的功能定位、主业定位，并要求据此进一步深化，编制新的发展战略。

2011—2017年，北京农垦主业及功能定位不断深化，主要的调整变化有以下三次：

2011年1月，首农集团完成"十二五"规划的编制工作。规划调整了首农集团功能定位的提法，

① 李仕雄：《京郊国营农场示范作用的回顾与展望》，1991年全国农垦经济学术讨论会论文。
② 《北京市农工商联合总公司党委会议纪要》（1990年4月），北京首农食品集团有限公司档案室，案卷号631，电子版，第83页。
③ 包宗业：《在总公司经济工作会议上的讲话》，北京首农食品集团有限公司档案室，案卷号1456。

改为"立足农业、服务首都";明确首农集团的三大功能:一是创新农业科技,二是奉献安全食品,三是提供应急保障;明确首农集团重点发展的三大产业:现代农牧业、食品加工业、物产物流业。是年8月30日,市国资委〔2011〕199号文对首农集团《"十二五"发展规划(送审稿)》提出审核意见,同意首农集团"十二五"规划发展思路,并确认首农集团以"现代农牧业、食品加工业、物业融合发展的都市型现代农业"为主业。

2015年11月,首农集团完成"十三五"规划的编制工作;12月24日,市国资委京国资〔2015〕345号文批复首农集团,明确:"'十三五'时期,你公司的定位为'保障首都食品安全供应,打造民族乳业第一品牌,建设成为国内领先的综合性现代农业产业集团'。主业为'食品加工与贸易'(乳业、肉类、品牌食品),现代农牧业(种子、种业、畜禽业),物产物流业(持有型物业、仓储物流)。培育业务为'投资与资产管理'(涉农金融股权、观光休闲农业)。"次年1月,首农集团一届七次职代会审议通过"十三五"规划,将首农集团愿景的提法修改为"建设国内领先的综合性现代化农业产业集团"。

2017年12月14日,市国资委印发《关于北京首都农业集团有限公司、北京粮食集团有限责任公司和北京二商集团有限责任公司联合重组的通知》(京国资〔2017〕215号),明确新组建的北京首农食品集团有限公司"十三五"时期的定位为"首都食品供应保障服务的重要载体,代表首都形象、具有较强市场竞争力的现代食品产业集团"。主业为"食品制造加工与商贸服务,现代农、牧,物产物流",培育主业为"投资与资产管理(食品产业相关金融股权)"。

北京农垦经营方针的演变见表5-1-1。

表5-1-1 北京农垦经营方针的演变

时间轴	1949—1977年	1978—1998年	1999—2008年	2009—2017年
发展阶段	农业主导阶段	主辅业并举阶段	主业逐步清晰阶段	主业定位不断深化阶段
经营方针	国营农场的任务是为农村集体经济起示范带头作用;宗旨是为首都服务。1959年前实行"农牧并举,多种经营"方针;1960年后实行"以粮为纲,全面发展"方针	京郊国营农场的宗旨是服务首都、示范农民;实行农林牧副渔全面发展,农工商综合经营的方针,以农牧业为基础,以工副业为支柱,大力发展第三产业,建设现代化的首都副食品生产基地	立足首都,服务"三农",高举"农"字大旗,大力打造"从田间到餐桌"的农业全产业链,提升都市型农业建设水平,建成具有首都标志性的、国内一流的现代农业集团	明确主业为食品加工与贸易、现代农牧业、物产物流业;培育涉农金融股权、观光休闲农业;实施实业为体、金融化和信息化两翼并行发展的一体两翼战略;保障首都食品安全供应,打造民族乳业第一品牌,建成国内领先的综合性现代农业产业集团

■ 第二节 中长期发展规划

一、北京农垦在创建初期的中长期规划

建场初期,北京农垦主要编制年度计划,最早开始编制中长期发展规划始于20世纪50年代中期。1955年,中共北京市委农工委和市农林水利局组成规划组,帮助红星集体农庄编制发展规划。该规划主要包括土地利用规划、发展养畜业规划、文化福利设施规划和培养技术干部规划四部分。其中,土地利用规划部分涵括土地连片、居住聚集、农作物轮作、排水沟渠及道路林带等内容;在发展养畜业规划中,规划了集体养猪、养牛和发动庄员家庭养鸡、养兔的内容;在发展文化福利设施规划中,规划新建小学校1所,扩建小学校1所和新建中学1所,并建立托儿所、阅览室和俱乐部各1处

等；在培养技术干部的规划中，制定包括培养养牛、养猪技术员，农作物技术员，果树技术员，蔬菜技术员在内的技术干部的全面发展规划。这个规划通过绘制示意图向全体庄员进行详细说明，经过广泛征求意见和多次修改补充，最后提交庄员代表大会获得通过。1955 年 10 月 30 日，《北京日报》刊登出中共北京市委农村工作部、市农林水利局联合规划组整理的《红星集体农庄全面发展的规划》，毛泽东主席看到《红星集体农庄全面发展规划》后，非常重视，决定将该文编入《中国农村的社会主义高潮》一书中。他把刊载《红星集体农庄全面发展规划》的《北京日报》摊在办公桌上，直接在上面题写了下述"按语"："这是一个全乡一千多户建成的一个大合作社（他们叫做集体农庄，即是合作社）的七年远景计划，可作各地参考。为什么要有这样的长远计划，人们看一看它的内容就知道了。人类的发展有了几十万年，在中国这个地方，直到现在方才取得了按照计划发展自己的经济和文化的条件。自从取得了这个条件，我国的面目就将一年一年地起变化。每一个五年将有一个较大的变化，积几个五年将有一个更大的变化"。① 毛泽东主席对红星集体农庄编制中长期发展规划的做法予以充分肯定，使北京农垦更加重视对中长期发展规划。

二、北京农垦在国家第二个五年计划时期的中长期规划

1958—1962 年是国家第二个五年计划时期。市农林水利局根据国家编制第二个五年计划的要求，于 1955 年 11 月开始组织人员编制《国营农场发展规划（1958—1962 年）》，这是北京农垦第一次制定中长期规划。② 7 月，南口农场也编制了农场第一个五年规划《国营北京市南口农场五年远景规划（1958—1962 年）》。③ 1960 年 2 月，全国第四次农垦会议在湛江召开，会议讨论了农垦今后三年的发展规划。④ 市农林水利局根据农垦部的要求以及前两年的执行情况，对 1962 年的农产品实物量目标进行了修订。北京农垦"二五"计划实际执行的结果良好：与 1957 年相比，1962 年粮食总产量 5 648.9 万千克，增长 14 倍；蔬菜总产量 2 274.6 万千克，增长 1.6 倍；干鲜果总产量 285.2 万千克，增长 8.4 倍；奶牛头数 19 191 头，增长 1.8 倍；成母牛 8 461 头，增长 1.4 倍；总产奶量 3 063 万千克，增长 1.7 倍；肉类总产量 136.5 万千克，增长 32.7 倍；交售肥猪 6 085 头，增长 11 倍；交售填鸭 32.5 万只，增长 2 倍；鸡年末存栏 35 335 万只，增长 2.7 倍。⑤ 1962 年 12 月 22 日，《北京日报》对京郊农场超额完成 1962 年计划及"二五"计划专门发了消息，报道称："京郊农场的粮田总面积占郊区粮田总面积近十九分之一，产量占郊区公社总产量十四分之一，单位面积产量比郊区公社生产队平均亩产高 30% 多，其中又以南郊、东北旺、长阳、双桥 4 个农场的单产为最高""向农村公社供应了三百多万斤粮食作物的优良种子，卖给公社生产队三万多头良种仔猪，两千多头役用小牛和八十多万只良种雏鸡等"。⑥ 1962 年 1 月上旬，市农林局制定《奶牛发展五年规划》。

三、北京农垦在国民经济调整时期的中长期规划

1963—1965 年为我国国民经济调整时期。1963 年 12 月下旬，市农林局制定《国营农场 1964—1970 年七年发展规划》。七年奶牛规划目标是 1963 年实际存栏奶牛 20 633 头，比上年增加 1 993 头，其中成年奶牛 9 132 头。规划到 1970 年，奶牛总头数达到 25 676 头，其中成年奶牛 17 370 头，占牛群的 68%，每头日产奶 15 千克，年产奶达 8.7 万吨。每天上市牛奶 180 吨，每年出售小牛 1 万头。

---

① 毛泽东：《〈中国农村的社会主义高潮〉的按语》，《毛泽东选集》第五卷，人民出版社，1977 年，第 249-250 页。
② 北京市国营农场管理局农场史编辑室：《北京国营农场建设大事记》（1949—1985），第 18 页。
③ 《南口农场志（初稿）》，第 3 页。
④ 新疆生产建设兵团史志编纂委员会：《新疆生产建设兵团大事记》，新疆人民出版社，1995 年，第 118 页。
⑤ 根据《北京市国营农场统计资料（1950—1985）》的有关数据整理。
⑥ 同②：43。

三年国民经济调整时期的计划完成情况比较理想，1965 年粮食总产量 13 176.4 万千克，比 1962 年增长 133%；干鲜果总产量 870.3 万千克，增长 205%；奶牛总头数 19 109 头，与 1962 年持平；成母牛 10 080 头，增长 19%；总产奶量 4 876.7 万千克，增长 59%；交售肥猪 82 230 头，增长 12.5 倍；交售填鸭 41.1 万只，增长 26%；交售鲜蛋 12.5 万千克，增长 103%。① 全局粮食单产实现"上纲要"，提前 4 年完成《一九五六年到一九六七年全国农业发展纲要》规定的指标。

　　1963 年 5 月，东郊农场由农场领导、主要技术干部、中国科学院和农业机械化研究院科研人员共 7 人组成的农场技术改革委员会，编制了《东郊农场农业改革规划（1963—1967 年）》，对北京农垦国营农场中长期发展规划的编制工作起到示范作用。② 之后，南口农场也编制了《南口农场生产规划（1963—1969 年）》。③ 1964 年 2 月 20 日—3 月 9 日，全国国营农场会议在北京召开，会议讨论了全国农垦 1964—1970 年的初步规划。④ 1964 年 3 月，中央、北京市的科研院校及有关局共 12 个单位帮助永乐店农场制定《国营北京市永乐店农场 1965—1970 年规划》，确定"以粮为纲，农牧结合，多种经营，逐步建成首都的副食品基地"的经营方针。10 月，中共北京市委常委、书记处书记赵凡到永乐店农场宣布：市委已批准《国营北京市永乐店农场 1965—1970 年规划》。北京农垦编制规划除了借助外部专家的力量，也重视发动广大职工参与，听取群众意见。1965 年 3 月 1 日，《北京日报》发表社论《为什么生产计划要经过社员讨论》，并在头版头条介绍双桥农场定新庄西队的做法和经验。

四、北京农垦在国家第三个五年计划时期的中长期规划

　　1966—1970 年是国家第三个五年计划时期。受"文化大革命"的影响，北京农垦编制"三五"计划工作停顿，到 1970 年年底，《国营农场 1964—1970 年七年发展规划》完成情况也不理想。因为突出"以粮为纲"的方针，与 1963 年相比，1970 年除了粮食和水果生产有所发展外，蔬菜生产和畜牧业均大幅下滑，其中以奶牛业最为突出。1970 年奶牛存栏 14 000 头，比 1963 年减少 6 633 头，与规划的 25 676 头相比，完成率为 54.5%；总产奶量 42 245 吨，比 1963 增加 2 625 吨，但与规划 1970 年的 87 000 吨相比，完成率仅为 48.6%。部分国营农场完成了本场中长期规划，如永乐店农场 1970 年年底圆满完成《国营北京市永乐店农场 1965—1970 年规划》，粮食总产量由 1964 年的 797.15 万千克提高到 1970 年的 2 258.25 万千克，交售商品粮 422.15 万千克，结束了永乐店农场"吃粮靠返销，花钱靠救济"的历史。

五、北京农垦在国家第四个五年计划时期的中长期规划

　　1971—1975 年是国家第四个五年计划时期。由于北京农垦管理机构撤销（在市农业局内下设农场组）和场社合一的农场属地管理，编制"四五"计划工作仍处于停顿状态。但个别农场仍开展了计划编制工作，如延庆农场在 1972 年 7 月完成《1973—1975 年生产建设规划》的编制工作。直到 1974 年 12 月，市农林局下发《关于制订国营农场十年发展规划的通知》后，所属农场陆续开始制定各农场 1976—1985 年的 10 年远景规划，但由于体制下放等原因，北京农垦没有编制整体的"四五"时期发展规划。

六、北京农垦在国家第五个五年计划时期的中长期规划

　　1976—1980 年是国家第五个五年计划时期。党的十一届三中全会后，国家修订了《1976—1985

---

① 根据《北京市国营农场统计资料（1950—1985）》的有关数据整理。
② 北京市国营农场管理局农场史编辑室：《北京国营农场建设大事记》（1949—1985），第 46 页。
③ 《南口农场志（初稿）》，第 57 页。
④ 同③：50。

年发展国民经济十年规划纲要（草案）》，并对 1978—1980 年的计划做了调整。根据新的形势，1980
年 5 月，农垦部召开农垦十年发展规划和二十年发展设想座谈会。[①] 是年 9 月，和平人民公社（东郊
农场）制定《1976—1985 年十年农业发展规划》，提出"三年大干，五年大变，十年实现农业现代
化"的目标。由于 1976—1977 年北京农垦没有编制"五五"计划，1977 年下半年，市农林局提出编
制"五五"时期的后三年计划，但由于 1979 年 3 月市农场局成立，体制变化较大，实际并未执行。
市农场局成立后，针对当时市民的"吃奶难"问题，立即着手组织编制《关于奶牛发展规划的报告》，
1980 年 9 月 5 日以京农管字第 166 号文向市政府上报。该规划提出当前任务是尽快发展奶牛头数，
规划到 1985 年，全市牛群翻一番，奶牛总头数发展到 2.8 万头，其中成母牛 2.25 万头，总产奶量达
到 1.27 亿千克；规划到 1985 年，日加工鲜奶达 24 万千克，实现翻一番，通过扩建、新建一些鲜奶
加工厂，增加日加工鲜奶达 12.5 万千克。实际执行结果为：1985 年奶牛总头数 31 860 头，其中成母
牛 18 073 头，总产奶量 2.29 亿千克，日加工鲜奶 28.7 万千克，[②] 除成母牛指标未完成计划外，其他
指标均超额完成。

七、北京农垦在国家第六个五年计划时期的中长期规划

1981—1985 年是国家第六个五年计划时期。北京农垦编制"六五"计划工作始于 1977 年年底，
当时的领导机构为市农林局。中共十二大提出，到 20 世纪末，我国经济建设总的奋斗目标是在不断
提高经济效益的前提下，力争使全国工农业的年总产值翻两番，使人民的物质文化生活达到小康水
平。1982 年 11 月 6 日，市农场局党组在学习中共十二大报告后，提出修订"六五"计划的部分经济
目标，要求总收入和国营利润五年翻一番，努力建成稳定的副食品生产供应基地。"六五"计划实际
执行的结果为：1985 年，国营部分实现总收入 68 374.1 万元，比 1980 年增长 148.2%，翻 1.3 番；
实现利润 4 856 万元，比 1980 年增长 498%，翻 2.6 番；农村部分实现总收入 78 045 万元，比 1980
年增长 209.8%，翻 1.6 番。[③] 截至 1985 年，北京农垦的经济总量占北京市的比重进一步提升：工农
业总产值占 10.9%，粮食总产量占 9.3%，蔬菜总产量占 9%，干鲜果总产量占 13%，奶牛头数占
79.2%，牛奶总产量占 84.8%，商品猪占 7.2%，鸡蛋占 15.5%，鱼类捕捞量占 20.3%。[④]

八、北京农垦在国家第七个五年计划时期的中长期规划

1986—1990 年是国家第七个五年计划时期，北京农垦编制中长期规划的工作正式步入正轨。
1984 年，市农场局着手组织"七五"计划的编制工作，1985 年下半年完成编制工作。1986 年 1
月 7 日，总公司下发（87）京农管计字第 2 号文《北京市农工商联合总公司"七五"期间经济发
展规划》，提出 1990 年工农业总产值达 13.8 亿元，比 1985 年增长 55.4%；国营净利润实现 8 050
万元，比 1985 年增长 65.2%。"七五"计划围绕党的十二大提出的十年翻两番的战略目标，提出
到 1990 年进一步优化产业结构，确保工农业总产值和国营利润比 1985 年再翻一番，基本建成首
都稳定的副食品生产供应基地。实际执行结果为：1990 年工农业总产值 334 352.6 万元，超额完
成计划指标，比 1985 年增长 276.6%，翻 1.9 番；1990 年国营利润 7 065 万元，比计划少 985 万
元，比 1985 年增长 45%，没有完成翻一番的目标。[⑤] 1990 年，北京农垦的奶、菜、肉、蛋、鱼、

---

① 新疆生产建设兵团史志编纂委员会：《新疆生产建设兵团大事记》，新疆人民出版社，1995 年，第 240 页。
② 根据《北京市国营农场统计资料（1950—1985）》和《北京三元食品股份有限公司大事记》有关数据整理。
③ 根据《北京市国营农场统计资料（1950—1985）》有关数据整理。
④ 北京市国营农场管理局农场史编辑室：《北京国营农场建设大事记》（1949—1985），第 132 页。
⑤ 根据《北京市国营农场统计资料（1950—1985）》《北京市农工商联合总公司 1990 年统计资料》和北京首都农业集团有限公
司财务管理部的有关数据整理。

果、瓜等副食品总上市量达 6.6 亿千克，实现了基本建成首都稳定的副食品生产供应基地的目标。在编制"七五"计划同时，1986 年，总公司还提出《关于建立商品粮基地的意见》，有 3 个农场被市农办列入北京市商品粮基地建设单位，其中永乐店农场 9 330 公顷、北郊农场 2 660 公顷、南郊农场 1 660 公顷。

九、北京农垦在国家第八个五年计划时期的中长期规划

1991—1995 年是国家第八个五年计划时期。1990 年，总公司着手组织"八五"计划的编制工作，是年 8 月，形成近百页的草案稿。北京农垦确定的"八五"期间的经济发展思路为：经济上，在提高中发展，以提高为主；改革上，在深化中完善，以完善配套为主；管理上，在继续放权中加强集中协调，以集中协调为主。"八五"计划提出了商品生产基地建设的目标、任务和措施，即要完成 3 个万头奶牛场、2 个万头商品猪场和 71 个规模猪场、5 个 10 万只鸡场以及 30 万只鸭场的改建和新建任务，同时，提出到 1995 年国民生产总值和国营利润比 1990 年翻一番的目标。实际执行结果为：1995 年国民生产总值完成 275 093 万元，比 1990 年增长 134.6%，翻 1.2 番；国营利润 25 793 万元，比 1990 年增长 265%，翻 1.9 番。[①]

十、北京农垦在国家第九个五年计划时期的中长期规划

1996—2000 年是国家第九个五年计划时期。1996 年 7 月 4 日，总公司京农管字（1966）第 42 号文印发《总公司经济发展"九五"计划和 2010 年远景目标》。文件提出"九五"期间总公司经济发展的总的思路是"一产抓基地，二产创名牌，三产扩地盘，三资找名家，投资变多元，经营集团化"，发展战略是以改革为动力，建立现代企业制度；调整和优化产业结构，实现"稳一优二兴三"。到 2000 年实现国民生产总值 50 亿元，总收入 280 亿元，比"八五"末翻一番。其中国有总收入实现 97 亿元，年均增长 14.9%；国有利润 4.5 亿元，年均增长 11.8%。由于 1998 年年底，北京农垦实施场乡体制改革，农村经济部分划归所在区县管理，"九五"计划的执行情况发生了重大变化，原计划执行了三年。到 2000 年，国有经济部分的实际执行结果也不理想：国有部分的国民生产总值完成 154 023 万元，比 1995 年增长 57.6%，年均增长 9.5%；2000 年国有部分的主营业务收入完成 27 亿元，比 1995 年减少 44%；国有利润完成 4 254 万元，比 1995 年减少 83.5%。[②]

十一、北京农垦在国家第十个五年计划时期的中长期规划

2001—2005 年是国家第十个五年计划时期。1999 年，总公司着手编制"十五"经济发展规划，此次编制"十五"计划做到了上下结合，对重点产业编制独立的发展计划，1999 年第三季度，主要单位和重点行业基本完成编制任务，如金星鸭业中心制定完成《金星鸭业"十五"经济发展计划》，总公司完成《北京垦区奶业"十五"发展计划》并报送农业部农垦局。总公司在奶业"十五"计划中提出的主要目标是：奶牛存栏保持在 3 万头，成乳牛年平均单产 8 500 千克；全年向社会推广冻精 150 万枚、胚胎 500 枚、优秀种公牛 50 头、优秀母牛 5 000 头；乳品加工规模达到日处理鲜奶 1 000 吨。总公司在二级单位和重点产业"十五"计划编制的基础上完成了《北京垦区"十五"经济发展规划》编制工作，2000 年 5 月 10 日，正式上报农业部农垦局。2001 年 2 月 6 日，总公司印发京

---

① 根据《北京市农工商联合总公司 1990 年统计资料》《北京市农工商联合总公司 1995 年统计资料汇编》和北京首都农业集团有限公司财务管理部的有关数据整理。

② 根据北京首农集团有限公司财务管理部和人力资源部的有关数据源整理。

农管发（2001）5号文《总公司"十五"经济发展规划》。规划指出，自1998年年底完成场乡体制改革后，北京农垦进入结构调整期和体制转型期，提出"十五"经济发展规划的指导思想为"以发展为主题，以市场为导向，以提高企业运行质量和职工收入为双重目标，加大结构调整的力度，全面优化总公司的经济结构；加快集团化运作步伐，构建以资本为纽带的责权利明确的母子公司体制；加强对土地、资源、资金等要素的集中统一运作，实现资源的优化配置。进一步增强总公司的资产控制力、对外竞争力、科技创新力以及对郊区经济的辐射力。"规划到2005年，实现总收入66亿元，利润1亿元，人均收入1.82万元。实际执行结果不理想：总收入35.58亿元，利润1 306万元，人均收入2.27万元。[①]

十二、北京农垦在国家第十一个五年规划时期的中长期规划

2006—2010年是国家第十一个五年规划时期。为了适应我国经济体制、发展理念、政府职能等方面的重大变革，从"十一五"起，国家将"五年计划"改为"五年规划"。2006年1月12—13日，三元集团召开一届三次职工代表大会暨2006年度工作会议，大会审议通过《关于集团公司经济发展"十一五"规划（草案）的说明》和《经济发展"十一五"规划》。4月，三元集团讨论审核《"十一五"畜牧发展规划》。根据中共北京市委"新北京、新奥运"的战略构想和市国资委"十一五"规划中打造"都市农业"板块的设想，三元集团规划提出以集团化、产业化、股份化为基本手段，以打造"四大板块"（种畜种禽板块、籽种和花卉出口板块、食品加工业板块、物产物流保障板块）支柱型企业群为突破口，实现经济翻番和建成首都标志性大型农业企业集团的目标。总收入到2010年保80亿元，争取突破100亿元；实现利润保2亿元，争取突破3亿元；职工收入达到人均3.2万元以上。由于2009年市国资委决定三元集团、华都集团和大发畜产公司三家企业实施重组，成立首农集团，以及收购三鹿集团等原因，首农集团"十一五"规划实际执行的结果远超计划目标：到2010年年底，首农集团总资产178.56亿元，净资产41.86亿元，营业总收入108.3亿元，利润总额30 761.6万元，职工收入人均3.35万元。与"十五"末相比，分别增长76.6%、16.8%、115.2%、250多倍和47.4%。[②]

十三、北京农垦在国家第十二个五年规划时期的中长期规划

2011—2015年是国家第十二个五年规划时期。2011年1月13—14日，首农集团召开一届二次职工代表大会，审议并通过《关于首农集团"十二五"规划（草案）的说明》和《"十二五"发展规划》。规划提出"十二五"期间的指导思想是以科学发展观为指导，与"人文北京、科技北京、绿色北京"的战略构想和建设世界城市的要求相适应，立足农业、服务首都，围绕"高端、高效、高辐射"的要求，着力优化结构，继续深化改革，着力提升质量，加快转变经济发展方式，建设首都标志性、具有行业领导力和品牌竞争力的都市型现代农业产业集团，成为创新型的国家农业产业化龙头企业。"十二五"规划的总体目标是，到2015年，总资产规模达到300亿元；首农集团投资企业实现销售收入500亿元；全资和控股企业实现销售收入300亿元，实现利润总额10亿元，净资产收益率达到10%，员工工资总额年均增长率达到7%；进入并提升在中国企业500强中的排名。2011年10月17日，首农集团印发《北京首都农业集团有限公司"十二五"发展规划》。"十二五"发展规划实际执行结果比较理想：总资产6 226 266万元，比规划目标增长107.5%；全资和控股企业实现营业总收入3 723 283万元，比规划目标增长24.1%；利润总额104 800万元，比规划目标增长4.8%；净资产收益率5.25%，比规划目标低4.75个百分点；预算企业员工工资总额年均增长率5.82%，比规

---

①② 根据北京首农集团有限公司财务管理部和人力资源部的有关数据源整理。

划目标低 1.18 个百分点；预算企业员工年平均工资 63 159 元，比 2010 年的 33 546 元增长 88.3％，年均增长 13.5％。[1] 与"十一五"末相比，"十二五"末总资产增加 2.41 倍，资产负债率由 77.37％ 降低 9.4 个百分点，所有者权益增加 3.82 倍，归属母公司所有者权益增加 5.15 倍，营业收入增加 2.44 倍，利润总额增加 2.41 倍。[2]

十四、北京农垦在国家第十三个五年规划时期的中长期规划

2016—2020 年是国家第十三个五年规划时期。2015 年，首农集团开始着手规划编制的工作。2016 年 1 月 18—19 日，首农集团召开一届七次职代会暨 2016 年工作会，职代会审议并通过了《首农集团"十三五"发展规划》。规划的指导思想是全面贯彻落实习近平总书记系列重要讲话精神和"四个全面"战略布局，紧紧围绕有序疏解北京非首都功能这一核心任务，加快推进首农集团经济结构、空间结构、产业布局的调整，加强京津冀地区产业融合发展，发挥农业科技示范引领作用，保障首都食品安全供应，打造民族乳业第一品牌，紧紧围绕实现"首农千亿梦"的总体目标，把首农集团建设成为国内领先的综合性现代农业产业集团。规划提出"十三五"时期首农集团的发展思路是"立足农业、示范引领、一体两翼、千亿首农"。规划还提出了 2020 年年末的主要目标：总资产规模达到 1 000 亿元；首农集团投资企业实现销售收入 1 000 亿元；全资和控股企业入 700 亿元；归属母公司所有者权益 153 亿元；利润总额 15 亿元，净利润 11.2 亿元；国有资本保值增值率 103％；净资产收益率 5％；资产负债率 69％；员工工资总额年均增长率达到 7％。

■ 第三节　战略管理

发展战略是企业发展的蓝图，制约着企业经营管理的一切活动；发展战略是中长期发展规划的灵魂，规定了企业在中长期的基本发展目标以及实现这一目标的途径。北京农垦的发展战略研究与制定经历了一个不断摸索、不断积累、不断完善的过程，就其演变过程而言，可以分为初创、推进、深化 3 个阶段。

一、战略管理的初创阶段

北京农垦引入战略管理思想可以追溯到 20 世纪 80 年代初期。1982 年，中共十二大提出到本世纪末工农业总产值翻两番的战略设想，特别是胡耀邦同志指示北京郊区要提前实现第一个十年翻番指标，引起北京农垦对战略管理的重视，加强了计划部门对中长期规划的研究和编制工作，进一步充实了政策研究室，选调了有研究能力的老同志，对京郊国营农场的任务、作用开展研究。1982 年 11 月，市农场局印发《关于实现一九八六年总收入翻番的规划意见》，规划提出：1981—1986 年，全系统的总收入要从 1980 年的 52 724 万元增加到 97 000 万元，增长 83.9％，年均增长 12.9％；其中国营总收入从 27 552 万元增加到 46 000 万元，增长 66.9％，年均增长 8.9％；集体总收入由 25 172 万元增加到 51 000 万元，增长 102.6％，年均增长 12.5％。[3] 实际完成情况为：1986 年全系统总收入

---

① 根据北京首农集团有限公司财务管理部和人力资源部的有关数据源整理。

② 薛刚：《在集团公司 2016 年一季度工作会上的讲话》（2016 年 4 月 7 日），北京首农食品集团有限公司档案室，归档号 507，第 13-14 页。

③ 北京市国营农场管理局：《关于实现一九八六年总收入翻番的规划意见》，北京首农食品集团有限公司档案室，案卷号 75。

完成 15.77 亿元，其中国营总收入 8.04 亿元，集体总收入 7.73 亿元。[①] 1983 年 10 月 13—15 日，市农场局党委召开各农场、公司党委书记、场长会议，传达中共北京市委关于"把农场建成稳定的副食品生产供应基地"的指示，[②] 正式明确以此为北京农垦的使命。1987 年 12 月 24—26 日，总公司在香山召开工作会议，党委书记房威做《进一步深化改革，做好一九八八年各项工作》的总结讲话，对总公司的性质、地位、战略思想、与农村关系、与区县关系、加快利用外资以及企业领导体制改革、企业内部改革等问题做了全面阐述。1989 年 2 月 16—17 日，总公司党委召开 1989 年第二次常委扩大会，研究在国家治理整顿的背景下，如何抓住机会、稳步发展的思路和举措，会议强调了"坚持服务首都"的方针。是年 3 月 28 日，总公司发出《关于科技兴农，努力把京郊农场建成农业现代化基地的意见》，明确了京郊国营农场在农业现代化方面要起示范作用，把建设三个基地、一个中心作为抓手。1997 年 1 月 16—17 日，在市农村工作会议期间，总公司在分组会议上提出，"九五"期间，总公司将立足首都市场，面向国际市场，积极稳妥地推进农业产业化，把总公司建设成为北京市现代化农业的窗口，并阐述了总公司"窗口农业"的内涵是科技密集型和资源节约型，"窗口农业"建设的主攻方向是"农情遥感、计算机网络、作物栽培计算机决策、农田地理信息"四大系统。这是第一次推出"立足首都市场"和"推进农业产业化"的战略思想。是年 12 月 20 日，中共中央政治局委员、中共北京市委书记、市长贾庆林到中荷畜牧培训中心和奶牛中心良种场视察工作，在听取总公司领导对"立足首都市场"和"推进农业产业化"的战略思路后，予以了肯定，并强调市农工商联合总公司应成为北京现代农业示范基地，为全市实现农业现代化提供服务。1998 年 1 月 7 日，总公司召开经济工作会议，经理包宗业提出以良种产业化作为农业产业化的突破口，加快经济结构调整，组建有影响力的专业化大公司。

1998 年年底，北京农垦完成场乡体制改革。面对新的形势，总公司在 1999 年 1 月召开经济工作会议，经理包宗业在工作报告中提出今后的三大主导产业，这是北京农垦第一次提出主业定位。2000 年 8 月 21 日，总公司召开畜牧工作会，确定总公司畜牧业的调整和发展应遵循"种、优、新"三字经。"种"是进一步调整和发展的主导和方向；"优"是品种优、质量优；"新"是畜牧业的调整和发展要立足于创新，包括体制、技术、工艺等多方面，还包括要发展新的行业。2003 年 2 月 17 日，三元集团总经理张福平在 2003 年度工作会议上代表新领导班子，提出未来五年的发展与改革的总体目标，即"经济要翻番，体制要创新"。

二、战略管理的推进阶段

2003 年 10 月，三元集团划归新成立的市国资委监管。根据市国资委对监管企业的要求，三元集团决定编制发展战略。2004 年 3 月 29 日，"三元集团企业发展战略咨询项目"正式启动，项目委托北京市企业文化建设协会牵头，北京捷盟管理咨询有限公司负责编写，三元集团组织了由发展计划部和体改法律事务部为主的对接工作班子。是年 10 月，完成《北京三元集团有限责任公司产业发展战略》，经广泛征求意见和修改后，于 2005 年 1 月定稿并实施。2006 年 5 月，为了便于市国资委审批《三元集团经济发展"十一五"规划》，集团公司将《北京三元集团有限责任公司产业发展战略》改写为简本《北京三元集团公司企业发展规划》上报市国资委。

《北京三元集团有限责任公司产业发展战略》分为一个主报告和两个附件（《三元集团战略诊断与分析报告》《三元集团产业发展战略实施与平台建设》）。主报告提出的战略定位是以农业产业链为核心，重点抓住产业链中可以形成竞争优势、主要利润来源的关键环节，进行产业归核化发展，打造食品加工业板块、养殖业板块、种植业板块和保障板块四大主导产业板块，将三元集团建设成为具有行业领导力和品牌竞争力的首都标志性企业集团。同时，提出"四大板块"是以畜禽种业为核心打造养

---

① 资料来自《北京市农工商联合总公司一九八六年统计资料》，第 104 页。
② 北京市国营农场管理局农场史编辑室：《北京国营农场建设大事记》（1949—1985），第 120 页。

殖业板块、以精品农业为核心打造种植业板块、以乳品加工为核心打造食品加工板块、以物产物流为核心打造保障板块，并对每个板块提出了重点发展的核心业务与培育业务。该报告首次提出集团管控模式应进行调整，明确了三元集团总部将作为战略管理和投资决策中心，对下属产业集团或二级企业进行关键人事委派、重大投融资事项的审核与控制，提供资源、资本等方面的协调和支持。新制定的发展战略成为编制《三元集团经济发展"十一五"规划》的重要依据。

2007年，三元集团提出，要高举"农"字大旗，着力发展都市型现代农业，把四大主业板块调整为三大主业，即以种业为核心的现代农牧业，以乳业为代表的食品加工业，以及与之相配套的物产物流业。

三、战略管理的深化阶段

鉴于2009年4月20日，市国资委决定三元集团、华都集团和大发畜产公司三家企业实施重组，成立首农集团，以及收购三鹿集团核心资产及股权等原因，五年前制定的发展战略已不适应新的变化。是年6月，首农集团启动了战略编制工作。本次战略编制工作由市农委牵头，中国农业大学、中国农业科学院、北京发展战略研究所等单位的25位专家学者组成的研究团队全程参与，集团公司董事会战略与投资决策委员会负责组织协调。经过4个月的紧张工作，于10月完成《北京首都农业集团有限公司发展战略报告》初稿。之后，经过多轮的研讨和征求意见，于2010年1月定稿。2月9日，第一届董事会第八次会议批准《北京首都农业集团有限公司发展战略报告》。

该战略报告分为基本现状、环境条件、集团战略、业务战略、效益风险、战略对策和政策建议7个部分。

报告提出了首农集团的使命为立足首都，服务"三农"，建设首都标志性的都市型现代农业产业集团，并具体体现在三个方面：创新农业科技、奉献优质食品、打造服务品牌。报告提出了首农集团愿景：建设首都标志性、具有行业领导力和品牌竞争力的都市型现代农业产业集团，成为创新型的国家农业产业化龙头企业集群。同时，明确了首农集团的三大功能是支撑农牧业科技创新和带动都市现代农业升级、保障首都安全（应急）食品供给以及引领都市食品质量、强化现代农业集成服务和凸显农业品牌展示窗口。

报告分别提出了到2012年和2015年首农集团的规模与效益目标和带动保障目标，这些目标被首农集团"十二五"规划全部采纳。制定了首农集团业务战略，提出首农集团三大主营业务体系是以种业为主的现代农牧业是基础型主业，以乳制品、肉食品为主的食品加工业是支柱型主业，以涉农商务服务、农产品和食品冷链物流、商流为主的物产物流业是成长型主业。三大主业相互促进、互为依托，发展供应链企业集群。

在制定首农集团发展战略的同时，鉴于三家重组企业原有组织管控的不足，首农集团决定委托专业团队研究并编制《首农集团组织管控规划报告》。2010年1月，完成《首农集团组织管控规划报告》的编制工作，这是北京农垦第一次对组织管控做出长期规划。该规划报告明确了首农集团组织管控的体系架构、集团组织架构的优化方案、集团公司组织关系界定的思路、总部部室职能定位、管控的责权划分等重大问题。是年3月，根据组织管控规划，总部机关进行了机构改革，新成立战略管理部，原董事会专门委员会战略与投资决策委员会更名为战略委员会。

2010年12月19日，三元种业完成编制《五十万头生猪生产暨企业战略规划》，并通过专家研讨会论证。2012年5月，首农集团编制了《首农集团建设"菜篮子"三保障体系发展规划》。该规划提出，在畜禽良种繁育、种植、养殖、食品加工、仓储物流等多方面实现全产业链的发展。

2013年6月24—26日，中共首农集团第一次代表大会隆重召开。大会审议并批准党委书记张福平做的《凝聚全员力量，推动科学发展，实现转型升级，为建设首都标志性的现代农业产业集团而奋斗》党委工作报告，报告首次提出"千亿首农梦"的愿景，即到"十三五"末，总资产和规模总收入超过千亿元。

2014年1月，首农集团决定全面启动制定"首农新战略"工作，聘请中国发展研究院作为新战略课题组承担单位。1月14日，首农集团召开一届五次职代会暨2014年工作会，会上，首农集团提出"一体两翼"的战略，即坚持实业为体，金融化和信息化两翼并行发展。

2015年3月，首农集团委托中国发展研究院编制的《北京首农集团新战略实施路径研究报告》正式完成。报告主要以"千亿首农"为目标，分析了产业发展规划、品牌提升以及体制机制的保障。2015年10月，《中国农垦》2015年第10期刊登署名首农集团的专题文章《以全产业链模式打造首农品牌，示范引领北京现代农业发展》，该文首次强调了全产业链发展模式。12月24日，市国资委京国资〔2015〕345号文批复首农集团，明确"'十三五'时期，你公司的定位为'保障首都食品安全供应，打造民族乳业第一品牌，建设成为国内领先的综合性现代农业产业集团'""主业为'食品加工与贸易'（乳业、肉类、品牌食品），现代农牧业（种子、种业、畜禽业），物产物流业（持有型物业、仓储物流）""培育业务为'投资与资产管理'（涉农金融股权、观光休闲农业）"。关于主业的表述被2016年1月首农集团一届七次职代会审议并通过的《首农集团"十三五"发展规划》所采用。

2016年，首农集团在工作会议上对"示范引领"做了表述，即成为都市型现代农业示范区、安全安心农产品食品生产者和供应商、京津冀协同发展排头兵、园区开发者和平台运营商、国内领先的综合性现代农业产业集团。同时，首农集团首次提出建设"美丽首农"的总体思路，即抓住北京城乡接合部建设三年行动计划的实施机遇，推动环五环"一圈一系"项目建设，实施大尺度城市森林建设。其中，"一圈"指环五环休闲观光农业旅游圈，"一系"指环五环高端产业园区体系。

2017年，首农集团在工作会议上提出"千亿首农、美丽首农、法治首农"三位一体的战略构想。2017年6月11日，《北京市人民政府办公厅关于印发〈北京市进一步推进农垦改革发展的实施方案〉的通知》（京政办发〔2017〕29号），该《实施方案》明确了进一步推进北京农垦改革发展的总体要求："到2020年，将农垦垦区建设成为京津冀都市型现代农业示范区、优质鲜活农产品供应基地，将农垦企业打造成为具有国际竞争力的综合性现代农业企业集团。"该文件为进一步推进北京农垦改革与发展提供了政策依据和行动指南，为北京农垦的长远发展提供了有力支撑，具有重要的战略意义。

第二章　企业改革改制

中共十一届三中全会以来，北京农垦结合自身城郊型农垦的特点，始终在探索改革发展的路子。从推行各类责任制、搞活国企经营机制，到实施场乡体制改革，完成国有独资公司改制及纳入国资监管体系；从实施并购做大做强各类专业公司，加快推进劣势企业退出，到完成传统国有企业的公司制改革；从参与混合所有制改革，到进入涉农金融和迈出海外并购的步子，北京农垦改革的步伐从未停止。一路走来，北京农垦从冲破计划经济体制的束缚，到初步建立社会主义市场经济体制，再到完善社会主义市场经济体制的历史跨越时期，基本确立了农垦企业的市场主体地位，在集团化、企业化和股份化方面逐步构筑了适合社会主义市场经济要求的体制构架和治理结构，为北京农垦经济的发展注入了强劲动力。

■ 第一节　搞活企业经营机制

北京农垦的改革肇始于20世纪70年代末期开始的简政放权、扩大企业自主权，实施财务包干。从80年代开始，以农业联产承包制为切入点，大力推进国有企业改革。

一、实行财务包干

北京农垦是我国农垦系统最早实行财务包干政策的垦区。1977年4月，市革委会批复市农林局《关于国营农场盈亏试行包干的请示》，同意15个国营农场（1978年又增加朝阳农场，共16个农场）及牛奶公司盈亏相抵包干。北京农垦实行"利润盈亏包干、结余留用、三年不变"的办法，结束了市财政的补贴政策，改为定额上交市财政。1979年2月，财政部、国家农垦总局对北京农垦国营农场实行财务包干的办法进行考察后予以充分肯定，11月，市农场局决定对盈利的8个农场、公司收缴20%的包干利润，一定五年不变，80%的税后利润留给农场、公司和三级核算单位；7个农场实行财务补贴；不上缴利润也不给补贴的农场有2个。从1980年起，16个农场实现全部盈利。1986年，总公司和市财政局共同制定《关于国营农场"七五"期间实行财务包干的几项规定》，明确"国营农场从一九八六年起，实行'定额上缴，结余留用，亏损不补'的财务包干办法。"1991年1月，财政部、农业部决定继续在"八五"时期实行财务包干政策。"八五"期间，市财政局对原包干办法进行了修订，在原包干基数上每年递增10%，即递增包干。北京农垦实行财务包干政策20年，彻底扭转了企业吃国家"大锅饭"问题，增强了企业内在活力。

二、推行农业联产承包责任制

在中共十一届三中全会的精神指引下，北京农垦在农业责任制上开始向周边农村学习，先是在部分山区农场实行了农业生产责任制，并出现一批专业户、个体工商户。1980 年 10 月，市农场局召开工作会议，要求农场进一步解放思想，继续推行和完善农村联产承包责任制。至年底，农村生产队90％以上实行生产责任制，责任到组、到户、到人，其中一多半为联产计酬责任制。[①] 1981 年，市农场局提出，农业生产责任制"能包工到人的要包工到人，能计件到人的计件到人"。[②] 1983 年 8 月6 日，市农场局系统 709 个农村生产队全部落实了各种形式的联产承包责任制。1984 年 10 月 1 日，东郊农场承担北京市国庆指挥部布置的制作农民方阵彩车的任务，由农场设计和制作的"联产承包好"的彩车走在农民游行队伍的最前列。是年，北京农垦农村包干责任制成为主要形式，在农村 696个队中，包干到户（劳）575 个队，占 82.6％。包干责任制激发了农民种地的积极性，粮食总产量达2.155 亿千克，比历史最高的 1983 年增长 6.1％。[③] 在农业联产承包责任制的带动下，奶牛养殖业也开始推行职工奶牛承包责任制。

1985 年，总公司针对农业承包责任制中存在的问题，如土地分割过散，一个劳力几块甚至十几块地，不利于发挥农业机械化优势等问题，下发了《关于进一步完善发展农业生产责任制的几点意见》，要求调整不合理的分地方法，使土地相对集中，以便于机械化作业，把承包户无力耕种的土地转让给种田能手或试办小农场；改进以工补农和集体提留办法，增加对农业的投入；加强对农业产前、产中、产后的服务。1986 年，总公司抽调 20 多名处级干部，由总公司经理、副经理带队，前后三次深入农村大队调研指导农业承包制，在全系统推广了近郊以专业承包为主、远郊以家庭承包为主的农业经营格局。1987 年，按照中共北京市委统一部署，北京农垦全面推进适度规模经营。在适度规模经营的同时，加强了产前、产中、产后的服务体系建设，农场的科技站、水电站、农机站、良种站、农资供应站等服务实体得到加强，总公司和所有农场都建立了农业发展基金，保证了对农业的投入，种植业基本做到"五统一"，即统一耕种、统一用种、统一浇水、统一收获、统一植保。1988年，北京农垦的农村适度规模经营已占主导，90.1％的平原地区生产粮食的大队实现了规模经营，规模经营的粮田面积占粮田总面积的 96％；实行规模经营的菜田队也占菜田队数量的 90％。到 1990年，总公司系统除去 19 个山区和坡岗村队外，平原地区村队规模经营村队已达 100％，规模经营粮田面积占粮田面积的 92％。到 20 世纪 90 年代，北京农垦适度规模经营和农业联产承包责任制基本定型，种植业的产前、产中、产后服务体系也比较完善，粮食生产综合能力逐步提高，已经走在京郊农村的前列。1998 年，总公司系统农村生产大队全部完成延长土地承包期的工作，并将土地使用证发放到户，同时，开始试行土地流转机制和农民投资补偿机制，鼓励农民对土地进行投资。至此，北京农垦农业统分结合的双层经营体制基本定型且更为完善。[④]

场乡体制改革后，北京农垦粮食生产比重下降，但国营农场饲料种植和蔬菜种植的承包形式主要是职工个人承包和集体承包，适度规模经营和健全的服务体系没有被破坏。据统计，2007 年 12 月 31日，三元集团各农场发包的种植业土地为 1 974.7 公顷，其中职工个人承包土地面积 1 416.8 公顷，占总面积的 71.7％，承包职工人数 522 人；集体承包单位 3 个，承包土地面积 557.9 公顷，占28.3％。个人承包仍是农业联产责任制的主要形式。

2006 年 10 月 11 日，市政府出台《北京市深化国有农场税费改革方案》。12 月 16 日，经市政府同意，市政府办公厅印发《北京市深化国有农场税费改革方案的通知》（京政办发〔2006〕75 号文），正式启动税费改革，以进一步落实减轻国有农场和承包土地的农工负担。税费改革后，北京农垦农工负担进一步降低，内部改革措施得到落实。

① 北京市国营农场管理局：《一九八〇年工作总结》(81) 京农管字第 55 号，北京首农食品集团有限公司档案室，案卷 49 号。
② 北京市国营农场管理局：《关于印发一九八一年工作要点的通知》(81) 京农管字第 57 号，北京首农食品集团有限公司档案室，案卷号 50。
③ 北京市农工商联合总公司：《关于一九八四年工作情况和一九八五年工作任务的报告》(85 京农场字第 12 号)，北京首农食品集团有限公司档案室，案卷号 216，电子版，第 3 页。
④ 包宗业：《在总公司经济工作会上的讲话》(1998 年 1 月 7 日)，北京首农食品集团有限公司档案室，案卷号 1367。

三、改革企业领导体制

1980 年 10 月，市农场局确定基层工商企业实行厂长（经理）负责制。1984 年，总公司开展为期一年半的企业整顿工作，在企业整顿中，把落实厂长（经理）负责制作为重要的整顿和建制内容。1986 年，总公司首次成立经济体制改革领导小组，工作重点是推行厂长（经理）负责制。是年 11 月24 日，总公司召开专题会议，决定成立"推行厂长负责制领导小组"，东风药厂、东北旺工具厂、西郊乳品厂作为试点单位；12 月 6 日，总公司第 29 次办公会决定在试点取得经验的基础上，再对 44个骨干工业企业推行厂长负责制，其他各业也要积极试点。[1] 1987 年 8 月 29 日，总公司召开经理办公会，决定加快推进贯彻《中华人民共和国全民所有制工业企业法》和国务院颁布的《中共中央、国务院关于颁发全民所有制国有企业三个条例的通知》，并成立"总公司贯彻三个条例办公室"，在系统内骨干企业分批推行厂长（经理）负责制。1989 年 2 月 16—17 日，总公司党委召开 1989 年第二次常委扩大会，布置继续推行厂长（经理）负责制和承包经营责任制的工作安排。在场乡体制改革前，多数国有农场实行的是党委集体领导下的分工负责制，只有巨山农场和朝阳农场在 1987 年实行了场长负责制。场乡体制改革后，总公司迅速提出要求，在国有农场全部实行场长负责制。1999 年 1 月19 日，总公司召开场乡体制改革后的第一次经济工作会议，经理包宗业在工作报告中提出，要从两个层面上进行领导体制改革：①凡是按照现代企业制度改革建立的公司制企业，要建立和完善法人治理结构，即建立起董事会、经理层、监事会相互制约的领导体制；②暂未按照现代企业制度改革的国有农场和国有企业由党委集体领导下的分工负责制改为场长（经理）负责制。按照成熟一个改革一个的要求，至 2000 年年底，北京农垦基本完成了国有企业领导体制改革的任务。[2]

■ 第二节 农场企业化

国有农场企业化是农垦体制改革的微观基础工程。在国有农场的历史发展过程中，曾经赋予农场较多的办社会、办公益事业的职能。实行政企分开，剥离国有农场办社会职能，理顺政企关系，推进农场公司化改革，是实现农垦集团化的重要前提。

一、实施场乡体制改革

国营农场办社会是伴随农场开发建设历史逐步形成的，在特定时期，为农垦事业的发展和带动周边农村发展发挥过重要作用。1958—1998 年的 40 年，政企合一的管理体制分为两个阶段，即 1958—1983 年的"场社合一"体制和 1984—1998 年的"场乡合一"体制。

所谓"场社合一"，是指北京农垦这一时期的人民公社（国营农场）既是一级政权组织，也是一级经济管理组织，政权工作、社会公益性事业与经济工作实行统一管理。在 1958 年人民公社化过程中，先后有 57 个乡与国营农场合并，建立场社合一的体制。在此基础上，中共北京市委在 1959 年年末，决定建立以国营农场为主的 11 个全民所有制的人民公社。[3] 这 11 个全民所有制人民公社为红星（南郊农场）、四季青（香山农场为公社的一部分）、永丰（西郊农场、东北旺农场）、十三陵（十三陵

① 《北京市农工商联合总公司办公会议纪要》（29），北京首农食品集团有限公司档案室，案卷号 277，电子版，第 84 页。

② 包宗业：《在总公司经济工作会上的讲话》，京农管字〔1999〕第 18 号文，北京首农食品集团有限公司档案室，案卷号1456。

③ 北京市地方志编纂委员会：《北京志·农业卷·种植业志》，北京出版社，2001 年，第 65-66 页。

农场)、良乡（长阳农场）、沙河（北郊农场）、延庆（延庆农场）、朝阳（双桥农场）、星火（东风农场、朝阳农场）、和平（东郊农场）、石景山（市家禽场为公社的一部分）。1959—1961 年，北京市调整人民公社规模，划大社为小社，有些公社名称发生变化，部分社队退出全民所有制公社（国营农场），只保留了农场附近的社队，并严格实行两种不同核算制度。1961 年 4 月，市家禽场从石景山公社析出，划入北安河公社；是年 7 月，通县成立永乐店工委管区，下辖永乐店公社、小务公社、柴厂屯公社、渠头公社。1963 年 5 月，市人委批准成立南口果园乡，下辖土楼、东李庄、西李庄、响潭村、葛村 5 个村，实行以生产队为基本核算单位。[①] 1964 年 2 月，永乐店工委管区撤销下辖 4 个公社，辖 12 个大队。[②] 1967 年 3 月恢复永乐店公社，与工委、农场合署办公。1968 年，南口果园乡撤销，改为南口农场农村分场。[③] 1972 年 9 月 26 日，市革委会批转本市《国营农场座谈会纪要》，对"场社合一，以场带社"体制具体表述为：有集体所有制生产队的国营农场，实行统一领导、统一计划、分别核算的原则，农场国营企业和集体所有制的生产队各计盈亏；集体所有制部分实行以生产队为基本核算单位，承认生产队的自主权，公积金归生产队所有；国营农场要进行清产核资、改章建制，逐步恢复、建立、健全规章制度。1979 年 7 月，市农场局复建后，经有关区县革委会和市农场局决定，南郊、北郊、双桥、东郊、西郊、长阳、东北旺、东风、十三陵 9 个农场同时挂人民公社牌子，实行"场社合一，以场带社"的管理体制。1980 年 10 月 16—30 日，市农场局在双桥农场召开工作会议，确定国营农场管理体制按党委、政权、经济管理三条线进行工作，由党委统一领导。

所谓"场乡合一"，是指在 1983 年撤销人民公社、建立乡镇政府后，国营农场辖区内的乡镇实行在同一党委的统一领导下，国营农场与乡镇政权挂两块牌子、合署办公，以场带乡。1982 年底至 1984 年 12 月，北京农垦 13 个国营农场陆续建立 37 个乡镇，其中西山农场于 1984 年 12 月 12 日正式启用聂各庄乡人民政府印信，是北京市"社改乡"工作中最后设置的一个乡。[④] 除了 3 个农场（朝阳、巨山、延庆）是单一全民所有制农场之外，5 个农场（南郊、北郊、永乐店、东郊、双桥）属于一场多乡，共辖 29 个乡镇，一场多乡的农场对这些乡镇视同"农村分场"进行管理，8 个农场（东风、南口、长阳、西郊、西山、东北旺、卢沟桥、十三陵）为一场辖一乡。

场乡合一体制在政企分设上比公社制有一定进步，但仍存在诸多弊端：一是这种体制使得国营农场处于双重领导之下，既要接受北京市农工商联合总公司的领导，也要接受农场所在区县政府的领导，是一种多头治理的体制；二是农场区域内所建立的乡镇名义上是一级政府，但农场的乡镇与区县其他乡镇相比，政府职能严重缺失，比如在财政、税收、土地、规划、环保、民政、公共卫生等方面，国营农场区域内的乡镇缺权、缺人、缺钱，影响农场地区社会和经济的发展；三是场乡虽然分设机构，但部分职能互相交叉，企业与政府权责边界难以划清，企业领导者用很大精力去处理政府应该做的工作，同时也增大了企业政策性、社会性、公益性财务支出；四是国营农场区域内的 37 个乡镇干部都是企业编制，没有纳入政府序列，其干部人事任免以总公司领导的农场为主，与所在区县实行共管。

人民公社时期北京农垦国营农场政权组织见表 5-2-1，场乡体制改革前国有农场分场与乡镇对照见表 5-2-2。

表 5-2-1　人民公社时期北京农垦国营农场政权组织

农场名称	人民公社名称					备注
	第一次名称	第二次名称	第三次名称	第四次名称	第五次名称	
东郊农场	朝阳公社（大）	朝阳公社（小）	和平公社★			

[①] 《南口农场志（初稿）》，第 3、13 页。
[②] 北京市通州区地方志编纂委员会：《通县志》，北京出版社，2003 年，第 69 页。
[③] 同①：4。
[④] 北京市海淀区地方志编纂委员会：《北京市海淀区志》，北京出版社，2004 年，第 36 页。

（续）

农场名称	人民公社名称					备注
	第一次名称	第二次名称	第三次名称	第四次名称	第五次名称	
南郊农场	红星公社★					
西郊农场	永丰公社（大）	永丰公社上庄大队	上庄公社★			
北郊畜牧场	红旗公社	小汤山公社	平西府公社	沙河公社★		1959 年更名为北郊农场
双桥农场	朝阳公社（大）双桥站	双桥公社	朝阳公社	双桥公社★		第三次名称朝阳公社是 1960 年由双桥公社和红光公社合并组成
永乐店农场	红旗公社	永乐店公社	通县永乐店工委下辖柴厂屯公社、永乐店公社、渠头公社、小务公社	永乐店工委管区★（对外也称永乐店公社★）		1958 年 9 月为永乐店公社；1961 年 7 月成立永乐店工委管区，辖柴厂屯、永乐店、渠头、小务公社；1964 年 2 月撤销 4 个公社，设 4 个分场；1965 年牛堡屯公社 6 个村和潮县公社 4 个村并入永乐店工委，4 个分场改为 12 个大队；1967 年 3 月恢复永乐店公社，与工委、农场合署办公；1968 年复设 4 个分场，1970 年为 5 个分场，1973 年为 6 个分场
农大农场	万寿山公社	永丰公社（大）	东北旺公社★			1963 年更名为东北旺农场
农展馆农场	朝阳公社（大）农展馆站	星火公社	中德公社二站	星火公社	东风公社★	1961 年更名为市种畜场，1964 年更名为东坝农场，1966 年更名为东风农场
朝阳农场	朝阳公社	星火公社				先后为市种畜场一分场、东坝农场一分场、东风农场一分地
长辛店农场	良乡公社	长阳公社★				1959 年先后更名为良乡农场、长阳畜牧场，1960 年 12 月更名为长阳农场
南口农场	前进公社	南口公社				1959 年从公社析出，作为独立国有企业归市农林局领导
卢沟桥农场						1964 年接收黄土岗公社 4 个自然村，以场带队
十三陵农场	十三陵公社★					1968 年 11 月下放昌平县
延庆农场	延庆公社					1968 年 11 月下放延庆县，1972 年 7 月从公社析出作为独立国有企业划回市农林局

（续）

农场名称	人民公社名称					备注
	第一次名称	第二次名称	第三次名称	第四次名称	第五次名称	
市家禽场	永丰公社（大）	石景山公社	北安河公社			1961年4月划入北安河公社，1964年从北安河公社析出，更名为西山农场
香山农场	四季青公社					1961年香山农场作为独立国有企业从公社析出，归市农林局领导；1962年更名为巨山农场
灵山农林牧场	斋堂公社	灵山公社				1962年撤销灵山公社
天堂河农场	天堂河公社					1968年划回市公安局

说明：公社名称后划"★"的，表示公社体制一直延续至"社改乡"的1983—1984年止。

表 5-2-2　场乡体制改革前国有农场及农村分场与乡镇对照

农场及分场名称	乡镇名称	建乡镇时间
东郊农场	朝阳区和平农村办事处	1984年2月
孙河分场	孙河乡	1984年2月
南皋分场	南皋乡	1984年2月
崔各庄分场	崔各庄乡	1984年2月
黄港分场	黄港乡	1984年2月
南郊农场	大兴县红星区公所	1983年10月
旧宫分场	旧宫镇	1984年5月建乡，1990年2月改镇
西红门分场	西红门镇	1984年5月建乡，1990年2月改镇
金星分场	金星乡	1984年5月
鹿圈分场	鹿圈乡	1984年5月
瀛海分场	瀛海乡	1984年5月
亦庄分场	亦庄乡	1984年5月
太和分场	太和乡	1984年5月
孙村分场	孙村乡	1984年5月
北郊农场	昌平县回龙观区公所	1983年6月
回龙观管理区（分场）	回龙观镇	1984年4月建乡，1990年4月改镇
史各庄管理区（分场）	史各庄乡	1984年4月
七里渠管理区（分场）	七里渠乡	1984年4月
霍营管理区（分场）	霍营乡	1984年4月
燕丹管理区（分场）	燕丹乡	1984年4月
平西府管理区（分场）	平西府乡	1984年4月建乡，1990年4月改镇
永乐店农场	通县永乐店区公所	1984年5月
永乐店分场	永乐店乡	1984年5月
渠头分场	渠头乡	1984年5月

（续）

农场及分场名称	乡镇名称	建乡镇时间
柴厂屯分场	柴厂屯乡	1984 年 5 月
草厂分场	草厂乡	1984 年 5 月
小务分场	小务乡	1984 年 5 月
于家务分场	于家务回族乡	1984 年 5 月
双桥农场	朝阳区双桥农村办事处	1983 年 12 月
黑庄户分场	黑庄户乡	1983 年 12 月
豆各庄分场	豆各庄乡	1983 年 12 月
三间房分场	三间房乡	1983 年 12 月
管庄分场	管庄乡	1983 年 12 月
常营分场	常营回族乡	1983 年 12 月
西郊农场	上庄乡	1984 年 1 月
东北旺农场	东北旺乡	1984 年 1 月
十三陵农场	十三陵乡	1982 年 12 月
卢沟桥农场	老庄子乡	1983 年 3 月
西山农场	聂各庄乡	1984 年 12 月
南口农场	土楼乡	1984 年 7 月
东风农场	东风乡	1983 年 12 月
长阳农场	长阳乡	1983 年 4 月

随着形势的发展，对政企合一的体制要求进行改革的呼声越来越多。1997 年 4 月 14 日，市政府研究室、市政府办公厅和市农办组成联合调查组，向市政府提交《关于市农工商联合总公司以场带乡、双重管理体制问题的调查报告》。该报告提出的改革建议是：政企分开，农场及所属国有企业归农工商联合总公司，乡集体移交属地管理；乡镇政府行政干部纳入公务员序列；农场系统的卫生、学校纳入所在区县体制，属地管理。

1998 年 4 月，中共北京市委和市政府常务会决定对北京农垦进行场乡体制改革。5 月 5 日，中共北京市委副书记张福森带领市委、市政府有关委办局负责人到总公司调研农垦管理体制。7 月 29 日，市长贾庆林主持召开第 11 次市长办公会议，会议听取市委农工委、市农办关于总公司场乡体制改革方案，原则同意总公司的场乡体制改革方案，决定成立以中共北京市委副书记张福森为组长、副市长岳福洪为副组长的场乡体制改革领导小组。8 月 10 日，中共北京市委、市政府在圆山大酒店召开场乡体制改革动员大会，参加会议的有总公司领导，各带乡农场（13 个）的主要领导，有关 8 个区、县的领导共 100 余人。会议宣布场乡体制改革的内容为：①将总公司农场原管理的 37 个乡镇政府机构划归区县管理，乡镇政府人员脱离总公司；②集体经济的乡办、村办企业划归区县管理；③为农村农民或农业服务的社会福利单位、中小学校、医院、卫生院、居委会和部分"六站"划归区县管理。9 月 2 日，中共北京市委办公厅、市政府办公厅以京办发〔1998〕26 号文件转发市委农工委、市农办《关于北京市农工商联合总公司场乡体制改革意见》。同日，东郊、南郊、北郊、双桥、永乐店等 5 个农场所属的 29 个乡镇的党、政、企、人事和工资关系整建制地正式移交所在区县管理。10—12 月，对一场辖一乡的农场，进行逐个、反复研究磋商，成熟一个，签字一个，办理移交手续。到年底，西山、十三陵、南口（撤销土楼乡，乡政府工作人员由南口农场接收）、西郊、卢沟桥、东北旺 6 个农场完成了签字工作（其中十三陵农场整体移交给昌平县）。2001 年 6 月 12 日，总公司将西山农场及其全部下属企业整建制无偿移交给海淀区人民政府。

1999 年 1 月 7 日，北京市场乡体制改革办公室召开总结大会，历时近 5 个月的场乡体制改革基本完成。此次场乡体制改革划归区县的人员有 3.5 万人，占原总公司人员的 85%，其中国有干部职工 1.3 万人，占原总公司国有干部职工总数的 17%；划归区县耕地 36 122 公顷，占原总公司耕地总数的 92%；剥离并移交区县的集体所有制总资产 54.7 亿元，总负债 27.4 亿元，所有制权益 27.3 亿元，其中国家资本金 6 712 万元；划出农村生产大队 417 个、乡镇企业 1 039 个、国有企业 80 个（主要是为农村服务的"六站"和原来的"红帽子"企业）；划给区县管理的副场级及以上干部 66 人、科级以上干部 723 人、一般干部 1 721 人（以上数字均不含三年后移交海淀区的西山农场的数字）。改革后，北京农垦系统存有 15 个国有农场、18 个专业公司、2 个境外公司以及 54 家控股或参股的中外合资企业；存有耕地 2 752 公顷，国有职工 4 万多人，总资产 73.3 亿元，总负债 55 亿元，所有者权益 18.3 亿元。

二、剥离办社会职能

2003 年 7 月 23 日，根据市政府推进国有企业分离办社会职能的要求，市农委京政农发〔2003〕67 号文，决定南郊农场所属红星医院整建制划给大兴区。2006 年，北京农垦完成国有农场税费改革，承包土地的农工承担类似乡镇五项统筹的负担问题得到彻底解决，为推进集团化、企业化和股份化创造了重要前提条件。2012 年，国务院农村综合改革工作小组开展了国有农场办社会职能改革试点，要求用 3 年左右的时间将国有农场承担的社会管理和公共服务职能移交地方政府统一管理。北京农垦完成这项改革大致比其他垦区提前六年以上。至 2015 年 12 月 31 日，北京农垦非营利性机构仅剩 5 家：朝阳区双桥幼儿园、北郊农场幼儿园、大兴区旧宫镇红星幼儿园、大兴区德茂幼儿园、南口农场职工医院，其中，4 家幼儿园财政补贴金额 564 万元，1 家职工医院主办企业补贴金额 4 万元。[①] 这说明北京农垦已基本完成国营农场办社会职能的改革任务，走在全国垦区的前列。

2017 年，北京农垦在剥离社会职能方面进一步深化推进。是年 9 月，根据市国资委的要求，首农集团与北京房地集团有限公司签署《非经营性资产移交接收框架协议》，首农集团所属 12 家二级企业将陆续开展非经营性资产的分离移交工作，涉及的非经营性资产达 294 万米^2。10 月 9 日，根据市政府《北京市剥离国有企业办社会职能和解决历史遗留问题实施方案》（京政发〔2017〕7 号）的精神，首农集团制定了《关于市属国有企业退休人员社会化管理工作方案》，成立了以总经理薛刚为组长的企业剥离办社会职能工作领导小组和退休人员社会化专项工作小组；首农集团决定采用移交属地社保所的方式对退休人员进行社会化管理，并制定了 2018—2020 年分年度移交计划。2017 年 8 月 7 日，农业部农垦局《农垦情况》第 26 期刊文称，北京农垦已完成办社会职能改革任务。

三、全民所有制企业公司制改革

关于全民所有制企业公司制改革，北京农垦一直在探索推进，从 20 世纪 90 年代中期开始的小企业改制，以及 2000 年开始的专业公司组建及并购，均主要按照《公司法》的规定进行操作。至 2007 年 12 月 31 日止，北京农垦对国有二、三产业企业的调查显示，已完成公司制改革的企业共 45 家，其中改制为有限责任公司的 44 家，改制为股份有限公司的 1 家；二、三产业中尚未进行公司制改革的、仍正常经营的企业有 94 家，处于停产状态的非公司制企业有 117 家。[②] 统计表明，公司制改革和劣势企业退出的任务还相当艰巨。

之后几年，公司制改革仍在推进，但将其作为一个专项的、突击性的工作安排则是在 2017 年。

---

① 北京首农食品集团有限公司档案室，归档号 774，第 17 页。
② 资料来自北京三元集团有限责任公司向农业部农垦局报送的《2007 年改革统计表》。

为贯彻落实市国资委、市规土委、市地税局、市工商局、市国税局关于印发《市属国有企业公司制改制工作实施方案》（京国资发〔2017〕31号）的通知精神，2017年11月，首农集团制定《全民所有制企业公司制改革实施方案》。经过对系统内全民所有制企业的全面梳理，仍需存续、应由全民所有制性质改制为一人有限公司的企业有46户。这次公司制改制的目的是逐步形成有效制衡的公司法人治理结构和灵活高效的市场化经营机制。在改制中，对于因停业、吊销营业执照等原因难以进行改制的企业，将结合压缩管理层级、减少法人户数以及瘦身健体、提质增效等要求，按照规定进行清理注销。截至2017年年底，完成46户全民所有制企业（包括9家国有农场）的公司制改革，基本实现2017年年底前完成国有企业公司制改制的工作目标，为集团化运作打下了微观层面的基础。

第三节　集团化改革

北京农垦的管理体制性质由政府机构发展到国有独资公司，经历了以下4个阶段：

一、第一阶段：政府机构阶段

京郊国营农场是依靠国家政权力量建立起来的，与此相适应，建立了两个管理北京国营农场的并行的管理机构，即平郊农垦管理局（不久更名为京郊国营农场管理局）和北京市郊区工作委员会。1952年9月—1978年年底，北京农垦的管理机构陆续变更为北京市农林局、北京市农林水利局、北京市农垦局、北京市农业局、北京市国营农场管理局和北京市革命委员会农林组等称谓，均为政府行政机构性质，其所领导和管理的国营农场及工商企业本质上是政府的附属物，产供销各环节按照政府下达的指令计划进行安排和组织实施。这种情况延续了26年之久。

二、第二阶段：行政性公司阶段

中共十一届三中全会以后，国营农场开始学习国外农工商综合经营的理念与经验。1979年1月17日，市委农工部（79）京政3号文向市委提出《试办农工商联合企业建立管理机构的请示报告》，建议农工商联合企业同时挂国营农场管理局牌子，直接隶属市委、市革委会领导，按区县局待遇；把全民经济、集体经济统一收归联合企业管理，农场的党政关系仍在区县，实行双重领导；从1979年起，在市计委和其他部门立户头，按比例分配投资、贷款、物资供应。2月6日，市革委会以京革发〔1979〕58号文件下发《关于成立"北京市农工商联合企业筹备处"的通知》。3月21日，经市革委会批准，决定成立北京市长城农工商联合企业和国营农场管理局，这是北京农垦"去行政化"的第一次尝试。1983年3月3日，中共北京市委组织部下发京组干〔1983〕16号文件：原北京市国营农场管理局（北京市长城农工商联合企业）改为北京市农工商总公司，实行一套机构、两块牌子。1984年3月8日，中共北京市委下发京发〔1984〕10号文件，该文件决定将"北京市农场局"正式定名为"北京市农工商联合总公司"。由于总公司并没有取得企业法人资格，并且市政府也依然赋予总公司部分行政职能（如管理全市奶牛业和37个乡镇农村工作的职能），因此同意其在一定情况下使用"北京市国营农场管理局"的称谓和印章。1992年6月14日，总公司（92）京农总办字第11号文指出，市政府办公厅同意保留农场局印章，并明示严格控制使用范围：①受市政府委托，行使管理职能时；②需要向农业部及所属部门请示报告工作时；③在与外省市联系工作需要证明级别时；④经营公司领导批准的特殊事项。除以上几个方面外，原则不再使用北京市农场管理局称谓及印章。更主要的是，总公司内部企业的层级划分并没有完全按照产权关系进行，而是以行政隶属关系划分的，因此，总公司本质上还属于行政性公司。

三、第三阶段：行政性公司改制为国有独资公司的过渡阶段

1996 年 6 月 11 日，市政府办公厅下发京政办函〔1996〕44 号文件："市政府同意授予你公司国有资产经营管理权，对所属农场、企业、事业单位的国有资产进行经营管理。"这就为总公司企业之间建立以资产为纽带的隶属关系提供了政策依据。1996 年 10 月 18 日，市农办和北京市现代企业制度试点领导小组办公室联合下发京政农发〔1996〕069 号文《关于北京市农工商联合总公司建立现代企业制度试点实施方案的批复》，同意总公司改制为国有独资的有限责任公司，出资人为市政府；同意总公司更名为北京市农工商（集团）有限责任公司（2002 年正式登记注册时未用此企业名称）。1996 年 12 月 31 日，市政府同意华都集团改制为国有独资公司，改制后更名为北京华都集团有限责任公司。1999 年 7 月 1 日，市政府下发京政函〔1999〕63 号文件，同意北京市农工商联合总公司更名为北京三元集团有限责任公司。该公司为市人民政府投资组建的国有独资公司，市人民政府为三元集团公司的出资者，三元集团公司依法承担本公司全部国有资产保值增值的责任，并对市人民政府负责。由于中共北京市委、市政府没有对新公司法人治理结构做出人事安排，故无法完成上述企业名称的工商登记注册。鉴于此，总公司以京农管文（2001）10 号文向市政府请示，经同意后，先按"北京三元集团总公司"名称进行工商登记注册。2001 年 4 月 10 日，北京三元集团总公司完成工商注册登记，虽然企业性质仍为全民所有制，但公司已经不具备政府行政职能。

四、第四阶段：国有独资公司阶段

2002 年 9 月 28 日，北京三元集团总公司经市工商局审核批准更名为北京三元集团有限责任公司，企业性质为有限责任公司（国有独资）。至此，北京农垦管理机构不再兼有行政职能，完成了公司制改造。这表明北京农垦已完成由行政性公司向国有独资有限公司的转变，明确了出资者是市政府，同时也完成了出资者对集团公司承担无限责任向承担有限责任的转变，为建立现代企业制度奠定了基础。2003 年 10 月，市国资委成立，三元集团划归市国资委领导。之后，三元集团相继建立了董事会、监事会，法人治理结构初步完善。随后，在市国资委的领导下，又完成了两次市属一级公司的重组。

1. 第一次重组 2009 年 4 月 20 日，市国资委京国资〔2009〕93 号文通知三元集团、华都集团、大发公司，决定三家企业实施重组：①将华都集团的国有资产无偿划转给三元集团；②重组后，三元集团对华都集团行使出资人职责，华都集团保留独立法人地位并改为一人有限公司；③由三元集团托管大发公司，大发公司继续保留法人资格，自主经营并独立承担相应的民事责任，资产、财务关系不变，资产不并账、报表不合并；④大发公司日常管理工作由三元集团负责；⑤尽快制订组建北京首都农业集团有限公司的实施方案。5 月 14 日，经市工商局核准，北京三元集团有限责任公司变更为北京首都农业集团有限公司，取得新的企业法人营业执照；16 日，北京首都农业集团有限公司正式挂牌。10 月 8 日，市国资委京国资〔2009〕93 号文决定，将首农集团划转给北京国有资本经营管理中心。该中心是 2008 年 12 月 30 日由市国资委独家出资成立的以国有资本经营和国有股权管理为重点的全民所有制企业。至此，首农集团作为国管中心出资设立的公司，出资人职责由市国资委行使。2010 年 3 月 15 日，市国资委京国资〔2010〕29 号文批复首农集团，同意大发公司划转给首农集团，由华都集团对大发公司行使出资人职责，大发公司保留独立法人地位；国资委派驻首农集团监事会的监督检查范围覆盖到大发公司。3 月 17 日，首农集团第一届董事会第 9 次会议通过华都集团和大发公司重组方案。3 月 19 日，市国资委决定，华都集团与大发公司重组后成为新的北京华都集团有限责任公司，为首农集团设立的一人制有限责任公司。2014 年 10 月 8 日，市国资委京国发〔2014〕9 号文印发《市属国有企业分类实施意见（试行）》，对照分类标准，首农集团属于竞争类企业。

2. 第二次重组 2017 年 6 月 11 日,《北京市人民政府办公厅关于印发〈北京市进一步推进农垦改革发展的实施方案〉的通知》(京政办发〔2017〕29 号),提出要推动管理体制和经营机制改革,深入推进农垦垦区集团化改革,加快推进国有农场公司化改造。为了落实 29 号文件精神,2017 年 12 月 15 日,中共北京市委召开首农集团、京粮集团、二商集团领导干部会议,会议宣布:经中共北京市委、市政府批准,北京首都农业集团有限公司更名为北京首农食品集团有限公司;北京粮食集团有限责任公司、北京二商集团有限责任公司的资产无偿划转给首农食品集团,并由首农食品集团对其行使出资人职责,京粮集团、二商集团保留法人地位,改为一人有限公司;市国资委派驻首农集团监事会的监督检查范围覆盖到京粮集团和二商集团。

■ 第四节 组建专业公司

20 世纪 90 年代中期,北京农垦提出实施"大产业""大公司"战略。针对历史上形成的以农场区域经济为主体的企业组织结构和空间布局的"小、杂、散、弱"之弊端,提出了打破企业和农场界限进行企业重组,以优势企业为骨干,催育和发展专业公司。根据企业的不同情况和职工承受力,分别采取行政合并、委托管理、资产划拨、收购兼并等不同措施,组建各类专业公司,大体可分为三个阶段。

一、第一阶段:专业公司初步发展阶段(1995 年 1 月—1998 年 12 月)

这一阶段组建的专业公司数量少,但主业上已有几家专业公司,即奶牛中心、三元食品有限公司、金星鸭业中心、养猪育种中心、花卉公司和北京农垦缘种子中心。

1995 年 2 月 25 日,总公司党委常委会议决定,将奶牛中心、奶牛处、奶牛研究所、奶牛育种中心合并为一个单位、一套班子,原有牌子都保留,实行事业单位企业管理办法,乳品监测站、良种场和畜牧兽医总站为其下属单位。1996 年 6 月 12 日,总公司召开工业工作会议,提出"抓大放小"的改革方针。12 月 17 日,总公司第九次党委会提出奶业重组上市的决定:由牛奶公司、中瑞奶业培训中心、双桥乳品厂、南口乳品厂 4 家单位组建北京牛奶(集团)公司;北京麦当劳的中方股权作为优质资产,通过"北京概念"在香港发行红筹股上市。1997 年 3 月 11 日,市计委和市外经贸委分别下文批准总公司以乳业全部资产和北京麦当劳 50% 的权益,与北企食品签订合资经营合同,成立三元食品有限公司。1997 年 1 月,巨山农场管理的市农场局园艺所和巨山花木绿化公司并入花卉服务公司。12 月,总公司决定将南郊农场所属的建新猪场、杜洛克种猪场、双桥门猪场 3 家种猪企业划转给养猪育种中心管理。1998 年 4 月,总公司正式成立北京金星鸭业中心,该中心由南郊农场金星鸭场、双桥农场鸭场、卢沟桥农场东方食品公司和南口农场种鸭场重组而成。5 月,总公司决定原隶属金垦公司的北京农垦缘种子中心改为总公司二级单位。7 月,总公司决定将长阳农场科技站、北郊农场科技站、南郊农场种子站、东北旺农场科技站划归北京农垦缘种子中心管理。

二、第二阶段:大规模组建专业公司阶段(1999 年 1 月—2003 年 10 月)

面对场乡体制改革后出现的新情况、新问题,北京农垦从 1999 年起逐步确立主导产业,开始着手打破"块块为主"的企业布局,组建专业公司。这一阶段的企业重组的特点为:①目标较为明确,即紧紧围绕确定的主业板块;②把调整经济结构与重组改制结合起来;③出现跨区域、跨企业界限、跨管理层次的资源整合。这一阶段有 3 项具有开创意义的重组事件:

1. 1999 年 12 月 24 日，北京农垦成立第一家股份有限公司——北京三元种业股份有限公司　总公司为主发起人，联合中国对外贸易运输（集团）、北京市农林科学院、北京北农大动物科技有限责任公司、北京市农业学校 4 家单位，共同发起设立北京三元种业股份有限公司，总股本 5 500 万股，其中总公司占 97％。总公司以奶牛中心的良种场、种公牛站、奶牛新技术公司，养猪育种中心的祖代猪场，金星鸭业中心的南口种鸭场、金星鸭场，花卉公司的花卉交易市场、花卉种苗中心、花卉研究所，双桥农场的兽药厂，南郊牛奶公司及其所属牛场和德茂乳品厂，东风农场持有的东苑公寓 35％的股权作为出资。2003 年，三元集团决定在原三元种业基础上，进一步重组做大三元种业。4 月 21 日，市农委下发京政农发〔2003〕27 号文，同意三元集团及所属的以种业为主营业务的企业为发起人发起设立北京三元种业科技股份有限公司。三元集团以全系统 30 多家奶牛场、奶牛育种优良资产，以及 4 家北京鸭养殖、育种企业作为出资，引进外部 4 家发起人。新的股份公司总股本 15 275 万股，三元集团持股 70.034％。

2. 2001 年 7 月 14 日，总公司召开改革大会公布重组转制方案，决定在系统内重组一批专业公司　具体包括：①组建北京三元石油有限公司。②组建北京三元绿荷奶牛养殖中心。各农场的奶牛场统一划归绿荷奶牛养殖中心管理。③组建北京三元出租车有限公司。④组建北京三元建筑集团有限公司。以北京三元建设工程公司为主体，重组系统内 13 家建筑企业。⑤组建北京三元农业有限公司。总公司将籽种、种苗生产企业和中以示范农场的资产注入。⑥北京三元绿化工程公司。总公司以花卉服务公司为主体，重组系统内的绿化工程、花卉种植与市场的资产。⑦圆山大酒店的重组。德胜饭店划给圆山大酒店托管，昌华物业的人财物整体并入圆山大酒店。

3. 三元食品股份公司发行 A 股并上市　2000 年 8 月，总公司收购北企食品持有的三元食品有限公司 15％的股权，收购后，总公司持有三元食品有限公司 20％的股权。2001 年 1 月 18 日，三元食品有限公司改为北京三元食品股份有限公司。2003 年 9 月 15 日，三元食品股份公司在上海证券交易所上市交易，公司股本变更为 6.35 亿股。

三、第三阶段：进一步整合做大做强专业公司，并向外埠和海外发展阶段（2003 年 11 月—2017 年 12 月）

这一阶段专业公司的发展有 5 个新特点：①按照战略规划的要求，把组建、做大专业公司与运用资本并购结合起来；②按照京津冀协同发展的要求，开始向外埠布局；③按照做强做大做优的原则，对过去重组的专业公司进行进一步多轮次的深化重组；④与战略投资者合作，实行"走出去"战略，开展海外并购；⑤积极参与以涉农金融领域为主的混合所有制改革。

1. 三元种业的重组及演进

（1）第一轮整合与并购（2005 年 1 月—2007 年 12 月）。2005 年 9 月 8 日，三元种业控股股东三元集团收购天山畜牧业有限责任公司（即原德隆畜牧业投资有限公司）所持有的 15.74％的股份。11 月 21 日，三元集团与承德市国资委签署《承德三元有限责任公司出资协议书》，公司注册资本 5 000 万元，三元集团以现金 3 000 万元出资，持有 60％股权；承德市国资委以现金 600 万元及经评估确认价值为 1 400 万元的河北省国营御道口牧场账面净资产、御道口牧场资源性资产出资，持有 40％股权。2007 年 1 月，承德三元公司和金星鸭业中心在河北省滦平县共同设立承德鸭业公司。

（2）第二轮整合与并购（2008 年 1 月—2009 年 12 月）。2008 年 4 月，三元集团决定重组三元种业，将绿荷中心、金星鸭业中心、奶牛中心、养猪育种中心、畜牧兽医总站整建制划归三元种业管理，承德三元公司由三元种业代管；7 月，三元集团对承德三元公司增资 5 000 万元，增资后，承德三元公司注册资本 1 亿元，其中三元集团持股由原 60％增至 80％，承德市国资委持股降至 20％。2009 年 12 月，首农集团决定将华都种猪公司、华都阳光食品有限责任公司并入养猪育种中心。

（3）第三轮整合与并购（2010 年 1 月—2011 年 2 月）。2010 年 4 月 9 日，首农集团将养猪育种中心、长城丹育公司、绿荷中心、金星鸭业中心、奶牛中心、畜牧兽医总站、承德三元公司、华都肉食公司、华都阳光公司及所属企业经评估确认的净资产 84 964.05 万元（其中首农集团享有权益81 570.06万元）以增资方式全部注入三元种业；11 月 8 日，首农集团同意华都集团收购北京城乡建设集团有限责任公司持有的华都阳光公司 20％的股权。2011 年 2 月 21 日，三元种业投资 6 000 万元，收购北京龙建天鸿顺鸭业有限公司 58.25％的股权，新公司更名为北京金星天鸿顺鸭业有限公司。

（4）第四轮整合与并购（2011 年 3 月—2013 年 3 月）。2011 年 3 月 15 日，河北首农现代农业科技有限公司注册成立，具体负责承建河北首农定州园区。河北首农注册资本 3 000 万元，其中三元种业持股 90％，北京四方顺通畜牧科技股份有限公司持股 10％。12 月 13 日，首农集团第一届董事会第 29 次会议审议通过《北京首都农业集团有限公司所属畜牧业企业改制重组整体方案》。2013 年 1 月 14 日，三元种业的重组取得重大进展：金星鸭业中心、中育种猪养殖中心、绿荷中心均完成公司制改革，并成为三元种业的子公司；奶牛中心、养猪育种中心、中荷畜牧培训中心、畜牧兽医总站 4 家事业单位完成出资人由首农集团变更为三元种业的注册登记。

（5）第五轮整合与并购（2013 年 3 月—2015 年 6 月）。为配合禽业板块重组，2013 年 4 月，承德三元公司将其所持有的承德鸭业公司 100％股权、三元种业将其持有的金星鸭业中心 100％的股权转让给华都集团。9 月，首农集团同意三元种业与新加坡骏麒投资公司（简称 AEP 公司）对北京绿荷牛业有限责任公司进行增资并购事项。增资后，绿荷牛业公司变更为中外合资企业，三元种业持股60％，AEP 公司持股 40％。11 月 20 日，北京绿荷牛业有限责任公司名称变更为北京首农畜牧发展有限公司。12 月 9 日，河北首农变更为中外合资公司，首农畜牧持有 90％的股权，AEP 持有 10％的股权。12 月 25 日，首农畜牧购买中土畜资产经营管理公司持有的北京长城丹育畜产有限公司27.33％的股权，持股增至 92％。

（6）第六轮整合与并购（2015 年 7 月—2017 年 12 月）。首农集团决定，自 2016 年 1 月 1 日起，首农畜牧华育种猪分公司、华都种猪公司、长城丹玉公司转入中育种猪公司，并归属三元种业管理。2016 年，为了加快推进河北定州西区项目、智能化牛场项目、平泉种猪示范场、御道口牛场项目、东疆牧业项目等产业化建设，三元种业增发 1 亿股，增发后，首农集团持股 97.3464％。2016 年 9月，首农畜牧收购新乡津都奶业有限公司的资产。

2. 北京首农股份有限公司的重组及演进

（1）装入禽业资产，剥离非经营性资产，重组华都集团（2012 年—2013 年 12 月）。2012 年 5月，开始启动华都集团禽业板块资产重组。2013 年，市国资委印发京国资委 2013〔79〕号文，同意以华都集团为主体，将其所属肉鸡、蛋鸡、鸭育种及养殖等禽业版块资产整合，并剥离相关非禽业资产和非经营性资产，通过引入战略投资者的方式进行改制重组，要求保持首农集团对华都集团的绝对控股地位。是年 4 月，三元种业将持有的金星鸭业中心 100％的股权转让给华都集团；百年栗园公司60％的股权被华都集团收购。到 2013 年年底，华都集团完成对滦平华都公司、峪口禽业公司、俸伯鸡场、华都诗华公司、大连华都公司、衡水华都公司、金星鸭业公司、承德鸭业公司、百年栗园公司的重组；完成盛华四合资产管理公司的职能转变，使其成为非经营性资产和剥离人员的管理平台。

（2）引进战略投资者，华都集团由国有独资公司改制为股份有限公司（2014 年 1 月—2016 年 4月）。2014 年 4 月 24 日，重组后的华都集团决定引进三家战略投资者，即上海京西投资有限公司、北京友山衡融亚农投资管理中心（有限合伙）、北京友山圣跃投资管理中心（有限合伙）。2016 年 4月 21 日，北京华都集团有限责任公司变更为股份有限公司，公司名称变更为北京首农股份有限公司。首农集团持有首农股份 54.389％的股份。

（3）再次引进新的战略投资者，收购英国樱桃谷农场有限公司以及在河北等地投资（2016 年 5月—2017 年 12 月）。2017 年 1 月 17 日，中信农业产业基金管理有限公司与首农股份在北京联合宣布，中信农业产业基金决定投资首农股份，预计投资总额 20 多亿元。这是首农股份在北京国资企业及全国农业系统率先完成混合所有制改革之后，在吸引优质社会资本、整合优质产业资源方面取得的重大进展。9月11日，首农股份与中信农业基金有限公司签署最终协议，双方联合收购英国樱桃谷农场有限公司100%的股权。12月1日，首农股份召开2017年第三次临时股东大会，决定增加注册资本14 000万股，由中信农业科技股份有限公司全部认购。12月22日，市国资委京国资〔2017〕219号文批复首农集团，同意首农股份深化混合所有制改革，引进中信农业科技股份有限公司作为首农股份战略投资人，增资3亿元，其中1.4亿元为注册资本，其他溢价资金计入公司资本公积科目。增资后，首农股份注册资金8.4亿元。其中，首农集团持股45.324 3%；友山圣跃持股10.135 7%；衡融亚农持股10.135 7%；上海京西持股17.737 5%；中信农业科技股份有限公司出资14 000万元，持股16.666 7%。

4. 三元食品股份公司的重组与并购

（1）收购北企食品、燕京啤酒所持有的三元食品股份公司股权，并完成股权分置改革。2004年12月3日，三元集团与北京控股签署《股权转让协议》，北京控股同意将其持有的北企食品65.46%的股权转让给三元集团、34.56%的股权转让给京泰实业（集团）。此次收购完成后，三元集团因持有北企食品65.46%的股权，从而实际控制三元食品股份公司总股本的70.28%，为上市公司的实际控制人。2006年，三元集团分别受让燕京啤酒股份有限公司、燕京啤酒集团持有的三元食品股份公司2 425万股、485万股。此次交易后，三元集团直接持有三元食品股份公司19.86%的股份，间接持有三元食品股份公司55%的股权，可控制三元食品股份公司74.86%股份。2006年3月21日，三元食品股份公司顺利完成股权分置改革。

（2）收购三鹿集团破产企业以及完成第一次定向增发。2008年11月3日，根据国务院对三鹿牌婴幼儿奶粉重大安全事故的应急处置决定和北京市政府领导具体指示精神，三元食品股份公司组成并购事宜尽职调查工作组进驻三鹿集团。12月10日，三元食品股份公司注册成立全资子公司河北三元食品有限公司。2009年2月13日，三元食品股份公司、三元集团、北企食品签订认购股份公司非公开发行股票的合同。拟发行股票2亿~2.5亿股，发行价格为4元/股，发行对象为三元集团和北企食品，三元集团拟认购1.2亿~1.5亿股，北企食品认购0.8亿~1亿股。本次募集资金将对全资子公司河北三元增资，用于竞买三鹿集团破产财产包。2月14日，三元食品股份公司发布公告，拟由河北三元与实际控制人三元集团组成联合竞拍体，竞买三鹿集团价值约7.26亿元的破产财产包。3月3日，河北三元收购石家庄三鹿乳业有限公司拥有的5宗国有出让土地的使用权，支付对价为11 116万元。3月4日，石家庄市中级人民法院委托的拍卖公司宣布，三元集团与河北三元以61 650万元的价格，联合竞购三鹿集团首批破产财产包，包括三鹿集团的土地使用权、房屋建筑物、机器设备等可持续经营的有效资产，以及三鹿集团所持有的新乡市林鹤乳业有限公司98.80%的投资权益。4月9日，三元集团通过拍卖取得三鹿集团持有的三鹿集团（山东）乳业有限公司95%的股权，拍卖成交价为人民币5 008万元。4月16日，三元集团决定将持有的山东三元乳业有限公司95%的股权委托三元食品股份公司经营管理。10月22日，首农集团与河北国信资产运营有限公司签署股权转让协议，首农集团同意以1.005亿元对价取得唐山三鹿乳业有限公司70%的股权、唐山恒天然三鹿牧场15%的股权、唐山康圣乳业有限公司70%的股权。11月4日，三元食品股份公司宣布，三鹿集团全部资产已悉数由首农集团接手。11月19日，首农集团与河北三元签署协议，双方当年3月5日联合购买的新乡市林鹤乳业有限公司98.8%的股权由河北三元独立购买。11月30日，首农集团决定将其购买的河北国信资产运营有限公司持有的唐山三鹿公司70%的股权、康圣乳业有限公司70%的股权、恒天然牧场有限公司15%的股权过户至三元创投公司，次年3月1日完成过户，之后，三元创投公司将唐山三鹿公司70%股权和康圣乳业有限公司70%股权分别委托给三元食品股份公司和河北三元管理。12月31日，首农集团受让北京同德同益投资咨询有限责任公司持有的山东三元5%的股权，至此首农集团持有山东三元全部股权。2012年3月，由河北三元购买的新乡市林鹤乳业有限公司98.8%股权改由三元食品股份公司购买。

（3）收购其他乳品企业。2004年11月，三元食品股份公司收购广西柳州市奶业有限公司90％的产权，收购完成后，柳州奶业公司改制为柳州三元天爱乳业有限公司，注册资本1 500万元。2005年9月，三元食品股份公司收购南郊农场德茂乳品厂的部分资产、品牌及全部销售网络。2007年11月，三元食品股份公司收购北京南郊康乐乳品厂"京世康"品牌及送货渠道。2011年11月，三元食品股份公司与新华联组成联合体，并与新华联指定方参与湖南太子奶株洲三公司破产重组，在联合体提供7.15亿元资金，其中，三元食品股份公司占60％，新华联占40％，用于偿还太子奶全部债务，并获得重整后的湖南太子奶、株洲太子奶、供销公司100％的股权以及太子奶的全部重整资产。2013年8月，三元食品股份公司收购上海缘三实业有限公司持有的上海三元49％的股权，收购完成后，公司将持有上海三元100％的股权。是年12月31日，三元食品股份公司收购李云香持有的新乡三元食品有限公司1.2％的股权，收购完成后，公司将持有新乡三元公司100％的股权。2015年9月，三元食品股份公司收购南牧兴资产管理中心持有的江苏三元双宝乳业有限公司53％的股权。

（4）完成第二次定向增发，增加对奶粉生产的投入和收购艾莱发喜等一批公司的股权。2014年3月17日，三元食品股份公司召开2014年度第一次临时股东大会，通过了非公开发行A股股票的议案，公司向首农集团、上海平闰投资管理有限公司、上海复兴创弘股权基金合伙企业（有限合伙）以6.53元/股的价格发行A股股票61 255.742 6万股，募集金额不超过40亿元。扣除发行费用后的募集资金净额将用于建设三元食品奶粉加工厂项目和补充流动资金，其中，首农集团认购价款20亿元。2015年2月6日，三元食品股份公司完成股票非公开发行，新增注册资本人民币612 557 426元；8月，三元食品将募集资金12.78亿元用以对河北三元公司进行增资。2016年1月12日，三元食品宣布以现金13.05亿元购买艾莱发喜公司90％的股权；5月25日，市国资委批准三元食品收购艾莱发喜公司股东90％的股权。

（5）收购加拿大克劳利公司和阿瓦隆乳业公司。2016年5月6日，三元食品股份公司召开第五届董事会第三十九次会议，审议通过和加拿大普度资本投资与贸易集团公司在加拿大设立合资公司用以收购加拿大克劳利公司100％股权的决议。克劳利公司是加拿大市场认知度较高的高端有机奶生产企业，其持有生产有机奶的阿瓦隆乳业有限公司100％的股权，交易价格约为1 900万加元。为配合收购，三元食品股份公司与普度资本（加拿大）在加拿大共同设立一家合资公司，作为实际收购主体以取得克劳利公司100％的股权，从而取得阿瓦隆乳业有限公司100％的股权。三元食品股份公司与普度资本（加拿大）按照51∶49的比例向合资公司投入约2 100万加元。同月，三元食品股份公司、普度资本（加拿大）与克劳利公司股东签署股权购买协议。8月29日，三元普度国际资本与贸易有限公司注册成立，双方以现金方式出资，三元食品股份公司持股51％，普度资本（加拿大）持股49％。9月，先后取得市国资委、市商委、市发改委以及ICA（加拿大境外投资法案）的批准，9月30日完成交割。从10月起，三元普度公司及其下属子公司克劳利公司、阿瓦隆乳业公司纳入三元食品股份有限公司财务合并范围。

（6）收购法国圣休伯特（St Hubert）公司。2017年6月16日，首农集团第一届董事会第七十九次会议同意三元食品股份公司联合上海复星高科技（集团）有限公司（以下简称"复星高科"）和上海复星健康产业控股有限公司（以下简称"复星健控"）拟以6亿欧元（折合46亿元人民币）的价格共同收购法国Montagu（孟塔古）基金公司持有的圣休伯特（St Hubert）100％的股权。其中，三元食品股份公司出资比例约49％，复星高科约45％，复星健控约6％，资金来源为并购融资及自有资金。法国圣休伯特（St Hubert）公司成立于1904年，是法国家喻户晓的领先健康食品品牌，产品包括植物型涂抹酱系列、植物酸奶、植物饮料、甜品等，在法国、意大利及周边国家市场占有率第一。具体实施方案是：三元食品股份公司、复星高科、复星健控将分别在香港设立全资子公司，三家香港子公司将在卢森堡设立一家合资公司，其中三元食品占49％，复星高科占45％，复星健控占6％。在卢森堡合资公司董事会中，三元食品占多数席位，实现对该公司控制权和经营权的控制力。卢森堡子公司设立法国子公司，法国子公司最终收购标的公司100％的股权。同时，法国目标公司管理层愿意参与此次投资，拟出资 340 万～510 万欧元持有 1％～1.5％的股权。三元食品股份公司和复星系公司为保障目标公司收购后良好运营，拟在管理团队达成未来商业计划的前提下，给予管理团队每年 1％～1.5％的股权激励。2017 年 7 月 14 日，首农集团完成向市国资委重大事项备案。2018 年 1 月 10 日晚，三元食品股份公司发布《关于联合竞购 Brassica Holdings 股权的进展公告》。此次项目投资金额约 6.25 亿欧元（不含各项交易成本及融资成本），买卖双方于 2018 年 1 月 15 日进行交割。本次收购将加速三元食品股份公司的国际化步伐，对三元食品自身发展进程具有里程碑意义。

通过上述调整与改革重组的措施，首农集团的企业布局出现了重大变化：从一个以多种经营为主、以农场为主体的布局调整为主业逐步清晰、以二级专业性公司为骨干的"以条为主、条块结构"的新构架，为北京农垦集团化创造了组织基础。

■ 第五节　国有农场的重组

北京农垦的国有农场同样具有地域性和企业性融合的特点。场乡体制改革前，有 16 个农场，场乡体制改革后，移交出十三陵农场和西山农场归属地政府，存续 14 个农场。在集团大力发展专业公司的情况下，大部分农场符合主业方向的二级公司被重组到集团新组建的各专业公司，农场实业一度出现"空洞化"。此时，如何打破区域界限，稳步推进农场的重组，成为集团公司改革的新课题。2000 年后，北京农垦曾多次研讨农场的重组，终因土地、债务和冗员等实际困难未能实质推进。随着新组建的各专业公司逐步走上运行的正常轨道，从 2004 年起，北京农垦开始着手解决这个改革的"老大难"问题。

一、重组国有农场

在重组国营农场的具体操作上，北京农垦本着先易后难的原则：先采取托管方式，由划入单位统一管理，之后再进行行政管理合并，取消被并入的二级单位的管理层级，但暂保留法人地位，条件成熟时，再进行国有资产划转，完成实质性的合并。

1. 朝阳农场与东郊农场的合并　2004 年 9 月 15 日，三元集团党委组字〔2004〕37 号文决定，朝阳农场整建制并入东郊农场，由东郊农场管理。2007 年 5 月 9 日，三元集团董事会决定：朝阳农场划归东郊农场管理，保留其企业法人资格，但不再作为集团公司二级单位。12 月 29 日，市国资委京国资产权字〔2007〕149 号文同意三元集团将所持的朝阳实业总公司（朝阳农场）的全部股权转让给和东郊农工商（东郊农场）。

2. 长阳农场与南郊农场的合并　2007 年 3 月 27 日，三元集团党委京三元集团组字〔2007〕04 号文决定，南郊农场对长阳农场实行托管；5 月 9 日，三元集团董事会决定长阳农场划归南郊农场管理，保留其企业法人资格，但不再作为集团公司二级单位；12 月 29 日，市国资委同意三元集团将所持的长阳农工商（长阳农场）的全部股权转让给南郊农场。

3. 东北旺农场与西郊农场的合并　2006 年 3 月 21 日，京三元集团组字〔2006〕13 号文决定，三元集团持有的三元农业的股权委托给西郊农场管理。2007 年 12 月 9 日，关于市国资委同意三元集团将所持的中以示范农场的全部股权和三元农业 90.31％的国有股权转让给西郊农场。2008 年 4 月 7 日，京三元集团组字〔2008〕11 号文决定在东北旺农场现行管理体制下对东北旺农场和西郊农场进行重组、实行统一管理。2010 年 11 月 18 日，首农集团党委下发京首农集团组字〔2010〕42 号文，决定将东北旺农场国有资产无偿划转至西郊农场，合并后的西郊农场为首农集团二级单位。

4. 永乐店农场、三元绿化公司和双桥农场的合并　2008 年 6 月 11 日，三元集团董事会决定，以双桥农工商公司（双桥农场）为主体，吸收合并永乐店农场、三元绿化公司。2010 年 7 月 12 日，首农集团〔2010〕173 号文通知，将三元绿化公司和永乐店农场的全部产权无偿划转给双桥农工商，由双桥农工商公司对三元绿化公司和永乐店农场行使出资人职责，三元绿化公司和永乐店农场变更为双桥农工商的下级单位。

5. 卢沟桥农场与南郊农场的合并　2009 年 7 月 6 日，首农集团党委下发组字〔2009〕2 号文，决定卢沟桥农场整体并入南郊农场，作为南郊农场的二级单位。2011 年 7 月 5 日，首农集团〔2011〕137 号文决定，将卢沟桥农场的国有资产无偿划转至南郊农场。

6. 三元集团教育培训中心与南郊农场的合并　2012 年 3 月 20 日，首农集团第一届董事会第 32 次会议决定将三元集团教育培训中心（原总公司职工大学）整体并入南郊农场。4 月 17 日，三元集团教育培训中心正式并入南郊农场。5 月 22 日，首农集团批复同意将原总公司职大的国有产权无偿划转给南郊农场。

7. 御道口牧场的重组与分立　2005 年 11 月 21 日，三元集团与承德市国资委签署《承德三元有限责任公司出资协议书》，承德市国资委同意以御道口牧场账面净资产、御道口牧场资源性资产出资。2006 年 11 月，御道口牧场改制为承德三元御道口牧场有限责任公司，公司注册资本 5 000 万元，三元集团以现金 3 000 万元出资，持有 60%股权；御道口牧场以现金 600 万元及经评估确认价值为 1 400万元的河北省国营御道口牧场账面净资产、御道口牧场资源性资产出资，持有 40%股权。2010 年 4 月 9 日，首农集团将其持有的承德三元公司经审计评估确认所享有权益以增资方式注入三元种业。2016 年 8 月 26 日，三元种业所持有的承德三元公司 80%股权全部协议转让给首农集团，转让后，承德三元公司（含御道口牧场）作为首农集团二级企业管理。

二、接收双河农场经营管理权

北京市双河农场隶属北京市劳动教养工作局，同时挂双河劳教所牌子，位于黑龙江省讷河市。由于政企不分等原因，双河农场的经营发展遇到较大困难。经市农委农村综合改革领导小组提议，并经市劳教局同意，从 2009 年 4 月起，三元集团两次派人去市劳教局、一次去双河农场进行调研，形成拟接收双河农场的调研报告。2010 年 1 月，市国资委副主任张宪平率规划处听取首农集团拟接收双河农场的情况汇报。3 月，市国资委副主任张宪平、首农集团董事长张福平与市劳教局局长肖世明在光明饭店举行首次座谈，双方就接收双河农场的若干关键性问题和下一步推进的安排达成共识。8 月，由市国资委副主任张宪平、首农集团董事长张福平、副董事长冯巨元及首农集团有关部门负责人赴地处黑龙江省的北京市双河农场实地考察。10 月 13 日，市司法局京司文〔2010〕193 号文向市政府报告关于北京市双河劳教所体制改革的意见。该意见提出，让首农集团介入，并与国家和北京市惠农政策对接。12 月 13 日，首农集团向市国资委正式提交接收双河农场的工作方案，并成立了介入双河农场的工作班子。2011 年 8 月 26 日，首农集团党委书记、董事长张福平向中共北京市委常委、常务副市长吉林书面报告"关于介入双河农场的问题"。10 月 24 日，市长郭金龙主持召开会议，研究双河劳教所体制改革工作方案，提出"引入首农集团作为战略投资者，为改革发展注入活力"。

2012 年 3 月 16 日，副市长刘敬民主持召开会议，专题研究双河劳教所体制改革实施工作，会议原则同意市劳教局起草的《双河劳教所体制改革实施方案》，要求市司法局、市劳教局做好双河劳教所和双河农场的人员与资产核算，为首农集团接管和进驻做好准备工作。5 月 23 日，市政府召开北京市双河劳教所体制改革大会，会议宣布北京市双河劳教所体制改革方案：北京市司法局劳动教养所双河办事处成立，双河农场正式移交首农集团管理。首农集团任命集团公司总经理助理高青山为双河农场党委书记兼场长。8 月 1 日，市政府副秘书长周正宇主持召开双河劳教所体制改革工作联席会，会议要求首农集团在管理上视双河农场为全资子公司，并提出解决历史遗留问题的办法。2013 年 6 月 20 日，市劳教局和首农集团签署《北京市劳教局双河办事处、北京市双河农场关于人员机构资产土地划分的协议》。

首农集团管理双河农场五年，农场总资产由 2.17 亿元增至 5.83 亿元，经营总收入由 1.29 亿元增至 4.64 亿元，土地承包收入由 0.6 亿元增至 1.4 亿元；农场争取投资 5 亿元，建设 12 个项目，自 2014 年以来，共争取国家农业项目资金 2 亿元，进行三期高标准农田建设和农业产业化建设，使农场农业基础设施建设水平发生质的变化。2016 年，农场粮食总产量突破 22 万吨，完成北京市政府提出的"用 3~5 年时间，使双河农场实现粮食综合生产能力达 20 万吨以上"的工作目标，五年来，累计新增水田面积 7 333.33 公顷，至 2017 年年底，双河农场水稻种植面积达 15 933.33 公顷（折 23.9 万亩）。[①]

■ 第六节　中小企业改制和劣势企业退出

根据"抓大放小"和"有所为，有所不为"的指导思想，北京农垦开展了主辅分离、辅业改制，实施劣势企业退出，推进中小企业产权制度改革，取得了较明显的效果。按照盘活资产和精干主业的改制思路，企业改制主要有以下 4 个方面的内容：

一、实施劣势企业退出

实施劣势企业退出，最早可以追溯到 1987 年。在全国和北京市清理整顿公司的工作中，北京农垦对一些疏于管理的挂靠企业与单位进行了清理和切割，止住了一些"出血点"。如 1987—1988 年，清理了 23 家"挂靠"公司；1989 年对长期亏损的 16 家国有企业进行了转产、关闭和兼并。[②]

1. 1995—2006 年推行"减压控"的改革措施　1995 年，北京农垦提出"减压控"概念。当时虽没明确提出"劣势企业退出"，但是基本做法与劣势企业退出相同。所谓"减"就是减少企业户数；所谓"压"，就是压缩管理层级，原则上消灭四五级企业；所谓"控"，就是控制企业领导班子职数和管理费的增长。

2001 年 3 月，双桥农场所属的京轮汽车电器制造公司经朝阳区人民法院终审裁定破产，财产清偿分配方案通过裁定，这是总公司系统首例通过司法程序实施破产的案例。[③] 2002 年 12 月，北京市第二中级人民法院宣告北京市红星化工厂及其全资子企业北京市华腾塑料包装厂破产，这是三元集团第一家列入国家计划内破产的项目。到 2004 年底，"减压控"取得较好的效果：1998 年年底三元集团参加财务决算汇总的企业有 574 家，2004 年年底减少到 194 家，减少 66.2%；企业亏损面由 1998 年的 55.6% 下降到 2004 年的 30.9%；亏损企业家数由 1998 年的 319 家减少到 2004 年的 60 家，减少 81.2%。[④]

从工商登记的法人企业数量看，2005 年 6 月底，三元集团有法人企业 300 多家，其中有 190 多家企业参加财务核算；在全部法人企业中，有 130 家企业（占 40% 多）是停产或半停产企业，是符合纳入退出市场范围的；在这 130 家劣势企业中，有 84 家管理层级上是四级和五级企业。[⑤] 2005 年 7 月，根据国务院国资委和市国资委关于加大企业清理整合力度的一系列要求，三元集团对各二级企业明确提出了"减压控"的目标和任务，并且坚持在一年半的时间内，每月公示各二级企业"减压

---

①　《双河农场大事记》（1956—2017），第 101 页。

②　北京市农工商联合总公司：《关于 1988 年工作总结和 1989 年工作安排的报告》（89 京农管字第 1 号），北京首农食品集团有限公司档案室，案卷号 556，电子版，第 5、11 页。

③　《双桥农场大事记（1949—2015）》。

④　资料来自北京市农工商联合总公司和北京三元集团有限责任公司财务决算报表。

⑤　资料来自北京三元集团有限责任公司体改法务部工作总结报告。

控"的完成进度。到 2006 年 12 月底，"减压控"工作取得明显的进展：已经在工商局完成注销的企业户数有 107 家，完成了 82.3％；正在办理过程中的有 15 家，占 11.5％；尚未进行的有 8 家，占 6.2％。列入集团公司应消灭的四五级企业共有 84 家，通过改制（即国有资本全部退出）、提升为三级、行政注销 3 种方式，已消灭 75 家，占 89.3％。其中，通过改制方式的有 6 家，通过提升管理层级方式的有 11 家，通过行政注销方式的有 58 家。[1]

2. 实施市国资委"十一五"和"十二五"劣势企业退出规划　2007 年 6 月，三元集团制定"十一五"期间劣势企业退出项目规划；9 月，经北京市劣势国有企业调整退出工作协调小组研究，三元集团所属 30 户劣势企业和华都集团 11 户劣势企业列入市国资委"十一五"期间劣势国有企业退出项目规划，两家一级公司合计 41 户企业列入退出规划。2007 年 9 月 20 日，三元集团出台《关于进一步规范企业结构调整的意见（试行）》，进一步完善了减少企业户数、压缩企业管理层级、劣势企业退出的政策规定。截至 2010 年年底，首农集团共有 56 家劣势企业平稳退出，超额完成 41 家劣势企业退出计划。[2]

从 2011 年起，首农集团继续执行"十二五"期间国有劣势企业退出项目规划。"十二五"期间，首农集团共完成退出企业 33 家，分流安置人员 693 人，其中，企业与 85 人解除劳动合同，对 124 名职工进行系统内安置；离退休职工 484 人，其中，56 人移交社会进行管理，428 人在系统内集中管理；累计减少亏损 40 474.94 万元，资产处置收入 7 301.42 万元。共申请调整退出资金 1 049.02 万元，其中，拨付安置人员费用 404.2 万元，非经营性资产移交费用 542.68 万元，拨付企业破产缺口费用 102.14 万元。[3] 自行安排退出劣势企业 25 户，分流安置人员 90 名，其中，在职职工 21 名，全部在系统内安置，69 名离退休人员由系统内集中管理；累计减少亏损 9 388.51 万元，资产处置收入 957.32 万元。[4]

通过实施"十一五"和"十二五"劣势企业退出规划，至 2015 年年底，共完成 114 家劣势企业退出，其中 74 家属于列入退出规划的，40 家属于自行安排退出的。从 2016 年起，首农集团开始执行"十三五"劣势企业退出规划。《市国资委情况通报》2017 年第 6 期公布了 2016 年度劣势国有企业退出工作执行情况，首农集团的考评结果为"优秀企业"。

二、实施主辅分离、辅业改制

主辅分离、辅业改制，分流安置富余人员的改革是党中央、国务院在 2002 年对进一步加快国有企业改革提出的最重要的工作内容，对 2005 年 12 月底前完成的辅业改制企业实行用净资产支付分流职工经济补偿金和企业免税的优惠政策。因为市国资委是在 2003 年 10 月挂牌的，三元集团辅业改制工作比央企要晚启动一年多。为了在优惠政策实行期内完成辅业改制，三元集团在 2004 年 9 月 20 日下发了 3 个相关文件：《关于积极推进主辅分离辅业改制的意见》（京三元集团发〔2004〕216 号文）、《关于进一步明确主辅分离辅业改制有关政策问题的通知》（京三元集团发〔2004〕217 号文）和《关于印发〈三元集团主辅分离辅业改制工作流程及相关文件参考格式〉的通知》（京三元集团发〔2004〕218 号文）。9 月 29 日，三元集团在北京会议中心召开改革动员大会，党委书记、董事长包宗业作题为《以产权制度改革为核心，以辅业改制为切入点，努力完成集团公司"体制创新"的伟大工程》的动员报告，正式启动主辅分离、辅业改制工作。12 月 8 日，市国资委京国资改组字〔2004〕47 号文批准三元集团主辅分离改革分流总体方案及第一批辅业改制的 24 家企业的立项申请。2005 年 1 月之

---

① 张福平：《在三元集团一届四次职代会暨 2007 年工作会上的报告》（2006 年 12 月 27 日），北京首农食品集团有限公司档案室，归档号 749。

② 薛刚：《在首农集团一届二次职代会暨 2011 年工作会上的报告》（2011 年 1 月 13 日），北京首农食品集团有限公司档案室，归档号 216。

③④ 资料来自《关于报送"十二五"期间劣势国有企业退出工作的报告》（京首农文〔2016〕38 号）。

后，市国资委批准第二批 5 家，特批朝阳农场黄寺商业楼，补充批准北京盛林源汽车运输有限公司等 4 家已改制企业支付员工经济补偿金和办理免税的立项申请，三元集团纳入市国资委辅业改制计划的企业共 34 家。

到 2007 年 5 月，共完成主辅分离、辅业改制企业 19 家。其中，改制后国有股全部退出的有 9 家，改制后国有参股的有 3 家，改制后国有绝对股的有 4 家，由改制变为注销并已注销的有 3 家，剩余的 15 家原列入市国资委辅业改制计划的企业，由于在运作过程中遇到一些如土地使用权、房屋产权过户困难、欠缴税款过多、净资产为负数而上级出资企业无力支付经济补偿金等问题，终止了辅业改制，经市国资委批准，多数改列入劣势企业退出规划。

2007 年完成辅业改制 19 家企业，共分流安置 889 名职工。其中，改制后原主体企业安置 54 人，占 6.1%；办理内退的 47 人，占 5.3%；改制企业安置 650 人，占 73.1%；自谋职业 138 人，占 15.5%。在分流安置的 889 名职工中，解除劳动合同、领取经济补偿金的职工有 640 名，经济补偿金 3 508.86 万元，人均 54 826 元。已完成的辅业改制企业共引进自然人股东和社会法人股东的入股资金 8 562.6 万元，同时，偿还银行债务 14 680 万元。[①] 在辅业改制项目中，获益较大的是朝阳农场黄寺综合楼项目，该项目负债经营形成的贷款本金及利息高达 15 260 万元，东郊农场通过辅业改制的方式，将黄寺综合楼整体转让给北京城乡贸易股份有限公司，取得对价款 14 680 万元，缓解了农场的还贷压力，并且享受了免税政策。

2008 年，三元集团根据京国资改组字〔2004〕47 号文件精神，为 2004—2006 年期间已完成改制但未列入辅业改制计划的北京新通房产管理经营公司等个别企业争取到享受辅业改制的优惠政策。2008 年 7 月和 12 月，市国资委先后同意三元集团将双桥农场所属的北京市双桥桥联物业管理中心、北郊农场所属的北京宏通聚兴商贸中心辅业改制申请立项。至此，北京农垦完成 22 家辅业改制，占总数 37 家的 59.5%。

三、中小企业产权制度改革

把中小企业产权制度改革提上工作日程始于 1992 年下半年。总公司根据市政府农办的要求，在全系统布置学习峪口养鸡总场成立职工持股会、兴办股份合作制的经验，提出开展股份合作制试点。1994 年 3 月，总公司成立企业制度改造领导小组，经理邢春华任组长，确定了 57 个国有企业为股份合作试点单位。但由于政策问题不配套和法律障碍等原因，以慎昌实业公司为代表的改制为股份合作制的十几家企业在之后均退回原状。1995 年之后，市政府提出加快调整经济结构，对改制企业实行国有资产增值部分可以量化为经营者股权的优惠政策。在这个背景下，总公司再次部署国有中小企业改制。1996 年 7 月 31 日，总公司召开国有企业改革工作会，部署固定资产原值在 200 万元以下的小型国有企业的改制工作。之后，有个别企业在改制中对经营者奖励了部分股权，如南郊建筑公司等。但多数小企业经济效益差，不具备奖励经营者的条件，可享受这项改制优惠政策的改制工作推进得并不快。

1997 年，总公司系统受国民经济宏观调控的影响，停产企业和下岗职工大量增加，停产的国有企业达 38 家，半停产的企业近 200 家，下岗职工最高时达 8 000 人左右。针对这种困难的状况，总公司再次启动中小企业改制，提出进一步放活小企业，采取"放、改、包、合"的办法，推广租赁经营、抵押承包、嫁接经营、剥离经营、有偿转让，做好下岗职工再就业工作。1999 年，总公司系统共完成 50 家中小企业改制，其中承包和租赁形式的有 26 家；涉及产权制度的有 24 家。[②] 1999 年 8

---

① 北京三元集团有限责任公司体改法律事务部：《关于三元集团辅业改制工作总结》（2007 年 5 月）。

② 包宗业：《在总公司年度工作会上的讲话》，京农管办字〔2000〕第 1 号文，北京首农食品集团有限公司档案室，案卷号 1553。

月，华都集团所属的峪口养鸡总场完成股份制改制，改制后企业名称为北京市华都峪口禽业有限责任公司，成为北京市农口改制的典型单位。2000年2月23日，总公司召开中小型企业改制工作会议，部署企业改制工作。1997—2000年年底，总公司系统共计完成小企业改制183家，其中涉及产权制度的有79家，占改制企业的43.9%，盘活存量资产3.47亿元。[①]

2001年之后，中小企业产权制度改革有所提速，列入当年中小企业改制计划的有169家，年底完成55.6%，清退冗员1 500人。推广了二级单位粮食饲料公司改制采取国有资本全部退出的做法与经验，公司资产全部由经营者和职工购买。[②] 2001—2002年年底，三元集团共完成110家小企业改制，其中涉及产权制度的改制企业49家，占改制企业的45%，在止住一批"出血点"和分流企业冗员方面取得明显效果。

但在中小企业产权制度改革中也暴露了一些问题，如有些企业改制前的尽职调查不细，没有发现隐性的风险；有些企业聘请中介机构没进行招投标；有些企业在改制中处置房地资产的方案存在瑕疵等。2003年划归市国资委监管和2004年北京产权交易所成立之后，三元集团进一步重视国有企业改制与国有资产流转的规范化、市场化问题，在集团层面建立体改工作联席会制度，对改制企业的立项、资产评估立项及评估结果的核准与报备、国有资产的流转入场交易、国有职工的处置与经济补偿金的审批、土地资产的处置方案的审核等重要环节，加强了会商与讨论研究，未经体改工作联席会讨论通过的改制议题不允许提交集团董事会讨论，改制工作逐步规范化，杜绝了以前改制中暴露的程序违规问题，改制企业的遗留问题也大为减少。

---

① 包宗业：《在总公司年度工作会上的讲话》（2001年1月11日），北京首农食品集团有限公司档案室，归档号95。
② 包宗业：《在总公司年度工作会上的讲话》，（2002年1月15日），北京首农食品集团有限公司档案室，归档号79。

第三章　对外开放

20世纪50～70年代末，北京农垦实行的是计划经济体制，经营方针主要是为首都市场提供农副产品。因此，北京农垦对外贸易主要局限于少量的禽产品，国际交流局限于苏联、朝鲜、越南等国家。中共十一届三中全会后，国家开始实行改革开放政策，北京农垦也开始走对外开放的发展道路。从20世纪80年代中期起，北京农垦解放思想，积极发展对外贸易，吸引外资，兴办外商投资企业，尝试"走出去"、发展境外企业，加强与国外经济技术的交流，积极引进国外智力，不断拓展对外开放的深度和广度，开放成为北京农垦经济发展的重要引擎。在利用国际资源的同时，在国内发展战略合作伙伴，参与战略联盟，开展融合对接，实现优势互补、资源共享、携手发展。

■ 第一节　对外贸易

北京农垦对外贸易经历了从小到大、从数量型到质量型的发展变化过程。出口品种早期多为初级农产品，以后以工业品出口为主导。在进口方面，从零星引进种畜禽、农机设备，发展到大规模引进种畜禽和各种先进装备，为北京农垦现代农牧业和食品加工业的转型换代提升打下了重要的物质基础。

一、出口业务

北京农垦外贸出口经历四个发展阶段。

（一）第一阶段：起步阶段（1955—1978年）

北京农垦对外贸易起步于20世纪50年代中期，出口以农副产品为主。1955年，北京填鸭开始向苏联出口，之后每年都有一定的供货。1963年，南口农场生产的蜜桃开始出口香港。1964年，南郊农场金星鸭场生产的活鸭开始销往广州外贸部门出口香港。1969年6月，莲花池鸭场900只北京鸭出口到香港，带动各鸭场相继通过广州外贸部门出口活鸭。同年，南口农场果脯厂生产的杏脯、桃脯、苹果脯出口到日本、香港、新加坡、马来西亚等国家和地区。[1] 20世纪60年代中后期，北京市外贸部门开始组织出口兔肉和兔皮，促进了国营农场养兔业的发展。1968年之后，由于外贸部门的收购和屠宰加工能力跟不上养殖的发展，"卖兔难"成为的问题，农场兔业发展停滞。虽然以后一度出口有所增加，但部分产品存在农药残毒、包装问题，出口量年际波动大，兔肉和兔皮的出口也基本萎缩。1972年11月，南郊农场所属的新建鸭场开始向广州、深圳外贸部门出售活鸭，促进了养鸭业发展。20世纪70年代初至80年代中期，北京农垦一度形成过鹿茸的出口高峰，但也因为产品滞销

---

[1] 《南口农场志（初稿）》，第55页。

而终止。1972年，中国土产畜产进出口公司北京市分公司在红星公社的帮助下建立了蘑菇出口生产基地，年产达500多吨。1974年，北京市外贸部门在南口农场四分场建立黄桃生产出口基地。[①] 1975年后，东北旺、西郊农场建立蔬菜出口基地66.6公顷，向香港、澳门地区供应鲜嫩蔬菜。[②]

市种公牛站的奶牛冷冻精液生产发展起来后，逐步成为北京农垦新的出口拳头产品。1972年11月，北京市种公牛站的"奶牛冷冻精液技术"作为秋季中国进出口商品交易会（广交会）重点参展项目，引起了业界广泛关注，为中国牛冷冻精液人工授精技术的应用和普及打下基础。1976年9月，种公牛站生产奶牛用常温精液和冷冻颗粒型精液47万支（粒），除供应北京市外，还供应其他省市的161个单位，并首次向巴基斯坦出口公牛细管冷冻精液3 100支。1977年，种公牛站再次出口巴基斯坦奶用公牛细管冷冻精液6 900支，1978年又出口13 100支，累计2.31万支。

这一时期，北京农垦部分工业企业开始出口产品，如红星化工厂生产的食用磷酸，仁和酒厂生产的"菊花白"仿制清宫廷御酒，东风制药厂生产的人参蜂王浆，双桥制药厂生产的胃复安、苯海拉明均有数量不大的出口，出口渠道主要为所在区县外贸部门和参加一年一度的广州秋季商品交易会。[③]

（二）第二阶段：快速发展阶段（1979—1997年）

这一阶段的特点有：①观念上重视外贸出口，投资上对出口企业有所倾斜；②工业品出口数量及比重快速提升，从1989年起，工业品出口占出口金额的比重保持在93%～98%；③从1994年以后，三资企业开始成为出口新的增长点。

1979年，市农场局复建，商品出口和非贸易创汇工作得到重视。1979年，市农场局完成外贸出口367.56万元，传统出口产品冻填鸭出口994吨，并开始向香港出口活填鸭。1980年，市农场局和北京市外贸局在深圳建立合营的北京鸭出口中转站。[④] 同年，出口填鸭价值314.2万元，出口肉鸡价值56.2万元，出口鹌鹑蛋8.7万打，价值6.5万元。[⑤] 1982年，总公司外贸出口总金额首次突破1 000万元。1984年，南口农场果脯厂生产的桃、杏和苹果罐头出口日本和东南亚地区。[⑥] 1986年10月，总公司第22次办公会提出，技术改造的投资重点要向有出口任务的企业倾斜；[⑦] 当年，外贸出口总金额逼近2 000万元大关。1987年11月，总公司召开外经外贸工作会议，会议提出在做好外经工作的同时，要突出解决本系统对外出口相对薄弱的问题，调整出口商品结构，发展能增加工业品出口的外商投资企业。会议表扬了一批工业品出口企业，如北郊农场史各庄乡东半壁村与瑞士合资设立北京天鹅衡器有限公司，合资公司生产精密电子秤，产品返销瑞士及欧美市场；[⑧] 南郊农场所属北京市红星化工厂连续多年出口食用磷酸四五千吨，荣获"北京市优秀出口企业"称号。当年，总公司外贸出口总金额跃至2 713万元。1988年3月，总公司对各农场、公司承包责任制考核指标增加了"出口创汇"这一项；8月，农业部农垦局在广州召开全国农垦发展外向型经济座谈会，会议评选出"全国农垦系统十大创汇企业"，光明实业公司（光明饭店前身）以创汇1 130万美元，列全国农垦十大创汇企业第3位；12月28日，家禽育种公司向泰国曼谷出口销售37 500套肉用种鸡，出口创汇44 375美元，这是中国第一次向国外出口自主生产的肉用种鸡。

1990年11月5日，总公司党委召开第16次常务会议，专题研究"八五"期间外贸出口工作，提出"以工业出口为主，加大外贸出口的力度，发展外向型经济。"[⑨] 从1990年起，开展出口业务的

① 北京市地方志编纂委员会：《北京志·对外经贸卷·对外经贸志》，北京出版社，2005年，第30页。
② 北京市海淀区地方志编纂委员会：《北京市海淀区志》，北京出版社，2004年，第451页。
③ 北京市地方志编纂委员会：《北京志·农业卷·国营农场志》，北京出版社，2000年，第180-181页。
④ 北京市国营农场管理局农场史编辑室：《北京国营农场建设大事记》（1949—1985），第96页。
⑤ 《北京市长城农工商联合企业一九八〇年统计资料》，第16页。
⑥ 《南口农场志（初稿）》，第55页。
⑦ 《北京市农工商联合总公司办公会议纪要》（22），北京首农食品集团有限公司档案室，案卷号277，电子版，第53页。
⑧ 同①：172。
⑨ 《北京市农工商联合总公司党委会议纪要》（16），北京首农食品集团有限公司档案室，案卷号631，电子版，第276页。

农场数量有所增加，出口品种也开始多元化，除了扩大禽类产品出口外，还增加了名贵金鱼、干燥花、鲜切花、禽肉熟食品和工业品的出口，当年出口企业发展到 40 余家，出口商品品种达 30 余种。[1] 1991 年，总公司外贸出口总金额首次突破 1 亿元大关。1992 年，新增出口品种有巨山农场浴巾 50 包、南郊农场三轮车 1.3 万辆、慎昌公司皮包 1 800 个。[2] 1993 年，新增出口商品有东郊农场巧克力 163 吨和纸箱 115 吨、双桥农场井盖 460 吨。[3] 1994 年，出口商品总额 19 642.7 万元，为历史最高水平，工业品出口比重达 98.5%。[4] 同年，大发畜产公司的鸡肉产品开始出口到日本及欧洲的一些国家，实现出口创汇 560 万美元。1995 年 10 月，北郊活性炭厂通过北京国际经济合作公司，向越南河北氮肥化工公司提供椰壳活性炭厂的专有技术和主要生产设备，成为北京农垦首家向国外出口工业技术和设备的企业；11 月上旬，北郊农场工艺美术厂生产的景泰蓝大瓶被评为中国乡镇企业第三届出口商品展览会"万向金杯奖"，国务院总理李鹏对该产品给予高度评价。1995 年，总公司出口商品总额 16 333 万元，其中工业品 15 806 万元，占 96.8%，新增的出口工业品有永乐店农场地毯 29 万米^2、双桥农场健身球 5 万对、京联公司旅游鞋 11.1 万双、卢沟桥农场长绒玩具 1.7 万件。[5] 1996 年新增出口品种有南郊农场金鱼 55 万条、自行车 1 760 辆、双桥农场首饰 290 万件。[6] 1997 年新增出口品种有南郊农场"桂花陈酒" 1 500 吨、TCD 制板 2 246 米^3，三环公司涂浆布 73.5 万块。[7]

1979—1997 年北京农垦外贸出口情况见表 5-3-1。

表 5-3-1　1979—1997 年北京农垦外贸出口情况

单位：万元

年份	出口商品总额	其中			出口工业品	其　中			非贸易创汇（国有及合资）
		国有	集体	合资		国有	集体	合资	
1979	367.6	204.5	163.1						
1980	466.0	331.5	134.5	—		—	—	—	
1981	329.8	295.6	97.2						
1982	1 182.4	1 019.4	163.0	—	677.6				
1983	854.2	703.2	151.0		465.7	405.7	60.0		
1984	1 299.9	940.1	359.8		943.0	729.0	214.0		
1985	1 370.9	1 295.5	75.4		1 122.3	1 104.4	17.9		
1986	1 920.1	1 524.2	395.9		1 479.2	1 361.5	117.7		1 074.0
1987	2 713.3	1 636.5	1 076.8		2 033.0	1 435.1	596.9		4 505.1
1988	4 151.0	2 058.7	2 092.3		2 702.2	804.3	1 877.9		4 364.9
1989	6 858.2	3 400.0	3 458.2		6 388.3	2 984.6	3 403.7		2 990.5
1990	9 597.3	2 878.7	6 718.6		9 338.6	2 702.2	6 636.4		2 323.1
1991	10 130.9	2 714.6	7 416.3		9 976.4	2 566.4	7 377.0		2 971.9
1992	8 360.0	3 166.0	5 194.0		8 039.0	2 954.0	5 055.0		3 949.0
1993	12 434.3	4 120.0	8 314.3		12 235.9	3 956.8	8 279.1		
1994	19 642.7	7 492.1	7 670.0	4 480.0	19 356.7	7 206.1	7 670.6	4 480.0	

① 《北京市农工商联合总公司"七五"计划总结及"八五"规划初步设想》，北京首农食品集团有限公司档案室，案卷号 276，电子版，第 14 页。

② 《北京市农工商联合总公司一九九二年统计资料汇编》，第 132 页。

③ 《北京市农工商联合总公司一九九三年统计资料汇编》，第 131 页。

④ 《北京市农工商联合总公司一九九四年统计资料汇编》，第 177 页。

⑤ 《北京市农工商联合总公司一九九五年统计资料汇编》，第 175-176 页。

⑥ 《北京市农工商联合总公司一九九六年统计资料汇编》，第 148 页。

⑦ 《北京市农工商联合总公司一九九七年统计资料汇编》，第 149 页。

（续）

年份	出口商品总额	其中			出口工业品	其　中			非贸易创汇（国有及合资）
		国有	集体	合资		国有	集体	合资	
1995	16 333.0	5 478.0	3 902.0	6 953.0	15 806.0	5 398.0	3 902.0	6 506.0	—
1996	14 989.0	5 061.0	2 931.0	6 997.0	14 295.0	5 061.0	2 931.0	6 447.0	—
1997	13 978.0	3 554.0	2 422.0	8 003.0	13 978.0	3 554.0	2 422.0	8 003.0	—

说明：1. 资料来自北京市农工商联合总公司历年统计资料。
2. 划"—"表示无此项数据。

（三）第三阶段：走出低谷阶段（1998—2005 年）

这个阶段的外贸出口有 4 个主要特点：

1. 出口金额走出低谷的速度比较快　1998 年年底，场乡体制改革后，农村经济划归所在区县管理，北京农垦出口商品总额大幅减少至 2 387.8 万元，外贸出口进入一个低谷期。但之后又逐年回升，除 2003 年因"非典"疫情影响出口下滑外，其他年份均呈正增长：1999 年出口商品总额 4 054.5 万元，2000 年为 4 569 万元，2001 年为 6 604.1 万元，2002 年为 7 417 万元，2003 年为 4 655.3 万元，2004 年为 9 574.9 万元，2005 年为 11 734.1 万元。[①] 出口金额再次突破 1 亿元大关，表明外贸工作走出了低谷。

2. 出口品种有新变化　金鱼和花卉出口、工业设备出口有所发展。1999 年 4 月，北郊农场活性炭厂与越南合作伙伴签订在越南建第二座活化炉的协议。2001 年 1 月 6 日，中共北京市委农工委、市农委发文表彰郊区经济工作先进集体和先进个人，卉隆干燥花有限责任公司被评为"京郊出口创汇先进企业"；9 月，双桥农场渔场"中国宫廷金鱼"珍珠、水泡等十几个品种出口到荷兰。2002 年 3 月，南口农场所属的南农水泥构件厂向蒙古国乌兰巴托市出口圆孔板设备，转让相关专利项目，这是北京农垦首次向国外出口专利项目。是年，京泰农工商完成进出口总额 1.1 亿港币。[②] 2003 年 8 月，双桥农场下属的双卉新华园艺有限公司的"华艺牌"切菊花通过检疫，第一批 1 万枝菊花出口日本。2004 年 2 月，双卉新华园艺有限公司与日商岩井畜产园艺公司签订 200 万枝鲜切菊花出口合同。

3. 三资企业已成为出口主力军　由于外商投资企业的逐步达产和与国际市场的密切联系，外资企业的出口是稳步增长的，成为出口商品总额的最主要贡献者。2002 年 1 月 19 日，中共北京市委、市政府召开北京市农村工作会议，会上，北京百麦被评为"农产品出口创汇先进单位"。以 2005 年为例，北京百麦和北京辛普劳食品加工有限公司完成 6 462 万元出口，北京荷美尔完成 2 199 万元出口，太洋药业完成 2 120 万元出口，北京安德鲁完成 608 万元出口，分别占商品出口总额的 55.1%、18.7%、18.1% 和 5.2%，外资企业出口总额已占商品出口总额的 97.1%。

4. 北京农垦在获得自营产品的进出口外贸经营权方面也取得了进展　1999 年 1 月，中以示范农场取得经营进出口业务资格。2000 年 2 月，总公司取得国家对外贸易经济合作部批准颁发的"进出口企业资格证书"，经营范围包括：总公司系统自产产品及相关技术的出口代理；总公司系统企业生产、科研所需原辅料、设备配件的进口代理；进出口其他环节，海关、航运、保险、银行、退税、中外文合同起草、商务洽谈翻译。是年，总公司又有东北旺农场、花卉公司、原昌皮革有限公司、红星泡花碱厂 4 家企业获得自营产品的进出口外贸经营权。[③] 2001 年 3 月，华成商贸公司取得进出口经营权。2002 年 2 月 12 日，总公司领取了《进出口企业资格证书》。

[①] 数据来自北京市农工商联合总公司 1998 年和 1999 年统计资料汇编、北京三元集团有限公司 2000—2005 年统计资料汇编。
[②] 北京市地方志编纂委员会：《北京年鉴 2001》，北京年鉴社，2001 年，第 375 页。
[③] 北京市地方志编纂委员会：《北京年鉴 2003》，北京年鉴社，2003 年，第 329 页。

（四）第四阶段：相对平稳阶段（2006—2017 年）

这一阶段的外贸出口有 3 个特点：一是食品加工业是工业品出口的最主要品种，其他工业品出口几乎为零；二是畜产品出口金额和比重开始超过工业品出口，但畜产品出口的年际波动比较明显，且后期有数量下降的趋势；三是外贸出口额呈现"马鞍形"变化，面临的不确定因素逐渐增多。

2006 年，北京农垦完成食品出口供货商品总额 8 700.7 万元，占工业品出口金额的 80.2%。[①] 2007 年，北京农垦出口鸭肉 5 吨、鲜猪肉 811 吨、冻猪肉 242 吨。2008 年 11 月，三元集团、大发正大公司、裕农公司、华都肉鸡公司、百年栗园公司、峪口禽业公司被第六届国际农产品交易会北京参展团评为"突出贸易奖"。2008 年 12 月，金星鸭业中心与香港客户再次就樟茶鸭出口香港市场的合作事宜进行会谈，并签订 5 年的供货协议，金星樟茶鸭逐步站稳香港市场，香港客户已有 80 多家分销点，全年出口鸭肉 275 吨。2009 年 10 月，滦平华都公司肉鸡屠宰加工厂生产的鲜、冻类鸡产品获得由河北省出入境检验检疫局颁发的《出口食品生产企业备案证明》。2010 年，南口农场出口水果 100 吨。2011 年，北京农垦出口水果 1 500 吨、鸭 8.27 万只、鸭肉 173.8 吨、冻猪肉 55 万吨、鸡肉 19 628.8 吨。2011 年 12 月 21 日，滦平华都公司嘉谊食品合作工厂生产的热加工肉制品通过国家认监委的核准，完成对韩国的产品出口注册，取得向韩国出口产品的资格。2012 年 8 月 1 日，滦平华都公司嘉谊食品合作工厂生产的热加工偶蹄肉产品通过国家认监委审核，完成向日本出口的注册，正式获得对日产品出口资质。是年 9 月，在农业部主办的第十届中国国际农产品交易会上，华都分割鸡产品和黑六冷鲜猪肉被评为交易会"产品金奖"。2012 年，北京农垦出口鸭 9.6 万只、冻猪肉 44 吨、鸡肉 20 851 吨、鸭肉 314 吨；全年完成出口商品总额 84 134 万元，创历史最高水平，比 1998 年的 2 387.8 万元增加 34.2 倍，比之前的历史最高年份 1994 年的 19 642.7 万元（含农村集体）增加 3.28 倍。2013 年 8 月 26 日，滦平华都公司肉鸡屠宰加工厂的产品通过国家认监委的审核，完成向韩国的出口注册，正式获得对韩国出口的资质。2013 年，北京农垦出口原料药 113 吨；2014 年，出口原料药 87 吨。2015 年，北京农垦出口水果罐头 2 395 吨。之后由于禽肉产品成本上升、国际市场竞争加剧等原因，出口量有所下降，出口供货金额锐减。至 2017 年，虽然工业品出口比 2012 年略有增加，但出口商品总金额降至 35 594.6 万元，比 2012 年减少 57.7%，其主要原因是畜产品出口金额比 2012 年减少 70%，出口品种的结构调整任务再次摆在北京农垦面前。

二、进口业务

北京农垦的进口业务最早可以追溯到 20 世纪 50 年代初，但数量很少，而且进口的国外种畜禽和设备并不是自营进口，而是通过第三方进口的。1952 年 10 月，北京牛乳场双桥牛队购入苏联科斯托罗姆乳牛 10 头、种公牛 2 头。1955 年，全国进口纯荷兰奶牛 100 头，计划 50 头分配给西郊农场巨山分场饲养（10 月因检疫有 30 头不合格，由中国土产畜产公司天津分公司退回荷兰商行并索赔损失）。同年，南郊农场从苏联进口 2 台小麦大型脱谷机。1959 年，北郊农场、南郊农场从捷克斯洛伐克人民民主共和国进口高配管道提筒式挤奶机。1961 年，在北京举办的国际农业展览会上，法国参展的兰德瑞斯（长白猪）被引入张喜庄农场，开始在北京市推广瘦肉型良种猪。1965 年，张喜庄农场再次引进在北京举办的国际农业展览会上参展的法国、荷兰长白猪。1966 年 1 月，农垦部从荷兰引进液氮发生器（PLN106），并在北郊农场以液氮（-196.0℃）为冷源制作和保存牛冷冻精液获得成功。1967 年，市农场局从英国引进 40 头长白猪，分别在张喜庄农场、双桥农场饲养。1973 年，南郊农场畜牧分场首次进口德意志民主共和国自走式小麦联合收割机 3 台。1974 年，市农林局向市革委会报送《关于购进日本纸包装鲜牛奶机器的请示》，第一次提出使用国

[①] 北京三元集团有限责任公司：《2006 年农垦综合统计报表及分析报告》，第 35 页。

外先进的牛奶包装机器。1977 年 10 月，峪口养鸡总场从匈牙利引进全套饲养规模 25 万只的养鸡设备，包括鸡笼、喂料、清粪、捡蛋等，成为北京市机械化程度最高的大型养鸡场。1978 年，西郊农场通过东北农学院引进星布罗（加拿大）祖代肉鸡，其商品性明显提高，对京郊养鸡产业起到促进作用。是年，双桥农场从丹麦引进鱼骨式挤奶机，对北京农垦奶牛业的机械化提升起到示范作用。

1979 年，市农场局复建，加大了引进国外先进设备和优良种畜禽的力度。1982 年春季，市农场局引进英国品种康贝尔鸭种蛋 2 083 枚，孵出母鸭 500 只；从日本引进优质乳牛 98 头。[1] 1984 年 9 月下旬，总公司经理房威率奶牛贸易组赴日购进 10—12 月龄育成母牛 200 多头。[2] 是年，引进联邦德国、丹麦优秀乳牛 300 多头，建成京联奶牛公司。[3] 1985 年 1 月，在南郊乳品厂原食品车间基础上扩建北京市红星华升食品厂，并引进意大利共和国的全套冰激凌生产线和德意志民主共和国的饮料灌装线；10 月 25 日，东直门外乳品厂的消毒牛奶更新改造项目正式投产，引进 9 台法国百利包公司的软包装牛奶灌装机，代替原来的瓶装生产线。1986 年，总公司在一批工业企业中积极引进国外先进设备，如南郊农场引进全套南斯拉夫设备，建设北京市红星蔬菜食品冷冻厂冷库，总投资 697 万元；长阳农场仁和酒厂引进联邦德国灌装线；市牛奶公司引进美国面包生产线。10 月，总公司第 22 次办公会研究外经工作，提出"要着重考虑优良种畜禽品种和软技术的引进"。[4] 11 月，总公司第 28 次办公会决定，总公司今后用汇的重点方向是"引进优良奶牛和出口商品基地企业的良种、种苗和种畜禽"。[5] 1987 年，永乐店农场啤酒厂引进罗马尼亚啤酒灌装线，当年投产当年盈利 100 多万元；4 月，市计委批准北郊乳品厂部分使用荷兰政府贷款，引进乳品加工设备，从荷兰引进的设备价格为 3 053 万荷兰盾（折合人民币约 5 500 万元）；5 月，西山农场所属的西山饮料厂投产，该厂引进保加利亚汽水灌装线；7 月，家禽育种公司从美国引进第一批祖代雏鸡 4.4 万只；10 月，南郊农场所属北京市红星化工厂引进联邦德国中空塑料桶挤出机及破碎机等设备，总投资 466.11 万元，其中利用外汇 90 万美元；11—12 月，家禽育种公司分三批从美国引进原种鸡 3.1 万只，经过 6～7 周的饲养，成活率为 98%，单只体重达 2 千克左右，鸡群生长良好。是年，国家经委下达"七五"期间"瘦肉型猪生产系列工程"，总公司在南口地区兴建的原种猪场被列入计划，猪舍和设备全部从美国三德公司引进。1988 年，市种公牛站引进美国优秀种公牛 6 头。1989 年，总公司引进加拿大优秀乳牛 300 多头，为建成后来的奶牛中心良种场打下了基础。1990 年，奶牛中心良种场由瑞典引进全混合日粮（TMR）机械进行生产应用；10 月，匈牙利机器工业外贸公司和中国华能国际易货贸易公司向中方北京苇沟现代化猪场移交养猪设施、设备，该猪场后成为第一个交售商品猪一万头的现代化养猪场，对京郊发展机械化养猪起到很强的示范作用。"七五"期间，北京农垦共引进技术改造项目 14 项，总投资 10 564 万元，总用汇额 1 494.8 万美元，引进技术共创产值 12 082 万元，实现利润 1 615.4 万元。[6] 1991 年，种公牛站引进美国优秀种公牛冷冻精液；[7] 6 月，养猪育种中心原种猪场引进美国迪卡配套系原种猪 A、B、C、E、F 五个品系共 407 头种猪；9 月，在上年卢沟桥农场受赠以色列雅康种鸡 1 700 套试养取得成功后，南口农场种鸡场与以色列科尔公司驻京办事处合作引进新品种雅康粉壳蛋鸡 3 500 套。1998 年 2 月，大发正大公司斥资 100 万美元从荷兰进口一条肉鸡加工自动掏膛生产线，整个生产过程全部实现自动化，是国内唯一的屠宰肉鸡专用设备，既保证了卫生，又使生产能力翻番。[8]

北京农垦进口业务较大规模发展是在 2000 年前后。之后十多年来，北京农垦的进口项目主要是

① ③ ⑦　北京市地方志编纂委员会：《北京志·农业卷·国营农场志》，北京出版社，2000 年，第 170 页。
②　北京市国营农场管理局农场史编辑室：《北京国营农场建设大事记》（1949—1985），第 124 页。
④　《北京市农工商联合总公司办公会议纪要》（22），北京首农食品集团有限公司档案室，案卷号 277，电子版，第 53 页。
⑤　《北京市农工商联合总公司办公会议纪要》（28），北京首农食品集团有限公司档案室，案卷号 277，电子版，第 79 页。
⑥　《北京市农工商联合总公司"七五"计划总结及"八五"规划初步设想》，北京首农食品集团有限公司档案室，案卷号 276，电子版，第 12 页。
⑧　北京市地方志编纂委员会：《北京年鉴 1999》，北京年鉴社，1999 年，第 382 页。

种畜禽和先进的饲养设备，对促进养殖业技术水平的升级起到重要作用。

1998年5月，华都肉鸡联营公司引进国际先进设备技术，率先在北京地区推出冷冻调理品。1999年，北京市家禽育种有限公司从美国引进44 440枚艾维因新品系种蛋，通过现代基因工程繁育，使公司培育出的肉鸡成活率、产蛋率、产肉率又有提高。[1] 2000年11月，养猪育种中心首次引进法国伊彼德配套系原种猪380头，至2003年9月，已扩繁至1 100头。1999—2016年，北京农垦引进国外优良种猪2 554头。2001年2月，绿荷中心从意大利司达特公司引进欧洲品牌全混合日粮搅拌车，并加紧进行与之相配套的基础设施改造和技术培训；之后，以金星牛场、中以示范奶牛场、金银岛牧场、永乐店新牛场为试点，逐步在15个牛场推行，成为在全国率先实现TMR饲养工艺的大型奶牛养殖场群，为向全国推广树立了标杆。2003年5月，28头美国进口公牛首次落户奶牛中心延庆基地。2006—2008年，绿荷中心共分两批次进口良种奶牛2 121头；2009—2017年，共组织5批次进口奶牛18 715头。2014年6月，爱拔益加公司首次从安伟捷公司法国分公司进口16 547只种鸡，金额为25.58万美元。2016年，北京荷美尔利用国际市场与国内市场原料采购成本的差距，加大国际市场的采购比重，进口原材料的进口比例由原先的不足10%增至25%，同时，增加进口区域和进口商的备案数量，2016年新增进口国家2家，新增进口商5家。是年7月，爱拔益加公司第一次从西班牙引进祖代肉种鸡17 412只。2016年3月，首农大连公司在辽宁省大连市保税区注册成立，公司进出口品类集中在猪肉、牛肉、羊肉、海洋水产等产品上，由于进口需求巨大，自2016年7月营业以来，公司营业收入快速增长，2017年1—5月营业收入达6 438万元，比2016年7—12月增长100%。2017年5月，东疆牧业启动自营进口的泰国木薯渣颗粒灌包业务。

■ 第二节　外商投资企业

北京农垦是在全国农垦系统中吸引外资、发展外商投资企业起步较早的垦区。在利用外资方面，认识早、起点高、行动快、效果好，也总结出了许多宝贵经验，如紧紧围绕主业、合作伙伴要讲究"门当户对"等。一批规模以上的外商投资企业已经成为北京农垦重要的经济增长点和外贸出口的主力军，国际大品牌的引进也大大提升了北京农垦的知名度和美誉度。

一、吸引外资、兴办外商投资企业的发展过程

北京农垦多数农场地处城乡接合部，在交通、通讯、能源、市场和信息方面具有发展外商投资企业的有利条件。兴办外商投资企业起步于1985年，至今已有30多年，经历了以下三个阶段：

（一）第一阶段：外商投资企业起步阶段（1985—1990年）

北京农垦从1985年开始引进外资、兴办三资企业，以与日本合资为起步，以旅游业为先导，光明饭店、东苑公寓、朝阳公寓、三全公寓、田园庄饭店和朝阳高尔夫俱乐部成为这一阶段第一批三资企业。上述4个合作项目（不含田园庄饭店和在这一阶段未建成的三全公寓）都在外国使馆区附近，公寓的建成缓解了供需之间的矛盾，取得了良好的经济效益和社会效益。1987年12月，总公司在香山召开工作会议，党委书记房威作《进一步深化改革，做好一九八八年各项工作》的总结讲话，提出要进一步解放思想、加快利用外资。1988年9月26日，市计委批复同意成立北京市农工商对外经济贸易服务公司，承揽有关业务的谈判、咨询等工作，为全民所有制企业。之后，总公司系统又兴办了

---

① 北京市地方志编纂委员会：《北京年鉴2000》，北京年鉴社，2000年，第361页。

两家生产型合资企业——发喜冰激凌有限公司（即艾莱发喜食品有限公司的前身）、福茂饲料有限公司，两家餐饮业的合资企业——北京麦当劳食品有限公司和北京柳京餐厅有限公司。1985—1990年，京郊农垦系统共建成三资企业32家，平均每年建成5家，投资总额为1.28亿美元，平均每个三资企业投资额为420万美元。①

大发公司和华都集团在这一阶段也在主业上吸引外资、兴办合资企业。大发公司兴办的3家合资企业是1986年设立的北京家禽育种有限公司、北京大发正大有限公司，以及1988年9月，大发公司与美国艾维茵国际有限公司设立的艾维茵管理股份有限公司，该公司为北京郊区第一家海外企业。华都集团兴办的2家合资企业是北京肯德基有限公司和北京爱拔益加家禽育种有限公司。

（二）第二阶段：外商投资及港、澳、台企业加快发展阶段（1991—1998年）

这个阶段吸引外资主要有两个显著的特点：一是步伐加快，但每个合资企业平均投资额减少。1985—1992年，累计兴建三资企业142家，投资总额为2.1亿美元，其中1991—1992年，北京农垦批准并筹建的合资企业有110个，实际建成近百个。虽数量上超过前六年的3倍，但每个合资企业投资额下降。投资总额为8 000多万美元，每个合资企业平均投资量约为100万美元。其原因是在多渠道、多层次兴建三资企业的方针下，各级都在办，出现了不少投资量不大的合资企业。二是开始和欧美跨国大公司打交道，以夯实合作基础、提高合作起点和自身的知名度为宗旨，加快自身的国际化步伐。

1992年3月4日，总公司党委召开1992年第六次常委会，传达学习邓小平南方谈话精神，并研究总公司系统深化改革、加快开放的问题。会议提出，在发展的前提下注重质量，建成一批投资总量大、现代化水平高的三资企业。之后，总公司领导率农场、二级公司负责人先后去中国香港地区以及美国、韩国、日本、法国、德国、澳大利亚、新加坡等国家进行招商，在达成意向的基础上邀请外商来国内考察、论证，然后签约，进行立项和筹建。1993—1995年，北京农垦形成了一个发展三资企业的高峰期，三年三资企业的投资总额相当于1985—1992年这7年的三倍多，与国外跨国公司和大公司联姻的近20家，协议金额达5.1亿美元。②从每个三资企业投资额看，1991—1992年平均为80万美元，1993—1995年平均为700多万美元。③在抓发展的同时，加强对三资企业的管理。从1993年起，每年举办一次合资企业中方高级管理人员培训班，提高中方管理干部的业务素质。1994年年底，总公司系统与世界知名大公司建立合资企业13家。1995年，累计批准合同企业为447家。是年，根据市外经贸委的要求，复查所有三资企业重新、换发批准证书，清理了一批不符合要求或名存实亡的企业。经过核实清理，终止合同并关停的三资企业有186家。到1995年年底，存续三资企业261家，投资总金额10.8亿美元，其中外方投资7.7亿美元，该数额相当于总公司系统汇总的账面资产的60%。④

1998年年底，场乡体制改革后，原农村集体所有制企业兴办的三资企业划给所在区县管理，北京农垦的三资企业数量大幅减少。据1998年12月31日的统计，北京农垦控股或参股的外商投资企业共54家。

1998年北京农垦外商投资及港澳台企业见表5-3-2。

表5-3-2　1998年北京农垦外商投资及港澳台企业

序号	企业名称	中方签约企业	外方及港澳台签约企业
1	北京东苑公寓有限公司	东风农场	日本大和房屋株式会社
2	北京朝阳公寓	长城旅行社	日本朝阳贸易株式会社

---

① ② 北京市地方志编纂委员会：《北京志·农业卷·国营农场志》，北京出版社，2000年，第173页。
③ 同①：175。
④ 同①：176。

（续）

序号	企业名称	中方签约企业	外方及港澳台签约企业
3	北京光明饭店有限公司	农工商总公司	日本徐园株式会社
4	北京卡夫食品有限公司	农工商总公司	美国卡夫通用食品公司
5	北京三全公寓有限公司	东风农工商	香港三全工程有限公司
6	北京美大咖啡有限公司	农工商总公司	波德莱斯集团香港公司
7	北京崇启机动车服务有限公司	农工商总公司	香港崇启有限公司（壳牌控股）
8	北京长城宾州装饰工程有限公司	长城建筑公司	美国宾州重庆有限公司
9	北京丘比食品有限公司	农工商总公司	日本丘比株式会社
10	北京海燕优美加体育器材有限公司	西山农场	香港尤米卡有限公司
11	北京柳京餐厅有限公司	华成商贸公司	朝鲜五轮贸易商社
12	北京百麦食品加工有限公司	南郊农场	美国百麦甜品公司
13	北京麦当劳食品有限公司	农工商总公司	美国麦当劳公司
14	北京东新广告器具材料有限公司	东北旺农场	日本巧芸株式会社
15	北京奈斯皮革制品有限公司	慎昌实业公司	香港大宇贸易公司
16	北京横滨丝带制品有限公司	三环实业公司	日本横滨丝带株式会社
17	北京小西保健食品有限公司	西山农场	日本脏器制药株式会社
18	北京富商酒吧有限公司	梅园乳品酒店	香港钜艺投资有限公司
19	北京泰德新型建筑材料有限公司	南口水泥构件厂	凯尔达迪诺国际集团
20	北京东港木业制品有限公司	东辛金属加工厂（住程）	香港港基木业公司
21	北京歌福电子有限公司	兴达应用研究所（信息）	香港浴顺实业有限公司
22	北京三汇食品包装有限公司	双桥农场	香港嘉汇企业有限公司
23	北京港湾垂钓俱乐部有限公司	朝阳农场	香港沛显实业公司
24	北京银泰绿色饮品有限公司	东北旺农场	香港大佳国际有限公司
25	北京艾莱发喜食品有限公司	农工商总公司	荷兰道迈克（欧洲）零售公司
26	北京金木建筑装饰有限公司	通达房地产开发总公司	侯涛
27	北京荷美尔食品有限公司	农工商总公司	美国荷尔美食品公司
28	北京吉百利食品有限公司	农工商总公司	吉百利史威士中国投资
29	北京辛普劳食品加工有限公司	南郊农场	美国辛普劳、美国麦当劳
30	北京龙山啤酒饮料有限公司	永乐店农场	比利时优博芬公司
31	北京香江花园别墅房产开发有限公司	东郊农场	香港冠太发展有限公司
32	北京太阳葡萄酒有限公司	长阳农场	法国太阳集团
33	北京京台精密铸造有限公司	上地金属制品公司	香港怡明实业公司
34	北京星龙萃取工程有限公司	南郊农场	香港京泰公司
35	北京爱森食品有限公司	南郊牛奶公司	以色列 UDI 投资公司
36	北京万年青乳品有限公司	南郊牛奶公司	香港太平洋牛奶公司
37	北京匹比包装制品有限公司	农工商总公司	新加坡 PB 包装系统
38	北京朝阳高尔夫俱乐部	东风农场	日本广济堂株式会社
39	北京港平塑料包装制品有限公司	北龙贸易公司（北郊）	香港金龙贸易公司

（续）

序号	企业名称	中方签约企业	外方及港澳台签约企业
40	北京万宁畜药研制开发有限公司	北郊兽药厂	香港万宁贸易公司
41	北京三元食品有限公司	农工商总公司	北京企业（食品）有限公司
42	北京当肯多娜食品有限公司	里奇曼公司	联合道迈克海外零售公司
43	北京太洋药业有限公司	双桥制药公司	西班牙齐氏环球贸易
44	北京协和燕庆石油化工有限公司	燕庆能源供应公司	香港协和石油化工公司
45	北京贵利莱太空水有限公司	东门子公司（三环公司）	香港环亚贸易公司
46	北京真的咖啡有限公司	牛奶公司	JOHN A. ODOM
47	北京富海食品有限公司	天力食品厂（南郊）	台湾富兰有限公司
48	北京双泰纸制品有限公司	双桥化工原料库	荷兰中国国际商贸公司
49	北京福茂饲料有限公司	农工商总公司	香港福茂兴业股份有限公司
50	北京高登企业有限公司	农工商信息技术公司	香港高登企业有限公司
51	北京吉通轮胎翻修利用有限公司	西郊农场	香港钜成石油有限公司
52	北京樱花屋餐饮管理有限公司	东北旺商贸服务总公司	日本樱花屋商会有限会社
53	北京艾克西斯事故车修复有限公司	长建五十铃汽车修理厂	日本艾克西斯株式会社
54	北京塞巴特软木制品有限公司	长阳农场	法国塞巴特公司

说明：1. 资料主要来自《北京市农工商联合总公司1998年统计资料汇编》，第114-120页和档案资料。
　　　2. 本表不包含华都集团、大发畜产公司兴办的三资企业。

（三）第三阶段：优胜劣汰、稳步发展阶段（1999—2017年）

这一阶段北京农垦外商投资企业的发展有三个特点：

1. 围绕主业，引进外资　1999年后，北京农垦新办的合资企业有广东三元麦当劳食品有限公司（2000年），杭州丘比食品有限公司（2002年），北京百嘉宜食品有限公司（2003年），北京三元双日食品物流有限公司、怀来正大食品有限公司（2007年），广州百买食品有限公司（2008年），北京好麦道餐饮管理有限公司（2010年），首农辛普劳北京农业有限公司、北京华都诗华生物制品有限公司（2011年），北京首农畜牧发展有限公司、河北首农现代农业科技有限公司（2013年），东莞百嘉宜食品有限公司（2015年）。其中，食品加工与餐饮业、畜牧业、兽药制造业仍是投资重点。

2. 以市场为导向，以经济效益为先，讲究实效，不追求数量　针对不同情况，采取相应的对策：对产品不适应市场需求或长期亏损且难以扭亏的企业，即便属于主业范围、设立时间并不长，也果断退出合资合作，如2012年设立北京首农希杰餐饮管理有限公司，2017年就清算；对一部分合资期限已满的外资企业或者外方股东要求退出的企业，也不再延期，如辛普劳系的两个公司、百麦系的两个公司；设立后经营背景发生变化就果断终止并注销，如北京沐淇自动售卖技术有限公司于2015年6月注册，2017年2月注销。

3. 利用资本运作方式，做到有进有退　"进"表现为增持股份或全部收购外方股份：2000年，总公司承接福茂饲料公司债务，外方股东无偿转让其股份，公司变更为内资企业；2001年，京泰农工商以承接盛福大厦债务的方式，零对价收购外方股东持有的盛福大厦的全部股权，2017年变更为国有独资的内资企业；2003年，三元集团收购北京匹比包装制品有限公司外方股东全部股份，公司变更为内资企业；2004—2014年，东风农场多次收购东苑公寓外方股东股权，东风农场持股比例由最早的35%增至95%；2008年，华都集团对爱拔益加公司的持股比例由50%增至55%；2010年，首农集团对北京壳牌单方增资，持股比例由30%增至51%，2011年，北京壳牌在承德设立独资子公司；2015 年，东风农工商收购朝阳公寓日方股东的全部股权，公司变更为国有独资的内资企业；2017 年，南郊农场收购北京百麦、北京百嘉宜外方股东 35％股权，持股增至 75％，收购广州百麦、东莞百嘉宜全部股权，这两家公司变更为南郊农场独资的内资企业；首农集团收购日方股东持有的双日物流公司的全部股权，公司变更为首农集团独资的内资企业；三元种业收购首农辛普劳北京农业公司外方股东的全部股份，公司变更为内资企业。"退"表现为中方出让全部股份或减持股份：2007 年，三元集团向汉高龙集团转让其全部股权，汉高龙集团支付对价为 4 683.88 万元，与入资的 110 万美元相比，溢价 6 倍；对有些外商投资企业，首农集团或所属企业的持股比例有所减少，如对北京荷美尔、大发正大公司、怀来正大食品公司、华都诗华公司的股权比例均有所下降。

二、北京农垦部分外商投资及港澳台企业动态情况

（一）2017 年年底存续的外商投资及港澳台企业

2017 年年底存续的外商投资及港澳台企业共 28 家，详见表 5-3-3。

表 5-3-3　2017 年 12 月 31 日存续的外商投资及港澳台企业

序号	企业名称	中方股东/持股比例	外方及港澳台股东/持股比例
1	北京光明饭店有限公司	首农集团/30％	日本株式会社徐园/70％
2	家禽育种公司	大发畜产公司/37％	正大畜牧投资（北京）有限公司/63％
3	北京三全公寓有限公司①	东风农场/20％	三全（香港）有限公司/80％
4	北京大发正大有限公司	大发畜产公司/16.75％	泰国正大畜牧有限公司/83.25％
5	北京东苑公寓有限公司	东风农工商②/95％	京农工商澳洲公司/5％
6	北京肯德基有限公司	①首农股份有限公司/6.12％ ②中国东方资产管理公司/13.47％ ③北京首旅集团有限公司/10.41％	百胜（中国）投资有限公司/70％
7	北京爱拔益加家禽育种有限公司	首农股份有限公司/55％	美国安伟捷公司/45％
8	北京麦当劳食品有限公司	三元食品股份有限公司/50％	金拱门合资企业控股有限公司/50％
9	北京太洋药业股份有限公司	①双桥农场/33.000 1％ ②北京汇洋投资企业（有限合伙）/2％	太阳药业控股有限公司/64.999 9％
10	北京百麦食品有限公司	南郊农场/75％	美国百麦公司/25％
11	北京壳牌石油有限公司	首农集团/51％	①荷兰壳牌中国私有限公司/4％ ②壳牌（中国）有限公司/7％
12	承德壳牌石油有限公司		北京壳牌石油公司/100％
13	北京香江花园别墅房产开发有限公司	东郊农工商公司/25％	香港冠太发展有限公司/75％
14	北京丘比食品有限公司	①首农集团/10％ ②西郊农场/25％	日本丘比株式会社/65％
15	北京协和燕庆石油化工有限公司	①首农集团/15％ ②华农物资公司/15％	①香港协和石油化工（集团）/35％ ②上海佳龙加油站管理公司/35％
16	北京荷美尔食品有限公司	首农集团/20％	美国荷美尔食品公司/80％
17	北京太阳葡萄酒有限公司	长阳农场/50％	法国太阳集团/50％

---

① 2018 年 12 月，经三全公寓有限公司的中外双方一致同意，中方东风农场有限公司以 210 万元的对价向香港三全工程有限公司转让其在三全公寓所持有的全部 20％股权。

② 2018 年 3 月 23 日，东苑公寓股东东风农工商变更为北京市东风农场有限公司。

（续）

序号	企业名称	中方股东/持股比例	外方及港澳台股东/持股比例
18	北京三元食品股份有限公司	①首农集团/35.79% ②上海平闰投资管理有限公司/16.67% ③上海复星创泓股权投资基金合伙企业（有限合伙）/3.78% ④社会公众股/23.95%	北京企业（食品）有限公司/19.81%
19	北京安德鲁食品有限公司	首农集团/20%	法国安德鲁股份有限公司/80%
20	广东三元麦当劳食品有限公司		①金拱门合资企业控股有限公司/50% ②北京麦当劳食品有限公司/50%
21	杭州丘比食品有限公司	首农集团/10%	①日本丘比株式会社/55% ②日本三菱商事株式会社/20% ③日本株式会社中岛董商店/5% ④日本蓝旗株式会社/5% ⑤日本株式会社鼎食品/5%
22	北京百嘉宜食品有限公司	南郊农场/75%	美国百麦公司/25%
23	怀来正大食品有限公司	大发畜产公司/16.75%	正大食品有限公司/83.25%
24	北京好麦道餐饮管理有限公司	滦平华都食品有限公司/26.67%	①日本株式会社富礼纳思/60% ②日本鹏达株式会社/8.89% ③日本水产株式会社/4.44%
25	北京华都诗华生物制品有限公司	①首农股份有限公司/40% ②林芝市鼎森股权投资有限合伙企业/21.6%	法国诗华动物保健公司/38.4%
26	北京绿荷康牧生物科技有限公司①	①三元种业科技股份公司/40% ②首农股份有限公司/30%	台湾酪多精生物科技股份有限公司/30%
27	北京首农畜牧发展有限公司	三元种业科技股份公司/60%	新加坡骏麒投资公司/40%
28	河北首农现代农业科技有限公司	首农畜牧发展有限公司/90%	新加坡骏麒投资公司/10%

（二）2017 年 12 月 31 日之前已改为内资的原外商投资企业

2017 年 12 月 31 日之前已改为内资的原外商投资企业共 11 家，详见表 5-3-4。

表 5-3-4　2017 年 12 月 31 日之前已改为内资的原外商投资企业

序号	原外商投资企业名称	改为内资企业日期	经营状态
1	北京朝阳公寓有限公司	2016 年 3 月 2 日	存续
2	北京艾莱发喜食品有限公司	2016 年 10 月 9 日	存续
3	北京福茂饲料有限公司	2002 年 12 月 30 日	退出
4	北京卡夫食品有限公司	2002 年 6 月 26 日	退出
5	北京金木建筑装饰有限公司	1999 年 12 月 2 日	存续
6	北京匹比包装制品有限公司	2003 年 8 月 12 日	退出
7	北京盛福大厦有限公司	2017 年 10 月	存续
8	北京三元双日食品物流有限公司	2017 年 9 月 6 日	存续
9	广州百麦食品有限公司	2017 年 12 月 28 日	存续

---

① 鉴于绿荷康牧公司成立以来连年亏损，公司第三届董事会 2018 年第一次会议一致同意合资公司停止运营，进入清算程序。

（续）

序号	原外商投资企业名称	改为内资企业日期	经营状态
10	东莞百嘉宜食品有限公司	2017 年 4 月	存续
11	首农辛普劳（北京）农业科技有限公司	2017 年 4 月，中方股东收购外方股东全部股权①	存续

（三）中方通过转让股权方式退出的外商投资企业

通过转让股权方式退出的外商投资企业共 8 家，详见表 5-3-5。

表 5-3-5　通过转让股权方式退出的外商投资企业

序号	外商投资企业名称	中方股东/转让股权	转让股权日期
1	北京田园庄饭店有限公司	东北旺农场/30%	1992 年 7 月 28 日
2	北京横滨丝带制品有限公司	北京市三环实业公司/50%	2000 年
3	北京吉百利食品有限公司	总公司（含代持南郊农场）/25%	2000 年 1 月 4 日
4	北京万年青乳品有限公司	南郊牛奶公司/49%	2001 年 5 月
5	北京吉通轮胎翻修利用有限公司	西郊农场/40%	2014 年 3 月
6	北京樱花屋餐饮管理有限公司	东北旺商贸服务总公司/40%	2001 年 8 月 14 日
7	北京星巴克咖啡有限公司	三元集团/10%	2007 年 8 月 17 日
8	北京真的咖啡餐饮有限公司	市牛奶公司/20%	不详

（四）清算解散的外商投资企业

清算解散的外商投资企业共 28 家，详见表 5-3-6。

表 5-3-6　清算解散的外商投资企业

序号	外商投资企业名称	中方股东/股权比例	注销日期
1	北京朝阳高尔夫俱乐部有限公司	东风农工商/70%权益	2015 年 12 月 11 日
2	北京高登企业有限公司	农工商信息技术开发公司/50%	2002 年 11 月 16 日
3	北京柳京餐厅有限公司	北京农工商食品供应公司/50%	2000 年 7 月 19 日
4	北京东新广告器具材料有限公司	上地农工商联合总公司/68.57%	2008 年 1 月 10 日
5	北京歌福电子有限公司	农工商信息技术开发公司/未出资	2003 年 12 月 22 日
6	北京东港木业有限公司	佳程经协公司金属结构厂/50%	2002 年 12 月 30 日
7	北京奈斯皮革制品有限公司	慎昌体育用品技术研究所/46%	2002 年 12 月 30 日
8	北京三汇食品包装有限公司	双桥农工商公司/55.56%	2004 年 12 月 6 日
9	北京星龙萃取工程有限公司	南郊农场/50%	2009 年 11 月 25 日
10	北京辛普劳食品加工有限公司	南郊农场/47.5%	2017 年年底处在清算阶段
11	北京富海食品有限公司	南郊农场南牛场/持股比例不详	1999 年 11 月 30 日
12	北京富商酒吧有限公司	北京梅园乳品总店/43.75%	2002 年 12 月 23 日
13	北京长城宾州装饰工程有限公司	北京长城建筑公司/40%	2008 年 12 月 9 日
14	北京银泰绿色饮品有限公司	北京市东北旺制药厂/30%	2002 年 1 月 6 日
15	北京万宁畜药研制开发有限公司	北京北郊兽药厂/49.09%	2010 年 1 月 6 日

---

① 2018 年 3 月 2 日，首农辛普劳公司完成公司变更登记，新公司名称为北京普瑞牧农业科技有限公司，为内资企业。

（续）

序号	外商投资企业名称	中方股东/股权比例	注销日期
16	北京港平塑料包装制品有限公司	北郊农场北龙贸易公司/25%	2009 年 7 月 6 日
17	北京京台精密铸造有限公司	上地金属制品总公司/持股比例不详	2002 年 12 月 30 日
18	北京港湾垂钓俱乐部有限公司	朝阳区工商实业总公司/60.06%	2003 年 12 月 22 日
19	北京贵利莱太空水有限公司	三环公司东门子电器公司/57.1%	2004 年 12 月 10 日
20	北京泰德新型建筑材料有限公司	南口农场水泥构件厂/30%	1999 年 12 月 7 日
21	艾克西斯事故车修复有限公司	长建五十铃汽车修理厂/50%	2002 年 12 月 11 日
22	北京当肯多娜食品有限公司	农工商总公司/40%	2000 年 12 月 7 日
23	北京双泰纸制品有限公司	双桥化工原料仓储库/40%	2010 年 9 月 17 日
24	北京爱森食品有限公司	南郊牛奶公司/40%	1999 年 11 月 30 日
25	北京龙山啤酒饮料有限公司	北京市永乐店农场/75%	2002 年 12 月 30 日
26	北京塞巴特软木制品有限公司	长阳农场/50%	1999 年 9 月 16 日
27	北京首农希杰餐饮管理有限公司	首农集团/51%	2017 年 10 月 30 日
28	北京沐淇自动售卖技术有限公司	艾莱发喜食品有限公司/20%	2017 年 2 月 27 日

（五）划给外系统

1. 北京海燕优美加体育器材有限公司　北京海燕优美加体育器材有限公司是西山农场与香港尤米卡有限公司合资设立的体育器材公司，生产各种球类，总投资 40 万美元，为全额注册。

2. 北京小西保健食品有限公司　北京小西保健食品有限公司的前身是西山农场直属国有企业的饮料厂，由西山农场和日本小西集团合资改建设立，注册资本 370 万美元。2001 年 6 月，这两家合资公司随西山农场整建制移交北京市海淀区。

■ 第三节　境外企业

北京农垦实施"走出去"战略始于 20 世纪 90 年代初。首农集团及其控股子公司控股的境外企业数量不多，早期境外公司主要从事贸易活动并承担招商引资任务，2010 年后，境外公司的成立以合资建立制造业企业和收购与首农集团主业相关的公司为主，同时也开始重视对境外公司的管理和整合。

一、存续的境外企业

1. 首农国际（香港）有限公司　2014 年 7 月 31 日，市国资委〔2014〕167 号文批复首农集团，同意在香港注册成立全资子公司；10 月 6 日，首农集团全资的首农国际（香港）有限公司注册设立，注册资本 1 亿港币。[①]

2. 首农百鑫有限公司　2002 年 1 月 21 日，三元集团总公司撤销京泰实业（集团）农工商部，成立香港京泰百鑫有限公司，注册资本 100 万港币，集团总公司持有 90% 的股权，京泰实业（集团）

---

① 2018 年 4 月 10 日，首农食品集团召开 2018 年第 2 次董事会，决定由首农国际（香港）有限公司收购京泰有限公司在香港的子公司伽碧有限公司。

名义持有10％的股权。2014年10月16日，首农集团〔2014〕259号文同意京泰实业（集团）农工商部的全部资产无偿划转至香港京泰百鑫有限公司，京泰实业（集团）农工商部债权债务全部由京泰百鑫承担。香港京泰百鑫有限公司作为港资企业，承担了北京农垦部分外商投资企业的出资人职能。2016年12月日，香港京泰百鑫有限公司在香港公司注册处完成公司名称变更登记，更名为首农百鑫有限公司。①

3. 北京企业（食品）有限公司 ［Beijing Enterprises (Dairy) Limited］   1997年2月20日，北京企业（食品）有限公司在英属维尔京群岛注册成立，注册资本5万美元。北企食品作为一家BVI公司（在英属维尔京群岛注册的公司），由北京控股有限公司全额出资，不从事任何经营活动。1997年3月7日，总公司与京泰实业（集团）签署股权转让内部协议，将总公司重组的牛奶（集团）公司全部权益的95％转让给北企食品，并参加北京控股在香港的上市。2004年11月30日，市国资委京国资改发字〔2004〕49号文，同意三元集团收购北京控股持有的北企食品65.46％的股权；12月3日，北京控股与三元集团、京泰实业（集团）签署《股权转让协议》，北京控股同意将其持有的北企食品65.46％的股权转让给三元集团、34.56％的股权转让给京泰实业（集团），北京控股退出北企食品。该次股权转让价款的确定依据是：根据三元食品股份公司2004年7月31日财务报表，北企食品持有三元食品股份公司的相关股份的净资产是47 017.4万元，股份公司每股净资产1.35元，双方同意适当溢价，即每股净资产1.42元，转让股权的总价款为32 362.1万元。2005年，中国证券监督管理委员会以证监司字〔2005〕84号文批准豁免三元集团的要约收购义务，此次收购完成后，北企食品法定股本仍为5万美元，变更实缴股本金300美元，按每股0.01美元的面值计算，实缴股本为3万股。其中，三元集团持有19 638股，占比65.46％；京泰集团持有10 362股，占比34.56％。之后，于2007年1月1日办理增发后的变更登记，2007年自动重新注册为英属维尔京群岛商业公司，注册号为219593，办公地为香港上环干诺道中200号信德中心。2007年4月和2008年5月，京泰集团对三元食品股份公司股票进行减持。2009年7月，三元食品股份公司以4元/股向首农集团和北企食品定向增发25 000万股，其中首农集团认购15 000万股，北企食品认购10 000万股，北企食品认购的10 000万股的三元食品的股份，全部由京泰集团所属BVI公司出资。2009年9月23日，北企食品董事会决定对北企食品普通股进行回购，实缴股本调整为29 305股。其中，首农集团持有19 638股，占比67.01％；京泰实业（集团）持有9 667股，占比32.99％。2010年8月25日，三元食品股份公司公布半年报：因北企食品股东京泰实业（集团）将其所持全部北企食品股份转让给京泰实业（集团）全资子公司Skysoar Limited（以下简称"Skysoar"），并由Skysoar增持北企食品股份，且北企食品向Wii Pte Limited（以下简称"Wii"）新发行750股股份，报告日北企食品实缴股本变更为34 809股。其中首农集团持有17 811股，占比51.14％；Skysoar持有16 268股，占比46.71％；Wii持有750股，占比2.15％。至2017年12月31日，股东及持股比例未变化。②

4. 艾莱发喜新西兰食品有限公司   2014年7月，艾莱发喜新西兰食品有限公司获得由市商委颁发的"企业境外投资证书"；8月，艾莱发喜新西兰食品有限公司在新西兰注册。艾莱发喜公司与新西兰新天然有限公司联合投资870余万美元，建立了艾莱发喜新西兰食品有限公司，艾莱发喜公司持70％股份，外方持30％股份。合资公司选取当地优质奶源，生产经营冰激凌系列、牛奶制品、蛋糕、雪糕、冰棍等。工厂占地面积约44 553米²，设计年产冰激凌2 000吨、奶油3 600吨。2015年年底，艾莱发喜新西兰食品有限公司在建工程完成过半，2017年完工投产。

5. 三元普度国际资本与贸易有限公司、加拿大克劳利置业有限公司（Crowley Property Limited）**和阿瓦隆乳业有限公司**（Avalon Diary Ltd.）   克劳利公司是加拿大市场认知度较高的高端有机奶生

---

① 2018年4月10日，首农食品集团召开2018年第2次董事会，决定将首农百鑫有限公司变更为首农国际（香港）有限公司的子公司。

② 2018年4月，北企食品实缴股本29 753.938 7股。其中首农集团持有16 181股，占比54.51％；Skysoar持有13 273.867 5股，占比44.72％；Wii持有229.071 2股，占比0.77％。

产企业，其持有生产有机奶的阿瓦隆乳业有限公司100％的股权。2016年5月6日，三元食品股份公司董事会决议收购加拿大克劳利公司100％的股权。为配合收购，三元食品股份公司和普度资本投资与贸易集团公司共同以现金方式出资在加拿大成立控股合资公司，三元食品股份公司持股51％，普度资本（加拿大）持股49％。2016年8月29日，三元普度公司注册成立。9月，先后取得市国资委、市商委、市发改委以及ICA（加拿大境外投资法案）的批准，并于9月30日完成交割。10月起，将三元普度公司及其下属子公司克劳利公司、阿瓦隆乳业公司纳入三元食品股份有限公司财务合并范围。[①]

6. 英国樱桃谷农场有限公司　2017年3月31日，经首农股份2017年第二次临时股东大会审议通过，公司拟与中信农业基金下设的宁波梅山保税港区鲲信丙申投资合伙企业（有限合伙）共同设立"北京首农生物科技有限公司"（暂定名），注册资本6.2亿元，中信农业基金及其一致行动人以现金方式增持股权，持有合资公司不超过49％的股权，在香港和英国新设SPV（特殊目的公司）或者收购SPV用于收购Anatis UK Limited 100％的股权及其持有100％股权的Chery Veiiey Farms Limited（英国樱桃谷农场有限公司），其中，首农股份收购比例不低于83％。9月11日，首农股份公司与中信农业基金公司在北京宣布，签署最终协议，双方联合收购英国樱桃谷农场有限公司100％股权。2017年CVF香港控股有限公司、CVF英国控股有限公司和Anatis英国有限公司、英国樱桃谷农场有限公司、樱桃谷农场（香河）有限公司、樱桃谷农场（山东）有限公司纳入首农股份2017年度财务合并范围。

7. 法国圣休伯特公司（St Hubert）**和香港三元食品有限公司**　2017年，首农集团第一届董事会第七十九次会议审议通过，同意三元食品股份公司联合复星高科和复星健控共同收购法国Montagu（孟塔古）基金公司持有的圣休伯特公司100％的股权，其中，三元食品股份公司出资比例约49％，复星高科约45％，复星健控约6％。2018年1月10日晚，三元食品股份公司发布《关于联合竞购Brassica Holdings股权的进展公告》。三元食品股份公司联合复星竞购Brassica Holdings，收购Brassica TopCo S. A.及PPN Management SAS100％的股权。2018年1月15日，买卖双方进行交割。香港三元食品有限公司是三元食品股份公司为完成收购Brassica Holdings股权项目于2017年8月在香港设立的特殊目的公司。

8. 澳洲中华食品城有限公司　澳洲中华食品城有限公司于2015年6月5日注册成立，注册资本100万澳元，股东及股权结构为：中联世贸国际投资控股有限公司持股40％，澳大利亚食品出口集团有限公司持股25％，京农工商澳洲有限公司持股20％，深圳前海万国优品供应链有限公司持股15％。该公司出资人京农工商澳洲有限公司完成注销后，将由首农国际（香港）有限公司受让澳洲中华食品城有限公司20％的股权。

二、已注销的境外企业

1. 香港京泰农工商有限公司　1991年9月，总公司在市政府香港窗口公司——京泰有限公司之下设立农工商部。1995年6月22日，香港公司注册处向京泰农工商有限公司颁发《公司注册证书》。因办理公司设立等手续，京泰农工商51％的股权由北京市政府香港的"窗口"公司京泰实业（集团）代持。2006年，三元集团与京泰实业（集团）签署协议，由京泰实业（集团）名义持有10％的股权，总公司支付给京泰实业（集团）7.2万元港币，以补偿其代付的各项费用，故京泰农工商实为总公司的全资子公司。2013年8月9日，京泰农工商完成注销。

2. 北农有限公司　1998年5月26日，市外经贸委批准总公司与美国沙氏顾问公司合作在美国密歇根州建立北农有限公司。项目总投资20万美元，为全额注册。其中，外方以农场及地上物的10年

使用权和 7 万美元现金出资，占股 51%；总公司以 9 万美元现金和价值 4 万美元的农机具、种子种苗等出资，占股 49%。公司合作经营农场，生产销售农牧产品。1999 年 3 月，双方签订合资合同、章程；10 月 14 日，国家对外贸易经济合作部〔1999〕外经贸政海函字 2080 号文批准北农有限公司设立；10 月 25 日，取得国家对外贸易经济合作部颁发的《境外企业批准证书》。该公司于 2002 年进行清算并撤销。

3. 澳大利亚三元凯莱乳业股份有限公司　2003 年 4 月 1 日，三元食品股份公司通过其全资子公司澳洲三元经贸，与澳洲凯莱乳业有限公司合资成立的澳大利亚三元凯莱乳业股份有限公司正式注册成立。2003 年 7 月 21 日，澳大利亚三元凯莱乳业股份有限公司正式营业。澳洲三元经贸有限公司共出资 521.521 2 万澳元，持有澳大利亚三元凯莱乳业股份有限公司 50% 的股权。该项目年加工鲜奶 30 万吨，主要产品为奶酪和各种配方奶粉。2005 年 2 月 4 日，市商务局办公室印发《关于同意撤销澳大利亚三元凯莱乳业股份有限公司的批复》（京商经字〔2005〕22 号），同意撤销澳大利亚三元凯莱乳业股份有限公司。

4. 莫斯科北京烤鸭店　1999 年 7 月，由总公司所属北京市慎昌实业公司与莫斯科天客隆有限公司（北京天客隆集团有限公司的境外子公司）合资设立"莫斯科北京烤鸭店"，在莫斯科天客隆超市内开办烤鸭店，总投资 80 万美元，全额注册。其中，天客隆公司以场地、附属设施及现金出资，折合 40 万美元，占 50%；慎昌公司以整修费用、厨房设备、原料烤鸭作价 40 万美元，占 50%。1999 年经市外经贸委〔1999〕174 号文批准立项，2000 年 12 月试营业。2001 年 2 月 16 日，国家对外贸易经济合作部（2001）外经贸发展海函第 377 号文正式批准设立"莫斯科北京烤鸭店"。2002 年 2 月，北京奥申委将该烤鸭店作为申办奥运会主办权的公关活动基地，向该店投资 10 万元，是年 2 月 26 日正式开业。2003 年，该烤鸭店停业撤销。

三、拟注销境外企业

拟注销的境外企业有两家：一是 1995 年 9 月 22 日设立的京农工商澳洲有限公司；二是 2002 年 4 月 30 日设立澳大利亚三元经贸有限公司。前者是首农集团独资公司，后者由三元食品股份公司投资设立。2018 年 4 月 10 日，首农食品集团召开 2018 年第 2 次董事会，决定注销京农工商澳洲有限公司、澳大利亚三元经贸有限公司。

■ 第四节　国际技术交流

一、早期的国际技术交流

1950 年 3 月 1 日，中央农业部在双桥农场成立农业部机耕学校，美籍专家韩丁在机耕学校授课；4 月上旬，北京牛乳场双桥牛队在美籍专家韩丁的指导下试制青贮饲料。1950 年，双桥农场学习苏联种棉的深耕、密植、多肥、整枝、治虫、灌溉经验，当年每亩籽棉产量达 81.5 千克，比 1949 年单产 24 千克增产 240%。[①] 1951 年 8 月下旬，农业部机耕学校实习农场（即双桥农场）棉田遭遇严重旱灾和虫灾，农业部苏联专家卢森科到农场检查工作，经苏联专家指导，有效地防治了蚜虫、红蜘蛛和叶斑病，当年籽棉每亩产量达 150 千克，比上年增产一倍。1952 年 10 月，北京牛乳场双桥牛队采用苏联先进经验，率先应用新鲜精液给奶牛人工授精，取得成功，这是中国奶牛史上最早开始试用人工授

---

① 《吸取苏联先进经验实行深耕密植提高了棉花产量》，载《机械化农业》1951 年，第 2 期。

精配种技术。1953年7月，双桥机械化农场学习苏联的栽培技术，小麦单产创新高，18.67公顷小麦每公顷产量2 581.8千克（折亩产344.24斤），比当地农民的单产高出两倍多。1953年，在苏联专家的帮助下，北京牛乳场设计并建立400头规模的双桥奶牛场。1955年11月11日，农业部干部学校在双桥机械化农场建分校，首次举办全国国营农场、军垦农场、劳改农场场长380余人参加的场长训练班，请苏联专家讲授计划管理等课程。1957年5月6日，民主德国最新出产的数十种新式农业机器在双桥农场展出，并由民主德国机械专家亲自做现场操作表演；7月8日，苏联专家克鲁奇柯夫到西郊农场视察。1958年1月28日，苏联果树专家德拉加夫采夫考察南口农场果树栽培的可行性。1962年4月，阿尔巴尼亚人民共和国韭葱专家奥科德洛瓦来东郊农场传授韭葱栽培技术，并对技术人员进行培训。1972年2月，美国专家阳早、寒春到南郊农场北牛场工作。

二、改革开放初期的国际技术交流活动

1979年市农场局复建，在中共十一届三中全会精神的指引下，开始"走出去"，学习国外先进经验。是年7月，南郊农场场长邢春华等一行14名专业人员与美国专家阳早、寒春赴美国考察畜牧机械化生产；8月，市农场局局长刘明、南郊农场场长邢春华、牛奶公司领导组成北京市奶牛机械化考察团赴美国考察。[1] 1980年11月，应日中友好协会全国本部邀请，由中日友好人民公社主任房威等9人组成的代表团赴日考察，商谈补偿贸易事宜。[2] 是年，东北旺农场水稻引进日式盘育秧、机插秧技术取得成功并逐步推广。1984年3月，市农场局局长房威等4人随同副市长王宪赴日考察日本奶牛业。1985年5月，长阳农场仁和酒厂派出3人赴联邦德国塞兹恩幸格诺尔制造厂学习药酒灌装线操作技术。[3]"七五"期间，总公司先后选派数百名人员去各三资企业工作，500多人分别去日本、美国、联邦德国、南斯拉夫、瑞典等国进行短期培训、实习研修和专业考察，使一批专业技术和经营管理干部开阔了眼界、更新了观念、增长了才干。[4]

向日本派遣农业研修生是北京农垦实施"走出去"的重要举措。1980年5月1日，日本鸟取县"接受中国农业青年实行委员会"致函中日友协副会长孙平化，建议中国派出10名农业青年到该县学习农业技术，国家有关部门决定由中日友好人民公社组织派遣实习。1981年1月14日，市政府批示同意，接受日本日中青年研修协会邀请，以中日友好人民公社的名义派23名水暖管道研修生赴日学习配管技术，期限两年；1月24日，日本鸟取县中国青年接待委员会提议，1981年接受北京市10名农业研修生，到日本学习养牛、养猪、蔬菜栽培、葡萄管理技术；1月29日，日本中国农业农民交流协会接受51名中国研修生去北海道、福岛、东京-神奈川研究农业技术，期限5个月至1年；8月3日，北京市政府同意中日友好人民公社派4名研修生赴日本研修养鸡技术，期限4个月。1981年11月20日，中日友好公社派出第四批农业研修生12人，到日本福岛县进行研修。至1981年年底，中日友好人民公社先后向日本派出农业研修生131人。[5] 1993—1998年，南口农场先后6次派8人到日本福岛和新潟研修果树，学习果树生产管理技术，掌握精细化管理、省力化栽培等技术。[6] 1997年10月，奶牛中心马春生到印度参加联合国粮农组合（FAO）、国际家畜记录委员会和印度全国乳业发展局共同举办的"发展中国家小农户家畜记录"技术研讨班，并做"中国奶牛的生产和记录"报告。

在"走出去"的同时，加大"请进来"的力度，积极学习国外先进技术和管理经验，开展学术交

① 北京市国营农场管理局农场史编辑室：《北京国营农场建设大事记》（1949—1985），第92页。
② 同①：101。
③ 北京市京政经贸字（1985）483号，北京首农食品集团有限公司档案室，案卷号260，电子版，第1页。
④ 《北京市农工商联合总公司"七五"计划总结及"八五"规划初步设想》，北京首农食品集团有限公司档案室，案卷号276，电子版，第13页。
⑤ 同①：108。
⑥ 《南口农场志（初稿）》，第55页。

流活动。1981年8月，由21个国家组成的农业考察团一行50人到永乐店农场小海字大队考察盐碱地改良及绿肥种植情况；10月27日，市农场局确定南郊农场为联邦德国在"改进国营农场经营管理措施"方面开展合作的科研协作基点。1986年3月12日，瑞典农业代表团一行8人到东郊农场参观蔬菜生产。1987年9月，应农业部农垦局邀请，美国加州大学两名农业研修生到东北旺农场马连洼果园、农机站、中日奶牛场、东北旺大队学习。1988年9月14日，参加国际水禽会议的来自17个国家的专家教授250人参观南郊农场的金星鸭场和卢沟桥农场的莲花池鸭场。1989年3月，日本水稻专家到东北旺农场，向各农场技术人员传授水稻旱育、稀植技术，随后，东北旺、西郊、南郊等农场开始进行试验推广；5月31日 联合国粮农组织驻京办事处3位畜牧专家到永乐店农场考察奶牛业。1996年5月29日—6月27日，德国高级专家组织（SES）推荐的Viktor Stolpmann夫妇应邀到华都集团进行"饲料配方技术与饲料现场生产技术指导"交流活动，华都集团所属企业近200名科技人员参加了此次活动。1997年5月23日，德国北部农业考察团到南郊农场亦庄分场董场村参观考察蔬菜大棚生产。

三、首农集团时期国际技术交流活动

首农集团时期，"请进来"和"走出去"紧密结合，国际技术交流更加频繁，层次有所提升。

2009年10月，绿荷中心16名技术人员到以色列国进行为期一周的学习考察。

2010年4月15日，荷兰泰高集团营养及饲养专家一行五人到养猪育种中心进行技术交流。4月，德国遗传国际公司（GGI）总经理Branding先生以及中国区执行经理Hempe先生一行访问奶牛中心，就双方合作、长期市场推广计划等事项与奶牛中心负责人交换意见；5月，联合国粮农组织的Samuel Cjutzi和Henning Steinfeld两位官员到金星鸭业中心南口种鸭场参观考察北京鸭的保种情况；12月20日，德国遗传国际有限公司（GGI）总经理Branding先生与德国ADT公司高级顾问Schmidt博士对奶牛中心进行访问；12月25—26日，孟加拉国前畜牧研究所主任、Lal Teer畜牧发展有限公司总顾问Quazi Md. Emdadul Huque博士及孟加拉国Arma公司董事长Abdur Razzaque到奶牛中心参观访问。

2011年3月1日，畜牧兽医总站邀请法国LSI公司专家进行猪病检测技术培训；5月6日，由中国商务部主办、农业部国际交流服务中心承办的"非洲法语国家禽流感防控技术培训班"学员到华都肉鸡公司参观访问；7月22日，由德国ADT公司高级顾问Schmidt博士、德国遗传国际有限公司总经理Branding先生等组成的专家团队对奶牛中心良种场、绿荷中心金银岛牛场进行全面评估与调研。

2012年8月6—7日，市奶业协会、绿荷中心、美国达农威公司在北京蟹岛会议中心举办"2012年度北京国际奶牛营养与饲料管理专题研讨会"，国际奶牛养殖著名专家学者维克立教授、戴夫·欧曼博士、比尔·斯通博士和詹姆生博士分别做演讲报告。2014年5月12—14日，首农集团董事长张福平赴上海，出席葡萄牙总统阿尼巴尔·卡瓦克·席尔瓦与中国企业家举行的早餐会，并就bogaris橄榄油项目、农牧业合作、食品加工业等方面与葡方交换意见。2015年4月20日，峪口禽业公司与全球最大的固体蛋氨酸生产企业——赢创德固赛（中国）签署《战略合作协议》，双方将联合开展峪口京红、京粉系列蛋鸡品种的饲料营养研究，包括氨基酸最适需要量的研究、饲料原料近红外图谱数据分析等，并建立与国外先进研究机构定期交流的机制，这是峪口禽业公司与国际顶级企业合作的新探索。2016年2月23日，荷兰海波尔种猪公司亚洲区技术总监Mr. Gait先生到中育种猪西邵原种猪场就进猪前的准备工作进行指导；3月25日，爱尔兰Bimeda集团AMEA地区CEO Ronan Smith、商业运营副总裁Brendan Smith等人到畜牧兽医总站访问，双方就爱尔兰和中国奶牛乳房炎的防治现状、防治技术及未来防治方向等进行交流与探讨；4月28日，美国奶牛营养专家Mike D. Hutjens博士考察首农畜牧公司金银岛牧场；9月5日，国内唯一的国际性畜牧行业展览会——集约化畜牧展（VIV）组织来自16个国家和地区的国际媒体代表团到首农畜牧第一牧场参观。2017年1月15日，首农畜牧选派里二泗牛场场长王康乐到美国俄亥俄州立大学培训,培训期一年;7月11日,首农集团总经理薛刚在光明公寓会见日本丘比株式会社社长南收,双方探讨进一步合作的具体领域和项目;7月25日,日本路兴株事会社社长张玉财和日本水稻专家石附建一先生来双河农场水稻良种繁育体系项目建设基地,再次考察联合引进、试验种植的北海道优质高食味水稻品种"美之梦"以及寿司专用米品种"七星"在抽穗期的长势情况;9月18日,德国乳品专家Dieter Doose受邀到柳州三元乳品加工厂,对风味发酵乳进行为期7天的技术指导。

■ 第五节 受赠和受援

一、受赠情况

北京农垦在20世纪50年代的受赠主要来自苏联等东欧社会主义国家。1952年3月22日,中央人民政府委员会主席毛泽东将罗马尼亚人民共和国政府部长会议主席格罗查赠送的两台拖拉机转交农业部双桥机耕学校。机耕学校和双桥机械化农场举行接收仪式,罗马尼亚驻华大使鲁登科代表罗方授礼,中央人民政府典礼局局长余心清代表政府接受。10月,北京牛乳场双桥牛队90%的牛群开始使用苏联赠送的第一台电气挤奶器挤奶。1953年6月,双桥机械化农场接受捷克斯洛伐克共和国赠送的拖拉机、拖车、培土机各一辆及各种配件195件,至年底,农场农业上的耕、耙、播90%实现机械化。1954年7月,五里店牛场(即后来的北牛场)在两栋牛舍中首次使用苏联赠送的提筒式挤奶机进行挤奶。1958年8月1日,农垦部在南郊农场举行蒙古人民共和国赠送中国1.5万匹蒙古役马的受礼仪式,场长赵彪代表中国人民接受赠礼。参加受礼仪式的有国务院副总理李先念、农垦部副部长姜齐贤、外交部副部长曾涌泉、北京市副市长冯基平和蒙古人民共和国驻中国大使鲁布桑、农牧业部副部长宫德布苏伦,南郊农场1 500名职工出席仪式。

从20世纪70年代起,北京农垦开始接受西方国家的捐赠。1973年春季,巴基斯坦航空公司鸡场(系加拿大谢佛公司的仔鸡场)通过中央人民政府对外贸易部赠送了1 000只星杂288商品代母雏鸡,由市畜牧办公室分给西山农场种鸡场饲养800只,分给南郊农场科技站饲养200只。1973年10月,澳大利亚联邦总理惠特拉姆将一头墨瑞灰品种肉用公牛赠送给国务院总理周恩来,上级决定交由种公牛站饲养。1978年4月6日,全国人大常务委员会副委员长乌兰夫出访澳大利亚前夕,将澳大利亚政府赠送给我国政府的一台拖拉机转赠给永乐店农场小海字生产大队,澳大利亚驻华大使和国家一机部部长周子健、市革委会副主任王磊等50余人参加移交仪式。1979年9月19日,市计委(79)京计基字第581号文批准中日友好人民公社建设现代化养鸡场,规模为饲养产蛋鸡12万只,项目由日方援建,日本公明党委员长竹人义胜为该项目捐赠了饲养12万只蛋鸡的全套设备。1980年11月,日本丸红株式会社赠送中日友好公社瘦肉型种猪23头,对该种猪在中国适应性、繁殖性能、育肥情况进行试验研究。① 1981年4月,市农场局副局长张邦恢、中日友好人民公社副主任去日本接收日本众议院副议长冈田春夫赠送的良种黑白花种公牛2头,专程去选牛。② 1981年,种公牛站利用联合国开发计划署资助,从法国凯苏(IMV)兽医药械公司引进制作细管冷冻精液的全套设备,成功生产出奶牛细管冷冻精液,从此,细管冻精在全国大规模批量生产。1982年9月,日本长野县日中友好协会赠送给中日友好人民公社的2台奶牛挤奶机运抵农场。③ 1983年4月,日本公明党赠送给中日友

---

① 北京市国营农场管理局农场史编辑室:《北京国营农场建设大事记》(1949—1985),第102页。
② 同①:105-106。
③ 同①:113-114。

好人民公社养鸡场的 12 万羽商品雏鸡全部输入，并赠送鸡笼，派出日方技术人员帮助安装及调试，此后，又加赠海赛克斯品系种雏 6 000 羽，分两次于 1983 年秋和 1984 年输入。1983 年 6 月 27 日，在东郊农场大院举行比利时王国合作发展部赠送农场 6610 型拖拉机的交接仪式，并在现场演示了该机型的操作。1983 年 10 月 15 日，日本福岛市日中农业技术交流协会为祝贺中日友好人民公社成立 5 周年，赠送了价值 500 多万日元的小型农机具及配件。[①] 1985 年 10 月 25 日，日本北海道汤浅牧场场主赠送中国一批奶牛，其中 35 头奶牛在中日友好人民公社的奶牛场饲养，该牛场被命名为中日友好奶牛场，中共中央政治局委员王震等领导参加了中日奶牛场的剪彩仪式，并题词"发展奶牛事业，促进中日友好"，中日友好协会会长廖承志题写"中日奶牛场"牌匾。1988 年，总公司接受芬兰政府技术援助的 25 万芬兰马克，用于引进一套干酪制作设备。1990 年，以色列赠送 1 700 套雅康父母代种鸡，在卢沟桥农场饲养。[②] 2000 年 9 月 13 日，加拿大驻华大使馆将朱镕基总理获赠的种公牛"龙"正式移交奶牛中心饲养，农业部副部长齐景发、加拿大大使贝祥等出席交接仪式。

北京农垦历史上最大的受援项目是奶类发展项目。改革开放初期，中国乳品供应短缺很严重。为了迅速发展奶业，大幅增加鲜奶及乳制品的供应，1981 年 8 月，农业部向联合国世界粮食计划署提出奶类援助项目。世界粮食计划署的第一期奶类发展项目实际上属于"乳品无偿援助项目"。

为了争取该项目能够通过和实施，北京农垦前期做了一些国家农牧渔业部交办的工作。1982 年 1 月 29 日，市政府决定成立北京市接受联合国援助发展奶业项目领导小组和管理办公室；5 月 6 日，联合国粮农组织国际奶类发展计划署和世界粮食计划署联合派出三人先遣组来京，进行联合国援助中国六大城市发展奶业可行性考察；5 月 8 日，市农场局接待联合国粮农组织"国际奶类发展计划"和世界粮食计划署联合派出的三人先遣组，副局长张邦恢汇报了北京奶业的生产、加工、销售和发展设想；5 月 10—15 日，三人先遣组对市农场局的 4 个国营牛场、种公牛站、5 个牛奶加工厂、3 个乳品门市部、2 个发奶点，以及农场局所属的农村 5 个集体牛场、2 家个体养牛户进行了 6 天的考察。5 月 19 日，联合国粮农组织"国际奶类发展计划"和世界粮食计划署联合派出的考察组与农牧渔业部座谈，确认 1983—1987 年共无偿援助中国脱脂奶粉 5.2 万吨、脱水奶油 1.66 万吨，北京市占受援的 45%。

1983 年 5 月，第 15 次粮食援助政策及计划会议正式通过援助中国六大城市的奶类发展项目（代号"2647"）。援助内容是，世界粮食计划署分年度向中国六大城市提供 45 000 吨脱脂奶粉和 12 330 吨无水黄油，折合总价值 6 473.3 万美元。受援城市及分配比例最终调整为北京 38%，上海 19%，天津 13%，武汉、南京、西安各 10%。[③] 市农场局收到农牧渔业部通知，联合国粮食计划署援助北京市脱脂奶粉 1.35 万吨，脱水奶油 1 800 吨。项目要求受援的乳制品就地加工成再制奶，然后再与当地所产鲜奶按不超过 1∶3 的比例进行混合后供应市场。项目执行期 5 年，实为 6 年（1984 年 5 月—1990 年 6 月）。

北京农垦在正式实施该项目前就提前进行了布局。1982 年 12 月，北京市向联合国粮农组织总干事萨乌马先生递交对北京市生产再制奶的乳品质量控制检验条件给予 38 万美元支持的《技术援助可行性报告》。1983 年 3 月 2 日，市计委（83）京计基字第 086 号文件批复市农场局，为了解决联合国援助奶粉再制奶问题，同意扩建西郊乳品厂和东直门外乳品厂；5 月 16 日，世界粮食援助政策和计划委员会第 15 次会议批准对北京市生产再制奶给予 38 万美元技术援助的可行性报告，用于装备东直门外、西郊、双桥、南郊 4 个乳品厂的牛奶质量化验设备。1984 年 7 月，牛奶公司西郊乳品厂和东直门外乳品厂与奶类发展项目办公室合作，分别建成再制奶车间，日加工再制奶 3 万千克，对消化受援奶粉和黄油，解决吃奶难问题起到重要作用；8 月，北京市牛奶敞开供应，结束了首都人民凭票证购奶、吃奶难的状况；10 月 30 日，《经济日报》报道：北京市基本解决了长期存在的群众喝奶难

① 北京市国营农场管理局农场史编辑室：《北京国营农场建设大事记》（1949—1985），第 120 页。
② 北京市地方志编纂委员会：《北京志·农业卷·国营农场志》，北京出版社，2000 年，第 170 页。
③ 刘成果：《中国奶业史》（通史卷），中国农业出版社，2013 年，第 265 页。

问题。

1986年10月，中国政府正式向欧洲经济共同体（EEC，简称欧共体）提出"中国20个城市奶类发展项目"的申请，之后，北京农垦也接待了欧共体官员及专家的实地考察。1988年3月，中国政府与欧共体签署《EEC援助中国20城市奶类发展项目协议书》，并开始实施。欧共体从世界粮食计划署接手奶类援助项目后，除了继续推进此前的援助内容外，另赠无水黄油1 700吨用于北京、上海等城市加工再制奶，总价值7 300万欧洲货币单位（ECU），约折合9 149万美元。此外，还提供450万ECU（约折合549万美元）的财政技术援助，用于聘请外国专家进行技术服务、资助中方人员出国培训、赠送乳品化验仪器等。以上两项合计7 950万ECU，折合9 698万美元。在受援城市中，北京分在甲组，占受援比例的8％，列原六大城市之首。① 该项目执行期为5年（1988—1992年），北京农垦实际执行期为1990—1992年。

1984—1992年，北京农垦先后接受世界粮食计划署联合国、欧共体两期无偿援助的奶类项目，共受赠奶粉20 380吨、无水黄油6 801吨，其还原的牛奶相当于当年全市牛奶产量的15％～20％。② 按照两期受援总金额及总公司所占的比例测算，共受赠3 235.694万美元。这样大的规模资金投入在北京农垦奶业史上是前所未有的，为北京农垦的奶业发展进一步夯实了物质基础和管理基础。

北京农垦接受外国政府、企业或联合国无偿援助情况见表5-3-7。

表5-3-7　北京农垦接受外国政府、企业或联合国无偿援助情况

受赠时间	受赠单位	国别	受赠内容	价值量
1952年	双桥机耕学校	罗马尼亚	拖拉机2台	
1952年	北京牛乳场	苏联	电器挤奶器1台	
1953年	双桥机械化农场	捷克斯洛伐克	拖拉机、拖车、培土机各1台、各种配件195件	
1954年	五里店牛场	苏联	提筒式挤奶机1台	
1958年	南郊农场代表全国国营农场	蒙古	全国受赠15 000匹役马	
1973年	西山、南郊农场	巴基斯坦	星杂288商品代母雏鸡1 000只	
1973年	市种公牛站	澳大利亚	墨瑞灰品种肉用种公牛1头	
1978年	永乐店农场	澳大利亚	拖拉机1台	
1979年	中日友好公社	日本	饲养12万只蛋鸡全套设备	
1980年	中日友好公社	日本	瘦肉型种猪23头	
1981年	中日友好公社	日本	黑白花种公牛2头	
1981年	市种公牛站	联合国开发计划署	资助购买法国凯苏（IMV）兽医药械公司制作细管冷冻精液的全套设备	
1982年	中日友好公社	日本	挤奶机2台	
1983年	中日友好公社	日本	商品雏鸡12万羽	
1983年	东郊农场	比利时	6610型拖拉机1台	
1983年	中日友好公社	日本	小型农机具及配件	500万日元
1983年	市牛奶公司	联合国粮食计划署	4个乳品厂牛奶质量化验设备	38万美元
1984年	中日友好公社	日本	海赛克斯品系种雏6 000羽	
1985年	中日友好公社	日本	奶牛35头	
1988年	市牛奶公司	芬兰	干酪制作设备1套	25万芬兰马克

① 刘成果：《中国奶业史》（通史卷），中国农业出版社，2013年，第266页。
② 北京市地方志编纂委员会：《北京志·农业卷·国营农场志》，北京出版社，2000年，第171页。

（续）

受赠时间	受赠单位	国别	受赠内容	价值量
1990 年	卢沟桥农场	以色列	雅康父母代种鸡 1 700 套	
2000 年	奶牛中心	加拿大	种公牛"龙"	
1984 年 5 月—1990 年 6 月	总公司奶业发展项目办公室	联合国粮食计划署	脱脂奶粉 13 500 吨，脱水奶油 1 800 吨	2 459.854 万美元
1990—1992 年	总公司奶业发展项目办公室	欧洲经济共同体	脱脂奶粉 7 880 吨，脱水奶油 5 001吨	775.8 万美元

二、受援情况

改革开放后，北京农垦开始使用外国政府贷款和国家金融组织贷款。1982 年 4 月 20 日，市牛奶公司与丹麦政府签订协议，由东直门外乳品厂利用丹麦政府的无息贷款 1 500 万丹麦克朗从丹麦 DID 公司引进一套日产 15 吨的酸奶生产设备，这是北京市使用外国政府贷款的第一个项目。[①] 1983 年 4 月 7 日，东直门外乳品厂生产果料酸奶车间投产剪彩，该项目使酸奶生产的自动化、机械化、封闭化技术达到国内先进水平，并成功生产出果料塑杯酸奶和凝固型塑杯酸奶。1987 年 4 月 11 日，市政府与总公司签署《国际开发协会"淡水养鱼项目"分转贷及项目执行协议书》，北京农垦使用的是世界银行"软贷款"，即国际开发协会贷款（IDA Credit），还款期从 1987 年 7 月日起，共 35 年，宽限期10 年，承诺费率为年率 0.5%，无息，但须征收 0.75% 手续费。秋季，总公司利用世界银行贷款，开始在部分农场建成高标准千亩连片的商品鱼基地 243.33 公顷；1992 年 10 月，该项目通过世界银行检查团的终期验收。[②] 1987 年 5 月 8 日，总公司新建北郊乳品厂（即后为华冠乳品厂），中荷两国政府正式签约，贷款 1 463 万荷兰盾，年利率 2.5%，30 年还清（含 8 年宽限期），每年分两次付息，还本自协议生效第 9 年开始，每年偿还两次。[③]

北京农垦使用外国政府及国际金融组织贷款情况见表 5-3-8。

表 5-3-8　北京农垦使用外国政府及国际金融组织贷款情况

序号	项目单位	项目名称/国别	外国政府贷款（万美元）
1	东直门外乳品厂	酸奶生产设备、分析检测仪器、软件/丹麦	214.0
2	新建北郊乳品厂	鲜奶和乳制品加工设备/荷兰	709.1
3	华都肉食品公司	引进真空冷冻干燥食品设备/加拿大	280.0
4	农工商总公司、慎昌公司	引进意大利制革生产线/意大利	280.0
5	总公司及部分农场	淡水鱼养殖项目/世界银行集团·国际开发协会	115.3
6	合计		1 598.4

说明：1. 序号 1~4 源自《北京志·对外经贸卷·对外经贸志》第 216、217、219 页；序号 5 源自《北京农垦大事记》第 153 页。

2. 北京市淡水鱼养殖项目利用世界银行贷款 743 万特别提款权，折 857 万美元；北京农垦 100 万特别提款权，折 115.3 万美元。

---

① 北京市地方志编纂委员会：《北京志·对外经贸卷·对外经贸志》，北京出版社，2005 年，第 214 页。

② 凌熙和：《北京市利用世行贷款加速商品鱼基地建设》，载《中国水产》1993 年第 1 期，第 19 页。

③ 北京首农食品集团有限公司档案室：案卷号 392，第 13 页。

第六节 国际经济合作

北京农垦与国外经济合作的主要形式是建立先进设备和技术的展示窗口、推广平台，主要有以下4 个合作项目：中国-瑞典奶业培训中心、中以示范农场、中国-荷兰北京畜牧培训示范中心、中以示范奶牛场。

一、中国-瑞典奶业培训中心

1983 年 9 月 19 日，中国农牧渔业部与瑞典农业科学大学签订建立《中国-瑞典奶业培训中心的协议》。中瑞奶业培训中心由北京市国营农场管理局、北郊农场与瑞典农业科学大学共同出资，总投资700 万元。其中瑞典方面由 Alfa-Lavalw 公司、Tetra Park 公司以及 Tecator 公司无偿提供价值 710万瑞典克朗的奶业加工设备，以及 210 万瑞典克朗的培训资料，总价值合计人民币 230 万元；市农场局及北郊农场出资 470 万元，负责提供奶牛、场地及一切建筑物、附属设施和道路的建设。11 月 19日，农牧渔业部畜牧局与瑞典农业科学大学代表在北京签署中瑞奶业培训中心项目的有关文件。1985年 10 月 30 日，中瑞奶业培训中心正式建成，包括一座有 240 头奶牛的牛场、1 个培训学校及 1 座图书馆，总建筑面积 6 014 米^2。1987 年 12 月 1 日，由于中瑞奶业培训中心项目效果良好，中瑞双方在瑞典乌普萨拉签订协议，将项目再续延 4 年，实施二期合作。二期合作的前两年（1988—1989 年），瑞典提供 2 865 万瑞典克朗，中国提供 100 万元人民币。1988 年 9 月，中瑞奶业培训中心与总公司职大联合办学，设立成人教育乳品大专班，列入国家教育委员会招生计划，招收全国统考大专生，先后有 288 人获得国家正式的大专学历。1993 年 4 月 21 日—5 月 10 日，国家教育委员会根据中国政府与欧洲经济共同体关于中国 20 城市奶业发展项目资助的实施议定的技术援助条款规定，欧共体与农业部奶类项目办公室在中瑞奶业培训中心举办"牛奶质量控制培训班"。截至 1993 年 12 月 31 日，中瑞奶业培训中心自 1985 年 10 月建成并开课以来，共办 72 期短训班，全国 25 个省市自治区共 1 850 人次参加培训；同时，瑞典农业科学大学无偿对培训中心部分技术、工程师进行境外技术培训，培训中心有 13 人次参加，其中 3 人获得瑞典农业科学大学硕士学位。1995 年，在农业部、中国农业大学和中瑞奶业培训中心的共同努力下，经国家教育委员会批准，中瑞奶业培训中心正式列为中国农业大学食品科学专科，首次拟在全国范围内招收 40 名学员。1995 年 9 月，中瑞奶业培训中心正式接待第一批来自不同国家的国际班学生。1996 年 3 月 18—24 日，在农业部、农业学会、畜产品加工学会等单位组织举办的中国国际农业科技年会上，中瑞奶业培训中心生产的"VHT"鲜牛奶获首届"中国国际科技精品金奖"。1997 年，总公司组建乳业集团参加北京控股股份公司在香港上市，中瑞奶业培训中心纳入三元食品有限公司，更名为乳品五厂。2009 年 8 月 13 日，农业部畜牧司、首农集团、瑞典利乐拉伐集团签署《合作备忘录》，计划三年内开展更专业的牧场管理人才培训，引进世界先进的奶牛饲养管理技术，提升国内原料奶的生产水平，促进中国乳业的可持续发展。这是中国和瑞典政府合作建立的"中瑞奶业培训中心"推出的第二期工作计划。中国奶业协会理事长刘成果、瑞典王国驻华公使临时代办 Mattias Lentz、利拉伐总裁 Joakim Rosengren 出席签字仪式并分别致辞。

二、中以示范农场

1994 年 9 月，中国政府和以色列国政府签署《关于建立中以示范农场的谅解备忘录》，签约双方同意在北京市建立一个示范农场，合作项目期限为 8 年，以方投资 150 万美元，中方投资 320 万美元。1995年2月14日，以色列国代表团到永乐店农场听取拟建中以示范农场选址情况汇报。听取汇报后，以方当场决定示范农场建在德务村西，占地80公顷。1995年5月9日，中以示范农场举行建场典礼，农业部部长刘江、副市长段强和以色列国驻华大使等近300人参加。1995年9月14日，国家副主席荣毅仁、北京市市长李其炎、以色列国驻华大使和参赞参观中以示范农场，荣毅仁听取永乐店农场场长柳文斌的汇报后，肯定了中以示范农场对全国农业发展的示范意义；11月4日，农业部常务副部长吴亦侠率各省市主管农业的副省长一行60人参观考察中以示范农场；11月20日，中共中央政治局常委宋平考察中以示范农场，听取永乐店农场党委书记柳文斌的汇报，宋平要求："掌握好以色列的种苗和技术，把北京市周围农民的蔬菜大棚充分利用起来。"1996年2月2日，国务院副总理李岚清、农业部部长刘江、副市长段强一行30人在以色列国驻华大使、参赞和总公司经理邢春华的陪同下参观中以示范农场；同日，农业部、农垦司一行60人参观中以示范农场；4月10日，国务院副总理姜春云、农业部部长刘江、国家计委副主任王春正、财政部副部长李延龄、林业部副部长王志宝、水利部副部长严克强、中央政研室副主任肖万钧等一行人参观视察中以示范农场；11月27日，经总公司同意，中以示范农场在市工商局办理法人营业执照，企业性质为全民所有制，注册资金1 275万元。1997年5月9日，以色列国副总理、驻华大使一行20余人在农业部长刘江、总公司经理邢春华的陪同下参加中以示范农场建场两周年庆典活动。2000年4月26日，正在中国访问的以色列国总统魂茨曼参观中以示范农场。2001年10月，中以示范农场完成的"引进以色列现代园艺设施栽培技术试验示范"项目获2000年度北京市农业技术推广奖三等奖。2003年1月，农业部确定全国农垦无公害农产品示范基地农场创建单位100个，北京农垦的中以示范农场的蔬菜被列入名单。中以示范农场是中国第一家引进以色列滴灌设施及技术的农业企业，显示了较好的社会效益。

三、中国-荷兰北京畜牧培训示范中心

1996年4月15日，中国农业部和荷兰王国农渔部达成在北京国营农场建立一个中荷畜牧培训示范中心的协议；5月16日，北京市政府批转农业部《关于执行中荷农业部-北京畜牧培训示范中心项目的函》，要求总公司认真做好项目实施的准备工作；5月22日，总公司向市计委报送《关于中荷北京畜牧培训示范中心项目的请示》，拟选在西郊农场畜牧二队的国有土地中，占用土地8公顷，建筑总面积12 694米^2。项目总投资8 730.72万元，其中荷方投资600万美元（折人民币4 992万元），主要用于种购买母鸡、种鸡、饲养及培训设备，粪污处理系统以及专家费用等。中方投资3 738.72万元，申请市拨款2 400万元，其余1 338.72万元自行筹措。1997年10月23日，作为总公司1997年重点建设项目的中荷畜牧培训中心落成。中共中央政治局委员、书记处书记温家宝，农业部部长刘江、副部长刘成果等参加竣工典礼并剪彩。12月20日，中共中央政治局委员、中共北京市委书记、市长贾庆林到中荷畜牧培训中心和奶牛中心良种场视察工作，强调总公司及中荷畜牧培训中心应成为北京现代农业示范基地，为全市实现农业现代化提供服务。1998年4月23—29日，中荷畜牧培训中心成功举办首期猪场场长培训班。2001年12月19日，三元集团总公司举行中荷畜牧培训中心一期合作期满交接仪式。2005年2月，市农委、市质监局、市农业局、市林业局向中荷畜牧培训中心联合颁发"农业标准化先进单位"证书。

四、中以示范奶牛场

2000年5月8日，根据1997年5月中国农业部与以色列国农业部达成的协议，中以示范奶牛场在永乐店农场德仁务牛场破土动工，牛场的设计规模为1 000头，其中成乳牛600头。2001年2月6日，农业部副部长刘坚与以色列国驻华大使沙雷夫签订《中以示范奶牛场协议》，中方投入1 000万元人民币，用于基础设施建设和牛场改造；以方投入30万美元的挤奶、电子计算机管理等先进设备

和 20 万美元的专家费用。在实际运作中，总投资 1 602 万元，其中中方投资 1 187 万元人民币，乙方投资 50 万美元（折 415 万元人民币）。项目分二期，一期总投资 596 万元人民币，中以示范奶牛场于 2001 年 10 月 12 日落成；二期投资 591 万元人民币，于 2002 年 2 月完工。2006 年 7 月 6 日，绿荷中心举办"中以示范奶牛场项目合作研讨会"。2007 年 6 月 25 日，以色列国外交部部长阿兰德·莫维奇一行 10 余人参观中以示范奶牛场，并在留言簿上写下"继续我们成功的合作"。2009 年 1—4 月，中以示范奶牛场每头奶牛日产奶量达到 32 千克，年产奶量有望突破 11 吨，再创国内新高，接近世界最高水平；5 月 27 日，在中以示范奶牛场举行"庆祝中以示范奶牛场创国内奶牛单产新纪录仪式"。

北京农垦国际经济合作项目见表 5-3-9。

表 5-3-9　北京农垦国际经济合作项目

项目名称	外方	中方	总投资	外方投资额	中方投资额	签约时间	建成时间
中瑞奶业培训中心一期	瑞典农业大学	农场局	700 万元人民币	920 万瑞典克朗（折 230 万元人民币）	470 万元人民币	1983.11	1985.10
中瑞奶业培训中心二期			4 968 万元人民币	2 865 万瑞典克朗（折 4 868 万元人民币）	100 万元人民币	1987.12	1988 年
中以示范农场	以色列	农场局	470 万美元	150 万美元	320 万美元	1994.09	1995.05
中荷畜牧培训示范中心	荷兰农渔部	农场局	8 730.72 万元人民币	600 万美元（折 4 992 万元人民币）	3 738.72 万元人民币	1996.04	1997.10
中以示范牛场	以色列农业部	总公司	1 602 万元人民币	50 万美元	1 187 万元人民币	2001.02	2001.10

说明：1. 投资额仍采用立项申请和可行性报告中的原计量单位。

　　　2. 1983 年瑞典克朗对人民币汇率按照 1∶4 计算，1987 年人民币对瑞典克朗汇率按照 1∶1.699 计算。

■ 第七节　与国外的友好往来

北京农垦与国外的友好往来大体可以分为以下两个阶段：

一、第一阶段：以友好公社对应的国家为主的友好往来（1952—1978 年）

20 世纪 50 年代初，北京农垦最早建立的几个国营农场就与苏联及东欧一些国家有友好往来。1952 年 4 月 5 日，苏联及人民民主国家驻华使馆官员参观农业部机耕学校及其实习农场（双桥农场）。1953 年 8 月，双桥机械化农场园艺队王德厚代表河北省青年参加在布加勒斯特举行的第四届世界青年联欢节活动；1955 年 8 月，再次参加在华沙举行的第五届世界青年联欢会活动。1953 年，先后有朝鲜民主主义人民共和国、越南民主共和国、印度共和国等国家相关人员到农场学习蔬菜、养鸭先进技术。1954 年，双桥农场接待了朝鲜人民民主共和国元首金日成、蒙古人民共和国驻华大使。[1] 1955 年，南郊农场接待了越南民主共和国主席胡志明。[2] 双桥农场自建场至 1959 年年底，共接待越南、伊拉克等国留学生 3 000 多人次。

1959—1978 年，北京农垦经国家和北京市外事部门批准，建立了中朝、中越、中阿、中古、中柬和中日 6 个对外友好人民公社。此外，东风农场、朝阳农场曾一度并入过中德友好人民公社，

---

[1]　北京市国营农场管理局农场史编辑室：《北京国营农场建设大事记》（1949—1985），第 15 页。

[2]　同[1]：18。

香山农场一度并入中保友好人民公社。这些友好公社主要接待对应友好国家的政府代表团和友好人士参观访问，同时也在国家外事部门的安排下，接待其他国家代表团、各国政要、友好人士的访问。

1959 年 1 月 27 日，德意志民主共和国总理格罗提渥和夫人到朝阳人民公社东坝管理站，将东坝管理站命名为中德友好人民公社。同月，朝阳区将原高碑店人民公社、原星火人民公社和原东坝人民公社合并为中德友好人民公社（含农展馆农场、朝阳农场与酒仙桥、平房、东坝、楼梓庄等）。东风农场、朝阳农场也曾一度并入过中德友好人民公社。

1959 年 10 月，市委决定将海淀区四季青人民公社的香山、西山、田村、蓝靛厂、东冉村、玉泉 6 个大队和香山农场并入海淀区四季青中保友好人民公社。1961 年 6 月，香山农场从海淀区四季青中保友好人民公社析出。

1960 年 8 月 11 日，红星人民公社召开"红星中朝友好人民公社"命名大会，中朝友好协会会长李德全、副市长吴晗和朝鲜驻华使馆大使李永镐、朝鲜友好代表团团长金钟恒出席并讲话；南郊农场（红星公社）与朝鲜宅庵合作农场结为友好农场。8 月 29 日，经中央外事办公室、农业部和市委农工部批准，沙河人民公社（北郊农场）被命名为"沙河中越友好人民公社"，在越南民主共和国成立 15 周年时召开命名大会。11 月 29 日，经中央外事办公室、农业部和市委农工部批准，和平人民公社被命名为"和平中阿友好人民公社"，在阿尔巴尼亚人民共和国成立 16 周年时召开命名大会。

1971 年 11 月 7 日，国务院总理周恩来、副总理李先念陪同柬埔寨王国西哈努克亲王到长阳农场参加中柬友好人民公社命名大会。

1978 年 8 月 12 日，中日两国缔结和平友好条约；9 月 22 日，中国人民对外友好协会将《关于拟建中日友好人民公社的请示》呈报中央；10 月 6 日，中央同意在北京建立中日友好人民公社，并决定在邓小平赴日本举行互换中日友好和平条约批准书仪式的 10 月 23 日下午举行中日友好人民公社命名大会；10 月 23 日下午，全国人大常务委员会副委员长谭震林、国务院副总理陈永贵与日中农业农民交流协会会长八佰板正、日本著名的友好人士西园寺公一等 200 多人出席"中日友好人民公社"命名大会。

1962 年，南郊农场接待参观人员 17 161 人次，其中外宾 270 人。[①] 南郊农场先后接待过朝鲜劳动党和国家领导人金日成、崔庸健，印度尼西亚共产党总书记艾地，缅甸联邦总理吴奈温，索马里最高革命委员会副主席穆罕默德·艾南希，日本社会党主席黑田寿男，墨西哥合众国总统埃切维利亚，马来西亚联邦总理拉扎克，美国首任驻华联络处主任乔治·布什（后任总统），刚果（布）总理洛佩斯，菲律宾总统马科斯及夫人，德意志联邦共和国总理施密特及夫人，尼日尔国家主席孔切等外国政要。1972 年，中朝、中古、中越、中柬 4 个友好公社接待外宾 300 多人次。[②] 中越友好人民公社两次接待越南民主共和国总理范文同，以及越南国会副主席黄文欢、越南南方共和国主席阮友寿、越南共产党中央第一书记黎笋、越南民主共和国副总理黎清毅、赞比亚共和国总统卡翁达等外国政要。1972 年 4 月、1974 年 8 月，柬埔寨王国民族团结政府首相宾努亲王和夫人两次率政府工作人员 50 人参加长阳农场果园劳动。从 1978 年中日友好人民公社成立至 1995 年止，中日友好人民公社共接待来自 60 多个国家和地区、6 万多人次的外宾参观访问，包括日本公明党委员长竹入义胜、日本官房长官二阶堂进、日本防卫厅长官中曾根康弘。

从 20 世纪 80 年代起，到北京农垦参观访问的国外政要大幅减少，但仍有零星到访。1981 年 3 月 15—21 日，法国财贸部名誉主席盖默一行 4 人到北京与市农场局就食品加工贸易项目进行商谈。1982 年 11 月 25 日，比利时王国合作发展部代表团到东郊农场参观访问。1985 年 10 月 30 日，瑞典

---

① 北京市国营农场管理局农场史编辑室：《北京国营农场建设大事记》（1949—1985），第 43 页。
② 同①：71。

王国议长本特松在全国人大常务委员会副委员长黄华的陪同下参观访问新落成的中瑞奶业培训中心。1987 年 4 月，刚果共和国总统德尼·萨苏·恩格索到东郊农场访问。1988 年 10 月 5 日，肯尼亚共和国总统丹尼尔·阿拉普·莫伊偕夫人一行 90 人到东郊农场参观访问。1990 年 10 月 16 日，乌干达共和国总理基赛卡到南郊农场参观访问。1991 年 3 月 12 日，巴基斯坦伊斯兰共和国、孟加拉人民共和国的两国大使、公使、参赞、武官及随行人员 50 多人，在外交部副部长齐怀远的陪同下到双桥农场参观，访问常营清真古寺、常营回民家庭和管庄分场京来顺饭庄；7 月，古巴共和国国务委员、副主席罗德里格斯及夫人一行 9 人参观访问双桥农场；10 月 20 日，以色列国农业科技参赞在中国外交部副部长等领导的陪同下参观永乐店农场。1992 年 5 月，印度共和国总统文卡塔拉曼参观访问北郊农场。1993 年前后，经北京市外事部门批准，北京农垦 6 个对外友好人民公社先后更名为"友好农场"。1994 年 10 月，以朝鲜民族统一战线议长郑斗焕为团长的朝鲜代表团到南郊农场参观访问。1995 年 2 月，蒙古人民革命党总书记布·达希云一行参加访问奶牛中心良种场，年内，奶牛中心共接待 9 个代表团参观访问；3 月 17 日，应农业部邀请，驻京外交使团的 40 名外交官参观东北旺农场和北郊农场的蔬菜生产基地、奶牛场、工艺品厂；10 月，吉尔吉斯斯坦总理朱马古洛夫参观访问北郊农场。

二、第二阶段：以商务活动为主的对外友好往来（2000—2017 年）

这一阶段，北京农垦的对外友好往来主要以商务活动为主、政务活动为辅。

2000 年 4 月 26 日，正在中国访问的以色列国总统魂茨曼参观中以示范农场。

2002 年 4 月 20 日，古巴代表团到中古友好农场参观访问；8 月 23 日，三元集团董事长包宗业接受德国《商报》记者马库斯·盖斯特的专访。

2003 年 2 月 11 日，朝鲜驻华大使崔镇洙、武官千俊昌一行 9 人参观访问红星中朝友好农场；10 月 14 日，北京星巴克咖啡有限公司为位于亚运村北的第五大道商业区新开业的星巴克咖啡店举行隆重的开业仪式，正在北京访问的美国华盛顿州州长骆家辉出席开业仪式；10 月 17 日，日本花卉行业高级别人士一行 11 人考察双卉新华园艺场的菊花种植情况。

2004 年 4 月，蒙古国的三省领导人到呼伦贝尔三元参观访问；5 月 20 日，古巴储备局局长（华裔）邵黄将军及其随行人员到中古友好农场参观访问，向农场赠送安东尼奥·马赛奥骑像（复制品）；5 月 26 日，乌拉圭东岸共和国牧农渔业部长马丁·阿吉雷萨巴拉、驻华大使佩拉约·迪亚斯·穆格尔参观绿荷中心。

2007 年 7 月 31 日，日本福岛市中学生海外派遣访问团访问东北旺农场；8 月 14 日，秘鲁共和国部长会议主席德尔卡斯帝律之子米格尔偕夫人到三元食品股份公司乳品一厂参观访问；8 月 28 日，日本双日株式会社总裁加濑丰一行访问三元集团；10 月 22 日，瑞典王国农场主联合会代表团一行到艾莱发喜公司参观访问；9 月 11 日，日本东京农业协会组织养殖户和销售户代表一行 11 人到北郊农场参观考察；10 月 31 日，日本福岛市市长濑户孝则一行 8 人访问东北旺农场。

2008 年 3 月 13 日，古巴对外友协会长巴西利奥·古铁雷斯先生和亚太司司长阿莉西亚·克莱德拉女士一行 7 人到中古友好农场幼儿园、康城花园和三元食品股份公司乳品一厂参观访问；6 月 12 日，日本福岛市政府国际交流协会事务局、福岛市政府总务部企划政策课都市间交流推进室室长荒井政章先生一行 3 人到东北旺农场参观访问。

2009 年 7 月 24 日，波黑塞族共和国驻华、驻蒙古国大使佩罗·巴伦契奇一行到太洋药业参观并洽谈合作意向；8 月 19 日，美国国会众议员 Jack Kingston 及其助理一行在美国驻华使馆官员的陪同下，到华都肉鸡公司参观考察；9 月 22 日，日本三菱商事中国总代表木岛纲雄先生一行拜访首农集团；10 月 25 日，日本水产株式会社董事山桥到滦平华都公司考察中日合作的熟食项目建设情况；11 月 11 日，荷兰王国农业部副部长 Anemie Burger 一行 5 人参观绿荷中心第一牧场和中以示范奶牛场；

11月17日，由寺冈一宪第一副社长率领的日本双日集团代表团访问首农集团；11月27日，应全国人大常务委员会吴邦国委员长邀请，由肯尼亚共和国国民议会议长肯尼思·马伦德率领的肯尼亚国民议会代表团到三元食品股份公司参观访问；11月，荷兰王国农业部副部长安娜玛丽·伯格率领代表团到三元食品股份公司参观访问；12月16日，朝鲜驻华大使崔镇洙出席南郊农场"农场走过六十年"庆典活动。

2010年4月13日，由加拿大农业及农业食品部部长格里·瑞兹和加拿大油菜协会、肉类协会、豆类协会以及相关企业负责人组成的代表团一行27人到首农集团，讨论关于加拿大油菜饼粕进行牲畜饲料制品试验的意向；8月21日，委内瑞拉共和国农业部副部长Danixce由中国贸易促进委员会成员陪同参观访问奶牛中心；9月16日，日本丘比集团铃木社长一行到访首农集团。

2011年3月29日，法国诗华公司总裁马克、国际部总裁甘保罗、亚太区总裁路安赐、中国区经理达明到访首农集团并与首农集团领导会谈；7月11日，以朝中友好协会中央委员会委员长、朝鲜保健相崔昌植为团长的朝中友好协会代表团一行4人到红星中朝友好农场参观访问；8月3日，法国奥尔维亚集团公司董事长伯姆瓦古尔蒙、技术总监奥古斯一行4人对金星鸭业中心进行商务访问；9月29日，古巴对外友协主席凯尼亚·塞拉诺女士、副主席艾丽西亚·科雷德拉女士和古巴驻华大使到双桥中古友好农场参观；10月8—9日，日本福岛市市长濑户孝则率福岛市中学生访华团访问中日友好农场；11月4日，阿根廷共和国农牧渔业国务秘书（副部长）劳伦索巴索率代表团访华，随行的阿根廷农渔业部乳业副国务秘书乔治阿尔德罗维德拉和阿根廷驻华使馆农业专员傲马奥达尔达代表团一行15人参观访问了奶牛中心种公牛站及胚胎工程中心、绿荷中心第一牧场、渠头牛场；11月10日，首农集团董事长张福平在北京会见美国辛普劳公司董事长苏格特·辛普劳一行；11月11日，"中以奶牛项目合作十周年座谈会"召开，以色列国驻华农业参赞雪山夫妇、以色列常驻绿荷专家马好瑞夫妇等出席会议。

2012年2月8日，加拿大总理哈珀访华，率领农业部部长Gerry Ritz、国会议员JoAnne Buth、加拿大养牛者协会主席Travis Toews等14位成员到绿荷中心金银岛牧场参观访问；2月20日，古巴部长会议副主席马里诺·穆里略·豪尔赫和古巴驻华大使到三元食品瀛海工业园参观访问；5月20日，英国环境食品农村事务部副部长Rt. Hon. James Paice和德国奶牛繁殖专家韦伯博士、腾乎贝格博士参观绿荷中心金银岛牧场的挤奶厅、饲养棚、运动场和犊牛岛；5月22日，英国环境食品农村事务部副部长Rt. Hon. James Paice、政策顾问Samuel Raff、英联农业政府关系总监Samantha Northeyhe和英国驻华使馆政务处有关人员到三元食品股份公司参观访问，就食品安全、环境保护等问题与三元食品股份公司负责人进行交流座谈；10月27日，应农业部对外经济合作中心邀请，亚美尼亚共和国农业部部长谢尔果·卡拉佩强一行到绿荷中心参观访问；11月1日，欧洲中青年侨领代表团到华都肉鸡公司参观访问；12月7日，日本水产株式会社社长细见一行到滦平华都公司参观交流。

2013年10月10日，首农集团总经理薛刚会见到访的美国辛普劳集团总裁比尔·维特克、辛普劳新任中国区执行总裁安波尔女士。

2014年9月1日，罗马尼亚总理夫人达契亚娜·瑟尔布一行10人到首农畜牧第一牧场参观访问；11月13日，丹麦王国食品农业和渔业部部长丹·约恩森到百年栗园公司参观访问。

2015年6月4日，由英国北爱尔兰农业和农村发展部部长米歇尔·奥尔带队，包括英国政府北爱尔兰事务参赞、农业和农村发展部顾问一行4人组成的英国北爱尔兰农业考察团到首农畜牧第一牧场考察交流；8月7日，麦当劳（中国）CEO张家茵，麦当劳中国供应链副总裁Stephen Cogswell以及法律、产品研发负责人考察三元食品瀛海工业园，并与首农集团领导座谈；8月12日，以色列国农业部部长一行到中以示范奶牛场参观访问；9月15日，壳牌全球董事长Holiday视察北京壳牌油站，高度评价北京壳牌的发展；10月30日，首农集团总经理薛刚与全球性食品、农业和风险管理产品与服务供应商嘉吉公司（Cargill Incorporated）的全资子公司——嘉吉投资（中国）有限公司总裁签署《战略合作协议书》，双方将在粮食收储、贸易、加工、物流方面展开全方位的战略合作。

2016年1月15日，乌干达王储皮特先生、国王办公室主任罗伯特先生参观考察河北首农定州园区；4月11日，以色列国驻华农业参赞、中以牛场常驻专家Ezra Shoshani到首农畜牧中以奶牛场参观访问；5月16日，法国外交部部长让-马克·艾罗、法国驻华大使顾山参加东郊农场开发建设的北京戴高乐法国国际学校开学典礼；9月7日，爱尔兰共和国农业食品和海事部部长Michael Creed、爱尔兰农业部主管司司长Aidan O'Driscool、爱尔兰农业部副秘书长Brendan Gleeson、爱尔兰科技贸易局食品部部长Michael Cantwell等一行50多人在爱尔兰驻华大使Paul Kavanagh的陪同下访问三元食品瀛海工业园，公司分别与Teaqasc（爱尔兰农业与食品发展局）和Daiygold（爱尔兰金乳业）签署《关于合作开发的框架协议》；9月21日，蒙古民族民主党主席恩赫赛罕一行考察东疆牧业；10月5日，新西兰总理约翰·基（John Key）以及随行的科罗曼德区国会议员Scott Simpson、豪拉基市市长John P Tregidga及市政议员等到艾莱发喜新西兰分公司参观生产车间、CIP清洗区、原料奶接收区等，新西兰总理约翰·基现场讲话指出，艾莱发喜新西兰分公司与当地政府互惠合作，促进了两国经济贸易的发展，提升了当地基础设施建设水平，拓宽了当地人员就业以及原料出口渠道，是中国企业与本国地区政府合作的成功典范；12月19日，应市政府邀请，阿富汗伊斯兰共和国喀布尔省议会主席萨义德·阿卜杜·拉赫曼·哈什米率代表团一行6人参观访问三元食品股份公司，代表团成员表示，公司的奶制品生产和包装流程给他们留下了十分深刻的印象，希望能在阿富汗尽快推广自动化农产品加工技术。

2017年4月19日，乌兹别克斯坦共和国副总理兼农业水利部部长米尔扎耶夫一行27人到三元食品股份公司参观访问；6月17日，印度农业与农民福利部拉达·莫汉·辛格（Mr. Radha Mohan Singh）部长一行10人到三元食品瀛海工业园参观访问；9月20日，立陶宛共和国农业部副部长罗兰达斯·塔拉斯凯维丘斯、国家食品兽药局局长达瑞尤斯·瑞美卡、农业部国际司司长杰卡特瑞娜·德米垂耶娃、农业部国际关系处处长克瑞斯媞娜·杜比克外特、驻华大使伊娜·玛邱罗尼塔一行到三元食品瀛海工业园参观访问。

访问北京农垦的外国政要统计见表5-3-10。

表5-3-10　访问北京农垦的外国政要统计

单位：批次

年份	国家元首		政府首脑		议会议长		政府部长		政党领袖		其他
	正职	副职	正职	副职	正职	副职	正职	副职	正职	副职	
1949—1959	3		3								1
1960—1969	2		1		3	2			2		
1970—1979	7	1	7		1	1	4		1		4
1980—1989	3		1		3	1			1		
1990—1999	2	1	2	2	1						
2000—2009	1		1		1		5	1			2
2010—2017			1	2			11	6	1		4
总　计	18	3	16	5	9	4	20	7	5		11

■ 第八节　对外援助

20世纪50年代中期以后，北京农垦在养殖业方面已经积累了一些成功经验，根据国家安排，开始执行部分对外援助工作。1954—1957年1月，西郊农场累计向国内外推广北京鸭种蛋17 681枚和小鸭9 634羽，苏联、保加利亚、罗马尼亚等国都从西郊农场引进过北京鸭。1962年，根据农业部安排，老爷山养鸡场派出多名技工帮助蒙古人民共和国建立鸡场，并取得成功。① 1963年5月26日，市农场局向阿尔巴尼亚提供北京鸭科学技术资料。② 1964年5—12月，双桥农场养鸡队抽调3人援助蒙古养鸡。1964年9月，中越友好人民公社赠送越南50头奶牛，同时派北郊农场场长赵海泉赴越南指导奶牛养殖，援助工作历时3年，培养了多名当地技术人员，促进了越南奶牛业的发展，1967年，赵海泉获"胡志明奖章"。③ 1964年2月，南郊农场科技站技术员常景奋率专家组到古巴，帮助其发展北京鸭饲养，帮助其进行人员培训、开辟饲料来源、传授提高雏鸭成活率的技术措施，使雏鸭成活率达90％以上，一年完成出栏成鸭70万只。在古巴期间，专家组受到菲特尔·卡斯特罗总理的接见；1965年2月回国后，被农业部授予援外人员乙等奖。之后，常景奋又去阿尔巴尼亚地拉那孵化养殖中心工作，历时7个月，提高了阿尔巴尼亚各鸭场的种鸭产蛋率及孵化率。后应阿方要求，南郊农场又赠送北京鸭种蛋600枚空运至地拉那。④ 1966年10月，市人委转发国务院关于委托北京市承担援助阿富汗种畜场筹建任务，任务下达给市农场局。1968年，市农场局再次向阿尔巴尼亚提供北京鸭技术资料。⑤ 1969年5月，北郊农场鸭场副场长蒋兆敬率专家组赴阿富汗王国首都喀布尔郊区，帮助其筹建养鸭场，历时3年，1972年建成回国。1972年，东北旺农场副场长刘泽忠受农林部派遣，作为专家组副组长（后为执行组长）率18人赴阿拉伯也门共和国援助也门发展农业，同行的还有南郊农场、双桥农场、北郊农场的农业技术人员。在也门白脱纳地区，专家组对25公顷耕地进行了农业、农机、水利、小农具、气象服务的综合配套，建成综合实验站、农机推广站、水利指导站。该项目历时6年，对受援国农业发展具有重要指导意义。⑥ 1974年，西山农场执行中国政府援建阿富汗王国首都喀布尔郊区建立养鸡场的任务，向阿富汗提供来亨鸡、芦花鸡、狼山鸡种蛋。1979年8月，为在南斯拉夫社会主义联邦共和国建立北京鸭场，市农场局培训南斯拉夫实习生26人。⑦ 1983年8月26日，根据市政府关于向阿尔巴尼亚派遣综合技术服务组的批复，市农场局派大田作物技术人员1人参加服务组。

从20世纪80年代起，北京农垦对外援助基本停止，但在1997年执行了一项赴非援建几内亚的艰巨任务。1996年，农业部成立中几农业开发总公司，拟在几内亚共和国博发省的科巴小镇垦荒建设多种经营示范农场。1997年3月22日，总公司与中几农业开发总公司签署合资合作意向书，双方在几内亚共同投资、合作经营种鸡场及附属饲料厂，采取政府搭台、企业运作的方式，人员为"志愿者"身份。根据中几农业公司的要求，总公司负责中几友好养鸡场的援建任务。总公司在最短时间内完成了养鸡场的设计、设备选型、鸡苗及饲料预定以及资金筹措。同时，在全局务选"志愿者"，最后决定由南郊农场鹿圈分场副场长、工业公司总经理、畜牧师张振民带队，带领西郊农场双北养鸡场场长丁振刚，工人技师刘荣华、肖玉奇3人，作为"志愿者"参加援助几内亚发展农业的工作。这4位同志在通信闭塞、潮湿炎热、疾病多发的环境下服务了两年的时间。1997年10月，建成养鸡场并顺利投产，开始饲养第一批种鸡。当时农业部部长刘江到农场视察给以很高的评价，并题词"搞好中几示范农场，创造援助非洲经验，造福广大非洲人民。"1998年6月，种鸡场种鸡存栏5 600套，累计出售2 000多套，销售肉仔鸡苗3 800只，出售蛋鸡苗23 300只，建起年产饲料5 000吨的鸡饲料厂，生产饲料213.2吨，销售饲料91.6吨。1998年6月8日，《人民日报》刊发《"世纪高大"，饮誉几内亚》的通讯。直到2017年年底，中几友好养鸡场仍然存续并发挥着示范引领作用。

① 北京市地方志编纂委员会：《北京志·农业卷·国营农场志》，北京出版社，2000年，第169页。
② 北京市国营农场管理局农场史编辑室：《北京国营农场建设大事记》（1949—1985），第46页。
③⑥ 同①：170。
④ 同①：169-170。
⑤ 同②：62。
⑦ 同①：91-92。

■ 第九节　国内合作

北京农垦在利用国际资源的同时，也与国内相关地方政府、科研单位、高等院校、中央企业、金融机构开展了融合对接，建立了战略合作关系。同时，积极参与各种产业联盟，实现资源和信息共享，携手发展。

一、战略合作

北京农垦在国内发展战略合作方面主要体现在两个层面上：

(一) 与政府机构的合作

北京农垦与政府机构的合作情况见表 5-3-11。

表 5-3-11　北京农垦与政府机构的合作情况

序号	北京农垦签约单位	签约的政府机构	协议名称	签约日期
1	三元集团	北京市大兴区政府	农业全面合作协议书	2001 年 9 月 28 日
2	三元集团	河北省张家口市政府	农牧业经济技术全面合作协议	2004 年 6 月 15 日
3	养猪中心	北京市大兴区畜牧水产服务中心	关于大兴区全面推广良种猪人工授精工作协议	2005 年 5 月
4	三元集团	河北省承德市政府	农业经济技术全面合作协议	2005 年 8 月 28 日
5	金星鸭业	河北省承德市滦平县政府	关于在承德滦平地区组建承德三元金星鸭业有限公司的协议	2007 年 8 月 14 日
6	承德畜产	河北省承德市平泉县政府	农业经济技术合作协议书	2007 年 10 月 28 日
7	三元农业	河北省张家口市崇礼县政府	农业深化合作协议	2008 年 11 月 11 日
8	首农集团	河北省藁城市政府	关于合作建议有机富硒奶源生产示范基地的框架协议	2009 年 10 月 15 日
9	首农集团	北京市大兴区政府	合作承建三海子郊野公园协议	2009 年 12 月 5 日
10	三元食品	北京市大兴区瀛海镇政府	乳业项目合作协议	2009 年 12 月 5 日
11	首农集团	江苏省宝应县政府	经济战略合作框架协议	2010 年 6 月
12	首农集团	陕西省延安市政府	首都农业集团支持和推动延安市农业产业化发展的框架协议	2010 年 7 月 8 日
13	首农集团	河北省定州市政府	合作建设河北首农现代循环农业科技示范园区协议书	2011 年 1 月 9 日
14	首农集团	山西省农业厅	关于农产品产销合作框架协议	2011 年 10 月
15	首农集团	山东滨州市政府	首农滨州安全农产品生产基地及流通体系建设战略合作框架协议	2011 年 11 月 23 日
16	北京凯拓三元生物农业技术有限公司	河北省磁县政府邯郸漳河生态科技园区	建设国家现代农业科技城良种创制中心河北良种创制基地合作协议	2012 年 1 月 11 日
17	首农集团	山东省政府	首农集团与山东省政府战略合作协议	2012 年 2 月 28 日
18	首农集团	河北省承德市政府	建设现代畜禽产业发展项目的协议	2012 年 5 月 31 日
19	首农集团	承德市滦平县政府	建设首农集团现代农业产业园项目的协议	2012 年 5 月 31 日

（续）

序号	北京农垦签约单位	签约的政府机构	协议名称	签约日期
20	首农集团	广东省揭阳市政府	农产品生产与流通战略合作框架协议	2012年8月24日
21	首农集团	北京市保障性住房建设投资中心	战略合作协议	2012年9月5日
22	首农集团	济南长清区政府等单位	首农济南西区安全农产品标准化示范园区建设合作协议	2012年12月20日
23	承德三元公司	河北省围场满族蒙古族自治县政府	投资合作框架协议	2013年1月10日
24	首农集团	山东省威海市政府	关于海产品产销战略合作框架协议	2013年5月15日
25	首农集团	河北省农业厅	关于推进农业领域战略合作的协议	2013年5月22日
26	首农辛普劳公司	内蒙古自治区赤峰阿鲁科尔沁旗政府	万头肉牛养殖基地建设合作意向协议	2013年8月24日
27	首农集团	北京市海淀区政府	合作协议书	2013年10月12日
28	首农集团	北京市农业局	支持首农奶业发展，提升畜牧机械化水平合作协议	2014年3月4日
29	首农集团	河北省石家庄市政府	关于建设河北三元食品工业园协议	2014年3月13日
30	三元食品	河北省新乐市政府	关于建设河北三元食品工业园协议	2014年3月13日
31	首农集团	辽宁省辽源市政府	全面战略合作协议	2014年8月19日
32	首农食品中心	延庆区商务委员会	战略合作协议	2017年5月9日
33	首农集团	黑龙江省大庆市政府	深化战略合作框架协议	2017年5月11日
34	首农集团	延庆区政府	关于立足延庆农场发展园艺产业战略合作框架协议	2017年5月18日
35	首农集团	河南省南阳市政府	战略合作框架协议	2017年9月12日
36	首农集团	河北省张家口市政府	农业项目合作开发框架协议	2017年10月27日
37	首农集团	云南省玉溪市政府	战略合作框架协议	2017年11月26日
38	首农集团	西藏自治区拉萨市政府	战略合作协议	2017年12月15日

资料来源：北京首农食品集团档案室有关档案、《北京农垦大事记》和有关单位《大事记》。

（二）与中央企业、金融机构及民营大公司的合作

北京农垦与系统外企业的合作情况见表 5-3-12。

表 5-3-12　北京农垦与系统外企业的合作情况

序号	北京农垦签约单位	系统外签约企业名称	协议名称	签约日期
1	东北旺农场	中关村国际孵化园	共建高科技农业合作平台协议	2007年7月17日
2	东郊农工商公司/三元双日物流有限公司	北京物美商业集团股份有限公司	框架合作协议	2008年3月10日
3	首农集团	北京物美商业集团股份有限公司	战略合作协议	2009年8月27日
4	首农集团	北京银行股份有限公司	战略合作协议	2009年9月17日
5	首农集团	北京农村商业银行股份有限公司	战略合作协议	2010年5月27日
6	首农集团	中国工商银行股份有限公司北京分行	全面战略合作协议	2010年9月9日
7	首农集团	正大集团	设立正农现代农业产业基金合作备忘录	2010年10月16日
8	三元种业	辛普劳太平洋公司	农业合作项目合作框架协议	2011年3月3日

（续）

序号	北京农垦签约单位	系统外签约企业名称	协议名称	签约日期
9	首农集团	中央国债登记结算有限责任公司	债券发行、登记及代理兑付服务协议	2011 年 6 月 30 日
10	首农集团	国家开发银行股份有限公司	支持首都"菜篮子"三保障体系建设合作协议	2011 年 9 月 8 日
11	首农集团	北京城建集团有限责任公司	战略合作协议	2012 年 8 月 1 日
12	首农集团	中国农业银行股份有限公司北京分行	银企战略合作协议	2012 年 8 月 17 日
13	首农集团	中国建设银行股份有限公司北京分行	战略合作协议	2012 年 9 月 17 日
14	首农集团	中国人保财险股份有限公司北京分公司	战略合作协议	2013 年 5 月 21 日
15	首农集团	上海华信石油集团有限公司	战略合作协议	2013 年 8 月 26 日
16	首农集团	中国国际海运集装箱（集团）股份公司/天津港（集团）有限公司/天津东疆保税港区管理委员会	战略合作框架协议	2013 年 12 月 6 日
17	峪口禽业	SAP 公司/东华博雅软件公司	战略合作协议	2014 年 9 月 5 日
18	三元食品	北京金丰餐饮有限公司	战略合作协议	2015 年
19	首农食品中心	河北瑞谷丰物流集团	关于建立京津冀农产品一体化供应网络合作协议	2015 年
20	首农食品中心	山东中进实业公司	关于共同打造首农国际海洋产业园合作协议	2015 年
21	首农食品中心	河北华信集团	关于建设大型农产品专业市场合作协议	2015 年
22	首农食品中心	中国平安银行股份有限公司	战略合作协议	2015 年
23	双桥农工商	京华亿家科技公司	战略合作协议	2015 年
24	双河农场	中国农业科学院	建立农业风险管理研究基地的合作协议	2015 年
25	南郊农场	北京世欣旺泰公司	战略合作协议	2015 年
26	南郊燕庆旺泰公司	中石化北京石油分公司	战略合作协议	2015 年
27	奶牛中心	海岛和牛公司	战略合作协议	2015 年
28	峪口禽业	赢创德固赛（中国）有限公司	战略合作协议	2015 年
29	首农集团	中国工商银行股份有限公司北京分行	全面战略合作协议	2015 年 4 月 16 日
30	首农集团	中国港中旅集团公司	推进京津冀旅游·农业协同发展战略合作协议	2015 年 6 月 17 日
31	首农集团	中国邮政储蓄银行股份公司	战略合作协议	2015 年 7 月 15 日
32	首农集团	国家开发银行股份有限公司北京分行	战略合作协议	2015 年 7 月 15 日
33	首农集团	京东集团	战略合作协议	2015 年 10 月 20 日
34	首农集团	嘉吉投资（中国）有限公司	战略合作协议书	2015 年 10 月 30 日
35	首农集团	民生电商控股（深圳）有限公司	战略合作框架协议	2015 年 11 月
36	首农集团	云南农垦集团	战略合作协议	2015 年 12 月 8 日

（续）

序号	北京农垦签约单位	系统外签约企业名称	协议名称	签约日期
37	首农集团/承德三元御道口牧场	道顺咨询（北京）有限公司	御道口牧场四季旅游运营战略合作协议	2016年1月21日
38	首农集团	国开金融有限责任公司	关于市民农庄项目战略合作意向协议	2016年5月26日
39	首农集团	国家开发银行股份有限公司	"十三五"开发行金融合作协议	2016年8月25日
40	首农集团	钓鱼台国宾馆	战略合作框架协议	2016年11月18日
41	双河农场	川商联合会	战略合作协议	2016年11月
42	首农集团	无锡卡尔曼导航技术有限公司/长光卫星技术有限公司/北京盛恒天宝科技有限公司	大田种植数字农业示范项目科研项目合作协议书	2016年12月
43	首农集团	中国邮政北京分公司	战略合作协议	2016年12月15日
44	首农股份	北京邮政延庆分公司	物流配送合作协议	2016年12月15日
45	首农集团	北京农村商业银行股份公司	关于成立财务公司的战略合作协议	2016年12月16日
46	延庆农场	北京荟元堂健康管理有限公司	合作框架协议书	2017年1月
47	首农集团	国家开发银行扶贫金融事业部	扶贫及"三农"经济领域合作战略协议	2017年3月21日
48	首农集团	中国农业发展银行北京分行	战略合作协议	2017年6月2日
49	北京壳牌	京东生活	双11战略合作协议	2017年10月
50	首农集团	北京京东世纪贸易有限公司	战略合作框架协议书	2017年12月28日

资料来源：北京首农食品集团档案室有关档案、《北京农垦大事记》和有关单位《大事记》。

二、战略联盟

强强联合，建立战略联盟，是北京农垦国内开放的重要措施。

2006年6月20日，中国石油化工集团公司与麦当劳公司在北京宣布结成战略联盟，在加油站合作开发得来速餐厅。次年1月19日，全国首家中石化-麦当劳得来速餐厅在北京投入运营。2008年5月，双日物流公司与北京物美商业集团股份有限公司、东郊农工商建立物流战略联盟。是年11月22日，中国乳业产业技术创新战略联盟成立，三元食品股份公司为成员单位。2012年3月22日，由农业部奶业管理办公室和国家奶牛产业技术体系发起成立《奶牛技术服务联盟》，奶牛中心成为参与企业。2014年1月8日，经农业部批准，由中国畜牧业协会组织筹建的"中国畜牧业协会禽业分会白羽肉鸡联盟"在京成立，华都集团是该协会发起单位之一，华都集团总经理佘锋当选白羽肉鸡联盟第一届主席。是年10月，双河农场成为《中国食品安全报》社战略联盟合作伙伴。

2015年11月18日，中国农垦乳业联盟在北京成立，该联盟经农业部农垦局倡议，由全国农垦具有乳业比较优势的12个垦区内的全国性或区域性乳品企业、标准化规模化奶牛养殖场和乳业科研院所等自愿组成，三元食品股份公司为副主席单位。

2016年1月1日，卢沟桥农场紫谷伊甸园花卉种植园成为北京生态创意农业服务联盟理事单位。6月1日，由首农畜牧奶牛中心牵头，联合首农畜牧等7家行业知名企业共同成立的奶牛育种自主创新联盟在山东省青岛市正式启动，这是我国第一个由育种龙头企业牵头、科研院校提供技术支持、集团化奶牛养殖企业参与的奶牛种业自主科技创新联盟。6月8日，由市国资委和中关村管委会共同推动，中关村京企云梯科技创新联盟正式成立，首农集团为10家单位联合发起人。9月23日，中国农垦农场联盟在安徽滁州成立，首农集团共有16家单位加入：双河农场、南口农场、延庆农场、西郊农场、北郊农场、东风农场、东郊农场、巨山农场、南郊农场、双桥农场、首农食品经营中心、三元食品股份公司、三元种业、华成商贸公司、裕农公司、三元酒店管理公司。[1] 其中，三元种业和南郊农场为首批发起的 100 家单位之一。

2017 年 2 月 13 日，由三元食品股份公司牵头，汇集国内乳业行业领先水平的权威组织共同发起的国家乳业科技创新联盟在北京成立。联盟成员近 30 位，其中包括北京大学、中国农业科学院、中国农业大学、首都儿研所等重量级专家教授，三元食品总经理陈历俊当选为理事会理事长。6 月 15 日，在奶牛育种自主创新联盟成立一周年之际，联盟在京冀黑蒙宁鲁豫等 12 个省份开展育种诊断，并组织实施牛群精准改良方案，服务牧场 231 个，直接覆盖牛群超过 35 万头。9 月 6 日，南口农场成中国农垦节水农业产业技术联盟首批成员。[2] 11 月 28 日，裕农公司当选首都农产品加工科技创新服务联盟第三届理事会理事长单位。

北京农垦始终重视与兄弟垦区的经验交流，学习兄弟垦区的宝贵经验。2001 年 8 月，在北京圆山大酒店举行京、津、沪、穗、渝五垦区人事制度改革研讨会，五垦区一致同意建立常设的联谊会制度。从 2002 年起，京、津、沪、穗、渝五垦区联谊会正式召开，以后每年分别由一家垦区担任轮值主席。通过此种联谊形式，加强了兄弟垦区之间的信息交流，深化了合作关系。

---

[1]　农业部农垦局：《关于组织报送中国农垦农场联盟成员单位基础数据的通知》（2017 年 5 月 11 日）。
[2]　《南口农场志（初稿）》，第 56 页。

第四章 产业结构及农业产业化

产业结构反映了一国或一地区各经济部门之间的联系与比例关系。北京农垦不同时期的产业结构存在差异，产业结构重心大体经历了由第一产业向第二产业和第三产业逐次转移的过程。由于北京农垦发展的基础是农业，因此，产业结构优化的过程本质上又是农业产业化的演进过程。

■ 第一节 产业结构

中华人民共和国成立后，我国实行的国民经济核算制度属于物质产品平衡表体系（MPS），一直到 1987 年之前，北京农垦只统计工农业总产值。1988 年，总公司根据市统计局的要求，提前进行了国民生产总值的统计（后改为地区生产总值）。依据统计核算体系的情况，本部分内容分两个阶段记述北京农垦产业结构的变化。

一、农业与工业比例关系

20 世纪 50～60 年代，由于北京农垦建立的一批国营农场是为了解决粮食及副食品问题，因此，其产业结构偏重种植业和畜牧业。早期的国营农场虽然也办过一些农产品加工业，比如，1952 年，京郊国营农场局就办起轧花厂、制油厂，同年 9 月，中央农业部还给直属的五里店农场投资建设季节性轧花厂，但这些工厂主要是为了配合种植棉花。1956 年，市牛奶站接管公私合营的 19 家奶站，其中，东单奶站采用高温消毒加工牛奶；德胜门奶站采用巴氏低温消毒加工牛奶，使用灌装机灌装牛奶，这是北京农垦乳品加工的开端。1958 年，北京农垦工业企业出现第一个高峰，大部分农场建立了农机修造厂或农具修造厂、化肥厂、饲料厂，有的办起了与农业关联度不大的工业企业，如南郊农场办起红星化工厂，南口农场办起了炼铁厂、水泥厂。由于多数工业企业并不具备良性发展的条件，在之后的国民经济调整时期，这些工厂基本都停办了。1965 年，双桥农场在市化工部门协助下，自筹资金 10 余万元，办起北京市双桥农药厂；南郊农场投资 120 万元建起了乳品厂。1972 年，工业发展开始得到重视，农场系统工业企业数量逐步增加，出现一批化肥、农药、化工、农机具配件、奶粉、炼乳、粮油、造纸、制砖企业。至 1986 年，在乡镇企业大发展的背景下，北京农垦工业企业户数激增，1987 年达到 1 098 家，直接拉动工业总产值飙升，工农业总产值的结构也发生了巨大变化。

1960—1987 年北京农垦工业企业户数见表 5-4-1，1960—1985 年北京农垦工农业总产值及构成见表 5-4-2。

表 5-4-1 1960—1987 年北京农垦工业企业户数

年份	工业企业户数（个）	年份	工业企业户数（个）	年份	工业企业户数（个）	年份	工业企业户数（个）
1960	13	1967	24	1974	50	1981	159
1961	13	1968	27	1974	58	1982	164
1962	13	1969	30	1976	73	1983	187
1963	12	1970	36	1977	91	1984	206
1964	13	1971	36	1978	108	1985	262
1965	15	1972	43	1979	154	1986	937
1966	15	1973	44	1980	163	1987	1 098

说明：1.1960—1978 年资料来自《农垦系统三十年基本资料统计》，其余数据来自农工商联合总公司统计资料。

2. 工业企业户数为国有工业企业和集体工业企业合计。

表 5-4-2 1960—1985 年北京农垦工农业总产值及构成

年份	工农业总产值（万元）	农业总产值		工业总产值	
		数值（万元）	占工农业总产值比重（%）	数值（万元）	占工农业总产值比重（%）
1960	6 010	5 283	87.9	727	12.1
1961	6 169	5 295	85.8	874	14.2
1962	7 489	6 715	89.7	774	10.3
1963	8 213	7 445	90.6	768	9.4
1964	9 860	8 655	87.8	1 205	12.2
1965	11 662	10 102	86.6	1 560	13.4
1966	11 381	8 962	78.7	2 419	11.3
1967	11 547	8 755	75.8	2 792	24.2
1968	12 470	9 378	75.2	3 092	24.8
1969	13 330	9 263	69.5	4 067	30.5
1970	16 069	10 688	66.5	5 381	33.5
1971	16 958	10 659	62.9	6 299	37.1
1972	14 618	8 216	56.2	6 402	43.8
1973	14 884	8 088	54.3	6 796	45.7
1974	19 780	11 582	58.6	81 978	41.4
1975	21 701	13 063	60.2	8 638	39.8
1976	23 464	12 185	51.9	11 279	50.1
1977	23 920	12 385	51.8	11 535	50.2
1978	29 897	16 330	54.6	13 567	45.4
1979	35 428	18 383	51.9	17 045	48.1
1980	40 207	22 348	55.6	17 859	44.4
1981	39 423	20 295	51.5	19 128	48.5
1982	45 413	23 347	51.4	22 066	48.6
1983	55 625	27 638	49.7	27 987	50.3
1984	68 752	35 486	51.6	33 266	48.4
1985	88 779	26 802	30.2	61 977	69.8

说明：1. 总产值数分别为 1960 年、1970 年、1980 年不变价格。

2.1978 年之前数据来自《农垦系统三十年基本资料统计》，其余数据来自农工商联合总公司统计资料。

3. 产值数据均为国有经济和集体经济合计数。

二、三次产业的比例关系

1988年，北京农垦开始进行国民生产总值指标统计，对第一产业、第二产业和第三产业的增加值及其比例关系进行更加科学和全面的比较与分析。北京农垦三次产业的结构，可分为两个阶段进行考察：

（一）第一阶段：1988—1997年

1988年至场乡体制改革前的1997年，北京农垦产业结构出现了重要变化。与1988年相比，1997年，第一产业增加值占国内生产总值的比重在10年中下降6个百分点，第二产业比重下降幅度更大，达14个百分点，而第三产业比重增加近20个百分点。20世纪80年代，第二产业比重占到一半左右，到1997年缩至1/3。以1992年邓小平南方谈话为标志，北京农垦第三产业出现大办快上的局面，各农场以及下属单位迅速办起了一批商业网点、餐饮店、出租车公司、加油站、仓储物流企业以及门类繁多的三产企业。同时，房地产开发在此后逐步形成热度，也促成第三产业增加值的迅速增加。从1996年起，国家加大了宏观经济调控，同时，受1997年亚洲金融危机的影响，且北京农垦工业企业的多数产品缺乏市场竞争力，停产半停产企业逐步增多，工业企业数量从1993—1994年起逐步减少，至1997年，比1988年户数还略有减少。第三产业企业户数总体保持增加态势，与1988年相比，1997年几乎增加一倍，这就造成了第二产业比重与第三产业比重的反方向运动。

1988—1997年北京农垦二产与三产企业户数动态见表5-4-3，产业结构动态见表5-4-4。

表5-4-3　1988—1997年北京农垦二产与三产企业户数动态一览

年份	工业企业户数（户）	第三产业企业户数（户）	运输业（户）	商业及物资供销业（户）	饮食业（户）	服务业（户）
1988	1 284	324	106	141	44	33
1989	1 313	305	60	164	50	31
1990	1 342	411	142	189	45	35
1991	1 351	451	112	236	51	52
1992	1 362	424	67	237	54	66
1993	1 476	483	61	307	35	80
1994	1 444	464	45	277	61	81
1995	1 174	645	36	386	65	158
1996	1 229	678	44	360	54	220
1997	1 220	628	39	339	65	185

说明：1. 数据来自总公司各年度统计资料。
2. 因第三产业多数年度缺仓储业、房地产业、公用事业及其他三产行业数据，本表仅选三产中的4个主要行业。
3. 本表不含个体，仅包括国有与集体经济。

表5-4-4　1988—1997年北京农垦产业结构动态

年份	国内生产总值（万元）	第一产业		第二产业		第三产业	
		增加值（万元）	占GDP（%）	增加值（万元）	占GDP（%）	增加值（万元）	占GDP（%）
1988	101 239	33 330	32.9	49 809	49.2	18 100	17.9
1989	105 539	36 111	34.2	52 563	49.8	16 865	16.0
1990	117 239	44 488	37.9	53 165	45.3	19 586	16.8
1991	140 739	48 322	34.3	67 448	47.9	24 969	17.8

（续）

年份	国内生产总值（万元）	第一产业		第二产业		第三产业	
		增加值（万元）	占 GDP（%）	增加值（万元）	占 GDP（%）	增加值（万元）	占 GDP（%）
1992	155 630	48 107	30.9	80 483	51.7	27 040	17.4
1993	217 922	54 133	24.8	112 125	51.5	51 664	23.7
1994	236 231	56 649	24.0	118 729	50.3	60 853	25.7
1995	275 093	75 444	27.4	109 556	39.7	90 093	32.9
1996	257 757	69 207	26.8	95 118	36.9	93 432	36.3
1997	294 814	79 936	27.1	101 935	34.6	112 943	38.3

说明：1. 数据均为现行价和国有经济和集体经济合计数。
2. 资料来自农工商联合总公司各年度统计资料。

（二）第二阶段：1998 年至今

1998 年，北京农垦完成场乡体制改革，经济规模总量缩小，同时也带来了产业结构的变化：1998 年年底，第一产业增加值占国内生产总值的比重为 19.2%，比 1997 年下降 7.9 个百分点，这是因为种植业大部分划给区县，国有农业主要以畜牧业为主；第二产业增加值占国内生产总值的比重为 39%，比 1997 年增加 4.4 个百分点，这是因为 1997 年之前，规模以上工业企业，包括合资的工业企业主要集中于国有经济；第三产业增加值占国内生产总值的比重为 41.8%，比 1997 年增加 3.5 个百分点，这是因为总公司系统从事三产的专业公司及酒店（包括合资的酒店）仍留在总公司系统。上述情况表明，场乡体制改革后，北京农垦的产业比重排序为：三产＞二产＞一产，这也是北京农垦之后进行产业结构调整的逻辑起点。

20 世纪 90 年代，在邓小平南方谈话精神的鼓舞下，北京农垦第三产业得到快速发展。1992 年，第三产业增加值占 GDP 的比重仅 17.4%，而第二产业增加值比重则为 51.7%；至 1997 年，第三产业增加值占 GDP 的比重上升到 38.3%，首次超过第二产业比重 3.7 个百分点。虽然之后第二产业比重一度又反超第三产业，但从 2004 年起，第三产业增加值占 GDP 的比重始终超过第二产业的比重，并且个别年份第三产业比重远高于第二产业比重 20 多个百分点。从"十一五"时期开始，第三产业已成为对北京农垦经济总量和效益贡献最大的业态。

1998—2017 年产业结构动态见表 5-4-5，三次产业增加值动态见图 5-4-1。

表 5-4-5　1998—2017 年产业结构动态

年份	国内生产总值（万元）	第一产业		第二产业		第三产业	
		增加值（万元）	占 GDP（%）	增加值（万元）	占 GDP（%）	增加值（万元）	占 GDP（%）
1998	60 088	11 534	19.2	23 451	39.0	25 103	41.8
1999	73 274	15 477	21.1	35 394	48.3	22 403	30.6
2000	81 410	17 076	21.0	42 564	52.3	21 770	26.7
2001	81 440	16 413	20.2	40 316	49.5	24 711	30.3
2002	91 210	19 057	20.9	43 477	47.7	28 676	31.4
2003	95 199	23 184	24.4	43 156	45.3	28 859	30.3
2004	85 452	23 338	27.3	28 893	33.8	33 221	38.9
2005	86 163	24 712	28.7	25 798	29.9	35 653	41.4
2006	150 852	25 223	16.7	49 741	33.0	75 888	50.3
2007	175 949	24 653	14.0	59 263	33.7	92 033	52.3
2008	195 120	40 102	20.6	50 542	25.9	104 476	53.5

（续）

年份	国内生产总值（万元）	第一产业		第二产业		第三产业	
		增加值（万元）	占 GDP（%）	增加值（万元）	占 GDP（%）	增加值（万元）	占 GDP（%）
2009	251 856	67 251	26.7	56 107	22.3	128 498	51.0
2010	325 371	97 869	30.1	83 549	25.7	143 953	44.2
2011	400 750	138 041	34.4	92 140	23.0	170 569	42.6
2012	536 810	169 783	31.6	151 957	28.3	215 070	40.1
2013	545 255	147 408	27.0	133 001	24.4	264 846	48.6
2014	565 822	135 287	23.9	157 193	27.8	273 342	48.3
2015	561 634	89 637	16.0	169 814	30.2	302 183	53.8
2016	709 121	146 759	20.7	235 110	33.2	327 252	46.1
2017	697 211	140 651	20.2	194 307	27.9	362 252	51.9

说明：1. 数据为现行价和国有经济数。

2. 资料来自农工商总公司/三元集团/首农集团各年度统计资料。

3. 2008 年数据不包括华都集团，2009 年数据包括华都集团。

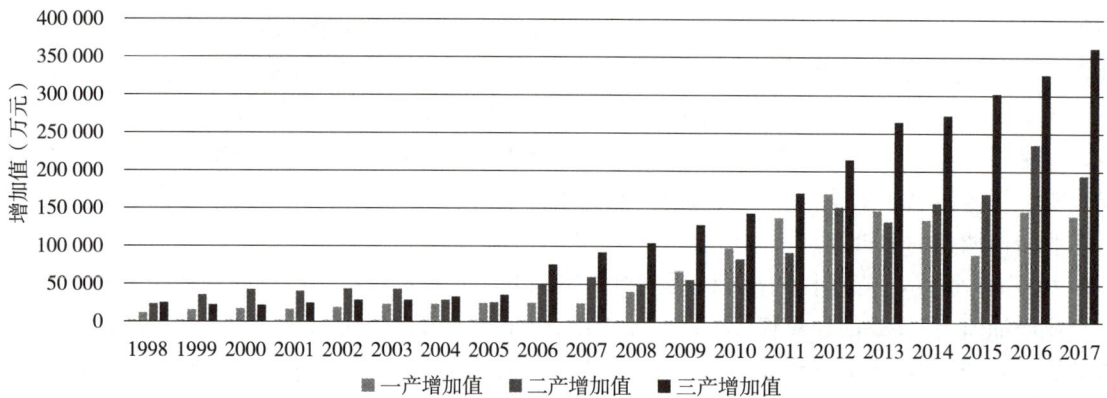

图 5-4-1　1998—2017 年三次产业增加值动态

1. 稳住一产的比重　北京农垦主要通过以下两种途径稳住一产的比重：

（1）通过企业重组与并购，把企业做大。从 1999 年总公司发起设立北京三元种业股份有限公司起，之后不间断地对三元种业进行重组。2003 年，三元集团进一步重组，做大三元种业股份公司，以全系统 30 多家奶牛场、奶牛育种优良资产，以及 4 家北京鸭养殖、育种企业作为出资。2010 年 4 月，首农集团将养猪育种中心、长城丹育畜产公司、绿荷中心、金星鸭业中心、奶牛中心、畜牧兽医总站、承德三元公司、华都肉食公司、华都阳光公司及所属企业的净资产，以增资方式全部注入三元种业。同时，先后对禽业板块进行了多轮次的整合。2013 年年底，华都集团完成对滦平华都公司、峪口禽业公司、俸伯鸡场、华都诗华公司、大连华都公司、衡水华都公司、金星鸭业公司、承德鸭业公司、百年栗园公司的重组；2014 年，华都集团引进三家战略投资者设立首农股份，加固了禽业的主业地位。经过不断调整，北京农垦形成了两个具有规模、主业突出、管理体系顺畅的大型畜牧企业，为稳住一产的基础地位奠定了组织基础。

（2）通过投入，建立生产基地，培育新的生长点。在种植业方面，2012 年，三元种业与外方合作投资 11 000 万元设立首农辛普劳公司，双方各持 50% 的股份。合资公司在赤峰共同设立赤峰首农辛普劳绿田园农场有限公司，启动 2 000 公顷优质苜蓿草基地建设项目，之后，三元种业回购外方全部股份。2017 年 1 月，双桥农场与合作伙伴共同设立北京惠丰博华精准农业技术有限公司，注册资本 1 000 万元，其中，双桥农场持股 40%，南通北斗农业技术有限公司持股 30%，北京东慧智达经济信息咨询有限公司持股 30%。公司是以精准农业种植、农业社会化作业服务及食品营销为核心的新型农业公司，专业从事精准农业种植，提供精准农业全产业链一体化作业服务及农业智能信息化服务。惠丰博华公司在内蒙古通辽科左中旗开展了玉米全程数字化种植示范项目、非转基因高蛋白大豆种植项目，在精准化农业种植项目和智能农业作业服务项目方面均取得良好的开局。

在养殖业方面，2005年，投资成立承德三元有限责任公司；2006年，投资控股了江苏三元双宝乳业有限公司；2008年，又对承德三元公司增资5 000万元；2011年3月，河北首农成立，完成投资9亿元，建成河北首农定州园区；2014年，华都集团引进三家战略投资者，投入现金4亿元，共同设立首农股份。2017年9月，首农股份与中信农业基金公司联合收购英国樱桃谷农场有限公司100%股权；是年10月，首农股份控股设立了河北省张家口首农建发投资有限公司。大规模投入，增加了北京农垦畜禽业的生产基地数量，共有129个畜禽场，其中京内59个、外埠基地70个。奶牛场总计34个，奶牛总存栏近8.75万头，年产优质生鲜乳42万吨；有种公牛站1个，公牛存栏近300头，年产优质冻精200万剂，冻精市场占有率35%以上；有生（种）猪基地16个，生（种）猪总存栏18万头，其中基础母猪1.6万头；北京鸭养殖基地共计11个，北京鸭原种存栏0.6万只、祖代鸭存栏2.1万套、父母代鸭存栏15万套，商品鸭年销量1 300万只；樱桃谷鸭共计12个养殖基地，其中国内养殖基地5个、有国外养殖基地7个（英国4个、德国3个），拥有原种、曾祖代、祖代各代次共计12余万只；有肉鸡养殖基地19个，祖代肉种鸡存栏6.7万套、父母代存栏22.3万套；蛋鸡养殖基地共计30个，祖代蛋鸡存栏20万套、父母代存栏280万套；北京油鸡在京有4个基地，祖代存栏0.6万套、父母代4.5万套、商品代肉鸡16万只。

通过上述的企业重组并购和大投入，北京农垦在国内生产总值快速增长的同时，确保了第一产业比重的稳定，大致以20%为轴上下波动。

2. 提升二产的质量 北京农垦第二产业经过多年的企业调整，与农产品加工关联度小的制造业大部分退出，逐步突出了以乳品为主的食品制造业。虽然工业企业户数的大幅减少使得第二产业增加值在地区生产总值中的份额下降，但以三元食品股份公司为代表的食品工业却通过内生性增长与外延并购给公司业绩与经济体量做了加法。

（1）通过两次定向增发，增强资本实力。2001年，设立股份公司时，总股本4.85亿股，至2015年，增加至14.97亿股。

（2）通过多批次的对外并购，完善全国布局。特别是收购三鹿集团、湖南太子奶、艾莱发喜公司等，使三元食品股份公司进一步聚焦奶粉、奶酪、低温酸奶、冰激凌等高附加值产品，开始从一、二线到三、四线城市的全国化突破，重塑了三元的核心地位。

（3）开始全球产业链布局，进一步丰富公司产品线。2016年9月，三元食品股份公司完成对加克劳利公司和阿瓦隆乳业公司的海外收购；2017年6月，三元食品股份公司和复星系公司联合策划收购法国圣休伯特公司，项目投资金额约6.25亿欧元，2018年1月15日完成交割。这为公司实现全球产业链布局、树立高端品牌形象、打造有机健康子品牌开拓了新局面。

上述这些举措使得三元食品股份公司在食品工业的比重逐步提高，2009年，三元食品股份公司完成主营业务收入23.6亿元，占当年农产品加工与食品工业主营业务收入41.4亿元的57%；2016年，三元食品股份公司完成营业收入58.5亿元，占当年食品工业营业收入71.6亿元的81.7%，表明龙头食品企业的产业集中度大幅提高。

3. 主攻三产的新业态 场乡体制改革后，三产的比重虽然在三次产业中最高，但内部结构低端化，主要是传统的商贸、餐饮、服务业，同时也少有规模效应的大中型企业。经过20年的发展，北京农垦的第三产业发生了积极变化，主要表现在以下几个方面：

（1）加大对物产物流业新业态的投入，单体项目规模扩大，经营模式更市场化，服务功能更全面，物产物流收入份额始终保持较高的比重。2013年营业收入占首农集团合计营业收入的44.6%，2014年占66.7%，2015年占65.4%，2016年占69.5%，成为拉动三产发展的新引擎。尤其是在提升仓储物流业规模和质量方面做了有益探索，如下力量改善运输、储存、装卸、搬运、包装、流通加工、配送、信息处理等设施，从单纯收取租金向复合型仓储企业转型；突出重点，围绕食品安全，补上短板，增加冷链能力，完善供应链，延伸价值链。

（2）以持有型物业为主要抓手，做好物产物业的提升。以往房地产开发主要以销售型物业为主，建好了就卖掉，一次性回笼资金。首农集团重组成立后，为了企业可持续发展，发展持有型物业被各级企业所重视，集团明确将持有型物业作为房地产开发的发展重点。首农集团持有型物业的建设内容主要有：①商务、办公餐饮、休闲等多功能性质的持有型物业；②产业园区性质的持有型物业。这些持有型物业不仅为北京农垦提供了重要的现金流和大量就业岗位，同时也做响了"首农"品牌。

第二节　农业产业化

一、农业产业化发展情况

北京农垦农业产业化的发展是有历史基础的，早期的农业服务体系建设为日后的产业化发展创造了必要的条件。

（一）农业服务体系建设阶段

20世纪50年代，处于草创时期的国营农场农业生产单位采取以自我服务为主的方式，农场没有专门为生产服务的单位，主要由农场场部的相关科室为生产单位提供有限的服务。随着农业生产规模的扩大，场部机关科室以行政管理职能为主的定位与日益增长的专业化服务需求之间的矛盾越来越明显。从20世纪60年代开始，各农场陆续建立了专门为农牧业服务的单位。首先，围绕农业产中的环节，建立了农业科技推广站、农机管理站（机务队、拖拉机站）、种子站以及为畜禽养殖服务的兽医站（兽医室）、配种站等；其次，围绕农业基本建设需要，陆续建立了水利管理站（打井队、水管站）、电管站、林业站、修路队等；最后，围绕产前、产后环节，陆续建立了化肥、农药的供应单位和上交粮食、交售农畜产品的管理机构或单位。如北郊农场在20世纪60年代成立了北郊畜牧实验站，开始了北京黑猪的育种；南郊农场于1965年10月建立科技站，设置了作物组、土化组、植保组、生防组、单倍体组、气象组6个专业组和图书资料室、粮菜试验场、种鸡场、畜牧水产站共10个部门，这在当时的条件下堪称全国农垦系统一流。至70年代，服务体系主要以各农场为独立单元，进行自我服务，在全系统还没有形成统一、全程的专门服务机构。但在一些土地面积较大的农场，开始有了农机修造企业，畜禽规模大的农场建立了饲料加工车间。有的农场的农业科技站在农作物育种方面取得了重要成果，如1978年东北旺农场科研站完成的"京杂6号、京白10号、京黄113号玉米和芒白4号小麦选育"被全国科学大会授予"优秀科技成果奖"。但总体看，这些单位的自我生存、自我发展能力比较薄弱，普遍被视为"二线"单位。

1979年，市农场局复建，同时挂长城农工商联合企业的牌子。进入20世纪80年代，农业服务体系建设进入了一个新的发展阶段。

在总公司层面，一是陆续成立直接为产中服务的公司，如水产技术服务公司、蔬菜技术服务公司、果林技术服务公司、农机运输公司等；二是成立了为农产品销售和农业生产资料供应的公司，如饲料公司、供销公司、物资供应站；三是成立事业性服务单位，如兽医总站（后改称畜牧兽医总站）。从后来的发展看，第一类"公司"由于政企职能不分，同时仍作为总公司机关处室，自我发展的动力不足，之后都退回了机关部室序列。第二类单位由于直接面对市场，大都成功转型为真正的市场主体，也有的事业单位，如总公司园艺研究所后来改制为花卉服务公司的一部分。在1998年场乡体制改革前夕，总公司决定将长阳农场科技站、北郊农场科技站、南郊农场种子站、东北旺农场科技站划归北京农垦缘种子中心管理，并同意农垦缘种子中心改制为有限责任公司。

在农场层面，普遍建立科技站、农机站、植保站、水管站、兽医站（兽医室）、物资站，有的大型农场还建有电管站、蔬菜经销站等服务单位。与20世纪60～70年代不同的是，这些服务单位有的实行了企业化经营，自负盈亏；有的同时挂两块牌子，即赋予一定的管理职能，同时也赋予一定的经营职能。农场的"五站"或"六站"，由于直接植根于农场生产领域，又贴近市场，多数在自我经营的同时较好地做好了服务工作。南郊农场的科技站、农机站、植保站、水管站还进行了整合，成立了农业生产经营管理中心，大大提高了服务能力。

改革开放前，北京农垦的饲料加工和供应大多以农场或畜禽场自采为主。改革开放后，随着市场经济的发展和养殖规模的扩大，各农场相继建立了自己的饲料加工企业。1978年6月，建成南郊万吨级饲料厂；1988年，北郊农场万吨级红星饲料厂改造完工；1989年12月，建成东郊万吨级饲料厂；同年，西郊农场饲料厂也改造竣工。到1990年年底，农场系统的饲料厂发展到14家，年双班加工能力18万吨，农场饲料供应配套体系基本建成。双桥农场在1987年建立了为畜牧业服务的北京市兽药厂、奶牛配合饲料厂饲料，兽药厂规模在场乡体制改革前已经发展到华北地区第三位。

（二）农业产业化建设阶段

场乡体制改革后，大部分为农业和农村服务的"六站"随同农村集体一并划给了所在区县管理，北京农垦面临重构服务体系的任务。党的十五大报告充分肯定了发轫于20世纪90年代初中期的农业产业化经营模式，给北京农垦加快农业产业化发展指明了方向。农业产业化是一种新型的农业经营模式，不同于以往传统封闭的生产经营模式。北京农垦虽然实行农工商综合经营多年，突破了单一农业的经营格局，工业和商业也有很大发展，但工业、商业与农业的关联度并不高，"三百六十行，行行都有农工商"，主业不突出，投资分散。这种多种经营的方式体现不出农业产业化所具备的专业化、一体化、规模化、企业化等特点。由于种植业大幅缩减，国有农业经济部分主体在畜牧业，推进农业产业化的重点转到了畜牧。1998年，总公司召开经济工作会议，面对场乡体制改革的新形势，总公司提出"以良种产业化作为农业产业化的突破口，加快经济结构调整、组建有影响力的专业化大公司"。之后，北京农垦不断对产业结构、企业组织结构进行改革，加快推进农业产业化经营，逐步趟出了覆盖全程、综合配套、市场化运作、融合发展的新路子。其主要表现有以下3点：

1. 经营服务实体企业化　与以往农业服务体系建设的不同之处是：农业产业化每一环节的经营服务实体必须按照企业化、市场化方式运作，把经营与服务有机融合，在经营中壮大服务的能力，在服务中做大经营的规模。在服务实体企业化方面，三元种业科技股份公司的做法具有代表性。

2001年成立的绿荷中心兽医技术服务站负责34个牛场兽药器械的统一采购配送，旗下的兽药门市对周边农民提供兽药和技术咨询服务，通过经营兽药器械和技术咨询服务培育自我发展的能力。2003年，绿荷中心成立饲料公司，饲料公司作为法人企业，独立核算，生产"绿荷牌"奶牛系列专用饲料，对内提供服务，对外组织销售。2006年9月，技术服务站在永乐店开始筹建畜牧机械加工厂。2008年6月，三元绿荷饲料公司和奶牛技术服务站重组成三元绿荷奶牛服务公司，其功能定位为"专业特供保障服务，面向市场扩大外销"，打造一个以服务求生存、以服务求发展、以服务求效益的奶牛专业性服务公司。整合后，服务公司的主营业务为兽药器械、牧场设备、绿荷品牌饲料，下设3个奶牛饲料加工厂（预混料加工厂、膨化颗粒料加工厂、粉状料加工厂）、1个畜牧机械加工厂及1个精品展厅（奶牛用品超市）、1个综合质检中心，专门为绿荷中心37个规模牛场、5万头奶牛提供饲料、兽药、设备、器械等专业保障特供服务。2011年，公司全年销售收入11 485万元，其中饲料销售6 458万元、兽药1 200万元、牛场器械用具600万元、内部供应3 200万元。实体化经营后，公司进一步提升了服务能力，采用国外产品代理销售、采用联合、租赁、合作等方式在外埠建立产业基地；组织系统内技术专家参加技术服务队伍，以实用技术咨询、技术服务、技术承包等方式对外提供服务。2011—2013年，先后在全国各大垦区合办"奶业提升，农垦先行"农垦奶牛场现代化管理培训班 16 期，来自全国的 2 000 多人参加了奶牛专业培训。2001—2017 年，承办中国-以色列奶牛养殖技术培训班 11 期，有来自全国的奶牛养殖人员约 3 000 人参加了培训。

2014 年，首农畜牧研究决定，对原绿荷牛业奶牛技术服务公司、北京市奶牛新技术公司、猪业分公司对外服务业务进行整合，成立首农畜牧技术服务分公司。技术服务分公司不仅为首农畜牧 40 余个规模牧场、6 万余头奶牛提供专业特供保障服务，而且以首农畜牧养殖新理念、新模式、新技术为依托，打造了一套科学、专业、专一的奶牛服务体系。立足于"绿荷牛业"养殖模式，以三元种业饲料分公司和首农畜牧机械加工厂先进的生产检测设备与精湛的生产技术为基础，依托奶牛中心的育种优势，全面扩大对外服务，提供牧场全方位一体化的牧场打包服务，主要包括奶牛饲料、药品器械、良种繁育、牧场设计、实验室检测（兽药、饲料和原料奶）、DHI（奶牛牛群改良）分析、技术咨询、现场培训、技术托管、牧场租赁等。进入"十三五"后，技术服务公司确立"三大板块"的发展布局，提出了打造全国一流的生产性服务业的战略目标。"三大板块"是：①牧场技术服务中心，主要包括牧场承包租赁、牧场技术托管、牧场综合服务、牧场种植管理、专业技术培训、专业修蹄服务、专业配种服务、青贮收割服务；②牧场设备服务中心，主要包括牧场设备研发、机械设备进口、机械设备安装及 4S 服务；③牧场营销服务中心，主要提供兽药器械、牧场设备、添加剂等。

2. 涉农业务社会资本化　在利用社会资本做大做强涉农业务方面，华都集团（首农股份）具有代表性。华都集团是 20 世纪 70 年代我国第一个引进白羽鸡规模养殖和加工的企业，一直是白羽鸡市场的领军者。但后来在同类企业的竞争下，市场占有率快速下降，2013 年已跌出全国前 50 名，并且出现经营亏损。2014 年 6 月，华都集团正式完成混合所有制改造，引入社会资本，设立首农股份。在资本化改造过程中，首农股份的发展战略也随之清晰和完善，注入了金星鸭业优良资产，重组了全系统禽业业务，创立了"首农股份"资本平台，努力打造我国最强的全产业链安全食品供应商龙头企业。从 2015 年开始，首农股份积极进行资本运作，吸引战略投资者入股 7.5 亿元；2016 年，出资与复星集团成立复星三元健康消费产业投资基金；2017 年，与中信系联合跨国并购英国樱桃鸭公司。首农股份 2016 年 9 月已实现扭亏，完成利润 1.02 亿元，混改为首农股份，赢得了更多市场化资源支持，获得融资超过 100 亿元。

3. 产业链条配套化　北京农垦的涉农企业过去在原料供应端普遍占有优势，能够很好地保证产品的质量，但相对而言，中下游产业发展滞后，整个产品线不丰富且附加值较低。针对这个短板，北京农垦把农业产业化建设内容的重点确定为"一产往后延、二产两头联、三产走高端，形成全产业链、全价值链"。北京农垦在延长产业链、打通全产业链条、提升创新服务能力等方面比较突出的有以下 3 点：

（1）农业保险。2008 年 7 月，华农物资公司首次开展系统内农牧产业政策性农业保险投保工作，将三元种业所属北京区域内的奶牛、种猪和北京鸭纳入第一批投保范畴。之后，南口农场、双河农场、裕农公司等果蔬和粮食生产企业陆续参加政策性农业保险。

2012 年 8 月，市农委、北京市政策性农业保险工作协调小组办公室到双河农场考察调研开展农业保险政策事宜，为双河农场量身定制了《水稻种植保险条款》。次年，双河农场所属 40 万亩水稻、玉米等农作物被纳入北京市农业政策性保险范畴，实现了双河农场种植业与北京市农业保险的全面对接。由于首农集团在政策性农业保险工作宣传、流程、监管等方面比较到位，2013 年，在农业部农业保险专题会议上，首农集团第一个进行了典型发言。为了方便各参保单位配合开展农业保险相关工作，2015 年，首农集团协调保险公司为包括双河农场在内的 6 家二级企业配备了电脑、打印机、高拍仪等设备，并专门为双河农场申请保险查勘车辆一部，2017 年又为双河农场申请了理赔专用无人机。

根据北京农垦农牧产业的实际需求，华农物资公司联合保险公司陆续开发出"北京市龙头企业投保条款""种畜禽养殖保险""种公牛养殖保险""生态公益林保险""肉鸡价格指数保险""鸡蛋价格指数保险""牛奶价格指数保险"和"粮食价格指数保险"等新的政策性农业保险品种，将集团所属外埠奶牛养殖基地、种畜禽、牛奶和粮食价格等也纳入北京市政策性农业保险范畴，经市农委批复同意后，按相关规定享受 50％的财政补贴和政策支持，这为集团农牧企业规避了更多的意外风险。

至 2017 年年底，北京农垦政策性农业保险业务已覆盖 25 个品种，投保的具体情况为：奶牛 32 543 头（北京）、外埠奶牛 37 357 头、种公牛 208 头、猪 109 428 头、肉鸭 343 万只、种鸡 62 万只、梨树 121 亩、樱桃树 690 亩、桃树 307 亩、苹果树 3 630 亩、葡萄 26.5 亩、枣树 6 亩、杏树 23 亩、果树树体 4 806 亩、玉米 1 280 亩、水稻 7 亩、露地蔬菜 453 亩、双河农场玉米 12 万亩、水稻 24 万亩、豆类 3 万亩、设施农业日光温室及钢架大棚 940 余亩。2017 年，政策性农业保险总签单保费近 6 569 万元，其中中央补贴 1 494 万、北京市补贴 2 488 万、自筹保费 2 586 万，总保险金额近 12 亿元；与华农物资公司合作的农业保险公司已增加到 5 家。①

（2）外向型技术服务平台。北京农垦农业产业化建设从 2012 年起开始迈出外向型的步子，先后与国内同行、科研院校组建技术服务联盟，把农业产业化建设导入更高层次。2012 年，北京奶牛中心参与"奶牛技术服务联盟"。2014 年，华都集团参与"中国畜牧业协会禽业分会白羽肉鸡联盟"。2016 年，卢沟桥农场紫谷伊甸园花卉种植园加入"北京生态创意农业服务联盟"；6 月 1 日，由首农畜牧奶牛中心牵头，联合首农畜牧公司等 7 家行业知名企业共同成立"奶牛育种自主创新联盟"；9 月，首农集团共有 16 家单位加入"中国农垦农场联盟"。2017 年 9 月，南口农场加入"中国农垦节水农业产业技术联盟"；11 月，裕农公司加入"首都农产品加工科技创新服务联盟"。北京农垦的优势企业通过加入上述技术联盟，自身得到提升，同时也为服务社会做出了应有的贡献。以"奶牛育种自主创新联盟"为例，联盟在京冀黑蒙宁鲁豫等 12 个省份开展了育种诊断与牛群精准改良方案的实施，服务牧场 231 个，直接覆盖牛群超过 35 万头；以联盟核心牛群为目标，建立了包括青年牛繁殖性状、成母牛繁殖性能、长寿性、产犊难易、死胎率在内的三大类七个性状的育种数据分析平台，为全国全方位基因组选择提供技术支持和数据基础；2016—2017 年，基于多年研究成果与技术累积，建立了完善的奶牛血统追溯及基因筛查体系，运用生命科学技术，从源头实现创新，在全国率先创建 A2 型 β-酪蛋白纯化奶牛核心育种群——首农畜牧半截河牛场；育种商业化托管牧场增至 17 家，精准育种商业化托管牧场 13.5 万头，联盟社会化服务范围覆盖北京、天津、河北、内蒙古、宁夏、黑龙江、辽宁、吉林、河南、山西、山东、江苏等 15 个地区，覆盖牛群规模超过 120 万余头。

（3）产业融合。产业融合是农业产业化的创新模式，创新的着力点是金融化和信息化。2014 年 1 月，首农集团召开一届五次职代会暨 2014 年工作会，会上首次提出"一体两翼"的战略，即坚持实业为体，金融化和信息化两翼并行发展。之后，集团加快构建以"互联网＋"为基础，以"现代农业＋"为主体的一二三产业融合发展的创新产业发展模式。2015 年 10 月，首农集团与京东集团建立"首都农业大数据中心"和"互联网农业技术与产业创新中心"，开展农业大数据技术应用及云平台技术开发应用，为市政府涉农部门以及首都农业龙头企业提供数据支撑和服务。同时，首农·中科电商谷也与京东、当当以及"中关村移动互联网产业联盟"等进行了合作。首农股份以首农集团系统内的生、鲜、加工食品和农产品为主产品，以自有物流配送体系为依托，通过线上和线下金融服务，生鲜电商与金融紧密结合，实施了首农电商项目。首农供应链管理公司建立"首食生鲜"连锁超市，秉承"互联网＋快餐＋生鲜"的新理念，形成了"线下＋线上"销售新模式。产业融合发展的另一个方向是积极涉足金融领域，与复星系公司、民生银行、中粮资本、北京农商行等合作，已设立涉农基金 4 家，涉农金融股权投资业务发展态势良好。

二、农业产业化龙头企业

农业产业化龙头企业是指以农产品加工或流通为主，通过各种利益联结机制与农户相联系，带动农户进入市场，使农产品生产、加工、销售有机结合、相互促进，在规模和经营指标上达到规定标准

---

① 资料来自首农集团农牧管理部提供的志稿。

并经政府有关部门认定的企业。

（一）农业产业化重点龙头企业数量

至 2017 年年底，北京农垦共有 12 家农业产业化重点龙头企业。其中，有国家重点龙头企业 5 家，分别为首农集团、三元食品股份公司、首农股份、峪口禽业公司、艾莱发喜公司，上述 5 家均通过 2016 年农业部第七次监测合格。有市级重点龙头企业 6 家，分别为三元种业、北京华裕食品有限公司、百年栗园公司、金星鸭业公司、家禽育种公司、奶牛中心。有外省的省级重点龙头企业 1 家，为滦平华都公司。

2014 年 2 月 27 日，从农业部农垦局农科贸〔2014〕9 号文获悉，全国农垦有 65 家"农业产业化国家重点龙头企业"，北京农垦有 5 家：首农集团、三元食品股份公司、艾莱发喜公司、华都集团（后改称"首农股份"）、峪口禽业公司，数量在全国农垦中排第 4 位。

（二）重点龙头企业的荣誉及社会影响

2000 年 12 月，三元食品有限公司被中国食品工业协会评为"1981—2000 年中国农业产业化经营 20 大龙头食品企业"。

2001 年 1 月，中共北京市委农工委、市农委发文表彰郊区经济工作先进集体和先进个人，三元食品有限公司被评为"全国农业产业化经营重点龙头企业"，大发正大公司、金星鸭业中心被评为"北京市农业产业化经营重点龙头企业"。

2002 年 1 月，中共北京市委农工委授予三元食品股份公司、大发正大公司、华都肉鸡公司"京郊农业产业化先进龙头企业"称号。

2005 年 2 月，华都集团被市农委、市人事局评为 2004 年度"京郊农业产业化先进龙头企业"；9 月，华都集团被农业部等部委评为"全国农业产业化优秀龙头企业"。

2006 年 12 月 31 日，中共中央总书记胡锦涛到承德天添乳业有限公司奶牛养殖场考察农业产业化。他详细询问了该公司的养殖规模、模式、牛奶质量及牛奶销售等情况，当了解到三元集团与承德天添乳业有限公司的合作企业晓雅乳业公司的情况时，对双方的合作模式给予充分肯定，并表示"这种合作方向很好"。2008 年 5 月，滦平华都公司被河北省政府评为"河北省农业产业化经营国家级重点龙头企业"。

2009 年 5 月 4 日，河北省省长胡春华视察承德鸭业公司和滦平华都公司，他表示，省政府将大力扶持"三元"这种具有广泛影响力和较强盈利能力的农业产业化重点龙头企业。

2010 年 5 月，滦平华都公司被承德市政府授予"农业产业化经营市级重点龙头企业"称号。是年 10 月，第八届中国国际农产品交易会授予三元食品股份公司"农业产业化行业十强龙头企业"称号。

2015 年 4 月 9 日，金星鸭业公司被北京市农业产业化龙头企业协会推荐为"第二批首都安全优质农产品品牌企业"。

（三）重点龙头企业的管理

为了更好地服务和管理集团公司及其所属龙头企业，首农集团于 2011 年印制《北京首都农业集团有限公司管理制度汇编》（以下简称《管理制度汇编》）（2011 年版），其中收录的《农业产业化重点龙头企业管理办法》，分为总则、申报、管理和监测、考核和附则五部分，对首农集团农业产业化龙头企业的申报、日常管理等都做了明确的规定和规范。2016 年，首农集团印制《管理制度汇编》（2016 暂定稿），进一步完善了集团对农业产业化龙头企业的管理制度。

鉴于北京农垦在农业产业化方面的贡献及社会影响力，2012 年 11 月，中国农业产业化龙头企业协会宣布成立，首农集团董事长张福平当选副会长。2013 年 1 月，北京农业产业化龙头企业协会成立，首农集团董事长张福平当选会长，副总经理谢磊当选副会长兼秘书长。

第五章　社会责任

作为国有企业，履行社会责任是其自身属性和天职，也是衡量国有企业持续发展能力的重要指标和提高综合竞争力的重要内容。北京农垦作为北京市涉农领域中最大的国有企业，其生产经营活动涉及整个社会经济活动和市民生活的多个方面。积极履行社会责任，为国家做贡献，为人民创造美好生活，不仅是北京农垦的初心和使命，也是全社会对北京农垦的殷切期望和广泛要求。

■　第一节　示范引领

北京农垦起步于农业，在国家的支持下，农业技术装备水平不断提升。在自身农业进步的同时，北京农垦始终不忘初心，在服务农业农村农民方面做出了重要贡献，充分发挥了农业国家队的示范引领作用。北京农垦在服务"三农"、示范引领方面大体经历了 3 个发展的阶段，呈现出服务"三农"的深度由浅到深、示范引领的广度由窄到宽的递进轨迹。

一、以物质装备和技术优势带动京郊农业发展的阶段（1949—2000 年）

1949 年，在五里店农场新成立的京郊拖拉机站就主动为周边农民提供代耕作业。1949 年 12 月，中央农业部在双桥农场成立拖拉机手训练班，至 1950 年 3 月，三期训练班共为全国国营农场培养了 2 000 多名学员，这些学员后来成了中华人民共和国第一批拖拉机手，双桥农场也因此被誉为"新中国农机事业的摇篮"。1950 年 3 月，中央农业部明确提出国营农场要在"政治、经济上起到两个示范作用"。同月 1 日，中央农业部在双桥农场拖拉机手训练班的基础上成立农业部机耕学校，双桥农场作为机耕学校的实习农场。1951 年夏，中央人民政府副主席朱德再次到双桥农场视察，并指示新疆派 400 人到双桥农场学习驾驶拖拉机。至 1952 年 4 月，农业部双桥机耕学校共训练拖拉机驾驶员 1 025 人，为中华人民共和国农业机械化、农村集体化培养了大批技术骨干。1952 年 10 月，京郊拖拉机站改为北京农业机器站，明确任务是"为国营农场和组织起来的农民代耕"。1957 年，为支援北京郊区农业机械化发展和农业合作化，市农林水利局决定无偿调给有关区县一批农机。如，调给门头沟区罗马尼亚 KD-35、捷克热拖-25K、匈牙利 GS-35 型拖拉机各 1 台；[①] 调给周口店区大中型拖拉机 4 台；[②] 调给海淀区 15 名拖拉机驾驶员、调度员、统计员、机务技术员、

---

① 北京市门头沟区地方志编纂委员会：《门头沟区志》，北京出版社，2000 年，第 259 页。
② 《北京市房山区志》编纂委员会：《房山区志》，北京出版社，1999 年，第 113 页。

农艺技术员以及 6 台大型拖拉机。[①] 1962 年，市农林局（62）农企苏字第 66 号文决定，调拨一批母牛和犊公牛支援农村人民公社发展奶牛。[②] 1972 年，牛奶公司援助越南军需奶粉 500 吨。1973 年，仅上半年，北京农垦就支援外省市 23 个单位奶牛 700 多头；市种公牛站供应本市和 17 个省市常温精液 2.7 万支、冷冻精颗粒 1.7 万多粒。1975 年，市农林局组织农场调给顺义、延庆两县和市食品公司小公牛 645 头。1976 年，按照中央农林部要求，北京农垦向 10 个省、自治区调运黑白花小母牛 576 头；1977 年，支援外省区小公牛 160 头、小母牛 1 060 头。1979 年，市农场局复建，当时还处在计划经济体制开始向社会主义商品经济过渡的阶段，市农场局按照市政府要求向京郊农村调拨优良种籽和种畜禽。

北京农垦 1979—1992 年调出良种和种畜禽统计见表 5-5-1。

表 5-5-1　北京农垦 1979—1992 年调出良种和种畜禽统计

年份	调出良种（万千克）	调出种畜禽		
		奶牛（头）	种猪（头）	种鸭蛋（万枚）
1979	18.95	689	9 315	—
1980	76.85	469	3 684	—
1981	57.65	488	4 704	2.37
1982	172.90	126	8 627	3.30
1983	154.15	766	10 323	5.30
1984	153.10	1130	11 329	8.70
1985	32.60	852	7 412	15.86
1986	51.60	524	2 812	3.96
1987	33.40	142	5 460	4.65
1988	75.10	790	15 392	18.26
1989	215.33	547	11 228	3.94
1990	272.20	1 228	15 904	2.50
1991	198.70	2 083	12 828	1.47
1992	210.10	2 287	6 655	4.36
合计	1 722.63	12 121	125 673	74.67

说明：1. 数据来自北京市国营农场管理局历年统计年报。
　　　2. 划"—"表示缺此数据。

1982 年，郊区收获机械不足，麦收进度慢，6 月，总公司组织以南郊农场、双桥农场为主的农机 70 多台套，支援郊区麦收机械化水平较低、收割进度较缓慢的顺义、大兴、通县、昌平等县，受到市政府领导的表扬。次年，继续组织力量支援有关郊区县的麦收。在 20 世纪 80 年代初至 90 年代初，北京农垦向郊区县输出了许多先进的栽培技术、耕作技术和优良种籽及种畜种禽，带动了周边农村经济的发展。

从 20 世纪 90 年代中期起，对农村经济的扶持更多采取了龙头企业带动农户的做法，通过建立基地、发展合同农业的办法，共同发展、利益均沾。1994 年，华都肉鸡联营公司采取了由顺义、昌平县政府组织乡镇建场，肉鸡公司租用场地的合作方式，先后建立了 25 个规模化养殖场。2000 年，金星鸭业中心实行"订单式"养殖管理模式，开始把产业链条中技术含量相对较低的雏中鸭和父母代种鸭饲养环节放给农户。通过"公司＋农户养殖基地"的管理模式，大力发展农户养殖，形成了"养殖—收购—销售"的良性化、效益化市场链，实现了公司和农户的双赢。为了做到利益共沾，制定了

① 北京市海淀区地方志编纂委员会：《北京市海淀区志》，北京出版社，2004 年，第 448 页。
② 北京市国营农场管理局农场史编辑室：《北京国营农场建设大事记》（1949—1985），第 41 页。

合理的收购制度，采用先供雏、供料，鸭子养成出栏后再和农户结账的方式，在父母代种鸭基地、中鸭养殖农户基地、饲料供应商三者间搭建起资金周转的桥梁，有效解决了农户启动资金不足的问题。此外，针对季节养殖的特殊性，实行了冬季雏鸭和中鸭取暖费补贴、夏季填鸭高温费补贴政策，保证了农户养殖基地的利益。是年，华都肉鸡公司放养给农户饲养的肉鸡达到871.2万只，许多农户通过养鸡致富。

二、服务"三农"的能力及水平大幅提高阶段（2001—2011年）

从21世纪开始，北京农垦服务"三农"的能力及水平大幅提高，主要通过产业转移和建立基地，带动京郊农村与外埠农村的经济发展，增加农民收入。这一阶段服务"三农"的特点有以下几个：一是突破区域限制，向京外发展，示范服务、引领带头的范围开始扩大。北京农垦产业转移的主要落脚地为以河北省承德地区为主的华北腹地。2005年，三元集团与承德市政府签署《农业经济技术全面合作协议》，双方共同出资成立承德三元有限责任公司，揭开了北京农垦向外埠发展的序幕。二是服务"三农"以投资项目为载体，一批亿元投资规模的大项目落地在经济欠发达地区，拉动区域经济发展的作用和影响明显增大。2008年12月28日，由人民网主办的"纪念改革开放30年新农村高峰论坛"在《人民日报》社举行，三元集团获"服务'三农'最具社会责任企业"称号。

1. 在牛业方面　自2001年组建绿荷奶牛中心后，积极在周边农村发展合作牛场，带去了生产技术、管理经验，至2006年，通过合作、合同制、股份、全程技术服务、产品统一包销等多种形式，带动北京地区奶牛养殖业70％以上的牛群，各区县的奶牛平均单产水平由1998年的4 800千克提高到6 000千克以上，增幅达25％以上，直接带动7 000余户奶农通过奶牛养殖走上致富之路。2005年，开始建设位于天津市宝坻区牛道口镇的绿荷第二牧场项目，总投资为4 425万元，2009年1月投产，饲养奶牛规模为3 000头。2007年7月，建设位于承德围场县黄坎乡的承德晓雅千头牛场项目，总投资3 300万元。首农畜牧在京奶牛存栏逾3万头，每年需要消耗大量的青贮饲料，公司以签订合同的形式带动了京郊区县农民种植青饲玉米，带动农户每亩增收50元以上。

2. 在猪业方面　2006年3月，养猪育种中心在承德市平泉县建设承德畜产公司养殖基地，以"公司＋农户"的经营模式发展猪业生产。2008年12月，养猪育种中心大连基地开始建设，建设规模为270头基础母猪。2009年，承德畜产公司被承德市政府和北京市农委联合评定为"京承农业合作重点企业"。2011年11月，承德畜产公司种公猪站在平泉县茅兰沟乡章京营子村开工建设，建设规模为100头种公猪。

3. 在蛋鸡方面　从2006年开始，峪口禽业公司摸索出了理论带动农民致富的"产权式"农业经营模式，在北京顺义、平谷等地新建14个标准化养殖基地，解决了部分农村闲置的劳动力和下岗职工的就业问题。该公司的蛋种鸡养殖标准化示范区项目对首都"菜篮子"安全做出了贡献，示范区利用本企业的"峪禽大学"，培养了一批养殖技术骨干，增强了养殖户标准化意识，普及了标准化知识。同时，公司陆续在洛阳（2006年）、山东（2010年）、湖北（2010年）建立蛋种鸡养殖企业，促进了当地养殖业的发展。

4. 在肉鸡方面　2008年10月，滦平华都肉鸡屠宰加工厂开业。该项目集种鸡饲养、饲料加工、肉鸡孵化、商品鸡放养，肉鸡屠宰加工、熟食制品加工、调味料生产、国内外销售于一体，包括年放养雏鸡3 600万只的标准化肉鸡养殖小区，推动京承两地农业区域互动、协调发展。2009年，滦平华都公司被承德市政府和北京市农委联合评定为"京承农业合作重点企业"。

5. 在北京鸭方面　金星鸭业中心在河北省滦平县建立了承德鸭业公司，2009年，总投资3 000万元、年屠宰加工500万只北京鸭的承德鸭业公司滦平项目投产。

6. 在乳业方面　2005年，三元食品股份公司迁安三元乳制品加工项目开工奠基，项目总投资

5 000万元，一期设计年处理鲜奶 10 万吨。2008 年，北京农垦以河北三元为主体，先后收购石家庄乳业有限公司、新乡市林鹤乳业有限公司 98.8％的股权。三元食品股份公司在北京建有两家乳品企业，通过这两个加工厂，每年在北京地区收购鲜牛奶约 30 万吨，支付鲜牛奶收购款近 10 亿元，通过牛奶收购有效拉动了北京市畜牧养殖业的发展，同时提供相关产业的就业岗位近 4 000 个。

三、宽领域、全方位介入京津冀协调发展阶段（2012 年至今）

2012 年以后，北京农垦就提前将优势产业向京津冀地区布局。2014 年，中共中央总书记习近平在北京听取京津冀协同发展工作汇报，对京津冀协同发展提出 7 点要求。首农集团党委认真组织学习，总结以往经验，决定紧抓机遇，乘势而上，加快产业布局的调整和产能的转移，要在外埠开疆拓土，兴办更多的农牧业、食品加工业和物流业企业。至 2017 年年底，首农集团按照"资源共享，产业融合，互利双赢，共同发展"的原则，与河北省农业厅、石家庄、张家口、承德、定州、衡水、保定、秦皇岛等政府以及有关企业、组织之间建立了战略性的、稳固友好的合资合作关系，合作建设河北三元、迁安三元、定州现代循环农业示范园、承德三元公司、华都滦平公司、怀来双大公司、滦县现代牧场等多个项目，涉及现代循环农业、畜禽养殖、食品加工和文化旅游等领域，取得了良好的经济、社会和生态效益。在以津冀两地为主的外埠累计投资额超过 80 亿元，提供就业岗位 10 万余个，带动农户 20 余万户。2012—2016 年，首农集团累计带动京郊农民 12 万户，累计增收超过 21 亿元，其中 2016 年增收超过 3.5 亿元，奶业每年户均增收 1 万～1.2 万元，禽业和猪业每年户均增收 3 万～4 万元。

1. 农牧业 2012 年，金星鸭业公司在河北省廊坊地区建立安育养殖基地、京顺养殖基地和鑫维养殖基地。这 3 个基地可带动农户 200 户，直接或间接提供就业岗位近 1 000 个。2017 年年底，金星鸭业在京郊及周边地区发展北京鸭父母代养殖孵化基地 11 个，发展商品鸭养殖农户 300 多户，每年可为农户增加收入 4 000 多万元。2012 年 8 月，河北首农定州园区（西区）项目启动。该项目是北京农垦养殖业在外埠的最大项目，占地 447.753 公顷，计划投资 20 亿元，已投资 9 亿多元，2013 年正式投产运营，引进 5 496 头荷斯坦奶牛；2014 年 8 月又引进 5 016 头奶牛。项目建成后，奶牛总存栏 17 500 头，有 1 个饲料配送中心，还有 233.33 公顷土地用于种植苜蓿等饲料、经济作物，实现种养结合与资源的循环利用；建设占地 6.67 万米^2 的粪污处理系统，利用奶牛粪便进行沼气液化，就地提供新能源；依托园区生产实验基地，建设奶牛养殖培训中心，为企业和社会培养技术应用型人才；年生产优质原料奶 10 万吨，其中细菌数 5 万，体细胞数 20 万，显著提升了当地奶业的发展水平。2012 年，该项目被列为河北省重点农业产业化项目，并成为定州作为国家现代农业示范园区的核心区建设项目。示范区与多个农民合作社签约，回收玉米秸秆制作青贮饲料，仅此一项，每年带动周围 2 000 公顷玉米秸秆回收，平均亩增收 200 元；二期建成后，将带动周围 1.6 万公顷玉米秸秆变废为宝。示范区全部投产后，一天可产 1 000 吨奶，可带动当地运输业发展和大批农民就业；依托首农集团的市场信息，定州园区可以不断调整产业结构。在示范区的带动下，清洁饲养、环境友好型的生产模式也逐渐成为养殖户的追求。在河北首农员工中，有 300 名来自当地，约占公司总人数的三分之二，月平均工资 4 900 元左右，年均收入 5.9 万元，对解决农村劳动力就业问题、帮扶脱贫、拉动周边地区经济发展起到了推动作用。2012 年 12 月，山东寿光牧场项目开工建设。项目占地 34.87 公顷，总投资 2 亿元。2015 年 6 月，寿光牧场存栏 5 000 头奶牛的建设项目投产，牧场拥有世界领先的 80 位转盘式挤奶机，极大地提高了奶牛养殖自动化的示范水平。2014 年 5 月，位于围场县御道口牧场牛场项目动工，总投资 4 410 万元，2017 年 10 月投产运营，奶牛存栏 1 000 头。从 2015 年起，首农畜牧在全国 10 个省、自治区、直辖市开辟了 40 处外埠养殖基地，促进了当地奶业的发展。2014 年 9 月，承德畜产公司在平泉县平房乡太平梁社区建设平泉中育种猪示范场，总投资 4 423 万元，建设规模为 1 200 头基础母猪，于 2017 年 11 月投产。2017 年 10 月，中育种猪公司大庆大同分公司成立，租赁的种猪场投产，地点位于黑龙江省大庆市大同区八井子乡四撮房南，种猪场养殖规模为 600 头基础母猪。
2017 年 11 月，承德畜产公司在平泉市茅兰沟乡蒙古营子、村九神庙村、喇叭洞村建设平泉种猪培育场，总投资 3 668.5 万元，建设规模为出栏二元种猪 15 000 头和商品猪 33 000 头。峪口禽业公司先后在云南、江苏、天津宝坻、新疆和河北大名、河北行唐建立蛋种鸡基地和肉鸡生产基地。2015 年，峪口禽业公司办起流动蛋鸡超市，为养殖户提供专业化服务的站点。2017 年 2 月，三元种业被市农委和市人力社保局评为 2015—2016 年度北京市社会主义新农村建设"北京农业及生态京津冀协作先进单位"。2017 年，首农股份与张家口农业投资发展有限公司合作成立张家口首农建发农业投资有限公司，公司注册资金 3 000 万元，首农股份持股 60%，公司负责编制张家口地区农业整体发展规划，牵头建设 2022 年冬奥会食品供应体系。

2. 农产品加工业 2011 年 5 月，三元种业滦平饲料分公司正式注册成立，滦平生产基地投资近 3 000 万元，年产量 10 万吨。2014 年，三元食品股份公司启动建设"河北三元工业园"，项目占地 40 公顷，总投资 18 亿元，集合了世界先进的生产工艺和加工设备和医药级厂房设计，达到最高安全等级配置，集乳品研发、加工、物流为一体，是中国北方地区最先进、处理能力最强的奶产品生产线项目，可实现年产婴幼儿配方乳粉 4 万吨及液态奶 25 万吨，为打造婴幼儿配方乳粉民族品牌奠定了坚实基础。2016 年 6 月，三元食品股份公司响应"一带一路"倡议，在甘肃省张掖市投资设立甘肃三元乳业有限公司。

3. 第三产业 第三产业是首农集团服务"三农"的新领域。首农集团着力推进首都农产品京津冀区域农产品供应网络一体化项目。结合首农海内外农产品生产基地、北京环五环物流配送体系、天津及河北重要城市流通体系和京津冀网格化终端门店体系的建设，为京津冀区域内农产品、食品等相关企业提供流通平台，打造"首农"农产品流通封闭供应链，实现京津冀农产品调配一体化，满足京津冀、北方市场以至全国对进口食品的需求。目标是在河北 10 个城市建设 11 个农产品专业批发市场，建设环北京的 100 万吨冷库体系，在京津冀地区建设 3 000 家左右社区店。2012 年，首农供应链公司设立北京首农商业连锁有限公司，其蔬菜生产基地分布在北京市延庆区、顺义区和辽宁省朝阳市等地。公司充分利用朝阳农产品供应时间与南方产地错位的特点，将"朝阳菜园子"装入"首都'菜篮子'"。2014 年，天津港首农在天津东疆保税港区内专业从事食品进出口贸易及相关仓储物流等服务业务，打造快捷高效的北方食品进出口通道。2016 年，首农大连公司依托保税区政策功能优势，专注跨境生鲜食品供应链综合服务，打造外向型全封闭绿色食品供应链，加快东北及蒙东地区农产品贸易流通现代化进程，建设东北有影响力的综合性冷链物流基地和国际贸易平台。2016 年 12 月 27 日，国家发展改革委经济贸易司在京主办"京津冀农产品流通体系创新论坛暨企业推介会"，首农集团代表北京市农产品流通企业参会并做发言推介。随着京津冀一体化协同发展的推进，首农集团规划进一步围绕食品加工基地，在石家庄、保定、唐山等地区及周边布局牛业和猪业规模化牧场，在邯郸、石家庄、廊坊等地区及周边布局禽业养殖示范区；更紧密主动地融入区域经济社会发展，重点建设乳品加工、奶源基地、循环示范农业、物流贸易、科技研发等一批重大项目，计划在津冀地区投资超过 500 亿元，推进京津冀区域协同发展取得新进展、新成果。此外，2014 年，首农集团与承德市正式策划"御道口现代农业综合开发项目"，将御道口牧场建设成为国内一流的主题休闲度假旅游目的地、综合文化旅游产业园和现代服务聚集区。

■ 第二节 应急保障

北京农垦自开发建设以来，始终以建设首都副食品基地为己任。从 1951 年至场乡体制改革前的

1997 年，北京农垦为首都市场提供的副食品总量达 65 271.4 万千克，年均为每个城市居民提供 117 千克。[①]

进入 21 世纪以来，北京农垦在做好首都市场副食品正常供应保障的同时，紧密围绕首都北京"四个中心"的城市战略定位，结合自身的功能属性，积极承担北京市"四个服务"的各项保障任务及服务，尤其是圆满完成了历次全国"两会"以及全国党代会等重要会议的食品保障任务，受到历届中共北京市委、市政府的表扬。随着在北京召开的国际重要会议和举办的国际大型体育赛事的增多，承担的食品保障任务也越来越艰巨。集团及相关企业每次都会组织专门的工作班子，精心计划，定点、定人、定设备，组织生产，把好每道工序和流程，严格检测产品质量，做到生产有记录、信息可查询、流向可跟踪、责任可追溯。集团旗下的圆山大酒店、德胜饭店、香山会议中心是中央及北京市政府采购会议定点接待单位，为政府类会议提供专业服务十余年，在业界有着良好的口碑。

从完成应急保障任务的繁重程度和任务的频率看，大体可分为前后两个阶段：

一、前期阶段（1990—2013 年）

1990 年 8 月，总公司成立北京亚运特需供应公司，负责为十一届亚运会提供全国名特优、土特产品，为亚运会记者村、五洲大酒店、市内各大宾馆及饭店服务；9 月，牛奶公司承担亚运会特供任务，为亚运会提供全部乳制品；回龙观饭店圆满完成接待朝鲜亚运观摩团及其他外宾的任务；总公司组织的拉拉队受到组委会的表彰；10 月，卢沟桥农场获得第十一届亚运会组委会行政部颁发的"为亚运无私奉献，为祖国增添光彩"的锦旗。1991 年 2 月，双桥农场团委被共青团北京市委评为"亚运会做文明观众，树赛场新风"组织奖。1996 年，圆山大酒店圆满完成第四次世界妇女大会的接待任务。2007 年，圆山大酒店完成了"好运北京"测试赛的接待任务。2008 年 7 月，在北京奥运会开幕前一个月，三元集团旗下光明饭店的新酒店、德胜饭店相继开业，奥组委入住圆山大酒店，进入接待奥运会模式，北京麦当劳位于奥运会运动员村和主新闻中心的奥运餐厅、位于奥林匹克公园公共区的麦当劳餐厅开业。三元集团职工文明啦啦队在赛事期间展现了农垦人的风采，系统内的所有食品企业以匠心精神生产并供应合格的食品。作为国内唯一的奥运会北京烤鸭原料供应商，2008 年 7 月 17 日—9 月 20 日，金星鸭业中心共为北京奥运会、残奥会供应了 8 万多只北京烤鸭原料。9 月 20 日，中共北京市委、市政府和北京第 29 届奥林匹克运动会组委会表彰北京荷美尔、北京丘比、北京安德鲁、三元食品股份公司、金星鸭业公司、华都肉鸡公司、双日物流公司和裕农公司这 8 家企业为北京第 29 届夏季奥运会和第 13 届残奥会所做的贡献，并颁发"北京奥运会残奥会先进集体奖"荣誉证书。三元出租车公司以退伍军人为主组成车队，在奥运会期间提供了出色的服务，获得了众多的荣誉称号：公司被首都窗口行业奥运培训工作协调组授予"首都文明服务示范窗口"称号、"首都窗口行业技能示范单位"称号；被首都文明委授予"迎奥运、讲文明、树新风活动先进集体"称号；被市交通委授予"奥运会、残奥会交通保障工作先进集体"称号；退伍军人服务队被分别被中华全国总工会授予"奥运立功全国工人先锋号"称号，被市总工会授予"奥运立功北京市工人先锋号"。三元集团为奥运服务共支出 504.5 万元。[②] 2009 年，首农集团在国庆 60 周年阅兵和联欢晚会中表现优异，大发正大公司获得由阅兵联合指挥部颁发的"新中国成立 60 周年首都阅兵村服务保障单位"牌匾和证书，首农集团受到首都国庆 60 周年北京市筹备委员会联欢晚会指挥部表彰，获得"在首都国庆 60 周年联欢晚会工作中做出突出贡献"的荣誉证书。2010 年，金星鸭业承担上海世界博览会供应保障任

---

① 刘明：《光荣的使命——纪念北京农垦创建 50 周年》，载《北京农垦 50 周年纪念文集（1949—1999）》，中国大地出版社，第 93 页。

② 《北京三元集团有限责任公司 2008 年度财务分析报告》，第 6 页。

务。2012 年，首农集团圆满完成全国"两会"、中共十八大会议代表驻地的乳制品、鸡肉产品的保障供应任务；12 月，市政府召开北京市服务保障党的十八大工作总结会，首农集团荣获市政府颁发的表彰牌匾。

二、后期阶段（2014—2017 年）

为了做好应急保障工作，首农集团成立了以主要领导为组长的供应保障领导小组，明确责任分工，各级各部门层层压实责任，制订了产品保障供应工作方案及应急工作预案。按照"一丝不苟、准确无误、滴水不漏、万无一失"的工作要求，严格执行工作制度和保障措施，确保产品供应任务圆满完成。

2014 年，北京农垦圆满完成全国"两会"、北京 APEC 会议食品保障供应任务，得到 APEC 会议保障供应领导小组的高度认可。2015 年，圆满完成全国"两会"、全国劳模表彰大会、北京田径世界锦标赛和"纪念反法西斯战争胜利 70 周年阅兵活动"食品保障供应任务。首农集团、三元食品股份公司、华都肉鸡公司获得阅兵服务保障工作纪念证书、阅兵保障服务和北京田径世界锦标赛表彰牌匾。2016 年，圆满完成全国"两会"、中共十八届六中全会会议等各类重大活动的食品保障供应任务，整个供应工作得到上级领导及驻地工作人员的一致好评。2017 年，圆满完成全国"两会"、首届"一带一路"国际合作高峰论坛外方参会人员下榻的宾馆驻地乳制品供应任务，同时，首农集团还配合完成了朝阳区交办的服务任务。在高峰论坛结束后，中共朝阳区委、朝阳区政府给首农集团致《感谢信》，感谢首农集团对朝阳区完成"一带一路"国际合作高峰论坛服务任务所做的支持和奉献。2017 年 10 月，首农畜牧被确定为中共十九大参会人员下榻的宾馆驻地乳制品供应单位；12 月，圆山大酒店被第二十四届冬季奥林匹克运动会组委会确定为 2022 年北京冬奥会、冬残奥会官方接待酒店。

首农集团还承担着国家储备任务，旗下中育种猪公司、峪口禽业公司、双河农场、三元食品股份公司分别承担着活猪、鸡蛋、大米及稻谷、婴幼儿配方乳粉的国家储备任务。2015 年、2016 年、2017 年国家储备的承担量均为 9 500 头活猪、100 吨鸡蛋、1 500 吨大米及 3.45 万吨稻谷、40 吨婴幼儿配方乳粉。[①]

■ 第三节　国企担当

北京农垦自垦建以来，始终坚守为社会文明进步服务的理念，在公益慈善活动、完成政府交办的任务以及诚信企业建设等诸多方面，尽己所能回馈社会，彰显了国企担当，树立了良好形象。2009 年，首农集团与北京市温暖基金会合作设立首农关爱基金，在乐于社会捐助、聘用弱势群体、关心企业员工、推进节能减排等方面做出了诸多努力。2011 年，首农集团制定了《国有企业履行社会责任纲要》，履行社会责任的自觉性更强、工作力度加大，首都慈善公益组织联合会两次表彰首农集团，授予首农集团"慈善公益企业"荣誉称号。

一、慈善活动

北京农垦一贯秉持"一方有难，八方支援"的社会主义精神，尽其所能参加公益慈善活动，树立

---

① 资料来自首农集团企业管理部提供的志稿。

了良好的企业形象。特别是在历次抗震、抗洪救灾的时刻，及时伸出援助之手，纾解民困。1976年7月28日，唐山发生强烈地震后，东风制药厂第一时间行动起来，全厂动员，实行三班倒，昼夜生产消炎粉361.3万袋支援灾区，被中央有关部门评为抗震救灾先进集体。

（一）总公司时期捐赠情况

1991年9月，北郊农场为南方灾区捐款34万余元，衣被2万余件。1996年，湖南农垦的农场遭遇灾害，北京农垦向其捐款捐物；10月，湖南省政府向总公司赠送锦旗，感谢其对湖南农垦灾区的无私支援。1998年1月19日，张家口地区发生地震后，总公司向灾区捐赠5吨大米和大量建筑材料，南郊农场向灾区捐款13万元。1998年7月下旬以来，长江全流域发生特大洪水，灾情牵动全国人民的心；8月，总公司发出赈灾倡议，所有企业和员工积极捐款捐物。在中央电视台《我们万众一心——98抗洪赈灾大型义演》晚会上，东风农场向中华慈善总会捐赠价值20万元的药品，双桥农场三间房分场捐款20万元。北郊农场捐款111.5万元，为嫩江、松花江流域遭受水灾的地区捐衣被1.4万余件；双桥农场6万人捐款捐物287.41万元。双桥农场北京市兽药厂由农业部统一调配，无偿捐献35 000瓶消毒剂，紧急运往洪水灾区。自2000年开始，三元食品股份公司为在京的老红军战士无偿提供鲜奶。2000年5月，三元食品有限公司向"中国儿童安康成长专项基金"捐款10万元。

（二）三元集团时期捐赠情况

2003年3月，北京发生"非典"疫情。4月，三元食品股份公司向市卫生局捐赠5 000箱价值20万元的三元纯牛奶，此外，还拿出3万箱纯牛奶、30多吨奶粉，总价值达数百万元，对战斗在防控"非典"一线的医院、交管、公交、地铁、出租车、公安有关部门进行慰问。5月13日，三元集团发出在全系统开展"防治非典，奉献爱心"捐款活动的倡议，几天内共捐款57.6万元。同月，三元食品股份公司发起并与中国医学基金会共同建立"三元健康关爱基金"，公司首批入资及员工捐资共计112万元；三元集团向小汤山医院和安贞医院各捐赠价值1.5万元的鲜牛奶2吨；中国麦当劳向中国红十字会捐款，北京麦当劳购买50多万个口罩，向惠顾麦当劳餐厅的顾客免费赠送，提供预防"非典"的常识宣传单，并免费向市卫生防疫站及西城区、东城区、朝阳区卫生防疫站提供麦当劳食品。当月，北京市接受救灾捐赠事务委员会向三元集团颁发的"防治非典，奉献爱心"荣誉证书。至5月底，全系统共捐款捐物300多万元。6月25日，三元集团向"健康关爱专项基金"捐赠20万元，获中国医学基金会颁发的荣誉证书；同月，三元集团为佑安、协和等四家医院捐物5万元。在中共北京市委召开的纪念建党82周年暨防治"非典"工作先进基层党组织和优秀共产党员代表座谈会，三元食品股份公司党委、华都肉鸡公司党委被授予"北京市防治非典型肺炎工作先进基层党组织"荣誉称号。7月，中共北京市委、市政府、北京防治非典型肺炎联合工作小组在人民大会堂举行首都防治非典型肺炎工作总结表彰大会，奶牛中心、华都肉鸡公司被授予"首都防治非典型肺炎工作先进集体"荣誉称号。10月，三元出租车公司被北京市出租车暨汽车租赁协会授予全国出租租赁行业"抗非典先进单位"称号。2004年，三元集团向首都见义勇为基金会捐款10万元。2007年，三元食品股份公司向安徽抗洪救灾前线捐赠9万箱牛奶。2008年5月12日，四川省汶川县发生大地震。5月14日，三元集团向员工发出"捐出一日工资，奉献一片爱心"灾区捐款的倡议书，仅一天时间，就为灾区的捐款100余万元。5月15日，太洋药业向四川地震灾区捐赠"泰力特"阿奇霉素215箱，总价值41.5万元。5月16日，三元食品股份公司紧急启动"为献血者送爱心牛奶"活动，在北京17个献血点，向为救治地震灾区伤员献血的志愿者免费赠送三元牛奶。5月19日，三元集团向地震灾区捐赠20万箱价值1 000万元的优质牛奶。5—7月，西郊农场党员以及全体职工组织三次捐款，计19.5万元。是年，三元集团抗震救灾捐赠支出1 063.1万，其中集团总部928.5万。华都集团员工为四川地震灾区捐款捐物，累计捐款125.2万元。2009年4月10日，三元集团在北京市慈善协会"春雨行动应急救助项目"启动仪式上捐款100万元。

（三）首农集团时期捐赠情况

2010 年 4 月，首农集团参加中央电视台"情系玉树，大爱无疆——抗震救灾大型募捐活动特别节目"，并通过中国红十字会总会向灾区捐款 100 万元；同时，向北京市妇女儿童发展基金会捐赠价值 100 万元的 10 吨婴幼儿奶粉，以援助玉树抗震救灾项目；10 月，奶牛中心援助四川汶川重建，向灾区捐赠 5 头优秀的荷斯坦种公牛；11 月，养猪育种中心援建四川什邡市畜牧食品局，捐赠良种猪 3 个品种 100 头。2011 年 3 月，双桥农场出资 180 万元，用于双桥无名烈士纪念碑迁建工程；4 月 13 日，东北旺农场向日本福岛市地震灾区捐款 3.14 万元人民币。2012 年 7 月 29 日，中共房山区委致首农集团感谢信，感谢首农集团在 7 月 21—22 日房山区遭遇特大暴雨、山洪袭击后给予的关怀和帮助。是年 12 月 2 日，在工人体育馆举行的"善行天下——第五届首都慈善晚会"上，市政府主要领导向首农集团颁发"2012 年度企业社会责任奖"牌匾。2016 年，首农集团向北京奥运城市发展基金会捐赠 450 万元，从 2016 年起分年度支付，每年支付 90 万元，用于促进奥林匹克事业和残奥事业的发展；5 月，三元食品股份公司在"天地有大爱，立德树仁人——知艾防艾，关爱因艾受困儿童"主题公益实践课堂中，捐赠价值 20 万元的奶品。2017 年 2 月，三元食品股份公司参加农业部联合中国奶业协会在北京举办的"中国小康牛奶行动"启动仪式，向河北、贵州、海南省的贫困地区学校捐赠三元液态奶 2 万提、三元奶粉 834 箱；3 月 15 日，在"国家营养扶贫公益活动"走进湖北蕲春的现场活动中，三元奶粉作为国家营养扶贫指定奶粉，捐赠了价值 120 多万元的奶粉；4 月，三元食品股份公司"D20 中国小康牛奶行动"走进河北省宣化市，向当地多所贫困学校学生捐赠三元学生奶粉；同月，河南省"健康中原牛奶伴您行"奶业公益行动启动，三元食品股份公司向河南省捐赠价值 120 万元的学生奶 2 万箱；8 月 8 日深夜，三元食品股份公司第一时间向九寨沟地震灾区捐赠超过 50 万元的蓝标爱力优婴幼儿配方奶粉及其他食品；10 月 17 日是第四个国家扶贫日，三元奶粉营养扶贫活动——"让贫困家庭宝宝喝上国产好奶粉"走进革命老区河北省阜平县，向全县 4 360 名 3 岁以下幼儿捐赠奶粉和营养扶贫手册。

2010—2017 年北京农垦捐赠支出情况见表 5-5-2，单位捐赠情况见表 5-5-3。

表 5-5-2 2010—2017 年北京农垦捐赠支出情况

单位：万元

年份	2010	2011	2012	2013	2014	2015	2016	2017
捐赠金额	314.0	201.4	260.3	259.1	175.7	150.4	107.5	722.4

说明：数据来自各年度财务报表。

表 5-5-3 2010—2017 年单位捐赠情况

单位：万元

单位	捐赠金额	单位	捐赠金额	单位	捐赠金额	单位	捐赠金额
集团总部	1 338.9	三元种业	102.7	东郊农场	15.0	首农投资控股	3.0
三元食品	242.0	北郊农场	55.0	双桥农场	15.0	南牧兴中心	1.0
华都集团	203.6	西郊农场	30.1	南口农场	7.0	东风农场	1.0
艾莱发喜	155.4	南郊农场	16.8	首农股份	4.0	山东三元	0.15

说明：数据来自各年度财务报表。

根据市国资委《关于规范企业对外捐赠管理有关事项的通知》的有关规定，首农集团的捐赠行为严格按照集团对外捐赠管理办法执行。近年来集团对外捐赠具体情况如下：首农集团 2010—2017 年对外捐赠支出总额 2 190.7 万元，年均对外捐赠支出 273.8 万元，其中包括公益性捐赠支出 1 844.6

万元，救济性捐赠支出 305.3 万元，商业性捐助支出 0.76 万元。出资单位及金额为首农集团总部 1 338.9万元，占捐赠支出总额的 61%；其他 15 家集团所属单位 851.8 万元。

在其他公益活动方面，北京市公民献血委员会授予总公司 1998 年度无偿献血"金质奖"。2004 年 4 月，三元集团向首都见义勇为基金会捐助 5 万元。2008 年 1 月，艾莱发喜公司向联合国儿童基金会捐款 1 万元；3 月，艾莱发喜公司携手西城区红十字会联合成立"西城区红十字会·八喜健康关爱救助金"。同年，长阳农工商被北京市献血办公室授予"2017 年度积极参与无偿献血公益事业"的荣誉称号。2010 年 5 月，南口农场被北京市残疾人联合会、市人力社保局授予"北京市残疾人自强模范暨扶残助残先进集体"称号。2012 年 7 月，东郊农场被朝阳区残疾人工作委员会授予"北京市朝阳区按比例安排残疾人就业工作 2011 年度优秀单位"荣誉称号。2013 年 12 月，三元种业被中共北京市委、市政府授予"首都民族团结进步先进集体"称号。

二、完成政府交办的任务

在服务社会方面，北京农垦能够顾全大局、勇于担当，积极配合政府完成任务，主要体现在两方面：

1. 勇于接收困难企业　1988 年，党中央、国务院开始清理整顿公司，在中共北京市委、市政府的安排下，有 4 家外系统公司需要总公司接管，而这些公司都是经营困难且存在许多历史遗留问题的。总公司党委坚决服从政府决定，克服困难，于 1990 年 6 月正式接收北京市社会福利事业总公司（接收后更名为北京市三环实业公司），于 1991 年 8 月正式接收康华矿业发展运输公司（接收后更名为北京市广域贸易公司），于 1992 年 6 月正式接收北京市慎昌实业公司。1994 年 9 月，又接收了北京市盛大经贸实业公司（划归总公司二级企业北京市谷丰贸易公司管理）。接收后，迅速派出干部进驻企业，稳定员工，帮助其解决实际困难。

2008 年 9 月，根据国务院领导的指示，建议北京三元食品股份公司介入三鹿集团破产收购。在市国资委的支持下，11 月，三元食品股份公司组成并购尽职调查工作组进驻三鹿集团；12 月，三元食品股份公司注册成立全资子公司河北三元。2009 年 11 月，三鹿集团全部资产已悉数由首农集团接手。首农集团履行了对政府的"全员接收原三鹿核心企业员工"的承诺，与近 2 600 名原三鹿员工签订劳动合同，保持企业正常运转，确保职工队伍和当地社会的稳定。

位于黑龙江省讷河市的北京市双河农场隶属北京市劳动教养工作局，由于政企不分等原因，双河农场的经营发展遇到较大困难。2010 年 10 月 13 日，市司法局向市政府报告关于北京市双河劳教所体制改革的意见，该意见提出，为了缓解北京市双河农场面临的严重经济困难，建议让首农集团介入。是年 12 月，首农集团向市国资委正式提交接收双河农场的工作方案，并成立了介入双河农场的工作班子。2011 年 10 月 24 日，市长郭金龙主持召开会议，同意双河农场"引入首农集团作为战略投资者，为改革发展注入活力"。2012 年 5 月 23 日，市政府召开北京市双河劳教所体制改革大会，宣布双河农场正式移交首农集团管理。首农集团随即抽调干部组织双河农场领导班子。新领导班子在管理上视双河农场为全资子公司，积极着手解决历史遗留问题。同时，首农集团总部各部门也积极帮助农场落实各项扶农惠农政策。首农集团管理双河农场五年，争取投资 5 亿元，建设了 12 个项目，使农场的农业基础设施建设水平发生了巨大变化。

2. 供应土地　在历史上，北京农垦始终积极配合政府进行城市建设，在需要农垦企业供应土地的时候，能够顾全大局，妥善安置职工、搬迁企业，做好稳定工作。尤其是城乡接合部的农场，在市政府因修路、建设轨道交通、南水北调、建公园和公共绿地、建设公益设施以及河道整治需要农场和企业供应土地时，均做到了按时按要求供应土地。20 世纪 90 年代初，南郊农场和东北旺农场积极配合北京市政府征用农场土地，做好搬迁企业、"农转非"工作，为迅速启动与开发建设亦庄经济开发区和上地开发区做出了巨大贡献。2005 年，北京市政府为了今后能够更好地处理类似"非典"疫情的公共卫生突发事件，拟对位于东城区安定门外大街的原地坛医院实施搬迁，有关部门建议将其迁至地处朝阳区北皋的东郊农场。为了支持首都公共卫生建设，东郊农场顾全大局，以置换方式及时解决了地坛医院的搬迁扩建之事。

三、疏解整治促提升

首农集团认真贯彻习近平总书记对北京的重要讲话精神，深刻领会"以疏解北京非首都功能为重点的京津冀协同发展战略"，提高政治站位，在推动疏解整治促提升和大排查大清理大整治专项行动中认真履行企业主体责任，取得了显著成绩，在全市树立了"首农标杆"和"首农样本"。

首农集团疏解腾退促提升全面启动于 2014 年。2015 年 12 月 4 日，首农集团向市国资委报告：自 2014 年以来，在疏解非首都核心功能方面，共疏解整治 80 万米^2，其中拆除腾退 45 万米^2 老旧厂房、违章建筑，腾退土地 34.7 万米^2；迁出奶牛 6 000 头。

2016 年和 2017 年，首农集团继续推进疏解整治工作。至 2017 年年底，首农集团累计拆除腾退 331 万米^2 的老旧厂房、违章建筑，综合整治 135 万米^2，疏解清退商户 3 410 户，疏解关停畜禽养殖场 42 个，涉及土地超过 1 333.33 公顷，涉及人员疏解 15.8 万人。这组数据超过北京市属国有企业总疏解腾退面积的三分之一。

在疏解整治促提升和大排查大清理大整治专项行动中，首农集团综合运用经济、行政、法律等手段推动疏解整治工作，探索出了一些经验和办法，得到了中共北京市委、市政府和市国资委领导的充分肯定。2016 年 8 月 4 日，市政府办公厅《昨日市情》（特刊第 139 期）刊发《市属企业疏解市场面临的问题及探索——以首农集团关停和义五金城为例》，总结了首农集团和南郊农场的经验与做法，并建议市有关部门予以推广。10 月 13 日，中共北京市委书记郭金龙、市长王安顺等领导到南郊农场实地调研拆除腾退工作，郭金龙在听取首农集团总经理薛刚的汇报后表示，首农集团积极履行国企责任，认真落实非首都功能疏解任务，成绩来之不易，成效非常显著，要求各单位以首农为标杆，做好北京城乡接合部综合整治。11 月 26 日，中共北京市委书记郭金龙等市领导到朝阳区萧太后河参加劳动，其间，对首农集团及双桥农场在萧太后河整治以及疏解整治中的重要贡献和示范带头作用给予充分肯定，这是他第二次点名表扬首农集团非首都功能疏解工作。2017 年，北京盛华四合资产管理有限公司所属二河开 21 号院拆违和综合整治项目共疏解外来人口 8 500 人，清退出租房屋 10 万米^2，关停无照商户 68 家，关停幼儿园 2 家，拆除违法建设 8.4 万米^2，清运渣土约 6.88 万米^3，提前完成市国资委、首农集团和海淀区政府下达的二河开 21 号院各项疏解拆除整治工作任务。中共北京市委书记蔡奇对整治海淀区圆明园二河开 21 号院的工作和效果给予了充分的肯定，批示指出"二河开 21 号院是市国资企业与区里合力抓疏解的生动案例，要巩固成果推进后续工作"。在市属国企中拆除腾退面积最大的南郊农场，累计完成疏解拆除腾退面积 122 万米^2（其中拆除违建 115 万米^2、棚户区建筑面积 7 万米^2），腾退土地 300.93 公顷；同时，完成和义地区和义五金城、北方世贸鞋城两个专业市场的疏解工作，已累计疏解人口 8.1 万人。中育种猪公司按照海淀区政府和首农集团关于腾退海淀辖区内自有种猪场的要求，完成中荷猪场、种猪资源场共 4 744 头猪的清群腾退工作。

疏解腾退的目的是更好地减量发展、转型发展、高质量发展。首农集团明确：①抓住河北承接北京产业转移的时机，合理有序推动畜禽养殖业、食品加工业、蔬菜种植基地的整体转移，并在转移过程中实现转型升级，形成产加销一条龙，成为安全食品综合供应商。②加大提升物流体系建设水平和规模，建设好环京农产品物流圈，把主导产业升级到满足北京城市需求保障的水平。③做好集约利用腾退土地的各项工作，消化疏解资金成本，推动环五环"一圈一系"项目，打造产业优良、环境优美、生活优越的都市型现代农场，建设"美丽首农"。④突出农业的生态和文化功能，重点发展集农业观光、农务体验、特色庄园于一体的农业休闲业态，打造环五环休闲观光农业旅游圈。⑤重点对一些具有工业遗迹的老旧厂房、仓库进行升级改造，发展文化创意、电子商务、移动互联等产业，形成环五环高端产业园区体系，同时，瞄准健康、文体和教育等符合首都功能定位的产业，培育形成新的经济增长点，进而构建起"高精尖"的经济结构，努力打造城市复兴新地标。根据上述思路，南郊农场推动"两园三区"（和义体育休闲健身公园、西毓顺文化创意公园、首农红星集体农庄农业观光区、首农紫谷庄园农业观光区、首农第六产业园区）建设；西郊农场推动"一场三园"（三元农业科教园、双塔绿谷首农庄园、翠湖农业生态园）建设；双桥农场在建成塞隆国际文创园的基础上，启动"文化双桥"发展战略，对存量老旧厂房、工业遗存采取因地制宜、各取其长、高效盘活的方式进行改造利用、重塑升级、"腾笼换鸟"，建设第九区影视产业园、新媒体产业园、国际音乐产业基地、文化体育公园等，努力建设"美丽首农"。

四、诚信企业建设

诚信是企业生存与发展的基石，北京农垦的企业守信用是有传统的。1959年2月25日，北京遭受百年不遇的雪灾，积雪厚达66.6厘米，全市交通中断，给北京奶站送奶到户增加了极大困难。北京市牛奶站全体职工在站长的带领下，冒着风雪，扛着奶箱，蹬着三轮，挨家挨户送奶。当天，10多万家订户无一遗漏。进入改革开放后，北京农垦坚持把诚信建设作为提升企业核心竞争力的重要内容，一批企业陆续被市工商局公示为"重合同守信用单位"。2004年，北京市取消"重合同守信用"企业公示活动后，在首次举行的"守信企业"公示活动中，系统内就有光明饭店、艾莱发喜公司、大发正大公司、三元石油公司、北京红星建筑涂料厂、华都肉鸡公司和北汽服公司等被市工商局公示为2003年度"守信企业"，并取得市工商局颁发的"公示证书"。2005年，大发正大公司被"诚信长城杯"企业评审委员会和北京企业评价协会联合授予"诚信长城杯企业"称号。

"十一五"时期，北京农垦加强了对农产品和食品的质量安全管理，把企业诚信建设作为实现"十一五"发展计划的重要措施，鼓励企业参加媒体组织的各种活动，以提高企业在消费者中的美誉度。在这方面，三元食品股份公司做得比较突出。2006年，三元食品股份公司参加由《北京晚报》举行的"2006年生活用品行业诚信企业"评选，荣获"十佳诚信企业"称号；2008年9月，"三聚氰胺事件"后，三元食品股份公司迅速召开以"质量立市，诚信为本，三元在行动"为主题的新闻发布会，三元食品郑重承诺，将一如既往地贯彻质量方针和质量体系，生产安全健康的放心奶，发挥企业应尽的责任。

"十二五"时期，北京农垦诚信企业建设向深度广度发展，在形式内容上也更加多样化。2012年6月，三元食品股份公司为配合"质检邀您看企业，食品安全大家行"活动，接待人大代表、政协委员、消费者代表及80多家媒体代表到访参观；12月，首农集团党委举办"感恩责任诚信"主题演讲比赛。2016年5月和2017年6月，首农集团参加首届和第二届"首都国企开放日"活动，邀请市民走进企业。在践行承诺上，河北三元和滦平华都公司分别于2015年和2017年取得诚信管理体系CMS认证。讲诚信拉近了集团与市民的距离，获得了消费者的理解与赞誉。2012年7月21日，北京遭遇罕见特大暴雨，三元食品股份公司下属的"三元及递"员工在雨夜中穿行，保证订户当天的牛奶供应，感动了消费者，也提升了"三元及递"服务品牌的美誉度。2009年，上市公司开始随年报发布企业社会责任报告（简称CSR报告），三元食品股份公司从2015年开始发布《社会责任报告》，报告自身在履行社会责任方面的举措。2016年11月，在由中国社科院经济学部企业社会责任研究中心发布的《企业社会责任蓝皮书（2016）》中，三元食品社会发展指数增高至76.6，是乳品企业社会责任发展指数均值的近两倍，成为乳品行业中当之无愧的佼佼者。

北京农垦诚信企业建设荣誉见表5-5-4。

表 5-5-4　北京农垦诚信企业建设荣誉一览

年份	获奖单位	荣誉内容	授予机构
2006	三元食品股份公司	十佳诚信企业	《北京晚报》"2006 年生活用品行业诚信企业"评选活动
2009	艾莱发喜食品公司	质量安全诚信品牌	国家产品质量安全与法信息中心
2009	三元食品股份公司	最具安全责任感的食品企业	中外跨国公司 CEO 圆桌会议组委会
2013	首农集团	十佳诚信品牌企业	中国经济科技开发国际交流协会和《中国品牌》杂志社联合授予
2013	三元绿化工程公司	北京市园林绿化行业 4A 诚信企业	北京市园林绿化局和北京市园林绿化企业协会
2013	大发正大公司	北京诚信经营承诺企业	北京市企业评价协会
2013	三元食品股份公司	百家诚信示范单位	第十一届中国食品安全年会
2013	滦平华都食品公司	中国质量诚信企业	中国出入境检验检疫协会
2014	北京华都肉鸡公司	中国质量诚信企业	中国出入境检验检疫协会
2014	三元出租车公司	诚信服务企业	北京市运输协会
2014	北京市双河农场	食品安全百家诚信示范单位	第十二届中国食品安全年会
2016	五环顺通中心	中国冷链物流诚信 50 强企业	中国食品工业协会食品物流专业委员会
2016	北京丘比食品公司	全国产品和服务质量诚信示范企业	中国质量检验协会
2016	三元食品股份公司	诚信代言人	北京电视台"诚信北京"315 消费者权益日晚会
2016	三元食品股份公司	社会责任奖	首届智能金融国际论坛暨第五届金融界领航中国年度盛典
2016	三元食品股份公司	工匠企业	中国品牌口碑年会
2017	五环顺通中心	中国冷链物流诚信 50 强企业	中国食品工业协会食品物流专业委员会
2017	北京丘比食品公司	全国质量诚信标杆典型企业	中国质量检验协会
2017	北京市双河农场	百家诚信示范单位	第十五届中国食品安全年会

说明：资料来自《北京农垦大事记》。

■ 第四节　扶贫工作

一、20 世纪 80 年代至 90 年代的扶贫工作

20 世纪 80 年代是北京农垦扶贫工作的起步阶段。1986 年 5 月 1 日，由市牛奶公司援建的拉萨市乳品厂正式投产。1988 年 12 月，南郊乳品厂赴西藏为藏胞送去急需的黄油（酥油）100 吨，并无偿赠给大昭寺 1 吨黄油，南郊乳品厂还与拉萨市签订了供应黄油的协议。

"九五"期间，北京农垦接受市农办、山区建设办公室指定的扶贫工作。1995 年，总公司负责对口帮扶平谷县熊儿寨乡，该乡地处深山区，总公司党委组成扶贫工作组，派出处级干部常年驻乡。在扶贫期间，先后组织技术干部轮流为熊儿寨乡进行农业技术服务，也要求有关农场进行物资援建。1996 年 10 月 20 日，光明饭店捐赠 20 万元建设的熊儿寨乡老泉口村"光明小学"落成。1996 年，该乡人均劳动所得比上年增加 240 元。[1] 1996 年 3 月，市委农工委、市农办、市政府山区建设办公室授

---

[1]　北京市地方志编纂委员会：《北京年鉴 1997》，北京年鉴社，1997 年，第 347 页。

予总公司"支援北京山区先进单位"称号。1997年，华都肉鸡联营公司承担并完成市政府分配的开发性扶贫任务，肉鸡公司分别与昌平、怀柔、平谷地区的9个村组织签订扶贫合作协议，建立100万只规模的肉鸡养殖基地，发展农民合作养殖户1 200多户，使京郊贫困山区合作农户获得直接经济收益300万元。

二、"十五"期间扶贫工作

"十五"期间，北京农垦扶贫工作开始从北京市远郊农村向外埠发展，扶贫项目主要是养殖业和乳品加工业。奶牛业从在京郊建立租赁牛场，开始向天津郊区发展，建立养殖基地，扶持当地农户发展养殖业；北京鸭开始在河北廊坊等地区建立中鸭养殖基地。2003年，峪口禽业公司在辽宁北镇市建立商品代雏鸡场；2004年，牛奶公司在承德围场县建立乳品加工合资企业；2005年，百年栗园公司在密云县穆家峪镇后栗园村东创建柴鸡散养培训示范基地。这些项目都对当地养殖业的发展和直接增加农民收入起到了促进作用。2003年9月1日，由三元食品股份公司资助建设的位于平谷区熊儿寨乡的三元中学正式揭牌。

三、"十一五"期间扶贫工作

"十一五"期间，北京农垦扶贫工作力度加大，扶贫工作重点开始转向河北承德地区及革命老区。2010年11月28日，中国老区建设促进会向首农集团颁发"支持老区建设发展贡献奖"。"十一五"期间，首农集团有较大规模和政治影响的扶贫项目有：

1. 滦平华都肉鸡产业化扶贫项目　2007年6月21日，滦平华都肉鸡产业扶贫项目被国务院扶贫开发领导小组列为国务院扶贫办产业化扶贫重点项目。2008年4月21日，滦平华都公司被国务院扶贫开发领导小组办公室认定为"第二批国家扶贫龙头企业"。2009年3月9日，国家发展改革委东北振兴司考察滦平华都公司，来访领导对华都肉鸡产业化扶贫项目采取的以龙头企业为主导，带动当地农民脱贫致富的新模式给予高度评价。2011年9月，滦平华都公司被河北省就业服务局、河北省就业促进会联合授予"河北省就业服务重点企业"称号。2012年3月，滦平华都公司被中共承德市委、市政府联合授予"扶贫模范单位"称号；12月，滦平华都公司被河北省政府授予"河北省就业先进企业"称号。

2. 晓雅乳业奶牛项目　2006年12月31日，中共中央总书记胡锦涛到承德天添乳业有限公司奶牛养殖场考察。他详细询问了该公司的养殖规模、模式、牛奶质量及牛奶销售等情况，当了解到三元集团与承德天添乳业有限公司合作企业晓雅乳业公司的情况时，他充分肯定了双方的合作模式，并表示"这种合作方向很好"。

3. 延安市扶贫项目　2010年7月8日，首农集团与陕西省延安市领导签订《首都农业集团支持和推动延安市农业产业化发展的框架协议》，首农集团在延川县的肉鸡产业扶贫项目开始启动。

4. 任丘肉鸡项目　2009年6月1日，由大发畜产公司投资的任丘大发有限公司肉鸡屠宰加工项目正式投产。该屠宰厂位于任丘市苟各庄镇食品工业园区，与熟食厂共同占地约13万米^2，工程由生产车间、两条屠宰生产线和熟食加工生产线及配套设施组成。项目投产后，年单班屠宰量可达5 000万只。

四、"十二五"期间至今

"十二五"期间至今，北京农垦扶贫工作向纵深发展，对口帮扶工作又上一个新台阶。

（一）提高政治站位，主动与外部建立扶贫工作合作关系

2011年，首农集团分别与河北省定州市政府、山西省农业厅、山东滨州市政府签署农业园区、安全农产品生产基地等协议。2012年，首农集团分别与河北省磁县政府、山东省政府、承德市政府、滦平县政府、济南市长清区政府签署农产品生产与流通、现代畜禽产业发展等协议。2013年，首农集团分别与围场满族蒙古族自治县政府、河北省农业厅、威海市政府、赤峰阿鲁科尔沁旗政府签署农业领域投资、海产品产销、肉牛养殖基地等协议。2014年，首农集团、三元食品股份公司与河北省石家庄市政府、新乐市政府分别签署建设河北三元工业园协议。是年，首农集团与辽源市政府签署战略合作协议。北郊农场积极配合昌平区政府做好对口支援工作，2008—2015年，先后向昌平区3个村捐款68万元。[①] 2016年1月，三元农业与通州区漷县镇吴营村签订了村企结对帮扶协议，为期2年，在农业技术、农产品销售、项目等多方面达成战略合作，并选派公司生产部部长邵翠芳在吴营村担任党组织"第一书记"，期限为2年。2016年9月，三元食品股份公司启动"精准健康扶贫"项目，向河北省提供10万册扶贫手册，对河北省62个贫困县的10万名0～7岁儿童开展为期5年的"一对一"健康帮扶。从2017年起，三元食品股份公司又对山东临沂、河北临西、山西繁峙、河北正定4县贫困地区的中小学开展健康扶贫活动，发放扶贫手册14.44万册，涉及贫困家庭8 408户。2017年，首农集团与大庆市政府、南阳市政府、张家口市政府、玉溪市政府、拉萨市政府签署大豆、奶牛、水稻生产基地以及农业全产业链合作的战略合作协议，这些协议拓宽了首农集团扶贫工作的方向，为集团开拓了新的进军地域。集团主要领导多次前往贫困地区考察，如2014年4月，首农集团总经理薛刚率队考察御道口牧场的现代农业综合开发项目；2015年，首农集团董事长张福平率队考察张家口扶贫项目；2016年9月，首农集团总经理薛刚率队到国家级贫困县内蒙古自治区宁城县考察扶贫项目。2017年，首农股份在张家口设立控股的张家口首农建发农业投资有限公司，负责编制张家口地区的农业整体发展规划，实施精准扶贫，建设2022年冬奥会食品供应体系。

（二）产业推动，带动当地经济发展

首农集团发挥自身品牌、市场、产业运营优势，依托帮扶地区优良的资源，不断加大投资力度，开展产业合作，助力当地产业升级发展，帮助贫困地区群众增收，实现精准扶贫。集团有27家二级企业在7省市开展投资项目61个，总投资152.73亿元。首农集团在河北、河南、山东、江苏等省建设多个现代化奶牛养殖基地，建立从饲草种植到饲料加工、从奶牛养殖到生态循环、从鲜奶生产到冷链运输的全产业链模式，构建乳品从田间到餐桌的完整产业链条。首农集团在内蒙古兴安盟、赤峰等地区建设集收购、仓储、销售于一体的粮源、优质牧草基地。在河北、内蒙古等地建设集良种猪繁育、饲料加工、技术服务咨询、优质商品猪生产销售于一体的大型生猪养殖基地，实现了生猪养殖—屠宰—加工完整的产业链。在内蒙古正镶白旗建立正镶白旗现代畜牧业产业园，建设年出栏1万头的肉牛育肥加工基地和866.67公顷饲草料种植基地。在南水北调中线河南省以及河北省建立多个蔬菜基地，积极推进蔬菜基地标准化、规模化、产业化。上述种养加基地促进了帮扶地区的经济发展，助推了当地产业结构的调整与优化。

（三）科技驱动，提升帮扶地区的科技能力

为了帮助帮扶地区科学高效种植、养殖，首农集团通过开展技术培训、提供技术服务、派驻专业团队等方式，提升帮扶地区自身的科技能力，助力农牧民脱贫。首农集团与西藏自治区拉萨市政府签订战略合作框架协议，推进拉萨特色优质农产品种植，牦牛、藏鸡养殖及产品开发等。在河北丰宁开

[①] 《北郊农场志》（1956—2016），第179页。

展首都科技工作者助力创新发展活动，助力丰宁以"绿色有机"为方向，以"高端菜""精品菜"为定位，打造高端生态有机农业区域。峪口禽业公司率先在蛋鸡行业引入互联网技术，在线上和线下为养殖户提供技术咨询与服务，解决养殖户的技术难题。2016 年，北京市和内蒙古自治区的东西部确定了扶贫协作结对关系，首农集团提出要充分发挥科技创新在增强贫困地区自我发展能力中的重要作用。蛋鸡是京蒙科技扶贫协作的重要品种，峪口禽业公司在内蒙古推广高产蛋鸡品种京红 1 号、京粉 1 号、京粉 2 号，年推广量 600 万～800 万只，蛋鸡良种在当地普及率达到 50%，每只鸡一个产蛋周期的产蛋量比其他柴鸡品种高 1～1.5 千克。峪口禽业公司还搭建了云服务平台，养殖户可以随时与养殖专家进行线上咨询。现代化的品种、现代化的服务体系和蛋鸡服务超市共同保障了科技扶贫协作的精准到位。

（四）渠道联动，实现互联互通、互惠双赢

首农集团不断拓展与帮扶地区的合作领域，通过原材料采购、产品销售等方式，实现了互联互通，提升了北京及帮扶地区人民的福祉。集团在 7 省市的近 800 家基地、合作社、供应商建立了稳定的采购业务，采购活牛、活羊、粮食、蔬菜、生鲜乳、鸡蛋等优质特色产品，年采购金额超过 32 亿元。峪口禽业公司在内蒙古的蛋鸡项目有 60% 的鸡蛋回到北京销售，充分保障了首都市场的鸡蛋供应。在产品销售方面，首农集团在帮扶的 7 省、自治区拥有销售网点近 2 000 个，首农集团旗下的知名品牌产品在帮扶地区均有销售业务，产品遍布大型连锁超市、批发市场、餐饮等多个渠道，年销售额近 20 亿元。2017 年，为了满足受援地政府和企业希望在北京建立常年固定的展销、洽谈、对接、合作平台的需求，首农集团启动建设"北京市受援地区消费扶贫产业双创中心"项目，构建"京援——双创平台＋合资创建龙头企业"的国企精准产业扶贫新模式。该创新模式充分发挥了北京企业的资源优势，结合受援地区经济发展实际需求，让受援地企业"走出来"，到首都对接自己急需的发展要素，为全市扶贫协作事业奠定了更好的基础。首农供应链管理公司还与青海省玉树州政府合资建立了青海首农玉树供应链发展有限公司，公司以"精准扶贫"为目标，以组织、销售玉树地区的产品为根本。通过实施渠道联动，不仅为帮扶地区特色农产品拓宽了渠道，也丰富了首都市民的餐桌，实现了优势互补、互为市场、互惠共赢、"1＋1＞2"的效果。首农集团还在帮扶的 7 省、自治区建立了 32 个 OEM 基地，通过委托加工的合作模式，把当地名优产品和集团的优势品牌紧密结合起来。

（五）就业带动，"一人就业、全家脱贫"

产业是基础，就业是关键。首农集团在助力帮扶地区实现产业升级发展的同时，不断在贫困人口就业方面聚焦发力，以产业项目为平台，促进贫困户通过就业劳动实现增收。首农集团最大限度地安置建档立卡户就业，在人员录用时优先选用有就业需求的贫困人群，促进贫困户就近就业，使每户困难家庭能够有一名劳动人口就业，从而实现"一人就业、全家脱贫"。2011—2016 年，首农集团累计带动京郊农民 12 万户，累计增收超过 21 亿元，其中，2016 年共增收超过 3.5 亿元，奶业每年户均增收 1 万～1.2 万元，禽业和猪业每年户均增收 3 万～4 万元。2017 年，华都峪口禽业公司积极参与国家精准扶贫产业发展战略，在产业扶贫中探索把握精准要求，加快建设邯郸市大名县对接国家精准扶贫小优鸡产业扶贫养殖示范项目（50 万套小优鸡）、石家庄市行唐县对接国家精准扶贫蛋种鸡产业扶贫养殖示范项目（100 万套蛋种鸡），预计建成后分别实现年销售收入 2.5 亿元和 5.4 亿元，可带动当地 5 800 名建档立卡贫困户脱贫，促进地方农牧产业升级发展。2017 年年底，首农集团直接提供新增就业岗位 17 400 多个，带动建档立卡贫困人口 35 000 户，有效助力贫困户就业增收。此外，集团及所属出资企业积极参与"献爱心、助脱贫"等活动，让贫困户群众感受到了满满的暖意，增强了贫困群众脱贫攻坚的动力。

（六）金融助推，为扶贫增添后劲

2016年12月，首农集团、三元食品、首农股份共同作为LP出资计10亿元，与复星集团成立复星三元健康消费产业投资基金（有限合伙）。为了实现"农户增收、企业盈利"的目标，首农股份与金融机构合作建立"政府＋银行＋龙头企业＋农户"四位一体的发展机制，采用"龙头企业＋农户标准化饲养基地"的肉鸡放养组织模式，企业则采取"六统一"管理模式，指导农户进行肉鸡养殖，降低农民的养殖风险。2017年3月，首农集团与国家开发银行扶贫金融事业部签署《扶贫及"三农"经济领域合作战略协议》；7月，在安徽省合肥市举行"首农三元·菜大师'精准扶贫'专项基金"启动仪式暨全程产业链合作新闻发布会。是年，首农供应链管理公司为了解决贫困地区产品难以销售到大城市的问题，依托建设银行善融商城平台，进行玉树等地产品的线上销售工作，进入善融平台的企业共12家，有40余种产品。

（七）一以贯之，援藏援疆

自1996年以来，北京农垦选派了8名干部援疆援藏，参加过援藏工作的干部有：贾锋（1996年）、陈荣森（1999年）、郑维涛（2001年）、张春起（2004年）、张新慧（2007年）、郑玉宝（2010年）、张英楠（2016年）；参加过援疆的干部有张继东（1997年）。

2007年时，北京农垦对口支援西藏地区资金累计达500余万元，援助项目10余个。2011年9月14日，在三元种业对口援助拉萨市农牧局捐赠仪式上，三元种业向拉萨市农牧局捐赠了15万元的援助资金。2014年10月，在农业部农垦局的主导下，首农集团接受对口支持西藏国营农场发展的任务，确定对口援助拉萨市八一农场。之后，首农集团成立以总经理薛刚为组长的对口援助八一农场领导小组，指定南郊农场为牵头企业。在开展扶贫工作以后，首农集团选派了2名优秀党员干部赴西藏拉萨挂职工作，通过人才输出助力受援地区发展。首农畜牧奶牛中心胡守堂是享受政府特殊津贴的技师，从2015年起开始为全国奶农服务，曾6次进藏承担西藏黄牛改良繁殖培训项目，是北京市援藏志愿者之一。

■ 第五节　环境保护

一、环境保护工作情况

20世纪80年代，北京农垦工业企业开始增多，但同时，也造成了对环境的污染。其间，曾发生过农场办的农药厂污水排放严重超标的情况；在农业生产上，由于秸秆还田技术还没有普遍推广，"三夏"时农场烧麦秸造成空气污染也是常事。为了加强北京农垦的环保工作，总公司于1986年设立环境保护办公室，隶属物资供应站（后改为物资供应公司）。1990年，总公司成立能源供应站，为总公司直属事业单位，实行企业化管理，将能源办公室、环境保护办公室划归能源供应站领导，正式同物资供应公司脱钩。随着企业环保意识的增强，各农场工业办公室基本配齐了负责环保的专兼职人员，特别是一些大型农场的环保工作进步很明显。例如南郊农场于1995年12月获得"北京市环境保护先进集体"称号；1996年10月获得"八五"期间"北京市环境保护先进单位"称号；1998年8月，被市政府授予"秸秆禁烧先进单位"称号。

三元集团成立后，环保工作明确由一名集团副总经理分管，具体业务管理归企业管理部负责。2005年5月，三元集团独家赞助了"三元杯中国公民环保创意大赛"，该项大赛由中国环境文化促进会、北京晚报、北京电视台、新浪网及三元集团联办，总决赛颁奖大会在北京电视台进行了转播。

2007 年 8 月，圆山大酒店被北京市市政管理委员会等 12 家部门联合确定为"北京市第一批餐厨垃圾规范管理试点单位"，实现了餐厨垃圾从排放、收集、运输到处理的规范管理；是年 9 月，市政管委会等 9 部门发文确定，三元集团、华都集团、大发公司以及三元食品股份公司、圆山大酒店为北京市实施垃圾分类单位。

北京农垦用于节能减排的投入也有所增加，2008 年，三元集团环境保护支出 583.7 万元，其中环境治理费用支出 235.7 万元、节能减排费用支出 348 万；2009 年，首农集团环境保护及生态恢复支出 228.6 万元，其中企业支出的节能减排费用 99.5 万元。同时，有更多企业投入到环保公益活动中，艾莱发喜公司在 2010 年、2011 年被北京市工商业联合会评为"绿色企业"，该公司资助国家环境保护部环境发展中心和中央电视台少儿频道联合编播以"节能环保、热爱自然"为主题的百集儿童环保科幻剧《星际精灵蓝多多》，得到环境保护部环境发展中心和环境保护部宣传教育中心颁发的荣誉证书。2010 年 11 月，为促进畜禽粪便无害化处理和资源化利用，引领全国畜牧养殖与生物燃气的产业化发展，三元种业与中国农业大学合作成立生物质工程中心。

2011 年，首农集团颁布《节能减排工作纲要》，这是北京农垦历史上第一个环境保护工作的制度性文件。该纲要特别针对畜牧业的污染治理问题提出了具体要求："已建的畜禽养殖场要制订污染治理规划，按规范要求逐步进行治理，做到达标排放。对新、改、扩建的畜禽养殖场要严格执行《畜禽养殖业污染物排放标准》和《畜禽养殖业污染防治技术规范》，污染治理设施要严格执行'三同时'。削减养殖污染排放量。加强农业节能。"2013 年 6 月，首农集团荣获市发改委、北京市环境保护局、市人力社保局、市财政局授予的"2010—2012 年度北京市减排先进集体"称号。2015 年 3 月，北京市环境保护委员会召开扩大会议暨"首都环境保护奖"表彰大会，北京荷美尔被市政府授予"首都环境保护先进集体"称号。2016 年 2 月，南郊馨德润饭店当选中华环保联合会理事单位。2017 年 2 月，三元种业被市农委和市人力社保局评为 2015—2016 年度北京市社会主义新农村建设"北京农业及生态京津冀协作先进单位"。

（一）燃煤锅炉和民用散煤清洁能源改造

为了认真贯彻落实市政府 2013 年制定的《北京市 2013—2017 年清洁空气行动计划》和 2015 年北京市经济和信息化委员会关于燃煤锅炉改造项目的要求，三元种业饲料分公司、大发正大公司拆除了装机容量分别为 12 吨/小时和 20 吨/小时的燃煤锅炉，并改用天然气锅炉。2017 年 4 月，首农集团召开"清煤降氮"改造工作专题会议，要求涉及燃煤锅炉、民用散煤的企业上报燃煤污染台账。经统计，集团所属 14 个二级企业原有燃煤锅炉 144 台、民用散煤 1 956 户。2017 年，由二级企业作为改造工作的实施主体，负责辖区内地上物拆迁、燃气锅炉安装和煤改电的工作。通过积极与所在辖区政府环保、农业部门对接，按照各区"煤改气"和无煤化的工作流程、工期安排、施工手续与补贴政策，积极进行燃煤锅炉的清洁能源改造和辖区内民用散煤的清洁能源替代工作，至 2017 年年底完成全部改造任务。改造后的燃气锅炉、电采暖设备的排放均符合北京市相关标准，实现了首农集团在京企业无煤化。

（二）完成"十二五"主要污染物总量削减任务

为贯彻落实国务院印发的《"十二五"节能减排综合性工作方案》、国务院与北京市政府签订的《北京市"十二五"主要污染物总量削减目标责任书》，强化重点企业责任，确保完成全市污染减排约束性指标，进一步改善水环境质量，市政府与首农集团于 2011 年 12 月签订了《"十二五"主要污染物总量削减目标责任书》。首农集团将任务分解至各养殖场。2012 年 1 月，首农集团与华都集团、三元种业、北郊农场分别签订《"十二五"水主要污染物总量削减目标责任书》。经过 5 年的努力，首农集团圆满完成"十二五"主要污染物总量削减任务：2015 年年底 COD（化学需氧量）排放量为 4 228.8 吨，较 2010 年的 5 056 吨减少 16.36%，氨氮排放量为 175.5 吨，较 2010 年的 226 吨减少

22.34％，完成了在 2015 年年底 COD 排放总量、氨氮排放总量较 2010 年减少 15％以上的减排目标。2016 年 2 月 24 日，市环保局致函首农集团《关于通报 2015 年和"十二五"时期主要污染物总量减排数据结果的函》（京环函〔2016〕90 号），对首农集团核定结果是："2015 年化学需氧量和氨氮排放量分别比 2014 下降 6.50％和 16.31％，比 2010 年下降 31.30％和 33.31％，完成了'十二五'时期主要污染物总量控制目标任务。"

在完成"十二五"主要污染物总量削减计划的基础上，首农集团按照《北京市环境保护局关于印发本市"十三五"重点污染物总量控制计划的通知》要求，结合企业实际，将总量控制指标细化分解，明确各相关二级企业的责任，将减排任务落实到具体养殖场。在具体措施上，一是落实畜禽养殖禁养区划定的要求。首农集团为了落实 2016 年 4 月市农委、市环保局、市农业局印发的《北京市畜禽养殖禁养区划定工作方案》（京政农函〔2016〕10 号），顾全大局，精心组织，至 2017 年 6 月，累计搬迁养殖场 42 家，累计从各区县迁移奶牛 1.3 万头，基础母猪 1 600 头，生猪、种猪 3 万头，北京黑猪 6 000 头，白羽肉鸡 3 000 万只，蛋鸡 42 万只，北京鸭 130 万只。二是继续加大畜禽场清洁生产的工作力度。总结并推广河北首农定州园区牛场生态养殖的经验，扩大实施益生菌微生态处理项目。在金星鸭业全部养殖基地推广应用发酵床技术，使得鸭群粪便得到及时的发酵分解，有害气体排放量和污水排放量得到有效降低，鸭舍有害气体含量和疾病传播概率明显降低，实现了北京鸭发酵床养殖技术新突破；同时，进行养殖户清洁能源供温模式研究，引导带动合作养殖户改用醇基燃料作为替代能源。2017 年年底，金星鸭业公司合作养殖基地的环保设施升级改造取得突破进展，已完成清洁供温设备升级改造的合作养殖基地达 182 个，完成比例为 95％。向养猪企业推广黑六牧业公司的北京黑猪标准化健康养殖经验。养殖场和屠宰加工厂全部建立污水处理站或污水处理设施，通过沉淀池、调节池、生化处理池及膜生物反应器处理系统等深度处理，提高废水处理能力，降低污染物排放浓度，实现了达标排放。据 2017 年年底所做的预计，"十三五"末，首农集团 COD 减排 1 686.24 吨，氨氮减排 38.21 吨，减排百分比为 36.29％和 30.60％，两项指标均超过市环保局提出的 15％和 17％的任务要求。

（三）做好空气重污染日应急工作

根据《北京市 2013—2017 年清洁空气行动计划》和《北京市空气重污染应急预案》要求，首农集团严格执行市经信委的要求，对列入空气重污染日应急名录的三家企业（三元食品乳品四厂、华都肉鸡公司、大发正大公司）实行重点监管。在空气重污染预警时，三家企业均按照要求停产或限产，限产企业通过降低生产负荷、提高污染防治设施运行效率等方式，减少污染物排放 30％以上。同时，首农集团对所属的建筑施工企业也加强监管，在空气重污染预警时，停止室外建筑工地喷涂粉刷、护坡喷浆、建筑拆除、切割、土石方作业，停驶施工车辆，工地内裸露地面做好覆盖，相关企业主要领导带队检查，做好检查记录和值班值守工作。

（四）能耗水平逐步下降

北京农垦节能工作效果比较显著，其重要原因是经过多年产业结构调整，耗能较少的第三产业比重不断上升。同时，各业态、各企业普遍加强了节能工作，加快推广应用节能的新材料、新工艺、新技术，使能耗水平逐步下降，能源投入产出比率明显提升。如首农畜牧研发出了新型电加热饮水槽，加热方式由原来的伴热带改为碳纤维加热板，功率由原来的 1 500 瓦降低到 750 瓦，节能超过 50％。2017 年，三元农业重点打造核心科技连栋温室，温室占地 3 000 米^2，采用地缘热泵技术，利用土壤中所贮藏的太阳能源作为冷源与热源，并通过供给少量电能，实现热能的转移。在冬季，通过将地热源传导到地上，实现天然供暖；在夏季，通过将地面热能传导入地下，实现天然制冷。利用地源热泵技术消耗 1 千瓦能量，可以收获 4～5 千瓦的能量，既节能环保，又能保证温室内四季如春、景色宜人，全年均可接待游客进行观光、采摘和农事体验。

2009—2016 年北京农垦总能源消耗见表 5-5-5，各类能源消耗见表 5-5-6。

表 5-5-5　2009—2016 年北京农垦总能源消耗

单位：吨

年份	消耗标准煤	年份	消耗标准煤	年份	消耗标准煤
2009	196 249	2011	235 748	2014	234 891
2010	337 707	2012	229 871	2016	166 870

说明：资料来自首农集团各年度统计资料。

表 5-5-6　2009—2016 年北京农垦各类能源消耗

单位：标准煤吨

年份	原煤	汽油	柴油	电力
2009	104 955	16 910	12 115	52 067
2010	151 387	14 310	8 175	138 019
2011	137 235	26 116	8 936	48 151
2013	147 162	15 589	8 337	55 425
2014	144 543	15 482	7 546	64 090
2016	48 448	7 753	10 848	75 072

说明：资料来自首农集团各年度统计资料。

1991 年，北京农垦国内生产总值 149 749 万元，当年总耗能为 221 968 吨标准煤，即每万元 GDP 消耗 1.577 吨标准煤，与 2016 年的 0.235 吨标准煤相比，节能 5.7 倍。

2009—2011 年及 2014 年、2016 年万元 GDP 消耗吨标准煤数量见图 5-5-1。

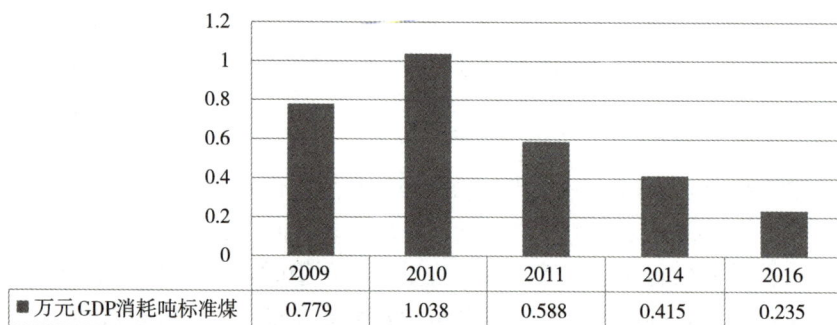

	2009	2010	2011	2014	2016
■万元 GDP 消耗吨标准煤	0.779	1.038	0.588	0.415	0.235

图 5-5-1　万元 GDP 消耗吨标准煤

（五）节水及减少废水排放量成效显著

2003 年，三元集团被北京市政府授予"节水先进单位"。集团内的生产企业普遍重视节水工作，做到年度有用水计划指标，同时，制订严格的计划用水管理制度，将节水任务分解到各生产部门。加强对水处理在岗人员的培训，通过培训，使其掌握节水法规、节水技术与管理方法等相关知识，进一步明确节水工作目标。在项目建设时，做到将水设施与项目设计、施工、投用"三同时"。推广节水新技术、新方法、新工艺，如金星鸭业公司屠宰加工厂加大中水回用，养殖基地将老式饮水器全部改造成高效乳头式饮水器和"定时给水＋浮漂"饮水器，养殖和加工厂的废水经过沉淀、化学处理和过滤后成为中水，水资源的循环利用率有效提高，节水量可达 90％。整体考察，北京农垦在地区生产总值增加的同时，用水总量不升反降，且工业废水排放总量大幅减少。1991 年，北京农垦总用水量 24 345 000 米³，① 即每万元 GDP 用水量 172.97 米³，与 2016 年每万元 GDP 用水量 10.31 米³ 相比，节水 15.8 倍。

_____

① 数据来自《北京市农工商联合总公司一九九一年统计资料》。

2012—2017 年每万元 GDP 用水量见图 5-5-2，2012—2016 年北京农垦水资源使用情况见表 5-5-7。

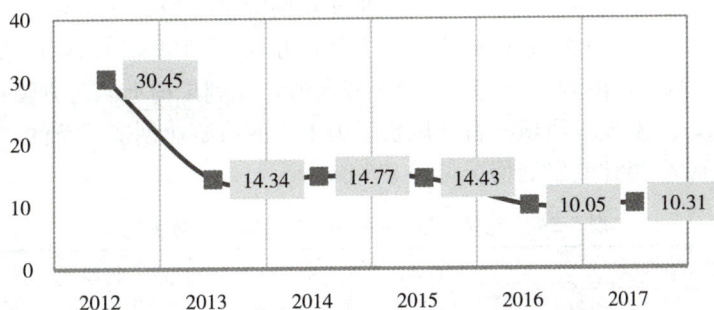

图 5-5-2　每万元 GDP 用水量（米³）

表 5-5-7　2012—2016 年北京农垦水资源使用情况

单位：米³

年份	工农业用水总量	工业工业用水量	农业用水量	工业废水排放量
2012	7 211 907	5 099 797	2 112 110	4 049 211
2013	7 816 636	5 825 365	1 991 271	3 963 714
2014	8 355 016	6 297 402	2 057 614	3 789 796
2015	8 108 278	4 838 280	3 269 998	2 279 759
2016	7 128 258	4 458 369	2 669 889	1 917 249

说明：数据来自首农集团各年度统计资料。

二、生态环境建设

（一）农田防护林建设

北京农垦草创之初，为了改变农业生产条件，营造良好的生态环境，各农场普遍进行了农田规划，建造了农田防护林。历史上，南郊农场西红门地区是有名的风沙肆虐区，有三大风口，风沙受害面积 250 多公顷，一到冬春，流沙不断侵蚀农田，1 米多深的沟，几场风之后就被淤平了，风害地区一亩地只打六七十斤粮食。20 世纪 50 年代初，在市农林局和南苑区的支持下，西红门群众开展了长达 4 年的植树造林、防风固沙工作，共营造 19 条防风林带，全长约 20 千米，总计植树 15 万株，到 1957 年，基本解决了风沙灾害。[1] 东北旺农场地处风口，每年冬春季风沙较大，对农作物生长极为不利。建场初期，农场在中央有关部委专家的建议下，在制定农田规划时，不仅考虑水利建设，同时也有改善生态环境及植树造林规划，实行沟、渠、林、路四位一体的综合治理。到 1964 年年底，东北旺农场共栽植各种树木 28 582 株。在耕作区营造东西走向主防风林带 9 条，间距 500 米，林带总长 16.5 千米；还有南北副林带 12 条，间距 300 米，全长 15 千米。根据地势及风害程度，植树 8～10 行不等，林带模式采取多树种、多层次紧密型结构，以杨、柳、松树为主，历时 5 年建成农田林网化。[2] 1964—1965 年，西山农场利用国家给予的 10 万元基本建设资金开发水源，整修果园，发展山坡果园，营造农田防护林带。[3] 地处砂石地的南口农场经过 7 年多的建设，至 1965 年，果树面积达到 575.13 公顷，有防风林 86.67 公顷、苗圃 6.67 公顷。据可查到的年份的统计资料，即从 1963—

---

[1]　吴德正：《植树造林，防风固沙》，载《北京文史资料精选·大兴卷》，北京出版社，2006 年，第 283 页。

[2]　北京市海淀区地方志编纂委员会：《北京市海淀区志》，北京出版社，2004 年，第 445 页。

[3]　北京市地方志编纂委员会：《北京志·农业卷·国营农场志》，北京出版社，2000 年，第 38 页。

1978 年，国营农场系统完成植树造林 1 686.67 公顷。[①]

20 世纪 80 年代中期之后，北京农垦加大了植树造林力度，除了开展零星（四旁）植树外，还开展了育苗及幼林抚育、成林抚育。"八五"时期，北郊农场围绕场域绿化美化和农田林网进行植树造林，林木覆盖率上升到 19%，林木总蓄积量达 3.5 万立方米。[②] 1993 年，西山农场为了做好水土保持工作，完成了北起凤凰岭，南到车营南台，西至双龙岭，东到果树七队，方圆 400 多公顷的封山育林，共植树 40 多万株，为发展以凤凰岭自然风景区为中心的旅游业创造了条件。[③]

北京农垦 1986—1997 年林业发展情况见表 5-5-8。

表 5-5-8　北京农垦 1986—1997 年林业发展情况

年份	造林面积（公顷）		零星（四旁）植树（万株）	年末实有育苗面积（公顷）	幼林抚育面积（公顷）	成林抚育面积（公顷）	木材采伐量（米³）
	总面积	国有面积					
1986	320.2	32.7	90.6	319.4	—	—	3 632
1987	559.0	78.7	96.4	386.0	—	—	3 003
1988	396.3	31.6	91.5	350.0	1 405.7	177.7	2 545
1989	189.4	47.0	83.8	318.2	2 376.1	679.5	2 211
1990	144.5	3.1	93.0	311.1	381.1	479.7	2 026
1991	125.7	14.3	103.6	340.8	985.3	810.1	9 197
1992	122.9	22.8	129.4	345.0	—	—	9 233
1993	132.9	11.1	96.2	240.3	1 403.9	633.3	4 500
1994	233.1	26.4	94.0	339.3	912.5	2 004.7	5 750
1995	333.1	24.9	30.0	220.2	1 024.5	1 002.3	3 950
1996	286.6	93.7	76.3	292.9	1 046.4	1 640.3	4 522
1997	275.4	118.7	110.7	447.2	1 349.1	780.9	7 433

说明：数据来自北京市农工商联合总公司各年度统计年报；表中划"—"表示缺少该项指标数据。

1998 年，北京农垦场乡体制改革后，大部分宜造林的集体所有制土地划给了原农场所在的区县，之后，北京农垦每年的造林面积大幅减少，但植树绿化的层次由营造农田防护林向绿化美化工程和建设休闲园区转变。1998 年，卢沟桥农场在卢沟桥以南 2.5 千米的永定河东岸施工建成 42.67 公顷的卢沟桥国际友谊林，此工程是永定河绿化工程的一部分。工程总体绿化以乡土树种为主，采取组团式植物配置的方式，栽植 30 余个树种，共 3.8 万余株。[④] 根据上级要求，首农集团义务植树地区为昌平区十三陵燕子口分区，植树及管护面积 23.3 万米²（折 348.9 亩），2015—2017 年，首农集团累计新植树木 2 500 余株，抚育幼树 1 000 余株，打防火隔离带 1 500 米²，修林间作业路 500 米。2017 年 4 月 8 日，首农集团以"弘扬生态文明，打造绿色首农"为主题，在东郊农场京承高速黄港收费站东侧平原造林地块开展 2017 年全民义务植树活动，植树面积 6.6 万米²，种植海棠 150 余株。

（二）生态林建设

从 2012 年起，北京农垦参加的生态林建设工程主要包括平原造林工程、所属绿化隔离地区造林及管护工程、"五河十路"绿色通道生态林建设及管护工程。

平原地区作为北京人口、产业的聚集区和首都功能主要承载区，与山区相比，森林总量偏低，生态功能不强。针对这一状况，2012 年，北京市做出实施平原地区百万亩造林工程的重大决策。首农

---

① 《北京市国营农场管理局统计资料（1949—1978）》，内部油印稿，第 63 页。
② 《北京市北郊农场志》，第 34 页。
③ 北京市地方志编纂委员会：《北京志·农业卷·国营农场志》，北京出版社，2000 年，第 39 页。
④ 北京市园林局：《北京园林年鉴》（1999），1999 年 8 月，第 90 页。

集团参与了北京市平原地区造林工程项目，集团公司成立了以总经理薛刚为组长的造林工程建设领导小组，并设立办事机构。南口农场借平原造林的势头，于 2013 年 12 月成立了绿化工程中心，规划对场域内几块连片的大砂石坑进行整治，最终完成了核定平原造林面积 244.47 公顷及 16 万株树木的定植任务，初步改变了南口农场以果树业为主导的农业现状，完成了"果、林并举"的结构调整。

2014 年，经统计，首农集团已经按照造林绿化标准建设和实现的绿地面积约为 1 400 公顷（折 2.1 万亩），其中符合公园化管理的绿地面积约 200 公顷（折 3 000 亩）。参与北京市第一、二道绿化隔离带和五河十路项目建设，已实施绿化用地总面积约 7 151 亩，含符合公园化管理的绿地面积约为 1 700 亩；参与北京市平原地区造林工程建设，2012—2014 年，首农集团系统共计 7 008.3 亩国有土地被纳入本市平原地区造林建设工程实施计划，也已全部完成种植施工。[①]

2015 年 10 月，首农集团对所属绿化隔离地区和"五河十路"绿色通道生态林地块进行复查核实，最终形成生态林资源数据一图一表，建立了生态林资源数据库。按工程类型划分，第一道绿化隔离地区生态林 199.42 公顷，第二道绿化隔离地区生态林 233.24 公顷，"五河十路"绿色通道生态林 36.93 公顷。按行政区域划分，首农集团生态林分布于北京市 6 个区，其中房山区 191.14 公顷、丰台区 177.64 公顷、大兴区 47.06 公顷、朝阳区 32.19 公顷、通州区 13.84 公顷、海淀区 7.71 公顷。到 2015 年年底，按照造林绿化的标准，首农集团累计建成绿化用地 9 353.59 公顷，其中参与北京市平原地区造林工程项目完成绿化面积 487.22 公顷。

2016 年 4—8 月，首农集团组织南郊、南口、巨山、东郊、东风、双桥 6 个有林农场开展了平原地区林木绿地草荒和枯枝死树治理工作。累计参与施工人数 4 120 人次，清理荒草 552 公顷，清理枯枝死树 6 874 株、倒伏树 541 株，垃圾清理 935.6 吨，有效提高了林木绿地质量，确保了林木绿地的景观效果。2016 年，首农集团完成造林面积 20 公顷，幼林抚育面积 39 公顷，成林抚育面积 353 公顷，完成林业产值 1 685.4 万元。[②]

2017 年 2 月 15 日至 4 月 20 日，为迎接"一带一路"高峰论坛在北京召开，首农集团组织实施京承高速公路两侧景观提升工程（首农段），工程按照"高标准、有亮点、重特色、有创新"的思路，对东郊农场朝阳区京承高速黄港出口两侧 19 万米^2 的原有绿地进行了苗木移植、场地整理、种植工程、灌溉工程等大规模的升级改造。集团公司负责的地块西侧的湖泊，是通往雁栖湖生态示范区的唯一水系，通过大尺度的乔木灌木结合、有色彩变化的组团增加和水生植物的栽植，将原有的高速路防护林带变身为具有景观效果的生态水系，以"满目青翠、繁花似锦、浮光跃金"的景观环境，突出展现了首农美丽的新颜，以此迎接"一带一路"国际合作高峰论坛的召开。

在绿化用地养护方面，2016—2017 年，首农集团每年完成 883.4 公顷的养护任务，其中，平原造林 366.2 公顷，第一、二道绿化隔离地区和"五河十路"以及郊野公园绿化面积 517.2 公顷。集团公司与承担林木养护管护的二级单位签订了《平原生态林管护合同》，规定具体的管护的责任和义务。承担绿化用地管理和林木养护工作的二级单位根据不同园林树木的生产需要和某些特定要求，严格按照北京市地方标准《城市园林绿化养护管理标准》（DB11/T 212—2009）进行养护，及时对树木采取灌溉、施肥、防虫治虫、防寒，除草中耕等技术措施，基本达到园林树木树冠基本完整、主侧枝分布均匀、修剪合理、内膛不乱、通风透光，花灌木开花及时、正常，花后修剪及时，对绿地内的死树定期清理并补种。同时，指定专人负责绿化用地的日常看管、巡查、围护、保洁等管理工作，保证绿地内无垃圾杂物、无鼠洞和蚊虫滋生地等，保证围栏、绿化供水等设施的完整。2016 年 5 月，南口农场实施林下种植花卉药材项目，整片花海达 13.3 公顷，每年从 4 月起，20 种花卉竞相开放，同时配套了花语亭、科普长廊等设施，生态园初具形态。

2016 年 8 月 23 日，首农集团向北京市园林绿化局报告由集团管理的北京市第一、第二道绿化隔

---

① 《首农集团房地管理部 2014 年度工作总结》，第 9 页。
② 北京首都农业集团有限公司：《2016 年农业部农垦局统计年报》。

离地区和"五河十路"绿色通道生态林地块的测量结果："经过实地测量，确定首农生态林地块面积共计 7 043.8 亩，其中一道绿隔 2 783.7 亩，二道绿隔 3 498.6 亩，'五河十路'761.5 亩。"[1] 2017 年，首农集团完成造林面积 7 公顷、幼林抚育面积 11 公顷、成林抚育面积 353 公顷，林地面积达 1 352.5 公顷，完成林业产值 2 167 万元。[2]

首农集团所属的三元绿化工程公司积极拓展绿化工程的业务。2016 年，三元绿化工程公司施工的通州新城运河核心区路网绿化工程（一期）一标段被北京市园林绿化行业协会评为 2016 年度优质工程；是年，公司当选为北京园林学会常务理事单位。2017 年 6 月，公司成功中标通州区重点区域绿化项目——"减河公园景观提升工程一标段"项目。项目建设面积 31.5 万米^2，工程造价 1.57 亿元，工程计划 559 日历天，是该公司首次承接超亿元工程项目。至年底，该公司中标项目 16 个，合同总施工面积 140 万米^2，工程合同总价 2.7 亿元。

（三）具有历史纪念意义的树木

北京农垦具有历史纪念意义的树木有：

1. 中柬友谊树　1971 年 11 月 7 日，在长阳人民公社被命名为中柬人民友好公社的仪式上，国务院总理周恩来、副总理李先念陪同柬埔寨国家元首西哈努克亲王和夫人、宾努亲王和夫人，共同栽植 5 株桧柏，称"中柬友谊树"。[3]

2. 中朝友谊树　1975 年 4 月 20 日，中共中央副主席叶剑英陪同朝鲜劳动党总书记金日成，在红星中朝友好人民公社社部大院共同栽植 1 株白皮松，称"中朝友谊树"。[4]

3. 中越友谊树　1972 年 3 月，中共中央军事委员会副主席叶剑英陪同越南民主共和国总理范文同，在沙河中越友好人民公社社部大院共同栽植 4 棵象征中越友谊的柏树，称"中越友谊树"。[5]

（四）植树造林工作所获的荣誉

北京农垦植树造林工作所获荣誉见表 5-5-9。

表 5-5-9　北京农垦植树造林工作所获荣誉一览

年份	获奖单位	颁奖单位	奖项名称
1990	北京市双桥农场	北京市园林局	北京市先进林政建设单位
1991	北京市双桥农场	林业部、人事部	1990 年度全国造林绿化先进单位
1992	北京市农工商联合总公司	首都绿化委员会办公室	首都绿化美化花园式单位
1993	北京市双桥农场	林业部、人事部	全国绿化造林 300 佳单位
1993	北京市双桥农场	首都绿化委员会办公室	首都全民义务植树红旗单位
1999	北京市南郊牛奶公司	首都绿化委员会办公室	首都全民义务植树红旗单位
2001	北京三元食品有限公司	首都绿化委员会办公室	首都绿化美化花园式单位
2001	北京市南郊农场	首都绿化委员会办公室	首都绿化美化花园式单位
2001	北京市南郊农业经营管理中心	北京市绿化隔离地区建设总指挥部	北京市绿化隔离地区建设先进单位
2003	北京市卢沟桥农场	北京市绿化隔离地区建设总指挥部	北京市绿化隔离地区建设先进单位

---

[1]　北京首农食品集团有限公司档案室，归档号 774，第 5 页。
[2]　北京首都农业集团有限公司：《2017 年农业部农垦局统计年报》。
[3]　北京市地方志编纂委员会：《北京志·农业卷·林业志》，北京出版社，2003 年，第 50 页。
[4]　同[3]：51。
[5]　《北郊农场志》（1956—2016），第 224 页。

（续）

年份	获奖单位	颁奖单位	奖项名称
2003	西郊农场兴建物业管理中心	首都绿化委员会办公室	首都绿化美化花园式单位
2003	北京奶牛中心	首都绿化委员会办公室	2003 年度首都绿化美化先进单位
2005	北京市南郊农业经营管理中心	首都绿化委员会办公室	2004 年度首都绿化美化先进单位
2010	北京市东北旺农场	首都绿化委员会办公室	2010 年度首都绿化美化先进单位
2012	北京市长阳农场机关	首都绿化委员会办公室	首都绿化美化花园式单位
2012	北京市北郊农场社区	首都绿化委员会办公室	首都绿化美化花园式单位
2012	北京市华裕食品有限公司	首都绿化委员会办公室	首都绿化美化花园式单位
2012	北京市房山永兴果林实验厂	首都绿化委员会办公室	2011 年度首都绿化美化先进单位
2016	北京市南口农场绿化工程中心	首都绿化委员会办公室	2015 年度首都绿化美化先进单位
2016	北京首农集团有限公司	市平原地区造林工程建设总指挥部、市人保局	2015 年度北京市平原地区造林工程建设优秀服务保障单位
2016	北京首农集团房地管理部	市平原地区造林工程建设总指挥部、市人保局	2015 年度北京市平原地区造林工程建设先进集体
2017	北京市南郊农业经营管理中心	首都绿化委员会办公室	2016 年度首都全民义务植树先进单位
2017	北京市卢沟桥农场	首都绿化委员会办公室	2016 年度首都绿化美化先进单位
2017	北京三元绿化工程公司	首都绿化委员会办公室	2016 年度首都绿化美化先进单位
2018	北京市东郊农场有限公司	首都绿化委员会办公室	2017 年度首都绿化美化先进单位

说明：资料来自《北京农垦大事记》。

第六篇 管 理

第一章 财务管理

农垦是一个特殊的国民经济部门，包含农业、工业以及第三产业，因此，农垦财会是一项独特的行业财会。北京农垦在执行国家财会制度的同时，不断总结经验，积极探索适合自身特点的财务管理制度及办法，特别是在进入社会主义市场经济后，北京农垦与时俱进，不断提升资金筹集、运用、分配水平，对企业实现价值最大化发挥了重要作用。

■ 第一节 财会管理制度

财会制度是管理各项财务活动和会计核算的规章制度。北京农垦的财会管理制度与国家经济体制及其改革密切相关，不同历史阶段有不同的财会制度表现模式和特点。从 1949 年北京市国营农场创建以来，北京农垦实行的财会管理制度经历了多次变化，但总体看，可划分为 4 个主要阶段。

一、统收统支阶段（1949—1976 年）

（一）统收统支阶段的财会制度及其变化

这个阶段农垦财会制度的演变，前期主线是建立、健全会计制度，重点是完善成本核算制度；后期随着国营农场经营业态的增加和经济体量的扩大，财务管理被逐步提到重要地位，国家陆续出台了有关资金的组织、运用和管理方面的若干制度规定。

1952 年年初，农业部国营农场管理局制定颁发第一部《国营农场成本会计制度》，共 8 章 44 条，自 1952 年 1 月 1 日起施行。这部制度确定了农作物、园艺作物、畜牧、机具作业等成本核算要求。1953 年，农业部修订颁发新的《国营农（牧）场统一成本计算规程（草案）》，与第一部《国营农场成本会计制度》相比，有诸多改进。1955 年 12 月，财政部颁发第一部《国营农场农业企业会计科目及会计报表格式》。1955 年 1 月，财政部又修订颁发《国营农场统一会计科目及会计报告格式》。1955 年，财政部颁发《关于 1956 年国营企业财务收支计划中若干费用划分问题的暂行规定》，对哪些可以计入成本、哪些不能计入成本做了明确规定。1958 年 1 月，财政部、农垦部以（58）垦财字第 1 号文印发三项会计制度：《国营农场账户计划（草案）》《国营农场会计报表格式和说明（草案）》《国营农场统一成本计算规程（草案）》。1960 年，农垦部下发《关于加强农垦企业财务管理的若干规定（草案）》。该草案作出 4 项规定：一是加强财务收支计划管理，实行集中统一；二是加强经济核算，扭转企业亏损；三是划清资金界限，加强资金管理；四是加强财务管理。1962 年，市财政局要求各国营农场执行财政部、农垦部制定的《国营农场试行会计制度》，规定记账办法为借贷记账法；会计科目共 14 类 42 个一级科目；对独立核算的畜牧、水产养殖场增设 14 个专业核算科目；

会计报表有基本情况表、资金平衡表、损益计算表等 17 张表。① 1963 年，农垦部、财政部印发两项财会制度：《国营农场财务管理暂行办法》（10 条 63 款）和《国营农场统一成本计算规程（草案）》（7 条 50 款）。1964 年，财政部、农垦部印发两项财会制度：《国营农场经济核算试行办法（草案）》和《关于国营农场试行定收定支、以收抵支办法的规定（试行草案）》。1965 年年初，农垦部印发《关于进行改革国营农场财会制度的通知》；11 月，颁发了《国营农场财务管理办法（草案）》《国营农场成本核算试行办法》《国营农场会计科目（草案）》和《国营农场会计报表格式（草案）》4 项制度，于 1966 年开始实行。这是自农垦部成立后颁发的第四套财会制度，集中体现了计划经济时期国营农场财会制度模式的特征。

1972 年 9 月 26 日，为了止住国营农场管理混乱、经营困难的局面，市革委会批转本市《国营农场座谈会纪要》。该纪要明确：有集体所有制生产队的国营农场，统一领导、统一计划、分别核算的原则，农场国营企业和集体所有制的生产队各计盈亏；集体所有制部分以生产队为基本核算单位，承认生产队的自主权，公积金归生产队所有；国营农场要进行清产核资、改章建制，逐步恢复、建立、健全规章制度。1973 年 9 月，农林部和财政部颁发《国营农牧企业财务管理若干问题的试行规定》，文件从 1974 年 1 月 1 日起执行。这是"文化大革命"以来，第一个全面、系统重申国营农场财务管理制度的重要规定。1975 年，北京市革委会农林组、财贸组联合印发了《关于加强国营农场财务管理的通知》。

（二）统收统支阶段财会管理工作的特点

1. 1949—1952 年，北京农垦基本实行供给制财会制度 1949 年，在没收官僚资本和地主的庄园、破旧机器设备的基础上，北京农垦建立了双桥农场、五里店农场、和义农场等一批农场。由于受历史条件的限制，接收的资产和物资并不统一，有的估价入账，有的就是明细表或只记数量不记金额的台账。这些农场都实行供给制报账制，核算实物、现金实收实付，内容单一，会计科目过于简单，没有系统的会计核算办法。1952 年，国营农场对 1949 年以前的工资制度进行了第一次改革，将延续实行的供给制改为工资制。1952 年 2 月，农业部部务会议通过《国营机械农场农业经营规章》，标志着国营农场由供给制财会向企业财会转变。

2. 建立了与计划经济相适应的财会管理模式 1953 年，我国开始实施"第一个五年计划"，学习苏联建立计划经济体制，同时也学习苏联国营农场的管理模式。这个模式的主要特点是统收统支、共负盈亏，即"由国家投资，盈利全部上缴国家，亏损由国家补贴"。在这个体制下，国营农场就是政府的附属物，投资及生产计划由政府主管农垦的部门统一制定和安排，生产企业重点不是财务管理，而是会计核算。北京市农林局和后来的市农垦局、市农场局对国营农场实行"收入全部上缴，支出审批上报"的管理办法。当时农场生产结构比较单一，农场的财务管理和会计核算以场部为主、生产队为辅，由农场场部组织、领导全场财务管理和会计核算工作，全面管理和安排各项资金，计算盈亏，对国家进行预算缴、拨款。在农场内部，全场物资采购和产品销售等对外结算业务由场部进行，并对银行直接办理存、贷业务。生产队是农场基层生产单位，实行报账制核算，计算和考核本单位发生的生产费用，计算职工报酬，发放工资，节约使用各项材料，管好、用好各项固定资产，进行零星生产资料购置和零星产品的处理，一般不对外直接发生财务关系，不在银行开户，保留一定数量的现金作为备用金。农场对其他生产服务部门原则实行对内核算，不单独计算盈亏。在财务管理上基本实行统收统支办法，对于经营上的亏损，主要依靠国家拨款弥补亏损的资金，作为农场再生产来源。农场进行基本建设和解决生产所需流动资金由上级主管部门审批后，由国家给予拨款。

3. 以生产成本导向型为主要特点的财会管理工作先后受到"人民公社化"和"文化大革命"的冲击 从 1958 年起，北京农垦国营农场形成"场社合一"的管理体制。在人民公社化初期，公社（农场）实行"统一领导、统一经营、统一分配、共负盈亏"的管理体制，一度出现公社社员实行工

---

① 北京市地方志编纂委员会：《北京志·综合经济管理卷·财政志》，北京出版社，2000 年，第 639 页。

资制和供给制相结合的分配办法。1960 年开始整社运动，纠正"一平二调"，明确国营和集体两种所有制应实行"统一领导，分级管理，单独核算、各计盈亏"的原则。1965 年 4 月，中共中央批转农垦部党组《关于改革国营农场经营管理制度的规定（草案）》（简称"十六条"规定），要求在各农场推行"三定一包""三定一奖"的办法。1965 年 11 月，国家六部一委一行联合召开全国国营农场财务会计工作会议，通过了《国营农场财务管理办法（草案）》等 4 项财会制度，并要求从 1966 年开始实行。但由于"文化大革命"的影响，这些办法被终止，原有的财务管理制度也遭破坏，1966—1968 年，北京农垦连续 3 年亏损，亏损总额达 2 700 余万元，个人借款高达 812.4 万元。[①]

（三）统收统支阶段投入产出情况

从 1949 年兴建国营农场，到实施财务包干前一年的 1976 年止，北京农垦 28 年累计上缴国家利税 12 870.9 万元，平均每年上缴 460 万元；同期，国家对农场累计投入 28 312.4 万元，其中国拨基本建设投资 13 050.3 万元，国拨流动资金 8 226.1 万元，财政补贴 7 036 万元，平均每年给农场补贴 1 011.15 万元。其结果是国家平均每年给农场净补贴 551.48 万元。

北京农垦 1949—1976 年国家投入及回收情况见表 6-1-1。

表 6-1-1　北京农垦 1949—1976 年国家投入及回收情况

单位：万元

年份	国家投入				投资回收			
	小计	国拨基本建设投资	国拨流动资金	财政补贴	小计	上缴利润	上缴销售税金	上缴农业税
1949	12.0	—	—	12.0	0.8	0.5	—	0.3
1950	50.4	—	50.4	—	7.1	2.1	—	5.0
1951	89.6	—	59.6	30.0	4.5	4.5	—	2.0
1952	116.3	99.3	—	17.0	13.7	10.0	—	3.7
1953	188.4	101.1	75.3	12.0	4.1	0	—	4.1
1954	227.2	155.3	60.9	11.0	57.5	52.0	—	5.5
1955	188.5	157.0	12.5	19.0	70.0	62.4	—	7.6
1956	259.8	205.8	34.0	20.0	185.6	96.6	80.0	9.0
1957	423.3	261.2	127.1	35.0	117.9	74.7	39.2	4.0
1958	1 682.8	957.3	704.5	21.0	237.0	161.3	59.2	16.5
1959	2 655.4	1 170.4	1 264.0	221.0	486.9	322.9	72.9	91.1
1960	1 979.5	1 267.8	656.7	55.0	408.4	204.2	64.9	139.3
1961	1 073.1	322.2	712.9	38.0	483.2	302.9	61.0	119.3
1962	3 691.0	811.0	880.0	2 000.0	623.4	406.9	91.7	124.8
1963	3 831.0	2 491.2	1 219.8	120.0	756.8	465.3	162.4	129.1
1964	1 725.2	1 465.0	130.2	130.0	284.1	0	217.1	167.0
1965	1 305.8	985.0	170.8	150.0	444.3	20.3	251.6	172.4
1966	1 236.0	349.5	76.5	810.0	663.8	202.2	266.8	194.8
1967	1 153.6	209.5	44.1	900.0	492.0	0	249.4	197.6

---

① 北京市地方志编纂委员会：《北京志·农业卷·国营农场志》，北京出版社，2000 年，第 265 页。

（续）

年份	国家投入				投资回收			
	小计	国拨基本 建设投资	国拨流动 资金	财政补贴	小计	上缴 利润	上缴销售税金	上缴 农业税
1968	1 434.5	197.6	286.9	950.0	426.6	0	226.2	200.4
1969	654.8	234.8	20.0	400.0	488.0	0	291.4	196.6
1970	330.9	115.9	—	215.0	788.1	219.1	388.0	181.0
1971	191.4	76.4		115.0	1 090.9	477.1	431.1	182.7
1972	362.5	202.5	10.0	150.0	1 291.4	809.4	436.5	45.5
1973	1 066.2	278.2	640.0	150.0	1 135.5	586.5	501.8	47.2
1974	635.2	127.2	358.0	150.0	624.4	53.8	518.4	52.2
1975	941.4	459.5	331.9	150.0	722.0	77.7	583.8	60.5
1976	804.6	349.6	300.0	155.0	905.9	184.8	654.3	66.8
合计	28 312.4	13 050.3	8 226.1	7 036.0	12 870.9	4 797.2	5 647.7	2 426.0

说明：1. 国拨基本建设投资数据来自《农垦系统三十年基本统计资料（1949—1979）》，1972 年数据来自市农林局《1972 年统计资料》；财政补贴数据来自《北京志·农业卷·国营农场志》；其余数据均来自《北京市国营农场统计资料（1950—1985）》。

2. 划"—"表示无此项数据，上缴利润为"0"表示该年或上年亏损，无上缴利润。

二、财务包干阶段（1977—1995 年）

（一）财务包干阶段的财会制度及其变化

这个阶段，农垦财会制度演变的主线是在改进与完善成本核算制度的基础上，根据国家经济体制改革的目标与要求，逐步建立、健全以分配核算为重点的管理制度，以解决企业吃国家"大锅饭"、职工吃企业"大锅饭"的弊端。为此，在国家层面制定并颁发了一系列法规与政策性文件，财会制度先后出现 3 次重要变化：

1. 第一次变化 1978 年 10 月，财政部和国家农垦总局颁发了国营农场五项财会制度，即《国营农场财务管理试行办法》《国营农场会计科目》《国营农场成本核算规程》《国营农场财务管理计划表格》《国营农场会计报表》，从 1979 年 1 月 1 日起实行。1978 年的五项财会制度是恢复性的财会制度，基本保留了 1965 年四项制度中行之有效的办法。1978 年 12 月，市财政局、市农林局联合发文，转发了财政部、国家农垦总局等部门制定的《国营农场试行企业基金的规定》。1984 年 3 月，市财政局及有关部门转发财政部、农牧渔业部的《对国营农场财务会计几个问题的处理意见》，对承包到户、到劳与家庭农场等经济责任制的有关财务会计问题予以规定。

2. 第二次变化 1986 年 12 月 1 日，财政部和农牧渔业部以（86）财农字第 424 号文件下发《国营农场财务会计制度》。这个制度是对 1978 年五项制度的全面修订和补充。1986 年的《国营农场财务会计制度》包括《国营农场财务管理办法》（分 14 章 71 条）、《国营农场会计科目》（分 5 部分，总设置一级科目 72 个）、《国营农场成本核算规程》（共 3 部分，18 张主表、3 张附表）、《国营农场财务管理计划表格》（分 15 部分 57 条）、《国营农场会计报表》。新制度分场部会计和所属单位的行业会计两大类，场部会计设一级科目 72 个，其中资金占用科目 46 个，资金来源科目 26 个。1986 年的《国营农场财务会计制度》是 30 多年来农垦财会工作和近 10 多年来改革经验的全面总结，体现出 3 个特点：一是强调树立现代化的财会管理思想和科学的财会管理与核实方法；二是考虑到农工商综合经营的需要，完善了工商运建服各业的财会管理与核算；三是强调了财会责任管理和核算责任制。市财政局及其他部门于 1986 年 12 月联合印发了《国营农场财务会计制度》，要求各国营农场从 1987 年 1 月1 日起执行。

3. 第三次变化　1992 年 11 月 30 日，财政部颁布财政部第 4 号令、第 5 号令颁布《企业财务通则》和《企业会计准则》。"两则"的颁布，标志着我国财会制度开始与国际财会制度接轨。1992 年 12 月 22 日，财政部以（92）财农字第 344 号文下发通知，颁布《农业企业财务制度》和《农业企业会计制度》，从 1993 年 7 月 1 日起执行。这套制度不再使用原制度中的"国营农场"名称，适用于各类农业企业。《农业企业财务制度》是大行业企业财务制度之一，体系上与《企业财务通则》是一个整体，共分 13 章 81 条内容。《农业企业会计制度》的会计科目设置分为五大类，共 68 个一级科目。1993 年 10 月，总公司针对执行《农业企业财务制度》和《农业企业会计制度》，转发了市财政局《关于国有企业执行新的企业财务制度有关问题的补充通知》，对系统内新旧财务制度衔接做了布置。总公司还对系统内的财务人员进行了多轮培训，顺利完成从执行《国营农场财务会计制度》向执行《农业企业财务制度》《农业企业会计制度》的转换与衔接。

（二）财务包干阶段财会管理工作的特点

1. 完成从统负盈亏向财务包干体制的转变并取得突出效益　1977 年 4 月，市革委会批复市农林局《关于国营农场盈亏试行包干的请示》，即 15 个国营农场及牛奶公司盈亏相抵包干，每年净上缴国家利润 200 万元，一定三年不变。财务包干当年，北京农垦实现扭亏为盈，盈利 651 万元，亏损企业大幅减少，当年上交市财政 200 万元。1979 年 2 月 23 日，财政部、国家农垦总局对北京农垦财务包干情况考察后予以充分肯定，国务院批转财政部、国家农垦总局《关于农垦企业实行财务包干的暂行规定》，提出"从一九七九年起到一九八五年，对农垦企业实行独立核算，自负盈亏，亏损不补，有利润自己发展生产，资金不足可以贷款的财务包干办法"，并明确北京市农场局对国家农垦总局"不再上缴利润"。① 1979 年 11 月 6 日，市农场局下发（79）京农联字第 140 号文件，决定对盈利的 8 个农场和公司收缴 20％的包干利润，一定五年不变，80％的税后利润留给农场、公司和三级核算单位；7 个农场实行财务补贴；不上缴利润也不给补贴的农场有 2 个。1980 年 10 月，市农场局确定进一步扩大企业自主权，利润包干办法不变；全民企业对车间、班组及个人普遍实行不同形式的"包、定、奖"责任制；11 月，市农场局决定对牛奶公司和农场试行折旧包干的办法。

实行财务包干以后，总公司内部"统负盈亏"状况被打破，改变了国营农场吃国家"大锅饭"的局面。从 1980 年起，16 个农场全部实现盈利，为实现层层承包打下基础。各农场将利润包干结余的 80％左右用于生产性支出，1984 年新增固定资产比 1978 年增加 79％，企业发展后劲极大提高。② 财务包干促进了经济效益提高：1985 年国有利润总额 4 868 万元，比 1977 年增长 6.5 倍；建场 35 年国有部分盈亏相抵累计实现利润 2.3 亿元，其中 1977—1985 年累计盈利 22 629 万元，为累计盈利总额的 109％（1949—1976 年盈亏相抵累计净亏损 2 041 万元）；垦建 35 年累计上缴税金 18 224 万元，其中 1977—1985 年累计上缴税金 11 736 万元，占累计上缴税金的 64.4％。

1986 年，市财政局和总公司共同制定《关于国营农场"七五"期间实行财务包干的几项规定》，明确"国营农场从一九八六年起，实行'定额上缴，结余留用，亏损不补'的财务包干办法。全市农场（公司）上缴市财政 300 万元，上缴农场局 1 100 万元，两项合计为 1 400 万元，原则上一定五年不变。"③ 1991 年 1 月 23 日，财政部、农业部颁布（91）财农字第 4 号文《关于"八五"期间国营农垦企业财务包干的几项规定》，继续在"八五"时期实行财务包干政策。市财政局对原包干办法进行了修订，在原年包干基数上每年递增 10％，即递增包干。④ 总公司为此配套制定了《加强财务管理的几项意见》。

---

① 北京市地方志编纂委员会：《北京志·农业卷·国营农场志》，北京出版社，2000 年，第 266 页。
② 《首都重要副食品生产基地之一——北京市农工商联合总公司情况简介》，北京首农食品集团有限公司档案室，案卷号 217，电子版，第 6-7 页。
③ 同①：267。
④ 同①：268。

北京农垦财务包干期间经济情况见表 6-1-2，财务包干时期经济效益动态见图 6-1-1。

表 6-1-2　北京农垦财务包干期间经济情况

年份	销售收入（万元）	税金（万元）	实现利润（万元）	总资产（万元）	所有者权益（万元）	上交市财政（万元）	收入增长率（%）	利润增长率（%）	所有者权益增长率（%）
1977	18 920	750	651	26 577	15 156	200	—	—	—
1978	20 320	820	812	28 129	16 125	200	7.40	24.73	6.39
1979	21 207	935	1 820	30 644	18 079	200	4.37	124.14	2.12
1980	26 019	1 019	2 433	34 036	20 421	200	22.69	33.68	12.95
1981	27 947	1 080	2 415	37 578	22 922	200	7.41	−0.74	12.25
1982	31 958	1 198	2 740	40 515	24 524	170	14.35	13.46	6.99
1983	38 573	1 538	3 126	45 929	27 982	170	20.70	14.09	14.10
1984	46 871	1 777	3 764	52 740	31 371	170	21.51	20.41	12.11
1985	65 714	2 619	4 868	72 457	35 113	170	40.2	29.33	11.93
1986	77 646	2 951	5 375	85 954	41 011	200	18.16	10.41	16.80
1987	102 447	3 660	6 714	100 556	47 015	200	31.94	24.91	14.64
1988	142 652	4 725	8 019	132 813	50 118	200	39.24	19.44	6.60
1989	161 350	5 150	7 708	169 833	51 107	200	13.11	−3.88	1.97
1990	323 374	5 350	7 065	193 483	52 240	200	100.42	−8.34	2.22
1991	211 994	5 992	8 323	225 671	58 474	300	−34.44	17.81	11.93
1992	243 412	6 973	6 340	265 177	68 946	330	14.82	−23.83	17.91
1993	320 654	8 318	12 120	371 442	85 431	363	31.73	91.17	23.91
1994	402 052	14 454	20 893	453 544	99 779	400	25.38	72.38	16.79
1995	484 884	14 901	25 793	624 409	136 245	440	20.60	23.45	36.55

资料来源：《北京志·农业卷·国营农场志》，北京出版社，2000 年，第 270 页。

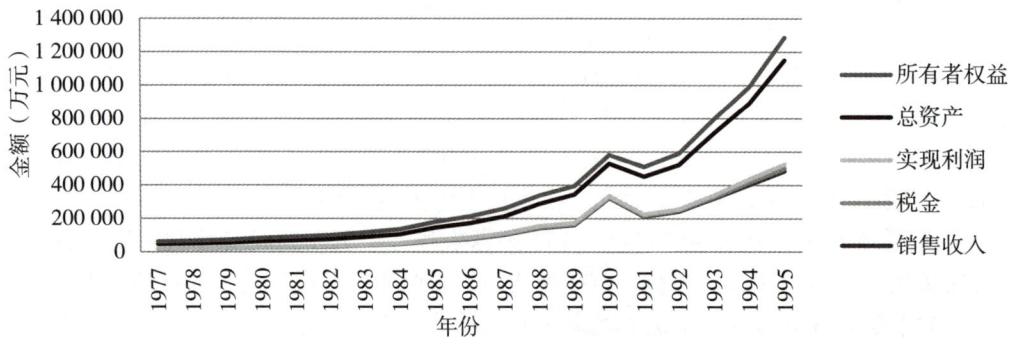

图 6-1-1　财务包干时期经济效益动态

2. 适应计划经济体制向社会主义市场经济体制转变的要求，开始建立起以分配核算、效益管理为主的财会管理制度　中共十一届三中全会后，北京农垦开始探索财务管理体制改革。主要工作有：

（1）改革财务事权。从 20 世纪 80 年代起，北京农垦逐步改革过去对农场财务活动管得过多过死的状况，给农场进一步简政放权。在核算制度上，农场内部在场部统一领导下，实行分级管理、分业核算，合理划小核算单位，并赋予各场部相对的经营自主权，做到责、权、利密切结合，以调动各方面的积极性。国营农场场部统一组织和领导全场的财务会计工作，计算全场的财务成果，并对国家和上级负责缴款、借款和接受拨款业务。农场所属工业、商业（供销）、交通运输、建筑安装和各种服务单位等，都在场部统一领导下，实行自主经营、单独核算、计算盈亏、定额上缴的办法，有条件的在银行开户，办理存款和贷款业务。从 1992 年起，总公司所属企业留利中各项基金的分配比例由企业自主确定。

（2）针对农工商综合经营、横向经济联合、外资企业等新变化，及时改进成本管理。从 20 世纪 70 年代末期到 80 年代初，国营农场兴办了一批工业企业。工业成本管理不同于农业成本管理，为此，农场主要学习了国营工业企业的成本管理办法。到 20 世纪 80 年代初期，国营农场横向联合企业有较大发展，为了适应投资主体多元化，1979 年 7 月，长城农工商联合企业下发（79）京农联字第 72 号文，颁布《关于兴办合股联营企业的投资试行条例》《关于加强财务管理和改革奖励办法的几项规定》，开始按照横向经济联合办法规定进行成本核算。20 世纪 90 年代初，国营农场第三产业发展壮大，农垦企业各种成本核算相应按照"商品流通费"和"出租汽车运营成本"核算，并建立和健全了有关成本核算制度。1993 年 8 月，总公司（93）京农管财字第 23 号文通知，系统内外资企业从 1993 年 7 月 1 日起执行 1992 年 11 月颁布的《企业会计准则》。1995 年，总公司进一步完善奶牛成本核算办法，将"成乳牛"转群成本核定为 5 800 元/头，并制订了成本核算细则。

（3）针对国家对投融资体制的改革，建立了资金有偿使用制度。1983 年，国务院印发国发〔1983〕100 号文，批转中国人民银行《关于国营企业流动资金改由人民银行统一管理的报告》，从 1983 年 7 月 1 日起，国营企业流动资金交由银行统一管理，实行全额信贷，财政不再增拨流动资金。1984 年，国家计委印发计资〔1984〕2580 号文，从 1985 年开始，国家基本建设投资实行"拨改贷"，国家对企业的资金实行有偿占用。针对这种新变化，农场内部普遍实行了资金有偿使用制度，促进企业改变资金无偿占用的观念。1993 年 1 月，总公司（93）京农管财字第 1 号文通知，从 1992 年起，在不减少财务包干上缴利润的前提下，按照销售收入 1‰提取补充国拨流动资金、按照销售收入 1‰提取技术开发费，并均可视同实现利润，计提工资增长基金。

（4）顺利执行《农业企业财务制度》《农业企业会计制度》。1992 年 10 月，中共十四大第一次明确提出建立社会主义市场经济体制的目标模式，根据现代企业制度要求，北京农垦财会制度改革开始提速。为了顺利实行《农业企业财务制度》《农业企业会计制度》，从 1993 年 7 月 1 日起，总公司对系统内的财务人员进行了多轮培训，较快地完成了新旧财务制度的衔接。至 1995 年，北京农垦初步形成了市场经济特点的财会模式，主要表现在以下几个方面：一是产品收入价值的核算由生产实现制改为销售实现制（收付实现制、权责发生制）；二是适应投资多元化，增加了外商投资企业的管理与核算，实现了核算所有者权益；三是记账平衡公式发生变化，由固定资金、流动资金、专用资金分别平衡改为实行资产负债表原理平衡资产、负债和所有者权益；四是改革折旧核算办法，在一定范围内实行加速折旧，企业提取折旧、盘亏、盘盈固定资产和材料价差的净损失，不再增减资本金，实行资本保全；五是改革综合成本法，实行制造成本法；六是实行期间费用核算，改革利润计算办法，期间费用直接体现当期损益。

（5）财务管理职能逐步加强，开始重视并化解财务风险。与"七五"第一年，即 1986 年的 47.7%相比，"八五"期间，各年度资产负债率居高不下，1990 年为 73%，1991 年为 74.1%，1992 年为 74%，1993 年为 77%，1994 年为 78%，1995 年为 77.2%，导致财务费用上升过猛，严重侵蚀了利润。为了化解财务风险，总公司采取了以下措施：一是制订《总公司借款担保管理办法》，规范总公司系统的各级借款担保程序，对不应担保和反担保的内容做了规定，严禁对外系统单位进行担保；二是进行了清理"小金库"的工作，总公司机关和各级管理部门将"小金库"全部撤销并入财务大账，接受财务部门的监督，堵塞了漏洞；三是制订"四压两优"的减支、增效办法，即压缩应收账款、压缩不合理库存、压缩非生产性开支、压缩在建未完工程，优化信贷资金结构、优化资产资源配置，当年即见成效，1995 年资产负债率比上年降低 0.8 个百分点。

（6）依据北京市政策，北京农垦平稳过渡到所得税制。1994 年，国家进行税制改革，财政部和国家税务总局规定：农口国有企业也要实行所得税制，但考虑农业企业的特点，在 1991—1995 年，对农业企业实行所得税制后，上缴的所得税超过原上缴包干利润基数部分由财政返还。北京市实行自愿选择的方法，哪种办法对企业有利应实行哪种。北京市农场局决定继续实行财务包干办法，到1995 年年底，从 1996 年 1 月 1 日起改为实行所得税上缴办法，至此平稳过渡到所得税制。

三、财会制度与国际接轨的准备阶段（1996—2006 年）

在这个阶段，北京农垦执行的财会制度进入了与国际接轨的准备阶段，即开始从执行《农业企业财务制度》《农业企业会计制度》转为执行《企业会计制度》。在这期间，北京农垦执行财会制度的情况可划为两个阶段：

（一）前期继续执行《农业企业财务制度》《农业企业会计制度》

1996 年，北京农垦不再执行财务包干政策，在财会制度方面继续执行从 1993 年开始执行的《企业财务通则》《企业会计准则》和《农业企业财务制度》《农业企业会计制度》。1996 年 10 月，总公司为了筹备整体改制为国有独资公司，总结执行新制度的实践，发布《北京农工商（集团）有限公司财务会计管理办法》①，并上报市政府。办法共 12 章 91 条，既遵循了国家的制度规定，又体现了北京农垦的特点。1996 年 10 月 23 日，总公司以京农管发（1996）第 68 号文下发《关于投资决策管理的暂行办法》《关于加强企业内部财务管理的意见》和《关于国有企业产权转让的暂行办法》。

（二）转入执行《企业会计制度》

1. 国家层面出台的财会制度　1996 年 6 月，财政部〔1996〕财会字 19 号文件印发《会计基础工作规范》，共 6 章 101 条。2000 年 6 月，国务院令第 287 号颁布《企业财务会计报告条例》，共 6 章 46 条。2000 年 12 月 29 日，财政部财会〔2000〕25 号文颁布《企业会计制度》，由三部分内容组成：一是企业会计制度，共 14 章 160 条；二是企业会计制度——会计科目和会计报表，共分 6 部分；三是主要会计事项录例举例，分 11 部分。2002 年 10 月—2004 年 5 月，财政部就《企业会计制度》若干问题进行解答和衔接，又发布 4 个规定文件。2004 年 4 月 22 日，财政部财会〔2004〕5 号文印发《农业企业会计核算办法》，包括《农业企业会计核算办法——生物资产和农产品》《农业企业会计核算办法——社会性收支》两项专业核算办法，2005 年 1 月 1 日起执行。2006 年 2 月 15 日，财政部令第 33 号发布修订的《企业会计准则——基本准则》自 2007 年 1 月 1 日起施行。同日，财政部印发《企业会计准则第 1 号》等 38 项具体准则；10 月，又印发《企业会计准则——应用指南》，要求"不再执行过去的准则、有关企业会计制度、各项专业核算办法和问题解答"。2006 年 12 月 4 日，财政部颁布《企业财务通则》，自 2007 年 1 月 1 日起施行。2007 年 7 月，农业部印发《农业部关于进一步加强财务管理的意见》，包括加强领导责任制、加强预算管理、加强制度建设、加强收支管理、加强国有资产管理、加强会计基础工作、加强财务监督、加强会计队伍建设 8 个方面。

2. 总公司/三元集团转发的财会制度文件　总公司/三元集团陆续转发了一系列制度文件，总公司转发财政部《关于执行〈企业会计制度〉相关会计准则有关问题解答的通知》；三元集团转发的文件有市财政局《关于加强财务管理及有关账务处理方面四个文件的通知》、农业部《关于农垦企业执行〈企业会计制度〉、〈农业企业会计核算办法〉有关问题衔接的补充规定》、财政部《关于印发工业企业执行〈企业会计制度〉有关问题衔接规定的通知》、财政部《关于执行〈企业会计制度〉和相关会计准则有关问题解答（三）的通知》、财政部《关于印发〈内部会计控制规范-工程项目（试行）〉的通知》、财政部《关于印发小型工业企业执行〈小企业会计制度〉衔接规定的通知》。2004 年 10 月 29 日，三元集团制定并下发〔2004〕246 号文《资产减值准备试行办法》。

3. 开始全面转入执行新《企业会计制度》　2006 年 6 月 21 日，市国资委同意三元集团及所属企

---

①　"北京农工商（集团）有限公司"为暂定名，2002 年正式使用"北京三元集团有限责任公司"名称。

业自 2006 年 1 月 1 日起执行《企业会计制度》。由于首次全部执行新《企业会计制度》，计提八项减值准备、统一折旧计提方法和比例、长期投资权益法等政策的执行不仅会影响当期的资产和损益情况，还追溯影响 2005 年度同期和以前年度的资产和损益情况，会计政策和会计估计变更及其对利润总额的影响相应追溯调整了 2006 年的期初数。为了做好调整工作，集团对系统内的财务经理、基层财务人员进行了多次大范围的培训，共计调整会计账务近 5 000 笔，调整金额近 20 亿元，顺利实现了新老会计制度的衔接。[①]

执行《农业企业财务制度》《农业企业会计制度》时期北京农垦经济效益情况见表 6-1-3。

表 6-1-3　执行《农业企业财务制度》《农业企业会计制度》时期北京农垦经济效益情况

年份	销售收入（万元）	税金（万元）	实现利润（万元）	总资产（万元）	所有者权益（万元）	收入增长率（%）	利润增长率（%）	所有者权益增长率（%）
1996	396 517	11 311	4 415	700 224	130 695	−18.2	−82.9	−4.1
1997	393 486	14 956	5 092	758 908	189 004	−0.8	15.3	44.6
1998	331 257	9 414	3 084	828 515	245 242	−15.8	−39.4	29.8
1999	299 009	10 108	3 337	837 269	249 198	−9.7	8.2	1.6
2000	270 547	22 699	4 254	845 087	233 241	−9.5	27.5	−6.4
2001	307 438	14 097	9 508	939 740	234 837	13.6	123.5	0.7
2002	342 546	16 783	12 059	1 019 162	248 266	11.4	26.8	5.7
2003	278 329	11 224	6 952	786 502	255 586	−18.8	−42.4	3.0
2004	308 589	13 223	6 630	770 663	250 657	10.9	−4.6	−1.9
2005	355 807	15 239	1 306	884 087	255 117	15.3	−80.3	1.8
2006	406 078	21 444	5 260	800 915	165 070	14.1	302.7	−35.3

说明：资料来自北京市农工商联合总公司和北京三元集团有限责任公司财务决算表。

四、财会制度与国际趋同时期（2007—2017 年）

加快我国农业会计相关标准的国际协调，使会计标准与国际趋同，是这一阶段农垦财会制度改革的重要内容。

（一）国家层面出台的会计制度

2006 年 2 月 15 日，财政部令第 33 号发布修订的《企业会计准则——基本准则》，自 2007 年 1 月 1 日起施行。同日，财政部印发《企业会计准则第 1 号》等 38 项具体准则；10 月，又印发了《企业会计准则——应用指南》。2006 年 12 月 4 日，财政部颁布《企业财务通则》，自 2007 年 1 月 1 日起施行。自 2007 年 11—2017 年，财政部陆续颁布《企业会计准则解释第 1 号》至《企业会计准则解释第 12 号》。2013 年 8 月 16 日，财政部颁布《企业产品成本核算制度（试行）》，共 5 章 33 条，自 2014 年 1 月 1 日起施行。2014 年，财政部修订和新颁布《企业会计准则》，修订 5 项、新增 3 项、分布 1 项准则解释。2016—2017 年，财政部第二次大规模对《企业会计准则》进行修订和增补，陆续发布 6 项准则解释、4 项会计处理规定、7 项新增或修订。

（二）全面执行《企业会计准则》

从 2008 年 1 月 1 日起，三元集团被市国资委确定为第一批执行《企业会计准则》的监管企业。三元食品股份有限公司作为上市公司，提前于 2007 年 1 月 1 日起执行《企业会计准则》。首次执行新

---

① 《北京三元集团有限责任公司 2006 年财务分析报告》，第 45 页。

准则的调整工作量大，落实到实务操作上，企业的凭证、账册、业务流程等都要重新设置，会计政策的选择、期初数据的变动等不仅调整工作量大，也需要较长的准备时间。为了做好调整工作，2007年，三元集团组织583人参加会计知识大赛，大赛分两个阶段进行；是年底，完成第三轮新准则实操性培训，做了一次新准则模拟财务报告，比较准确地掌握了影响情况。为了保证调整数的准确到位，三元集团聘请专业人员参与，对首次执行调整数的准确性进行把关。根据《企业会计准则第38号——首次执行企业会计准则》规定，以2007年度合并财务报表为基础，依据重要性原则编制合并所有者权益差异调节表，确认资产、负债期初数，顺利完成了向新企业会计准则的过渡。华都集团于2009年1月1日起执行新《企业会计准则》。

（三）构建适应新会计准则的财会管理制度体系

2008年3月31日，三元集团董事会批准《三元集团有限责任公司财务核算管理办法》。2009年首农集团组建后，按照《企业会计准则》的要求，重新制订了《企业会计科目和会计核算办法》《执行〈企业会计准则〉统一会计政策和会计估计》等各项制度，完善了首农集团财务管理体系，并根据《企业会计准则》的补充内容修改和更新财务制度。

2011年4月，首农集团颁布《管理制度汇编》（2011年版），收录与财务、会计工作相关的制度，包括基本制度2项、责任制度3项、工作制度8项。列为基本制度的有《财务管理与会计核算办法》《全面预算管理办法》；列入责任制度的有《联签制度实施细则》《委派财务总监的管理办法》《国有企业资产损失责任追究暂行办法》；列入工作制度的有《财务预算管理制度》《资金集中统一管理试行办法》《国有产权转让的暂行管理办法》《企业国有产权无偿划转的管理办法》《资产评估管理暂行办法》《国有资产产权登记工作管理办法》《统计管理办法》《总部机关业务经费管理办法》。这是北京农垦历史上覆盖面最全的财会制度体系。

2013年，首农集团建立和健全了《首农集团事业单位公务卡使用管理制度》《首农集团财政项目绩效后评价制度》《首农事业单位固定资产月报管理办法》等规章制度，强化了政府采购制度，使首农集团财政管理工作更加科学化。

2016年，新制订的《管理制度汇编》（2016年版）收录了财务管理的10个制度：《财务管理与会计核算办法》《全面预算管理办法（附件：财务预算管理制度）》《联签制度实施细则》《国家出资企业产权登记工作管理办法》《资产评估管理办法》《统计管理办法》《对外捐赠管理办法》《国有实物资产转让管理办法》《收益分配管理办法》《资金集中统一管理办法》。这次财会制度的修订，更明确了权责划分和业务流程，突出了母公司管资本、防风险的职责。

国际趋同阶段（2007—2017年）北京农垦经济效益情况见表6-1-4和图6-1-2。

表6-1-4　国际趋同阶段（2007—2017年）北京农垦经济效益情况

单位：万元

年份	总资产	所有者权益	营业收入	利润总额
2007	853 094	249 301	463 742	17 745
2008	949 571	258 975	510 883	22 055
2009	1 461 954	378 437	900 989	11 126
2010	1 828 207	413 685	1 083 276	30 762
2011	2 140 809	437 073	1 135 828	37 417
2012	3 046 416	822 073	1 666 157	48 110
2013	4 014 272	1 094 520	1 969 226	74 927
2014	5 744 723	1 662 617	3 515 575	78 193
2015	6 226 266	1 992 455	3 723 283	104 800

（续）

年份	总资产	所有者权益	营业收入	利润总额
2016	6 180 462	1 980 614	4 116 023	108 257
2017	6 938 539	2093 398	4 370 366	182 365

说明：资料来自北京三元集团有限责任公司和北京首都农业集团有限公司财务决算表。

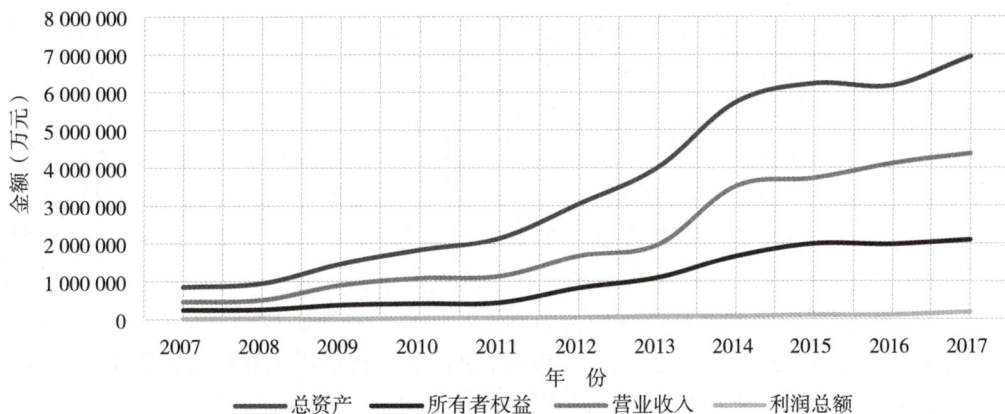

图 6-1-2　北京农垦 2007—2017 年经济效益

■ 第二节　全面预算管理

全面预算管理是现代化企业不可或缺的重要管理模式。北京农垦通过实施全面预算管理，整合了业务、资金、信息、人才配置，加强了控制管理，提高了企业整体的经济效益。

一、全面预算管理工作的进程

北京农垦实施全面预算管理经历了由试行到全面铺开，由不成熟、不规范、约束力弱到体系完善、方案规范、执行力强的过程。

三元集团从 2003 年下半年开始部署全面预算管理工作。经过几上几下的研讨，形成 2004 年全面预算管理方案。第一年的预算管理方案比较侧重于与市国资委下达的考核指标的衔接，从预算覆盖面看，主要对 25 家全资企业及部分合资企业下达了预算计划。2005 年，全面预算管理逐步融入日常经营管理中。2007 年，三元集团成立预算管理委员会，下设预算管理委员会办公室（设在财务管理部），具体负责预算工作的组织与实施。资本运营部负责编制集团公司投资预算，财务管理部负责编制集团公司年度全面预算管理方案及实施办法。各二级企业也组建了预算管理委员会或办公室，负责本企业的全面预算管理工作。

2008 年是北京农垦正式实施全面预算管理的元年。2007 年 10 月，开始着手预算编制工作，2008年 2 月完成预算编制工作，上报董事会获得批准。预算编制的原则是"实事求是"和"两个不低于"，即不低于前三年平均水平、不低于上一年水平，建议各单位收入和利润至少分别增长 10％和 6％。预算编制采取"自下而上，自上而下"相结合的办法。在全面预算管理过程中，本着"先算后花，先算后干"的原则，以预算为依据控制经营活动。控制方法原则上依金额进行管理，同时运用项目管理、事项管理等方法。各单位的法定代表人是责任人，集团全面预算管理小组负责监督。在业绩考核方面，考核指标分为关键指标、关注指标两类。关键指标包括利润总额、利润总额增长率、营业收入、营业收入增长率、成本费用利润率；关注指标则是根据各类企业所处不同行业和类型而确定的一对一的若干项考核指标，其中包含可数据化的生产指标要求，或项目进程、改革改制要求、工资预算等经营管理指标要求。考核在年终经内外部审计结束后，由董事会薪酬及绩效管理委员会组织实施。2008年，三元集团圆满完成了年度预算方案，大多数指标的差异率有所缩小。是年，首次编制完整的投资预算计划，包括股权投资、固定资产投资、企业改制计划（劣势企业退出），并纳入全面预算管理范围。

2013年，首农集团预算工作在市国资委系统评比中取得第二名的好成绩。① 自2014年起，市国资委预算涵盖的内容越来越全面，具体包括业务预算、经营预算和特种决策预算三大内容，编制要求逐年细化，预算难度有所增加。首农集团通过完善管理架构，优化工作流程，加强业绩考核以及刚性约束等手段，保证了预算管理工作有条不紊地推进。为了编制好财务预算，加强了对年终经济指标完成情况的预测工作，一般在年中（6月）就实地调研企业，通过看现场、听汇报、咨询事务所和税务部门等多个环节，提高年终数字的预测科学性和可靠性。各年度预算报表经过严格审核后上报市国资委，均得以顺利通过，并取得了不错的成绩。在预算执行过程中，坚持在各个季度末做好预算差异分析工作，使预算管理成为集团公司动态衡量经营成果的重要依据，为提升企业管理水平发挥了重要作用。2015年，首农集团将财务预算从点到面全面推进，使预算编制、执行、分析形成一个完整体系，充分发挥部门及下属企业管理的主观能动性。在预算执行中，将费用预算控制作为重点，及时发现经营中的问题，分析预算差异，为集团公司及时掌握生产经营动态起到保证作用。

二、全面预算管理的制度及流程

2010年，首农集团制定《全面预算管理办法》，共8章34条，包括总则、组织机构、预算管理体系、预算编制、全面预算的执行控制与差异分析、全面预算的调整、预算的考核与激励、附则。2016年，首农集团修订《全面预算管理办法》，共8章36条，把《财务预算管理制度》作为该制度的附件。新办法强调财务预算是企业全面预算的中心，集团设立财务预算工作小组，确定了先业务预算、资本预算、筹资预算，后财务预算的流程。

全面预算管理流程见图6-1-3。

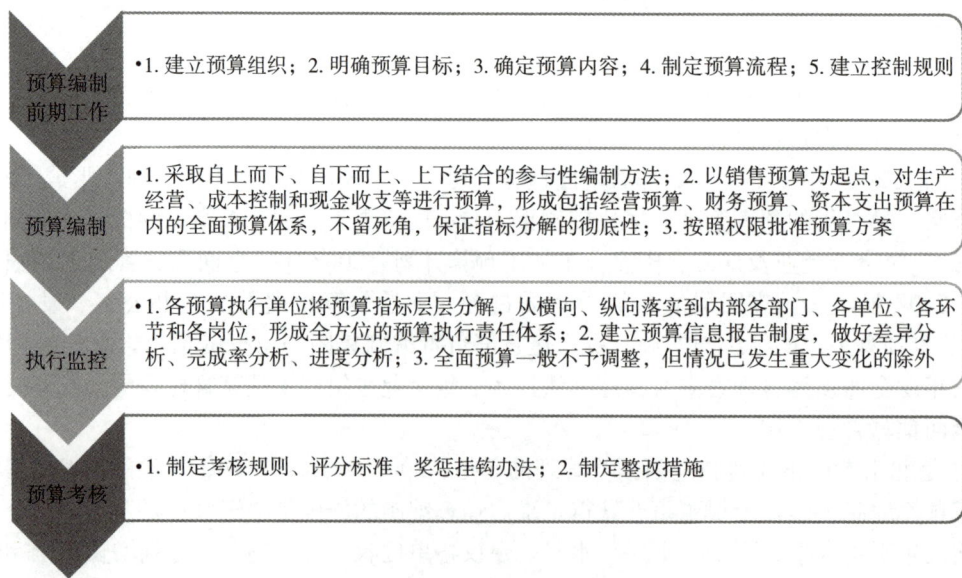

预算编制前期工作	1.建立预算组织；2.明确预算目标；3.确定预算内容；4.制定预算流程；5.建立控制规则
预算编制	1.采取自上而下、自下而上、上下结合的参与性编制方法；2.以销售预算为起点，对生产经营、成本控制和现金收支等进行预算，形成包括经营预算、财务预算、资本支出预算在内的全面预算体系，不留死角，保证指标分解的彻底性；3.按照权限批准预算方案
执行监控	1.各预算执行单位将预算指标层层分解，从横向、纵向落实到内部各部门、各单位、各环节和各岗位，形成全方位的预算执行责任体系；2.建立预算信息报告制度，做好差异分析、完成率分析、进度分析；3.全面预算一般不予调整，但情况已发生重大变化的除外
预算考核	1.制定考核规则、评分标准、奖惩挂钩办法；2.制定整改措施

图 6-1-3　全面预算管理流程

① 北京首都农业集团有限公司财务管理部：《2013年财务部工作报告》，第14页。

三、全面预算管理的效果

北京农垦的预算管理从最初的计划、协调，已发展为兼具控制、激励、评价等诸多功能的综合贯彻企业经营战略的管理工具，全面预算管理对全面提升企业素质和经济发展质量起到了重要作用。其主要表现在两个方面：

（一）提升了企业的综合绩效

企业综合绩效主要由管理绩效和财务绩效两部分组成。管理绩效由定性指标反映，财务绩效由定量指标反映。

2007 年，市国资委组织专家对三元集团进行管理绩效评价，这是北京农垦历史上第一次在集团管理绩效方面接受专家评价。对照管理绩效的 8 个定性指标，董事会组织力量，进行全面梳理，排查了管理薄弱环节。得益于全面预算管理有了两年多的试行基础，在首次管理绩效评价中，集团取得 76 分的评定，在市国资委 35 家一级企业中排名第 20 位。

2013 年 9—11 月，首农集团财务管理部按照市国资委要求，对集团所属 238 个单位（33 个二级法人单位，163 个三级独立核算法人企业，40 个四级单位，2 个五级单位）开展财务定量绩效评价工作，这是首次将绩效评价工作延伸到集团全部企业。2014 年 8—10 月，按照市国资委的要求，对集团所属 241 个单位（36 个二级法人单位，163 个三级独立核算法人企业，40 个四级单位，2 个五级单位）再次开展财务定量绩效评价工作。集团根据财务决算数据资料，对照相应行业评价标准，对所属企业进行绩效评价，顺利通过了国资委统评处的相关考核，并在国资委系统内作为评价样板予以示范，得到了相关部门的好评。经测评，2013 年首农集团财务绩效总体得分 69.9 分，位于同行业平均水平，其中盈利能力和经营增长达到良好水平，资产质量和债务风险状况处于行业平均水平。[1] 通过测评，进一步掌握了集团公司经营整体状况，既看到了集团公司在盈利能力和经营增长方面的成绩及优势，也看到了集团公司在资产质量和债务风险中个别指标与行业优秀水平还有较大差距，明确了集团改善经营管理的方向。

（二）提升了经济发展质量

在全面预算管理的前一年（2007 年），北京农垦总资产 853 094 万元，所有者权益 249 301 万元，到 2017 年，总资产增至 6 938 539 万元，所有者权益增至 2 093 398 万元，分别增长 7.1 倍、7.4 倍。2007 年营业收入 463 742 万元，利润总额 17 745 万元，到 2017 年营业收入增至 4 370 366 万元，利润总额增至 182 365 万元，分别增长 8.4 倍、9.3 倍。在经济总量增长的同时，北京农垦的经济发展质量也是稳中有升。北京农垦偿债能力指标、盈利能力指标、运营能力指标见表 6-1-5 至表 6-1-7。

表 6-1-5 北京农垦偿债能力指标

项目名称	年份					
	2012	2013	2014	2015	2016	2017
流动比率	1.14	1.13	1.29	1.31	1.18	1.19
速动比率	0.59	0.61	0.49	0.64	0.72	0.67
已获利息倍数	2.38	2.61	3.24	3.49	3.08	3.79
资产负债率（%）	72.98	72.73	71.06	67.98	67.95	69.83

说明：数据来自北京首都农业集团有限公司各年度财务决算表。

---

[1] 北京首都农业集团有限公司财务管理部：《2014 年财务管理部工作总结及 2015 年工作计划》，第 12 页。

表 6-1-6　北京农垦盈利能力指标

项目名称	年份					
	2012	2013	2014	2015	2016	2017
净资产收益率（%）（含少数股东权益）	4.69	4.51	3.92	3.15	3.08	6.49
净资产收益率（%）（不含少数股东权益）	5.8	7.3	5.04	6.4	3.37	8.56
总资产报酬率（%）	3.15	3.44	2.32	2.45	2.58	3.43
营业利润率（%）	−0.64	−1.3	−0.3	−0.79	0.5	2.54
成本费用利润率（%）	16.14	14.6	10.41	2.8	2.64	4.23

说明：数据来自北京首都农业集团有限公司各年度财务决算表。

表 6-1-7　北京农垦运营能力指标

项目名称	年份					
	2012	2013	2014	2015	2016	2017
总资产周转（次）	0.64	0.55	0.72	0.62	0.66	0.67
流动资产周转（次）	1.11	0.89	1.08	0.9	0.97	1.02
存货周转率（次）	2.11	1.6	1.71	1.41	1.89	2.16
应收账款周转（次）	17.06	10.23	12.02	11.77	13.74	13.03

说明：数据来自北京首都农业集团有限公司各年度财务决算表。

第三节　融资管理

融资管理是对企业资金筹集的行为与过程的管理、监控。由于不同的融资渠道、融资方式、融资规模对企业融资成本及财务风险会产生不同的影响，因此，完善融资管理制度，增强内在的融资能力，实现融资来源及方式的多元化，是财务管理的重要内容。

一、融资方式

北京农垦融资分对内融资和对外融资。其中，对内融资主要为集团内部企业之间的资金拆借；对外融资主要为发行股票、发行债券、银行借款等。政府拨款属于一种特殊的对外融资。

对外融资可分为间接融资和直接融资。从北京农垦的融资历史看，间接融资，即通过银行借款始终是融资最主要方式。集团公司银行借款主要为短期借款和长期借款，品种主要有信用借款、抵押借款、质押借款、保证借款等。直接融资包括利用资本市场、债券市场融资。资本市场融资主要包括首次公开发行股票（IPO）、非公开发行即向特定投资者发行新股（即定向增发）等；债券市场融资包括银行间交易商协会监管的中期票据、短期融资券等，国家发展改革委监管的企业债，证监会监管的公司债。首农集团主要通过银行间债券市场和证券交易所债券市场发行债券，债券品种包括超短期融资券、短期融资券、中期票据、私募债、企业债。

二、融资规模

（一）银行借款规模

1. 银行借款规模的变化　总体上看，2000—2017 年，北京农垦银行借款规模走出一个 U 形。

从 1983 年 7 月 1 日起，国有企业流动资金由银行统一管理，实行全额信贷，财政不再增拨流动资金；从 1985 年起，国家基本建设投资实行"拨改贷"，之后，总公司银行借款的规模逐步增加。至"九五"期末的 2000 年，长期借款 54 979 万元、短期借款 148 049 万元，合计 203 028 万元。"十五"初期，银行借款规模继续攀升，至 2002 年，三元集团银行借款达到最高值：短期借款 128 796 万元，长期借款 115 657 万元，合计 244 453 万元。从 2003 年起，借款规模出现大幅下降趋势，2005 年银行借款 167 819.86 万元，比 2002 年净减少 8 亿元。其主要原因是：第一，"十五"中后期，集团公司销售收入稳步上升，内部控制得到进一步加强，现金流入大大多于现金支出，有能力积极偿还金融机构借款；第二，通过清产核资和与资产管理公司积极沟通，就不良资清偿问题达成债务减让协议，偿还长城资产公司约 4.5 亿元，偿还工商银行 5 亿元，偿还各金融机构正常借款约 1.5 亿元。[①] 从占有单位分布上看，虽然借款总量呈下降趋势，但借款流向具有经营优势与资源优势的龙头企业，各龙头企业的借款总量占集团全部借款的比重有所提高，资金周转明显加快。

"十五"时期北京农垦银行借款规模见表 6-1-8。

表 6-1-8　"十五"时期北京农垦银行借款规模动态一览

单位：万元

分类	年份				
	2001	2002	2003	2004	2005
短期借款	161 210	128 796	124 904	123 622	107 324
长期借款	51 895	115 657	55 494	62 981	60 496
合　计	213 105	244 453	180 390	186 603	167 820

说明：资料来自三元集团财务管理部《2005 年度财务分析报告》。

进入"十一五"时期，北京农垦经济发展增速明显，特别是 2009 年首农集团成立后，经济体量增加，在新的战略指导下，首农集团对主业的投资力度逐步加大，所需的资金量迅速增加，拉动了银行借款的较快增长。

2006—2017 年北京农垦银行借款规模见表 6-1-9。

表 6-1-9　2006—2017 年北京农垦银行借款规模动态

单位：万元

年份	短期借款	长期借款	合计
2006	88 268.42	54 584.00	142 852.41
2007	70 189.00	29 832.12	100 021.12
2008	60 351.40	36 345.54	96 696.94
2009	150 312.00	98 787.05	249 099.05
2010	190 987.92	92 824.09	283 812.01
2011	258 427.00	112 578.14	371 005.14
2012	443 105.20	237 318.66	680 423.86
2013	511 062.00	602 324.55	1 113 386.55
2014	987 952.13	1 052 878.95	2 040 831.08
2015	833 919.94	1 136 503.37	1 970 423.31
2016	705 977.98	594 466.02	1 300 444.00
2017	1 134 388.17	603 384.38	1 737 772.55

说明：资料来自首农集团财务管理部汇总表。

---

① 北京三元集团有限责任公司财务管理部：《2005 年度财务分析报告》，第 36 页。

2. 贷款银行及授信规模　　"十五"时期，北京农垦借款银行开始发生变化，以往以农业银行、工商银行、建设银行、中国银行等国有银行为主，其中又主要依赖农业银行。如在2002年，农业银行借款占借款总额的43%，工商银行占31%，建设银行占7%，中国银行占3%，其他股份制银行占16%；到2005年变化为农业银行占38%，工商银行占7%，建设银行占4%，中国银行占1%，其他股份制银行占50%。上述变化表明，北京农垦的融资资金渠道趋向多元化，股份制银行以及外资银行逐步成为重要的融资伙伴。

2009年9月，首农集团首先与北京银行股份有限公司签署《战略合作协议》、授信20亿元。随后集团公司与各金融机构的合作不断加强，在金融机构的知名度不断提高，信誉上升，北京农商行（2010年5月，授信50亿元）、中国工商银行股份有限公司北京分行（2010年9月，授信60亿元）、中国农业银行股份有限公司北京分行（2012年8月，授信50亿元）、中国建设银行股份有限公司北京分行（2012年9月，授信60亿元）、工商银行北京分行（2015年4月，第二期授信100亿元）等各金融机构纷纷与首农集团签订《战略合作协议》，增加对集团公司的授信额度，集团公司的再融资能力进一步增强。2011年9月，国家开发银行与首农集团签署《支持首都"菜篮子"三保障体系建设合作协议》，在"十二五"期间，为首农集团提供长期稳定的金融支持和全方位金融服务，合作融资总量为300亿元。集团财务管理部也加大了与银行的谈判力度，推进集团授信工作。

2015—2017年首农集团银行授信规模见表6-1-10。

表6-1-10　2015—2017年首农集团银行授信规模

年份	2015	2016	2017
授信银行（家）	22	21	23
授信金额（万元）	4 192 042.78	5 662 816.86	7 477 517.06

说明：资料由首农集团财务管理部提供。

（二）债券市场融资规模

2011—2017年，首农集团累计发行债券25期，共计人民币172亿元。2011年5月，发行了集团历史上第一支债券——中期票据，金额10亿元，期限3年；2012年8月，发行首支私募债，金额5亿元，期限1年；2014年2月，发行首支短期融资券，金额7亿元，期限365天；2015年5月，发行首支超短期融资券，金额9亿元，期限270天；2017年4月，发行首支公司债，金额10亿元，期限5年。

2011年3月20日，首农集团成为中国银行间市场交易商协会特别会员。2017年9月，首农集团主体信用等级被大公国际资信评估有限公司评定为AAA。AAA是企业信用等级的最高级别，获得此类信用等级的企业信用记录优秀，盈利能力强，发展前景广阔。首农集团多次发行中期票据、短期融资券、私募债，积累了融资经验，树立了良好的形象，得到银行间市场的认可。首农集团几次发行均得到较低的利率水平，集团偿债能力已超过银行间市场平台企业的平均水平，得到投资者的认可，在信用市场获得了良好信誉，降低了成本支出。[1]集团通过债券市场融资，改善债务结构，避免短贷长用，及时防范财务风险，同时，丰富了企业的融资渠道，有利于降低融资成本，扩大了首农集团在资本市场上的知名度。

北京农垦发债规模及占信贷规模比重见表6-1-11。

---

[1]　北京首都农业集团有限公司财务管理部：《2014年财务管理部工作总结及2015年工作计划》，第4页。

表 6-1-11　北京农垦发债规模及占信贷规模比重一览

年份	当年债券发行量 （亿元）	当年年末债券余额量 （亿元）	当年信贷规模 （亿元）	发债占信贷规模比重 （%）
2011	10.00	10.00	37.10	26.95
2012	10.00	20.00	68.04	29.39
2013	5.00	15.00	111.34	13.47
2014	41.00	36.00	204.08	17.64
2015	41.20	46.20	197.04	23.45
2016	42.00	32.20	130.04	24.76
2017	25.00	32.20	173.78	18.53

说明：数据由首农集团财务管理部提供。

（三）资本市场融资规模

在 A 股上市的三元食品股份公司通过证券市场完成三轮融资，共融资 53.9 亿元。

1. IPO 融资　2003 年 8 月，经中国证券监督管理委员会核准，三元食品股份有限公司向社会公众发行每股面值为人民币 1 元的普通股 1.5 亿股，发行价格为每股人民币 2.60 元，筹资 3.9 亿元人民币。9 月 15 日，三元食品股份有限公司 1.5 亿普通股在上海证券交易所成功上市，股份公司总股本由 IPO 前的 48 500 万股增至 63 500 万股。

2. 第一次定向增发融资　2009 年 7 月，股份公司完成第一次非公开发行股票，增发股份 25 000 万股，发行价格为每股人民币 4 元，筹资 10 亿元人民币，股份公司总股本由 63 500 万股增至 88 500 万股。

3. 第二次定向增发融资　2015 年 2 月，公司完成第二次非公开发行股票，增发股份 61 255.742 6 万股，发行价格为每股人民币 6.53 元，筹资 40 亿元人民币，股份公司总股本由 88 500 万股增至149 755.742 6 万股。

三、对内融资

对内融资主要包括集团所属企业之间的资金拆借和集团所属企业向集团总部的借款，主要通过制定的相关制度对金额、审批权限进行管理。2010 年年末，首农集团本部对下属企业几乎没有借款。2011 年年末，集团本部向下属借款 6.9 亿元。2012 年，首农集团进一步收紧下属单位融资权限，逐步推进统借统还政策。2012 年，集团本部直接取得银行信贷资金 31.4 亿元，全部为基准利率，主要用于支持 11 家下属单位，如果这些企业分别独自贷款，由于规模较小，利率一般将上浮 10% 左右，将增加成本约 1 884 万元。2012 年，集团本部共归集和使用的现金流量达 51.4 亿元，解决了保障房项目建设资金的需求。"十二五"期间，随着统借统还资金管理模式的日趋成熟，集团本部对下属企业的资金支持由过去的 0 变为 120.8 亿元，集团本部逐步成为重要的融资平台，在为重点项目建设提供资金支持和降低集团整体融资成本方面发挥了重要的作用。[1] 集团总部向下属企业的借款完全按照银行管理模式按天计息，季度收缴，并结合资金周报掌握的资金情况，及时要求企业清偿，同时动态监控企业的风险状况，以确保资金的安全。2015 年 10 月末，集团本部短期借款 79.8 亿元，长期借款 14.3 亿元，应付债券 36 亿元，信贷规模合计 130.1 亿元。集团本部平均资金成本（含长短期借款及应付债券）4.51%，比自住商品房项目启动时集团本部平均融资成本 6.56% 降低 2.05 个百分点，按 130.1 亿元融资额计算，年节约资金成本 2.67 亿元。[2] 2017 年，集团年平均融资成本 5.17%，同

---

[1]　北京首都农业集团有限公司财务管理部：《2015 年工作总结及 2016 年工作计划》，第 4 页。

[2]　同[1]：3。

比 2016 年的 5.43% 降低 0.26 个百分点。首农集团信贷资金主要用于项目建设,利息资本化金额较高,而集团本部融资成本低于整体成本,对集团整体资金成本的控制发挥了重要的作用。

四、融资管理工作的重心及内容

北京农垦融资管理工作的重心大体经历了两个变化阶段:

(一)第一阶段:20 世纪 90 年代中期至 2008 年

这一时期,总公司/三元集团的资产负债率偏高,一部分企业的不良债务未得到彻底清理,由于借新还旧,造成企业评级降低,利率上浮较大,高者甚至达基准利率的 30%~50%。因此,压缩信贷规模、降低财务费用成为融资管理工作的重心。主要采取的措施是:加快清理总公司/三元集团对系统外的担保,对下属单位私自对外担保的进行清理整顿,担保到期一律不再继续担保;积极解决历史遗留的担保问题,有些担保由于早已逾期而被金融机构予以起诉,为维护三元集团信誉,集团公司承担了还款责任;完善了担保的手续及流程,规范了二级单位借款的程序与权限,每半年进行一次借款及担保情况统计,以便能及时、动态地了解借款及担保实际情况。此外 2000 年后,总公司/三元集团逐步加大了债务重组力度,与金融机构积极谈判,豁免了部分债务。1995 年年末,银行借款 18.2 亿元,到 2005 年年末减至 13.2 亿元,再到 2008 年年末减至 9.67 亿元,13 年间,借款数量呈大幅下降趋势。

(二)第二阶段:2009 年至今

首农集团成立后,经济体量扩大,信贷规模也随之扩大,管控风险成为集团融资管理工作的重心。2011 年,首农集团进一步规范了融资管理办法。

1. 明确了融资计划的审批权限　年度融资计划由总经理提出方案,报董事会批准;属于年度融资计划内的支出,由总经理批准,需董事在传阅总经理办公会的决议或会议纪要后,在董事会决议上签字;融资额超出计划的,由总经理办公会提出预案,报董事会批准;未列入年度融资计划的、单项投资额在 3 000 万元以内(不含此数)的,由总经理办公会提出预案,报董事会审批;3 000 万元以上的,直接由董事会审议批准;全资子企业需集团提供担保或虽不需提供担保,但借款在 200 万元以上(含)的,经本企业董事会/场长(经理)办公会研究后,报集团财务管理部,由财务管理部提出意见,报总经理审批;对融资行为提供了不动产抵押或质押的,由财务管理部会同有关部门提出意见,报总经理审批;控股子公司所需流动资金贷款,实行自贷自还,集团公司原则上不予担保,特殊情况需集团公司提供信誉担保的,由集团董事会依据控股子公司董事会决议、子公司经营状况和偿还能力及《中华人民共和国担保法》的有关规定,做出是否提供信誉担保的决定;集团所属企业、控股子公司未经集团董事会或总经理办公会审议批准,不得以任何方式为集团系统外的企业提供任何形式的担保。

2. 加强借款及担保工作的日常管理　集团公司、二级企业重大投资项目的融资资金,由集团财务管理部会同有关部门负责监督使用;项目单位或集团公司授权管理的机构负责按项目实施进度(一半按季度),向集团呈报资金使用计划;对控股子公司的担保,集团财务管理部应通过外派的董事、监事或其他高级管理人员及时了解被担保公司的经营状况,当不利于公司经营的现象出现时,董事、监事及其他高管人员应及时向集团财务管理部通报,财务管理部应采取相应措施,降低担保风险及损失;对借款及担保合同的管理提出具体要求。

3. 实行集团内部资金集中统一管理　首农集团财务管理部依规管理二级企业(子公司)融资、担保事项;二级企业之间发生相互资金拆借,纳入集团公司融资管理计划。2016 年,首农集团制定《资金集中统一管理办法》,采用相对集中的资金管理模式,即"收支两条线＋账户限额管理";集团成员单位的闲置资金通过归集系统自动归集至集团公司母账户（向上归集），财务管理部的资金管理中心运用集团公司自有资金贷款给成员单位，均通过银行委托贷款方式实现；内部的委托贷款、外部融资转贷实行有偿占用。2017 年，首农集团财务管理部牵头开展集团内资金集中管理工作。第一，全面上收下属企业银行账户开立权限，制定《集团公司银行账户管理办法》并全面推开执行；第二，将银行结算业务集中在集团选定的主办银行范围内；第三，通过银企直联专线，对主办银行业务实现实时直连，结算业务通过专业软件管理，直连账户的交易明细以及资金余额均实现实时查询，并有图表可直观查看；第四，通过专业软件管理，将资金管理平台与用友账务系统连接，实现自动打印凭证及核算、账务、报表自动化。资金集中管理系统的成功运行，标志着集团资金管理工作步入新里程。

五、争取政府扶持资金情况

2001—2005 年，北京农垦从市财政局、市科委、农业部共获得各项资金 60 807.94 万元，其中市财政扶持资金 55 464.94 万元。2007 年，三元集团从市财政局、农业部、市科委共获得拨款 5 810.18 万元。2008 年，获得拨款 7 199.68 万元，其中市财政局拨款 6 534.68 万元，用于基建拨款 1 051 万元，农业结构调整 1 330 万元，小型农田水利资金 218.42 万元，农业体系建设 290 万元。[①]

自 2009 年以来，中央政府和地方政府加大支持农村/农业基础设施建设和供给侧结构性改革的投资力度，首农集团从多个渠道争取项目资金，分别用于种业建设、农业服务体系建设、民族品牌婴幼儿乳粉、食品冷链及物流、平原造林、非首都功能的疏解腾退与产业结构调整等方向，其中，历年补助资金以市财政拨付为主。以 2015 年为例，财政支持项目在二级单位的覆盖面近 50%，财政项目的实施对促进技术升级换代起到了良好的推动作用。2016 年 8 月，首农集团被纳入国家农业综合开发县；12 月，市财政局明确"首农集团视同国家级开发县，参照区级农发机构管理"。北京农垦成立首农集团农业综合开发办公室，制定了《首农集团农业综合开发发展规划》《首农集团农业综合开发资金和项目暂行管理办法》，使农发项目的日常管理工作有法可依、有章可循。2017 年集团获得农业综合开发资金 1.18 亿元，重点用于支持双河农场高标准农田建设，部分用于扶持集团公司农业产业化经营。

北京市财政拨付项目补助资金情况见表 6-1-12。

表 6-1-12　北京市财政拨付项目补助资金情况

单位：万元

年份	北京市财政项目补助资金	年份	北京市财政项目补助资金
2009	9 042.71	2014	16 340.81
2010	8 956.23	2015	17 720.82
2011	14 311.96	2016	23 015.84
2012	12 856.28	2017	33 702.84
2013	17 270.96	合计	153 218.45

说明：1. 市财政补助资金数据来自首农集团各年度财政决算。

2. 2014 年度不包含国有土地使用权出让收入 62.76 亿元，2017 年包含农业综合开发 11 868.33 万元。

■ 第四节　投资管理

投资是财务管理的重要内容。经过近 70 年的累计投资，北京农垦形成了比较雄厚的物质基础。

---

① 《北京三元集团有限责任公司 2008 年度财务分析报告》，第 66 页。

一、投资管理内部机构

在 1959 年之前，北京农垦国营农场及农垦基层企业属于生产型单位，没有投资自主权，由市级农垦管理机构直接决定投资项目。1959 年，成立北京市农垦局，设立计财处，基本建设投资由该处负责。1960 年，市农垦局撤销，基本建设投资由市农林局企业管理处负责。1964 年，成立北京市国营农场管理局，设立建设处，由该处负责基本建设投资工作。"文化大革命"中，北京农垦投资管理的体系被破坏，国营农场一度被下放区县，基本建设投资管理机构被撤销。1979 年，市农场局复建，设立计财处，负责投资管理事务。1984 年，市农场局机构改革，计财处分设为计划处、财务处，投资管理职能明确由计划处负责，下设计划科、基建科、统计科、物价科；市农场局同时设立基建物资处，负责基本建设组织、实施及物资供应。1992 年 12 月，总公司撤销基建处。至此，基本建设投资管理统归计划处负责。2001 年，计划处改为发展计划处；2006 年，发展计划处改为发展改革部。自2006 年 3 月起，为了加强投资管理，在三元集团/首农集团董事会层面建立了战略及投资决策委员会，并配置 1 名专（兼）职秘书。2007 年，三元集团进行机构改革，撤销发展改革部，分设房屋土地管理部和资本运营部，固定资产投资及股权投资项目管理工作由资本运营部负责。

二、投资管理体制的演变

（一）投资口径的变化

北京农垦投资管理体制主要根据国家对投资的分类及政策调整而发生变化。20 世纪 70 年代以前，固定资产投资主要用于新建、扩建项目，所以统称为基本建设投资。70 年代以后，由于更新改造任务逐步加大，国家把更新改造投资单列，将基本建设投资、更新改造和零星固定资产购置统称为固定资产投资。80 年代以后，针对房地产的兴起，专列了商品房建设投资。北京农垦按固定资产投资口径进行统计是从 1985 年开始的。固定资产投资在分类上，可分为基本建设投资、更新改造投资、房地产开发投资和其他固定资产投资。更新改造资金来源通常包括企业自筹、企业固定资产折旧基金、国内外技术改造贷款和国家预算内技术改造拨款。实行新的财务会计制度后，固定资产局部更新的大修理成为日常生产活动的一部分，发生的大修理费用直接在成本中列支；按照现行投资管理体制及有关部门的规定，凡属于大修理、养护、维护性质的工程（如设备大修、建筑物的翻修和加固、农田水利工程和堤防、水库、铁路大修等）都不纳入固定资产投资，也不作为固定资产投资统计。

（二）投资计划管理及审批权限的变化

从 20 世纪 50 年代初开始，国家对基本建设投资实行计划管理，其中投资规模为计划重点。北京农垦自垦殖以来至实行财务包干前一年的 1976 年，基本建设投资一直纳入国家预算内管理。国营农场基本建设资金由市级农垦管理部门（市农林局/市农场局）统一汇总、立项并报市计划管理部门审批，房屋开复工建筑面积指标也由市建设管理部门核准，所需物资由市物资管理部门核准纳入计划供应渠道。

1979 年市农场局复建后，行政业务归口市农办领导。基本建设投资以及包括新设企业的批准权限归口市农办。市农场局负责编制立项申请、可行性报告，报送市农办批准，"限额以上"项目还需报市计委批准，批复文件包括总投资、国家预算内投资数额，以及银行贷款、企业自筹数额、房屋建筑开复工面积等。技术改造项目的投资安排主要由市经委负责，投资规模计划由市计委会商市经委安排；涉及引进外资的项目，还需要报送市外经贸委批准立项、合资合同、可行性报告等。1982 年，国家和北京市政府明确：固定资产投资总规模（包括预算拨款、企业自筹和银行贷款）必须由市计委进行综合平衡，统一纳入国家计划。在项目管理上，分为"限额以上"和"限额以下"两种类型，实行"分级管理、分级审批"的办法。1982年，国务院明确大中型基本建设项目一律由国家计委审批，1 000万元以上的更新改造项目由国家计委会同国家经委审批。1985年，市计委规定，3 000万元以上的技术改造项目由市计委审查，报国家计委审批。1988—1991年，北京市对投资体制进行改革，项目实行分级管理，划分了北京市与区、县、局投资范围，并实行了项目法人责任制和项目资本金制度。① 从1992年起，根据国家规定，北京市实行"投资许可证"办法。1993年，北京市取消了物资指令性分配计划，改为导向安排。1994年，导向安排也被取消，至此，物资资源配置全部纳入市场调节。1997年，市政府授权农工商联合总公司国有资产经营权，总公司以及对所属的32家授权范围的企业进行投资，可直接报送市计委，不再需要经过市农办审批。

2011年，首农集团规定了投资权限：①年度投资计划由总经理提出预案，由董事会制订方案，报市国资委批准。②属于年度投资计划内的支出，由总经理批准。③未列入年度投资计划的、单项投资额在3 000万元以内（不含此数）的支出，由总经理提出预案，报董事会审批后向市国资委报告；单项投资额在3 000万元以上的，由董事会批准后向市国资委报告。④虽然列入年度投资计划，但投资额超出计划10％以上的项目，由总经理提出预案，报董事会审批后向市国资委报告。⑤董事会原则上不批准对非主业的固定资产投资、非主业的长期投资、收购外系统的非主业的资产、投资金融产业和从事证券期货等高风险业务、非主业的境外投资；如果批准，要向市国资委报告。

2016年，首农集团重新修订了投资权限：①投资额在3 000万元（含）以上的，由集团公司董事会审批。②1 000万（含）～3 000万元之间的，由总经理办公会审批。③未达1 000万元的，由二级企业自行决定并履行决策程序，报集团公司备案。④非主业及境外投资项目由集团公司董事会审批同意后报市国资委审核。

三、投资主体及资金来源

从1979年起，国家拨付基本建设投资占基本建设投资规模的比重明显下降。基本建设投资来源开始多元化：一是银行贷款；二是自筹，包括企业包干结余、企业更新改造基金、其他基金。从1985年1月1日起，国家对基本建设投资实行"拨改贷"，国家对企业的资金实行有偿占用。农垦企业投资项目的资金来源加快多元化，国家预算内投资不再是主要来源，但在符合国家产业政策的情况下，仍可获得财政扶持资金。

1952—1976年国拨基本建设投资情况见表6-1-13，1977—1984年国拨基本建设投资情况见表6-1-14。

表6-1-13　1952—1976年国拨基本建设投资情况

年份	基本建设投资额 （万元）	其中国拨基本建设投资额 （万元）	国拨基本建设投资额占总投资比重 （％）
1952	99.3	99.3	100
1953	101.1	101.1	100
1954	155.3	155.3	100
1955	157.0	157.0	100
1856	205.8	205.8	100
1957	261.2	261.2	100
1958	957.3	957.3	100

---

① 北京市地方志编纂委员会：《北京志·综合经济卷·计划志》，北京出版社，1999年，第5页。

(续)

年份	基本建设投资额 （万元）	其中国拨基本建设投资额 （万元）	国拨基本建设投资额占总投资比重 （%）
1959	1 170.4	1 170.4	100
1960	1 267.8	1 267.8	100
1961	322.2	322.2	100
1962	811.0	811.0	100
1963	2 491.2	2 491.2	100
1964	1 465.0	1 465.0	100
1965	985.0	985.0	100
1966	349.5	349.5	100
1967	209.5	209.5	100
1968	197.6	197.6	100
1969	234.8	234.8	100
1970	115.9	115.9	100
1971	76.4	76.4	100
1972	706.4	202.5	28.7
1973	942.3	278.2	29.5
1974	127.2	127.2	100
1975	459.5	459.5	100
1976	349.6	349.6	100
合计	14 218.3	13 050.3	91.8（加权平均）

说明：数据来自《北京市国营农场管理局统计资料（1949—1978）》《北京市国营农场统计资料（1950—1985）》；1972年数据来自北京市农林局《1972年统计资料》。

表6-1-14　　1977—1984年国拨基本建设投资情况

年份	基本建设投资额 （万元）	其中国拨基本建设投资额 （万元）	国拨基本建设投资额占总投资比重 （%）
1977	374.3	318.4	85.1
1978	524.4	519.8	99.1
1979	808.7	501.2	62.0
1980	600.7	77.8	13.0
1981	1 625	104	6.4
1982	2 254	200	8.9
1983	2 134	360	16.9
1984	2 834	465.9	16.4
合计	11 155.1	2 547.1	22.8（加权平均）

说明：数据来自《北京市国营农场统计资料（1950—1985）》和有关年度统计资料。

　　1985年，由于实施"拨改贷"新政，当年完成固定资产投资8 447万元。其中，国拨110万元，仅占固定资产投资总额的1.3%；银行贷款2 221万元，占26.3%；利用外资1 790万元，占21.2%；自筹4 326万元，占51.2%。20世纪80年代末至90年代初，银行贷款、企业自筹和利用外资已成为北京农垦投资的重要来源。

1985—1991 年北京农垦固定资产投资资金构成见表 6-1-15。

表 6-1-15　1985—1991 年北京农垦固定资产投资资金构成

年份	固定资产投资额（万元）	国家投入		银行贷款		利用外资		企业自筹	
		数额（万元）	比重（%）	数额（万元）	比重（%）	数额（万元）	比重（%）	数额（万元）	比重（%）
1985	8 447	110	1.3	2 221	26.3	1 790	21.2	4 326	51.2
1986	9 743	157	1.6	860	8.8	5 245	53.8	3 481	35.8
1987	4 221	622	14.7	1 420	33.7			2 179	51.6
1988	22 952	352	1.5	8 288	36.1	8 505	37.1	5 807	25.3
1989	18 369	2 425	11.0	8 074	25.1	4 508	24.5	7 235	39.4
1990	9 683	1 071	11.0	2 847	29.4	1 012	10.5	4 753	49.1
1991	12 478	1 060	8.5	5 905	47.3	1 565	12.5	3 948	31.7

说明：根据北京市农工商联合总公司统计资料数据计算；1987 年无此项统计数据。

四、固定资产投资规模

"九五"至"十二五"时期，北京农垦国有固定资产投资规模呈扩大趋势，尤其是"十二五"期间，国有固定资产投资规模出现陡升。"九五"至"十一五"三个五年计划时期，北京农垦累计完成固定资产投资 539 683 万元，而"十二五"时期，累计完成 689 685 万元，相当于前 15 年总和的 127.8%。1997 年，国有完成固定资产投资 1.7 亿元；2015 年和 2016 年，国有完成固定资产投资均超过 20 亿元，均比 1997 年增加 10 倍多；2016 年，国有新增固定资产 147 509 万元，是 1997 年的 2 倍。

"九五"至"十二五"时期北京农垦固定资产投资总额见图 6-1-4。场乡体制改革后北京农垦国有固定资产投资见表 6-1-16。

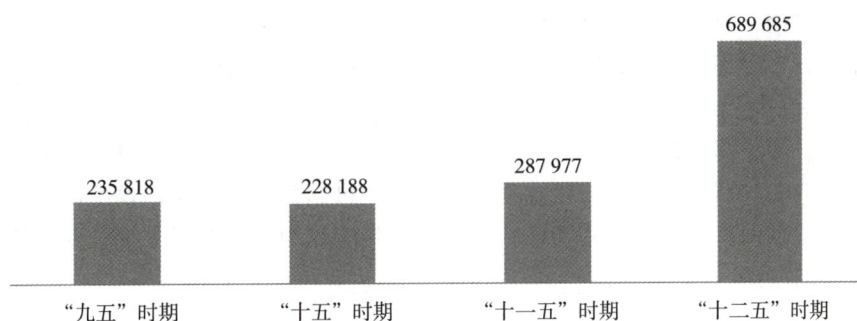

图 6-1-4　各时期北京农垦固定资产投资总额（万元）

表 6-1-16　场乡体制改革后北京农垦国有固定资产投资情况

单位：万元

年份	完成固定资产投资额	当年新增固定资产	年份	完成固定资产投资额	当年新增固定资产
1998	40 629	17 604	2003	42 963	19 260
1999	70 454	38 479	2004	27 006	16 995
2000	79 713	50 100	2005	33 402	26 757
2001	68 775	28 984	2006	41 771	27 497
2002	56 042	42 315	2007	42 911	27 890

（续）

年份	完成固定资产投资额	当年新增固定资产	年份	完成固定资产投资额	当年新增固定资产
2008	46 164	28 094	2013	77 039	35 684
2009	56 588	158 205	2014	153 031	100 045
2010	100 543	87 036	2015	206 450	62 221
2011	122 934	113 078	2016	208 944	147 509
2012	130 231	120 424	2017	181 901	121 815

说明：数据来自总公司、三元集团、首农集团各年度统计资料。

五、投资管理制度及办法

1996年10月，总公司京农管发（1996）第68号文下发《关于投资决策管理的暂行办法》，旨在纠正投资管理方面的问题。场乡体制改革后，总公司面临着停产半停产企业较多、投资战线仍然过长、资产负债率过高等情况，决定进一步压缩投资规模，集中有限资金投入主导产业，并于1999年1月印发京农管字〔1999〕第2号文《建设项目管理暂行规定》，对纠正投资领域的问题起到了一定的促进作用。

2009年，重组首农集团后，集团董事会针对投资管理长期存在的问题，决定建立健全投资管理制度。2010年，首农集团制定了《投资管理办法》，共5章26条，包括总则、投资计划管理、投资决策程序和职能分工、投资活动的分析和后评价、附则。

2016年，首农集团对《投资管理办法》进行修订。新修订的办法共6章37条，包括总则、投资管理职责、投资计划管理、投资立项审批、投资实施审批、附则。2016年版的《投资管理办法》明确了以下内容：①纳入投资管理范围的投资活动包括固定资产投资、股权投资、无形资产投资、房地产开发投资、金融类投资、其他投资；②投资活动应遵循战略统一原则、科学决策原则、风险控制原则、效益优先原则、控股投资原则；③组织编制企业年度投资计划，纳入预算管理计划，年度投资计划履行部室联席会讨论、总经理办公会审议、董事会审批等程序后，报市国资委备案；④拟投资企业应上报投资实施申请，经集团公司履行相关的审核程序并批准后方可组织实施。

2016年，首农集团重新修订《投资项目后评价实施细则》，共8章29条。项目后评估以往是投资管理的薄弱环节，为了提高投资决策水平，防范投资风险，制度明确了项目后评价的主要方法是对比法，即根据评价调查的情况，对照项目立项时所确定的目标及相关指标，找出偏差和变化，分析原因，得出结论和经验教训。该制度强调了项目后评价报告应作为项目投资决策失误责任追究和企业负责人经营业绩考核的依据。

六、投资结构

投资结构的变动取决于企业的发展战略、主业定位以及宏观经济背景等诸多因素。在总公司时期，实行农工商综合经营，工业投入始终占固定资产总投资的大头，在20世纪80～90年代，北京农垦第一产业和第三产业的投资比重通常都在15％以下，第二产业投资比重通常在70％以上。在三元集团时期，集团开始逐步清晰主业，并且着手解决投资"小而杂""乱而散"的问题，与农产品加工关联度不高的制造业不断被清理和退出，第二产业投资比重急剧缩减；同时，随着物流物产被确定为主业后，以房地产开发、物流、仓储为主的第三产业投资比重不断上升，并逐步占据固定资产总投的首要位置。总体看，三元集团时期与总公司时期，第一产业投资比重相对稳定，变化并不大，但第二产业与第三产业投资比重变化非常显著，形成"剪刀差"形态。第三产业投资比重迅猛上升的主要原因是自持型物业投入、文创产业投入、物流冷链等三产项目的投入均快速增长。2015 年年底，集团主业确立为食品加工与贸易（乳业、肉类、品牌食品），现代农牧业（种子、种业、畜禽业），物产物流业（持有型物业、仓储物流）；培育业务为投资与资产管理（涉农金融股权、观光休闲农业）。投资方向也有所微调，对第一产业、第二产业的投资方向进一步精准，投资比重略有提高；对第三产业的投资明确增加了持有型物业和涉农金融服务业。2015—2017 年，首农集团三次产业的投资结构基本稳定。

总公司和三元集团时期部分年份投资比重见表 6-1-17。首农集团时期固定资产投资结构见表 6-1-18，首农集团时期三次产业投资结构见图 6-1-5。

表 6-1-17　总公司和三元集团时期部分年份投资比重

年份	第一产业投资占固定资产投资比重（%）	第二产业投资占固定资产投资比重（%）	第三产业投资占固定资产投资比重（%）
1988	16.1	70.6	13.3
1990	13.9	73.5	12.6
2006	14.4	21.2	64.4
2008	10.0	13.2	73.8

说明：根据北京市农工商联合总公司、北京三元集团有限责任公司统计资料整理。

表 6-1-18　首农集团时期固定资产投资结构

年份	第一产业固定资产投资		第二产业固定资产投资		第三产业固定资产投资	
	完成数额（万元）	占总投资比重（%）	完成数额（万元）	占总投资比重（%）	完成数额（万元）	占总投资比重（%）
2009	19 512.5	34.5	4 232.0	7.5	32 843.0	58.0
2010	18 531.0	18.4	44 590.0	44.4	37 422.0	37.2
2011	40 997.0	33.3	65 128.0	53.0	16 809.0	13.7
2012	24 694.0	18.9	26 161.0	20.1	79 376.0	61.0
2013	21 345.4	27.7	23 501.3	30.5	32 192.6	41.8
2014	63 197.2	41.3	44 907.5	29.3	44 926.4	29.4
2015	52 771.5	25.5	49 928.0	24.2	103 810.1.	50.3
2016	45 943.0	22.0	47 329.0	22.6	115 671.3	55.4
2017	49 868.2	27.4	34 172.4	18.8	97 860.0	53.8

说明：根据北京首都农业集团有限公司统计资料整理。

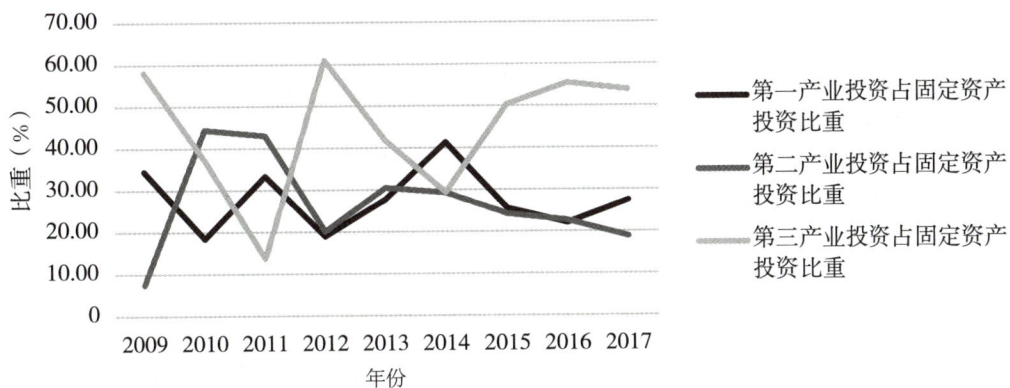

图 6-1-5　首农集团时期三次产业投资结构

七、固定资产投资效果

首农集团时期，固定资产投资快速增长，对经济发展产生明显的撬动作用。其突出表现为：

1. 涉农产业的新增生产能力强劲，直接拉动涉农产业的收入快速增长 2009—2017 年涉农新增生产能力包括：累计新增有效灌溉面积 779 公顷，造林面积 392 公顷，农机总动力 10 257 千瓦，林业机械 9 台，机引农机具 2 台，植保机械 1 台，畜牧机械 103 台，农用运输车 37 台，畜禽生产用房 19.24 万米²，变电设备 10 台（4 040 千伏安），以及仓库 59 座/（面积 11.07 万米²）。① 由于涉农产业投资增加和新增生产能力发挥了作用，农牧业营业收入由 2009 年的 18.1 亿元增至 2017 年的 60.9 亿元，增长 2.4 倍。

2. 固定资产投资效果明显提升 1998 年新增固定资产与当年实现利润总额比例关系为 5.7：1，2002 年变化为 3.5：1，2014 年变化为 1.28：1，2017 年变化为 0.66：1，投资效果提高得非常明显。2009—2017 年，计算固定资产投资完成额与实现利润的相关系数，得出相关系数 r＝0.9 484，说明固定资产投资与经营成果呈现高度相关。

1998—2017 年北京农垦固定资产投资与实现利润关联情况见表 6-1-19。

表 6-1-19 1998—2017 年北京农垦固定资产投资与实现利润关联情况

单位：万元

年份	当年新增固定资产	利润总额	年份	当年新增固定资产	利润总额
1998	17 604	3 084	2008	28 094	22055
1999	38 479	3 337	2009	158 205	11 126
2000	50 100	4 254	2010	87 036	30 762
2001	28 984	9 508	2011	113 078	37 417
2002	42 315	12059	2012	120 424	48 110
2003	19 260	6 952	2013	35 684	74 927
2004	16 995	6 630	2014	100 045	78 193
2005	26 757	1 306	2015	62 221	104 800
2006	27 497	5 260	2016	147 509	108 257
2007	27 890	17 745	2017	121 815	182 365

说明：资料来自年度统计资料和年度财务决算表。

■ 第五节 国有资产管理

国有资产管理的基本目标是实现国有资产保值增值。2002 年，成立三元集团，按照《公司章程》对国有资产负有保值增值责任。自 2003 年划归市国资委管理后，对国有资产监管的要求更为严格，促进了北京农垦的产权管理制度更为完善，产权登记、资产评估等基础工作不断加强，产权转让行为日趋规范，为北京农垦国有资产保值增值夯实了基础。

一、国有资产监管机构

北京农垦国有资产的监管机构有多次变化。1988 年之前，市农办是负责市农场局/总公司国有资

---

① 数据来自 2009—2017 年北京首农集团有限公司统计年报。

产的监管机构。1988 年，国务院批准成立国家国有资产管理局，北京市也相应设立了国有资产管理局，负责总公司/三元集团国有资产的监管机构改为北京市国有资产管理局。2003 年 10 月，三元集团划归市国资委管理，市国资委是三元集团/首农集团国有资产的监管机构。①

二、国有资产管理内设机构

北京农垦自垦建以来，一直将国有资产管理工作视为财务管理的重要工作之一。1979 年北京市国营农场管理局复建后，由计财处作为资产管理工作的职能部门。1984 年成立农工商联合总公司后，计财处分设为计划处、财务处，国有资产管理工作由财务处负责。在场乡体制完成改革前的 1998 年 5 月，总公司设立资产管理部，国有资产评估管理工作划给该部负责。在 2000 年总公司机关机构改革中，将资产管理部与审计处合并为资产管理审计部。2006 年，三元集团进行机关机构改革，撤销资产管理审计部，产权转让工作由发展改革部负责，其他资产管理工作由财务管理部负责。2007 年，三元集团撤销发展改革部，成立资本运营部，由资本运营部负责产权转让工作，产权登记、资产评估等资产管理工作仍由财务管理部负责。

三、国有资产管理的主要工作

（一）清产核资

北京农垦清产核资工作通常在以下两种情况下进行：

1. 因企业管理体制、隶属关系出现重大变化而开展的清产核资　1968 年 11 月，国营农场按照北京市革委会通知要求下放给区县管理。1972 年 7 月，按照市革委会决定，国营农场又重新划回市农林局管理。针对这种情况，市革委会结合贯彻当年 4 月国家计委、财政部印发的《关于清产核资工作情况和对 1972 年工作意见》，于 9 月召开全市国营农场座谈会，市革委会农林组在会上要求各农场"要进行清产核资、改章建制，逐步恢复、建立、健全规章制度"。

1979 年，市农场局复建，根据国务院扭亏为盈领导小组《关于加强扭亏为盈和开展清产核资工作的报告》的精神和国家农垦总局（79）计字 206 号文的要求，市农场局进行了清理资产和财务台账的工作，重新核实中华人民共和国成立以来的历年财务、统计资料。

1997 年，市政府授权农工商总公司经营国有资产，为了摸清家底，总公司开展了清产核资。是年 12 月 24 日，市财政局、市国资产局下发京国农〔1997〕579 号文件，授权农工商联合总公司经营管理的国有资产数额，即国家所有者权益 130 695 万元，国家资本金 86 073 万元；授权范围包括总公司、16 家农场、16 家公司等 33 家单位。

1998 年年底，总公司完成场乡体制改革，市政府要求总公司加快改制为国有独资公司，需要确定场乡体制改革中划出的国有资产。原核实的划走的国家资本金数额为 6 712 万元，经清产核资后，市国资局、市财政局于 1999 年 6 月 16 日联合发文重新确认，在场乡体制改革中，总公司划归区县企业的国家资本金为 4 638 万元，并确认截至 1998 年 12 月 31 日时，总公司国家所有者权益为 152 045 万元，其中国家资本金为 90 889 万元。在 2002 年总公司改制为三元集团有限责任公司时，以国家资本金 90 889 万元作为三元集团的注册资本。

2009 年，首农集团成立，为了能够核销和处理重组收购过程中形成的不良资产和损失，提升重组后集团的资产质量，在向市国资委请示并经同意后，首农集团启动了合并重组专项清产核资工作。

---

①　2018 年 12 月 20 日市国资委印发《关于将首农食品集团改组为国有资本投资公司的通知》（京国资〔2018〕225 号），北京首农食品集团有限公司正式改组为国有资本投资公司。首农食品集团有关国有产权登记、资产评估等国有资产管理工作权限及职能均出现重大变化。

根据市国资委京国资〔2010〕169号文《关于北京首农集团有限公司进行合并重组专项清产核资的批复》的精神，自2009年10月开始此项工作，至2010年结束。集团公司将所有财务工作人员动员起来参与这项工作，为解决原三元集团的历史遗留问题和华都集团、大发畜产公司合并后的问题打下了坚实的基础。

2. 根据国家、北京市统一安排的要求或者为了实施重大专项任务而开展的清产核资 1991年，总公司根据市财政局、市国资局1989年《关于农口国营企业固定资产盘亏报废等有关问题及审批程序的规定》和1991年《关于农口国营企业固定资产盘亏、报废管理的补充规定》的要求，对所属企业进行了固定资产盘亏报废的专项大检查，并进行自查自纠。

1994年，总公司参加全国国有资产清查试点工作，年末全面完成。清产核资范围为478个国有法人企业，经清查，核实总资产为487 340万元，总负债387 561万元，国家所有者权益99 779万元（不含土地使用权价值）。本次清产核资摸清了家底，核销了大部分历史遗留问题，为总公司发展打下了良好的基础，总公司被评为市级清产核资先进单位。

2002年三元集团成立后，为了处理不良债务，争取让有关资产管理公司对债务进行减让，集团开展了一次清产核资。至2003年1月8日，三元集团与中国长城资产管理公司北京办事处就不良资产的清偿问题签订《债务减让协议》，其中涉及北郊、南郊、西郊、长阳、永乐店、延庆、东北旺农场、绿荷中心和西山优美加体育器材公司。此次减让使三元集团67家企业的45 304.61万元债务减至13 650万元，从而大大缓解了三元集团的债务压力，并为相关企业在改革、改制中轻装上阵铺平了道路。

2004年，为了执行新企业会计制度，计提八项减值准备，根据市国资委要求，三元集团于4月8日召开清产核资工作会议，全面部署清产核资工作。此次清产核资是历史上耗时最长的一次，外聘天职孜信会计师事务所为主审所。2006年4月29日，市国资委京国资产权字〔2006〕83号文对三元集团《2004年清产核资工作报告》批复：经审核，确认三元集团按原会计制度清查出的资产净损失106 191.38万元，同意自列损益3 397.29万元，核减权益102 794.09万元；经审核，确认三元集团按《企业会计制度》预计的资产损失29 417.16万元，应作为各项资产减值准备的期初数。这为三元集团及所属企业自2006年1月1日起执行《企业会计制度》奠定了扎实的基础。

2009年，针对监事会提出的整改意见，首农集团对于长期股权投资进行了全面清理，并对其进行了分类。在100多家对外投资企业中，属于集团公司投资的有20家，属于二级农场和公司投资的有94家，共涉及二级单位21家，投资成本小于100万元的企业有42家。在100多家对外投资企业中，非持续经营的企业有20家，亏损企业有38家，盈利企业有49家，分红企业有21家。集团要求各投资主体对每一家对外投资的企业进行基本情况说明，分析具体情况；同时，要求清理退出非持续经营的企业，对亏损企业加强管理或逐步退出，对盈利企业加大分红力度，以提高长期股权投资的质量和效益。[①]

2011年，为解决原三元集团的历史遗留问题和华都集团、大发公司合并后的问题，开展了重组首农集团后的专项清产核资工作。是年，还针对收购三鹿集团资产形成的损失、北京匹比包装制品有限公司清算形成的损失、上海三元全佳乳业有限公司等问题，对现存资产进行了清查和接收。

（二）国有产权登记

1992年，北京市开始对企业进行国有资产产权登记。由于总公司成立时间较长，企业层级较多，管理链条长，造成部分企业的产权关系比较复杂。比如，早期设立的企业并未经过资产评估；为数不少的企业屡经合并、撤销，产权结构比较复杂；有些企业已经停产歇业，被工商管理机关吊销了法人营业执照；有些企业已灭失且财务台账缺失。这些原因导致系统内的国有产权确认和产权登记工作推

---

① 北京首都农业集团有限公司财务管理部：《2010年财务工作总结及2011年工作计划》，第6-7页。

进缓慢。直到 1998 年 1 月，总公司下发《国有资产管理办法》（京农管字〔1999〕第 4 号文），国有产权管理工作才加快推进步伐，参加年检的企业覆盖面迅速提高，至 2007 年，参加年检企业达 172 家。2009 年首农集团成立后，企业户数增加，由于华都集团产权登记工作是空白，工作难度很大。2011 年，首农集团制定《国有资产产权登记工作管理办法》，共 5 章 15 条，要求集团所有出资企业对企业设立、变更、注销等事项按此办法进行产权登记工作。2011 年，共进行产权登记年检企业 198 家，其中产权变更 22 家，注销登记 8 家。2012 年，共进行产权登记年检企业 308 家，其中发生过变动登记的企业 158 家，注销登记 94 家。

2012 年 11 月，为了贯彻国务院国资委颁发的 29 号令和国务院国资委出台的《国家出资企业产权登记管理暂行办法》《国家出资企业产权登记管理工作指引》，市国资委召开会议进行工作部署。根据会议精神，首农集团对集团出资的二级单位进行宣贯和软件培训，对各单位按时做好产权登记工作做出细致明确的安排，强调要建立健全产权登记管理的各项制度，做好产权登记系统的衔接，积极清理各类历史遗留问题，加强企业产权登记管理的监督检查。同时，特别提出要摸清捋顺各单位的产权结构链条，做到包括吊销企业在内的全覆盖登记，要求各二级单位对落实产权登记工作做出承诺，以确保顺利完成国家出资企业产权登记工作。

从 2013 年起，首农集团国有产权登记年检工作已经做到正常化，并根据市国资委 2012 年 12 月印发的《北京市属企业境外国有产权管理暂行办法》，从 2013 年起，把境外企业纳入国有产权登记范围。首农集团建立的产权登记的工作流程是：各二级单位配有专人办理产权登记工作，二级单位负责对其所属企业的产权占有、变更、注销等事项的相关资料进行初审，审核无误后登入国家出资企业产权登记信息管理系统网站，并将相关材料传入系统；首农集团财务管理部对登入信息复审无误后上报市国资委。每年按照市国资委的要求，集团公司填报《北京市产权登记数据核实及分析报告》。

2016 年，首农集团制定《国家出资企业产权登记工作管理办法》，共 7 章 31 条。该办法明确了二级企业须专人负责产权登记相关管理工作；集团内企业在发生投资设立、产权变动和注销三类事项的 17 种经济行为时，均需办理国有企业产权登记，并在产权登记系统中进行申报和上传合规资料。2016 年和 2017 年，集团在市国资委国有出资企业登记系统显示的情况均相同：合计 395 家，其中公司制企业 216 家（包括境外企业 4 家），非公司制企业 164 家，其他类型企业、机构和单位 15 家；全资企业 218 家，国有绝对控股企业 96 家，国有实际控股企业 16 家，国有参股企业 65 家。

（三）资产评估

1. 资产评估的监管体制及管理办法　20 世纪 80 年代中期，因兴办"三资"企业的需要，北京农垦国有企业开始开展国有资产评估工作，评估结果的确认直接由市财政局负责核准。从 1988 年起，资产评估工作由市国资局负责监管，具体业务由 1990 年成立的市国资局评估管理中心负责。1992 年 5 月，市国资局制定《资产评估立项确认管理暂行办法》（京国资估字〔1992〕157 号文），明确由国有资产占有单位在经过企业主管部门同意后，在市国资局评估中心申报立项手续，十日内由评估中心下达是否立项的批复。1995 年 3 月，市国资局简化了资产评估立项手续，把立项权限下放，即由企业和上级主管部门填写评估中心制发的申请表并盖章后报评估中心审核后加盖中心印章。在资产评估结果确认程序上，实行三级审核办法，即先由一审审核员全面审查，再由二审审核员全面审核，然后再由评估中心负责人重点审核，返给评估中心与企业协商修改，修改后报市国资局主管局长签发确认通知。此办法一直延续至市国资委成立。

2003 年，市国资委成立后，资产评估工作由市国资委负责监管。2003—2007 年，资产评估实行两级备案制，即按单位归属级别分为市国资委备案项目与三元集团备案项目两类，三元集团以及集团出资的二级企业由市国资委备案，三级及三级以下企业由三元集团备案。2007 年，三元集团完善了招投标选聘资产评估机构的管理办法。

2008 年 2 月，市国资委印发《北京市企业国有资产评估管理暂行办法》（京国发〔2008〕5 号），根据新的规定，对涉及集团内企业的资产评估项目，实行核准制与备案制。同时，该暂行办法对审核与备案的标准做了调整：

（1）由市国资委核准的资产评估项目有：①北京市人民政府批准实施的经济事项所涉及的评估项目；②经济行为涉及的评估范围资产总额账面值或资产总额评估值大于或等于1亿元人民币的评估项目。

（2）市国资委进行备案的项目有：①市国资委批准协议转让所涉及的评估项目；②经济行为涉及的评估范围资产总额账面值或资产总额评估值大于或等于5 000万元人民币且小于1亿元的评估项目。

（3）除市国资委负责备案的评估项目外，其他评估项目由出资企业备案。

2011年，首农集团依据《北京市企业国有资产评估管理暂行办法》规定，制定了集团《资产评估管理办法》。该管理办法明确了资产评估工作程序，即通过招标比选方式设立资产评估机构库，由委托单位在库中选择评估机构进行评估，由二级企业将评估报告报集团，财务管理部组织集团相关部门逐个对评估报告进行审核，同时聘请评估专家对报告进行专业审核并出具书面意见。对于符合要求的，由集团财务总监签字后备案或上报市国资委。

2015年，首农集团依据市国资委印发的《关于启用市属企业资产评估管理信息系统有关事项的通知》规定，进一步细化了集团资产评估工作流程：①委托评估的企业收到资产评估机构出具的评估报告后，应当逐级上报初审，经二级企业初审同意后，自评估基准日起6个月内向集团公司提出核准或备案申请，并在市国资委资产评估管理信息系统中按要求填报、上传评估资料。②集团公司在收到核准或备案申请后，通过召开评审会和在评审专家组中随机抽取评估专家等方式对资产评估报告进行审核。对于符合备案或核准要求的予以备案，须由市国资委备案或核准的，由集团公司按要求上报市国资委；对于不符合备案或核准要求的，提出审核意见，予以退回。③集团公司对评估报告审核逐份出具办事记录和审核意见，由审核小组成员、集团主管领导、主要领导签署后，将审核意见发给二级单位，评估委托方和评估机构在对评估报告修改后重新上报，并对审核意见进行书面答复。

2016年，首农集团修订《资产评估管理办法》，重点对集团内评估报告的报送程序、二级单位上报资料、受托机构的选聘以及集团审核流程进行了细化要求。2017年，由各二级单位择优推荐，并通过公开招标的方式，按照专业水准、业务经验、报价等标准，选定并公布了入围的9家资产评估机构库名单。

2. 资产评估工作开展情况

（1）新设立有限公司和全民所有制企业的公司制改革。资产评估核准金额较大的项目有：1997年，为组建北京三元食品有限公司的资产评估；1999年，为组建三元种业股份有限公司的资产评估；2001年，组建三元石油公司、三元出租车公司、三元建筑公司进行的资产评估；2003年，对三元集团第二次组建三元种业进行资产评估。

（2）实施劣势企业退出，如合并、解散、破产。从2004年起，三元集团开始进行辅业改制，至2008年结束，共完成22家企业的改制，并进行了"三类资产"评估，其中包括资产评估结果确认金额最大的朝阳农场黄寺综合楼，确认金额达14 680万元。2002年的红星化工厂破产项目、2004年的慎昌公司破产项目也均通过资产评估，实现了依法退出，防止了国有资产的流失。此后，在实施"十一五"劣势企业退出规划中，首农集团又完成3家破产企业的资产评估。

（3）产权转让。这类资产评估项目数量较大。在2004—2017年的资产评估项目中，共有71个项目涉及股权转让行为，数量最多的是2013年，达26项。

（4）实物资产的处置。此类资产评估项目在2010年之后数量有所上升。2010年有9项，2011年有5项，2012年有24项。市国资委出台实物资产交易管理办法之后，包括机动车在内的实物资产交易均要经过资产评估并入场交易，因此，资产评估项目增加较多，如2013年评估处置的机动车就有165辆。

2010—2017 年首农集团审核资产评估项目见表 6-1-20。

表 6-1-20 2010—2017 年首农集团审核资产评估项目

年份	审核资产评估数量（项）	涉及企业（户）	资产评估总额（亿元）	净资产评估总额（亿元）	资产评估超过亿元的项目数量（项）
2010	11	11	—	0.49	0
2011	20	10	3.68	3.40	2
2012	38	17	—	5.39	2
2013	46	35	70.26	44.53	15
2014	24	22	84.26	38.68	11
2015	25	16	39.52	27.04	6
2016	43	25	128.41	122.51	6
2017	25	29	36.15	17.61	2

说明：资料由财务管理部提供；划"—"表示缺此项数据；2010 年资产评估超过千万元的项目有 2 个。

（四）国有股权转让

1. 国有产权转让的制度 2003 年划归市国资委监管和 2004 年北京产权交易所成立之后，三元集团逐步重视国有产权规范转让的问题，以防止出现法律风险。2007 年 8 月，三元集团印发《集团公司国有产权转让暂行管理办法》，这是集团首次对国有产权转让制定文件。

2011 年，首农集团制定《国有产权转让的暂行规定》《企业国有产权无偿划转的管理办法》。《国有产权转让的暂行规定》共 4 章 15 条，明确提出母公司对产权转让项目实行一体化的管理，集团公司董事会享有最终的决策权，并对转让项目的立项、实施转让项目的工作流程做出了规定。

2016 年，首农集团制定新的《国有产权转让管理办法》，共 5 章 25 条，对立项和实施的权限做出新的规定：经济行为涉及的评估范围资产总额账面值或资产总额评估值未达 1 000 万元的项目，由二级企业自行决定并履行决策程序，报集团备案；经济行为涉及的评估范围资产总额账面值或资产总额评估值在 1 000 万（含）～5 000 万元的项目，应由集团总经理办公会审批；经济行为涉及的评估范围资产总额账面值或资产总额评估值 5 000 万（含）以上的项目，应由集团总经理办公会研究，集团董事会审批。新的制度规定强调了出资者的权利——集团转让直接持有的国有产权、转让重要子企业的国有产权致使国有股东失去控制地位的以及协议转让事项均由集团统一行文，报送市国资委审批；同时，也明确了集团的权利——产权转让中含土地使用权、集团重要品牌的，或转让标的企业与集团或其所属企业存在用地关系的，该产权转让项目无论金额大小，均应报集团董事会审批。

2. 国有产权在产权交易市场交易情况

2011—2017 年首农集团在北京产权交易所挂牌交易情况见表 6-1-21。

表 6-1-21 2011—2017 年首农集团在北京产权交易所挂牌交易情况

年份	挂牌交易项目数量（项）	挂牌金额（万元）	年份	挂牌交易项目数量（项）	挂牌金额（万元）
2011	8	4 447.59	2015	1	738.67
2012	6	10 055.76	2016	6	1 417.67
2013	8	4 793.44	2017	7	1 714.20
2014	4	4 806.64			

说明：数据由北京产权交易所提供。

（五）加强资产管理取得的效果

1. 资本实力得到明显增强 资本实力的变化，一是可以考察国有资产保值增值情况，二是可以考察实收资本变化情况。

2005—2017 年北京农垦国有资产保值增值情况见表 6-1-22，1996—2017 年北京农垦实收资本情况见表 6-1-23。

表 6-1-22 2005—2017 年北京农垦国有资产保值增值情况

年份	资产保值增值率（%）	资本积累率（%）	年份	资产保值增值率（%）	资本积累率（%）
2005	105.00	1.78	2012	107.68	88.09
2006	101.51	−35.30	2013	108.99	33.14
2007	112.23	51.03	2014	106.66	51.90
2008	105.70	3.88	2015	106.40	19.83
2009	103.40	46.13	2016	104.33	−0.90
2010	103.33	9.31	2017	108.77	77.00
2011	108.79	5.65	算术平均	106.37	27.04

说明：1. 数据由财务管理部提供。

2. 2006 年资本积累率为负值，是由于 2006 年作了内部往来款项调整和清产核资等工作，夯实了资产。

表 6-1-23 北京农垦 1996—2017 年实收资本情况

单位：万元

年份	实收资本	年份	实收资本	年份	实收资本
1996	93 877.60	2004	92 679.70	2012	156 797.68
1997	127 164.30	2005	88 068.48	2013	161 797.68
1998	147 657.00	2006	94 059.00	2014	261 797.68
1999	148 198.00	2007	94 176.70	2015	273 147.68
2000	110 284.70	2008	95 559.00	2016	273 147.68
2001	124 923.40	2009	117 247.10	2017	273 957.68
2002	112 136.90	2010	117 247.10		
2003	108 953.60	2011	150 629.35		

说明：资料来自各年度财务决算报告。

在分析北京农垦所有者权益的结构时，还有一个指标能反映企业积累能力提高情况，即未分配利润的变化。2002 年，未分配利润由前一年的正数转为负数，但经过近 10 年的发展，效益不断提高，在 2012 年首次由负数转为正数，至 2017 年，首农集团未分配利润增至 29.3 亿元，充分反映了企业有较强的以丰补歉的能力以及自主、持续发展的能力。

2001—2017 年北京农垦国有企业未分配利润情况见表 6-1-24。

表 6-1-24 2001—2017 年北京农垦国有企业未分配利润情况

单位：万元

年份	未分配利润	年份	未分配利润	年份	未分配利润
2001	2 060.4	2007	−48 963.7	2013	47 654.1
2002	−7 387.2	2008	−98 209.9	2014	77 707.3
2003	−8 044.0	2009	−112 220.4	2015	148 209.9
2004	−14 887.0	2010	−97 399.3	2016	178 737.5
2005	−11 190.7	2011	−89 913.9	2017	293 338.9
2006	−58 361.4	2012	9 166.4		

说明：资料来自各年度财务决算报告。

2. 资本结构明显优化　　企业资本结构决定了企业财务管理目标的实现，优化资本结构是实现企业价值最大化的重要保证。北京农垦自执行企业会计准则以来，所有者权益比率、债务资本比率、资产负债率等指标有明显改善。以权益比率为例，2017 年总资产比 2007 年增长 8.1 倍，而权益比率基本保持在 30% 的较高水平，反映了集团公司的基本财务状况是健康的、稳定的。以长期负债率为例，2007 年为 5.1%，2008 年为 5.9%，从 2009 年首农集团组建后逐年提高，稳定在 15% 上下，反映了首农集团债务的资本化程度有所提高，未来增加固定资产、扩大再生产有潜力，同时也说明短期内偿债压力可控。

资产负债率的降低是与首农集团加强债务管理分不开的，如对其他应付款中挂账进行清理。其他应付款中挂账最多的是拆迁补偿款，这些拆迁补偿款最早可上溯到 1994 年，是多年未决的历史遗留问题，截至 2012 年年末，共计 45 亿多元。由于其并不是真正意义上的负债，长期挂在负债科目中且数额较大，使集团公司资产负债率一度高达 82%，虚高的资产负债率影响了集团的信用级别，增加了集团公司的融资难度。根据市国资委要求，首农集团于 2013 年对其他应付款进行清理，在会计师事务所的协助下，共清理 118 个项目，基本涵盖全部的拆迁补偿项目。经过逐笔甄别之后，调账主要影响净资产总额为 31.37 亿元。调账之后，首农集团的财务报表状况有很大改善，融资能力大大增强，为以后更好地发展打下了基础。①

3. 对国家的贡献明显增加　　从财务角度看，北京农垦为国家做出了巨大的贡献。北京农垦上缴国家的利税统计见表 6-1-25，实行所得税后北京农垦的年缴纳所得税见图 6-1-6，实行上缴国有资本收益后的缴纳情况见图 6-1-7。

表 6-1-25　北京农垦上缴国家的利税统计

项　目	时　期	累计金额（万元）	说　明
上缴利润	1949—1976 年	4 797.2	该段时期实行统收统支
利润包干上缴财政	1977—1995 年	4 513.0	该段时期实行财务包干
缴纳所得税	1996—2017 年	283 542.9	1996 年开始实行所得税制，延续至今
上缴国有资本收益	2011—2017 年	54 144.64	在上缴所得税同时，实行上缴国有资本收益

　　说明：1. 资料来自各年度财务决算报告或财务管理部分析报告。
　　　　　2. 1999 年所得税数据是根据各盈利企业测算所得。
　　　　　3. 此表税金指所得税，不包括历年上缴的其他税种及费用。

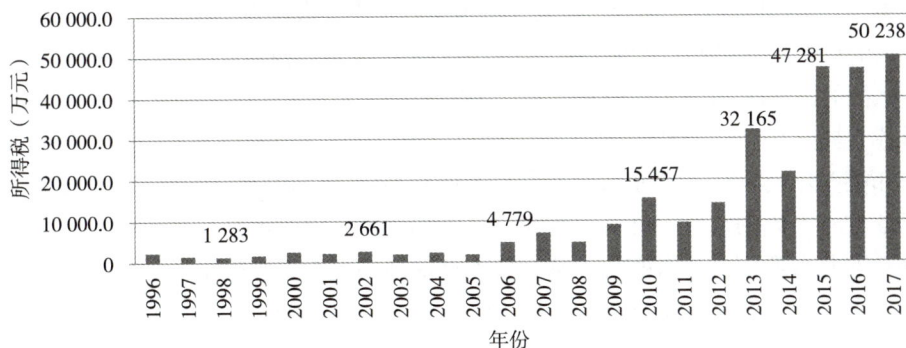

图 6-1-6　实行所得税制后北京农垦历年缴纳所得税

---

① 北京首都农业集团有限公司财务管理部：《2013 年财务管理部工作总结》，第 12-13 页。

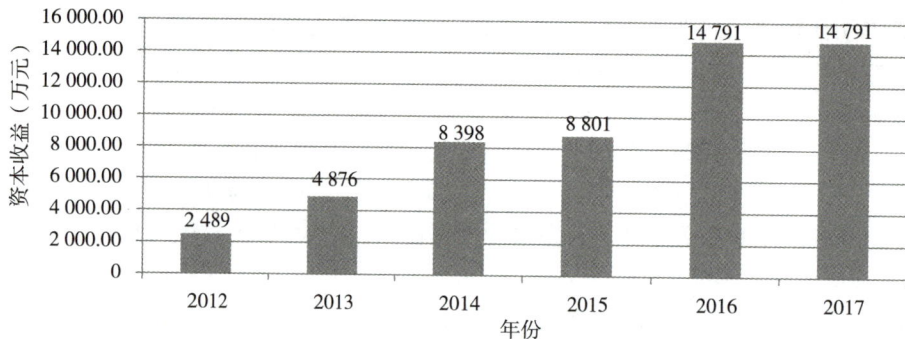

图 6-1-7 实行上缴国有资本收益后的缴纳情况

第六节 财会队伍及信息化建设

一、财会机构变化情况

1949 年 11 月，京郊国营农场管理局由华北农业部移交中央人民政府农业部领导，京郊国营农场管理局设置财务科。1952 年 10 月，市农林局设立农场管理科。1959 年 7 月，成立北京市农垦局，设立计财处。1960 年 8 月，市农垦局撤销，在市农林局内成立企业管理处（后改为国营农场处），负责财务工作。1964 年 2 月，成立北京市国营农场管理局，设立财务处。1968—1979 年，由市农林局的农场组分管国营农场的财务工作。

1979 年 3 月，北京市国营农场局复建，4 月设立计财处。1980 年 9 月，市农场局下发（80）京农管字第 186 号文《关于建立和健全经营管理机构问题的通知》，要求各农场建立经营管理科（或组），加强了会计工作的主体建设。1984 年 3 月，北京市国营农场管理局改称北京市农工商联合总公司；8 月，计财处分设为财务处、计划处。1987 年 10 月，成立审计处，与财务处合署办公。1989 年，审计处与财务处分设。1998 年 5 月，财务处改称财务部。2003 年 3 月，财务部改称财务管理部。

二、财会队伍

北京农垦垦殖之初，以农牧业起步，财会人员很少，除少量大中专毕业生参加财会工作外，多数是由在本单位选拔的高中学历的职工从事财会工作。随着生产经营规模的扩大和经营业态的增加，财会队伍从小到大，队伍的构成逐步改善。1979 年后，市农场局建立干部学校（后改为总公司职工大学），每年开展包括财务人员在内的专业技术管理人员的培训工作。1996 年，职工大学试办高等职业教育会计专业；2002 年，市委党校成教院批准同意总公司党校分院开办五年两段制财务会计大学专科专业。

北京农垦建立了常规的财会人员培训制度，每年都结合布置年度财务决算，对财会人员进行业务培训。特别是针对几次新旧会计制度的转换，财务管理部都组织了多轮培训，举办财务知识竞赛，提高财会队伍的专业素质。首农集团组建后，每年除了财政部要求的会计继续教育学习之外，财务管理部至少组织 4 次业务培训，专门解决实际工作中遇到的问题。2013 年和 2014 年，均有 700 余人参加继续教育培训，财务人员、统计人员、产权登记工作人员业务培训达 500 余人次。与此同时，集团财会队伍不断增加新鲜血液，一大批财务专业和管理专业的本科生充实进来，具有研究生学历的财会人员也有所增加。至 2017 年年底，高级会计师职称人数占有专业职称人员总数的 6%，财会专业研究生学历人数占财会专业总人数的 3%。

2009—2017 年首农集团财会人员统计见表 6-1-26。

表 6-1-26　2009—2017 年首农集团财会人员统计

年份	2009	2010	2011	2012	2013	2014	2015	2016	2017
会计机构人数（人）	937	960	960	1 033	1 031	1 084	1 091	1 006	993
1. 取得会计职称人数	506	471	471	458	483	484	453	475	439
其中：高级会计职称	11	8	8	19	19	21	25	26	28
中级会计职称	140	129	129	162	166	178	164	171	163
初级会计职称	355	334	334	277	298	285	264	278	248
2. 取得财会专业学历人数	726	739	739	880	877	929	820	851	775
其中：研究生以上	19	18	18	26	26	28	26	27	19
大学本科	232	218	218	304	319	388	354	371	390
大学专科及中专	475	503	503	550	532	513	440	453	366

说明：资料由首农集团财务管理部提供。

三、财务信息化建设

北京农垦财务信息化工作起步较晚。直到 1996 年，总公司才开始要求逐步推行财务电算化，以改变以手工操作为主的现状。从 2001 年起，总公司首先实现财政年报电子文档报送。从 2003 年起，三元集团实现对市财政局、农业部农垦局、市国资委年报的电子文档报送。从 2006 年起，首农集团的月报、年报全面实行电子文档报送。2010 年，首农集团加快推行财务信息化，以集团总部、三元食品股份公司、三元种业为先行单位，改变过去使用的财务核算系统都是单机版的财务核算软件状况。2011 年，三元食品股份公司北京园建成后，为了实现业财融合，加强业务管控，实现财务核算的即时性、准确性，陆续上线基于 ERP 管理的 ORACLE 信息管理系统，同时配合 OA 的审批流程系统，实现财务信息平台化管理。通过财务信息平台的建设，加快财务合并工作，实现关键口径财务报表统一信息平台的输出，为核算会计向管理会计转变创造了条件。三元种业于 2012 年 1 月正式上线使用用友 NC 管理系统，可对生产经营进行全产业链管理。至 2017 年年底，首农集团所属企业普遍使用了信息化软件，包括用友 ERP、SAP、金蝶软件等，其中市国资委重点子公司三元种业应用 ERP 系统，已在经营管理中发挥出重要作用。

财务信息化工作对加强财务基础工作起到了积极作用。主要表现在提高了工效和减少了差错，从报表数量来看，从 2001 年的 9 张增至 2014 年的 209 张；上报决算的单位个数从 2001 年的 35 户增至 2014 年的 225 户。虽然报表数量及上报户数均大幅增加，但首农集团的决算质量不但没有下降反而还有所上升。在决算整改中，当年新增问题大幅减少：2009 年上半年遗留整改问题 19 项，2009 年新增整改问题 25 项；2014 年上半年遗留整改问题 11 项，2014 年新增整改问题 1 项，企业关注事项 3 项，反映出会计基础工作质量在不断提高。[①] 向国资委交表时审核时间缩短，尽管市国资委每年都会提高对决算审核及决算复核的要求，但首农集团决算报表上报工作均能在当日完成初审及复审工作，多次得到市国资委统评处的通报表扬。

■　第七节　统计工作

统计是提供国民经济运行情况信息的重要工具，建立适应现代企业制度的统计体系和统计工作制

---

① 　北京首都农业集团有限公司财务管理部：《2015 年工作总结及 2016 年工作计划》，第 2 页。

度，对提高企业经营管理水平、促进农垦经济健康发展具有重要意义。

一、统计工作机构

在 1953 年之前，北京农垦没有独立的统计工作机构，由京郊国营农场管理局财务科负责统计工作。1952 年，北京市农林局设农场管理科，在其之下设国营农场组，负责农场的计划工作，统计工作只是作为计划管理工作的一个组成部分，为编制计划服务。1953 年，国家开始第一个五年计划；是年 3 月，北京市人民政府统计局成立。1956 年，市统计局建议市农林局配备专职统计工作人员。到 20 世纪 60 年代，北京农垦已基本形成了主管局—农场—基层单位完整的统计体系。在"文化大革命"期间，市农场局机关干部大部分被下放到农场或大农业局"五七"干校，尤其是 1968 年，国营农场下放所在区县，国营农场系统的统计工作全部停止。1972 年，国营农场被重新划回市农林局管理，统计工作得以恢复。是年 7 月 10 日，市革委会转发市统计局《关于加强统计工作的请示报告》，该报告明确提出："中阿、红星、上庄、中越、东北旺、长阳等 6 个大农场也应配备专职统计人员"。[①] 1979 年，国务院发布《关于加强统计工作充实统计机构的决定》，提出实行统一领导、分级管理的体制。1980 年，市政府转发国务院文件，对加强统计工作、充实统计机构提出具体要求，即各局、基层企业、人民公社、生产大队都须配备统计人员。1984 年 1 月 1 日起实施《中华人民共和国统计法》，市政府要求各区、县、局设立统计机构和充实统计人员。是年 10 月，总公司新独立的计划处正式设立统计科。之后，所属国营农场都设有统计科。[②] 2000 年，总公司计划处改为发展计划部，统计工作仍归该部负责，不再设统计科，分产业板块由多人分别负责。同时，为了适应统计运用信息技术，将信息中心划归发展计划部管理，以配合统计工作。2006 年，三元集团将发展计划部改为发展改革部，统计仍归该部管理。2007 年，三元集团撤销发展改革部，统计工作改由财务管理部管理。

二、统计管理体系

在 1953 年之前，北京市统计工作处于分散管理状态，北京农垦的统计工作受主管部门市农林局领导。第一个"五年计划"开始之初，统计工作开始全面学习借鉴苏联社会主义统计经验。为了实行计划经济，国家强调统计要与计划一致，为计划服务。1956 年，市统计局规定，新建企业建立统计工作时，应把统计工作建立在会计核算基础上。[③] 1962 年 4 月 4 日，中共中央、国务院颁布《关于加强统计工作的决定》（统计部门通称"四四决定"），提出建设强有力的集中管理体系。市统计局明确了"统一领导、分级管理"的办法，市农林局以及之后成立的市农场局的统计业务工作受市统计局领导，各主管局统计负责人对统计数据是否确实负责。为了体现统计工作集中统一领导，统计报表由国家/北京市统计局统一印制。之后，市农林局/市农场局接受过市统计局布置的一些经济调查任务，如蔬菜生产成本价格调查等。"文化大革命"结束后，1977 年，国家计委召开两次全国统计工作座谈会，安排恢复统计工作。1984 年实施《统计法》，《统计法》规定统计实行"统一领导、分级管理"的管理体制，统计工作开始走上法治轨道。1993 年，市统计局提出统计改革设想，逐步将现行的"条""块"结合、以"条"为主的统计调查体系，改为以区县行政区域为基础，由区县统计局（分局）负责组织辖区内各种统计调查、统计资料的汇总和分析，并上报市统计局和区县政府。

---

① 北京市地方志编纂委员会：《北京志·综合经济卷·统计志》，北京出版社，2002 年，第 420 页。
② 同①：410。
③ 同①：23。

三、统计工作

（一）统计报表制度

实行统计报表制度是统计调查最主要的方法。月报、季报为进度报表，指标少，实效性强，能及时反映生产和中心工作进度；年报指标多，内容全，是全年计划执行情况和业务活动的总结。北京农垦统计报表是从报送农业及农村经济报表起步的。1952年，国家财经委员会制定年度农业生产总结报表，明确全国国营农场都必须填报，北京市指定由市农林局汇总。同年12月，国家制发了国营农场年度总结基本报表，由市农林局布置各农场填报，共17张表。[①] 1953年，市统计局要求国营农场计算农牧业及副业总产值。20世纪60年代，市统计局与市农场局联合建立奶牛生产月报，指标有奶牛头数、其中成乳牛、本月牛奶产量、其中商品量。[②] 1965年，国家统计局制定了全国统一的农业生产综合统计制度，北京市执行6张表，同时根据国家统计局决定，国营农场生产年报由国家统计局制发，由市农场局布置、汇总，并报送国家农垦部，抄报市统计局。至此，北京农垦的上报送统计报表增加了国家农垦/农业主管部门，一直延续至今。

从"文化大革命"开始到1969年，绝大多数统计报表制度停止执行，只有农业统计还剩6张报表，留下的报表也是指标少、分组粗，向基层取得数据已经很困难。1972年下放的国营农场交回市农林局管理，市农林局开始编制国营农场统计资料，印制了《北京市农林局1972年统计资料》，此后，年度统计报表制度恢复正常。

中华人民共和国成立以来，我国学习苏联统计体系，实行的国民经济核算制度基本属于物质产品平衡表体系（MPS），不能反映国民经济整体运行情况，而且统计数字不能与采用国民账户体系（SNA）的国家对照。在1987年之前，总公司只统计工农业总产值。中共十四大召开后，国务院发出《关于实施新国民经济核算体系方案的通知》，要求至1995年实现全面过渡。在此之前的1988年，总公司根据市统计局的要求，已经提前进行了国民生产总值的统计。

2007年，北京农垦对外上报统计报表部门有4家：农业部农垦局、北京市统计局农村处、德外街道统计所、农业局畜牧处。从2009年年底开始，不再向市农业局畜牧处上报报表。从2010年始，增加西城统计局报表，同时向市财政局报送的固定资产投资统计表改由市统计局监督进程。2015年年底，根据市统计局京统函〔2015〕313号通知要求，自2016年起，定期统计工作实行"在地统计"。至2017年年底，北京农垦对外共有4套报表：①北京市统计局（第一产业）；②西城区统计局（固定资产投资）；③德外街道统计所（集团本部服务业）；④农业部农垦局（第一、二、三产业）。此外，下属企业需向集团报送报表1套（第一、二、三产业），包括月报、季报、计时报（播种，实产）、半年预计、半年报、全年预计和年报等。

（二）其他统计调查

北京农垦分别在1985年、1995年组织重点国有工业企业和乡镇企业参加了全国第二、第三次工业普查，1995年8月，总公司获市级"工业普查先进集体"称号。1996年，由总公司计划处组织、统一部署开展全国第一次农业普查，普查范围包括由总公司管理的乡镇及农村，并编制农业普查报告，受到市统计局的表扬。2001年8月，三元集团总公司被市统计局、市科委、市教委、中关村科技园区管理委员会授予"北京市科技资源清查先进集体"称号。

（三）统计数据管理

1979年4月，国家农垦总局印发《关于搜集整理农垦系统三十年统计资料的通知》，北京农垦按

---

① 北京市地方志编纂委员会：《北京志·综合经济卷·统计志》，北京出版社，2002年，第47-48页。

② 同①：54。

要求完成《北京市国营农场管理局历史统计资料》（1949—1978）的编制，补充、核实了"文化大革命"中缺失或销毁的资料。为了解决统计资料缺门断档的问题，1986年6月，总公司由计划处牵头，组织财务处、农经处以及有关生产管理部门的力量，编印《北京市国营农场统计资料》（1950—1985年），为分析、研究北京农垦的经济与社会发展留下了重要资料。20世纪90年代后期，根据市统计局下发统计程序软件，农场将所属企业报表数据录入统计软件中，实行自动汇总，将电脑做好的统计表拷贝到软盘中，上报集团统计管理机构。2007年，市统计局建立统计数据网报系统，设立北京统计信息直报网，所有规模以上企业都要登陆统计数据网报系统，规模以上企业全部实行网上报表，提高了统计数据的质量。2011年，财务管理部对所有统计报表进行整理，并依据其原有表样，利用财务管理部已有的数据处理平台，为统计报表编制了一套新的工作参数，使其能够在数据处理平台上进行操作，该数据处理平台投入使用后，提高了统计工作的效率和准确性。根据市统计局的安排，集团多次开展针对统计中制造假情况、假数字、假典型、虚报工作业绩问题的专项整治活动。通过多次自查自纠、专项整治，推进了统计制度的建设，优化了依法统计的社会环境。

第二章　人力资源管理

人力资源是社会资源中最具发展潜力、最活跃的因素。北京农垦根据农垦企业的特点，坚持以人为本，不断提高人力资源规划、配置、管理水平，不断调整、改革分配制度，完善企业约束机制、激励机制，为企业可持续发展注入了不竭动力。

■ 第一节　劳动力管理

北京农垦劳动力管理的政策、办法与国家的就业方针、劳动力管理制度的变化密切相关。从中华人民共和国成立至 20 世纪 80 年代，北京农垦基本实行国家统包统配的就业制度和固定工的用工制度。随着市场经济的建立及发展，北京农垦的就业制度、用工制度发生了重要变化，企业具有招工、用工的自主权，按照劳动力市场的供求关系有效解决企业用工需求，为经济可持续发展创造了重要条件。

一、职工来源

历史上，北京农垦在北京市安置就业方面充当过重要角色，从安置就业的人员来源看，有着明显的时代特点。中华人民共和国成立后，京郊新建的国营农场按照国家制定的广泛的就业政策、统一调配劳动力的管理制度和以固定工为主的用工制度，对国营农场开展劳动力管理。北京农垦劳动力的来源随历史背景而变化，从时间演进的视角分析，职工来源的主要变化有：

（一）农场草创时期职工主要来源（1949—1957 年）

一是中华人民共和国成立初期，人民政府接管、没收官僚资本农场，接收在那里工作的职工，早期双桥农场、五里店农场、和义农场都有这类情况。二是从 1952 年起，陆续接收了一部分外系统企业，这些企业绝大多数从事农牧业生产，分别隶属于国家部委、北京市行政事业单位、高等院校和部队，这些单位划归北京市农林局领导，其职工成为北京农垦的重要组成部分。三是在实行全市奶牛业、果业公私合营的过程中，根据国家规定，北京农垦对原私营企业职工采取"包下来"的政策，不得解雇，全部接收。

（二）农场初步发展时期的职工来源（1958—1965 年）

1958 年前后，北京农垦国营农场出现了大发展，职工人数也快速增加。农场职工主要来自三个方面：

一是购买附近农村集体土地，并从农村招收部分农民成为农场职工，这种情况在双桥农场、北郊农场、东郊农场等都存在。

二是组织城市下放干部、知识青年、复员退伍军人、统一分配的大中专毕业生新建了一批国营农场，如建立南口农场、东风农场、卢沟桥农场、东风农场、长阳农场的初期，均有此类情况。

三是在"人民公社化"运动中，北京国营农场开始实行"场社合一、以场带队"的管理体制，尤其是在 1960 年 1 月北京市在 10 个国营农场试办全民所有制人民公社的过程中，周边农村社队的少量农民被农场录用为职工。

（三）"文化大革命"期间职工的主要来源（1966—1976 年）

"文化大革命"期间，北京农垦新增劳动力主要来自城镇知识青年。从 1968 年年底开始，各农场（公社）开始大批接受本市插场、插队的高、初中毕业生以及农场职工子弟。直到 1980 年中共中央通知，有条件安置知青的城市，可不组织知青上山下乡，北京市即不再组织。[①] 安置知青主要有插队和插场两种形式，安置在农村生产队劳动的称为插队，安置在国营农场劳动的称为插场。由于国营农场在 1968 年 11 月被下放所在区县，直至 1972 年 7 月才结束下放，其间，知青在公社（农场）插场、插队的人数由区县统计，1972 年后才由市农林局统计。因此，北京农垦完整的知青人数统计难以复原，只能依据个别年份知青人数的统计来推算分析北京农垦的插场、插队知青人数。

北京农垦安置知青情况见表 6-2-1。

表 6-2-1　北京农垦安置知青情况

单位：人

年份	当年安置插场插队知青人数	年末插场插队知青实有人数		
		合计	1. 插场知青人数	2. 插队知青人数
1968	3 000	不详	不详	不详
1969	3 000	不详	不详	不详
1970	3 000	不详	不详	不详
1971	3 000	不详	不详	不详
1972	4 000	不详	8 920	不详
1973	7 900	不详	不详	不详
1974	7 400	不详	不详	不详
1975	5 600	不详	不详	不详
1976	9 800	不详	9 555	不详
1977	10 000	不详	8 920	不详
1978	—	11 463	4 717	6 746
1979	4 997	不详	不详	不详
1980	819	220	599	
1981	—	195	186	9

说明：1. 当年安置插场插队知青人数来自北京市国营农场局：《农垦系统三十年基本统计资料》（1949—1978）；1968—1971 年为累计安置人数，来自《北京国营农场建设大事记》。

2. 年底插场插队知青实有人数来自 1972 年、1976—1981 年《北京市农林局统计资料》/《北京长城农工商联合企业统计资料》。

3. 划"—"处表示为当年未安置；"不详"表示统计资料汇编中缺此数据。

从以上不完全的资料可见：①北京农垦累计安置知青应不少于 4.7 万人，但由于知青的流动性大、调离率高（病困退、返城、招工、上学、参军等），安置数仅表明公社（农场）在人事关系上接收的人数；②从 1978 年插场、插队知青的比例看，大体为 23%：77%，以 1972 年、1976 年、1977 年、1978 年的资料所载明的插场知青人数为依据，大致可判断北京农垦 1972—1978 年各年际间的插场、插队知青总人数为 1.2 万~2.2 万人，即最高年度实有人数在 2.2 万人左右，最少年度实有人数在 1.2 万人左右。

另据统计资料和农场志稿显示：从 1971 年起，东郊农场陆续接收知青近 1 000 人；[②] 1972 年接

① 北京市地方志编纂委员会：《北京志·综合经济卷·劳动志》，北京出版社，1999 年，第 44 页。
② 《东郊农场大事记（初稿）》，第 12 页。

收插场知青最多的是南郊农场，达 1 898 人，北郊农场有 1 013 人，其余农场均在千人以下；① 1976 年接收插场知青数量在千人以上农场的依次为南郊农场 1 670 人、南口农场 1 456 人、北郊农场 1 311 人、双桥农场 1 055 人、长阳农场 1 027 人。② 1970—1981 年，先后有 2 661 名知青到西郊农场插场和插队③；东风农场于 1971 年、1974 年、1975 年和 1976 年分 4 批接收知青插场④；1973—1977 年，南口农场接收知青 2 300 余人来农场插场⑤；1974 年，永乐店农场接收插场知青 549 人；至 1977 年 4 月，永乐店农场仍有 5 418 名知青插场、插队。⑥ 1979—1980 年，知青大批返城，至 1981 年年底，北京农垦全系统插场、插队知青仅剩 195 人。⑦

（四）改革开放时期的职工来源（1977 年至今）

改革开放以来，国家对统包统配劳动力的管理制度和以固定工为主的用工制度不断进行改革。在用工制度上，从 1986 年起，根据国务院当年 7 月发布的关于改革劳动制度的四个规定，北京农垦开始进行劳动合同制试点；从 1987 年起，在农场内部推行全员劳动合同制，试行优化劳动组合，择优上岗。1998 年，北京农垦场乡体制改革后，劳务市场的兴起使职工来源渠道变得多样化。以 1999 年北京农垦当年新增调入人员构成分析，在新调入的 3 422 人中，农村招收 397 人，城镇招收 285 人，退伍军人 3 人，录用大中专学生 177 人，重新上岗人员有 93 人，外单位调入 1 841 人，外地调入 19 人，其他 607 人。⑧ 总的看，1978 年以来，北京农垦职工来源主要有以下 5 种：

一是从 1978 年开始，由于大批知青返城就业，正式职工自然减员得不到应有的补充，在京郊农村招收农民工的吸引力有所下降，这些原因造成农场一线生产工人来源不足。经市政府批准同意，市农场局执行了多次"农转非"政策，1978—1995 年，北京农垦"农转非"计 31 239 人，对缓解农场后继无人和稳定农民工在农场安心工作起到了重要作用。⑨

1978—1995 年北京农垦农转非统计见表 6-2-2。

表 6-2-2　1978—1995 年北京农垦农转非统计

年份	"农转非"人数（人）	年份	"农转非"人数（人）
1978	10 802	1990	103
1982	26	1991	109
1984	1 000	1992	195
1985	71	1993	213
1986、1987	17 339	1994	820
1988	—	1995	561
1989	—	总计	31 239

说明：根据《北京志·农业卷·国营农场志》，北京出版社，1999 年，第 238 页资料整理。

二是从 1981 年开始，总公司大力兴办各类知青集体企业。至 1983 年年底，先后安排 4 000 名青年就业，总公司和东郊、西郊、南郊、北郊、双桥、朝阳、卢沟桥 7 个农场成立劳动服务公司，有知

---

① 北京市农林局：《北京市国营农场一九七二年统计资料》，第 184 页。
② 北京市农林局：《北京市国营农场一九七六年统计资料》，第 156 页。
③ 《西郊农场志（初稿）》，第 198 页。
④ 《东风农场志（初稿）》，第 120 页。
⑤ 《南口农场志》，第 95 页。
⑥ 《永乐店区志》，第 39、42 页。
⑦ 北京市长城农工商联合企业：《一九八一年统计资料》，第 1 页。
⑧ 北京市农工商联合总公司《1999 年统计资料》。
⑨ 北京市地方志编纂委员会：《北京志·农业卷·国营农场志》，北京出版社，1999 年，第 233 页。

青集体企业 27 家，从事生产项目 11 个。从 20 世纪 90 年代中期起，北京农垦加大再就业工作力度，通过企业内部调剂、开办新企业、转岗培训等多种形式，每年安置一批重新上岗人员。1996 年 7 月 18 日，北京市劳动服务管理中心印发京劳服企发〔1996〕36 号文，同意总公司恢复建立劳动服务管理中心，为多渠道分流安置富余职工提供服务。

三是改革开放以后，近郊农场以安置失地农民为主。随着北京市市政基础设施建设的发展，城乡接合部的农场部分土地被政府征用。北京农垦积极配合规划调整，做好产业退出、"农转非"、妥善安置失地农民就业工作。以东风农场为例，市政府征用农场农村大队土地，1978—1993 年累计安置失地农民 4 572 人就业工作。

四是从 20 世纪 90 年代中后期起，以吸收来京务工人员为主。场乡体制改革后，养殖业生产第一线岗位人员短缺的情况愈发严重，北京农垦养殖企业吸收了更多外埠来京务工人员和农村户籍劳动力。2009 年首农集团成立后，农民工数量翻倍增加，占当年从业人数的比重达 44.4％。

2001—2017 年北京农垦农村户口在岗职工人数见表 6-2-3。

表 6-2-3　2001 年—2017 年北京农垦农村户口在岗职工人数

年份	农村户口在岗职工（人）	占从业人数比重（％）	年份	农村户口在岗职工（人）	占从业人数比重（％）
2001	2 053	8.35	2010	12 443	39.15
2002	2 638	11.43	2011	12 376	34.84
2003	1 698	8.31	2012	12 559	34.65
2004	1 796	8.74	2013	11 586	30.82
2005	3 294	17.04	2014	15 701	42.46
2006	3 623	20.36	2015	14 237	42.09
2007	3 090	16.27	2016	12 417	40.69
2008	4 093	30.13	2017	14 055	45.93
2009	13 786	44.40			

说明：资料由首农食品集团人力资源部提供。

五是从 1980 年起，至 1988 年，每年引进大中专毕业生近 300 人。1988 年，引进大学毕业生 400 余人，1989 年，引进大学毕业生 500 余人；1990 年，引进 300 余人。[1] 1990 年 4 月 13 日，《北京日报》（郊区版）头版刊登《积极招收，大胆使用，三十七名大学生在永乐店农场安心工作》的报道。1994 年 11 月 25 日，国家教育委员会向永乐店农场颁发"珍惜人才奖"。2002 年三元集团挂牌后，加大招收应届大中专毕业生的工作力度，应届大中专毕业生成为职工重要来源之一。在三元集团时期的 6 年里（2003—2008 年），共招收应届大中专毕业生 850 人，其中博士研究生 6 人、硕士研究生 139 人、大学本科生 340 人、大专生 127 人、中专生 238 人。在首农集团时期的 9 年里（2009—2017 年），共招收应届大中专毕业生 2 630 人，其中博士研究生 41 人、硕士研究生 328 人、大学本科生 1 026 人、大专生 889 人、中专生 346 人。

2009—2017 年首农集团招收应届大中专毕业生情况见表 6-2-4。不同时期北京农垦招收应届大中专毕业生数量见图 6-2-1。

表 6-2-4　2009—2017 年首农集团招收应届大中专毕业生情况

单位：人

年份	小计	博士研究生	硕士研究生	大学本科生	大专生	中专生
2009	436	2	33	99	64	238
2010	372	10	57	123	137	45

---

[1]　北京市地方志编纂委员会：《北京志·农业卷·国营农场志》，北京出版社，1999 年，第 242-243 页。

（续）

年份	小计	博士研究生	硕士研究生	大学本科生	大专生	中专生
2011	440	7	52	231	133	17
2012	396	6	58	162	156	14
2013	252	3	37	104	98	10
2014	215	5	13	93	93	11
2015	191	3	28	65	84	11
2016	150	1	28	71	50	
2017	178	4	22	78	74	
总计	2 630	41	328	1 026	889	346

说明：资料由首农食品集团人力资源部提供。

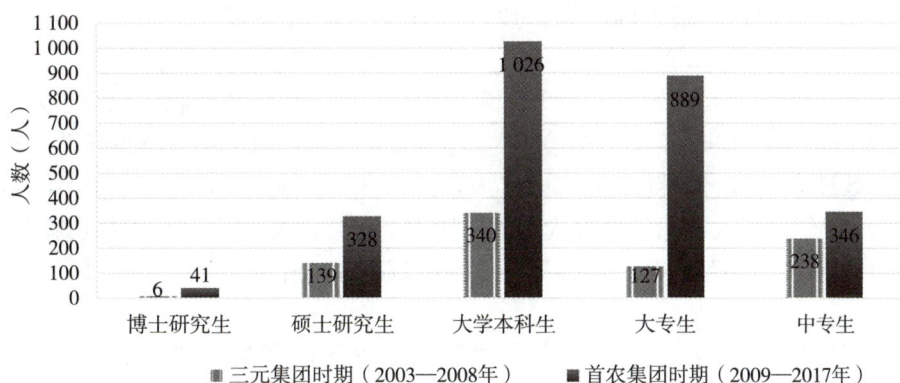

图 6-2-1　北京农垦招收应届大中专毕业生数量

二、职工数量及结构

（一）职工数量

北京农垦职工数量是随着企业规模、经济体量变化而变化的，同时也受国家政策（如知识青年上山下乡政策、"农转非"政策等）和企业并购重组等因素影响而产生数量变化。北京农垦职工数量变化有以下 5 个阶段：

1. 职工数量的起步阶段（1949—1957 年）　从 1949 年 3 月起，新建立的人民政权（中国人民解放军北平市军事管制委员会、华北人民政府、华北人民政府下属的北平市人民政府以及中央农业部）派出干部，接收官僚资本农场，没收地主庄园，组建中央所属国营农场和地方政府所属的国营农场。这些接收人员成为组建北京国营农场的骨干力量，也是最早的职工。根据政府政策，留用人员成为国营农场职工。现可查到的最早的职工数据是 1951 年，年底有职工 593 人。之后，在农场的发展过程中，逐步接收了一些其他行业调进的干部与职工，也分配进来一些大中专学校的毕业生。从 1955 年起，通过公私合营，京郊国营农牧场接收安置了一批私营企业的从业人员。

2. 职工数量快速增加阶段（1958—1965 年）　1958 年，北京农垦在"大跃进"的形势下加快建立一批农场，北京市许多委、办、局抽调下放干部和职工参加农场建设。1958 年，先后有三批部队转业干部分配到南口农场工作。1959 年，兴办全民所有制人民公社，周边农村部分社队并入农场，一部分农村干部转为国营农场职工。这一阶段，新建国营农场数量增加，劳动力不足问题日趋突出，于是，农场开始将一批临时工转为正式工，并经上级批准，从外省招收工人。如 1958 年 12 月，为解决双桥农场劳动力不足问题，由农垦部从四川组织调入 157 人，同时将一批临时工转为正式工。有些农场也开始招收当地农村社员加入农场建设。如1959年,十三陵农场招收兴建十三陵水库时搬迁形成的北新村、南新村社员;南郊农场接收昌平转移过来的农村人口,整体安置在新建大队,其中陆续招收部分人员参加农场建设。1960年,下放到南口农场的干部开始调换,一度出现劳动力不足的情况,经市人委批准,组织初、高中毕业生自愿报名参加南口农场工作,1961—1965年共接收1 500余人。1961年9月,市劳动局从西城区分配给卢沟桥农场16名高中毕业生;同月,市种畜场接收市教育局和市劳动局分配的高、初中应届毕业生133名,朝阳农场接收初、高中毕业生61人。1962年1月,市农林局安置城市精简人员、青年学生4 000余人,分配到各农场;6月,南口农场接收知青700多人;8月,双桥农场接收分配大学生10名,市劳动局分配北京城区200余名高、初中毕业生到卢沟桥农场工作;9月,双桥农场分两批接受城市分配的应届高、初中毕业生。1963年8月,永乐店农场从崇文区、通州镇接收高、初中毕业生、社会青年622名及下放干部119名。1964年全年,安置农场系统就业人员5 000余人,其中天堂河农场4 000人、永乐店农场1 000人。[1] 1965年10—11月,永乐店农场接收知识青年806人,应届高、初中毕业生305人,历届毕业生501人。[2] 这一阶段,是北京农垦职工数量增加最快的时期,1958年职工数量比1957年增加1.4倍,1962年又比1958年增加1.2倍,首次超过2万人。

3. 职工数量陡升阶段（1966—1977年）　1966—1970年,北京农垦职工数量平均少于2万人,其中职工最少的1968年比1965年少了4 106人。随着知识青年上山下乡运动的开展,插场知青加入职工队伍,职工数量从1971年起陡升至32 283人,比1970年增加73.5%。1974年,职工数量首次突破4万人。20世纪70年代,职工划分为两类:国家职工（亦称固定工）和长期临时工。以1972年为例,在职工总数32 787人中,有国家职工20 473人,占62.4%;长期临时工12 314人,占37.6%。

4. 职工数量稳步增加阶段（1978—1997年）　至1978年年底,北京农垦固定工比例已达85.8%,比20世纪70年代初大幅上升。1979年后,兴办了一大批工商运建服企业,对劳动力需求增加。在市政府的支持下,市农场局实行新的就业政策:一是允许国营农场职工子女到农场参加工作,仅1981年1—10月,就安置职工子女就业1 432人,占待业子女的72%;[3] 二是允许从农场辖区内的农村招收以初、高中毕业生为主的农民工,充实生产第一线,累计达2.5万人;[4] 三是鼓励知青留场工作;四是1980年根据国家农垦总局、国家劳动总局的政策文件,将1971年前在农场常年性生产、工作岗位上工作的临时工1万多人转为固定工。1981年,北京农垦职工总数首次超历史,达到44 488人。1983年,又将1972年度农场的长期社员工转为固定工,职工总数突破5万人。1984年,从农场农民工中择优录用1 000名合同制工人为全民所有制工人。1987年,职工总数突破6万人。1988年,总公司决定对1982年以前参加工作的社员工择优录用为全民所有制劳动合同制工人,共计16 957人。[5] 1993年,再次从农民合同制工人中择优录取部分全民合同制工人。1993—1995年,总公司统筹解决部分农场"农转非"遗留问题,三年内又解决了2 365人。[6] 1990年,职工数量跃上7万人台阶,1992年达到历史峰值77 704人。这一阶段,城市建设占用农场土地开始增加,失地农民按照政策,被国有企业吸收为国有职工,这也是职工数量增加的重要原因。

5. 职工数量先抑后扬阶段（1998—2017年）　在1998年场乡体制改革中,北京农垦国有干部职工1.3万人被划给所在区县,同时还有部分职工自己联系新的工作单位调出,这是职工数量快速回落的主要原因。同时,由于企业调整或者改制为非国有控股企业,一部分职工与企业解除劳动合同,至

---

① 北京市国营农场管理局农场史编辑室:《北京国营农场建设大事记》(1949—1985),第52页。
② 《永乐店区志》,第30页。
③ 北京国营农场史编审委员会:《北京国营农场史》,1992年,第200页。
④ 北京市地方志编纂委员会:《北京志·农业卷·国营农场志》,北京出版社,1999年,第233页。
⑤ 同④:234。
⑥ 同④:235。

2008 年，职工数量减至 13 198 人，比 1998 年的 46 015 人减少 71.3％。

1999 年后，北京农垦开始在养殖业生产第一线招收本市户籍以及外埠户籍的农民工，后者逐渐成为重要的劳动力来源。2001 年是来京务工人员增加最多年度，当年新增 2 192 人；2009 年来京务工人员达到峰值，为 10 453 人。2009 年 4 月，首农集团重组设立，职工数量增至 30 584 人。同时，2009—2012 年，又引进大中专毕业生 1 644 人，这些因素又使得职工数量有所增加。

但之后几年，因为疏解非首都功能以及划定"禁养区""限养区"，京内畜禽养殖企业逐步迁出北京市辖区，京内企业对农民工的用量也同步减少，至 2017 年，来京务工人员降至 6 192 人，比 2009 年减少 40.8％。但总体看，北京农垦职工数量表现为稳中略降的趋势。

2013—2017 年北京农垦京内企业农民工数量见表 6-2-5，场乡体制改革后北京农垦职工数量见表 6-2-6。

表 6-2-5　2013—2017 年北京农垦京内企业农民工数量

年份	京内企业从业人员（人）	京内企业户口在农村人员（人）	京内企业农民工占当年京内企业从业人员比重（％）	京内企业农民工数量比上年减少幅度（％）
2013	27 507	11 586	42	
2014	26 886	10 751	40	−7
2015	21 751	10 015	46	−7
2016	18 665	6 905	37	−31
2017	19 019	6 345	33	−8

说明：资料来自首农集团人力资源部：《党的十八大以来农民工工作总结及工作思路》，第 2 页。

表 6-2-6　场乡体制改革后北京农垦职工数量

单位：人

年份	在岗职工	不在岗职工	年份	在岗职工	不在岗职工
1998	46 015	6 407	2008	13 198	1 237
1999	32 274	6 574	2009	30 584	1 569
2000	28 550	5 254	2010	31 020	1 587
2001	21 176	4 093	2011	32 198	1 157
2002	19 589	2 958	2012	31 956	1 304
2003	17 556	3 001	2013	32 261	884
2004	17 462	2 602	2014	31 255	688
2005	17 064	2 079	2015	27 954	663
2006	15 264	1 730	2016	25 748	559
2007	16 246	1 512	2017	25 656	330

说明：资料来自首农集团人力资源部。

（二）职工队伍结构

1. 从业人员类别构成　北京农垦从业人员包括在岗职工、劳务派遣人员和其他从业人员。其中在岗职工占比最多，但其比重呈下降趋势；劳务派遣人员和其他从业人员的比重呈上升趋势。

2011—2017 年北京农垦职工队伍结构见表 6-2-7，从业人员数量见图 6-2-2。

表 6-2-7　2011—2017 年北京农垦职工队伍结构

单位：人

年份	从业人员期末人数				职工期末人数		
	在岗职工	劳务派遣人员	其他从业人员	合计	在岗职工	不在岗职工	合计
2011	32 198	2 650	672	35 520	32 198	1 157	33 355
2012	31 956	3 527	765	36 248	31 956	1 304	33 260
2013	32 261	4 445	884	37 590	32 261	884	33 145
2014	31 255	4 909	814	36 978	31 255	688	31 943
2015	27 954	5 065	803	33 822	27 954	663	28 617
2016	25 748	3 974	794	30 516	25 748	559	26 307
2017	25 656	3 801	1 143	30 600	25 656	330	25 986

说明：资料来自首农集团人力资源部。

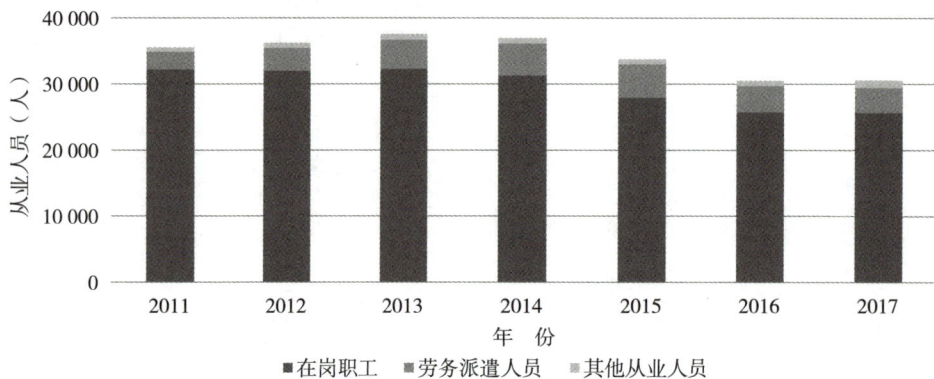

图 6-2-2　2011—2017 年北京农垦从业人员数量

2. 从业人员的产业分布　2000 年、2009 年及 2017 年北京农垦从业人员产业分布情况见表 6-2-8。

表 6-2-8　2000 年、2009 年及 2017 年北京农垦从业人员产业分布情况

年份	期末人数合计（人）	第一产业		第二产业		第三产业	
		从业人员（人）	比重（%）	从业人员（人）	比重（%）	从业人员（人）	比重（%）
2000	40 658	7 085	17.4	16 463	40.5	17 110	42.1
2009	36 614	13 742	37.5	6 587	18.0	16 285	44.5
2017	46 645	10 958	23.5	11 035	23.7	24 652	52.8

说明：资料来自农工商联合总公司、首农集团有限公司报送农业部农垦局统计资料。

3. 在岗职工学历结构　2009—2017 年北京农垦在岗职工学历见表 6-2-9。

表 6-2-9　2009—2017 年北京农垦在岗职工学历

单位：人

年份	研究生	大学本科	大学专科	中专	高中及以下
2009	307	1 927	2 514	3 554	13 350
2010	358	2022	2 532	2 419	12 747
2011	399	2038	2 681	3 121	13 534
2012	431	2035	2 410	2 825	13 482
2013	458	2 190	2 454	2 859	14 376
2014	498	2 559	2 812	3 009	14 032

（续）

年份	研究生	大学本科	大学专科	中专	高中及以下
2015	517	2 377	2 691	2 138	11 785
2016	514	2 367	2 775	1 697	10 328
2017	528	2 394	2 688	1 842	10 517

说明：1. 资料由首农食品集团人力资源部提供。
2. 在岗职工数为预算企业在岗职工数。

4. 在岗职工年龄结构 2009—2017 年在岗职工各年龄段组人数变动见表 6-2-10，2009 年与 2017 年北京农垦在岗职工各年龄组人数比重对比见表 6-2-11。

表 6-2-10　2009—2017 年北京农垦在岗职工各年龄组人数变动

单位：人

年份	35 岁及以下	36～40 岁	41～45 岁	46～50 岁	51～54 岁	55 岁以上
2009	9 740	4 291	3 715	2 283	1 190	433
2010	7 575	3 396	3 611	3 199	1 791	506
2011	8 886	4 033	3 768	3 075	1 558	453
2012	8 816	4 087	3 470	2 940	1 412	458
2013	9 494	3 510	3 821	3 121	1 623	768
2014	9 922	2 904	3 951	3 053	2073	1 007
2015	7 527	2 171	3 583	3 004	2 162	1 061
2016	5 829	2 334	2 942	3 241	2 151	1 184
2017	5 739	2 412	2 737	3 649	2079	1 353

说明：1. 资料由首农食品集团人力资源部提供。
2. 在岗职工数为预算企业在岗职工数。

表 6-2-11　2009 年与 2017 年北京农垦在岗职工各年龄组人数比重对比

年份	35 岁及以下	36～40 岁	41～45 岁	46～50 岁	51～54 岁	55 岁以上
2009	45%	20%	17%	11%	5%	2%
2017	32%	13%	15%	20%	12%	8%
2017 年比 2009 年（+/−百分点）	−13 个百分点	−7 个百分点	−2 个百分点	+9 个百分点	+7 个百分点	+6 个百分点

与 2007 年相比，2017 年在岗职工年龄结构发生了明显变化：45 岁及以下各年龄组人数占职工总数比重均有所减少，其中尤以 35 岁及以下年龄的职工比重减少明显；与此相反的是，46 岁及以上的各年龄组职工占职工总数的比重显著增加，说明职工年龄构成有老化趋势。

三、劳动力管理

（一）劳动力管理的变化情况

从 20 世纪 50 年代开始至 80 年代初的 30 多年里，国家实行计划经济体制，对劳动力也实行集中统一的计划管理，由此形成劳动工资主要是政府行为，企业自身基本没有劳动管理的自主权力，突出的表现是对劳动力实行劳动部门统包统配制度（俗称"铁饭碗"），职工工资待遇由国家统一规定（俗称"大锅饭"）。早在 20 世纪 50 年代，国营农场在经营管理上学习苏联谷物农场的管理办法，劳动管理的重点在成本核算、劳动定额制度的建立及执行。1954 年 2 月 1 日，市委农工委办公室在

《京郊"红星"集体农庄的劳动组织与劳动定额管理》一文中介绍了红星集体农庄的做法。1955年11月，《机械化农业》1955年第13期介绍了西郊农场《运用技术定额测定法制定劳动定额及其成效》。1957年春，农垦部副部长张林池亲自到双桥农场指导农业实行定额管理、联产计酬、超额奖励的制度。京郊国营农场的定员定额岗位责任制得到普遍推行和落实，对农场控制成本费用、提高劳动生产率起到促进作用。

1965年4月，中共中央批准农垦部党组《关于改革国营农场经营管理制度的规定（草案）》，该规定（草案）对国营农场劳动及工资管理做了全面具体的规定。根据国家规定，从1966年1月1日起，国营农场的全部男女整、半、辅助劳动力，都纳入国家劳动计划，农场每年的劳动计划上报农垦部门批准。北京市国营农场的劳动工资计划由北京市国营农场管理局与北京市劳动局商定，报北京市人委审查批准，并由农垦部将审查汇总后的国营农场劳动工资计划报国家计委、劳动部，列国家劳动工资计划（单独表现）。国营农场劳动工资计划包括劳动力和工资总额两个指标。农场的劳动力计划包括农场的管理人员、机务、修配等技术工人以及场内常年参加劳动的整劳动力、半劳动力和辅助劳动力，半、辅劳力折合成整劳力纳入劳动计划。农场从场外吸收工人，必须报经上级农垦部门和劳动部门批准。国营农场一般不应向外雇用临时工，但如劳动力确实不足，在农忙季节必需雇用外工时，应同人民公社挂钩，订好合同。工资总额包括场内全部劳动力的工资以及农忙时必须从场外招用的临时工的工资。劳动力个人所得的"超产奖励"，由于事前不便于计划，暂不纳入工资总额，但应进行统计。在"文化大革命"中，破除了原有的劳动管理制度与具体办法。1972年7月，农场工作归属市农林局主管，结束了自1968年11月以来农场下放区县管理的历史，之后，逐步恢复了部分劳动管理制度。

"文化大革命"结束后，尤其是在1979年市农场局复建后，北京农垦的劳动管理开始步入正轨。首当其冲的是整顿企业劳动纪律。1981年6月24日，市农场局（81）京农管字第155号文正式颁布《农场职工守则（草案）》，这是北京农垦第一个关于职工行为规范的文件。同时，在全系统开展"加强企业劳动纪律，严格奖惩制度"的专项活动，取得明显效果。1982年3月，市计委、市总工会、市劳动局联合向市政府提交《关于加强企业劳动纪律，严格奖惩制度试点情况的报告》，该报告在多处提及东郊农场的做法及经验，东郊农场及其下属企业作为本市农林系统的试点单位，通过整顿劳动纪律、严格奖惩制度，职工遵守劳动纪律的自觉性提高了，旷工、泡病号、出工不出力的人少了。

长期以来，国营农场、林场职工在国家劳动部门劳动力管理层面是有别于其他国营工商企业职工的，即有调动要求的农场工人只能进入城市集体所有制企业，如要求调入央企或者市属其他国营单位，必须由市劳动局按年度指标严格控制审批。1980年，市农办和市农场局联合向市政府行文，请求有关部门取消此类规定。经过多次调查研究及深入沟通，最终，北京市劳动局取消了这一规定，使国营农场、林场职工在调转中享有了其他产业工人一样的尊严与待遇，这件事在全国农垦企业引起积极反响。

1981年，市政府决定，对征用土地的农民，招收后转为城镇户口进行安置，以后随着农转工人数越来越多，由市政府向国家劳动部申请增加农转工增人指标和工资总额，再由市劳动局将指标划拨给有关单位。1985年，市劳动局对企业招工放权，已实行工资总额与经济效益挂钩的企业，不再受劳动计划限制，招工数量由企业自主决定。1985年以后，大学生分配计划由市人事局制定并分配，市劳动局根据实际分配数字划拨指标；1992年以后，不再下达劳动计划，劳动指标也不再划拨。1986年9月，根据国务院颁布的改革劳动制度的四个规定，总公司系统正式实施国务院制定的《国营企业实行劳动合同制暂行规定》，首先对新招收的职工实行了合同制。1993年6月11日，经市劳动局批准，牛奶公司实行全员劳动合同制。1995年1月1日，《劳动法》实施后正式确立劳动合同制度。2008年1月1日，正式实施《劳动合同法》，全系统用人单位都与劳动者依法签订了劳动合同。

20世纪90年代中期，国有企业面对产业结构调整和企业改制，经营出现较大困难，企业冗员增加，再就业压力加大。北京农垦积极安置企业富余人员，1995年12月，总公司获得市劳动局授予的"北京市转岗人员培训先进单位"称号。总公司把再就业工程作为企业领导班子工作业绩考核的重要内容，1996 年 10 月，总公司印发《关于加强劳动管理的若干规定》（京农管发〔1996〕第 68 号文），对劳动力管理工作做了全面部署。1999 年 1 月 15 日，总公司以京农管字〔1999〕第 3 号文印发《关于加强劳动力管理的意见》，再次对劳动力管理工作提出具体要求。

2011 年，首农集团制定《人力资源管理办法》，这是北京农垦历史上首次对人力资源管理制度进行梳理后，经过多轮讨论形成的综合性管理文件，共设 10 章、50 条。《人力资源管理办法》提出，对于招聘录用，可以采取岗位竞聘和组织配置相结合的两种方式；采取岗位竞聘的由人力资源部组织相关部门，根据岗位任职资格对应聘者具备的资格和业务水平进行面试评定；总部机关新进人员 35 岁以下的，必须具备国家统招大学本科以上学历及中级职称，或者硕士研究生学历。各二级单位可自主招聘录用北京生源应届毕业生，并由二级单位与毕业生及学校签订协议书，需上级主管单位盖章的，到集团公司人力资源部加盖人事章；各二级单位招聘非北京生源应届大学本科及研究生，需要申报北京市户口的，需在规定的时间内上报需求计划，由集团公司人力资源部根据当年市人力社保局分配的进京指标数及各单位实际情况确定接收数量，接收条件以当年市人力社保局公布的文件为准。《人力资源管理办法》规定，员工提出解除劳动合同、公司提出解除劳动合同、内部调动等均需要办理离职手续。同时，重申了劳动合同管理的基本要求：各单位录用员工，均应与员工签订劳动合同，并根据国家及地方出台的法律法规及政策规定，不断规范劳动合同的日常管理工作；劳动合同订立后，用工单位的人事部门要有专人对劳动合同书等有关配套材料进行登记造册，认真管理。此外，《人力资源管理办法》还对职工培训、工资管理、员工福利保险、"双高"人才服务以及人力资源统计、档案管理做出了具体明确的规定。

2011 年，首农集团出台了新的《劳动合同管理办法》，共设 5 章、29 条；制定了《劳动纠纷管理办法》，共设 5 章、27 条。

（二）农民工管理

1. 对农民工进行合法合规的管理

（1）依法签订劳动合同。各企业均按照《劳动合同法》等相关法律法规与农民工签订劳动合同。劳动合同的变更、终止、解除，经济补偿金的计算标准等均与城镇工无差别。实行劳务派遣用工方式的农民工，均通过正规劳务公司签订了劳动合同。《集体合同》及其他各项规章制度对城镇工、农民工的适用条件完全相同。农民工劳动合同签订率达到 100％，其中劳动合同期限 1～3 年的约占八成。

（2）所有农民工均为工会会员，农民工合法权益均受工会和《集体合同》保护。集团公司及各企业均有农民工担任本单位职工代表。

（3）建立工资正常增长机制。各企业打破企业内部分配的身份界限，合理确定企业内部工资分配关系，农民工与城镇工实行的是同工同酬，执行一样的考勤制度、工资制度、绩效考核制度等，并严格执行北京市最低工资制度。建立包括所有农民工在内的员工工资正常增长和调整机制。

（4）完善工资支付保障制度。各企业《集体合同》明确规定企业发薪制度，按时足额，以月为周期支付工资，保证每月以法定货币形式向劳动者支付一次工资。

（5）农民工参加社会保险。各企业均按照《社会保险法》《北京市基本养老保险规定》的相关规定，为本市农民工缴纳社会保险。本市农民工均参加养老保险、医疗保险、生育保险、失业保险和工伤保险，并根据员工个人意愿缴纳企业年金。

（6）严格执行《劳动法》《劳动合同法》中关于职工休息休假的规定。对延长工时和休息日、法定休假日工作的，各企业均按照国家的有关规定支付加班工资，并在与其签订的劳动合同中以法定条款的形式明确了劳动报酬的支付周期、日期及支付标准，做到工资发放月清月结、足额发放无拖欠。合理安排工期时间，各项工作为农民工的农忙时间让步，企业不耽误农民工回乡参加"麦收""秋收"。

2. 加强对农民工群体的技能培训、安全生产和职业健康保护培训
首农集团加强素质类培训和生产专业技能培训，依据农民工技术掌握程度和完成的工作量进行考核，及时进行等级评定，享受技术工

应有的待遇。加强对农民工安全生产教育的培训，提供符合国家标准或者行业标准的特种劳动防护用品，进行消防安全知识培训教育。部分企业每年都会为农民工进行健康检查，确保农民工身体健康。

3. 保障农民工民主政治权利，积极丰富其精神文化生活　企业注重从农民工中发展党员，加强农民工中的党团组织建设。提高农民工的组织化程度，组织农民工加入工会组织，保障农民工享有应有的民主政治权利，让农民工切实感觉到与城镇工人同工同权。2007年，三元食品股份公司乳品一厂鲜奶车间杀菌工陈环当选为北京市第十三届人大代表，他是北京市首批农民工代表之一。2016年，一名农民工被首农集团评选为"最美首农人"。根据自身条件，企业建立文化活动室、卡拉OK厅、健身房、篮球场、台球和乒乓球活动场地等，组织农民工参加登山、摄影比赛、唱歌比赛等各种文体活动，丰富农民工的精神文化生活。

（三）构建和谐劳动关系

北京农垦重视构建和谐劳动关系，主要表现以下几个方面：一是构筑全方位劳动保障体系，切实维护员工合法权益。与所有建立劳动关系的员工签订劳动合同，保持劳动合同签约率100%。在依法缴纳"五险一金"的基础上，为员工建立企业补充医疗保险。二是逐步与市场接轨，建立科学的薪酬机制。通过建立导师制，对各层级人员进行有针对性的培训，为员工创造上升通道。三是与各级工会联手，不断完善企业民主管理制度，认真倾听职工呼声，积极维护员工权益，预防和化解劳动争议，为职工营造和谐的工作氛围。

北京农垦构建和谐劳动关系先进单位及个人奖项见表6-2-12。

表6-2-12　北京农垦构建和谐劳动关系先进单位及个人奖项

时间	获奖单位/获奖个人	奖项名称	颁奖单位
2005年5月	北京光明饭店有限公司	北京市劳动关系和谐企业	市劳动和社会保障局、市总工会、北京企业联合会
2006年1月	北京市桥联物业管理中心	北京市劳动关系和谐企业	市劳动和社会保障局、市总工会、北京企业联合会
2006年	北京市大秦仓储有限公司	北京市劳动关系和谐企业	市劳动和社会保障局、市总工会、北京企业联合会
2007年	北京立时达药业有限公司	北京市劳动关系和谐企业	市劳动和社会保障局、市总工会、北京企业联合会
2008年1月	北京艾莱发喜食品有限公司	北京市劳动关系和谐企业	市劳动和社会保障局、市总工会、北京企业联合会
2009年3月	北京荷美尔食品有限公司	中国杰出雇主单位	CRF公司
2009年	北京荷美尔食品有限公司	北京市劳动关系和谐企业	市劳动和社会保障局、市总工会、北京企业联合会
2010年4月	北京奶牛中心	北京市劳动关系和谐企业	市劳动和社会保障局、市总工会、北京企业联合会
2011年6月	北京市南郊农场	全国农林水利系统劳动关系和谐企业	中国农林水利工会
2011年6月	北京三元种业科技股份公司	全国农林水利系统劳动关系和谐企业	中国农林水利工会
2015年12月	北京麦当劳食品有限公司	2015中国最佳雇主	怡安翰威特公司
2015年12月	北京麦当劳食品有限公司	2015年亚太地区最佳雇主	怡安翰威特公司
2016年9月	北京三元食品股份有限公司	北京市构建和谐劳动关系先进单位	市人力社保局、市总工会、北京企业联合会/北京市企业家协会、北京市工商业联合会

（续）

时间	获奖单位/获奖个人	奖项名称	颁奖单位
2016 年 9 月	北京三元出租车有限公司	北京市构建和谐劳动关系先进单位	市人力社保局、市总工会、北京企业联合会/北京市企业家协会、北京市工商业联合
2016 年 9 月	艾莱发喜食品有限公司总经理郭维健	北京市构建和谐劳动关系先进个人	市人力社保局、市总工会、北京企业联合会/北京市企业家协会、北京市工商业联合
2016 年	北京麦当劳食品公司	2016 中国最佳雇主-北京最佳雇主	智联招聘、北大企业社会责任与雇主品牌传播研究中心
2017 年	北京麦当劳食品公司	2017 中国最佳雇主-北京最佳雇主	智联招聘、北大企业社会责任与雇主品牌传播研究中心

说明：资料来自各单位大事记。

■ 第二节　劳动者报酬及工资管理

公平合理的工资分配和劳动者报酬管理制度是企业经营管理中的重要一环，对调动职工积极性、增强激励机制、留住优秀人才、促进企业经济效益的提高具有重要作用。北京农垦自垦建以来至改革开放之前的 30 年，主要执行国家的工资管理办法；中共十一届三中全会以后，开始探索建立适应商品经济和市场经济发展的工资分配制度。

一、工资分配

（一）改革开放前 30 年的工资分配制度

1949 年筹备以及参加国营农场建场的干部和工作人员实行的是供给制。直到 1952 年，京郊国营农场根据国家的部署，对 1949 年以前的工资制度进行了第一次改革，将中华人民共和国成立初期延续实行的供给制改为工资制。1953 年，我国进入第一个五年计划时期，新建立的国营农场仿效苏联建立统一的等级工资，推行计件工资和奖励制度，国家对国营农场职工工资总额和工资基金实行高度统一管理。1953 年 2 月，双桥农场、五里店农场作为农业部直属农场计件工资的试点，开始在畜牧业实施计件工资制。

1956 年，北京农垦对农牧企业完成了中华人民共和国成立后的第二次工资制度改革。改革后，农场的农业、畜牧业工人工资实行七级工资制；农业拖拉机、联合收割机驾驶员、农具手、修理工实行八级工资制，实行了计时、计件、奖励、津贴等工资形式。从此以后，有关工资制度和职工工资的调整、升级都由国家统一安排，这种做法一直延续到 20 世纪 80 年代中期。

1958 年开始兴办人民公社，各农场（公社）一度搞起供给制的分配做法。以 1959 年开始，计件工资制度遭到否定，国营农场工资制度改为计时工资，奖励制度被废止。1965 年 4 月，中共中央批转了农垦部党组报告和《关于改革国营农场经营管理制度的规定（草案）》。该草案专门对"场社合一"体制的北京国营农场提出了明确规定："国营农场由人民公社并入的部分，工资形式和福利待遇一般仍应保持原来人民公社的办法。以人民公社为基础建立起来的国营农场（如北京郊区的全民所有制公社）仍按现行的办法执行。"中共中央批转农垦部党组报告后，北京农垦全面按照部党组的草案要求进行规范。但"文化大革命"的到来使刚规范的工资分配制度受到冲击，计件工资制度、奖励制度停止实行。

（二）改革开放以来的工资分配制度

1978 年，北京农垦恢复了计件工资和奖金制度。在给企业放权的基础上，实行多种灵活有效的分配形式，如计件工资、部分浮动、全额浮动、重要岗位津贴、单位产品或产值含量工资等，拉开了职工分配的档次。1978 年 5 月，市农林局向市农办和市劳动局申报将西郊农场、双桥农场作为"四定一奖"试点单位，即"定人员、定任务、定成本、定利润和定超利润奖"。之后，在 10 个农场实行了"四定一奖"的办法。[①] 1979 年，市农场局印发《关于加强财务管理和改革奖励办法的几项规定的通知》，提出"农场、牛奶公司对其下属全民所有制分场或企业，可实行'利润包干'，也可以实行'见利润提成'，也可以实行'超额利润分成'。无论实行那种方法，都要给基层单位留有余地，给予其一定的经济上的自主权。"[②]

1981 年，市农场局进一步深化工资制度改革，开始按照经济效益实行浮动升级和超额超产奖励制度。1982 年年初，市劳动局会同市农办、市经委等单位在双桥农场进行调查，提出用企业自有资金进行企业内部工资改革方案。企业可以用增加的工资基金提高工资标准，并用来进行企业职工浮动升级。当年 11 月 19 日，经国家劳动人事部批准同意进行试点。[③] 1982—1983 年，各农场、企业普遍推进分配机制改革，改革延伸到基层单位和班组，创造了多种分配形式：①实行计件工资或超额计件奖；②实行内部票证，以收抵支结余提成；③实行浮动工资和分成工资；④包干到组，责任到人，联产计酬，主要在牛场实行；⑤按设备、单机承包，主要针对机务和工业企业；⑥按分计酬或超额按分计奖，主要针对后勤部门；⑦专业承包，主要针对能工巧匠；⑧联产计酬，主要在农场机关科室实行。[④] 1984 年 7 月，双桥农场自费工资改革经验推广到南郊、东郊、北郊、长阳、东风、卢沟桥 6 个农场，至此，7 个农场、3 万名职工开始执行市劳动局制定的工资与经济效益挂钩的工资制度。1985 年，总公司全面推广自费工资改革，社员工也比照执行。此次改革后实行的工资标准是：工人按《北京市国营企业工人工资标准》实行八级制，干部实行职务等级工资制，行政管理干部与专业技术干部执行《北京市国营企业干部工资标准表》。

从 1986 年 1 月 1 日起，总公司全面实行工资总额同经济效益挂钩。确定两个基数和一个比例，即工资总额基数、实现利税基数、挂钩浮动比例（1∶0.75），实现"增人不增工资总额，减人不减工资总额"的分配办法。1987 年，总公司完善工资总额与经济效益挂钩的办法，制定"三保一挂三否定"的承包责任制办法。"三保"即保农副产品和粮食生产计划、保上缴总公司利润指标、保企业技术改造计划；"一挂"即工资总额与实现利税挂钩；"三否定"即上缴总公司利润、生产计划和安全工作没有达到要求的，从应提工资总额中扣罚。[⑤]

1988 年，总公司提出"优化劳动组合"的改革措施，年底，34.5％的基层企业和 57.2％的在岗职工实行了优化劳动组合，带动了企业用工、人事、分配 3 项制度的改革。[⑥] 同时，总公司对机关各部室实行岗位责任制考核办法。1994 年 1 月 1 日，总公司对企业工资制度进行细化改革。1995 年 10 月，总公司下发《关于完善总公司工资制度改革方案的意见》，对 1994 年工资改革方案进行调整，将结构工资改为由职务工资或岗位工资、基础工资、工龄工资三部分组成。从 1995 年起，总公司对农场及各二级企业经营班子全面实行了承包责任制。根据总公司下达的总收入、经营利润、职工收入及

① 北京市长城农工商联合企业：《关于从超额利润中提取奖励的报告》(79) 京农联字第 31 号，北京首农食品集团有限公司档案室，案卷号 13。

② 北京市长城农工商联合企业：《关于加强财务管理和改革奖励办法的几项规定的通知》(79) 京农联字第 72 号，北京首农食品集团有限公司档案室，案卷号 13。

③ 北京市地方志编纂委员会：《北京志·综合经济卷·劳动志》，北京出版社，1999 年，第 118 页。

④ 北京市地方志编纂委员会：《北京志·农业卷·国营农场志》，北京出版社，2000 年，第 274 页。

⑤ 《北京市农工商联合总公司党委会议纪要》(20)，北京首农食品集团有限公司档案室，案卷号 346，电子版，第 1 页。

⑥ 北京市农工商联合总公司：《关于 1988 年工作总结和 1989 年工作安排的报告》(89 京农管字第 1 号)，北京首农食品集团有限公司档案室，案卷号 556，电子版，第 6 页。

党建工作等主要任务与指标，经过严格审计与考核，向各二级企业领导班子兑现承包奖励，极大地调动了经营者的积极性。

1996 年，总公司进一步完善经营者的考核指标，用"五增"指标对各经营者进行严格考核，即资产增值（国有资产保值增值率）、经济增长（国内生产总值）、企业增效（实现利税）、职工增收（人均工资）、劳产率增长（人均创利税），加大了激励与约束力度。在"九五"期末，总公司开始对经营者试行年薪制。自 2000 年 11 月起，对所属二级单位领导班子成员试行经营者年薪制的工资分配办法。经营者年薪制共分两部分：基薪、效益工资，并对各二级单位正职采取风险抵押政策。2003 年 10 月划归市国资委监管后，三元集团全面执行国资委制定的考核目标体系及办法。从 2004 年起，结合实行全面预算管理，于每年年初下发对二级企业正职领导干部的考核意见，将主营业务收入、净资产收益率、利润总额作为主要考核指标，分配上与考核指标评分挂钩。

二、社会保险和福利

（一）"五险一金"的建立及完善

1952 年，国家颁布《中华人民共和国劳动保险条例》；1956 年，北京市实施《中华人民共和国劳动保险条例》的范围扩大到农场、牧场。[①] 从 1986 年 11 月起，北京市开始对国营企业劳动保险待遇实行基金统筹，建立职工社会保险制度。1986 年，北京市开始实施待业保险（后改称失业保险）制度。1988 年，北京市执行国务院颁布的《女职工劳动保护规定》。1994 年，北京市开始建立企业离、退休人员基本养老金正常调整制度，退休人员大病医疗费用社会统筹制度。从 20 世纪 80 年代中期至 90 年代中期，北京农垦的企业逐步完善"五险一金"保障体系，即包括养老保险、医疗保险、失业保险、工伤保险、生育保险以及住房公积金。各项社会保险的提取比例按照政府规定动态调整。

场乡体制改革后，北京农垦离退休人员总趋势是增加的。2017 年年底，有离退休人员 25 735 人，比 1997 年增加 46.8%。

1997—2017 年北京农垦离退休人员统计见表 6-2-13。

表 6-2-13　1997—2017 年北京农垦离退休人员统计

年份	离退休人员年末数				年份	离退休人员年末数			
	总数（人）	比上年增长（%）	离休人员（人）	退休人员（人）		总数（人）	比上年增长（%）	离休人员（人）	退休人员（人）
1997	17 527		386	17 141	2008	21 201	2.8	170	21 031
1998	16 239	−7.3	325	15 914	2009	23 900	12.7	191	23 709
1999	16 354	0.7	386	15 968	2010	23 535	−1.5	175	23 360
2000	17 243	5.4	282	16 961	2011	23 636	0.4	166	23 470
2001	17 542	1.7	266	17 276	2012	24 561	3.9	159	24 402
2002	17 686	0.8	246	17 440	2013	25 929	5.6	150	25 779
2003	18 124	2.5	244	17 880	2014	26 595	2.6	137	26 458
2004	19 103	5.4	223	18 880	2015	27 427	3.1	128	27 299
2005	19 736	3.3	210	19 526	2016	25 769	−6.0	118	25 651
2006	20 117	1.9	202	19 915	2017	25 735	−0.1	116	25 619
2007	20 622	2.5	187	20 435					

说明：资料由首农集团人力资源部提供。

---

① 北京市地方志编纂委员会：《北京志·综合经济卷·劳动志》，北京出版社，1999 年，第 169 页。

（二）企业年金

企业年金制度是我国现行养老保险体系"三大支柱"的重要组成部分，是企业职工基本养老保险之外的另一有力保障。国有企业建立企业年金制度，有利于增强企业凝聚力，构建企业和谐，促进社会和谐。首农集团企业年金计划于2013年1月1日开始正式运营，2013年3月20日开始投资。截至2014年12月31日，首农集团共有98家企业、7 211名员工参加了企业年金计划。自计划建立以来，共提交2 598笔缴费（含新增人员缴费和个人账户转入），企业累计缴费金额102 721 363.5元，个人累计缴费金额60 312 705.75元，待遇支付1 373人次（含个人账户转出），累计支付金额4 652.2万元。企业年金资产的安全和保值增值，是企业年金管理的重中之重。集团年金管委会会同受托人积极有效地开展了投资运营监管工作。一是加强年金投资的合规性审核。二是密切关注年金资金的投资效益，及时采取应对措施，确保集团公司企业年金投资运营正常，实现资金的安全和保值增值。三是建立考核评估办法，形成投管人良性竞争。为此，集团制定了《北京首都农业集团有限公司企业年金基金管理人考核办法》。

2013—2017年北京农垦企业年金投资情况见表6-2-14。

表6-2-14　2013—2017年北京农垦企业年金投资情况

年份	期末资产净值（元）	本年收益率（%）	累计收益率（%）
2013	130 960 360.02	2	2
2014	190 759 281.85	7.65	9.81
2015	257 785 954.45	13.95	25.12
2016	290 059 824.05	1.25	26.68
2017	337 770 566.61	4.1	31.88

说明：资料由首农集团人力资源部提供。

（三）职工福利

职工福利主要包括两类：一类是企业根据国家规定和自身经济条件，对职工的各种福利补贴制度；另一类是由企业设立的各种生活福利设施，如农场和企业建立的托儿所、幼儿园、职工食堂、职工浴室、理发室、洗衣房以及为丰富职工文体活动建设的体育场所、阅览室、俱乐部等。从20世纪50年代起，农场就按照中华全国总工会的要求，建立福利基金，将基层工会会费收入的20%用于会员的困难补助。从1953年起，企业按照财政部要求，按工资总额的2.5%提取福利基金。1969年，企业又按照财政部要求，将原来按工资总额2.5%提取的福利基金、按3%提取的奖励基金、按5.5%提取的医疗卫生费合并为"职工福利基金"，按工资总额的11%提取，主要用于福利费用和医疗卫生费的开支。1992年，职工福利基金按工资总额的14%提取。企业对职工福利性补贴主要有职工生活困难补助、冬季取暖补贴、交通补贴、职工探亲假补贴和婚丧假待遇等。

三、工资分配管理制度

在《管理制度汇编》（2011年版）中收录的与分配管理相关的制度有：

1.《董事会薪酬与绩效考核委员会工作细则》　为了建立健全集团公司高中级管理人员考核与薪酬管理制度，董事会设立董事会薪酬与绩效考核委员会，该细则就薪酬委员会的工资职责、主要任务、议事程序、议事规则等事项进行了规定。

2.《总部机关绩效考核管理办法》　为促进集团公司总部机关管理科学化、考核评价规范化，客观公正、准确及时地评价员工履职情况，制定该考核管理办法。该办法适用于集团总部机关中层及以下全体在岗员工（集团领导班子成员除外）。考核周期分为月度考核和年度考核。月度考核结果作为绩效月薪发放的依据，年度考核结果作为年终奖金发放及其他奖惩的依据。集团公司成立总部机关绩效考核管理委员会，考核委员会下设办公室，办公室设在人力资源部。考核指标体系包含三部分，即工作绩效指标、工作能力和工作态度指标。

3.《国有及国有控股企业负责人薪酬管理规定》　为切实履行国有资产出资人的职责，建立完善有效的激励与约束机制，制定该规定。该规定适用对象是由集团公司任命或聘用的国有及国有控股企业的法定代表人、党委（党总支）书记和总经理。企业负责人薪酬由基薪和绩效年薪组成。基薪是企业负责人年度的基本收入。基薪主要根据企业所承担的责任、经营规模、经济效益及贡献状况等因素综合确定，每年核定一次。绩效年薪与经营业绩考核结果挂钩，以基薪为基数，根据企业负责人的年度经营业绩、考核分数及考评结予以确定。具体计算方法根据集团公司每年修改制定的企业负责人经营业绩考核办法确定。企业法定代表人、党委（党总支）书记和总经理，其分配系数为1。企业副职分配系数应根据其责任和贡献，以基薪标准不超过正职基薪70％，绩效年薪标准平均不超过正职绩效年薪70％的原则，经集团公司批准或备案后执行。企业负责人年薪列入企业成本，其中基薪按月支付，绩效年薪将根据集团公司每年一度的业绩考核兑现，由企业一次性发放。二级企业负责人在执行年薪制度后，除通信费、劳模津贴、进行了公务用车改革执行的交通补贴外，不得在任职单位领取任何报酬、各种补贴及其他一切货币性收入。

4.《企业工资集体协商工作的规定》　该规定提出，企业工资集体协商的内容涉及企业工资分配的各个方面，可以就工资水平提高（或下降）幅度进行协商，也可以对企业的基本工资制度、企业内部分配的办法及工资标准、奖金、津贴、福利、五险一金的缴纳等内容的确定进行协商，还可以就工资支付的具体办法等进行协商。工资集体协商的时间可在集体合同中约定，一般情况下一年不少于一次。双方经协商达成一致意见后，订立工资集体协商专项协议，由双方首席代表签字并加盖公章，并按规定报送劳动行政部门。

2016年，首农集团重新修订了《管理制度汇编》（2011年版），颁布了《管理制度汇编》（2016年版），收录修订后的与工资分配相关的制度有《国有及国有控股企业负责人薪酬管理规定》《企业领导人员履职待遇、业务支出管理暂行办法》《工资集体协商工作办法》，并对2010年的制度条文进行了补充与修订。

四、职工收入水平

（一）劳动者报酬

劳动者报酬是国民经济核算体系中的一个指标，指核算期内以各种形式支付给劳动者的全部报酬，具体包括三部分：一是货币工资，包括生产单位直接支付给劳动者的工资、奖金、津贴、补贴等，按纳税前的支付计算；二是实物工资，即生产单位以免费或低于成本价提供给劳动者的各种物品和服务，以及居民自产自用的消费品等；三是社会保险，指单位为劳动者直接向政府和保险部门支付的失业、退休、养老、医疗等保险金。劳动者报酬的数量及其在国内生产总值的比重是反映劳动者收入变化的重要指标。1995年后，国有企业劳动者报酬呈持续上升态势，至2017年，劳动者报酬达到377 955万元，比1995年增长7.97倍。同期，劳动者报酬占增加值的比重总体保持稳定，表明在经济总量增加的同时，劳动者报酬也同步增长。

1995年、1999年、2001年、2002年、2005年及2008年—2017年国有企业劳动者报酬见表6-2-15和图6-2-3。

表 6-2-15　1995—2017 年部分年份国有企业劳动者报酬情况

| 年份 | 劳动者报酬 | | 年份 | 劳动者报酬 | | 年份 | 劳动者报酬 | |
	金额	占 GDP 比重（%）		金额	占 GDP 比重（%）		金额	占 GDP 比重（%）
1995	42 140	43.1	2008	100 781	51.7	2013	315 943	57.9
1999	45 255	61.3	2009	135 006	53.6	2014	338 807	59.9
2001	45 186	55.5	2010	178 636	54.9	2015	342 940	61.1
2002	49 169	53.9	2011	213 456	53.3	2016	367 489	51.8
2005	51 556	59.8	2012	307 838	57.3	2017	377 955	54.2

说明：资料来自北京市农工商联合总公司、北京三元集团有限责任公司、北京首都农业集团有限公司相关年度统计资料。

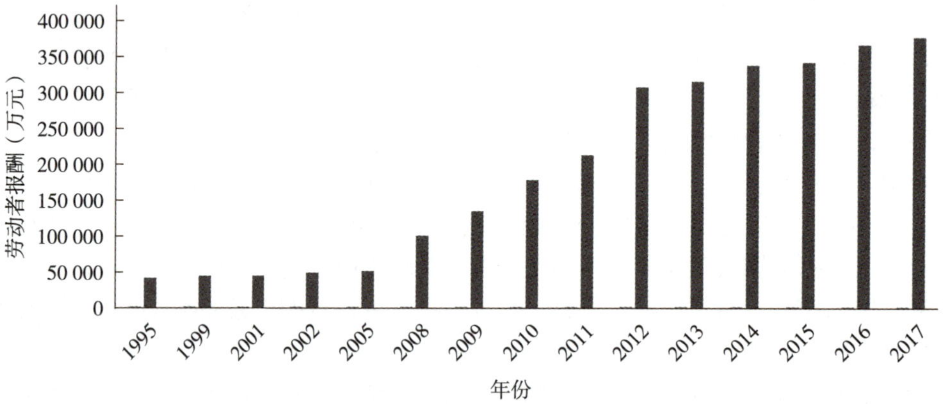

图 6-2-3　1995—2017 年部分年份国有企业劳动者报酬

（二）工资水平

职工工资水平反映了一定时期职工工资性货币收入水平，不包含物价波动和赡养人口的变化情况。职工工资总额由计时工资、基础工资、职务工资、计件工资、各种奖金、各种津贴、加班加点工资、副食食品价格补贴以及其他工资构成。

1. 工资总额变化情况　1952—2017 年北京农垦工资总额见表 6-2-16。

表 6-2-16　1952—2017 年北京农垦工资总额

单位：万元

年份	工资总额	年份	工资总额	年份	工资总额	年份	工资总额	年份	工资总额	年份	工资总额
1952	31.98	1963	1 023.1	1974	2 008.1	1985	7 637.3	1996	46 322	2007	46 414
1953	56.73	1964	1 137.0	1975	1 981.8	1986	8 937.7	1997	46 191	2008	43 340
1954	46.95	1965	1 187.6	1976	2 017.57	1987	9 873.6	1998	42 277	2009	85 706
1955	72.52	1966	1 187.1	1977	2 075.3	1988	11 963.5	1999	38 680	2010	91 570
1956	117.14	1967	1 196.5	1978	2 307.6	1989	13 622.5	2000	37 436	2011	104 432
1957	201.6	1968	1 235.6	1979	2 528.6	1990	15 299.6	2001	37 705	2012	117 256
1958	565.29	1969	1 382.5	1980	3 388.0	1991	20 424.3	2002	38 545	2013	125 169
1959	565.3	1970	1 441.1	1981	3 508.1	1992	23 939.0	2003	41 037	2014	135 107
1960	593.3	1971	1 554.9	1982	3 824.7	1993	27 514.1	2004	43 794	2015	121 512
1961	718.8	1972	1 622.14	1983	4 183.2	1994	31 617.8	2005	44 945	2016	122 361
1962	899.25	1973	1 749.19	1984	5 504.0	1995	42 548.0	2006	42 947	2017	131 149

说明：1952—1978 年数据来自北京市国营农场局：《农垦系统三十年基本统计资料》（1949—1978）；1979—1985 年数据来自北京市国营农场管理局：《北京市国营农场统计资料（1950—1985 年）》；1986—2017 年数据来自总公司、三元集团、首农集团相关年度统计资料汇编。

2. 职工年平均工资变化情况　平均工资也是一项反映工资总体水平的指标，指职工在一定时期内平均每人所得的货币工资额。北京农垦职工年平均工资总体保持逐年上升的趋势。

1996—2017 年北京农垦预算企业职工年平均工资见表 6-2-17 和图 6-2-4。

表 6-2-17　1996—2017 年北京农垦预算企业职工年平均工资

单位：元

年份	预算企业职工年平均工资	年份	预算企业职工年平均工资
1996	6 310	2007	26 061
1997	6 823	2008	30 076
1998	8 065	2009	29 837
1999	9 469	2010	33 546
2000	11 074	2011	39 773
2001	12 745	2012	44 274
2002	16 244	2013	50 845
2003	19 117	2014	56 492
2004	20 663	2015	63 159
2005	22 751	2016	74 235
2006	24 732	2017	82 158

说明：资料由首农集团人力资源部提供。

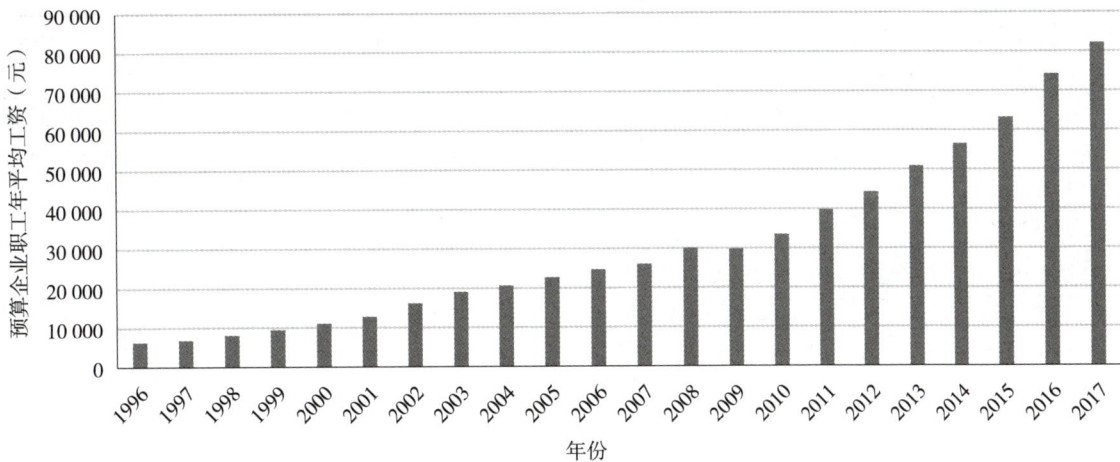

图 6-2-4　1996—2017 年北京农垦预算企业职工年平均工资

多年来，北京农垦职工年平均工资与北京市社会平均工资存在一定的差距，增资速度多数年份也低于全市平均增长速度。但从 2010 年起，二者收入的差距有所缩小，北京农垦职工年平均工资的增长速度在大多数年份也超过了北京市社会平均工资增长速度。

1996—2017 年北京农垦职工年平均工资增长与北京市社会平均工资增长对比见表 6-2-18，2009—2017 年北京农垦职工年平均工资与北京市社会平均工资对比见表 6-2-19。

表 6-2-18　1996—2017 年北京农垦职工年平均工资增长与北京市社会平均工资增长对比

年份	①北京农垦预算企业职工年平工资增长（%）	②北京市社会平均工资增长（%）	①与②对比	年份	①北京农垦预算企业职工年平均工资增长（%）	②北京市社会平均工资增长（%）	①与②对比
1996	2.07	17.62	①<②	2007	5.37	10.44	①<②
1997	8.13	15.03	①<②	2008	15.41	12.16	①>②
1998	18.205	11.49	①>②	2009	-0.79	8.34	①<②
1999	17.41	12.15	①>②	2010	12.43	4.07	①>②
2000	16.95	14.14	①>②	2011	18.56	11.20	①>②
2001	15.09	15.05	①>②	2012	11.32	11.80	①<②
2002	27.45	14.57	①>②	2013	14.84	10.92	①>②
2003	17.69	16.00	①>②	2014	11.11	11.56	①<②
2004	8.09	17.90	①<②	2015	11.80	9.64	①>②
2005	10.11	15.73	①<②	2016	17.54	8.75	①>②
2006	8.71	10.02	①<②	2017	10.67	9.86	①>②

说明：资料由首农集团人力资源部提供。

表 6-2-19　2009—2017 年北京农垦职工年平均工资与北京市社会平均工资对比

年份	北京农垦职工年平均工资相当于北京市社会平均工资的百分比	年份	北京农垦职工年平均工资相当于北京市社会平均工资的百分比
2009	62%	2014	73%
2010	67%	2015	74%
2011	71%	2016	80%
2012	71%	2017	81%
2013	73%		

说明：资料来自首农集团人力资源部。

第三章　内部审计

首农集团内部审计部门组织实施的内部审计工作，在促进所属企业规范管理、加强内控、堵塞漏洞、防范风险等方面发挥着积极作用。

■ 第一节　机构及队伍建设

在 1987 年之前，北京农垦没有独立的内部审计机构，内部审计的职能归集计财处/财务处。1987 年 10 月，总公司经理办公会决定成立审计处，与财务处合署办公。1989 年 1 月，总公司决定成立独立编制的审计处，不再与财务处合署办公。1993 年 8 月，总公司充实审计处，之后保持在岗人员 5～8 人。1998 年 5 月，总公司进行机构改革，成立资产管理部（保留农经处牌子），同时成立审计事务所，不列机关编制。2000 年 12 月，总公司进行机构改革，撤销审计事务所，将其恢复机关编制并与原资产管理部合并，成立资产管理审计部，新设立的资产管理审计部承担内部审计、资产评估、国有产权登记、职工住房改革、土地登记等工作，编制 7 人。2006 年 3 月。三元集团总部进行机构改革，成立监察审计部，负责内审工作与纪检监察工作，资产管理职能划给财务管理部，实际在岗 4 人。2008 年 7 月，监察部和审计部分立，分别成立纪检监察部、审计部，审计部在岗 3 人。同时，设立集团公司董事会风险管理委员会。2010 年年初，市国资委向首农集团委派财务总监，审计部编制 4 人。2010 年后，明确由首农集团总经理主管内审工作，财务总监协助总经理分管内审工作。2016 年，财务总监调离首农集团，由集团董事、工会主席郑立明协助分管内审工作。

对于下属企业的机构设置，三元集团/首农集团要求具备条件的二级单位应当独立设置内部审计机构；不具备条件的，设置专职内审人员。至 2017 年年底，集团系统有 6 家企业建立了独立内部审计机构，[①] 这 6 家企业为三元食品股份公司、三元种业、东郊农场、南郊农场、首农股份、峪口禽业公司；其他尚未独立设置内审机构的单位大部分配备了专兼职审计人员，全系统专兼职内审人员共计 59 人，形成了集团公司基本的内部审计网络。

■ 第二节　制度建设

1989 年 1 月 4 日，总公司下发（89）京农管财字第 2 号文《关于加强内审工作的通知》。

---

① 2018 年双桥农场、西郊农场设立了审计部。双河农场是集团托管企业，独立设置审计部。同时部分三级企业也设有审计部，如长阳农场（隶属南郊农场）、峪口禽业公司（隶属首农股份）。

2004—2017 年，三元集团/首农集团共三次编制及修订管理制度。其间，审计部依据工作职能分别拟定的工作制度有：

2004 年版的《北京三元集团有限责任公司制度汇编》收录了《内部审计管理办法》。该办法对审计组织机构、审计范围、审计工作职责与权益、相关责任、实施内部审计及审计定性、处理和争议予以规定。其中，内部审计职责主要有三项：一是建立健全集团公司审计监督体系，适应集团公司监督管理需要，不断完善各级内部审计制度；二是监督、检查、评价企业和经营单位的经营运作、经济效益和财务收支及国有资产的保全情况；三是对企业及经营单位主要负责人任期内所在单位资本运作的管理情况、财务核算状况及内控制度执行情况进行客观评价，对干部考核提出内部审计建议。

2011 年版的《北京首都农业集团有限公司制度汇编》收录了《内部审计管理暂行办法》。该办法依据市国资委《北京市国有及国有控股企业内部审计管理暂行办法》及其他相关法规制定，比 2004 年的制度在内容上更为详尽。随着国资委对市管国企的管控加强，集团治理结构日趋完善，该办法首次提到董事会设立审计委员会，审计部应当接受审计委员会的监督和指导；同时，对内审机构主要职责予以充实完善，规定对境外子企业进行审计，参与建立健全企业内部控制体系，对重要经济合同、经营决策、基本建设等重大经营活动进行检查，对基建工程和重大技术改造、大修等相关事项进行审计监督及其他经授权的事项。在工作程序中，规定"对主要审计项目应当进行后续审计监督，督促检查被审单位对审计意见的采纳情况和对审计决定的执行情况"，旨在强调审计整改工作。同时，《工程项目管理办法》明确，集团公司在大宗采购招标工作领导小组下设基建工作领导小组，财务总监担任组长，小组成员为房地管理部、资本运营部、审计部、财务管理部、法务部、监察部负责人，明确有关工程项目造价咨询的内容由审计部牵头结合工程小组意见制定。

2016 年版《北京首都农业集团有限公司制度汇编》收录了《内部审计管理办法》《投资项目后评价实施细则》（依据市国资委 2012 年《北京市国有企业投资项目后评价管理暂行办法》制定），另在《招标管理办法》中明确，首农集团设立招标领导小组，财务总监担任组长，资本运营部、房地管理部、财务管理部、审计部、法务部为小组成员，审计牵头负责基本建设项目投资全过程造价审计及相关审核事项招标管理。另行制定的《工程建设项目造价咨询工作实施细则》未编入制度汇编。《内部审计管理办法》规定集团公司审计部直接对董事会负责，董事会设立审计与风险管理委员会，审计部应当接受委员会监督和指导。内部审计机构的职责与 2011 年版的制度基本相同。

■ 第三节　内部审计工作流程

一、制订内部审计工作计划

年度审计工作计划制订的依据是：一要围绕集团公司的主业；二要落实市审计局、市国资委对企业内审工作的要求；三要结合集团公司每年的工作重点。首先，由审计部拟定年度审计计划，其次报集团公司批准。

在北京农垦历史上，审批内审年度计划的权限不断调整变化。比如在审计部成立初期，审计工作计划是报总公司主管审计工作的副总经理审定的；在划归市国资委监管后，集团公司完善了法人治理结构，审计部开展内部审计工作，直接对董事会负责；董事会设审计与风险委员会，审计部接受其监督和指导。同时，在岁末年初，集团召开务虚会（董事会、监事会、经理层、各部门负责人均参加），由审计部汇报年度工作总结和来年工作计划，分管领导和主要领导有针对性地提出意见与建议。内部审计工作计划报市国资委备案。

二、编制内部审计工作方案

在工作计划中，对常规性工作，如年初对二级单位开展绩效审计，工作方案相对简单，根据各单位报表编制及事务所年报审计进度，及时安排现场审计。根据企业规模，审计部人员有时分组，有时一并前往各单位实施审计。其他较为复杂的审计项目，如二级企业主要负责人经济责任审计、专项审计等，往往需要提前制订工作方案，在调查了解被审计对象基本情况的基础上，明确审计范围、内容、方式、时间、项目负责人以及是委托中介机构审计还是审计部自行实施，报主管领导审批后具体实施审计工作。在审计实践中，审计部自行实施的审计项目数量基本占 90％以上。因集团业务不断拓展，投资更加多元，审计项目数量增多，经集团领导批准后委托中介机构协助审计的数量有所增加，但仍以审计部人员自行实施为主。

三、实施内部审计工作

1. 发出审计通知　审计项目得到批准后，审计部向被审对象发审计通知。一般是提前 5 天通知，以便被审单位提前准备资料及审计工作场地。特殊审计也可以进驻现场审计时直接携带审计通知。

2. 召开审计启动会　进驻被审单位现场后，一般要召开启动会，要求被审单位负责人及财务、工程、审计等分管领导及部门参加。首先阐明来意，明确审计目的、审计对象、审计要求等事项，被审单位有针对性地简要介绍，双方就相关事项进一步沟通、明晰。

3. 实施审计　审计组成员根据分工分别负责一部分审计内容，需要查阅被审单位的董事会、党委会、经理办公会等会议纪要，查阅重大经济合同、往来函件，查看财务账册、凭证等资料，采取审核、询问、计算、穿性测试和分析性复核等方法实施具体审计，获取充分的审计证据，如实编制工作底稿。自 2006 年起，使用审计软件是内审工作的一项较大提升。该软件可以导入被审计单位的财务账套，提高了审计效率，亦为审计双方提供了便捷，离开审计现场后仍然可以通过审计软件查看财务账和凭证，需要进一步核对情况的，可由被审单位提供凭证、合同、会议纪要等书面资料。

4. 编制审计工作底稿　审计工作底稿体现了具体审计程序、企业业务办理过程、集团及本企业的相关规定，测算及分析结论等内容。审计工作底稿是撰写审计报告的直接依据。

5. 撰写审计报告　根据审计工作底稿，审计组撰写内部审计报告，与被审单位经过充分沟通确认无异议后，经组长、分管领导审核定稿。根据审计目的的不同，有的不向被审单位印发正式报告（如年度绩效审计）。大部分审计项目需要正式印发审计报告，如经济责任、专项审计报告，应向主管领导汇报，并依据相关规定提交给被审计对象。

6. 资料存档　审计结束后，由专人负责整理资料，归档备查，主要包括审计立项、审计方案、审计通知、审计工作底稿、审计收集的资料、主要沟通内容、审计报告及其他相关资料（如委托事务所实施审计，提出委托申请、审批、事务所评选等资料）。

四、审计整改

发现问题是手段，通过审计整改，解决实际问题、提升管理才是目的。要科学利用审计结果，扎实有效落实整改，经济责任审计的这一特征尤为突出。市国资委对集团董事长实施经济责任审计后，要求限期报送整改方案，对存在问题深入分析原因，明确整改目标、整改责任人和时限，并要求每季度报送整改报告和相关资料。审计部对二级企业领导的经济责任审计也按这一要求，扎实推进整改。同时，审计部非常注重整改工作的后续检查，确保落实到位，真正发挥审计的监督、服务作用。

第四节　内部审计的主要工作

集团内部审计工作遵循"以审计促效益，以内审强监控，以审计促发展，努力提升管理水平"的指导思想，围绕中心工作，坚持风险导向，按照全面覆盖、突出重点的要求，主要开展二级单位绩效审计、经济责任审计、工程建设项目造价审计、投资项目后评价、境外投资审计、专项审计，并协助相关部门实施内控评价等有关工作，为集团实现战略发展目标保驾护航。

一、年度绩效审计工作

绩效审计是一项常规内部审计工作，主要是为集团对二级单位的年度绩效考核提供依据，其他相关部门结合自身业务关注其他考核指标。这项工作集中在春节后至 4 月初，在第一季度经济工作分析会之前完成，审计范围涵盖集团实施年度绩效考核的约 20 家国有及国有控股的二级及其所属企业，时间紧、任务重。

审计中，重点关注营业收入、利润总额等关键考核指标的完成情况、影响经营业绩的主要因素、重大事项，同时关注预收及应收款项的管理、重大项目的关键环节控制、长期股权投资、资产处置、债务偿付、资金借贷等相关情况，以及对集团制度的执行情况、履职待遇和业务支出情况。按照务求实效原则，审计中以点带面、突出重点，同时发挥制度宣传员的角色，结合企业业务特点，宣传、讲解集团的制度规定。审计中还关注中介服务费、会议费、差旅费、业务招待费、办公费等各项因公费用开支情况，强调中介机构选聘程序要规范，不得出入高档私人会所，不得购买礼品、烟、高档酒，不得在高档商场购买办公用品，并对发票及相关原始凭证的规范性、明细列示等提出规范性要求。薪酬管理也是关注的重点，强调应严格执行集团有关薪酬管理的规定，二级单位领导班子成员除集团核定的日常工资、年度绩效、交通补贴等内容外，一律不得领取现金性收入，不得兼职取酬，不得报销应由个人承担的费用等。

从上面所述审计关注事项可以看出，把绩效审计说成全面审计更为恰当，因为审计中不仅关注损益事项，而是进行了资产、负债、内控制度执行等的全面审计。但毕竟时间有限，对损益事项外其他因素的审计不是很深入，而是采取以点带面的提示较多，希望各单位能够举一反三，有则改之无则加勉。有些单位也会和审计人员针对具体问题进行深入探讨，双方认知均会有所提高，这也反映出了内部审计工作的"服务"职能。每年绩效审计持续大约 2 个月。遇有个性化问题，逐一探讨，现查现改；如有普遍性、趋势性问题，向二级单位统一提示，要求整改。在集团公司一季度经济分析会前，集团绩效考核小组召开专题会，各部门针对各自负责的考核指标，提出相关单位存在的问题。审计部一般会提示影响收入、成本费用、利润指标的重要事项，比如投资收益、汇兑损益、资产减值、营业外收支，甚至是因报表合并产生影响损益的特殊因素，考核小组会根据考核办法综合计算各单位绩效得分。

二、经济责任审计工作

经济责任审计是国家的一项制度性安排，市国资委提出逢离必审、凡退必审的要求。经济责任是指领导干部在任职期间，对其任职管理的企业（含下属企业）贯彻执行党和国家经济方针政策、决策部署，推动经济和社会事业发展，管理公共资金、国有资产、国有资源，防控重大经济风险等有关经济活动应当履行的职责。实践中，审计对象主要是企业法定代表人（或履行相应职责的领导人员）。审计期间跨度大、审计内容综合全面，审计报告不仅包含企业国有资产保值增值情况、财务指标分析、任职期间取得的主要工作业绩、发现的问题，还有被审计的领导干部对问题应承担什么责任，是经济责任审计与其他审计项目的主要区别。

在审计实践中，经济责任审计工作按照干部管理权限分层开展：一是市国资委作为出资人对一级集团企业主要法定代表人开展经济责任审计，分别在2007年、2014年对集团两任董事长实施了离任、任中审计；二是集团对二级单位主要负责人开展经济责任审计，由集团审计部组织实施；三是集团二级企业对其所属三级企业主要负责人组织实施经济责任审计。

收录《三元集团制度汇编》（2004年版）的《内部审计管理办法》明确审计管理职责之一为对企业及经营单位主要负责人任期内所在单位资本运作管理情况、财务核算状况及内控制度执行情况进行客观评价，对干部考核提出内部审计建议。2011年版《制度汇编》对实施经济责任审计予以明确规定。20世纪90年代，主要开展离任审计，基本是在领导干部离任时实施，存在滞后、时效性低的问题。后来，根据集团对干部管理及市国资委"任中审计为主"的要求，集团开始实施任中审计，首次任中审计于2008年在北郊农场开展，后来逐渐增加任中审计比例。根据年度审计计划，到2017年年底，对大部分二级企业的场长、经理都实施了经济责任审计，其中离任审计略多。

三、工程项目造价审计工作

2009年，首农集团决定由集团审计部牵头组织实施工程建设项目的造价审计工作。因造价审计专业性强、耗时很长，集团缺乏造价审计专业人员，基本上都委托中介机构实施。

（一）初期做法

2011年，首农集团制定《工程项目管理办法》。该办法规定，凡是通过招标方式的工程项目，均应进行造价审计；工程结算审核前，支付的工程款不应超过合同价款的80％。造价咨询公司除实施工程结算审计外，还可提供相关专业服务，如编制工程项目建议书及可行性研究投资估算、项目经济效益评价报告，计算工程量清单、编制标底等招标文件，协助完成项目建设期管理，在发生经济纠纷需要仲裁和诉讼时提供咨询意见等。初期，每项需要实施结算审计的工程建设项目均要组织专项招标，由审计、财务、资本运营、法务、房地部等部门组成招标小组实施综合评议打分。集团审计部从国家相关专业网站收集取得具有工程造价咨询甲级资质的公司名单，从中选择5家以上公司邀请投标。第一次组织综合评标时，应有首农集团纪委书记和相关部门部长参加。

（二）造价审计成效

投资预算金额较小的工程，可在工程竣工时实施结算审计；预算投资金额较大的工程应实施全过程跟踪审计。2016年制订的《工程建设项目造价咨询管理办法实施细则》规定，工程建设项目投资超过1 000万元的（含），应由造价咨询公司实施造价审计工作。其中，投资额3 000万元（含）以上的应进行全过程跟踪审计。全过程跟踪审计的益处有以下几个：一是可以现场查看隐蔽工程的施工过程，为准确认定工程成本提供第一手资料，避免事后资料不全，无法审核，从而对成本计量不准确；二是可随时掌握施工进度，施工方申请支付工程进度款时，需要造价审计机构人员出具意见，避免提前支付工程款；三是指导项目建设单位加强工程过程管理，同时对施工单位起到监督作用。

2009—2017年，除了企业自行委托的造价咨询外，首农集团审计部经办了约20个项目造价审核，总投资约23亿元，审减额约2.7亿元（不含造价审计尚未结束的项目）。这些项目有结算审计，也有全过程跟踪审计。从审计结果看，与报审金额相比，审定金额均有不同程度的审减，工程投资大、建设内容复杂的项目，审减金额相对较大。据不完全统计，综合审减率为6％～23％。实践中，一个工程建设投资6.2亿元的项目，审减金额可达8 900多万元；一个工程建设投资3.1亿元的项目，审减金额为7 300多万元。可见，委托专业的中介机构实施造价审计节省工程投入的成效非常显著。

（三）建立工程建设项目造价咨询机构备选库

初期，针对每个工程项目组织专项造价审计招投标工作，工作效率较低，更重要的是，首农集团总部缺乏工程专业人员，对投标的中介机构实施综合评议打分时，对各项指标研究的专业性不够、深度不足。同时，有的中介机构不论是资质、人员专业素质及服务收费，具有较为明显优势，相对中标频次较大，引起了有些单位和部门异议。为解决以上问题，2015年，经首农集团工程领导小组研究并报集团总经理办公会会议同意，决定建立工程项目造价审计机构备选库。

首先，从房地管理部的"招标代理库"中选择招标代理公司。经工程小组综合评审、推荐并报领导小组组长审批，选用北京国际贸易公司组织招投标工作。其次，与北京国际贸易公司共同编制招标文件和评分标准，报领导小组审核后，确定招标文件。最后，为避免不了解情况的中介公司在投标过程及后续审核工作中带来麻烦，领导小组建议邀请20家左右的公司参加投标。为此，集团审计部从中国建设学会网站公布的2014年甲级造价咨询资质延续公司名单中选择了20家机构（以北京地区机构为主，同时结合京津冀一体化推进，由于集团在河北的投资日益扩大，所以亦选择了一家河北知名咨询机构），邀请他们参加备选库投标。评标专家共5位，其中招标代理机构从专家库中选择4位，集团派出1位，集团纪委现场监督评选过程。建立中介机构备选库时，从立项、选择招标代理机构、邀请投标公司，到评选入围机构，整个过程每一步都经过小组共同研究，并向集团领导请示审批，操作比较规范。2016年，委托北京国际贸易公司再次组织招标工作，对入围备选库的咨询机构进行调整，至此，备选库中共有23家中介机构。

四、项目投资后的评价工作

投资项目后的评价是对项目投资完成并正常运营后实施的全面评价，是项目投后管理的重要内容，通过对照可行性研究报告、决策审批文件、政府行业审批等内容，发现项目可研论证、投资决策、投资过程及运营管理中存在的突出问题，总结成功经验和不足，分类总结经验教训，并在今后的项目投资中加以借鉴，确保理性投资、科学决策、规范运作，提高投资收益。2012年，按照不相容职务相分离的内部控制原则，项目投资后评价工作与投资立项工作分离，由审计部牵头负责组织实施。2012年12月，市国资委发布《北京市国有企业投资项目后评价管理暂行办法》，并于2013年年初首次布置后评价工作。依照市国资委发布的办法，首农集团制定《投资项目后评价管理办法》，审计部负责组织实施集团投资项目后评价工作。

2013年年初，按照市国资委要求，经与资本运营部及相关单位沟通、集团董事会审议通过，集团向国资委报送当年投资项目后评价计划6项，当年全部完成。6个项目包括持有型物业、房地产开发、股权投资等投资类型，涉及乳业、养殖业、生物制药、库房仓储、物产经营等行业，投资额共计15.83亿元。2017年，对3个持有型物业及1项房地产开发项目实施了后评价，投资额共计4.87亿元。后评价工作初期，主要是各企业财务、审计、业务等部门自行实施，但项目申报、审批、管理等部门不得参与具体后评价工作。随着工作的开展，为增强后评价的专业性及客观公正，有些项目委托中介机构实施。

五、境外投资审计工作

北京农垦先后在香港、澳大利亚悉尼等地设立的企业业务量虽然不大，但集团并未放松对其的日常管控。一是集团向境外企业委派董事，成立董事会，重要事项需经公司董事会决定，并向集团汇报。二是加强对境外企业的内部审计。2014年之前，集团审计部每年对境外企业进行财务审计。当时尚未纳入报表合并，但为尽早满足合并要求，按照会计师事务所要求模板填报数据，其中，2011

年集团财务总监、审计部、财务部人员陪同监事会实施现场审计。从 2014 年开始，由中介机构实施年报审计并纳入集团报表合并。三是加强财务管理。按照集团财务管理部要求报送预决算报表，根据业务情况及时予以指导并提供财务事项说明。四是重要事项需经过集团审批同意后方可实施，每年向集团述职汇报。

　　除以上五方面的日常审计工作外，根据市审计局、市国资委及集团公司要求，集团还开展了其他专项审计工作，如预算执行、财政补贴资金审计，以及其他特性化审计项目。

第四章　土地管理

国有土地是北京农垦最重要的资源。自垦建以来，北京农垦为增加耕地、改良耕地和保护土地资源做出巨大贡献。进入 21 世纪后，北京农垦进一步加强土地管理，维护企业的土地权益，土地开发利用取得显著成效。

■ 第一节　土地来源

一、没收官僚资本和地主的土地

1949 年 5 月，北平市军管会颁布《关于北平市辖区农业土地问题的决定》，规定了北平郊区土地改革的具体政策，提出没收所有地主土地，并征收富农出租土地。1949 年 8 月，华北农业部机械垦殖管理处在没收官僚资本家和部分地主庄园土地的基础上开展建立国营农场的准备工作。1949 年，3 个最早建立的农场，即双桥农场、五里店农场（地处南苑区六合庄的新农场，今南郊农场）和彰化农场，均采取此种办法。

没收官僚资本的土地见表 6-4-1，没收地主庄园的土地见表 6-4-2。

表 6-4-1　没收官僚资本的土地

时间	接管机构	没收项目	土地面积（公顷）	没收土地用途
1949 年 2 月	北平市军事管制委员会物资接管委员会财经部农业水利处	励志社华北地区盟军用品供销处双桥农场	180	建立双桥农场
1949 年 3 月	华北农业部机械垦殖管理处	国民党军用机场油库、弹库所在地	333.33	建立五里店农场
1949 年 3 月	华北农业部机械垦殖管理处	三校联合实验农场	133.33	建立五里店农场
1949 年 8 月	北平市郊区工作委员会	盐业银行所辖和义庄园	94.0	建立和义农场
1950 年 12 月	北京市郊区工作委员会	原中法大学试验场	70.6	成为彰化农场的一部分
1952 年 6 月	北京市郊区工作委员会	阜兴果园	8.0	成为彰化农场的一部分

说明：资料来自有关单位大事记。

表 6-4-2　没收地主庄园的土地

时间	接管机构	没收项目	土地面积（公顷）	没收土地用途
1949 年 8 月—1950 年 3 月	华北农业部机械垦殖管理处	德茂庄郭姓地主和积善庄地主段华庭的土地	132.33	建立德茂农场
1949 年 8 月—1950 年 3 月	华北农业部机械垦殖管理处	天恩庄、亦庄地主齐姓和王桩槐的土地	106.66	建立天恩庄农场

（续）

时间	接管机构	没收项目	土地面积（公顷）	没收土地用途
1949 年 8 月—1950 年 3 月	华北农业部机械垦殖管理处	伪大兴县长李希曾的大泡子庄园土地	32.8	成为和义农场一部分
1949 年 8 月—1950 年 3 月	华北农业部机械垦殖管理处	钱庄子地主土地	100.0	建立钱庄子农场
1949 年 8 月—1950 年 3 月	华北农业部机械垦殖管理处	大生庄地主玉丰及南同顺地主的土地	113.33	建立大生庄农场
1949 年 8 月—1950 年 3 月	华北农业部机械垦殖管理处	南苑龙河地主土地	46.8	成为和义农场一部分
1949 年 11 月	北京市十三区政府	彰化村于茂亭庄园	31.8	建立彰化农场
1950 年 1 月	河北省通县人民政府	河北省通县第七区（今北京市通州区马驹桥镇）的堤上村地主土地	30.4	建立河北省通县县农场

说明：资料来自有关单位大事记。

二、国家投资购置土地

1951 年 3 月，中央军委民用航空局与通县 3 区 7 个村公所（孙河、北甸、康营、北皋、南皋、黑桥、苇沟）签订《京东新中国农场合作用地合同》，购置土地 312.6 公顷（折 4 689 亩）。1954 年 6 月 29 日，民航局将新中国农场移交北京市农林局，含全部土地。东郊畜牧场经市人委办公厅批准，自 1955 年开始购地，至 1958 年以购置、划拨、交换等方式取得土地 400 多公顷。其中，1955 年冬至 1956 年 2 月，从北泉、马泉营购买土地 65 公顷；1956 年 9 月，经北京市规划管理局批准，东郊畜牧场征用土地 8.45 公顷建设崔各庄牛场；1957 年，收购五星社土地 13.46 公顷，收购红光社土地 169.66 公顷；4 月，经市农林水利局批准，在孙河征地 12.1 公顷建设孙河牛场；10 月 22 日，以仔猪置换农民土地 30.99 公顷；10 月 26 日，以马甸牛场 41 头奶牛、南息牛舍及部分生产用具与五一农业合作社置换土地 89.13 公顷；1958 年 12 月 30 日，购买孙河红光农业合作社土地 53.2 公顷。至 1957 年年底，东郊畜牧场耕地达 826.12 公顷（折 9 847 亩），比 1954 年增加 164％。[①] 双桥农场曾先后两次购置土地。1952 年 12 月底，经农业部批准，当地政府与农场组成收购土地委员会，首次向农场附近东、西、南扩充土地。收购土地 224.65 公顷，其中耕地 167.69 公顷，扩大后，双桥农场土地增至 325.8 公顷。1956 年 12 月，双桥农场第二次扩充土地，由当年成立的农垦部出资 250 万元，再次购买了农场至定辛庄村西的 227.51 公顷土地，至此，双桥农场土地总面积达 593.8 公顷，其中耕地 535.13 公顷。1953 年 4 月，经市政府同意，市农林局在南苑槐房村收购土地 14.47 公顷，正式建立北京农业机器站；8 月，中南海管理局在玉泉山附近购置土地，将香山副食品供应基地农场正式定名为香山农场。1955 年，西郊农场购买温泉乡白家疃村土地 37.33 公顷；1957 年 2 月，鉴于西郊农场发展奶牛需增加饲料地，由国家征购大牛坊和白水洼土地各 240 公顷。[②] 1956 年 2 月，筹建公私合营北郊畜牧场时，市农林水利局在昌平区第五区建国社（位于霍营）征地 207.03 公顷。1957 年 11 月，北郊畜牧场购置军委总参七里渠、白各庄耕地 33.53 公顷；以 60 头奶牛作价，换购建国农业合作社耕地 89 公顷；以 120 头奶牛换购昌平区第二区长江农业合作社耕地 94.36 公顷；以 36 头奶牛、两辆大车换购清河农业合作社耕地 47.13 公顷；以 173 头奶牛和羊换购北京农业大学农场耕地 124.3

---

①　《东郊农场史》（1954—2010），第 45、46、50 页。

②　《北京市国营西郊农场史》，第 86 页。

公顷；共计新增耕地 381.67 公顷，全场土地面积达到 588.7 公顷。[①] 1958 年 3 月底，在农垦部、北京市规划局和北京市东郊区的支持下，农展馆农场筹建处完成对农村土地的征用，五一农业合作社的 93.2 公顷、三八农业合作社的 63.47 公顷、星火农业合作社的 63.47 公顷，总共 220 公顷土地划拨给农展馆农场。

三、通过开垦荒地扩大耕地

1949 年 4 月，五里店农场成立京郊拖拉机站，下设 1 个机耕队，组织 10 台阿里斯拖拉机、新接收的 2 台克拉克链轨式拖拉机和 2 台福特拖拉机，在原弹药库区内垦荒，至 5 月底，开垦出耕地约 180 公顷，至年底，开荒 200 公顷。之后，建立起来的农场普遍对撂荒地进行了复垦，并对地边地头进行扩充改造，零零星星增加了一部分耕地。1956 年 3 月 6 日，《人民日报》发表《开垦荒地》社论。1957 年，中共北京市委第一书记兼市长彭真在商业调整会议上宣布北京市改造南口荒滩、兴建万亩果园的决定。[②] 1957 年 8 月，河北省通县农场迁至通县第九区（今北京市朝阳区楼梓庄乡，即农场的现址），并陆续在楼梓庄地区开垦荒地 363.88 公顷。1958 年 2 月 6 日，农垦部召开全国国营农牧场社会主义建设积极分子会议，明确了为提高开荒建场和发展生产的速度，应采取"边开荒、边生产、边建设、边积累、边扩大"的方针。[③] 是年 2 月，中共北京市委、市人委决定，由北京市服务局副局长王宗绪带领下放干部 2 000 余人，在小清河西岸沙荒地垦殖，创建长辛店农场；[④] 由北京市粮食局党组书记宋新波、市粮食局油脂公司经理王锡田带领财贸系统下放干部 2 000 余人，通过开荒，兴建南口农场。是年 3 月，卢沟桥农场正式成立，北京市公安局、北京市二商局和中国人民银行北京市分行等单位的 300 多名下放人员被分配到卢沟桥农场，在永定河东岸沙荒地计划垦荒 300 公顷，实际完成开荒 266.67 公顷。1958 年是北京农垦历史上开荒面积最多的一年，全年开荒 2 540 公顷。1959 年年底，上年新建的南口、长阳、卢沟桥 3 个农场的耕地面积共计 2 838.13 公顷。[⑤] 到 20 世纪 60 年代，农场仍有零星的开荒。1961 年 1 月，市人委决定在通县筹建永乐店农场。通县人民委员会决定在柴厂屯公社三堡村开荒建立一个规模较小的国营农场。在 1964 年秋冬季，和平人民公社（东郊农场）组织 2 000 多名劳力开垦沙子营荒地，次年，又继续在秋冬季开荒，两个秋冬季共开荒 333.3 公顷，这是 1961 年以后规模最大的开荒。1964 年，北京农垦开荒 906.6 公顷。根据已有的资料统计，1949—1977 年，北京农垦累计开荒 4 827 公顷。[⑥] 1979 年，市农场局复建，当年年底尚有可垦荒地 104 公顷，至 2013 年降至 3 公顷，2017 年可垦荒地面积已为零。[⑦] 这表明自 1979 年后，开荒逐步不再是北京农垦增加耕地的途径。

四、农村集体所有制土地并入国营农场

北京农垦管理的耕地大幅度增加是在 1958 年实行"人民公社化"后。从 1958 年 6—7 月开始，国营农场周边的农业合作社在征得农民同意后，陆续整建制带地加入国营农场。社队并入后，农村集体所有制土地性质不变。1958 年年底，耕地面积增至 5 406.67 公顷。1959 年，中共北京市委决定在

① 《北京市北郊农场志》（1956—2016），2016 年，第 21 页。
② 史金英：《南口农场的由来》，载《北京文史资料精选·昌平卷》，北京出版社，2006 年，第 181 页。
③ 新疆生产建设兵团史志编纂委员会：《新疆生产建设兵团大事记》，新疆人民出版社，1995 年，第 102 页。
④ 北京市房山区编纂委员会：《北京市房山区志》，北京出版社，1999 年，第 108 页。
⑤ 《北京市国营农场统计资料（1950—1985）》，第 12 页。
⑥ 根据《北京市国营农场管理局统计资料（1949—1978）》和有关农场大事记相关数据整理。
⑦ 1979 年数据来自《北京市长城农工商联合企业一九七九年统计资料》，2013 年、2017 年数据来自首农集团报送农业部农垦局年度统计年报。

北京市开始进行全民所有制人民公社试点，北京农垦有 10 家国营农场被定为试点单位，是年底，耕地面积激增至 26 560 公顷。1960 年 1 月，中共北京市委在向中央报告时肯定了全民所有制人民公社的试办成绩，要求继续推进试办全民所有制人民公社的工作。是年底，北京农垦的耕地面积进一步增至 96 133.33 公顷，为北京农垦历史上耕地面积最高峰。1960 年 12 月，为贯彻中共中央关于整社运动的精神，纠正"急过渡"，实行了"大社变小社"的措施。从 1961 年开始，一大部分农村集体所有制生产大队调出全民所有制人民公社（国营农场），是年底，耕地由 1960 年年底的 96 133.33 公顷急速减少到 30 800 公顷。在 3 年国民经济调整时期，又陆续有农村社队并入国营农场。如 1963 年 1 月，原属黄土岗公社所辖的齐庄子、老庄子、北天堂、永合庄 4 个村划入卢沟桥农场管理；1964 年 2 月，经中共北京市委和中共通县委员会批准，将永乐店公社、渠头公社、小务公社划归永乐店农场；是年春季，孙村地区的辛店村、王立庄并入南郊农场（红星人民公社）；1966 年 12 月，市农场局与中共延庆县委商议，将靳家堡公社的中羊场、黄柏寺、上都庄、苏庄、古城等 6 个大队划归延庆农场。至 1967 年年底，北京农垦耕地面积增至 53 888.93 公顷，为北京农垦历史上耕地面积第二个高点，与 1961 年相比增加 75％。以后，一直到 1997 年年底，基本维持在 4 万公顷左右。1998 年，北京农垦完成场乡体制改革，国有农场下属的农村集体所有制经济划归所在区县管理，划归区县的耕地有 36 122 公顷，占原北京市农工商联合总公司耕地总数的 92％。是年底，北京农垦的 2 752.23 公顷耕地全部为国有土地。

五、接收其他系统企事业单位移交的土地

北京农垦接收外单位始于 1952 年"三反"运动结束后。按照政务院"机关生产统一管理"的指示精神，一些由机关事业单位和部队管理的小农场划拨给市农林局所辖农场管理。之后，在有些年度也有接收外单位土地的情况，至"文化大革命"，已基本无此类情况。

接收系统外企事业单位增加北京农垦土地情况见表 6-4-3。

表 6-4-3　接收系统外企事业单位增加北京农垦土地情况

时间	接收单位	移交单位及移交的土地资产
1952 年 3 月 14 日	彰化农场	北京市公园管理委员会的西山果园和裕民果园、清华大学的清华菜园、北海托儿所经营的琅山果园、华北农业科学研究所的圆明园生产农场，以及各学校经营的佟家坟、八里庄、市立一中生产农场
1952 年 3 月 29 日	彰化农场	中央农业部华北农业科学研究所的大苇塘繁殖场
1952 年春季	德茂农场	接收位于西五号村的北京军区机关生产农场土地 34.93 公顷和位于瑞合庄的炮兵司令部机关生产农场土地 85.33 公顷
1952 年 6 月	德茂农场	接收公安部队后勤部的太和庄生产农场
1952 年 6 月	和义农场	接管北京师范大学等校办的联合农场、公安部队后勤部直属农场、第六中学合作农场、北京农业大学等 4 个单位的六合庄土地，以及市民政局生产教养院嘉禾庄福利农场土地 100 亩与全部在职的聋哑工人
1952 年 6 月	天恩庄农场	接收中共北京市委领导的建国门农场和市总工会领导的五一农场
1953 年 2 月	南苑畜牧场（前身德茂农场）	接收市供销合作总社管理的西苑畜牧场。西苑畜牧场是 1952 年 5 月由市供销合作总社接收中央部委和清华大学、燕京大学等单位的 12 个小型牛场组成的。接收后，西苑畜牧场为南苑畜牧场的一部分
1954 年 1 月	彰化农场	接收市供销合作总社管理的成府牛场、厚生果园
1955 年	西郊农场	接收北京市果树指导站的白家疃果园 34.26 公顷

（续）

时间	接收单位	移交单位及移交的土地资产
1957年2月28日	西郊农场	接收中央军委总参谋部三部原计划建设飞机场的大牛坊土地233.33公顷和原计划建设电台的白水洼土地240公顷
1959年10月	北郊畜牧场	接收北京农机学院耕地200公顷
1963年1月2日	南口农场	接收北京市建筑设计院南口副食基地、市建工局副食基地
1963年3月	长阳农场	接收市公用局南岗洼副食基地
1963年4月	东郊农场	接收化学工业部原部属副食品生产基地
1963年7月	东郊农场	接收北京"七一八"厂8.93公顷副食品生产基地和北京齿轮厂副食品基地
1963年10月	东郊农场	接收国家测绘总局13.4公顷副食基地和国务院华侨事务委员6.7公顷副食品生产基地
1963年12月	东郊农场	接收煤炭部科学院身家坟农场
1965年5月	卢沟桥农场	接收原石景山钢铁厂管辖的五里店石钢农场，农场增加土地72.66公顷，其中耕地46.66公顷
1965年6月	南郊农场	接收市食品公司直属福利农场82.9公顷耕地、四眼机井
1969年11月	市牛奶公司	接收大兴县黑堡农场
1976年1月	长阳农场	接收永定河林场马场果园

资料来源：《北京国营农场建设大事记》《北京农垦大事记》。

■ 第二节　土地资源

一、土地数量

北京农垦土地总面积①的变化有两个重要时间节点：

一是以1958—1959年，京郊国营农场周边部分农村社队并入农场为主要标志，北京农垦土地总面积大幅增加。二是以1998年场乡体制改革划走农村集体所有制土地为标志，北京农垦土地总面积大幅减少。

由此影响到了北京农垦土地所有制的变化，可分为三个阶段：①1949年至1958年中期，农场土地全部为国有土地；②1958年中后期至1998年年底，北京农垦土地所有制为国有土地与农村集体土地并存；③1999年至2017年，北京农垦土地全部为国有土地。

（一）土地总面积

这里的土地总面积的统计口径，与下述的宗地面积有所区别：一是含义不同，土地总面积指土地使用权人使用的土地，而宗地面积指权利人所拥有或使用的被权属界址线所封闭的地块面积；二是土地总面积是按照政府统计口径上报农业部和北京市统计局的，宗地面积是按照北京市国资委土地资产统计口径报送国资监管部门的。北京农垦1979—1993年土地总面积见表6-4-4。

---

① 本节所述的土地总面积均不包括：①以"托管"方式管理的北京市（甘南）双河农场3.8万公顷土地（约57万亩）；②以合作方式经营管理河北省御道口农场10万公顷土地（约150万亩）。

表 6-4-4　北京农垦 1979—1993 年土地总面积

单位：公顷

年份	面　积	年份	面　积	年份	面　积
1979	71 877	1984	76 876	1989	77 766
1980	72 570	1985	79 400	1990	77 359
1981	72 264	1986	79 370	1991	76 808
1982	76 964	1987	78 032	1992	76 604
1983	76 814	1988	78 004	1993	76 134

资料来源：北京市农工商联合总公司相关年度统计年报。

1998 年年底场乡体制改革后，土地总面积减少近 85%。2001 年，西山农场划给海淀区管理，年底，北京农垦土地总面积进一步减少。1999—2017 年北京农垦土地总面积见表 6-4-5。

表 6-4-5　场乡体制改革后（1999—2017 年）北京农垦土地总面积

单位：公顷

年份	面　积	年份	面　积	年份	面　积
1999	10 998	2007	7 135	2015	7 302
2000	10 900	2008	6 821	2016	6 944
2001	7 890	2009	6 954	2017	6 646
2002	7 892	2010	6 924	2014	7 347
2003	7 703	2011	7 013	2015	7 302
2004	7 514	2012	7 404	2016	6 944
2005	7 510	2013	8 029	2017	6 646
2006	7 133	2014	7 347		

资料来源：北京市农工商联合总公司、北京三元集团有限责任公司、北京首都农业集团有限公司相关年度统计年报。

（二）耕地面积

1. 1949—1997 年耕地面积　北京农垦 1949—1997 年耕地面积见表 6-4-6。

表 6-4-6　北京农垦 1949—1997 年耕地面积

单位：公顷

年份	面　积	年份	面　积	年份	面　积
1949	740.00	1966	52 559.87	1983	46 017.73
1950	742.60	1967	53 888.93	1984	45 966.13
1951	808.00	1968	47 845.73	1985	45 464.40
1952	1 045.07	1969	47 650.07	1986	45 357.80
1953	1 060.93	1970	47 576.47	1987	45 229.73
1954	1 346.60	1971	47 596.87	1988	44 916.93
1955	1 414.00	1972	47 170.07	1989	44 847.47
1956	1 940.93	1973	47 631.93	1990	44 574.27
1957	2 656.27	1974	47 506.93	1991	44 297.80
1958	5 408.93	1975	46 904.20	1992	44 117.00
1959	26 556.67	1976	46 667.33	1993	44 116.60
1960	96 133.33	1977	46 568.53	1994	42 976.80
1961	30 799.47	1978	46 990.80	1995	42 462.13
1962	31 554.80	1979	46 542.53	1996	39 263.20
1963	38 983.13	1980	46 307.67	1997	39 263.20
1964	49 962.87	1981	46 189.00		
1965	52 187.60	1982	46 089.47		

资料来源：《北京市国营农场管理局统计资料（1950—1985）》、北京市农工商联合总公司统计年报。

在场乡体制改革前几年，北京农垦国有耕地面积及占耕地总面积的比重已逐步下降：1995年，国有耕地面积3 923.5公顷，占耕地总面积9.2%；1997年年底，国有耕地面积3 298公顷，占耕地总面积8.4%，与1995年相比，面积减少16%，比重减少0.8个百分点。16个农场分布在北京市8个区县，以1995年为例，农垦系统耕地总面积占8个区县的比例分别为（比例按照由高到低排序）：朝阳区36.7%，海淀区28.1%，通县（现为通州区）22.3%，昌平县（现为昌平区）21.6%，大兴县（现为大兴区）17.3%，房山县（现为房山区）5.3%，丰台区2%，延庆县（现为延庆区）0.9%。

2. 场乡体制改革后国有耕地面积　场乡体制改革后北京农垦国有耕地面积见表6-4-7。

表6-4-7　场乡体制改革后北京农垦国有耕地面积

单位：公顷

年份	面　积	年份	面　积	年份	面　积
1998	2 752	2005	1 810	2012	1 454
1999	2 750	2006	1 620	2013	1 482
2000	2 336	2007	1 620	2014	1 434
2001	1 845	2008	1 692	2015	1 439
2002	1 810	2009	1 658	2016	1 439
2003	1 724	2010	1 483	2017	1 396
2004	1 810	2011	1 455		

说明：1. 数据取自北京市农工商联合总公司、北京三元集团有限责任公司和北京首都农业集团有限公司有关年度统计年报。
　　　2.1998年数据为12月31日时点数，已不含农村集体所有制土地。

（三）宗地及宗地面积

宗地是地籍的最小单元，指以权属界线组成的封闭地块。宗地面积为一宗地权属界线范围内的面积。首农集团成立后，开始建立宗地统计管理。首农集团宗地数及宗地面积见表6-4-8。

表6-4-8　首农集团宗地数及宗地面积

年份	宗地数（宗）	宗地面积（万米²）	年份	宗地数（宗）	宗地面积（万米²）	年份	宗地数（宗）	宗地面积（万米²）
2009	775	7 000	2012	812	7 026	2015	812	7 033
2010	808	7 067	2013	800	6 944	2016	783	6 772
2011	812	7 023	2014	817	7 031	2017	773	6 760

说明：资料来自首农集团报送市国资委年度土地资产年报。

二、土地用途分类

土地利用是一个动态过程，北京农垦土地利用的状况在不同时期会有一定的差异。北京农垦土地用途分类及比例变化情况见表6-4-9。

表6-4-9　北京农垦土地用途分类及比例变化情况

比重由高到低排序	土地用途分类	平均比重（%）	各年所占比重（%）			
			2009年	2012年	2014年	2016年
1	种植养殖用地	63.83	65.45	64.01	61.77	64.1
2	工业用地	13.09	11	12.91	14.55	13.9
3	其他	7.69	7.17	7.59	7.83	8.2

（续）

比重由高到低排序	土地用途分类	平均比重（%）	各年所占比重（%）			
			2009 年	2012 年	2014 年	2016 年
4	仓储用地	4.44	4.82	4.78	5.16	3.0
5	办公科研用地	3.28	3.5	3.23	3.20	3.2
6	居住用地	2.76	3.0	2.69	2.65	2.7
7	文体教卫用地	1.26	1.24	1.24	1.25	1.3
8	公用设施用地	0.56	0.53	0.55	0.56	0.6
9	商业服务业用地	0.63	0.75	0.55	0.62	0.6
10	旅游用地	0.51	0.51	0.51	0.51	0.5
11	其他商业用地	0.51	0.54	0.49	0.49	0.5
12	交通运输用地	0.4	0.44	0.43	0.42	0.3

说明：资料来自首农集团报送市国资委年度土地资产年报。

三、土地区位分布

北京农垦土地区位分布总体变化不大，区位分布最多的，一是位于五环至六环的土地，占土地总面积二分之一强；二是位于六环以外的土地，接近土地总面积三分之一。京内土地共计 744 宗，根据 2017 年北京市新总体规划的划分标准，北京农垦土地在"重点功能区 1"范围内的宗地情况是：中心城区共 339 宗，平原新城所在区 305 宗，北京城市副中心 50 宗，生态涵养区 33 宗，首都功能核心区 17 宗；土地在"重点功能区 2"范围内的宗地情况是：4 个有潜力功能区共 137 宗，4 个成熟功能区 14 宗，三城一区 20 宗，三山五园地区 12 宗，其他 561 宗；土地在"重点功能区 3"范围内的宗地情况是：中轴线及其延长线共 95 宗，长安街及其延长线 4 宗，其他 645 宗。[①]

首农集团土地所属区域分类情况见表 6-4-10。

表 6-4-10　首农集团土地所处区域分类情况

区域范围	土地面积（米²）	土地宗数（宗）	土地面积占总面积比重（%）
二环内	5 074.13	7	0.01
二环至三环	83 220.67	25	0.12
三环至四环	239 776.03	23	0.35
四环至五环	5 137 687.85	115	7.60
五环至六环	38 434 530.22	437	56.86
六环以外	21 385 225.72	137	31.64
北京市以外	2 310 295.66	29	3.42
合计	67 595 810.28	773	100

说明：资料来自首农集团报送市国资委 2017 年度土地资产分析报告。

四、地上房产

（一）房屋面积

2014—2017 年北京农垦房产面积统计见表 6-4-11。

---

① 《北京首都农业集团有限公司 2017 年土地资产年报的分析报告》（京首农文〔2018〕12 号），第 7 页。

表 6-4-11　2014—2017 年北京农垦房产面积统计

单位：万米²

年份	房产总面积	年份	房产总面积
2014	760	2016	699
2015	754	2017	809

说明：资料来自首农集团各年度报送市国资委土地资产年报分析报告。

（二）房屋用途

北京农垦 2012—2017 年房屋用途比例见表 6-4-12。

表 6-4-12　北京农垦 2012—2017 年房屋用途比例

单位：%

年份	商业服务业用房	旅游业用房	其他商业用房	办公科研用房	其他综合用房	工业用房	仓储用房	种植养殖业用房	文体教卫用房	居住用房
2012	4.36	0.92	0.72	5.28	6.57	19.60	23.80	14.65	2.15	21.95
2014	5.38	0.91	0.67	5.95	6.93	17.74	24.00	14.21	2.13	22.08
2015	5.38	0.91	0.67	5.95	6.93	17.74	24.00	14.21	2.13	22.08
2016	5.70	1.00	0.70	6.10	8.00	19.70	18.20	14.60	2.30	23.70
2017	5.72	1.04	1.64	6.71	13.41	19.54	16.97	13.22	3.34	18.41

说明：资料来自首农集团各年度报送市国资委土地资产年报分析报告。

第三节　土地管理工作

土地是农垦最重要的生产资料，是农垦存在与发展的基础。北京农垦从强化农业基础地位、切实保护国有土地资源、实现可持续发展的战略高度，不断加强土地资源管理利用。一方面统筹土地规划利用，实现推动经济增长和支持产业发展的目标，另一方面服务于城市建设发展大局，为优化城市环境、保障首都市民生活践行国有企业职责。

一、管理机构及职责

（一）管理机构沿革

北京农垦土地管理机构及管理体系形成较晚。1964 年，新成立的市农场局设置建设处，负责基本建设，包括土地管理。1979 年，市农场局复建，土地管理没有专设独立部门，土地管理职责归属计财处。1983 年，设立基建物资处，负责土地管理业务。1986 年，基建物资处改为基本建设处，土地管理业务由该处负责。1992 年撤销基建处，土地管理职责划归计划处。1998 年成立资产管理部，土地及房屋日常管理业务划归该部负责，基建项目用地计划仍归计划处负责。2006 年，资产管理审计部改为监察审计部，发展计划部改为发展改革部，土地管理业务全部划归发展改革部负责。2007 年 7 月，撤销发展改革部，成立土地房屋管理部（正式运行时更名为房地管理部），该部门以土地、房屋管理为唯一职责。

（二）管理部门职责

2011 年，首农集团明确土地房屋管理部是集团总部管理土地房屋的职能部门，负责经办系统内土地房屋的管理、利用等具体事务，集团公司监察部协同负责相关监督工作。使用土地的各二级单位要设立管理土地的部门或专（兼）职人员，负责本单位土地管理事务。

2016年，首农集团根据部门运行情况及工作内容的变化情况，再次明确房地管理部的职责：①负责集团公司房屋和土地管理工作；②负责组织办理集团公司土地和房屋权属的登记、变更、注销的审核工作；③负责组织协调集团公司土地利用规划的编制、行政审批工作；④负责集团公司建设项目用地事项的审核工作；⑤负责集团公司城市绿化用地审核工作；⑥负责集团公司土地使用权的调配、转让等相关工作，牵头办理土地资产处置和占地补偿方案的初审工作，会同有关部室做好集团公司土地收益的催缴工作；⑦负责集团公司房屋租赁信息的统计、备案、检查工作；⑧负责检查集团公司违法用地、违法建设行为和监督整改工作；⑨负责集团公司建设工程项目招标管理与监督检查工作。

二、土地管理制度

（一）北京农垦制定的管理制度

在1979年之前，北京农垦在土地用地计划、土地调入和调出、土地管理方面，主要执行市计委和北京市规划局制定的有关规定。1979年，市农场局复建，随着计划经济体制逐步向市场经济体制转变，北京农垦在土地用地计划、土地调入和调出、土地管理等方面增加了自主权。2002年，总公司完成公司制改革，成立三元集团，被市政府授予依法承担本公司全部国有资产保值增值的责任，并对市人民政府负责，对土地管理的自主权限得到扩大。在执行国家及北京市有关的土地管理法律、法规和政策的同时，三元集团/首农集团也制定了一些管理制度及管理办法，对加强土地管理起到促进作用。北京农垦制定的土地管理制度及管理办法主要有：

1979年12月24日，长城农工商印发（79）京农联字第159号文《关于加强土地管理的通知》，提出其他单位占用农场土地必须报市农场局审批。1991年8月16日，总公司印发（91）农管字第89号文《关于征用农场土地的管理办法》至各农场、总公司有关处室。该办法规定：各单位在向系统外转让国有及集体土地使用权时，必须先报经总公司批准同意后再办理其他有关审批手续，否则无效，并追究单位领导者及当事者责任。由总公司计划处负责系统内土地管理，财务处负责征收占地费用，今后各种建设占地，以计划处审批为主，计划、财务、基建三处合签有效。该办法自1991年1月1日起执行。1994年3月9日，总公司向各农场、公司、机关处室印发《关于系统内土地开发、利用管理办法》，该管理办法指出，要防止乱占耕地和滥用土地，向外转让国有土地使用权及开发，必须报总公司批准。1999年1月15日，总公司印发《关于加强国有土地管理的暂行规定》（京农管字〔1999〕第5号文），对场乡体制改革后如何加强国有土地管理提出意见。2000年5月10日，总公司下发京农管计发〔2000〕50号文，再次强调要严格执行上年1月制订的《关于加强国有土地管理的暂行规定》。2000年7月27日，总公司印发京农管计发〔2000〕75号文，提出《关于加强土地收益管理和清理原有土地租赁合同的补充意见》。2006年8月13日，三元集团出台《土地管理办法》。2009年1月15日，三元集团印发《关于进一步加强土地管理工作的意见》（京三元集团发〔2009〕17号），并要求使用《三元集团场地（房屋）租赁合同（试行）》范本。2009年8月12日，首农集团印发《关于落实规范场地房屋租赁管理有关意见的通知》（京首农发〔2009〕57号）。该文件对加强场地出租管理做出明确而又严肃的规定："从本通知发布之日起，集团公司不再允许系统内企业单纯对外出租场地。"对遏制私自对外出租土地以及出租场地违法建设起到重要作用。2011年，首农集团出台《土地管理办法》《房屋管理办法》《房屋出租事项暂行管理办法》3个制度文件，并收录在《管理制度汇编》（2011年版）中。2016年，首农集团再次修订出台《土地管理办法》《房屋管理办法》，这2个制度文件收录在《管理制度汇编》（2016年版）中。2016年4月22日，首农集团印发《关于调整集团公司畜牧养殖业使用国有土地管理方式相关工作的意见》（京首农发〔2016〕88号）。该文件针对三元种业和首农畜牧使用的养殖场地、饲料地、非生产性的其他用地等现状国有划拨土地全部移交至属地农场管理，提出工作原则和工作方案。

（二）北京市政府制定的与北京农垦有关的土地管理办法

1998年9月7日，总公司和北京市场乡体制改革领导小组联合发文转发场乡体制改革领导小组办公室、北京市房屋土地管理局《〈关于场乡体制改革中调整和确认土地权属关系的若干意见〉的通知》《关于市农工商联合总公司土地登记中有关问题处理意见的通知》，明确总公司处理土地权属关系的原则、依据以及登记事宜。

2010年10月19日，北京市国土资源局下发京国土籍〔2010〕491号文《关于北京市农垦系统国营农场土地确权登记有关问题的意见》。一是明确了土地确权登记的主体。首农集团直接管理的土地以首农集团为主体登记，其他土地原则上登记到其二级单位名下。二是明确了土地分类的原则，包括宗地设定的原则、建设用地用途认定以及畜禽养殖用地分类认定等。三是明确了尚未登记发证的国有农场土地确权登记原则。四是明确了国有农场土地证变更登记问题。五是明确了使用权类型认定问题。该文件的出台，对北京农垦加快土地确权登记以及处理土地权属纠纷问题起到重要推进作用，也极大地保护了国有农场的合法权益。

2017年6月28日，市规土委印发《关于印发〈北京市加快推进农垦国有土地使用权确权登记发证工作方案〉的通知》（市规划国土发〔2017〕204号），发至市国土局各分局。该工作方案提出，至2018年年底前，完成权属清晰、无争议的农垦国有土地确权登记发证工作任务，做到农垦国有土地"权属应确尽确、证书应发尽发"。7月初，市规土委召开专门会议，部署和启动农垦土地确权登记发证工作。

（三）首农集团《土地管理办法》（2016年版）的主要内容

依据多年执行《土地管理办法》的实践经验，在进一步学习中共中央、国务院印发的《关于进一步推进农垦改革发展的意见》的基础上，首农集团几易其稿，完成对《土地管理办法》（2016年版）的修订工作。该办法分6章、20条，主要内容包括：

1. 土地管理

（1）集团公司对系统内的土地实行统一管理，企业的土地资产处置（包括转让、划转、抵押等方式）及其他土地利用事项应由集团审核批准。集团对土地管理实行主要领导人负责制，并与二级企业签订《土地管理责任书》。

（2）二级企业对土地事务履行经营管理权，承担保护国有土地资产的职责。

（3）二级企业负责办理本企业及其所属企业的土地权属登记工作。

（4）土地资产不进入改制企业的，土地使用权应从原企业上移至二级企业或集团公司；土地资产进入改制企业的，按土地资产及国有资产处置规定程序办理。

（5）集团对土地数据进行动态监控，二级企业应严格执行土地资产年报制度，集团土地资产年报向市国资委报告备案。

（6）企业应按照国家税法规定，遵循"谁使用，谁缴纳"的原则，及时足额缴纳各项与土地有关的税费。

2. 土地利用

（1）企业须严格按照土地登记、确权或实际管理范围管理土地，并严格按登记或规定用途使用土地。严禁违法用地、违法建设行为，未经集团公司批准不得自行处置土地资产或改变土地用途。

（2）集团坚持土地统筹规划、适量开发，坚持服从于城市规划建设、服务于集团产业结构调整的原则，二级企业应在集团土地利用规划研究的基础上，按照土地利用、开发的阶段性计划落实具体工作。企业处置土地资产、制订土地利用和开发的规划方案、办理土地有偿使用或改变用途但不变更登记使用权人、政府收回土地使用权等事项必须按照集团议事决策程序和审批权限履行相关手续。

（3）集团公司参股、控股企业使用系统内土地资产应当按照法律规定办理手续，并向集团公司或相关企业交纳土地使用费。

（4）严禁土地出租。未经集团公司批准，禁止利用土地资产以任何方式进行对外合作。

3. 土地收益 企业获得的土地收益（包括但不限于土地使用权转让综合补偿费、拆迁补偿费，土地出让金和其他政府收益返还等）实行"收支两条线"管理，即土地收益全部纳入集团公司专户存储管理，企业按照所提交的资金使用计划，经集团公司总经理办公会审批后支付使用。

4. 监督考核

（1）集团实行房地管理部、财务管理部、法律事务部、监察部和审计部的联动监督机制，由分管副总经理组织对土地管理工作进行不定期检查；集团公司参照市国资委对土地管理工作的有关考核指标，对二级企业进行考核。

（2）集团公司对瞒报、错报土地使用情况，未履行管理职责造成国有土地资产损失，对应收土地收益未能足额到位、未将土地收益缴存专户或另设账户、未依法缴纳税费和未按审批用途使用土地收益资金等违规行为，追究相关企业主要负责人和经办人的责任。

三、重点管理工作

（一）加强土地管理，查处违法用地违法建设行为

20 世纪 80 年代以后，城市建设快速发展，流动人口与低端产业逐步向地处城乡接合部区域的农场聚集，在生产建设过程中，北京农垦个别单位出现了违法用地、违法建设现象。面对土地管理中新出现的问题，北京农垦没有回避，通过召开土地管理动员大会，开展违法用地、违法建设专项大检查，通过企业自查自纠、集团组织巡回检查、通知上报文字、告知动向、使用工作联系函等方式，梳理问题，制定整改意见。2009 年首农集团成立后，在全系统开展牢固树立起守土有责、守土尽责、守土负责的思想教育活动，要求各级领导干部树立正确的发展观、政绩观。同时，对《土地管理责任书》进行修改，明确责任范围，增加经营班子一把手同法定代表人共同作为责任人接受监督管理，以增加管理者的责任意识，达到土地房屋管理事项可落实、责任可追溯的目的。首农集团还与所属企业全面签订《土地管理责任书》，责任书逐级签订已成制度，形成土地管理责任全面覆盖。2010 年，集团房地管理部印制《首农集团土地管理简报》，该简报刊登查处违章建设、强调协调规划、纠正承包农地等典型案例，起到了宣传教育、传达信息和推广经验的目的。2011 年，首农集团制定《房屋管理办法》《房屋出租事项暂行管理办法》，进一步规范了房屋出租行为。首农集团再次重申，在全系统执行"严格禁止新增土地出租事项；严格禁止在出租土地上进行违法建设；所有到期出租土地事项一律收回，不允许续租"的要求。2012 年，集团房地管理部组织编制《场地房屋租赁重点监控事项登记表》《场地房屋租赁巡查、复审整改情况统计表》和《场地房屋租赁巡查情况报告书》3 份表格，下属单位按月上报巡查情况，促进了基层单位落实土地管理责任制，对尽早发现、及时处理和严加管控在出租土地发生违法建设现象产生了较好的效果。此项工作已形成定期巡查、按期报告的常态化管理。

2013 年，市政府在全市开展严厉打击违法用地、违法建设和环境整治专项行动，首农集团被市国资委列为"重点单位"。5 月 24 日，首农集团召开专题会议，布置专项行动的有关工作。首农集团成立以总经理为组长的专项行动领导小组，下属单位成立以法人代表为组长的专项工作小组，对专项行动等整治工作实施全面领导。首农集团与下属单位签订《关于整治违法用地违法建设工作专项责任书》，明确违法用地违法建设"零增长"的责任目标，规定对新增违法用地、违法建设和未完成整治拆除任务对应的经济、纪检和法律处罚制度。编制《首农集团严厉打击违法用地违法建设专项行动台账》，进一步调查统计各企业存在的违法建设基本情况及数据，建立台账。2014 年，市国资委将184.6 万米² 核定为首农集团三年专项行动考核任务。在 2014 年、2015 两年间，首农集团完成拆违、

整治合计 124.2 万米²。2015 年 6 月 12 日，首农集团再次召开拆违工作专题会议，会议要求坚决打好拆违攻坚战，确保违法建设和场地出租两个"零增长"。至 2016 年年底，首农集团累计完成拆违整治约 70 万米²，最终 3 年共完成拆违整治约 200 万米²，超额完成市国资委的任务考核指标。2017 年 11 月 21 日，首农集团召开"开展安全隐患大排查大清理大整治专项行动"部署动员会，2017 年当年完成拆除腾退约 86 万米²，落实整治 6.7 万米²。2013—2017 年，首农集团累计完成拆除腾退面积 209 万米²，整治 86 万米²，疏解商户 3 410 户，疏解流动人口约 10 万人，有关工作获得中共北京市委、市政府和市国资委的充分肯定。

（二）加强权属管理，落实确权登记

2009 年首农集团成立后，经过调查摸底，北京农垦尚未登记发证的土地占宗地的 25%，发证登记比例低主要是历史原因造成的，包括缺乏土地来源资料、权属争议指界困难、因规划调整导致规划用途与现状用途不一致、设施农用地上有证房产登记等问题。

2010 年，首农集团利用好北京市开展的第二次土地调查工作的契机，组成攻关小组，集中力量完成土地勘界确权任务，重点解决未确权土地的登记办证工作。2010 年 10 月，市国土局针对首农集团土地登记问题，向各区县分局下发《关于北京市农垦系统国有农场土地确权登记有关问题的意见》，就首农集团土地确权、登记主体、地类区分、变更登记和权属争议等问题做出安排，对进一步规范北京农垦土地登记工作起到积极的推动作用。2011 年年初，首农集团召开加快土地登记工作的专题会，督促和推动重点单位的办证工作，使全系统土地登记办证工作取得较大进展。至 2014 年年底，首农集团管理土地共 817 宗，面积合计约 7 031 万米²；已登记土地 658 宗，面积约 5 600 万米²；以宗数计算的登记率为 80.5%，以面积计算的登记率为 79.6%。2016 年 4 月，市规土委、首农集团对北京农垦国有土地的确权登记发证情况进行调查统计。"全市调查在案的首农集团各类国有土地共计 708 宗，涉及用地总面积 97 510.58 亩，其中已办理国有土地使用权确权登记发证手续的宗地 494 宗，涉及用地面积 79 092.82 亩，占总用地面积的 81.12%；尚未进行确权登记的国有土地 114 宗，涉及用地面积 18 417.76 亩，占总用地面积的 18.88%。在尚未确权登记的农垦国有土地中，主要存在权属争议、调查与现状不符、设施农用地涉及地上建筑物登记等问题。"[1] 2017 年，市国土局各分局认真落实市规土委的《关于印发〈北京市加快推进农垦国有土地使用权确权登记发证工作方案〉的通知》（市规划国土发〔2017〕204 号），促进了首农集团未登记土地快速进入确权办证程序，并将办证进度纳入农业部农垦局的统计监督信息管理系统。2017 年 12 月 31 日，按照市国资委土地资产年报的统计口径，北京农垦使用国有土地共 773 宗，面积 6 759.58 万米²（约 10.14 万亩）。其中，已登记土地 633 宗，已登记土地面积 5 395.9 万米²（约 8.09 万亩），已取得土地使用权证 646 个，土地面积登记率约为 80%；未登记土地 140 宗，面积合计约 1 363.68 万米²（约 2.05 万亩）。[2]

（三）加快信息化建设，转化登记成果

2013 年，北京农垦土地管理系统利用农业部农垦局主持编制和推广的土地管理信息软件系统的机遇，在集团网络信息系统范畴内构建与基层互通的土地管理各类信息统计和运用平台，促进管理工作数据化、科技化，提高使用效能。2015 年 3 月，北京农垦正式启动集团房地信息化建设工作；5 月，集团与中国农垦经济发展中心全资公司北京龙达科贸发展总公司签署《土地信息化管理软件定制和数据处理服务委托协议书》，委托定制开发符合集团需求的管理系统。首农集团随即确定本次房地

---

① 北京市规划和国土资源管理委员会：《关于印发〈北京市加快推进农垦国有土地使用权确权登记发证工作方案〉的通知》（市规划国土发〔2017〕204 号），第 1-2 页。
② 在未登记发证的土地面积中，包括地处丰台、房山两区的首农集团所属农场，公司使用的属于河道范围的土地面积 563.74 万米²（约 8 456 亩），按照现行政策无法完成权籍调查和登记发证，但按照现行政策及工作方案，能够保证不失现状土地管理使用权。

信息化工作的深度及广度，即房屋土地管理细化到自然幢房屋及相关手续，信息化范围覆盖集团所属各二级单位，主要以拥有土地房屋数量较多的各农场为主，分 4 批分层次进行。至 2016 年 9 月，基本汇齐了 17 家二级企业数据，包括手工绘制宗地图形 759 块、采集录入宗地基本信息数据 759 组、地上物基本信息数据 9 659 组、土地及地上物权属信息数据 5 841 条、房屋场地出租合同数据 2 970 条，扫描录入土地证及房产证 427 册，扫描录入合同文件 314 册。通过土地管理信息化建设，北京农垦按照农业农村部农垦局报送农垦土地矢量坐标的要求，对北京农垦全部国有土地进行矢量化数据落图。同时，以集团信息化建设规划为指导，开展不动产信息化管理需求分析研究，统一数据标准、优化数据结构，以多图层叠加、宗地可视化、图表联动、大数据支持等方式，初步搭建首农食品集团土地信息管理平台，为深化研究土地规划利用、产业发展布局等决策支持打下基础，逐步向不动产管理与物产运营信息化平台进行完善与扩充。2017 年 3 月，根据首农集团信息化平台建设的总体安排，将房地信息化系统软件设计调整为纳入集团公司信息化总体统筹建设。

（四）常态化做好土地利用规划研究，推动产业布局调整与发展

土地利用规划工作是提升土地使用效率的基础性工作，也是北京农垦土地管理的一项重点工作。首农集团坚持对土地资源利用的统一管理，常态化开展土地利用规划研究，服从全市总体规划，服务于农垦产业发展。北京农垦以供给侧改革为抓手，一方面持续为城市发展建设及优化市政条件贡献土地资源，另一方面积极推动实施各类产业项目，不断增强北京农垦的可持续发展能力。

2010 年，为了进一步将土地利用规划与城市建设规划实行有机结合起来，首农集团委托北京市城市规划研究院开展首农集团土地利用与城市建设规划研究，以期对北京农垦所使用的国有土地做出合理的规划调整，达到为实施产业发展、改善经营环境，提高土地利用效率的目的。2011 年，首农集团推动了西毓顺、黑庄户、南口和右安门外乳品厂等调整产业用地规划项目及保障性住房用地规划项目的进展。2012 年，首农集团委托市规划院编制的《首都农业集团有限公司用地规划研究》正式报送市规划委申请审批，11 月上旬，市规划委主要领导带队到首农集团考察工作时肯定了此项规划研究成果。2013 年，首农集团在市国土局、市国资委的指导及协调下，在国有企业改制中利用农用地作价增资方式的政策取得实质性突破，推动了首农股份的设立及完成混合所有制改革。2014 年，深化并完成一批自主建设项目的前期准备工作。2015 年，梳理筛选出集团公司 22 块用地，提供给市政府有关部门作为城区棚户区改造定向安置房项目或其他保障性住房项目目标用地；调整南郊农场在丰台区和大兴区用地的规划方案，调整后，增加规划建设用地。2016 年，在北京市疏解非首都核心功能的形势下，首农集团对地处朝阳区的东郊、双桥、东风农场进行调研，调研内容包括转型升级、利用存量资产改扩建、拆除腾退土地调整规划等方面，同时，积极与朝阳区政府对接，取得了朝阳区政府的支持，对一些具有工业遗迹的老旧厂房、仓库进行升级改造，发展文化创意、电子商务、移动互联等产业，形成环五环高端产业园区体系，打造形成塞隆国际文创园、E9 区创新工场、东枫德必人工智能创新基地等。特别是在 2017 年，党中央、国务院批复《北京城市总体规划（2016—2035 年）》后，北京农垦进一步深化土地资源利用与产业规划研究，组建了多个规划专项研究工作组，按区域开展详规对接研究，为争取产业发展空间创造了有利条件。以行政区域和农场管理区域为重点，以重点项目和专项规划为突破，先后形成了《南郊农场控制性详细规划（地块层面）》《南口农场控制性详细规划（街区深化方案）》《首农黑庄户农产品冷链物流配送中心项目用地地块控制性详细规划方案》《朝阳区土地现状调查与规划建议方案》等成果。

第五章　法务管理

北京农垦法务管理虽然起步较晚，但经过多年的实践，其重要性已得到普遍认可，形成了以总法律顾问制度为主导的法务工作体系。法务部门在推动集团在决策、经营、管理各环节建立法律风险"防火墙"方面发挥了重要作用，初步建立起事前预防、事中控制、事后处理的多维度、多层次的法律风险防范体系。

■ 第一节　法务工作体系

一、法务工作机构

北京农垦建立法务工作机构较晚。1986 年 8 月 25 日，总公司首次聘请常年法律顾问。1990 年，总公司决定设立自己的法务部门。是年 10 月 4 日，总公司（90）京农场字第 20 号文通知成立总公司法制办公室，由办公室代管。1993 年 5 月 15 日，总公司 1993 年第 7 次党委常委会议决定，在原法制办公室的基础上，成立总公司法律事务处，同时挂法律事务所牌子，实行事业单位企业管理办法。总公司法律事务处（挂法律事务所牌子）不再归办公室管理，定编 3 人，人员不列机关编制，但视同机关干部管理，主要完成总公司系统的法律业务和领导交办的业务。该管理办法一直延续了 10 年之久。2003 年 3 月，三元集团进行总部机构改革，撤销法律事务所，成立体改法律事务部，定编 3 人，实际在岗 2 人。2006 年 3 月，在三元集团总部机构改革中，将体改法律事务部撤销，体改业务并入新成立的发展改革部，法务管理职能划入办公室。2012 年 5 月，首农集团 2012 年第 2 次总经理办公会决定成立法律事务部。

对于下属企业的机构设置，三元集团/首农集团要求具备条件的二级单位应当独立设置法律事务机构；不具备条件的，设置专兼职法务人员。2017 年，成立总经理任组长、班子成员和总法律顾问为成员的法治建设领导小组，同时成立法治建设领导小组办公室，办公室设在法律事务部。截至2017 年年底，首农集团系统有 4 家企业设立法律事务机构，分别为三元食品、三元种业、北郊农场、双桥农场，其他尚未设置法律事务机构的单位大部分配备了专兼职法务人员。集团公司共有 51 人取得助理法律顾问职业岗位资格，12 人取得三级法律顾问职业岗位资格，5 人取得二级企业法律顾问职业岗位资格；13 人具备法律职业资格，并取得公司律师证书，形成集团公司法务管理体系。

二、以总法律顾问制度为主导的法务工作体系

总法律顾问，是指按照国务院国资委《国有企业法律顾问管理办法》的规定，由集团公司聘任，全面负责集团公司法律事务工作的高级管理人员。2005 年 12 月 27 日，市国资委下发《关于建立健

全企业法律顾问制度进一步加强国有企业法制建设的意见》，三元集团被纳入企业总法律顾问制度十家试点单位之一。2006年4月3日，市国资委下发《关于北京三元集团有限责任公司企业总法律顾问制度试点方案的批复》，同意三元集团的试点方案；4月21日，三元集团召开启动企业总法律顾问制度大会，由总经济师薛刚兼任总法律顾问。2013年4月9日，经首农集团党委常委会研究同意，并经首农集团第一届董事会第43次会议审议通过，聘任王铃为总法律顾问。

2006年，作为市国资委试点单位，三元集团为适应国资监管的要求，在集团系统内推行企业总法律顾问制度。三元集团以《试点方案》为依据，深入开展以总法律顾问制度为核心和总则的法律事务管理体系建设，通过完善各项规章制度、配齐法务管理人员等措施，逐步形成了以总法律顾问制度为主导的法务工作体系。2012年11月，首农集团在三元食品股份公司、三元种业、华都集团（现首农股份）3家重点子企业推行了企业总法律顾问制度，结合企业实际，明确总法律顾问的职能定位与职责权限，制定了企业总法律顾问制度实施方案，内容包括目标任务、实施步骤、企业总法律顾问的岗位职责、法律事务工作机构设置、人员配备和职责、法律事务工作重要规章制度以及总法律顾问实施工作计划等，总法律顾问制度开始在集团范围内不断推行。

2012年，首农集团设立法律事务部，集团公司总法律顾问制度进一步完善。通过加强法律事务部机构和人才队伍建设，进一步强化总法律顾问在集团实施重大决策和重要经营活动中的地位，提高总法律顾问参加各项决策会议的出席率，发挥总法律顾问在企业实行科学决策、推动依法治企、强化内部管理、化解经营风险中的重要作用。

2017年，首农集团制定《北京首都农业集团有限公司法治国企建设实施方案》，同时成立法治建设领导小组，充分发挥"关键少数"作用，认真履行推进本企业法治建设第一责任人职责，把法治建设作为谋划部署全局工作的重要内容，进一步加大推动集团公司法治建设的工作力度，全面提升集团公司依法治企的能力和水平，不断推动集团公司依法合规健康发展。通过不断完善总法律顾问制度体系建设，集团公司逐步构建起总法律顾问统一协调处理企业决策、经营和管理中的法律事务，法律事务机构负责人、公司律师（法律顾问）分级负责、各司其职的法律管理体系。

■ 第二节　法务管理工作

北京农垦法务管理工作经历了一个发展、转型、提高的过程，实现了在业务模式、管控模式和管控环节3个方面的转变与提升。

一、业务模式方面，实现了从单兵作战到法务和业务融合发展的转变

20世纪80年代中后期，北京农垦面对兴办外商投资企业过程中出现的法律问题增多，以及在商品购销活动中出现的法律纠纷与诉讼案件增多的情况，认识到企业法务工作的重要性。90年代初期，北京农垦设立了法务管理部门，其主要任务是处理诉讼案件。90年代中后期开始，国企改革力度加大，一批小微亏企业退出市场，法律事务部的主要职能是从事诉讼以及劣势企业的破产、清算、注销等工作，同时，也从事一部分合同审核等工作。2006年，三元集团作为市国资委总法律顾问试点单位，开始推行总法律顾问制度。此后，法务管理和业务管理的融合力度不断加大，三元集团逐步明确总法律顾问、法律事务机构、法律顾问参与各项法律事务的工作制度和工作流程。随着集团公司经济的不断发展，法务人员仅仅处理诉讼及企业的破产、清算与注销的工作已无法满足日常法务管理的工作需求，法律事务部需与业务部门紧密配合、相互融合，才能不断推进法治建设。2012年，首农集团独立设立法律事务部，集团总法律顾问制度进一步完善。2017年，首农集团成立由总经理任组长、

班子成员和总法律顾问为成员的法治建设领导小组，同时成立法治建设领导小组办公室，办公室设在法律事务部，切实加强对集团公司法治建设的组织领导，明确主要负责人、总法律顾问、其他分管领导、法律事务机构、其他部门在推进法治建设中的责任，有效整合资源，增强工作合力。

二、管控模式方面，实现了从"事后补救"到系统风险防控的升级

法律事务部的主要工作从最初的参与诉讼及办理企业破产、清算、注销等事后防范救济工作，不断向业务前端延伸，进一步拓宽企业法律风险防范领域。特别是 2006 年三元集团推行总法律顾问制度以后，集团公司法律事务部的职能不断拓宽，实现重大经营决策、规章制度、合同 100％经法律审核，将法律服务融入企业经营管理，将法律审核纳入重大经营决策流程，重大经营决策事项上会决策时听取法律意见；延伸法务工作链条，及早介入业务工作，为企业战略规划、重大决策、商务谈判、重要改革等提供法律意见。集团公司法律事务工作由以"事后补救"为主变为"前线防范为主、事中控制、事后补救为辅"，对于各类风险，逐步建立起识别、预警、防范、处置的有效机制。

三、管控环节方面，实现了从办理诉讼、清算业务到全流程、全覆盖、嵌入式管控的转变

最初，集团公司法律事务部的法务管理职能较为单一，主要是诉讼业务。伴随国家经济形势的变化及集团公司的不断发展，单一的法务管理职能已远远不能满足企业发展对法务管理的需求。自2006 年集团公司开始推行总法律顾问制度以来，法务管理的范围不断拓宽和增大，法务管理融入经营管理的各个环节，贯穿各管理层级、各业务领域、各工作岗位，尤其是加强了对房屋土地管理、投资融资、改制重组、对外担保、产权流转、物资采购、招标、投标等重点领域、关键环节的管理，逐步实现法治工作全流程、全覆盖、嵌入式管控，为企业有效防范经营风险提供了法律支撑。

■ 第三节　法律风险防控体系建设

北京农垦法务管理工作的重心是建立并完善法律风险防范体系。通过强化规章制度、重大决策、合同的法律审核，加强对关键岗位、重点人员、薄弱环节的管控，充分调动内外法律资源，打造风险防范网络，对法律风险点进行深入研究，将法律风险防范前置，把法律风险化解在源头，尽最大努力维护国有资产安全。

一、完善规章制度体系建设，为依法合规经营提供制度支撑

北京农垦初期的法务管理制度主要是以《经济合同管理办法》等单一业务管理制度形式为主，尚未形成系统的法务管理制度体系。如 1982 年 7 月，市农场局下发（82）京农管字第 219 号文《关于贯彻执行经济合同法的意见》；是年 11 月，市农场局下发（82）京农管字第 347 号文《关于贯彻执行经济合同法的几项规定》，并成立经济合同领导小组；2004 年 3 月，三元集团出台《北京三元集团有限责任公司管理制度汇编》，并颁布《经济合同管理办法》。

在总法律顾问全面推行的第一个五年期间，首农集团按照市国资委的要求，总结企业法务管理工作中积累的经验，于 2011 年制定并颁布了《总法律顾问工作条例》《法律事务审核管理办法》《重大纠纷案件管理办法》《合同管理办法》4 项法务管理制度。

为推进首农集团法务管理与经营管理逐步融合，不断完善法务管理职能，在原有法务管理制度的基础上，集团公司于2014年开始系统性梳理管理制度，2015年开始制度修订工作，2016年正式颁布新版《管理制度汇编》，包括《企业法律顾问管理办法》《法律审核管理办法》《合同管理办法》《法律纠纷案件管理办法》和《外聘律师管理办法》等一系列法务管理制度，形成了一个从机构权限设置到各项法律业务开展，再到考核评价的系统、规范、闭环的法律管理制度体系。

在制度建设的过程中，首农集团进一步明确治理决策权限，理顺规范了董事会和经营层的权责，治理主体的权利义务和责任配置于法有据，决策、执行、监督的管理流程更加优化清晰。同时，基于国有企业的管理实际，首农集团注重党的建设和改革发展的关系协调，把党的领导融入公司治理的各个环节，进一步理顺党委与董事会、监事会和经理层的关系，通过健全完善相关制度，不断明确企业法律事务的权限、责任、程序和工作实现，稳步推进企业法律工作的制度化、规范化和专业化进程。

二、强化法律审核力度及流程管理，确保法律审核全覆盖、全流程

在法治建设过程中，首农集团持续加强经营活动的法律审核与论证，制定了《法律事务审核管理办法》，明确规定了须对重大决策、规章制度（含党委文件）和合同实施法律审核及论证，为总法律顾问和法律事务机构对"三重一大"等重大事项进行法律审核提供制度保证。

按法律审核和合同管理制度规范要求，首农集团法律事务部对各职能部室及下属单位出具的重要日常公文、函件、合同、章程和规章制度等文件材料进行法律审核，内容涵盖土地房屋租赁、招投标管理、工商登记、知识产权保护、企业历史遗留问题的处理、改制、解散、清算、破产、投融资、抵押、产权转让、对外合作等重大经济活动。法律事务部门全程参与重大项目，在项目启动、签订保密协议、项目方案设计与实施路径论证、谈判沟通、意向书与框架协议、正式合同与章程的签署全过程中，直接处理相关法律事务，基本实现了在积极推动重大经营事项相关项目进程的同时，深度把握项目法律审核与风险防控，有力地发挥了风险防范职能。

通过将法律审核嵌入投融资、产权流转、招投标、对外担保等重点领域的管理流程，运用信息化手段将合同、重大决策等审批流程固化，首农集团将法律审核设置为审批流程的必经环节。规章制度审批须经过内控审核、法律审核双重把关，确保规章制度、经济合同和重要决策审核率达到100％，切实发挥法律风险防范机制的作用。

首农集团及二级企业基本做到在制度中规定，要对重大决策、规章制度和合同进行法律审核，并将法律审核嵌入企业管理流程，大部分企业通过OA办公系统实现了法律审核会签流程信息化，提高了法律审核率。同时，进一步优化合同台账分析模式，修订重大决策法律审核台账登记的科目和方式，为企业防范法律风险奠定了基础。

三、结合内控体系建设，大力提升合规管理水平

从2015年开始，首农集团着手开展内控体系建设工作，并将法治建设、全面风险管理与内控建设紧密结合，规范议事规则，明确决策、执行、监督等方面的职责权限，完善治理结构，形成了科学有效的职责分工和制衡机制，逐步实现二级企业全覆盖，并向部分规模较大三级企业延伸，保证企业经营管理合法合规、资产安全，财务报告等相关信息真实完整，提高了经营效率和效果，以法治建设推动风险管理体系的建立完善，保证各项经营活动的依法合规。

通过持续加快内控体系建设，提升合规管理能力，实现二级企业内部控制体系建设全覆盖，形成覆盖决策、建设、执行、评测各环节的内部控制工作完整链条。在内部控制、风险管理体系建设过程中，将内控、风险管理体系建设与管理制度修订、"法治首农"建设相结合，坚持依法合规，推动制度内容符合内部控制与风险管理体系的整体要求，努力达到降低法律风险，严格执行法律、合规审

核，提升依法合规经营管理水平。

2017年，首农集团持续加强内控建设与法律合规管理教育培训，加快促进法律管理、内控体系建设与经营管理的深度融合，将法律审核以云管控平台信息化方式嵌入管理流程，在内控自我评价、投资项目后评价过程中，通过后评估检查，促进完善重大决策合法性审查机制，不断提高审核质量，为培育和构建"外讲诚信、依法经营，内讲制度、依法管理"的企业合规文化奠定了坚实的基础。

四、增强法律纠纷案件管理力度，有效防控企业法律风险

2005年9月30日，三元集团印发〔2005〕199号文《企业法律纠纷案件管理若干规定（试行）实施意见》，制定《法律纠纷案件管理办法》，对三元集团和所属企业的法律纠纷案件进行管理和规范，以有效控制和防范企业法律风险。法律纠纷案件的处理本着统一管理、统筹协调、层级负责、权责明晰的原则，明确规定企业法定代表人是处理法律纠纷案件的第一责任人。集团主要领导高度重视案件纠纷管理工作，认真履行案件纠纷第一责任人的职责，对案件管理工作多次批示，对重大案件亲自督办、重点指导。

在具体法律纠纷案件管理方面，集团公司实施法律纠纷案件定期汇总制度，法律事务部设专人专岗负责系统内法律纠纷案件的管理。重大案件一案一策，逐一跟踪督办指导，设立电子档案，随时更新案件进展情况；就重大疑难案件组织相关企业和人员，会同律师团队及外部专家，采取专项跟踪、专案督导、专题研讨、专业咨询等多种形式，进行案件会商，对案件的发案原因、应对措施以及经验教训等进行分析和总结，形成法律纠纷案件的沟通协调机制。首农集团要求二级企业严格落实重大法律纠纷限时备案制度，加强已有纠纷案件管理，下大力气推动未结重大案件，降低新发案件的数量和涉案金额，并明确企业主要负责人对1 000万元以上的重大法律纠纷案件要进行实时监督和跟进，加强法律风险防范机制，有效降低发案率，提高案件解决率，为国有资产保护和改革发展提供良好的法律保障，切实维护国有资产安全。

五、广泛开展普法宣传教育，提高全员法律意识和法律素养

北京农垦重视法制教育工作。1982年7月和11月，市农场局两次发文部署企业学习贯彻《经济合同法》。1985年9月，总公司党委在全系统部署《关于法制教育的安排意见》，按中央要求精神，提前三年在职工中开展普及法律知识教育。2007年11月，三元集团举办总法律顾问制度培训暨"五五"普法学习班。

集团制定各个阶段的普法工作实施方案，在全系统广泛开展普法宣传推广和教育工作，将普法工作对标集团公司发展规划，坚持普法与法治实践、依法治企相结合，广泛宣传法治理念，弘扬法治精神，深入开展法治宣传教育，拓宽宣传载体和路径，不断增强法制宣传教育的针对性和实效性，营造良好的法治文化氛围。为有序推进首农集团法治文化建设工作，集团每年制定普法工作重点，通过组织企业总法律顾问及分管法治工作领导专题培训班、系统内法务人员专题培训、视频会议等多种举措，有针对性地开展物权法草案、投资法律风险防范、网络安全法、预防职务犯罪和加强内控与合规工作等专题培训；参加市国资委"京企云帆"法治讲堂、国务院国资委法治讲堂、市企业法律顾问协会培训及其他专题培训等，向市国资委国企法治快报、《首都建设报》"京企云帆"法治讲堂投稿，通过多种常态化、制度化的法治宣传活动，积极进行全员普法教育和法治宣传，全面增强企业领导和员工的法治意识。同时，结合企业实际，法律事务部建立"首农法务"微博和微信群等交流分享平台，发布典型案例或实务文章，为各企业法务人员等群体提供普法宣传的鲜活案例，发挥实务案例的普法示范作用。

在2012年"12·4"法制宣传日期间，在集团系统组织开展法律知识有奖答卷活动。2014年首

农集团举办的"六五"普法辩论比赛以分众化、差别化的宣传模式广泛进行普法宣传，是对普法宣传工作的有益尝试，提高了法制宣传教育工作的力度，拓宽了普法宣传工作的方式和渠道。2016 年，为进一步推进"法治首农"建设，集团公司在系统内举办管理制度宣贯竞赛。

首农集团不断加大普法宣传和教育表彰力度，树立典型企业，发挥引领作用，取得了良好效果。其中，三元出租车公司陈延贵获得"北京市 2006—2010 年法制宣传教育先进个人"称号，北郊农场周水云获得"2011—2015 年北京市法治宣传教育先进个人"称号。

■ 第四节　管理制度

企业管理制度具体指企业的各项管理条例、规章制度、标准等，建立健全并执行管理制度是企业管理最基础的工作，是促进工作规范有序、高效运转的保证，也是确保企业基业长青的基石。企业管理制度建设的核心是企业内部控制制度，包括合理的职责分工制度、严格的审批检查制度、健全的会计制度和企业管理制度等，这也是首农集团法务管理的重要内容与要求。总的来看，北京农垦管理制度建设呈现从单项向全面、从简单向完善、从零散向配套的发展过程，各个阶段逐步发展提升，也各具特点。

在国营农场初创时期，农场作为生产型企业，主要执行政府主管部门制定的各项政策文件，内部管理制度主要集中在生产管理领域，多以"意见""通知"和少量的"规定"形式发布。比如，1950年 3 月，中央农业部在《关于华北地区国营农场场长会议决定》中指出，中央农业部以京郊国营农场管理局各农场为重点示范区，并相应制定机耕农场管理制度；1952 年 2 月，农业部部务会议通过《国营机械农场农业经营规章》；1963 年，农垦部、财政部下发《国营农场财务管理暂行办法》；1965年 4 月，中共中央批转农垦部党组《关于改革国营农场经营管理制度的规定（草案）》；1973 年 9月，农林部和财政部颁发《国营农牧企业财务管理若干问题的试行规定》等。

中共十一届三中全会召开后，北京农垦逐步从生产型向生产经营型转变，企业自主权扩大，依法依规制定的企业管理制度数量大幅增加，涵盖面亦有所扩大，包括干部人事任命、劳动管理及工资保险、固定资产投资、国有资产管理、财务会计管理、土地房屋管理、科技教育等方面。如 1979 年，长城农工商联合企业颁布《关于兴办合股联营企业的投资试行条例》《关于加强财务管理和改革奖励办法的几项规定》；1981 年，市农场局印发《科技工作试行办法》《关于科技人员业务考绩档案的建立和管理试行办法》《离休干部管理试行办法》和北京农垦第一个职工行为规范《农场职工守则（草案）》；1982 年，市农场局下发《关于贯彻执行经济合同法的几项规定》；1996 年，总公司下发《关于投资决策管理的暂行办法》《关于加强企业内部财务管理的意见》《关于国有企业产权转让的暂行办法》和《关于加强劳动管理的若干规定》；1999 年，总公司下发《建设项目管理暂行规定》《关于加强劳动力管理的意见》《国有资产管理办法》《关于加强国有土地管理的暂行规定》《财务总监管理试行办法》和《关于企业科技发展基金的有关规定（试行）》；2000 年，总公司下发《关于加强土地收益管理和清理原有土地租赁合同的补充意见》；2002 年，总公司《财务总监管理办法（试行）》等。上述制度虽然涉及面很宽，但制度仍不配套，尤其在职责分工、工作程序、责任落实等方面有所欠缺。

2003 年，三元集团划归市国资委管理。为适应国资监管要求，三元集团管理制度的制订逐步向全面、配套、成体系的方向变化。制度内容更为丰富，对议事、审批规则（权责划分）、防控风险、主要工作流程、执行等方面的规定，逐步成为制度的重点。

2004 年 3 月，经过上下广泛参与、深入调查研究、反复修改审议，三元集团颁布《北京三元集团有限责任公司管理制度汇编》。这是集团公司按照与时俱进的要求，对各项已有管理制度不断完善和创新的结果，是对多年改革发展工作在制度建设方面的经验总结，是指导全系统各级单位进一步规范各类管理制度的指导性文件，包含了董事会、经理办公会、党委会及党政联席会议事规则，以及国有资产、国有土地、建设项目管理、人力资源和外经等共计33项制度。该汇编在全系统的贯彻执行，使集团公司的制度建设迈上一个新台阶。

2009年5月，首农集团正式揭牌。重组后的集团公司体量增大、管理幅度加宽、管理战线拉长，管理制度的修订工作提上了日程。2011年4月，首农集团颁布《管理制度汇编（2011年版）》，编制工作时长一年，标志着集团公司在依法治企、科学化与规范化管理方面迈出具有里程碑意义的重要一步。该制度汇编主线突出，以内部控制为主线，统领全部制度规定，分为基本制度、责任制度、工作制度3个单元，首次形成制度体系配套，收录116个制度，计51万多字，各项管理制度在与具体工作实践的对接和融合方面表现较好，有效提高了集团公司的科学管理水平。

2014年8月，根据公司治理和风险管控新的形势，以及坚持依法治企、建设"法治首农"的新要求，集团决定对2011版制度进行重新修订。2016年7月，颁布《管理制度汇编（2016暂定稿）》。该制度汇编依然分为基本制度、责任制度、工作制度3个单元，共收录了72项制度，全面反映了集团公司的实际管理水平和求实创新的趋向，主线突出、体系合理、逻辑清晰、规范简洁，涵盖了集团公司工作的各个方面。

首农集团管理制度颁布实施后，重视做好制度宣贯工作。2016年是首农集团制度宣贯年。一季度，集团组织各二级企业、相关三级企业与集团总部各部室集中学习已审议通过的各项制度规定，总计13期，于10月底圆满结束。在此基础上，集团公司还举办了管理制度宣贯竞赛活动。围绕"十三五"发展规划和"千亿首农梦"总体目标，通过制度宣贯竞赛活动，集团各项制度在基层企业进一步深化落实，推动各项管理迈向制度化、规范化，让决策者、管理者和广大职工形成依法办事、按章操作的自觉习惯，真正实现用制度和程序管人、管事、管资产，建设"法治首农"，为集团公司持续快速健康发展保驾护航。

第六章　食品质量安全管理

农业和食品制造业是北京农垦的主业，农产品和食品也是最大宗的终端产品。因此，农产品和食品的质量安全是北京农垦的立身之本，做好食品质量安全管理意义重大、责任重大。20 世纪 90 年代初，北京农垦从绿色食品认证起步，到 90 年代末，开始推进质量安全管理体系认证，2004 年，又开始创建农产品质量安全追溯系统试点，直到 2008 年，全面启动追溯系统单位的创建。在农产品和食品质量安全管理方面，企业逐步增强了"绿色、减量和清洁化生产"的理念，有效提高了自身管理水平，对提升农产品和食品的品质规格与市场竞争力起到重要的促进作用。

第一节　食品质量安全管理体系

北京农垦在长期的生产经营实践中，通过总结与不断完善，逐步建立起一套组织健全、制度完备、机制有效、监督到位的食品质量安全管理体系。这套管理体系是北京农垦人几十年管理经验的总结，凝聚了广大管理者和员工的心血。这套管理体系由五大板块组成：组织机构板块、管理制度板块、专项检查板块、应急预案板块、责任落实板块（图 6-6-1）。

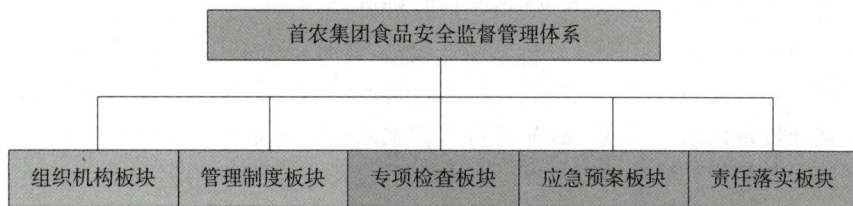

图 6-6-1　首农集团食品安全监督管理体系

一、食品安全组织机构

北京农垦第一次设立专门的食品安全管理部门是在 1987 年 4 月，在机关机构改革中，将工业公司分为 3 个部门，即工业处、乡镇企业处和食品办公室，列入机关编制，由新成立的食品办公室负责食品质量安全工作。1995 年 2 月，总公司将工业处、乡镇企业处、食品办公室合并为工业办公室，食品质量安全工作归工业办公室负责。1998 年 5 月，总公司成立工贸部，食品办公室并入工贸部，保留牌子。2000 年 12 月，总公司成立企业管理部，不保留食品办公室牌子，原有的食品质量安全工作职能划归该部负责。2006 年 3 月，三元集团进行机关机构改革，明确企业管理部负责食品安全工作，绿色食品办公室由企业管理部负责联系与协调。2007 年 7 月，三元集团成立食品安全突发事件应急领导小组，由集团分管的副总经理任组长，有关职能部门负责人为成员；同时，重设食品安全办公室，作为企业管理部二级部，主任由集团公司副总经理兼任。后来，集团公司成立了食品安全领导小组，作为北京农垦食品安全工作的最高决策机构，由集团公司两名副总经理分别任组长、副组长，食品安全办公室仍设在企业管理部，办公室主任由企管部部长兼任。

食品安全办公室的主要职能有：加强食品生产、加工和流通各个环节的监管力度；签订相应的食品安全责任书，层层落实，加大处罚与奖励力度；定期进行食品生产安全检查并做好记录，发现问题及时纠正或限期整改，根除影响食品安全的隐患；加强食品安全的科学预防措施。同时，集团下属食品生产、加工和流通单位也分别成立食品安全领导小组、食品安全突发事件应急领导小组，并设立食品安全办公室，基本形成了食品安全监管机构的全覆盖。

北京农垦食品安全组织机构框架见图 6-6-2。

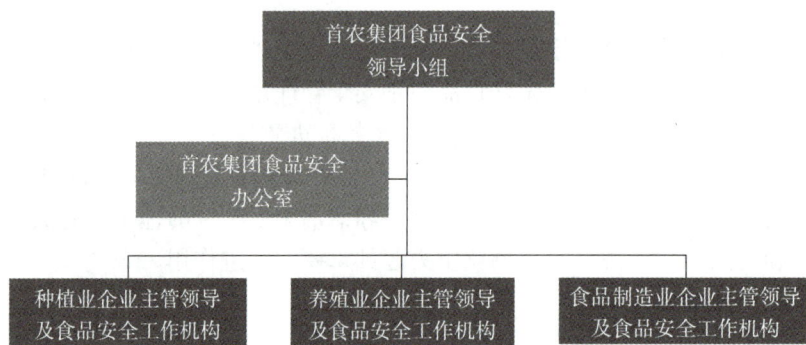

图 6-6-2　北京农垦食品安全组织机构框架

二、食品安全管理制度

20 世纪 90 年代以前，北京农垦的食品安全管理制度主要由各相关企业自行制订。2000 年之后，食品安全管理制度是"五项安全"管理制度的一个组成部分。

2011 年，首农集团在制订管理制度时，第一次将食品安全管理制度作为一个独立的工作制度，开始宣传贯彻。《食品安全管理办法》共 22 条，该管理办法强调：生产经营食品单位必须具备食品生产加工的入市基本条件，即通过并获得质量安全（QS）认证；食品生产单位生产加工食品所使用的原料、辅料、添加剂、农业投入品，应当符合法律、行政法规的规定和国家强制性标准；食品生产、加工单位必须建立进货索证索票制度、食品进货查验记录制度、库房管理制度、卫生管理制度、从业人员健康检查制度、食品用具清洗消毒制度、从业人员食品安全知识培训制度、食品安全检查制度。同时，明确了从事食品生产、加工经营人员的基本要求，也强调了农产品、食品质量安全的单位法人代表是企业食品安全责任的第一责任人。

2016 年，首农集团在总结经验的基础上，重新修订了《食品安全管理办法》，共 6 章 28 条。该管理办法细化了企业负责人对本企业食品安全全面负责的相关要求和对食用农产品的管理要求，新增加了企业应配备食品安全管理员的要求、利用互联网从事食品经营的相关要求、餐饮服务业食品安全的相关要求，以及在食品进出口方面的具体规定，对食品安全事故处置具体内容也进行了完善和补充。

三、食品安全专项检查工作

对所属涉及无公害农产品、绿色食品和有机食品（以下简称"三品"）生产、加工的单位进行食品安全专项检查，是北京农垦食品安全领导小组和办公室抓好食品安全的重要措施。北京农垦每年都开展食品安全专项检查工作，并制订详尽的实施方案。

专项检查的目标是：一要及时发现并消除"三品"质量安全隐患，加强"三品"产地环境洁净化、生产过程标准化、包装标识规范化、监督管理制度化，树立和维护北京农垦"三品"公信力；二要更加有效地增强各单位的食品质量安全意识，规范加强生产经营行为，有效提高标准化生产和品牌化经营水平。

专项检查的检查步骤为：首先召开座谈会，听取各个单位的自查工作汇报；其次，对各个单位相关资料和生产经营地进行全面检查；最后，检查组根据检查结果，对被检查单位各项指标整体情况进行打分，填写被检查单位《无公害农产品、绿色食品和有机食品专项检查获证单位及产品评价表》。专项检查后，集团公司召开食品安全专项检查工作总结会，交流总结经验，表扬先进单位，通报批评工作较差单位。这样的专项检查的特点是注重细节、精益求精，对提升集团食品安全工作水平有较大的促进作用。专项检查的重点内容、工作流程及主要方法见图 6-6-3。

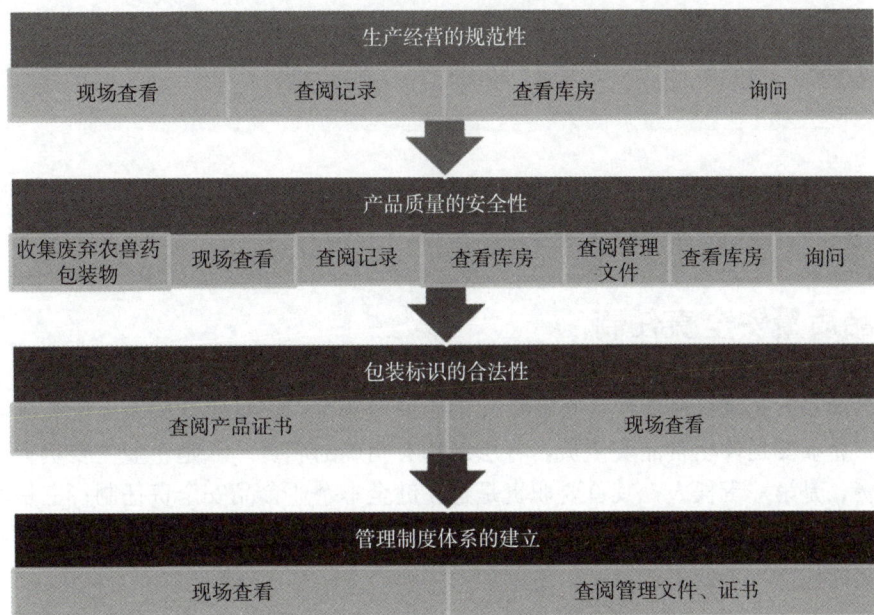

图 6-6-3 "三品"专项检查的内容及流程

四、食品安全应急预案

根据《国家重大食品安全事故应急预案》和北京市关于建立突发事件紧急救援预案的有关规定，2007 年，北京农垦制定《食品安全应急预案》。

根据《食品安全应急预案》要求，集团成立食品安全突发事件领导小组，下设食品安全突发事件应急办公室，挂靠在集团公司食品安全办公室。同时，食品安全突发事件领导小组又下设通讯联络组、现场调查组、应急运输救援组、宣传教育公关组。同时《食品安全应急预案》也对应急设备与资源、应急人员培训提出了具体要求。

食品安全事故应急响应等级分为四级：Ⅰ级、Ⅱ级、Ⅲ级、Ⅳ级，分别对应特别重大、重大、较大和一般食品安全事故。《食品安全应急预案》对不同的应急响应提出了相应要求，对应急指挥与协调工作提出了具体要求：①当出现食品质量问题但没有发生人员伤亡时，由事故单位调查处理，并将事故报告处理意见以书面形式上报集团公司食品安全办公室主管领导；当出现食品质量问题且发生人员伤亡，应急预案即刻启动。②发生食品安全突发事件后，现场知情有关人员应在第一时间报告事件单位的食品安全主管领导，单位领导接到报告后应立即到达现场，迅速采取有效措施，防止事件的进一步扩大，立即报警并组织抢救，减少人员伤亡。同时，立即如实报告集团公司食品安全突发事件领导小组及突发事件应急办公室主管领导，不得隐瞒不报、谎报或者延报。③食品安全突发事件领导小组接到报告后，领导小组组长根据报告情况决定是否启动集团公司食品安全突发事件应急预案，如启动，则立即通知领导小组有关成员，赶到事件现场，制订应急行动方案，立即展开应急救助工作。④注意事件现场的保护工作，未经上级主管部门确定结案不能清理现场。⑤在发生食品安全突发事件后的应急救助或事件处理期间，集团公司食品安全突发事件领导小组领导实行 24 小时值班制度，以保证快速的反应能力。《食品安全应急预案》对食品安全突发事件的现场清洁与净化事件，以及现场恢复、事件的发生原因的调查也做了具体规定。食品应急预案的工作流程见图 6-6-4。

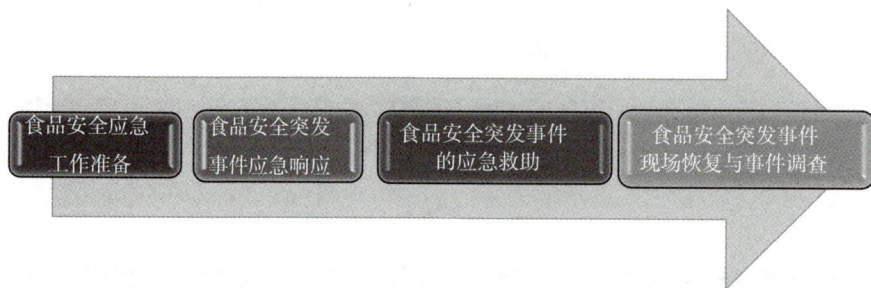

图 6-6-4　食品安全应急预案的工作流程

五、食品质量安全责任制

在落实食品质量安全责任制方面，首农集团的主要做法有：一是建立健全上下无缝对接的组织结构和工作班子，企业要延伸至食品安全员，各层级均有明确的职责；二是企业主要负责人对本企业食品安全全面负责，是第一责任人，其首要职责是建立健全本企业食品安全责任制；三是集团公司每年与企业签订食品安全责任制或承诺书；四是食品安全的检查评比打分纳入企业经营者考核体系，与经营者的分配及奖惩挂钩。

■ 第二节　质量管理体系认证

北京农垦的质量管理大体有两个发展阶段：

第一阶段是在 20 世纪 80 年代末至 90 年代初，主要以企业为主体推行全面质量管理，即 TQM（total quality management）。其工作侧重点为以全员参与为基础，加强对全过程的质量控制。总公司工业处组织有关工业企业进行 TQM 培训，一部分企业对产品生产全过程的控制水平有所提高。如，1991 年 7 月，双桥农场奶牛配合饲料厂全面质量管理工作获得农业部颁发的"质量管理奖"；1993 年 12 月，市种公牛站被农业部评为全国种公牛站质量管理第一名。

第二阶段是从 20 世纪 90 年代中期开始，各企业开始重视质量管理体系认证工作，一批重要的农产品、食品企业先后投入人力和财力，进行内审员培训工作，为取得质量管理体系认证做了大量铺垫工作。

国际标准化组织（ISO）制定的质量管理 ISO 9000 族系列标准、食品安全管理体系 ISO 22000 和环境管理体系 ISO 14000，把食品质量和安全建立在从种植（养殖）到消费的整个环节，这一点与北京农垦在 21 世纪初提出的"从农田到餐桌"全产业链发展的整体概念高度契合，这是北京农垦有越来越多的企业主动申请 ISO 9000、ISO 22000 认证的内在动力。之后，更多企业还认识到食品危害和品质的损失可能发生在食品链上的不同环节,如农业种植者(养殖者)、加工者、运输者、销售商等。因此,部分企业又深化了对食品质量安全管理的认识,陆续出现了一批获得良好农业操作规范(GAP)、诚信管理体系(CMS)、危害分析与关键控制点(HACCP)以及职业健康安全管理体系(GB/T 28001)的认证企业。至 2017 年年底,获得质量管理 ISO 9000 族系列标准认证企业有 29 家;获得食品安全管理体系 ISO 22000 认证企业有 9 家;获得危害分析与关键控制点 HACCP 认证企业有9 家;获得环境管理 ISO 14000 族系认证企业有 7 家;获得食品安全体系 FSSC 22000 认证的企业有 2家;获得良好农业规范 GAP 认证企业有 6 家,其中包括获全球良好农业操作规范认证 Global GAP的企业 1 家;获得诚信管理体系 CMS 认证企业有 2 家;获得职业健康安全管理体系 GB/T 28001 认证企业有 1 家;获得安全管理体系 OHSAS 18000 认证的企业有 1 家;获得中国实验室国家认可委员会 CNAL 认证和实验室认可服务国际标准 IEC 17025 的企业各有 1 家。北京农垦质量管理体系认证情况见表 6-6-1。

表 6-6-1 北京农垦质量管理体系认证情况

序号	时间	单位	认证名称	备注
1	1997 年 6 月	长建南郊建筑公司	ISO 9001	
2	1998 年 8 月	双桥胜利建材公司	ISO 9002	
3	1999 年 4 月	华都饲料公司	ISO 9002	
4		华都肉食公司	ISO 9002	
5	1999 年 5 月	大发正大公司	ISO 9002	北京市首家通过认证的肉鸡加工企业
6	1999 年 8 月	双桥建筑公司	ISO 9002	
7	1999 年 9 月	北京华都肉鸡公司	ISO 9002	
8	2000 年 4 月	家禽育种公司	ISO 9002	
9	2000 年 9 月	北京华都肉鸡公司	ISO 9002	
10	2000 年	长城机床附件厂	ISO 9001	
11	2001 年 1 月	北京华都肉鸡公司	HACCP	北京市首家通过认证的企业
12	2001 年 3 月	三元食品股份公司	ISO 9001	
13	2001 年 10 月	爱拔益加家禽育种公司	ISO 9001	
14	2002 年 1 月	大发正大公司	HACCP	
15	2002 年 8 月	大发正大公司	ISO 9001	转换为 2000 版
16	2002 年 11 月	北京养猪育种中心原种猪场	ISO 9001	北京市养猪业首家通过认证的企业
17	2002 年	北京德茂物业管理有限公司	ISO 9000	
18	2002 年	北京市华龙苑物业管理中心	ISO 9001	
19	2002 年	双桥胜利建材公司	ISO 14000	
20	2003 年 2 月	北京市桥联物业公司	ISO 9001	2000 版
21	2003 年 10 月	北京奶牛中心	ISO 9001	
22	2004 年 6 月	三元食品股份公司	CNAL-NOL1463	
23	2004 年 10 月	北京上地物流有限公司	ISO 9001、OHSAS 18000	
24	2005 年 4 月	荷美尔食品有限公司	HACCP	
25	2005 年	峪口禽业公司	ISO 9001、HACCP	
26	2006 年 9 月	北京丘比食品公司	ISO 9001、ISO 22000	

（续）

序号	时间	单位	认证名称	备注
27	2006 年 11 月	全聚德金星食品公司	ISO 9001、HACCP、ISO 14000	
28	2006 年 12 月	北京金星鸭业中心	ISO 9001	
29	2006 年	峪口禽业公司	GAP	国家质检总局指定唯一参与 GLOBAL GAP 家禽模块认证企业
30	2007 年 1 月	三元食品股份公司	ISO 9001、ISO 14000、ISO 22000、GB/T 28001	全国乳品行业首家取得"四合一"的企业
31	2007 年 1 月	裕农公司	HACCP、ISO 22000	
32	2007 年 11 月	北京丘比食品公司	ISO 14000	
33	2007 年 9 月	三元绿荷奶牛中心	GAP+	
34	2007 年 9 月	奶牛中心良种场	GAP+	
35	2007 年 12 月	裕农公司杨镇种植园	Global GAP	
36	2008 年 3 月	北京华都肉鸡公司	ISO 14001、IEC 17025、GAP	
37	2008 年 4 月	奶牛中心种公牛站	GAP	全国首家通过认证种公牛站
38	2009 年 7 月	奶牛中心种公牛站	GAP（一级）	
39	2009 年 9 月	家禽育种公司	ISO 9001	
40	2010 年 2 月	北京安德鲁食品公司	ISO 22000	
41	2010 年 11 月	南口农场硕春冷库	ISO 9001、HACCP	2008 版
42	2010 年	峪口禽业公司	ISO 22000	
43	2012 年 12 月	北郊农场场部	ISO 9001	
44	2014 年 1 月	三元种业饲料分公司	ISO 9001、ISO 22000	
45	2014 年 11 月	北京丘比食品公司	FSSC 22000	
46	2015 年 8 月	首农畜牧发展公司	GAP	
47	2015 年	河北三元食品公司	CMS	
48	2015 年 9 月	双河农场米业公司	ISO 9001、ISO 22000	
49	2016 年 1 月	五环顺通中心	ISO 22000	
50	2016 年 11 月	桥联物业管理中心	ISO 9000	
51	2016 年 11 月	河北三元食品公司	ISO 9001、HACCP	
52	2017 年 6 月	三元长城建筑公司	ISO 9001	
53	2017 年 8 月	北京丘比食品公司	ISO 9001、ISO 14001	均转为 2015 版
54	2017 年	荷美尔食品有限公司	FSSC 22000	
55	2017 年 10 月	承德鸭业有限公司	ISO 22000、ISO 14000、HACCP	
56	2017 年 11 月	河北滦平食品公司	CMS	河北省认证
57	2017 年 12 月	首农畜牧饲料分公司	ISO 9001、ISO 22000	

说明：资料来自《北京农垦大事记》和有关单位大事记。

取得上述国际标准体系认证只是一个结果，是需要企业以深入细致的质量文件作为基础的，而编制好质量手册等文件，需要做大量的工作，包括教育培训、统一认识、组织落实、拟定计划、确定质量方针、制订质量目标、现状调查和分析、调整组织结构、配备资源等。因此，申请认证的过程就是对企业质量管理体系的再造，以形成一个既能满足企业内部质量管理的要求，又能满足企业与顾客的合同要求，还能满足第二方认定、第三方认证和注册要求的全面有效的运行体系。北京农垦取得质量管理体系认证和食品安全管理体系认证的企业，在申请认证的过程极大地提升了自身的管理水平和向社会证实自己控制食品安全危害的能力，提高了食品生产、运输和销售单位的商誉，也整合、优化了公司内部及食品链中的资源配置，进行食品安全风险控制更为有效和主动，同时，也培养和建立了企业内审员队伍。

质量管理体系和食品安全管理体系的认证使北京农垦一批食品企业获益，并取得荣誉。1999年6月，华都集团科技部被农业部授予1998年度农业系统质量体系内审员培训"先进组织单位"称号。2002年3月，华都肉鸡公司被北京市质量管理协会授予"质量管理规范单位"称号。2009年9月3日，北京质量管理协会、市总工会、北京市科学技术协会等单位联合表彰100家北京质量管理贡献优秀企业，三元食品、北京荷美尔、大发正大公司获得"北京质量管理贡献优秀企业奖"。2013年7月，滦平华都公司被中国出入境检验检疫协会授予"中国质量诚信企业"称号。2014年8月，中国出入境检验检疫协会授予华都肉鸡公司"中国质量诚信企业"称号；是年10月，在第十二届中国食品安全年会上，双河农场被评为食品安全突出贡献单位和食品安全十强企业，双河米业公司被评为食品安全百家诚信示范单位、食品安全百家诚信示范单位和食品安全科技创新先进单位。2015年5月21日，市政府召开质量大会，三元食品股份公司获得首届"北京市人民政府质量管理奖提名奖"。2016年3月，北京丘比被中国质量检验协会授予"全国产品和服务质量诚信示范企业"称号。2017年9月，北京丘比被中国质量检验协会评选为"全国质量诚信标杆典型企业"；11月，又被中国调味品协会评选为2017年度"食品安全管理工作先进企业"。

■ 第三节 "三品"认证及管理

无公害农产品、绿色食品和有机食品是我国重要的安全优质农产品公共品牌。发展"三品"对提升农产品质量安全水平、促进农业提质增效、满足公众对营养健康农产品的消费需求具有重要意义。北京农垦发展"三品"起步早，特别是在发展绿色食品方面，在全国农垦系统起到了带头示范作用。

一、"三品"管理的组织机构

1. 机构沿革及职能 1990年5月15日，中国正式宣布开始发展绿色食品。绿色食品工作率先在全国农垦系统正式实施，农业部设立绿色食品专门机构，即绿色食品办公室。在农业部农垦司的支持下，时任市农场局副局长的葛祥书积极推动与运作，1991年成立北京市国营农场管理局绿色食品办公室，为全国最早的省级绿色食品委托管理机构之一，承担着北京农垦系统及北京地区绿色食品认证与管理的大量工作和任务，是全国绿色食品认证的开拓者之一。为方便工作，1993年12月11日，该办公室更名为北京农垦绿色食品办公室，沿用至今。

1995年年底，农业部批准成立北京市第二家绿色食品办公室，即北京市农业绿色食品办公室。1996年，根据市农办〔京政农函（1996）034号〕文的请示，农业部绿色食品发展中心给予批复：下设北京农垦绿色食品办公室和北京市农业绿色食品办公室，共同负责北京市绿色食品发展的相关工作。农垦绿办的职能是负责辖区内绿色食品、有机食品和无公害农产品的产品标志的申报管理、质量管理、标志管理、市场监督、宣传培训等工作，做好"三品"宣传工作，组织和参与"三品"展示、展销及各类参展活动等。北京农垦绿色食品办公室是全国绿色食品认证的开拓者之一、首都食品安全工作的引领者之一，也是北京农垦食品安全管理的历史见证者。

2003年年初，农业部中国绿色食品发展中心在原有基础上组建成立了中绿华夏有机食品认证中心，这是国家认监委批准设立的国内第一家有机食品官方认证机构。2003年7月，农垦绿办成立了中绿华夏有机食品认证中心北京农垦分中心，成为北京市获得农业部有机食品认证的唯一授权单位。此后，农垦绿办又相继成立了无公害农产品管理机构。

2014年，根据农业部中国绿色食品发展中心的要求，农垦绿办理顺了与北京市农业绿办的合作关系，确定了"农垦绿办仅受理首农集团下属生产企业初次和续展申请绿色食品标志使用权的申请材料，市农业绿办受理首农集团以外的其他生产企业"。农产品地理标志的认证及管理工作由市绿办负责，有机农产品的认证及管理工作由农垦绿办负责；农垦绿办负责首农集团无公害农产品产地认定和产品认证工作，首农集团以外的无公害农产品的认证工作由北京市绿办负责。

农垦绿办是中国绿色食品协会理事单位、中国绿色食品协会理事单位、北京植物病理学会理事单位、首都食品安全科技服务联盟理事单位。农垦绿办副主任沙瑾为有机产品高级检查员、绿色食品高级检查员、绿色食品生产资料管理员、无公害农产品检查员。

2. 农垦绿办的隶属关系 农垦绿办从设立之初至2017年年底，一直归二级单位代管。20世纪90年代初，农垦绿办设在能源办公室；之后，上级代管单位几经变化，先后归属过金垦公司、三元农业、西郊农场、东北旺农场，2012年后归西郊农场代管。其中，2006年3月—2008年7月，三元集团曾明确由集团公司企业管理部负责联系、协调农垦绿办业务工作。自农垦绿办成立至2017年年底，农垦绿办主任更替过10人。

二、绿色食品的认证及管理

绿色食品是北京农垦"三品"认证的最早类别。北京农垦绿色食品认证起步较早，大体经历了两个发展阶段：

（一）第一阶段：快速起步阶段（1991—1995年）

这一阶段，由于北京农垦对发展绿色食品工作认识早、行动快，多个农产品成为国内第一批获得认证的绿色食品。1990年8月13日，农业部农垦司在人民大会堂召开绿色食品新闻发布会，公布首批绿色食品名单，东北旺农场三大类20多种蔬菜和南口农场国光、红星苹果获得农业部首批绿色食品证书。是年11月，农业部中国绿色食品中心批准南口农场国光、金冠、红星苹果，燕山牌甜炼乳、速溶全脂奶粉、速溶多维奶粉，京南春牌苹果脯、桃脯、杏脯、海棠脯10个品种为绿色食品。1991年3月，南口农场被定为全国第一批绿色食品示范生产基地；是年10月，巨山农场生产的叶、茎、果等五大类蔬菜经严格检测，各项指标在同行业中率先达到了GB 8410—84等水果蔬菜标准，农业部中国绿色食品中心授予巨山农场生产的五大类蔬菜绿色食品证书，其中，莴笋、黄瓜和西红柿三类蔬菜获得了"巨山牌"绿色食品商标（LB-15-0303010196A、97A、98A）。1992年11月，东北旺农场京西御膳米厂生产的"京西御膳米"、水果（苹果、桃）、发喜冰激凌等6个品种获得农业部颁发的绿色食品证书，东北旺农场被命名为首家"绿色食品综合生产基地"。1993年10月20日，发喜冰激凌公司出品的八喜牌冰激凌、圣蒂牌冰激凌经中国绿色食品发展中心审验通过，获得农业部颁发的绿色食品证书，这是全国最早且唯一申请通过的冰激凌绿色食品的生产企业。1994年1月24日，农垦绿办组织以总公司为主的企业参加农业部在上海举办的全国绿色食品宣传展销会，时任中共中央政治局委员、中共上海市委书记的吴邦国参观了总公司布置的北京市展台，负责北京市绿色食品工作的总公司副经理葛祥书汇报了北京市发展绿色食品的情况，得到了吴邦国的赞许。是年11月，东北旺农场中日养鸡场鸡蛋产品被农业部中国绿色食品发展中心认定为"绿色食品"。

（二）第二阶段：稳定发展阶段（1996 年至今）

1996 年，北京市农业绿办挂牌成立。由于北京市辖区农牧业生产企业数量并不多，并且存在两个绿办，因而在 A 级绿色食品开发方面，农垦绿办逐步转向北京农垦系统开展认证和服务工作 。

1999 年 3 月，艾莱发喜公司的 BUD'S 牌 14 种冰激凌产品被中国绿色食品发展中心认定为绿色食品。2001 年 5 月和 11 月，艾莱发喜公司的 14 种八喜牌冰激凌产品和 4 个产品分别被认定为绿色食品。2002 年 11 月，艾莱发喜公司的 4 种产品被认定为绿色食品。2005 年是北京农垦绿色食品认证的产品数量最多的一年：7 月，绿荷中心生产的"绿荷奶业牌"生鲜牛乳、三元食品股份公司的 9 个三元牌乳制品、艾莱发喜公司的 12 个八喜牌冰激凌被认定为绿色食品；12 月，三元食品股份公司的 16 个三元牌乳制品和艾莱发喜公司的 2 个八喜牌冰激凌被认定为绿色食品。2006 年，中以示范农场的 17 个蔬菜产品被认定为绿色食品。2007—2012 年，北京农垦系统持证的绿色食品企业一直维持在 4～5 家，2013—2017 年逐步增加，但也基本在 6～8 家。

北京农垦系统持证的绿色食品产品数量的变化情况大体呈现三个阶段：2006—2010 年基本保持在 33 个产品；2011—2012 年保持在 41 个产品；2013—2017 年，产品数量为 53～64 个。总的来看，取得认证的企业和产品数量增幅均较平缓，甚至持证的产品数量近一二年有所回落。其主要原因有以下几个：①有些持证企业进行重组或者注销（如中以示范农场、星龙萃取工程有限公司）；②企业对产品结构进行了调整和转型换代；③有少数企业通过认证而未缴费（如金星鸭业公司、延庆农场）。至 2017 年年底，北京农垦有效使用绿色食品标志的单位有 8 家，有认证产品 56 个（表 6-6-2）。

表 6-6-2　至 2017 年年底北京农垦有效使用绿色食品标志的单位和产品

序号	企业名称	认证产品	产品数量（个）	认证时间
1	首农畜牧发展公司	生鲜牛乳	1	2005 年至今
2	三元食品股份公司	纯牛奶、鲜牛奶 、脱脂鲜牛奶 、铁锌牛奶、特品纯牛奶、高钙牛奶、益菌多风味发酵乳（原味）、益菌多发酵乳（不添加蔗糖）、益菌多发酵乳（草莓果粒）、益菌多酸牛奶（黄桃果粒）	10	2005 年至今
3	艾莱发喜食品公司	牛奶冰激凌——巧克力豆口味 、牛奶冰激凌——摩卡杏仁口味、牛奶冰激凌——芒果口味、牛奶冰激凌——绿茶口味、牛奶冰激凌——朗姆口味、牛奶冰激凌——蓝莓彩带口味、牛奶冰激凌——咖啡口味、牛奶冰激凌——草莓口味、牛奶冰激凌——饼干口味、牛奶冰激凌——香草口味、牛奶冰激凌——山核桃口味、牛奶冰激凌——巧克力口味	12	1993 年至今
4	南口农场	草莓、南口苹果（富士）	2	1990 年至今
5	黑龙江省双河米业有限责任公司	圆粒大米 、御稻长粒香米、御稻花香糙米、御稻稻香大米、香珍珠米、尚品贡米、御贡米、玉米碴子、黄豆、红小豆、黑豆、绿豆、小米、御稻原生态米、原生态大米、御稻御贡大米、御稻稻花香胚芽米	17	2013 年至今
6	三元农业公司	樱桃、黄瓜、番茄	3	2013 年至今
7	双塔绿谷农业公司	樱桃番茄、番茄、黄瓜、水果黄瓜、甜瓜、西瓜、樱桃、茄子、辣椒	9	2014 年至今
8	房山永兴果林实验厂	梨、樱桃	2	2015 年至今

资料来源：北京农垦绿色食品办公室。

四、无公害产品和有机产品认证

（一）无公害农产品认证

无公害农产品符合国家食品卫生标准，但比绿色食品和有机产品标准要宽，是保证人们对食品质量安全最基本的需要，是最基本的市场准入条件。北京农垦开展无公害农产品的认证工作是从 2003 年起步的。

2003 年 1 月，农业部确定全国农垦无公害农产品示范基地农场创建单位 100 个，其中中以示范农场的蔬菜、金星鸭业中心的北京鸭、世新华盛公司的种猪和肉猪、养猪育种中心的种猪和肉猪进入创建单位名单。同年 5 月，农业部、国家认监委第 281 号公告，经农业部农产品质量安全中心认证，大发正大公司生产的"双大"牌鸡肉产品获得首批"无公害农产品认证"证书，准许使用全国统一的无公害农产品认证标志。2004 年 8 月 23 日，金星鸭业中心获得农业部农产品质量产品中心颁发的"无公害农产品示范基地农场"证书；10 月 10 日，华都肉鸡公司获得农业部农产品质量产品中心授予的"无公害农产品认证"证书。2005 年 3 月 29 日，农业部、国家认监委发布第 481 号公告，经农业部农产品质量安全中心认证，三元食品股份公司生产的巴氏杀菌乳、酸牛奶、灭菌乳 3 个产品和华都肉食公司生产的猪肉获得"无公害农产品认证"证书，准许使用全国统一的无公害农产品认证标志。是年 12 月 6 日，在北京召开的第二批全国农垦无公害农产品示范基地农场验收总结会上，全国农垦已有 100 家基地农场通过了"农业部无公害农产品示范基地农场"验收，金星鸭业中心列入其中，示范规模为饲养 130 万只北京鸭。2007 年 4 月 15 日，三元食品股份公司生产的三元、燕山灭菌乳和三元、燕山巴氏杀菌乳均获农业部农产品质量安全中心颁发的"无公害农产品证书"；是年，滦平华都食品公司被河北省畜牧兽医局评为"无公害畜产品产地认定单位"。2015 年 12 月 22 日，山东首农西区生态农场有限公司的黄瓜、茄子、豇豆、甜椒、马铃薯、番茄等 9 种蔬菜完成"无公害农产品"认证。2017 年 11 月 2 日，金星鸭业公司通过"无公害农产品"认证。

农垦绿办直接负责首农集团无公害农产品的产地认定和产品认证工作，至 2017 年年底，首农集团系统共有 11 家无公害农产品企业，有无公害产品 24 个。在北京市无公害农产品获证企业中，虽然首农集团系统无公害农产品获证企业不多，但是生产基地分布范围较广，几乎在远近郊各区都有企业，而且产量规模较大，首农集团无公害农产品认证的产量已接近整个北京市无公害产品认证产量的五分之一。

至 2017 年 12 月 31 日北京农垦处于有效状态的无公害农产品认证情况见表 6-6-3。

表 6-6-3　至 2017 年 12 月 31 日北京农垦处于有效状态的无公害农产品认证情况

序号	单位	产品名称	产量（吨）	有效期
1	华都峪口禽业有限公司东洼养殖基地	鲜鸡蛋	450	2016.3.18—2019.3.17
2	北京市华都峪口禽业有限责任公司	鲜鸡蛋	280	2016.3.18—2019.3.17
3		鲜鸡蛋	3 000	2016.9.19—2019.9.18
4	北京黑六牧业科技有限公司	生猪	1 100	2016.9.19—2019.9.18
5		黄瓜	25	2016.9.19—2019.9.18
6		番茄	25	2016.9.19—2019.9.18
7		叶用莴苣	500	2016.9.19—2019.9.18
8	北京市裕农优质农产品种植公司	叶用莴苣	500	2016.9.19—2019.9.18
9		甜椒	25	2016.9.19—2019.9.18
10		胡萝卜	25	2016.9.19—2019.9.18
11		青花菜	22.5	2017.3.1—2020.2.29

（续）

序号	单位	产品名称	产量（吨）	有效期
12	北京市裕农优质农产品种植公司	韭菜	15	2017.3.1—2020.2.29
13		叶用莴苣	304	2017.3.1—2020.2.29
14		香芹菜	10	2017.3.1—2020.2.29
15		菊苣	60	2017.3.1—2020.2.29
16	北京市裕农优质农产品种植公司	苦苣	60	2017.3.1—2020.2.29
17		结球甘蓝	180	2017.3.1—2020.2.29
18		薄荷尖	7.5	2017.3.1—2020.2.29
19	北京市南口农场	草莓	10	2017.11.13—2020.11.12
20	北京三元食品股份有限公司	生鲜牛乳	251 573.8	2017.11.2—2020.11.1
21	北京金星鸭业有限公司	活鸭	12 139	2017.11.2—2020.11.1
22	北京华都种养殖有限公司	活鸡	4 320	2017.12.5—2020.12.4
23	北京首农畜牧发展有限公司奶牛中心	生鲜牛乳	7 500	2017.12.5—2020.12.4
24	北京长城丹玉畜产有限公司	生猪	1 320	2017.12.14—2020.12.13

资料来源：中国绿色食品发展中心网站。

（二）有机产品认证

有机产品是指生产、加工和销售符合中国有机产品国家标准的供人类消费、动物食用的产品。国家推行统一的有机产品认证制度，实行统一的认证目录、统一的标准和认证实施规则、统一的认证标志。有机产品认证门槛比绿色食品 A 级要高，认证证书有效期为 1 年。农垦绿办承担着北京地区的有机食品认证工作。北京农垦获得有机产品认证的企业数量不多，曾获证的 2 家企业放弃了重新注册，至 2017 年年底，北京农垦拥有有效证书的企业有 2 家，共 6 个产品。北京地区以外的承德三元晓雅乳业生产的原料奶，于 2017 年 2 月 24 日获得由北京中合金诺认证中心有限公司颁发的有机产品认证证书和有机产品销售证。

北京农垦在北京地区的有机产品认证变化情况见表 6-6-4。

表 6-6-4　北京农垦在北京地区的有机产品认证变化情况

序号	企业名称	认证产品	产品数量（个）	有效期限
1	三元食品股份有限公司	极致有机鲜牛奶、极致有机纯牛奶	2	2017 年至今
2	百年栗园生态农业有限公司	柴公鸡、柴母鸡、老母鸡、柴鸡蛋	4	2006 年至今
3	北京市巨山农场	白菜、番茄、黄瓜、胡萝卜、豇豆、辣椒、茄子、芹菜、莴笋	9	2006—2011 年 12 月

资料来源：北京农垦绿色食品办公室。

五、绿色食品工作所取得的荣誉

农垦绿办除了负责系统内无公害农产品和绿色食品企业以及对北京市辖区内的有机产品企业的认

证审核、现场检查、年检工作外，还要完成中国绿色食品发展中心部署安排的市场监察工作和绿色食品抽检工作，以及受中绿华夏有机食品认证中心的委托，完成有机产品的市场监察、产品抽检任务。在品牌宣传与市场推广服务方面，农垦绿办每年均组织系统内认证企业和北京市有机产品认证企业参加"绿博会""有机博览会"等活动。农垦绿办为系统内认证企业参加北京市、全国相关标准的培训，增强企业相关工作人员的业务能力发挥了应有的作用。2007—2017年北京农垦绿色食品工作获奖情况见表6-6-5。

表6-6-5　2007—2017年北京农垦绿色食品工作获奖情况

年份	北京农垦绿色食品办公室奖项	北京农垦参展企业奖项
2007	首届中国国际有机食品博览会最佳组织奖	
2008	中国绿色食品2008上海博览会优秀组织奖	三元食品、艾莱发喜获畅销产品奖
2008	第二届中国国际有机食品博览会最佳组织奖	
2009	中国绿色食品2009烟台博览会优秀组织奖	
2009	第三届中国国际有机食品博览会最佳组织奖	
2010	中国绿色食品2010上海博览会优秀组织奖	八喜、南口、三元获畅销产品奖
2010	第四届中国国际有机食品博览会最佳组织奖	
2011	中国绿色食品2011广州博览会优秀组织奖	艾莱发喜公司获"全国绿色食品示范企业"称号
2011	第五届中国国际有机食品博览会最佳组织奖	
2012	第六届中国国际有机食品博览会优秀组织奖	
2013	中国绿色食品2013青岛博览会优秀组织奖	"八喜冰激凌"获评畅销产品奖
2013	第七届中国国际有机食品博览会优秀组织奖	百年栗园公司获得产品金奖
2014	第八届中国国际有机食品博览会优秀组织奖	百年栗园公司获得产品金奖
2015	第九届中国国际有机食品博览会优秀组织奖	百年栗园公司获得产品金奖
2015	纪念绿色食品事业创立25周年大会	南口农场获国家"绿色食品示范企业"称号 沙瑾获"全国绿色食品优秀工作者"称号
2016	第十届中国国际有机食品博览会优秀组织奖	百年栗园公司获得产品金奖
2017	第十一届中国国际有机食品博览会优秀组织奖	百年栗园公司获得产品金奖

资料来源：北京农垦绿色食品办公室。

■ 第四节　质量安全追溯

建立农产品质量追溯系统是构建农产品质量安全管理长效机制的主要内容，也是落实责任制的重要保障。首农食品集团高度重视农垦质量追溯项目建设，成立以首农集团分管副总经理为组长的追溯项目领导小组，下设农垦质量追溯项目管理办公室。

一、农垦农产品质量追溯创建单位

2004年，农业部农垦局率先启动"农垦无公害农产品质量追溯"试点工作。是年3月17日，金星鸭业中心、中以示范农场被农业部农垦局列入试点单位。2008年，农业部农垦局在全国农垦系统启动实施"农垦农产品质量追溯系统建设项目"，金星鸭业作为第一批项目建设单位，项目建设期为2008—2012年。自2008年之后，北京农垦每年有1～2家企业进入创建单位，至2017年，先后共有17家企业被列入农垦农产品质量追溯创建单位，具体见图6-6-5。

金星鸭业： 2008—2012 北京鸭	巨山农场 2009—2011 蔬菜	黑六牧业 2010—2012 猪肉产品	滦平华都 2011—2013 肉鸡	南口农场 2012—2014 水果	大发正大 2012—2014 肉鸡
承德三元金星 2013—2015 北京鸭	首农畜牧 2013—2015 生牛乳	三元食品 2014—2016 乳制品	首农物流 2014—2016 蔬菜、水果	怀来双大 2015—2016 肉鸡	百年栗园 2015—2016 北京油鸡
双河米业 2016—2017 大米	艾莱发喜 2016—2017 冰激凌	河北三元 2017—2018 婴幼儿奶粉	首农畜牧 （河北） 2017—2018 生鲜乳	裕农公司 2017—2018 蔬菜	

图6-6-5 北京农垦农产品质量追溯创建单位

二、农产品质量追溯项目完成情况

北京农垦农产品质量追溯系统经过10年的建设，已经形成"质量可监控、过程可追溯、政府可监管"的运作体系，在智慧农业全流程跟踪管理方面，无论在数量上还是质量上，都有长足的进步。2017年5月17日，《人民日报》刊文《首农集团打造放心农业品牌 让国人餐桌更丰盛》，介绍并肯定了首农集团在农产品质量安全和品牌建设方面的做法及经验。北京农垦作为优势产业（畜禽、乳业）整体推进垦区，实现追溯产品全覆盖目标取得明显成效。

1. 生鲜乳板块 首农畜牧公司追溯规模新增加12个牧场，追溯牧场数量超过30个，追溯存栏奶牛数达5万头，追溯产量超过8万吨。公司在京津冀地区的所有牧场全部开展了农垦质量追溯项目建设工作，2017年追溯产量是2016年的2.5倍。

2. 乳品加工板块 三元食品股份公司通过整合农垦追溯平台和企业内部生产信息管理系统，实现追溯信息实时自动上传，90多个品种的低温液态奶产品质量追溯100％全覆盖，2017年追溯产品产量超过11万吨，是2016年追溯产量的35倍。艾莱发喜公司同样整合农垦追溯平台和企业内部生产信息管理系统，实现追溯信息实时自动上传，2017年，实现冰激凌产品质量追溯100％全覆盖，2016年完成追溯产量7 600多吨，是任务合同量的2.5倍。

3. 北京鸭板块 金星鸭业公司和承德鸭业公司每只鸭子都佩戴追溯标签，实现产品追溯100％全覆盖，全年追溯北京鸭1 100万只，产量2.7万吨。至2017年年底，金星鸭业公司累计完成北京鸭追溯产品13.8万吨。追溯标签已成为金星鸭业公司重要的防伪标识，获得了经销商的认可和青睐。

4. 肉鸡和北京油鸡板块 滦平华都公司、大发正大公司和怀来正大公司3家肉鸡生产加工企业实现肉鸡追溯规模5 050万只，追溯鸡肉产品产量1.5万吨，比2016年增长30％。

5. 蔬菜板块 2017年巨山农场和首农物流公司实现蔬菜追溯1 000亩，追溯产量5 010吨，是2016年的4倍。

2008—2017年北京农垦质量追溯体系综合成果见表6-6-6。

表 6-6-6　2008—2017 年北京农垦质量追溯体系综合成果

序号	企业名称	追溯种类	追溯年份	总计		
				合同量	完成量	完成率（%）
1	金星鸭业	北京鸭（吨）	2008—2012	149 000	138 356.34	92.85
		2.5 千克北京鸭（只）		59 600 000	55 640 000	93.36
2	黑六牧业	猪肉产品（吨）	2010—2012	2 400	2 432.02	101.33
3	巨山农场	蔬菜（吨）	2009—2011	690	809.17	117.27
		面积（亩）		1 680	1700	101.19
		品种（吨）		339	339	100.00
4	河北滦平	肉鸡（吨）	2011—2013	15 700	15 423.38	98.24
		肉鸡（只）		122 500 000	122 500 000	100.00
5	南口农场	苹果（吨）	2012—2014	650	1 221.48	187.92
		苹果（亩）		700	700	100.00
		草莓（吨）		625	1 354.105	216.66
		草莓（亩）		20	20	100.00
6	大发正大	肉鸡（吨）	2012—2014	3 000	9 223.39	307.45
7	承德鸭业	北京鸭（吨）	2013—2015	19 920	24 304.8	122.01
		2.5 千克北京鸭（只）		8 300 000	10 127 000	122.01
8	首农畜牧	生牛乳（吨）	2013—2015	150 000	187 475.14	124.98
		牛（头）		50 000	50 000	100.00
		牧场（个）		49	49	100.00
9	三元食品	乳制品（吨）	2014—2016	8 100	10 165	125.49
10	首农物流	蔬菜等（吨）	2014—2016	3 200	11 050.96	345.34
		蔬菜（亩）		1 100	1 560	141.82
11	怀来正大	肉鸡（吨）	2015—2016	3 600	5 662.52	146.18
		肉鸡（只）		3 000 000	5 653 840	188.46
12	百年栗园	北京油鸡（吨）	2015—2016	882	1 031.41	116.94
		北京油鸡（只）		1 070 000	1 250 470	116.87
13	双河米业	大米（吨）	2016—2017	20 000	20 372	101.86
		土地（亩）		50 000	50 000	100.00
14	艾莱发喜	冰激凌（吨）	2016—2017	2 790	7 600	272.40

说明：2017—2018 年在建项目（河北首农、河北三元、裕农公司）未统计在内。

第七章 品牌管理

在计划经济时代，北京农垦的主要任务是保障首都副食品供应，产品大部分为初级农产品，产品加工的现代化程度较低，难以形成品牌产品，也不可能有自己的商誉。改革开放以后，特别是建立社会主义市场经济体制以来，北京农垦的产品品类越来越丰富，产品品质大幅提高，企业服务水平不断提升，商号、商标作为一个企业或产品特有的符号逐步受到重视，企业开始将品牌作为无形资产运营，通过提升品牌价值获得商品溢价。本章主要记述 20 世纪 80 年代以后北京农垦品牌发展、品牌管理的内容。

■ 第一节 品牌发展

北京农垦的品牌发展大致可以分为品牌起步阶段、品牌形成阶段和品牌成熟阶段。这 3 个阶段相对应的是农工商联合总公司时期、三元集团时期和首都农业集团时期。

一、第一阶段：农工商联合总公司时期的品牌形成阶段（1984—1998 年）

从 1979 年开始，随着国家实施改革开放政策，京郊国营农场由单一农牧业经营转为农工商综合发展，单一经营种植业、养殖业的局面开始打破，以农产品深加工为主的工业发展很快，工业产品开始走向市场，随之产生了一批具有市场影响力的优质产品或正式注册的商标。如 1981 年，长阳酒厂生产的菊花白酒老字号产品开始出口；1982 年，永乐店酿酒厂生产的醇酿曲酒被评为北京市优质产品；1983 年，总公司系统生产的"菊花白酒""醇酿曲酒""多维香""玫瑰茄汁""山楂矿泉汽水""红果蜜""酸奶露""酸奶菌种"等 8 种产品被编入 1983 年版《中国食品年鉴》。1985 年，北郊农场所属北京长城机床附件厂生产的机床减震垫铁注册长城牌商标，成为北京农垦系统最早注册商标的品牌。从 1985 年起，北京农垦生产的工业品普遍申请注册商标，一大批产品获得了各级评定的优质产品称号。获 1985 年农牧渔业部优质产品称号的有北京市仁和酒厂仁和牌菊花白酒、北京市东北旺工具厂东字牌各类扳手、北京市红星建筑涂料厂广厦牌 JH80-J 和 JHSO-2 两种无机建筑涂料；获 1986 年农牧渔业部优质产品称号的有东郊农场所属的北京油脂化工厂中华牌二号防冻液和二号锂基润滑脂、长阳农场化工厂长阳春牌三氟化硼乙醚、东风农场修配厂京风牌 QIKR-CZ 电动软轴雕刻机、牛奶公司西郊乳品厂北京牌全脂淡牛奶粉和全脂甜牛奶粉。此外，北郊农场搪瓷厂海豚牌 140 型铸铁搪瓷浴盆、南口农场乳品厂燕山牌全脂甜炼乳获"北京市优质产品奖"。之后，国有企业逐步形成了一批品牌，在乳制品方面有"三元""燕山""绿鸟""极致""晓雅""万年青""德茂""SBM"，在其他工业品方面有"长城""广厦""立时达""原鸽"，在北京鸭产品方面有"卢沟桥""益特"。东北旺农场京西御膳米成功注册了百旺牌商标，1994 年被中国保护消费者基金会认定为"可信产品"。

1988年11月16日，总公司总办发字（88）第24号通知，公布总公司徽志图案为三角形，三角形内有三个环，交叉环抱，表示国营、集体、个体经济成分互相渗透，农工商三大产业紧密联合，产供销三个环节环环相扣。三角形图案下的 AIC 是农工商的英文字头。该设计思路为日后三元集团、首农集团的形象识别系统奠定了基础，但由于宣传推广力度不够，并没有形成较大的影响力。

从20世纪80年代中后期起，北京农垦陆续新建了一批中外合资企业，如艾莱发喜公司、北京麦当劳、北京丘比、北京辛普劳、北京百麦、北京卡夫、北京荷美尔、北京安德鲁、杭州丘比、太阳葡萄酒、北京吉百利食品有限公司，以及北京美大咖啡有限公司（后更名为北京星巴克咖啡有限公司）。这些合资企业一般都是以向外方投资人支付特许经营费的方式获得了外方品牌的使用权。个别的合资企业在中国大陆还创建了合资公司自有品牌，如艾莱发喜公司有"八喜""圣蒂""BAXY"，太阳葡萄酒有"TAILLAN""泰斓"。这一时期，北京农垦品牌建设刚刚起步，品牌发展尚缺乏整体战略及规划，商号、商标的宣传及维护力度也较小，但为集团长远的品牌体系建设摸索了经验、奠定了基础。北京农垦在品牌建设方面起步较早的企业是北京市牛奶公司。1986年，北京市牛奶公司正式注册"三元"商标。1994年11月，该公司对统一使用"三元"商标做出具体规定，1996年，市牛奶公司再次明确了"三元"商标的规范使用和品牌宣传的具体要求。

二、第二阶段：三元集团时期的品牌崛起阶段（1999—2008年）

场乡体制改革后的1999年1月，在总公司经济工作会上，总公司把食品工业列入支柱产业之一，同时明确提出"以品牌产品为支撑"，表明已将品牌建设纳入战略谋划之中。2002年，三元集团正式挂牌，集团总部职能定位为"五大中心"，其中之一是文化品牌中心，标志着北京农垦开始探索品牌化经营。

"十五"期间，三元集团以专业化公司改革为契机，成立了三元种业、三元金星、三元置业、三元石油、三元出租、三元绿荷、三元农业等一批以"三元"冠名的企业。这些新组建的专业公司以"三元"品牌为纽带，强化了集团整合能力，对提升品牌传播效果、扩大品牌影响力发挥了重要作用。为了进一步规范品牌形象，2003年7月，集团聘请专业公司制定《企业形象视觉识别规范手册》，建立三元集团视觉识别系统（VIS），进一步规范了品牌形象及背书形式。2004年6月19日，三元集团车体广告首次亮相京城，共在北京市25条主干线的50辆公交车上投放大型车身广告，取得了较好效果。

进入"十一五"时期，集团将品牌管理作为集团发展的重要举措。2007年，集团对各二级企业品牌建设情况开展调研，发现在品牌建设与管理中主要存在以下问题：品牌所有权尚不集中、品牌定位仍不清晰、品牌联系不够紧凑、品牌结构不甚明确、品牌公众形象不够鲜明、品牌传播还不系统。同年9月，三元集团启动品牌战略规划编制工作。新制定的品牌战略规划明确：首先应建立并强力打造集团的主品牌——北京三元（食品产业板块和农业板块），与此同时，通过创立、变更或兼并等手段，建立集团其他产业品牌体系，降低单一品牌在多个产业上的一致性所带来的品牌经营风险。为了提升自身的品牌管理能力，保护并合理使用"三元"品牌，三元集团明确提出核心板块之外的产业单位可以采取多品牌战略。

2008年，三元集团明确了"背书多品牌"的战略模式，迅速强化了三元集团品牌，即利用集团品牌背书为主要品牌提供担保或驱动作用，争取用3~5年时间，打造以"三元"品牌为龙头，包含3~6个品牌的强势品牌群。同时，把"北京三元集团"建设成为高举"都市农业"旗帜、具有"精品农业，服务都市"内涵的全国知名品牌。为此，三元集团采取了下列措施：一是选择一批有经营潜力的品牌或产品，给予大力背书或强化集团品牌标志；二是对于集团旗下的强势品牌或者合资品牌，尽量使用集团品牌，给予其影子担保，强化和提高集团品牌的声誉；三是选择有发展前景的新产品进行背书推广，试点新品上市品牌管理方案；四是淘汰没有优势的产品，使其逐步淡出集团品牌体系。

　　三元集团所属的八喜、金星、绿荷、中育、立时达等一批子品牌，在长期市场检验和竞争中不断成长，产品推陈出新，质量安全可靠，品牌持续增值，成为京城家喻户晓的著名品牌。2002—2008年，北京农垦 7 年累计有效商标注册量 151 件，比 1985—2001 年 17 年累计的 104 件还多 45.2％。2002—2008 年，以三元食品为代表的北京农垦企业陆续获得各类品牌荣誉，如，2002 年 8 月 29 日，"三元"液态奶被国家质检总局授予"中国名牌产品"称号；9 月 20 日，在北京市质量大会上，三元乳品被评为"2002 年北京市名牌产品"；2005 年 12 月 17 日，第二届"北京影响力"评选活动揭晓，三元集团首度荣获"北京最具影响力十大企业"奖；2006 年 12 月 10 日，在第三届北京影响力评选活动中，"三元"品牌荣获"2006 年影响百姓生活的十大品牌"称号；2007 年 4 月 10 日，在北京国企"四名"评选颁奖活动中，三元品牌获得"北京国企十大自主创新名牌"，三元梅园乳品店获得"北京国企特色名店"称号；2008 年 2 月 4 日，农业部中国名牌农产品推进委员会授予三元牌巴氏杀菌乳"2007 年中国名牌农产品"称号；12 月，三元食品荣获品牌中国总评榜（2007—2008）的"金谱奖"。

三、第三阶段：首农集团时期的品牌成熟阶段（2009—2017 年）

　　2009 年 4 月，首农集团重组成立，为了做响新的集团品牌"首农"。2010 年 3 月，首农集团聘请专业机构制定《首农集团品牌发展战略》《首农集团品牌管理办法》和《首农品牌媒体传播三年期发展规划》。以此为起点，首农集团进入了品牌成熟阶段。

（一）调整并升级品牌战略

　　1. 实施"母子品牌"战略，延伸品牌宽度　与前期母子共用"三元"品牌的战略不同，新战略以全力打造"首农"母品牌为着力点：确立以"首农"和"首农集团"为母品牌，以"首农畜牧""首农物流""首农商务"等业务品牌和"三元""八喜""华都""双大""中育""金星"等产品品牌为两类子品牌的品牌架构模式，通过背书、一体化、隐身和联合品牌体系等形式进行母子品牌之间的联结，构成具有协同效益的矩阵式品牌价值链网体系。集团将旗下多家企业品牌整合，让母品牌为子品牌提供质量保障、市场信誉；同时，众多的子品牌丰富了母品牌的价值，扩宽了"首农"品牌的内涵，促进母品牌和子品牌的良性互动，形成了共振效应。

　　2. 打造婴幼儿乳粉民族品牌取得重大突破　2013 年 5 月，国务院领导强调解决婴幼儿配方乳粉质量安全问题刻不容缓，要求打一场提高婴幼儿配方乳粉质量的攻坚战，重塑人们对国产婴幼儿配方乳粉的信心。6 月，市政府指示首农集团和三元食品落实。首农集团把"打造民族乳业第一品牌"作为公司定位之一。《中国农垦》2014 年第 6 期刊登首农集团党委书记、董事长张福平署名文章《做优做强做大首农乳业，打造婴幼儿乳粉民族品牌》。2015 年 12 月，市国资委明确："十三五"时期，首农集团的定位是"保障首都食品安全供应，打造民族乳业第一品牌，建设成为国内领先的综合性现代农业产业集团"。首农集团和三元食品组织领导力量和各种资源，加大婴幼儿乳粉民族品牌的建设力度。2015 年，三元食品推出"爱力优"舒释系列婴幼儿配方乳粉。该产品采用全乳糖配方，保证婴幼儿配方乳粉营养更加合理，更接近母乳营养水平，2016 年，该产品荣获第八届中国（北京）国际妇女儿童产业博览会"品质金奖"。2016 年，三元食品基于健康大数据，又开发出了国内首款婴幼儿配方乳粉——蓝标"爱力优"婴幼儿配方奶粉。2017 年 4 月，三元奶粉第七次蝉联中国婴幼儿奶粉"好口碑"榜首；12 月，三元品牌荣获"中国乳业领军品牌"称号。

　　在这一时期，首农集团有序地实施了品牌"三步走"战略：

　　第一步是品牌的整合与规范。首农集团重组之初，"首农"品牌处于零认知，在子强母弱的品牌格局下，如何建立首农集团母品牌与旗下子品牌的背书关系，是首农面临的战略命题。首农集团通过品牌战略定位、品牌架构梳理及品牌整合传播规划，系统构建首农集团的品牌形象，打造强势的品牌影响力。将多家企业的品牌进行梳理，对各子品牌进行价值整合，所有的子品牌逐步将原有的自身品牌资产和品牌价值转移并统一至首农集团品牌之下，到 2013 年，初步建立起集团以单一品牌战略为主的阶段性传播战略，比喻为"母以子贵"，让首农品牌真正进入消费者视线，这一步完成得比较成功。2016 年，"首农"品牌第一次进入世界品牌实验室发布的"中国 500 最具价值品牌"排行榜，标志着首农集团已成功解决了新生品牌在品牌认知与价值认同上的瓶颈，首农集团真正从幕后走向了前台，携手旗下品牌联合舰队协同发展。

第二步是强化品牌的推广与影响力。通过品牌背书、品牌联合等形式进行品牌的体系化推广，形成以"首农"品牌为核心、主营业务清晰、品牌定位和形象明确、影响力较高的知名品牌体系，比喻为"母子共荣"。同时，"首农"作为背书品牌出现，为子品牌的宣传提供支持和保障，子品牌为母品牌累积价值，确保母品牌的永续发展和第一高度。

第三步是品牌的经营与价值提升。着重于品牌的无形资产运营，结合企业文化建设、组织管控优化和资本运营，促进集团品牌的快速、持续、稳定增值。到 2017 年，实现以品牌为核心的资本化经营，成为中国"都市型现代农业龙头企业的第一品牌"，比喻为"母仪天下"。在这一时期，母品牌为全部子品牌提供信任、质量保证、信誉和竞争力，子品牌则提供产品功能、品质、使用情感等特殊的价值和个体体验。这样就实现借助于母品牌的影响力有效地推广子品牌，而子品牌的成功又可以反哺提升母品牌的资产价值，从而构建起母子品牌上下联动、相映生辉的局面。

（二）做好首农品牌建设的顶层设计

首农集团组建后，通过编制品牌发展战略和品牌传播规划，搞好品牌建设的顶层设计，全面提升了首农品牌建设水平。品牌建设涵盖品牌定位、品牌核心价值、品牌主张、品牌个性、品牌形象五大环节。

1. 首农品牌定位　首农集团的品牌定位是致力于农业全产业链经营，生产、供应安全、放心的健康食品，保障首都食品安全供给，提高百姓生活品质的都市现代型农业产业集团。这个定位描述中有两个关键词：一是农业，表明集团主业，以及主业经营之道——全产业链；二是品质，明确了集团的使命是保供给、提供安全健康的食品，为百姓创造高品质生活。新的品牌战略突显首农集团的身份特性和业务特点，以品牌的内涵和定位的确定回答集团品牌是什么、做什么。作为首都市民的"菜篮子""米袋子""奶瓶子""肉案子"，畜禽良种繁育已成为首农集团最具核心竞争力的基础产业和高端业务，已形成集育种、养殖、生产、销售、研发、服务于一体的全产业链发展模式。

2. 首农品牌的核心价值　品牌的核心价值是品牌识别的最精髓部分。精品农业是对首农集团自身属性及核心竞争力的描述；放心品质是首农带给消费者的利益，是让消费者认同集团价值的共鸣点，"民以食为天"，作为一个食品企业，对食品安全和品质的承诺是与消费者最有分量的沟通。首农集团秉承"首农，美好生活守护者"的价值理念，以"共创健康美好生活"为使命，坚持"良心品质、安心之选"的产品标准，聚焦首都食品安全、城市生活保障，为民众提供安全、放心的健康食品。2017 年 5 月 17 日，《人民日报》刊文《首农集团打造放心农业品牌 让国人餐桌更丰盛》，全面介绍并肯定了首农集团在做响精品农业品牌，以品牌促进农业转型升级，以品牌引领消费方面的做法及经验。

3. 首农品牌的价值主张　在北京农垦 60 多年的发展历程中，以安全放心的品质在消费者和行业中建立了良好的口碑和竞争优势。所以，首农的品牌价值主张根植于安全这一核心利益，结合精品农业的定位，清晰明确地告诉消费者：我是谁，为了谁。这一主张就是：安全立业，业精于农。

4. 首农品牌的个性　营造品牌个性才可以培育出众多的品牌忠诚者，才能创新、提升品牌档次。首农集团地处首都北京，并以"首都"冠名，北京政治中心、国际化大都市的属性赋予品牌高端、安全健康等特色，代表了首善之区的品位与品质。因此，首农品牌的个性既有高端、引领品位生活的特征，同时又是亲和的、厚重的、可信赖的，体现了国企的强烈责任担当。通过对"首农"品牌个性的塑造，建立了消费者对首农品牌的深刻记忆和认知。

5. 首农品牌的形象　新的品牌战略进一步完善了首农品牌视觉识别系统（VIS）设计，使首农品牌形象统一完整，便于在推广和传播中快速建立品牌识别与认知。2011年1月25日，首都农业集团品牌标志形象正式公布于众。首农集团的品牌标志由环形图、中文"首农"字样、英文"SUNLON"字样共同组合而成，风格稳健、识别性强，具有国际化形象。其中，"首农"由企业全称——北京首都农业集团有限公司简化而来，形成品牌企业商号的有机联想，体现了首都含义和产业特征，彰显出企业历史感、责任感与厚重感；英文"SUNLON"由拉丁文词根"SUN"和"LONG"组合创立并与中文"首农"谐音而成，寓意企业充满阳光活力、长久永续发展；红色环形图标识部分以中国传统吉祥的中国结图案为基础，三个半圆相互支持交汇，代表企业的"一产、二产、三产"相互支撑、融合发展，使标志充满活力，形象简洁、大方，也预示企业的奋进精神和不断拓展的张力。2017年，首农品牌形象进行了全面升级，以"首农 美好生活守护者"的全新SLOGAN亮相，赢得集团内外的一致好评；是年11月9日，对"首农 美好生活守护者"提出商标注册申请，次年10月21日正式注册。

（三）取得丰硕的品牌荣誉

随着首农集团品牌建设进入规范化发展的轨道，首农品牌以及旗下一大批子品牌认知度和美誉度有了较大提升，获得了以下品牌荣誉：

2009年6月，三元食品股份公司荣获"影响中国贡献品牌大奖"；7月，艾莱发喜公司品牌被国家产品质量安全与法信息中心评定为"质量安全诚信品牌"；9月，华都集团、华都肉鸡公司的华都品牌获"中国肉类产业影响力品牌"称号；11月，北京丘比的丘比品牌荣获"最受消费者喜爱的品牌"。

2010年1月，双大品牌、华都食品品牌获"2009中国最受消费者喜爱的十大鸡肉品牌"称号，分列第一名、第三名；3月，三元食品凭借品牌影响力摘得"2009年度全国市场同类产品领先品牌"桂冠；10月，艾莱发喜公司被评为全国冷冻饮品行业"优秀品牌"。

2011年3月，三元品牌赢得"网友最喜爱的乳品品牌"荣誉；4月，三元品牌荣膺"2010年度全球消费者信赖的中国食品行业十佳优秀自主品牌"称号；10月，滦平华都公司获得"中国食品安全年度自律品牌"称号；12月，在第五届"北京影响力"评选活动中，三元牛奶荣获"影响百姓经济生活的十大品牌"称号。本年，北京麦当劳荣获"首都市民最欢迎食品品牌"称号。

2012年10月，华都集团"华都食品"商标的禽肉制品获"中国肉类产业最具价值品牌"称号，丘比品牌荣获"2012年消费者最喜爱最放心调味品"称号；12月，第五届"北京影响力"评选活动落幕，三元牛奶荣获"影响百姓生活十大品牌奖"。

2013年1月，首农集团获得"十佳诚信品牌企业"称号；12月，在第六届"北京影响力"评选活动中，八喜冰激凌荣获"最具影响力十大品牌"称号。本年，北京麦当劳荣获"北京餐饮（综合类）十大品牌"称号。

2015年4月，金星鸭业公司被北京市农业产业化龙头企业协会推荐为"第二批首都安全优质农产品品牌企业"；5月，金星鸭业公司在"发现中国好食材"活动中被授予"2015年最具投资价值农业品牌"称号；11月，三元食品荣获"2015年消费者最喜爱的食品品牌"奖；11月，北京丘比获"中国调味品行业二十年调味酱产业十强品牌企业"称号；12月，在第七届"北京影响力"评选活动中，三元奶粉荣获"十大品牌"奖。

2016年1月，"北京黑六"获得"2015深受北京市民喜爱的生鲜品牌"年度人气大奖，大发正大公司正大食品品牌被评为"2015年度深受北京市民喜爱的鸡肉品牌"。2月，首农集团获得"2015中国农业年度领袖品牌"；3月，在第六届北京质量奖暨北京知名品牌颁奖表彰会上，三元食品股份公司的液态乳产品被评选为"北京知名品牌"，这是三元食品股份公司的产品第三次获此称号；同月，

2015年度《婴幼儿配方奶粉品牌口碑研究报告》正式发布，三元食品股份公司生产的婴幼儿配方奶粉再次获得"国产品牌口碑冠军"，这是三元食品连续第五次获此荣誉；7月，三元品牌摘得"公众大拇指奖"；9月，三元奶粉荣获中国品牌口碑年会"工匠企业"特别大奖。本年，北京麦当劳荣获"北京餐饮企业（集团）50强""北京餐饮十大品牌（综合类）"。

2017年3月，三元奶粉获"2016中国孕婴童优秀民族品牌"称号；4月，三元奶粉第七次蝉联中国婴幼儿奶粉"好口碑"榜首；5月，三元食品入围首批"CCTV中国品牌榜"；8月，《今日头条》发布中国乳业用户数据以及奶粉用户数据，三元成为北京用户最关注的乳品品牌之一；9月，三元食品股份公司、百年栗园公司、裕农公司被市农委等单位联合授予"2017年北京农业好品牌"荣誉；12月，在第八届"北京影响力"评选活动颁奖晚会上，首农品牌荣获"最具影响力十大品牌"称号；同月，三元品牌荣获"中国乳业领军品牌"称号，首农电商有限公司获评"2017中国农牧行业十大年度品牌"。本年，首农集团作为市国资系统唯一入选企业，荣获人民日报社2017年度"中国品牌奖"。

第二节　品牌管理

一、品牌管理机构及管理职能

1988年2月，总公司决定成立广告宣传部，由宣传部代管，负责对外宣传以及系统内广告宣传的策划和管理事宜。1998年5月，总公司进行机构改革，撤销广告宣传部，对外宣传工作划归新设立的发展策划部。2000年，总公司再次进行机构改革，撤销发展策划部，成立公关联络部（下设企业文化协会）。

2003年3月，三元集团进行机构改革，撤销公关联络部，成立企业文化部，正式明确品牌管理由企业文化部负责。2006年3月，三元集团再次进行机构改革，撤销企业文化部，成立公关宣传部，品牌管理工作归口公关宣传部负责。2007年，成立三元集团品牌管理委员会，委员会办公室设在公关宣传部。三元集团品牌管理委员会是集团品牌管理的最高决策机构，其职责包括：①审批各企业关于三元名称、商标的使用申请；②审批各项三元名称、商标管理制度；③审批三元品牌发展规划；④审批三元品牌年度推广计划；⑤对相关三元品牌的各项重大事项进行决定。2010年3月，首农集团机构改革将公关宣传部更名为企业文化部，品牌管理工作归口企业文化部负责。首农集团品牌管理委员会办公室设在企业文化部。

2016年，首农集团新修订的《品牌管理办法》规定："集团公司品牌日常管理工作由集团公司企业文化部负责，涉及品牌出售、转让、授权、纠纷及延伸等重大事项须报集团公司总经理办公会或董事会审批。"具体管理工作的内容确定为以下7项：①集团公司品牌运营及品牌使用、授权管理；②制定并执行品牌宣传推广方案；③制定并执行集团公司视觉识别（VI）标准；④组织品牌知识培训及品牌市场研究；⑤评估品牌传播效果，并持续改进传播方案；⑥组织品牌价值评估；⑦指导监督集团公司所属企业的品牌工作。

二、品牌传播推广

根据集团品牌发展战略，集团公司企业文化部负责制定各年度品牌传播目标、品牌诉求、传播投放、品牌活动等品牌整合传播策略，并根据实施策略制定相应推广计划及预算。首农集团所属企业自行制定本企业品牌推广方案，并报集团备案。在品牌传播推广方面，重点抓住三个主要工作环节：

（一）实施广告营销和品牌推介

2010 年 11 月，首农集团参加中央电视台 2011 年黄金资源广告招标会，中标中央电视台一套综合频道 2 月、3 月、5 月、9 月《焦点访谈》节目后的广告播出权，迈出了首农集团开展高规格广告营销的第一步。2011 年 2 月，历时半年精心制作的首农第一部形象广告正式登陆央视，从 5 月起，在北京电视台大密度投放。2011—2017 年年底，首农集团总部累计投入品牌推广费近 7 亿元，通过参与中央电视台黄金资源广告招标，以及与中央广播电台、北京电视台、北京广播电台等建立一系列战略合作关系，着力促进首农品牌营销。同时，首农集团加强线上线下媒体整合传播，在地铁、公交、LED 大屏等户外媒体上进行广告宣传。2013 年 11 月，在第二十届中国国际广告节上，首农集团自 2012 年推出的第二部品牌形象广告"亲情篇"荣获优秀奖。为进一步提升首农集团品牌产品的认知度和美誉度，2015 年 7 月 15 日，首农集团在三元食品北京工业园举办旗下品牌产品推介会，重点向与会人士推介三元乳品、华都肉鸡、金星鸭业、黑六、荷美尔、峪口禽业、双河农场、八喜冰激凌、丘比沙拉酱、安德鲁果泥果酱等品牌产品的发展情况。此次推介会以"好风凭借力 扬帆京津冀"为主题，着力推进京津冀三地扩大区域协作，实现优势互补、共同发展。2017 年，首农集团在微信、微博、今日头条、一点资讯的账户完成注册，微信公众号、微博正式投入运营，增强了企业品牌工作的亲和力。北京农垦发挥大众媒体的广泛传播力，不断宣传"首农"及旗下"三元""八喜""华都""黑六"等主要子品牌，在不足 4 年的时间里，首农品牌从创立之初的零认知，到被广泛认知，品牌成长迅速，品牌影响力逐步彰显。除了春节、国庆、中秋等中国传统节日，"618""双十一""双十二"等电商新兴节日也是首农集团发力营销的关键点。集团各品牌对节日营销的关注度和投入力度愈发增强，各品牌根据电商平台的消费特点，纷纷推出电商定制款产品，不仅实现了产品差异化经营，也扩大了各品牌的影响力。

（二）企业取得体育赛事和大型文艺活动的冠名权

积极取得体育赛事和文艺活动的冠名权，是企业进行品牌传播、提升消费者认知度的重要措施。在这方面做得比较突出是艾莱发喜公司：2006 年冠名赞助中国国际女排精英赛、中国网球公开赛；2007 年冠名赞助北京市首届中小学跆拳道比赛；2016 年冠名赞助北京市第二届八喜杯少年篮球邀请赛；2017 年冠名赞助"北京八喜青年桥牌队"参加在韩国首尔举行的第二十一届亚太桥牌锦标赛；同年，冠名赞助北京八喜中学生队、北京八喜希望队和北京八喜青年女队代表北京市参加"第二届京津冀大中学生桥牌锦标赛"。

（三）推进品牌背书宣传

通过对集团旗下品牌的全面梳理，以食品品牌为突破口，塑造首农——综合食品供应商的定位，并以"三元""八喜""华都""黑六"4 个品牌为主，在广告画面中做重点宣传，带动子品牌协同发展。在品牌背书宣传上采取了以下措施：一是逐步把首农标识用于食品品牌的产品包装；二是在旗下盛福大厦、圆山大酒店、德胜饭店、东郊农场、龙冠置业大厦、蓝海中心等 12 座楼体上展示首农标识，为首农品牌注入新形象、新活力，提升品牌影响力。

三、品牌使用管理

（一）品牌管理策略

1. 统一协调与分层管理相结合，理顺品牌管理的责权关系 集团层面对集团的所有品牌实行统一的战略型协调和管理，保持集团品牌整体形象的统一性，增强控制力，降低风险。同时，集团将不同类型品牌的经营管理权分到不同的管理层级，提高品牌管理的灵活性和效率。集团层面拥有首农母品牌的所有权，依此进行授权管理，二级企业只具有首农品牌授权范围内的使用权；产品子品牌由权属企业自己持有和管理，但集团公司要对子品牌重大品牌事项（出售、出让、重要授权、延伸、合资合作和对外输出等的关联权益）进行管控。

2. 纵向管理与横向联结相结合，协调品牌体系的结构关系　根据品牌体系结构的设计，一方面，依据集团业务结构的划分，以二级公司为载体，按照不同业务领域的品牌实行纵向管理模式，适时、适度剥离与企业主业及产品关联度较低的品牌名称，打造"三元""华都""双大""八喜""黑六"等一批强势且有影响力的专业品牌，实现品牌专业化的目标；另一方面，由集团层面对围绕核心产品的供应链各环节进行协调，通过横向联结实现品牌一体化目标，有效处理品牌体系中纵向业务管理与横向供应链协同的关系。

3. 品牌背书与品牌体系相呼应，强化品牌管理的层级关系　为保障首农集团品牌形象整体的一致性、稳定性，防控品牌经营管理风险，在集团内推行首农的品牌背书。其具体方式为：对于集团全资、控股的二级企业可直接进行"首农集团"背书；对主营业务相关性较高、行业影响力和竞争力较强的产品品牌可进行"首农"背书；对部分核心二级企业（尤其是新建立的二级公司）可采取以"首农"直书或冠名的方式进行链接；三级以下的企业以及租赁、承包企业原则上不允许使用首农品牌。新组建合资、合作、参股企业使用集团品牌时，须经集团授权并做无形资产评估，有偿使用。

（二）品牌授权

首农集团规范"首农"母品牌的授权使用管理，确定所属企业在商号、产品包装、对外宣传等方面使用"首农"申报和审批流程。2011年11月，集团首批授权北郊龙冠和谐大厦、圆山大酒店、德胜饭店、盛福大厦等物业、酒店、公司在办公楼体上，三元食品、华都食品、百年栗园在产品包装上，上海首农、首农食品经营中心、首农股份等企业在商号上使用首农品牌背书。

（三）品牌退出、延伸管理

1. 品牌退出管理　当集团下属企业因各种原因退出经营时，根据情况不同，对集团冠名企业采取不同的退出形式。下属企业关闭或停产时，其冠名作为首农集团的品牌资源由集团收回；下属企业被集团外企业并购时，集团公司要收回原有的品牌使用权，如企业股权变动需要继续使用时，必须重新申报品牌授权，并按品牌价值收取品牌使用费或者将品牌作为无形资产入资。

2. 品牌延伸管理　集团公司下属企业在进行品牌延伸时，根据品牌归属权不同，所需上报和申请审批的流程也有所不同：集团下属企业用首农品牌进行品牌延伸，需报集团公司审批，方式与品牌授权程序相同；集团公司下属企业用本企业和产品品牌进行品牌延伸，需报企业和产品品牌所有权归属单位进行审核。

3. 品牌维权　为规范首农品牌使用，集团企业文化部负责定期组织对集团所属企业的品牌建立、使用、推广、维护等方面工作情况进行考核。对未经集团公司授权，擅自使用集团品牌的企业，集团公司根据情节轻重，追究企业主要负责人和管理人员的责任。对造成品牌混淆、管理混乱、并对集团品牌产生不良影响的单位和个人，集团公司根据情节轻重，追究企业主要负责人和管理人员的责任。针对市场上出现的对"首农"品牌的侵权行为，由集团法务部、信息化办公室、企业文化部、企业管理部联合行动，通过工商投诉、法律诉讼等形式进行维权。

■ 第三节　品牌价值

通过几年来的努力，首农品牌的发展经历了品牌认知、品牌强化、品牌升华的过程，首农品牌的认知度和美誉度大幅提升，母品牌对旗下子品牌形成了有力的市场拉动，构建了母子品牌协同发展的良好格局，形成了品牌资产价值逐年提高的可喜局面。

一、三元品牌价值

三元品牌价值最早见诸报刊是世界品牌实验室发布的 2004 年"中国 500 最具价值品牌"排行榜。世界品牌实验室（World Brand Lab）被公认为全球五大品牌价值评估机构之一。三元品牌在历届"中国 500 最具价值品牌"排行榜排名情况见表 6-7-1。

表 6-7-1　三元品牌在历届"中国 500 最具价值品牌"排行榜排名情况

时间及届次	品牌名称	品牌价值（亿元）	品牌持有机构	主营行业	排名
2004 年（首届）世界品牌大会	三元	15.91	三元集团	食品饮料	318
2005 年（第二届）世界品牌大会	三元	17.50	三元集团	食品饮料	322
2006 年（第三届）世界品牌大会	三元	18.20	三元集团	食品饮料	318
2007 年（第四届）世界品牌大会	三元	18.49	三元集团	食品饮料	325
2008 年（第五届）世界品牌大会	三元	19.52	三元集团	食品饮料	338
2009 年（第六届）世界品牌大会	三元	44.82	首农集团	食品饮料	184
2010 年（第七届）世界品牌大会	三元	47.69	首农集团	食品饮料	187
2011 年（第八届）世界品牌大会	三元	56.04	首农集团	食品饮料	229
2012 年（第九届）世界品牌大会	三元	60.82	首农集团	食品饮料	233
2013 年（第十届）世界品牌大会	三元	74.89	首农集团	食品饮料	254
2014 年（第十一届）世界品牌大会	三元	85.38	首农集团	食品饮料	255
2015 年（第十二届）世界品牌大会	三元	104.85	三元食品股份公司	食品饮料	254
2016 年（第十三届）世界品牌大会	三元	141.62	三元食品股份公司	食品饮料	235
2017 年（第十四届）世界品牌大会	三元	164.95	三元食品股份公司	食品饮料	232
2018 年（第十五届）世界品牌大会	三元	199.39	三元食品股份公司	食品饮料	241
2019 年（第十六届）世界品牌大会	三元	251.39	三元食品股份公司	食品饮料	232

说明：资料来自世界品牌实验室官网。

三元品牌已连续 15 年入围"中国 500 最具价值品牌"排行榜。2016 年三元品牌价值同比增长 35.10％，成为乳品行业同比增幅最大的品牌。但总体看，三元品牌在排行榜的位次变化不大，基本居于 500 强排行榜的中游。三元品牌价值动态见图 6-7-1。

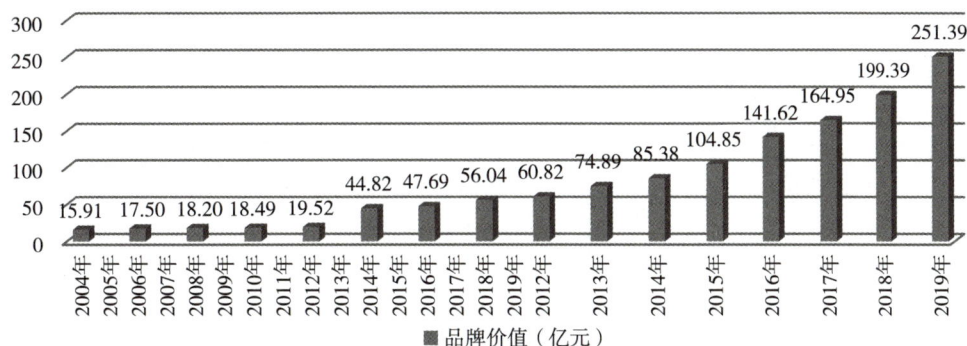

图 6-7-1　三元品牌价值动态

二、首农品牌价值

首农品牌 2016 年首次入围"中国 500 最具价值品牌"排行榜，就显示出了较高的附加价值，在排行榜的位次居前四分之一的位置。之后三年，首农品牌价值表现出强劲的上升势头，4 年内位次前进 26 位，已跻身前 100 位。

首农品牌在历届"中国 500 最具价值品牌"排行榜排名情况见表 6-7-2，首农品牌价值动态见图 6-7-2。

表 6-7-2　首农品牌在历届"中国 500 最具价值品牌"排行榜排名情况

时间及届次	品牌名称	品牌价值（亿元）	比上年增长（%）	品牌持有机构	主营行业	排名
2016 年（第十三届）世界品牌大会	首农	257.51		首农集团	农业	120
2017 年（第十四届）世界品牌大会	首农	295.37	14.70	首农集团	农业	129
2018 年（第十五届）世界品牌大会	首农	408.66	38.36	首农食品集团	农业、食品	106
2019 年（第十六届）世界品牌大会	首农	532.26	30.25	首农食品集团	农业、食品	94

说明：资料来自世界品牌实验室官网。

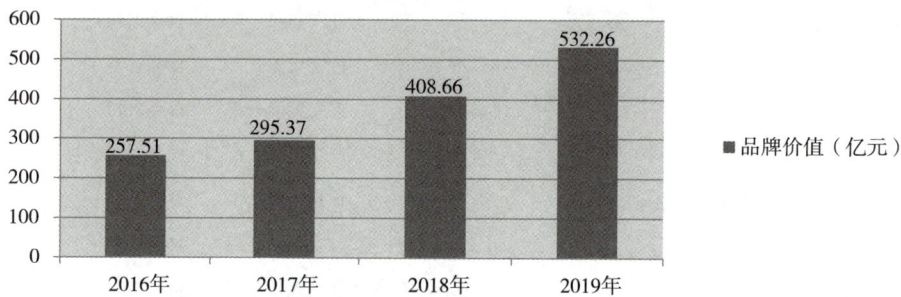

图 6-7-2　首农品牌价值动态

第八章 标准化及知识产权管理

企业标准化和知识产权管理工作对建立企业运转最佳秩序、保证企业的经营安全、提升企业形象具有重要意义。2000 年之后，北京农垦标准化工作和知识产业管理工作逐步步入正轨，也取得了较大的进步。

■ 第一节 标准化管理

一、标准化管理情况

北京农垦标准化管理工作大体可以划分为两个阶段：

（一）起步阶段（1985—1999 年）

1. 管理机构 1985 年 5 月 25 日，总公司决定成立北京市乳品质量监督检验站成立，设在乳品研究所内；7 月 26 日，北京市标准计量局（86）京标计质字第 119 号文批复总公司，同意建立北京市乳品质量监督检验站。是年 10 月 6 日，总公司召开第 21 次经理办公会，决定加强标准化和计量工作，由科技处负责标准化和计量工作。1998 年，总公司进行机构改革，成立农牧开发部和工贸部，农牧业标准化工作由农牧开发部负责，工业标准化工作和计量工作归工贸部负责。

2. 农机管理标准化工作 1986—1998 年，北京农垦标准化的工作重点是农机管理。这个阶段，北京农垦农机保有量处于最高时期，最多时拥有大中型拖拉机 1 500 多台、联合收获机 500 多台、农用载重汽车 2 600 多台。因此，如何加强农机管理成为标准化工作的首选切入点。农场的农机标准化工作主要解决"五统一"的问题，即农业机械统一停放和保管、农业机械统一保养和维修验收、农业机械田间作业统一质量和验收、农业机械油料统一供应、农业机械统一管理和指挥。在落实农机管理标准化的过程中，一批农场农机具停放场所和管理活动场所及设施得到加强；农机保养和维修严格按农机产品出厂说明书要求，按耗油、按时间和按项目进行；农机安全监理标准化和农机技术档案、资料管理标准化水平进一步提高，出现一批典型单位。1987 年 12 月，南郊牛奶公司农机站获得农业部授予的"全国设备先进单位"称号；1988 年 11 月，南郊牛奶公司农机站被农业部授予"国营农场农机管理标准化先进单位"称号；1990 年 12 月，双桥农场农机公司被农业部授予"全国农垦系统标准化管理优秀单位"称号；1996 年 2 月，北郊农场获得农业部授予的"1995 年度农机标准化优秀单位"称号。

3. 工业标准化 1997 年后，总公司加强工业企业标准化工作，连续举办由农场场长和公司经理参加的标准化业务培训班，请北京市技术监督局业务处室的同志进行授课。1998 年，市技监局表彰总公司完成计量工作三年计划（1995—1997），授予总公司"工业计量先进单位"称号。1999 年 4

月，市技监局授予北京卡夫、红星泡花碱厂"北京市标准化工作先进单位"称号。

（二）步入正轨阶段（2000年至今）

1. 管理机构与管理制度　在标准化管理机构方面，2000年，总公司进行机构改革，撤销农牧开发部和工贸部，成立企业管理部，明确了标准化工作和计量工作由企业管理部负责。2010年，首农集团新设立农牧管理部，规定了企业标准体系的咨询服务工作，由集团公司企业管理部、农牧管理部分别负责，其中，农牧管理部负责受理农业标准体系相关事宜，企业管理部负责受理其他行业企业标准体系相关事宜。2016年，首农集团明确企业标准化工作由集团公司企业管理部统一负责与管理。

在标准化管理制度方面，首农集团前后颁布过两次相关的管理办法。2011年，首农集团制定《北京首都农业集团有限公司企业标准化管理办法》，这是北京农垦第一次出台关于标准化管理工作的指导意见。2016年，首农集团根据新的经营形势，修订了《北京首都农业集团有限公司企业标准化管理办法》。

在计量工作机构设置方面，北京农垦共有2家：

（1）集团公司计量总站。三元集团于2004年10月21日成立中心计量站，下设南北两个分站，总站设在集团总部，站长崔存华。南站为太洋药业检定站，站长张会清；北站为三元食品检定站，站长吴康年。计量站负责集团内部非强检计量的检定工作。

（2）北京三元集团畜牧兽医总站诊断中心。该机构于2017年2月22日取得市质监局颁发的计量认证资质认定证书。

此外，农业部牛冷冻精液质量监督检验测试中心（北京）、农业部乳品质量监督检测测试中心（北京）均由北京奶牛中心负责筹建，取得国家认监委颁发的计量认证合格证书。

2. 农业标准化　2000年8月，总公司提出在畜牧行业全面推进标准化体系建设。2002年3月，总公司召开标准化体系建设动员大会，总结了近两年来的标准化工作，决定在本系统全面启动标准化体系建设工作。2003年1月，三元集团被市质监局评为2002年度标准化工作先进单位。2月17日，在北京市农业标准化工作总结表彰会上，三元集团有5家畜牧养殖企业受到表彰：绿荷中心所属中以示范奶牛场被评为北京市优秀农业标准化示范基地，金星鸭业中心所属金星鸭场、奶牛中心所属良种场被评为北京市先进农业标准化示范基地，养猪育种中心所属原种猪场、北郊农场所属北京黑猪原种场被认定为北京市农业标准化示范基地。12月24日，绿荷中心金银岛农场、金星牛场被认定为"北京市农业标准化生产示范基地"。2004年3月2日，市质监局授予三元集团2003年度"北京市标准化工作先进单位"称号，授予绿荷中心、奶牛中心、养猪育种中心、三元绿化公司、世新华盛公司、三元农业2003年度"北京市农业标准化先进单位"称号。5月14日，市农委、市质监局、市农业局、市林业局联合举办新闻发布会，养猪育种中心南口种猪场和SPF猪场、绿荷中心金星牛场、金星鸭业南口育种中心、华都种猪公司祖代猪场、家禽育种公司平谷种鸡场、大发正大公司密云金笸箩种鸡场、峪口祖代鸡场8家单位获2003年度"农业标准化优秀单位"称号；裕农公司，世新华盛公司，中以示范农场，华都种猪公司，华都肉鸡公司父母代种鸡场一、三小区6家单位获2003年度"农业标准化先进单位"称号；绿荷中心金银岛牧场、峪口禽业公司祖代鸡场2家单位获2003年度"农业标准化合格单位"称号。同时，绿荷中心第一牧场、金星鸭业莲花池鸭场、养猪育种中心建新猪场和中荷畜牧培训中心、华都肉鸡公司田农营肉鸡场和北朗中肉鸡场、华都种猪公司银冶岭原种猪场、新王峪祖代猪场被列入2004年度农业标准化生产示范基地建设项目。这次新闻发布会标志着北京农垦农业标准化工作取得阶段性重要进展。

2005年2月18日，国家标准委向三元种业颁发"标准化良好行为证书"（AAAA级），三元种业成为全国唯一获得"标准化良好企业行为"证书的农业企业；2月，中荷畜牧培训中心获得"农业标准化先进单位"证书；10月20—21日，三元集团被国家标准委授予"全国农业标准化示范区建设先进单位"称号，三元集团"奶牛标准化示范"项目被授予"国家农业标准化示范区"称号，刘菌洁被评为"全国农业标准化示范区先进工作者"。

2007年，养猪育种中心获国家标准委颁发的"标准化良好行为证书"（AAAA级），成为国内养猪业首家获此称号的企业。2010年10月，农业部公布2010年第一批"国家级畜禽标准化示范场"名单，绿荷中心金银岛牧场、奶牛中心良种场、爱拔益加公司兴寿种鸡场、爱拔益加公司赵各庄种鸡场4家企业获"国家级畜禽标准化示范场"称号；12月，农业部公布2010年第二批"国家级畜禽标准化示范场"名单，北京中育种猪养殖中心南口种猪场、峪口禽业公司父母代种鸡场峪口基地获"国家级畜禽标准化示范场"称号。2011年10月，农业部公布2011年第一批"国家级畜禽标准化示范场"名单，绿荷中心渠头牛场、第一牧场，养猪育种中心长城丹玉公司、华都种猪公司银冶岭种猪场获"国家级畜禽标准化示范场"称号；12月，滦平华都公司被河北省质量技术监督局认定为"标准化良好行为AAA级企业"。

2012年1月，农业部召开全国农产品质量安全监管工作会议，会上授予养猪育种中心、绿荷中心、承德鸭业公司、金星鸭业中心、奶牛中心5家单位"全国农业标准化示范县（农场）"称号；2月，峪口禽业公司父母代种鸡养殖场被授予"北京市'菜篮子'工程优级标准化生产基地"，世新华盛公司北京黑猪原种场被授予"北京市'菜篮子'工程良好级标准化生产基地"；12月，绿荷中心中以示范奶牛场、半截河牛场和养猪育种中心西邵原种猪场被评为"北京市畜禽标准化示范场"。2013年11月，峪口禽业公司承担的"蛋种鸡养殖标准化示范区"被国家标准委授予"全国农业标准化优秀示范区"称号。

北京农垦入选国家农业标准化示范区目录见表6-8-1。

表6-8-1 北京农垦入选国家农业标准化示范区目录

序号	项目名称	承担单位	参加单位	批次/时间
1	奶牛标准化示范	三元集团	三元种业科技股份公司	第二批/1998年
2	种猪标准化示范区	养猪育种中心	三元集团	第五批/2005年
3	北京鸭标准化示范区	三元种业科技股份公司	三元集团	第五批/2005年
4	北京黑猪标准化示范区	黑六牧业公司	北郊农场	第六批/2008年
5	蛋种鸡养殖标准化示范区	华都峪口禽业公司	平谷区质量技术监督局	第七批/2011年
6	蛋种鸡养殖标准化示范区	华都峪口禽业公司	平谷区质量技术监督局	第九批/2017年

3. 服务业标准化工作 2003年2月18日，三元出租车公司标准化管理体系经市质监局评审通过并实施；12月22日，东风物业管理中心通过市质监局标准化体系验收，成为北京市首家物业管理企业标准化体系建设达标单位；同月，三元石油公司的标准化体系高分通过市质监局组织的认证，公司的《加油站加油作业指导书》获得市质监局颁发的《北京市产品标准注册登记证》，公司成为全市成品油流通行业第一家在市质监局注册服务标准的企业。2004年2月19—20日，三元集团在奶牛中心延庆基地召开物业管理座谈会暨标准化体系建设动员会；3月2日，市质监局授予三元出租车公司、三元石油公司为2003年度"北京市服务标准化单位"。2012年4月26日，三元出租车公司被市质监局评为"三级"标准化达标企业。2016年3月，五环顺通中心获得餐饮冷链物流规范WB/T 1054—2015行业标准试点企业；5月20日，北京绿荷康牧生物科技有限公司有机物料腐熟剂企业标准（Q/LHKMJ 0002—2016）在企业标准信息公共服务平台备案并发布。2017年，北京荷美尔参与培根国家标准、火腿国家标准、牛排国家标准、罐头午餐肉国家标准的制定工作。

二、制订标准及研究成果

在加强标准化管理工作的同时，北京农垦注意总结经验，在优势行业与产品生产的领域逐步介入标准制订，推出国家标准、行业标准和北京市地方标准共 36 项，保持了自身优势行业的领跑地位。

（一）国家标准

（1）1987 年 12 月 26 日，国家质检总局、国家标准委发布由北京市农林科学院畜牧兽医研究所、世新华盛公司共同起草的《北京黑猪》（GB/T 8472—2008），该标准于 2009 年 5 月 1 起正式实施。

（2）2008 年 6 月 27 日，国家质检总局、国家标准委发布由农业部牛冷冻精液质量监督检验测试中心（南京）、全国畜牧兽医总站、农业部牛冷冻精液质量监督检验测试中心（北京）共同起草的《牛冷冻精液》（GB 4143—2008）。标准规定了牛冷冻精液的命名、技术要求、抽样、试验方法、判定规则和标志及包装。2009 年 1 月 1 日，该标准正式实施。

（3）2008 年 8 月 12 日，国家质检总局、国家标准化管理委员会发布由中国农业大学、北京养猪育种中心等 5 家单位共同起草的《杜洛克猪种猪》（GB 22285—2008）。该标准规定了杜洛克猪种猪的外貌特征、生产性能、种用价值和种猪出场要求，于 2008 年 12 月 1 日实施。

（4）2008 年 12 月 31 日，国家质检总局、国家标准委发布由北京 SPF 猪育种管理中心起草的国家标准《SPF 猪病原控制与监测》（GB/T 22914—2008），于 2009 年 5 月 1 日实施。

（5）2010 年 9 月 26 日，国家标准委发布由青岛市畜牧兽医研究所、华南农业大学、北京养猪育种中心、胶南市家畜改良站起草的《猪常温精液生产与保存技术规范》（GB/T 25172—2010），于 2011 年 1 月 1 日实施。

（6）2013 年 12 月 31 日，国家质检总局、国家标准委发布《良好农业规范》（GB/T 20014—2013），起草单位包括国家认监委、中国农业大学和南京大学、全国畜牧总站、地方的出入境检验检疫局、协会等多个单位，峪口禽业作为唯一一家企业，参与了第六部分《畜禽基础控制点与符合性规范》（GB/T 20014.6—2013）、第十部分《家禽控制点与符合性规范》（GB/T 20014.6—2013）标准的修订，副总裁刘爱巧为标准的主要起草人之一。2014 年 6 月 22 日，《良好农业规范》正式实施。

（7）2015 年 5 月 15 日，国家质检总局、国家标准委发布以张晓霞为首席专家，由农业部牛冷冻精液质量监督检验测试中心（北京）为主牵头，内蒙古赛科星繁育生物股份有限公司、北京奶牛中心、中国农业大学、全国畜牧兽医总站、农业部牛冷冻精液质量监督检验测试中心（南京）等单位合作起草的《牛性控冷冻精液生产技术规程》（GB/T 31581—2015）、《牛性控冷冻精液》（GB/T 31582—2015）。这两项标准于 2015 年 10 月 1 日正式实施。

（二）行业标准

（1）2002 年 12 月 30 日，农业部发表《北京鸭》农业行业标准（NY 607—2002）。该标准起草单位是为星鸭业中心、中国农业大学动物科技学院，金星鸭业中心胡胜强为第一起草人。《北京鸭》农业行业标准于 2003 年 3 月 1 日起正式实施。

（2）2004 年 8 月 25 日，农业部发布由农业部畜牧兽医器械质检中心、中国农业大学、北京市 SPF 猪育种管理中心起草的《猪用手术隔离器》（NY 817—2004），于 2004 年 9 月 1 日正式实施。

（3）2004 年 8 月 25 日，农业部发布由农业部畜牧兽医器械质检中心、中国农业大学、SPF 猪中心起草的《猪用寄养隔离器》（NY 818—2004），于 2004 年 9 月 1 日实施。

（4）2007 年 4 月 17 日，由农业部发布由农业部牛冷冻精液质量监督检验测试中心（南京）、全国畜牧兽医总站、农业部牛冷冻精液质量监督检验测试中心（北京）共同起草的起国家农业部行业标准《牛人工授精技术规程》（NY/T 1335—2007）。该标准于 2007 年 7 月 1 日正式实施。

（5）2007 年 9 月 14 日，农业部发布由三元集团提出、北京奶牛中心起草的农业部行业标准《奶牛胚胎移植技术规程》（NY/T 1445—2007），于 2007 月 12 月 1 日正式实施。

（6）2007 年 9 月 14 日，由农业部发布农业部农垦局提出，农业部牛冷冻精液质量监督检验测试中心（北京）、北京奶牛中心种公牛站、全国畜牧总站共同起草制定的农业部行业标准《种公牛饲养管理技术规程》（NY/T 1446—2007），于 2007 月 12 月 1 日正式实施。

（7）2007 年 10 月 8 日，国家发展改革委公布由长城机床附件公司、北京机床研究所起草的国家机械行业标准《机床圆形减振垫铁》（JB/T 6607—2007），于 2008 年 3 月 1 日正式实施。

（8）2007 年 12 月 18 日，农业部发布由北京市优质农产品产销服务站（即裕农公司前身，下同）等单位起草的《NY/T 1529—2007 鲜切蔬菜加工技术规范》行业标准，该标准填补了鲜切蔬菜行业标准的空白。

（9）2011 年 9 月 1 日，农业部发布由市农业局、北京市优质农产品产销服务站起草的《NY/T 1987—2011 鲜切蔬菜》行业标准，于 2011 年 12 月 1 日正式实施。

（三）地方标准

（1）2002 年 2 月 27 日，奶牛中心起草制定的《奶牛饲养管理技术规范》北京市地方标准通过市质监局的批准并颁布，于 2002 年 4 月 1 日开始实施。该规范包括：①《奶牛饲养管理技术规范第 1 部分：育种》（DB11/T 150.1）；②《奶牛饲养管理技术规范第 2 部分：繁殖》（DB11/T 150.2）；③《奶牛饲养管理技术规范第 3 部分：饲养与饲料》（DB11/T 150.3）；④《奶牛饲养管理技术规范第 4 部分：卫生保健》（DB11/T 150.4）。该规范 2002 年 4 月 1 日起实施。

（2）2006 年 11 月 3 日，市质监局发布《蛋鸡生产技术规范》地方标准（DB11/T 402—2006）。该标准起草单位是峪口禽业公司、北京市畜牧兽医总站，公司孙皓、周宝贵、刘爱巧、汪全生参与了标准的起草。该标准对北京蛋鸡生产起到了良好的示范效应，于 2007 年 2 月 1 日正式实施。

（3）2007 年 8 月 13 日，市质监局发布北京市地方标准公告：①金星鸭业中心起草的《北京鸭第一部分：商品鸭集约化养殖规范》（DB 11/T 012.1—2007）为北京市北京鸭地方标准，规定了北京鸭商品代肉鸭饲养、卫生防疫、生产性能、产品质量要求、规格及贮运方法；②《北京鸭第二部分：种鸭集约化养殖规范》（DB 11/T 012.2—2007）为北京市北京鸭地方标准，规定了北京鸭父母代代种鸭的生产性能、种蛋收集与保存、孵化、饲喂、卫生防疫及环境和设施要求。这两个规范于 2007 年 12 月 1 日正式实施。

（4）2007 年 8 月 13 日，市质监局发布北京市地方标准公告，具体包括：①《北京黑猪饲养管理技术规范第一部分：品种》（DB11/T 499.1）；②《北京黑猪饲养管理技术规范第二部分：育种与繁育》（DB11/T 499.2）；③《北京黑猪饲养管理技术规范第三部分：饲养管理》（DB11/T 499.3）；④《北京黑猪饲养管理技术规范第四部分：营养与饲料》（DB11/T 499.4）；⑤《北京黑猪饲养管理技术规范第五部分：卫生防疫》（DB11/T 499.5），这五个规范由世新华盛公司起草，作为北京市北京黑猪地方标准，于 2007 年 12 月 1 日正式实施。

（5）2007 年 8 月 13 日，市质监局发布北京市地方标准公告：三元种业起草的《奶牛饲养管理技术规范第 5 部分：防疫卫生》（DB11/T 150.5-2007）为北京市地方标准，于 2007 年 12 月 1 日正式实施。

（6）2012 年 9 月 27 日，市质监局发布北京市地方标准公告，决定将北京首农食品经营中心制定的《无公害农产品第一部分：菜心生产技术规程》（DB11/T 908—2012）、《无公害农产品第二部分：荷兰豆生产技术规程》（DB11/T 909—2012）、《无公害农产品第三部分：芥蓝生产技术规程》（DB11/T 910—2012）、《无公害农产品第四部分：南瓜设施生产技术规程》（DB11/T 911—2012）、《无公害农产品第五部分：牛蒡生产技术规程》（DB11/T 912—2012）作为北京市地方标准，于 2013 年 1 月 1 日正式实施。

（7）2016 年 4 月 28 日，金星鸭业公司承担的《北京鸭》北京市地方标准完成修订工作，市质监局发布北京市地方标准公告，批准发布《北京鸭第 1 部分：商品鸭养殖技术规范》（DB11/T 012.1—2016）、《北京鸭第 2 部分：种鸭养殖技术规范》（DB11/T 012.2—2016），于 2016 年 8 月 1 日起正式实施。

（四）企业标准

《北京首都农业集团有限公司企业标准化管理办法》明确要求：企业生产的产品，没有国家标准、行业标准、地方标准的，应制定的企业标准。2003 年 7 月 16 日，养猪育种中心发布《北京养猪育种中心企业标准——种猪出场标准》，于同年 9 月 2 日实施，10 月 29 日在市质监局备案，这是北京农垦第一个企业标准。2004 年 1 月，绿荷中心获得市质监局颁发的《标准体系确认合格证书》。

第二节　知识产权管理

北京农垦知识产权管理工作起步较晚，在 2009 年重组首农集团之前，知识产权管理工作基本处于基层企业自发管理的状态。2010 年是北京农垦全面启动知识产权管理的"元年"，2011 年完成制定《知识产权管理办法》。2016 年，首农集团总结五年来知识产权管理工作的经验，修订了管理办法。新制定的管理制度明确提出：集团公司制定企业商标整体战略，实行统一策划与管理，对集团公司商标采取归口管理、统一授权、责任分担的原则；强调企业原则自行申请注册商标，持有其自创商标，但涉及"首农""首农集团"等集团母品牌和"首农畜牧""首农食品"等业务子品牌的商标须由集团公司统一申请注册，所有权归集团公司所有；商标管理由集团公司企业管理部负责。2017 年 8 月 31 日，首农集团召开知识产权工作会议，对今后知识产权工作提出了发展思路和管理要求，表彰了一批知识产权工作先进集体和先进个人。

一、专利管理工作

（一）专利授权情况

北京农垦专利授权情况有以下 4 个主要特点：

1. 专利授权量呈现加速增加的态势　20 世纪 90 年代之前，北京农垦虽然有个别企业在生产技术方面有一些创新和核心技术，但并没有开展专利的研发与申报，专利授权为空白。1990—2001 年，仅取得 9 件专利授权。2002—2009 年，部分企业开始尝试开展专利项目的研究与申报。但总的看，1990—2009 年的 20 年里，全系统共获得专利授权 68 件，占 530 件专利的 12.8％；而 2010—2017 年年底的 8 年里，北京农垦共获得专利 462 件，占专利总数的 87.2％。

北京农垦专利授权量动态见图 6-8-1。

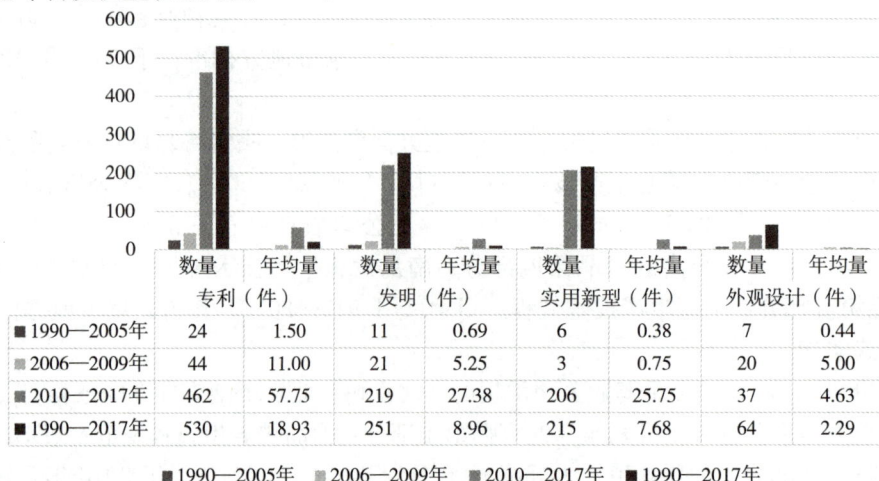

	数量 专利（件）	年均量	数量 发明（件）	年均量	数量 实用新型（件）	年均量	数量 外观设计（件）	年均量
■ 1990—2005年	24	1.50	11	0.69	6	0.38	7	0.44
2006—2009年	44	11.00	21	5.25	3	0.75	20	5.00
2010—2017年	462	57.75	219	27.38	206	25.75	37	4.63
■ 1990—2017年	530	18.93	251	8.96	215	7.68	64	2.29

■ 1990—2005年　■ 2006—2009年　■ 2010—2017年　■ 1990—2017年

图 6-8-1　北京农垦专利授权量动态

2. 在专利授权数量增加的同时，专利类别的构成趋于合理　1990—2009 年，全系统共获得专利授权 68 件，其中发明专利 32 件、实用新型专利 9 件、外观设计专利 27 件。在 2010—2017 年年底的 8 年里，北京农垦共获得专利 452 件。其中，发明专利共 219 件，是前 20 年发明专利数量的 6.8 倍；实用新型专利 206 件，是前 20 年实用新型专利的 22.8 倍。

3. 专利权人集中在主业及其龙头企业　专利权人的行业分布与北京农垦的主业定位具有高度的相关性，专利权人的行业分布情况为养殖业 244 件、食品行业 199 件、种植业 14 件、兽药制造业 30 件。主业共获专利授权 487 件，占专利授权总数的 91.9%；其他行业共 43 件，占比 8.1%。

专利授权量位于前 5 位的企业是三元食品股份公司、首农畜牧、艾莱发喜公司、峪口禽业公司、金星鸭业公司，这 5 家企业的专利授权量为 318 件，占全系统专利授权量的 60%，表明北京农垦专利授权的企业集中度较高（表 6-8-2）。

表 6-8-2　专利权人及行业分布情况

单位：件

序号	专利权人	小计	发明	实用新型	外观设计	行业
1	北京三元食品股份有限公司	103	83	4	16	食品制造业
2	北京首农畜牧发展有限公司	71	8	61	2	养殖业
3	北京艾莱发喜食品有限公司	61	6	27	28	食品制造业
4	北京市华都峪口禽业有限责任公司	55	21	31	3	养殖业
5	北京金星鸭业有限公司	28	24	4		养殖业
6	北京市长城机床附件有限公司	26	5	17	4	机械制造业
7	北京黑六牧业科技有限公司	22	4	15	3	养殖业
8	河北三元食品有限公司	19	19			食品制造业
9	北京中育种猪有限责任公司	19	1	18		养殖业
10	北京华都肉鸡公司	16	12		4	养殖业
11	北京华都诗华生物制品有限公司	15	12	3		兽药制造业
12	柳州三元天爱乳业有限公司	14	13	1		食品制造业
13	北京奶牛中心	13	13			养殖业
14	北京裕农优质农产品种植公司	11	6	5		种植业
15	北京胜利混凝土建材有限公司	10		10		建材制造业
16	北京立时达药业有限公司	8	8			兽药制造业
17	北京市兽医生物药品厂	7	7			兽药种植业
18	北京百年栗园农业生态有限公司	6		6		养殖业
19	北京三元梅园乳品发展有限公司	5	5			餐饮业
20	北京市养猪育种中心	4	1	3		养殖业
21	北京三元种业科技股份有限公司	4		4		养殖业
22	北京华都肉食品公司	2		2		食品制造业
23	北京大发正大有限公司	4			4	养殖业
24	南郊农管中心	2	1	1		种植业
25	北京市双河农场	1	1			种植业
26	北京南农水泥构件厂	1		1		建材制造业
27	家禽育种公司	1		1		养殖业
28	北京太洋药业股份有限公司	1	1			医药制造业

（续）

序号	专利权人	小计	发明	实用新型	外观设计	行业
29	个人	1		1		养殖业
	合计	530	251	215	64	

4. 被引证的专利件数依然偏少，但个别企业的专利引证频率处于较高的水平　专利引证量是指一项专利在后来的专利或非专利文献中被引证的总数。引证量是专利技术的标示量，那些具有明显创新性的专利会被更多地引用。被频繁引证的专利具有明显的技术发展优势，是超出技术平均水平的专利，说明拥有该专利权的公司处于行业的中心位置，也说明这项技术不会被其他公司所控制。情报学研究表明：一件专利从最初到大范围被引用通常需要 5 年或者更长的时间，一般来说，70％以上的专利从未被引用或者仅引用一两次。北京农垦被引证的发明专利总件数只有 80 件，仅占发明专利总量的 31.9％，引证总次数为 356 次，与发明专利 251 件相比，平均引证率为 1∶1.42。其中引证超过 5 次（不含）以上的专利数仅为 19 件，引证次数在 1～5 次的发明专利为 61 件，还有 171 件发明专利未被引证过，未被引证的比例为 68％，这个比例虽然基本与国际经验数据相一致，但也说明北京农垦的发明专利总体上不具有明显的技术发展优势。

但是，有极个别企业发明专利的引证频率已经达到了较高的水平，引证率最高的是三元食品股份公司，引证总次数为 251 次，与其发明专利 83 件相比，平均引证率达 1∶3.02，表明三元食品股份公司的发明专利作为其他发明基础的使用频率较高，而且引证单位多数为国内知名乳品企业。北京农垦发明专利被引证次数见表 6-8-3。

表 6-8-3　北京农垦发明专利权被引证次数

序号	公开日	专利名称	被引证次数（次）	公开号	专利权人
1	2003.8.13	含有人乳铁蛋白基因重组甲醇毕赤氏酵母 P. Pastoris	5	CN1435484A	三元食品股份公司
2	2004.2.18	速食三黄鸡的加工方法	5	CN1475148A	华都峪口禽业公司
3	2005.5.4	含有人乳铁蛋白基因的重组甲醇毕赤氏酵母 P. Pastoris	5	CN1200096C	三元食品股份公司
4	2005.6.8	一种优化的乳酸菌和益生菌冷冻保护剂组合物	4	CN1623408A	三元食品股份公司
5	2005.6.29	一种抑制低乳糖奶褐变的方法及其产品	5	CN1631184A	三元食品股份公司
6	2005.7.20	一种嗜酸乳杆菌及其应用	9	CN1641014A	三元食品股份公司
7	2005.7.20	一种双歧杆菌及其应用	4	CN1641015A	三元食品股份公司
8	2005.10.12	一种长保质期鲜奶及其生产设备	9	CN1679402A	三元食品股份公司
9	2006.1.11	表达人乳铁蛋白的重组菌株及其培养方法	1	CN1718726A	三元食品股份公司
10	2006.10.11	速食三黄鸡的加工方法	5	CN1278631C	华都峪口禽业公司
11	2007.5.9	一种检测牛 CVM 有害基因的方法	3	CN1958810A	北京奶牛中心
12	2007.5.30	一种筛选 CD18 基因正常的优良种牛的方法及其专用引物		CN1970793A	北京奶牛中心
13	2007.7.18	一种奶皮子及其制备工艺	2	CN100998353A	三元梅园
14	2007.7.18	一种奶酪及其制备工艺	2	CN100998356A	三元梅园

（续）

序号	公开日	专利名称	被引证次数（次）	公开号	专利权人
15	2007.11.14	一种奶酪的制备方法	9	CN101069530A	三元食品股份公司
16	2007.11.14	一种发酵剂及其制备方法和应用	2	CN101070521A	三元食品股份公司
17	2007.11.14	生产干酪的设备	1	CN101069531A	三元食品股份公司
18	2008.5.21	一种长保质期鲜奶及其生产设备	9	CN100388891C	三元食品股份公司
19	2008.9.17	一种筛选CD18基因正常的优良种牛的方法及其专用引物	5	CN100419088C	北京奶牛中心
20	2008.12.10	一种抑制低乳糖奶褐变的方法及其产品	5	CN100441099C	三元食品股份公司
21	2009.6.24	一种检测牛CVM有害基因的方法	3	CN100503839C	北京奶牛中心
22	2009.7.8	一种嗜酸乳杆菌及其应用	9	CN100510055C	三元食品股份公司
23	2009.7.8	一种双歧杆菌及其应用	4	CN100510056C	三元食品股份公司
24	2009.9.16	生产干酪的设备	1	CN100539858C	三元食品股份公司
25	2009.11.25	一种填鸭机	1	CN101584303A	金星鸭业中心
26	2009.11.25	樟茶鸭的制作工艺及制得的樟茶鸭	1	CN101584482A	金星鸭业中心
27	2009.11.25	盐水鸭的制作工艺及制得的盐水鸭	8	CN101584481A	金星鸭业中心
28	2010.4.6	一种利用细胞工厂生产鸡马立克氏病疫苗的方法	1	CN102000328A	兽医生物药品厂
29	2010.6.16	一种水培花卉营养液及其配制方法	1	CN101734977A	南郊农业生产经营管理中心
30	2010.6.16	一种发酵剂及其制备方法和应用	2	CN101070521B	三元食品股份公司
31	2010.6.23	一种用于加速契达干酪成熟的修饰性瑞士乳杆菌	1	CN101748090A	三元食品股份公司
32	2010.8.25	一种奶皮子及其制备工艺	2	CN100998353B	三元梅园
33	2010.9.1	一种益生菌微胶囊及其制备方法	5	CN101816418A	三元食品股份公司
34	2010.12.8	一种养心液态奶及制备方法	2	CN101904356A	河北三元食品公司
35	2010.12.8	一种豆基婴儿粉及制备方法	1	CN101904362A	河北三元食品公司
36	2010.12.8	一种解酒酸奶及制备方法	7	CN101904351A	河北三元食品公司
37	2010.12.29	对牛奶进行分离以生产酪蛋白和乳清蛋白的方法及装置	3	CN101926408A	三元食品股份公司
38	2011.2.2	一种犊牛体外胚胎培养液	2	CN101962626A	北京奶牛中心
39	2011.4.6	一种利用细胞工厂生产鸡马立克氏病疫苗的方法	1	CN102000328A	兽医生物药品厂
40	2011.4.13	表达人乳铁蛋白的重组菌株及其培养方法	1	CN1718726B	三元食品股份公司
41	2011.6.29	一种红色养生牛奶及其制备方法	6	CN102106390A	三元食品股份公司
42	2011.6.29	一种白色养生牛奶及其制备方法	6	CN102106391A	三元食品股份公司
43	2011.6.29	一种养生牛奶及其制备方法	40	CN102106392A	三元食品股份公司
44	2011.7.13	一种填鸭机	1	CN101584303B	金星鸭业中心
45	2011.7.20	一种黄色养生牛奶及其制备方法	6	CN102125099A	三元食品股份公司
46	2011.7.20	一种黑色养生牛奶及其制备方法	5	CN102125100A	三元食品股份公司

（续）

序号	公开日	专利名称	被引证次数（次）	公开号	专利权人
47	2011.7.20	一种绿色养生牛奶及其制备方法	5	CN102125101A	三元食品股份公司
48	2011.8.31	一种奶酪的制备方法	9	CN101069530B	三元食品股份公司
49	2011.11.9	一种富含低聚半乳糖的牛奶及其制备方法	1	CN102232417A	三元食品股份公司
50	2012.2.15	樟茶鸭的制作工艺及制得的樟茶鸭	1	CN101584482B	金星鸭业中心
51	2012.5.2	一种用于加速契达干酪成熟的修饰性瑞士乳杆菌	1	CN101748090A	三元食品股份公司
52	2012.5.23	一种解酒酸奶及制备方法	7	CN101904351B	河北三元食品公司
53	2012.6.27	一种犊牛体外胚胎培养液	2	CN101962626B	北京奶牛中心
54	2012.7.4	超高温稀奶油的制备方法	2	CN102524415A	艾莱发喜食品公司
55	2012.7.11	一种燕麦牛奶及其制备方法	2	CN102550682A	三元食品股份公司
56	2012.7.18	一种益生菌微胶囊及其制备方法	5	CN101816418B	三元食品股份公司
57	2012.7.25	强化铁、锌和钙的咸味酸奶及其加工方法	2	CN101869141B	三元食品股份公司
58	2012.8.29	一种养心液态奶及制备方法	2	CN101904356B	河北三元食品公司
59	2012.11.14	一种红色养生牛奶及其制备方法	6	CN102106390B	三元食品股份公司
60	2012.12.5	一种养生牛奶及其制备方法	40	CN102106392B	三元食品股份公司
61	2012.12.12	一种利用细胞工厂生产鸡马立克氏病疫苗的方法	1	CN102000328B	兽医生物药品厂
62	2013.2.20	一种绿色养生牛奶及其制备方法	4	CN102125101B	三元食品股份公司
63	2013.3.20	一种豆基婴儿粉及制备方法	1	CN101904362B	河北三元食品公司
64	2013.4.10	一种白色养生牛奶及其制备方法	6	CN102106391B	三元食品股份公司
65	2013.5.1	一种黄色养生牛奶及其制备方法	6	CN102125099B	三元食品股份公司
66	2013.6.5	一种40度天然橡胶及其生产工艺	1	CN102417618B	长城机床附件公司
67	2013.6.12	酱卤鸡肉制品的加工工艺	1	CN103141863A	华都峪口禽业公司
68	2013.6.19	一种富含低聚半乳糖的牛奶及其制备方法	1	CN102232417B	三元食品股份公司
69	2013.7.31	一种黑色养生牛奶及其制备方法	5	CN102125100B	三元食品股份公司
70	2013.9.4	酥油加工设备	1	CN102894108B	三元食品股份公司
71	2013.9.18	超高温稀奶油的制备方法	2	CN102524415B	艾莱发喜食品公司
72	2013.11.20	一种乳品蛋白质掺假的检测方法		CN103399091A	三元食品股份公司
73	2014.2.26	乳基无乳糖婴儿配方粉	1	CN103598353A	河北三元食品公司
74	2014.3.5	一种燕麦牛奶及其制备方法	2	CN102550682B	三元食品股份公司
75	2014.5.7	一种60度天然橡胶及其生产工艺	1	CN102504353B	长城机床附件公司
76	2014.8.13	一种用于检测肉品中药物残留的方法及其试剂盒	1	CN103983707A	北京华都肉鸡公司
77	2015.1.14	一种乳品蛋白质掺假的检测方法	1	CN103399091B	三元食品股份公司

（续）

序号	公开日	专利名称	被引证次数 （次）	公开号	专利权人
78	2015.11.18	乳基无乳糖婴儿配方粉	1	CN103598353B	河北三元食品公司
79	2016.1.20	一种用于检测肉品中药物残留的 方法及其前处理试剂盒	1	CN103983707B	北京华都肉鸡公司
80	2017.8.18	ARPP19及ONECUT1在猪选育中 的应用及猪选育方法	18	CN107058507A	北京养猪育种中心
	总　计		356		

说明：1. 资料来自国家知识产权局《专利检索与分析》网站。

　　　2. 本表专利包括同族专利。

（二）专利工作的成果

北京农垦专利工作的成果主要体现在通过专利申请及授权提高了企业的自主创新能力，促进了科研成果转化为现实的生产力，一批企业被认定为国家级"高新技术企业"，享受到了政府的有关扶持政策，从而又强化了企业的核心竞争力。

根据2008年4月14日科技部、财政部、国家税务总局《关于印发＜高新技术企业认定管理办法＞的通知》（国科发火〔2008〕172号）的精神，且由于北京农垦在功能性食品及生物技术在食品安全领域的应用、农林植物优良新品种与优质高效安全生产技术、畜禽水产优良新品种与健康养殖技术、农产品精深加工、现代农业装备与信息化技术、节水农业以及农业生物技术等方面具有一定的研发基础，也形成了一批独占的知识产权，因此，从2010年起，北京农垦开始围绕高新技术企业认定的门槛要求，率先在药业企业和食品制造企业加大了知识产权工作力度。首农集团对北郊农场、兽医生物药品厂、华都峪口禽业有限公司、三元食品股份公司、奶牛中心、金星鸭业中心等一批企业提出了加大专利申请工作力度的具体要求。2010年9月，邀请市知识产权局的领导及工作人员到北郊农场等企业指导知识产权保护及专利申请工作。2011年，三元食品股份公司被北京市知识产权局授予"北京市专利示范单位"称号。

在专利研发和授权申请方面，鼓励企业在完成科研课题的过程中，把申请专利作为课题结题的重要成果同等对待。如三元食品股份公司历时3年，完成了国家科技部"十五"重大科技专项课题"乳品高新技术研究与功能性产品开发"，该项目共取得7件专利（6件发明专利、1件实用新型专利）；奶牛中心组建的"国家奶牛胚胎工程技术研究中心"在通过验收的同时，申报发明专利2件；奶牛中心承担的"高产优秀荷斯坦种牛选育及良种供应产业化开发"研究项目获得发明专利2件；奶牛中心承担科技部"十一五"科技支撑计划"奶牛良种扩繁技术研究及产业化开发"课题项目累计获得发明专利6件、软件注册权2件。

首农集团还要求有关企业动员和组织广大员工参与专利研发和授权申请工作。2015年，三元种业公司举办知识产权巡回培训，共40人参加。2017年，集团公司企业管理部在三元种业公司、首农畜牧公司、双桥农场、滦平华都公司、胜利混凝土公司、西郊农场、E9文化园等企业举办巡回宣讲培训活动，组织多家专业知识产权服务单位及专家分赴各企业进行知识产权培训讲座，这些中介机构和专家深入到科研、生产第一线，与企业的科研人员、知识产权工作人员一对一沟通，指导企业展开知识产权挖掘。三元种业公司举办了"匠心筑梦，技术创新在我身边"职工经济技术创新专利展，重点展出近年来三元种业系统26名干部员工（第一完成人）获得的58个实用型发明专利。2017年8月31日，首农集团召开2017年度知识产权工作会暨先进工作者表彰大会，对继续深化知识产权工作进行了全面部署。

经过努力，北京农垦的知识产权工作逐步加强，专利授权总量也有较快增长，按Ⅰ类评价的发明专利增加得较快,一批企业高新技术产品(服务)收入已达到或超过企业同期总收入的60%。首农集团符合国家级"高新技术企业"认定条件的企业数量逐年增加,这是加强知识产权保护和专利授权工作取得的最直接的成果,先后有14家企业被认定为国家级"高新技术企业",至2017年12月31日,处于有效期的有13家,其中12家为首农集团及其所属企业的控股公司(表6-8-4)。这12家"高新技术企业"共拥有172件发明专利,占全部发明专利的68.5%,说明拥有发明专利数量与获得"高新技术企业"称号存在高度相关性。

表6-8-4 北京农垦高新技术企业名单

序号	单位	首次认定日期	第一次复审认定日期	第二次复审认定日期	备注
1	北京市兽医生物药品厂	2008.12.24	2014.12.12	2017.12.6	有效
2	长城机床附件有限公司	2009.12.23	2012.10.31	2015.7.21	有效
3	北京太洋药业股份公司	2010.12.24	2013.11.11	2016.12.22	有效
4	华都峪口禽业有限公司	2012.11.19	2015.11.24		有效
5	北京德茂线材有限公司	2012.12.24			失效
6	北京三元食品股份公司	2012.12.24	2015.11.24		有效
7	北京艾莱发喜食品公司	2013.12.5	2016.12.22		有效
8	华都诗华生物制品公司	2013.12.5	2016.12.22		有效
9	三元禾丰牧业有限公司	2015.7.21			有效
10	北京金星鸭业有限公司	2015.11.24			有效
11	北京黑六牧业有限公司	2016.12.1			有效
12	首农畜牧发展有限公司	2016.12.22			有效
13	中育种猪有限责任公司	2017.10.25			有效
14	胜利混凝土建材公司	2017.12.6			有效

说明:首农集团持有北京三元禾丰牧业有限公司30%股份,为持股公司。

在12家"高新技术企业"中,有8家企业,即兽医生物药品厂(2014年)、太洋药业(2015年)、长城机床附件厂(2015年)、峪口禽业公司(2016年)、三元食品股份公司(2016年)、艾莱发喜公司(2017年)、黑六牧业公司(2017年)、裕农公司(2017年)同时被中关村管委会认定为中关村"高新技术企业"。

二、商标管理工作

商标是信誉的载体,其基本作用是区别商品或服务出处,引导消费者认牌消费。商标注册不仅能保护自己经营的品牌长久发展,也能有力地阻止那些仿冒者,以合法的手段保护自己的经济利益,为企业可持续发展和创造强势品牌奠定基础。北京农垦通过商标注册,创立了"首农""三元""华都""峪口""八喜""黑六""金星鸭业""立时达"等一批品牌,提升了产品的市场占有率,促进了商标品牌化发展。

北京农垦商标申请与注册情况有以下6个主要特点:

1. 商标申请量呈现加速增加的趋势 商标申请量是反映一个地区和一个企业的经济发展水平、活跃程度和创新能力的重要标志。北京农垦商标申请起步较晚,1985—1993年,总计申请20件商标,年均仅2.2件。1994—2008年,申请量有所增加,总计申请372件商标,年均申请量提高至

24.8 件，增速较慢，且年际之间起伏较大。2009 年成立首农集团之后，商标申请量出现重要转折，当年跃至 145 件。此后，年际之间虽也有起伏，但总体保持增长趋势，2017 年申请量上升至 314 件，为 2008 年的 6 倍多。

2. 商标有效注册量与申请量保持同步增长　2008 年年底，拥有有效注册商标 46 件；2017 年年底，拥有有效注册商标 1 489 件，增长 31 倍。其中，2009—2017 年累计有效注册量 1 231 件，占有效注册量总数 1489 件的 82.7％，表明近 9 年北京农垦商标注册量呈爆发式增长。同步性见图6-8-2。

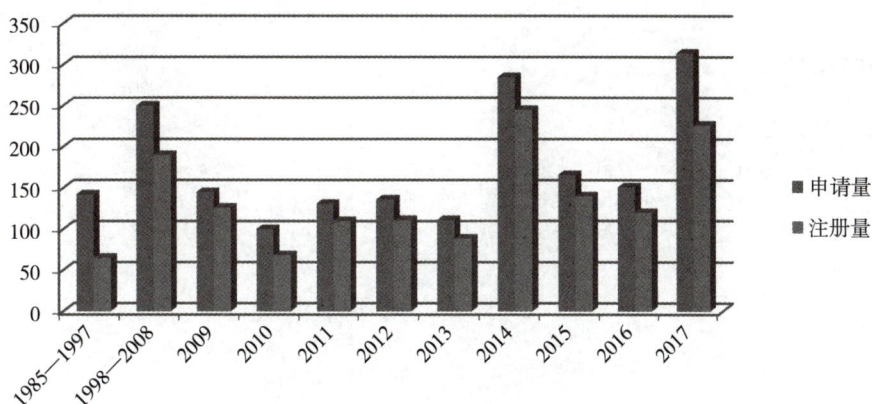

图 6-8-2　商标申请量和有注册量动态

说明：1. 资料来自国家工商行政管理总局商标局《中国商标网》；2.1986 年、1992 年数据为零。

2008 年年底，北京农垦拥有有效注册商标 46 件，2017 年年底拥有有效注册商标 1 489 件，增长了 31 倍。其中，2009—2017 年累计有效注册量 1 231 件，占有效注册量总数 1 489 件的 82.7％，表明近 9 年北京农垦商标注册量呈爆发式增长。北京农垦商标有效注册量分阶段统计见表 6-8-5。

表 6-8-5　北京农垦商标有效注册量分阶段统计

阶　　段	有效注册量	占 2017 年底有效注册量的比重（%）	年均有效注册量（件）
1985—2008 年	255	17.1	10.6
2009—2013 年	503	33.8	100.6
2014—2017 年	731	49.1	182.8
合计	1 489	100.0	45.1

说明：数据根据国家工商行政管理总局商标局《中国商标网》的资料统计得出。

3. 商标申请量、注册量分布不均衡　北京农垦商标申请量、注册拥有量主要集中在食品行业，三元食品股份公司占比三分之一强，其他行业及企业的商标申请量和注册拥有量偏少。商标申请量前 10 名的企业是：三元食品股份公司 639 件、首农集团 214 件、峪口禽业公司 146 件、中科电商谷 91 件、首农股份 77 件、艾莱发喜公司 65 件、立时达药业 63 件、黑六牧业公司 55 件、裕农公司 55 件、百年栗园公司 52 件、前 10 名企业申请量总计 1 457 件。商标有效注册量前 10 名的企业是：三元食品股份公司 451 件、首农集团 194 件、峪口禽业公司 119 件、中科电商谷 79 件、首农股份 77 件、艾莱发喜公司 62 件、立时达药业 54 件、黑六牧业公司 52 件、百年栗园公司 47 件、长城机床附件厂 47 件、前 10 名企业申请量总计 1 182 件。

4. 部分企业从最初在一个商品/服务类别注册商标，开始向多类注册甚至全类注册转变　这表明企业加深了对商标品牌的战略意义的认识，对商标的保护意识也在增强，对恶意抢注行为已有相应的防范措施。商标国际分类共 45 类，首农集团实现了"首农"商标全类注册，有些企业实现了主要商标多类别注册，具体见表 6-8-6。

表 6-8-6　北京农垦商标多类别注册情况

企业名称	商标名称	多类别情况
北京首都农业集团有限公司	首农	1、2、3、4、5、6、7、8、9、10、11、12、13、14、15、16、17、18、19、20、21、22、23、24、25、26、27、28、29、30、31、32、33、34、35、36、37、38、39、40、41、42、43、44、45
	首农守护美好生活	1、3、6、14、16、18、20、21、24、25、27、29、30、31、32、35、36、37、38、39、40、41、43、44
	首农 美好生活守护者	1、3、6、14、16、18、20、21、24、25、27、29、30、31、32、35、36、37、38、39、40、41、43、44
	首都农业集团 BEIJING CAPITAL AGRIBUSINESS GROUP	1、2、3、4、5、6、7、8、18、22、29、30、31、32、33、35、36、37、39、40、41、42、43、44、45
北京立时达药业有限公司	立时达	1、3、4、5、6、7、8、9、10、11、12、13、14、15、16、17、18、19、20、21、22、23、24、25、26、27、28、29、30、31、32、33、34、35、36、37、38、39、40、41、42、43、44、45
北京中科电商谷投资有限公司	中科电商谷	1、2、3、4、5、6、7、8、9、10、11、12、13、14、15、16、17、18、19、20、21、22、24、25、26、29、30、31、32、33、34、35、36、37、39、40、41、42、43、44、45
北京黑六牧业科技有限公司	黑六	1、2、3、5、6、7、9、10、11、12、13、14、15、16、17、18、19、20、21、22、23、24、25、26、27、28、29、30、31、35、36、37、38、39、40、41、42、43、44、45
北京长城机床附件有限责任公司	原鸽	1、3、4、5、6、7、8、9、10、11、13、14、15、16、17、18、19、20、21、22、23、24、25、26、27、28、30、31、32、34、36、37、38、39、40、41、42、43、44、45

资料来源：国家市场监督管理总局《中国商标网》。

5. 对商标的管理维护工作还有待加强　商标管理工作还存在不足主要包括几下几点：①对商标的维护意识不强，商标运用水平不高，商标引领经济发展的提升空间还很大；②个别企业出现过商标使用权出让而疏于管理，使用方贴牌产品出现质量问题，引起消费者对公司品牌不信任的负面影响；③商标国际化尚未规划及起步，马德里商标国际注册申请与注册还是空白；④利用商标权质权登记进行融资等活动尚未规划；⑤一部分单位存有较多的三年未使用商标，根据国家有关部门的法规将被注销，清理闲置商标的任务较艰巨；⑥部分单位注意了申请和注册商标以及广告宣传，但对商标的维护力度不够，以至于一大批商标到期未办理续展手续而失效，造成前期的无效劳动。经查，系统内累计有 82 件商标因到期未办理续展手续而失效，占申请总件数的 4.4%，占有效注册总件数的 5.7%。北京农垦历年失效的注册商标见表 6-8-7。

表 6-8-7　北京农垦历年失效的注册商标统计

单位：件

年份	华都肉食品	华都集团	艾莱发喜	立时达药业	奶牛中心	绿荷中心	三元农业公司种业分公司	三元食品	太洋药业	共计
1994								31		31
1995	1	8						14		23
1996		1								1

（续）

年份	华都肉食品	华都集团	艾莱发喜	立时达药业	奶牛中心	绿荷中心	三元农业公司种业分公司	三元食品	太洋药业	共计
1997		19								19
1998							1			1
1999			1		1					2
2000									1	1
2001										
2002			1		1					2
2003										
时间不详									1	1
合计	1	28	1	1	1	1	1	45	3	82

资料来源：国家市场监督管理总局《中国商标网》。

6. 获得"中国驰名商标"和"北京市著名商标"的企业群体逐步扩大　我国加入世贸组织后，根据 TRIPS 协议的规定，进一步加强了对驰名商标的保护。获得"中国驰名商标""北京市著名商标"的企业，其商标通常在中国为相关公众广为知晓并享有较高声誉，使用驰名商标或著名商标的商品或服务，在市场中具有较强的影响力和竞争力。驰名商标或著名商标不是荣誉称号，但当被认定的驰名商标或著名商标遭到侵权时，法律可给予其更多和更强的保护。

北京农垦获得"中国驰名商标"7 件，其中 6 件所有权人为首农集团的控股企业，1 件为关联企业拥有（表 6-8-8）。北京农垦共获得"北京市著名商标"14 件。1996 年，当时的北京牛奶公司首次获得此称号；2005 年、2006 年、2007 年各增加 1 件；2008 年增加 2 件；2011 年、2012 年、2013 年各增加 1 件；2014 年增加 2 件；2016 年增加 3 件。至此，北京农垦有 12 家单位、14 件商标被授予"北京市著名商标"（表 6-8-9）。

表 6-8-8　北京农垦控股企业及关联企业获得"中国驰名商标"情况

序号	时间	商标名称	商标注册人/所有人	类别	认定商品/服务
1	2005.8.19	日出	湖南太子奶生物科技股份有限公司	29	牛奶、牛奶制品
2	2007.9.14	太子	湖南太子奶生物科技股份有限公司	29	乳酸菌乳制品
3	2009.4.25	三元 SANYUA 及图	北京三元食品股份有限公司	29	消毒牛奶、酸牛奶
4	2010.1.15	丘比	丘比株式会社	30	蛋黄酱、色拉调味品
5	2012.12.31	八喜	北京艾莱发喜食品有限公司	30	冰激凌
6	2013.1.04	峪口禽业	北京华都峪口禽业有限责任公司	31	种鸡
7	2014.3.10	华都	北京华都集团有限责任公司	29	加工过的肉、蛋、牛奶制品

说明：1. 资料来自国家市场监督管理总局《中国商标网》。

　　　2. 序号 1 资料来自湖南省株洲市中级人民法院民事判决书（2005）株中法民二初字第 47 号。

　　　3. 序号 4 为关联企业，其余为控股企业。

表 6-8-9　北京农垦获得"北京市著名商标"的单位及商标名录

序号	单位名称	商标名称	商品	首次认定日期	最后一次认定日期
1	北京三元食品股份公司	三元	牛奶，牛奶饮料，牛奶制品，消毒牛奶，酸奶	1996.3.16	2016.6.17
2	红星广厦建筑涂料公司	广厦	无机涂料	2005.3.1	2014.6.19

（续）

序号	单位名称	商标名称	商品	首次认定日期	最后一次认定日期
3	北京大发正大有限公司	双大	肉产品	2006.11.13	2012.12.26
4	艾莱发喜食品有限公司	八喜	冰激凌	2007.5.21	2013.6.8
5	北京华都集团有限公司	华都	加工过的肉	2008.6.23	2016.6.17
6	北京华裕食品有限公司	皇宫	牛肉食品，猪肉食品，烤（烧）鸡，速食三黄鸡	2008.6.23	2014.6.1
7	华都峪口禽业有限公司	峪口禽业	种家禽，饲料	2011.6.30	2014.6.19
8	北京金星鸭业有限公司	三元金星	死家禽	2012.12.26	2015.6.4
9	北京华都集团有限公司	华都食品	加工过的肉	2013.6.8	2016.6.17
10	华都峪口禽业有限公司	峪口	饲料	2014.6.19	
11	北京黑六牧业有限公司	黑六	肉，猪肉食品	2014.6.19	
12	百年栗园农业生态公司	百年栗园	死家禽	2016.6.17	
13	北京首农集团有限公司	首农	肉，蛋，牛奶	2016.6.17	
14	北京华都酿酒食品有限责任公司	华都	含酒精的饮料（啤酒除外）	2016.6.17	

说明：1. 资料来自北京市工商行政管理局历年公告。

2. 共有12个单位计14件商标先后获得"北京市著名商标"称号。

3. 序号1的首次认定的单位名称为北京市牛奶公司。

第九章　信息化管理

北京农垦信息化工作起步于 1986 年，信息化工作的切入点是农业信息化建设。到 1998 年场乡体制改革之前，农业信息化取得了许多成果，有些成果还处于国内领先水平。之后，随着种植业的大幅减少，以农业信息化为主要内容的信息化工作出现停滞。直至 2015 年，首农集团实施"一体两翼"的战略，信息化工作再次被摆到重要位置，并在发展新业态、改造传统产业方面取得较快发展。

■ 第一节　信息化人才队伍和管理机构

在利用信息化技术手段改造传统农业、提升现代化农业建设水平方面，北京农垦起步于 1986 年。虽然北京农垦从事农业的科技人员比较多，但却没有真正懂计算机技术，特别是会软件编程的高水平的农业技术人员。为了解决人才匮乏的问题，总公司从 1988 年起，在各农场抽调 10 名大学生，由生产处派到北京市农林科学院综合所进修，学习近一年，以提高这批学员的计算机软件编程能力。1989年，总公司又选派第二批学员 10 人，到北京农业大学土地资源研究所学习一年，主要学习内容是计算机编程和卫星遥感专业知识。这两批学员结业后，成为开展农业信息化的骨干力量。除了定向培养信息化人才外，总公司还积极引进人才。1992 年，总公司分管农业的副经理葛祥书亲自去北京农业大学，请校长石春元院士在应届毕业生中挑选一批优秀毕业生，参加总公司农业信息化工作，当年总公司接收 12 名应届本科毕业生，这些大学生后来也成为北京农垦发展农业信息化的中坚力量。1986—1990 年，通过与大专院校合作进行农业信息化的相关课题研究，从中发现并聘用了 1 名博士生和 5 名硕士生参与农业信息化项目的研发，这些青年知识分子为北京农垦农业信息化建设做出了重要贡献。

1989 年 4 月 5 日，总公司下发《关于加强总公司系统信息工作的通知》，提出要建立信息交流网络。1990 年夏，总公司生产处成立了农业信息中心，作为建设农业信息化的研发部门和指导农场推进农业信息化的指挥部。培训归来的 30 多人分布在各农场农业办公室或农业科、农业科技站，全系统农业信息化建设网络基本有了雏形。

1990 年 10 月 4 日，总公司 1990 年第 14 次经理办公会决定成立总公司计算机中心，为副处级单位，该机构与生产处的农业信息中心一套人马，同时增加了北京农垦的政务信息管理职能，计算机中心隶属总公司生产处。该机构有 8 名成员，其中硕士生 5 人、本科生 2 人，还有 1 名在读博士生。1996 年 8 月 16 日，总公司经理办公会第九次扩大会决定成立总公司信息中心，为副处级单位，编制 4 人，改由办公室分管。

1998 年 5 月，总公司进行机构改革，新设发展策划部，信息中心划归发展策划部管理，编制 2人，协助该部编制中长期计划、对外宣传和负责信息技术工作。1998 年年底，北京农垦完成场乡体制改革，种植业业务大幅缩减，以农业信息化为主的信息化管理业务开始经历多次整合归并，这给北京农垦日后的信息化工作带来了较大影响。2000年12月，总公司进行机构改革，撤销发展策划部，原下属的信息中心职能划归发展计划部，编制3人，设中心主任1人，另有1人协助该部的统计工作、1人负责信息技术工作。2002年，信息中心不设主任，编制减至2人，1人协助统计工作，1人负责技术工作。2006年3月，三元集团机构改革，成立公关宣传部，信息中心职能划归公关宣传部，编制1人，负责信息技术工作。2010年3月，首农集团进行机关机构改革，公关宣传部改称企业文化部，信息化工作归该部管理，仍由1人负责信息技术工作。2015年5月，首农集团成立了信息化工作领导小组，总经理薛刚任组长，副组长为党委副书记马辉、工会主席郑立明，成员为各部室负责人。领导小组下设信息化办公室，作为主管信息化工作的一级职能部室，编制3人，设主任、副主任、工作人员各1人。2017年5月23日，首农集团党委印发京首农党发〔2017〕21号文，原信息化工作领导小组更名为网络安全和信息化领导小组。

■ 第二节　农业信息化工作[①]

　　从20世纪80年代中期起，北京农垦把农业信息化的主攻方向定位于粮食生产。北京农垦的农业信息化建设，起步于1986年开展的小麦生产的信息化决策的研发及应用。1986年夏天，总公司生产处与北京农业大学合作，在南郊农场科技站进行"计算机种小麦"的试验。试验田种麦方案采用北京农业大学正处在研发阶段的"小麦计算机模拟辅助决策系统"，对照田采用南郊农场科技站的经验方案，计算机决策所需的各种数据由南郊农场科技站提供。1987年6月麦收实测结果表明，"小麦计算机模拟辅助决策系统"效果超出预期，在总公司系统引起很大轰动，1991年，总公司系统大面积推广"小麦栽培计算机辅助决策系统"。

　　北京农垦从1986年开始研究计算机技术在农业增产增收中的应用。到1997年，北京农垦全面建成农业信息化四个系统，即农田地理信息系统、卫星遥感监测系统、计算机信息网络系统和作物栽培计算机决策系统。1997年年初，总公司农业信息中心在完成土壤数据库、作物栽培计算机决策方案数据库和作物生产操作规程数据库的基础上，建成具有北京农垦特色的农田地理信息系统。北京农垦建立的"卫星遥感监测系统"在指导粮食生产方面属国内首创。1992年6月16日，中共中央总书记江泽民等领导同志到南郊农场视察麦收、"三夏"农机配套作业。在现场，听取了总公司党委书记房威关于遥感技术、小麦计算机决策技术和网络信息技术应用于农业的汇报，江泽民听后，对总公司在全国第一家使用农情遥感技术和计算机技术表示赞许。在研发及推广"作物栽培计算机决策系统"方面，从1986年起步，到20世纪90年代小麦、水稻、玉米三大作物栽培计算机模拟决策系统进一步完善、升级并大面积实际应用，粮食单产明显提高，与1985年相比，1995年小麦单产增加78％、水稻单产增加39％、玉米单产增加51％。1997年，总公司总结农业信息化的成功经验，提出"立足首都市场，面向国际市场，积极稳妥地推进农业产业化，把总公司建设成为北京市现代化农业的窗口"的目标，并阐述了总公司"窗口农业"的内涵是科技密集型和资源节约型，"窗口农业"建设的主攻方向是进一步提升"农情遥感、计算机网络、作物栽培计算机决策、农田地理信息"的四大系统的信息化建设水平，为北京农垦种植业特别是粮食生产描绘出未来发展的方向，并且开创了北京市粮食生产智能化应用的先例。在北京乃至全国，北京农垦是第一个应用卫星遥感技术监测农情的，使京郊农场告别了传统农业"车跑人查听汇报"的工作方式。从1992年开始，用一年半的时间，依据农田地理信息系统，建立了土壤数据库，改变了原来使用的苏联的土壤分类标准，实现了土壤分类定量标准，被农业部科技司组织的专家鉴定为"填补了北京市土壤分类应用的空白，为应用计算机对农作物

---

　　① 本节资料主要来自曲中甲：《北京市农场局农业信息化建设》。

的管理及模拟模型的建立奠定了基础，在国内同类研究中属于领先水平"。北京农垦的农业信息网络系统建设起步于 1990 年。1993 年，16 个农场中有 12 个农场建成信息网络系统，同年开始陆续通过国家邮电部网络与国际网相连，并与农业部信息中心、国家信息中心、北京市经济信息中心等联网。1995 年，已建成总公司—农场（农业科、科技站、植保站、水管站）—分场（30 个）三级计算机信息网络，同年实现内部业务网上办公，率先在北京市农口实现计算机网络办公，大大提升了北京农垦农情信息的精准、迅捷程度。

在农业信息化建设方面北京农垦取得了一系列的"第一"，如北京农垦是全国第一家购买卫星遥感数据的农业生产单位，采用卫星遥感技术进行农情监测及土地利用监测，并代表中国水平参加在加拿大多伦多的国际科技会展；北京农垦是全国第一家建立农田地理信息系统中的基础系统的农业生产单位，即按照国际标准普查土壤并建土壤数据库和管理软件；北京农垦是第一家实现"农业四用"的农业生产单位，即农情监测用遥感、信息交流用网络、作物栽培用电脑、生产操作用过规程。

■ 第三节 场乡体制改革后的信息化工作

一、信息化工作的徘徊阶段（1999—2014 年）

从 1999 年起，由于种植业大幅缩减，北京农垦信息化工作进入了徘徊阶段。这个阶段的信息化工作，由于失去了农业信息化这个熟悉而擅长的抓手，信息化工作处在机构被精简、人员被缩编、业务频繁归并的过程之中，北京农垦的信息化工作进入了低谷时期。2014 年，在市国资委系统内一级公司信息化水平测评中，首农集团得分列倒数第二位。

（一）集团公司总部的信息化工作情况

2001 年，总公司决定总部各办公室进行网线布网及改造，租用电话局的 DDN 专线，通过北京市经济信息中心接入互联网，速率为 128K。2002 年，信息中心开发出集团统计管理信息系统，并通过发展计划部推广到集团二级企业使用，各二级企业通过电话调制解调器拨号登录到集团统计管理信息系统进行在线统计数据填报，发展计划部通过该系统实现自动统计和核对，提高了工作效率。2002 年以后，三元集团建成对外宣传的网站，网址为 www.bsyg.com.cn；2006 年，网址改为 www.sanyuan.cc；2009年，改为 www.bjcag.com。2006 年，三元集团委托华农物资公司建成集团视频会议系统，主会场设在集团总部一层会议室，二级企业设 8 个分会场，分别是东边的双桥农场、东风农工商，西边的东北旺农场、西郊农场，南边的三元种业公司、南郊农场、卢沟桥农场，北边的奶牛中心。开会时，各二级企业到附近的分会场参会。2006 年，通过招标，委托第三方，建成三元集团 OA 系统平台。2007 年 2 月，三元集团局域网进入试运行阶段，通过该系统建立的内部通讯平台、信息发布平台、信息集成与共享平台、公文处理平台、文档管理平台，提高了集团内部的办公效率。2009 年，建成集团总部财务管理系统，在财务部内部使用。2013 年以后，首农集团在系统内，按照市版权局要求，开展软件正版化工作。2014 年，首农集团提出"一体两翼"的战略，即坚持实业为体，金融化和信息化两翼并行发展。同年，按市国资委要求，建成与国资委对接的视频会议系统；按市政府要求，建成与市政府连接的电子政务网，还建成了集团房地信息管理系统和人力资源管理系统。

（二）二级及以下企业的信息化工作情况

这一阶段，北京农垦二级企业在信息化工作方面做了一些推进工作。1999 年 2 月 18 日，华都集团被市农委评为 1999 年"北京市农口信息工作先进单位"。是年 3 月 4 日，养猪育种中心与北京富英科技信息中心签订协议，注册养猪育种中心国际及国内域名，并建立公司网站，成为北京农垦最早建立企业网站的单位。2001年3月，华都肉鸡公司网站正式上线。2001年，养猪中心开始使用单机版本的猪场生产、育种管理软件，结束利用Excel对生产进行统计分析的工作方式。2002年12月，养猪中心在所属各猪场推行单机版GPS种猪生产育种管理软件，并于2004年1月和2006年1月对该软件进行系统升级。2003年，奶牛中心开始使用牛群冻精生产程序控制软件。2007年5月，由北京农垦绿色食品办公室建立的北京农垦绿色有机食品网www.Bjgreenfood.cn开通使用；7月，南郊农场企业网站正式开通；12月，双日物流公司网站开通。2008年前后，围绕食品质量追溯，在农业部农垦局的大力支持下，金星鸭业公司、黑六牧业公司、巨山农场等单位，先后建成质量追溯系统，并与农业部农垦局联网。2009年4月1日，全新改版升级的三元种业科技股份公司网站正式开通。2009—2012年，绝大部分农场接入互联网专线，连接到每一台办公电脑，实现了机关总部办公信息化。2011年，养猪中心建立单独的生产育种服务器，实现猪场生产、育种管理数据的网络化；9月，北京麦当劳24小时麦乐送网络订餐服务上线。2012年9月5日，养猪育种中心生产信息网络平台上线运行；12月19日，首农集团第一届董事会第40次会议审议通过智能化牛场、数字智能化猪场建设项目。2012年，奶牛中心财务使用NC系统。2013年5月，紫谷伊甸园网站上线；8月20日，双河农场网站正式开通；10月31日，首农畜牧全面使用NC系统；12月，北京南牧兴资产管理中心对土地进行电子网络精细化管理，和中海达软件公司合作利用Google地球软件进行数据转换，将管理土地的位置、信息等资料进行标注。2014年6月28日，华都食品电商平台启动。2014年世界杯开幕前夕，北京麦当劳在北京市场推出的"麦乐送"正式上线App平台订餐，同时还可以通过二维码扫描实现下载功能。2014年10月，华都肉鸡公司、滦平华都公司通过农业部农垦局质量追溯系统建设项目总结验收，质量追溯系统与农业部农垦局联网；同月，北京壳牌"壳易付"在北京上市发布，这是北京壳牌率先在全球实现前庭快捷支付、发票即取等功能。2014年，首农食品经营中心建成首农食品电子商务网站，并上线运营；首农畜牧奶牛中心开始使用精准育种服务手机客户端；首农畜牧奶牛中心良种场开始使用挤奶机器人。2010年、2011年、2012年，绿荷中心连续三次被中国奶业协会授予"重点奶牛养殖场信息监测工作先进单位"称号。

二、信息化工作迅速提高阶段（2015—2017年）

为了落实"一体两翼"发展战略，首农集团决定扭转信息化工作滞后发展的状况，2015年5月，首农集团党委发文成立首农集团信息化工作领导小组和信息化办公室。

（一）集团公司总部的信息化工作情况

2015年10月20日，首农集团与京东集团签署《战略合作协议》，双方同意建立"首都农业大数据中心"和"互联网农业技术与产业创新中心"，开展农业大数据技术应用及云平台技术开发应用，为市政府涉农部门以及首都农业龙头企业提供数据支撑和服务；11月，首农集团党委副书记马辉主持召开"十三五"信息化规划项目评标会；同月，首农集团与民生电商控股（深圳）有限公司签署《战略合作框架协议》，双方将在电子商务领域进行深度合作，首农集团为民生银行建成的小区金融便民店唯一的生鲜农产品和食品合作方，在资金和技术方面支持首农集团发展特有的信息平台和物联网；11月30日，市国资委〔2015〕277号文通知，拨付2015年国有资本经营预算资金500万元，增加首农集团国家资本金，用于支持农产品"互联网＋"封闭供应链运营模式研究与应用项目。同年，向市国资委成功申报首农云管控平台项目，争取到了200万元的支持资金，该项目于2017年基本开发完成，平台包括内网门户、协同、移动协同、领导辅助决策、数据直报、电子档案等功能模块。2017年，建成集团资金管理平台；在集团总部办公楼北侧建成50米²的独立机房，为双路供电，机房内环境监控、网络安全设备等一应俱全；与清华大学国家电子商务工程实验室合作，并就首农集团网络众智型农牧业工程进行前期的探索研究。2015—2017年，全系统每年的信息化投入都在4 000万元左右。2017年，在市国资委组织的信息化水平测评中，首农集团得分大幅度提高，在52家市属国企中列第17位，因进步幅度大得到市国资委的表扬。

（二）二级及以下企业的信息化工作情况

2015年3月，北京壳牌引入轻资产开发模式理念，开始探索"互联网＋"及非油业务互动的新商业模式；7月8日，三元嘉业公司启动"上地·元中心"首农移动互联产业园项目；8月11日，首农畜牧公司完成的"奶牛场DHI数据分析软件"获国家版权局颁发的"计算机软件著作权登记证书"；9月7日，北京壳牌"乐高2"上线，极受市场青睐；11月7日，奶牛中心历经5年研发完善，搭建的中国畜牧行业首个大数据平台"新牛人"，在第一届中国畜牧互联网大数据平台研讨会得到业内高度评价，该大数据平台已为全国3 000多家牧场提供服务，覆盖泌乳牛超过100万头。此外三元食品股份公司、华都集团、黑六牧业公司等一批二级企业利用电商平台积极探索线上销售模式，首农食品中心的"首农生活"App运营、"首农生活e购"生活超市开业、首农食品网B2C模块上线运行，三元食品股份公司开发了母婴营养App调研软件，北郊农场龙冠创业空间正式营业，东疆牧业线上平台运行，金星鸭业公司毛鸭收购记数系统通过测试。是年，首农畜牧奶牛中心开始使用奶牛群体精准改良数据分析平台，与手机客户端实现实时互联，建立了服务考核管理平台，并开始使用OA办公系统。

2016年1月，三元食品股份公司、峪口禽业公司和百年栗园公司荣获"北京市农业信息化龙头企业"称号；4月，南郊农管中心和卢沟桥农场的农业观光、采摘项目，以及馨德润饭店餐饮、住宿、健身、旅游等项目，上线北京市12351服务平台，全市会员可以通过12351手机App实现网上预约订票；4月29日，德胜饭店成为北京市第一家安装自助入住机的饭店；5月，双日物流公司所有的车辆GPS（卫星定位系统）安装完毕，改善派送流程；6月，北京安德鲁天猫安德鲁旗舰店上线运行；7月，北京壳牌会员系统上线，3天会员人数突破两人，4个月会员人数突破10万人，获得消费者的认可和支持；8月24日，三元种业股份公司举办主题为"互联网＋现代畜牧业"的科技论坛；9月，中国百麦三家工厂陆续升级考勤系统，由原来的刷卡和手工记录考勤升级为面部信息识别考勤系统；10月20日，华都安然物业管理中心支付宝平台正式开通，实现互联网形式下新的收费模式；12月，北京壳牌电子发票系统顺利上线并在油站开始使用，为顾客提供更多元增值服务选择；同月，金星鸭业公司"北京鸭个体饲料报酬测定自动记录系统"被市国资委推荐为市属国有企业信息化示范项目。是年，首农畜牧奶牛中心使用客户信息管理平台，奶牛中心良种场先后引进Afifarm3.04、Afifarm 5.1，使用SCR；南郊农管中心的安全生产管理信息系统正式启用，每年节约人力和时间成本70%左右；北京荷美尔利用互联网技术加强销售业务的基础管理，建立手机App望远镜系统，提高销售团队的拜访率和客户的终端管理，电商渠道发展强劲，电商渠道销售量同比增长58%；北京壳牌的滴滴、微信及百度支付上线，打造多元化生态圈及支付体验；北京丘比成立EC课（电子商务课），对京东、天猫、1号店等较大的电子商务平台进行梳理，完善授权销售制度，更及时、更精确地对市场情况进行数据分析，自成立EC课以来，公司电商渠道的销售额一直维持在100%左右的增长速度。

2017年5月，盛福大厦启动"首农物产云服务子平台"项目的调研、立项、审批及建设工作。五环顺通中心投入110万元，先后完成WMS（仓储管理系统）和TMS（运输管理系统）的系统上线工作，实现精细化库存管理和成本效益管理，对打造冷链物流全链条透明化管理起到重要的保障作用。北京麦当劳App上线，并与饿了么、美团以及百度外卖合作，确保顾客在第三方平台上能够随时随地轻松享受麦当劳。首农大连公司建成的8 000米^{2}专业化集装箱堆场和独立的冷箱存放区实现无线信息覆盖，公司研发的智慧生鲜供应链综合服务平台包括了订单管理系统、仓储管理系统、运输管理系统、配送管理系统、分销系统等，将产品、仓储、配送、商家、消费者联通起来，统一标准、统一管理，形成专注于跨境生鲜产品的全流程物流网络。至 2017 年年底，首农集团主要的生产型企业全部上马了 ERP 系统，系统提供商既有国外的先进厂商，也有国内的先进厂商。在网站建设方面，2017 年年底，首农集团共有 37 家二级和三级企业建立了企业网站。

■ 第四节　重点企业的信息化工作

一、三元食品股份公司

三元食品股份公司是北京农垦信息化建设起步早、工作较有成效的大型工业企业，2014 年，被工业和信息化部评定为国家级"两化融合管理体系贯标试点企业"。[①] 2015 年，三元食品股份公司被市经信委认定为"北京市互联网与工业融合创新试点企业"，创新方向为"提升用户体验的产品及营销模式创新"，创新内容是"快消品行业互联网精准营销"。三元食品股份公司信息化建设经历了 4 个发展阶段：

（一）基础建设期（1999—2002 年）

三元食品的信息化建设起步于 1999 年，采购了几十台无盘站电脑，在鼓楼西大街办公区域铺设局域网络。是年，选用用友软件作为财务管理软件，部署到各分公司及分子机构，实现会计电算化，并应用北京市统计局的管理软件，这是三元食品信息化的应用系统的起步。从 2000 年开始，公司为总部管理人员全员配置台式电脑，并配备 modem 等硬件设备，逐步应用邮件、即时通信等互联网化的办公方式。2001 年，公司认识到了供应链的重要性，确定与杰合伟业软件有限公司合作，开发公司的进销存管理系统，并形成了软件著作权"杰合销售物流一体化管理系统"。该系统从客户订单入手，集成库存管理、物流管理与账款管理，并统一了客户基础信息，形成电子文档。经过半年左右的实施周期，该软件全面上线，覆盖范围包括北京营销公司及双桥、来广营、草桥、杏石口 4 个销售区域。2002 年，公司与中信网络科技股份有限公司合作，开发官方网站，注册正式的域名 www.sanyuan.com.cn，拥有对外新闻发布的互联网门户。

（二）部门级应用期（2003—2010 年）

2003 年，公司接手三元华冠公司的信息化系统，即四班 ERP 管理系统，这是三元食品的第一套生产管理系统。是年，公司总部搬迁到西二旗办公地点，核心机房扩大，增加信息化人员。2004 年，鉴于原有的进销存软件已经无法满足企业的高速发展，三元食品选择神州数码的 ERP 软件产品——tiptop，以替换杰合伟业的供应链系统；同时，一并购置 OA 协同办公系统及 BI 商务智能分析系统。2006 年，液态奶事业部的财务管理、订单管理、商品管理、促销管理、库存管理、配送管理均纳入统一的系统管控。同时，根据系统中的实时销售数据，进行了相关报表的开发工作，俗称 144 报表。2006 年，公司总部 OA 系统上线，部分行政办公不再使用纸质审批；完善自己的核心机房，并建立内部专线网络体系，北京区域的几大销售区域均实现内部互联互通。2007 年，公司对财务系统进行全面升级，由 U7 版本升级到 U8 网络版，并推广到各个分子公司，彻底解决了财务报表合并、财务数据安全、财务科目口径统一等问题。是年，完成网站的改版工作。2008 年，公司的 OA 系统推广到液态奶事业部使用。2009 年，公司将 tiptop 管理软件推广到河北三元，取代了原有的用友 NC 软

---

① 两化融合是指工业化和信息化深度融合，集中精力发展研发、设计、销售、管理等高附加值产业链环节，实现产业高端环节的集聚和产业的快速增长。

件。2010 年，公司进行了网站的第二次改版工作。

（三）企业级应用期（2011—2015 年）

2011 年，Oracle 系统在公司总部和北京工业园上线，标志着公司的信息化发展接轨国内领先企业和国际先进技术。在北京工业园建设了核心机房，占地面积 30 米^2，放置了 8 个机柜，配备防火、防潮、防静电、防断电等硬件设备，保障了服务器等资源的数据安全。2011 年，选择明基逐鹿作为系统开发商，开发和实施 ehr 软件，总部及各分子公司的人员信息均纳入管理，其中总部相关部室使用该系统进行月度考核。进行 OA 软件的升级工作，将原来鼎捷公司的 b/s 产品架构，改为 c/s 产品架构。同时，应用 IBM 的 lotus 产品，将 sametime（即时通信）、邮件（企业邮箱）、OA（行政办公）等功能集成到了一起。随着系统的逐渐应用，所有的分子公司均可以使用这套 OA 软件，涵盖请示、盖章、合同、会议预订、工作计划及日报、预算编制、差旅报销、费用申请、借款申请、知识管理等模块。从 2013 年开始，跟随公司的五年战略发展规划，为加强产销研一体化管控、财务一体化管控、供应链一体化管控等管理目标，公司逐步将 oracle 的 ERP 软件推广到了各大事业部及工厂，涵盖采购、库存、生产、销售、质量、配方、财务、成本等多个模块，至 2017 年，总部、9 个生产厂、6 个事业部仍在持续使用该系统。从 2011 年开始，随着北京及河北工业园的建设，公司尝试使用 MES 系统，其中北京工业园的 MES 与 ERP 对接完成，河北工业园的系统对接正在进行中。

从 2014 年开始，公司实施产品生命周期管理系统，简称 PLM 系统。公司的 PLM 系统主要用于原辅材料及产品配方管理，作为 ERP 的主数据，所有相关基础信息均从 PLM 系统中获取。是年，公司决定替换现有的 tiptop 销售管理系统，采用 siebel 管理系统作为分销软件。2015 年 7 月，液态奶事业部上线。2014 年，工业和信息化部颁布婴幼儿配方乳粉质量安全追溯体系的试点工作安排，三元食品作为六家奶粉企业之一，于年初完成了相关任务。是年，公司与红圈系统共同开发业务员终端管控系统；为配合信息系统的推广工作，公司进行了核心机房的建设，采购近千万元的服务器设备，用来支持远期的大数据量工作。

2015 年，替换掉原有的服务器，应用系统平稳迁移到 unix 操作系统。是年，公司实施供应商管理平台。公司的供应商管理平台用于部分原辅材料的招标比价，该平台依托于 ERP 系统，实现背对背报价及评比打分功能；参加 2015 年市国资委的第一次信息化情况测评，获得 70 分左右的高分，信息部工作成果得到验证；公司信息部王峰连续 4 年被工业和信息化部及中国电子学会评为"全国百佳优秀 CIO"称号。

（四）协同发展期（2016—2017 年）

2016—2017 年，三元食品股份公司信息化工作进入协同发展时期，主要工作成果有：

实施 BI 平台，公司的 BI 系统用于财务报表合并与分析，常低温、奶粉产品的销售分析，母乳研究数据分析，供应采购分析等。实施 O2O 系统管理和及递商城，公司的及递商城由微商城、App、电子商城三部分组成，其中电子商城与 App 已完成对接，与微商城的对接正在处理中。实施奶粉经销商及门店管理，该系统主要用于管理奶粉产品的物流环节。同年，实施奶粉会员商城管理，该系统用于奶粉产品的扫码积分及会员互动管理。

开发母婴工程中心公众号，该系统用于母婴和婴儿的数据搜集工作，并给出营养膳食建议。完成信息化部门的整合，除河北三元外，对其余单位的信息化专职人员进行了统一管理。编制 17 人，10人在岗。采用 siebel 管理系统作为分销软件，将常低温事业部进行分拆，同时上线河北三元的分销系统，2017 年 1 月，上线华东事业部的常低温分销系统。申请并实现工业和信息化部的两化融合管理体系的评定工作，成为北京市第 9 家通过评定的工业企业，同时完成信息化评估工作。

加强信息化内控制度建设，2011 年公司信息化工作颁布 11 条内控制度；2014 年完善相关制度后，共形成 16 个内控制度；2017 年后，整合 6 个信息化工作制度。完成 OA 系统的第三次升级，

2017 年部署移动化办公平台，纳入更多的分支机构，同时将费用管理、促销管理及财务管理等模块推广到各大事业部。

完成业务员终端管控系统替换，2017 年使用魔利互通系统，将人员、渠道、客户、产品、供应链、资金链进行统一管控。系统使用人员超过 2 500 人，系统中的客户达几万家，并且将终端市场的费用信息、价格信息、竞品信息等进行搜集和实时反馈，为应对市场变更提供系统工具。

2012 年、2013 年，公司均被中国奶业协会授予"重点乳品加工企业信息监测工作先进单位"称号。2016 年，三元食品股份公司被认定为"北京市农业信息化龙头企业"。2017 年 1 月，在第八届金网奖颁奖盛典上，三元食品获"2016 年度网络营销最佳品牌主"和"娱乐营销铜奖"。是年，参加第二次市国资委的信息化测评工作，获 75 以上的高分。

二、峪口禽业有限公司

峪口禽业公司在信息化方面的荣誉称号有北京市农业信息化龙头企业、北京市农业农村信息化示范基地和北京农业互联网联盟成员企业。公司的信息化工作主要包括以下几个方面：

（一）以物联网为核心的信息化技术应用

1. 智能化饲喂　2005 年，引进、应用 AC2000 自动化环境控制系统，实现了风机、通风小窗、水帘等鸡舍环控设备可以根据鸡群日龄所需和舍外环境温度变化，自动依照预设程序控制风机开启台数、通风小窗开启面积和水帘启动时间，满足鸡群适宜环境所需。通过将鸡舍控制系统与其匹配的脉冲水表、上料传感器和称重计量器等附属设备进行连接，实现鸡群日饮水自动化启停、同步记录等精准化控制，实现饲料自动上料、同步称量，喂料行车定时饲喂、自动返回等智能化控制。

2. 精准化环控　2006 年，引入 FIK 环境控制系统，应用物联网传感技术，将传感数据在孵化器与控制系统之间传输，精准控制孵化器的温度、湿度、各种故障及状态在终端的显示，按照系统设定参数自动调节各台孵化器的温度、湿度，实现对孵化器的实时监控，为胚胎发育提供良好的环境。2010 年，基于自动化环控系统对不同栋舍、不同日龄、不同季节数据的整理、分析研究，制定出了系统的各项运行参数和控制模式，首创蛋种鸡鸡舍饲养设备的自动化、精准化、智能化控制，并建立了鸡舍饲养设备基于物网控制终端模式，实现专业化小区各栋鸡舍饲养设备远程集中控制模式，通过数控终端集中控制，自动调节通风、湿帘、照明等环境参数。同时，通过预警数据配合实施监控系统，远程控制、调节设备运行状况，降低了员工的劳动强度，提高了养殖效率。

3. 自动化定位　2014 年，引进北斗卫星车辆管理系统，并在公司内部全部运雏车辆上推广使用。在运输条件控制方面，北斗卫星车辆管理系统可对运输温度和湿度进行实时、在线监控，温、湿度超出范围时实现在线预警以及自动调节功能。在行车安全方面，可进行超速实时监督与记录，司机超速行驶时报警提示。在路线规划方面，通过 GPS＋北斗双模监督，可使里程记录更准确，提高现有车辆管理系统精准度，丰富和完善行程优化功能。

（二）以 SAP-ERP 为核心的企业信息化建设

2014 年，在业内率先引入全球最先进的 SAP 行业专用解决方案，建立了以鸡为核心的 ERP 核心应用系统 SAP、生产数据采集系统 Apps、人力资源管理系统 eHR、自动化办公系统 OA 和智能分析系统 BO，打通外部客户需求向内部供应需求转换的中间环节，实现销售、育种研发、生产孵化、材料采购、库存、运输物流和财务管理的集成一体化平台，提高了企业的运行效率和管理水平。

1. 基础数据标准化　基础数据在峪口禽业公司全国 16 个分公司内统一管理规范、统一分类标准、统一编码、统一名称、统一维护，实现数据无障碍流通。

2. 业务流程规范化　规范了涵盖育种研发、种鸡生产、种蛋孵化、雏鸡销售、科技服务以及采购、库存、财务、人力等 18 大类、168 项业务流程。

3. 财务业务一体化　打通信息孤岛，产、供、销无缝连接，实现业务流、资金流、物流、信息流的高度合一。

4. 产品质量可控化　建立从育种研发到种鸡生产的全生命周期管理，实时追溯育种核心群、扩繁群和配合力测定数据，完善育种数据库，提高育种效率。打通从蛋鸡育种到种鸡扩繁再到鸡蛋生产、销售全过程各环节流程，实现数据互联互通，提高扩繁效率和雏鸡产品质量。

（三）以智慧蛋鸡为核心的产业互联网建设

2014 年 9 月 5 日，峪口禽业公司与 SAP 公司、东华博雅软件有限公司签署战略合作协议，共同开发覆盖鸡蛋全产业链的信息管理平台，标志着峪口禽业公司"智慧蛋鸡业"项目正式启动。2016 年，公司依托全产业链资源，应用云计算、大数据、人工智能等现代信息技术，构建"智慧蛋鸡"增值服务平台，通过数据采集、在线服务、电子商务和数据分析四大系统的建设，打通从蛋鸡育种到种鸡扩繁再到鸡蛋生产和销售全过程的数据流，开启蛋鸡行业"大数据"应用模式，推动企业数字化管理，帮助养殖户快快乐乐养好鸡、轻轻松松卖好蛋，实现农村电商在蛋鸡行业的先行先试。同时，提升产业链整体生产效率，降低生产成本，并为基础研究、政策制定等提供更有力的信息化数据支撑。2016 年 9 月 6 日，峪口禽业公司在第 25 届世界家禽大会期间举办的"智慧蛋鸡在中国"启动仪式上，正式发布"智慧蛋鸡在中国"战略规划，推出智慧蛋鸡 App 版。

第十章 行政管理

做好行政管理工作是企业有效运转的重要前提，也是经营者提高企业管理水平的一个切入点。本章所述的行政管理内容主要包括安全管理、档案管理、机要文书及保密、信访工作。

■ 第一节 安全管理

一、安全组织机构

企业安全生产管理机构包含安全生产委员会和安全专职部门。安全生产委员会是安全生产工作的决策层，对重大的安全事项进行决策。安全生产委员会办公室设在安全专职部门，负责日常的安全管理工作。

（一）安全生产委员会

根据国家和北京市有关生产安全、消防安全、交通安全、综合内保和国家安全等方面的法律法规，集团成立以总经理为主任、分管副职及相关领导为副主任、相关部室负责人和重点二级企业主要负责人为成员的安全生产委员会，行使公司安全生产的管理职能。安全委员会设立生产安全、消防安全、交通安全、综合内保、国家安全5个专业委员会，作为安委会的议事机构。因人员工作单位或职务的调整，集团公司对安全委员会及其专业委员会实行动态调整。2007—2017年，组织机构及人员有3次重大调整。

（二）安全专职部门

1979年4月，市人事局和市编制委批准市农场局机构设置，设劳资处，明确负责劳动保护及压力容器管理。1980年1月，市委农工部批准市农场局设立政治处，下设保卫组，负责安全管理工作。1984年6月，经市委农工部批复同意，总公司对机关机构进行改革，撤销政治处，成立组织部（人事处）、保卫处（初期曾与人事处合署办公）。原农机运输公司所属的运输安全科改为交通安全管理科，并作为市农场局交通安全委员会的办公机构，隶属保卫处领导。1986年1月，总公司进行机构改革，保卫处改称安全保卫处，不再与人事处合署办公。此后，一直到1995年，总公司机构多次改革，安全保卫处均作为独立部门存续。1995年2月，总公司在机构改革中保留安全保卫处的牌子和职能，但将其划归办公室管理。1997年，总公司总部机构共设置23个，其中安全保卫处又被单列，其工作职能不列入办公室。1998年5月，总公司党委下发机关机构改革方案，方案中的办公室保留计生办、信访办、安全保卫处、卫生处牌子，安全保卫处职能明确划归办公室。2000年，总公司机构改革方案依然将安全保卫工作职能划归办公室管理。2003年，三元集团明确企业管理部负责安全管理工作，重设安全保卫处，作为企业管理部二级部，处长由企业管理部部长兼任，企业管理部一名副部长专职负责安全生产的日常管理。

二、安全管理制度

建立安全管理制度的目的主要是控制风险，将危害降到最低。北京农垦对安全管理的制度建设十分重视，多次制定安全管理方面的条文，以指导企业的安全管理科学、规范、有序开展。已制定的重要制度情况如下：

1.《关于加强劳动保护安全生产工作的意见》 1989 年 3 月 9 日，总公司下发（89）京农管劳字第 12 号文《关于加强劳动保护安全生产工作的意见》。文件对安全生产隐患治理、安全生产事故管理、安全生产应急管理和劳动保护计划等做出了详尽、具体的规定。

2.《三元集团重大伤亡安全事故惩罚办法（标准）》 2005 年 3 月 8 日，三元集团召开 2004 年全系统"五项安全"工作总结大会。会议公布《三元集团重大伤亡安全事故惩罚办法（标准）》。该惩罚办法第一次对所发生事故责任的认定及造成的直接经济损失的认定依据、进行处罚的程序以及处罚标准进行了规范。

3.《首农集团安全标准化体系建设指导意见》 2007 年，三元集团制定《安全标准化体系建设指导意见》。该指导意见包括 14 个方面的安全标准，要求在集团范围内全面推开安全标准化体系建设，并要求各二级单位结合自己的实际情况，制定出切实可行的安全标准。

4.《首农集团安全综合百分考核办法》《首农集团安全重大责任伤亡事故处罚办法》《首农集团安全生产事故报告制度规定》 2011 年，首农集团编制印发《管理制度汇编》。在责任制度类收录了《首农集团安全综合百分考核办法》《首农集团安全重大责任伤亡事故处罚办法》；在工作制度类收录了《首农集团安全生产事故报告制度规定》。

《首农集团安全综合百分考核办法》规定，考核打分由三部分组成：二级单位自评、二级单位互评、集团公司安委会办公室参评。三项评分均按百分制打分，三项评分结果分别按 30％、30％、40％的权重汇总，汇总分值就是本年度安全工作的总体评价分值，并作为年终评优的重要依据，直接进入年度经营业绩考核汇总，占 5％的权重。

《首农集团安全生产事故报告制度规定》要求：伤亡事故发生后，负伤者或者事故现场有关人员应当在第一时间立即直接或逐级报告企业或事业单位行政负责人。企业或事业单位行政负责人接到重伤、死亡、重大伤亡事故报告后，应当立即出示现场，并迅速采取必要措施抢救人员和财产，保护事故现场，防止事故扩大。发生死亡、重大伤亡事故的企事业单位，行政负责人在出示现场组织抢救的同时，应当在第一时间将事故调查情况报集团公司企业管理部和单位所在地安全主管部门、公安部门。

5.《北京首都农业集团有限公司安全管理规范》 2011 年 5 月，首农集团出台《北京首都农业集团有限公司安全管理规范》。该规范包含集团安全生产工作组织架构、安全稳定责任书、事故报告制度、各项安全管理标准、安全重大责任伤亡事故处罚办法等，是对以往管理制度的综合，是指导北京农垦安全管理工作的重要文件。

6.《首农集团安全生产"一岗双责"管理规范》 2015 年 3 月 18 日，首农集团下发《首农集团安全生产"一岗双责"管理规范》。该管理规范明确指出，安全生产"一岗双责"是指企业相关负责人在履行所在岗位职责的同时，切实履行所分管领域安全生产的管理责任，承担安全生产责任。企业实行安全生产"一岗双责"管理制度，相关负责人按照"党政同责""管行业必须管安全""管生产经营必须管安全""管业务必须管安全""谁主管，谁负责"和"分级负责，基层为主"的原则，负责抓好分管工作范围内的安全生产工作。同时，强调企业主要负责人是安全生产工作的第一责任人，对安全生产工作负全面领导责任；企业分管安全生产的负责人是安全生产工作综合管理的责任人，对安全生产负组织协调和综合管理领导责任；企业相关负责人（分管其他工作的负责人）对分管工作范围内的安全生产工作负直接领导责任。该管理规范还分别对企业主要负责人、企业分管安全生产的负责人和企业相关负责人（分管其他工作的负责人）做出了具体的职责规定。

7.《北京首都农业集团有限公司安全生产管理办法》 2016 年 7 月，《北京首都农业集团有限公司管理制度汇编》（2016 年版）颁布，收录《安全生产管理办法》，并归类于"基本制度"。新制定的《安全生产管理办法》共 6 章 30 条，对"一岗双责"提出了具体要求，重申了安全生产工作实行安全生产百分考核、安全生产伤亡事故报告制度，并明确了安全生产伤亡事故责任追究的相关规定。

三、安全管理工作

北京农垦始终坚持"安全第一、预防为主、综合治理"的工作方针，积极落实上级主管部门和年度工作会精神的各项工作部署，不断强化安全技术、应急管理等基础工作，认真开展"安全生产月"等活动，积极推进安全生产大检查，消除各种安全隐患，防范和遏制重特大安全生产事故，实现集团安全生产责任书提出的各项目标。

（一）签订安全稳定责任书，落实安全生产责任制

集团公司每年年初都要召开安全稳定工作会议，布置年度安全工作，表彰"五项安全"的先进集体与个人，同时，在会上，集团公司与所属各企业签订《安全稳定工作责任书》，对全年安全稳定工作提出要求。集团每年出台安全工作指导意见，要求所属企业做好全年的安全工作。2015年，安全工作全面实行"一岗双责制"。各级相关负责人在履行所在岗位职责的同时，履行所分管领域的安全生产职责，抓好分管工作范围内的安全生产工作，承担安全生产责任，形成了齐抓共管的新局面。为了落实安全责任制，三元种业还建立了安全专项基金，在全系统推行安全管理干部持证上岗。

（二）加大安全宣传教育力度，增强安全系列活动效果

每年 6 月 1—30 日，在全系统全面开展"安全生产月"主题活动。"'119'消防宣传月""一企一标准、一岗一清单的建立""安全生产标准化复评验收和升级""打非治违"和"交通安全整治"等专项活动贯穿全年。场乡体制改革前，北京农垦还管理着 37 个乡镇的"五项安全"工作，做到安全工作一同布置检查、一同宣传教育。在"安全生产月"等各项活动中，北京农垦上下互动，积极开展一系列安全宣传教育活动，如安全规章制度宣贯、安全知识竞赛、安全知识培训、安全知识咨询等，开展粉尘防爆、液氨泄漏、消防灭火、危化品应急处理、加油站车辆着火扑救等综合演练，这些活动使广大员工增强了安全知识和安全意识，提高了应急救援能力，取得了较好的效果。如三元种业从2006 年开始，坚持每年举行一次安全综合演练，每次观摩人数为 50～80 人。2008 年 6 月，全系统有序地进行"平安奥运行动""百日督查专项行动""安全生产月活动"等一系列重要活动；是年 7 月，三元集团举办"三元杯"安全知识竞赛活动，双桥农场举办"双桥杯"安全知识竞赛。2012 年 6 月，首农集团在三元食品工业园举行冷冻机氨泄漏疏散演练。2013 年 6 月，东风农场组织安全主管领导、安全管理人员、重点岗位员工等 83 人听取了火灾事故案例、自防自救、逃生等相关知识讲座；华都肉鸡公司车间主任以上干部进行了安全生产管理工作培训，分析涉氨事故原因；大秦物流为提高安全教育效率，建立手机终端办公自动化管理网络系统，安全管理部门可以实时将公司周边发生的安全事件用网络传输的方式发送给每位职工。2014 年 11 月，首农集团举办"安康杯"知识竞赛活动。各单位重视开展职工安全意识、安全知识的培训，双日物流公司认真编制《全员安全教育培训计划》。2015 年，新的《安全生产法》颁布实施，各二级单位安委会积极宣传贯彻新的《安全生产法》，对变更条款进行解读，并印制成宣传单分发至所属企业干部和员工。2016 年 6 月，首农集团开展以"落

实主体责任，促进安全发展"为主题的"安全生产月"活动；6月30日，首农集团在南郊农场西毓顺试验场仓库召开"安康首农"安全生产事故应急救援演练大会，这是集团公司首次举办大规模综合安全演练活动，提高了员工处置安全生产突发事件的能力，检验了集团所属企业安全生产事故应急救援预案的实用性和可操作性。2017年年底，南口农场硕春冷库在昌平区安监局的指导下开展了不同科目的安全生产应急救援演练。

（三）推进安全生产标准化，完成企业安全标准编制

2004年，北京农垦安全生产标准化工作在南郊农场试点，2005年扩大试点，在十几个单位进行部署。2006年，三元集团成立安全标准化工作小组，2007年制定《首农集团安全标准化体系建设指导意见》。北京农垦遵循"突出重点，分步实施，扎实推进"的工作原则，把推进企业安全生产标准化作为集团安全生产工作的重点。2013年4月，从农业部干部管理学院聘请资深中介机构专家，对系统内近70名安全管理人员进行专题培训，标志着集团公司的安全生产标准化达标验收工作全面启动。2016年是集团标准化验收年，各企业严格按照验收要求进行自检自查，做好验收的各项准备工作，积极配合评审机构的验收检查。开展企业安全生产标准化工作，已成为企业实现安全生产长效管理的有效抓手。

2015年，北京市安全生产监督管理局要求首农集团牵头制定《食品制造业安全生产标准》（北京市地方标准）。根据市安监局要求，于11月完成标准初评，待复评和征求专家和社会公众意见。2017年，按照市安监局的要求，首农集团完成《食品制造企业等级评定技术规范》。

（四）强化安全生产督导检查，提升安全风险防控水平

北京农垦根据上级要求与自身制度的规定，每年都制定并下发安全工作专项大检查工作方案，在全系统范围内开展安全大检查活动。安全大检查活动由集团总经理任总指挥、主管安全工作的副总任副总指挥，安全保卫部人员和从各二级单位抽调专业人员组成检查小组。检查小组发现安全隐患第一时间告知受检单位并发放隐患通知书，要求在约定时间内进行整改，隐患较大且整改不力的将进行约谈。集团公司按照"四不两直"的工作方法对企业进行安全抽查，对易发生重特大事故的行业领域采取风险分级管控、隐患排查治理双重预防性工作机制，推动安全生产关口前移。突出对危险化学品和易燃易爆品的专项检查治理，突出重大节假日和重大活动的安全服务保障工作。2017年7—10月，首农集团成立联合检查小组，对在京所属企业进行安全生产大检查，重点检查建筑工地、交通运输、消防、食品安全、有限空间作业、粉尘防爆、液氨等项目。

（五）坚持安全生产问题导向，推进隐患排查治理闭环体系

北京农垦高度重视事故隐患排查治理闭环体系建设，在建立事故隐患排查治理信息平台和建立健全隐患排查治理相关制度的基础上，将隐患排查治理闭环体系建设作为重点工作进行安排部署。针对隐患排查治理闭环体系建设召开了多次专项会议和现场会，根据各单位的实际情况制订实施方案和计划，明确专人负责统筹协调。针对事故隐患，将事故危害程度分级，危害小的事故隐患要求立即整改排除隐患，重大事故隐患要求全部或局部停产，在限定的时间内整改完成，未按规定完成的事故隐患排除，将对责任人进行处罚并下达整改通知书，直至整改完成，从而形成事故隐患排查排除完整的链条。在集团所属企业逐步建立完成隐患排查系统，通过该系统梳理业务领域的主要风险点，明确岗位风险清单，从而实现"一企一标准，一岗一清单"的工作要求，从2016年起，北京市开始城乡接合部重点地区综合整治工作，地处城乡接合部的所有农场积极开展疏解腾退、清除安全隐患的专项治理活动。2017年11月21日，首农集团召开"开展安全隐患大排查大清理大整治专项行动"部署动员会，重点为取缔"三合一、多合一"场所，整治工业大院，打通消防通道，拆除清理、整治违法面积，取得明显效果。

四、安全管理工作取得的荣誉

北京农垦安全管理工作获得的荣誉见表6-10-1。

表6-10-1　北京农垦安全管理工作获得的荣誉

序号	颁奖时间	荣誉称号	获奖单位	颁奖单位
1	1990年10月	1990年度北京市护林防火先进集体	双桥农场	北京市郊区护林防火指挥部
2	1991年3月	安全合格班组达标活动优秀组织单位	双桥农场	北京市总工会
3	1991年8月6日	1990年全国农垦系统安全生产管理先进单位	总公司	农业部
4	1994年	北京市交通安全先进街道乡镇	南口农场	北京市交通安全委员会 北京市公安交通管理局
5	1996年7月	"八五"期间全国农垦系统安全生产工作先进集体	总公司	农业部
6	2001年3月14日	2000年度北京市安全生产先进单位	总公司	北京市安全生产委员会、市经委、市人事局
7	2002年	2001年度北京市交通安全优秀系统	总公司	北京市交通安全委员会
8	2002年	首都维护国家安全先进集体	盛福大厦	北京市国家安全局
9	2002年7月	农网改造二期工程安全生产专项检查中被评为市级优秀供电所	双桥农场供电所	北京供电局
10	2003年	在2002年度北京市单位内部安全保卫工作中荣获集体嘉奖	三元集团保卫处	北京市公安局
11	2003年	在2002年度国家安全保卫工作中荣获集体嘉奖	三元集团	北京市国家安全局
12	2004年3月	2003年度北京市安全生产先进单位	三元集团	北京市安全生产委员会
13	2004年3月	2003年度北京市交通安全优秀系统	三元集团	北京市交通安全委员会
14	2004年3月	在2003年度北京市单位内部安全保卫工作中荣获集体嘉奖	三元集团保卫处	北京市公安局
15	2004年3月	在2003年度国家安全保卫工作中荣获集体嘉奖	三元集团	北京市国家安全局
16	2004年3月	北京市2003年度消防工作先进系统	三元集团	北京市防火安全委员会
17	2005年	集体三等功	三元集团	北京市公安局
18	2007年	北京市交通安全优秀系统	三元集团	北京市交通安全委员会
19	2007年	北京市安全生产协会会员单位	三元集团	北京市安全生产协会
20	2007年	2007年北京市安全生产月活动优秀组织奖	三元集团	北京市安全生产月活动组织委员会
21	2007年	《大型综合性国企安全标准化体系建设及管理》荣获北京市第二十二届企业管理现代化创新成果一等奖	三元集团	北京市企业管理现代化创新成果评审委员会
22	2007年	在2007年度北京市单位内部安全保卫工作中荣获集体嘉奖	三元集团保卫处	北京市公安局
23	2007年	在2007年度国家安全保卫工作中荣获集体嘉奖	三元集团	北京市国家安全局
24	2007年	北京市2007年度消防工作先进系统	三元集团	北京市防火安全委员会
25	2008年	北京市交通安全优秀系统	三元集团	北京市交通安全委员会
26	2008年	国家安全人民防线建设工作先进集体	三元集团	北京市国家安全局
27	2008年	首都维护国家安全先进集体	盛福大厦	北京市国家安全局
28	2008年	2008年北京市安全生产月活动优秀组织奖	三元集团	北京市安全生产月活动组织委员会

（续）

序号	颁奖时间	荣誉称号	获奖单位	颁奖单位
29	2008 年	在 2008 年度暨"奥运安保"集体三等功	三元集团保卫处	北京市公安局
30	2008 年 10 月	百日安全竞赛先进单位	光明饭店	北京市旅游局
31	2008 年 12 月	北京市交通安全先进单位	南口农场	北京市交通安全委员会
32	2008 年 12 月	北京市交通安全先进单位	南郊农场	北京市交通安全委员会
33	2008 年 12 月	北京市 2008 年度消防工作先进单位	长阳农工商	北京市防火安全委员会
34	2009 年	在 2009 年度北京市单位内部安全保卫工作中荣获集体三等功	首农集团保卫处	北京市公安局
35	2009 年	北京市市级交通安全优秀系统	首农集团	市交通安全委员会
36	2009 年	国家安全人民防线建设工作先进集体	首农集团	北京市国家安全局
37	2010 年	北京市交通安全先进单位	南口农场	市交通安全委员会
38	2010 年	北京市交通安全先进单位	南郊农场	市交通安全委员会
39	2010 年	北京市交通安全优秀系统	首农集团	北京市交通安全委员会
40	2010 年 8 月	北京市安全生产月活动优秀组织奖	南郊农场	北京市安全生产月活动组织委员会
41	2011 年	国家安全人民防线建设工作先进集体	首农集团	北京市国家安全局
42	2011 年	北京市交通安全优秀系统	首农集团	市交通安全委员会
43	2011 年 2 月	2010 年度北京市治安管理、治安保卫工作先进单位	三元出租车公司	北京市公安局
44	2011 年	北京市交通安全先进单位	南郊农场	市交通安全委员会
45	2011 年	2010 年度北京市安康杯竞赛活动优秀组织单位	盛福大厦	市总工会、市安监局
46	2012 年 1 月	北京市交通安全优秀系统	首农集团	市交通安全委员会
47	2012 年 1 月	2011 年度北京市交通安全先进单位	三元绿化工程公司	市交通安全委员会
48	2012 年 3 月	2011 年度北京市治安管理、治安保卫工作先进单位	三元出租车公司	北京市公安局
49	2012 年	2011 年度北京市安康杯竞赛活动优秀班组	北京盛福物业服务有限公司	市总工会、市安监局
50	2013 年	国家安全人民防线建设工作先进集体	首农集团	北京市国家安全局
51	2013 年 1 月	2012 年度北京市交通安全先进单位	双桥农场	北京市交通安全委员会
52	2013 年 3 月	2012 年度北京市安康杯竞赛活动优胜单位	南郊农场	市总工会、市安监局
53	2013 年 4 月	2012 年度全国安康杯竞赛活动优胜单位	艾莱发喜公司	中华全国总工会、国家安全生产监督管理总局
54	2013 年	全国安康杯优胜班组	北京盛福物业服务有限公司	中华全国总工会、国家安全生产监督管理总局
55	2014 年	国家安全人民防线建设工作先进集体	首农集团	北京市国家安全局
56	2014 年	北京市交通安全先进单位	南郊农场	市交通安全委员会
57	2014 年	2013 年度北京市安康杯竞赛活动优胜单位	北郊农场工会	市总工会、市安监局
58	2015 年	北京市交通安全先进单位	西郊农场	市交通安全委员会
59	2015 年 4 月	2014 年度北京市安康杯竞赛活动优胜单位	五环顺通中心	市总工会，市安监局
60	2015 年	北京市交通安全先进单位	南郊农场	市交通安全委员会

（续）

序号	颁奖时间	荣誉称号	获奖单位	颁奖单位
61	2015 年	国家安全人民防线建设工作先进集体	首农集团	北京市国家安全局
62	2016 年 1 月	2013—2015 年度北京市安全生产先进单位	北郊农场	北京市安全生产委员会办公室、市人力社保局
63	2016 年	北京市交通安全优秀系统	首农集团	市交通安全委员会
64	2016 年 8 月	河北省青年安全生产示范岗	承德三元金星鸭业公司	共青团河北省委、河北省安全生产监督管理局
65	2016 年 12 月	北京市安全文化建设示范企业	艾莱发喜公司	市安监局
66	2017 年	北京市交通安全优秀系统	首农集团	市交通安全委员会
67	2017 年	北京市安全生产先进单位	南口农场	市安监局

说明：资料主要由首农集团企业管理部提供，部分资料来自有关企业大事记。

■ 第二节　档案管理

企业档案作为一种信息资源，是企业正常发展不可替代的资产财富。北京农垦的档案管理工作在企业管理方面发挥了应有的重要作用。

一、档案管理体制及档案室

1949 年 11 月，成立京郊农场管理局；1952 年 9 月，成立北京市农林局。按照市人委的要求，开展档案工作，一般由局秘书科专兼职档案人员管理档案。[1] 多数国营农场设置专兼职档案人员一般是在 1954 年之后。1956 年，国务院要求各级企业、事业单位都应在办公厅（办公室）之下设立档案室，负责管理本机关的档案，国营农场开始逐步配齐专兼职档案人员。从 1958 年起，中共北京市委、市人委要求人民公社都要有公社秘书兼任档案员；是年 12 月，中共北京市委办公厅、市人委办公厅召开文书档案工作会议，要求各单位都要建立档案保管制度。至 1959 年，北京农垦系统 80% 以上的农场（公社）建立了档案室，档案室一般由党委办公室主任或行政办公室主任直接领导，并做到党委、行政和群团组织的档案统一集中管理。在"文化大革命"中，农场一度下放区县，企业档案工作遭到破坏。1979 年 10 月，根据北京市档案工作会议精神，各行政局恢复档案室，或配备专兼职干部负责档案工作。1979 年后，市农林局和市农场局分家，市农场局在办公室下设立档案室，对接收的档案进行分类、整理、编目、登记，首农食品集团总部室藏最早的档案就形成于 1979 年。1980 年，市农场局下达（80）京农管字第 230 号通知，要求各农场、公司、研究所都要建立技术档案。总公司/集团公司档案室接受北京市档案局业务监督和指导，集团档案室对所属二级企业档案室有监督指导任务，集团公司设有档案室，由 1 名副主任主管，1 名专职档案员负责具体工作；各部室各设 1 名兼职档案员；集团所属二级及以下单位设 1 名或数名专职或兼职档案员。截至 2017 年年底，全系统共有专兼职档案员 86 名。

---

[1]　北京市地方志编纂委员会：《北京志·档案卷·档案志》，北京出版社，2003 年，第 142 页。

二、档案资源

(一)集团总部室藏档案

至 2017 年年底,集团总部室藏档案门类及数量为:文书档案 11 754 卷,会计档案 2 320 卷,科技档案 1 152 卷(其中基建档案 20 卷),音像档案 305 件(其中录音录像 119 盘、纸质相片档案 109 张、电子照片 77 张),实物档案 427 件,以及资料 433 册。集团总部档案室总面积 72 米²,其中档案库房 54 米²。

档案的主要内容为:机构设置的请示及批复、用印通知;市委农工部、市委组织部、市国资委关于北京农垦局级领导干部任免的通知;市外经贸委、市农办等单位关于北京农垦及所属公司与外商设立合资、合营企业相关事项的批复;总公司/三元集团/首农集团党委会、董事会、办公会纪要;与外单位签订的合同、协议;对下属单位工业及商业企业建立、变更、注销,以及零建、翻建工程项目等事项的批复;集团党委关于二级企事业单位干部任免的通知;统计资料、报表等。

2017 年集团档案室藏档案数量(卷)及分类情况见图 6-10-1,档案室藏实物档案数量及分类情况见图 6-10-2。

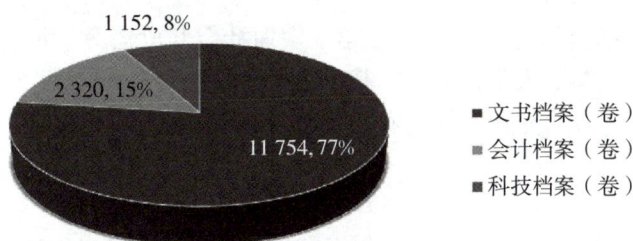

图 6-10-1 2017 年集团档案室藏档案数量(卷)及分类情况

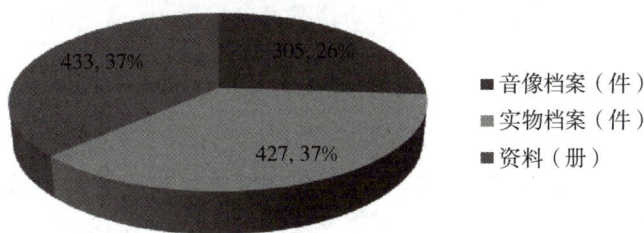

图 6-10-2 2017 年集团档案室藏实物档案数量及分类情况

(二)二级企业市藏档案

截至 2017 年年底,系统内二级企业共有全宗 24 个,文书档案 97 755 卷、52 620 件,案卷排架长度 1 498 米。迄今查到有记录的最早档案为东郊农场 1951 年形成的文书档案。

(三)北京市档案馆现存北京农垦档案

北京市档案馆现存北京农垦系统档案 1 653 卷,均为 2007—2016 年按照市档案馆要求移交进馆的文书档案,全宗号为 296。

此外,与北京农垦历史有关的档案是:①全宗号 92,全宗名称北京市农林局,起止年份为 1952—1968 年,档案卷数 294 卷;②全宗号 95,全宗名称京郊农场管理局,起止年份为 1949—1952

年，档案卷数 13 卷。① 有个别与北京农垦有关的档案分散在市档案馆其他全宗，如红星集体农庄的有关情况调查就存于农林水利方面的档案中。

三、档案室业务

（一）立卷归档

集团总部档案室实行文书档案部门立卷制度。档案室负责对总部机关各部室文件材料的收集、整理、立卷、归档进行业务监督和指导。

（二）移交进馆

遵照北京市档案馆的移交进馆任务要求，首农集团总部分 3 次共向市档案馆移交 1 653 卷文书档案。第 1 次移交时间为 2007 年 10 月 22 日，共 546 卷，档案所属年份为 1979—1988 年。第 2 次移交时间为 2011 年 8 月 25 日，共 672 卷，档案所属年份为 1989—1995 年。第 3 次移交时间为 2016 年 11 月 30 日，共 435 卷，档案所属年份为 1996—2000 年。集团所属农场 1998 年场乡分家前的档案有向属地档案馆移交的任务。

（三）开放鉴定

2016 年，应北京市档案馆要求，首农集团第一次向社会开放档案，年份从 1979 年建立至 1990 年，主要包括系统内机构设置、人事任免等，其中较珍贵的有 1979 年 3 月 21 日《北京市革命委员会关于成立北京市长城农工商联合企业和国营农场管理局的通知》。

（四）接收档案

按照北京市注销企业档案处置规定，集团档案室接收了如下档案：①1999 年 4 月 29 日，奶类项目办公室送档案 23 箱到集团档案室。②1999 年 6 月 23 日，将五丰公司 1996 年移交至档案室的文件整理完毕，共 8 卷。③2013 年 1 月 30 日，北京谷丰贸易公司注销，其会计凭证 21 本、账簿 40 本、审计报告 17 本、文件 5 份、公章 8 枚移交至集团档案室。

（五）档案保管期限划定工作

集团总部档案室形成的档案自 1979 年市农场局成立之初开始，按照"保管期限—年度—机构"分类法排列，归档齐全完整。根据国家档案局"10 号令"及《北京市档案局关于转发〈企业文件材料归档范围和档案保管期限规定〉的通知》（京档发〔2013〕1 号）的要求，集团档案室于 2014 年 10 月 27 日向北京市档案局正式报审《企业文件材料归档范围和保管期限表》，并核准通过。至此，集团档案室的归档范围及保管期限有了正式依据。据此，所属二级单位也陆续制定了本企业的《归档范围和保管期限表》，报集团核准后实施。

四、档案升级工作

从 20 世纪 90 年代起，北京农垦开始推进档案升级工作。1996 年 6 月 19 日，总公司在西山农场召开档案工作会议，总公司党委副书记张福平出席并讲话。1996 年 12 月 11 日，总公司获得市档案局颁发的"机关档案管理工作合格证——市二级"。其他所属企业也积极提升档案管理水平，通过了北京市档案局的升级验收。其中，1991 年升市二级的有东风农场、双桥农场；1992 年，北郊农场升

---

① 北京市地方志编纂委员会：《北京志·档案卷·档案志》，北京出版社，2003 年，第 84 页。

市二级；1995年，西郊农场升市二级；1996年，东北旺农场升市二级；1998年10月，朝阳农场获得市档案局升级考评验收二级高分（84.5分），11月获得"企业档案工作目标管理市级先进"证书；三元食品公司于2001年通过市档案局对其档案工作目标管理市级先进的认定，取得"市级先进"称号；长阳农场于2001年6月28日通过晋升市二级先进单位认定。

第三节　机要文书及保密工作

机要文书及保密工作是政策性、业务性很强的一项工作，同时也具有严肃的政治性，会直接影响行政管理的工作质量和工作效率。

一、机要文书

北京农垦始终重视机要文书工作，根据上级有关规定，结合自身实际情况，先后制定了有关制度规定，促进了机要文书管理工作有序发展。重要的制度规定主要有：

1.《机要文件阅读暂行办法》　1982年2月，市农场局办公室根据上级规定，结合北京农垦实际情况，制定《机要文件阅读暂行办法》。该办法明确规定了机要文件的阅文范围、阅文地点、借阅要求。农场局党组成员、副局级、局级顾问等可阅读县团级与地师级的中央和市委、市政府文件；局各处室、机关党委、工会、团委的正副职负责人（含同级非党员负责人）及十九级以上党员干部可阅读县团级中央和市委、市政府文件。各公司、农场的党委常委、正副经理、场长应在本单位阅读所发的文件。同时，要求局党组成员、副局长一般在机要室阅读，有特殊情况可带到自己办公室阅读，但应该在当天及时交回，不得携带机要文件到公共场所，不得带回家中阅读。其他同志借阅文件，均在机要室阅读，不得带出机要室。

2.《关于对文件管理工作的几项具体规定》　1990年9月15日，总公司办公室印发《关于对文件管理工作的几项具体规定》（京农管办字第40号），进一步完善细化了机要文件管理制度，规范了机要文件制发、收文、清退处理流程，奠定了总公司文书管理工作标准化、规范化的基础。同时，首次对机要人员的工作纪律提出明确要求，强调机要工作人员政治品格的重要性，对机要工作人员应遵守的纪律提出具体要求，并明确了机要文件借阅办法。

3.《关于〈总公司关于秘密文件管理的暂行规定〉等八项规定的通知》　1994年4月12日，总公司办公室印发（94）京农管办字第18号《关于〈总公司关于秘密文件管理的暂行规定〉等八项规定的通知》，向各农场、公司（中心、校）下发，其中包括《关于秘密文件管理的暂行规定》《关于加强无线电通信保密管理的暂行规定》《关于加强复印机使用管理的暂行规定》《关于加强传真机使用管理的暂行规定》《关于涉外业务管理的规定》《关于文书档案管理的暂行规定》《关于加强科技保密工作的规定》《关于严格执行因公出国人员选派及政审有关要求的规定》。

4. 京农管办字〔1999〕第17号《通知》　为提高总公司机关公文质量，避免因办文不当而影响工作进程，实现机关公文管理规范化、制度化，1999年4月23日，总公司办公室向总公司机关各部室印发《通知》（京农管办字〔1999〕第17号）。《通知》规定：①凡各部室需以公司名义上报或下发的正式红头文件，应先报总公司办公室，由文书人员统一送主管主任审批，经总公司主管领导签发阅示的文件，由文书人员送达，待领导签发后方可打印盖章。②凡各部室形成的一般文件（请示、报告、规定、会议纪要等）或部室收到的各类文件（各部、委、办、局及总公司所属单位的文件），需送总公司领导阅示、批复的，都应报办公室，由文书人员进行编号、登记、分发、传阅、催办。③由各部室撰写的公文应做到书写工整、文理通顺、观点鲜明、语言严谨、结构合理，且必须用钢笔或签字笔书写，便于日后存档。④若各部室未按上述要求办理，办公室应不予受理，由此造成的文件延误、丢失、泄密等后果，由该部室或有关人员承担。

5.1999年重新修订完善及出台新的管理规定　在制定规章制度方面，总公司机构改革后，在原有制度的基础上又重新修订完善涉外业务、出国人员政审、科技、用印、秘密文件、计算机、传真机、复印机等11种规章制度。年终，又重新修订了《关于计算机信息系统保密管理暂行规定》《关于机要文件管理工作几项具体规定》，并下发到各单位，提出要求，尤其是保密要害部门、部位要明确专人负责和管理，各单位要根据本单位的具体情况制定各种规章制度。1999年，在计算机管理使用方面，总公司发展策划部（计算机中心）与部分处室联网，由专人管理使用计算机，因特网上的企业内部信息均设置密码限制。1999年5月，总公司制定印发《总公司机关计算机信息系统安全管理办法》。总公司系统未发生过计算机使用方面的失泄密事件。

6.《北京首都农业集团有限公司公文处理办法》　2010年，为了公文处理工作规范化、制度化、科学化，规范公文办理程序，提高公文质量和效率，首农集团制定《北京首都农业集团有限公司公文处理办法》。该办法明确了收文办理的基本要求。对收到的各级公文、各类文字材料、各种信件等，必须通过各单位办公室文书机要部门统一登记、分送，重要的文件及文字材料需总经理办公室主任审定后再报送。除上级领导直接交办的事项外，各单位、各部门不得直接向集团领导报送各类文件，不得将同一请示性公文多头报送领导，以免重复批示或遗漏。集团公司及各单位领导批阅文件应签署明确意见、姓名和时间，并直接退总经理办公室文书部门，不得直接退承办部门或原拟稿单位。文书部门将领导的批示、意见内容进行登记后，再转送承办部门办理。同时，规范了发文办理。集团公司公文种类主要有决定、通知、通报、报告、请示、批复、函、会议纪要和决议、意见、规定，各单位要根据各自的职权范围、发文目的、公文内容、隶属关系正确选用公文种类。公文一般由发文机关名称、秘密等级、紧急程度、发文字号、签发人姓名、标题、主送机关名称、正文、附件、机关印章、成文日期、附注、主题词、抄送机关名称、印发机关名称、印制日期、印制份数等部分组成，需以集团公司或各单位名义上报或下发公文时，首先由承办部门拟文，部门负责人审定、签字，经总经理办公室审核并由总经理办公室主任核定后，送集团公司或各单位主要领导（或主管领导）签发，并由总经理办公室按所发文件的性质和内容统一编写集团公司或单位发文字号。需会签的公文，由承办部门送会签单位或部门提出意见会签后，再送总经理办公室审核。

7.《北京首都农业集团有限公司印章管理办法》　为规范集团公司印章的管理，维护企业形象和合法权益，实现印章管理的制度化和规范化，2010年，首农集团制定《北京首都农业集团有限公司印章管理办法》。集团及所属各单位公章的刻制、使用、保管须由办公室统一从严管理，并指派政治可靠、原则性强的同志专人专管。各类印章的使用须严格登记程序，完成审批手续后方可用印；不符合规定和不经主管领导签发的文件、资料、合同等，公章保管人有权拒印。

8.《北京首都农业集团有限公司保密和机要工作管理办法》　2010年，首农集团制定《北京首都农业集团有限公司保密和机要工作管理办法》。该管理办法强调各单位机要文件由办公室指定专人负责管理；机要人员必须是中共党员，政治可靠，热爱本职工作，遵守有关保密规定；集团机要文件的认定原则上由部门以上领导负责。同时，提出建立机要文件登记制度是完善文件管理程序和使用手续的重要保障，也是履行保密工作责任制的主要凭证。机要文件的收发、分送、传递、借阅、移交、销毁、归档等各个环节都应详细登记、签字，使文件在整个运转过程中都有文字记载；要求阅读机要文件必须严格限制在文件规定或领导批准的范围之内，不得自行扩大，一般应在办公室阅读，不准带到个人宿舍或公共场所。送领导同志阅读的文件，要及时收回，不准横传；上级国家行政机关的发文，除绝密、密码电报和注明不准翻印、复印、转发的以外，因工作需要翻印的，要严格按照批准权限办理，集团自己形成的机要文件，经主管领导同意方可复印、复制；秘密文件应由机要人员拆封，拆封时要清点核对份数；指定由领导同志亲自拆阅办的绝密文件，他人不得拆阅。关于保存、清理、清退、销毁，该《管理办法》强调，参加会议人员带回的秘密文件和资料，一律交机要部门登记保存；任何个人不得长时间保存秘密文件；因工作需要，可向机要部门借阅；秘密文件必须存放在有安全保障的房屋或文件柜内，并由专人管理。平时工作中使用的密件，用后要及时入柜加锁，个人不得保存密件；总经理办公室机要部门应当定期对所收到和自行制定的机要文件进行清理、清退和销毁，在清退、清查中如发现丢失，要立即向主管领导和有关部门报告，并及时追查处理。销毁秘密文件、内部资料，须经总经理办公室主管公文处理工作的负责人批准，任何人不得自行销毁，更不得将文件及材料向废品收购部门出售。需要销毁的秘密文件，必须登记造册、两人签字，经领导批准，派专人、专车护送，到保密部门指定的造纸厂监护销尽。

9. 2016 年重新修订《北京首都农业集团有限公司公文处理办法》《北京首都农业集团有限公司印章管理办法》《北京首都农业集团有限公司保密和机要工作管理办法》　2016 年，首农集团对《北京首都农业集团有限公司公文处理办法》《北京首都农业集团有限公司印章管理办法》《北京首都农业集团有限公司保密和机要工作管理办法》进行修订，收录《管理制度汇编》（2016 年版）。2016 年 8 月 1 日，按照市政府的统一部署，集团公司机要收文开始使用"北京市电子政务内网（测试系统）"，初步实现了以电子化方式收取北京市机要文件。首农集团办公室主任和副主任作为集团保密干部，负责电子政务内网的日常管理和使用。

二、保密工作及保密工作机构

（一）保密制度

2010 年，首农集团制定《办公自动化系统（OA）管理办法》《保密和机要工作管理办法》《计算机网络和信息安全管理办法》。

1.《办公自动化系统（OA）管理办法》　《办公自动化系统（OA）管理办法》规定：OA 系统中所发布的信息实行实名制管理，按照"谁公布、谁负责"的原则，对上网信息进行审查。对于不同类型、不同级别的信息，应视情况由相关部门专人进行审核，把好信息安全保密关。二级单位在 OA 系统中所发布的信息，指定专人负责信息录入编辑，交由本单位领导审核后发布，各单位领导对本单位在 OA 系统中发布信息的可靠性和严肃性负责；集团各部室在 OA 系统中发布的信息、资料，由本部门工作人员负责录入编辑，交由本部门负责人审核后发布。《办公自动化系统（OA）管理办法》强调了系统安全与保密的具体要求，OA 系统的所有用户必须遵守国家有关法律法规和保密规定，不得利用 OA 系统从事危害国家、集体和他人利益的活动，不得在系统上制作、传播有碍社会治安和不健康的信息，不得制造和输入计算机病毒以及其他危害系统安全的数据。二级单位 OA 用户的注册应向集团总部相关业务部门申请，由业务部门向集团信息中心提供注册信息，备案后方可开通。用户岗位在集团系统内调整，需通知集团信息中心，及时对其注册信息、权限等进行相应调整。用户调离集团系统或退休，需通知集团信息中心，及时对其账号进行注销，严防用户离岗后仍能进入 OA 系统。所有使用该系统的人员均有对信息的保密责任。

2.《保密和机要工作管理办法》　《保密和机要工作管理办法》规定集团保密工作的主要任务是贯彻执行《中华人民共和国保密法》及中共北京市委、市政府有关保密工作的规定和要求，不断加强保密工作，确保国家秘密和企业秘密的安全，维护集团的利益；规定集团应设立保密委员会，由集团分管领导任主任，总经理办公室承担委员会的日常工作。该办法首次明确集团公司企业秘密包括下列事项：①集团的发展战略和发展规划，重大战略部署和投融资决策、商业模式、产购销策略、资源储备、客户信息、招投标事项等经营中的秘密事项；②集团年度计划、未下达的考核及评价指标，未公开的财务数据；③集团未公开的改制上市、并购重组、产权交易等重大经营决策以及为决策所提供的资料、数据及其他秘密事项；④集团内部掌握的各类合同、协议、意向书及可行性报告；⑤集团重要投资项目的可行性研究、财务分析及涉及投资项目的其他秘密事项；⑥其他经集团确定应当保密的，如企业独有的设计、程序、产品配方、制作工艺、技术诀窍等核心技术资料或信息；⑦党委会、董事会、总经理办公会和党政联席会及其他重要的会议记录；⑧人事档案、未公布的人事任免、工资分配、人员奖罚方案等事项；⑨查处重大违纪、审计等案件所涉及的秘密事项。

《保密和机要工作管理办法》要求对属于集团公司秘密内容的会议和其他活动采取下列保密措施：①选择具备保密条件的会议场所；②根据工作需要，限定参加会议人员的范围，对参加涉及密级事项会议的人员予以指定；③依照保密规定使用会议设备和管理会议文件；④确定会议内容是否传达及传达范围。

3. 《计算机网络和信息安全管理办法》 《计算机网络和信息安全管理办法》对保密提出了具体规定：①加强对本单位计算机信息系统日常维护与使用的管理，建立、健全各项安全和保密制度。②涉及国家秘密的信息系统应当按照国家保密法律、法规和标准进行管理；涉及集团和本单位商业秘密的计算机系统应有相应的安全措施，尽量不与互联网连接。③涉密电子文档的使用、复制、存档、销毁等应严格按照同等密级的纸质文件管理规定进行管理。④涉密计算机及涉密移动存储介质使用的责任人需对所涉信息安全负完全责任。⑤对重要的数据与系统应定期进行备份，备份与系统异地保存，对备份文件要做到数据完整可用。⑥对装有重要数据的系统，应安装较好的正版杀毒软件，并进行实时监控，杀毒软件应经常更新。⑦严禁使用盗版软件，若发生知识版权问题，追究相关人员的责任。

2016年，首农集团对上述3项管理制度进行修订，重新发布。其中，《计算机网络和信息安全管理办法》更名为《计算机网络安全管理办法》，并做较大修订。新出台的办法规定：集团公司信息化办公室负责集团总部的公共计算机网络安全；所属企业负责本企业的网络安全，并明确分管领导和主管机构，配备具有相应能力的工作人员；企业应加强计算机网络的安全管理，采取必要的管理和技术措施，建立健全安全保护管理制度，防范外部攻击，并留存三个月以上的用户互联网访问记录日志；企业应及时做好离岗离职人员的计算机、网络设备及存储介质等信息载体和密码的交接与变更工作，并取消其相应的系统访问授权。该办法明确涉及国家秘密的信息系统，应按照国家相关法律法规的规定进行管理；涉及企业商业秘密的计算机系统，应有相应的安全保障，特殊岗位使用的计算机不得与互联网连接。要求做到涉密电子文档的使用、复制、存档、销毁等应严格按照同等密级的纸质文件管理规定进行管理；涉密计算机及涉密移动存储介质使用的责任人应对所涉信息安全负责；存储重要数据的系统应安装有质量保障的正版杀毒软件，进行实时监控，并及时更新杀毒软件；企业应对重要数据、系统定期备份，备份文件应与系统异地保存，保证备份文件的数据完整、可用；企业已建网站应按照国家及所在地域相关规定，开展安全定级、备案工作；企业网站遭攻击篡改，应第一时间向上级主管单位或部门报告并启动应急行动预案，同时向受理备案的公安机关报案，并进行应急恢复处置，重大事件应及时报同级网信部门。

（二）保密工作机构

北京农垦的保密工作机构分为保密委员会和保密委员会办公室两个层次。保密委员会主要由集团公司党委负责人或者分管领导担任委员会主任，成员由相关部门负责人组成，一般在主要领导离任时进行人员调整。保密委员会办公室设在集团总部办公室，保密委员会办公室主任一般由总部办公室主任或者分管保密工作的副主任担任。

保密委员会的主要职责是：①负责指导检查系统内的保密工作；②制订保密制度和规定；③处理泄密失密事件和责任人；④培训专兼职的保密工作人员；⑤完成上级保密部门交办的各项工作。

保密委员会办公室基本职责是：①在保密委员会的领导下，具体落实集团保密工作的决策和部署；②依据国家和上级保密法律法规，负责修订完善集团保密管理制度和专项保密工作方案；③对集团及所属企业的保密工作进行管理、指导和监督检查；④负责向集团保密委员会提出改进保密工作的意见，组织协调各方面的保密工作；⑤配合保密委员会组织对涉密人员进行保密教育和培训；⑥完成上级保密部门和集团保密委员会交办的其他工作。

第四节 信访维稳工作

北京农垦一直以来都十分重视信访工作，各级党组织牢固树立"国企稳，首都稳"观念，把信访维稳工作列为"一把手"工程，作为政治任务和政治责任来抓，不断完善责任体系建设，层层明确、传导、压实责任，圆满完成维稳任务，为维护首都社会稳定大局做出了应有贡献。

一、信访工作机构

1979 年，市农场局复建，信访工作开始起步，虽然没有设立信访办公室，但明确信访工作由各级办公室主管，各有关部门根据分管业务的范围，分别承担各自的信访工作，特别是组织部、劳资处等部门，承担了大量的信访工作。1987 年 8 月，总公司经理办公会决定设立信访办，隶属办公室领导。在以后十多次的总部机构改革中，信访办公室始终隶属办公室，机构没有被撤并。

首农集团成立后，集团党委成立了突发事件应急协调领导小组，下设应急协调办公室。党委书记、董事长任应急协调领导小组组长，总经理、分管维护稳定工作的党委副书记、工会主席、分管安全工作的副总经理、分管信访稳定工作的副总经理担任副组长，集团办公室、应急协调办公室、财务部、人力资源部、工会、企业文化部负责人及所属二级单位安全主管领导为领导小组成员。应急协调办公室由企业管理部部长兼任，总经理办公室、财务管理部、人力资源部、工会、企业文化部负责人及相关人员为应急协调办公室成员。

2009 年，首农集团党委成立信访和排查调处工作领导小组，后改称信访和排查调处工作领导小组信访维稳工作领导小组，由集团党委书记、董事长任组长，其他主要领导、主管领导任副组长，领导班子其他成员任组员，从而在组织层面上进一步加强了安全稳定工作的领导。领导小组对系统内的信访与排查调处工作负有指导、检查的职能。集团总部设立信访工作办公室，与集团安全保卫部及相关部室密切配合，做好信访维稳具体工作。各级出资企业分别完善了组织机构，设立信访工作部门，及时办理来信来访事项，妥善化解矛盾纠纷。

2016 年，首农集团明确了信访工作专（兼）职机构职责：①转送、受理、交办信访人提出的信访请求或信访事项；②承办上级有关部门转送交办的信访请求或信访事项；③协调办理本企业信访事项；④督促检查本企业信访事项的处理和处理意见的落实；⑤排查、研究、分析信访情况，开展调查研究，及时向有关部门提出改进工作、完善政策的建议；⑥对本企业的信访工作进行指导，总结交流信访工作经验，督促检查信访请求的处理情况，并提出改进工作、追究责任的建议；⑦处理其他属于本企业职责范围内的信访请求。

二、工作制度

2007 年 9 月 13 日，三元集团下发《关于加强集团公司信访工作和领导包案制的实施意见（试行）》。

2010 年，首农集团制定《信访和排查调处工作管理办法》。该管理办法强调各级各单位要建立和完善信访与排查调处工作领导责任制，各单位由党企主要领导对本单位的信访和排查调处工作负总责，并明确一名领导主管信访和排查调处工作，协调处理重大和疑难信访问题，其他领导负责处理各自分管工作范围内的主要信访问题；规定了集团公司和各单位要建立领导接待日制度，每个月至少有一次领导接待日；要求各单位办公室负责本单位信访和排查调处工作，配备专（兼）职信访干部，建立信访工作网络；明确了按照分级负责的原则，各单位要处理好各自承办的信访问题，当问题涉及两个以上单位时，要和主要责任方主动与有关方面协商，相互配合处理。同时，再次强调要加大领导包案工作的力度，领导要经常阅批群众来信，亲自处理一些重大疑难信访问题，领导阅信数量不少于本单位直接受理信访来信的 20%。对信访部门呈报的信访件和请示的信访问题应及时给予明确批复，时间一般不超过 5 天，紧急情况应立即处理。当发生较大规模集体访或越级上访事件时，事发单位领导应立即赶到现场，做好本单位上访人员的工作，并将上访人员带离现场。各单位要建立和规范信访、排查调处督查工作制度及挂账督办制度。对上级信访、排查调处部门交办的重点立案件，要实行交办部门挂账督办。

2016 年 7 月，首农集团制定《信访工作管理办法》，共 15 条。首次明确了企业信访工作应遵循以下原则：平等协商、内部调解、教育疏导优先；按照属事、属人、属地原则规定责任归属；分级负责，谁主管，谁负责；依法兼顾企业发展和职工、社会公共利益；配合有权机关做好相关工作。企业应建立"党委统一领导、党政齐抓共管、部门各负其责、主管部门协调督查"的信访工作体制，根据实际需要，设置信访工作专（兼）职机构，配备专（兼）职工作人员。同时，建立和完善信访工作领导责任制。集团成立信访工作领导小组，对集团公司信访与排查调处工作负有指导、检查的职能；所属企业应相应成立信访工作领导小组，党政主要领导对本企业信访工作负总责，并确定一名副职领导分管信访工作；坚持和不断完善领导责任制、领导包案制、责任追究制等方面的工作机制及相关工作预案，及时协调解决本企业重要、复杂信访事项。加强信访工作考核，集团将信访工作纳入对二级企业负责人经营业绩考核范围。

此外，集团党委依据《北京市国有企业重大事项信访稳定风险评估实施办法（试行）》（京国资党发〔2011〕13 号），先后组织制定印发了《集团信访工作责任制实施细则》《企业重大事项信访稳定风险评估实施细则》《集团信访维稳应急预案》等信访维稳制度。通过狠抓制度执行、强化考核挂钩和失职追责等方式，推动"党委统一领导，党政齐抓共管，各级企业各负其责，主管部门协调督查、整合各方面力量共同参与"的大信访维稳工作机制建设，集团整体保持平稳可控。首农集团先后被市国资委授予"矛盾纠纷排查化解工作先进单位""综治先进单位"等荣誉称号。

三、信访维稳工作措施

（一）强化组织领导，压实责任

每年年初，集团党委召开集团系统的安全稳定工作会，传达中央和中共北京市委、市政府、市国资委有关会议精神，交流总结上年度安全稳定工作经验，部署当年重点工作任务，集团主要领导做重要讲话。会后，集团各企业逐级签订《安全稳定责任书》，签约覆盖率 100%，层层明确、传导、压实责任，推动信访维稳各项工作落地。集团党委以上率下，将信访维稳新思想、新政策、新理论纳入党委中心组学习研讨内容，定期听取集团系统重点矛盾纠纷情况汇报，确定领导包案稳控化解事项，明确各阶段矛盾纠纷稳控化解责任与工作思路。

（二）狠抓源头预防化解，提高应急处置能力

为有效防范突发矛盾的发生，集团党委坚持专项排查与动态排查相结合，加大风险隐患的源头治理，确保矛盾纠纷找得准、控得住，建立矛盾纠纷排查与稳控化解台账，实施动态调整。按照集团有关规定，认真落实信访维稳风险评估制度，将稳定风险评估纳入企业重要决策会议程序，努力做到"应评尽评"。在重大项目决策实施前，详细制定稳控预案，加强风险预警和应急演练，确保项目平稳有序推进。同时，不断加强信访维稳应急体系建设和实战演练工作，提高企业相关人员的应急处置能力。

（三）构建协调联动机制，群策群力攻克难题

集团形成"党委统一领导，党政齐抓共管，各级企业各负其责，主管部门协调督查、整合各方面力量共同参与"的大信访维稳工作新格局。在重大维稳案件办理中，企业加强与市属委办局、属地政府的协调配合，共同推进疑难事项的解决。在集团内部，也建立了重点信访案件的会商处理机制。通过集团领导、有关部室、外聘律师、相关企业参与的重要信访事项工作会商会，切实理清事情发生的背景因素，查实证人、证言、证据，获得一手资料，形成解决问题的上下协调处理体系，凝聚维稳工作合力，推进案件的有效化解和稳控。集团坚持信访维稳工作重心向下延伸，加强基层业务指导。根据各级企业特点，从实用性出发，提供从信访接待、受理、答复到复查、复核等各环节的规范性参考文本。集团领导和相关部门深入基层，进行"多对一"的直接指导，帮助二、三级企业办理多个信访疑难案件。通过不断加强企业接待信访人的方式、答复技巧等方面的培训指导和对每一份答复文本的逐字逐句把关，提升基层信访维稳工作的规范化水平，有效控制矛盾的向上延伸。

第七篇　科技教育

第一章 科　　技

北京农垦的科技工作是随着 20 世纪 50 年代国营农场的创建开展起来的，到"文化大革命"前，京郊国营农场在育种、栽培、农机、养殖技术的研发与推广方面取得明显进步。改革开放之后，北京农垦坚持把经济建设作为科技科技工作的主战场，健全了科研与推广体系，农业科技成果丰硕。在工业领域，一批新设备、新工艺、新技术得到更多运用，科技在工农业生产中充分展示了第一生产力的作用。进入 21 世纪，尤其是在首农集团成立后，北京农垦紧密围绕主业，在畜禽育种、食品、医药以及仓储物流业等方面更多地运用生物技术、信息技术、工程技术，极大地提升了北京农垦产业高级化程度和企业核心竞争力。

■ 第一节　发展历程

北京农垦的科技工作主要围绕应用技术的基础研究、试验开发和成果应用开展。在长期的开发建设中，北京农垦科技工作的发展及变化经历了以下 4 个阶段：

一、科技工作开始起步，并初步发展的阶段（1952—1965 年）

20 世纪 50 年代初至 60 年代中期，京郊国营农场科技工作的根本任务是为郊区农村和农民服务，发挥对农村的科技示范作用。1952 年 2 月，京郊国营农场管理局明确提出：为郊区农民服务，从科技和经营管理等方面示范、团结、帮助农民。是年 9 月，农业部召开直属国营农场会议，提出农场科技工作的重点是"以推广优良品种为主要任务"。1954 年，京郊国营农场在确定当年任务中明确提出："以丰产经验，大生产优越性，增加对农民的示范作用。"[1] 1961 年 10 月，农垦部印发《国营农场试行工作条例（草案）》，第二条规定国营农场的基本任务共 4 项，其中第三项是"总结现代化农业生产经验，向人民公社示范"，第四项是"提供各种农作物和畜禽的优良品种。"北京农垦一直坚持这个宗旨，重视科学技术在农牧业生产中的运用，为农民起到了示范作用。

1952 年，北京农垦学习并采用苏联的合理轮作、科学密植、改进施肥与灌水技术，其中农业部直属的五里店农场和双桥农场大田轮作、小麦密植、棉田科学防虫的经验得到农业部国营农场管理局农业处的充分肯定，号召全国国营农场学习这两个农场。当年，北京农垦的粮食作物单产明显超过当地农民的生产水平，小麦亩产高于农民 16.8%，玉米高于 88.8%，水稻高于 33.5%。[2] 1954 年，京郊农场在奶牛饲养上开始建立技术操作规程，并采用人工授精；农场结合生产任务，经常召开技术座

---

[1]　北京市国营农场管理局农场史编辑室：《北京国营农场建设大事记》(1949—1985)，第 13 页。

[2]　同[1]：11。

谈、观摩、经验交流会，聘请市、区农业劳模为农场顾问，请劳模、技术人员和生产能手为提高技术水平献计献策。1957年，双桥农场培育成北京黑白花猪，开始向全国推广；是年，北京农垦"推广良种27万多斤、良种猪3 079头、果苗22 935株，组织农业合作社到农场观摩、座谈、交流经验，扩大示范作用。"① 1959年，卢沟桥农场大面积白薯丰产栽培管理科技项目获市人委颁发的奖状。1960年，各农场广泛开展以机械化、半自动化为中心的技术革新运动。1961年，市农林局成立奶牛育种小组，对全市奶牛群体进行普查和整群，建立和健全牛场谱系资料，编制奶牛现场品质鉴定指导书，制定统一的系谱和各种育种记录表格，开展牛只个体登记、产奶记录等各种育种记录，1960—1965年，每年推广良种500万余千克。1962年，双桥农场被市人委确定为小麦良种培育基地，推广"农大183""农大90""华北183"等小麦良种，促进了全市小麦第二次更新换代。1963年，市科委组织专家制定《1963—1972年北京市农业科学技术发展规划纲要》，并在全市组织农业大会战，北京农垦借此东风也加强了科技工作的领导力度。"各农场积极繁育良种，试验推广新技术，南郊、北郊、东郊、西郊、东北旺、双桥、长阳、张喜庄、市种畜场9个农场试验地由1962年的695亩扩大到1.1万亩，其中有7个农场成立了种子繁育站，占用耕地10 550亩。安排科学试验项目294项，包括农业新品种对比、选纯复壮、繁育和引进新品种；在畜牧方面开展北京鸭选育、家禽配种提高受胎率研究；同时，进行新式农业机械的田间生产试验等。与中央科研单位和北京农业大学协作项目34项，繁育的作物有18种、60多个品种。"② 至1963年，北京农垦有12个农场担负小麦良种繁育任务，建立7 000亩种子田，经市农林局进行鉴定，绝大部分纯度在97%以上。农场农作物全部使用上良种，仅南郊农场全年就向农村推广优良小麦、水稻种子230万千克。③ 1963年8月15日，经市农委批准，市农林局成立北京市国营农场农业、果树、畜牧、家禽、兽医、农业机械化6个研究小组，各专业技术干部50余人参加了小组的工作。1964年，北京市国营农场奶牛育种小组完成北京黑白花奶牛生产性能的初步研究。

二、科技工作排除干扰，曲折发展的阶段（1966—1976年）

1966—1976年，受"文化大革命"的干扰以及1968年农场下放的影响，科技管理体系遭到破坏，农场的农业试验站或管理站一度被撤销，科技人员被下放到生产单位或分配从事与专业不对口的工作，科技工作受到严重挫折。1972年，农场结束下放，市革委会明确由市农林局主管农场生产经经营，农场的科技资源开始统一领导，南郊、北郊、东北旺、双桥、长阳等农场恢复科技站。1972年10月15日，北郊农场科技站选育的"京糯一号"水稻良种在广州中国进出口商品交易会上获国家科技进步奖。1973年，组建了全国第一个省市级的种公牛站——北京市种公牛站，集中饲养和生产冷冻精液，并承担农林部下达的"家畜冷冻精液人工授精繁殖技术"重点科技项目，继续在颗粒冷冻精液的稀释配方、冷冻工具、冷冻温度等方面进行深入研究，开始颗粒冷冻精液的批量生产。同年，全市形成北京鸭6个选育点，其中农场系统占4个，分别为双桥鸭场、金星鸭场、莲花池鸭场、南口鸭场。在"文化大革命"中，有些科研机构和高等院校科研人员下放到东北旺、双桥、东郊农场，这些科研人员与农场技术人员在逆境中坚持辛勤工作，培育出一批小麦、玉米优良品种，填补了当时农业生产上新品种的空白。1974年，南郊农场开始进行水稻旱直播试验与示范，随后扩展到东郊、北郊、东北旺等农场；东北旺农场科技站育成中晚熟优良玉米单交种"京杂六号"，此品种在华北地区得到大面积推广；双桥农场农业技术试验站开始使用喷灌技术。同年，南郊农场研制成功电子脉冲挤奶器，批量生产后，国营牛场由手工挤奶改为机器挤奶；市种公牛站承担农业部下达的"冷冻精液人工授精繁殖技术"重点科技项目，成功研制出0.5毫升细管冷冻精液，并开始批量生产。1975年，

---

① 北京市国营农场管理局农场史编辑室：《北京国营农场建设大事记》（1949—1985），第25页。

② 同①：45。

③ 同①：47-48。

东郊农场、西郊农场进行化学除草试验；北郊农场畜牧分场试制成功奶牛管道式电动挤奶机样机，该场畜牧二队研制成功转环式挤奶台。1976 年，北郊农场畜牧试验站开始加快推进北京黑猪育种工作；北郊农场畜牧分场机修厂成功研制 9JSG-8 型双管道真空挤奶设备。

三、科技工作步入正轨，科技进步加快阶段（1977—1997 年）

1978 年 3 月 18 日，全国科学大会在京召开。会上，北京市国营农场系统完成或参与完成的 3 项科技成果荣获"全国科学大会优秀科技成果奖"。这 3 项成果分别是：东北旺农场科研站完成的"京杂 6 号、京白 10 号、京黄 113 号玉米和芒白 4 号小麦选育"，中国黑白花奶牛育种科研协作组完成的"中国黑白花奶牛培育"，种公牛站完成的"家畜冷冻精液人工授精繁殖技术"。北京农垦科技工作者备受鼓舞，迎来了科学的春天。12 月，中共十一届三中全会指出了科学技术应服务于"四化"建设的方向。

1979 年，市农场局复建，当年新设科教处。1979—1985 年，二级企业也逐步复建和新建农业技术推广站以及种子站、农机站、水管站、畜牧兽医站等；抓紧落实知识分子政策，调动科技人员积极性；开展自然资源和农业区划调查与研究；市农场局领导以及畜牧、乳品方面的科技干部开始走出国门，赴日本、美国、丹麦等发达国家学习考察；成立自然科学和社会科学技术职称评定委员会，开始对技术干部进行专业技术职称评定工作；成立北京农场管理局干部学校，轮训干部，开办科技讲座、外语补习班，建立技术档案；选派研修生赴日学习农业、养殖、果树栽培等方面技术；对科技体制进行改革，鼓励科技人员进行承包、租赁和参与技术咨询服务，组织各单位参加科技成果展销与交易会。这些措施对提高科技人员的积极性和创造性，促进他们走进经济建设主战场起到非常重要的作用。1982 年 7 月 9 日，农牧渔业部农垦总局发出《关于颁发农垦系统三十项科技推广奖的通知》，表彰获得国家农业委员会、国家科委颁发的农业科技推广奖的 30 项科研项目。其中，东北旺农场科研站的完成的"推广京杂 6 号玉米良种"、种公牛站和奶牛研究所合作完成"牛的冷冻精液人工授精技术的推广"榜上有名。

从改革开放到 1990 年，北京农垦继续坚持推广良种，累计调出良种 1 313.83 万千克，调出种奶牛 7 151 头、种猪 106 190 头、种鸭蛋 68.84 万枚。在"科教兴国"战略方针的指引下，北京农垦科技工作出现了蓬勃发展的势头。科技人员围绕奶牛、养猪、养鸭、粮食作物、果树、蔬菜等优势行业，在育种、栽培、饲养、农机、水利、设施农业、计算机应用等技术领域开展科技攻关、技术开发和应用推广，取得了一批科技成果。"七五"至"八五"期间，北京农垦育成农畜新品种、新品系 32 个，引进新品种、新品系 149 个，10 年间，推广重大农牧业科技成果 313 项，增产粮食 15 817 万千克，增产各种副食品 20 972 万千克，增收 3.8 亿元。北京农垦在粮食生产上运用计算机技术、遥感技术取得多项全市领先的科技成果，受到党和国家领导人的肯定。同期 10 年，开发工业新产品 1 787 种，新增产值 15.88 亿元，新增利税 3.27 亿元。[①] 1990 年 12 月，农业部表彰全国农业科技推广年活动先进集体和先进个人，永乐店农场是北京市获奖的 4 个先进集体之一。1993 年 10 月 12 日，奶牛中心 9 名技术人员参加北京农业大学教授张沅主持的应用 MOET 技术选育高产黑白花奶牛的研究，该课题列入"八五"国家科技攻关计划。1978—1997 年，北京农垦荣获国家级、部市级成果奖励项目 218 项，成为取得成果最丰硕时期。

四、科技工作扎实推进，创新能力稳步提高阶段（1998—2017 年）

1998 年，北京农垦管理体制发生重大变化，所管理的乡镇移交所在区县管理，北京农垦种植

---

① 北京市地方志编纂委员会：《北京志·农业卷·国营农场志》，北京出版社，1999 年，第 185 页。

业规模大幅度缩小，科技工作的内容发生调整。这一时期，科技研发与推广的成果数量虽然有所减少，但科技工作的主攻方向更为突出，即在农业上突出畜禽养殖技术和育种技术，在工业上突出以乳制品加工为主的食品制造技术，新产品、新设备、新工艺、新技术不断涌现，在物产物流业方面科技进步明显加快，信息技术改变了传统的仓储运输业。这一时期，北京农垦科技工作与经济建设紧密结合，科技创新能力进一步提升，有力地促进了经济建设的发展，主要表现在以下 3个方面：

1. 加大运用前沿生物技术，促进主业从源头升级创新 支撑农牧业科技创新和带动都市现代农业升级，是 2009 年北京农垦新发展战略中赋予的集团功能的第一项。在运用生物技术方面，2005年，北京奶牛中心组建"国家奶牛胚胎工程技术研究中心"，2009 年 2 月通过科技部验收并予以正式命名。该研究中心组建以来，已形成年生产优质冻精 400 万剂、年推广优质胚胎 1 万多枚的供种能力；胚胎移植受胎率鲜胚达到 67.4%，冻胚受胎率达 53.7%，体外受精胚受胎率达到 41.5%；承担国家和省部级等科研课题 19 项，取得成果 16 项，申报发明专利 2 项。养猪育种中心是国内首家引进、利用全基因组技术繁育种猪的公司，养猪育种中心完成的"应用分子标记技术选育提升中育配套系种猪"（2013 年）和"中育配套系种猪新品系选育"（2016 年）两个课题，分别应用标记辅助选择和全基因组选择的分子技术，对原有的中育配套系种猪进行选育。金星鸭业公司完成的"北京鸭新品种培育与养殖技术研究应用"项目、峪口禽业公司完成的"优质高产高效蛋鸡新品种选育关键技术研究与示范"项目都取得了重要成果。2016 年 9 月，三元食品股份公司在中国高端乳品创新高峰论坛上发布三元极致 A2β-酪蛋白纯牛奶新品，该牛奶是首款集结了全产业链优势、与母乳最为接近的超高端牛奶。三元极致 A2β-酪蛋白纯牛奶需要建立奶牛血统追溯及基因筛查体系，通过甄选出血统纯正的 A2 型奶牛，才能得到珍贵的 A2β-酪蛋白纯牛奶，其独有的 β-酪蛋白基因分型技术不仅是国内首创，而且达到了国际先进水平，用生命科学技术改变了以往对奶源的细分方式，实现了从源头开始的创新升级。2017 年，北京奶牛中心、首农畜牧公司参与完成的"中国荷斯坦牛基因组选择分子育种技术体系的建立与应用"项目获得国家科技进步奖二等奖。

2. 加大运用信息化技术的力度，提升软科学和企业现代化管理水平 2014 年，在首农集团一届五次职代会暨 2014 年工作会上，集团首次提出"一体两翼"战略，即坚持实业为体，金融化和信息化两翼并行发展，要求所属企业充分运用"互联网＋"技术，提升企业管理水平和科技含量。

三元食品股份公司从 2014 年开始实施产品生命周期管理系统，简称 PLM 系统。公司的 PLM 系统主要用于原辅材料及产品配方管理，作为 ERP 的主数据，所有相关基础信息均由 PLM 系统中获取。2016—2017 年，公司实施 BI 平台，用于财务报表合并与分析，常低温、奶粉产品的销售分析，母乳研究数据分析，供应采购分析等。公司完成的"乳品产业链质量安全监控关键技术创新集成及应用"项目，通过 ERP、MES、WMS、原料产品附码系统、经销商管理系统、消费者积分系统之间高效率的信息共享，实现产品从原料到消费者的全程正向和反向的双向追溯和生产全程电子化信息管理。在推进农牧业标准化体系建设和农产品质量安全监控技术方面，科技发挥了重要作用。以绿荷中心为例，2003 年建立的企业标准体系包括工作标准 121 项、管理标准 65 项、技术标准 18 项，总计204 项。2011 年 12 月，绿荷中心完成的"建设一体化信息管理平台，推进我国奶牛养殖业的现代化进程"项目被评为第 26 届北京市企业管理现代化创新成果一等奖。2014 年，"首农集团奶牛标准化示范区"被国家标准委认定为"全国农业标准化示范区"（第二批）。金星鸭业公司完成的"北京鸭质量安全控制体系建设与推广应用"、三元食品股份公司完成的"乳品产业链质量安全监控关键技术创新集成及应用"，对农产品及食品的质量安全管理做出了科学的总结。峪口禽业公司开发了"蛋鸡饲养管理系统"，实现了在蛋鸡入场、育雏器、育成期、产蛋期及淘汰 5 个阶段中生产、饲养、产蛋、环境、免疫、疾病、变动等环节的生产数据数字化管理，为生产提供直观、客观的依据；开发应用的"蛋鸡育种数据管理与分析系统"为育种工作提供了有力的技术支持。2017 年，峪口禽业公司承担第九批国家农业标准化示范区建设项目，重点开展信息化标准体系建设，促进了峪口禽业企业信息化和产业互联网工作的高质量开展，推动"智慧蛋鸡"线上综合服务平台的高效运行。

3. 重视技术集成和融合应用，自主创新能力明显提高　为了提高自主创新能力，北京农垦重视技术集成和融合应用，鼓励企业有效集成各种技术要素，提高技术创新水平，以建立起真正高层次的竞争优势。比较典型的案例是奶牛业。长期以来，我国与发达国家在奶牛养殖上有 3 个明显的差距：一是日粮调控技术；二是奶牛场数字化管理；三是奶牛环境控制。2001 年绿荷中心成立后，北京农垦通过引进、吸收和消化，明显地缩小了与发达国家差距。比如，2003 年，北京农垦牛场开始引进并应用全混合日粮饲养技术，并开始构建数字化管理系统，到 2009 年，系统初步形成奶牛生产记录体系、奶牛生产数字化分析系统。在奶牛环境控制方面，从 2001 年绿荷中心组建以来，所属牛场实现了由拴系饲养向散栏饲养的转变，大大改善了奶牛的生存条件，有效提高了奶牛福利待遇；改革挤奶工艺，采取"两次药浴、纸巾干擦"的挤奶方式；采取适合北京地区气候条件的"大跨度开放式"牛舍设计结构。但是，如何使单项技术要素通过集成、配套、融合，以获得具有统一整体功能的新技术是新课题。北京农垦通过努力实践，认真总结，在奶牛环境控制、奶牛场数字化管理和日粮调控技术上，通过进行引进、吸收、融合和创新，创建了以 EDTM 为核心的现代奶牛生产管理体系。该体系集成了奶牛环境控制（Environment）、奶牛生产数字化系统（Data）、全混合日粮饲养技术（Total Mixed Ration）、奶牛生产标准化管理体系（Management）等各项关键技术，运用于企业管理与奶牛生产全过程，使北京农垦的奶牛业迅速追赶上发达国家的奶牛饲养管理水平。绿荷中心先后完成"奶牛优质高产生产技术推广"（2004 年）、"现代奶牛 EDTM 生产技术体系建立与应用推广"（2009 年）。2009—2017 年，北京农垦奶牛业在技术、工艺以及管理方面大力引进、应用了信息技术的新成果，全自动机器人挤奶系统（VMS）、转盘式挤奶机系统、犊牛自动饲喂系统、首农畜牧数据平台在奶牛场得到大面积推广应用，奶牛单产水平和牛奶质量保持在发达国家的水平。三元食品股份公司开发的新产品 A2β-酪蛋白纯牛奶是跨行业融合的创新产品。2017 年 3 月，首农畜牧公司将半截河牛场定点为生产只含 A2β-酪蛋白的牛奶的专属牛场。通过育种数据筛选、牧场采血、DNA 提取、奶样采集、蛋白分型等技术，精选首农畜牧 1.6 万头牛开展精准血统追溯，筛选了首批 230 头 A2β-酪蛋白纯合泌乳母牛调入半截河牛场，采用现代化集约化工艺集中饲养，为三元食品股份公司 A2 纯牛奶的研发生产提供奶源保证，极大地提高了北京农垦奶业不可复制的核心竞争力。

■ 第二节　科技管理

一、科技管理机构

1979 年之前，北京农垦在市局层面没有专门的科技管理机构，科技工作主要由农业生产管理部门管理。绝大多数的农场也没有专门的科技管理机构，科技管理工作一般由生产管理部门或者农场农业科技站兼管；个别大型农场在 20 世纪 70 年代建立了科技管理机构，如双桥农场、南郊农场。1979 年复建市农场局，设立科教处，首次有了独立的科技管理部门；次年，改称科技处。20 世纪 80 年代初，在局、场两级先后开始设立总农艺师、总畜牧师职位。1983 年 3 月 23 日，市农场局设立科学技术委员会，科技处为日常办事机构。与此同时，大农场设立了科技（教）科，中小农场配备了专职或兼职的科技管理干部，局、场两级都有 1 名领导分管科技工作。1985 年，成立总公司科学技术协会。至 1986 年年底，总公司、农场两级科技管理体制建成。至 1990 年年底，总公司、农场（公司）、分场、基层企业（村）四级科技管理体系基本建立。在市局/总公司/集团公司层面，科技管理机构设置情况见表 7-1-1。

表 7-1-1　北京农垦科技管理机构设置情况

时间	机构名称	备注
1979.4—1980.4	科教处	
1980.5—1998.4	科技处	
1998.5—2000.11	科教处	保留科技处、教育处牌子
2000.12—2003.2	企业管理部	下设总公司科协办公室
2003.3—2006.2	科技部	
2006.3—2017.12	企业管理部	保留科技处牌子

在建立科技管理体系的同时，明确了各级科技管理部门的工作职能及范围为：①贯彻、执行科技工作的方针、政策；②建立健全科技管理体制和科技服务体系；③科技项目管理（包括科研攻关、技术开发、应用推广项目的管理）；④新技术、新产品开发的管理工作；⑤农业区划工作；⑥标准、专利归口管理工作；⑦科技档案、科技统计和科技保密工作；⑧科技人员继续教育和农民技术员的培训工作；⑨科技成果管理。1991年，科技人员继续教育工作交由组织部门管理；1994年，国外智力引进工作由外经处交由科技处管理；1995年，开始引进国外先进农业技术工程（948项目）管理。

2011年，首农集团制定《科技工作管理办法》，规定"集团公司科学技术委员会是管理全系统科学技术工作的职能部门，是对集团公司科学技术工作进行审议和决策的机构。科学技术委员会受集团公司总经理领导，向集团公司总经理办公会负责并报告工作。科学技术委员会日常办事机构设在集团公司企业管理部，集团公司企业管理部是系统内科技工作管理的主管部门。"2016年，根据变化的情况，首农集团修订了《科技工作管理办法》，对管理机构表述为"集团公司科学技术委员会是集团公司科技工作的管理机构。集团公司企业管理部是科委会的日常办事机构，对内负责集团公司科技工作的日常管理，对外负责科协、创新联盟等政府倡导的科技组织的外联工作。科技工作管理内容包括科研项目（课题）承担、参与、立项、实施、经费管理、成果转化、科技成果奖励等事宜。"

二、科技管理制度

1981年6月29日，市农场局召开局长办公会，通过《科技工作试行办法》，这是北京农垦第一个科技管理办法，明确了科技管理的工作范围及工作要求，规范了科技管理的工作程序。是年7月27日，市农场局（81）京农管字第172号文提出，农场局科技工作重点是现有科技成果的推广、应用，要建立健全科技管理体制。1983年3月，市农场局全面部署编制科技长远规划。1985年，出台建立局级科技发展基金的办法。1993年，建立了局对农场正职领导干部进行科技进步工作完成情况的考核制度，在科技资金投入、农牧业科技成果推广经济效益、工业新产品开发经济效益、科技立项数与科技成果获奖数、专业技术人员培训与国外智力引进等方面设立指标，对完成情况进行百分制考核。1995年，总公司又制定了《关于农场科技工作的若干规定》，在加强农场科技管理和农业技术推广机构、保证农业科技发展基金的来源、提高农场科技人员的生活待遇和发挥农场老科技人员的作用4个方面做出17条具体规定。2002年，总公司出台了《北京市农工商联合总公司科技项目与资金管理办法》，后修订为《科技工作管理办法》，对项目、成果、经费、科技人员等方面的科技工作做了较为全面的规定。

2011年，首农集团出台了《科技工作管理办法》《首农集团科技成果奖励工作的规定》《专利管理办法》《专利许可使用管理办法》《专利奖励制度》等管理办法，构成首农集团科技与知识产品制度体系。2016年，修订了《科技工作管理办法》，共6章、31条，对科技工作管理、科技项目管理、科技成果管理和科技发展资金管理做出了明确规定。

三、科技项目、科技成果和科技经费的管理办法

北京农垦从 20 世纪 80 年代初就在科技项目、科技成果、科技经费等管理方面摸索经验，形成了有农垦特色的管理体系与管理办法。

（一）科技项目管理

1983 年，市农场局启动编制中长期科技发展规划，各单位都对 1986—2000 年科技发展做出规划。1985—2005 年，总公司每年都编制科技计划项目本，下达至各农场。凡立项为局级以上的科技项目，必须是当前生产急需解决而又能解决的技术难点。根据国家、北京市、北京农垦的科技发展规划，发布各类项目指南和优先发展领域，并根据项目的性质和功能定位，明确申请项目的选择范围、领域、性质、规模、目标、方向等，确定项目申报的时间、方式。在立项中坚持"两高"（高水平、高效益）、"三新"（新品种、新产品、新技术）、"两化"（商品化、产业化）的标准。项目要有先进性、适用性和高效性。对规模大、范围广、技术新、效益高、有技术力量或技术后盾的项目优先立项，并按项目的技术水平上不同级别的科技项目。立项后，重大或重点科技项目逐级签订任务书，严格按任务书规定执行，严格按照合同规定的内容指标进行考核、验收、鉴定，对优秀科技成果按水平申报不同级别的成果奖励。科技项目实行主持人负责制。为配合"星火计划""丰收计划"，加快农业科技成果的推广，总公司从 1987 年开始，组织实施农场系统"燎原计划"。"七五"期间，实施"燎原计划"推广项目 120 项。1995 年，开始组织实施"科技新星计划"。

（二）科技成果管理

1981 年，市农场局设立科技进步奖。1983 年成立局科委会后，优秀科技成果由科委会最后审定，获奖成果印制成年度光荣册，每年年初在全局科技大会上进行宣传和表彰奖励。1987 年 3 月，总公司修订完善了《科技进步奖奖励办法》。1987 年 7 月，设立了总公司"燎原奖"，专门奖励对农业技术成果推广有功人员。1993 年，"燎原奖"更名为"科技成果推广奖"。

1996 年后，科技成果奖励分为科技进步奖和科技成果推广奖，奖励等级分为一、二、三等奖。1981—1995 年，北京农垦共评出局级奖 459 项。1996—2017 年，共表彰奖励科技成果 349 项，其中科技进步奖 268 项、成果推广奖 81 项。为宣传、推广农场系统获奖科技成果，集团公司每隔 3 年左右编印农场系统获奖科技成果汇编，1981—2006 年，共编印了 7 集。

（三）科技经费管理

1977 年，北京农垦开始实行财务包干，盈利农场完成上缴利润后的结余可用于生产性投入。据调查，1979—1981 年，市农场局科研投入占生产性支出的 0.5%。[1] 20 世纪 80 年代中期，北京农垦开始从上往下建立科技发展基金，即先由总公司建立科技发展基金，再逐步延伸至农场等二级企业。1999 年 4 月 29 日，总公司京农管字〔1999〕第 25 号文下发《关于企业科技发展基金的有关规定（试行）》。科技发展资金分为两大来源：一是纵向、横向科技发展经费。纵向科技发展经费包括国家自然科学基金和各部委下达的各类科研及推广资金、北京市自然科学研究基金和北京市各主管部门的科研及推广资金；横向科技发展经费包括企业与外部企业合资合作，共同进行科技活动的外部资金。二是集团公司科技发展资金。集团公司提取利润总额的 10% 作为本年度科技发展资金；企业可根据自身规模和经营性质的不同，在上年实际的销售收入中确定适当比例列支科技经费，作为本年度科技发展资金。集团公司科技发展资金提取的比例根据效益的增长情况逐年增加，当年未用完的科技发展

---

[1] 中国农垦经济研究所调查组：《关于北京市长城农工商联合企业的经济调查》，载《国营农场经济研究资料》第 14 期。

资金可转入下年度使用。

总的来看，北京农垦科技发展资金呈明显增加趋势。"七五"至"八五"时期，局级以上科技项目资金总投入 10 206.6 万元（不含农场企业自筹部分），其中国家、部、市有关部门科技项目拨款 1 336.6 万元、科技项目贷款 8 263 万元、农场局科技发展基金 607 万元。科技资金投入产出比为："七五"时期为 1∶5，"八五"时期为 1∶7.2。"九五"至"十五"时期，北京农垦从各级财政争取到科技经费7 057万元，企业自筹和配套 8 136 万元，两项总计直接投入科技经费 15 193 万元。"十一五"时期，北京农垦承担各级各类科技项目 100 余项，企业科技总体投入约为 1.85 亿元。"十二五"时期，北京农垦承担各级各类项目 76 项，自立课题 293 项，项目经费达 3.87 亿元，其中获得财政支持 1.28 亿元（图 7-1-1）。如果再加上科技培训、设备升级技术改造等科技投入，则实际投入超过 5 亿元。

■科技经费总投入（万元）

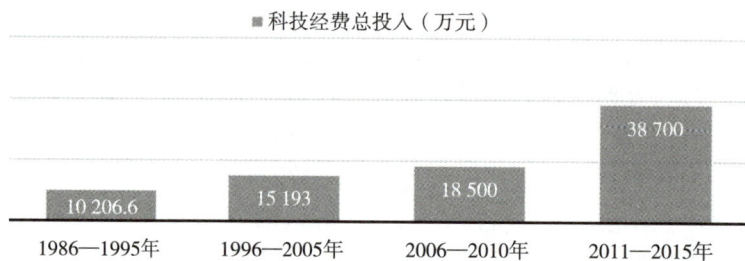

图 7-1-1　北京农垦科技经费总投入

北京农垦根据主业优先发展的原则，规定科技发展资金的使用方向主要是：①上级支持科技项目经费的部分匹配，如科学研究、技术开发、成果推广等试验材料，关键试验设备及专用仪器购置，技术培训、调研以及与项目有关的技术改造、设备更新等费用部分补贴；②高新技术产品开发、高新技术应用投资风险的部分补贴；③智力引进、先进技术引进费用的补贴；④对科技成果和科技成就的奖励，对优秀科技企业和优秀科技工作者的奖励；⑤对未列入上级主管部门科研项目，且暂时形不成主导产品，但又有一定科技开发前景或有潜在市场竞争力的科研项目，列入集团公司内部项目支持计划。

在科研经费投入方向上，首农集团开始涉足基础研究。2015 年 1 月 12 日，北京市自然科学基金-三元联合资助试点工作启动。合作双方共同出资，支持首都地区科研人员在母婴健康和乳品领域开展基础研究，标志着企业资金支持本市基础研究"零"的突破。市自然基金与首农集团合作，双方按照 1∶4 的比例共同出资，合作期总经费约 900 万元。首农集团领行业之先，将企业利润投入科技创新，转变对短期经济效益的追求，超前部署基础研究，储备一批前沿项目，充分表明了首农集团依靠科技创新提升企业竞争力的远见和坚定自主创新，走研发、技术、应用一体化发展路线的决心，也体现了首都现代农业对基础研究的强烈需求。企业投入基础研究，标志着企业向科技创新主体地位又迈进一步。

北京农垦对科技发展资金的管理主要规定是：①科技发展资金均由财务部门按规定比例提取，单独建账，统一管理，专款专用；②只有列入科技发展计划的项目才能使用科技发展资金；③科技管理部门制订年度科技发展项目计划，并做出资金使用计划，领导审批，财务部门监督实施，相互配合，共同发挥投资效益；④项目经费由项目主持人支配，主持人应按项目资金使用规定开支，科技和财务管理部门监督经费使用，对使用不当或挪作他用的，有权提出警告直至追回经费；⑤每年底，由科技、财务和审计部门按项目对资金使用情况进行检查，检查情况适时予以通告；⑥集团公司将对二级企业是否建立科技发展资金并按规定提取进行专项检查并通报结果。

■ 第三节　科技资源

北京农垦的科技资源主要表现在机构和人才两个方面，同时，北京农垦持开放态度，智力引进也是丰富科技资源的重要途径。随着农垦科技事业的发展,科技研发及推广的专业机构有所增加,科技工作者队伍也不断扩大,同时,机构的研发能力和科技队伍的综合素质均大幅度提升,成为推进北京农垦经济建设的重要力量。

一、机构

北京农垦科技研发及推广机构的发展经过了从无到有、从小到大的发展过程,大体可分为两个阶段:

(一) 20 世纪 50 年代中期至 1978 年

这一时期主要以农场为主,开始建立科技研发及推广机构。南郊农场于 1955 年成立水产研究所;1959 年,成立农业研究所和畜牧兽医研究所;1961 年,成立农业机械站。1965 年 10 月,南郊农场对科技机构进行整合,成立农场科技站,该站存续 18 年,至 1983 年 4 月,才分立为农业科技站(农业公司)、农机站(农机公司)、畜牧水产公司、水利管理站等。1965 年,建立科技站,下设作物组、土化组、植保组、生防组、单倍体组、气象组 6 个专业组和图书资料室、粮菜试验场、种鸡场、畜牧水产站,共 10 个部门。此外,还有供科学试验的场地、畜禽及硬件设施,在当时的条件下,堪称全国农垦系统一流。农大农场是农大师生的教学实习基地,于 1958 年建立了畜牧兽医站,1959 年相继建立了果树试验站、农学站、气象站,1962 年,东北旺农场建立试验站(即科技站前身),成为农场科学试验、科技推广和良种繁育中心。1978 年 3 月,东北旺农场科研站获"全国科学大会优秀科技成果奖"。双桥农场于 1963 年 3 月在石槽苗圃队建立"良种繁育试验站",繁育的双杂交玉米在农垦部所属国营农场的种子会议上被评为一等奖。1972 年,原良种繁育试验站改名为农业技术试验站,至 1979 年,农场农业技术试验站已建立小麦、玉米和水稻育种、作物栽培、植物保护、农业气象、土壤、肥料的专业研究小组。南口农场于 1973 年 5 月成立果树科学实验站。作为当时市农林局系统唯一的果树实验站,建站的宗旨是为农场的万亩果园提供科学技术服务,引进、选育、推广优质品种。

(二) 1979 年市农场局复建至 2017 年

1979—2017 年,北京农垦科技机构的发展及演变情况可划分为两个阶段:

1. 第一阶段:科技机构初步发展阶段(1979—1998 年) 1979 年 8 月 31 日,市革委会农林办(79)京革发 169 号文,批复同意建立北京长城农工商农业科学研究所、北京长城农工商奶牛研究所,为局直属单位,这是北京农垦历史上第一次成立局直属的科研机构。之后,又成立了北京市乳品研究所、北京市国营农场管理局园艺研究所。这些研究机构的发展变化情况如下:

(1) 北京长城农工商奶牛研究所/农工商联合总公司奶牛研究所。1979 年 10 月,奶牛研究所正式成立,长城农工商联合企业决定由牛奶公司代管奶牛研究所,并明确其任务为:①对奶牛生产中的技术难题开展科研、技术咨询和技术培训;②引进国外优良种公牛及其冷冻精液、先进设备,改善精液生产条件。1984 年 12 月,农工商联合总公司决定奶牛研究所不再由牛奶公司代管,归总公司直接管理。奶牛研究所成立后,陆续完成了一系列重要科研项目,并获得多项科技成果奖项:"奶牛的冷冻精液研究"(1980 年)获农业部科技成果二等奖;"北京黑白花奶牛主要数量性状遗传参数的估测"(1982 年)获农垦部科技成果奖三等奖;"牛的冷冻精液人工授精技术的推广应用"(1982 年)获国家农业科技推广奖二等奖;"在北京地区开展的牛奶能量测定研究"(1984 年)获农牧渔业部科学技术进步奖三等奖;"奶牛业配套技术研究"(1985 年)获北京市科学技术进步奖三等奖;"北京市奶牛业配套技术研究"(1986 年)北京市科学技术进步奖三等奖;"奶牛营养需要和饲料配方的研究"(1986年)获"六五"国家科技攻关成果奖;"酒精阳性乳的产生原因与综合防制"(1988 年)获北京市科学技术进步奖二等奖；"北京奶牛业持续高产全面丰收"（1989 年）获农业部农牧渔业丰收奖一等奖；"中国黑白花奶牛核心群的选育"（1991 年）获农业部科学技术进步奖三等奖。1992 年 4 月，奶牛研究所被农业部农垦司授予"全国农垦系统科研先进单位"称号。1995 年 2 月，奶牛研究所并入新组建的北京奶牛中心。

（2）北京长城农工商农业科学研究所/农工商联合总公司农业科学研究所。1979 年 10 月，农业科学研究所正式成立。该研究所与新成立的总农技师室由市农场局副局长兼总农艺师、小麦专家宋秉彝（后任北京市农林科学院院长）领衔，成为市农场局组织实施农业科研、技术推广、良种繁育的重要力量。1984 年 1 月 20 日，总公司党委（84）京农场发字 26 号文，通知长城农工商农业科学研究所更名为北京市农工商联合总公司农业科学研究所。1982 年，市农场局总农艺师宋秉彝主持的"北京地区小麦栽培指标化研究"获农垦部科技成果奖一等奖；1984 年完成的"甘蓝型油菜做绿肥养地效果试验"获 1983 年度北京市科技成果三等奖。20 世纪 80 年代后期，随着总公司机关机构调整和组建专业公司，农研所人员逐步分流到总公司生产处和农垦缘种子中心等机构。

（3）北京市乳品研究所。1982 年 1 月 8 日，市农办（82）京政农字第 7 号文件批复，同意成立北京市乳品研究所，为市农场局直属单位，选址在东直门外乳品厂内。1982 年，乳品研究所完成的"酸奶菌种和生产工艺改革"项目获得农牧渔业部技术改进二等奖；1983 年，乳品研究所完成的乳品研究所完成的"酸奶菌种及其工艺改革"项目获 1982 年度北京市科技成果二等奖。1984 年，乳品研究所划归北京市牛奶公司管理，为牛奶公司直属单位。1984 年 3 月，乳品研究所、东直门外乳品厂合作完成的"乳酸饮料的研制（酸奶露）"获 1983 年度北京市科技成果三等奖；1985 年 5 月，乳品研究所和北京市防疫站合作完成的"丙酸钙在糕点面包类食品中防霉研究"获 1984 年度北京市科技成果三等奖；1985 年 8 月，乳品研究所完成的"乳酸饮料的研制"，获农牧渔业部 1985 年度科技进步奖三等奖。1987 年 12 月 10 日，市计委（87）京计基（农）字第 1061 号文批复总公司，同意新建乳品研究所项目，总投资控制在 200 万元以内，建筑面积控制在 5 000 米^2 以内（含科研楼、中试车间和附属用房）。1989 年，乳品研究所研发的蜂蜜酸奶荣获 1989 年北京市新产品设计一等奖和农业部级优质产品；1990 年，乳品研究所完成的"蜂蜜酸奶研制与开发"项目获北京市星火科技奖二等奖。1997 年，北京农垦进行乳制品企业重组，乳品研究所随同市奶牛公司有效资产进入新成立的三元食品有限公司，次年，与也进入公司的中瑞北京奶业培训中心合并，作为该公司技术研发机构的主体。

（4）北京市国营农场管理局园艺研究所。1981 年，成立北京市国营农场管理局园艺研究所，所址在巨山农场。园艺研究所的科研人员潜心研究，在组培苗培育、生产、工程等方面做出了突出成绩。如开展无籽西瓜无性系繁殖技术的研究并取得优异成绩，填补了北京地区无籽西瓜的空白，成为北京地区最早培育无籽西瓜的单位之一；无籽葡萄、洋兰杂交种苗和桃树脱毒苗嫁接均获得成功。园艺所每年具有生产试管苗 500 万株的能力，品种近百种，生产成本低，技术达到当时的世界先进水平，1991 年共有 5 项科技成果通过市级鉴定，无籽西瓜、观赏大花秋葵花径可达 28 厘米。园艺所的"大花秋葵引种和繁殖技术""现代花卉生产技术"项目，分别获 1988 年度和 1989 年度北京市星火奖三等奖；1990 年 3 月，园艺研究所完成的"现代花卉生产技术"项目获北京市星火科技奖二等奖。1997 年 4 月，总公司决定将园艺研究所并入花卉公司。

2. 第二阶段：科技机构数量、质量及社会影响力大为提升阶段（1999—2017 年）　场乡体制改革后，北京农垦科技机构分为 3 种类型：一是经国家部委认定的科学研究及技术开发机构；二是经北京市政府有关部门认定的市级科技机构；三是企业自主性科技机构。

（1）经国家部委认定的科学研究及技术开发机构。具体见表 7-1-2。

表 7-1-2 经国家有关部委认定的科学研究及技术开发机构

序号	机构名称	依托单位	批准机构	认定时间	领域
1	国家乳品加工技术研发分中心	北京三元食品股份有限公司	国家农业部	2008 年	乳品加工
2	国家生猪产业技术体系——北京试验站	北京养猪育种中心	国家农业部、财政部	2008 年 1 月	现代农业
3	国家蛋鸡产业技术体系——平谷综合试验站	北京市华都峪口禽业有限责任公司	国家农业部、财政部	2008 年	现代农业
4	国家水禽产业技术体系——北京综合试验	北京金星鸭业有限公司（原金星鸭业中心）	国家农业部、财政部	2008 年	现代农业
5	国家奶牛产业技术体系——三元综合试验站	北京首农畜牧发展有限公司	国家农业部、财政部	2008 年	现代农业
6	国家奶牛胚胎工程技术研究中心	北京奶牛中心	国家科技部	2009 年 2 月	现代农业
7	农业部奶牛遗传育种与繁殖重点实验室	北京奶牛中心	国家农业部	2011 年 8 月	现代农业
8	国家认定企业技术中心	北京三元食品股份有限公司技术中心	国家发展改革委、财政部、海关总署、国家税务总局	2012 年 11 月	食品制造
9	国家母婴乳品健康工程技术研究中心	北京三元食品股份有限公司	国家科技部	2014 年 9 月	公共安全

说明：资料由首农集团企业管理部、农牧管理部和北京三元种业科技股份公司提供。

①国家奶牛胚胎工程技术研究中心。2001 年 7 月，北京奶牛中心建设的国家"99"生物高技术奶牛胚胎工程产业化基地投入使用，8 月，国家计委授予奶牛中心"国家高技术产业化示范工程"牌匾。2005 年 1 月，经科技部批准，依托北京三元集团及"国家高技术产业化示范工程"，组建国家级工程中心——国家奶牛胚胎工程技术研究中心，组建期为三年（2005 年 1 月 1 日至 2007 年 12 月 31 日）。经过三年多的努力，奶牛胚胎工程技术研究中心在研发能力、开放服务及培训、自我发展与内部管理以及技术成果推广等方面得到了全面提升与发展。2008 年 10 月，国家奶牛胚胎工程技术研究中心通过国家科技部现场验收。2009 年 2 月 9 日，科技部下发国科发计〔2009〕74 号文，通知北京奶牛中心组建的"国家奶牛胚胎工程技术研究中心"通过验收并予以命名。国家奶牛胚胎工程技术研究中心的建立标志着我国的奶牛胚胎生物技术的研究与运用进入一个新阶段。

工程技术研究中心自成立以来，承担国家科技项目 5 项，其中支撑计划项目 4 项、863 项目 1 项。工程技术研究中心广泛开展国内外合作研究，培训技术人员、开展技术咨询服务，形成年生产优质冻精 300 万剂、优质胚胎 2 万枚的供种能力，胚胎移植受胎率鲜胚达到 65%，冻胚受胎率达 52%，体外受精胚受胎率达到 40%。通过技术扩散和推广优秀奶牛遗传物质（胚胎、冻精和种牛），每年可创收 4 500 万元以上，净利润 600 万元以上。此外，还建立了黑龙江、河北、新疆、内蒙古和上海等 15 家胚胎技术推广站，先后独立或合作承担了 19 项国家和部市级科研课题，获得国家星火计划、北京市科学技术奖等奖励 9 项，申报发明专利 2 项。工程技术研究中心助推了北京奶业的发展，在奶牛育种方面完成了历史性跃迁：以后裔测定为核心的传统育种技术是奶牛育种 1.0，现代繁殖技术的"MOET"育种体系是奶牛育种 2.0，"基因组"选择技术的育种体系是奶牛育种升级版 3.0，始终占据国内奶牛育种的科技制高点。

②国家认定企业技术中心。三元食品股份公司技术中心的前身可分别追溯至 1982 年成立的市农场局直属单位北京市乳品研究所和 1995 年的市牛奶公司新产品开发中心。在三元食品有限公司成立的次年，即 1998 年 9 月，乳品研究所、新产品开发中心与中国—瑞典北京奶业培训中心进行整合，成立了公司科研培训中心，2000 年正式命名为北京三元食品股份有限公司技术中心。2012 年 11 月，三元食品股份公司技术中心被国家发展改革委以及财政部、海关总署、国家税务总局批准为国家认定

企业技术中心。

③国家母婴乳品健康工程技术研究中心。为了引领母婴乳品及加工技术方向，推动我国母婴乳品领域的科技进步和相关产业的发展，提高国际竞争实力，2014年9月，国家科技部批准以三元食品股份公司为依托单位，组建国家母婴乳品健康工程技术研究中心。国家母婴乳品健康工程技术研究中心是在北京市乳品工程技术研究中心基础上组建的。国家母婴乳品健康工程技术研究中心拥有一支实力雄厚、结构合理的科研队伍，中心固定人员86人，具有高级职称的人员有32人、博士学位25人。研发团队中拥有工程院院士1名、"国务院特殊津贴"人员4名、国家高层次人才特殊支持计划（科技创新领军人才）入选者2名、中组部"万人计划"人员1名、国家"千人计划"入选者2名、"百千万人才工程"国家级人选3名、国家杰出青年科学基金获得者和"长江学者"特聘教授1名、新世纪"百千万人才"市级人选3名、北京市高层次创新创业人才支持计划领军人才2名、北京市科技新星计划1名、奶牛产业北京市创新团队岗位科学家1人。此外，中心还聘请了一批国内外著名学者担任技术指导。

2014—2016年，中心完成北京市科技计划"安全健康婴幼儿配方乳粉的研究及产业化"和"母婴乳品生物技术北京市工程实验室创新能力建设"项目，搭建了1个健康母乳数据库和国内首个乳品产业风险管理平台，建立1套不同喂营养方式评价指标体系，开发了营养与消化水平更接近母乳的舒释爱力优、超级爱力优婴幼儿配方乳粉系列2个，新增收入约1.7亿元；发表文章29篇，其中SCI\EI 12篇；申报专利10项，授权5项，取得软件著作权2项，制定企业标准4项；获北京市科学技术二、三等奖各1项，中国轻工业联合会技术进步一等奖1项，国家食品科学技术协会科技进步特定奖1项，获2014、2016年妇儿博览会优秀产品奖、品质金奖和产品创新大奖。

④国家乳品加工技术研发分中心。2008年，为了不断完善乳制品加工技术研发体系，提高技术创新能力和水平，促进全国乳制品加工业的持续健康快速发展，农业部在全国选择了一批研发基础好、技术优势明显、辐射带动能力强的教学、科研单位和乳制品加工骨干企业，建设国家乳品加工技术研发分中心。经审查推荐、专家评审及网上公示等程序，认定北京三元食品股份公司为国家乳品加工技术研发分中心。

⑤农业部奶牛遗传育种与繁殖农业部重点实验室/奶牛遗传育种与繁殖北京市重点实验室。农业部重点实验室是凝聚和培养优秀农业科技人才、组织行业科技创新、开展学术交流的重要基地，是国家农业科技创新体系的重要组成部分。重点实验室是从全国或区域内优中选优产生的，优势突出，代表性强，是全国性和区域性农业科技创新活动的主力军。2011年11月8日，农业部公布重点实验室名单。农业部的专业性/区域性重点实验室——"奶牛遗传育种与繁殖重点实验室"，其依托单位是北京奶牛中心。2013年6月，经市科委批准，依托北京奶牛中心，在农业部重点实验室的基础上建立"奶牛遗传育种与繁殖北京市重点实验室"。

实验室固定人员26人，其中副高级职称以上人员22人、博士7人。实验室学术骨干在奶牛分子遗传育种、繁殖实用新技术、胚胎生物新技术及技术推广等方面开展了大量工作，并取得了典型的科研成果。该实验室以奶牛遗传改良与繁育为目标，以应用基础研究为主，向基础研究和应用研究双维度延伸，重点研究奶牛遗传育种与繁殖的科学发展趋势、奶牛养殖产业发展中的重大科学技术问题与需求，同时，瞄准学科前沿，将高新技术与常规技术有机结合起来，从群体、个体、细胞和分子水平深入研究奶牛的主要经济性状遗传规律和形成机理，繁殖育种新理论、新方法和新技术，旨在对北京地区奶牛遗传育种与繁殖发展起到积极推动作用，并为行业培养出高层次、高质量的专业人才。

2015—2017年年底，重点开展9项课题研究，分别为A2型-β酪蛋白奶牛鉴定检测技术的建立与应用、影响荷斯坦牛繁殖力遗传缺陷单倍型检测方法的建立与应用、奶牛冷冻精液新型稀释液的开发与利用、离子色谱法测定乳与乳制品中硝酸盐和亚硝酸盐含量的研究、荷斯坦牛核心群构建关键技术的研究与应用、牛性控冻精质量控制关键技术的研究与应用、奶牛功能性状遗传评估关键技术的研究与应用、奶牛胚胎早期死亡的关键因素分析、蒙贝利亚种公牛性控精液生产技术研发。

⑥国家生猪产业技术体系——北京试验站。为了调整和完善优势农产品区域布局规划，明确以产业需求为导向建设我国现代农业技术体系，农业部会同财政部于2008年1月启动了国家生猪产业技术体系建设，成为我国生猪产业发展不可或缺的核心技术支撑力量。该体系以产品为单元、以产业链为主线、以综合试验站为基点配置科技资源，以现有科研单位为依托、以专业化分工协作为原则，大范围集聚研究力量，以"决策、执行、监督"三权分立建构管理体制，以应用为导向激励约束机制进行建设运行。北京养猪育种中心被认定为国家生猪产业技术体系——北京试验站的依托单位。

国家生猪产业技术体系——北京试验站的建设，提升了北京养猪育种中心种猪育种的科研、试验能力，使其在业内扩大了知名度。2011年，通过国家核心育种场的验收，并加入全国"畜禽良种产业技术创新战略联盟"；2017年，作为首批参加单位，加入了全国畜牧总站启动的"猪全基因组选择平台"项目，为全国生猪遗传改良计划和联合育种添砖加瓦。

国家生猪产业技术体系——北京试验站的建设成果主要体现在以下3个方面：a. 试验站的种猪品种丰富、品质优良，在国内具备品牌优势。拥有美系、法系大白和长白种猪，在供种能力和种猪品质方面居全国前列，培育了具有自主知识产权的中育配套系种猪，拥有1个畜禽新品种（配套系）证书。b. 试验站的种猪繁育体系完善，具备较强的育种技术优势。已建立一整套完善的技术和管理体系，包括种猪育种、饲养管理、疾病防控、种猪营养及猪场工艺设计等方面。具备自主研发能力，在种猪育种技术，特别是猪的专门化品系育种方面，是国内为数不多掌握核心技术的企业，在猪基因组选育技术和使用方面走在全国的前列。c. 通过设置试验站，聚集和培养了一大批专业人才，在种猪育种、饲养管理、兽医疾病防控、营养及环境控制等方面拥有一批技术过硬、经验丰富的专业人才。

⑦国家蛋鸡产业技术体系——平谷综合试验站。平谷综合试验站成立于2008年，依托单位是峪口禽业公司。团队成员由8名博士（后）、46名硕士和222名本科人员组成，专业涵盖遗传育种、饲料营养、疾病防控、饲养孵化、经营管理和信息技术等领域。平谷综合试验站创新性建立了适合中国饲养环境的9个记时点、4个选育点选育方法和39步选育流程，打造了以标记辅助选择和全基因组选择为核心的遗传评估体系，提高了良种的自主研发能力，相继成功培育出4个具有自主知识产权的京系蛋鸡品种——京红1号、京粉1号、京粉2号、京白1号。2012年2月，农业部发布2012年主导品种和主推技术名单，"京红1号"和"京粉1号"双双入选。自新品种推出以来，产品迅速推广到全国除港澳台外的31个省、市、自治区，累计推广40亿只，市场占有率达50%，成为最适合集约化、规模化饲养的蛋鸡品种。平谷综合试验站先后承担国家科技支撑计划课题、国家863计划课题、国家重点专项项目以及北京市科技课题20余项。

平谷综合试验站的依托单位为峪口禽业公司，设有研发中心。2011年6月，研发中心被市科委认定为北京市蛋鸡工程技术研究中心。2013年10月26日，北京市蛋鸡工程技术研究中心成立峪口禽业研究院。

⑧国家水禽产业技术体系——北京综合试验站。国家水禽产业技术体系——北京综合试验站于2008年建站，依托单位为北京金星鸭业有限公司（原北京金星鸭业中心）。主要工作是开展北京鸭专门化品系的选育及新品种的培育，同时围绕北京鸭现场育种、养殖模式、疫病防控开展技术研究，着力为北京鸭产业的持续发展贡献力量。北京综合试验站承担了10余项农业农村部、科技部、市科委、市农委、市财政局等各级项目（课题），借助项目（课题）实施，研发建立了众多北京鸭关键技术。在北京鸭育种方面，在业内首次建立了肉鸭全自动饲料测定系统，大幅提高了肉鸭测定效率，已推广至相关科研院所、企（事）业单位。同时，构建了北京鸭参考基因组序列，建立了规模最大的北京鸭表型-基因型数据库。此外，形成的北京鸭繁殖性能测定标准化鸭舍、B超测量胸肌技术、种鸭称重自动记录系统、条形码个体产蛋测定记录系统，也已在公司内部基地应用。在养殖模式方面，不断创新优化，形成了北京鸭种鸭（填鸭）发酵床养殖模式、北京鸭多层平养养殖模式，完成了产业的转型升级。

北京综合试验站注重科研成果转化，"北京鸭新品种培育与养殖技术研究应用"获2013年国家科学技术进步二等奖，"北京鸭生态健康养殖与质量安全控制模块化技术集成与应用"获2014—2016年度全国农牧渔业丰收二等奖，"北京鸭种质资源创新与应用"获 2011 年北京市科学技术进步一等奖，"北京鸭质量安全控制体系建设与推广应用"获 2014 年北京市农业技术推广二等奖。2012 年，该试验站成为北京市专利试点单位。

⑨国家奶牛产业技术体系——三元综合试验站。国家奶牛产业技术体系——三元综合试验站建立于 2008 年，依托单位是北京首农畜牧发展有限公司。三元综合试验站在优秀种牛自主选育体系、良种遗传物质高效生产技术、种牛质量安全检测、现代奶牛饲养及营养调控技术、疫病防控、繁殖调控、环境控制、节能减排、资源化利用等方面取得了一批创新性成果，创新性构建了以"遗传改良-饲料利用-废弃物处理-资源化利用"为主线的奶牛绿色高效养殖技术体系；自主研发奶牛抗热应激关键技术，示范牛群平均单产提高 432.1 千克，实现每头牛每天节约用水 100 升；自主开发大数据平台，利用互联网大数据、云计算、人工智能等实现了牛场信息录入、数据统计、查询、管理、分析、预警等多种功能，管理人员可远程、实时监控管理牧场；通过全产业链的协同创新，突破了以往乳业市场对奶源的细分方式，甄选出血统纯正的 A2 型奶牛，从而生产出珍贵的 A2β-酪蛋白纯牛奶，从源头实现创新；开发建立拥有自主知识产权、国际领先、切合中国实际的奶牛良种繁育和推广体系，精液、胚胎全国市场占有率达 40% 以上。

三元综合试验站先后承担国家重点研发计划、北京市科技课题、北京市创新团队项目 20 余项，获得国家科技进步奖二等奖 2 项［奶牛饲料高效利用及精准饲养技术创建与应用（2014）、中国荷斯坦牛基因组选择分子育种技术体系的建立与应用（2016）］、全国农牧渔业丰收奖一等奖 1 项［犊牛营养调控和培育关键技术研究与推广应用（2016）］、全国农牧渔业丰收奖二等奖 1 项［全国农垦规模化养殖场标准体系建立与示范推广（2016）］，获北京市农业技术推广奖科学技术进步奖等多项奖励，取得专利授权 83 项。团队成员职称晋升正高级畜牧师 2 人、高级职称 1 人、中级职称 6 人。

（2）经北京市政府有关部门认定的市级科技机构。截至 2017 年年底，北京农垦拥有北京市政府有关部门认定的市级科技机构 11 家，其中市科委批准的科技机构有 8 家，由市发改委、市经委和市经信局批准的科技机构各 1 家（表 7-1-3）。

表 7-1-3　经北京市政府有关部门认定的市级科技机构

序号	机构名称	依托单位	批准机关	认定时间	领域
1	北京市企业技术中心	太洋药业药研所	市经委	2000 年 12 月	医药制造
2	北京市奶牛胚胎工程技术研究中心	奶牛中心	市科委	2002 年 4 月	现代农业
3	北京市企业技术开发中心	三元种业	市经信局	2011 年 2 月	现代农业
4	北京市蛋鸡工程技术研究中心	峪口禽业公司	市科委	2011 年 6 月	现代农业
5	北京市乳品工程技术研究中心	三元食品股份公司	市科委	2011 年 6 月	公共安全
6	奶牛遗传育种与繁殖北京市重点实验室	奶牛中心	市科委	2013 年 1 月	现代农业
7	禽蛋品质改良与安全技术北京市工程实验室	峪口禽业公司	市发改委	2013 年	公共安全
8	北京市企业科技研究开发机构（4087 号）	三元食品股份公司	市科委	2009 年	食品制造
9	北京市企业科技研究开发机构（1092 号）	华都诗华公司	市科委	2014 年 10 月	生物医药
10	北京市科技研究开发机构	黑六牧业公司	市科委	2015 年 11 月	现代农业
11	母婴乳品健康北京市国际科技合作基地	三元食品股份公司	市科委	2015 年	食品安全

说明：1. 资料来自北京市科委官网以及有关企业志稿。
　　　2. 华都诗华公司的"北京市企业科技研究开发机构"资质有效期至 2017 年，公司未办理展期申请，资质已于 2017 年年底失效。

（3）企业自主性科技机构。截至 2017 年年底，首农集团所属企业兴办的自立性科技机构共有以下 7 家：

①北京三元种业科技股份有限公司畜牧研究院。北京三元种业科技股份有限公司畜牧研究院成立

于 2010 年 4 月 16 日，是三元种业下属的自主性研发机构，其前身是 2008 年 12 月成立的三元种业技术中心。畜牧研究院以三元种业雄厚的科研基础为依托，通过内部整合，建立现代化的科研管理和企业自主创新体系，致力于与企业发展密切相关的实用技术、核心技术和前瞻性技术研发，培育企业核心竞争力，为企业的可持续发展提供科技支撑。畜牧研究院负责三元种业的科技管理工作，实行一体化运营、两级管控的科技创新模式，根据三元种业科技发展规划，研究院负责公司科技工作（项目）计划的制订、实施、监督、检查、后评估等工作，研究院和各二级单位对科技项目实行两级管控的管理模式。研究院内部设置四部，即科研管理部、情报信息部、对外联络部、综合部。

畜牧研究院的主要任务有：a. 进行前瞻性、共性课题研究；b. 开展畜牧生产实用技术研究与集成；c. 提供科技信息服务；d. 科研工作管理；e. 组织技术交流与培训；f. 高端复合型人才的培养。在畜牧研究院的组织、协调及推动下，三元种业科技股份公司在优秀种牛及优秀种猪自主选育体系、良种遗传物质高效生产技术、种牛质量安全检测、现代奶牛饲养及营养调控技术、疫病防控等方面共完成获奖科技项目 63 项。其中，获国家、北京市科技成果奖励 27 项、集团级科技项目奖励 38 项，获国家授权专利 105 项，制定国家标准 3 项，科技成果转化率达 80%。畜牧研究院凭借三元种业的种源优势、规模优势、技术优势和人才优势，发挥首都北京技术、信息优势，与各界开展全面的产学研合作，为三元种业打造国内一流、国际知名、具有行业影响力和带动力的现代化畜牧企业集团做出了贡献。

②北京三元集团畜牧兽医总站诊断中心。自 2000 年以来，诊断中心主持和参加部、省级项目 12 项，获得省部级奖 5 项。"十二五"期间，升级改造的诊断中心实验室面积 1 000 米²，建有生物安全二级实验室——分子生物学实验室、病毒及细菌学实验室，以及生物安全一级实验室——血清学实验室、病理学实验室、解剖实验室和理化分析室。诊断中心有专职工作人员 20 人，其中博士 2 人、硕士 8 人、学士 7 人；高级职称 3 人、中级职称 12 人。此外，还长期聘请奶牛疾病专家肖定汉、教授齐长明、副教授曹杰为技术顾问。

③北京三元种业科技股份有限公司饲料分公司检验中心。三元种业科技股份公司饲料分公司投资近 1 500 万元建设检验中心，承担饲料产品研发和原料、成品的质量检测职能。中心拥有多种大型分析检测仪器及相关的辅助检测仪器，包括高效液相色谱、气相色谱仪（GC）、气相色谱质谱联用仪（GC-MS）、液相色谱质谱联用仪（LC-MS）、原子吸收光谱仪、近红外分析仪、全自动能量测定仪、全自动凯式定氮仪、纤维分析仪、脂肪分析仪、多功能酶标仪等，检测项目涵盖常规检测、微量元素、重金属元素、维生素、卫生指标、毒素类等饲料生产加工涉及的主要检测项目。

④北京华都诗华生物制品有限公司生物技术开发中心。华都诗华公司生物技术开发中心成立于 2013 年 4 月，2014 年 10 月，被市科委认定为"北京市企业科技研究开发机构"，设有质量保证、法规事务和项目研发职能部门。开发中心现有 3 个疫苗项目处于新兽药注册阶段，有在研项目 4 个，包括 HVT 载体疫苗 2 项、法氏囊免疫复合物疫苗 2 项。自中心成立以来，已申请 9 项国家专利授权、21 件注册商标、11 项省部市级科技奖励、14 篇核心期刊科技论文。

⑤北京华都诗华生物制品有限公司实验室。华都诗华公司实验室于 2012 年被市科委认定为畜禽疫病防控技术北京市重点实验室的共建单位（北京市农林科学院为依托单位），形成了一支以研究生为主导的研发队伍，配备了可以满足禽类疫苗研发和产业化的设备。自认定以来，实验室共获得新兽药注册证书 2 项、临床试验批件 3 项，通过科学技术成果鉴定 3 项，获黑龙江省科学技术（进步）一等奖 1 项。

⑥百年栗园北京油鸡研究院。2010 年，百年栗园公司成立北京油鸡研究院，设遗传育种研究室、饲料营养研究室、疫病防控研究室、健康养殖研究室、屠宰加工研究室，配备了分子生物实验室 1 个、饲料化验室 1 个、微生物实验室 1 个，建有测定基地 2 个，可同时满足 1.5 万只鸡的单体测定，并配备平养和笼养光照实验鸡舍各 1 个。研究院以北京油鸡为基础，采用平衡育种和分子育种技术，选育了 7 个北京油鸡新品系，培育了"栗园油鸡蛋鸡"和"京星黄鸡 103"两个优质高效配套系，通过了国家畜禽新品种审定，同时，成为中国农业大学实习基地和北京畜牧兽医研究所研究生试验基地。研究院多次主持北京市重大科技项目，如 2012 年主持市科委"特色油鸡生态循环产业链示范体

系"项目，2017 年主持市科委"北京油鸡肉用配套系培育及推广"项目，2017 年参与市科委"种鸡职能育种数据平台的研发与应用"项目，此外，还在核心期刊上发表 26 篇科技论文，授权专利 8 项。

⑦北京金星鸭业有限公司北京鸭研究所。按照以育种为核心基础的总体发展思路，为全面加强种质资源保护和育种工作，2015 年 6 月，北京金星鸭业有限公司北京鸭研究所成立，拥有梯度 PCR 仪、凝胶成像仪、冷冻离心机等多种分子育种实验设备和蛋形指数测定仪、物性分析仪、采食自动记录系统等多种育种测定设备。北京鸭研究所具体负责保护北京鸭种质资源，建立北京鸭杂交繁育体系，研究制定北京鸭育种方向、目标及规划，确定遗传进展，建立北京鸭数据库，研究制定北京鸭营养标准、饲养管理指南、生产性能参考标准等工作。自成立以来，北京鸭研究所完成课题 10 项、研究成果 3 项。

二、队伍

（一）专业技术人员

20 世纪 50 年代初，北京农垦引进了一批大专毕业生，职工队伍构成有所改善。1978 年年底，北京农垦大专以上学历的干部有 495 人，占干部总数 2 523 人的 19.6%。[1] 1980 年，市农场局成立技术职称评定委员会。1981 年 11 月，市农场局系统开展技术职称评定工作，共有 1 281 人获得技术职称，其中，有畜牧兽医师、农业经济师、农艺师、工程师、会计师、主治医师 417 人。1983 年 8 月，总公司调整技术职称评定委员会，设立自然科学、社会科学两个评委会。至 1983 年 9 月，共有 1 679 人评定了专业技术职称，其中高级职称 9 人、中级职称 445 人。

场乡体制改革前专业技术人员统计见表 7-1-4，2009—2017 年专业技术职务人员情况及专业技术职称分类人员情况见表 7-1-5 和表 7-1-6。

表 7-1-4　场乡体制改革前专业技术人员统计

单位：人

年份	专业技术人员总数	取得专业技术职称的人数				未取得专业技术职称的人数
		合计	高级职称	中级职称	初级职称	
1985	2 407	1 631	10	462	1 159	776
1990	5 777	4 537	280	1 254	3 003	1240
1995	7 068	6 344	207	1 418	4 719	724

说明：1. 根据《北京志·农业卷·国营农场志》第 242、243 页数据整理。

　　　2. 人数均包括各农场所属的农村分场的专业技术人员。

表 7-1-5　2009—2017 年专业技术职务人员情况

单位：人

年份	专业技术人员总数	专业技术职务情况				
		高级职务		中级职务	初级职务	未聘任专业技术职务
		总数	正高级			
2009	3 400	172	10	765	1 600	863
2010	3 324	175	11	774	1 592	783
2011	3 517	169	10	776	1 560	1 012
2012	3 233	165	11	743	1 394	931
2013	3 166	187	14	717	1 313	949
2014	3 258	204	15	765	1 239	1 050

---

[1]　北京市地方志编纂委员会：《北京志·农业卷·国营农场志》，北京出版社，1999 年，第 240 页。

（续）

年份	专业技术人员总数	专业技术职务情况				
		高级职务		中级职务	初级职务	未聘任专业技术职务
		总数	正高级			
2015	3 076	200	12	713	1 043	1 120
2016	2 892	196	10	656	933	1 107
2017	2 745	202	11	623	857	1 063

说明：1. 资料由首农食品集团人力资源部提供。
　　　2. 人员统计范围为在岗职工。

表 7-1-6　2009—2017 年专业技术职称分类人员情况

单位：人

年份	工程技术人员	农业技术人员	政工人员	卫生技术人员	教学人员	经济人员	会计人员	统计人员	其他人员
2009	616	1 478	170	19	28	457	526	57	49
2010	571	1 517	158	19	29	422	512	49	47
2011	613	1 530	160	59	33	468	553	48	53
2012	585	1 406	136	47	26	426	519	43	45
2013	617	1 315	131	47	23	414	498	76	45
2014	605	1 442	129	47	21	391	497	82	44
2015	507	1 418	114	45	21	388	502	41	40
2016	461	1 326	109	43	22	375	467	34	55
2017	436	1 307	100	38	16	330	429	31	58

说明：1. 资料由首农食品集团人力资源部提供。
　　　2. 统计范围为预算企业在岗职工。

（二）人才

1. 享受国务院特殊津贴专家　具体见表 7-1-7。

表 7-1-7　享受国务院特殊津贴专家名单

序号	姓名	单位	年份	序号	姓名	单位	年份
1	秦骏伦	农工商总公司	1991	14	宫桂芬	华都集团	1993
2	熊汉林	农工商总公司	1991	15	李翠平	大发公司	1993
3	常景畲	华都集团	1991	16	崔玉田	大发公司	1993
4	魏卿	大发公司	1991	17	孙百龄	巨山农场	1994
5	张邦恢	农工商总公司	1992	18	肖定汉	奶牛中心	1995
6	杨学梅	农工商总公司	1992	19	苏本渭	长阳农场	1999
7	史竞云	华都集团	1992	20	胡胜强	金星鸭业中心	2002
8	张志灏	华都集团	1992	21	马凯顺	巨山农场	2009
9	袁中衡	南口农场	1992	22	蒋卫东	绿荷中心	2009
10	曲中甲	农工商总公司	1993	23	孙皓	峪口禽业公司	2010
11	樊生楠	农工商总公司	1993	24	王亚庆	绿荷中心	2011
12	于秀琦	农工商总公司	1993	25	郑建华	绿荷中心	2015
13	姚庆雨	华都集团	1993	26	陈历俊	三元食品公司	2015

资料来源：自首农食品集团人力资源部。

2. 科技领军人才 具体见表 7-1-8。

表 7-1-8 科技领军人才名单

姓名	工作单位	荣誉称号	年份	评定机构
陈历俊	北京三元食品股份公司	科技北京百名领军人才	2012	北京市科学技术委员会
乔绿	三元绿荷奶牛养殖中心	新世纪百千万人才工程市级人选	2012	北京市人事局
陈历俊	北京三元食品股份公司	2013 年创新人才推进计划（类别：中青年科技创新领军人才）	2013	国家科学技术部
陈历俊	北京三元食品股份公司	第一批国家高层次人才特殊支持计划（即"万人计划"）领军人才（类别：科技领军人才）	2014	中共中央组织部、国家人力资源和社会保障部
孙皓	北京市华都峪口家禽育种有限公司	2014 年创新人才推进计划（类别：科技创新创业人才）	2015	国家科学技术部
陈历俊	北京三元食品股份公司	新世纪百千万人才工程国家级人选	2015	国家人事部
姜铁民	北京三元食品股份公司	新世纪百千万人才工程市级人选	2015	北京市人事局
陈历俊	北京三元食品股份公司	北京市高层次创新创业人才支持计划领军人才	2016	中共北京市委组织部、市人力社保局
孙皓	北京市华都峪口家禽育种有限公司	第二批国家高层次人才特殊支持计划（即"万人计划"）领军人才——科技创业领军人才	2016	中共中央组织部、国家人力资源和社会保障部

资料来源：国家科技部、北京市科委官网。

3. 高技能人才 具体见表 7-1-9。

表 7-1-9 高技能人才名单

序号	姓名	工作单位	从事专业	具体研究方向	年份	荣誉名称
1	刘春生	南口农场	果树种植	南北方水果栽培	1992	1992 年获"北京市工人技术能手"称号，2013 年获"北京市有突出贡献的高技能人才"称号
2	杨宝印	奶牛中心	家畜饲养	奶牛饲养	2004	2004 年荣获"北京市劳动技术能手"称号，2008 年被评为"享受北京市政府特殊津贴技师"
3	张振山	三元绿荷	畜牧兽医	奶牛饲养	2009	2009 年被评为"享受北京市政府特殊津贴技师"
4	胡守堂	奶牛中心	畜牧兽医	奶牛繁殖	2009	2009 年被评为"享受北京市政府特殊津贴技师"
5	王亚庆	三元种业	畜牧兽医	奶牛饲养	2009	2009 年荣获"北京市有突出贡献的高技能人才"称号，2010 年荣获"全国技术能手"称号
6	屈士友	南口农场	果树种植	南北方水果栽培	2009	2009 年被评为"享受北京市政府特殊津贴技师"
7	王铁	三元食品	计算机应用技术	电工	2009	2009 年被评为"享受北京市政府特殊津贴技师"，2013 年被评为"首席技师"
8	郑建华	三元绿荷	家畜饲养	牛奶质量	2010	2010 年被评为"享受北京市政府特殊津贴技师"，2012 年荣获"全国技术能手"称号
9	王亚庆	三元绿荷	奶牛饲养	农业技术	2011	2009 年荣获"北京市有突出贡献的高技能人才"称号，2010 年荣获"全国技术能手"称号
10	马翀	三元绿荷	奶牛饲养	农业技术	2012	2012 年获"全国青年岗位能手"称号
11	刘林	奶牛中心	奶牛育种	农业技术	2012	2012 年获"北京市青年岗位能手"称号
12	崔玉才	三元食品	电工	技术改造	2012	2012 年被评为"享受北京市政府特殊津贴技师"
13	白素琴	三元食品	乳品检验	乳品检验	2013	2013 年被评为"首席技师"

（续）

序号	姓名	工作单位	从事专业	具体研究方向	年份	荣誉名称
14	水明	奶牛中心	乳品检验	乳品检验	2016	2016年被评为"享受北京市政府特殊津贴技师"
15	谷天民	南口农场	制冷	制冷设备运转维修	2016	2016年被评为"享受北京市政府特殊津贴技师"

资料来源：自首农食品集团人力资源部。

4. 中国奶业专家库入选专家 2013年12月30日，中国奶业协会公布中国奶业专家库名单，首农集团入选8位专家，具体见表7-1-10。

表 7-1-10　中国奶业专家库入选专家名单

序号	姓名	专业方向	序号	姓名	专业方向
1	肖定汉	奶牛疾病防治	5	张晓霞	冷冻精液检测
2	石万海	奶牛育种	6	陈历俊	乳品加工
3	曹福存	奶牛育种	7	陈华林	兽医
4	乔绿	奶牛良种推广	8	韩广文	奶牛育种

说明：1. 资料来自中国奶业协会官网。
　　　2. 肖定汉研究员为中国奶业专家库资深专家。

5. 集团专家加入现代农业产业技术体系北京市创新团队 2009年4月，市农业局和市财政局根据首都都市型农业产业特点，启动建设从产地到餐桌、从生产到消费、从研发到市场全链条的科技支撑体系，选择了10个有优势、有特色的农产品，优先引导和支持首都科技创新资源和要素在10个农产品进行重点集结，建设10个创新团队。其中，首农集团部分专家进入北京市奶牛、家禽2个创新团队中。

集团参与北京市奶牛和家禽创新团队的专家名单分别见表7-1-11和表7-1-12，集团北京市优秀青年知识分子名单见表7-1-13。

表 7-1-11　集团参与北京市奶牛创新团队的专家名单

专家姓名	工作单位	研究方向
刘林	北京奶牛中心	奶牛繁殖育种
马慧	北京首农畜牧发展有限公司	粪污资源化利用
张伟宏	北京首农畜牧发展有限公司	奶牛饲养管理

资料来源：由首农集团农牧管理部提供。

表 7-1-12　集团参与北京市家禽创新团队专家名单

专家姓名	工作单位	研究方向
刘爱巧	北京市华都峪口禽业有限责任公司	种鸡饲养、饲料营养、数字经济
吴桂琴	北京市华都峪口禽业有限责任公司	家禽育种
李冬立	北京百年栗园生态农业有限公司	遗传育种与繁殖
庄海滨	北京南口鸭育种科技有限公司	北京鸭育种

资料来源：由首农集团农牧管理部提供。

表 7-1-13　集团北京市优秀青年知识分子名单

获奖人姓名	获奖时间	工作单位及职务	专业技术职称	颁奖单位
张创贵	1995年4月	北京市南郊农场建新猪场副场长	畜牧师	中共北京市委、北京市政府

（续）

获奖人姓名	获奖时间	工作单位及职务	专业技术职称	颁奖单位
曾清华	1995 年 4 月	北京市兽药厂副总工程师	工程师	中共北京市委、北京市政府
付以彬	1995 年 4 月	北京市农工商联合总公司生产处	农艺师	中共北京市委、北京市政府
徐桂云	1995 年 4 月	北京市华都育种公司副经理	畜牧师	中共北京市委、北京市政府
张列兵	2001 年 12 月	北京三元食品有限公司	高级工程师	中共北京市委、北京市政府
刘玉	2006 年 12 月	北京奶牛中心种公牛站	畜牧师	中共北京市委、北京市政府

三、智力引进

智力引进工作为北京农垦的经济发展提供了人才保证和智力支持。北京农垦的智力引进工作侧重两个方面：

（一）引进高层次、高技能和专业紧缺人才

北京农垦引智工作的重点是引进高层次、高技能以及专业紧缺人才。突出表现在以下几个方面：

1. 设立博士后科研工作站　2002 年 10 月 18 日，经国家人事部批准，三元食品股份公司设立企业博士后科研工作站。2006 年 9 月 12 日，奶牛中心设立博士后科研工作站。2015 年 10 月 28 日，峪口禽业公司设立博士后科研工作站，这是国内蛋种鸡领域唯一获批的企业。至此，首农集团有 3 家企业设立了"博士后科研工作站"。2014 年 7 月，滦平华都公司成为河北省科技厅认定的"博士后创新实践基地"。

2. 设立院士专家工作站　首农集团下属企业共有 3 家单位先后获批设立"院士专家工作站"（表 7-1-14）。此外，在 2017 年 8 月，三元食品股份公司被北京市人才工作领导小组办公室、市政府侨务办公室认定为首批"海外院士专家北京工作站分站"。

表 7-1-14　北京农垦获批的"院士专家工作站"一览

院士专家工作站名称	建站时间	认证编号	建站单位
北京黑六牧业科技有限公司院士专家工作站	2014 年 7 月	1100182	北京黑六牧业科技有限公司
北京金星鸭业有限公司院士专家工作站	2015 年 12 月	1100218	北京金星鸭业有限公司
湖北峪口禽业有限公司院士专家工作站	2014 年 11 月	4203430	湖北峪口禽业有限公司

资料来源：自中国科学技术协会官网。

（二）积极与国外同行开展学术交流活动

北京农垦引智工作的另一项重点是聘请外国专家进行工作指导、授课培训以及开展学术交流。奶牛中心、三元食品、绿荷中心和峪口禽业公司是北京农垦系统引智工作较早收效的单位。以奶牛中心为例，2000—2002 年年底，共引进国外智力成果 15 项，聘请外国专家 30 余人次，举办培训班 20 余次，培训奶牛育种专业人才 2.5 万人次。2003 年 12 月 1 日，奶牛中心被国家外国专家局授予"国家引进国外智力成果示范推广基地"称号。2008 年，双卉新华园艺有限公司被北京市外国专家局授予"北京市花卉引智成果推广示范基地"称号。2008 年 4 月 17 日，市外国专家局、市引智办及市财政局领导考察奶牛中心及双卉新华园艺有限公司的引进国外智力工作，对这两家企业引进国外智力的工作给予肯定。

北京农垦注重加强与国家级学术团体和高等院校、科研机构的合作，或者共同举办国际性的学术研讨会，或者签署引进智力的合作协议，或者邀请国外专家进行考察、开办讲座。2002 年 10 月 28

日，三元食品股份公司承办"第二届中国国际乳品工业学术研究会"，交流探讨乳业及乳制品科学的前沿课题与应用，来自海外的十几名著名学者和国内的几百名学者、科研人员出席。2005年3月1—3日，奶牛中心主办的第一届中美奶业研讨会暨中美奶业研究中心成立大会在北京召开；同年6月25—26日，由中国畜牧业协会主办、金星鸭业中心承办的首届中国水禽发展大会在京开幕，邀请国际国内知名水禽企业的专家与管理人员近400余人参观访问金星鸭业中心。2010年5月13日，由中国畜牧业协会和国家肉鸡产业技术体系联合主办、华都集团承办的"全球肉鸡业论坛暨第二届中国白羽肉鸡产业发展大会"在北京召开。2011年7月17日，由绿荷中心主办的"奶牛科技国际论坛"在北京开幕，10多个国家的500多人出席论坛。2012年8月，北京市奶业协会、绿荷中心、美国达农威公司共同举办"北京国际奶牛营养与饲料管理专题研讨会"，多名国际奶牛养殖专家及学者分别做演讲报告。2017年7月，双河农场邀请日本水稻专家石附建一到农场考察水稻良种繁育体系项目建设基地，指导农场科技人员试验种植北海道优质高食味水稻品种"美之梦"、寿司专用米品种"七星"；9月，柳州三元天爱乳业有限公司乳品加工厂邀请德国乳品专家Dieter Doose到企业对乳制品中的风味发酵乳进行为期7天的现场技术指导。上述这些合作活动标志着北京农垦引智工作进入一个新高度。

绿荷中心连续多年举办中国-以色列奶牛技术高级培训班，跟踪国外奶牛育种和饲养先进技术，不断提高科技创新能力。2002年10月，绿荷中心举办中以第一届中国-以色列奶牛技术高级培训班，邀请以色列专家授课。2003年10月，北京市奶牛协会和绿荷中心主办第二届中国-以色列奶牛技术高级培训班。2004年10月，绿荷中心举办第三届中国-以色列奶牛技术高级培训班。2005年7月，绿荷中心举办第四届中国-以色列奶牛技术高级培训班，特邀以色列奶牛育种专家和奶牛繁殖及保健专家讲学。2006年12月，绿荷中心举办第五届中国-以色列奶牛技术高级培训班。2007年8月，绿荷中心举办第六届中国-以色列奶牛场管理培训班，以色列奶牛营养及管理专家和奶牛兽医专家应邀讲学。2009年12月，绿荷中心举办第七届中国-以色列奶牛技术高级培训班。2011年11月，绿荷中心举办第八届中国-以色列奶牛技术高级培训班。2013年4月，由绿荷中心、以色列国马沙夫（MASHAV）、以色列国驻华大使馆主办，绿荷中心奶牛服务公司承办，奶牛中心协办的"中以现代奶业技术中心启动仪式暨第九届中以奶牛养殖技术培训班"在香山会议中心举行。2016年5月29日—6月1日，首农畜牧在香山会议中心举办第十届中以奶牛养殖技术培训班，以色列驻华大使馆农业参赞、以色列农业部动物实验室主任、以色列奶牛乳房健康专家等人出席。

■ 第四节 科技项目与成果

一、科技项目

（一）"六五"至"八五"时期组织实施的主要科技项目

北京农垦把组织实施科技项目作为促进科技进步的重要抓手。"六五"至"八五"时期，北京农垦组织实施的主要科技项目主要包括以下3个方面：

1. 种植业方面 在种植业方面，引进粮食、蔬菜、水果等新品种，进行试验示范、繁育推广，籽种农业处于京郊农村领先的地位。同时，大力推进耕作栽培方面的科技项目，如在"六五"期间实施"北京地区小麦栽培指标化研究""北京东南郊粮食中低产综合研究"等项目，在"七五"期间实施"三大作物秸秆还田技术推广及肥效研究""夏玉米免耕覆盖精播机械化配套技术及第一代免耕覆盖精播机研制"等项目，在"八五"期间实施"小麦生产计算机模式化栽培系统推广及应用研究"，这些项目的实施取得了明显的经济、技术和社会效益。

2. 养殖业方面   在养殖业方面，承担了国家及北京市的大量课题，涉及育种、饲养、饲料、疫病防控等。1985—1995 年，北京农垦在养殖业方面共承担国家、农业部、北京市下达的课题 209 项，其中国家级课题 10 项。以奶牛业为例，"六五"期间，实施"牛冷冻精液人工授精繁殖技术的推广应用""畜禽遗传规律及其应用的研究""高产奶牛饲养技术规范的研究和推广""奶牛饲养标准""奶牛营养需要和饲料配方的研究"等项目，"奶牛营养需要和饲料配方的研究"项目获得国家计委、国家经委、国家科委和财政部联合颁发的"六五"国家科技攻关成果奖。"七五"期间，实施"北京市奶牛业配套技术研究""北京奶牛业持续高产技术的研究及推广"，种公牛站制定的牛冷冻精液国家标准（GB 4143—84）获得国家标准局科技成果二等奖。"八五"期间，实施"奶牛综合配套新技术推广""奶牛细管冷冻精液人工授精配套技术""北京黑白花奶牛良种选育高产配套新技术的应用与推广"等项目，其中"八五"国家科技攻关专题"应用 MOET（超数排卵和胚胎移植）技术选育高产中国荷斯坦牛的研究"由中国奶牛协会和总公司奶牛研究所共同完成，"线性与非线性模型在畜禽育种中应用"项目于 1994 年获得国家科委颁发的国家科技成果证书。

1986 年，总公司承担国家经委下达的"瘦肉猪生产系列工程"项目中的"良种猪繁育体系"和"商品猪生产示范场"任务。1989 年，总公司实施 SPF 猪育种项目。1990 年，农业部下达国家重点农业新技术推广计划项目"现代（集约）化养猪的综合技术的推广与应用"，其中，北京市农场局和黑龙江省农垦科学院牵头承担的"工厂化养猪饲养工艺改革及配套技术的研究"项目于 1994 年获农业部科学技术进步奖二等奖，SPF 猪育种中心完成的"SPF 猪系统开发研究"项目获 1992 年度北京市科学技术进步奖二等奖。1994 年，总公司、北京农业大学、南郊农场建新猪场合作完成的"瘦肉猪新品系北京花猪Ⅱ系选育"被市政府授予 1994 年度北京市科技进步奖一等奖。1995 年，养猪育种中心承担的"八五"农业部畜牧业重点科研计划——"配套系种猪选育和利用的研究"项目，通过农业部专家组验收。通过这些项目的实施，北京农垦的奶牛、猪、鸭生产技术达到了国内先进水平，某些技术达到国际先进水平。

1985 年，完成"北京鸭双桥Ⅱ系选育"项目，是年 8 月，获农牧渔业部 1985 年度科技进步奖三等奖；1987 年，实施"七五"星火计划重点开发项目——"北京鸭工厂化网上饲养"项目。

3. 工业科技项目方面   在工业科技项目方面，重点在乳品、医药、灯具、建材等行业研发一批新产品、新工艺。以乳品制造为例，实施了"酸奶菌种和生产工艺改革""中国传统奶制品挖掘、研制与开发"等项目，极大地丰富了产品线。

（二）"九五"时期至 2017 年组织实施的主要科技项目

从 1996 年开始实施"九五"发展规划起，北京农垦组织实施的科技项目层次和深度都有提高，与系统外的合作研发更密切，有些项目实施周期也较长，取得的成果较为丰富。北京农垦实施的科技项目分为国家、北京市等相关行业的专项课题与企业自立课题两大类。

1. 国家、北京市等相关行业重点科技项目

（1）奶牛业重大科技项目。1996 年，奶牛中心参与了"全国联合奶牛群改良方案"的任务；同年，被纳入"中国-加拿大奶牛育种综合项目"第二期计划，重点推广 DHI 测定工作。是年，奶牛中心承担国家科委下达的"九五"国家重点科技项目（攻关）计划——"应用胚胎生物技术建立良种牛繁育体系和生产体系"，还承担了 1996 年北京市重大科技成果推广计划——"奶牛精饲料综合高效技术推广研究"。1997 年 2 月，中国农业大学、奶牛中心等单位合作完成的国家"八五"重点攻关课题"中国荷斯坦牛 MOET 育种体系的建立与实施"成果通过鉴定，被农业部评为 1998 年度科学技术进步奖一等奖。2000 年 2 月，奶牛中心胚胎工程产业化示范项目被列入 1999 年国家高技术产业化国债项目；7 月，由奶牛中心承担的国家"99"高技术产业化示范项目——"奶牛胚胎产业化示范工程"正式启动，至 2001 年 8 月，项目基本完成，实施此项目使中国奶牛遗传改良速度加快 25～30 年。2003 年，绿荷中心参与"十五"国家奶类重大科技专项——"北方大城市郊区奶业现代化生产技术

集成与产业化示范"项目,通过该项目的实施,至 2004 年 10 月,所属 27 个国有牛场全部采用 TMR 饲养方式,成为在全国率先大规模使用 TMR 饲养工艺的奶牛养殖基地。2004 年 4 月,绿荷中心主持承担的北京市重点科技推广项目"奶牛优质高产技术推广"通过市科委组织的专家组鉴定验收;是年 12 月,奶牛中心实施的农业科技跨越计划"高产奶牛 MOET 育种核心群的建立"项目通过农业部科教司组织的专家组验收。2006 年 5 月,奶牛中心承担的农业部"948"项目"引进丹麦牛奶综合指标检测仪器技术研究"通过农业部专家组的验收。2006 年,首农集团在北京 7 个区县开展"奶牛优质冻精及配套技术推广项目",项目于 2010 年 12 月完成,覆盖牛群规模为 17.6 万头,累计使用 54 头优秀验证公牛和 20 头优秀青年公牛的优质冻精 766 725 剂,配种母牛 366 782 头次,繁殖优良母牛 158 470 头。2009 年 3 月,由绿荷中心、奶牛中心和北京市奶业协会共同完成的"现代奶牛 EDTM 生产技术体系建立与应用推广"项目成果通过专家评估,2010 年,获得 2009 年度北京市农业技术推广奖一等奖。2010 年 4 月,奶牛中心作为第二完成单位参加的"中国荷斯坦牛分子育种关键技术研究与应用"项目通过教育部组织的成果鉴定,该课题历经 14 年的系统深入研究,构建了中国荷斯坦牛分子育种关键技术平台,取得一批创新性成果;同年 12 月,奶牛中心承担的科技部"十一五"科技支撑计划"奶牛良种扩繁技术研究及产业化开发"项目通过验收,项目累计生产优质冻精 3 864 万剂,选育出年产 10 万剂的高产冻精公牛 12 头,累计生产优质组合胚胎 79 944 枚,获得科技成果奖励 8 项、发明专利 6 项,编写标准 7 项。2011 年 6 月,奶牛中心主持的"十一五"北京市重大科技项目"奶牛良种产业化升级技术研究与应用"通过市科委组织专家组验收。该项目完成对核心母牛群的组建和后备种公牛站的建设,累计培育后备种公牛 218 头;建成体内与体外胚胎生产线两条,供体母牛一次超排平均获得胚胎 7.5 枚;累计生产优质组合胚胎 79 944 枚。在项目期间,获得北京市农业技术推广一等奖 2 项,发表 SCI 论文 5 篇,申请专利 11 项,已授权专利 4 项,获软件注册权 2 项。2017 年 5 月,由首农集团主持、三元种业为主要实施单位的"华北农区及北方大城市奶牛健康养殖生产技术集成及产业化示范"课题通过国家科技部农村司、农村中心组织的专家验收。通过实施该课题,形成奶牛良种培育、高效饲养、奶牛场标准化建设等奶牛养殖关键技术体系示范基地 1 个,示范场奶牛存栏规模达到 4.5 万头,建立奶牛微生态饲料添加剂生产线 1 条、粪污资源再利用微生物生产线 1 条,年生产各类产品 3 000 吨,实现年无害化处理粪污 60 万吨以上,建立企业产业链质量追溯系统,开发出国内首个乳品产业风险管理平台,建立规模为 1 000 吨/天液态乳的乳品链质量安全追溯系统应用示范基地 2 个。在课题实施期间,共发表论文 53 篇,其中国际期刊 SCI、EI 收录论文 14 篇,完成研究报告 5 份,出版著作 5 部;获得授权专利 20 项,其中发明专利 4 项、软件著作权 1 项;制定农业行业标准 3 项、企业标准 12 项。通过课题实施,共培养博士后 14 人、博士 24 人、硕士 77 人、技术骨干 666 人。

(2)猪业重大科技项目。2001 年 4 月,养猪育种中心承担的农业部"948"项目"引进种猪性能测定微机自控技术"通过农业部"948"办公室组织的项目鉴定。2003 年,完成农业部科技跨越计划"优质瘦肉型配套系猪组装技术的熟化与示范"。2004 年,完成北京市科技项目"绿色食品与良种工程"的子课题"北京配套系种猪培育"和"优质瘦肉型配套系培育",通过项目实施,培育出经过国家品种资源审定委员会审定的、性能指标符合项目指标要求的配套系种猪。2009 年,"猪冷冻精液技术的引进与推广"入选农业部"948"重大储备项目。2010 年,承担北京市科技计划"精品种猪培育及产业化示范"的子课题"京 S2、D5 系专门化品系培育"的研究,成功培育了生长速度快、胴体品质好、瘦肉率高的 S2 父系专门化品系和突出高产仔数的 D5 母系专门化品系,成为国内首家引进、利用全基因组技术繁育种猪的公司,首批基因组选择公猪已经应用于实际生产,实现了国内种猪、国际品质。黑六牧业公司先后完成市科委下达的 7 个项目:"精品种猪培育及产业化示范:京 D4 系专门化品系培育"(2012 年)、"培育高繁殖优质新品系种猪北京黑猪试验示范基地建设"(2013 年)、"北京黑猪繁育技术研究"(2014 年)、"超高压技术猪肉加工产品开发和产业化示范"(2014 年星火计划)、"北京黑猪养殖示范、生产加工污水处理改造工程"(2014 年)、"北京黑猪肉色及肌内脂肪性状持续改良的研究与示范"（2015 年）和"北京黑猪养殖示范、生产加工污水处理改造工程"（2015—2016 年）。

（3）蛋鸡重大科技项目。1997 年 1 月，华都集团正式实施国家"九五"重点科技攻关项目"蛋鸡规模化养殖及产业化技术研究与开发"，2000 年 11 月通过市科委验收。2008 年，市科委启动 31 个重点科技项目，其中峪口禽业公司承担的"蛋种鸡大规模产业化生产关键技术研究"项目列入其中。2012 年 5 月，峪口禽业公司承担的国家农业科技成果转化资金项目"优质蛋鸡新品种及规模化生产关键技术示范与推广"顺利通过市科委组织的专家验收。项目实施期间，峪口禽业公司建立了京红 1 号、京粉 1 号良种繁育体系，规模达到曾祖代种鸡 4 万只、祖代种鸡 25 万套，新增父母代种鸡 50 万套，总量达到 220 万套；形成技术规程 2 项、技术标准 2 项，蛋鸡规模化、标准化生产技术的研究集成，填补了我国两段式饲养工艺配套技术的空白；实现了蛋种鸡生产全过程的自动化、精准化和可追溯；率先开展了国内垂直性传播疾病净化技术研究，促进了国产蛋鸡产业技术水平的提升。同时，还健全了蛋种鸡的示范、推广体系，累计在全国 12 个省市建立了 700 多个技术示范推广点，构建了"父母代直销制"和"商品代代理制"两大特色推广模式，提高了国产良种蛋鸡的覆盖率，推动了我国蛋鸡行业健康发展。2014 年 5 月，峪口禽业公司与北京农业大学动物科技有限责任公司共同承担的市科委"'京白 1 号'及'农大 5 号'蛋种鸡新品种选育及产业化"重大项目开始启动。2013—2017 年，先后主持国家科技支撑计划子课题"优质高产高效蛋鸡新品种选育关键技术研究与示范"、国家 863 计划子课题"蛋鸡生长、繁殖、蛋品质、抗病、饲料报酬性状的功能基因组学研究"、国家重点专项项目"高产蛋鸡高效安全养殖技术应用与示范"，以及北京市科技计划课题 10 余项。

（4）鸭业重大科技项目。"九五"至"十一五"时期，金星鸭业中心先后开展烤炙型和分割型北京鸭新品系的选育及配套利用工作。2001 年 10 月，完成"北京鸭南口新品系培育及配套组合建立"项目。2003 年 9 月，开始承担国家"十五"期间农业科技成果转化项目——"优质北京鸭良种繁育技术体系中试与示范"，2006 年 9 月，项目通过市科委专家组验收。2005 年 8 月，由金星鸭业中心组织实施市科委项目"分子标记技术在北京鸭专门化品系培育中的应用"，金星鸭业中心与中国农业大学合作建立北京鸭资源群体，制作了首张高密度遗传图谱，并克隆了生长、繁殖、肉质性状主效基因，在此基础上开始建立分子标记辅助育种模型，并应用于北京鸭新品系的培育。2006 年 5 月，金星鸭业承担的"引进樱桃谷鸭，提高中国肉鸭生产水平"项目通过农业部"948"项目管理办公室验收。2007 年 4 月，金星鸭业和中国农业大学共同完成市科委项目"分子标记技术在北京鸭专门化品系培育中的应用"。2011 年 1 月—2015 年 12 月，金星鸭业承担了国家科技支撑计划"优质高产高效家禽新品种（系）选育与关键技术研究及示范"项目的子课题"优质高产高效肉鸭品种选育关键技术研究与示范"。2014 年 1 月，金星鸭业公司承担市科委"优质北京鸭品种改良及选育"重点课题，课题期限 3 年。该项目采用北京鸭纯系繁育、杂交、横交固定等技术，分别建立高胸肉率、高饲料报酬的品系和高皮脂率的专门化品系，利用闭锁群系选育的方法和标记辅助选择的方法，建立 4 系配套的肉脂型与瘦肉型北京鸭繁育体系，改善北京鸭饲料转化效率的育种技术与方法。2015 年 1 月，金星鸭业公司承担的国家星火计划项目子课题《北京烤鸭加工产业化技术升级与示范项目》通过市科委的验收。2016 年 6 月，金星鸭业公司承担的"十二五"国家科技支撑计划项目"北京鸭新品系培育及规模化养殖示范"通过国家科技部验收。2017 年 2 月，金星鸭业公司承担的为期三年的市科委课题"优质北京鸭品种改良及选育"通过结题验收，经评测，公司及课题信用等级均为 A。

为了加快北京鸭育种进展，金星鸭业中心参与农业部、水利部、国家林业局、财政部共同组织实施的"引进国际先进农业科学技术计划"。通过引进美国枫叶公司的育种、饲养、管理、防疫、营养等技术和理念，提高北京鸭的饲料转化率和胸肉率，提高北京鸭的养殖和防疫水平，并培育自主知识产权的北京鸭新品系取代种鸭进口。2010 年 4 月 2 日，第一批 2 460 只美国枫叶农场公司北京鸭（即枫叶鸭，其中祖代 1 260 只、父母代 1 200 只）进入隔离场。2011 年 11 月 18 日，第二批 2 500 只祖代枫叶鸭进入隔离场。通过技术引进，利用 3～5 年时间，对北京鸭育种、养殖技术、健康养殖模式等方面进行深入研究，以此为依托做大做强北京鸭产业。最终，通过引进学习，形成具有自主知识产权的北京鸭育种研究及管理体系，并逐步推广先进技术和经验，提升我国肉鸭养殖的整体水平。

（5）乳业重大科技项目。从 2001 年起，至 2017 年年底，三元食品股份公司累计承担国家科技项目 22 项，其中，国家经济贸易委员会项目 1 项，科技部项目 13 项，农业部项目 3 项，国家外国专家局项目 3 项，国家级科研机构 2 项（表 7-1-15）。

表 7-1-15　三元食品股份公司完成的国家部委科技项目一览

序号	项目来源	课题名称	项目起止时间	备注
1	国家经济贸易委员会	直投式酸奶发酵剂的研制	2002—2004.12	技术创新项目
2	科技部	乳制品加工技术研究与新产品开发	2001—2003.12	科技部"十五"重大科技专项
3		乳品高新技术研究与功能性产品开发	2002—2004.4	
4		乳品加工关键技术设备的研究与产业化开发	2002—2005.12	
5		新型乳制品研制及其产业化开发	2006.1—2010.12	
6		乳制品质量安全控制技术研究与产业化示范	2009.1—2011.12	
7		传统乳制品微生物资源开发与产业化关键技术	2011—2015.12	科技部 863 项目
8		原料乳及酸奶生产过程中主要食源性致病微生物的控制技术的研究	2012.1—2015.12	
9		乳制品品质改善技术研究与产业化示范	2013.1—2016.12	科技部支撑计划
10		液态乳加工产业化技术升级及示范	2012.1—2014.12	国家星火计划
11		液态乳加工技术	2012.1—2016.12	
12		国家母婴乳品健康工程技术研究中心建设	2014.7—2017.8	
13		乳品安全全链条质量控制的创新方法研究与应用示范	2016.10—2019.10	
14		乳品安全全链条质量控制的创新方法研究与应用示范	2016.10—2019.10	
15	农业部	宫廷奶酪和重制干酪加工新技术推广应用	2002—2003.7	
16		乳糖水解奶产业化	2003—2004.12	
17		农产品加工研发中心建设项目	2011.1—2013.12	
18	国家外国专家局	引进干酪及直投式酸奶发酵剂加工技术成果示范推广	2004—2005.10	
19		乳品开发与国际新技术追踪成果示范推广	2005—2005.12	
20		引进 2008 奥运干酪及新型干酪加工关键技术成果示范推广（引智干酪示范）	2006.1—2008.12	
21	中国农业科学院质量标准与检测技术研究所	原料奶产地溯源检测技术研究	2015.4—2018.3	
22	国家航天营养与食品工程重点实验室	干酪馒头加工关键技术研究	2017	

说明：根据北京三元食品股份有限公司志稿（初稿）资料整理。

　　三元食品股份公司技术中心在母婴营养基础科学、乳品品质提升与安全保障技术领域开展了系统研究，先后完成科技部"国家母婴乳品健康工程技术研究中心建设"项目和北京市科技计划"婴幼儿配方乳粉营养安全控制技术研究与产业化"项目、"母婴乳品生物技术北京市工程实验室创新能力建设"项目，以及北京市科技合同项目"人乳铁蛋白基因工程菌株的研究"项目，搭建我国健康母乳数据库 1 个，开发了营养与消化水平更接近母乳的爱力优婴幼儿配方乳粉系列，推出了衡安堂 166 酸奶、极致 A2 纯牛奶等多个新品，申报国际、国家等多个专利，获多个部委、行业协会颁发的科技奖贤，显著提升了三元产品的信任度。三元奶粉连续 9 年荣获网络民意口碑第一名。

2. 企业自立科技项目 北京农垦在"十二五"期间的指导思想中提出要把首农集团建设成为创新型的国家农业产业化龙头企业。2011—2015 年，除了承担国家、北京市的科技项目 76 项外，还实施完成了自立课题 293 项。自立课题围绕企业科技发展规划，针对本企业生产中的技术难点和重点开展攻关，以推进企业科技创新，促进企业技术升级，提高产品质量，降低生产成本，增加企业竞争力。三元种业科技股份公司是开展自立课题较多的企业，自 2012 年开始，每年约安排 300 万元用于开展种业自立课题研究工作。公司还制定《自立课题管理办法》，对研究任务的提出、征集、申报、评审、立项、实施、验收进行有效、规范的管理。2012—2017 年，三元种业共立项自立课题 78 项。

二、科技成果

北京农垦科技工作者在实施科技项目的过程中，取得了一批科技成果，部分科技成果不仅获奖等级高，更重要的是解决了生产实践中急需解决的难题，产生了较好的经济效益。1979—1995 年，北京农垦科技成果获奖达 204 项，获奖汇总情况见表 7-1-16 所示。[①]

表 7-1-16　1979—1995 年北京农垦科技成果获奖情况一览

国家级奖励		部级奖励		市级奖励			
奖项类别	数量	奖项类别	数量	奖项类别	数量	奖项类别	数量
全国科学大会奖	1	科技进步奖	16	科技进步奖	45	农业技术推广奖	12
国家科技进步奖	1	科技成果奖	6	科研成果奖	21	十佳新产品奖	1
国家星火奖	6	技术改进奖	4	科技成果奖	14	优秀新产品奖	1
农业科技推广奖	2	丰收奖	3	星火奖	37	技术开发优秀奖	34
小计	10	小计	29	小计		165	

说明：本表根据《北京志·农业卷·国营农场志》第 203 页资料绘制。

1996—2017 年，北京农垦参与完成的获奖科技成果共 114 项。其中，国家级奖项 8 项，部级奖项 20 项（含部级农牧渔业丰收奖 12 项），市级奖项 86 项（包括科技进步奖 29 项）、农业技术推广奖 42 项、市级星火奖 15 项。

在获奖的 114 项中，由北京农垦企业独立完成或作为第一完成者的奖项共 67 项。其中，农业部科技进步奖 2 项，全国农牧渔业丰收奖（成果奖）4 项，北京市科技进步奖 18 项，北京市农业技术推广奖 29 项，北京市星火科技奖 14 项。在 67 项获奖成果中，有研究类项目 24 项目，推广类项目 43 项。获奖情况见表 7-1-17 至表 7-1-22。[②]

表 7-1-17　1996—2017 年获得国家科学技术进步奖情况

序号	获奖项目	获奖等级	获奖年份
1	中国荷斯坦奶牛 MOET 育种体系的建立与实施	二等奖	2001
2	高产蛋鸡新配套系的育成及配套技术的研究与应用	二等奖	2001
3	桃、油桃系列品种育种与推广	二等奖	2002
4	优质乳生产的奶牛营养调控与规范化饲养关键技术及应用	二等奖	2012
5	干酪制造与副产物综合利用技术集成创新与产业化应用	二等奖	2013

---

① 1979—1995 年北京农垦科技成果获奖明细情况见《北京志·农业卷·国营农场志》。

② 表 7-1-17 至表 7-1-22 根据首农集团企业管理部和部分二级企业提供资料绘制，奖项名称后缀□符号表示首农集团所属企业不是该项目第一完成人，1995 年前（含）的项目见《北京志·农业卷·国营农场志》。

（续）

序号	获奖项目	获奖等级	获奖年份
6	北京鸭新品种培育与养殖技术研究应用	二等奖	2013
7	奶牛饲料高效利用及精准饲养技术创建与应用	二等奖	2014
8	中国荷斯坦牛基因组选择分子育种技术体系的建立与应用	二等奖	2016

表 7-1-18　1996—1999 年获得国家部级科技成果奖励情况

序号	获奖项目	奖励名称	获奖等级	获奖年份
1	牛传染性鼻气管炎综合防制□	农业部科技进步奖	三等奖	1997
2	迪卡配套系猪引进、选育与推广□	农业部科技进步奖	三等奖	1998
3	中国荷斯坦奶牛 MOET 育种体系的建立与实施	农业部科技进步奖	一等奖	1999
4	新型乳制品加工关键技术集成创新与新产品开发	教育部科学技术进步奖	二等奖	2009
5	双歧杆菌的筛选、功能评价及产业化应用研究	农业部中华农业科技奖科学研究成果奖	三等奖	2009
6	干酪加工及乳清综合利用关键技术研究及产业化	农业部中华农业科技奖科学研究成果奖	二等奖	2011
7	奶牛饲料资源高效利用与生态养殖关键技术研究及示范	农业部中华农业科技奖科学研究成果奖	一等奖	2012—2013
8	高效瘦肉型猪新配套系培育与产业化应用	农业部中华农业科技奖科学研究成果奖	三等奖	2012—2013

表 7-1-19　1996—2017 年获得农业部农牧渔业丰收奖情况

序号	获奖项目	获奖等级	获奖年份
1	北京市特种蔬菜高产栽培技术的推广	一等奖	1997
2	猪优良新品种及配套集约化增产技术□	三等奖	1998
3	秋大棚番茄稳产高效延长供应期配套技术推广	二等奖	1999
4	家禽优良品种及其配套集约化增产技术□	二等奖	1999
5	北京鸭良种推广及饲养配套技术应用□	三等奖	2002
6	种猪遗传评估技术研究与应用	一等奖	2010
7	奶牛优质冻精及配套技术推广（成果奖）□	三等奖	2010
8	猪人工授精技术集成创新与推广应用	二等奖	2013
9	奶牛场标准化规模饲养关键技术示范与推广	农业技术推广合作奖	2013
10	犊牛营养调控和培育关键技术研究与推广应用	一等奖	2016
11	全国农垦规模化养殖场标准体系建立与示范推广	二等奖	2016
12	北京鸭生态健康养殖与质量安全控制模块化集成与应用	二等奖	2016

表 7-1-20　1996—2017 年获得北京市科学技术进步奖项情况

序号	获奖项目	获奖等级	获奖年份
1	阿维菌素制剂的研制及推广	二等奖	1996
2	IZSS-600-3 型振动深耕松鼠道犁□	三等奖	1996
3	奶牛青贮小黑麦新品种中饲 1890 选育及应用□	三等奖	1996
4	北京地区荷斯坦牛选育新技术的研究□	二等奖	1997
5	半合成抗生素—阿奇霉素的研究开发□	二等奖	1998

（续）

序号	获奖项目	获奖等级	获奖年份
6	《奶牛疾病监控》专著□	三等奖	1998
7	北京地区冬小麦精播机具及高产综合配套技术体系的研究与应用□	三等奖	1998
8	瘦肉型父系（杜洛克）种猪选育新技术研究□	三等奖	1999
9	橡塑渗灌管的研制与开发□	三等奖	1999
10	北京鸭南口新品系培育及配套组合建立□	三等奖	2001
11	应用生化遗传标记选育北京黑猪瘦肉系的研究□	二等奖	2002
12	洛岛红型纯系鸡自别雌雄及其相关基因的研究	二等奖	2002
13	应用胚胎生物技术建立高产奶牛繁育体系和生产体系研究□	二等奖	2003
14	乳品加工高新技术研究与功能性产品开发□	三等奖	2004
15	改进牛冷冻精液生产工艺的意见与应用□	三等奖	2004
16	高产优质奶牛胚胎工厂化生产和移植技术□	二等奖	2005
17	应用体细胞克隆技术生产和拯救优质奶牛	一等奖	2005
18	膜技术的研究及其在乳制品加工中的产业化应用□	三等奖	2009
19	奥运蔬菜安全供应保障体系技术研究与应用	三等奖	2009
20	禽畜鹦鹉热衣原体基因工程亚单位疫苗和检测技术的研究	一等奖	2009
21	大豆膨化提高 PUFA 转化为 CLA 的作用机理研究及产业化开发	三等奖	2009
22	蛋鸡新配套系选育及产业化技术研究与应用□	二等奖	2010
23	北京鸭种质资源创新与应用	一等奖	2010
24	中国荷斯坦牛分子育种关键技术研究与应用	二等奖	2010
25	新型乳制品加工关键技术研究与产业化应用	二等奖	2011
26	特色乳制品现代化加工关键技术研究与产业化□	三等奖	2014
27	营养和功能成分标示的基标准方法及标准物质关键技术研究与应用	三等奖	2014
28	中国荷斯坦牛基因组选择分子育种技术体系的建立与应用	一等奖	2015
29	乳品产业链质量安全监控关键技术创新集成及应用□	二等奖	2016

表 7-1-21　1996—2017 年获得北京市农业技术推广奖情况

序号	获奖项目	获奖等级	获奖年份
1	北京市农场系统水稻钵盘育苗抛秧技术的应用与推广□	二等奖	1996
2	4LFJQ 型茎干切碎机推广□	一等奖	1997
3	大棚春黄瓜稳产高产综合配套技术的推广与应用□	二等奖	1997
4	京郊水稻叶龄模式高产栽培技术推广研究与应用	一等奖	1999
5	奶牛传染性鼻气管炎监控技术的推广与应用□	一等奖	1999
6	早中熟油桃示范与推广□	二等奖	2000
7	干燥花原材料品种的栽培和推广应用□	二等奖	2000
8	引进以色列现代园艺设施栽培技术试验示范□	三等奖	2000
9	北京地区麦田主要阔叶杂草一次性防治技术研究与应用□	三等奖	2000
10	PC 透光板温室引进创新及推广应用□	三等奖	2001
11	应用集成技术培育高产奶牛群的研究□	三等奖	2001
12	麦蚜防治新技术研究与推广□	二等奖	2001
13	奶牛胚胎生物技术应用推广	三等奖	2002

（续）

序号	获奖项目	获奖等级	获奖年份
14	奶牛优质高产生产技术推广□	三等奖	2004
15	苗木循化繁育技术的应用与推广□	三等奖	2004
16	种猪场人工授精技术推广与应用	一等奖	2005
17	优质黄羽肉鸡配套系及配套技术示范推广	一等奖	2005
18	荷斯坦奶牛良种繁育体系建立及应用推广□	二等奖	2005
19	多功能精量牧草播种机研制与优良牧草的推广□	三等奖	2005
20	大白猪选育及综合配套技术应用推广	一等奖	2006
21	鲜切生菜品种筛选及栽培技术推广	一等奖	2006
22	DHI 体系的建立及应用推广□	三等奖	2006
23	百合周年生产栽培技术试验示范□	三等奖	2006
24	节水小麦抗旱品种筛选与配套技术的研究与应用□	三等奖	2007
25	鲜切蔬菜加工关键设备技术及管理体系的示范推广	二等奖	2008
26	奶牛青贮玉米一年两茬生产技术的研究与应用□	三等奖	2008
27	现代奶牛 EDTM 生产技术体系建立与应用推广□	一等奖	2009
28	大豆膨化提高 PUFA 转化为 CLA 作用机理研究及产业化开发	三等奖	2010
29	奶牛优质冻精及配套技术推广□	一等奖	2010
30	偶蹄家畜重大和常发疫病防治关键技术研究与推广	一等奖	2010
31	副干酪乳杆菌在再制干酪中的应用与产品开发	二等奖	2010
32	北京地区夏季奶牛热应激及控制措施的研究与应用推广□	三等奖	2010
33	现代化养猪生产管理标准化技术推广□	三等奖	2010
34	优质高产蛋鸡配套系及产业化技术示范推广□	一等奖	2013
35	北京鸭质量安全控制体系建设与推广应用□	二等奖	2013
36	奶牛良种扩繁配套新技术推广应用□	二等奖	2013
37	奶牛蹄病与变形蹄综合防治新技术的推广□	二等奖	2013
38	鸡马立克氏病活疫苗（814 株）的产业化与推广应用□	三等奖	2013
39	生菜高产安全生产技术示范与推广	一等奖	2014
40	高产奶牛产品质量安全控制技术集成与示范	三等奖	2014
41	叶类蔬菜周年安全生产技术研究与应用	一等奖	2016
42	北京地区奶牛养殖精准服务技术平台建立与应用□	一等奖	2016

表 7-1-22　1996—1999 年获得北京市星火科技奖情况

序号	获奖项目	获奖等级	获奖年份
1	Yld-bxg 系列全自动供水设备研制与开发□	一等奖	1996
2	DHG 系列回光灯具研制与开发□	三等奖	1996
3	TCG 型组合式搪瓷钢板储水箱研制与开发□	三等奖	1996
4	阿奇霉素原料药及其制剂的开发研制□	一等奖	1997
5	DSR1 系列三基色柔光灯的研制□	二等奖	1997
6	DTGJ（XG201）-2000 透射高效聚光灯的研制□	三等奖	1997
7	科宝 KB 型柜式油烟机产品开发□	三等奖	1997
8	红星区星火技术密集区建设管理	二等奖	1998

（续）

序号	获奖项目	获奖等级	获奖年份
9	10W \ 30 防冻油的研制□	三等奖	1998
10	耕耘图文动画特技字幕制作系统产品开发□	三等奖	1998
11	DSJC-1 电视停播记录仪产品开发□	二等奖	1999
12	翘嘴鳜鱼养殖技术□	二等奖	1999
13	利用移栽灵有效防除立枯病及就地取土不调酸水稻旱育苗研究与应用□	三等奖	1999
14	粮食和青饲高产高效示范工程□	三等奖	1999
15	奶牛场优质原料奶生产配套技术的研究与应用□	三等奖	1999

北京农垦从1981年起开始设立局级（集团公司级）科技成果奖，每年都请专家对所属企业完成的科技成果进行评定，并经局/总公司/集团公司科委讨论审定，评选出优秀成果印制成光荣册，在科技工作大会上予以奖励。1987年，农工商联合总公司修订和完善了总公司科技进步奖奖励办法。1981—1995年，共评出局级/总公司级优秀成果奖459项，其中特等奖2项，一等奖72项。1996—2017年，共评出总公司级/集团公司级优秀成果奖379项，其中科技进步奖294项，科技成果推广奖85项（表7-1-23）。

表 7-1-23　北京农垦集团级获奖科技成果情况

年份	科技进步奖				科技成果推广奖			
	小计	一等奖	二等奖	三等奖	小计	一等奖	二等奖	三等奖
1996	17	5	8	4	5	—	1	4
1997	17	5	8	4	5	—	1	4
1998	10	4	3	3	6	—	3	3
1999	7	3	2	2	2	1	—	1
2000	9	2	4	3	2	1	1	—
2001	8	2	3	3	2	1	1	—
2002	15	4	5	6	—	—	—	—
2003	12	3	4	5	2	1	1	—
2004	16	3	5	8	2	1	1	—
2005	16	3	5	8	2	1	1	—
2006	9	2	6	1	2	—	1	1
2007	12	2	4	6	2	—	—	2
2008	10	2	4	4	1	—	—	1
2009	13	3	4	6	3	1	1	1
2010	19	3	5	11	1	—	1	—
2011	19	3	6	10	3	1	1	1
2012	15	4	3	8	4	1	1	2
2013	11	2	4	5	9	1	4	4
2014	17	2	6	9	10	1	5	4
2015	15	3	6	6	7	2	2	3
2016	8	2	3	3	11	2	5	4
2017	19	4	7	8	4	1	2	1
合计	294	66	105	123	85	16	33	36

说明：1. 资料由首农集团企业管理部提供。
　　　2. 划"—"表示该年该项目奖励等级为空缺。

2004 年，三元集团开展优秀论文奖励，以鼓励科研人员把科技活动学术化。当年征集科技论文 64 篇，评出获奖论文 26 篇，涉及农业、工业、软科学等专业领域。2012 年，首农集团正式设立优秀青年论文表彰奖励制度，当年评出获奖论文 38 篇，激发了青年科技工作者开展学术活动的积极性，完善了北京农垦的科技奖励体系。

■ 第五节　科协活动

北京农垦系统科学技术协会是党委领导下的科技工作者的群众学术团体。1983 年 3 月 28 日，市农场局成立科协筹备会。至 1983 年年底，市农场局系统成立作物学会等 8 个学会、1 个协会、1 个研究会。1985 年 5 月 18 日，正式成立总公司科学技术协会，刘国娟当选科协主席。总公司科协设有作物、果林、蔬菜、畜牧兽医、奶牛、农业系统工程、能源、土建等 15 个学会，新闻、摄影 2 个协会，以及工业经济、农业经济 2 个研究会，发展了 2 000 名会员。1989 年 12 月，召开第二届总公司科协会员大会，总公司又发展了 4 个专业学会，即工程师协会、统计学会、医学会、农场经济管理研究会，减少了 2 个研究会（工业经济管理研究会和质量管理研究会），总公司专业学会总数为 21 个；农场基层科协由成立之初的 2 家发展到 10 家，有会员 5 000 人。1992 年 5 月，农场经济管理研究会成为中国农垦经济研究会团体会员。

总公司科协成立以来，按照协会章程积极开展群众性的学术交流、技术培训、技术推广和技术咨询服务等活动。1992 年，总公司科协组织实施了金桥计划，推动了十几个金桥工程项目。1993 年，由延庆橡胶厂与市建工所合作完成的 DYZ 型多功能油毡生产线、SBS 改性沥青系列柔性油毡项目，以及 1995 年由总公司科协、南郊农场科协与北京市星光影视设备厂共同推动的"BST-60 微机数控调光柜"项目，分获"金桥工程"项目三等奖。"八五"期间，总公司科协协助有关部门推广重大农牧业科技成果 159 项，增产粮食 7 200 万千克，增产奶、菜、果、肉等副食品 8 500 万千克，增收 2.1 亿元，节支 2 100 万元。

场乡体制改革后，北京农垦科协的主要工作有：

一、推进企业与科研单位、高等院校的合作

1998 年 1 月 26 日，总公司与北京市农林科学院签署《千亩蔬菜良种基地建设项目合同》。2001 年 10 月 16 日，奶牛中心与黑龙江双鸭山市畜牧兽医站签订《科技成果转化技术合作协议书》，进行 2 000 头受体牛的胚胎移植合作。

2010 年以后，北京农垦与科研单位和高等院校的合作开始增加，深度也有所拓宽。2010 年 5 月 12 日，首农集团与北京农学院共建人才培养基地启动仪式在光明饭店举行，双方签署《共建人才培养基地协议书》。2011 年 3 月 9 日，SPF 猪中心与农业部人力资源开发中心签订《SPF 猪产业发展科技咨询合作协议书》；9 月，首农集团与中国农业科学院、北京市农林科学院、北京市畜牧兽医总站、北京市动物卫生监督所共同发起成立北京低碳农业协会，首农集团董事长张福平担任首届理事长；11 月 4 日，绿荷中心与全国畜牧总站签署《牛业发展项目合作协议书》；11 月 14 日，首农集团与中国标准化研究院签署《首农标准战略合作框架协议》，双方将在首农标准化战略和标准体系建设、首农检测体系建设与实施、首农食品认证体系建设与实施、食品安全研究与培训 4 个方面开展合作。

2013 年 4 月 10 日，首农集团与全国农业展览馆签署《战略合作框架协议》，双方合作建立与运作"首农国际食品物流港会展中心""农产品交易电子商务平台"和"中国农业博物馆青少年科普教育基地"；10 月 28 日，中育种猪公司与北京农学院动物科技系签署《共建校外人才培养基地协议

书》，中育种猪公司为北京农学院的校外实践教学基地。2014 年 1 月 10 日，首农集团与中国农业大学签署《战略合作协议》。2015 年 7 月 28 日，中国农业科学院农业风险管理研究中心决定在双河农场成立农业风险管理研究基地，并与农场签署《关于建立农业风险管理研究基地合作协议》；9 月，裕农公司与北京农学院签署《蔬菜研发教授工作站合作协议》，正式建立"3＋1 教学实践、教师科研合作、成果转化示范产学研基地"。

2016 年 1 月 19 日，峪口禽业公司与中国农业科学院家禽所签署《战略合作协议》；3 月 28 日，金星鸭业公司与中国农业大学签署《"十三五"北京鸭育种合作协议》；11 月 11 日，首农集团与中国农业机械化科学研究院签署《战略合作框架协议》，双方将在农业工程和食品工程规划、畜禽养殖和农产品加工储运冷链物流等方面进行深度合作；12 月 19 日，双河农场与清华大学建筑设计研究院有限公司签署为期五年的《战略合作协议》，双方将在绿色、有机、安全、健康农产品开发和双河农场稻花岛项目规划、设计、施工等方面开展合作。2017 年 3 月 17 日，E9 区创新工场与中国传媒大学、朝阳区科委开展合作对接，会后签署《战略合作协议》，以推进产学研合作平台建设；9 月 8 日，三元食品股份公司与北京农学院签署《合作协议》；11 月，三元农业与中国农业大学农学院签署《战略合作协议》，中国农业大学农学院正式挂牌"乡村振兴人才培养基地"。

二、参加国内行业协会和学术团体举办的科研成果交流及奖励活动

北京农垦科协始终鼓励和支持企业科技工作者积极参加国内行业协会和学术团体举办的科研成果交流及奖励活动，各学会、研究会组织会员撰写论文，论文内容不仅包括自然科学领域，也涉足软科学。在参加国内学术团体科研成果交流和论文评比方面，北京农垦均取得了不俗的成绩。北京农垦在学术团体中获得的科技成果奖项见表 7-1-24。

表 7-1-24　北京农垦在学术团体中获得的科技成果奖项

序号	项目名称	获奖单位/个人	颁奖学术团体名称	获奖等级	获奖年份
1	食品加工新技术研发与生产——乳品加工高新技术研究	三元食品	中国食品工业协会	科学技术二等奖	2005
2	关于农垦集团公司转型期的资本结构、治理结构、组织结构的思考	张福平、范为常、朱顺国	中国农垦经济研究会	首届全国农垦系统经济理论研究优秀论文一等奖	2005
3	马苏里拉干酪的研究	三元食品	中国乳制品工业协会	技术进步三等奖	2007
4	构建营销战略体系 实现营销管理创新	峪口禽业	北京企业联合会、北京市企业家协会	北京市企业管理现代化创新成果一等奖	2007
5	特色干酪的生产与生物技术的研究应用	三元食品	中国食品工业协会	科学技术一等奖	2007
6	北京"黑六"品牌创建工程	世新华盛	北京企业联合会、北京市企业家协会	北京市企业管理现代化创新成果一等奖	2008
7	乳制品加工关键技术研究与新产品开发	三元食品	中国商业联合会	全国商业科技进步二等奖	2008
8	牦牛乳酪蛋白功能肽制备、功能评价及产品开发	三元食品	中国商业联合会	全国商业科技进步特等奖	2009
9	以产业链标准化控制为核心的食品安全管理体系的构建与实施	首农集团	北京企业联合会、北京市企业家协会	北京市企业管理现代化创新成果一等奖	2009
10	现代奶牛生产技术体系的构建与应用	三元绿荷	北京企业联合会、北京市企业家协会	北京市企业管理现代化创新成果一等奖	2009

（续）

序号	项目名称	获奖单位/个人	颁奖学术团体名称	获奖等级	获奖年份
11	华都鸡肉食品安全体系的建立与运行	华都肉鸡	北京企业联合会、北京市企业家协会	北京市企业管理现代化创新成果二等奖	2009
12	现代奶牛生产技术体系的构建与实施	范学珊、乔绿等人	全国企业管理现代化创新成果审定委员会	第十六届全国企业管理现代化创新成果二等奖	2010
13	强化品牌建设推动企业稳步快速成长	艾莱发喜公司	北京企业联合会、北京市企业家协会	北京市企业管理现代化创新成果一等奖	2010
14	特色乳品加工关键技术研究与产业化集成创新	三元食品、三元恒泰乳品机械有限公司	中国食品工业协会	科学技术一等奖	2011
15	建设一体化信息管理平台，推进我国奶牛养殖业的现代化进程	三元绿荷	北京企业联合会、北京市企业家协会	北京市企业管理现代化创新成果一等奖	2011
16	知识经济时代的产业转型创新传统国有农牧企业向现代物流企业的飞跃	长阳农场	北京企业联合会、北京市企业家协会	北京市企业管理现代化创新成果一等奖	2011
17	依靠科技创新构建节约型企业	华龙苑物业	北京企业联合会、北京市企业家协会	北京市企业管理现代化创新成果一等奖	2011
18	特色乳制品加工关键技术创新集成与产业化	三元食品	中国食品科学技术学会	科技创新技术进步奖二等奖	2012
19	北京黑猪特色肉制品加工技术研究与中试	中国肉类食品综合研究中心、黑六牧业公司	中国商业联合会	全国商业科技进步二等奖	2012
20	提升北京鸭生产整体食品安全的精细化管理体系的构建与实施	金星鸭业	北京企业联合会、北京市企业家协会	北京市企业管理现代化创新成果一等奖	2012
21	Cobb祖代肉种鸡饲养方案技术创新与应用	家禽育种公司	北京企业联合会、北京市企业家协会	北京市企业管理现代化创新成果二等奖	2012
22	食品质量追溯体系的构建与实施	首农集团	北京企业联合会、北京市企业家协会	北京市企业管理现代化创新成果一等奖	2013
23	现代农场发展规划体系的构建	北郊农场	北京企业联合会、北京市企业家协会	北京市企业管理现代化创新成果一等奖	2013
24	京北都市型现代周年观光果园经营模式的构建	南口农场	北京企业联合会、北京市企业家协会	北京市企业管理现代化创新成果一等奖	2013
25	蛋鸡产业"流动服务平台"综合管理体系的创建和实施	峪口禽业	北京企业联合会、北京市企业家协会	北京市企业管理现代化创新成果一等奖	2014
26	集约化鸡场生物安全管理体系的构建与实施	华都肉鸡	北京企业联合会、北京市企业家协会	北京市企业管理现代化创新成果二等奖	2014
27	乳品产业卓越质量管理体系的建立与实践	三元食品	北京企业联合会、北京市企业家协会	北京市企业管理现代化创新成果一等奖	2015
28	原料乳质量安全控制技术研究与示范	三元食品	市科协	首都职工自主创新成果一等奖	2015
29	乳品产业卓越质量管理与安全控制技术创新及应用	三元食品	中国轻工业联合会	科学技术进步奖一等奖	2016
30	传统发酵乳制品产业化关键研究与示范	三元食品	中国食品工业协会	科学技术进步特等奖	2016
31	舒释系列婴幼儿配方奶粉的研究与产业化	三元食品	中国乳制品工业协会	中国乳业科技进步三等奖	2017

说明：资料来自各企业大事记。

三、推动青年科技人员的成长

北京农垦科协积极推动青年科技人员的成长。从 2005 年起，注重后备科技人才的培养，一批年轻的科技工作者被评定为首都地区科技新星（表 7-1-25）。

表 7-1-25　农垦系统科技新星一览

序号	姓名	单位	入选年份	领域
1	张爱华	三元农业	2005	植物遗传育种
2	刘玉	奶牛中心	2005	奶牛遗传育种与繁殖
3	滕国新	三元食品股份公司	2006	乳品加工
4	曹福存	奶牛中心	2006	奶牛遗传育种与繁殖
5	李艳华	奶牛中心	2007	奶牛遗传育种与繁殖
6	刘辉	三元农业	2007	植物遗传育种
7	赵鹏	奶牛中心	2008	奶牛遗传育种与繁殖
8	麻柱	奶牛中心	2009	奶牛胚胎工程
9	刘林	奶牛中心	2010	奶牛育种
10	王彦平	奶牛中心	2013	动物遗传育种与繁殖
11	张发明	华都诗华公司	2014	生物制药
12	董晶莹	三元食品股份公司	2015	乳品加工

说明：根据北京市科委官网及首农食品集团人力资源部提供的资料整理。

从 1990 年开始，总公司科协参加"北京市优秀青年工程师"的推荐评选工作，先后有 54 人获"北京优秀青年工程师"称号（表 7-1-26），其中有 3 人获"北京优秀青年工程师标兵"称号（表 7-1-27）。

表 7-1-26　农垦系统北京优秀青年工程师一览

序号	姓名	工作单位	评定时间	评选届次
1	黄明达	北京市东风制药厂研究所	1990	第三届"北京优秀青年工程师"称号
2	李文义	农工商联合总公司科协推荐	1990	第三届"北京优秀青年工程师"称号
3	王维绅	农工商联合总公司科协推荐	1990	第三届"北京优秀青年工程师"称号
4	莽原	北京市乳品公司乳品机械厂	1991	第四届"北京优秀青年工程师"称号
5	戴永山	北京市双桥农场黑庄户汽车配件厂	1991	第四届"北京优秀青年工程师"称号
6	李萌	北京市兽药厂	1992	第五届"北京优秀青年工程师"称号
7	吴小彤	北京市东风制药厂研究所	1992	第五届"北京优秀青年工程师"称号
8	仇岩	农工商联合总公司科协推荐	1993	第六届"北京优秀青年工程师"称号
9	张殿奎	北京市兽药厂	1993	第六届"北京优秀青年工程师"称号
10	曾泽新	农工商联合总公司科协推荐	1993	第六届"北京优秀青年工程师"称号
11	张群山	农工商联合总公司科协推荐	1993	第六届"北京优秀青年工程师"称号
12	张健	北京市西郊乳品厂	1994	第七届"北京优秀青年工程师"称号
13	李士鑫	北京市双桥制药厂	1994	第七届"北京优秀青年工程师"称号
14	刁艳燕	北京市红星建筑涂料厂	1995	第八届"北京优秀青年工程师"称号
15	黄小刚	北京市牛奶公司	1995	第八届"北京优秀青年工程师"称号
16	毛立新	北京市乳品研究所	1995	第八届"北京优秀青年工程师"称号
17	罗宏	北京市北郊农场	1997	第九届"北京优秀青年工程师"称号
18	崔秀云	农工商联合总公司科协推荐	1997	第九届"北京优秀青年工程师"称号
19	温树启	北京双桥制药公司	1999	第十届"北京优秀青年工程师"称号
20	张列兵	北京三元食品有限公司	1999	第十届"北京优秀青年工程师"称号
21	曾辉	北京市五环联合食品厂	1999	第十届"北京优秀青年工程师"称号

（续）

序号	姓名	工作单位	评定时间	评选届次
22	黄茂华	太洋药业有限公司	2001	第十一届"北京优秀青年工程师"称号
23	赵卫民	三元农业有限公司	2002	第十二届"北京优秀青年工程师"称号
24	吕加平	三元食品股份公司	2002	第十二届"北京优秀青年工程师"称号
25	陈历俊	三元食品股份公司	2003	第十三届"北京优秀青年工程师"称号
27	刘辉	三元农业有限公司	2003	第十三届"北京优秀青年工程师"称号
28	于永杰	北郊农场	2003	第十三届"北京优秀青年工程师"称号
29	高赵军	北京市东郊农场	2004	第十四届"北京优秀青年工程师"称号
30	刘云	立时达药业有限公司	2005	第十五届"北京优秀青年工程师"称号
31	邵世义	养猪育种中心	2005	第十五届"北京优秀青年工程师"称号
32	卢阳	三元食品股份公司	2005	第十五届"北京优秀青年工程师"称号
33	林莉	北京三元食品股份有限公司	2006	第十六届"北京优秀青年工程师"称号
34	王春晓	北京星龙萃取工程有限公司	2006	第十六届"北京优秀青年工程师"称号
35	韩绍军	辛普劳食品公司	2007	第十七届"北京优秀青年工程师"称号
36	宗标	南郊兴南电气公司	2007	第十七届"北京优秀青年工程师"称号
37	腾国新	三元食品股份公司	2007	第十七届"北京优秀青年工程师"称号
38	董翠霞	三元食品股份公司	2008	第十八届"北京优秀青年工程师"称号
39	姜铁民	三元食品股份公司	2008	第十八届"北京优秀青年工程师"称号
40	薛艳	太洋药业有限公司	2008	第十八届"北京优秀青年工程师"称号
41	李瑞清	北郊农场农机管理服务总站	2009	第十九届"北京优秀青年工程师"称号
42	徐向利	北京太洋药业有限公司	2009	第十九届"北京优秀青年工程师"称号
43	张国钰	三元食品股份公司	2009	第十九届"北京优秀青年工程师"称号
44	宋继荣	北京太洋药业有限公司	2011	第二十届"北京优秀青年工程师"称号
45	乔为仓	三元食品股份公司	2011	第二十届"北京优秀青年工程师"称号
46	胡长利	三元食品股份公司	2013	第二十一届"北京优秀青年工程师"称号
47	冉金琰	华都肉鸡公司	2013	第二十一届"北京优秀青年工程师"称号
48	刘晨燕	华都峪口禽业有限责任公司	2013	第二十一届"北京优秀青年工程师"称号
49	刘继超	三元食品股份公司	2014	第二十二届"北京优秀青年工程师"称号
50	刘丰	三元食品股份公司	2014	第二十二届"北京优秀青年工程师"称号
51	陈文平	华裕食品有限公司	2014	第二十二届"北京优秀青年工程师"称号
52	王鹏飞	南口农场绿化工程中心	2017	第二十三届"北京优秀青年工程师"称号
53	李建涛	三元食品股份公司	2017	第二十三届"北京优秀青年工程师"称号
54	金越	三元食品股份公司	2017	第二十三届"北京优秀青年工程师"称号

说明：1. 资料来自《北京农垦大事记》《北京市科协年鉴》《集团科学技术成果、科技奖励获奖名单光荣册》。

2. 序号2、3、8、10、11、18的工作单位已无法查实，按《北京市科协年鉴》查询结果录入。

表 7-1-27 农垦系统北京优秀青年工程师标兵一览

序号	姓名	工作单位	评定时间	评选届次
1	刘函洁	北京市农工商联合总公司	1999	第十届"北京优秀青年工程师标兵"称号
2	陈历俊	北京三元食品股份有限公司	2003	第十三届"北京优秀青年工程师标兵"称号
3	余良文	北京三元集团有限责任公司	2004	第十四届"北京优秀青年工程师标兵"称号

说明：资料来自《北京市科协年鉴》

四、推选科技先进单位和个人的工作

北京农垦科技工作集体荣誉见表 7-1-28，个人荣誉见表 7-1-29。

表 7-1-28　北京农垦科技工作集体荣誉一览

序号	奖项名称	获奖单位	颁奖单位	获奖年份
1	全国农业科技推广年活动先进集体	永乐店农场	农业部	1990
2	科普先进单位	东北旺农场	市科协	1991
3	金桥计划组织奖二等奖	总公司科协	市科协	1993
4	北京市先进科普工作集体	总公司科协	市科协	1995
5	北京市先进科普乡	朝阳区黑庄户乡	市科协	1995
6	北京市先进科普乡	昌平县十三陵	市科协	1995
7	北京市先进科普乡	海淀区东北旺	市科协	1995
8	北京市先进科普乡	海淀区聂各庄	市科协	1995
9	国家级星火技术密集区	大兴县红星区	国家科委	1996
10	北京市星火科技先导型示范企业	京辰工贸公司延庆橡胶厂	市科委	1999
11	北京市星火科技先导型示范企业	博特科技实业发展公司	市科委	1999
12	北京市星火科技先导型示范企业	科宝机电设备开发中心	市科委	1999
13	全国农业技术推广先进单位	奶牛中心	农业部	1999
14	北京市星火科技先导型示范企业	东方电化教育制片厂	市科委	2000
15	北京市星火科技先导型示范企业	海燕-优美加体育器材有限公司	市科委	2000
16	北京市星火科技先导型示范企业	长建南郊建筑工程公司	市科委	2000
17	全国花卉生产示范基地	花卉服务公司新华园艺场	国家林业局、中国花卉协会	2000
18	1999 年度北京市科技管理进步奖	总公司科教部	市科委	2000
19	北京市金桥工程优秀组织者奖	总公司科协	市科协	2001
20	北京市 2000 年度农业科技先进单位	总公司	市科委	2001
21	北京市科技资源清查先进集体	总公司	市统计局、市科委、市教委	2001
22	北京市星火科技先导型示范单位	立时达药业有限公司	市科委	2001
23	北京市 2002 年度科技工作先进单位	三元集团	市科委	2003
24	北京市金桥工程优秀组织者奖	三元集团科协	市科协	2003
25	北京市科学技术普及先进单位	三元集团	市科委、市科协、市人事局	2004
26	国家星火计划龙头企业技术创新中心	奶牛中心	科技部星火计划办公室	2004
27	农产品加工企业技术创新机构	金星鸭业中心	农业部	2005
28	工业科技优秀企业	三元食品股份公司	中国食品工业协会	2007
29	北京企业科协"先进科技工作者之家"	三元集团科协	市科协	2007
30	北京市花卉引智成果推广示范基地	双卉新华园艺有限公司	市外国专家局	2008
31	北京市先进科技工作者之家	南郊农场科协	市科协	2008
32	行业创新型试点企业	三元食品股份公司	中国食品工业协会	2008
33	2007—2008 年度食品工业科技进步优秀企业奖	三元食品股份公司	中国食品工业协会	2009
34	北京市科普教育基地	南郊农场红星集体农庄阳光体验园	市科委、市科协	2009

（续）

序号	奖项名称	获奖单位	颁奖单位	获奖年份
35	国家高技术产业化示范工程	奶牛中心	国家发展改革委	2010
36	北京花卉育种研发创新示范基地	双卉新华园艺有限公司	市绿化园林局	2010
37	科技创新先进单位	三元食品股份公司	中国食品工业协会	2012
38	北京市先进科技工作者之家	北郊农场科协	市科协	2013
39	全国食品安全科普教育基地	三元食品股份公司	中国食品科学技术学会	2013
40	中国食品安全科技创新先进单位	三元食品股份公司	中国食品工业协会	2013
41	北京乳品产业国家级科技特派员创业链	三元食品股份公司	国家科技部	2013
42	北京油鸡产业国家级科技特派员创业链	百年栗园公司	国家科技部	2013
43	全国"讲理想、比贡献、奋力实现中国梦"活动先进集体一等奖	南口农场	中国科协、国家发展改革委、国家科技部、国务院国资委	2014
44	北京市"讲理想、比贡献、奋力实现中国梦"活动先进集体	南口农场	市科协、市发改委、市科委、市国资委	2015
45	北京市先进科技工作者之家	南口农场科协	市科协	2015
46	国家技术创新示范企业	三元食品股份公司	工业和信息化部	2015
47	优秀创新团队	首农畜牧"奶牛营养与饲料科学创新团队"	农业部、中华农业科技奖奖励委员会	2015
48	母婴乳品健康北京市国际科技合作基地	三元食品股份公司	市科委	2016
49	北京市科普教育基地	三元农业有限公司	市科委、市科协	2016
50	北京市海淀区科普教育基地	三元农业有限公司	海淀区科委、区科协	2016
51	柳州市奶牛养殖与乳品加工科普教育基地	柳州三元食品公司	广西柳州市科协	2016

说明：资料来自各二级企业大事记。

表 7-1-29　北京农垦科技工作个人荣誉一览

序号	获奖者	奖项名称	工作单位	颁奖单位	获奖年份
1	赵垂达	北京市科技先进工作者	东北旺农场科技站	市科委	1977
2	左金友	全国先进科技工作者	市种禽公司	国家科委	1978
3	熊汉林	全国农林科技推广先进工作者	奶牛研究所	国家经委、国家科委、农牧渔业部、林业部	1984
4	谢运	全国农林科技推广先进工作者	东风农场	国家经委、国家科委、农牧渔业部、林业部	1984
5	杨家林	全国农林科技推广先进工作者	南郊农场农业公司	国家经委、国家科委、农牧渔业部、林业部	1984
6	周诗平	全国农林科技推广先进工作者	双桥农场	国家经委、国家科委、农牧渔业部、林业部	1984
7	朱瑞清	全国农业科技推广年活动先进个人	双桥农业服务公司	农业部	1990
8	柯承恕	全国农业科技推广年活动先进个人	北京市奶牛协会	农业部	1990
9	赵振明	北京市工业企业优秀科技领导干部	双桥兽药厂	市科委、市经委、市财政局	1994
10	曾清华	北京市工业企业优秀科技人员	双桥兽药厂	市科委、市经委、市财政局	1994
11	张晓霞	发明创新科技之星奖	奶牛中心	联合国技术信息促进系统中国分部	1996
12	朱洪峰	全国农业技术推广先进工作者	永乐店农场	农业部	1999
13	李卓平	全国农业技术推广先进工作者	南郊农场	农业部	1999

（续）

序号	获奖者	奖项名称	工作单位	颁奖单位	获奖年份
14	胡胜强	北京市科协先进工作者	金星鸭业中心	市科协	2002
15	孙皓	北京市经济技术创新标兵	华都峪口禽业公司	市总工会	2002
16	谷天民	北京市经济技术创新标兵	南口农场	市总工会	2004
17	刘建波	全国农业技术推广先进工作者	南郊农管中心	农业部	2005
18	姜萍	北京市经济技术创新标兵	艾莱发喜公司	市总工会	2008
19	许树坡	全国农牧渔业丰收奖-农业技术推广贡献奖	南口农场	农业部	2010
20	许树坡	2011—2012年度北京市"讲理想、比贡献、奋力实现中国梦"活动优秀组织者	首农集团	市科协、市发改委、市科委、市国资委	2011
21	崔存华	2011—2012年度北京市"讲理想、比贡献、奋力实现中国梦"活动优秀组织者	首农集团	市科协、市发改委、市科委、市国资委	2011
22	王玉贵	2011—2012年度北京市"讲理想、比贡献、奋力实现中国梦"活动优秀组织者	首农集团	市科协、市发改委、市科委、市国资委	2011
23	陈历俊	北京市社会主义新农村建设十佳科技工作者	三元食品股份公司	市委农工委、市农委、市人力社保局	2013
24	孙皓	北京市社会主义新农村建设十佳科技工作者	华都峪口禽业公司	市委农工委、市农委、市人力社保局	2013
25	周炜	2011—2012年度北京市"讲理想、比贡献、奋力实现中国梦"活动优秀组织者	首农集团	市科协、市发改委、市科委、市国资委	2013
26	刘素果	2013—2014年度北京市"讲理想、比贡献、奋力实现中国梦"活动优秀组织者	南口农场	市科协、市发改委、市科委、市国资委	2015
27	陈历俊	全国优秀科技工作者	三元食品股份公司	中国食品科学技术学会	2016

说明：资料来自各二级企业大事记。

第二章　成人教育

成人教育是对已经走上工作岗位的从业人员进行的有计划、有组织的教育活动，是传统学校制度向终身教育发展的一种新型教育制度。北京农垦成人教育事业从早期的工农教育起步，60 多年来，以岗位培训、学历教育为重点的各类成人教育得到健康发展，为提高农垦劳动者素质、服务经济建设做出了重要贡献。

■ 第一节　发展历程

北京农垦成人教育的发展经历了 4 个发展阶段：

一、成人教育的初步发展阶段（1949—1965 年）

在北京农垦草创时期，成人教育开始起步，逐步有所发展。这一阶段，成人教育具有开创性的工作主要有两项：

（一）开始组织和实施工农教育

1949 年 11 月，北京市第二届各界人民代表会议召开，通过《关于开办业余补习学校的决定》。新建的京郊国营农场响应政府号召，在农场建立民校，开展冬学。1952 年，北京市出现第一次扫盲运动高潮。《机械化农业》1953 年第 3 期介绍了五里店农场扫盲运动的成绩：在全国第一次扫盲工作会议之后，五里店农场成立速成识字班，通过一个多月的学习，参加学习的工人平均认识 1 000 多个字。1953 年 3 月，双桥农场场部办起职工业余学校，分 6 个班上课，有 146 人参加，至年底，基本上在工人中扫除了文盲。通过给失学的职工以文化政治教育，为职工群众学习科学技术知识打下了基础。第一次扫盲运动成为北京农垦成人教育最早的实践活动。1956 年 3 月，中共中央、国务院发布《关于扫除文盲的决定》，北京市出现了第二次群众性的扫盲运动高潮。根据政府要求，京郊国营农场的扫盲运动实行"行政办学，工会协助"的管理体制，具体组织开展工作由各企业工会负责。各单位纷纷建起文化补习学校或速成识字班。这次扫盲运动历时两年，极大地推动了工农教育，也为北京农垦开展成人教育积累了经验。1957 年 10 月，双桥农场出席北京市扫盲先进代表会议。1958 年，北京市出现第三次扫盲运动高潮。1958 年 6 月 3 日，朝阳区和平乡（东郊农场）红专学院开学，这是本市第一所农民开办的业余农业大学；7 月，新成立的南口农场也成立红专大学。1959 年，双桥农场被评为北京市农村业余教育先进单位。

（二）开始建立农业技术干部和技术工人的培训机构

在农业部/农垦部的直接领导下，京郊国营农场开始建立农业技术干部和技术工人的培训机构，开启了北京农垦成人教育的序章。1949年12月，在中央农业部的直接领导下，在双桥农场成立拖拉机手训练班。1950年3月1日，中央农业部机耕学校在双桥成立，双桥农场为机耕学校的实习农场。机耕学校校长为李直，副校长陈国英，大部分学员是从各部队抽调的，美国友好人士韩丁等人曾在这里讲课。当时，教学条件简陋，学员每人一个马扎、一块木板作课桌椅，且无教材，采取实物教学，学员们自学辅导、共同研究。1951年，机耕学校根据中央人民政府副主席朱德指示，接收新疆400名学员到双桥农场学习驾驶拖拉机。1952年8月，机耕学校建临时训练班教室、宿舍等建筑1 367米^2，办学条件有所改善。是年10月，高教部决定在原双桥机耕学校基础上成立我国第一所农业机械化学院——北京农业机械化学院，农场仍为实习农场。1953年12月，北京农业机械化学院迁出双桥农场地区。至此，双桥农场配合农业部拖拉机手训练班/机耕学校/机械化学院培训驾驶员、机务及农业干部2 000多人，为农业部代培机手百余人，在机收季节接待参观、学习人员20万人次以上，为中华人民共和国农机事业的发展做出了重要贡献。1955年，农业部干部学校在双桥农场建分校，是年11月11日，在双桥分校首次举办全国国营农场、军垦农场、劳改农场场长380余人参加的场长训练班，请苏联专家和国内专家讲授计划管理等课程，此次训练班培训时间为80天。

1958年，根据国家对办学形式多样化的要求，提倡兴办一批半工半读学校；3月底，国家农垦部决定在北京建立一所中等农垦技术学校，培养一批青年农业技术干部，校址设在全国农业展览馆内，校长由农垦部生产局局长张省三担任，副校长由农展馆农场场长陈锦余担任；4月底，农垦部从农垦干校抽调4名专职教师任教；5月4日，农垦技术学校开学，130多名来自北京的中学补习班的同学成为首批学员。学校设农业、畜牧两科，学制两年，学生半天上课、半天劳动。是年12月底，中等农垦技术学校随同农展馆农场一起下放给北京市管理。1959年1月下旬，农垦中等技术学校迁往东高地（南郊农场辖区内）；9月12日，副市长万里批示，农垦中等技术学校和双桥农场附设的畜牧学校合为农垦技术学校，划归北京市农垦局管理，新校址仍设在东高地。1961年，南口农场建立职工业余技术学校，为职工辅导果树栽培技术。1962年，市农林局成立北京市农垦干部学校，校址设在德胜门外裕中西里。是年，开始抽调年轻干部脱产学习，设畜牧、果树、财会3个专业，共举办9期，参加学习培训的干部共有400多人，这是北京市属农垦系统独立开展成人教育的发端。1964年，东北旺农场创办了业余农业技术学校。1965年12月30日，北京农业函授大学南口农业分校成立并举行了开学典礼，吸收学员368人。

二、成人教育曲折发展阶段（1966—1976年）

1966年3月，永乐店农场成立北京农业函授大学永乐店分校，不久因开始"文化大革命"而停办。[①] 在"文化大革命"期间，北京农垦成人教育工作受到严重挫折，农场职工业余学校和各种技术培训全部停办，市农林局干部学校被解散，教职员工重新分配到基层单位参加劳动。1968年7月21日，《人民日报》发表《从上海机床厂看培养工程技术人员的道路》一文，全国掀起从工人、农民中选拔学生到学校学习的高潮。在这种背景下，京郊国营农场也办起"五七"大学、"七二一"大学以及各类培训班，按照"大学是大家都来学"的标准选拔学员，文化基础不是入学的主要标准。

1970—1973年，永乐店农场在30个村办起耕读班、珠算班等。1973—1974年，各单位普遍建起"五七"农民政治学校，以培训理论辅导员、宣传员等"八大员"为主，组织群众开展思想政治教育和群众文化活动。永乐店农场65个村和32个企事业单位都办起了"五七"政治学校。

1974年2月15日，双桥农场科学技术试验站开设农业技术学习班，分设农学、畜牧兽医两个专业，学制一年。1975年3月25日，双桥农场在原农业技术学习班和农场科技站的基础上，成立"双桥农学院"，开设大田、蔬菜、养猪3个专业，另附设1个大田队的业余班，共招收99名学员。

---

① 《永乐店区志》，1993年，第403页。

1974 年，卢沟桥农场成立"五七"职工大学，学制两年，开设畜牧、大田和园艺 3 个班，共招收 60 名学员，该校于 1976 年年初停办。

1975 年 5 月 26 日，南郊农场创办红星"五七"农民大学，校址在科技站，共招收学员 150 名，学制为两年制全脱产班，设置专业政治理论和农业技术两个班。理论班设中共党史、哲学、政治经济学、国际共运史等课程，以北京外贸学院政研室教授为师资；农技班设作物栽培学、植物保护学、土壤学、育种学等课程，以农场全体农艺师为师资。红星"五七"农民大学一期结业后又开办了第二期理论班和农技班，学员共 62 名，校址迁至三海子。

1975 年，和平公社（东郊农场）举办的"中阿农学院"第一期学员毕业。

1976 年 3 月 15 日，南口农场成立"七二一"大学，校址设在科技站，学员是各分场选送的具有一年以上实践经验的职工。

1974 年 8 月，北京市成立上山下乡知识青年函授教育办公室，并开始举办知青函授学习班。函授学习班先后举办《毛泽东选集》学习班、鲁迅杂文学习班、养猪学习班、养鸡学习班、小麦栽培技术训练班、创伤救护训练班等，知识青年函授教育办公室在南郊、永乐店、北郊等插场插队知青人数较多的农场建立辅导点。1974 年 3 月至 1975 年 3 月，市农林局与市财经干校联合举办了 3 期国营农场财会训练班，每期招收正式职工 50 多人，每期培训时间为四个半月至五个月，为各农场培养了一批财务骨干人员。1977 年，市牛奶公司成立"七二一"大学。

上述教育机构和培训班，虽然学制规定不统一，规格水平也不一致，教学水平与质量并不高，但在普及推广农业生产技术知识和提高学员科学文化素质方面起到了较好的作用，其中有些学员经过自己的努力，在实际工作中运用学到的专业知识，取得了较好的成绩。

三、成人教育快速发展阶段（1977—1998 年）

1979 年，市农场局复建，北京农垦成人教育逐步恢复并发展起来。是年 4 月，经北京市人事局和北京市编制委员会批准，在市农场局机关机构中设科教处，成人教育工作第一次有了主管部门。同时，提出大力开展对青年职工的文化技术补课，即"双补"。1979 年 12 月，北京农垦大抓冬训，市农场局和各农场分别举办粮食、蔬菜、统计员、安全员等训练班，每个班培训时长为 7 天，总计培训职工和农民社员 1 200 余人。[①]

进入 20 世纪 80 年代，按照国家和北京市主管部门的要求，根据企业对建设人才的实际需求，市农场局的成人教育工作开始向正规化和规范化方向发展。1980 年 10 月 9 日，市农办（80）京政农 219 号批复市农场局，同意建立北京市农场管理局干部学校，为局直属单位。1980 年，市农场局成立宣传教育处（简称宣教处），隶属于政治处。1980 年，各农场陆续建立成人教育工作机构，如永乐店农场成立工农教育办公室，南郊农场成立教委办公室。

1980 年 1—2 月，市农场局举办一期工业企业干部培训班，有 10 个农场、60 多名企业厂长参加学习。[②] 1980 年，全系统首先推动青壮年职工文化、技术补课，主要对象是 1968 年以后参加工作的初高中毕业生，实际文化程度不足初中毕业、技术知识不足三级工水平的青壮年职工。11 月，由市农场局科技处统一命题，对 35 岁以下除大专毕业生和 1966 年前初高中毕业生外的所有职工进行文化摸底测试。当年，全系统有 1.5 万名青工参加补课。

（一）"六五"时期成人教育的发展情况

1982 年 5 月 6 日，中共北京市委农工部（82）京农字 47 号文批复同意成立北京市长城农工商干

---

① 北京市国营农场管理局农场史编辑室：《北京国营农场建设大事记》（1949—1985），第 94 页。
② 同①：95。

部进修学校，为长城农工商联合企业直属单位，负责培训本系统场处级以下党政领导干部、科技干部、业务和技术骨干。是年，宣教处从政治处分立，为机关独立部门。

从 1981 年起，各农场陆续建立职工学校。如 1981 年年底，南郊农场、卢沟桥农场成立职工学校；1982 年 4 月，东郊农场成立职工学校；1982 年 5 月，东北旺农场成立职工学校；1982 年 6 月，双桥农场成立职工学校；1983 年，北郊农场、市牛奶公司成立职工学校。至 1985 年年底，有 13 所农场职工学校。这些职工学校成立后，集中精力开展对青年职工的"双补"。全系统的教育工作由总公司宣教处负责组织规划，同时组织各企业开展不同层次的学历教育。

1984 年 7 月 11 日，市政府办公厅下发（1984）厅秘字第 038 号文通知市农场局，批准原北京市国营农场管理局干部学校改为职工高等院校，正式名称为"北京市国营农场管理局职工大学"。市农场局职大的成立，标志着北京农垦成人教育事业进入了正规化的发展阶段。1984 年，中共北京市委、市政府建立北京市广播电视中等专业学校，该学校通过远距离电化教学手段培养中等专业人才。学校在全市建立了 67 个工作站，其中在市农场局建有一个工作站，主管部门为市农场局职大。1985 年 6 月 21 日，北京市成人教育局转发市政府办公厅批复通知，同意成立市农场局职大中专部。1985 年 9 月 9 日，南郊农场职工中专学校被农牧渔业部评为 1985 年全国农垦系统教育先进集体。1985 年 10 月 30 日，中国农牧渔业部与瑞典农业大学合作建立的中瑞奶业培训中心在北京市农场局建成，培训中心包括一座有 240 头奶牛的牛场、一个培训学校、一座图书馆，以及学生宿舍和食堂，总建筑面积 6 014 米²，为开展奶牛养殖业和乳品制造业培养专业技术人才提供了良好的软硬件条件。

"六五"时期，成人教育队伍有了较大发展。总公司有 1 所职工大学（包含 1985 年附设的中专部）、1 所独立设置的职工中专学校、13 所农场职工学校，共有教职员工 375 人，其中专职教师 169 人。

（二）"七五"时期成人教育情况

"七五"时期，北京农垦进一步完善企业成人教育管理机制，建立健全了成教工作体系。1986 年 5 月，总公司成立教育委员会，宣教处为总公司教委的办事机构。各农场、公司均成立相应的教育工作领导机构（教委或教育工作领导小组），并建立教育科（宣教科或科教科），企业成人教育工作进一步制度化、规范化。是年，总公司召开成人教育工作会，提出在完成"双补"任务后，各级企业必须站在战略的高度，制订成人教育工作的规划，同时要制定相应的政策措施，促进成人教育工作的开展；明确了对总公司系统的教育基地、队伍和资源，要根据任务转变的需要加以调整；要求总公司各级企业要以智力投资换取企业的长远利益。此外，总公司还开展了大规模的评选先进教育工作者和先进教育集体的活动。

1986 年 12 月，在总公司教委的主持下，总公司制订《"七五"期间人才需要和成人教育规划》印发各单位，这是北京农垦制订的第一个成人教育工作的五年规划，具体规划了"七五"期间成人教育工作的目标、任务和措施。1987 年 4 月 21 日，总公司决定，北京市国营农场管理局职工大学更名为北京市农工商联合总公司职工大学。

"七五"期间，总公司系统成人教育工作，基本上按公司制订的规划实施。由于这一时期学历教育是成人教育的实际重点，总公司教委在这方面制订了一系列政策，并加强了对学历教育工作的领导。1986 年制订《成人教育奖罚办法》；1987 年制订了《补充规定》；1990 年又做了修订。1988 年，下发《总公司成人教育学校管理规定》，对部分职工学校进行评估考核。"七五"期间，总公司系统脱产大专教育对提高企业经营管理者的素质起到重要的促进作用。到"七五"末期，总公司各主要企业的中青年领导干部基本具备了大专学历。中专教育也从脱产转向以业余学习为主。各职工学校完成"双补"任务后，在调整机构的同时，开始对职工进行岗位业务培训。到 1989 年，总公司成人教育工作要点中第一次提出成人教育工作要从以学历教育为主转向以岗位培训为主，为"八五"期间的工作重点转移奠定了基础。1990 年北京农垦成人教育机构情况见表 7-2-1。

表 7-2-1　1990 年北京农垦成人教育机构情况

学校名称	学校类别	在校生数	专职教职工数		兼任教师数
			小计	专任教师	
北京市农工商联合总公司职工大学	成人高等学校	301	99	37	—
北京市农工商联合总公司职工大学中专部	职工中等职业学校	687	77	40	31
北京市南郊农场职工中等专业学校	职工中等职业学校	171	70	27	15
北京市回龙观医院卫生学校职工中专部	职工中等职业学校	17	—		37

资料来源:《北京志·教育卷·成人教育志》,北京出版社,2001 年,第 123、124,213 页。

1989 年,广播电视中等专业学校市农场局工作站负责管理的教学班毕业生共 70 人,当年招生 105 人,有在校生 276 人。[1] 在教育机构及工作的自身建设方面,新增教学用房面积 1 800 米^2,改建危旧教学用房 800 米^2,引进了录音、录像、计算机等电化教学设备。在成人教育工作中,大专以上文化程度的人员增加了 15%,占总数的 50%,并有 10 名大学毕业生加入成教队伍。

(三)"八五"时期至 1998 年的成人教育情况

1991 年年初,总公司召开成人教育工作大会,总结"七五"成人教育规划,讨论部署了"八五"成人教育规划。总公司《"八五"成人教育规划》提出,成人教育工作要以经济建设为中心,以提高干部、职工素质为工作重点,在巩固学历教育的基础上,把教育工作的主要精力放到岗位培训上来。

1992 年 4 月,为了加强成人教育工作的领导力度,更好地统筹规划全系统的教育工作,总公司党委决定成立总公司教育处,与总公司职大合署办公,原由宣教处承担的成人教育工作移交给教育处。同时,总公司党委还成立了总公司干部教育工作领导小组。

从 1992 年起,总公司成人教育工作开始以学历教育为基础,以岗位培训、继续教育为重点。这一时期,总公司的成人教育工作提出"一个重点、两个突破、五个结合"的思路。"一个重点"是以岗位培训为重点;"两个突破"即突破单一的学历教育和突破传统的办学方式;"五个结合"是教育内容与经济建设相结合、党政教育与学历教育相结合、智育教育与德育教育相结合、校内办学与校外办学相结合、脱产学习与业余学习相结合。

教育处成立当年,总公司培训干部、职工、农民等各类人员超过 3 万人次。为了加大对农村农民实用致富技术的培训,总公司鼓励社会力量办学,在农村出现了若干家民办技术培训学校。如南郊农场(大兴县红星区)孙村乡(孙村分场)在桂村办了食用菌培训学校、大兴民办实用技术学校(培训糖果、膨化食品制作);在永乐店牛堡屯兴办了农村实用技术培训学校(培训养蝎技术);在永乐店孔庄村创办了通县第一所村办农民业余科技学校,开设农学班、农机班、畜牧兽医班和经营管理班,从 1980 年开办至 1986 年,结业的农民学员共 120 多人。1987 年,永乐店北寺村创办了第二所村办业余农民科技学校,开设农学、蔬菜两个班,至 1990 年 5 月,共 4 期,培养了 200 多名学员。1992 年 8 月 31 日,由北京市劳动局批准,双桥农场主办的北京农垦系统第一所技工学校开学。

1995 年,北京市决定扩展企业教育综合改革实验工作,总公司作为农口企业的唯一代表,被列入北京市参加实验的 30 家企业名单。是年,总公司制订《企业教育综合改革整体方案(初稿)》。"八五"末期,总公司多数较大的农场、公司均保有独立行使职能的成人教育机构和职工学校,基层企业也能保证有专人负责成人教育工作。全系统拥有 1 所职工大学、2 所职工中专学校、1 座培训中心、12 所场办职工学校、24 所乡级学校,并形成了以专任教师为核心、以兼任教师为主力,适应企业需要的教职工员工结构。

"八五"期间,总公司系统共有 4 名教职员工获"北京市先进教师和先进教育工作者"称号,有 4 人获"北京市农口教育先进工作者"称号。总公司职工大学和北郊农场职工学校被中共北京市农工

---

[1]　北京市地方志编纂委员会:《北京志·教育卷·成人教育志》,北京出版社,2001 年,第 128 页。

委和市农办授予"北京市农口先进学校"称号。南郊农场职工中专学校和职工大学中专部在市成教局组织的中专学校评估中被评为合格学校。北郊农场被北京市农业广播学校确定为教学点。1994 年 12 月 8 日，经市成教局批准，将总公司职大中专部升级为总公司职工中等专业学校。1995 年，中共北京市委党校成人教育学院农工商总公司分院成立，批准试办经济管理、行政管理本科班。1996 年 12 月 10 日，市教委批准总公司职大试办高等职业教育，为总公司职大多途径、多方式办学提供了有利条件。1997 年 1 月 2 日，市教委批准总公司职大建立北京地区全国计算机等级考试培训点；是年 10 月 23 日，中荷畜牧培训中心正式落成，该中心拥有培训技术管理人员 400 多人的培训基地等设施，进一步丰富和完善了北京农垦的成人教育资源。

四、成人教育转型提升阶段（1999—2017 年）

1998 年年底，北京农垦完成场乡体制改革，成人教育的对象不再包括农民。在新的管理体制和新的发展形势面前，北京农垦成人教育教育模式开始由封闭的单一学历教育向开放的、多层次的、多规格的教育形式转变，整合教育机构，推进对外合作办学，发展多种形式的培训，成为成教工作转型提升的重要内容。1999 年 3 月 5 日，总公司职大对功能进行新的定位，即"以继续教育和岗位培训为主，以学历教育为辅，建成一个人力资源开发的总公司教育和培训基地"。

从 1999 年起，根据成人教育资源合理调整的要求，北京农垦先后对成人教育机构进行了一系列的整合。1999 年 11 月 17 日，市教委批复撤销"南郊农场职工中等专业学校"，其在校生及现有教育资源并入总公司职大中专部。2000 年 1 月 19 日，南郊农场职工中专学校正式撤销，其在校学生、能胜任教学和管理职责的相关人员、原中专全国计算机等级考试点及资格证书均由总公司职大接收。2003 年 8 月 20 日，三元集团党政联席会研究决定将原有的"北京市农工商联合总公司职工大学""北京市农场管理局干部学校""中共北京市农工商联合总公司委员会党校"三块牌子，改为"中共北京三元集团有限责任公司委员会党校""北京三元集团教育培训中心"两块牌子，上述决定于 9 月 16 日集团公司正式下文通知。2003 年 11 月 13 日，三元集团成立"北京三元集团教育培训中心"，并在市编制办注册登记。2005 年 8 月 15 日，为加强本系统各类职工的技术、技能定岗定级和教育培训工作，三元集团决定由总公司职工大学为举办单位，成立"北京三元职业技能培训学校"，并在市编制办注册登记。2011 年 2 月 21 日，首农集团第一届董事会第 21 次会议审议决定将三元集团教育培训中心国有资产无偿划转给南郊农场。2012 年 4 月 9 日，首农集团决定成立教育培训部，隶属人力资源部管理。2012 年 4 月 17 日，三元集团教育培训中心召开教职员工大会，宣布正式并入南郊农场。

2011 年，首农集团出台《培训工作管理办法》，对规范北京农垦培训工作起到重要作用。2016 年，修订《培训工作管理办法》，明确培训工作以"培养学习型员工、打造学习型企业"为目标，坚持"全员培训、终身教育"的培训宗旨，坚持"自我培训与传授培训相结合、管理知识与岗位技能培训相结合、内部培训与外出培训相结合"的工作方针。集团培训体系由两层培训组织构成，第一层是集团人力资源部，第二层是二级单位、集团各职能部室。2012 年 4 月 9 日，首农集团党委决定成立教育培训部，隶属人力资源部管理。集团人力资源部是集团教育培训工作的业务管理部门，教育培训部是主要执行主体。首农集团强调要加强培训结束后的评估工作，建立个人培训手册，培训结束后，将培训评估结果记入培训档案。

集团人力资源部在每年 11 月初发放员工《培训需求调查表》，各单位、职能部门培训责任人根据本单位的真实情况，将《培训需求调查表》汇总，于 12 月底前上报集团公司人力资源部。集团人力资源部结合各公司情况，制定集团下年度的培训计划。二级单位自行组织不在集团年度培训计划内的培训，由培训组织单位填写《单位计划外培训申请表》，报集团人力资源部审核，经批准同意后组织实施。集团公司要求足额提取职工教育培训经费，一般企业可按照职工工资总额的 1.5％提取，对从业人员技术要求高、培训任务重、经济效益较好的企业可按照职工工资总额的 2％～2.5％提取。为保障职工学习权利，提高其基本技能，职工教育经费的 60％以上应用于企业一线职工的教育和培训。

首农畜牧、奶牛中心、养猪育种中心、畜牧兽医总站等单位多次承担农业部交办的培训任务，也与高等院校共同举办了一些专业培训。上述这些单位举办的培训规格高，聘请国内院士专家和国外学者授课，拓宽了企业科技人员的视野，使他们了解到了前沿技术发展的情况，提升了企业科技人员的科研水平。与外部机构合作，各类培训基地、高等院校实习基地的建设有较大发展。峪口禽业公司在实施蛋种鸡养殖标准化示范区项目建设工程中创办了"峪禽大学"，为周边地区培养了一批养殖技术骨干，增强了养殖户的标准化意识，普及了标准化知识，为首都"菜篮子"安全做出贡献。2013 年 6月，国家质检总局组织全国农业标准化示范区抽查，对"峪禽大学"培训农户的做法予以充分肯定。

■ 第二节　学历教育

一、成人高等学历教育

（一）大学专科教育

1983 年 5 月 18 日，市农场局干部学校与北京农学院签订合同，联合举办两年制农业经济管理专业干部大专班，首期学员 40 人，这是市农场局系统首次举办大专班。同年，总公司在本系统的一线干部中招收第一届大学专科班，共设财会、企管、园艺、畜牧、农经 5 个专业，招收了 198 名学员，以脱产学习为主，为各级企业输送管理人才。部分农场也与其他教育机构合作，开展成人高等学历教育，如 1983 年西郊农场职工学校、东北旺农场职工学校组织学员参加中共北京市委党校举办的经济管理大专班学习。

"七五"后期，总公司职大和中瑞奶业培训中心应国家有关部委的要求，为全国农垦系统的其他垦区培养人才。1988 年 9 月，中瑞奶业培训中心与总公司职大联合办学，设立成人教育乳品大专班，列入国家教育委员会招生计划，招收全国统考大专生，先后有 288 人获得国家正式的大专学历。到 1990 年，共培养农经、财会、企管、园艺、畜牧、农学、乳品、养禽等专业的 669 名大学专科毕业生。

进入 20 世纪 90 年代后，职工大学党委提出学校的办学要以"面向企业，服务企业"为方向。1992 年，与顺义县成人教育局、市畜牧局、农机局等单位开展以职大为主的校外联合办学，扩大了招生规模，丰富了生源，提高了总公司职大的声誉。1995 年 3 月 21 日，在农业部、中国农业大学和中瑞奶业培训中心的共同努力下，经国家教育委员会批准，中瑞奶业培训中心被正式列为中国农大食品科学专科，首次拟在全国范围内招收 40 名学员；是年 9 月，中瑞奶业培训中心正式接待第一批来自不同国家的国际班学生。1991—1995 年，总公司职大共培养大专生 477 人。

20 世纪 90 年代，总公司职大成为北京市农村中高层次紧缺人才培训中心成员单位。1992 年 7 月20 日，总公司职大开办内部大专班，取得办班经验。1993 年 1 月 9 日，总公司党委同意教育处和职工大学的倡议，决定举办总公司内部大专班（后更名为大专层次企业干部培训班），并发布《关于印发（总公司内部大专班管理的若干规定）的通知》（1994 年曾加以修订）。内部大专班以相应专业的大专专业基础课和专业课为主要教学内容，重在提高管理干部的能力，使其能够及时适应社会主义市场经济建设的需要。1993 年 6 月 18 日，总公司系统第一个大专层次企业干部培训班在卢沟桥农场开课，学制两年，共有 48 名学员参加学习。"八五"期间，在 10 个农场、公司共开办 26 个企业管理、财务会计专业教学班，共有学员 1 622 名。这种内部学历教育形式把培训学习直接安排在企业进行，较好地解决了在职干部的工学矛盾，满足了一线企业干部学习知识、提高素质的愿望，也缓解了总公司对各层次人才的需求。

1996 年 12 月 10 日，市教委批准总公司职大试办高等职业教育会计专业。1996 年，总公司职大东风分校成立，开办内部大专班，共有 88 人参加。2002 年 3 月 14 日，市委党校成教院批准同意农工商总公司党校分院开办大学专科财务会计、建筑企业管理专业；4 月 9 日，农工商总公司党校分院扩招计算机与现代管理大专班；11 月 22 日，市委党校成教院批准同意农工商总公司分院开办物业管理专业和五年两段制财务会计两个大学专科专业。2004 年 3 月 5 日，市委党校成教院批准农工商总公司分院在双桥农场职工学校开办 04 级大学专科经济管理专业；是年 12 月 17 日，市委党校成教院批准农工商总公司分院在双桥农场职工学校开办 05 级大学专科法律专业。2003 年的职工大学统计表明，1983—2000 年，职工大学开办了农经管理、企业管理、财会、园艺、畜牧、农学、乳品、养禽、涉外财会等大学专科专业。

（二）大学本科教育

总公司职大既是职工大学又是总公司的党校和干校。1994 年，总公司职大以党校的名义，利用自有的师资和条件，与市委党校函授走读部（后为成人教育学院）联合开办了大学专科升大学本科的学历教育，主要面向企业的领导干部。到 1995 年，总公司党校正式成为市委党校成教院农工商总公司分院。从 1995 年起，开办经济管理和行政管理 2 个专业，共招生 149 人，各农场、公司不具备本科学历的中青年场、处级干部都参加了学习。这类班的开办，极大缓解了企业对高层次管理人才的需求，与原有的中专、大专教育接轨后，形成了较为完善的成人教育体系。2000 年 12 月 12 日，市委党校成教院原则批准在总公司职大内部大专班学习的学员可报考党校本科。2002 年 11 月 22 日，市委党校成教学院批准农工商总公司党校分院开办大学本科工商管理专业。2012 年，市委党校本科学历教育停止招生。从 1994 年开办至 2012 年停办，18 年来，共毕业学生近 2 000 人。

二、成人中等学历教育

20 世纪 80 年代初，北京农垦成人中等学历教育首先起步于南郊农场。

1. 南郊农场职工学校/南郊农场职工中等专业学校　1980 年 9 月，南郊农场职工学校经上级批准，开展了中专技术培训，设置医师、中医、兽医、农学、蔬菜 5 个专业，学制两年半，面向社会招生，按考试成绩录取 300 多名学员。1981 年 5 月，学校被命名为南郊农场职工中等专业学校。1983 年 6 月，经市成人教育局严格审查考核，市政府（1983）厅秘字第 63 号文件批准南郊农场职工中等专业学校为国家承认学历的职工中等专业学校。1983 年 7 月，5 个专业的 300 多名学员经严格考试，合格毕业，成为南郊农场第一批获得国家正式中专学历的毕业生。随后，学校又根据农场需要，办起了多个财会专业班。20 世纪 80 年代，南郊农场职工中等专业学校举办中专班 22 个班次，包括农学、蔬菜、果林、党政、医士、经济管理、财务会计、计划统计、建筑等 12 个专业，毕业生 778 人；90 年代，共举办 15 个班次，包括服装、工业财会、农业财会、农业经济、农学、文秘 6 个专业。截至 1995 年年底，共有毕业生 607 人。1993 年，市成教局对学校进行办学水平的全面评估，南郊农场职工中等专业学校认定为合格学校〔京成教中字（1995）第 009 号文〕。

2. 市农场局职大中专部/总公司职工中等专业学校　1985 年 6 月 21 日，市成人教育局批复同意新成立的市农场局职大中专部开设农场企业管理等专业。至 1987 年，北京农垦成人中等学历教育资源布局已基本完成：既有市农场局职大中专部（后为总公司职大附设职工中等专业学校）、北京市农业广播学校和北京广播电视中等专业学校（后两校合并）在市农场局职大设立的工作站，也有按照国家规定的审批程序和办学标准举办的南郊农场职工中等专业学校和由北郊农场管理的回龙观医院卫生学校中专部；二级企业的 13 家职工学校也对中等专业学历教育起到了辅助作用。1987 年，总公司决定将原宣教处承办的一部分中专学历教育移交职工大学中专部。1994 年 12 月 8 日，经市成教局批准，将总公司职大中专部升级为北京市农工商联合总公司职工中等专业学校。截至 1995 年年底，职工大学中专部共开设农场企业管理、乳品加工工艺、淡水养鱼、果树栽培、畜牧、工业会计、工业统计、国营农场会计等专业，毕业生达 1 435 人，学员主要分布在各个农场和企业。

各农场职工学校挂靠在职工大学中专部的名下，利用自身的师资和基础条件，在中专部的统一指导下开展中等学历教育。

（1）东郊农场职工中等学校/职工教育培训中心。东郊农场职工中等学校于 1982 年 4 月成立，1988 年成立职工教育培训中心。学校建筑面积 1 950 米²，有专职教师 5 人，藏书 1 700 册。20 世纪 80 年代前期，学校的主要任务是对中青年职工进行文化技术补课。到 1985 年，共有 1 458 人考核合格，取得毕业证书。作为农业广播学校（简称农广校）的办学点举办中专教育，在 20 世纪 80 年代共开设农学、蔬菜、畜牧、农业企业管理 4 个专业，毕业生 168 人；进入 90 年代，学校开展了联办学历教育，与总公司职大联合举办大专层次干部培训、广播电视中专班。1990 年，职工教育培训中心在读学员 266 人，包括干部中等专业专修班、中央农业广播学校乡镇企业管理班及财会班。[①] 至 1995 年，农场职工教育中心共培养了 242 名毕业生。

（2）北郊农场干部学校。北郊农场干部学校于 1983 年成立，学校建在霍营，总面积 6 000 米²，建筑面积 1 010 米²，共有教职工 20 名，专职教师 7 名，主要对农场的各级各类干部进行多种培训。从 1986 年起，与总公司职工大学联合开展干部的学历教育。到 1995 年，学校作为农广校的办学点，举办在职干部中专班 14 个，毕业学生 542 人。

（3）双桥农场职工学校。双桥农场职工学校成立于 1982 年 6 月，有教师和专职工作人员 10 人。1984 年，教育科和职工学校合并，成为农场成人教育的培训基地和管理中心，以培养专业技术人员和干部为主。1985—1989 年，职工学校先后举办农经、企业、财会、统计、商业、医士等中专班和中专专修班，培养 35～45 岁副科级以上干部、一般干部和其他人员。黑庄户分场也办了企业管理干部中专专修班，培养干部 40 人。该职工学校与总公司职大中专部合作办学，进行中专学历教育，共举办蔬菜、果树、农经、农机、商业、化工、统计、财会、企管等专业的中专班 17 个班次，招生 810 人，到 1995 年毕业 566 人。1993 年，双桥农场职工学校被市成教局评为北京市职工学校示范校。

（4）永乐店农场成人教育中心。1985 年，永乐店农场成立成人教育中心，配备专职教师 6 人。1985—1988 年，永乐店农场成人教育中心开设广播电视中专班，采用半脱产形式，培养计划、统计专业学员 27 人。1988—1990 年，广播电视中专班开设了企业管理、财会两个专业，毕业企业管理学员 56 人、财会学员 26 人。1988—1990 年，永乐店农场成人教育中心举办中等专业干部专修班，有 27 名学员取得毕业证书。[②] 此外，1981—1990 年，永乐店农场分六批选送了 421 人参加中央农业广播学校学习，其中，至 1990 年，取得中专毕业证书的有 221 人。1981—1985 年，农场选送 55 人参加通县农业科学技术学习班，并取得毕业证书。至"七五"末，永乐店农场累计送培中专毕业生 650 人。

此外，西郊农场职工学校、长阳农场职工学校、十三陵农场职工学校、东北旺农场职工学校、北京市牛奶公司职工学校也在职工大学中专部的指导下举办过中专教育教学班。

■ 第三节　非学历教育

北京农垦成人教育机构除开办学历教育外，还为各企事业单位举办各种非学历教育，直接有效地为农垦"两个文明"建设服务，也取得一些荣誉。如 1995 年 12 月 14 日，总公司获得市劳动局授予的"北京市转岗人员培训先进单位"称号；2005 年 10 月，三元集团被中共北京市委创先争优活动领导小组办公室授予"首都职工素质教育工程优秀组织单位"称号，南郊农场被授予"首都职工素质教

---

① 《东郊农场史》（1954—2010 年），第 112-113 页。
② 《永乐店区志》，1993 年，第 403 页。

育工程先进单位"称号；2009 年 2 月，双桥农场被首都职工素质教育工程领导小组授予"首都职工素质教育工程先进单位"称号；2011 年 3 月，三元种业公司被首都职工素质教育工程领导小组授予"首都职工素质教育工程先进单位"称号。

一、扫盲及"双补"

20 世纪 50 年代，北京农垦的成人非学历教育起步于扫盲运动。经过 1952 年、1956 年和 1958 年三次扫除文盲高潮，京郊国营农场职工基本完成扫除文盲的任务，但所属在农村中还存在成人文盲、半文盲。后因"文化大革命"的干扰，扫盲工作完全停顿。1979 年，市农场局复建，在农村恢复扫盲工作。1990 年 3 月 29 日，国家教育委员会副主任王文达到永乐店农场检查扫盲工作，听取农场党委书记吴依孚的汇报，对农场扫盲工作给予充分肯定。是年 8 月，永乐店农场被评为"通县扫盲先进单位"。

20 世纪 50～70 年代，培训工作以政治和文化培训为主，兼有技术教育：政治学习主要结合时事政策和政治运动，进行阶级教育；文化学习以识字和初等教育为主；技术教育主要以生产技能为主要学习内容。上述培训多数利用业余时间进行。1962 年 11 月，市农林局召开职工业余教育会议，南口农场在会上做了办学经验介绍。据长阳、西郊、东郊、种畜场等 16 个单位的统计，是年共办起 80 个业余学校和班、组，有 5 836 人参加了学习，占职工总数的 47.9%。[①]

1982 年年初，市农场局下发《关于搞好职业教育职工考核的通知》（京农管字第 40 号文），将干部职工的培训工作列入成人教育工作的重要日程，明确青年职工的文化、技术补课是突破点。1983 年，全系统全年共举办文化补课脱产班 55 个，有 2 500 人参加学习。有 3 500 多人次参加了文化补课自学考试，共有 3 336 人取得初中文化补课合格证。到 1985 年年底，总公司已全面完成了国家规定的 70% 的"双补"指标。

二、以岗位技能培训为主的各类培训

北京农垦的培训内容包括岗位技能培训、继续教育和素质培训，其中岗位技能培训是最主要的内容。岗位技能培训的要求是对全体在岗职工实施岗位职责、操作流程和专业技能的培训，使其在掌握理论的基础上，能自由应用、独立操作，并能独立解决生产难题。20 世纪 80 年代初，北京农垦就开始与有关机构合作，开展技术短期培训。1980 年，市农场局干校举办了经管班，市财会干校举办了财会班，局农业科研所举办了农业专科进修班；全系统共办各种专业技术和外语培训班 50 个，有 5 000 人参加学习。[②] 1983 年 4 月 25 日—5 月 6 日，中国奶牛协会和市牛奶公司在北京联合举办乳脂测定技术培训班；5 月，市农场局干校与北京农学院合作办学，由北京农学院出师资为干校农经班培养人才。1984 年 7 月 1 日，中国农业工程学会和市农场局联合在永乐店农场举办"全国国营农场系统开发工程培训班"。1986 年，全国成人教育工作会议提出，岗位培训是成人教育的重点，要通过岗位培训提高职工素质，更直接有效地为经济建设服务。总公司党委根据国家关于成人教育的重要精神，在继续抓好职工学历教育的同时，逐步把工作重点转移到岗位培训上，取得了较明显的效果。1986 年 7 月中上旬，总公司分别举办经济合同法培训班、物价员培训班，共培训了 1 万多人。

"七五"期间，总公司的专业技术人员由初期的 2 484 人增加到 1990 年的 8 072 人，占职工总数的比例由 4% 增加到 12%，五年中举办各类培训班 1 000 多期，共培养各类人员 7 万多人次，使干部队伍的结构进一步趋于合理。在这期间，总公司的工人培训工作也有较大发展，共培训中级工 15 458

---

① 北京市国营农场管理局农场史编辑室：《北京国营农场建设大事记》（1949—1985），第 42 页。
② 同①：103。

人次，占总数的 85%；培训高级工 103 人、特殊工种 2 500 人次、班组长 3 150 人，占总数的 75%。

"八五"期间，总公司加快成教工作重点转移，大力推进由学历教育向岗位培训的转移。岗位培训在"七五"的基础上有了新的发展，各级企业均完善了培训制度建设，普遍落实了"先培训，后上岗"的制度，岗位技能培训的范围、层次和规模都在不断扩大。1991 年，由宣教处、劳资处共同主持，在全系统进行了仓库保管员的岗位达标培训，为其他行业的岗位培训积累了有益的经验。1992 年，总公司系统培训各类人员首次超过 3 万人次。中瑞奶业培训中心自 1985 年 10 月建成并开课以来，至 1993 年年底，共办 72 期短训班，来自全国 25 个省、自治区、直辖市的 1 850 人次参加了培训。1993 年 4 月 21 日—5 月 10 日，中瑞奶业培训中心举办"牛奶质量控制培训班"，此次培训是根据中国农业部奶类项目办公室与欧洲经济共同体关于奶业发展项目技术援助条款规定而举办的。1993 年 7 月，总公司为了实施财政部制定的《农业企业财务制度》《农业企业会计制度》，对系统内的财务人员进行了多轮培训，完成了新旧财务制度的衔接。1994 年，经北京市劳动局批准，总公司职工大学开始进行 8 个工种的工人技术等级培训，参加人员不仅包括本系统职工，也包括来自郊区县的工人。

"八五"期间，北京农垦每年培训的人员始终保持在 3 万人次以上，五年中共有 15 万人次参加了各级各类培训，占总公司从业人数的三分之二。其中技术工人培训 1.25 万人次、一般工人培训 5 万人次、技术干部培训 1 万人次、一般干部培训 4 万人次、农民技术培训 3.75 万人次。"八五"期间，共培训中级工和高级工 1 500 人。

从"九五"开始，尤其在场乡体制改革后，北京农垦岗位培训工作进一步得到普遍重视，工作力度有所加强，岗位技能培训与技术人员的继续教育、全员的素质教育进一步融合，培训内容更具有系统性、主动性、多样性和实效性。1998 年 4 月 23—29 日，中荷畜牧培训中心成功举办首期猪场场长培训班，来自北京及周边地区的 23 名学员参加了培训。为了推进国营企业改革改制，总公司在 2000 年 4 月 6—7 日举办了第一期企业改革培训班；2001 年 8 月 1—3 日，总公司再次举办了有 150 人参加的中小企业改制培训班。自 2000 年以来，至 2002 年 12 月 1 日，奶牛中心加大引进国外智力工作的力度，聘请外国专家 30 余人次，举办培训班 20 余次，培训奶牛育种专业人才 2.5 万人次。2001 年 5 月 10 日，南口农场与农业部农垦培训中心联合举办的南口农场高级工商管理培训班开班，时间为两个月，全场 70 余名干部参加培训。2003 年 9 月 15 日，三元置业公司举办了为期两周的计算机应用能力培训班，48 名干部参加培训。2005 年 4 月，养猪育种中心与美国辉瑞动物保健品公司联合举办猪病防治技术培训班。2007 年 10 月 26 日，三元集团教育培训中心举办宣传贯彻劳动合同法培训班；是年 11 月 21 日，三元集团举办总法律顾问制度培训暨"五五"普法学习班。2009 年 10 月 16 日和 10 月 23 日，北郊农场两次举办商业地产知识培训班。2010 年 11 月 27—29 日，首农集团首次举行大型快速消费品营销培训班，快速消费品行业企业的营销管理人员共 110 人参加培训。2011 年 3 月 1 日，畜牧兽医总站邀请法国 LSI 公司和国内专家进行猪病检测技术培训；3 月 15 日，绿荷中心在北京农业职业学院培训中心举办"全国奶牛生产性能测定技术（北京）培训班"，来自北京市 40 多家 DHI 参测牛场的 100 余名基层技术人员参加了这次培训。2011 年 8 月 25 日，首农集团首次举办人力资源系列培训班，下属企业人力资源管理干部和工作人员近 300 人参加培训。2012 年 6 月 19—21 日，首农集团举办招投标与纪检监察业务培训班。2014 年 4 月 11 日，首农集团举办农垦农产品质量追溯项目培训班。2014 年 12 月 11 日，首农集团召开农垦农产品电子商务及追溯软件技术培训工作会，17 家单位的主管领导及技术人员共 31 人参加。2015 年 5 月 26 日，首农集团举办房地产企业专题税收政策培训班，所属房地产企业的财会人员参加培训。2015 年 6 月 16—17 日，首农集团举办 2015 年工会干部培训班，工会系统干部 180 余人参加培训。2015 年 6 月 18 日，首农集团党委举办史志业务培训。2016 年 7 月 1 日，三元种业公司举办以"科技成果转化及应用推广"为主题的培训，共 70 人参加培训；12 月 15 日，三元种业公司举办知识产权巡回培训，共 40 人参加。2017 年 4 月 10 日，首农畜牧与利拉伐（天津）有限公司联合举办以夏季奶牛热应激、奶牛乳房炎管理为主的培训；

5月17—20日，畜牧兽医总站对奶牛场实验室技术人员进行技术培训；7月21日，首农集团举办禽流感防控技术培训班；9月4—6日，首农集团工会组织二级企业近150名职工代表参加培训班；9月12日，首农集团举办《北京农垦志》编纂培训班，130余名编纂人员参加了培训；11月16日，中育种猪育种有限公司承办"全国农垦猪场管理培训班"；11月24—26日，首农畜牧举办"奶牛金钥匙"技术示范培训，基层奶牛场场长、技术人员200人参加了培训。

首农集团以及二级企业每年都会对新入职的大学生进行职前培训。如2010年12月1—3日，首农集团举办2010年大学生入职培训，共有110名本科及以上学历毕业生参加；2011年11月14日，首农集团举办了为期三天的2011年大学生入职教育培训，185名新接收的本科毕业生代表参加了培训；2014年11月25—27日，首农集团举办大学生入职教育培训，有103名新入职的应届大学毕业生代表参加了培训。

20世纪80～90年代，针对总公司中年场处级领导干部有相当一部分人没有系统学习的经历和专业理论基础薄弱的情况，由总公司组织部门统一安排推荐他们到市委党校成人教育学院的大专班学习，提高了干部队伍的整体素质。1988年，总公司制定教育规划，进一步对技术干部和管理干部进行计算机应用培训，对科技人员进行外语培训。集团公司组织部/人力资源部重视总部及二级企业主要领导的继续教育，每年都选派人员参加国内高等院校研究生班及EMBA班的学习，鼓励企业领导干部参加国内外的产业论坛、科技交流活动以及行业学会/协会的学术研讨活动。

三、合作培训及共建基地

从1985年中瑞奶业培训中心设立开始，瑞典农业科学大学无偿对培训中心部分技术人员和工程师进行境外技术培训，至1993年，培训中心有13人次参加了境外培训，其中有3人获得瑞典农业科学大学硕士学位。1988年，总公司从各农场抽调具有大学学历的农业技术人员18人，分两批派往北京市农林科学院综合所、北京农业大学土地资源所，进行以计算机软件编程及其在农业气象、遥感、土地资源等方面应用为内容的强化培训，培训期为两年，为总公司农业信息化建设储备了人才与技术力量。

2000年4月，北郊农场与北京大学法学院开展合作办学。2001年5月，南口农场与农业部农垦培训中心联合举办的南口农场高级工商管理培训班开班，时间为两个月，全场70余名干部参加了培训。2005年，三元农业与中国农业大学共建校外教育实习基地。2012年，南口农场与北京农学院共建的人才培养基地。2013年，中育种猪公司与北京农学院动物科技系共建校外实践教学基地。2015年，裕农公司与北京农学院共建"3+1教学实践、教师科研合作、成果转化示范产学研基地"。2017年3月，首农畜牧与国家奶牛、肉牛技术体系和中国农业大学动物科技学院合作，在金银岛牧场和肉牛事业部分别建立"畜牧产业技术体系专业学位研究生实践教育基地"。是年12月，三元食品股份公司成为首批"国家食物营养教育示范基地"。

北京农垦也是有关部门开展培训工作的重要合作伙伴。2011年8月19日，农业部农办垦〔2011〕62号文确定北京奶牛中心作为农垦奶牛场现代化管理培训计划的培训支持单位。2014年4月19日，北京都市农业职业教育集团成立，首农集团为理事长单位。2014年6月3日，农业部农办垦〔2014〕16号文通知首农畜牧华育种猪分公司、首农畜牧第二分公司被定为农垦农业技术远程培训试点单位。2015年，金银岛牧场与中国农业大学合作，并获教育部与农业部的联合认证，成为奶牛农科教合作人才培养基地。2015年11月12日，河北首农培训中心举行揭牌仪式，与蒙牛奶源部合作，成为蒙牛奶源鲁冀大区第二期牧场主大学的培训基地。2015年11月25日，由首农集团发起设立的中国都市农业职业教育集团挂牌成立。中国都市农业职业教育集团以服务都市农业发展为目标，是集人才培养、就业指导、科研服务、产业开发于一体的职业教育联合体，下设都市农业、休闲农业、食品安全等8个专业委员会，首批会员单位有近100家企业、院校和科研院所。2016年11月23日，三元食品股份公司通过"北京市职业培训公共实训示范基地"的评审。

第八篇　党群组织及企业文化建设

第一章　中国共产党组织

　　始终坚持中国共产党的领导，加强党的建设，是北京农垦近 70 年来发生翻天覆地巨变的制胜密码。自改革开放以来，北京农垦各级党组织紧紧围绕党的中心任务，不断推进基层党建工作创新，充分发挥国有企业党组织的特有优势，充分发挥引领发展、凝心聚力、服务群众、人才强企和反腐倡廉的功能作用，为北京农垦的改革、发展、稳定提供了坚强的思想政治保证、组织干部保障和人才智力支持。

■ 第一节　党的组织建设

　　党的力量来自组织，大力加强党的组织建设，是北京农垦党的建设首要任务。北京农垦自建立党组织以来，始终根据形势发展和党的政治任务要求，建立、健全党的组织体系，加强党的组织制度建设，努力扩大党的工作覆盖面，为北京农垦贯彻执行党的路线和工作任务起到坚实的组织保障作用。

一、党的组织建制及沿革

　　北京农垦党组织建制变化大体经历了以下 5 个时期：

（一）党组织建立及党的关系逐步划归北京市农林局党组管理时期（1949—1957 年）

　　北京农垦党组织成立时间可以追溯到 1949 年。1949 年 2—3 月，就派遣干部接收官僚资本农场。1949 年 5 月，中共北平市委成立中共北平郊区工作委员会，由北平市人民政府副秘书长柴泽民任书记，确立了党对北京郊区农村工作的领导。9 月 6 日，华北人民政府农业部成立平郊农垦管理局，是年 11 月 1 日改名为京郊国营农场管理局，移交中央人民政府农业部领导，由戎占峡任局长兼党组书记，这是北京农垦党组织正式成立的开端。从此，北京农垦的工作全面纳入党的领导。1949 年 10 月，北京郊区开始土地改革，通过没收地主土地建立起一批市属国营农场，市属国营农场的党组织归中共北京市委郊区工作委员会领导。1950 年 9 月 10 日，京郊农场管理局由中央农业部移交北京市人民政府领导，并建立中共京郊农场管理局党组。

　　1952 年 8 月，北京市政府郊区工作委员会以"郊办 1163 号文"通知京郊农场管理局撤销，各国营农场党组织划归中共北京市郊委直接领导。9 月，成立北京市农林局，各国营农场党组织归新设立的市农林局党组领导。至 1957 年年底，京郊农场中除双桥机械化农场、双桥种畜场、香山农场、龙泉寺家禽场、农大农场党的关系没有隶属于北京市农林局党组外，其他农场均为市属农场，党的关系均隶属市农林局党组。

（二）党组织隶属关系频繁变动及农场党组织双管体制形成时期（1958—1965 年）

1958 年后，京郊国营农场统一划归北京市管理。在之后的人民公社化运动中，国营农场开始实行"场社合一，以场带社"的管理体制。凡挂人民公社牌子的国营农场均实行了党的一元化领导，公社党委对农场、农村工作实行统一领导。1958 年 10 月 30 日，北京市农林水利局撤销企业科，农场党政工团下放，由区县直接领导，并把计划财务、劳动工资、物资供应等一并下放，市农林水利局党组只领导直属农垦企业党组织。

1959 年 1 月，中央农垦部党组针对部分省、自治区国营农牧场下放的问题，建议除基础较差的和规模较小者外，各省、区将下放的国营农牧场全部收回。是年 7 月，北京市农垦局成立，即从市农林水利局分出，建立市农垦局党组，党组成员有张省三、刘钢、王謂华、袁平书，张省三任党组书记。

1960 年 8 月，因精简机构要求，市人委决定撤销市农垦局，农垦业务再次并入市农林局管理。1962 年，中共北京市委、市人委明确农场是市属企业，市属国营农场有生产计划权、资产管理权、人员调动权、产品处理权，由市农林局统一领导，党的工作归所在地区（县委），农场的文教、卫生、交通、邮电等事业统归当地政府办理。至此，北京农垦的双管体制内涵有了明确的表述，场社合一体制的农场党组织由所在区县党委领导被完全确定。

1964 年 2 月，北京市国营农场管理局成立。中共北京市委决定建立市农场局党组，党组成员有张还吾、赵化达、刘钢、王謂华、肖英，张还吾任党组书记，赵化达任党组副书记。市属国营农场党组织依然实行双管体制。

虽然北京农垦管理体制及党组织隶属关系多次变动，但国营农场党的基层组织是健全的，党组织在各项事业发展中仍然发挥着政治核心作用。这一阶段，虽然两次成立过独立的市级农垦管理行政局，但由于农场党组织和党员由区县地方党组织管理，市局党组在局级机关没有设置专门的党务工作部门。

（三）党组织建设遭受破坏和逐步修复时期（1966—1978 年）

1966 年 6 月，市农场局成立"文化大革命"领导小组，各农场党政领导班子解体。1967 年 1 月，人民解放军"支左"军代表进驻市农场局机关和各农场；4 月，北京市革命委员会成立，市农场局归市革委会农林组领导；10 月，各农场相继成立老、中、青（老干部、中年干部、青年干部）"三结合"的领导班子。1968 年，市农场局成立党的核心小组，小组长是部队干部李启，副组长为王謂华和部队干部张自甫；11 月，市革委会决定农口四局合并组成大农业局，苏中兴任农业局革命领导小组组长，刘毅、李生桂、李启、梁学文、边建平任副组长。1967—1968 年，各公社（农场）相继成立革命委员会和党的核心领导小组。1968 年 11 月，国营农场第二次被下放到各区县。1969 年 4 月，撤销市农场局革命领导小组，归市农业局革命领导小组领导。中共九大召开之后，各公社（农场）开始整党建党并筹备恢复党委建制。1969—1971 年，各公社（农场）均召开党员代会选举产生党委成员，选举结果报请所在区县党委批准，并任命了党委书记、副书记及党委委员。农场基层党组织的恢复，对稳定农场的各方面发展起到重要作用。公社（农场）党委建立后，党的关系归所在区县党委管理。1970 年，市革委会农林组决定在市农业局建立党委。1972 年 8 月，按市革委会要求，原合并的大农业局分为市农林局、市水利局、市农机局，农场工作归市农林局主管，农场结束下放区县的历史，但农场党的关系仍隶属于各区县党委领导，农垦直属企业党的关系隶属于市农林局党组。中共十一届三中全会召开以后，各项工作出现新局面，虽然各农场革命委员会仍然存在，但农场党委的领导核心作用进一步得到维护和加强。

（四）党组织建设迅速得以恢复和全面加强时期（1979—1998 年）

这一时期，北京农垦党组织建制情况可分为两个阶段：

1. 市农场局（北京市长城农工商联合企业）**阶段**（1979 年 4 月—1983 年 2 月）　1979 年 4 月 2 日，中共北京市委下发京发〔1979〕138 号文件，通知北京市长城农工商联合企业（北京市国营农场管理局）成立党组，市委决定刘明、郭方、赵彪、王謂华、韩林光、苏国良 6 人为市农场局党组成员，刘明任党组书记，郭方、赵彪任党组副书记。1980 年 9 月，中共北京市委组织部发文，市委决定霍玉杰为市农场局党组成员；1980 年 11 月，中共北京市委组织部发文，市委决定马进为市农场局党组成员；1982 年 6 月，中共北京市委组织部发文，市委决定房威为市农场局党组成员。1979 年 4 月—1983 年 2 月，先后担任党组成员的共有 9 人。1979 年 4 月，新成立的市农场局经市人事局和市编制委员会批准，设 10 个部门，其中党委口的机构有办公室（含党委办公室）、人事处、政策研究室、纪检委、团委、工会和机关党委。1979 年，市农场局党组所辖党员 766 人，归市农场局党组领导的基层党组织有 3 个党委建制、5 个党总支、57 个党支部。1980 年 1 月，中共北京市委农村工作部批准市农场局设立政治处。至此，北京农垦有了独立设置的政治工作部门。

2. 场乡体制改革前的农工商联合总公司阶段（1983 年 3 月—1998 年 12 月） 1983 年 3 月 31 日，中共北京市委组织部京组干〔1983〕16 号文通知市农场局，市委决定原北京市国营农场管理局（北京市长城农工商联合企业）改为北京市农工商联合总公司，并建立党委。刘明、房威、葛祥书、张邦恢、田彬 5 人为党委常委，刘明任书记，房威任副书记。从 1983 年 3 月建立总公司党委后，一直到 1998 年 12 月完成场乡体制改革的 15 年，先后担任党委常委的共有 20 人：刘明（1983 年 3 月）、房威（1983 年 3 月）、葛祥书（1983 年 3 月）、张邦恢（1983 年 3 月）、田彬（1983 年 3 月）、刘兴亚（1983 年 8 月）、霍玉杰（1983 年 10 月）、赵东升（1983 年 10 月）、刘国娟（1983 年 10 月）、邢春华（1984 年 6 月）、范远谋（1984 年 7 月）、任正阳（1986 年 3 月）、包宗业（1986 年 3 月）、王殿林（1986 年 5 月）、马志生（1987 年 6 月）、湾彦锦（1990 年 1 月）、秦瑞仁（1991 年 11 月）、张福平（1994 年 7 月）、金万能（1994 年 10 月）、李瑞和（1997 年 5 月）。上述党委常委中担任过党委书记的有 4 人，依次是：刘明、房威、秦瑞仁、李瑞和。

这一时期，除巨山农场外，其他"以场带乡"的农场党关系均隶属所在区县党委。"以场带乡"农场的党组织双管体制一直延续至 1998 年年底。农场和政府机构建立同一个党委，作为政治核心，统领全局，负责党政企全面工作；农场场长班子负责经济工作，并接受总公司领导；政府工作由区公所或者办事处、农村工作委员会负责，接受所在区县政府领导。以场带乡的农场党员由区县党组织负责管理，农场党组织既接受地方区县党委领导，也要参加总公司党组织的活动，成为农场党组织的一大特色。到 1997 年，各农场都建有党委，下辖数百个基层党委、党总支和党支部，党员逾万人。随着总公司直属企事业单位的增加，以及外系统三环实业总公司、慎昌实业公司等公司的加入，由总公司党委直接领导的二级单位党组织数量有所增加。在光明公寓、盛福大厦、艾莱发喜、北京丘比等一批总公司控股或参股的中外合资企业中，也建立了党支部和工会组织。1997 年，总公司党委管理的直属企事业单位党组织和党员情况为：有 12 个基层党委、14 个党总支、190 个党支部，党员总数2 929 人。总公司机关的政治工作部门有办公室（党委办公室）、组织部、宣传部（公关宣传部、史志编委会办公室）、纪检委（与监察处合署办公）、工会、团委、机关党委、老干部处和总公司党校（职工大学/教育处）。

1998 年年底场乡体制改革后，原由地方区、县管理的农场党委及党员并入总公司统一管理，总公司管理的党的基层组织和党员总数大幅增加，北京农垦党组织建制实现了历史上第一次统一。总公司党委管理的党组织及党员情况为：共有 26 个党委、33 个总支、489 个支部，党员 8 233 人。与1997 年年底相比，总公司管理的党委增加 14 个，党员数量增加 180%。

（五）党组织建制实现统一领导和党的组织力大幅提升时期（1999—2017 年）

场乡体制改革后，总公司党委带领广大党员干部积极投身企业调整和改制，在组建专业公司、辅业改制、劣势企业退出的过程中，党员干部顾全大局，保证党的决议落实，使调整和改制平稳推进。2002 年 8 月，总公司改制为北京三元集团有限责任公司。2002 年，三元集团正式建立党员代表大会制度。

2003 年 10 月 15 日，市国资委挂牌成立。三元集团正式纳入市国资委的监管范围，党的组织关系由隶属中共北京市农工委调整为市国资委党委。2009 年 4 月 20 日，经市政府批准，市国资委决定对三元集团、华都集团和大发畜产公司实施重组，成立北京首都农业集团有限公司。同日，市国资委党委京国资党任字〔2009〕20 号文通知三元集团党委，华都集团和大发公司的企业负责人管理和党的关系由隶属市国资委党委调整为隶属三元集团党委。

2017 年，首农集团修订《北京首都农业集团有限公司章程》，明确党建工作总体要求的具体内容。同时，完成《规范和执行"三重一大"决策制度实施办法》《党委（常委）会议事规则》《董事会议事规则》和有关制度的修订。从制度上进一步明确集团党委（常委）会在决策、执行、监督各环节的权责和工作方式，确保集团党委发挥领导核心和政治核心作用，做到将党组织的机构设置、职责分工、工作任务纳入企业管理体制和管理制度，使党组织成为公司法人治理结构的有机组成部分。2017 年年底，首农集团政工部门有党委办公室（与董事会办公室合署办公）、人力资源管理部（与党委组织部合署办公，含教育培训部）、监察部（挂纪检委牌子）、工会、企业文化部（与党委宣传部合署办公、含史志办）、党校。首农集团有基层党组织数 334 个，其中党委 35 个、党总支 17 个、党支部 282 个，党员总数 4927 名。

1979—2017 年市属农垦局/集团公司管理的党组织及党员情况见表 8-1-1。

表 8-1-1　1979—2017 年市属农垦局/集团公司管理的党组织及党员情况

年份	党委数（个）	党总支数（个）	党支部数（个）	党员数（人）	年份	党委数（个）	党总支数（个）	党支部数（个）	党员数（人）
1979	3	5	57	857	1998	26	33	489	8 233
1980	2	3	47	779	2000	32	35	511	7 359
1981	3	5	66	952	2001	33	29	380	6 502
1982	3	5	82	986	2002	31	36	324	6 295
1983	3	6	83	1 041	2003	31	31	315	5 984
1984	7	3	99	1 238	2004	29	27	313	5 770
1985	6	9	119	1 441	2005	34	22	314	5 035
1986	9	9	124	1 638	2006	30	22	318	4 768
1987	10	8	131	1 726	2007	28	20	295	4 500
1988	12	10	183	2 279	2008	23	21	273	4 483
1989	12	6	153	1 938	2009	36	21	341	5 670
1990	13	6	170	2 175	2010	35	20	303	5 620
1991	14	7	192	2 329	2011	34	20	310	5 628
1992	15	7	194	2 447	2012	33	20	335	5 630
1993	15	9	201	2 552	2013	33	20	335	5 574
1994	14	9	198	2 637	2014	32	25	327	5 470
1995	13	12	193	2 687	2015	31	20	288	5 259
1996	11	14	192	2 761	2016	32	17	275	4 847
1997	12	15	190	2 929	2017	35	17	282	4 927

说明：资料由首农食品集团党委组织部提供。

二、基层党组织

（一）基层党组织发展概述

基层党组织处在建设与改革实践的第一线，是党的执政能力建设的落脚点，也是推动党的执政能力发展的主要动力。早在 20 世纪 50 年代,为了支持国营农场创立,在中共北京市委和农业部党组的关怀下,选派了一批抗日战争时期参加革命工作的领导干部到新建农场担任场长和党组织负责人,其中也有一些知识分子干部担任农场领导。各农场党组织重视吸收工人中的先进分子入党,尤其重视在劳动模范和先进工作者中培养入党积极分子。从 1958 年开始,北京农垦出现兴办国营农场的高潮。中共北京市委、市人委动员数千名下放干部参加国营农场建设,这批同志中有一些较早参加革命工作的局级和县处级领导干部,他们为国营农场党的建设和经济建设做了大量开创性的工作。

1979 年,市农场局复建,建立党组。北京农垦各级党组织带领广大干部职工,以党的改革开放路线、方针和政策为指导,锐意进取,两个文明建设取得重要成果。至场乡体制改革前,北京农垦党组织已经形成完善的组织体系,优化了组织设置,扩大了组织覆盖,各级党组织成为领导北京农垦各项事业、各个单位、各个组织中的关键领导核心力量。

从 1999 年起,北京农垦国有农场党的组织关系全面划归市属总公司党委管理。2009 年成立首农集团,集团党委坚持“党委管党建、书记抓党建”,牢牢把握党组织在公司法人治理结构中的法定地位,从发展战略、规章制度、企业文化、品牌建设等方面发力,引导企业打造从田间到餐桌全产业链发展模式,提升保障首都农副产品安全及应急供应能力,经济总规模迅速扩大,盈利能力有较大提升。各级党组织提高政治站位,在主动融入京津冀协同发展、推动疏解整治促提升方面,起到重要的决策作用,实现了强有力的政治保证。

(二)部分基层党组织发展与建设简况

为了更清楚地了解北京农垦基层党组织的建制及隶属关系变化全貌,对国有农场及三元食品股份公司的党组织变化情况简述如下:

1. 南郊农场 1949 年 11 月,京郊国营农场管理局局长兼党组书记戎占峡兼五里店农场负责人,次年卸任农场负责人。1954 年 1 月,五里店农场建立党总支,耿希贤(女)任党总支书记;10 月,新成立的南郊农场划归市农林局管理。1955 年 9 月,王友新任党总支书记。1957 年 4 月,南郊农场党总支改为党委建制,由袁言庸任农场党委书记;7 月,郭方任党委书记,下属三个分场设党支部。1958 年 9 月 7 日,红星人民公社成立,设党委、书记处,成立监察委员会,郭方任公社党委书记。1959 年 5 月 28 日,召开红星人民公社第一届党员代表大会,选举郭方为党委书记。1961 年 8 月 29 日,召开红星人民公社第二届党代会。1965 年 7 月 12 日,召开红星公社第三届党代会,选举夏阳为党委书记。1968 年 2 月,红星公社革命委员会成立。1970 年 7 月 24—28 日,召开红星公社第四届党代会,恢复了党的组织活动,并选举军代表赵建奎任公社(农场)党委书记。1971 年,由张进霖任书记。1972 年 10 月,红星公社将 8 个农村分场和 2 个国营企业分场改为党委建制。1975 年 9 月 12—14 日,召开红星人民公社第五届党代会,吕春林当选党委书记。1982 年 5 月 7 日,召开中共红星公社第六次代表大会,刘长明当选党委书记。1983 年 10 月,撤销红星人民公社,所属范围定为“大兴县红星区”,设立中共大兴县红星区委员会;同月,刘伦祥任红星区委书记(南郊农场党委书记)。自 1984 年 9 月至场乡体制改革止,先后由赵东升(1984 年 10 月—1985 年 4 月)、苏本英(1985 年 4 月—1993 年 4 月)、李仕雄(1993 年 4 月—1994 年 6 月)、范为常(1994 年 6 月—1998 年 10 月)担任红星区委书记(农场党委书记)职务。场乡体制改革前的 1997 年,农场党委下辖党委 13 个、党总支 7 个、党支部 369 个,有党员 6 214 人,是全系统规模最大、人员最多的党组织。场乡体制改革后,1999 年 4 月至 2012 年 10 月,先后由马利生(1999 年 4 月)、郑立明(1999 年 8 月)、李凤元(2004 年 2 月)、王发兴(2004 年 9 月)、何冰(2010 年 3 月)任农场党委书记。2002 年 10 月 12—13 日,召开南郊农场第七次党代会,选举产生南郊农场第七届党委会。2012 年 12 月 24 日,召开南郊农场第八次党代会,选举程藏为农场党委书记。2016 年 12 月 28 日,召开南郊农场第九次党代会,66 名党员代表、25 名列席代表参加会议,选举产生农场第九届党委会和纪律检查委员会。

2. 双桥农场 1953 年 2 月,双桥农场在“三反”运动后发展了第一批党员,并成立了党支部,贾梦月任支部书记；是年底，姜华亭接任支部书记。1955 年 3 月，于彦任党支部书记（兼副场长）。1956 年年底，双桥农场已有党员 48 名。1957 年 8 月，农场成立党总支，崔文瑞任第一任党总支书记。1958—1959 年，在人民公社化运动中，双桥农场实行场社合一体制，农场先后经历了双桥公社（1958 年 10 月）、"大朝阳"公社（1958 年 11 月）、双桥公社（1959 年 3 月）、"小朝阳"公社（1959 年 11 月）4 个时期。在成立"大朝阳"公社时，实行"场社合一"的全民所有制人民公社体制，但当时设立公社和农场两个党委，马海水任公社党委书记，苏冰任农场党委书记。1961 年 4 月，中共朝阳区委决定恢复双桥人民公社，苏冰任公社党委书记，开始公社党委与农场党委合一。中共朝阳区委在 1964 年调整党委班子，李郡南任党委书记；1965 年调整党委班子，郭方任党委书记。1968 年 2 月 12 日，双桥农场革命委员会成立；是年开始整建党。1969 年 9 月 25 日，公社第一次党员代表大会召开，选举支农解放军军代表董志坚为党委书记。1970 年 7 月，公社召开第二届党代表大会。1975 年 8 月，公社召开第三届党代表大会。1979 年，农场党委决定在工业分场和畜牧分场建立党委。1981 年 4 月 14 日，双桥农场召开第四届党代表大会，选举产生第四届委员会，有委员 9 人、常委 6 人。1983 年 12 月 29 日，经中共朝阳区委批准，撤销人民公社建制，成立双桥农村办事处。1984 年 1 月 5 日，经中共朝阳区委批准，设立中共朝阳区双桥农村工作委员会，农场党委书记周诗平同时担任农工委书记。1986 年 4 月，彭少武任农场党委书记（双桥农工委书记）；6 月，农场党委决定实行党委领导下的场长分工负责制；7 月，双桥农工委制定《中共双桥农村工作委员会工作暂行条例》。1991 年 4 月，王金农担任农场党委书记（双桥农工委书记）职务。1993 年，农场直属机关党委成立。1992 年 9 月至 2001 年 3 月，先后由吕和平、张志明任农场党委书记。2002 年 6 月 5—6 日，农场第五次党代会召开。有 75 名正式代表、26 名列席代表参加会议。大会选举产生农场党委委员 7 名、纪委委员 3 名，何冰当选党委书记。是年 12 月，三元集团党委常委马辉兼任双桥农场党委书记。2004 年 2 月，邵光海任双桥农场党委书记。2008 年 6 月，以双桥农场为主体，吸收合并北京三元绿化工程公司和永乐店农场，组建新的双桥农工商公司，三元集团党委任命新的党委班子，何冰任党委书记。2010 年 3 月，马遂志任双桥农工商党委书记。2014 年 11 月，由党委副书记、公司董事长张宝华主持党委工作。2016 年 11 月 21—22 日，召开中共双桥农工商公司第一次党员代表大会，大会选举许树坡为党委书记。

3. 西郊农场 1949 年 10 月，彰化农场（西郊农场前身）建立党支部，隶属中共北京市郊区工作委员会，赵彪任党支部书记兼场长。1954 年 4 月 1 日，彰化农场正式更名为国营北京市西郊农场；12 月，西郊农场建立党总支，隶属市农林局党组领导，肖英任党总支书记。1954 年 12 月—1957 年，农场党总支下设 4 个党支部。1958 年 10 月—1961 年 4 月，西郊农场党总支隶属海淀区大永丰公社党委，先由高凤岐任农场党总支书记兼任公社第二书记，后由胡完淮担任此职务。1960 年 4 月，永丰公社解体分为 6 个公社，西郊农场改为上庄公社，实行场社合一体制。1961 年 7 月 12 日，召开中共上庄公社（西郊农场）第一届党员代表大会，91 名党员代表出席大会，代表全场 271 名党员，选举产生公社（农场）党委会、监察委员会，选举李旭明任党委书记，下设 1 个直属党总支、14 个农村党支部。1963 年 4 月 1 日，召开中共上庄公社（西郊农场）第二届党员代表大会，91 名党员代表出席大会，选举产生公社（农场）党委会、监察委员会。1963—1966 年，下设 4 个党总支、63 个党支部。1965 年 6 月 16 日，召开中共上庄公社（西郊农场）第三届党员代表大会，91 名党员代表出席大会，选举产生公社（农场）党委会、监察委员会，柳少栋任党委书记。1966 年 7 月，受"文化大革命"影响，农场党委工作开始瘫痪。1968 年，农场下放海淀区管理。1970 年 1 月 17 日，召开中共上庄公社（西郊农场）第四届党员代表大会，27 名党员代表出席大会，选举产生公社（农场）党委会，党组织恢复活动。1971—1973 年以自然村建党总支。1972 年，农场结束下放。1974 年，建立四个分场、两个直属大队党总支。1975 年 4 月 26 日，召开中共上庄公社（西郊农场）第五届党员代表大会，195 名党员代表出席大会，选举产生新一届党委会。1979 年，市农场局复建。1980 年 9 月 10 日，中共西郊农场（上庄公社）第六届党员代表大会召开，26 名党员代表选举党委会委员 7 名，刘伦祥任党委书记。是年，全场共有 920 名党员。1984 年 10 月 26 日，中共西郊农场（上庄乡）召开第七届党员代表大会，138 名党员代表选举党的委员会和纪律检查委员会，党委委员共 9 名，刘诗宝任党委书记。1984—1994 年，西郊农场党委下辖 4 个农村分场党总支、3 个企业党总支、11 个直属党支部。1995 年 8 月，李凤元任党委书记。西郊农场在 1987 年、1990 年、1993 年、1996 年又依次召开了第八、第九、第十、第十一届党代会。场乡体制改革后，农场党的关系归属农工商联合总公司党委领导，李杰锋被总公司党委任命为党委书记。2001 年 5 月 25 日，中共西郊农场召开第十二次党员代表大会，60 名正式代表、7 名特邀及列席代表参加。2008 年 4 月，东北旺农场和西郊农场进行重组，实行统一管理。2010 年 11 月，首农集团党委决定将东北旺农场国有资产无偿划转至西郊农场，合并后的西郊农场为首农集团二级单位，贾全乐任西郊农场党委书记。是年底，西郊农场党员总数 302 人。2012 年 10 月，首农集团党委任命孔凡为党委书记。2013 年 11 月，农场召开第十三次党员代表大会。2016 年 12 月 22 日，召开第十四次党员代表大会，75 名代表参加大会，选举产生新一届党委会和纪检委会，党委委员共 7 人，纪检委委员共 5 人。2017 年年底，西郊农场党委下辖党总支 1 个、党支部 15 个，有党员 272 人。

4. 东郊农场 1955 年 1 月，新成立的东郊农场设立党支部，方向任党支部书记。1957 年 2 月，经中共朝阳区委批准，东郊农场成立党总支。1957 年 2 月，中共朝阳区委批复石井等 11 名同志任东郊畜牧场党总支委员，石井任党总支书记。1958 年 11 月，东郊农场并入"大朝阳"公社，农场改为东郊站，东郊站党总支隶属"大朝阳"公社党委，公社党委书记张磐石。1959 年 4 月，朝阳公社划小，东郊农场进入"小朝阳"公社，实行场社合一体制，石井任党委书记。1959 年 11 月，朝阳公社（东郊农场）与和平公社（来广营乡）合并成立新的和平公社，刘玉满任和平公社（东郊农场）党委书记。1961 年，和平公社进一步划小，东郊农场与中阿友好人民公社合一，马海水任公社（东郊农场）党委书记。1965 年 4 月，齐纪任公社（农场）党委书记。1966 年 8 月，侯近义代理公社（农场）党委书记。1968 年 1 月，和平公社（东郊农场）成立革命委员会；9 月，蒲富春代理公社（农场）党委书记；是年 12 月，张士达任和平公社（东郊农场）党委书记。1969 年 8 月，开始整党建党。1970 年 4 月 4 日，经中共朝阳区委批准，恢复和平公社党委会，有委员 25 人、常委 7 人。1972 年 12 月，刘永国任东郊农场（公社）党委书记。1974 年 1 月，张士达任公社（农场）党委书记兼革委会主任。1975 年 8 月 9 日，中阿友好公社召开党代会，选举产生党委会委员 9 人，张士达当选党委书记。1984 年 1 月，刘秉亮任农场党委书记。是年 2 月，"和平公社"改为"朝阳区和平农村办事处"，和平中阿友好人民公社（农场）党委改为"中共北京市朝阳区和平农村工作委员会"，刘秉亮任工委书记。和平农村办事处建立 4 个乡：孙河乡、南皋乡、崔各庄乡、黄港乡。1986 年 6 月，4 个乡党委换届选举，选出了新的乡党委。1987 年 3 月，宛士林任工委书记（农场党委书记）。1998 年 7 月，宋春来任工委书记（农场党委书记）。2004 年 2 月，孙长清任农场党委书记。2004 年 9 月 15 日，朝阳农场整建制并入东郊农场。2014 年，周卫东任农场党委书记。2016 年 9 月 28 日，中共北京市东郊农工商联合公司委员会举行第一次党员代表大会，选举产生第一届党委会和纪律检查委员会，第一届党委会由 5 名委员组成。2017 年年末，东郊农场党委共设立党支部 13 个，有党员 221 名。

5. 北郊农场 1956 年 10 月 6 日，公私合营北郊畜牧场正式命名。是年，北郊畜牧场建立党总支，赵焕平任总支书记，全场党员不足百名。1958 年 10 月，红旗人民公社（含北郊畜牧场）与东风人民公社合并，成立小汤山人民公社，公社建立党委，郭汉文任书记。1959 年 1 月，北郊畜牧场和回龙观、平西府两个乡从小汤山公社分离出来，单独成立平西府人民公社；4 月 19 日，北郊畜牧场正式更名为国营北京市北郊农场，赵焕平任党委书记。1959 年 5 月 29 日，平西府公社（北郊农场）召开第一届党代会，会议选举赵焕平任党委书记；10 月，沙河、北七家、东小口 3 个乡并入北郊农场，成立沙河人民公社。1960 年 1 月 18 日，经上级党委批准，沙河公社党委委员由原来的 12 名增加到 25 名，郭汉文为第一书记。1968 年 3 月 1 日，沙河中越友好人民公社革命委员会成立。1970 年 9 月 10—12 日，召开中共中越公社第三届党员代表大会，李九玲当选党委书记。从 1973 年 9 月至

1982 年 5 月，前后更换了曹振祥、杨文斌、张桂福、顾万庆 5 名党委书记。1982 年 5 月 27—28 日，召开中共北郊农场第四次党代会，选举产生第四届中共北郊农场委员会，云玉增任党委书记。1983 年，成立昌平县回龙观区，北郊农场党委同时也是回龙观区委。1986 年，李仕雄任党委书记。1991 年，李家栋任党委书记。1998 年场乡体制改革前，北郊农场党委下设 10 个基层党委、9 个党总支部、182 个党支部、310 个党小组，有 3 425 名党员。农场设有党委办公室和政工科，共同负责党建及思想政治工作。场乡体制改革后，北郊农场撤销下属企业党委建制，农场党委下辖 46 个支部，有 1 011 名党员。2001 年，农场多个下属企业被重组到总公司组建的专业公司，农场党委下辖党支部减少至 33 个，有党员 739 名。2002 年 9 月，农场领导体制由党委领导下的分工负责制改为场长负责制。2004 年 5 月 18—19 日，农场召开第五次党代会，贾全乐当选党委书记。2009 年 7 月，郑维业任农场党委书记。2012 年 10 月 26 日，北郊农场召开第六次党代会，60 名代表、14 名列席代表参加会议，选举产生了新一届党委班子和纪检委班子。2014 年 2 月，农场成立党委办公室。2016 年 12 月 27 日，农场召开第七次党代会，55 名代表参加会议，选举产生新一届党委委员和纪委委员。

6. 东风农场 1958 年 3 月，全国农业展览馆农场成立，建立党支部，归全国农业展览馆党委领导。农场党支部书记由农展馆农场场长陈锦余兼任。1958 年 12 月，农垦部将农展馆农场下放到北京市，农展馆农场党支部成为市农林水利局党组下属的基层党组织。在人民公社化期间，农展馆农场党支部于 1959 年 1 月成为朝阳公社党委下属的基层党组织；4 月，成为星火公社党委下属的基层党支部，赵景岑任支部书记；10 月，归中德友好人民公社党委领导，赵景岑改任公社副书记，农场党支部书记由高德胜担任。1961 年 4 月，中德友好人民公社解体，农展馆农场恢复原名称，成为北京市朝阳区的区属单位；5 月，经中共朝阳区委批准，农展馆农场正式成立党委，王宗绪任第一任党委书记；6 月，全国农业展览馆农场更名为国营北京市种畜场，业务归市农林局领导，党组织关系隶属中共北京市朝阳区委。1964 年 8 月，国营北京市种畜场更名为国营北京市东坝农场；11 月 5 日，中共北京市朝阳区委批复中共北京市东坝农场委员会由 7 人组成。1966 年，"文化大革命"开始，东风农场党组织陷于瘫痪状态；8 月，国营北京市东坝农场更名为"国营北京市东风农场"。1968 年 2 月，东风农场成立革命委员会；3 月，成立东风农场党的领导核心小组，张士达任农场革委会主任兼任农场党的领导核心小组组长。1968 年 11 月，东风农场下放至北京市朝阳区，东风农场的党领导核心小组归属于中共北京市朝阳区委领导。1970 年 1 月 20—21 日农场召开第一次党员代表大会，选举产生新的党委会；4 月，中共朝阳区委批准选举结果，王化麟当选党委书记，正式恢复党组织建制。1972 年 11 月，中共朝阳区委任命李凌新为党委书记。1975 年 8 月 1 日，农场召开第四次党代会，130 名党员代表选举产生新一届党委会及委员 15 人，李凌新任党委书记。1978 年 8 月，中共北京市朝阳区委决定东风农场与朝阳区星火人民公社合并成立东风人民公社，同时挂农场牌子，公社（农场）党委会常委 15 名。1981 年 1 月 23—24 日，中共东风公社委员会第五次代表大会召开，选举产生新一届党委会。1987 年 6 月 11 日，东风乡第六次党员代表大会召开，选举产生了新党委、纪委领导班子。1991 年 4 月 10 日，中共东风乡第七次党员代表大会召开，陈庆明当选为党委书记。1996 年 11 月 28 日，中共东风乡第八次党员代表大会召开，高振泉当选为党委书记。场乡体制改革前，东风农场党委下辖 2 个党总支和 45 个党支部，党员总数 637 名。场乡体制改革完成后，1999 年 1 月 12 日，总公司党委调整东风农场领导班子，农场党委委员 5 人。2001 年 1 月，国营北京市东风农场正式更名为北京市东风农工商公司，党委书记为尹跃进。2001 年 7 月，经总公司决定，东风农工商公司与通达房地产开发建设总公司合并组建北京三元置业有限公司；是年 11 月 19 日，总公司党委研究决定，新重组的三元置业有限公司党委由 7 人组成，党委书记为苟长明。2002 年 5 月，三元置业公司党委完成对 2 个党总支、21 个党支部的调整。2003 年 2 月，三元集团决定，尹跃进任三元置业有限公司党委书记。2010 年 10 月，东风农场恢复北京市东风农工商公司的名称和建制，首农集团党委任命王明革为党委书记。2012 年 12 月 17—18 日，东风农工商公司召开第九次党代会。2016 年 12 月 27 日，东风农工商公司召开第十次党代表大会，选举产生新一届党委会及委员 5 人、纪律检查委员会及委员 5

人；12 月 28 日，北京市东风农工商公司正式更名为北京市东风农场有限公司，何冰任党委书记。

7. 东北旺农场　1957 年 1 月 1 日，国营农大农场正式挂牌成立，隶属中央农垦部和北京农业大学领导，农场第一任党总支书记为曹旭。1959 年年底，农大农场划归市农垦局领导。1960 年 4 月，农大农场建立场社合一体制，挂东北旺公社牌子，党的关系隶属中共北京市海淀区委员会。1961 年 3 月，农大农场更名为国营北京市东北旺农场。1962 年 4 月 18 日，东北旺公社（农场）召开第一次党代会，选举产生党委会，曹旭任党委书记。1963 年 5 月，东北旺公社（农场）召开第二次党代会。1965 年 6 月 11 日，东北旺公社（农场）召开第三次党代会。1966 年 6 月，因"文化大革命"的原因，农场党组织停止活动。1967 年 11 月 23 日，东北旺公社（农场）革命委员会成立。1969 年，东北旺公社（农场）成立党的核心领导小组，冯增贵任组长。1970 年 1 月，东北旺公社（农场）召开第四次党代会，选举产生党委会，冯增贵任党委书记。1975 年 4 月，东北旺公社（农场）召开第五次党代会。1972—1977 年，先后由刘正奎（1972 年）、刘麟（1975 年）、屈洪玉（1976 年）担任党委书记兼革委会主任。1978 年 10 月，房威任党委书记。市农场局复建后，东北旺乡（农场）召开党代会的情况是：1980 年 8 月召开第六次党代会、1984 年 12 月 25 日召开第七次党代会、1987 年 9 月 10—11 日召开第八次党代会、1990 年 12 月 28—29 日召开第九次党代会、1993 年 12 月 6—7 日召开第十次党代会、1996 年 12 月 18—19 日召开第十一次党代会。之后，担任党委书记的有屈洪玉（1984 年）、陈欣成（1992 年）、张鹏（1996 年）、李元海（2005 年）、贾先保（2007 年）。2008 年，三元集团党委决定将东北旺农场与西郊农场合并，并且以东北旺农场名义开展经营活动，贾先保仍担任党委书记。2009 年，首农集团任命贾全乐为农场党委书记。2010 年，东北旺农场党委下辖党总支 1 个、党支部 14 个。2011 年 1 月 1 日，中共北京市东北旺农场委员会更名为中共北京市西郊农场委员会。

8. 朝阳农场　朝阳农场的前身是 1950 年建立的河北省通县县农场，因党员数量少，1950—1964 年 9 月，农场党组织建制为党支部。1953 年，通县县农场更名为河北省通县农场，直属河北省通县专区，农场党政领导由中共通县地委组织部任命。1957 年，农场迁至通县第九区（今北京市朝阳区楼梓庄乡）。1958 年 4 月，划归北京市东郊区领导；5 月，东郊区改称朝阳区，农场定名为北京市朝阳区朝阳农场，党的关系隶属中共朝阳区委，吴文仲任农场党支部书记。1961 年 6 月，经中共朝阳区委决定，将区属朝阳农场并入农展馆农场；同月，农展馆农场更名为北京市种畜场，原朝阳农场成为种畜场一分场；8 月，种畜场一分场建立党支部，惠万林任党支部书记。1964 年 10 月，一分场建立党总支，惠万林改任总支书记。1966 年 8 月，原朝阳农场成为东风农场一分场。1968 年 1 月，东风农场一分场成立革命委员会；12 月，朝阳区在一分场筹建干校，一分场与东风农场脱离，正式成为北京市朝阳区 104 干校，隶属朝阳区革委会。1970 年 3 月，农场与 104 干校分立，恢复北京市朝阳区朝阳农场名称，仍保持党总支与革命委员会的建制。1975 年 4 月 11 日，中共朝阳区委决定设立朝阳农场党委，任命了党委成员，思途任党委书记，6 月 16 日启用党委印章。1985 年 4 月，总公司党委决定，由朝阳农场代管的京联奶牛公司与朝阳农场分立，建立两个党总支。1988 年 4 月 8 日，总公司党委（88）京农场组字第 6 号文件批复朝阳农场设立党委，并任命了党委班子。2004 年 9 月 15 日，三元集团党委决定，朝阳农场整建制并入东郊农场。

9. 南口农场　1958 年 4 月 9—10 日，南口农场召开第一届党代会，宋新波等 9 人当选党委委员，宋新波任党委书记。1963 年 5 月，农场召开第二次党代会。1971 年 3 月，农场召开第三次党代会，黄超当选党委书记。1972 年 8 月，倪竖发任党委书记。1973 年 9 月，陈之光任党委书记。1975 年 11 月，农场召开第四次党代会。1978 年，宋新波任党委书记。1980 年 7 月，杜林和任党委书记。1983 年 12 月，张庆田任党委书记。1988 年 3 月 18—19 日，农场（土楼乡）召开第五次党员代表大会。1991 年 1 月，潘彬荣任党委书记。1992 年 11 月 25—26 日，农场（土楼乡）召开第六次党代会。1995 年 5 月，苟长明任党委书记。1996 年 12 月 18 日，南口农场（土楼乡）召开第七次党员代表大会，选举产生新一届党委会，委员由 9 人组成，这是场乡体制改革前南口农场（土楼乡）召开的最后一次党代会。是年底，农场党委下设 19 个党支部，有 343 名党员。1997 年 5 月，郑维业任党委书记。2001 年 7 月—2012 年 4 月，先后由陈东、马遂志、唐燕平任党委书记。2012 年 12 月 6 日，南口农场召开第八次代表大会，孙军当选党委书记。2016 年 12 月 28 日，召开南口农场第九次党代会，选举产生新一届党委会及委员，委员 7 人，孙军当选党委书记。截至 2017 年年底，农场党委下辖 7 个党支部，有正式党员 105 人。

10. 卢沟桥农场　1958 年 3 月 1 日，中共北京市委和市农林局正式命名"国营北京市卢沟桥农场"；3 月 16 日，卢沟桥农场建立党支部，李德厚任党支部书记。1962 年，由场长康继阁兼任党支部书记。1963 年 3 月 5 日，农场成立党总支，并召开了第一届总支委员会，总支委员由 7 人组成，其中职工队 5 人、农村队 2 人，康继阁任党总支书记，全场有党员 34 人。1966 年年底，农场党组织因"文化大革命"原因被迫停止活动。1968 年 1 月 20 日，卢沟桥农场革命委员会成立。1969 年下半年，农场各级党组织恢复活动。1970 年 4 月 4—10 日，农场召开全场党员大会，选举产生中共卢沟桥农场委员会，潘党生任党委书记。1975 年 10 月 14—16 日，农场召开第三届党员代表大会。市农场局成立后，由孙安平任农场党委书记。1984 年 10 月 30—31 日，农场召开第五届党员代表大会，秦瑞仁当选党委书记。1987 年 7 月 26 日—8 月 23 日，农场召开第六届党员代表大会，秦瑞仁当选党委书记兼纪委书记。1990 年年底，农场党委所属党支部 20 个，其中国有企业 15 个、农村队 5 个，党员总数达 282 人。1991 年 3 月 7—8 日，农场召开第七届党员代表大会，秦瑞仁当选党委书记。1994 年 1 月，农场召开第八届党员代表大会，新一届党委会有委员 7 人，任良友当选党委书记。从 1996 年后，上级党委先后任命任松鹤、孙凤森、程藏为农场党委书记。2009 年 7 月 6 日，首农集团决定将卢沟桥农场并入南郊农场。

11. 长阳农场　1958 年 2 月，长辛店农场成立；9 月，长辛店农场与良乡人民公社合并，是年 3—9 月，农场建立党总支，王宗绪任党总支书记；1960 年 11 月，由周揆选接任党总支书记；是年 12 月 1 日，农场定名长阳农场。1961 年 6 月 22 日，成立长阳人民公社，形成场社合一管理体制；9 月，长阳人民公社（长阳农场）召开第一次党代表大会，大会选举产生中共长阳人民公社第一届委员会及委员，经上级党委批准，周揆选任长阳公社（农场）党委书记。1966 年 6 月，召开长阳公社第二次党代会，周揆选当选党委书记。1968 年 9 月，吕镒任党委书记。1970 年 7 月 22 日，召开长阳公社第三次党代会，历时 4 天，出席大会代表 150 名，选举产生党委会及委员 29 人、常委 7 人，吕镒当选党委书记。1975 年 4 月 26 日，召开长阳公社第四次党代会，历时 3 天，选举产生长阳公社第四届党委会及委员 35 人、常委 11 人，吕镒当选党委书记。1976 年，马向凤任党委书记。1980 年 9 月 9 日，长阳公社第五次党代会，历时 3 天，选举产生长阳公社第五届党委会，委员 7 人，马向凤当选党委书记。1983 年 4 月，长阳人民公社撤销，成立长阳乡，农场与乡为同一个党委。1985 年 5 月 7 日，召开中共长阳乡第六次代表大会，会期 1 天，选举产生了中共长阳乡第六届委员会，委员 9 人，陈德义当选党委书记。1987 年 12 月，聂殿启任党委书记。1991 年后，农场领导班子经过多次调整，先后担任农场党委书记的有马长贵、茹跃、陈玉甫、苏德录、程藏、尹德立。2007 年，长阳农场划归南郊农场管理。

12. 延庆农场　1961 年 9 月，延庆农场成立，于景惠任延庆农场党委书记。1962 年 5 月，延庆农场与延庆县西关渔场合并，原渔场党委并入农场党委，刘省三任党委书记。1966 年 8 月，部队"支左"干部于洪泉出任农场党委书记。1968 年 3 月，王克润任党委书记。1969 年，农场建立整党建党领导小组。1970 年 1 月，召开农场第一届党员代表大会，选举产生新一届党委会，王克润当选党委书记。1975 年 9 月 12 日，召开第二届党员代表大会，选举产生新一届党委会，王克润当选党委书记。1977—1979 年，冯万库任农场党委书记。1979 年，市农场局复建，延庆农场党委归市农场局党组领导，局党组任命聂廷佐为农场党委书记。1991 年 12 月 10 日，延庆农场召开第六届党代会，选举陈志增为党委书记。1995 年 10 月—2002 年 2 月，先后由范学珊、陈良芳、王希全、王希仁任党委书记。2000 年 5 月，延庆农场领导体制由党委集体领导下的分工负责制改为场长负责制。2002 年 3 月，经总公司研究决定，延庆农场委托北京奶牛中心管理，保留延庆农场独立法人实体资格，两个单位设立一个党委，马占山任党委书记。2005 年 6 月 2 日，三元集团董事会决定，解除延庆农场与奶牛中心的托管关系，恢复延庆农场独立建制，为集团公司所属二级单位；三元集团党委重新任命延庆农场党委、纪检委班子，刘克信任农场党委书记。2007 年 5 月，张晋陵任农场党委书记。2011 年 2 月，张振东任农场党委书记。2012 年 10 月，召开延庆农场第七次全体党员大会。

13. 巨山农场　1950 年，隶属中央办公厅中南海管理局的香山副食品基地农场由樊士成任农场副场长、党总支副书记。1953 年，定名为香山农场。1955 年 3 月，中央警卫局服务处供应科副科长崔砚田任农场党总支书记、场长。从 1958 年起，至 1961 年年底，香山农场党组织均为党总支，党总支书记为鲍国珍。1958 年 3 月 2 日，中共中央办公厅中南海管理局将香山农场移交给市农林水利局，农场党的关系划归市农林水利局党组管理。1959 年 10 月，中共北京市委决定将海淀区四季青人民公社的 6 个大队和香山农场并入海淀区四季青中保友好人民公社，香山农场党总支隶属四季青公社党委领导。1961 年 6 月，香山农场从海淀区四季青人民公社分出，归市农林局直接领导，农场党总支隶属市农林局党组领导。1962 年 1 月，香山农场更名为北京市巨山农场，党组织建制改为党支部，支部书记为鲍国珍。1969 年 1 月 1 日，中央警卫团正式接管巨山农场，更名为 8341 部队巨山农场；同年，巨山农场召开第一次党代会，选举产生农场党委会，崔砚田当选党委书记。1973 年 1 月 1 日，巨山农场由 8341 部队正式移交给市农林局，党的关系转移至市农林局。1975 年 4 月 1 日，农场召开第二届党代会，选举产生新一届党委班子。1979 年，巨山农场党委归市农场局党组领导。1991 年 8 月 22 日，巨山农场召开第四届党代会。2014 年 12 月 15 日，巨山农场召开第五届党员代表大会，66 名党员代表出席大会，选举产生新一届党委会和纪律检查委员会委员各 5 名。巨山农场历任党委书记分别是：崔砚田（1972—1982 年）、陈祥（1982—1984 年）、韩永江（1984—1986 年）、侯建昌（1986—2000 年）、马遂志（2000—2003 年）、周同来（2003—2013 年）、韦素玲（2013—2017 年）。

14. 永乐店农场　1958 年 9 月，中共永乐店人民公社党委成立。1959 年 7 月 25—31 日，召开中共永乐店公社第一届代表大会，正式代表 123 人，选举产生第一届党委会及委员 19 人，全委会选举冯荣芳为党委书记，后由田彬任公社党委代理书记，1961 年 7 月，撤销中共永乐店人民公社党委，建立中共通县永乐店区工作委员会，赵峰任区委书记；同年，通县政府在永乐店区办小农场，定名国营永乐店农场。1962 年，永乐店农场扩建，设 5 个分场。1963 年 1 月，永乐店农场正式挂牌成立。1964 年 2 月，农场设立党委，王锡田任党委书记，农场党的关系隶属中共永乐店区委领导。1964 年 2 月，撤销永乐店区工作委员会，建立中共永乐店农场委员会，赵峰任书记。1965 年 5 月，农场党委亦称公社党委。1968 年 1 月，成立永乐店区革命委员会，取代原农场党委。1969 年 1 月，中共永乐店农场（公社）核心领导小组成立，杨文彬为组长。1970 年 11 月 4—7 日，召开中共永乐店农场（公社）第二届代表大会，正式代表 231 人，选举产生第二届党委会及委员 9 人，选举杨文彬为党委书记。1973 年 3 月，张彦民任永乐店农场（公社）党委书记。1975 年 5 月 20—21 日，召开中共永乐店农场（公社）第二届代表大会，正式代表 438 人，选举产生第三届党委会及委员 39 人，全委会选举张彦民为党委书记。1976 年 3 月—1976 年 12 月，党委副书记曹昭君主持党委会工作；1976 年 12 月，王延春任党委书记，曹昭君任第二书记。1981 年 1 月，卢松华任党委书记。1982 年 3 月 18—20 日，召开中共永乐店农场（公社）第四届代表大会，正式代表 260 人，选举产生第四届党委会及委员 11 人，全委会选举卢松华为党委书记。1983 年 6 月，撤销中共永乐店人民公社委员会，建立中共永乐店区（农场）委员会，先后由宛士林（1983 年）、吴依孚（1988 年）、张少田（1991 年）、柳文斌（1995 年）、柳全祥（1998 年）任党委书记。2003 年 11 月 17 日，永乐店农场召开第五届党代会，正式代表 52 人，柳全祥当选党委书记。2004 年 5 月—2008 年 6 月，闫景海任党委书记。2007 年，永乐店农场共有党员 119 人、基层企业党支部 10 个。2008 年 6 月 11 日，三元集团董事会决定，以双桥农工商公司（双桥农场）为主体，吸收合并永乐店农场；6 月 20 日，双桥农工商公司党委研究决定，由张瑞丰任永乐店农场党委书记。

15. 三元食品股份公司　1956 年 3 月 1 日，经市人委批准，成立国营北京市牛奶站，由北京市副食品商业局领导；同年，北京市牛奶站党支部成立，魏开荒任党支部书记。1957 年 2 月，市牛奶站由市副食品商业局移交给市农林水利局管理，作为局直接领导的农场级单位；是年 7 月，康纪阁任市牛奶站党支部书记。1961 年 3 月，董永宽任市牛奶站党支部书记；4 月，市牛奶站再次划归市副食品商业局领导；6 月，市牛奶站召开党员大会，选举产生中共北京市牛奶站总支部委员会，董永宽任党总支书记。1962 年 10 月，市牛奶站再次划归市农林局领导，市牛奶站党总支隶属市农林局党组。1963 年 10 月，市牛奶站召开第一届党代会，选举产生中共北京市牛奶站第一届委员会及委员，张文华当选党委书记，董永宽为党委副书记。1966 年 11 月，市牛奶站成立"文革筹委会"。1968 年 3 月 20 日，经北京市农业局"革命领导小组"批准，成立北京市牛奶站革命委员会，张文华任主任，张建忠任副主任。是年 11 月 2 日，经市革委会批准，国营北京市牛奶站改名为国营北京市牛奶公司。1969 年 3 月，原北京市农林水利局副局长杨益民任市牛奶公司革委会负责人。1970 年 7 月，召开市牛奶公司第二届党代会，选举产生第二届党委会及委员，赵化达当选党委书记，王怀爱、张文华为党委副书记。1972 年 6 月，市牛奶公司召开第三届党代会，选举产生第三届党委会及委员，赵化达当选党委书记，钟铮、王怀爱、张文华为党委副书记。1975 年 7 月，市牛奶公司召开第四届党代会，选举产生第四届党委会及委员，赵荣当选党委书记，张文华、刘宗良为党委副书记。1979 年 4 月，市牛奶公司调整领导班子，张文华任党委书记，刘文焕、王真、赵荣、刘宗良任党委副书记。1980 年 10 月，王真任市牛奶公司党委书记。1982 年 11 月，刘正奎任市牛奶公司党委书记，王真任党委副书记。1986 年，王真任党委书记。1988 年 3 月 18 日，市牛奶公司召开第五届党代会，选举产生市牛奶公司第五届党委会及委员，王真任党委书记，包宗业、黄起明任党委副书记。1990 年 11 月，王怀宝任市牛奶公司党委书记。1991 年 4 月 29 日，市牛奶公司召开第六届党代会，选举产生市牛奶公司第六届党委会及委员，王怀宝任党委书记，肖春元、黄起明任党委副书记。1995 年 11 月，肖春元任党委书记，王发兴、陈海任党委副书记。1997 年 3 月，重组后的北京三元食品有限公司设立。2001 年 1 月，北京三元食品股份有限公司创立。从 1996 年 12 月起，三元食品公司历任党委书记为：王发兴（1996 年 12 月—2003 年 10 月）、包宗业（兼）（2003 年 11 月—2004 年 8 月）、郑立明（2004 年 9 月—2006 年 5 月）、徐建忠（2006 年 6 月—2009 年 12 月）、钮立平（2010 年 1 月—2012 年 2 月）、常毅（2012 年 3 月—2017 年 12 月）。2016 年 12 月 19 日，召开三元食品股份公司第一次党代会，选举产生常毅等 5 名第一届党委会委员，唐燕平等 5 名第一届纪检委会委员。截至 2017 年 12 月 31 日，三元食品股份有限公司党委下辖党委 6 个、党总支 2 个、党支部 42 个，共有党员 664 名，其中在京党员 370 名、外埠党员 294 名。

北京农垦部分基层党组织建制变化见表 8-1-2。

表 8-1-2　北京农垦部分基层党组织建制变化

单位	建立党支部时间	建立党总支时间	建立党委时间
南郊农场		1954 年 1 月	1957 年 4 月
双桥农场	1953 年 2 月	1957 年 8 月	1958 年 11 月
西郊农场	1949 年 10 月	1954 年 12 月	1961 年 7 月
东郊农场	1955 年 1 月	1957 年 2 月	1958 年 11 月
北郊农场		1957 年	1958 年 10 月
东风农场	1958 年 3 月		1961 年 5 月
朝阳农场	1950 年	1964 年 10 月	1975 年 4 月
东北旺农场	1957 年 1 月		1962 年 4 月
南口农场			1958 年 4 月
卢沟桥农场	1958 年 3 月	1963 年 3 月	1970 年 4 月

（续）

单位	建立党支部时间	建立党总支时间	建立党委时间
长阳农场		1959 年 3 月	1961 年 9 月
延庆农场			1961 年 9 月
巨山农场		1950 年	1962 年 1 月
永乐店农场			1961 年 7 月
三元食品公司	1956 年	1961 年 6 月	1963 年 10 月

■ 第二节　党员思想教育

一、党员思想教育概述

建场初期，农场党组织主要组织党员学习国营农场建场方针，国营农场要树立社会主义集体农业旗帜；同时，组织党员干部和专业技术干部学习苏联国营农场的经验；开展爱国增产运动教育，组织党员带头投身全国农业爱国丰产竞赛活动，支援国家经济建设。1953 年，各农场组织党员干部学习党在过渡时期的总路线，为北京农垦提前完成对全市私人奶牛业的社会主义改造奠定了扎实的思想基础。20 世纪60 年代，北京农垦组织党员及领导干部学习雷锋、焦裕禄的先进事迹；同时，也开始组织党员及群众学习《毛泽东选集》。20 世纪 60 年代，党员政治学习逐步增加阶级教育内容。1963—1966 年上半年，中共中央在全国城乡开展社会主义教育运动，农场党组织主要组织党员学习中央印发的《农村社会主义教育运动中提出的一些问题》等文件。"文化大革命"期间，党内正常组织的思想教育停顿。

1978 年下半年，国营农场党组织按照所在区县党委和市农林局党组的布置及要求，开展真理标准的大讨论。1978 年 12 月 18—22 日，中共十一届三中全会在北京召开。京郊国营农场认真组织党员干部学习全会精神。

1979 年 3 月，市农场局复建。是年 5 月，新建立的市农场局党组再次部署开展真理标准的大讨论。这次大讨论，是对 1978 年下半年真理标准大讨论的深化，突出解决国营农场以粮为纲、单一经营的办场方针问题，以及否定按劳分配制度和物质利益原则、大搞平均主义的做法，为开始试办农工商综合经营和推行分配制度改革打下了思想基础。1980 年 7 月，市农场局党组决定开展致富大讨论，消除干部职工思想顾虑。1983 年 9 月，开展第二次致富大讨论。1985 年 2 月，开展第三次致富大讨论。1981 年 11 月，市农场局党组召开政治工作会议，提出进一步加强党员干部队伍思想教育的工作措施。1982 年 7 月，市农场局党组组织学习打击严重经济犯罪活动的精神，部署各单位党组织的学习安排，要求在共产党员中开展反对资本主义思想腐蚀，坚持共产主义理想信念的教育活动；9 月，市农场局党组安排组织全局系统党员干部学习、宣传中共十二大文件。

1983 年是北京农垦的整顿之年：一是按照中共中央、国务院的相关精神，市农场局决定对全系统 296 个工业企业（包括村队企业）进行整顿，5 月起，开始组织工业企业学习企业整顿的要求，主要内容是完善经济责任制、整顿劳动纪律、健全和完善领导制度、加强民主管理等。二是总公司党委按照中共十二届二中全会通过的《中共中央关于整党的决定》和中共北京市委制定的《关于整党工作的安排》，制定了党员学习计划。总公司党委把《党员必读》《十一届三中全会以来重要文献简编》《毛泽东同志论党的作风和党的组织》以及《邓小平文选》作为整党学习文件。

1984 年，北京农垦党员教育的重点内容有两项：一是组织党员及群众认真学习中共中央 1 号文件，进一步完善联产承包责任制和搞活经济。二是 1984 年 5 月 25 日，市农场局党委组织全体党员学习《关于建国以来党的若干历史问题的决议》。

1985年1月23—25日，总公司党委组织三级干部共280人集中学习中共中央1985年1号文件，共商发展农村商品经济之路，引导农民群众致富。1987年，为了加快在系统内骨干企业分批推行厂长（经理）负责制，总公司党委组织工、商、运、建、服企业的厂长（经理）及党支部书记参加《中华人民共和国全民所有制工业企业法》和中共中央、国务院关于颁发全民所有制工业企业《三个条例的通知》的学习班，推动了企业领导体制改革。中共十三大召开后，总公司党委多次部署各企业开展社会主义初级阶段理论和党的基本路线的学习。

1992年是北京农垦党员思想教育和学习活动重要的一年。是年3月4日，总公司党委召开1992年第六次常委会，常委会学习讨论邓小平南方谈话精神，并研究总公司系统学习贯彻的意见。总公司党委宣传部多次举办领导干部学习班，学习邓小平南方谈话精神，促使总公司系统出现招商引资、大办"三产"的高潮。中共十四大胜利召开后，为了搞懂什么是社会主义市场经济体制，总公司党委中心理论组通过集体学习、邀请专家授课、举办干部读书班等形式，以党员领导干部为重点，学习和讨论十四大文献，同时联系工作实际，出台了一系列解放思想、促进发展的举措。

1997年，中共十五大正式提出"邓小平理论"的科学概念，并把它确定为党在一切工作中的指导思想写入党章。总公司党委及时做出学习安排，要求通过学习邓小平理论，进一步加深对党的基本理论、基本路线、基本纲领和基本经验的理解。除了组织党员干部参加会议和研修班的集中学习外，还开展自我学习、自我教育，把学习讨论与调查研究、解决实际问题结合起来。

中共十八大以来，北京农垦党员的思想教育工作进一步加强，出现以下新的特点：一是把思想理论武装摆在第一位。首农集团党委认真组织党员及党员干部学习党的重要文献，以中共十八大、十九大及历次中央全会精神，习近平新时代中国社会主义思想为重点，同时，学习党史、党章，以进一步提高党员及党员干部自身的理论素养，优化知识结构。二是分层分类抓好思想教育。党委理论中心组的学习主要以二级领导班子成员为主，同时，每年举办中层领导干部干部轮训班，进行集中轮训。基层党组织的学习强调互动式、体验式学习，结合普通党员的工作实际和岗位特点，开展学习讨论。利用网络技术建立学习平台、交流平台，线上线下结合互动，开展了重温入党誓词、党员意识大讨论、党员承诺践诺以及优秀党员风采展示等一系列活动。坚持每年举办支部书记培训班，切实把学习教育活动覆盖到所有基层党组织和全体党员。三是强化学以致用。坚持学用结合、用以促学，建立定期检查、学习通报、考核评价制度，针对制约企业高质量发展的问题理清发展思路、整合发展力量、提高发展能力。

二、主题教育活动

主题教育活动作为思想建党的重要形式，是面向全体党员深化党内教育的重要实践，是推动党内教育从"关键少数"向广大党员拓展的重要举措。21世纪以来，北京农垦主要开展的主题教育活动有：

（一）"三讲"学习教育活动

总公司分两次开展了"三讲"学习教育活动：第一次是在1999年。1月29日，总公司党委下发京农场政字（1999）第1号文，全面布置开展以"讲学习、讲政治、讲正气"为主要内容的党性党风教育活动，成立以党委书记李瑞和为组长、党委副书记张福平为副组长的总公司"三讲"教育领导小组。第二次是在2001年。根据中共北京市委的安排及要求，总公司被列入北京市第一批国有企业"三讲"教育工作单位。4月10日，集团总公司党委召开"三讲"学习教育动员大会，各企业以"三个代表"重要思想为指导，紧密结合企业的实际开展"三讲"教育，认真查找和解决影响本企业改革和发展的突出问题，并制定整改措施，"三讲"教育活动达到了预期目标。5月17日，集团总公司党委召开"三讲"学习教育总结大会。

（二）"三个代表"重要思想学习教育活动

对"三个代表"重要思想的学习教育有两次：第一次是在 2000 年。2000 年 2 月 25 日，中共中央总书记江泽民在广东省考察工作时，首次提出"三个代表"重要思想。总公司党委及时安排各级党组织开展"三个代表"重要思想的学习；7 月，总公司党委召开学习贯彻"三个代表"重要思想经验交流会。第二次是在 2003 年。2003 年 2 月，按照中共北京市委对京郊农村"三个代表"重要思想学习教育活动的安排部署，三元集团党委组织开展"三个代表"重要思想学习教育活动。学习教育活动坚持以"自我教育、正面教育"为主，以中共十六大报告为主要学习内容，同时组织党员阅读中共中央宣传部编写的《"三个代表"重要思想学习纲要》。学习教育活动着眼于提高领导班子成员的整体素质，特别是思想政治素质，通过专题学习、征集意见、自我总结、制定落实整改方案等关键环节，发现和解决企业在改革、发展中面临的突出问题。

（三）保持共产党员先进性教育活动

2005 年 7 月，三元集团被列为北京市开展第二批先进性教育活动的市属国有企业。7 月底至 8 月初，在集团公司党委督导组的指导下，各二级单位先进性教育活动陆续启动。8 月 3 日，三元集团党委召开保持共产党员先进性教育活动专题报告会，党委书记包宗业做题为《保持共产党员先进性，为实现党的伟大使命奋斗终身》的报告。活动开展前，各二级单位党委积极筹备，先后召开部分职工、基层党支部书记、离休干部和部分党员座谈会，对基层党组织、党员队伍和离休干部情况进行摸底，对党内需要解决的突出问题进行调研。通过这次先进性教育活动，广大党员进一步增强了党的意识和党员意识，许多单位健全和完善了党员目标管理制度，党群关系进一步密切，党组织的凝聚力、战斗力、创造力得到提高。10 月，三元集团党委制订《三元集团关于加强二级单位领导班子建设的意见》。至 11 月中旬，三元集团先进性教育活动结束，全系统 38 个单位以无记名方式投票测评，总满意度平均超过 99％。2006 年 2 月，三元集团及其各单位开展"保持共产党员先进性教育'回头看'活动"，巩固和扩大教育成果。

（四）"忠诚三元"主题教育活动

2007 年 4 月，三元集团开展"忠诚三元"主题教育活动，大力宣传并践行"党员忠诚于誓言，员工忠诚于岗位，班子忠诚于事业，人人忠诚于三元"的价值观。在开展"忠诚三元"主题教育活动中，各农场有的放矢地开展形式多样的宣传教育活动。

（五）学习实践"科学发展观"活动

2009 年 3 月 12 日，三元集团召开深入学习实践"科学发展观"活动动员大会。5 月，正逢首农集团正式揭牌，在学习实践活动中，首农集团党委对三家一级公司在改革发展中突出的问题和矛盾开展调研活动。在分析检查阶段，抓住民主生活会和群众评议的工作环节，理清思路，找准问题；在整改落实阶段，落实整改方案，做到整改措施目标化、具体化、制度化。8 月 20 日，首农集团召开学习实践科学发展观活动总结大会，中共北京市委第十五指导检查组组长冯国安出席大会并讲话，肯定了首农集团学习实践"科学发展观"活动取得的成绩。之后，首农集团党委又按照上级党组织的要求，进行了学习实践科学发展观活动"回头看"的工作。

（六）"党的群众路线教育实践"活动

2013 年下半年，首农集团作为第一批参加党的群众路线教育实践活动的单位，开展了为期半年的以"为民、务实、清廉"为主要内容的党的群众路线教育实践活动。7 月 22 日，召开党的群众路线教育实践活动动员大会，共有 23 个参学单位、318 个党支部、5 540 名党员、近 180 名中层以上领导干部参与到活动中。在学习教育征求意见阶段，各单位领导干部下基层走访580人次，召开座谈会234次，参加座谈会人数2 174人，发放征求意见函2 200余份，征求意见2 000余条。在查摆问题开展批评阶段，各级领导班子紧紧结合"四风"的22种具体表现，通过群众提、自己找、上级点、互相帮等方式，认真撰写对照检查材料，并在此基础上召开了高质量的民主生活会。在整改落实建章立制阶段，集团机关梳理出需要制定、完善的制度10项；23家参学单位计划完善制度168项，计划新制定制度128项。2014年1月26日，首农集团召开党的群众路线教育实践活动总结大会。

（七）学习贯彻中央"八项规定"活动

2014年2月19日，首农集团党委召开学习贯彻中央"八项规定"大会。各级党组织在组织集中学习和自学的基础上，对照中央"八项规定"，检查工作作风和廉政建设中存在的问题。20家企业顺利召开以"严格党内生活，严守党的纪律，深化作风建设"为主题的民主生活会。各单位开展会员卡专项清退活动、"公款吃喝"专项整治、公款消费高档白酒问题专项治理、违规乘坐报销交通工具专项清理、领导人员办公用房专项排查清理和履职待遇业务支出自查自纠。各基层党组织结合本单位实际，改进工作作风，进一步规范领导干部正确履职用权，开展基层服务型党组织建设示范点创建活动，进一步完善思想政治工作的考评机制，提高基层党建工作能力水平。

（八）"三严三实"专题教育活动

2015年5月27日，首农集团启动"三严三实"（严以修身、严以用权、严以律己，谋事要实、创业要实、做人要实）专题教育活动。首农集团党委书记张福平带头讲党课；党委常委结合工作分工面，为不同对象讲了党课；集团中层领导干部讲党课61人次，集体学习130次。11月13日，召开首农集团领导班子"严以用权"专题学习研讨会。在专题教育活动中，坚持问题导向，二级企业领导班子召开征求意见会96次，征求意见732条，24家二级单位按时保质地召开了民主生活会。

（九）"两学一做"学习教育活动

2016年4月29日，首农集团召开"两学一做"学习教育活动动员部署会，印发《首农集团"学党章党规、学系列讲话，做合格党员"学习教育指导方案》。6月15日，首农集团召开"两学一做"学习教育座谈会。集团党委坚持督在严处，层层传递压力，召开"两学一做"推进会4次，二级单位党组织及基层党支部也都按要求召开了民主生活会。2017年6月25日，首农集团党委印发《关于推进"两学一做"学习教育常态化制度化的通知》，列出《关于推进"两学一做"学习教育常态化制度化任务清单》，按照党委、党支部、党员和党员领导干部4类主体，梳理出50项具体任务清单。在这次教育活动中，开展交流研讨和党员活动各510余次，支部书记讲党课240余次。

■ 第三节　干部工作

一、干部管理权限和任免

在1979年市农场局复建之前，北京农垦干部由两部分组成，一是原市农林局管理的直属企业干部，二是党的关系在区县的农场干部。1979年，市农场局复建；3月，根据市革委会的京革发〔1979〕58号、150号文件精神，从有关区县划归市农场局（长城农工商联合企业）的14个农场转入1 800名干部，其中行政干部1 200名、科技干部600名；农场党委正副书记、党委常委和正副场长141名；由区县开支的干部332名、由区县补贴的干部134名。1985年年底，北京农垦干部总数

5 722人，其中管理人员 3 315 人、专业技术人员 2 407 人；[①] 1990 年，干部总数增至 8 638 人，其中管理人员 3 655 人、专业技术干部 4 983 人；[②] 1995 年，干部总数增至 9 519 人，其中管理人员 2 451人，专业技术人员 7 068 人。[③] 在 1998 年场乡体制改革中，划给区县管理的副场级及以上的干部共66 人、科级以上干部 723 人、一般干部 1 721 人。场乡体制改革后，总公司/三元集团/首农集团的领导班子成员基本为 10～15 人，集团中层干部人数基本为 150～180 人，年际间变化不大。

北京农垦的干部管理权限和任免分为两个层次：

（一）市局/市级公司领导班子成员的管理权限和任免

市局/市级公司领导班子成员包括市农场局/总公司/三元集团/首农集团的党委委员、常委、书记、副书记、纪检书记；总经理、副总经理、总师等。市局/市局级公司干部管理权限和任免变化情况见表 8-1-3，北京农垦领导机构党组织领导人员及行政领导人员见表 8-1-4 和表 8-1-5。

表 8-1-3 市局/市局级公司干部管理权限和任免变化情况

时间	市属局级农垦单位名称	被任免的干部类别	发任命文件的上级领导机关
1949.9	平郊农场管理局	党组成员和局领导	华北农业部党组
1949.11	京郊农场管理局	党组成员和局领导	中央农业部党组
1950.9	京郊农场管理局	党组成员和局领导	中共北京市郊区工作委员会
1952.9	北京市农林局	党组成员和局领导	中共北京市委、北京市人委
1959.7	北京市农垦局	党组成员和局领导	中共北京市委、北京市人委
1964.2	北京市国营农场管理局	党组成员和局领导	中共北京市委、北京市人委
1967.4	北京市国营农场管理局	市农场局革命领导小组成员	北京市革命委员会农林组
1969.4	北京市农业局（四局合并）	市农业局革命领导小组成员	北京市革命委员会农林组
1972.8	北京市农林局	市农林局革命领导小组成员	北京市革命委员会农林组
1979.3	北京市长城农工商联合企业 北京市国营农场管理局	党组成员、局长、副局长、总师（包括顾问）	中共北京市委、中共北京市委组织部；北京市革委会、北京市政府
1983.3	北京市农工商联合总公司	党委常委、书记、副书记；经理、副经理	北京市政府、中共北京市委组织部、中共北京市委农工部/中共北京市委农工委
2003.10	北京三元集团有限责任公司	党委委员、常委、书记、副书记、纪委书记；董事会成员；总经理、副总经理、总师	北京市国资委党委
2009.5	北京首都农业集团有限公司	党委委员、常委、书记、副书记、纪委书记；董事会成员；总经理、副总经理、总师	北京市国资委党委
2016.1	北京首都农业集团有限公司	党委委员、常委、书记、副书记、纪委书记；董事会成员；总经理、副总经理、总师	中共北京市委组织部

表 8-1-4 北京农垦领导机构党组织领导人员

北京农垦党组织名称	职 务	姓 名	任职年限
京郊农场管理局党组	书 记	戎占峡	1949.11—1952.8
北京市农垦局党组	书 记	张省三	1959.7—1960.8

[①] 《北京市农场局一九八五年干部定期统计年报》，北京首农食品集团档案室，全宗号 296，案卷号 256 号。
[②] 《北京市农工商联合总公司一九九〇年干部定期统计年报》，北京首农食品集团档案室，全宗号 296，案卷号 722 号。
[③] 北京市地方志编纂委员会：《北京志·农业卷·国营农场志》，北京出版社，2000 年，第 247 页。

（续）

北京农垦党组织名称	职务	姓名	任职年限
北京市国营农场管理局党组	书记	张还吾	1966.1—1968.11
	副书记	赵化达	1964.11—1968.11
北京市农场局党的核心小组	组长	李启	1968.2—1968.11
	副组长	王謌华	1968.2—1968.11
		张自甫	1968.2—1968.11
北京市长城农工商联合企业（北京市国营农场管理局）党组	书记	刘明	1979.4—1983.3
	副书记	郭芳	1979.4—1983.3
		赵彪	1979.4—1983.3
北京市农工商联合总公司党委	书记	刘明	1983.3—1985.7
		房威	1985.7—1993.5
		秦瑞仁	1993.5—1997.5
		李瑞和	1997.5—2002.8
	副书记	房威	1983.3—1985.7
		刘兴亚	1983.8—1987.6
		邢春华	1984.6—1997.5
		马志生	1987.6—1998.6
		秦瑞仁	1991.11—1993.5
		张福平	1994.7—2002.8
		包宗业	1997.5—2002.8
	纪委书记	霍玉杰	1985.2—1990.2
		马志生	1991.11—1994.10
		金万能	1994.10—1997.10
		张福平	1994.10—2001.10
		彭玲	2001.10—2002.8
北京三元集团有限责任公司党委	书记	包宗业	2003.2—2007.4
		张福平	2007.4—2009.5
	副书记	邵桂林	2003.2—2005.12
		张福平	2003.2—2007.4
		范学珊	2005.12—2009.5
		马辉	2008.12—2009.5
	纪委书记	彭玲	2003.2—2009.5
北京首都农业集团有限公司党委	书记	张福平	2009.5—2016.7
	副书记	范学珊	2009.5—2015.1
		马辉	2009.5—2017.12
		薛刚	2012.6—2017.12
	纪委书记	彭玲	2009.5—2010.12
		李卫红	2011.4—2012.6
		张红	2012.6—2017.12

资料来源：《北京农垦大事记（1949—2015）》《北京农垦2016年大事记（初稿）》《北京农垦2017年大事记（初稿）》。

表 8-1-5　北京农垦领导机构行政领导人员

北京农垦领导机构名称	职　务	姓　名	任职年限
华北人民政府农业部平郊农垦管理局	局　长	戎占峡	1949.9—1949.10
中央农业部京郊国营农场管理局	局　长	戎占峡	1949.11—1952.8
	副局长	刘钢	1949.11—1952.8
北京市农垦局	局　长	张省三	1959.6—1960.8
	副局长	刘钢	1959.6—1960.8
		李贻赞	1959.6—1960.8
北京市国营农场管理局	局　长	张还吾	1966.1—1968.1
	副局长	赵化达	1964.11—1968.1
		刘钢	1964.11—1968.1
		王諞华	1964.11—1968.1
		李贻赞	1964.11—1968.1
北京市长城农工商联合企业 （北京市国营农场管理局）	经　理	刘明	1979.4—1983.3
	副经理	郭芳	1979.4—1983.3
		赵彪	1979.4—1983.3
		王諞华	1979.4—1983.3
		韩林光	1979.4—1983.3
		苏国良	1979.4—1983.3
	副局长	宋秉彝	1980.9—1983.3
		马进	1980.11—1983.3
		武民	1980.11—1983.3
		王殿林	1981.3—1983.3
		张邦恢	1981.3—1983.3
		房威	1982.6—1983.3
		田彬	1982.9—1983.3
	总农艺师	宋秉彝	1980.9—1983.3
北京市农工商联合总公司	经　理	房威	1983.3—1985.7
		邢春华	1985.7—1997.7
		包宗业	1997.7—2002.8
	副经理	葛祥书	1983.3—1996.6
		张邦恢	1983.3—1986.10
		田彬	1983.3—1985.2
		王殿林	1983.3—1999.5
		邢春华	1984.5—1985.7
		范远谋	1984.7—1985.2
		赵东升	1985.2—1998.12
		王庆英	1985.2—2001.8
		周诗平	1986.6—2000.3
		包宗业	1992.10—1997.7
		冯幸福	1997.6—1998.11
		高圣永	2000.11—2002.8

（续）

北京农垦领导机构名称	职 务	姓 名	任职年限
北京市农工商联合总公司	副经理	范学珊	2001.1—2002.8
		王力刚	2001.8—2002.8
		谢 磊	2002.1—2002.8
	总畜牧师	张邦恢	1986.10—1991.5
	总农艺师	刘国娟	1986.10—1992.11
		曲中甲	1994.10—1998.12
	总经济师	李士雄	1988.5—1996.6
		金 钧	1996.6—2002.8
	董事长	刘 明	1985.1—1989.3
	副董事长	郭 芳	1985.1—1989.3
	工会主席	田 彬	1985.6—1989.3
	工会主席	湾彦锦	1994.1—1997.12
		金万能	1997.12—2000.10
		邵桂林	2000.10—2002.8
		宋春来	2002.8—2002.10
北京三元集团有限责任公司	董事长	包宗业	2002.9—2007.4
		张福平	2007.4—2009.5
	副董事长	张福平	2002.9—2007.4
	董事	邵桂林	2002.9—2005.12
		范学珊	2002.9—2009.5
		王力刚	2002.9—2009.5
		宋春来	2002.9—2009.5
		高青山	2002.9—2004.9
		薛 刚	2008.12—2009.5
	总经理	张福平	2002.10—2007.9
		薛 刚	2007.9—2009.4
	副总经理	范学珊	2002.10—2005.12
		王力刚	2002.10—2009.5
		高圣永	2002.10—2009.5
		谢 磊	2002.10—2009.5
		郑立明	2009.1—2009.5
	总经济师	薛 刚	2002.10—2007.9
	总会计师	严治国	2009.1—2009.5
	工会主席	宋春来	2002.10—2009.5
北京首都农业集团有限公司	董事长	张福平	2009.5—2016.7
	副董事长	冯巨元	2009.5—2010.12
	董事	薛 刚	2009.5—2017.12
		范学珊	2009.5—2015.1
		王力刚	2009.5—2017.12
		宋春来	2009.5—2013.8

（续）

（续）

北京农垦领导机构名称	职　务	姓　名	任职年限
北京首都农业集团有限公司	董　事	尹彦勖	2009.6—2017.12
		张立昌	2009.6—2010.12
		郑立明	2013.5—2017.12
	总经理	薛　刚	2009.5—2017.12
	副总经理	王力刚	2009.5—2017.12
		高圣永	2009.5—2012.11
		谢　磊	2009.5—2015.10
		郑立明	2009.5—2013.5
		马建梅	2012.7—2017.12
		徐　哲	2013.9—2015.8
		顾铁民	2013.9—2015.8
		王劲雨	2013.9—2015.8
		常　毅	2015.9—2017.12
		赵国荣	2015.9—2017.12
		方　健	2016.5—2016.7
		周泽光	2016.7—2017.12
	总经济师	张同柱	2010.3—2013.6
		方　健	2013.2—2016.5
	总法律顾问	王　钤	2015.9—2017.12
	财务总监	王　涛	2010.6—2017.2
	工会主席	宋春来	2009.5—2013.5
		郑立明	2013.5—2017.12

说明：资料由首农集团党委组织部提供。

（二）北京农垦二级企业领导干部的管理权限和任免

北京农垦二级企业领导干部的管理权限和任免，主要由市农场局（总公司/三元集团/首农集团）领导班子负责。但在不同时期也出现了不同情况。

1. 1958 年之前　1958 年，北京的国营农场属多头管理：一是北京市属农场主管机构先后为市郊委、京郊农场管理局、市郊委、市农林局；二是归中央农业部国营农场管理局管理的农场；三是其他系统管理的农场。农场干部分别由各农场主管部门任命和管理。

2. 1958—1978 年　1958 年后，中央管理的企业下放到北京市，北京市实现了对农垦企业的统一管理。在人民公社运动中，京郊农场实行全民所有制人民公社体制，即以农场为主体的"场社合一，以场带社"。实行"场社合一"体制的农场干部任免及管理主要归所在区县党委，尤其是党组织系统的干部、由区县党委任免。

3. 1979—1998 年　1979 年，市农场局复建。8 月 10 日，市农场局（79）京农场发第 07 号文请示市委农工部关于农场干部管理的问题，提出：农场党委书记、场长由市农场局（长城农工商联合企业）提出人选，与区县协调后，报市委农工部审核任免；农场党委副书记、副场长由市农场局（长城农工商联合企业）提出人选，与区县协调后，由市农场局（长城农工商联合企业）进行审批；农场其他领导干部和一般干部由市农场局（长城农工商联合企业）进行审批；同时挂"人民公社"牌子的 9 个农场的主任、副主任，按照法律进行选举和任命，上述公社主任、副主任即为农场场长、副场长。

"一场带多乡"的农场同时挂××县××区公所或者××区××办事处、××农村工作委员会的牌子，这些农场下属的农村分场同时挂××乡政府牌子；"一场一乡"的农场同时挂××乡政府牌子。农场机构和政府机构建立同一个党委，农场党委书记同时也是××县××区委书记（或××区办事处/农村工作委员会党委书记），分场党委书记同时也是××乡党委书记。党委书记的任免由市农场局（总公司）提出人选，与区县协调后，由市农场局（总公司）党委下发农场党委书记的任免通知；由××县委下发××县××区委书记任免通知，××区委下发××办事处/××农村工作委员会党委书记的任免通知。

这一时期，以1984年为界，场处级干部的任免权限有所调整：1984年前，市农场局直属企事业单位领导班子、局机关部门处级干部的任免，经市农场局党组上报市委农工部/市委农工委审核后，由市农场局党组下发任免通知；1984年后，市委农工委不再审批北京农垦农场场级干部和总公司机关处级干部任免事项，改由总公司党委直接任免。

4. 1999—2017年 1998年年底，北京农垦完成场乡体制改革，乡镇党委、农村基层党组织移交区县党组织管理。北京农垦成为大型国有企业集团，其所属二级企业领导班子的任命及管理均由农垦集团（总公司/三元集团/首农集团）党委统一负责。2009年以后，由首农集团党委管理的干部包括以下四类：①集团所属独资、控股企业党委（总支、支部）书记、副书记、纪委书记；工会主席人选；董事长、副董事长、董事、监事会主席；总经理、副总经理；总工程师、总经济师、总会计师及相当职务人选。②集团参股企业、合资企业党委（总支、支部）书记；根据该企业章程，须由集团委派的董事长、董事、监事会主席，总经理、副总经理及相当职务人选。③集团境外企业主要负责人。④集团总部部室正副职。

二、干部管理制度

建立健全干部管理制度，是从严管理干部的重要手段和有效抓手。北京农垦注重抓好制度建设，逐步健全完善干部监督机制，切实加大对干部的日常监管力度，干部管理制度在实践中得到进一步完善，逐步发展到配套的管理制度体系。2002年7月，总公司党委制定《北京市农工商联合总公司基层党委组织工作规则》。这个文件强调以组织体系建设为重点，坚持民主集中制这一根本组织原则，坚持和完善"党的代表大会制度""党的委员会议事和决策制度""三会一课""党员领导干部过双重组织生活""民主评议党员"等制度；推行"入党积极分子教育培养""党员发展公示制度"，确保党员发展的质量，以进一步改进组织制度，最大限度发挥好党的组织优势。2003年4月8日，三元集团〔2003〕7号文印发《三元集团董事会议事规则》《经理常务会议事规则》《经理专题办公会议事规则》《党委会议事规则》《党政联席会议事规则》，明确了党委在公司治理结构中的地位。2004年4月6日，三元集团党委印发党发〔2004〕5号文《关于国有及国有控股企业政治工作目标管理考评办法》。

自首农集团成立后，干部管理进一步趋于制度化、规范化、系统化。2010年，新制定《总部机关业绩考核管理办法》《董事会对经理层组成人员的选聘、考核和薪酬管理办法》，修订了《党委常委会议议事规则》《党委中心理论组学习制度》。

2011年，首农集团在干部管理方面形成了一系列制度性的文件：《企业领导人员管理办法》《董事会管理经理层的实施办法》《国有企业领导人员廉洁从业若干规定》《国有及国有控股企业负责人薪酬管理规定》《规范企业领导人员职务消费的管理办法》《企业领导人员行政处分规定（试行）》《国有企业领导人员任职和公务回避暂行规定》《青年干部岗位锻炼管理办法》《领导干部出差出访请假报告制度》。这些管理制度既有基本制度，也有责任制度和具体工作制度。从2011年起，开始推行领导干部任期制、任期目标责任制、不胜任领导干部的退出机制，在更大范围内试行交流轮岗制度，促进人才资源的合理流动，激发干部队伍活力。2013年，制定《青年干部选拔任用工作意见》。

2016 年，在总结制度执行情况的基础上，对干部管理的制度进行梳理和修订，出台了新修订的《企业领导人员管理办法》《国有及国有控股企业负责人薪酬管理规定》《企业领导人员履职待遇、业务支出管理暂行办法》《企业领导人员行政处分规定》《离退休干部工作管理办法》。在上述制度中，《企业领导人员管理办法》是首农集团干部管理的根本制度。该管理办法主要规定了以下主要内容：一是明确了集团企业领导人的适用人员；二是规定了企业领导人员应具备的基本条件；三是规定企业领导人员任职资格；四是规定企业领导人员的选拔任用方式；五是规定企业领导人的任免程序。《企业领导人员管理办法》的颁布及执行，提高了首农集团党管干部的科学性，减少了盲目性。

三、领导班子建设

开展以"政治素质好、经营业绩好、团结协作好、作风形象好"四好为主要内容的领导班子创建活动，对于更好地发挥党委的核心作用、党支部的战斗堡垒作用、党员的先锋模范带头作用具有重要作用。

（一）强化领导班子成员的党性教育，推进干部政治理论学习

通常结合党中央在全党组织开展的教育活动，对领导干部开展短期培训，做到培训形式多样化、针对性强。在历次主题思想教育活动中，首农集团及各二级单位通过专家授课、主要领导干部讲党课、学习原文、观看视频辅导报告和办班脱产学习等形式，加强对班子成员的理想信念教育和廉洁自律教育，提高了干部的政治素质。2010 年，开展集团功能定位、工作特点和发展战略目标的培训教育，组织近 60 人参加了领导干部培训班。同年，选派 26 名管理人员到清华大学经管学院，参加 EMBA 核心课程的学习。2011 年 5 月，首农集团党委组织领导干部赴井冈山培训，集团领导、部分二级企业和总部部室负责人共 63 人分两批参加培训班，全年有 157 名班子成员结合工作实际撰写了理论文章。2012 年 10 月，首农集团就加强制度建设举办领导干部培训班，通过培训，提高领导干部风险管控的意识和能力。每年集团公司党委都要举办基层党支部书记培训班，每年均有 200 多名基层党支部书记参加培训。

（二）强化对领导人的全方位考评，提升干部考评效果

2004 年 4 月，三元集团成立政治工作目标管理考评委员会，负责每年对各单位进行考评。2010 年，首农集团进一步完善了对二级企业领导班子的考核制度，明确了以下几项内容：①实行企业领导人员年度、任期经营目标责任制和契约管理。企业法定代表人要与出资方签订年度、任期国有资产保值增值经营责任书，企业董事会与经理层签订年度、任期生产经营目标责任书，明确领导人员的年度、任期责任和经营目标，实行契约管理。②对企业领导人员实行年度考核和任期考核，年度考核在次年第一季度进行，任期考核在任期届满前进行。③考核的主要内容包括企业国有资产的运营、保值增值、经营决策实施、经营目标完成、重大投资项目实施情况和党建、思想政治工作、精神文明建设情况，考核重点是领导人员的经营业绩和工作实绩。根据企业领导人员不同岗位职责的要求，考核内容可以有所侧重。④对企业领导人员的考核结果，要记入企业领导人员经营业绩档案，并作为对企业领导人员任免和奖惩的重要依据。

政治工作目标管理考评实行百分制，考评内容与办法逐步完善。至 2017 年，首农集团政治工作目标管理考评的内容包括：①综合评价（权重 30％）；②组织和人力资源工作（权重 20％）；③纪检监察工作（权重 10％）；④宣传和企业文化建设（权重 15％）；⑤工会工作（权重 15％）；⑥信访工作（权重 10％）。以上每一项内容都有具体标准和量化要求，具有较强的操作性。经过多年的坚持，这项政治工作目标管理考核已经成为企业领导人管理考核的重要组成部分。

（三）强化选拔任用干部的把关责任，做好优化领导干部资源配置

首农集团党委重视班子能力建设，优化班子配备。贯彻民主、公开、竞争、择优方针，按照出资人认可、市场认可和员工认可相结合的原则，体现重德、重绩、重公认的导向，配合产业及企业重组调整，认真做好班子调整工作，实现人岗相适、用当其时、人尽其才。在选拔任用领导干部的过程中，做好沟通酝酿、民主推荐、组织考察、任职公示、任职谈话等环节的工作，重点把好推荐关、考察关、会议关、公示关。对拟提任的中层领导干部的个人事项报告全部抽查核实，以强化对拟任人选和考察对象的监督。2010年，共调整班子38个，调整管理人员127人次；2011年，调整班子33个，调整各级领导人员61人次；2012年，调整领导班子22个，调整二级领导人员45人次。2012年，积极稳妥地推进干部人事制度改革，按照《董事会管理经理层试点工作实施办法》，完成首农集团副总经理人选的内部竞聘工作。2014年，共调整领导班子成员25人次；2015年，调整企业领导人员21人次；2016年，调整企业领导人员53人次；2017年，调整企业领导人员19人次。

（四）强化对企业领导人员的经常性管理监督，构建从严从实抓廉政的工作格局

2010年，对15家二级单位的78人（其中16名正职后备人员、62名优秀中青年干部）进行了综合考察和评价。2011年，首农集团党委对18家二级单位领导班子及成员共157人开展民主测评，完成"组织工作满意度调查"和干部选拔任用"一报告两评议"工作，同时把测评结果及时反馈给每个班子和成员，为集团党委了解班子的状况提供了准确依据。2012年，实施"领航工程"，以提升领导人员的基层工作能力。全系统中层以上领导干部建立创先争优联系点113个，为基层解决实际问题56件。2014年，对集团162名中层领导干部的个人事项申报进行抽查核实。2015年，进一步规范企业党员领导干部个人事项报告，实现中层领导干部报告个人事项全覆盖；进一步规范领导干部因私出国（境）管理，出台《关于加强领导干部因私出国（境）审批管理的通知》，对收集的140本个人因私护照重新登记造册备案；进一步规范二级企业领导干部兼职，下发《规范和清理企业领导人员兼职（任职）通知》，重新对兼职领导干部进行登记备案，对存在的问题，及时要求进行整改；进一步规范领导干部档案管理，对中层以上领导干部的档案进行专项整理审核，共审核整理175份。2016年，首农集团党委严格规范企业领导人员履职待遇和业务支出的各项制度规定，并纳入党风廉政建设监督检查的工作范围。加强日常谈心谈话，加大提醒、函询、诫勉力度，谈话25人次、函询11人次、诫勉谈话3人次。2017年，进行提醒谈话21人次、任前谈话19人次、诫勉谈话2人次、函询单位及个人7人次；坚持"党委管党建、书记抓党建"，全年共有47家二级企业党组织书记进行述职。

四、后备干部管理

北京农垦的后备干部管理从场乡体制改革后进入规范化轨道。2000年8月，总公司举办中层青年干部培训班。2007年、2009年，总公司再次举办了两次后备干部培训班。每次均为脱产3天，参加培训的青年后备干部共100人次左右。2010年3月，首农集团对二级单位正职后备人选和优秀中青年干部进行推荐考察。按照党委组织部对后备干部的推荐比例、条件和程序的规定，组建6个考察组，到各单位对推荐人选进行考察。通过与本人交谈、民主测评、广泛听取推荐对象所在单位的群众意见和纪检部门的意见，共确定了首农集团二级单位正职后备干部15名、副职后备干部59名，其中35岁以下17名。2012年，分两期共选送37名企业管理人才和优秀青年管理人才参加清华大学EMBA核心课程的学习。

2013年9月，首农集团党委组织部对集团干部队伍结构现状进行调查，进一步摸清干部的年龄结构，并向集团党委提出《关于加大优秀青年干部选拔使用力度的建议》。该建议提出加大青年干部培养选拔、使用力度的主要措施：一是选中一批，稳定青年干部队伍规模；二是培养一批，提高青年

干部队伍素质；三是试用一批，保证青年干部队伍质量；四是使用一批，优化首农干部队伍结构。2014 年 3 月 12 日，首农集团党委印发《关于印发〈首农集团青年干部选拔任用工作意见〉的通知》（京首农党发〔2014〕7 号），明确了青年干部选拔任用工作的指导思想和基本原则，对目标职位、选拔任用的条件和资格以及选拔任用工作步骤做了详尽规定。通过民主推荐、各单位党委提名上报集团、集团组织部考察及公示、报集团常委会审核批准，共落实青年后备干部 143 人；自我推荐 126 人，形成集团后备干部数据库。经过公示考察，7 名青年干部走上了新的工作岗位。

■ 第四节　党务工作

北京农垦各级党组织围绕党的建设进行了一系列具体的党内管理活动，对加强自身建设和增强党的战斗力发挥了积极作用。

一、党的自身建设管理

（一）整党建党与党员排查

1969 年 4 月中共九大召开后，整党建党逐步开展起来。至 1970 年，北京农垦所属农场在"清理阶级队伍"的基础上，按照毛泽东主席的"要准确地做好'吐故纳新'的工作"指示，开始恢复大多数党员的组织生活，国营农场开始恢复党委建制，这对稳定局势，促进工农业生产起到一定积极作用。

20 世纪 80 年代，北京农垦党组织经历了一次整党和一次党员重新登记，进一步纯洁了党员队伍。

1983 年 10 月 11 日，中共十二届二中全会通过《中共中央关于整党的决定》。总公司党委按照中共中央和中共北京市委要求部署整党工作。1984 年 5 月 24 日，总公司党委下发（84）京农场字 52 号文《关于整党工作的安排》，总公司党委和机关属于全市第一期第二批整党。至 1985 年年底，按照中共北京市委的部署，党的关系在总公司的 11 个二级单位和 13 个党的关系在区县的农场党组织（除村级党组织外）全部完成整党任务，对合格党员进行党员登记。

1989 年 9 月 7 日，中共中央转发中央组织部《关于在部分单位进行党员重新登记工作的意见》。1990 年 3 月 10 日，总公司开始进行党员重新登记，经过动员学习、个人总结、民主评议、党委审批和检查总结 5 个阶段，到 10 月末结束。

2016 年，按照中组部统一部署，首农集团党委开展党员组织关系集中排查。这次集中排查以党支部为单位，要求落实到每一个党员，按照组织关系逐级落实，对系统党员进行全面核查。通过排查，查出失联党员 7 名、"口袋党员" 43 名、没有回执党员 670 名，按照要求重新进行了组织关系落实，并向国资委报备了对 3 名不合格党员的处理结果。通过这次集中排查，摸清了党员队伍的底数，完善了党员基础信息资料，为严格党员日常教育管理监督打牢了基础。

（二）党建工作制度和责任制

2010 年 1 月，首农集团党委制定了《集团公司国有及国有控股企业思想政治工作目标管理考评办法》，考核结果作为各单位思想政治工作评价及奖励的依据。之后，每年对考核办法进行修订，使之更为完善。是年，编制完成《党建工作"十二五"规划》，修订《中共北京首都农业集团有限公司委员会基层党组织工作规则》。集团积极构建企业党建工作责任体系，落实"党委管党建、书记抓党建"责任，开展二级企业党委（总支）书记向集团党委述职工作；不断完善企业党建工作考评机制和考评体系，制定科学具体、操作性强的考核工作原则、程序和办法，把党建工作的"软指标"变成

"硬任务"。

2016年，首农集团党委组织开展"合格党支部建设规范和合格党员行为规范大讨论"，通过对照"四讲四有"合格党员标准，结合各支部实际，联系党员个人思想工作生活开展讨论，形成《合格党支部建设规范》和《合格党员行为规范》两个文件，为把"建强支部、严管党员"的工作目标落到实处提供了制度依据。2017年5月18日，首农集团党委首次召开党建工作述职评议会，6家二级企业党委书记在会上向集团党委述职，为做好党委书记抓党建工作述职评议考核取得了经验。全年共有47家二级企业党组织书记进行了述职，405个党总支（支部）书记都向上级党组织进行了述职。为了进一步加强党建工作，2017年6月，首农集团党委成立党的建设工作领导小组及办公室，明确了党建工作领导小组及办公室的主要职责和议事规则，对落实国企党建重点任务情况进行全程把控。为进一步落实"一岗双责"和领导干部调查研究、联系基层、督促检查等制度，建立领导班子联系点制度，领导班子成员各联系1~2个党支部。制定集团党建重点任务清单，明确六大类25项基层党建重点任务，对每一项任务规定了牵头单位、执行单位、完成时限。

（三）基层党支部建设

2010年，全系统开展了以争创"四强"党组织（政治引领力强、推动发展力强、改革创新力强、凝聚保障力强）和"四优"共产党员（政治考核优、岗位技能优、工作业绩优、群众评价优）活动。2011年8月，首农集团召开党务公开暨组织建设推进会；是年，全面推行发展党员公示制。通过大力实施"领航工程""聚力工程"和"先锋工程"，不断丰富创先争优活动的内容与载体，全系统中层以上领导干部建立创先争优联系点113个，下基层调研创先争优387次。2012年，以"基层组织建设年"为契机，认真抓好基层党支部分类定级、晋位升级，集团所有基层党支部全部实现晋位升级；积极参与市国资委开展的优秀基层党建工作创新项目评比活动。从2014年起，首农集团党委按照中央《关于加强基层服务型党组织建设的意见》的精神，基层党组织建设要突出"服务"这个主题，推动基层党组织更好地服务改革、服务发展、服务民生、服务群众、服务党员。在基层服务型党组织建设上，按照"六有"目标（坚强有力的领导班子、本领过硬的骨干队伍、功能实用的服务场所、形式多样的服务载体、健全完善的服务机制、群众满意的服务业绩），切实找准开展服务、发挥作用的着力点，围绕生产经营和队伍建设搞好服务，组织党员和职工为企业改革发展建言献策。进一步拓宽服务渠道，丰富活动载体，不断提升服务水平。2015年，23家二级企业党组织申报了企业党建品牌项目，其中17个项目备案登记，如东苑公寓党支部开展"以人为本 和谐兴企"品牌创建活动，三元出租公司以"的士党支部"为平台成立党员志愿服务车队。在学习型党组织建设方面，南口农场"导师制"入选市国资委系统学习型党组织"双十佳"。在服务型党组织建设方面，东郊农场开展"入党纪念日"活动，集中为党员过"政治生日"；南郊农场在基层车间设立"党员活动之家"，使党组织的工作重心前推下移，更加贴近员工。在创新型党组织建设方面，三元食品股份公司制定《"五佳党支部"工作标准》，开展争创"五佳支部"活动；华成商贸公司"党建和生产经营一盘棋"把党建落实到提高工作效率和服务水平上；食品经营中心成立年轻党员科研活动小组。

进一步改进和创新基层党支部活动方式与活动内容，积极开展开放式、互动式党内活动，提高组织活动效果。严格党的组织生活，坚持"三会一课"、民主评议党员等制度，注重质量，提升效果。基层支部组织集体学习有计划，支部组织党员活动有要求，要求支部书记讲党课。2016年，基层支部组织集体学习60余次，开展交流研讨40余次，开展党员活动40余次，支部书记讲党课20余次。注重对党支部书记的培训，首农集团党委每年都举行支部书记培训班，参加培训的支部书记达240~260人。2017年9月，首农集团党委召开党支部规范建设试点部署工作会议，70家基层党支部被列为规范化建设试点；10月，首农集团党委召开基层党建工作重点任务专项督导工作部署会。按照控制总量、优化结构、提高质量、发挥作用的总要求，集团全面加强党员队伍建设，建立健全发展党员工作制度，注重加强组织发展和入党积极分子队伍的培养教育，集团党委组织部每年下达发展预备党员的计划，各二级单位制订培养入党积极分子计划。2015 年，组织集团系统内 110 名入党积极分子培训班。全系统每年发展党员在 200 人左右。

（四）创先争优工作

20 世纪 50 年代～80 年代末，北京农垦涌现出来的先进单位和优秀个人都是全国或北京市劳动模范（或农业劳动模范），其中多数劳模是共产党员。在北京农垦历史上，影响力最大的优秀共产党员是红星人民公社大白楼村党支部书记王国福。1970 年 1 月 15 日，市革委会做出学习王国福同志的决定；1 月 20 日，《人民日报》和《北京日报》发表长篇通讯《拉革命车不松套，一直拉到共产主义——记无产阶级优秀战士王国福》。

从 2001 年起，北京农垦评选先进党组织和优秀党员逐步趋于正常化。2009 年，首农集团党委按照中央组织部、中央宣传部《关于在党的基层组织和党员中深入开展创先争优活动的意见》，开始把创先争优工作作为党的建设一项重要的经常性工作。2010 年，北京农垦开展创先争优暨争创"四强四优"活动，"七一"前夕，全系统评选出 20 个先进党组织、53 名优秀共产党员和 10 名优秀党务工作者。2011 年，北京农垦大力实施"领航工程""聚力工程"和"先锋工程"，不断丰富创先争优活动的内容与载体，全系统中层以上领导干部建立创先争优联系点 113 个，下基层调研创先争优 387次。"七一"前夕，全系统评选出 50 名"群众心目中的好党员"和 20 名"优秀党支部书记"，营造了创先争优、爱岗敬业的良好氛围。2012 年，全系统开展"我身边的先锋"推选活动，推选表彰在2010—2012 年创先争优活动中涌现出来的 21 个先进基层党组织和 50 优秀共产党员。2013 年以后，首农集团党委进一步巩固创先争优成果，健全党员立足岗位、创先争优的长效机制，不断创新各种活动内容与载体。2016 年，首农集团党委开展"聚力首农梦，党员率先行"主题活动，评选出 20 个"首农模范党支部"和 50 个"首农先锋党员"。2017 年，首农集团党委授予南郊农场西毓顺党支部等20 个党支部和三元种业公司孟庆利等 50 名党员"聚力首农梦 党员率先行"模范党支部和先锋党员荣誉称号。

北京农垦获得的市级以上先进党组织荣誉称号、优秀党员和优秀党务工作者荣誉称号见表 8-1-6和表 8-1-7。

表 8-1-6 北京农垦获市级以上先进党组织荣誉称号一览

时间	获奖单位	荣誉称号	授予机关
1991.2	双桥农场纪委	北京市优秀纪检组织	中共北京市纪委
1991	市牛奶公司	北京市思想政治工作优秀党委	中共北京市委、市政府
1995.6	北郊农场党委	先进基层党委提名奖	中共北京市委
2001.6	三元食品有限公司营销公司三分公司党支部	北京市先进基层党支部	中共北京市委
2002.2	农工商联合总公司纪委	北京市先进纪检监察组织	中共北京市纪委、市人事局、市监察局
2003.6	三元食品股份公司党委	北京市防治非典型肺炎工作先进基层党组织	中共北京市委
2003.6	华都肉鸡公司党委	北京市防治非典型肺炎工作先进基层党组织	中共北京市委
2004.7	双桥农场党委	先进基层党组织	市国资委党委
2004.9	三元集团	北京市党纪条规知识竞赛组织奖	中共北京市纪委
2004.12	奶牛中心	第七届北京市思想政治工作优秀单位	中共北京市委、市政府
2007.1	奶牛中心	北京市国有企（事）业 2005—2006 年度"爱企业、献良策、做贡献"活动先进集体	中共北京市委统战部、市国资委

（续）

时间	获奖单位	荣誉称号	授予机关
2008.9	三元集团党委	先进基层党组织	市国资委党委
2008.10	三元食品股份公司党委	市国资委系统先进基层党组织	市国资委党委
2008.12	金星鸭业中心	第九届北京市思想政治工作优秀单位	中共北京市委、市政府
2010.10	首农集团	北京市国有企业领导人员党纪条规知识竞赛二等奖	市国资委党委
2011.6	三元种业公司党委	先进基层党组织	市国资委党委
2012.6	三元食品股份公司党委	先进基层党组织	市国资委党委
2013.6	首农集团党委	组织工作创新项目	中共北京市委组织部
2013.6	三元食品股份公司党委	创新争优先进基层党组织	中共北京市委组织部
2015.7	南口农场导师制培养平台	北京市国资委学习型党组织建设十佳品牌	市国资委党委
2016.6	三元食品股份公司党委	先进基层党组织	市国资委党委
2017.10	三元食品股份公司	第十三届北京市思想政治工作优秀单位	中共北京市委

资料来源：《北京农垦大事记》（1949—2015）和有关企业大事记。

表 8-1-7　北京农垦获市级以上优秀党员和优秀党务工作者荣誉称号一览

时间	获奖者	获奖者单位及职务	荣誉称号	授予机构
1979.6	袁中衡	南口农场	北京市农林系统"优秀共产党员"	中共北京市委农工部
1989.6	李凌新	东风农场党委书记	全国优秀党务工作者	中共中央组织部
1990.3	朱锡禄	总公司职工大学党委书记	北京市优秀思想政治工作者	中共北京市委、市政府
1990.3	郭锡才	南郊农场太合分场党委书记	北京市优秀思想政治工作者	中共北京市委、市政府
1991.3	李延庆	总公司纪委副书记	北京市优秀思想政治工作者	中共北京市委、市政府
1991.6	杨宝臣	东风农场翔天服装厂厂长	北京市优秀共产党员	中共北京市委
2003.6	张燕平	金星鸭业中心党委书记	北京市农委系统防治非典工作优秀党务工作者	中共北京市委农工委
2003.6	刘建波	南郊农业生产经营管理中心党总支书记	北京市农委系统防治非典工作优秀党务工作者	中共北京市委农工委
2003.6	常毅	三元出租车有限公司总经理	北京市农委系统防治非典工作优秀共产党员	中共北京市委农工委
2004.6	刘艳林	南郊农管中心德茂农业试验场党支部书记	市国资委系统"优秀共产党员"	市国资委党委
2006.6	张晓霞	奶牛中心副主任	北京市优秀共产党员	中共北京市委
2006.6	张晓霞	奶牛中心副主任	市国资委系统"优秀共产党员"	市国资委党委
2006.6	张晓霞	奶牛中心副主任	北京市国资委系统优秀共产党员"十大英才"	市国资委党委
2006.10	贾全乐	北郊农场党委书记	第八届"北京市优秀思想政治工作者"	中共北京市委、市政府
2008.10	张晓霞	奶牛中心副主任	市国资委系统"优秀共产党员"	市国资委党委
2010.6	乔绿	绿荷中心常务副经理	市国资委系统"群众心目中的好党员"	市国资委党委
2010.6	刘旭	首农集团财务部副部长	市国资委系统"群众心目中的好党员"	市国资委党委

（续）

时间	获奖者	获奖者单位及职务	荣誉称号	授予机构
2010.6	宇文辉	滦平华都公司总经理助理	市国资委系统"群众心目中的好党员"	市国资委党委
2010.6	乔 绿	绿荷中心常务副经理	北京市群众心目中的好党员	中共北京市委
2011.4	钮立平	三元食品股份公司党委书记、总经理	第十届"北京市优秀思想政治工作者"	中共北京市委、市政府
2011.6	郭维建	艾莱发喜公司总经理	市国资委系统"优秀共产党员"	市国资委党委
2011.6	谢蜀杨	世新华盛公司总经理、党支部书记	市国资委系统"优秀共产党员"	市国资委党委
2011.6	唐万杰	华都集团党委书记	市国资委系统"优秀党务工作者"	市国资委党委
2011.6	郭维建	艾莱发喜公司总经理	北京市优秀共产党员	中共北京市委
2012.6	丛慧敏	奶牛中心副主任	北京市优秀共产党员	中共北京市委
2012.6	吴连勇	长阳农工商公司经理	市国资委系统"创先争优优秀共产党员"	市国资委党委
2013.7	傅 鹏	首农集团企业文化部部长	第十一届"北京市优秀思想政治工作者"	中共北京市委、市政府
2016.6	韩燕云	金星鸭业公司运营管理部副部长	市国资委系统"优秀共产党员"	市国资委党委
2016.6	刘 军	首农畜牧南口三牛场党支部书记兼场长	市国资委系统"优秀共产党员"	市国资委党委
2016.6	王 林	磐德润饭店党支部书记兼经理	市国资委系统"优秀共产党员"	市国资委党委
2016.6	王金珍	东居物业管理有限公司总经理助理	市国资委系统"优秀共产党员"	市国资委党委
2016.6	王红卫	黑六牧业公司党支部书记兼副经理	市国资委系统"优秀党务工作者"	市国资委党委

资料来源：《北京农垦大事记》（1949—2015）和有关企业大事记。

二、党代会与党代表

（一）三元集团/首农集团党代会

1. 中共北京三元集团第一次代表大会 2002 年 12 月 9—10 日，中共北京三元集团第一次代表大会召开，这是北京农垦历史上首次召开市属局级公司党代表大会。大会主题是：高举邓小平理论伟大旗帜，以"三个代表"重要思想为指导，认真贯彻党的十六大精神，全面落实小康社会的建设任务，实现五年经济翻番、体制创新的目标，动员和团结全系统广大党员、群众，解放思想，与时俱进，努力开创集团公司改革发展与各项工作的新局面。包宗业作题为《以党的十六大精神统揽全局，努力开创集团公司改革发展与各项工作新局面》的党委工作报告，彭玲作纪检工作报告。大会代表 150 人，选举产生党委会及委员 21 人、纪律检查委员会及委员 7 人。全委会第一次会议选举常委 7 人：包宗业、张福平、邵桂林、范学珊、彭玲、马辉、郑立明；党委书记包宗业，党委副书记张福平、邵桂林；纪委书记彭玲。

2. 中共北京三元集团第二次代表大会 2009 年 1 月 6—8 日，中共北京三元集团第二次代表大会召开。大会的主题是：深入学习贯彻党的十七大精神，以邓小平理论和"三个代表"重要思想为指导，以科学发展观为统领，按照市委提出的"人文北京、科技北京、绿色北京"战略构想，做大做强企业，实现经济实力、管理体制的跨越，开创集团公司体制创新、科技创新、文化创新、党建创新的新局面，把集团公司建设成为首都标志性的都市型现代农业产业集团，实现集团经济长期又好又快发展和各项事业的全面进步。大会审议并批准张福平所作的《践行科学发展观，开创党建新局面，为建设首都标志性的都市型现代农业产业集团而努力奋斗》党委工作报告和彭玲所作的纪委工作报告。大会代表 125 人，选举产生第二届党委会及委员 19 人、纪律检查委员会及委员 7 人。全委会第一次会议选举常委、书记、副书记和纪律检查委员会委员、书记、副书记。1 月 16 日，市国资委党委京国资党文〔2009〕4 号批复三元集团党委，同意三元集团第二次党代会选举结果，党委常委 7 人（按姓氏笔画为序）：马辉、王力刚、宋春来、张福平、范学珊、彭玲、薛刚；党委书记张福平，副书记范学珊、马辉；纪委书记彭玲。

3. 中共北京首农集团第一次代表大会 2013 年 6 月 24—26 日，中共北京首农集团第一次代表大会召开，出席党代会的代表共 147 名。大会总结了 2009 年 4 月首农集团成立 4 年来的工作，确定今后 4 年工作的指导思想、奋斗目标和主要任务，即以科学发展观为指导，牢牢把握主题主线和稳中求进的总基调，围绕做优、做强、做大"现代农牧业、食品加工业和物产物流业融合发展的都市型现代农业"，着力优化结构，继续深化改革，全力提质增效，实现转型升级，按照 1386 总体思路圆满超额完成"十二五"规划目标，提前规划制定"十三五"发展规划，实现集团规模实力和经济效益的提升，推进产业结构、运行质量、商业模式和企业形象的优化，基本建成首都标志性、具有行业领导力和品牌竞争力的现代农业产业集团。这次党代会确定"千亿首农梦"的发展愿景，即到"十三五"末，总资产和规模总收入超过千亿元。大会审议并批准张福平作的《凝聚全员力量，推动科学发展，实现转型升级，为建设首都标志性的现代农业产业集团而奋斗》党委工作报告和张红所作的纪委工作报告。会议选举产生党委会及委员 25 人、纪律检查委员会及委员 7 人。全委会第一次会议选举产生党委常委 11 人及党委书记、副书记，纪委书记、副书记。7 月 9 日，市国资委党委〔2013〕84 号文批复首农集团党委，同意首农集团第一次党代会选举结果，党委常委 11 人（按姓氏笔画为序）：马辉、王力刚、尹彦勋、张红、张立昌、张福平、范学珊、郑立明、高富、常毅、薛刚；党委书记张福平，党委副书记薛刚、范学珊、马辉；纪委书记张红。

（二）二级单位党代会

三元集团建立党代会制度以后，集团党委进一步加强二级单位党委换届选举工作。2015 年，严格按照党章要求，推进基层党组织换届选举工作，顺利完成盛福大厦、延庆农场、三元酒店三家二级单位的换届工作。2016 年，党组织换届选举工作程序性强、工作量大、涉及面广、要求高，顺利完成到期换届党委 11 家、总支 1 家、支部 72 家，二级企业所属基层党组织在年底前全部完成到期换届选举工作，进一步规范了集团党组织的设置。2017 年，42 家二级企业党组织完成到期换届工作，119个基层企业党组织换届。从 2014 年起，以北郊农场、南郊农场、南口农场、东风农工商为试点单位，推行党代表任期制，充分发挥党代表在党代会闭会期间的作用。

北京农垦部分二级企业党代会召开情况见表 8-1-8。

表 8-1-8　北京农垦部分二级企业党代会召开情况

单位	召开党代会的总次数	第一次党代会召开日期	最后一次党代会召开日期
南郊农场	9	1959 年 5 月 28 日	2016 年 12 月 28 日
双桥农场	6	1969 年 9 月 25 日	2016 年 11 月 21 日
西郊农场	14	1961 年 7 月 12 日	2016 年 12 月 22 日
东郊农场	2	1975 年 8 月 9 日	2016 年 9 月 28 日
北郊农场	7	1959 年 5 月 29 日	2016 年 12 月 27 日
东风农场	10	1970 年 1 月 20 日	2016 年 12 月 27 日
东北旺农场	11	1962 年 4 月 18 日	1996 年 12 月 18 日
南口农场	9	1958 年 4 月 9 日	2016 年 12 月 28 日
卢沟桥农场	8	1970 年 4 月 4 日	1994 年 1 月

（续）

单位	召开党代会的总次数	第一次党代会召开日期	最后一次党代会召开日期
长阳农场	6	1961 年 9 月	1985 年 5 月 7 日
延庆农场	7	1970 年 1 月	2012 年 10 月
巨山农场	5	1969 年	2014 年 12 月 15 日
永乐店农场	5	1959 年 7 月 25 日	2003 年 11 月 17 日
三元食品公司	7	1963 年 10 月	2016 年 12 月 19 日

说明：资料分别来自有关单位大事记。

（三）出席全国和北京市党代会的代表

北京农垦出席全国党代会和北京市党代会的代表见表 8-1-9 和表 8-1-10。

表 8-1-9　北京农垦出席全国党代会的代表一览

日期	党代表姓名	单位与职务	党代会名称
1969 年 4 月 1—24 日	赵志玺	北京市朝阳区和平人民公社（东郊农场）南皋大队党支部书记	中国共产党第九次全国代表大会
1977 年 8 月 12—18 日	张连泽	北京市通县永乐店区（永乐店农场）小海字村党支部书记	中国共产党第十一次全国代表大会
2007 年 10 月 15—21 日	张晓霞	北京奶牛中心副主任	中国共产党第十七次全国代表大会
2017 年 10 月 18—24 日	丛慧敏	北京三元种业科技股份公司奶牛中心常务副主任	中国共产党第十九次全国代表大会

表 8-1-10　北京农垦出席北京市党代会的代表一览

日期	党代表姓名	单位与职务	党代会名称
1982 年 11 月 6—13 日	刘 明	北京市农工商联合企业（北京市国营农场管理局）党组书记	中国共产党北京市第五次代表大会
1982 年 11 月 6—13 日	卢松华	通县永乐店区（永乐店农场）党委书记	中国共产党北京市第五次代表大会
1982 年 11 月 6—13 日	曲中甲	通县永乐店区（永乐店农场）水管站党支部书记	中国共产党北京市第五次代表大会
1987 年 12 月 13—17 日	房 威	北京市农工商联合总公司党委书记	中国共产党北京市第六次代表大会
1992 年 12 月 13—17 日	房 威	北京市农工商联合总公司党委书记	中国共产党北京市第七次代表大会
1997 年 12 月 12—17 日	李瑞和	北京市农工商联合总公司党委书记	中国共产党北京市第八次代表大会
1997 年 12 月 12—17 日	柳文斌	通县永乐店区（永乐店农场）党委书记	中国共产党北京市第八次代表大会
1997 年 12 月 12—17 日	范为常	大兴县红星区（南郊农场）党委书记	中国共产党北京市第八次代表大会
1997 年 12 月 12—17 日	李家栋	昌平县回龙观区（北郊农场）党委书记	中国共产党北京市第八次代表大会
2002 年 5 月 17—22 日	包宗业	北京市农工商联合总公司党委书记	中国共产党北京市第九次代表大会
2002 年 5 月 17—22 日	张晓霞	北京奶牛中心副主任	中国共产党北京市第九次代表大会
2007 年 5 月 17—22 日	张福平	北京三元集团有限责任公司党委书记	中国共产党北京市第十次代表大会
2007 年 5 月 17—22 日	张晓霞	北京奶牛中心副主任	中国共产党北京市第十次代表大会
2012 年 6 月 29—7 月 3 日	张福平	北京首都农业集团有限公司党委书记	中国共产党北京市第十一次代表大会
2012 年 6 月 29—7 月 3 日	丛慧敏	北京三元种业公司奶牛中心副主任	中国共产党北京市第十一次代表大会
2017 年 6 月 19—23 日	薛 刚	北京首都农业集团有限公司总经理	中国共产党北京市第十二次代表大会
2017 年 6 月 19—23 日	丛慧敏	北京三元种业公司奶牛中心常务副主任	中国共产党北京市第十二次代表大会

2012 年 7 月 3 日，首农集团党委书记张福平当选中共第十一届北京市委候补委员。2013 年 12 月 24 日，中共北京市第十一届委员会第三次全体会议决定候补委员张福平递补为委员。

三、统一战线工作

北京农垦统战工作的主要内容是把党外知识分子紧紧团结在党组织周围，为经济发展和稳定做出积极贡献。

2004 年，三元集团有 6 名党外知识分子被列为市国资委管理的统战对象。2007 年，三元集团知识分子总数 2 263 人，其中大专、中级职称以上党外知识分子 575 人，占知识分子总数的四分之一。这是北京农垦开展统战工作的重要参与群体。575 名党外知识分子的构成情况是：①学历结构：博士学历的党外知识分子 1 人，占党外知识分子 0.2%；硕士学历的党外知识分子 28 人，占 4.9%；大学本科、专科学历的党外知识分子 546 人，占 94.9%。②技术职务结构：高级职称的党外知识分子 14 人，占党外知识分子的 2.5%；中级职称的党外知识分子 97 人，占 17%；初级职称的党外知识分子 155 人，占 27%。③参加民主党派的党外知识分子 3 人，其中，参加中国国民党革命委员会的有 2 人，参加中国民主同盟的有 1 人。

2007 年，三元集团党委印发《关于下发〈2007 年度国有及国有控股企业政治工作目标管理考评办法〉的通知》（京三元集团党发〔2007〕9 号），将统战工作纳入政治工作目标管理考评办法中，按照"一条主线、一个平台、两个围绕、两个促进"的集团公司统战工作基本思路，结合本企业实际，做好统战工作；重点抓好党外知识分子管理，对"促进企业的改革发展稳定和党外知识分子自身的发展"两个方面进行重点考核。2007 年，三元集团及二级单位共召开党外知识分子座谈会和有党外人士参加的职代会、座谈会 35 场次，参加座谈的党外知识分子共 380 人次。全系统 575 名党外知识分子不同程度地参加"迎奥运、讲文明、树新风"活动、"爱企业、献良策、做贡献"活动（以下简称"爱献做"活动），为集团公司的发展做出了贡献。三元食品的滕国新、辛普劳公司的韩少军作为党外知识分子，获"北京优秀青年工程师"称号。

到 2011 年，北京农垦有统战成员 3 056 人，其中具有大专学历（含）和中级职称（含）以上的党外知识分子 1 855 人，占 60.7%。在 1 855 人中，研究生 59 人（含 4 名博士），占 3.2%；本科生 730 人，占 39.4%；大专生 976 人，占 52.6%。加入民主党派的有 4 人。这些同志主要分布在基层企业的技术和管理岗位，是北京农垦改革发展的一支重要力量。

党外知识分子在企业的经营管理、技术研发、生产环节都是骨干力量。三元种业党外知识分子参与种业 6 个科技项目的组织、申报和实施工作，并分别获集团公司科技成果一、二、三等奖和市总工会的创新成果三等奖，先后有 78 人次参加创新活动。在 4 个职工创新工作室中，67 名党外知识分子直接或间接参与工作室的创建，组织不同规模的经济技术创新活动 32 次、改进工艺技术 9 项、改造设备工装 12 项，成果实现转化 8 项，整体活动累计降本增效 958.6 万元。

北京农垦坚持人尽其才、才尽其用的原则，在加强统战工作宏观管理的同时，制定了党外知识分子管理办法，按照党外知识分子管理制度，协调相关部门团结、管理、使用好党外知识分子，促进其作用的发挥。坚持基层企业职代会代表中要有一定数量的党外知识分子代表，强化管理服务机制、导师帮扶机制、联谊交流机制，进一步加强对党外优秀代表人物的培养与跟踪，努力为党外知识分子搭建成长和发挥作用的平台。

2011 年，养猪中心优秀党外知识分子代表郭和军荣获首都劳动奖章。2014 年，首农集团在党外知识分子中广泛开展"爱献做"活动，取得可喜成果。依托项目，凝聚党外知识分子创新创效。华都集团、三元种业公司作为系统内行业专业性强的企业，党外专业技术人员获得一批国家专利、科技进步奖、推广奖以及市级、集团级别的科技成果奖励项目，为企业的创收做出了重大贡献。如北京市人大代表、华都肉鸡公司边彩霞发挥自身优势，带领团队率先开展机制改革，降低料肉比，最终降低吨毛鸡饲料费用，提高了企业经济效益，她作为优秀党外人士，是集团党外知识分子的先进典型。2015年，艾莱发喜公司物流部经理刘东育、三元食品股份公司液态奶事业部市场部经理云峰等人荣获"爱献做"活动先进个人，首农畜牧工程项目管理部部长（无党派）李纪平获得北京市国有企业2015—2017年度"爱献做"活动先进个人。

在发挥党外知识分子智力密集优势的同时，北京农垦各级党组织积极提供各种机会，发挥党外干部的特长及优势。首农集团中层管理干部中有6名党外人士。通过公开招聘等形式，部分民主党派人士也加入北京农垦建设事业中，在重要岗位上发挥作用。

四、人才工作

首农集团党委坚持党管人才原则，始终把人才工作置于企业战略的高度，作为企业的核心工作抓紧抓好，促进了专业技术人才与高技能人才的健康成长。

1. 加强顶层设计，统筹推进人才工作　2010年，为实施"人才强企"战略，结合北京农垦发展战略，首农集团党委组织部完成编制《首农集团"十二五"人才规划》，确定了"十二五"时期的人才工作指导思想、工作目标和保障措施。2017年，围绕《首农集团"十三五"发展规划》，再次编制《首农集团"十二五"人才规划》，明确了党管人才的工作目标和重要措施。

2. 做好人才引进工作　积极做好应届毕业生等人才引进工作，2009—2017年，首农集团共招收应届大中专毕业生2 630人，其中博士研究生41人、硕士研究生328人、大学本科生1 026人、大专生889人、中专生346人。2011年3月28日，在市教委举办的"2011年北京高校毕业生就业百佳用人单位表彰会"上，首农集团入选百佳，集团党委副书记马辉在大会上介绍经验。首农集团建立健全"应届毕业生入职培训制度""导师帮扶制度""青年人才双通道发展机制"和"青年干部岗位锻炼制度"，在接收和使用高校毕业生方面做出了贡献，形成了规范的制度。同时，协助二级单位积极与猎头公司接触，定向引进高技术人才。充分利用博士后科研工作站、院士专家工作站、国家级重点实验室等重要平台，引进领军人才。围绕推进科技创新和产业结构转型升级，深化校企人才联合培养，按照"人才＋项目"的模式，完善高端人才与重大科技专项、重点产业项目的双向对接支撑体系，大力培养高级专业技术人才。

3. 在引进"外才"的同时，大力"下挖""内用"内部人才，从基层一线"挖"人才　对集团系统各类人才进行普查，建立"人才库"，实现高素质人才引得进来、留得住、用得好。2014年，结合集团发展战略，完成"首农青年智库"的启动工作，66名青年人才成为首批入库人员，并对他们进行了系列培训。

4. 加大以高层次经营管理人才、高级专业技术人才和高技能人才为重点，统筹推进集团人才队伍建设的力度　注重高层次、创新型专业技术人才培养，通过分系列、分专业、分层次开展专业培训，使专业技术人员及时掌握各自领域最先进的技术和最新发展趋势。同时，积极参与和申报相关专业技术人才选拔培养项目，为各类人才的脱颖而出创造良好条件。2012年，三元食品公司陈历俊入选"科技北京百名领军人才"、绿荷中心乔绿入选"新世纪百千万人才工程市级人选"；2013年、2014年，陈历俊、峪口禽业公司孙皓分别入选国家级科技部"创新人才推进计划"；2014年，陈历俊入选中组部"第一批国家高层次人才特殊支持计划领军人才"；2015年，陈历俊入选国家人事部"新世纪百千万人才工程国家级人选"；2015年，三元食品公司姜铁民入选市人事局"新世纪百千万人才工程市级人选"；2016年，陈历俊入选"北京市高层次创新创业人才支持计划领军人才"；同年，孙皓入选"第二批国家高层次人才特殊支持计划领军人才"。

5. 注重员工队伍建设，构建高技能人才培养锻炼体系　在北京市第三届职业技能大赛农业职业技能竞赛中，2 250名行业技术工人参加了5个工种的比赛，第一名全部由首农集团选手获得。通过建立实训基地、首席技师工作室、劳模创新工作室，大力培养高技能人才。2016年，三元食品实训基地培训生产技能员工 1.7 万人次，受训人数达 5 500 多人。三元食品股份公司、三元种业、首农股份等企业以提升业务技能和综合素质为重点，以一线人员职业资格培训为抓手，向职工灌输工匠意识，不断提升高技能人才素质。

五、老干部工作

老干部是党和国家的宝贵财富，是党执政兴国的重要资源。北京农垦各级党组织始终重视老干部工作，与时俱进，做好老干部工作。

（一）老干部基本情况

至 2017 年年底，北京农垦共有离退休人员 2.57 万人。其中，离休干部 116 人，平均年龄 87.9 岁，行政 14 级、局级以上离休干部 11 人；退休干部 1 744 人。离退休干部人员分布在集团总部和下属 16 家企业中。有离退休党支部 8 个。

（二）老干部工作机构

北京农垦对老干部实行分级管理。1983 年 5 月，市农场局设立老干部活动站，占机关编制。1984 年 6 月，经中共北京市委农村工作部批复同意，总公司对机关机构进行改革，此次改革正式设立老干部处（下辖老干部活动站）。直到 1998 年 5 月，总公司党委下发机关机构改革方案，这次改革设置政治工作部（保留组织部、宣传部、机关党委、团委、老干部处牌子），该设置延续至 2006 年 2 月。2006 年 3 月，三元集团机关实施机构改革，老干部处工作并入人力资源部（保留老干部处牌子），一直延续至 2017 年。至 2017 年年底，北京农垦各级共有老干部工作人员 28 人，其中专职人员 8 人。对老干部人数较多的单位，要求单独设立老干部工作部门，确保老干部工作量与相应的人数相适应。首农集团建立老干部工作领导小组，集团公司党委书记担任领导小组组长，党委副书记任副组长，办公室、财务部、人力资源部等部门负责人为领导小组成员。各二级单位也都建立了老干部工作领导小组，并在集团老干部处备案。

（三）老干部工作制度

1981 年 4 月，市农场局印发《离休干部管理试行办法》（京农管字第 83 号文件），开始规范老干部管理工作。1982 年 2 月，中共中央颁布《关于建立老干部退休制度的决定》（中发〔1982〕13 号），标志着我国干部离退休制度正式确立。市农场局党组进一步建立健全老干部工作机构，认真按照中发〔1982〕13 号文件精神开展老干部工作。1996 年 7 月 26 日，总公司第五次党委常委扩大会议通过《关于认真执行干部退（离）休制度的意见》，规范了系统内干部退（离）休制度。2009 年重组设立首农集团，为统一原三元集团、华都集团和大发公司的老干部工作制度，2010 年，首农集团制定新的《离退休干部工作管理办法》，该管理办法共 5 章、33 条，明确规定集团公司和二级单位党委要有一名领导分管离退休干部工作，要将离退休干部工作领导责任制的落实情况纳入企业年度政治工作目标管理考核内容中，各单位要建立健全老干部工作领导小组，领导小组每年至少两次研究本单位离退休干部工作。此外，该管理办法还对离退休干部政治待遇、生活待遇做出具体规定。2016 年，首农集团修订了《离退休干部工作管理办法》，共 5 章、27 条，进一步明确领导干部联系老干部制度、新任领导拜访老干部制度、重大庆典请老干部参加制度、每年召开老干部春节团拜会制度、向老干部通报情况制度等。

（四）老干部的日常管理工作

1. 强化责任制考核　首农集团一直坚持将老干部工作责任制考核内容纳入《关于国有及国

有控股企业政治工作目标管理考评办法》中，对二级单位班子进行考核。集团老干部处的负责人作为"政治工作目标管理考评委员会"的成员，直接参与对各二级单位年度政治工作目标管理的考核。集团按照市国资委下发的《离退休干部工作实绩考核指标（试行）》，完善考核内容及办法。

2. 组织离退休干部开展为党和人民的事业增添正能量有关活动　按照加强班子、落实制度、发挥作用的思路，加强离退休干部党支部建设。根据离退休干部党员年龄大、身体差、居住散等特点，合理安排组织生活和支部活动。通过组织开展政治理论学习，及时了解离退休干部的思想、学习、生活和身体情况，以及他们对机关工作的意见和建议。组织离退休支部书记学习班、局级退休干部读书班，组织离退休干部参观"砥砺奋进的五年"大型成就展。定期组织离退休干部参观集团下属企业以及新项目，让老同志们了解集团发展情况，增强他们对农垦事业的自豪感、荣誉感。从 2015 年起，全系统组织离退休干部积极参与修志编史工作。

3. 从生活上照顾老干部，保证老干部生活待遇的落实　首农集团党委采取有效措施，保证老干部生活待遇落到实处。坚持"三必访"，坚持对卧床不起、行动不便、生病住院、有特殊困难的老同志进行走访慰问，把党的温暖送到老干部的心坎上。向老同志们汇报企业的经济工作情况，听取他们的意见和建议。对于集团公司新出台的政策，认真做好传达，为老干部进行细致讲解。坚持为老干部庆祝九十寿辰。在重阳节期间，普遍对离休干部、退休局级干部进行慰问。确保老干部医疗统筹费用按时足额缴纳，不拖不欠。确保老干部每年的特需经费、健康休养和参观工农业生产建设费用足额提取，做到专款专用，全部用在老干部身上。各单位重视老干部的保健工作，保证老干部一年体检一次，并对每位老干部的身体情况提出保健建议。

■ 第五节　纪律检查

一、工作机构

1979 年 4 月 2 日，中共北京市委下发京发〔1979〕138 号文件，通知北京市长城农工商联合企业（北京市国营农场管理局）成立党组。同月，新成立的市农场局经北京市人事局和北京市编制委员会批准，设立 10 个部门，定编 157 人，其中机构设置有纪检委。1980 年 1 月，中共北京市委农村工作部批准市农场局设立政治处，纪检委并入政治处。1983 年 5 月，总公司进行机构调整，党的纪律检查工作从政治处分立，设立纪检组；11 月，纪检组更名为中共北京市农工商联合总公司纪律检查委员会，设立纪检委办公室。1988 年 11 月，总公司党委常委会议决定成立监察处，与纪检委办公室合署办公。至 1997 年，机构设置没有发生变化。1990 年 11 月 23 日，总公司党委 1990 年第 17 次常委扩大会议决定成立总公司廉政工作小组，办公室设在纪检委。1998 年 5 月，总公司进行机构改革，将监察处改称监察室，明确设纪检委办公室（挂监察室牌子）。2000 年 12 月，总公司再次进行机构改革，设立政治工作部，将纪检委办公室、监察室纳入政治工作部，保留纪检委办公室、监察室牌子。2001 年 11 月，总公司党委决定纪检委办公室（监察处）不再与政工部合署办公。2002 年 8 月 19 日，市委农工委京农干〔2002〕49 号文通知总公司，中共北京市农工商联合总公司纪律检查委员会更名为中共北京三元集团有限责任公司纪律检查委员会。2006 年 3 月，三元集团进行机关机构设置改革，将监察部与审计处合并成立监察审计部，纪检委工作职能列入该部门。2008 年 7 月，三元集团党委调整集团总部部分机构设置，将监察审计部拆为监察部、审计部两个独立部门，纪检委工作职能列入监察部。2009 年 5 月，首农集团重组设立，三元集团纪检委更名为中共北京首都农业集团有限公司纪律检查委员会。2010 年 3 月，首农集团进行机关机构改革，设立监察部（与纪检委合署办公），此设置延续至 2017 年年底。

二、纪检监察工作的职责

（一）2011 年制定的工作职责

2011 年，首农集团发布《总部机构设置及职能划分方案》，方案规定，集团监察部（与纪检委办公室合署办公）的主要职责为：①协助集团党委加强党风廉政建设和反腐败工作，落实党风廉政建设责任制；②维护党的纪律，对党员及领导干部进行监督，做好内访的统计、分析、查办工作，查处违纪违规案件；③负责集团企业效能监察工作，落实源头监督措施；④负责集团公司企业行政监察工作，对企业各项制度的执行情况进行监督和检查；⑤参与集团改革改制、资产处置、项目论证及建设、土地开发等工作；⑥完成集团董事会、党委会、经理层及上级交办的其他工作任务。

（二）2016 年制定的工作职责

2016 年，首农集团发布《总部部室设置及职能划分方案》，方案规定，集团监察部（与纪委合署办公）主要职责为：①负责维护党的章程和其他党内法规，检查党的路线、方针、政策和决议的执行情况，协助集团党委加强党风廉政建设和组织协调反腐败工作，落实集团党风廉政建设责任制的监督责任；②负责维护集团公司各项制度，监督各项制度的执行情况；③负责对集团党员和企业管理人员进行党风廉政和法律法规的教育；④负责做好集团党的纪检、行政监察工作方针、政策和法律法规的宣传工作；⑤负责组织和指导集团公司纪检监察干部的培训工作；⑥受理集团管理的党员或企业管理人员的控告和申诉；⑦检查和处理集团管理的党员领导干部或企业管理人员违反党内法规或集团规章制度的案件，必要时直接查处下级管辖范围内比较重要或复杂的案件；⑧负责做好纪内访的统计、分析，做好调研工作，为集团党委党风廉政建设和反腐败工作提出意见和建议；⑨负责集团企业效能监察工作，落实源头监督措施；⑩做好上级交办的其他工作。

三、"三重一大"决策制度

"三重一大"决策制度是国有企业重大决策、重要人事任免、重大项目安排和大额度资金运作的简称。自 2002 年总公司改制为国有独资公司后，特别是 2003 年划归市国资委监管后，三元集团逐步建立健全法人治理结构，为贯彻落实"三重一大"决策制度打下了组织基础。集团公司党委始终把贯彻落实"三重一大"决策制度摆在重要位置，作为增强领导干部廉洁从业意识、落实党风廉政建设责任制的重点。

2008 年年底，三元集团按照市国资委《关于开展企业"三重一大"决策制度建立和执行情况检查的通知》精神和要求，对所属二级单位 2005 年以来"三重一大"制度及重大事项进行梳理，组织力量对 21 个二级单位"三重一大"制度的建立和执行情况进行大检查，并根据集团审计部门近几年在各项审计中发现的"三重一大"方面的问题，对二级单位整改情况进行回查，针对检查中发现的问题，要求各企业提出整改措施。2011 年，监察部（纪检委办公室）完成《国有企业贯彻落实"三重一大"决策制度的规定》的编制，共 4 部分、25 款，收录进《管理制度汇编》。2012 年 11 月，首农集团起草《北京首都农业集团有限公司关于贯彻落实"三重一大"决策制度的实施办法》，进一步明确了决策范围、规范决策程序、强化监督检查和责任追究，健全"三重一大"决策制度体系；次年 2月，经市国资委党委核准审批，集团公司正式印发此件。2016 年，首农集团制定《规范和执行"三重一大"决策制度实施办法》，共 6 章、27 条，在决策程序流程方面更为全面、规范和详尽。2017 年3 月，首农集团修订完善《规范和执行"三重一大"决策制度实施办法》，2017 年 7 月，得到市国资委核准审批。

四、党风廉政建设

（一）监督工作

1. 惩治和预防腐败体系建设及廉政风险防控工作　2008 年，为全面贯彻落实中共十七大精神，建立健全惩防体系，首农集团纪委在全系统范围进行具体部署，要求各企业提高认识、突出重点、齐抓共建，建立并完善惩防体系。同时，按照市国资委《关于加强国有企业惩治和预防腐败体系基本制度建设的意见》要求，重点围绕 5 个方面的 21 项内容加强制度建设，建立和完善反腐倡廉长效机制，推进惩防体系基本制度建设；积极推进崇文区廉政风险防范管理工作的经验，把廉政风险防范管理工作作为源头治本的长效机制，与建立现代企业制度和完善法人治理结构相适应，与建立和完善"一岗双责"的责任机制、权力制衡的决策机制、财务监管的内控机制三个机制有机结合，建立前期预防、中期监控、后期处置"三道防线"。

2009 年，按照市纪委和市国资委关于全面开展廉政风险防范管理工作的会议精神，集团纪委本着"突出重点，先易后难，循序渐进，逐步推进"的原则，在东北旺农场、三元种业绿荷中心两个企业开展试点后全面推开。在对全系统纪检干部进行廉政风险防范管理工作学习和培训的同时，结合贯彻执行财政部等六部委下发的《企业内部控制基本规范》，将廉政风险防范纳入企业的内部控制体系。在开展廉政风险防范工作时突出两点：一是以重组为契机，全面推进廉政风险防范管理工作；二是围绕业务流程，抓住关键环节，实现对风险的有效控制。

2010 年，首农集团继续全面开展廉政风险防范管理工作，从实际出发，着重抓好三个方面的工作：一是以制度建设、完善管理体系为核心，强化对二级企业的管控力度，健全风险防控规章制度，在提高集团整体管控水平的同时，推进企业的廉政风险防范管理工作；二是以项目建设为重点，探索企业预防腐败的有效途径，做好廉政风险防范的项目化管理，把企业的廉政风险防范管理工作落到实处；三是抓好"两个延伸"，准确查找风险点。

2011 年，首农集团把企业的廉政风险防范管理工作纳入企业的业务管理和内控体系之中，不断向上、向下延伸。在补充查找廉政风险点的基础上，集团公司对已有的各项制度进行梳理、完善，力求覆盖每一处廉政风险，通过廉政风险管理"回头看"活动，建立健全廉政风险防控长效机制。在推进企业廉政风险防范管理工作中，集团纪委要求各二级单位围绕企业生产、经营和管理的重要环节及有业务处置权的岗位，认真查找在部门、岗位的风险，制定有效的防范措施。基层农场把土地的管理、专业公司把企业的物资采购、应收款的管理环节作为企业风险点来控制。

2012 年，集团纪委根据《建立健全教育、制度、监督并重的惩治和预防腐败体系实施纲要》和市国资委惩防体系"521"基本制度建设的要求，重点围绕反腐倡廉教育、廉洁自律、规范权力运行、监督制约、反腐败领导体制和机制 5 个方面 21 项内容，健全完善惩防体系制度建设。围绕建立权力结构科学设置、权力运行规范监督和廉政风险信息防控 3 个体系建设，继续抓好"两个延伸"工作，深化与企业内控机制、效能监察、信访案件查办相结合，以重大投资建设项目、大宗物资采购等为重点，继续推进廉政风险防控项目化管理。为确保集团廉政风险防范管理工作取得实效，制定《首农集团廉政风险防控管理检查考核评估办法》，总结和推广部分单位在经营资产管理、大宗物资采购、防范商业贿赂等方面的经验做法，收到较好效果。

2013—2017 年，首农集团围绕重点推进权力结构科学化配置、权力运行规范化监督、廉政风险信息化防控和廉政风险防控管理考核评价"3+1"体系建设，继续抓好"两个延伸"工作，将企业廉政风险防控管理工作与企业内控机制建设、全面风险管理有机融合，将重大投资建设项目、大宗物资采购、财务管理、土地管理、造价审计、领导人员选拔任用等领域作为开展廉政风险防控管理工作的重点，继续推进廉政风险防控项目化管理，加大科技防控力度，不断提高科技防控水平。集团纪委对二级单位科技防控工作进行专题调研，为集团科技防控工作的深入开展提供第一手资料。

2. 效能监察 2008年，三元集团纪委制定《关于做好年度效能监察工作的计划》，明确当年效能监察的工作要求和工作重点。2008年，二级单位共计立项19个，主要涉及企业的重大经营项目以及财务管理、物资采购、工程建设、生产管理等方面。2009年，重点抓好效能监察从国有独资、国有控股企业向国有参股企业的延伸，从侧重企业生产季节供应管理行为向资本运营和资产基础管理的深层次延伸，从事前、事中、事后的单一监察向全过程监察延伸。把重大项目投资和工程项目建设作为效能监察工作的重点，建立对重大投资项目和工程建设全过程的监督，继续推进工程的造价审计和监督。切实加强对下属企业的监管力度，重视对重要业务岗位的管控，协调和整合各种监督力量，发挥各职能部门作用，从财务管理入手，促进企业的内控机制建设和风险防控，促进企业降本增效。2010年，将二级单位7个过亿元的项目，作为集团与二级单位双重监督的重点，确保项目质量。2011年，结合贯彻《国有企业效能监察工作规范化操作规程》，集团组织二级单位纪委书记和工作人员参加效能监察专题培训，规范效能监察工作流程，促进效能监察工作的规范化。2012年、2013年，21个二级单位开展效能监察工作，覆盖率100％。2014年，重点围绕重大决策、重要投资、基建工程、生产管理等开展效能监察，促进企业降本增效，不断提升精细化管理水平。

3. 落实中央八项规定精神 2013年，根据《关于在全市开展会员卡专项清退活动的通知》（京办字〔2013〕5号）的要求，全系统179名中层副职以上干部参加会员卡专项清退活动，实现零持有、零报告。按照市国资委群众路线教育实践活动领导小组《关于落实全市"公款吃喝"专项整治任务的通知》的相关要求，认真开展"公款吃喝"问题的自查自纠工作，实现了全面覆盖，确保整治任务顺利完成。根据市投资促进局等5家单位联合下发的《关于开展境外招商活动中奢侈浪费问题专项整治自查自纠工作的通知》（京投促发〔2013〕27号）的要求，由集团纪委牵头的自查自纠工作小组对2013年1月1日—11月30日期间，在国外及港澳地区开展引进资金、引进项目、引进技术的工作进行了认真的自查，未发现以境外招商的名义开展旅游、使用公款参与高消费等情况。根据中共北京市委办公厅《关于对超标配置使用办公用房和办公用品进行专项整治的紧急通知》的相关要求，首农集团认真开展相关问题的专项整治工作，结合集团实际和党的群众路线教育活动的相关要求，针对存在的问题制定切实可行的整改措施。按照中央"八项规定"的精神，在审批二级单位上报的更新、购置公务用车时严格把关。2014年，首农集团抓好"八项规定"等制度的落实和"四风"方面突出问题的监督检查，巩固教育实践活动的成果；开展对二级单位领导干部办公用房、办公用车的摸底工作，进一步贯彻中央厉行节约的精神，持之以恒纠正"四风"，巩固教育实践活动成果。2017年，对公款消费高档白酒问题进行集中排查整治，自查自纠面达到100％。通过全面自查自纠，未发现集团存在违规公款购买消费高档白酒的问题。

4. 落实党风廉政建设责任制 2014年，首农集团制定《2014年党风廉政建设责任制分工》，把责任制的各项职责层层分解，落实到各级党组织、各科室和班子成员个人。以建立健全党风廉政建设责任制追究机制为课题开展调研，形成《建立健全党风廉政建设责任制追究机制研究》调研报告。从完善和落实反腐倡廉领导体制和工作机制，开展反腐倡廉宣传教育，贯彻落实"中央八项规定"及"三重一大"决策制度执行情况，开展党务公开、厂务公开以及民主生活会情况、信访及案件查办情况5个方面，对各二级单位党风廉政建设责任制的落实情况进行检查，切实加强各单位反腐倡廉长效机制建设，切实贯彻党风廉政建设责任制。

2015年，首农集团制定并下发《2015年落实党风廉政建设责任制工作要点》《2015年党风廉政建设责任制分工》《党风廉政建设责任制检查考核实施办法（试行）》，进一步完善党风廉政建设责任制。为进一步推动"两个责任"的落实，2015年，集团党委下发《党风廉政建设责任制检查考核实施办法（试行）》，完善检查考核办法。2015年，开展"两个责任"落实情况的检查工作，集团10位党委常委各带一组，深入二级企业进行检查，检查范围及力度超过以往任何一年。

2016年，集团纪委制定《2016年落实党风廉政建设责任制工作要点》和《北京首都农业集团有限公司党委关于落实"两个责任"工作保障制度的实施意见》，并于 2015 年 11—12 月，对 10 家二级企业"两个责任"落实情况进行专项检查。检查分为自查自评、现场汇报、查阅材料、问卷调查、反馈意见、整改落实 6 个阶段，针对二级企业存在的问题提出限期整改意见。集团纪委严格落实《市国资委党风廉政建设约谈制度》，对在落实党风廉政建设责任制工作中存在问题的企业负责人进行约谈，督促他们在今后的工作中全面落实党风廉政建设责任制。

2017 年，首农集团制定《2017 年落实党风廉政建设责任制工作要点》《关于推进领导干部落实党风廉政建设主体责任全程纪实工作的实施方案》及《纪实手册》。构建清单化明责、痕迹化履责、台账化记责三项机制，督促党员领导干部切实履行党风廉政建设主体责任，坚决防止责任虚化空转，确保责任层层加压、层层落实。同时，集团纪委协助集团党委对二级企业开展了责任制检查，在自查自评的基础上，由集团党委班子成员分别带队，对二级企业 2017 年"两个责任"落实情况进行现场检查，针对检查存在问题提出了限期整改意见，取得了一定的效果。

5. 廉洁自律"七项要求"专项查纠工作   2009 年 4—6 月，集团纪委开展廉洁自律"七项要求"专项查纠。通过自查登记、审核认定、检查纠正等程序，在全系统对总部及 21 个二级单位的 577 名科级以上领导人员廉洁自律情况进行查纠。在审核认定阶段，严格把关，要求各单位一律由企业法人签字审核，防止以盖章审核代替法人代表审核，体现严肃性，增强主要领导的责任观念。在检查纠正阶段，清理投资入股关联企业和兼职取酬问题各 1 起。

6. 深入开展"小金库"及假发票专项治理工作   2010 年，首农集团组织开展"小金库"及假发票治理工作，通过动员、自查、抽查三个阶段，对 207 家国有及国有控股企业进行专项治理，覆盖面达 100%。参与此次自查工作的人员有 1 096 人。2011 年，按照《市国资委 2011 年"小金库"专项治理工作方案》的要求，集团纪委将 204 家单位纳入此次治理工作范围，覆盖面达 100%，复查结果与 2010 年自查自纠结果相同，未发现私设"小金库"的问题。集团纪委以开展"小金库"及假发票专项治理工作为契机，推动企业优化治理结构，加强基础管理，本着"突出源头预防，研究相应对策，制定防治方案"的原则，完善内部控制、发票管理、财务报销、公务卡使用等相关制度，切实推动防治"小金库"长效机制建设。

7. 境外企业的监督管理   为加强对境外企业的监督管理，2011 年下半年，集团组织监事会、财务、审计等相关部门到境外企业进行调研、审计，按照《北京市属企业境外国有资产监督管理暂行办法》的要求，对境外企业进行产权登记管理、制度建设等方面的工作，维护境外企业的国有权益。

8. 开展"为官不为""为官乱为"专项治理   2017 年，按照市纪委、市监委要求，集团纪委结合企业实际，制定下发《关于开展"为官不为""为官乱为"问题专项治理的工作方案》和《关于开展"严肃查处群众身边的不正之风和腐败问题"专项工作方案》，明确开展专项工作的具体要求、治理范围、工作重点。同时，要求所属各二级企业党组织及时组织动员部署、开展自查自纠、公布信访举报渠道。至 2017 年 12 月底，首农集团累计查摆"为官不为""为官乱为"问题 1 件、群众身边的不正之风和腐败问题 1 件，函询 1 人。针对查摆出的问题，诫勉谈话 1 人、立案 1 件。

（二）教育工作

2008 年 5—9 月，在纪检监察系统开展"做党的忠诚卫士、当群众的贴心人"主题实践活动。是年，集团纪委以市国资委编发的《廉洁文化在企业》知识读本为指导，充分发挥党风建设和反腐败宣传教育"大宣教"优势，把各种宣传形式结合起来。2009 年 7 月，集团纪委在全系统党员干部中开展了一次党风廉政教育专题讲座。2010—2011 年，集团纪委深入开展理想信念教育、廉洁从业教育和作风纪律教育，开展企业廉洁文化建设活动。通过向领导干部发廉洁贺卡，参加市纪委、检察院和国资委共同承办的预防职务犯罪展览等多种教育形式，在企业领导人员中形成了廉洁自律的良好风气。2012 年，集团纪委下发 1.9 万字的测试题库，各单位组织中层以上管理人员集中学习、闭卷考试，并选派人员参加首农集团闭卷知识竞赛。各二级单位开展观看警示录像、参观监狱、组织讲座等多种形式的教育活动。2013 年，集团纪委组织二级单位正职和总部中层正职以上干部参观北京市反腐倡廉教育基地，组织党员干部观看警示教育片，参观预防职务犯罪展览、团河监狱，开展反面教育，警示党员干部遵纪守法、廉洁自律。集团举办以"远离腐败"为主题的专题讲座，160 余名领导干部参加学习。2014 年，向集团中层领导干部以上人员发放《北京市纪委曝光违法中央八项规定精神典型案例汇编》。2015 年，各级纪委采取多种形式，大力开展党纪教育、理想信念教育、廉洁从业教育和警示教育，不断提高党员领导干部拒腐防变的能力。2016 年，集团纪委以开展"两学一做"学习教育活动为契机，组织党员领导干部深入学习、抄写党章，解读中央新印发的纪律和准则，引导党员领导干部以身作则、率先垂范，主动维护党的纪律。2017 年，首农集团党委中心组学习扩大会学习中央纪委编辑的《党的十八大以来中央纪委查处严重违纪违法中管干部忏悔录选编》；各企业组织领导干部研讨交流《北京市纪委曝光违反中央八项规定精神典型案例汇编》《结合案例学党纪》。

首农集团重视节前"四风"检查及廉政教育。在清明、端午、中秋、国庆、春节等重要时间节点，集团纪委通过下发节日通知等方式，念好"紧箍咒"，提高党员干部的廉洁从业意识，筑牢思想道德防线。

坚持开展廉洁从业情况检查。2011 年，集团对企业领导人员廉洁从业情况进行检查，全系统 174 名中层副职级以上领导人员向集团报告个人住房、投资和配偶子女移居国（境）外、从业等事项。2012 年，集团对企业领导人员廉洁从业情况进行检查，全系统 169 名中层副职级以上领导人员报告了个人住房、投资和配偶子女移居国（境）外、从业等事项。为严格执行领导干部廉洁自律要求，集团加强了对企业领导人员薪酬发放、职务消费的规范和管理，强化事前、事中监督，把监督关口前移。集团纪委通过参加内审部门年终对各单位的绩效审计工作，重点关注各企业领导干部的廉洁自律情况，发现问题及时督促整改，纠正了党性党风党纪方面存在的突出问题，促进了干部作风的转变。2016 年，集团纪委继续落实对新任领导人员进行廉政谈话制度，不断提升领导人员的廉洁自律意识。

（三）信访案件

2008 年，集团纪委对群众来信来访反映的突出问题以及来信比较集中的单位，认真进行分析和调查，对涉及企业经营以及经营者问题的信访开展专项审计，调查核实，对存在问题及时纠正。对涉及问题的企业负责人开展廉政谈话或廉政质询，查清个别领导的违纪事实，并给予处理。2009 年，集团纪委严格按照"分级负责，归口办理"和"谁主管，谁负责"的原则，认真处理群众来信来访，着力解决好重复访、越级访和缠访问题，解决好群众反映的突出问题。2010 年，在查办案件中，集团纪委坚持把打击违法犯罪与保护干部积极性结合起来。对存在问题及时纠正；对违纪违法的给予处理；对不实之词给予澄清；把惩处与教育结合起来，重在教育；对确有问题但还不够处分条件的企业领导干部进行诫勉谈话，及时慎重地处理来信来访，对维护企业的健康发展起到重要作用。2013 年，集团纪委按照市国资委的要求，对 2008 年以来的所有案件线索进行全面清理，做到大起底、不留死角。2016 年，集团纪委谈话函询 5 人、函询单位 2 家，给予党纪处分 3 人。2017 年，集团纪委谈话函询 13 人次、函询单位 4 家，初核 13 件，立案 3 件，给予党内警告处分 2 人、诫勉谈话 2 人、通报批评 1 人。

（四）建章立制

2015 年，由集团监察部牵头，会同有关部门共同起草《国有企业领导人员履职待遇、业务支出管理实施细则（暂行）》，对企业领导人员公务用车、办公用房、培训、业务招待、国内差旅、因公临时出国（境）、通信 7 个方面进行了量化规定，确保制度的可操作性。2016 年，集团纪委参与修订《首农集团制度汇编》（2016 年版）中有关党风廉政建的诸多制度。2017 年，为落实《中国共产党纪律检查机关监督执纪工作规则（试行）》，加强纪检干部的履职能力，集团制定《关于加强谈话函询工作的意见》《首农集团纪委会议事规则》《关于规范干部选拔任用廉洁意见回复工作的通知》《开展问责工作程序规定》等制度，进一步完善了工作流程。

（五）自身建设

2011 年，集团纪委组织力量，对所属各单位纪检监察组织机构及人员配备情况开展专题调研，制定《关于加强纪检监察组织建设的实施办法》，按照企业规模（参考资产、收入、利润、人员情况），将二级单位分为 A、B、C 三种类型，对每类企业的人员配备和机构设置提出了具体要求，各企业均按照要求完善了纪检监察机构建设及人员配备。2014 年，集团纪委加强纪检监察人员对"转职能、转方式、转作风"的学习，对本身的"四风"问题进行大排查。同时，突出监督执纪问责主业，不断提高纪检监察人员的监督检查能力、执纪办案能力、组织协调能力和自身建设能力。加大对二级单位纪检干部的业务指导，全面加强自身建设，努力提高纪检监察的工作能力和水平。2015 年，集团纪委积极落实中央精神，纪委书记不再分管纪检监察之外的业务，纪检监察部门不再参与具体的经济、行政工作，基本完成了中央提出的"三转"要求。监察部门通过参加经理办公会等方式，了解经济工作运行过程，从而进一步了解可能产生廉洁风险的关键点，使反腐倡廉更好地融入经济工作。2016 年，集团纪委聚焦主业主责，持续深化"三转"，将"四种形态"有机地融入监督执纪问责各项工作中。创建纪检干部微信群，适时转发反腐倡廉工作动态、廉政法规、纪律教育等相关内容，方便纪检监察干部学习相关业务知识。实施"以案代训"制度，以信访、办案、审理等相关业务知识为重点，通过信访案件的办理和业务指导，促进纪检监察干部迅速掌握工作技能，提升工作水平。

第二章　工　会

北京农垦工会经历几十年的发展历程，在各级党组织的正确领导下和各级行政的大力支持下，依法独立自主开展工作，得到广大干部职工的认可和支持。北京农垦工会在加强企业民主管理、构建和谐企业、维护职工合法权益、为职工提供优质服务诸多方面与时俱进，创造性地开展工作，为北京农垦"两个文明"建设和职工队伍建设做出了重要贡献。

■ 第一节　组织建设

组织建设是工会建设的基础工作。自 20 世纪 80 年代初开始，北京农垦在国有企业建会的同时，积极推进工会组织覆盖至合资企业和乡镇企业；各级党组织加强对工会的领导，以党建带工建，以工建促党建，工会干部队伍建设得到加强；改制企业建立了职工董事、职工监事制度；工会自身建设也得到加强，为建设"有为、法制、活力、温馨"工会奠定了牢靠的组织基础。

一、加强党对工会工作的领导

多年来，北京农垦各级工会始终把加强党对工会工作的领导作为开展工作的基石。1990 年 9 月 1 日，总公司党委下发（90）京农场字第 18 号文《关于加强党对工会工作领导的意见》，这是党委关于加强工会工作的第一个重要文件。该意见指出，加强党对工会工作的领导，支持工会依照法律和工会章程独立自主地开展工作，不能把工会的机构撤销、合并或归属于其他工作部门。各级党委应切实加强工会干部队伍的建设，通过换届做到组织健全，干部到位，并具体提出不同规模的企业配齐各级工会干部的编制。[①] 1992 年 9 月，总公司党委下发《关于在改革中要依法保证工会组织建会的通知》。2001 年 7 月，总公司党委下发《关于加强国有小企业改革中工会工作的意见》，指出"国有小企业改革无论采取何种形式，都必须依法建立、健全工会组织"。[②] 为了加强工会与行政的沟通，2005 年 1 月 28 日，召开三元集团工会与集团行政领导第一次联席会议，联席会明确，企业改制方案等重大事项应提交职工（代表）大会审议，人员安置方案和涉及职工合法权益的重大问题必须提交职代会审议通过，方可实施，凡是转让国有产权的情况必须向全体职工公开。在企业改制过程中，解除劳动合同，要足额支付经济补偿金，重新应聘上岗人员的比例原则上不能低于50％。是年 3 月，三元集团党委印发《关于加强工会工作的意见》（三元党发〔2005〕6 号），针对新的改革发展形势提出加强工会工作的全面要求。重申要加强党对工会工作的领导，支持工会依法独立

---

① 北京首农食品集团有限公司档案室，卷宗号 284，第 8-12 页。
② 北京首农食品集团有限公司档案室，卷宗号 654，第 9 页。

自主、创造性地开展工作；在企业改制中做到工会工作不断线、工会组织不撤销、工会财产不丢损、工会经费不流失；改制为国有控股企业的工会主席、副主席要依法作为职工代表进入董事会、监事会；改制企业优先支付职工的经济补偿金，偿还拖欠职工的工资、医疗费、集资款等改制债务，足额补缴职工的"五险一金"。2010 年 5 月，首农集团党委印发《关于进一步加强和改进工会工作的意见》，共 8 项、22 条。

二、工会组织的建立及发展

北京农垦工会组织的建立及发展情况可以划分为以下两个阶段：

（一）国营农场建立工会组织阶段（20 世纪 50 年代初—1979 年以前）

北京农垦工会组织最早产生于基层企业。据《双桥农场大事记》记载：1953 年，农场工会办起职工业余学校，开展扫除文盲活动；1954 年，农场工会代表广大工人与农场行政领导签订了劳动保险合同，使广大工人在生产与生活上有了最初的保障。1955 年第 3 期《机械化农业》介绍了双桥机械化农场工会组织职工业余学习文化的经验，表明当时双桥农场已建立工会并开展了很多工作。1957 年，北京市牛奶站成立了工会委员会。[①] 1957 年 7 月 31 日—8 月 3 日，南郊农场召开首次职工代表大会，讨论场长工作报告和工会工作报告，选举农场工会委员会。会议期间，农垦部部长王震、地质部副部长兼党组书记何长工和市委农工部部长赵凡等领导到会祝贺并讲话。《中国农垦》1957 年第 4 期刊登《国营北京市南郊农场召开职工代表大会工作总结》和农垦部的按语，肯定了南郊农场落实中央关于扩大企业民主管理、试行常任制的职代会制度指示的做法，为全国农垦起了示范作用。1958 年 5 月 3 日，西郊农场召开首次职工会员代表大会，正式成立工会，选举了 7 名工会委员。[②] 东风农场于 1961 年正式建立工会组织。因市农林局没有建立工会，1961—1979 年，东风农场工会隶属于北京市朝阳区工会领导。1962 年 1 月 16—17 日，南口农场召开第一届职工代表大会第一次会议，出席此次会议的代表有 142 人。总的来看，在国营农场成立后不久，各场相继建立了工会组织，但因北京农垦系统没有建立统一的工会组织，各农场工会隶属于区县工会领导。

（二）农垦系统建立统一的工会组织阶段（1979 年至今）

1. 建立规范的会员代表大会制度，按照法定程序换届选举　这一阶段，北京农垦召开会员代表大会，进行过 7 次换届选举，其中前 4 次是在场乡体制改革前，后 3 次在场乡体制改革后。

（1）1980 年 8 月 14—16 日，市农场局召开工会第一届会员代表大会，会议审议通过工会工作报告，选举产生第一届工会委员会，郭守恒当选工会主席，姜尚德、韩林彪当选工会副主席。至此，北京农垦第一次建立本系统统一的工会组织。

（2）1984 年 12 月 27 日，召开第二次农场局会员代表大会，会议审议通过湾彦锦所作的工会工作报告，选举产生第二届工会委员会，湾彦锦当选工会主席，姜尚德、韩林彪为工会副主席。工会工作报告指出，自第一次代表大会以来，工会组织得到恢复和发展，至 1984 年 10 月，基层工会已发展到 26 个，分会近 500 个，有会员 4 万多人，比 1980 年增加 70%。1986 年 7 月 19 日，总公司党委（86）京农场发字第 21 号文，决定莫兆林任总公司工会主席。

（3）1988 年 8 月 26—28 日，召开第三次市农场局会员代表大会。湾彦锦作工会工作报告。第三次会员代表大会选举湾彦锦为工会主席，张维孝、姜尚德为工会副主席。至 1988 年年底，457 个国有企业、63 个乡镇企业均建立了工会组织，工会会员达到 5.6 万人。1989 年 12 月 15 日，总公司工

---

① 《三元食品股份公司大事记（送审稿）》，第 2 页。
② 《西郊农场志（初稿）》，第 222 页。

会召开了三届四次全委会，一致同意增补王奇龄为总公司工会委员会委员、常委、副主席，免去张维孝总公司工会常委、副主席职务。1992 年 3 月 19 日召开三届十次委员扩大会，一致同意增选张绪銮、张玉凤为工会副主席。

（4）1993 年 12 月 27 日，召开第四次会员代表大会。湾彦锦当选工会主席，宋世学、张淑英为工会副主席。1997 年 5 月工会主席湾彦锦退休离职，是年 12 月 10 日，市总工会京工组字〔1997〕91 号文通知金万能任总公司工会主席。

（5）2000 年 9 月 27 日，第五次会员代表大会正式开幕。金万能代表第四届委员会作工作报告，29 人当选第五届工会委员会委员。经过工会委员会差额选举，邵桂林、尹德立、张淑英、王明通、苏秀兰、申玉荣、贾砚 7 人当选工会委员会常委，邵桂林当选工会主席，尹德立、张淑英当选工会副主席。

2002 年是总公司工会组织调整力度最大的一年，6 家新建的二级公司和下属 60 家基层企业全部完成建会工作。三元公司工会增加 5 个委员单位，替补委员 6 人、增补委员 6 人，工会常委替补 1 人、增补 1 人。一年内委员会调整 16 人次，是历史上从未有过的。10 月 11 日，三元集团工会召开五届七次委员会，经过民主选举程序，宋春来当选工会第五届委员会委员、常委、工会主席、职工董事。

（6）2006 年 6 月 19 日，第六次代表大会召开。宋春来代表第五届委员会作工作报告，会议选举第六届工会委员会和经费审查委员会。经过民主选举，宋春来等 41 人当选第六届工会委员会委员，刘华星等 3 人当选经费审查委员会委员。工会第六届委员会第一次会议选举产生常务委员会和工会主席、副主席、经审委员会主任。马辉、宋春来、尹德立、刘华星、唐燕平、聂志芳（女）、桑悦昌 7 人当选为第六届工会委员会常务委员会委员，宋春来当选工会主席，尹德立、刘华星当选工会副主席。

2009 年，三元集团、华都集团、大发公司重组为首农集团；6 月 9 日，市总工会下发京工字〔2009〕29 号文《关于北京三元集团有限责任公司工会更名为北京首都农业集团有限责任公司工会》。11 月 19 日，申请登记了工会法人资格申请表并得到市总工会正式批复。2010 年 11 月，聂志芳增补为集团公司工会副主席。宋春来在担任三元集团工会主席期间，同时当选为市总工会委员和全国农林水利工会委员常委。

（7）2013 年 5 月 26—28 日，召开首农集团工会第一次代表大会。宋春来代表上一届工会委员会作工作报告。会议选举第一届工会委员会和经审委员会。工会一届一次全委会选举郑立明、雷坤石、聂志芳、吴海云、薛刚魁、唐燕平、曾浩、闫占强、杨淑凤 9 人为工会常委会委员，郑立明当选工会主席，雷坤石、聂志芳当选工会副主席，雷坤石当选经费审查委员会主任，聂志芳任女职工委员会主任。

2016 年 8 月 4 日，郑立明当选为中国农林水利气象工会兼职副主席。2017 年 1 月 17 日，郑立明在中华中华全国总工会第十六届执行委员会第五次全体会议上，替补为中华全国总工会第十六届执行委员会委员。2017 年，集团工会从首农股份、三元食品股份公司、三元种业、南郊农场和北郊农场等单位基层中增选 6 名一线员工进入集团工会委员会，增选 2 名一线劳模进入集团工会常务委员会，进一步增强了集团工会领导机构的广泛性和代表性。到 2017 年年底，首农集团在京现有二级工会 72 个、二级以下工会组织 183 个；在京会员总数 39 676 人，其中女职工会员 8 628 人；有专职工会干部 67 人，兼职工会干部 729 人；集团系统独立法人企业都已全面实现建会，工会组织做到全覆盖。

2. 健全工会工作机构　1979 年 4 月，新成立的市农场开始建立完整的管理机关，其中设有工会。1984 年 6 月，经市委农工部批复同意，总公司机构改革后设 28 个部门，工会仍作为机关的独立部门，并将计划生育办公室的职能划归工会管理。1990 年 1 月，总公司经理办公会决定将原设在工会的计划生育办公室改设在办公室。1992 年 3 月 19 日，经公司党委批准，总公司工会设三部一室：办公室、宣教部、组织部、经济部。

3. 解决按同级副职配备工会主席的问题 在 20 世纪 80 年代中期之前，企业工会主席大多数不能按同级副职配备，工会干部普遍存在年龄偏大、文化偏低、业务生疏的问题。1985 年，总公司党委召开各农场公司党委副书记会议，主题是落实中华全国总工会"整顿工会组织，建设职工之家"会议精神。会议统一了认识，解决了按同级副职配备工会主席的问题。之后，一批年富力强、文化水平较高、热爱工会工作的年轻干部陆续走上各级工会干部的岗位，工会干部队伍的年龄结构、文化结构、知识结构开始向年轻化、知识化、专业化的方向迈出了可喜的一步。到 1988 年，农场、公司一级的工会主席、副主席中具有高中、大专以上文化程度的占 41.8%，年龄由 55.6 岁降至 48.5 岁，经过整顿的 20 个单位的工会主席有 18 人参加或列席同级党委领导班子。总公司工会整顿建家的做法和经验，曾先后在中国农林工会召开的全国农垦海南会议、新疆会议、北京会议、大连会议、上海会议介绍经验，并在中国农林工会、市总工会文件、简报上转载刊登过。总公司工会被评为北京市整顿建家先进单位。1993 年 6 月 28 日，中共北京市农工委京农干〔1993〕19 号文通知总公司工会主席湾彦锦为副局级。在湾彦锦任工会主席期间，同时被选举为市总工会委员和全国农林水利工会委员。

1990 年，总公司党委下发（90）京农场第 8 号文件《关于加强党委对工会、职代会换届工作领导的通知》，提出专职工会主席按同级副职干部的资格、素质和条件选配，当选后进同级党委，按干部任免程序办理；专职副主席按正科级干部选配；党委推荐的工会主席、副主席的候选人名单，要征求应届工会委员会的意见；当选的主席、副主席经总公司工会批准后，按干部管理权限，由总公司党委组织部和农场、公司、校、所党委分别办理任职手续，纳入现行干部管理序列。是年 5 月 22 日，市总工会以京工字（90）第 14 号文转发该文件，要求各区、县、局、总公司工会所有换届的下届工会主席必须按同级党政副职的资格、素质和条件选配，当选后进入同级党委；副主席必须按正科级选配。

4. 推进并完成乡镇企业和外资企业建立工会组织 20 世纪 80～90 年代，北京农垦管理的乡镇企业和外资企业发展很快，大量的农村劳动力成为新一代工人阶级队伍的一员。为了把他们组织起来，总公司工会积极推进在乡镇企业和外资企业建立工会组织。1989 年 1 月 23 日，总公司工会（1989）工发字第 1 号文第一次明确提出"以场带乡的农场工会，要认真抓好乡镇企业建工会的工作"。1992 年 6 月，总公司工会下发《关于总公司乡镇企业建立、健全工会、职代会制度的意见》，要求全系统的乡镇企业与国有企业一样，应根据《工会法》和《企业法》建立工会组织。1995 年 6 月 27 日，总公司工会转发东郊农场党委和工会《关于乡镇企业组建工会的意见和实施细则》，要求在总公司系统不出现无工会组织的空白点。1998 年年底场乡体制改革后，总公司工会将已建会的乡镇企业全部移交给地方区县工会。

1992 年，中华全国总工会下发《关于加快外商投资企业工会组建步伐和加强工会工作的意见》。是年，总公司工会提出抓好"三资"企业的工会组建工作。1993 年，总公司党委和工会联合下发（93）京农场工会字第 1 号文《转发中华全国总工会〈关于加快外商投资企业工会组建步伐和加强工会工作的意见〉的通知》，要求今后新开办的三资企业应做到筹建企业与筹建工会同步进行。总公司工会以北京麦当劳作为外资企业建会的试点。1996 年 10 月 11 日，北京麦当劳召开第一届工会委员会和经审委员会，选举产生工会委员会。总公司工会 10 月 23 日下发（1996）工发组字第 6 号批文，同意北京麦当劳工会的选举结果，并要求此批复在公司所属各门店张贴，传达到全体职工。① 北京麦当劳的成功建会，带动了其他"三资"企业建会。2011 年，北京麦当劳按照区域与业务相结合的原则，圆满完成在京的 94 家分店建立 10 家分会的任务。2015 年，壳牌石油有限公司完成建会工作。至此，北京农垦外资企业建会工作全部完成（表 8-2-1）。

① 北京首农食品集团有限公司档案室，卷宗号 50，第 16-20 页。

表 8-2-1　外资企业建会时间

单位名称	建会时间	单位名称	建会时间
北京光明饭店有限公司	1986 年 4 月	北京荷美尔有限公司	1999 年 12 月
北京家禽育种有限公司	1989 年 5 月	北京肯德基有限公司	2010 年 3 月
北京丘比食品有限公司	1993 年 12 月	北京安德鲁水果有限公司	2011 年 5 月
北京大发正大有限公司	1996 年 9 月	北京华都诗华生物制品有限公司	2012 年 6 月
北京麦当劳食品有限公司	1996 年 10 月	北京爱拨益加家禽育种有限公司	2014 年 8 月
北京百麦食品加工有限公司	1998 年 1 月	北京壳牌石油有限公司	2015 年 5 月

5. 组织农民工加入工会组织　进入 21 世纪，随着企业经济的发展和用工制度的改革，大批农民工成为新时代的新工人。经过调查，北京农垦企业中农民工占在岗职工的 50％左右，这部分人流动性大，很多人没有签订劳动合同，引发的劳动纠纷也比较多，直接影响职工队伍的稳定。为了维护农民工的合法权益，维护职工队伍的稳定，2004 年，三元集团工会首次提出发展农民工加入工会、维护农民工合法权益的意见。要求各单位结合企业的实际情况，积极探索，认真解决好这个问题。当年，农民工入会工作取得良好开端，农民工入会人数达 400 多人，2005 年发展到 2 000 多人。为了进一步落实中华全国总工会提出的"组织起来，切实维权"的总体要求，集团工会及基层工会通过努力，到 2006 年，农民工入会基本达到了 85％左右。2008 年，集团公司工会提出"协助企业做好维护农民工合法权益工作，加强对农民工劳动合同签订的指导工作，探讨和健全农民工的维权机制，积极主动地在农民工中发展会员，加大对农民工的技能培训，丰富他们的精神文化生活"新要求。至2011 年，在 15 047 名农民工中，14 326 名已成为工会会员，农民工入会率达 95.2％，2012 年提高至97.6％，到 2014 年，农民工入会率已达 98.7％。至此，农民工入会问题基本解决。

三、工会经审工作及工会经费审查委员会换届情况

工会财务是工会工作中的基础性工作，工会经费审查委员会主要负责对工会财务的收、管、用进行监督。集团公司工会重视工会经费的使用与管理工作，历年来多次下发文件以推动管理规范化。1992 年 5 月，总公司工会印发《关于 1992 年度开展总公司工会系统经审工作"三好"竞赛意见》，"三好"即组织建设好、开展活动好、制度建设好。[①] 1992 年 6 月，总公司工会印发（92）工发字 16号文《关于加强工会财产管理审查监督的意见》，对搞好清查工作提出具体要求。2000 年 11 月，总公司工会印发《对基层工会财务工作管理办法》，对如何管理好工会经费和固定资产、如何使用回拨奖励款和招待费开支标准、组织活动购置奖品标准等做了明确规定。2005 年，开始推进全系统工会财务电算化工作。2011 年是工会经费实行代收代缴的第一年，各级工会组织精心组织，积极协调配合，建立有效的工作机制，经过一年的共同努力，圆满完成上网申报工作。2012 年，实施工会经费税务代征代缴工作基本全面落实。2015 年，首农集团工会圆满完成中华全国总工会安排部署的财务大检查工作，并获得好评。从 2015 年开始，由首农集团工会聘请中介机构对二级单位工会财务进行审计，当年审计 15 家，为以后实现中介机构审计全覆盖打下基础。2016 年，各级工会均使用市总工会统一规定的电算化财务软件，各项收入及经费使用都纳入工会预算管理。同时，还聘请中介机构对25 家二级单位工会财务进行全面审计，实现聘用中介机构审计全覆盖。在市总工会 2016 年度经审规范化建设评价考核中，首农集团工会为一档。2017 年，各级工会严格执行上级工会的财会制度和《首农集团工会会计制度》，对发生的经济业务事项进行独立核算和管理，严格按规定使用市总工会统一的电算化财务软件，健全各项财务制度，严格执行预决算制度，圆满完成市总工会安排部署的年度

---

① 北京首农食品集团有限公司档案室，卷宗号 653，第 5-9 页。

财务检查和审计工作。

工会经费审查委员会的换届选举同工会委员会换届选举工作同步进行。毕承国分别在 1980 年、1984 年、1988 年当选为市农场局第一、二、三届工会经费审查委员会主任；张淑英分别在 1993 年、2000 年当选为总公司第四届、三元集团第五届工会经费审查委员会主任；2006 年，刘华星当选三元集团第六届工会经审委员会主任；2013 年，雷坤石当选首农集团第一届工会经审委员会主任。

四、女职工委员会的组建及换届情况

女工工作是工会工作的一项重要内容，维护女职工的合法权益和特殊利益是增强女职工组织凝聚力的重要环节。1992 年 4 月，总公司工会下发（92）工发字第 9 号文件《关于建立北京市农工商联合总公司工会女职工委员会的决定》。4 月 7 日，总公司工会召开工会第一届女职工委员会成立大会，选举张玉凤为总公司工会女职工委员会主任。1992 年 4 月，总公司工会印发（92）工发字 6 号文《北京市农工商联合总公司工会女职工委员会工作条例》，共 4 章、18 条，对女工委员会的性质、基本任务、组织制度、工作制度做了具体规定。是年 5 月 16 日，总公司工会女职工委员会制定《总公司工会 1992 年女职工工作考核条件》。

2001 年 7 月，召开第二届女职工委员会成立大会，选举产生新一届女职工委员会，张淑英为女工委员会主任。2006 年 9 月 25 日，召开三元集团工会三届一次女职工委员会会议，经集团公司工会常委会确认，聂志芳等 36 人为集团公司女工委员会委员，聂志芳任女工委员会主任，彭玲、张燕平、马建梅、程藏被聘任为第三届女工委员会顾问。2013 年 7 月 18 日，首农集团第一届女工委员会成立，女工委员会设委员 28 名，聂志芳任女职工委员会主任。2017 年 11 月 6 日，李蓓蓓替补为集团公司工会女工委员会主任。

五、工会自身建设

（一）规范工会各项制度

1983 年下半年，市农场局党委组织部与工会联合印发《农场局系统各级工会干部暂行管理办法》，该文件得到市总工会的肯定并向全市转发。1989 年 10 月 9 日，总公司工会出台《关于 1989 年度农场公司工会考核办法》，这是总公司工会制定的第一份考核办法。1990 年，总公司工会对上年的执行办法进行完善和细化，并按考核得分多少的顺序评选产生 10 家先进单位，授予总公司 1990 年度先进工会称号。

2000 年 10 月，总公司工会制定下列议事规则：《总公司工会第五届委员会主席、副主席分工》《总公司工会第五届主席办公会、常委会、全委会议事规则》《总公司工会关于规范工会委员会人员构成和增补、替补各级领导机构有关人员程序》《基层工会财务工作管理办法》《开展工会系统经费收支、财务管理自查自纠工作的通知》。

2010 年，《公司制企业职工董事和职工监事管理办法》《国有企业民主管理和职工（代表）大会实施细则》《加强改制企业工会工作的规定》《实行厂务公开和加强民主管理的实施办法》《企业工资集体协商工作的规定》《劳动模范日常管理工作细则》《在职职工特困帮扶资金管理试行办法》7 项制度被收录进首农集团《管理制度汇编》（2011 年版）。

2016 年 3 月 10 日，集团工会下发《关于进一步加强基层工会建设激发基层工会活力的意见》，明确将 2016 年作为加强基层工会建设年。是年，首农集团工会依据新的《实行厂务公开和加强民主管理的实施办法》重新修订了 4 项制度：《职工董事和职工监事管理办法》《民主管理和职工（代表）大会实施细则》《实行厂务公开和加强民主管理的实施办法》《工资集体协商工作试行办法》。

2017 年，为深入贯彻落实《北京市总工会改革方案》，集团成立工会改革工作领导小组，在调查研究的基础上，以集团党委名义制定和下发《首农集团工会改革方案》。该改革方案明确了 6 个方面的改革内容：一是加强党的领导，党政齐抓共推；二是推进工会机构机制改革，进一步增强工会领导机构的广泛性、代表性，提出集团工会代表大会代表、委员、常委中劳模先进和一线职工比例分别提高到 60%、49%、20%，其中，配备一名一线兼职集团工会副主席；三是夯实基层工会工作基础；四是推进工会重点工作改革创新；五是创新以职工为中心的工作方式方法；六是创新"互联网＋"工会的工作方式，创新联系服务职工的网上平台，推动网上网下互动融合，逐步使工会工作信息化。是年 8 月 22 日，集团工会印发《工会工作年度考评办法》，对考评对象、考评内容、考评方式和要求做出明确规定，考评办法新增业务评价、会员评价和综合评价的内容。

（二）强化工会干部培训

为了提高工会干部的素质，北京农垦工会每年都要选派部分工会干部参加中华全国总工会、全国农林水利工会和市总工会举办的各种培训班，学习相关的工会知识和有关政策。同时，每年都要举办工会干部培训班，请中华全国总工会和市总工会的有关专家和领导授课，解答工会工作中遇到的有关政策方面及在实施过程中遇到的实际问题。1985 年，为了解决工会干部年龄偏大、文化偏低、新老交替多、工会业务生疏的问题，总公司举办工会干部学习班，共有 94 名各农场、公司和骨干企业的工会主席参加培训。市总工会农林工委在全市农林系统推广总公司工会办班经验。[①] 1992 年 1 月，总公司工会印发《总公司工会"八五"干部培训规划》，计划用三年的时间，对总公司专职工会干部和农场、公司、重点企业的兼职工会主席普遍进行一次在职规范化岗位培训。是年 3 月，总公司党委举办民主管理学习班。

北京农垦工会重视《工会法》的学习贯彻和干部培训。1992 年 5 月，总公司工会举办《工会法》学习班，70 多名工会主席和工会干部参加培训。1995 年，共举办培训班 287 期，培训人员 4 291 人次。2002 年 6 月 4—5 日，三元集团工会召开《工会法》专题研讨会。2002 年 7 月 26 日，总公司党委印发《关于认真学习贯彻"两办通知"和"北京市实施〈工会法〉办法"的通知》，要求各级领导班子要带头学习宣传贯彻两个文件精神，并要求各单位充分认识学习宣传贯彻《两办通知》和《北京市实施〈工会法〉办法》的重要性，采取多种形式，积极开展学习宣传活动。2002 年，三元集团挂牌后，集团工会组织三次工会干部培训，全年参加工会各种培训的干部职工达 1.44 万人次。

2011 年 4 月，集团工会培训班邀请中华全国总工会、市总工会领导授课，参加培训班的工会干部有 170 人。同年，67 名工会干部参加市总工会举办的劳动争议调解员培训班，11 名新工会主席参加市总工会举办的工会主席培训班，4 名工会主席参加市总工会举办的工资协商指导员培训班。2014 年，共有 3 860 多人次参加工会干部、财务、经审、通讯员等各类培训。其中，100 余人次参加市总工会组织的工会干部培训，1 500 余人次参加集团工会组织的工会干部培训。2015 年，参加各类培训的各级工会干部达 1 690 多人次。

2016 年 1 月 1 日，北京市新修订颁布的《工会法实施办法》开始实施。集团工会结合普法宣传以及"法治首农"建设的新要求，在系统内全员动员，全方位开展以《工会实施办法》为主要内容的法治宣传、学习、贯彻、竞赛等活动。2016 年 4 月 26 日，集团工会举办有各二级单位工会主席、副主席、工会干部和所属基层企业工会主席参加的培训班，对新的《工会实施办法》进行专题辅导。集团工会除积极参加上级工会组织的各类培训 130 余人次外，集团各级工会干部共 910 人次参加了各类培训。

（三）开展调查研究工作

北京农垦工会始终重视调查研究，及时了解下情，掌握员工思想动态，提高了依法维权、科学维

---

① 北京首农食品集团有限公司档案室，卷宗号 408，第 4-5 页。

权、主动维权的能力。其中，比较重要的调查研究活动有：

1985 年，根据中华全国总工会的统一部署，市农场局工会于下半年下发中华全国总工会统一制定的《职工状况调查征询问卷》。1986 年 3 月 28 日，市农场局工会总结了这次企业职工队伍状况调查，并撰写《调查报告》。这次调查征询问卷内容共 61 题，295 条。参加这次答卷的有 2 000 人，由 8 个农场、7 个行业的职工组成。

1992 年 9 月，总公司工会又进行了一次职工队伍状况千人调查。这次抽查的 1 000 人中包括管理人员、技术人员和一线职工。

2004 年年初，三元集团工会进行了一次职工队伍状况的调查研究。这次调研共分九方面 49 个小项，对全系统 30 个二级单位、近 100 家基层企业的 1 203 名干部职工进行问卷调查。

2006—2012 年，集团工会共收到调查报告 144 篇，选送到市总工会、全国农林水利工会 45 篇，在全国农林水利工会和市总工会两级工会的调查报告评选中，7 篇获一等奖，11 篇获二等奖，16 篇获三等奖，5 篇获优秀奖。集团工会出版了两期《优秀调查报告选编》。

2007 年 8 月—12 月，三元集团工会开展了一次全系统范围的职工队伍状况调查。31 家二级单位、112 家基层企业参加了这次调查，有 13 080 名职工填写了调查表，其中在岗干部职工 9 492 名（包括一线职工 8 021 人、经营者 451 人、管理者 1 020 人），还有 3 588 名外来务工人员。这次调查是集团历史上参加人数最多、调查内容最广泛的一次，也是调查成果最多的一次。调查内容主要分为六大类、161 个小项。通过汇总情况，集团公司工会提出了 7 条思考的问题和政策性建议，并与行政进行了多方面的协商沟通，为解决存在的实际问题、提高工会维权质量提供了第一手基础依据。

2014 年，首农集团工会的调研主题是职工素质建设工程现状调研，突出劳模和技能人才两支队伍建设。是年底，从 22 个二级单位上报的调研报告中，选出 20 篇上报中国农林水利工会，参加中国农林水利系统的评审，1 篇获一等奖、3 篇获三等奖、10 篇获优秀奖。

■ 第二节　民主管理

加强企业民主管理是工会依法维权、科学维权、主动维权的基本途径。北京农垦各级工会在建立发展职工代表大会制度，建立厂务公开制度，改制企业建立职工董事、职工监事制度等方面，因地制宜，积极探索，注重实效，创造了具有农垦特色的民主管理机制。

一、职工代表大会制度的建立、完善与发展

（一）职工代表大会制度的建立

北京农垦的职代会制度最早出现在南郊农场。《中国农垦》1957 年第 4 期刊登了《国营北京市南郊农场召开职工代表大会工作总结》和农垦部的按语，肯定了南郊农场落实中央关于扩大企业民主管理、试行常任制的职代会制度指示的做法。南郊农场建立职代会制度的做法，后来在其他农场得到推广。1979 年，市农场局复建，1980 年市农场局建立工会。1981 年 7 月，中共中央、国务院批准公布《国营工业企业职工代表大会暂行条例》。1981 年，市农场局党委建立企业民主管理领导小组，在全局范围内开展学习、贯彻《职代会条例》活动，市农场局工会制定《职工代表大会暂行条例的实施细则》。1982 年 3 月，北京市牛奶公司召开第一届一次职代会，建立了公司职代会制度。[①] 1984 年 1 月 6 日，南郊农场召开恢复职代会制度后的首届职工代表大会，农牧渔业部农垦局局长赵凡、中国农林

---

① 《三元食品股份公司大事记（送审稿）》，第 14 页。

工会副主席李克、市长助理张进霖、市委农工部部长赵有福等参加并分别致辞。至1984年，全系统319个单位基本上建立了职代会制度。1985年，总公司工会在南郊农场进行理顺工会与职代会关系的试点工作，将工会与职代会两会结合，并且在全系统推行"两会结合"的工作。①

（二）职工代表大会制度的完善及发展

1986年9月15日，中共中央、国务院印发《关于颁发全民所有制工业企业三个条例的通知》（中发〔1986〕21号），该通知指出，进一步健全职工代表大会制度和各项民主管理制度，发挥工会组织和职工代表在审议企业重大决策、监督行政领导干部、维护职工合法权益等方面的作用。之后，尤其是进入20世纪90年代以后，企业开始逐步走向市场经济，经济体制、劳动用工制度、分配制度等发生巨大变化，企业决策层做出重大决策时更需要防范风险，因此，加快建立健全职代会制度显得更为迫切。总公司/三元集团党委和工会审时度势，多次制定修改、完善企业职代会制度和民主管理的有关政策，取得明显效果。

1. 历届党委和工会就职代会制度下发的有关文件　1992年4月10日，总公司党委印发（92）京农场工会字第6号文《关于转发〈总公司加强企业民主管理暂行办法〉实施细则的通知》，这是总公司第一份全面系统规定企业民主管理工作的实施细则，共6个方面、42条。1998年6月5日，总公司党委印发《关于全心全意依靠职工群众办好企业的实施意见》（京农场工发字〔1998〕1号），在总结总公司几年来依靠职工办企业经验的基础上，提出了总公司落实职代会制度的6大项共23条具体意见。2002年12月31日，总公司党委印发《关于印发北京市企业民主管理及职工代表大会（暂行）办法的通知》（京三元集团党发〔2002〕15号）。党委要求从2003年年初开始试点，下半年全面进行，年底总结。2003年7月，召开试点单位的经验交流会。为了适应企业的实际情况，集团工会根据企业的不同情况，制定了不同的召开职代会的办法。例如，奶牛中心与延庆农场合并后实行"一会两职"的办法；朝阳农场实行"两会代表分设，两会结合召开"的办法；东北旺农场实行"改制企业中的国有资产代表参加农场国有企业职代会"的办法；纯国有企业仍然实行"两会结合"的办法。

2003年6月30日，三元集团党委印发《国有、国有控股企业民主管理及职工（代表）大会实施细则（试行）》（京三元集团党发〔2003〕16号文件），共7章、34条，在2004年1月11日三元集团第一次职工代表大会上审议通过。

2011年，在2003年制定的《国有、国有控股企业民主管理及职工（代表）大会实施细则》的基础上，修改制定《国有企业民主管理和职工（代表）大会实施细则》，收录进2011年版的《管理制度汇编》。2016年，集团工会修订《民主管理和职工（代表）大会实施细则》，修改后的实施细则增加了"非公有制企业的民主管理"一章，并在"职工代表"一章中增加"可邀请离退休职工为特邀代表"。

经过多年的努力，集团的民主管理和职代会制度不断完善，从集团公司到二级单位，再到基层企业的三级职代会制度建制率达到100%，职代会的审议建议权、审查同意或否决权、审议决定权、评议监督权、民主选举权的内容进一步完善、充实、具体，规范化和可操作性明显加强，职代会制度实现了规范化、制度化、常态化。

2. 三元集团/首农集团的职代会制度

（1）三元集团的职代会制度。2002年10月16日，三元集团正式揭牌。从2003年年初开始，研究和探讨在集团层面上建立职代会制度。集团层面建立职代会制度情况比较复杂，特别是对于综合性经营的集团职代会职权如何确定，没有可借鉴的案例。集团工会依据有关法律法规和《三元集团公司章程》，本着"先建民主管理平台并逐步完善"的原则，提出了集团职代会职权的暂定内容。

2003年11月18日，三元集团党委印发《关于集团公司建立职工代表大会制度的通知》，明确提

---

①　北京首农食品集团有限公司档案室，卷宗号408，第8-9页。

出集团职代会的职权暂定为：①对集团提出的企业改革、改组、改制方案，企业合并、分立、变更、重组、破产方案等重大决策，重点工程项目招投标、重点项目的投资、大额资金的使用等重大事项，对二级单位领导干部的奖惩办法及党风廉政建设的重大问题享有知情权。②对集团经营方针、发展规划、年度经营计划和年度计划完成情况享有知情权、参与权和审议建议权。在听取集团总经理工作报告的同时，有权提出意见和建议。③对集团的基本管理制度享有审议建议权。凡是要求二级法人单位必须贯彻执行的基本管理制度，董事会在形成决议之前应广泛听取职工代表的意见和建议，必要时应提交职代会审议。④对集团高层管理干部党风廉政建设情况享有民主监督权；对集团高层行政管理干部的勤政廉政情况享有民主评议权。这是三元集团第一次建立职代会制度，第一次提出集团层面的职代会职权，在北京市属综合性经营的一级公司中走在前列。同月，召开有二级单位党委书记参加的集团公司职工代表大会筹备工作会议。

2004年1月10日，集团第一次职工代表大会暨2004年度工作会议正式开幕。第一次集团公司职代会有职工代表173名，张福平作年度工作报告。大会通过《集团公司国有资产管理办法》和《集团公司企业民主管理及职工代表大会实施细则》两个重要管理制度，审议通过大会决议。这次职代会的胜利召开，标志着三元集团的职代会制度正式建立，并得到市总工会及有关部门的充分认可和支持，对全市其他集团公司建立职代会制度具有借鉴作用。

2004—2009年的职代会例会，审议通过总经理年度工作报告、三元集团《十一五规划》；累计征集代表提案113件，立案98件，落实提案98件，做到了提案结案率100%。在市国资委两次对三元集团领导班子进行民主评议时，85%的职工代表参加了评议。

三元集团历次职代会暨年度工作会总经理工作报告见表8-2-2。

表8-2-2　三元集团历次职代会暨年度工作会总经理工作报告

日期	会议名称	审议通过的年度工作报告	报告人
2004.1.10	三元集团第一届第一次职工代表大会暨2004年度工作会	团结协作，紧抓机遇，深化改革，加快发展，为把集团公司建成国内知名的大型企业集团而努力奋斗	张福平
2005.1.13	三元集团一届二次职工代表大会暨2005年度工作会	以科学发展观为指导，深化改革，加快发展，为圆满完成"经济翻番、体制创新"目标任务而努力奋斗	张福平
2006.1.12	三元集团一届三次职工代表大会暨2006年度工作会	做强主业，做活机制，做响品牌，努力建设首都标志性的现代农业企业集团	张福平
2006.12.27	三元集团一届四次职工代表大会暨2007年度工作会	加大改革力度，加快创新步伐，实现集团公司经济又好又快发展	张福平
2008.1.15	三元集团一届五次职工代表大会暨2008年度工作会	落实科学发展观，推进又好又快发展，为实现集团公司战略构想而奋斗	薛　刚
2009.1.19	三元集团一届六次职工代表大会暨2009年度工作会	振奋精神，抓好机遇，蓄积能量，全面推进集团公司经济平稳较快发展	薛　刚

说明：资料由首农集团办公室提供。

（2）首农集团职代会制度。2010年2月1日，首农集团一届一次职工代表大会正式开幕，张福平主持大会，范学珊致开幕词，薛刚作2009年度工作报告，冯巨元作《首农集团战略规划情况说明》，宋春来作《集团公司职工特困帮扶资金管理使用办法》的说明。2月2日，大会审议通过薛刚的年度工作报告、《集团公司职工特困帮扶资金管理使用办法》和《大会决议》，党委书记张福平作重要讲话，马辉致闭幕词。

2011—2017年，首农集团职代会除审议通过总经理的年度工作报告外，还审议并通过了以下内容：①《首农集团"十二五"发展规划》；②集团公司五项管理制度：《北京首都农业集团有限公司员工守则》《劳动合同管理办法》《劳动纠纷管理办法》《企业工资集体协商工作的规定》和《国有企业民主管理和职工（代表）大会实施细则》；③《职工年金方案》《首农集团年金实施办法》修改方案；

④《首农集团"十三五"发展规划》；⑤《北京市温暖基金首农职工专项温暖基金管理办法》；⑥《企业领导人员履职待遇、业务支出管理暂行办法》；⑦集团公司 2016 年新修订的 15 个管理制度，包括《规范和执行"三重一大"决策制度实施办法》《安全生产管理办法》《民主管理和职工（代表）大会实施细则》《国有及国有控股企业负责人薪酬管理规定》《党风廉政建设责任制检查考核实施办法》《企业重组改制管理办法》《培训工作管理办法》《实行厂务公开和加强民主管理实施办法》《工资集体协商工作办法》《首农职工专项温暖基金管理办法》《劳动模范日常管理工作细则》《保密和机要工作管理办法》《企业管理人员行政纪律处分规定》《内幕信息保密制度》和《北京首都农业集团有限公司职工代表大会代表常任制暂行规定》。

首农集团历次职代会暨年度工作会总经理工作报告见表 8-2-3。

表 8-2-3　首农集团历次职代会暨年度工作会总经理工作报告

日期	会议名称	审议通过的年度工作报告	报告人
2010.2.1	首农集团第一届第一次职代会暨 2010 年度工作会	坚守功能定位，推动战略实施，为促进集团经济平稳较快发展而努力奋斗	薛刚
2011.1.13	首农集团一届二次职代会暨 2011 年度工作会	坚持科学发展，加快转型升级，全面建设首都标志性的现代农业产业集团	薛刚
2012.1.9	首农集团一届三次职代会暨 2012 年度工作会	坚定科学发展信心，加大规划落实力度，全力促进集团经济平稳较快发展	薛刚
2013.1.17	首农集团一届四次职代会暨 2013 年度工作会	坚持科学发展加快转型升级，全力促进集团经济平稳较快发展	薛刚
2014.1.14	首农集团一届五次职代会暨 2014 年度工作会	加快转型升级，促进集团经济持续健康发展	薛刚
2015.2.3	首农集团一届六次职代会暨 2015 年度工作会	凝聚共识，顺势而为，全力促进集团经济持续健康发展	薛刚
2016.1.18	首农集团一届七次职代会暨 2016 年度工作会	奋发有为，积极进取，努力实现"十三五"集团经济良好开局	薛刚
2017.1.17	首农集团一届八次职代会暨 2017 年度工作会	昂扬向上，奋发有为，促进集团发展再上新台阶	薛刚

说明：资料由首农集团办公室提供。

二、厂务公开工作制度的建立、完善与发展

总公司从 1999 年开始推进厂务公开工作，当年 1 月，工会主席金万能在总公司工会四届十二次委员扩大会的报告中，首次提出在企业推行厂务公开制度；3 月，总公司成立厂务公开工作领导小组，制定《北京市农工商联合总公司推行厂务公开、加强民主管理工作实施意见》，召开动员大会，提出"加强领导、提高认识、抓好试点、逐步推进"的工作目标，并在南口农场进行试点。至 1999 年年底，近 60 个企业推行厂务公开制度。[①] 2000 年年底，95％的企业推行厂务公开制度。

2001 年 2 月 28 日，总公司党委印发《关于在二级单位推行厂务公开工作的意见》（京农场发〔2001〕1 号），明确二级单位厂务公开工作的内容：①企业的重大决策；②涉及职工切身利益的重大决策；③企业经营管理的重大事项；④党风廉政建设的重大问题。2002 年 3 月 7 日，总公司被评为北京市厂务公开先进组织单位。2002 年 4 月 18 日，总公司党委下发京农场发〔2002〕5 号文件，首次提出厂务公开工作的"八字"方针，即"深化、提升、规范、延伸"。至 2002 年年底，32 个国有二级单位、231 个基层企业均建立了厂务公开制度，基本上做到组织机构健全、制度措施稳妥、重点

---

① 北京首农食品集团有限公司档案室，卷宗号 323，第 21-44 页。

内容突出、公开载体多样、公开效果明显。[①] 2003 年，三元集团被评为全国厂务公开工作先进单位。同年，三元集团党委推广南口农场实行的职代会"七个会"制度，即代表团组长联席会、职工代表培训会、民主协商座谈会、基层干部恳谈会、职工代表审议会、党政班子民主管理办公会、场长答辩会；东郊农场的厂务公开信息员制度；三元置业公司的职工代表巡视制度和三元石油公司、三元绿化公司的职代会联席会制度。2004 年，提出规范工程项目招投标、大宗物资采购、大额资金使用、党风廉政建设四项公开制度的内容和程序。2005 年，首次提出"八项公开"内容，新增公开内容有集体合同签订及执行情况、职工"四险一金"的缴纳情况、安全生产落实情况、职代会民主评议领导干部情况。要求行政一把手做到"三到位"，即行政领导思想到位、领导体制到位、工作制度和具体实施到位。2007 年，厂务公开工作"六位一体"的工作机制进一步完善（即党委统一领导、行政主体到位、工会组织协调、纪委监督检查、各部门主动配合、职工积极参与）。2008 年，集团工会提出进行"菜单式"公开，并且在双桥农场进行试点。双桥农场率先制定"菜单式"公开的实施意见，提出"4 项公开原则，5 道公开程序，5 个公开工作机构和 19 项公开内容"。同时，国有企业、合资企业和股份制企业分别制定不同的"菜单式"公开的内容。2009 年，首农集团开始全面推行"菜单式"公开办法。在北京市厂务公开工作评比中，首农集团再次被评为北京市厂务公开民主管理工作先进组织单位。2010 年 11 月 23 日，全国厂务公开协调小组成员、国务院国资委副主任、中华全国总工会副主席黄丹华，全国厂务公开协调小组办公室主任郭军，市总工会党组副书记、副主席王北平以及市国资委副主任王灏到东郊农场调研，听取东郊农场、首农集团和市国资委的汇报。汇报后，黄丹华肯定了以首农集团为典型的北京市国有企业认识到位、责任明确、工作扎实、成效显著。2016 年 3 月 28 日，集团工会重新修订《实行厂务公开和加强民主管理的实施办法》，共 6 章、21 条。

总结近 20 年的厂务公开工作，在公开内容上，从企业招待费向职代会报告公开起步，逐步发展"三重一大"公开、"菜单式"公开和"八项公开"，从思想上不想公开、不愿意公开、被动公开，到自觉公开、主动公开；在公开形式上，从向职代会公开和设立公开栏开始，到利用网络、刊物、各种会议，及在企业职工活动集中的公共场所安装视屏设施进行公开，公开内容更加全面、具体、规范，公开形式更加多样化，可操作性更强。

三、职工董事、职工监事制度

职工董事、职工监事是依照法定程序，由职工代表大会或职工大会选举产生进入董事会、监事会，代表职工行使决策和监督权利的职工代表。建立职工董事、职工监事制度是为了更好地贯彻落实"全心全意依靠工人阶级"的根本指导方针。

1998 年 6 月 5 日，总公司党委下发《关于全心全意依靠职工群众办好企业的实施意见》，明确提出公司制企业应实行职工董事、职工监事制度，工会主席应作为职工董事候选人，工会副主席应作为职工监事候选人，经法定程序进入董事会和监事会。是年 7 月 2 日，总公司党委印发《关于总公司改制中要依法保证工会组织健全，充分发挥职代会作用的意见》，规定改制后组建为有限责任制公司、股份公司和股份合作制公司的企业工会主席、副主席应通过法定程序以职工代表身份进入董事会、监事会。2001 年 2 月 27 日，总公司工会印发《关于转发市总工会〈关于印发北京市国有独资和国有控股公司职工董事职工监事制度的实施办法〉的通知》，进一步明确职工董事、职工监事制度的设立、性质、比例、条件、产生办法、任期、主要职责、述职制度等要求。2002 年 10 月 11 日，三元集团工会召开五届七次委员会，增补宋春来为集团工会主席，同时提议宋春来作为职工董事，进入董事会，成为三元集团董事会第一任职工董事。2007 年，三元集团有 4 家企业以国有控股形式实行辅业改制，均有工会主席进入董事会或监事会。

■ 第三节　和谐企业建设

北京农垦各级工会组织在职工之家建设、经济技术创新工程、依法建立平等协商机制、签订集体合同、搞好"四有"职工队伍建设、努力为职工办好事实事等方面，开展了具有自身特色的各项工作，起到了增强工会凝聚力、向心力，稳定职工队伍，构建和谐企业的作用，把企业建成了政通人和的和谐家园。

一、职工之家建设

建家就是建企业，建家就是建机制。从 20 世纪 80 年代中期起，各级工会组织以职工之家建设为抓手，充分激发职工的热情和活力，调动职工生产积极性和创新精神，千方百计为职工排忧解难，使工会组织成为职工的知情人、贴心人和代言人，促进企业和职工的发展和谐、利益和谐。1985 年，总公司工会把整顿建家作为当年工会工作中心任务，制定"培训干部、典型引路、突出重点、带动全局"的工作方针，采取"办好两个学习班、抓好两个典型、开好两个现场会"的方法，完成两个60％的整顿任务。[①] 1988 年 10 月，总公司工会被评为市总工会整顿建家先进单位；12 月，总公司工会召开整顿建家总结表彰大会，表彰在整顿建家中取得突出成绩的 6 个模范职工之家、7 个先进职工之家等一批先进单位和个人。进入 21 世纪后，北京农垦工会 3 次对评选模范职工之家工作进行规范。2002 年，三元集团工会印发《关于评选模范职工之家和先进工会的意见》，制定了 9 条评选条件，首次明确"一票否决"的规定：凡两年内出现重大伤亡事故的、发生越级集体上访的、未能足额上缴工会经费的、职代会制度不健全（包括不能按时召开职代会例会）的，取消评选资格。2005 年，集团工会印发文件《关于开展评选 2005 年度模范职工之家和先进工会的通知》，规范了评选的 10 个条件和 8 条"一票否决"的内容，在评选条件中增加职工（包括外来务工人员）入会率达 90％以上、签订集体合同和履约率达 90％以上的条件。2006 年，三元集团工会被评为北京市模范职工之家；2008 年 4 月 24 日，被评为全国模范职工之家。2013 年，集团工会印发《关于进一步加强和创新集团公司系统"职工之家"建设提高服务职工能力的意见》，提出"职工之家"实体化建设"三步走"目标，即用 3 年左右的时间分步骤完成"职工之家"实体化建设，2015 年实现"职工之家"实体化建设全面覆盖。至 2015 年，集团工会 3 年共筹集 300 余万元，用于基层建家及经费不足补助。2016 年年底，首农集团职工之家实体化率达到 100％，基层工会 100％开展会员评家工作。2017 年，各级工会以"会家合一"的形式，把"职工之家"建成民主之家、和谐之家、温暖之家、创新之家、文化之家、实体之家。

北京农垦"职工之家"建设荣誉见表 8-2-4。

表 8-2-4　北京农垦"职工之家"建设荣誉称号一览

全国模范职工之家

时间	单位名称	时间	单位名称
1993 年 10 月	双桥农场	2008 年 4 月	三元集团
1998 年 10 月	北郊农场	2014 年 7 月	西郊农场
2003 年 9 月	东郊农场	2014 年 9 月	华都肉鸡公司
2005 年 5 月	南郊农场	2015 年 12 月	三元种业

---

① 北京首农食品集团有限公司档案室，卷宗号 408，第 3 页。

中国农林水利气象工会模范职工之家

2011 年	北京市西郊农场	2014 年	华都肉鸡公司

全国模范职工小家

2011 年	南郊农管中心	2015 年	峪口禽业公司禽蛋 7-9 场

北京市模范职工之家

1991 年	双桥农场	1991 年	牛奶公司
1994 年	北郊农场	1994 年	东郊农场
1995 年	家禽育种公司	2002 年	南口农场
2009 年	奶牛中心	2011 年	三元种业
2011 年	西郊农场	2013 年	北郊农场（第二次）
2014 年	三元种业饲料分公司	2017 年	中育种猪公司

北京市模范职工小家

2011 年	绿荷中心金银岛牧场	2014 年	北京丘比
2017 年	艾莱发喜公司北京工厂		

说明：资料来自《北京农垦大事记》（1949—2015）。

二、经济技术创新工程

（一）以竞赛活动为主导形式的经济技术创新工程

北京农垦经济技术创新工程初期以开展各种竞赛活动起步。如 1981—1984 年，市农场局工会开展小指标赛、综合指标赛、不同类型的攻关赛，做到竞赛有目的、内容有指标，立功有条件，一赛一评比、季度评优胜、全年评先进，组织开展以场、站、队及班组为单位的小指标百分赛活动。1986—1988 年，总公司已建立职工技协组织 159 个，会员达 1 300 多人；各级技协共组织职工技术培训 967 期，参加人数达 4 万余人；组织技术表演 567 次，有近万人参加。1988 年年初，总公司工会召开技术成果发布会，举办成果图片展览，编辑出版技术成果专辑。在 1987 年全市开展的"三金杯"（金牛杯、金鸡杯、金猪杯）竞赛和 1988 年开展的"五金杯"（增加金鱼杯和金饲料杯）竞赛活动中，总公司共夺得各项奖 25 个。其中，金杯 5 个、银杯 6 个、铜杯 10 个；发展奶牛特别奖 3 个、荣誉奖 1 个。总公司鲜鱼产量首次突破 500 万千克，夺得"金鱼杯"；北郊农场畜牧一队奶牛创造头年产 8 205 千克的佳绩，创全国最高纪录，夺得"金牛杯"；东北旺农场养鸡场各项指标居全国之首，夺得"金鸡杯"；东郊农场韦沟猪场夺得"金猪杯"；南郊饲料厂夺得"金饲料杯"。1990 年 5 月，总公司下发《关于开展"迎亚运、创一流、增效益"三环杯劳动竞赛的通知》，"三环杯"劳动竞赛内容包括"菜篮子工程""米袋子工程"系列，第二、三产业系列等。这次"三环杯"劳动竞赛活动是恢复农场局建制以来规模最大、参与人数最多的一次。2010 年以后，北京农垦组织的竞赛活动、技能比赛更突出专业性和权威性。2010 年 12 月 21 日，三元种业工会举办集团首家技能大赛——饲料水分的测定。2012 年，集团工会积极与市总工会合作，承办北京市第三届职业技能大赛——农业职业技能竞赛。大赛共设家禽饲养、动物疫病防治、乳品检验、乳品加工、乳品预处理 5 项内容。这 5 项比赛都是首次亮相北京市第三届职业技能大赛，集团有 2 300 名职工参加了大赛。2015 年，集团工会举办"叉车操作技能竞赛"。2016 年，集团工会和人力资源部承办北京市第四届职业技能大赛。这次大赛包括乳品加工、乳品预处理、乳品检验、家畜饲养、家禽繁殖5项内容，其中三元食品承办其中的3项，三元种业和首农股份各承办1项，集团系统有2 000余人参赛，共有350名选手取得各级国家承认的职业资格证书。2017年，集团工会与北京市工业（国防）工会、市总工会经济技术和劳动保护部、市职工技术协会联合举办2017年北京市"职工技协杯"职业技能竞赛暨'三元杯'首届食品加工行业技能大赛。大赛设食品检验、乳品加工2项比赛，全市包含一轻、二商等企业共700余名食品检验工、乳品加工技工报名参赛。

北京农垦获得的北京市群众性经济技术创新工程优秀班组/先进集体名单见表8-2-5。

表8-2-5　北京农垦获得的北京市群众性经济技术创新工程优秀班组/先进集体名单

序号	奖项名称	获奖单位	领奖单位	获奖年份
1	北京市群众性经济技术创新工程先进集体	三元石油有限公司	市总工会	2002
2	北京市群众性经济技术创新工程先进集体	太洋药业有限公司	市总工会	2002
3	北京市群众性经济技术创新工程优秀班组	华龙苑物业管理中心	市总工会	2002
4	北京市群众性经济技术创新工程优秀班组	双益达集团旺平水电工程公司	市总工会	2002
5	北京市群众性经济技术创新先进企事业单位	绿荷中心	市总工会	2004
6	北京市经济技术创新先进单位	双桥农场	市总工会	2005
7	北京市群众性经济技术创新工程优秀班组	艾莱发喜公司	市总工会	2008
8	北京市群众性经济技术创新工程优秀班组	裕农公司	市总工会	2008

（二）以职工创新工作室为载体的经济技术创新工程

2010年后，职工创新工程的重点是建立职工创新工作室。是年，三元食品股份公司申报的陈历俊职工创新工作室是市总工会批准并命名的首农集团首家创新工作室，华都生物兽药公司是集团公司首家建立首席职工制度的企业。2011年，三元种业投资硬件设施58万元，自建4个职工创新工作室。2013年，以三元种业张国强、南郊农场刁艳燕、南口农场屈士友3人为领军人物的职工创新工作室获得市级职工创新工作室称号。2014年，重点推进科学家走进职工创新工作室工作。围绕"振兴三元奶粉"这项重点工作，在市总工会的支持下，组织相关专家深入三元食品职工创新工作室，促进院企合作，推动创新工作室科学发展。

北京农垦职工创新工作室见表8-2-6。

表8-2-6　北京农垦职工创新工作室一览

以领军人物命名的北京市职工创新工作室

年份	单位名称	领军人物	年份	单位名称	领军人物
2010	三元食品	陈历俊	2013	华都诗华	王文泉
2011	三元种业	马翀	2013	三元种业	徐利
2012	三元种业	张国强	2013	华都集团	吴桂琴
2013	北郊农场	石国华	2015	三元种业	丛慧敏

市级职工创新工作室

年份	单位名称	领军人物	年份	单位名称	领军人物
2010	香山会议中心	王战海	2012	南口农场	屈士友
2011	三元种业	张晓霞	2013	华都肉鸡	黄训文
2011	华都集团	王宏卫	2014	峪口禽业	刘长清
2012	南郊农场	刁艳燕			

集团级别职工创新工作室

2012	三元食品	白素琴	2012	南郊农场	程 斌
2012	西郊农场	王玉玲	2012	西郊农场	李锁林
2013	西郊农场	张文浩	2013	南郊农场	刘建波
2013	三元种业	邓露芳	2014	峪口禽业	周宝贵
2014	峪口禽业	宋存鑫	2014	华都生药厂	郑 杰

说明：资料来自《北京农垦大事记》和有关单位大事记。

三、签订集体合同和开展工资集体协商制度

企业建立平等协商机制、签订集体合同和开展工资集体协商制度，是贯彻《劳动法》、维护职工合法权益、协调劳动关系、促进职工队伍稳定和企业和谐发展的重要途径。1995年1月1日开始实施《劳动法》，总公司工会及时召开会议，要求各单位高度重视集体合同的签订工作。是年8月，总公司召开工会主席工作会议，介绍了北郊农场先签集体合同后签全员劳动合同和双桥农场两个合同一起签的典型经验。11月23日，在市农口各单位党委副书记、工会主席会议上，北郊农场做经验介绍，得到市农委和市总工会领导的充分肯定，《中国农垦》杂志全文刊登北郊农场的经验。1996年11月21日，市总工会在北郊农场召开"模范职工之家"推行平等协商和集体合同制度现场会，北郊农场和北郊化工实业总公司做典型发言。为了推行平等协商、签订集体合同工作，总公司成立以党委书记为组长的集体合同工作领导小组。1996年7月30日，总公司召开"积极推行平等协商、签订集体合同动员大会"，全面部署推行平等协商、签订集体合同的工作。至1997年年底，共有423家企业签订集体合同，占应签企业的87%，涉及职工5万多人，其中国有企业320家、集体企业73家、合资企业30家。

2005年，集团工会加快推进建立工资集体协商制度。是年9月21日，东郊农场签订集团系统第一份工资集体协商专项协议书。而后，绿荷中心、双桥农场、北郊农场等单位完成签订工资集体协商专项协议的试点工作。至2005年年底，共签订工资集体协商专项协议38份，覆盖职工6000人左右，占职工总数的40%，取得初步成效。但是，当时的工资集体协商协议较简单，仅提出最低工资标准不得低于北京市最低工资标准，没有涉及其他关于职工收入的有关内容，且协议的条款、格式也不甚规范。

2006年，集团工会印发《企业工资集体协商工作的具体规定》，对企业开展工资集体协商的基本条件、原则和内容，以及协商代表的产生、协商的程序、工资集体协商专项协议的签订、开展工资集体协商工作的方法及步骤等问题做出具体规定，对规范开展工资集体协商工作起到促进作用。至2007年年底，签订工资集体协商专项协议81份，覆盖职工1.3万人左右，达90%以上。2007年下半年，奶牛中心进行制订规范化集体合同文本的试点工作。2008年1月26日，奶牛中心正式签订首份规范化集体合同，共16章、163条。之后，集团工会推广了奶牛中心的经验。2009年7月2日，在中华全国总工会集体合同经验交流会上，首农集团工会作"签订集体合同和工资集体协商专项协议"的典型发言。至2011年，北京农垦有103家企业签订了规范化集体合同，签约率达到100%。其中，98家国有和国有控股企业签订了工资集体协商专项协议，签订率达100%；合资企业也采取不同形式的协商，建立工资增长机制。2016年3月28日，首农集团工会重新修订《工资集体协商工作试行办法》。

1995—2017年，北京农垦通过建立健全平等协商机制，签订集体合同和工资集体协商专项协议，重点解决以下7个方面的问题：①建立职工工资的共决机制、保障机制和工资增长机制。②普遍提高了企业最低工资标准。通过协商，大部分企业的最低工资都高于北京市最低工资5%~10%或50~

100 元。③规范了加班工资的计算方法。④大部分企业上调在职职工工龄工资的标准。⑤明确职工的"五险一金"必须足额缴纳。至 2007 年年底，未给 7 000 多名职工缴纳住房公积金的遗留问题得到妥善解决，并解决了各项保险足额缴纳的问题，有的企业还为职工补缴了住房公积金。⑥规范职工劳动合同的签订、续签、解除、终止程序，从而保证确立劳动关系的规范化和职工队伍的相对稳定。⑦规范职工体检制度。2010 年以后，所有职工都享受到了一年一次的体检待遇。

五、落实教育职能

提高职工队伍素质，建设"四有"（有理想、有道德、有文化、有纪律）职工队伍，是工会组织落实教育职能的重要内容。1981—1984 年，总公司工会积极开展"振兴中华"读书活动，全局职工读书人数达两万余人，占职工总数的三分之一以上，共组织各类读书小组 900 余个。1985—1988 年，按照"四有"职工队伍建设的要求，利用工会的宣传、娱乐活动阵地和文艺、电化、板报、广播、座谈会、报告会等多种形式，对职工进行坚持四项基本原则和党的基本路线教育、法制教育、职业道德教育和"知场、爱场、管好场"教育，受教育面在 95% 以上。4 年间，成立各类小组 63 个，参加学习的人数达 34 000 多人次。

2004 年 12 月 15 日，三元集团全面启动首都职工素质教育工程。至 2007 年，三元集团基本实现了"党委领导、行政支持、工会组织、站点搭台、多方参与、职工受益"的新型职工教育模式。2007—2012 年，按照市总工会 N+X 的培训计划，共完成培训 12 000 人次，210 名职工被评为优秀学员，三元食品股份公司被市总工会列为教育基地，首农集团工会连续 5 年被市总工会评为"职工素质教育优秀单位"。2015 年，集团工会在系统内举办新常态下的中国经济发展、庄子哲学与生命智慧、市总工会"1+15"文件解读、党风廉政建设、工会财务管理和经审等各类培训。2016 年，举办大讲堂 6 场 1 300 余人次参加了讲座；举办通用能力培训 3 场，共 600 余人次参加；举办职工心理咨询与培训 1 场，有 300 余人参加；发放各种图书近 1 000 本、电子图书馆阅览卡 300 张、农民工流动教育课堂学习资源包 3 个、农民工技能学习基地资源包 3 个。

六、为职工服务

努力为职工服务，解职工之所想、帮职工之所需，做职工的知心人、贴心人、娘家人，扎扎实实为职工办实事好事，是工会义不容辞的责任。集团工会主要做的实事好事有：

（一）兴办职工消费合作社

20 世纪 90 年代，停产半停产企业和职工下岗分流人数增多，面对这种新情况，总公司工会于 1992 年年初首次提出"要积极稳妥地兴办工会经济事业，为职工、工会开展活动服务"。1992 年 9 月 10 日，总公司工会下发（92）工发字 17 号文《关于工会兴办三产问题的通知》，提出总的要求是态度积极，实事求是，不等不靠，不伸手要，创造条件，尽快起步。选好项目，搞好可行性分析，成熟一个，兴办一个，成功一个，由小到大，逐步发展。① 1996 年，工会兴办的经济实体安排下岗职工 52 人。1997 年年底，共有 19 个农场、公司兴办起 126 个职工消费合作社，向职工提供日用必需品，品种达 742 种，受益职工 6 万多人，户均月受益 30 元左右。1992—2000 年，总公司职工消费合作社累计销售收入 1 240 多万元，受益职工达 87%，累计让利给职工近 100 万元，解决了近百名职工的就业问题。

① 北京首农食品集团有限公司档案室，卷宗号 652，第 7、8 页。

（二）开展"送温暖工程"

开展一年一度的元旦、春节"两节"送温暖活动，20世纪80年代的主要对象是劳模和困难职工。从1994年开始，中华全国总工会将一年一度的元旦、春节送温暖活动拓展为"送温暖工程"，实现送温暖活动经常化、制度化、社会化。工会要当好"第一知情人、第一报告人、第一帮扶人"，做职工的"娘家人"。2003年，集团公司工会把"两节"送温暖发展为常年开展送温暖工程，包括"三八"慰问单亲女职工、"五一"慰问劳模、"六一"慰问幼儿园；"七一"慰问困难党员职工、暑期开展"送清凉"活动、九月开展"金秋助学"活动，元旦、春节都由集团领导带队进行慰问。集团工会一直坚持在有特殊灾情时为职工和企业送温暖并开展慰问活动。在"非典"与禽流感疫情期间，部分养殖企业封场，各级工会组织深入到封场的几个重点养殖企业进行慰问，并送去慰问金；为职工修建和完善职工食堂、宿舍、浴室等生活设施，组织职工开展各种文体活动和职工技术培训，保证封场期间职工队伍稳定。

（三）全力以赴做好职工互助保险

兴办职工互助保险是工会组织为职工办的一件好事实事，是送温暖工程的重要组成部分。根据中华全国总工会《中国职工保险互助会》章程，总公司工会代办处于1998年6月4日正式成立。到2000年9月，职工互助保险发展会员16 120人，占职工总数的50%左右。2013年，集团工会筹集40万元，新增在职职工意外伤害互助保障计划，完善"四位一体"互助保障体系。2014年，增加在职职工住院医疗保险。2015年，集团工会为职工投保在职职工医疗互助、住院医疗互助、住院津贴互助、女职工特殊疾病互助、非工伤意外伤害及家财损失综合互助5项保障，完善了基本医疗、补充医疗、职工互助、温暖基金"四位一体"的保障体系。2016年，集团工会筹资210余万元，2017年又筹资240余万元，为职工投保在职职工医疗互助、住院医疗互助、住院津贴互助、女职工特殊疾病互助、团体意外、十一大类大病、非工伤意外伤害及家财损失综合互助8项保障。

（四）创建特困职工帮扶资金

2009年，在科学发展观教育中，集团工会经过调研，发现有一部分职工家庭因患有特殊疾病或发生重大事件致困，建议建立特困职工帮扶基金，集团党委采纳了这个建议并以首农党委文件下发。首农集团救助资金初步确定每年筹集资金100万元，集团行政负责50%，剩下的50%由集团工会和职工捐助解决。当年，集团职工全员参与，仅职工自愿捐款就达60多万元。到2009年11月底，资金筹集工作已经完成，进入具体实施阶段。2010年2月，首农集团《关于职工特困帮扶资金管理使用办法》在集团职代会上全票通过。

2010—2013年，首农关爱基金共筹集资金334万元，其中职工自愿捐助金额184万元，共救助因病和特殊情况致困职工，以及困难劳模、困难党员677名，发放救助金233.7万元，有3名换肝职工得到了一次性10万元的救助金，集团成为北京市第一家建立关爱基金的单位。2015年，按照市温暖基金会的要求，将"首农爱心基金"改为"首农职工温暖专项基金"，并修改完善了管理办法。2016年，更名为"北京市温暖基金会首农职工专项温暖基金"，并重新制定了《北京市温暖基金会首农职工专项温暖基金管理使用办法》。自2010年建立温暖基金至2017年年底，共收到捐款627.6万元，发放温暖基金345.5万元。

七、职工文化体育活动

北京农垦工会积极开展有利于职工身心健康的多种形式的文化体育活动，丰富职工的精神生活和文化生活，提高职工的生活质量和生活品位。除了开展经常性的职工文化体育活动之外，北京农垦工会还组织开展了多次重大文化体育活动，如 1992 年组织总公司"文化艺术年"和第一届"文化艺术节"活动。2009 年，在庆祝北京农垦成立 60 周年的系列活动中，首农集团工会承担举办以"赞颂首农六十周年，与祖国共辉煌"为主题的职工歌咏比赛任务。2009 年 10 月 20 日，在北京会议中心成功举办首农集团成立后的第一次职工大合唱，有 16 支代表队、近 2 000 名干部职工参加了比赛，充分展示了首农集团广大干部职工崭新的精神风貌。

北京农垦举办过两次大型职工运动会。2005 年 9 月，三元集团党委决定举办 2006 年集团职工运动会。这次大型综合性职工运动会共分 16 个大项、近 50 个小项。运动会 2005 年 10 月正式启动，到 2006 年 4 月初，除田径项目和趣味性比赛项目没有进行决赛外，其他各项比赛全部结束。2006 年 4 月 22 日，在西城区月坛体育场举行了开幕式和闭幕式及田径比赛项目的决赛、趣味项目比赛和颁奖仪式。开幕式上，进行了 600 人的第八套大型广播体操表演和舞龙舞狮表演。这次职工运动会是集团成立以来规模最大、项目最多、参与人员最广泛的一次运动会。2010 年 5 月，首农集团党委决定举办首农集团首届职工运动会，从 6 月开始预赛到 10 月底，主要赛事基本结束。2011 年 5 月 22 日，首农集团首届职工运动会在亦庄开发区体育场召开开幕式，24 家二级单位、9 800 多运动员参加了这次活动。开幕式上，有 600 多人参加的第八套广播体操为开幕式的表演项目，同时还进行了狮子舞表演。

2007 年 4 月，集团工会决定举办"爱三元、迎奥运、创建和谐企业"书画摄影展，共有 30 个单位参展，400 多名干部职工报送作品 512 件，有 480 件作品入围参展，其中绘画 67 件、书法 98 件、摄影 315 件，95％的作品为原创，展览的主题为"北京三元集团'红星杯'职工文化艺术展"。2007 年 11 月 2 日，三元集团"红星杯"职工文化艺术展在南郊农场集体农庄正式开馆，开馆仅两周的时间，参观人数就达 3 000 多人次。此次书画摄影展从征集作品到筛选、初评、入围参展、评选，历时 5 个多月，2007 年 11 月 16 日圆满落下帷幕。经过评审委员会和专家评选，分别评选出了绘画类、书法类、摄影类一、二、三等奖。

■ 第四节　劳模管理

劳动模范是社会的精英和楷模，是树立北京农垦形象的光辉旗帜。自北京农垦组建以来，涌现出了一大批劳动模范等先进人物，他们的先进事迹鼓舞了几代农垦人。做好劳动模范的评选和管理工作是党和国家交给各级工会组织的一项既光荣又艰巨的任务。

一、落实劳动模范待遇

1981—1984 年，通过拨乱反正，落实劳模政策，为"文化大革命"以前的 58 名全国劳模和省部级劳模补发了证书、奖章。1996 年 1 月 16 日，根据市总工会有关文件，总公司工会印发《关于改善和提高劳动模范、先进工作者待遇的通知》（京农管工会字 1 号），明确已离退休的全国劳动模范、先进工作者享受每月荣誉津贴 100 元，北京市劳动模范、先进工作者享受每月荣誉津贴 80 元。对 20 世纪 50～60 年代获得劳动模范、先进工作者称号的，在此基础上每月再增加 20 元；对 70 年代获得劳动模范、先进工作者称号的，每月增加 10 元。自 1996 年 1 月 1 日起执行。

2005 年 6 月 14 日，三元集团转发市总工会等六部门联合下发的《关于 2005 年北京市授予的劳动模范和先进工作者有关问题的通知》（京工发〔2005〕17 号、18 号），明确 2005 年以前被评为劳动模范的荣誉津贴计发标准为：全国劳模提高到每人每月 200 元；省部级劳模提高到每人每月 150 元。对于 2005 年北京市授予的劳动模范、先进工作者给予一次性奖励，每人奖励 10 000 元，同时给予 5 000 元的一次性补贴。对授予劳动模范的职工，企业可再给予适当奖励。此次及以后受表彰的劳动模范（先进工作者），退休后不再计发荣誉津贴。2005 年以前的劳模仍按原办法执行。

2009 年 5 月，集团工会下发《关于落实劳模待遇加强劳模管理的意见》，明确规定落实劳模待遇的具体内容，如为劳模送温暖活动、组织劳模疗休养、组织劳模学习培训、为劳模体检、办理公园年票等。2010 年 5 月 25 日，首农集团党委下发《关于加强劳动模范管理工作的通知》，制定《劳动模范日常管理工作细则》。该细则增加的劳模待遇内容有：集团公司对授予全国劳动模范的一次性奖励 20 000 元，市级劳动模范一次性奖励 15 000 元；在职劳动模范一年一次的体检费用由集团公司工会负责，离退休劳动模范的体检费用由各二级单位工会负责；试行在职劳动模范荣誉津贴制度，全国劳动模范每人每月 200 元，市级劳动模范每人每月 150 元。这是第一次明确规定"试行在职劳模享受荣誉津贴制度"。

2013 年 2 月 25 日，首农集团下发《关于加强劳动模范管理工作的通知》，对 2010 年制定的《首农集团劳动模范日常管理工作细则》进行修订。在修订后的细则中，劳动模范的待遇有 6 条。其中，在集团工会的主要职责中增加了"对于本系统在职劳模和离退休全国劳模患病住院、去世的要及时看望、慰问。特困劳模中，因患病导致生活困难的，在市总工会补贴自付医疗费用 50%～80% 的基础上，集团公司再补贴市总工会补贴总额的 50%。劳模"两节"慰问，集团按照全国劳模 2 000 元、省部级劳模 1 000 元（含在职劳模）的标准发放"两节"慰问补贴"这一内容。在企业改制过程中，确保劳模的工作岗位，不得做下岗安排。劳模所在企业破产的，由主管的上级单位负责安排工作。

二、北京农垦获全国劳动模范、全国"五一劳动奖章"、省部级劳动模范及其他先进模范称号名单[①]

具体名单见表 8-2-7 至表 8-2-27。

表 8-2-7 全国劳动模范

序号	姓名	获奖时间	单位	职务
1	孙庆年	1956 年 4—5 月	双桥牛队	工人
2	董梦麟	1989 年 9 月	北郊农场	奶牛公司一分场场长
3	史竞云	1989 年 9 月	华都集团	北京市第二种鸡场场长
4	李家栋	1995 年 4 月	北郊农场	党委书记
5	张晓霞	2005 年 4 月	奶牛中心	副主任
6	张福平	2010 年 4 月	首农集团	党委书记、董事长
7	丛慧敏	2015 年 4 月	奶牛中心	副主任

表 8-2-8 全国先进生产者

序号	姓名	获奖时间	单位	职务
1	张万义	1956 年 4 月	西郊农场	修造厂副厂长
2	李永成	1958 年 3 月	东郊农场	畜牧兽医主任
3	郭保君	1958 年 3 月	南郊农场	水稻工人
4	李宝发	1958 年 3 月	南郊农场	修理工
5	张桂花	1959 年 10—11 月	南郊农场	北京电信工程公司第一装机队机务员
6	林会栋	1959 年 10 月	东郊农场	生产队长

---

① 表 8-2-7 至表 8-2-27 的资料来源：①首农集团工会编写的《首农集团劳模荣誉集锦》；②各二级单位的大事记和部分农场的志稿；③《北京农垦大事记》。这些表列不作为享受相关待遇的依据。

表 8-2-9　全国"五一劳动奖章"获得者

序号	姓名	获奖时间	单位	职务
1	赵垂达	1985 年 5 月	东北旺农场	农科所所长
2	孙淑英	1988 年 4 月	东郊农场	苇沟猪场工人
3	宫桂芬	1991 年 4 月	市种禽育种公司	总畜牧师
4	杨建京	1991 年 4 月	北郊农场	奶牛食品一公司
5	高 义	1992 年	东郊农场	原工会主席
6	李家栋	1993 年 4 月	北郊农场	党委书记
7	宛士林	1996 年 4 月	东郊农场	党委书记
8	魏曙明	2007 年 4 月	三元绿化公司	副经理
9	从慧敏	2012 年 5 月	奶牛中心	副主任
10	薛 刚	2014 年 4 月	首农集团	总经理
11	白素琴	2014 年 4 月	三元食品公司	检验室主任
12	宋春来	2009 年 9 月	首农集团	工会主席

表 8-2-10　全国（工业）劳动模范

姓名	获奖时间	单位	职务
张然	1950 年 9 月	察哈尔省	后任延庆农场场长

表 8-2-11　全国农业劳动模范

序号	姓名	获奖时间	单位	职务
1	张振儒	1957 年 2 月	南郊农场	养牛工人
2	赵炳忠	1957 年 2 月	北京农业拖拉机站	拖拉机手
3	孙淑英	1990 年 5 月	东郊农场	养猪工人

表 8-2-12　全国农业水利先进生产者

序号	姓名	获奖时间	单位	职务
1	张振儒	1956 年 4 月	南郊农场	养牛工人
2	于泰明	1956 年 4 月	南郊农场	工人
3	林会栋	1956 年 4 月	东郊农场	队长
4	安福海	1956 年 4 月	西郊农场	牛棚组组长
5	赵炳忠	1956 年 4 月	农业拖拉机站	拖拉机手

表 8-2-13　全国先进科技工作者

姓名	获奖时间	单位	职务
左金友	1978 年 3 月	市种禽育种公司	高级畜牧师

表 8-2-14　全国先进教育工作者

姓名	获奖时间	单位	职务
梁志军	1989 年 10 月	南郊农场	太和分场瑞合小学

表 8-2-15　农业部劳动模范

序号	姓名	获奖时间	单位	职务
1	王德厚	1954 年 2 月	双桥农场	园艺队副队长
2	李文华	1954 年 2 月	双桥农场	饲料队副队长
3	王桂林	1954 年 2 月	双桥农场	
4	张金平	1954 年 2 月	双桥农场	
5	李作酋	1954 年 2 月	双桥农场	
6	吴　忠	1954 年 2 月	双桥农场	
7	王保斌	1954 年 2 月	双桥农场	
8	胡殿安	1954 年 2 月	双桥农场	
9	张树仁	1954 年 2 月	双桥农场	
10	张永禄	1954 年 2 月	双桥农场	
11	李海泉	1954 年 2 月	双桥农场	
12	史凤吉	1954 年 2 月	双桥农场	
13	王荣标	1954 年 2 月	双桥农场修配厂	
14	靳广才	1954 年 2 月	双桥农场修配厂	
15	陈继昌	1954 年 2 月	双桥农场修配厂	
16	张殿陵	1954 年 2 月	双桥农场修配厂	
17	姜树桐	1954 年 2 月	双桥农场修配厂	
18	张恒贵	1954 年 2 月	双桥农场修配厂	
19	程国祥	1954 年 2 月	双桥农场修配厂	
20	李树林	1954 年 2 月	双桥农场修配厂	
21	王汝桐	1954 年 2 月	双桥农场修配厂	
22	马金堂	1954 年 2 月	双桥农场修配厂	
23	谭善良	1954 年 2 月	双桥农场修配厂	
24	贾锡三	1954 年 2 月	双桥农场修配厂	
25	高福义	1954 年 2 月	双桥仓库	
26	张槐生	1954 年 2 月	双桥仓库	
27	庞二虎	1954 年 2 月	双桥仓库	
28	杨学敏	1954 年 2 月	双桥仓库	
29	高国旭	1954 年 2 月	双桥仓库	
30	崔淑琴	1954 年 2 月	五里店农场	拖拉机手
31	赵尚贤	1954 年 2 月	五里店农场	园艺组组长
32	张振儒	1954 年 2 月	五里店农场	
33	孟庆山	1954 年 2 月	五里店农场	
34	李仲三	1954 年 2 月	五里店农场	
35	董淑华	1954 年 2 月	五里店农场	
36	王好贤	1954 年 2 月	五里店农场	
37	李恭华	1954 年 2 月	五里店农场	

(续)

序号	姓名	获奖时间	单位	职务
38	王明发	1954 年 2 月	五里店农场	
39	王保恒	1954 年 2 月	五里店农场	
40	王成斌	1954 年 2 月	北京牛乳场	
41	由振云	1954 年 2 月	北京牛乳场	
42	靳荣泰	1954 年 2 月	北京牛乳场	
43	滕玉峰	1954 年 2 月	北京牛乳场	
44	林春海	1954 年 2 月	北京牛乳场	
45	赵子明	1954 年 2 月	北京牛乳场	
46	崔元瑞	1954 年 2 月	北京牛乳场	
47	魏 根	1954 年 2 月	北京牛乳场	
48	赵 增	1954 年 2 月	北京牛乳场	
49	赵芳均	1954 年 2 月	北京牛乳场	
50	皮耀年	1954 年 2 月	北京牛乳场	
51	王德隆	1954 年 2 月	北京牛奶站	
52	王维一	1954 年 2 月	北京牛奶站	
53	崔彦明	1954 年 2 月	北京牛奶站	
54	崔衍和	1954 年 2 月	北京牛奶站	
55	毕明月	1954 年 2 月	北京牛奶站	
56	潘士荣	1954 年 2 月	北京牛奶站	
57	李瑞祥	1954 年 2 月	北京牛奶站	

表 8-2-16　全国农垦系统先进工作者

序号	姓名	获奖时间	单位	职务
1	付岩江	1979 年 4 月	东郊农场	
2	刘汉东	1978 年 4 月	东风农场	

表 8-2-17　北京市特级劳动模范

姓名	获奖时间	单位	职务
刘英华	1984 年 4 月	市牛奶公司	乳品研究所所长

表 8-2-18　北京市劳动模范

序号	姓名	获奖时间	单位	职务
1	高淑珍	1950 年 12 月	南郊农场	瑞和庄村团支书
2	霍凤岐	1953 年 12 月	南郊农场	市劳模（二级）
3	寇顺义	1953 年 12 月	南郊农场	市劳模（二级）
4	齐东海	1953 年 12 月	南郊农场	市劳模（二级）
5	何永良	1958 年 2 月	西郊农场	
6	安福海	1958 年 2 月	西郊农场	牛棚组长

（续）

序号	姓名	获奖时间	单位	职务
7	郭树元	1958年2月	西郊农场	
8	张忠诚	1958年2月	西郊农场	
9	闫振昆	1958年2月	西郊农场	
10	马良民	1958年2月	长阳农场	
11	李德生	1958年2月	长阳农场	
12	郭长水	1958年2月	长阳农场	
13	于秀英	1958年2月	东北旺农场	
14	戎起胜	1958年2月	南郊农场	四分场工人
15	黄淑香	1958年2月	南郊农场	金星大队大白楼队
16	刘永恒	1958年2月	南郊农场	西红门大队
17	杜长顺	1958年2月	南郊农场	拖拉机修配厂
18	崔元兴	1958年2月	南郊农场	
19	赵春来	1958年2月	南郊农场	
20	郭保君	1958年2月	南郊农场	水稻工人
21	刘汉祥	1958年2月	南郊农场	
22	罗兆秋	1958年2月	东郊农场	
23	林会栋	1958年2月	东郊农场	队长
24	梁国安	1958年2月	东郊农场	
25	何元成	1958年2月	南郊农场	汽车连
26	陈立荣	1958年2月	市牛奶公司	
27	闫冠海	1964年3月	市种畜场（东风农场）	一分场（朝阳农场）
28	霍瑞芹	1964年3月	南郊农场	
29	王淑贤	1964年3月	南口农场	工人
30	张汉清	1964年3月	西山农场	家禽场养蜂员
31	郝淑珍	1964年3月	双桥农场	养牛场书记、副场长
32	聂廷佐	1965年4月	延庆农场	党委书记、场长
33	李天林	1965年4月	南郊农场	西毓顺农业队书记
34	宋学平	1965年4月	延庆农场	科员
35	霍凤岐	1965年4月	南郊农场	鹿圈贫协主任
36	朱广清	1965年4月	南郊农场	鹿圈隆胜场队长
37	王廷礼	1981年4月	南郊农场	杜庆牛场组长
38	戎起胜	1981年4月	南郊农场	牛奶公司北猪场场长
39	孙夏金	1981年4月	西山农场	
40	王占生	1981年4月	市牛奶公司	司炉班长
41	张新轩	1981年4月	南郊农场	供销社旧宫店党支部书记
42	沈玉荣	1982年3月	北郊农场	霍营乡上坡村
43	张明玉	1982年3月	北郊农场	奶牛公司一分场工人

序号	姓名	获奖时间	单位	职务
44	李万江	1982 年 3 月	市种禽育种公司	工人
45	陈玉甫	1984 年 4 月	永乐店农场	孔庄生产大队队长
46	乐 虹	1984 年 4 月	西郊农场	畜禽公司经理
47	徐智慧	1984 年 4 月	西郊农场	园艺二队队长
48	马汝燮	1984 年 4 月	东郊农场	北京石化总厂副厂长
49	王士祥	1984 年 4 月	东郊农场	物资站书记
50	王海衡	1984 年 4 月	东郊农场	炼油厂厂长、书记
51	刘新民	1984 年 4 月	南郊农场	亦庄牛场书记
52	李冠杰	1984 年 4 月	南郊农场	牛奶公司农机站站长
53	王连恒	1984 年 4 月	长阳农场	
54	袁光斗	1984 年 4 月	双桥农场	鸭场畜牧师
55	杨 茂	1984 年 4 月	双桥农场	黑庄户分场场长
56	赵文玉	1984 年 4 月	东北旺农场	
57	赵垂达	1984 年 4 月	东北旺农场	农科所所长
58	谢志灏	1984 年 4 月	华都集团	北京市俸伯鸡场场长
59	李建民	1984 年 4 月	南郊农场	瀛海床单厂书记、厂长
60	贾秀和	1984 年 4 月	南郊农场	小羊坊大队书记
61	吴秀山	1984 年 4 月	南郊农场	旧宫大有庄书记
62	侯世清	1984 年 4 月	南郊农场	红星供销社金星店书记
63	杨学梅	1985 年 2 月	双桥农场	科技干部
64	梅俊利	1985 年 2 月	北郊农场	七里渠南一队队长
65	樊生楠	1985 年 1 月	北郊农场	副场长
66	曹云汉	1985 年 2 月	西山农场	
67	华洪志	1985 年 2 月	东北旺农场	
68	甄富荣	1985 年 2 月	长阳农场	仁和酒厂副厂长
69	赵宗义	1985 年 2 月	市牛奶公司	
70	杨宝臣	1985 年 2 月	东风农场	翔天服装厂厂长
71	郭启凤	1988 年 4 月	双桥农场	种猪场工人
72	张淑花	1988 年 4 月	双桥农场	制药公司车间主任
73	赵吉祥	1988 年 4 月	双桥农场	黑庄户乡党委书记
74	张会庆	1988 年 4 月	双桥农场	双桥农村办事处司法科科长
75	王连恒	1988 年 4 月	长阳农场	
76	张光成	1988 年 4 月	永乐店农场	
77	沈德旺	1988 年 4 月	南郊农场	金星汽配厂厂长
78	屈子臣	1988 年 4 月	南郊农场	牛奶公司党委书记、经理
79	姚庆雨	1988 年 12 月	华都集团	峪口养鸡总场场长
80	谢长春	1988 年 12 月	南郊农场	旧宫二队书记

（续）

序号	姓名	获奖时间	单位	职务
81	孙淑英	1989 年 4 月	东郊农场	苇沟猪场工人
82	杨宝臣	1989 年 4 月	东风农场	
83	耿大纯	1989 年 4 月	南郊农场	红星泡花碱厂厂长
84	张文清	1989 年 4 月	南郊农场	副场长
85	董履钦	1989 年 4 月	南郊农场	旧宫乡书记
86	范秀荣	1989 年 4 月	西郊农场	白水洼种鸡场工人
87	张洪涛	1989 年 4 月	长阳农场	畜牧科科员
88	孙宝海	1989 年 4 月	长阳农场	林场场长、书记
89	李世忠	1989 年 4 月	北郊农场	奶牛四分场场长
90	董梦麟	1989 年 4 月	北郊农场	奶牛公司一分场场长
91	王继德	1989 年 4 月	北郊农场	回龙观乡书记
92	崔淑华	1989 年 4 月	北郊农场	回龙观镇
93	许长海	1989 年 4 月	北郊农场	工艺美术厂书记兼厂长
94	郭朝霞	1989 年 4 月	北郊农场	回龙观饭店餐厅领班
95	何福田	1989 年 4 月	永乐店农场	
96	董本贵	1989 年 4 月	永乐店农场	水产公司工人
97	赵明洲	1989 年 4 月	东北旺农场	
98	华洪志	1989 年 4 月	东北旺农场	
99	吴永祥	1989 年 4 月	卢沟桥农场	
100	王殿林	1989 年 4 月	市牛奶公司	党委书记
101	薛宝仓	1989 年 4 月	总公司	财务处处长
102	徐继光	1989 年 4 月	华都集团	北京市实验鸡场书记
103	彭续敏	1989 年 4 月	南郊农场	鹿圈养花专业户
104	张广明	1989 年 4 月	南郊农场	亦庄羊北大队书记
105	姚庆雨	1994 年 3 月	华都集团	峪口养鸡总场场长
106	李家栋	1995 年 4 月	北郊农场	党委书记
107	刘保珍	1995 年 4 月	北郊农场	奶牛食品四公司书记、场长
108	王长江	1995 年 4 月	北郊农场	回龙观制板厂厂长
109	陈欣成	1995 年 4 月	东北旺农场	党委书记
110	陈建兴	1995 年 4 月	东北旺农场	东北旺大队第四生产队队长
111	高青山	1995 年 4 月	双桥农场	双桥乳品厂厂长
112	郑良珍	1995 年 4 月	卢沟桥农场	加油站站长
113	刘权来	1995 年 4 月	卢沟桥农场	
114	袁中衡	1995 年 4 月	南口农场	高级农艺师
115	焦天钧	1995 年 4 月	南口农场	二分场场长
116	刘英章	1995 年 4 月	南郊农场	红星线材厂车间主任
117	张凤永	1995 年 4 月	永乐店农场	

（续）

（续）

序号	姓名	获奖时间	单位	职务
118	宋春来	1995 年 4 月	永乐店农场	永乐蔬菜总公司党支部书记
119	杨殿耕	1995 年 4 月	永乐店农场	
120	徐长荣	1995 年 4 月	永乐店农场	永科种猪场场长
121	高宝文	1995 年 4 月	永乐店农场	
122	白舒为	1995 年 4 月	东郊农场	崔各庄牛场维修班长
123	赵万清	1995 年 4 月	西郊农场	白水洼种鸡场场长
124	杨淑兰	1995 年 4 月	华成商贸公司	中关村商场经理、书记
125	王树俊	1995 年 4 月	北京市牛奶公司	总经理助理
126	倪志远	1995 年 4 月	长城建筑公司	
127	谢志灏	1995 年 4 月	华都集团	
128	宁广田	1995 年 4 月	家禽育种公司	副书记、密云场区支部书记
129	王世敏	1995 年 4 月	华都集团	北京市兽医实验诊断所所长
130	段书仁	1995 年 4 月	不详	
131	陈瑞福	1995 年 4 月	南郊农场	星光影视设备集团总经理
132	李桂兰	1995 年 4 月	南郊农场	太和乡瑞和二队党支部书记
133	王淑芹	1995 年 4 月	南郊农场	亦庄乡羊北鸡场场长
134	侯志刚	2000 年 4 月	东郊农场	朝阳分公司辛堡牛场兽医
135	董 丽	2000 年 4 月	南郊农场	汽车驾校校长
136	王学军	2000 年 4 月	西郊农场	奶牛四场队长
137	林郁峰	2000 年 4 月	北郊农场	精细化工厂厂长
138	孙立刚	2000 年 4 月	北郊农场	北郊农场砖厂副厂长
139	刘玉真	2000 年 4 月	双桥农场	太洋药业总工程师
140	陈 东	2000 年 4 月	南口农场	南口农场场长
141	朱洪峰	2000 年 4 月	永乐店农场	副场长
142	李乃光	2000 年 4 月	巨山农场	四队经理
143	张列兵	2000 年 4 月	三元食品公司	副总经理
144	李殿元	2000 年 4 月	三元食品公司	乳品三厂车间主任
145	张晓霞	2000 年 4 月	奶牛中心	副主任
146	肖定汉	2000 年 4 月	奶牛中心	研究员
147	胡胜强	2000 年 4 月	金星鸭业中心	副经理
148	赵振明	2000 年 4 月	双桥农场	立时达药业经理
149	张秋生	2000 年 4 月	总公司	统计员
150	孙家发	2000 年 4 月	华都集团	良种基地主任、书记
151	李秋连	2000 年 4 月	市种禽育种公司	祖代鸡场工人
152	罗平涛	2000 年 4 月	华都集团	家禽育种公司
153	钮立平	2005 年 4 月	三元石油公司	总经理
154	陈历俊	2005 年 4 月	三元食品公司	副总经理

（续）

序号	姓名	获奖时间	单位	职务
155	王世威	2005 年 4 月	北郊农场	华龙苑物业管理中心
156	苏秀兰	2005 年 4 月	三元集团	薪酬绩效管理委员会秘书
157	张国英	2005 年 4 月	长阳农场	工会副主席
158	孙崇伟	2005 年 4 月	南郊农场	红星建材厂业务员
159	王瑛珍	2005 年 4 月	三元种业绿荷中心	第一牧场场长、书记
160	曹玉强	2005 年 4 月	大发正大公司	畜禽事业部经理
161	张福平	2010 年 4 月	首农集团	党委书记、董事长
162	孙 皓	2010 年 4 月	华都集团	峪口禽业公司总经理
163	张智明	2010 年 4 月	华都集团	家禽育种公司孵化部经理
164	闫 伟	2010 年 4 月	三元食品公司	送奶到户事业部经理
165	侯 慧	2010 年 4 月	光明饭店	书记、副总经理、工会主席
166	刁艳燕	2010 年 4 月	南郊农场	广厦建筑涂料公司总工程师
167	王维军	2010 年 4 月	华都肉鸡公司	总经理助理
168	王 芳	2010 年 4 月	大发正大公司	班长
169	刘成军	2010 年 4 月	百年栗园公司	总经理
170	冯叶化	2010 年 4 月	三元出租车公司	复员军人车队队长
171	桂 斌	2010 年 4 月	东郊农场	主任工程师
172	黄玉霞	2010 年 4 月	双桥农场	双桥幼儿园园长
173	王 炎	2010 年 4 月	绿荷中心	金银岛牧场场长、书记
174	王红卫	2015 年 4 月	北郊农场	世新华盛牧业公司副总经理
175	赵廷刚	2015 年 4 月	华成商贸公司	总经理
176	杜守山	2015 年 4 月	峪口禽业公司	北京事业部经理
177	李 伟	2015 年 4 月	双日物流公司	驾驶员
178	马 翀	2015 年 4 月	首农畜牧	绿荷牧业分公司技术主管
179	吴松航	2015 年 4 月	三元食品公司	奶粉事业部经理
180	张永明	2015 年 4 月	巨山农场	生产基地副经理
181	张小强	2015 年 4 月	艾莱发喜公司	销售主管
182	王文泉	2015 年 4 月	华都诗华生物制品有限公司	总经理
183	金崇伟	2015 年 4 月	三元出租车公司	党员志愿服务车队队长
184	薛长山	2015 年 4 月	首农畜牧	绿荷牛业公司第二牧场场长

表 8-2-19　北京市农业劳动模范

序号	姓名	获奖时间	单位	职务
1	霍凤岐	1951 年	南郊农场	互助组长
2	高顺起	1951 年	北京市棉花丰产模范	十一区瑞和庄
3	高顺起	1952 年	南郊农场	十一区瑞和庄
4	霍凤岐	1952 年	南郊农场	互助组长
5	寇顺义	1952 年	南郊农场	十一区南小街村

（续）

序号	姓名	获奖时间	单位	职务
6	郑福田	1952年	南郊农场	南苑区庑殿村
7	吴玉书	1952年	东郊农场	十三区来广营村互助组组长
8	贾梅芳	1953年2月	北京制药厂	包装小组组长
9	崔元兴	1953年2月	南郊农场	
10	王文治	1953年2月	香山农场四队	队长
11	张玉山	1953年12月	南郊农场	南苑区西五号乡
12	贺尚志	1953年12月	南郊农场	红星集体农庄一队
13	高顺起	1953年12月	南郊农场	南苑区瑞和庄村
14	邵金生	1953年12月	南郊农场	南苑区亦庄乡广德村
15	吴玉书	1954年2月	东郊农场	东郊区来广营村互助组组长
16	殷子春	1954年2月	东郊农场	
17	赵淑珍	1954年2月	南郊农场	红星集体农庄妇联主任
18	王振伍	1954年2月	南郊农场	志远乡干部
19	李宝发	1954年2月	南郊农场	工人
20	王文治	1954年2月	巨山农场	队长
21	齐东海	1954年2月	南郊农场	红星乡干部
22	何元成	1954年2月	南郊农场	红星集体农庄司机
23	寇顺义	1954年2月	南郊农场	南小街乡一社主任
24	于潮凯	1954年2月	南郊农场	红星集体农庄主席
25	张凤岐	1954年2月	南郊农场	红星集体农庄副主席
26	冯天祥	1954年2月	南郊农场	红星集体农庄队长
27	韩德亮	1954年2月	南郊农场	鹿圈乡信用社主任
28	于泰明	1954年2月	南郊农场	工人
29	李敬林	1954年2月	南郊农场	团河乡合作社主任
30	时之瑶	1954年2月	西郊农场	彰化农场技术工人
31	赵炳忠	1954年2月	农业拖拉机站	队长
32	刘泰	1954年2月	南郊农场	和义农场工人
33	吴玉书	1954年2月	东郊农场	东郊区来广营吴玉书合作社
34	庞有	1955年2月	南郊农场	高级社副主任
35	王志强	1955年2月	南郊农场	技术员
36	张洪军	1955年2月	南郊农场	会计组长
37	王德才	1955年2月	东郊农场	奶牛场工人
38	杜广忠	1955年2月	东郊农场	
39	王晓非	1955年2月	东郊农场	
40	寇顺义	1955年2月	南郊农场	南小街乡
41	霍凤岐	1955年2月	南郊农场	鹿圈乡
42	于潮凯	1955年2月	南郊农场	红星乡

（续）

序号	姓名	获奖时间	单位	职务
43	王振伍	1955 年 2 月	南郊农场	金星乡
44	高顺起	1955 年 2 月	南郊农场	瑞和乡
45	齐东海	1955 年 2 月	南郊农场	红星乡
46	冯天祥	1955 年 2 月	南郊农场	红星乡队长
47	何元成	1955 年 2 月	南郊农场	红星乡队长
48	刘永成	1955 年 2 月	南郊农场	西红门乡队长
49	丁淑凤	1955 年 2 月	南郊农场	西红门乡队长
50	董志隆	1955 年 2 月	南郊农场	南小街队长
51	徐吉荣	1955 年 2 月	南郊农场	南苑区西五号队长
52	李桂林	1955 年 2 月	南郊农场	广德乡技术员
53	裴德泉	1955 年 2 月	南郊农场	集贤乡保育员
54	白老太太	1955 年 2 月	南郊农场	红星乡保育员
55	栗淑敏	1955 年 2 月	南郊农场	志远乡广德庄农具手
56	马德春	1955 年 2 月	南郊农场	西红门乡信用社干部
57	张玉生	1955 年 2 月	南郊农场	
58	李宝发	1955 年 2 月	南郊农场	工人
59	杨明远	1955 年 2 月	南郊农场	
60	杨占泉	1955 年 2 月	南郊农场	
61	张振儒	1955 年 2 月	南郊农场	挤奶工
62	于泰明	1955 年 2 月	南郊农场	工人
63	胡长富	1955 年 2 月	南郊农场	西红门乡
64	田玉林	1955 年 2 月	南郊农场	志远乡供销社分销处经理
65	苏树业	1955 年 2 月	南郊农场	志远乡书记
66	马极图	1955 年 2 月	农业拖拉机站	拖拉机手
67	赵炳忠	1955 年 2 月	农业拖拉机站	拖拉机手
68	时之瑶	1955 年 2 月	西郊农场耕作队	队长
69	安福海	1955 年 2 月	西郊农场	牛棚组组长
70	吴玉书	1955 年 2 月	东郊农场	东郊区来广营合作社
71	庞　友	1956 年 3 月	南郊农场	旧宫乡旧宫社主任
72	王志强	1956 年 3 月	南郊农场	鹿圈晨光社防疫员
73	徐吉荣	1956 年 3 月	南郊农场	南苑区西五号社主任
74	王元道	1956 年 3 月	南郊农场	金星社饲养员
75	武凤岭	1956 年 3 月	南郊农场	红星农庄副主任
76	肖庆富	1956 年 3 月	商业服务公司	
77	吕振君	1956 年 3 月	东北旺农场	
78	肖文兰	1956 年 3 月	东北旺农场	
79	刘柱奎	1956 年 3 月	南郊农场	金星社主任

（续）

序号	姓名	获奖时间	单位	职务
80	于潮凯	1956年3月	南郊农场	红星集体农庄主任
81	霍凤岐	1956年3月	南郊农场	鹿圈晨光社主任
82	寇顺义	1956年3月	南郊农场	金星社副主任
83	赵淑珍	1956年3月	南郊农场	红星集体农庄副主任
84	许绥再	1956年3月	南郊农场	南郊农场队长
85	魏成俊	1956年3月	南郊农场	金星乡金星社队长
86	何元成	1956年3月	南郊农场	红星集体农庄队长
87	高顺起	1956年3月	南郊农场	红星集体农庄社员
88	李桂林	1956年3月	南郊农场	鹿圈广德乡技术员
89	吕惠君	1956年3月	南郊农场	金星社保育员
90	张玉生	1956年3月	南郊农场	
91	于泰明	1956年3月	南郊农场	工人
92	李宝发	1956年3月	南郊农场	工人
93	杨明远	1956年3月	南郊农场	
94	杨占来	1956年3月	南郊农场	
95	张振儒	1956年3月	南郊农场	养牛工人
96	赵炳忠	1956年3月	拖拉机站	拖拉机手
97	安福海	1956年3月	西郊农场	牛棚组长
98	时之瑶	1956年3月	西郊农场	耕作队队长
99	安国瑞	1956年3月	西郊农场	
100	孙秀有	1956年3月	西郊农场	
101	赵文玉	1956年3月	西郊农场	
102	李顺义	1956年3月	西郊农场	
103	林会栋	1956年3月	东郊农场	队长
104	吴玉书	1956年3月	东郊农场	和平农业合作社副社长
105	庞友	1957年3月	南郊农场	旧宫乡旧宫社主任
106	王志强	1957年3月	南郊农场	晨光社防疫员
107	张振儒	1957年3月	南郊农场	南牛场场长
108	孙庆年	1957年3月	双桥农场	牛队工人
109	李俊卿	1957年3月	东郊农场	
110	罗兆秋	1957年3月	东郊农场	
111	梁国安	1957年3月	东郊农场	
112	缴士明	1957年3月	东郊农场	
113	王德青	1957年3月	南郊农场	西五号社
114	赵喜来	1957年3月	南郊农场	二分场饲养员
115	张忠臣	1957年3月	西郊农场	
116	时之瑶	1957年3月	西郊农场	耕作队长

（续）

序号	姓名	获奖时间	单位	职务
117	安国瑞	1957 年 3 月	西郊农场	
118	孙秀有	1957 年 3 月	西郊农场	
119	赵文玉	1957 年 3 月	西郊农场	
120	李顺义	1957 年 3 月	西郊农场	
121	安福海	1957 年 3 月	西郊农场	牛棚组组长
122	陈立棠	1957 年 3 月	北郊农场	奶牛食品二公司
123	霍士崑	1957 年 3 月	市牛奶公司	
124	刘继水	1957 年 3 月	市牛奶公司	工人
125	李万民	1957 年 3 月	市牛奶公司	工人
126	洪秀珍	1957 年 3 月	华成商贸公司	
127	于秀英	1957 年 3 月	东北旺农场	
128	刘永恒	1957 年 3 月	南郊农场	曙光社副社长
129	白广福	1957 年 3 月	南郊农场	红星社队长
130	赵炳忠	1957 年 3 月	南郊农场	红星社机耕队长
131	何元成	1957 年 3 月	南郊农场	红星社汽车队长
132	李宝发	1957 年 3 月	南郊农场	工人
133	藏金泉	1957 年 3 月	南郊农场	旧宫社队长
134	冯东海	1957 年 3 月	南郊农场	红星社队长
135	魏 兴	1957 年 3 月	南郊农场	金星社队长
136	王元道	1957 年 3 月	南郊农场	金星社组长
137	王志强	1957 年 3 月	南郊农场	晨光社防疫员
138	崔元兴	1957 年 3 月	南郊农场	一分场工人
139	杜德元	1957 年 3 月	南郊农场	曙光社饲养员
140	马泉盛	1957 年 3 月	南郊农场	红星社队长
141	王金明	1957 年 3 月	南郊农场	西五号社队长
142	万喜芝	1957 年 3 月	南郊农场	金星社社员
143	张秀岐	1957 年 3 月	南郊农场	西五号社员
144	郭保君	1957 年 3 月	南郊农场	水稻工人
145	刘汉祥	1957 年 3 月	南郊农场	水稻工人
146	马良民	1963 年 4 月	长阳农场	
147	倪寿庚	1963 年 4 月	巨山农场	一队牛场
148	杨爱娣	1963 年 4 月	东郊农场	三分场场长
149	王凤林	1963 年 4 月	东郊农场	
150	吕德福	1963 年 4 月	东郊农场	
151	戎起胜	1963 年 4 月	南郊农场	牛奶公司北猪场场长
152	刘福祥	1963 年 4 月	南郊农场	机务队车长
153	王振学	1963 年 4 月	南郊农场	金星机务队车长

（续）

序号	姓名	获奖时间	单位	职务
154	刘福堂	1963 年 4 月	西郊农场	
155	刘树本	1963 年 4 月	西郊农场	
156	吕福和	1963 年 4 月	北郊农场	畜牧一队队长
157	李德生	1963 年 4 月	长阳农场	
158	刘文杰	1963 年 4 月	双桥农场	修配厂厂长
159	高焕群	1963 年 4 月	西山农场	
160	郭均沛	1963 年 4 月	东北旺农场	
161	岳金成	1963 年 4 月	永乐店农场	
162	王永志	1963 年 4 月	北郊农场	回龙观机务队工人
163	曹英考	1963 年 4 月	市牛奶公司	西郊分站后勤工
164	王文柱	1963 年 4 月	卢沟桥农场	一队队长
165	缪友兰	1963 年 4 月	南口农场	二分场队长
166	邓少林	1963 年 4 月	南郊农场	亦庄小粮台生产队
167	张振儒	1963 年 4 月	南郊农场	德茂牛场队长
168	苏树业	1963 年 4 月	南郊农场	金星志远庄书记
169	齐文海	1963 年 4 月	南郊农场	机务队车长
170	张凤鸣	1963 年 4 月	南郊农场	机务队拖拉机手
171	蒋书信	1963 年 4 月	不详	
172	张洪林	1963 年 4 月	不详	
173	张秀荣	1963 年 4 月	不详	
174	朱雅琴	1963 年 4 月	双桥农场	葡萄园工人
175	刘文杰	1964 年 3 月	双桥农场	修配厂队长
176	蔺 茹	1964 年 3 月	双桥农场	农机站修理工
177	辛 伟	1964 年 3 月	双桥农场	黑庄户机务队书记
178～215	缺 38 个人的姓名	1964 年 3 月		

表 8-2-20　北京市工业劳动模范

姓名	获奖时间	单位	职务
李永成	1954 年 2 月	东郊农场	兽医室主任

表 8-2-21　外省省级劳动模范

序号	姓名	获奖省份	获奖时间	调入单位
1	刘 彤	广东省劳动模范	1959 年	东郊农场
2	田桂芝	黑龙江省劳动模范	1985 年	东风农场

表 8-2-22　首都劳动奖章获得者

序号	姓名	获奖时间	单位	职务
1	孙淑英	1988 年 4 月	东郊农场	苇沟猪场工人

（续）

序号	姓名	获奖时间	单位	职务
2	王进志	1991年4月	长阳农场	
3	崔士博	1991年4月	双桥农场	农业服务公司
4	周宝峰	1991年4月	双桥农场	蔬菜公司
5	袁中衡	1991年4月	南口农场	高级农艺师
6	徐锦昆	1992年4月	双桥农场	农场机关
7	李家栋	1993年4月	北郊农场	党委书记
8	尹德立	1996年4月	北郊农场	党委副书记
9	于金元	1996年4月	北郊农场	化学实业总公司
10	屈连贵	1996年4月	南口农场	二分场副场长
11	钮立平	1998年4月	南郊农场	副场长
12	路宝良	1999年4月	北郊农场	场长、副书记
13	田本才	2001年4月	华都集团	华都肉鸡公司
14	黄茂华	2002年4月	双桥农场	太洋药业
15	戎向寅	2002年4月	东风农场	工会主席
16	刘建波	2006年4月	南郊农场	农管中心
17	董振祥	2006年4月	三元种业公司	绿荷中心
18	王冠兴	2007年4月	华都集团	华都肉鸡公司副总经理
19	谢蜀杨	2007年4月	北郊农场	世新华盛牧业科技公司经理
20	王炎	2008年4月	绿荷中心	金银岛牧场场长、书记
21	石茂海	2008年4月	奶牛中心	销售部经理
22	李永清	2008年4月	华都集团	肉鸡公司副总经理
23	王新宇	2009年4月	绿荷中心	牛场管理部副部长
24	张宝芹	2009年4月	三元食品公司	技术中心员工
25	李永清	2009年4月	华都集团	滦平华都公司总经理
26	郭和军	2011年4月	养猪育种中心	常务副主任
27	杨中玉	2012年5月	北京荷美尔	品控经理
28	张景芳	2012年5月	三元食品公司	酸奶分厂厂长
29	常毅	2013年4月	三元食品公司	总经理
30	焦丹	2013年4月	三元食品公司	鲜奶车间工人
31	李尧	2013年4月	三元食品公司	预处理车间班长
32	赵姗	2013年4月	三元食品公司	检验员
33	宋存鑫	2013年4月	华都集团	华都峪口禽业大兴区种鸡场经理
34	石嵩	2013年4月	华都集团	华都肉鸡公司职员
35	程斌	2013年4月	南郊农场	广厦化工建筑涂料公司技术部经理
36	邸世杰	2013年4月	东风农场	东苑公寓维修部部长
37	杜守山	2014年4月	峪口禽业公司	北京事业部经理
38	崔伟	2014年4月	西郊农场	安达房地产开发公司总经理

（续）

序号	姓名	获奖时间	单位	职务
39	李新胜	2016 年 4 月	三元食品公司	特渠事业部总经理
40	孟庆利	2016 年 4 月	中育种猪中心	原种场场长
41	孙春娟	2016 年 4 月	安德鲁公司	行政主管
42	周 全	2016 年 4 月	三元出租车公司	办公室主任
43	常 毅	2017 年 4 月	首农集团	副总经理
44	王 凯	2017 年 4 月	金星鸭业公司	总经理
45	刘爱巧	2017 年 4 月	峪口禽业公司	副总裁
46	张海燕	2017 年 4 月	三元食品公司	常温事业部导购员
47	程艳辉	2017 年 4 月	三元种业公司	河南分公司经理

表 8-2-23　北京市先进生产（工作）者

序号	姓名	获奖时间	单位	职务
1	刘志忠	1958 年 2 月	南口农场	果园工
2	巩金瑞	1958 年 2 月	南口农场	水泥构件厂副厂长
3	霍士崑	1958 年 2 月	市牛奶公司	
4	王宪启	1958 年 2 月	市牛奶公司	
5	周全根	1958 年 2 月	市牛奶公司	
6	郭公博	1958 年 2 月	市牛奶公司	
7	刘继水	1958 年 2 月	市牛奶公司	工人

表 8-2-24　北京市先进工作者

序号	姓名	获奖时间	单位	职务
1	张桂花	1960 年 2 月	南郊农场	机务员
2	刘双振	1960 年 2 月	南郊农场	红星制砖厂组长
3	何延珊	1960 年 2 月	南郊农场	
4	王希亮	1960 年 2 月	南郊农场	
5	吴淑贞	1960 年 2 月	十三陵农场	
6	郝淑珍	1960 年 2 月	双桥农场	牛队副队长
7	刘慧敏	1960 年 2 月	市牛奶公司	
8	周全根	1960 年 2 月	市牛奶公司	修理工
9	李万民	1960 年 2 月	市牛奶公司	送奶工
10	郭公博	1960 年 2 月	市牛奶公司	
11	王宪启	1960 年 2 月	市牛奶公司	
12	高宝安	1960 年 2 月	长城建筑公司	
13	刘继水	1960 年 2 月	市牛奶公司	工人
14	于长荣	1960 年 2 月	南郊农场	新建小学教师
15	孔宪英	1960 年 2 月	南郊农场	红星医院护理组长
16	杜照儿	1960 年 2 月	南郊农场	红星中学语文教师

（续）

序号	姓名	获奖时间	单位	职务
17	程志贵	1960 年 2 月	南郊农场	鹿圈中学数学教师
18	唐树勋	1960 年 2 月	南郊农场	红星小学教师
19	高广智	1960 年 2 月	南郊农场	瀛海小学教师
20	红长年	1960 年 2 月	南郊农场	西红门小学教师
21	马恩刚	1960 年 2 月	南郊农场	鹿圈小学教师
22	邢方坤	1960 年 2 月	南郊农场	鹿圈小学工友
23	王惠民	1960 年 2 月	南郊农场	天恩庄扫盲干部
24	郝郑氏	1960 年 2 月	南郊农场	天恩庄双碱保育员
25	左庆芳	1960 年 2 月	南郊农场	瀛海托儿所所长
26	阮月君	1960 年 2 月	南郊农场	金星团河托儿所所长
27	赵玉芳	1960 年 2 月	南郊农场	太和四海托儿所所长
28	张秀英	1960 年 2 月	南郊农场	金星振亚托儿所所长
29	周墨英	1960 年 2 月	南郊农场	天恩大队广播员
30	刘静涛	1960 年 2 月	南郊农场	西红门卫生所中医所长
31	刘士林	1995 年 4 月	北郊农场	北郊医院院长

表 8-2-25　北京市农业先进个人

序号	姓名	获奖时间	单位	职务
1	候先禄	1955 年 2 月	南郊农场	工人
2	戎起胜	1955 年 2 月	南郊农场	工人
3	崔淑琴	1955 年 2 月	南郊农场	拖拉机手
4	李建发	1955 年 2 月	西郊农场	工人

表 8-2-26　北京市农业先进生产者

序号	姓名	获奖时间	单位	职务
1	赵 彪	1959 年 2 月	南郊农场	场长
2	翟景昌	1959 年 2 月	南郊农场	四分场
3	戎起胜	1959 年 2 月	南郊农场	
4	吕增明	1959 年 2 月	南郊农场	
5	石 井	1959 年 2 月	东郊农场	
6	孟井山	1959 年 2 月	东郊农场	
7	张士达	1959 年 2 月	双桥农场	场长
8	王海源	1959 年 2 月	双桥农场	
9	贾宝棠	1959 年 2 月	双桥农场	
10	郝淑珍	1959 年 2 月	双桥农场	牛队副队长
11	赵海泉	1959 年 2 月	北郊农场	场长
12	金洪乐	1959 年 2 月	南口农场	农艺师
13	赵 广	1959 年 2 月	西郊农场	
14	张海明	1959 年 2 月	西郊农场	
15	李德厚	1959 年 2 月	卢沟桥农场	

（续）

序号	姓名	获奖时间	单位	职务
16	李祥来	1959 年 2 月	市家禽场	
17	赵墨忠	1959 年 2 月	市家禽场	
18	刘继水	1959 年 2 月	市牛奶公司	
19	郭公博	1959 年 2 月	市牛奶公司	
20	周全根	1959 年 2 月	市牛奶公司	
21	宋凤藻	1959 年 2 月	市牛奶公司	

表 8-2-27　北京市农业社会主义建设积极分子

序号	姓名	获奖时间	单位	职务
1	金洪乐	1960 年 1 月	南口农场	农艺师
2	王进忠	1960 年 1 月	北郊农场	
3	赵吉发	1960 年 1 月	南郊农场	红星中心商店广德庄分销店组长
4	杨水安	1960 年 1 月	长阳农场	
5	于秀英	1960 年 1 月	东北旺农场	

三、总公司/三元集团/首农集团工会获得的荣誉

1988 年，总公司工会被市总工会评为北京市整顿建家先进单位。

1990—1992 年，总公司工会连续三年在市总工会组织的爱国立功竞赛活动中被评为北京市优秀组织单位。

1994 年，总公司工会被评为全国工会干部教育先进集体、北京市工会统计工作先进单位。

1995 年，总公司工会被评为北京市工会干部教育先进单位。

1996 年，总公司工会被评为全国新经济组织工会工作先进单位。[①]

1997—1998 年，总公司工会再次被评为北京市爱国立功竞赛活动的优秀组织单位。

1998 年，在北京市职业技能竞赛活动中，总公司工会被评为优秀组织单位。

2002 年，三元集团工会被评为北京市厂务公开先进组织单位，获北京市第八届职工运动会道德风尚奖。

2004 年，三元集团工会被评为全国农林水利产业工会工作目标考核先进单位，被市总工会工会评为财务管理先进单位、经审工作"创三好"先进单位。

2005 年，三元集团工会被评为全国工会系统"四五"普法先进单位、北京市工会法律工作先进集体和北京市"安康杯"优秀组织单位，同时，被全国农林水利工会评为"2005 年省级工会工作目标考核"先进单位。

2006 年，三元集团工会被评为北京市模范职工之家、北京市职工素质教育工程优秀组织单位。

2007 年，三元集团工会被评为全国优秀女职工委员会先进单位。

2008 年，三元集团工会被评为全国模范职工之家，奥运会、残奥会文明观众啦啦队工作优秀组织单位；三元集团工会获得北京市奥运立功奖状；三元集团工会被授予北京市抗震救灾重建家园"工人先锋号"称号。

2009 年，三元集团首次荣获"奥运立功全国五一劳动奖状"，首农集团工会第二次被授予北京市

---

① 北京首农食品集团有限公司档案室，卷宗号 898，第 29 页。

厂务公开民主管理工作先进组织单位，同时，被评为北京市"迎国庆、讲文明、树新风"优秀组织单位。

2012年，首农集团工会被评为全国工会财务管理先进单位。

2014年，首农集团工会获北京市职工素质建设工程组织奖。

第三章 共 青 团

在北京农垦的发展历程中，广大共青团员和青年在党组织的领导下，为农垦事业的发展做出了积极的贡献。20世纪80年代初，各级共青团组织恢复建制，共青团工作逐步进入规范化发展时期。

■ 第一节 共青团历次代表大会

一、共青团北京市农场管理局第一次代表大会

1981年8月，召开北京市农场管理局第一次共青团代表大会，大会选举产生共青团北京市农场管理局第一届委员会，并于10月7日获得共青团北京市委批准。赵树斌当选团委书记，侯慧为团委副书记。

二、共青团北京市农场管理局第二次代表大会

1983年12月，召开共青团北京市农场管理局第二次代表大会，出席大会的团代表共62名。代表大会听取和审议共青团北京市农场管理局第一届委员会工作报告，交流了共青团工作经验。大会选举产生了共青团北京市农场管理局第二届委员会，郝红专当选新一届团委书记。

三、共青团北京市农场管理局第三次代表大会

共青团北京市农场管理局第三次代表大会于1988年11月召开。大会选举产生共青团北京市农工商联合总公司第三届委员会，万小明当选团委书记，金鞴、何昌为副书记。

四、共青团北京市农工商联合总公司第四次代表大会

共青团北京市农工商联合总公司第四次代表大会于1991年11月召开。出席大会的有正式代表66人、列席代表14人。大会选举产生了共青团北京市农工商联合总公司第四届委员会，王振和当选团委书记，张效泽、何昌为副书记。

五、共青团北京市农工商联合总公司第五次代表大会

共青团北京市农工商联合总公司第五次代表大会于1998年6月22—24日在香山干休所召开，共

青团北京市委副书记曾繁新出席大会并致贺词，郑立明代表第四届委员会向大会作工作报告。总公司党委书记李瑞和代表党委对总公司全体团员和广大青年提出希望，要求在两个文明建设中要做到"自我挑战，知难而进"。大会选举产生共青团北京市农工商联合总公司第五届委员会，郑立明当选团委书记，唐燕平为副书记。

六、共青团北京市农工商联合总公司第六次代表大会

共青团北京市农工商联合总公司第六次代表大会于 2002 年 6 月 17—18 日召开。近 80 名团员代表出席大会，共青团北京市委副书记戴维到会祝贺并讲话。大会审议通过高智慧代表第五届委员会所作的工作报告，以差额选举的方式选举产生了共青团北京市农工商联合总公司第六届委员会。总公司党委书记李瑞和代表党委对新一届委员会提出三点要求：一要加强学习，提高素质；二要服务大局，围绕中心开展工作；三是要与时俱进，勇于创新。会议选举新一届委员会，高智慧为团委书记，吴海云、赵凯霞为副书记。

七、共青团北京首都农业集团有限公司第一次代表大会

共青团北京首都农业集团有限公司第一次代表大会于 2016 年 10 月 21—22 日召开，团委副书记赵凯霞代表首农集团团委总结了近 5 年来集团的共青团工作，共青团北京市委企业部部长杜新峰出席并讲话。首农集团党委副书记马辉代表集团公司党委讲话，要求广大团员青年坚定理想信念，勇于担当奉献，在首农发展的大舞台上创新业、立新功；各级团组织要继续发扬"党有号召，团有行动"的优良传统，创新工作手段，更好地服务青年；各级党组织要深化党建带团建，为青年建功立业创造更有利的条件。同时，希望广大团员青年牢记重托、奋力拼搏，在建设国内领先的综合性现代农业产业集团的征途上，谱写出更加壮丽的青春乐章。会议选举产生了新一届委员会，黄智勇当选团委书记，赵航、赵仁人为副书记。

■ 第二节　共青团工作

一、北京农垦开发建设初期的共青团

在北京农垦开发建设初期，在建立农场党组织的同时，也建立了共青团组织。在 20 世纪 50 年代，北京农垦共青团工作的中心任务是在党委的领导下，健全团的基层组织，加强对团员和青年的思想教育，带领团员与青年大搞技术革新和技术革命，为生产建设贡献出最大的力量。在这一时期，各农场共青团组织团员与青年职工参加扫盲识字活动、增产爱国运动，组织劳动竞赛，为农场农业丰产丰收和农田基本建设做出了重要贡献，也涌现出了一批先进团员和团干部。如 1950 年 12 月，南宫村（后属南郊农场）青年团支部书记高淑珍在挖风河工程中表现突出，被评为北京市劳动模范；1953 年 8 月 2—16 日，双桥机械化农场园艺队王德厚代表农场青年参加在罗马尼亚首都布加勒斯特举行的第四届世界青年联欢节活动；1954 年，北京农垦的青年团干部董志隆代表北京市农口青年随赴朝慰问团去朝鲜前线慰问中国人民志愿军。

20 世纪 60 年代，各农场巩固和发展了团的组织，充分发挥了团组织的战斗力和团员的模范作用。农场团委组织团员和青年开展向雷锋同志学习活动，引导青年树立正确的人生观和世界观，对青年进行了"以农为荣、以场为家"的教育，广大青年在各项生产中发挥了积极作用。60 年代中期，

组织开展学习毛主席著作的活动，组织青年投身到社会主义三大革命运动（阶级斗争、生产斗争和科学实验）中。70年代，各农场普遍掀起了大规模的农田基本建设高潮，广大知识青年为改变农业生产条件做出了重要贡献。

二、改革开放时期的共青团

改革开放时期的北京农垦共青团组织不断健全壮大，在党委的领导下，团委工作围绕中心，进一步明确和牢固树立共青团是党的助手和后备军的思想，创新载体，整合资源，服务青年，以思想引领和人才培养为主线，组织广大团员青年在建设富强和谐的北京农垦事业中成长成才。

1986年，总公司党委印发（86）京农场字第25号文《总公司团委〈关于共青团干部工作的意见〉的通知》，这是总公司党委第一次对加强共青团工作做出全面的规定。该通知明确要求各农场、公司党委要关心共青团的工作，注意发挥共青团是党的助手和后备军的作用，配备优秀青年党员做好团的工作，关心团干部的成长并保持相对稳定，党员团委书记应列席同级党委会。通知还对农场团委干部的选拔任用提出具体要求，即共青团要按照德才兼备的原则，大胆选拔年轻干部，努力实现团干部队伍的革命化、年轻化、知识化和专业化。各级团的专职干部一般都应具有高中以上文化程度，公司团委的主要负责同志一般应具有高中、中专以上文化程度（包括自学达到的）；各级团委领导干部要实现年轻化，领导班子成员年龄要按梯形配备，将年龄差距拉开，各公司农场的团委书记的年龄不超过三十岁，副书记一般不超过二十五岁。各单位团的干部管理，属于中央规定的第二种类型干部管理体制，即以同级党委管理为主，团组织协助管理；各单位在团干部任免问题上，需与上级团委共同协商，团的专职干部要相对稳定；团干部调动一般应在换届时进行，中途变动要争得局团委同意。此外，该通知也对共青团工作机制做了明确规定。

20世纪90年代，北京农垦共青团组织广大青年积极投身青年志愿服务行动。1991年，各农场、公司、校、所成立迎亚运领导小组，组成亚运会文明啦啦队，参加亚洲青年联欢节活动；2月，双桥农场团委被共青团北京市委评为"亚运会做文明观众，树赛场新风"组织奖；5月，光明公寓服务台被北京市"争创文明服务窗口、争当文明服务标兵"竞赛活动指导小组和第十一届亚运会组委会群工组联合评为"北京市先进青年班组"。1995年，总公司生产处农艺师付以彬被共青团北京市委授予第十三届北京市"五四奖章"。

三、新世纪的共青团工作

进入新世纪后，北京农垦共青团工作进入新的发展时期。北京农垦共青团的组织建设得到进一步加强，截至2017年年底，首农集团团委所属企业有团委13个、团总支3个、团支部39个；35岁以下团员共5 000余人，其中28岁以下团员1 936人。各级团委加强对团员的教育管理，坚持围绕中心、服务大局，保证党委的决策顺利贯彻执行；教育引导团员保持创先争优的劲头，鼓励团员通过青年文明号、青年志愿者、青年岗位能手等载体，开展承诺践诺和岗位建功活动。在团委的积极领导下，各行各业涌现出了一批青年突击队和专业的领军人物。2001—2017年，北京农垦共有黄茂华等32名青年科技工作者获得"北京优秀青年工程师"称号。2004年4月，三元建设有限公司长建分公司副经理马有春被北京市建筑业联合会评选为"北京市优秀青年项目经理"。2009年5月4日，奶牛中心丛慧敏获北京市"五四青年标兵"称号。2010年8月，首农集团优秀青年代表、北京青年"五四奖章"获得者、三元种业绿荷奶牛养殖中心马翀当选为全国青联委员。2012年5月，绿荷牛业公司经理助理马翀荣获"全国青年岗位能手"称号。2017年，奶牛中心刘林获北京青年"五四奖章"。北京农垦各条战线上优秀年轻同志在各自的岗位上做出了积极贡献，也得到了共青团北京市委的认可，涌现出了一批各行各业的优秀青年，其中多名团员荣获北京市"青年岗位能手"荣誉称号（表8-3-1）。

表 8-3-1 北京农垦获北京市"青年岗位能手"称号一览

年份	姓名	单位	年份	姓名	单位	年份	姓名	单位
2005	杜振宇	家禽育种公司	2011	刘 林	三元种业公司	2102	焦 丹	三元食品公司
2008	丛慧敏	三元种业公司	2011	罗广海	双桥农场	2012	李 尧	三元食品公司
2008	张 毅	三元食品公司	2011	贾亚楠	西郊农场	2014	程立安	北郊农场
2011	伊秀春	华都集团	2011	于建伟	艾莱发喜公司	2014	张国强	金星鸭业
2011	董晓珍	华都集团	2012	宋存鑫	华都集团	2014	邓露芳	三元种业饲料分公司
2011	乔为仓	三元食品公司	2012	石 嵩	华都集团	2014	洪 虹	三元酒店公司
2011	马 翀	三元种业公司	2012	赵 姗	三元食品公司	2016	张来喜	南郊农场

说明：资料由首农集团团委提供。

创建"青年文明号"是北京农垦共青团工作的又一个亮点。2005 年 6 月 23 日，三元石油公司回龙观加油站获得北京市"青年文明号"称号，共青团北京市委副书记李先忠为加油站揭牌，这是集团各行业中首个获此殊荣的集体。以后，三元石油公司共有 8 座加油站先后获得这项荣誉。2006 年 4 月，艾莱发喜公司冰激凌生产班组被团中央授予"全国青年文明号"称号；2008 年 9 月，共青团北京市委授予艾莱发喜公司"青年文明号"称号。2011 年 1 月 13 日，北京肯德基前门餐厅被共青团北京市委授予"青年文明号"，团市委副书记杨立宪参加挂牌仪式；同年 4 月，艾莱发喜公司被团中央授予全国"青年文明号"称号。2012 年，共青团北京市委授予德胜饭店"青年文明号"称号。2016 年，北郊农场黑六公司科技项目部荣获 2016 北京市"青年文明号"称号。

为弘扬首农文化，服务青年成长，激励全系统广大青年员工立足岗位、提升技能、建功成才，2010—2014 年，北京农垦连续举办五届"首农青年文化节"。"首农青年文化节"是由首农集团青年工作委员会、人力资源部、企业文化部、企业管理部、工会、团委联合开展的、有万名青年员工广泛参与的青年文化活动。文化节坚持一条主线，推进青年行动，依托首农、三元品牌载体开展工作。2012 年，为庆祝共青团成立 90 周年，首农集团团委在表彰国家级、市级先进青年集体和优秀个人的基础上，授予三元食品股份公司等 6 家共青团组织"首农集团先进基层团组织"称号，授予赵航等10 名团干部"首农集团优秀团干部"称号。

首农集团的青年工作始终围绕企业中心工作开展。为了提高企业的自主创新能力，积极推动首农集团的创新发展，自 2012 年起，连续多年开展首农集团优秀青年论文评选活动，该活动由首农集团党委组织部、企业管理部和团委联合举办。经过评审委员会初评、首农集团优秀青年论文的评选活动领导小组做最终认定，对优秀论文给予表彰与奖励。

2014 年，首农集团青年工作委员会、团委决定成立"首农青年智库"，凝聚全系统青年精英，为北京农垦经济发展贡献智慧和力量，充分发挥青年人才的生力军、先锋队作用。"首农青年智库"由热心参与集团改革创新，愿意为集团发展发挥专业技能、奉献青春智慧的青年人才组成。该智库以自荐和组织推荐相结合的形式，广泛吸纳全系统各行业的青年精英，同时，沿着项目化、平台化、品牌化的方向，进一步整合资源，聚合青年人才，提升发展能力。通过几年的运行组织，青年智库有成员近百名，为北京农垦经济发展出谋划策，提供智力支持。

2017 年，为贯彻落实共青团中央和共青团北京市委《关于开展"学习总书记讲话 做合格共青团员"教育实践的通知》精神，首农集团团委结合实际，在集团共青团系统内深入开展"学习总书记讲话 做合格共青团员"主题教育活动，主题教育内容包括学习教育、组织生活、实践活动等环节。通过开展"学习总书记讲话，做合格共青团员"教育实践活动以及庆祝中国共产主义青年团成立 95 周年的各项活动，进一步加强集团共青团工作基础，发挥共青团工作活力，发扬先进典型的示范带动作用，营造学习先进、争做先锋的浓厚氛围，激发广大团员青年投身集团发展事业，青春建功"十三五"。2017 年，首农集团团委授予南郊农场团委等 10 个团组织"五四红旗团组织"荣誉称号，东郊农场赵薇等 20 名共青团员被评为"优秀团员"，首农股份周艳娟等 10 名团干部被评为"优秀团干部"。

第四章　企业文化建设

企业文化是企业生存和发展的重要战略资源，是企业综合素质的体现，也是企业核心竞争力的重要内容。北京农垦是在特定历史条件下担负国家使命发展壮大起来的，在长期的开发建设中，北京农垦人秉承"艰苦奋斗，勇于开拓"的中国农垦精神，与时俱进，丰富了农垦精神的时代内涵，形成了城郊型农垦企业文化特色，为农垦改革发展灌注了磅礴伟力。

■ 第一节　企业文化

一、北京农垦企业文化形成的背景

企业精神处于企业文化建设的统领地位。北京农垦的企业文化是在京郊农场的开发建设中逐步形成的。京郊国营农场的第一代拓荒者筚路蓝缕、节衣缩食、披肝沥胆、同力协契、穷且益坚，在沙荒乱石、盐碱不毛之地和水库淹没区，叩石垦壤、排除积潦、修渠筑路，建起了一批机械化国营农场和规模化养殖场。在短缺经济年代，北京农垦为保障首都市民的"菜篮子""米袋子""奶瓶子""肉案子"做出了不可磨灭的贡献，同时也诠释了"艰苦奋斗，勇于开拓"的中国农垦精神。

改革开放时期，北京市农工商联合总公司经过讨论确定了总公司的企业精神"团结，求实，创新，奉献"。场乡体制改革之前的农工商总公司确定的广告宣传主题是"携大地之爱，伴君常在"，突出了北京农垦的"三农"特征和为首都居民的服务、保障功能。经过场乡体制改革，北京农垦成为纯国有企业，2000年以后开始加快产业化、集团化、股份化的改革步伐。在组建一批新的专业公司之初，就开始研究如何对原有的公司进行文化整合，以打造新公司的凝聚力。也就是从这时起，北京农垦企业文化建设开始提上工作议程。2000年6月，总公司党委首次在朝阳农场港湾俱乐部召开企业文化研讨会，聘请专家授课；7月，金星鸭业中心企业文化建设基础工作有重大突破，制订完成了《北京金星鸭业中心导入VIS项目执行计划书》；7月下旬，总公司组织部分二级单位的有关领导随市企业文化协会组团赴青岛学习考察海尔集团等先进单位企业文化建设的经验。2001年10月，三元石油有限公司发布企业经营理念、企业精神、企业广告语。

2002年，北京三元集团有限责任公司挂牌。为塑造具有三元特色的新企业文化，发挥文化的凝聚力、激励力、约束力、导向力功能，三元集团制定《企业文化手册》。2003年3月，三元集团在机构改革中将公关联络部改为企业文化部，标志着三元集团企业文化建设开启新征程。新成立的企业文化部在当年7月14日正式启动三元集团第一个企业文化建设项目，该项目是由北京市企业文化协会咨询管理委员会与三元集团共同合作的集团公司核心理念和行为理念系统设计，即三元集团《企业形象视觉识别规范手册》，开始规范三元集团形象识别系统（VIS）的文图展示。2005年4月28日，由三元集团企业文化部、三元集团职工大学与北京金色号角影视策划公司共同策划摄制的三元集团宣传片正式投入使用。通过统一认识和宣传推广，三元集团企业文化被全系统认可为"三元文化"。

2009 年，三元集团、华都集团和大发畜产公司重组为北京首都农业集团有限公司。三家市属涉农公司虽然所处行业有相近之处，但发展历史、文化底蕴、经营理念等方面仍有差异。新组建的首农集团在抓紧新战略编制的同时，也开展了企业文化的整合及规划。2010 年，首农集团完成编制的《加强和推进企业文化建设纲要》，被收录进《管理制度汇编》（2010 年版）的"基本制度"类。该纲要是北京农垦历史上第一个全面规划企业文化建设的指导性文件，提出企业文化建设的指导思想是以邓小平理论和"三个代表"重要思想为指导，贯彻落实党的路线、方针、政策，牢固树立以人为本，全面、协调、可持续的科学发展观，在弘扬中华民族优秀传统文化和继承企业优良传统的基础上，积极吸收借鉴国内外现代管理和企业文化的优秀成果，制度创新与观念更新相结合，以爱国奉献为追求，以促进发展为宗旨，以诚信经营为基石，以人本管理为核心，以学习创新为动力，努力建设具有鲜明时代特征、丰富管理内涵和各具特色的企业文化，促进企业的持续快速协调健康发展。企业文化建设的总体目标是力争用三年左右的时间，基本建立起适应首都经济发展要求，遵循文化发展规律，符合企业发展战略，反映首农集团特色的企业文化体系。通过企业文化的创新和建设，内强企业素质，外塑企业形象，增强企业凝聚力，提高企业竞争力，实现企业文化与企业发展战略的和谐统一，企业发展与员工发展的和谐统一，企业文化优势与竞争优势的和谐统一，为集团公司的改革、发展、稳定提供强有力的文化支撑。企业文化建设主要内容包括：①总结、提炼和培育鲜明的企业核心价值观与企业精神，体现爱国主义、集体主义和社会主义市场经济的基本要求，构筑企业之魂；②结合企业经营发展战略，提炼各具特色、充满生机而又符合企业实际的企业经营管理理念，形成以诚信为核心的企业道德，依法经营，规避风险，推动企业沿着正确的方向不断提高经营水平；③进一步完善相关管理制度，寓文化理念于制度之中，规范员工行为，提高管理效能；④加强思想道德建设，提高员工综合素质，培育"四有"员工队伍，促进人的全面发展；⑤建立企业形象的标识体系，打造以"首农"为主体的企业品牌，提升企业的知名度、信誉度和美誉度，树立企业良好的公众形象；⑥按照现代企业制度的要求，构建协调有力的领导体制和运行机制，不断提高企业文化建设水平。

2011 年 7 月，首农集团发布企业文化手册《我们的精神家园》，对首农集团的企业文化进行凝练总结和宣传介绍。《我们的精神家园》全面总结提炼了三元集团、华都集团、大发公司的企业文化的闪光点，依据首农集团新制定的功能定位、愿景目标，全方位地诠释了"首农文化"。

二、三元文化

（一）三元文化的特征

"大地文化"是三元文化的特征。三元文化都是从"大地"的特性中衍生出来的，三元人的精神是大地品格的体现：

大地宽广丰实，厚德载物；三元人宽厚仁爱，勤劳质朴。

大地生生不息，日新月异；三元人开拓进取，创新永续。

大地博大有容，兼收并蓄；三元人胸怀坦荡，海纳百川。

大地默默奉献，永赐福址；三元人诚实守信，奉献不已。

三元是大地之子，三元文化是大地文化。三元文化是倡导绿色与健康的文化，是主张和合与共生的文化，是追求开放与进取的文化。

（二）三元文化的理念体系

1. 企业愿景：成为具有行业领导力和品牌竞争力的首都标志性企业集团 三元的企业愿景体现

了三元集团立足行业领袖、打造一流品牌、争当首都旗帜的长期战略目标。

"行业领导力"是指三元集团将凭借首都得天独厚的资源和区位优势，凭借强大的创新能力占领行业制高点，在种业养殖、食品加工和现代服务业等领域形成具有高市场份额、强经济实力的行业领军企业。

"品牌竞争力"是指三元品牌的影响力将覆盖三元集团各个产业领域，成为企业统一品牌，加强市场开拓与品牌管理，努力打造具有鲜明个性的企业品牌。

"首都标志性"是指三元集团要成为首都企业的一面旗帜。三元集团将通过体制创新、科技创新、文化创新和管理创新，率先实现主导产业现代化，打造企业航母，将集团做大做强，成为首都率先基本实现现代化的重要力量；通过全方位的合资合作，跨国经营，积极参与国际竞争，成为首都建设国际化大都市的生力军；通过打造出具有强大生命力的企业品牌，成为全国叫得响、国际有影响的首都品牌企业。

2. 企业使命：承奉大地之爱，创造美好生活　三元的企业使命体现了三元集团心系社会、奉献社会的责任和使命，这也是三元立足生存之根本。

"承奉大地之爱"是指三元集团植根于大地，三元人奉献给社会的是安全、优质的绿色产品及无微不至的服务。

人类的美好生活包括自身生活的富足、舒适，还包括与社会环境和自然环境的和谐相处。三元人把创造这种美好生活作为自己的责任，三元涉足之处，无不创新生活。

3. 企业价值观：企业、社会、自然和谐相处；股东、客户、员工共赢发展　三元集团坚持企业发展以维护社会利益为前提，以保护生态环境为基础，要通过企业的可持续发展倡导绿色生产、绿色消费，在人与自然的和谐共处中获得发展。三元人以高度的责任感，确保股东投资回报，为客户提供高质量的产品和服务，促进员工的全面发展。

4. 企业精神：纵向不比横向比，超越自我争第一　三元人不满足于现有的成绩，勇于正视不足，敢于和同行强手比拼，努力向标杆企业学习。学无止境，拼搏进取，人无我有，敢为人先，人有我优，永求更好。

5. 企业作风："加学习、减自满、乘效率、除惰性"

6. 经营理念："尚信、尚实、尚新；求专、求精、求强"　三元人崇尚诚信、务实、创新，术有专攻，打造精品，做强企业。

"尚信"是指忠于股东，超值回报，信于客户，尽善人意，诚于伙伴，互惠互赢。"尚实"是指谋事实事求是，行事脚踏实地，成事唯实求上。"尚新"是指向前人未谋之策，走前人未踏之路，做前人未行之事。"求专"即业有多元、术有专攻，以专见长、以长攻心；"求精"即精心研发、精工细作、精细管理、精明营销、精诚服务；"求强"即以智图强、以人图强、以魂图强、以业图强。

7. 管理理念：立法先立人，依法不依人　三元视制度为企业管理的基本法则，坚持以人为本、依法治企。以人修法、以理普法、以法约人、以法护人，法高于人、法大于情，循章必严、违章必究。

8. 人才理念：有用为才，以才创财　人才是企业发展的动力。三元的人才理念是以能为上，适用为才，放眼识贤，精心选才，才为财首，用心营才，提供支点，有效用才。

9. 市场理念：先于顾客想到，先于同行做到　市场竞争是企业竞争最直接的表现，成熟的市场理念为做好市场提供了战略前提。三元的市场理念是超前预测、想在需前，引导消费、创造市场；脑到手到、心动行动，与人同行、领跑当先。

10. 品牌理念：事事出品牌，人人塑品牌　三元的品牌目标是成为具有竞争力的企业品牌。精业则名，完美则名，守恒则名，出新则名。诚信载口碑，口碑塑品牌。

11. 企业口号：脚踏实地，创造美好生活

（三）行为准则

行为准则是"三元"文化的重要组成部分。行为准则的有效性和可行性是公司文化建设的关键。

1. 领导人员行为准则　善学善思，谋划全局；恪尽职守，勇于负责；公平公正，知人善任；严于律己，宽以待人。

2. 管理人员行为准则　着眼全局，当好参谋；注重调研，主动服务；竭诚奉献，勤勉自律；创新思维，提高效率。

3. 经营人员行为准则　忠诚敬业，顾全大局；重誉守信，尽职尽责；求真务实，创新经营；不徇私利，严从法纪。

4. 全体职工行为准则　更新观念，顺应改革；勤奋学习，提高技能；爱岗敬业，团结协作；遵纪守法，当好主人。

三、首农文化

2011 年 7 月，首农集团企业文化建设取得重要成果，综合重组前三家一级企业的文化建设经验，首农集团企业文化手册——《我们的精神家园》正式颁发。其主要内容如下：

（一）战略篇

1. 企业定位：立足农业，服务首都，以都市型现代农业为主业　立足农业就是要高举农业大旗，聚焦农业，做好做足现代农业这篇文章。服务首都，即围绕北京建设世界城市的目标和"四个服务"的要求，努力提供优质产品和优质服务，更好地为中央服务，为首都市场和市民服务。都市型现代农业是指在城市化地区及其周边地区，利用大城市提供的科技成果及现代化设备进行生产，并紧密服务于城市的高层次、多形态的绿色产业；是以现代科技为基础，以农业产业化为依托，以规模经营为条件，集生产、服务、消费于一体的经济和生态等多种功能并存的现代农业。

2. 企业功能：创新农业科技 奉献安全食品 提供应急保障　"创新农业科技"即以科技创新为动力，大力发展以种业为核心的高科技农业，占领行业技术高点，实现对全国农牧科技的引领，带动农民致富和产业升级，成为展示都市型现代农业的重要窗口。"奉献安全食品"即依托产业优势，建设农产品加工的国际标准体系，构筑从田间到餐桌生产和质量控制的全产业链，奉献更多安全健康营养便捷的优质食品，发挥国有龙头企业在新一轮"菜篮子"工程中的主导作用。"提供应急保障"即发挥品牌优势，打造"首农"标准，通过"农超对接"及专业高效的现代物流集成服务，建立农产品绿色通道，构建北京安全农产品现代物流体系，为首都提供安全食品和应急保障。

3. 企业目标

（1）经济目标。用五年的时间，把企业建设成为国内领先的都市型农业企业集团，进入并提升在中国企业 500 强中的排名。大力扶持发展生物籽种、生物制药、饲料业等农业高科技龙头企业，在全产业链上占领制高点，成为展示都市型现代农业的重要窗口；乳制品要成为国内行业中的一线品牌；加大物产物流的增量投入，发展地产、商业终端及现代农商集成的服务体系，满足首都食品安全与应急保障的要求。

（2）品牌目标。用三到五年的时间，把首农品牌打造成为中国都市型现代农业第一品牌。通过整合发挥旗下三元、华都、双大等知名品牌的资源优势，建立起"首农"母品牌和二级公司产品子品牌联动、互为支撑、协同发展的集团品牌体系。加大"首农"品牌推广力度，打造体现以责任为先导，引领品质，以三大主营业务、全产业链、多元产品为载体的都市型现代农业第一品牌。

（二）理念篇

1. 企业愿景：建设首都标志性、具有行业领导力和品牌竞争力的都市型现代农业集团，成为创新型的国家农业产业化龙头企业　"首都标志性"是指首农集团要成为首都企业的一面旗帜，充分体现"人文北京、科技北京、绿色北京"的战略构想，将集团做大做强，成为推动首都经济发展的重要力量，成为首都建设世界城市的生力军，成为彰显首都农业品牌的标杆企业。"行业领导力"是指企业具有自我稳定发展、能够参与制定行业标准、引领行业健康发展的能力。首农将立足产业高端，占领行业制高点，提升在现代农牧业、食品加工业、物产物流业三大领域的创新力和领导力。"品牌竞争力"是指产品的品牌超越其他产品的竞争能力，是其他产品不易甚至无法模仿的，具有持续竞争优势的能力。集团将实施以"首农"品牌为核心的母子品牌战略模式，打造具有市场竞争力的都市型现代农业第一品牌。"创新型的国家农业产业化龙头企业"是指通过机制创新、管理创新、科技创新，发展具有"高端、高效、高辐射"的都市型现代农业，从而推动区域经济产业优化与升级，带动农民增收致富。

2. 企业使命：共创健康美好生活　健康美好生活是人类共同的追求，首农集团要通过建立科学高效的组织，充分整合人力、自然、科技等各种资源，创造出满足社会需求、回报股东投资、实现客户共赢、促进员工成长的新价值，为社会提供安全、优质的安全产品及优质服务，成为健康美好生活的倡导者和捍卫者。

3. 核心价值观：感恩、责任、诚信　感恩是一种美德，是一种智慧。只有懂得感恩，才能付诸回报；只有学会感恩，才能担当责任。首农感恩大地的赐予，感恩社会的厚爱，因而积极地回报自然、回报社会，在感恩与回报中实现企业的和谐发展。作为企业，首先要对员工、消费者、社会负责，要承担起构建和谐劳动关系、遵守公平竞争的市场规则和维护可持续发展的自然环境的责任；作为国有企业，还要体现其特殊的政治使命，当国家遇到危难之时，能够不惜代价，挺身而出；作为大型国有农业企业，更要成为服务国家利益的核心力量，在推进农业现代化，保障国家种子安全、粮食安全和食品安全中发挥重要作用。诚信是垒砌责任的基石。没有诚信，责任无人担当；没有诚信，责任无处安放。诚信是首农的立身之本，是企业基业长青之道。首农人强调忠于股东、超值回报，信于客户、尽善人意，诚于伙伴、互惠互赢。

4. 经营理念：品质，永不妥协；创新，永无止境

（1）"品质，永不妥协"。首农集团把为社会奉献高品质的产品和服务作为发展的首要条件，坚持以国内领先、国际一流标准要求自己，致力于打造精品，立志以最优的品质引领行业发展，在追求品质的道路上，首农人绝不言败，永不妥协。

（2）"创新，永无止境"。创新是企业的灵魂，是首农集团可持续发展的不竭动力。首农人崇尚创新精神，鼓励创新性的思考，支持创新性的研究，探索创新性的改革。创新无处不在，创新永无止境。

5. 企业精神：超越自我，勇于开拓

（1）"超越自我"。首农人要不满足已有的成绩，在把握自身优势的同时，不断突破自我的局限，要敢于和同行的强手比拼。在农垦系统对标上海光明，在全国企业对标中粮集团。向他们学习，并立志赶超。

（2）"勇于开拓"。首农人要摒弃小富即安、甘居中游的观念，发扬"艰苦奋斗，勇于开拓"的农垦精神，强化危机意识和竞争意识，做到不畏困难、敢为人先、拼搏进取、追求卓越。

6. 人才理念：以德为先，有用为才，才尽其用

（1）"以德为先"。士有百行，以德为先。"德"包括人格修养、意志力、责任心、进取心和事业心等众多内涵，是首农集团人才选拔的第一标准。无才之人犹可教，无德之人不可用。

（2）"有用为才"。在人才评判和选拔标准上，首农集团强调以能力为上，以适用为才，不唯学历看能力，不唯文凭看水平，鼓励员工不断地进行自我完善，成长为企业发展的栋梁。

（3）"才尽其用"。在人才使用上，首农集团强调量才使用，有效用才。根据人才的层次和特点，为其提供适合发挥自身才能的舞台，并运用科学的激励机制，鼓励他们为企业创造更大的财富，实现人尽其才、才尽其用。

（三）行为篇

企业文化要靠全体员工的日常行为来塑造，全体首农人，无论是管理层还是普通员工，都应牢记以下行为准则，并以此作为行动的指南。

1. 遵纪守法，令行禁止　每位员工都要自觉遵守国家的法律法规，遵守公司的规章制度；要强化执行能力，做到有令必行、有禁必止。

2. 忠于企业，尽职尽责　每位员工都要培养忠诚的品德，包括对国家的忠诚、对事业的忠诚、对企业的忠诚。表现为自觉维护企业利益，忠于职守，爱岗敬业，勤勉工作，尽职尽责。

3. 努力学习，求实进取　每位员工要敢于挑战现状，主动学习业务相关领域的新技术和新知识，提高综合素质，使自己成为本岗位的行家里手。发挥自己的潜能，做最好的自己。

4. 团结协作，和谐共赢　每位员工都要发挥团队精神，保持开放包容之心，以首农的事业为目标，加强协调配合，主动承担责任，构建和谐企业，实现共赢发展。

此外，作为首农的管理层，还需要具备谋划全局的战略远见，树立公平公正的用权观念，追求严于律己的人格修养，强调求真务实的工作方式，成为体现企业价值的典范、带动企业发展的核心、受到员工尊敬的领袖。

第二节　企业职工思想教育

北京农垦在加强企业职工思想政治教育方面有着良好的传统。在国营农场草创时期，各农场党组织积极组织职工参加政治学习，提高社会主义觉悟。在 20 世纪 50 年代初期，农场组织职工开展农业爱国丰产运动；在"三反"运动期间，组织职工开展反对官僚主义、铺张浪费的讨论活动，实现增产节约的目标。20 世纪 50 年代中后期，农场党组织经常进行"比先进、学先进、赶先进"的教育活动，各级工会、共青团也常年组织以"比、学、赶、帮、超"为内容的劳动竞赛和技术革新活动。60 年代，农场组织职工开展"自力更生、艰苦奋斗"和"以农为荣、以场为家"的思想教育，提高职工的主人翁意识；组织职工学习毛主席著作；号召大家向雷锋同志学习和向焦裕禄同志学习并对职工进行共产主义思想教育；按照阶级斗争、生产斗争、科学试验为内容的"三大革命运动"的要求，组织职工开展政治学习，组织有文化的职工开展科学实验活动。在 60 年代中后期，对职工的思想政治教育侧重于阶级教育、社会主义教育运动。

为了解放思想，加快工作重心转移，1979 年 5 月，市农场局党组部署开展真理标准的大讨论。1980 年 7 月至 1985 年 2 月，市农场局先后组织开展三次致富大讨论，以消除干部职工的思想顾虑。在社会主义精神文明建设方面，北京农垦坚持以正面教育为主，组织动员群众，发挥群众在精神文明建设中的主体作用，以建设"四有"社会主义公民和"四有"职工队伍为目的，积极开展爱国主义教育、集体主义教育、社会主义教育和艰苦创业、献身改革的教育，大力倡导文明礼貌、助人为乐、保护环境、遵纪守法的社会公德，尊老爱幼、男女平等、夫妻和睦、邻里团结的家庭美德，爱岗敬业、诚实守信、服务群众、奉献社会的职业道德，形成了良好的社会风气。在教育活动中，主要采取职工自我教育的方法，充分发挥黑板报、橱窗、专栏、小报、图书室的作用，通过知识竞赛、演讲比赛、座谈会、讨论会、参观展览、精神文明创建等专题活动，将社会主义精神文明建设做得生动活泼、卓有成效。自 1982 年以来，各二级单位陆续开展"文明礼貌月""五讲四美三热爱""单位花园化家庭花园化建设"等活动，3 月，全系统基层企事业单位开展以精神文明建设为中心的治理脏乱差的活动；5 月，在全系统青年中开展"热爱本职、献身四化"的教育活动。1983 年 2 月，中共北京市委、市政府向峪口养鸡场颁发奖状，表彰其在 1982 年"五讲四美"活动中成绩显著。1983 年 11 月，总公司召开职工思想政治工作会议，在全系统开展加强职工思想政治工作的活动，部署青工政治轮训任务。1990 年，在全系统开展以"基本路线基本国情""爱党爱祖国爱社会主义""职业责任、职业道德、职业纪律、职业技能"为主题的"双基、三热爱、四职业"大型思想教育活动；以迎亚运活动为契机，开展学雷锋树新风、文明用语、优质服务、文明执法、整顿交通秩序及爱国卫生等宣传活动。1994 年，组织职工学习《劳动法》，参加全国《劳动法》知识竞赛，提高了职工的维权意识。为了纪念北京农垦开发建设 50 周年，1999 年 8 月，总公司举办"知我总公司、爱我总公司"知识竞赛，历时两个月，圆满结束。

为了促进精神文明建设，北京农垦大力宣传系统内全国劳动模范爱岗敬业、诚实守信的先进事迹，组织职工参加"北京十佳影响力"评选活动，培养职工爱岗敬业的思想理念，增强企业的凝聚力。2005 年 10 月，南郊农场被北京市"创争"活动领导小组办公室评为"北京市'创争'活动暨首都职工素质教育工程优秀组织单位"和"北京市'创争'活动暨首都职工素质教育工程先进单位"。2006 年 11 月 23 日，三元出租车公司成立"退伍军人服务车队"，这是由驾驶员冯叶化、魏占等 7 人发起成立的特色服务车队，2008 年 10 月，三元出租车公司退伍军人服务车队被市总工会授予"奥运立功北京市工人先锋号"。

2007 年 1 月 9 日，奶牛中心良种场在北京市"创建学习型组织、争做知识型职工"活动中成绩突出，被市创争活动领导小组评为"2006 年度学习型班组先进单位"；立时达药业质量管理部刘云被评为"2006 年度知识型职工先进个人"，同时，奶牛中心良种场还被评为"2006 年度全国学习型班组先进单位"。同年 12 月，南郊农场被首都职工素质教育工程领导小组授予"首都职工素质教育工程先进单位"称号。三元集团党委组织干部职工参加忠诚教育，大力倡导"党员忠诚于誓言、员工忠诚于岗位、班子忠诚于事业、人人忠诚于三元"的价值观。

2008 年 5 月 12 日汶川地震发生后，北京农垦向全体员工发出了"捐出一日工资，为灾区人民奉献一片爱心"的号召，得到了员工的积极响应。从牛场猪舍到生产车间，从宾馆饭店到出租车公司、加油站，每名员工都慷慨解囊，短短不到三天的时间，就筹得捐款 200 万元。在抗震救灾最关键的时候，集团公司又决定向灾区捐赠价值 1 000 万元的爱心牛奶，集团公司的青年志愿者们到大红门火车站，把一箱箱牛奶装上火车，也把一颗颗火热的爱心送到了灾区。同时，北京农垦充分发挥网络和内刊的平台，以各种形式，充分展示和表达员工爱国爱企的热情。

2008 年是奥运之年，北京农垦有 13 家企业、6 种产品直接为服务奥运。全系统积极开展"迎奥运、讲文明、树新风、促发展"活动，以"为祖国争光，为奥运添彩"为主题，增强企业员工服务保障好奥运会的责任感、使命感，在奥运服务和保障工作中争创一流。系统内各服务保障企业以促进奥运培训成果转化为重点，落实行业和企业制定的奥运工作标准，实现岗位服务规范和技术达标，经过试运行演练和实战服务，以优质的服务为成功举办奥运会做出了贡献。同时，进入 8 月后，原《北京三元集团》报由半月刊改版为周刊，增发"奥运特刊"，并对版面进行大幅调整，突出奥运主题，用图片说话，增强视觉冲击力，重点展示系统内的奥运特供进展、赛场啦啦队、奥运服务等内容。此外，结合奥运宣传，印制集团新版宣传册，编撰了《印象三元》2008 特刊，并投放到 1 700 辆三元出租车和三元酒店的每个客房中。此外，还制作"服务奥运，三元准备好了"宣传片，展示北京农垦迎接奥运、参与奥运、服务奥运的精神风貌和实际工作。

为庆祝北京农垦成立 60 周年，2009 年 10 月 25 日，经过两个月的精心筹备和组织策划，首农集团在北京国际会议中心举办了一场以"与祖国共辉煌"为主题的大型庆典活动。活动邀请了上级领导、兄弟单位、集团公司老同志代表、二级单位领导以及先进模范人物代表等 1 000 人参加。50 余家中央和地方媒体应邀到会，对庆典进行报道。庆典活动通过短片回顾、现场采访、主题仪式、艺术表演等各种表现形式，生动再现了北京农垦艰苦的创业历程，展示和讴歌了60年来北京农垦所取得的辉煌成就，激励着首农集团全体职工积极向上、奉献岗位、再创辉煌。

2015年8月，在市国资委举办的"我们的价值观"和"京华英雄"百姓宣讲比赛中，首农集团获得优秀组织单位，华都集团樊士杰获优秀宣讲员称号，并在集团内部开展了多场宣讲活动，取得了较为热烈的反响。是年12月30日，"最美首农人"表彰大会在香山会议中心举行，郎义旺等100名来自基层的普通员工获得"最美首农人"称号。

2016年，三元食品股份公司荣获"北京市思想政治工作优秀单位"。同年，首农集团组织筹办"共筑千亿首农梦"微电影大赛。经过剧本创作与导演拍摄培训，各企业充分调动职工的积极性，深入挖掘职工的感人故事，完成作品创作、拍摄、剪辑等工作，共征集微电影作品24部。微电影作品在集团官微正式上线，页面访问量近200万，线上线下相互联动，成为聚人气、鼓干劲、凝人心的新平台。

2017年，首农集团选送的《为了梦想》《暖心》入围市国资委第二届微电影大赛，并连捧四奖杯。同年，首农集团推荐选送南郊农场参加市国资委宣讲比赛，参赛代表以《说说疏解腾退那些事儿》为题进行演讲，获得一等奖，并入选北京市"不忘初心跟党走，圆梦京华谱新篇"百姓宣讲团，为北京农垦改革发展创造了良好的舆论环境。

■ 第三节　文明单位荣誉

北京农垦在推进精神文明建设中不断总结经验，创新发展，取得了一系列荣誉。

1992年1月，南郊农场房管所被首都精神文明建设领导小组授予"首都文明单位"称号。1993年2月，大兴县红星区房管所被首都精神文明建设领导小组评为1992年度"首都文明单位"。1995年4月19日，北郊农场被首都精神文明建设委员会评为1994年度"首都文明单位标兵"，南郊农场被评为1994年度"首都文明单位"，北京市兽药厂、燕京医药公司、双桥褡裢坡村被评为1994年度"北京市精神文明建设先进单位"。1996年4月19日，朝阳农场被首都文明委授予1995年度"首都文明单位"称号。1997年4月，光明饭店被首都文明委授予1996年度"首都文明单位"称号。

场乡体制改革后，北京农垦根据国有企业的特点和改革改制的要求，进一步加强企业精神文明建设，提升企业对外形象。2000年4月，北京市长建南郊建筑工程公司、三元食品有限公司、北郊群英服装厂、北京市和平工业公司砖厂、北京市长营牛场、北京东居物业管理中心被首都文明委授予1999年度"首都精神文明建设先进单位"称号。2002年7月，三元食品股份公司营销分公司、南郊农场德茂试验站、南口农场、圆山大酒店、华成商贸公司、奶牛中心6个单位被首都文明委授予2001年度北京市"首都文明单位"称号。2006年，南口农场被评为首都文明先进单位。2007年8月，三元食品股份公司被首都文明委授予2006年度"首都文明单位标兵"称号，奶牛中心、三元石油公司、圆山大酒店、金星鸭业中心、三元出租车公司、绿荷中心和大发正大公司河漕种鸡场被首都文明委授予2006年度"首都文明单位"称号。2008年10月，首都文明委授予三元出租车公司"迎奥运、讲文明、树新风活动先进集体"称号。

首农集团重组成立后，集团党委对原三家一级公司的企业文化建设进行调研，加快了家企业文化的融合，精神文明建设水平在原有基础上有所提升，获得"首都文明单位"的二级企业数量明显增加。2010年3月20日，三元食品股份公司被首都文明委授予2009年度"首都文明单位标兵"称号，绿荷中心、三元出租车公司、金星鸭业中心、奶牛中心、圆山大酒店、峪口禽业公司、大发正大公司国内贸易部被授予"首都文明单位"称号。2012年4月19日，在首都精神文明建设工作大会上，三元食品股份公司、绿荷中心被首都文明委评为 2011 年度"首都文明单位标兵",三元出租车公司、奶牛中心、金星鸭业中心、圆山大酒店、南郊农场、艾莱发喜公司、大发正大公司国内贸易部被评为 2011 年度"首都文明单位";在 5 月 22 日举办的市国资委精神文明建设工作推进会上,绿荷中心还作为"首都文明单位标兵"代表进行了典型发言。2015 年 3 月 31 日,三元食品股份公司、首农畜牧绿荷牛业分公司被首都文明委授予 2012—2014 年度"首都文明单位标兵"称号,三元出租车公司、金星鸭业公司、南郊农场、艾莱发喜公司、东风农工商、黑六牧业公司、香山会议中心共 7 家单位被授予 2012—2014 年度"首都文明单位"称号。2017 年,黑六牧业公司、三元出租车公司、艾莱发喜公司、金星鸭业公司、康乐工贸公司、德胜饭店、西郊农场、卢沟桥农场、南口农场 9 家单位荣获"首都文明单位",三元食品股份公司、首农畜牧发展有限公司荣获"首都文明单位标兵";11 月,三元食品股份公司被中央精神文明建设指导委员会授予"全国文明单位"称号。

■ 第四节　企业对外宣传

　　企业外宣是指企业通过企业外部的新闻媒体,以发送新闻、刊登图片等形式宣传企业,提升企业形象,是企业文化建设的一项重要工作。北京农垦企业文化部负责集团公司外宣的具体工作,在重要时间点、重大活动事件的对外宣传上进行整体策划、精心组织,收到了较好的效果。

　　2009 年,三元并购三鹿是社会关注的热点,为了妥善处理好舆论导向,在对外宣传上,首农集团采取"抢先说、统一说、正面说"的策略,对媒体比较关注的问题进行了详细的准备。3 月 2 日,在三鹿核心资产拍卖的前两天,组织了 20 余家媒体赴石家庄进行深入采访,走访养殖小区,参观奶粉生产线,为并购后的宣传报道做铺垫,在舆论上争取了主动。拍卖成功后,立即组织召开新闻发布会,70 余家媒体到场,就并购的具体情况和未来战略做了说明,取得预期的效果。6 月 10 日,河北三元正式运营 3 个月以来,又组织了 16 家媒体深入河北,了解河北三元的企业经营情况,为河北三元的发展制造积极的舆论热点。此外,加强对媒体的定时监控,做到反应及时迅速,积极应对负面新闻。

　　2009 年 5 月 16 日,市政府举行首农集团挂牌仪式。挂牌仪式当天,邀请新华社以及《人民日报》《北京日报》《北京晚报》《北京青年报》等中央及地方媒体 60 余家,当天召开了新闻发布会,借助媒体的平台,使社会更加了解重组首农集团的目的以及未来发展的定位,为首农集团的发展营造了良好的舆论氛围,也为今后集团的宣传工作奠定了良好的基础。

　　2010 年,企业文化部组织或参与组织了向玉树灾区捐款及捐奶粉活动新闻发布会、三元农业新闻发布会、首农集团与农职院签约新闻发布会、北京凯拓三元生物农业技术有限生物公司成立揭牌仪式等活动,取得了较好的效果。累计邀请到会媒体,包括新华社、中央人民广播电台、中央电视台、北京电视台以及《农民日报》《北京晚报》《人民网》等主流媒体记者 100 多人次,发表新闻报道、专题等 300 多篇。

　　2011 年,三元牛奶被中共中央宣传部、国务院食品安全办指定为食品行业安全典型,新华社、中央电视台、中央人民广播电台和《人民日报》《光明日报》《经济日报》等中央媒体,以及北京电视台和《北京日报》《北京晚报》等 14 家市属媒体纷纷走进三元食品股份公司,对首农集团奶业产业链进行了深入报道,特别是中央电视台《经济半小时》栏目,用近 18 分钟的时间对三元食品股份公司进行了专题报道,取得了良好的效果。

　　2012 年,利用全国各大媒体深入开展"走转改"活动的契机,邀请多家中央及北京市属媒体走进首农,对集团产业链进行生动报道。北京电视台《首都经济报道》栏目深入牛场车间,连续三天报道了集团奶业产业链;5 月 6 日,《人民日报》刊登了《"三高"支起都市农业大梁》,对集团依靠科技创新,建设都市型现代农业取得的成绩进行了大篇幅报道,引起了全国同行的广泛关注;10 月 8

日，首农集团董事长张福平做客北京人民广播电台知名栏目"市民对话一把手"，音视频同步直播，为首农集团赢得了良好的口碑；11月29日，《北京商报》刊登《张福平：都市"麦田"的守望者》，以人物宣传入手，全面展现首农集团改革发展路程，获得了良好的社会影响。

2013年，在中国奶业协会的组织下，新华社及《人民日报》《经济日报》《农民日报》等媒体走进三元食品股份公司，对首农集团奶业食品安全工作进行全方位报道；行业媒体方面，农业部《农产品市场导刊》、市发改委《投资北京》均以封面文章的形式对集团董事长张福平进行了专访，分别就集团打造全产业链保障食品安全、围绕主业改革发展进行了专题报道；电视媒体方面，集团首次触及国际媒体，澳亚卫视对集团董事长进行了两个小时的专访，首农集团和三元食品"诚信立市、质量为本"的企业文化得到了更好地传播。

2014年，结合中央提出的京津冀协同发展的总体目标，重点对集团在津冀地区的投资项目及总体思路进行宣传，《北京日报》《北京电视台》《首都建设报》等媒体先后对此进行了采访报道。同时，集团加强与媒体的交流与合作，在原有沟通机制的基础上，注重新闻资源与广告资源相结合、传统媒体与新媒体资源的结合，建立丰富稳定的媒体"朋友圈"，为集团公司营造良好的外部舆论氛围。

2015年，新华社、《人民日报》《光明日报》《中国青年报》等10家中央媒体驻北京记者站站长联合采访首农集团参与京津冀协同发展情况，并先后对河北定州循环示范园区、天津港首农公司等地进行了采访报道。对于年内举行的首农品牌产品推介会及首农双河农场30万吨稻谷加工生产线投产发布会，各媒体也保持高度关注，相继进行了集中报道。

2016年，以三元食品河北工业园开园为契机，集中宣传集团在津冀地区的项目，中共北京市委宣传部组织新华社、中央电视台、北京电视台和《人民日报》《中国青年报》《北京日报》等主流媒体走进三元河北工业园，宣传首农在京津冀一体化建设中所做的努力和贡献。组织北京国际风筝节、南口小国光上市等多场新闻发布活动，实现了首农集团在中央媒体、主流媒体的高频次集中报道，引起了社会的高度关注，为集团的发展营造了良好的舆论氛围。完成了市政府内参"昨日市情"关于和义五金城疏解的典型材料《市属企业疏解市场面临的问题及探索》。新华社内参清样《它何以敢收购麦当劳?!——首都农业国企探索混合所有制改革蹲点见闻》报道了首农集团积极探索混合所有制改革，得到了国务院和北京市领导的批示。5月13日，《人民网》《新华网》《网易》等20余家网络媒体到河北首农定州园区采风，参观A区挤奶厅、成母牛养殖区。

2017年1月11日，北京卫视新闻报道建设京津冀协同发展的"首农样本"，时长2分35秒。5月，《人民日报》相继刊发《三元奶粉用质量托起信任》《让国人餐桌更丰盛》，大篇幅报道三元奶粉发展情况，深度报道了首农如何依托全产业链打造安全可靠好品牌，引起各级领导和行业内的高度关注。继《亚洲最大水泥筒仓群成新夜景》登上《人民日报》头版后，中共北京市委宣传部多次组织新华社、北京电视台和《北京日报》《北京晚报》《北京青年报》等中央及市属媒体到双桥塞隆文创园采访，将其塑造成为广渠路沿线的文化新地标。集团疏解腾退促提升、京津冀协同发展等工作持续受到北京电视台、《北京日报》等主流媒体的关注。此外，集团外宣工作加大"美丽首农"战略的宣传力度，推出了"美丽首农·樱桃采摘季""美丽首农·金秋收获季"等系列活动，邀请媒体走进首农、体验首农、宣传首农，扩大了"美丽首农"品牌活动的影响力。

除了通过新闻媒体进行对外宣传外，2009年，北京农垦网上博物馆正式上线。网上博物馆共分农垦溯源、城乡血脉、引领示范、对外交往4个展厅，真实地记录了许多珍贵的历史瞬间，运用3D成像技术，全景式地展示了北京农垦建设的场景，通过网上浏览，可以使人身临奇境，把人带回过去的岁月。系统内外各界人士亦可通过网络平台参观浏览，了解北京农垦人的历史贡献和精神风貌。2012年4月，首农集团投资近600万元建成的三元食品牛奶主题馆正式投入使用，该主题馆浓缩了北京奶业的非凡跨越，展示了北京农垦人的无悔奉献。三元牛奶主题馆运用高科技手段，传播三元文化，普及牛奶知识，展馆与现代化牛奶生产线融为一体，集科普性、观赏性、知识性、娱乐性、休闲性于一体。开放半年多来，共接待参观者7万多人次，最高日接待量达1 500人次，参观人群涵盖普通消费者、中小学生、各级领导以及各类社会团体，成为集团对外展示良好形象、对内教育员工的特色文化阵地。

■ 第五节　企业报刊

企业报刊指企业创办的、不以营利为目的的报纸或杂志，是主要以企业员工为目标受众的特殊的传播媒介，能在建设企业文化、增强企业凝聚力、展示企业良好形象方面起到积极作用。北京农垦企业报刊分为两个层面：一是由生产经营企业主办的报刊；二是由农垦管理机关主办的报刊。

一、生产经营企业报刊情况

从发展的过程看，农场创办的报刊最早出现在 20 世纪 50 年代。早在 1954 年 3 月，双桥农场为了宣传过渡时期总路线，创办了《前进报》，这是北京农垦第一家企业报刊。该报刊历经 8 个月，共出版 33 期。[①] 1955 年 6 月 17 日，东郊畜牧场创办了内部刊物《映》，其宗旨是传达上级和农场的工作决议与指示，报道中心工作和劳动竞赛情况，交流工作经验，宣传好人好事。[②]

1989 年年初，南郊农场宣传部创办《红星》报纸，不定期出版，于 1990 年 9 月 25 日停刊，总出刊 5 期。2003 年 5 月 15 日，南郊农场政工部创办的《南郊农场通讯》第一期出刊，为 A3 纸单面黑白单色的小报；2003 年 6 月 10 日改版为 A3 纸双面彩色版；2007 年 12 月 26 日总第 23 期改为《三元南郊》，为两个 A3 纸大小的双面彩色胶印；2009 年 6 月 15 日，总第 43 期改名为《首农南郊》，每年 8～10 期。到 2018 年年底，已出版第 136 期。[③]

20 世纪 80 年代末，南口农场创办《工业简报》，肩负起农场内宣的任务，这是该场早期内刊的雏形。1990 年 3 月 10 日，由南口农场团委主办的手抄报《星火月刊》创刊。1998 年 3 月，《星火月刊》改版为《南农青年报》。该报在 2008 年、2011 年两次被评为系统内优秀企业内刊。[④]

1990 年，北郊农场《北郊情况反映》创刊。1994 年 3 月 12 日，《北郊情况反映》更名为《北郊信息》。2007 年 4 月 25 日，《北郊农场报》正式创刊，报纸为月刊，彩色印刷。2011 年 1 月，《北郊农场报》改变版面尺寸，扩大了版面信息容量，增加报纸印刷量。

1995 年 6 月，北京市牛奶公司《三元乳品报》创刊。[⑤]

1960 年 1 月 14 日，《和平公社报》创刊，这是东郊农场第二次办内刊。1999 年 6 月，东郊农场《东郊动态》简报创刊，2005 年 7 月改为《东郊动态》报，报纸为月刊。[⑥]

1999 年 6 月 8 日，西郊农场《西郊农场报》创刊。2004 年 8 月，东北旺农场在原《农场简报》的基础上改名为《东北旺农场报》。2008 年 5 月，在原《东北旺农场报》的基础上，《西郊农场报》改版正式印刷发行。[⑦]

2000 年 9 月，东风农场党委投资万余元，创办《东风农场报》。2001 年 9 月，《东风农场报》更名为《三元置业报》，按月发行。2012 年，更名为《东风农工商》。

但总的来看，二级企业报刊有以下几个特点：一是早期企业内刊办刊与停刊的随机性较大，持续

---

① 《双桥农场大事记》，第 14 页。
② 《东郊农场史（1954—2010 年）》，第 43 页。
③ 《南郊农场志》，第 289 页。
④ 《南口农场志》，第 191-192 页。
⑤ 《北京三元食品股份有限公司大事记（第二稿）》，第 29 页。
⑥ 《东郊农场大事记（初稿）》，第 30 页。
⑦ 《西郊农场志（初稿）》，第 233 页。

性短；二是早期企业报刊的主要功能是内部宣传和上下交流信息，但也有一部分内刊以科技信息为主，以青年职工为主要受众；三是近年来，随着市场经济的发展，企业报刊不仅具有内宣功能，而且开始逐步向建设企业文化和树立企业形象的基本功能转变；四是近年的企业报刊版面增加，印制水平提升，刊发周期趋于稳定。集团公司企业文化部也逐步对企业办刊加强了管理与指导，企业办刊整体水平有所提升。

二、北京农垦管理机关报刊

北京农垦创办的报刊发端于 1979 年北京长城农工商联合企业诞生之际。1979 年 8 月 10 日，长城农工商联合企业的《长城新闻》创刊，宗旨是沟通情况，交流工作经验，传播科技，报道科研成果，以加快农场系统新长征步伐。[①] 该刊为不定期刊，出版周期基本为一个半月，于 1981 年 4 月停刊，共出刊 12 期。

其停刊原因是要集中力量办好农工商联合企业办公室编辑的《情况简报》。《情况简报》以政务信息为主，不定期刊发，于 1981 年 12 月停刊，共出了 43 期。

由于《情况简报》侧重政务信息，指导农场及各类企业的生产经营及科技推广，并与其进行沟通、交流的需求难以得到满足，经市农场局党委决定，于 1982 年 3 月创刊《北京农场通讯》，为 32 开本月刊杂志，内部发行，办刊方针是面向农场系统的基层企业与农村生产队，传播有关的科学知识、经营管理经验与国内外信息，以提高干部、职工和社员的科学种田水平和经营管理水平，为发展农场事业及农工商各业服务。[②] 1984 年 6 月 15 日，《北京农场通讯》改为四开四版报纸形式，每月出两期。至 1985 年 11 月，《北京农场通讯》出刊 34 期。

1986—1995 年，农工商联合总公司停办了报刊，集中精力办政务信息。政务信息由办公室负责编辑，先后有《情况简报》《农场情况》和《昨日情况》3 个简报名称。

1995 年，经总公司党委研究决定，恢复办企业报，由党委宣传部主管。5 月 15 日，《农工商报》出刊，发行第 1 期。

2002 年 4 月，《农工商报》名称变更为《北京农工商》，由总公司办公室主管。当时的报纸根据选用稿件的字数，在版饰纸上画出放置区域，再到印刷厂的前期处理公司电脑排版后进行印刷，由印刷厂根据各二级企业地址负责邮寄发行。2002 年 9 月 28 日，因农工商联合总公司改制为国有独资的北京三元集团有限责任公司，《北京农工商》最终出刊 122 期。

2002 年 10 月 20 日，《三元集团报》第 001 期全彩出刊，对总公司更名为三元集团一事进行了详细报道。2003 年 1 月，按新闻出版局要求，有准印字号的企业报（集团报准印字号为：京内资准字-99L0377）每年要进行年审。年审时，工作人员明确指出，没有国内统一刊号的企业报报名中不能带有"报"字。经领导批准，《三元集团报》更名为《北京三元集团》。《三元集团报》只出刊到 006 期即"寿终正寝"，但物以稀为贵，这 6 期报纸反而受到了京城集报爱好者的青睐，在全国第八届集报研究会举办的珍报拍卖会上十分抢手，一张报纸居然几经竞价，最终以 280 元的价格成交。

《北京三元集团》于 2003 年 1 月 25 日出版第一期，但总期数延续了《三元集团报》之排序，以总第 007 期开始，一直出刊到第 010 期。从 2003 年 4 月 1 日开始，《北京三元集团》总期数再次与《北京农工商》相接，改为第 134 期，由三元集团企业文化部负责管理。自 2003 年 9 月 1 日第 144 期起，集团报改为 1、4 版半彩印刷并开始印制全年的合订本。2008 年 8 月 1—31 日，集团报出奥运专刊 4 期，对奥运会期间集团服务奥运等活动进行了大幅报道，最终出刊到总第 280 期终止。

2009 年 5 月 16 日，北京首都农业集团有限公司正式揭牌；5 月 20 日，《北京三元集团》更名为

---

① 北京市国营农场管理局农场史编辑室：《北京国营农场建设大事记》(1949—1985)，第 92 页。

② 《东郊农场大事记（初稿）》，第 110 页。

《首都农业报》，报名由书法家张同印书写，以总第 001 期出刊。2011 年 12 月 31 日，第 063 期开始改为全彩印刷。2014 年 7 月，《首都农业报》被北京市企业新闻研究会评为"2013 年度北京市企业新闻工作先进单位"。2017 年 12 月 15 日，首农集团、京粮集团、二商集团联合重组为北京首农食品集团有限公司，之后，《首都农业报》出刊至 2018 年 6 月 15 日总第 207 期止。①

■ 第六节　史志工作

北京农垦建立在中华人民共和国成立前夕，经过 60 多年的开发建设，形成了独特的创业史、发展史和改革史。北京农垦编纂史志的工作于 1986 年摆上党委的工作议程，后根据北京市地方志编纂委员会的要求，北京农垦进行了第一轮修志工作。2013 年，在农业部农垦局和中国农垦经济发展中心的主导下，成立了中华人民共和国国史学会农垦史研究分会，对全国各垦区提出了修志工作的新要求。北京农垦根据农垦史研究分会的要求，于 2014 年开始着手准备第二轮修志工作，于 2015 年 6 月正式启动，至 2017 年 12 月 31 日，仍处在第二轮修志工作的阶段。

一、第一轮修志工作（1986—2012 年）

1986 年，总公司成立北京市国营农场管理局农场史编辑室，当时赋予的任务是首先编写完成《北京国营农场建设大事记》（1949—1985 年），为以后编写北京农垦史志做准备。下半年开始收集资料、查阅档案、小范围采访当事人，进行编写前的准备工作。

国营农场业务档案分存在多个单位，而且"文化大革命"期间的档案不够完善，只有 1979 年以后北京市国营农场管理局的档案比较完整。1987 年年初，编写人员克服众多困难，多次去市档案局、市农业局、市水利局查阅档案资料，边收集整理资料边进行编写。1987 年 4 月 20 日，总公司党委召开第 11 次常委扩大会议，决定启动修编史志工作，成立了总公司史志编辑委员会；5 月，完成《北京国营农场建设大事记》（1949—1985 年）初稿，约 7.5 万字。

1988 年 3 月，总公司党委在香山招待所召开农场史编写工作会，部署各农场的史志编写工作。1990 年，总公司成立以马志生、包宗业、秦瑞仁为主任的北京国营农场史编审委员会，聘请老领导刘明、郭方、王謂华为顾问，祝遵璜为主编，开展《北京国营农场史》（1949—1989）的编纂工作。该书于 1992 年 2 月印制，全书分四章，共 18 万字，首次将北京国营农场发展史划分为 4 个时期：开创时期（1949—1957）、发展时期（1958—1965）、"文化大革命"时期（1966—1976）、改革开放时期（1977—1989），为后人研究北京农垦史提供了重要的参考依据。

1995 年 5 月 24 日，总公司党委召开史志工作会议，根据北京市地方志编纂委员会和市农口编委会的要求，在系统内全面布置修志工作。

1996 年 3 月，北京市地方志农口编委会下达编写《国营农场志》的任务。总公司党委成立《国营农场志》编纂委员会，刘明、王謂华为顾问，包宗业为主任，张福平为副主任，聘请祝遵璜为主编。由于任务重，志书的篇目还没有确定下来，写作进度滞后。为了加快进度，保证质量，赶在 1999 年 9 月 6 日北京农垦成立 50 周年前夕作为献礼出书，在 1997 年 6 月中旬，总公司党委决定再聘请 4 名离退休的老同志为副主编，组成编辑部。编辑部 5 位老同志为祝遵璜、莫兆林、刘远英、刘玉珠、王真，此时，他们平均年龄是 68.5 岁。是年 7 月，市农口《北京志·农业卷》编委会召开写作会议，对《国营农场志》的篇目制订起到了指导作用。8 月初，在朝阳农场召开国营农场志的篇目研

_____

① 2018 年 7 月 5 日，《首都农业报》改名为《首农食品报》。

讨会，决定设置5篇17章57节，上限为1949年北京国营农场创建，下限为1995年12月31日。1997年年底，完成《国营农场志》初稿。1998年3月，市农口编委会召开修志工作会，总公司在会上介绍了经验，经过9个月紧张而有效的工作，北京农垦修志工作从一度滞后跃为先进。5月底，编辑部完成修改稿，上报市农口编委会备审。6月以后，主要进行修改补充。10月，鉴于北京农垦的场乡体制改革已经开始，市农口编委会决定增写体制改革篇，分两章。12月，市农口编委会召开复审会，通过复审。1999年1月13日，《北京志》编委会通过《北京志·农业卷·国营农场志》的终审，全书51.7万字。1999年8月中旬，北京出版社正式出版《北京志·农业卷·国营农场志》，终于赶在9月6日前完成成书的任务。① 1999年，还完成了《北京农垦50周年纪念文集》，7月，由中国大地出版社出版。1999年9月3日，总公司召开北京农垦成立50周年纪念大会，农业部副部长路明到会祝贺并讲话，大会举行了《北京志·农业卷·国营农场志》和《北京农垦五十年纪念文集》的首发式。2000年，根据《北京志》编委会加强用志工作的要求，已出版志书的单位还要出"精简本"。这项工作从3月启动，11月，由北京出版社正式出版。《国营农场志（精简本）》增加了北京农垦1949—1999年大事记摘要。2009年10月，在北京农垦成立60周年之际，北京农垦电子博物馆正式上线，推出纪念画册《风生水起——1949—2009北京农垦六十年》。2010年1月，北京农垦博物馆电子版项目获"2009年度北京市国资委宣传工作创新二等奖"。2010年，按照中共北京市委组织编写中国共产党北京市组织史资料丛书的要求，高质量、高标准完成集团公司组织史资料编纂工作任务。

在第一轮修志工作中，在编纂《国营农场志》的过程中，北京农垦各二级单位，特别是大型农场除了积极提供资料外，自身也开展了编写史志的工作，并且取得了许多成果。

西郊农场于1988年4月启动《北京市国营西郊农场史》编写工作，是年11月印刷成册，成为总公司第一家编写农场史的单位。

南郊农场于1988年4月启动《南郊农场史》（1949—1989年）的编写工作，1992年8月印刷成册。2009年5月，南郊农场开始编写《南郊农场史》（1990—2008年），2009年12月印刷成册。

双桥农场于1990年2月开始编写《双桥农场史（上部）》（1949—1989年），1991年4月印刷成册。2009年3月，编写《双桥农场史（下部）》（1990—2008年），2009年12月印刷成册。

永乐店农场于1990年6月启动《永乐店农场史》编写工作，1991年5月印刷成册。1991年5月，通县永乐店区公所启动《永乐店区志》，1993年3月印刷成册。这是在场乡合一体制下，第一个完成的较规范的地方志。

卢沟桥农场于1991年4月启动《老庄子乡（卢沟桥农场）志》（1700—1990年）的编写工作，1992年6月完成初稿，1993年5月印刷成册。

1987年，牛奶公司完成"组织史"的编写工作。1991年8月，牛奶公司完成《牛奶公司简史》（1956—1989年）的编写工作。

东北旺农场于1991年11月完成《东北旺农场史》（1957—1990）。2007年9月，完成以反映农场史为主要内容的《北京市东北旺农场创业五十周年》纪念画册。

北郊农场于1995年6月启动《北郊农场史》编写工作，在建场40周年前，即1996年9月，该场史由中国大地出版社正式出版。

东风农场于1998年开始组织编写《北京东风农场史》，6月完成初稿，为建场40周年的献礼。2005年，完成以反映农场史为主要内容的《我们的"十五"，我们的"十一五"》纪念画册。

南口农场在1998年建场四十周年之际，为开展知场、爱场、建场教育，向农场建场四十周年献礼，编纂了第一部场史《风雨四十年》。2007年12月，启动《北京市南口农场史》编写工作，2008年5月印刷成册，为建场50周年的献礼。

北京市牛奶公司在2006年编纂完成《北京奶业50年》。

---

① 马辉：《老骥伏枥，修志勇奋蹄》，《发扬传统，再展宏图》（内部发行），第89-96页。

东郊农场于 2010 年年初启动《东郊农场史》编写工作，2011 年 3 月印刷成册。

北京华都集团有限公司主要承担了《北京志·农业卷·畜牧志》的编纂任务。1992 年 6 月，华都集团成立了《北京志·农业卷·畜牧志》编辑部，进行查阅资料的工作，为编写做准备。1994 年，为了加强修志工作的领导，成立了《北京志·农业卷·畜牧志》编纂委员会，后来，编纂委员会又经过两届的调整，整个编纂过程长达 12 年。前 10 年的工作主要是收集、整理资料，并完成初稿；2003—2004 年，根据市农口编委会的评审意见，进一步修改篇目结构，收集补充资料，成稿后又经过几轮修改，于 2004 年 4 月最后定稿。2007 年 4 月，《北京志·农业卷·畜牧志》由北京出版社正式出版，全志设 5 篇，计 41.5 万字、200 余幅图片。

二、第二轮修志工作（2013 年至今）

2013 年 8 月，国家民政部批准成立中华人民共和国国史学会农垦史研究分会。2014 年 7 月 12 日，中华人民共和国国史学会农垦史研究分会在哈尔滨召开第一次会员代表大会。会上，首农集团党委书记、董事长张福平当选副会长，党委副书记马辉、三元食品股份公司总经理常毅当选理事，三元种业、南郊农场、南口农场、东郊农场、西郊农场、双桥农场、北郊农场、巨山农场为团体会员，傅鹏、刘荣及部分二级单位主要领导共 11 人为个人会员。会后，为了今后加强史志工作、完成农垦史研究分会布置的工作，首农集团党委决定选配已退休的老同志范为常负责具体的业务工作。2014 年 10 月，中华人民共和国国史学会农垦史研究分会在上海五四农场举办了第一期农垦史培训班，全面布置了农垦史志编写工作的第一阶段的任务——编写大事记。会后，首农集团开始制定《北京农垦大事记编写方案》。

2015 年 6 月 15 日，首农集团党委印发京首农党发〔2015〕15 号文，决定成立首农集团修志工作委员会和史志办公室（设在企业文化部），张福平为主任；薛刚、马辉为副主任，其中马辉为执行副主任（2016 年 8 月，修志工作委员会主任调整为薛刚，副主任马辉、郑立明，其中马辉为执行副主任）；傅鹏为史志办公室主任，门海涛为副主任；范为常为总撰稿人，负责和指导编写业务。6 月 18 日，首农集团党委召开第二轮史志修订动员暨业务培训会，党委副书记马辉对第二轮修志工作做动员讲话，全面布置修志工作第一阶段的任务，即完成《北京农垦大事记》。

《北京农垦大事记》的编写工作，历经搜集整理、勘误核实、文字编写、统稿修改 4 个阶段。2017 年 5 月，《北京农垦大事记》完成第四稿。之后，较大范围地征求修改意见。在听取修改意见后，编辑部用 3 个月的时间进一步修改，形成第五稿。2017 年 8 月 11 日，主任薛刚主持召开首农集团修志工作委员会全体会议，讨论审定通过第五稿。2017 年 11 月，《北京农垦大事迹》由当代中国出版社正式出版发行，总字数 68.9 万字，农业部原常务副部长刘成果题写了书名，主任薛刚作序。这次大事记的编写工作，不仅形成了《首农集团大事记》这个主要成果，而且完成了 29 家企事业单位的大事记；同时，这次大事记的编写工作还组织、锻炼了队伍，为今后首农集团修志工作奠定了较好的基础。

2017 年 8 月 25 日，首农集团党委召开史志工作会议，修志工作委员会副主任郑立明总结了第一阶段修志工作，即大事记编写工作，对第二阶段修志工作进行思想动员和工作部署。主持首农集团全面工作的党委副书记、副董事长、总经理薛刚对第二阶段修志工作——编写《北京农垦志》的意义和基本要求作了总结讲话。会议下发了京首农党发〔2017〕33 号文件《关于印发〈北京农垦志〉编写计划书的通知》，表彰了第一阶段修志工作的先进单位，授予三元种业、首农股份、艾莱发喜公司、南郊农场、双桥农场、北郊农场、西郊农场 7 家单位"首农集团大事记编写工作组织奖"，授予集团总部办公室、董事会办公室、资本运营部、农牧管理部 4 个部门"首农集团大事记编写工作先进部室"；南口农场、东风农场、东郊农场、巨山农场、双河农场、三元食品股份公司、盛福大厦、双日物流公司、裕农公司 9 家单位完成的大事记被评为"大事记佳作奖"。9 月 12 日，首农集团举办《北京农垦志》编撰培训班，100 多人参加培训。随着 2017 年年底首农食品集团有限公司重组设立，2018 年年初，原首农集团修志工作委员会更名为《北京农垦志》编纂委员会。

　　首农集团个别二级企业在全系统进入第二轮修志工作阶段前已经先行一步。如南郊农场于 2015 年组织编撰并印制了《印象南郊》纪念文集；北郊农场于 2015 年 7 月启动《北郊农场志》编写工作，2016 年 7 月印刷成册，作为建场 60 周年的献礼，北郊农场是场乡体制改革后第一个完成国有农场志编写的单位。

附　录

大事记（2016—2017 年）

1949—2015 年大事记，参见当代中国出版社 2017 年出版的
《北京农垦大事记》，本志略。

2016 年

1 月 12 日　三元食品股份公司宣布以现金 13.05 亿元购买艾莱发喜公司 90％的股权。

1 月 13 日　三元食品股份公司、峪口禽业公司和百年栗园公司被认定为"北京市农业信息化龙头企业"。

1 月 18 日　华都集团股东会决定公司更名为北京首农股份有限公司。

同日　首农集团与北京奥运城市发展基金会签署《捐赠协议书》，首农集团向基金会捐赠 450 万元，从 2016 年起分年度支付，每年支付 90 万元，用于促进奥林匹克事业和残奥事业的发展。

1 月 18—19 日　首农集团召开一届七次职代会暨 2016 年工作会。会议审议通过《北京首农集团"十三五"发展规划》。

1 月 19 日　峪口禽业公司与中国农业科学院家禽所签署《战略合作协议》。

1 月 21 日　首农集团/承德三元御道口牧场有限责任公司与道顺咨询（北京）有限公司签署《御道口牧场四季旅游运营战略合作协议》。

1 月 22 日　三元种业股东大会决定公司增资 1 亿股，每股面值 1 元，全部由首农集团认购，增资后，首农集团持有公司 97.346 4％的股份。

1 月　"北京黑六"获"2015 深受北京市民喜爱的生鲜品牌"年度人气大奖。三元食品股份公司被市科委认定为"母婴乳品健康北京市国际科技合作基地"。

2 月 24 日　市环保局致函首农集团，通报核定结果是："2015 年化学需氧量和氨氮排放量分别比 2014 下降 6.50％和 16.31％，比 2010 年下降 31.30％和 33.31％，完成了'十二五'时期主要污染物总量控制目标任务。"

2 月 25 日　首农集团获得"2015 中国农业年度领袖品牌"。

3 月 2 日　经丰台区商务委员会批准，北京辛普劳提前解散。公司进入清算阶段。

3 月 4 日　首农集团召开 2016 年党风廉政建设工作会议。

3 月 16 日　首农集团召开 2016 年思想政治工作会。

同日　北京丘比被中国质量检验协会授予"全国产品和服务质量诚信示范企业"称号。

3 月 18 日　在第六届北京质量奖暨北京知名品牌颁奖表彰会上，三元食品股份公司的液态乳产

品被评选为"北京知名品牌"，这是公司第三次获此称号。

3月20日　河北省省长张庆伟到河北首农定州现代循环农业科技示范园区考察调研。

3月25日　华都肉鸡公司召开临时股东会，一致同意向人民法院申请破产清算。

3月28日　金星鸭业公司与中国农业大学签订《"十三五"北京鸭育种合作协议》。

3月30日　金星鸭业公司获"2015年度北京市餐饮业'优秀供应商'"称号。

4月8日　三元种业工会被中华全国总工会授予"全国模范职工之家"荣誉称号。

4月11—14日　承德鸭业公司、首农畜牧以优秀成绩通过农业部农垦局质量追溯系统建设项目总结验收。

4月12日　艾莱发喜公司荣获"星巴克优秀供应商"称号。

4月19日　首农股份召开创立大会暨2016年第一次股东大会。

4月25日　《北京首都农业集团有限公司规章制度汇编》（修订版）正式颁布。

4月26日　首农集团确定13家企业为核心企业：三元食品股份公司、首农股份、三元种业、东郊农工商、南郊农场、西郊农场、北郊农场、双桥农工商、南口农场、东风农工商、华成商贸公司、三元酒店公司、首农食品中心。

4月28日　农业部部长韩长赋、北京市副市长林克庆等到"北京农业嘉年华"首农集团展厅视察指导。韩长赋充分肯定首农集团在现代农业建设方面取得的成绩，提出"首农集团要立志成为国内最大的农业企业"。

4月29日　首农集团召开"两学一做"学习教育工作动员会。

同日　三元食品股份公司特渠事业部总经理李新胜、养猪育种中心原种场场长孟庆利、北京安德鲁行政主管孙春娟、三元出租车公司办公室主任周全获得"首都劳动奖章"，盛福大厦获得"首都劳动奖状"。

4月　南口农场绿化工程中心被首都绿化委员会授予"首都绿化美化先进单位"称号。

同月　东疆牧业被天津东疆自贸区授予2014—2015年度东疆自贸区"优秀外来建设者"称号。

5月4日　中国农业大学"三元奶牛农科教合作人才培养基地"在首农畜牧金银岛牧场揭牌。

5月9日　三元创投公司与中国港中旅资产经营有限公司合资设立的农港控股有限公司完成工商注册登记。公司定位为发展"休闲农业＋房车旅游"产业，建设房车休闲农庄体系。

5月11日　为推广无人机叶面施肥技术，双河农场植保无人飞机试飞成功。

5月13日　人民网、新华网、网易等20余家网络媒体到河北首农定州园区采风。

5月16日　三元食品河北工业园正式投产。该工业园位于石家庄新乐市，占地40公顷，总投资18亿元，可年产婴幼儿配方奶粉4万吨、液态奶25万吨。

同日　东郊农场开发建设的北京戴高乐法国国际学校开学，法国外交部部长让-马克·艾罗、法国驻华大使顾山出席开学典礼。

5月18—20日　首农畜牧、中育种猪公司、金星鸭业公司、家禽育种公司荣获"第四届中国畜牧行业先进企业"称号。

5月19日　首农大连公司在大连保税区举行奠基仪式。

同日　首农集团同意三元种业收购首农辛普劳（北京）农业科技有限公司50％的股权。

5月23日　首农集团召开2016年提质增效工作动员会。

5月24—25日　农业部党组成员杨绍品、农业部农垦局局长王守聪到御道口牧场考察指导，农业部领导要求将御道口牧场打造成国际标准的生态示范牧场。

5月　北京市兽医生物药品厂完成的"新城疫稳定抗原的研究与应用"项目被北京发明协会、北京市职工技术协会联合授予"中国移动杯"与第十届北京发明创新大赛优秀奖。

6月1日　由首农畜牧奶牛中心牵头，联合首农畜牧等7家行业知名企业共同成立奶牛育种自主创新联盟。

6月4日　总投资1 820万元的北京黑猪（双河）养殖基地在地处黑龙江省甘南县的北京市双河农场十七队开工。

6月7日　首农集团一届四次职工代表团（组）长联席会议选举马辉、雷坤石为集团职工监事。

6月14日　平谷峪口蛋鸡养殖基地、绿荷奶牛养殖基地、中科电商谷被列入《北京市国家现代农业示范区"十三五"发展规划》。

同日　依托峪口禽业公司的"北京市蛋鸡工程技术研究中心"挂牌。

6月17日　"首农""三元""百年栗园""华都""华都食品"商标被评为北京市著名商标，自认定之日起，有效期为3年。

6月22日　世界品牌实验室发布2016（第十三届）"中国500最具价值品牌"排行榜，首农品牌价值257.51亿元，在上榜农业企业中排名第五，总排名第120位；三元品牌价值141.62亿元，排名第235位。

6月24日　三元食品股份公司党委被授予"市国资委系统先进基层党组织"称号；金星鸭业公司运营管理部副部长韩燕云、首农畜牧南口三牛场党支部书记兼场长刘军、磐德润酒店党支部书记兼经理王林、北京东居物业管理有限公司总经理助理王金珍被授予"市国资委系统优秀共产党员"称号；黑六牧业公司党支部书记兼副经理王红卫被授予"市国资委系统优秀党务工作者"称号。河北首农被中共定州市委、市政府评为"优秀科技创新企业"。

同日　中共北京市委副书记、中关村管委会党组书记苟仲文等到中科电商谷调研。

6月28日—7月8日　三元种业筹办组织北京市第四届职业技能大赛，共有304人参加大赛。

6月29日　三元食品甘肃乳品加工项目在甘肃省张掖市滨河新区绿洲现代物流园举行开工奠基仪式。该项目由甘肃三元乳业有限公司组织实施。

6月30日　首农集团召开庆祝中国共产党成立95周年专题报告会。党委书记、董事长张福平以"弘扬党的光荣传统，做合格共产党员"为题作报告，共有200多人参加报告会。

同日　南郊农场和义五金城市场全面腾退关停，标志着首农集团落实疏解非首都功能工作取得阶段性进展。

同日　首农集团举办"安康首农"2016安全综合应急演练。

同日　北京市兽医生物药品厂的羊败血性链球菌病灭活疫苗获农业部兽药批准文号。

同日　五环顺通中心被中国物流与采购联合会冷链物流专业委员会授予"2015中国冷链物流百强企业"称号。

6月　三元绿化公司首次承接超亿元的"减河公园景观提升工程一标段"项目。

7月8日　中共北京市委宣传部组织中央电视台、新华社、《人民日报》《北京日报》、北京电视台等30多家中央及市属媒体，到三元食品河北工业园采访首农集团及三元食品股份公司在京津冀协同发展和振兴三元婴幼儿奶粉方面所做的工作。

7月13日　河北省省长张庆伟第三次视察三元食品河北工业园，在视察中，他指出，三元食品河北工业园投产是京津冀协同发展的标志性事件。

7月14—17日　在第八届中国（北京）国际妇女儿童产业博览会上，三元舒释爱力优婴幼儿配方奶粉获得"品质金奖"，三元布朗旎烧酸奶、三元冰岛式酸奶获得"产品创新奖"，三元品牌同时摘得"公众大拇指奖"。

7月中旬　奶牛中心承担的市科委重大项目"奶牛良种自主繁育体系建立及关键技术研究"课题通过验收。

7月24—25日　天津市、河北省定州市及滦县等地遭遇强降雨，首农畜牧、中育种猪公司基层单位、东疆牧业厂区等受损严重，直接经济损失1 254万元，间接损失1 863万元。

7月25日　艾莱发喜公司全资子公司上海三元全佳乳业有限公司超高温杀菌（UHT）生产线正式投产，在国内率先实现了常温冰激凌原浆的全自动无菌灌装生产。

7月28日　爱拔益加公司第一次从西班牙引进祖代肉种鸡17 412只。

7月29日　中共北京市委委员、首农集团党委书记、董事长张福平因突发心脏病抢救无效，于凌晨1时29分不幸逝世，享年59岁。

7月30日　经市国资委党委研究并报中共北京市委组织部同意，决定由薛刚主持首农集团全面工作。

7月31日　双河农场6—7月无有效降雨，累计降水量仅91.5毫米，尤其7月累计降水18.3毫米，农场旱田种植作物出现严重的旱情，旱灾面积达2 915.21公顷。

7月　三元农业被市科委、市科协认定为2016—2018年度"北京市科普基地"。

8月4日　市政府办公厅《昨日市情》（特刊第139期）介绍了首农集团和南郊农场的经验与做法，并建议市有关部门予以推广。

8月18日　12片叶水稻（绥粳4、绥粳18）在双河农场十三队优质高产水稻示范基地种植示范成功，繁育200公顷的水稻良种，实现了"粮变种"。

8月23日　百年栗园公司、北京百年栗园油鸡繁育有限公司和中国农业科学院北京畜牧兽医研究所共同培育的"栗园油鸡蛋鸡"新品种（配套系）、"京星黄鸡103"新品种（配套系），均通过国家畜禽遗传资源委员会的评审，分别获得新品种证书。

8月25日　首农集团与国家开发银行签订《"十三五"开发行金融合作协议》。

8月26日　农业部长韩长赋到三元食品河北工业园考察。

同日　三元种业持有的承德三元公司80％的股权全部协议转让给首农集团，转让后，承德三元公司作为首农集团二级企业管理。

8月28日　卢沟桥农场绿产项目A区开工，计划于2017年12月完工，建筑面积14 474米²，总投资预计8 500万元。

8月31日　首农集团被纳入国家农业综合开发县，享受国家农业综合开发相应的政策和资金支持。

同日　首农集团与中国农业机械化科学研究院进行对接合作。

8月　太洋药业收购沧州四环京宸制药有限公司的全部股权，使其成为太洋药业的原料药基地；10月，总投资1.5亿元、占地13.33万米²的太洋药业原料药基地落户在河北省沧州渤海新区医药产业园。

8月　承德鸭业公司获"河北省青年安全生产示范岗"荣誉称号。

9月2日　裕农公司纳入农业部农垦局《2017年农垦农产品质量追溯系统建设项目》。

9月6日　峪口禽业公司在第25届世界家禽大会期间举办的"智慧蛋鸡在中国"的启动仪式上，发布"智慧蛋鸡在中国"战略规划，推出智慧蛋鸡App版。

9月7日　三元食品股份公司分别与Teaqasc（爱尔兰农业与食品发展局）和Daiygold（爱尔兰金乳业）签署《关于合作开发的框架协议》。

9月13日　首农畜牧收购新乡津都奶业有限公司资产。

9月26日　三元食品股份公司在"精准健康扶贫项目启动暨三元企业社会责任报告发布会"上宣布：计划未来5年，在全国选择100个贫困地区对至少20万名贫困家庭的儿童进行健康扶贫。

9月26日　三元食品股份公司在人民大会堂举行"中国高端乳品创新高峰论坛暨三元极致A2β-酪蛋白纯牛奶新品发布会"，推出首款与母乳最为接近的超高端纯牛奶。

9月26—27日　首农集团总经理薛刚率队到国家级贫困县内蒙古宁城县考察扶贫项目。

9月29日　三元食品股份公司生产的婴幼儿配方奶粉第六次获得"国产品牌口碑冠军"荣誉，并荣获中国品牌口碑年会"工匠企业"特别大奖。

9月30日三元食品股份公司持股51％的三元普度公司完成股权收购的交割。从10月1日起，三元普度公司及其全资子公司加拿大克劳利置业有限公司、阿瓦隆乳业有限公司纳入三元食品股份公司财务合并范围。

9月　柳州三元天爱乳业有限公司获"柳州市奶牛养殖与乳品加工科普教育基地"称号。

10月13日　中共北京市委书记郭金龙、市长王安顺及其他领导到南郊农场实地调研拆除腾退工作。首农集团总经理薛刚陪同，并做汇报。市领导在首农·中科电商谷召开"城乡接合部重点地区综合整治工作"座谈会。郭金龙表示，要求各单位要以首农为标杆，做好北京城乡接合部综合整治。

10月18日　农业部关于公布第七次监测合格农业产业化国家重点龙头企业名单，首农集团、峪口禽业公司、三元食品股份公司、首农股份、艾莱发喜公司均监测合格，继续享有国家重点龙头企业资格。

10月20—21日　共青团首农集团第一次代表大会隆重召开，选举产生新一届团委，黄智勇当选书记。

10月30日　中国社会科学院企业社会责任研究中心等机构发布2016年乳品企业社会发展指数，三元食品股份公司社会发展指数增至76.6，接近同行业企业社会发展指数均值的两倍。

同日　北京首农希杰餐饮管理有限公司完成工商注销登记。

10月　光明饭店在全国四星级饭店营业收入、利润总额、实缴税金、平均房价、平均出租率五项综合指标中排名第6位，获2015年度全国四星级饭店20强；利润总额与实缴税金在全国星级饭店中名列第15位，获2015年度全国星级饭店利税贡献20强。

11月2日　在美国洛杉矶市举办的第12届中美电影节上，首农集团和中央新闻纪录电影制片厂联合出品的电影纪录片《中国仪仗兵》，获得中美电影节2016年"金天使奖"年度最佳电影纪录片。

11月5日　首农畜牧参与完成的"乳品产业链质量安全监控关键技术创新集成及应用"获北京市科技进步奖二等奖。

11月18日　首农集团与钓鱼台国宾馆签署《战略合作框架协议》。

11月25日　"十二五"国家科技支撑计划"现代奶业发展科技工程"项目——《华北农区和北方大城市奶牛健康养殖生产技术集成及产业化示范》课题执行情况研讨会召开。首农集团通过课题实施，申请专利11项、专利授权9项，形成企业标准5套，发表论文11篇（其中EI两篇）。

11月26日　中共北京市委书记郭金龙等市领导到朝阳区萧太后河参加劳动，对首农集团及双桥农场在萧太后河整治中的重要贡献和示范带头作用给予充分肯定，这是郭金龙第二次点名表扬首农集团的非首都功能疏解工作。

11月　东疆牧业被天津市政府有关部门认定为"科技型中小企业"。

同月　中育种猪公司原种猪场被中国动物疫病预防控制中心授予"国家动物疫病净化创建场"称号。

12月5日　首农集团举办管理制度宣贯竞赛总决赛。

同日　承德三元晓雅乳业有限公司奶牛分公司被农业部评为"2016年畜禽养殖标准化示范场"。

12月6日　2016年市国资委系统"国企楷模·北京榜样"主题活动颁奖会隆重举行，已故集团党委书记、董事长张福平获"特别荣誉奖"，三元食品股份公司送奶到户事业部宁无敌获"优秀人物"称号。

12月8日　首农畜牧奶牛中心主持完成的"北京地区奶牛养殖精准服务技术平台建立与应用"项目、裕农公司参与完成的"叶类蔬菜周年安全生产技术研究与应用"项目，均获得2016年北京市农业技术推广奖一等奖。

12月10日　艾莱发喜公司第一家海外工厂在新西兰北岛正式开业。

12月12日　金星鸭业公司"北京鸭个体饲料报酬测定自动记录系统"被市国资委推荐为市属国有企业信息化示范项目。

12月15日　首农集团与中国邮政北京分公司签订《战略合作协议》，与北京邮政延庆分公司签订《物流配送合作协议》。

12 月 16 日　首农畜牧作为主要完成单位参加的"犊牛营养调控和培育关键技术研究与推广应用"项目获 2014—2016 年全国农牧渔业丰收奖成果奖一等奖；奶牛中心、中育种猪公司作为主要完成单位参加的"全国农垦规模化养殖场标准体系建立与示范推广"项目，金星鸭业公司作为主要完成单位参加的"北京鸭生态健康养殖与质量安全控制模块化集成与应用"项目获丰收奖成果奖二等奖。

12 月 20 日　三元农业与农港控股有限公司在西郊农场合作建设经营以德国文化为主题的房车休闲农庄项目，即"德国农庄"项目。

12 月 21 日　由中国农业大学、北京奶牛中心、全国畜牧总站、上海奶牛育种中心等单位完成的"中国荷斯坦牛基因组选择分子育种技术体系的建立与应用"获国家科技进步奖二等奖。

12 月 22 日　首农畜牧被市科委、市财政局、市国税局、市地税局联合认定为国家级"高新技术企业"。

12 月 31 日　《农民日报》发表首农集团总经理薛刚署名文章《以国企混改为纲，深耕农业产业链》。

11—12 月　2016 年北京市各级人大代表选举结果陆续揭晓，首农集团有 7 人当选区县人大代表。

2017 年

1 月 1 日　首农集团总部正式开始进行内控体系试运行。

1 月 3 日　三元食品股份公司奶粉事业部总经理吴松航荣膺 2016 "北京榜样"十大人物。

1 月 5 日　第二届"首农杯"全国雪地摩托锦标赛年度总决赛在承德御道口牧场开赛，这是国内唯一的雪地摩托类国家级赛事。

1 月 11 日　北京卫视新闻报道《建设京津冀协同发展的"首农样本"》，时长 2 分 35 秒。

1 月 16—18 日　首农集团召开一届八次职代会暨 2017 年工作会，提出"千亿首农、美丽首农、法治首农"三位一体的战略构想。

1 月 17 日　圆山大酒店和德胜饭店中标 2016—2018 年度中央和北京市政府采购会议定点供应商资格。

1 月 23—24 日　首农集团分别召开党委常委会议和董事会会议，决定将党建工作总体要求纳入《北京首都农业集团有限公司章程》。

1 月 30 日　三元梅园荣获 2017 年度"传承力企业"称号。

2 月 15 日　首农集团工会主席郑立明当选中国农林水利气象工会第四届全国委员会常务委员会委员、副主席（兼职），首农畜牧奶牛中心副主任丛慧敏当选为委员。

2 月 18 日　2016 年中国奶业风云榜揭晓，首农畜牧获奖丰硕：金银岛牧场获"优秀牧场奖"；长阳三场场长刘俊杰、半截河牛场场长杨志国获"优秀场长奖"；金银岛牧场场长王炎、中以示范牧场场长郭彦斌获"巾帼牛人奖"；长阳三场获"最佳效益奖"；中以示范牧场获"单胎次产奶量最高奶牛奖"。

2 月 21 日　三元食品股份公司在"中国小康牛奶行动"启动仪式上宣布，向贫困地区学校捐赠液态奶 2 万提、学生奶粉 834 箱。

2 月　三元种业被市农委和市人力社保局评为 2015—2016 年度北京市社会主义新农村建设"北京农业及生态京津冀协作先进单位"。

3 月 9 日　首农集团召开 2017 年党风廉政建设工作会议。

3 月 10 日　首农集团召开科技创新工作会，表彰获得科技进步奖、成果推广奖、优秀青年科技论文奖的单位与个人。

3 月 13 日　首农集团党委授予南郊农场西毓顺党支部等 20 个党支部"聚力首农梦，党员率先行"模范党支部称号，授予孟庆利等 50 名党员"聚力首农梦，党员率先行"先锋党员称号。

3 月 19 日　首农畜牧建立 A2 牛奶专属生产牧场。

3月21日　首农集团与国家开发银行扶贫金融事业部签署《扶贫及"三农"经济领域合作战略协议》。

3月23日　农业部在河北省保定市阜平县召开"环京津农业扶贫对接会",首农集团总经理薛刚在会上作专题发言。

3月31日　市国资委通报2016年度劣势国有企业退出工作执行情况考评结果,首农集团评为"优秀企业"。

3月　卢沟桥农场被首都绿化委员会授予"首都绿化美化花园式单位"称号。

同月　南郊农场完成对4家中美合资食品加工企业的股权收购工作。交易完成后,农场分别持有北京百麦食品有限公司、北京百嘉宜食品有限公司75%的股权,持有广州百麦食品有限公司、东莞百嘉宜食品有限公司100%的股权。

4月3日　双桥农工商收购塞隆国际公司股东中电信泰文化创意投资有限公司持有的49%股权,交易完成后,塞隆国际公司为双桥农工商全资子公司。

4月11日　三元食品股份公司"D20中国小康牛奶行动"走进河北省宣化市,向当地多所学校学生捐赠三元学生奶粉。

4月13日　首农集团召开银行账户管理工作专题会,部署资金集中管理系统上线工作。

同日　峪口禽业公司"智慧蛋鸡"成功入选北京市2017—2019年度"星创天地"名单。

4月18日　首农集团党委举行基层党支部书记培训班,200名支部书记参加。

同日　河南省"健康中原牛奶伴您行"奶业公益行动启动仪式暨牛奶助学捐赠活动正式启动,三元食品股份公司向河南捐赠学生奶2万箱,市场价值120万元。

4月26日　南郊农场兴红种植园获得北京市农业技术推广站颁发的2016年度北京市"十佳优秀农田观光点"称号。

4月27日　首农集团副总经理常毅、金星鸭业公司总经理王凯、峪口禽业公司副总裁刘爱巧、三元食品股份公司常温事业部导购员张海燕、三元种业河南分公司经理程艳辉获得"首都劳动奖章";北京荷美尔获得"首都劳动奖状";北京安德鲁进出口物流部获得"工人先锋号"称号。

4月28日　第四届中国品牌口碑年会在北京召开,现场发布了2016年中国婴幼儿奶粉口碑报告,三元奶粉以总评第一的成绩再次夺冠,第七次蝉联中国婴幼儿奶粉"好口碑"榜首。

4月　杭州丘比荣获杭州市总工会授予的"杭州市五一劳动奖状"。

同月　首农畜牧承担的"十二五"国家科技支撑计划"华北农区及北方大城市奶牛健康养殖生产技术集成及产业化示范"课题通过国家科学技术部验收。

5月3日　首农集团团委举办庆祝"五四青年节"表彰会。

同日　"首农东郊生活馆"开业,五元物流探索"超市+合作商"新模式迈出重要一步。

5月4日　首农畜牧奶牛中心副主任刘林荣获第三十一届"北京青年五四奖章"。

5月7日　裕农公司、金星鸭业公司获"中国餐饮30年优秀伙伴奖"。

5月9日　首农食品公司与延庆区商务委员会签订《战略合作协议》,合力打造具有公益功能的延庆区域供给三级调度体系。

5月10日　在首个"中国品牌日",央视财经频道举行"CCTV中国品牌榜"启动仪式,三元食品品牌首批入围"CCTV中国品牌榜"。

5月11日　首农集团与黑龙江省大庆市人民政府签署《深化战略合作框架协议》。

5月14—15日　首农集团圆满完成"一带一路"国际合作高峰论坛活动的食品保障供应任务。6月9日,中共朝阳区委、朝阳区政府给首农集团致《感谢信》,感谢首农集团对朝阳区完成"一带一路"国际合作高峰论坛服务任务所做的支持和奉献。

5月17日　《人民日报》刊文《首农集团打造放心农业品牌 让国人餐桌更丰盛》,全面介绍并肯定了首农集团在品牌建设方面的做法及经验。

5 月 18 日　首农集团党委首次召开党建工作述职评议会。

同日　首农集团与延庆区政府签署《关于立足延庆农场发展园艺产业战略合作框架协议》。

5 月 23 日　首农集团信息化工作领导小组更名为网络安全和信息化领导小组。

同日　东北农业大学食品学院在三元食品股份公司建立"东北农业大学食品学院实践教学基地"。

5 月 31 日　北京市社会主义新农村建设领导小组办公室印发《2017 年北京市国家现代农业示范区重点工作细化方案》（京新农办函〔2017〕9 号），三元绿荷奶牛养殖中心基地被列入十五大示范生产基地，首农·第六产业园被列入十二大示范园。

5 月　由首农集团主持、三元种业为主要实施单位的"华北农区及北方大城市奶牛健康养殖生产技术集成及产业化示范"课题通过科技部农村司、农村中心组织的专家验收。

6 月 2 日　首农集团与中国农业发展银行北京分行举行《战略合作协议》签约仪式暨政策性金融助力农垦改革发展座谈会。

6 月 8 日　首农集团党委成立党的建设工作领导小组及办公室。

6 月 10 日　第二届"首都国企开放日"正式启动，800 名北京市民走进三元食品股份公司北京工业园、首农·中科电商谷、紫谷伊甸园、百年栗园公司，感受都市农业的魅力。

6 月 11 日　北京市人民政府办公厅《关于印发〈北京市进一步推进农垦改革发展的实施方案〉的通知》（京政办发〔2017〕29 号），为北京市进一步推进农垦改革发展提供政策依据和行动指南，也为北京农垦未来发展带来重大机遇。

6 月 17 日　印度农业与农民福利部部长拉达·莫汉·辛格（Mr. Radha Mohan Singh）一行 10 人到三元食品股份公司北京工业园参观访问。

6 月 18 日　《人民日报》刊发《三元奶粉用质量托起信任》。

6 月 19—23 日　中共北京市第十二次代表大会在北京会议中心召开，首农集团薛刚、三元种业丛慧敏出席大会。

6 月 21 日　首农集团受让双日株式会社、双日（中国）有限公司持有的双日物流公司合计 49% 的股权。9 月 6 日，完成工商变更登记，公司更名为北京首农三元物流有限公司，成为首农集团全资子公司。

6 月 22 日　世界品牌实验室发布 2017（第十四届）"中国 500 最具价值品牌"排行榜，首农品牌价值 295.37 亿元，排名 129 位；三元品牌价值 164.95 亿元，排名 232 位。

6 月 23 日　华都诗华公司引进的进口产品卫法囊获得农业部官方颁发的生产许可证，该产品是中国市场上极有竞争力的产品之一。

6 月 27 日　中共河北省委书记赵克志等领导参观视察三元食品河北工业园。

同日　首农集团召开基层党建工作重点任务推进会。

同日　中共北京市委办公厅《北京督查》（普刊）第 14 期刊登二开河 21 号院疏解整治工作的主要做法及成效，该院产权主体是首农集团下属的北京盛华四合资产管理有限公司。

6 月 28 日　市规土委印发《关于印发〈北京市加快推进农垦国有土地使用权确权登记发证工作方案〉的通知》（市规划国土发〔2017〕204 号）。7 月初，市规土委召开专门会议，部署和启动北京农垦土地确权登记发证工作。

6 月 30 日　首农集团党委向市国资委党委报送《关于修订完善"三重一大"决策制度实施办法的请示》。7 月 14 日，市国资委党委批复同意实施办法。

6 月　自 2016 年 4 月首农集团落实《北京市畜禽养殖禁养区划定工作方案》以来，累计从各区县迁移奶牛 1.3 万头，基础母猪 1 600 头，生猪、种猪 3 万头，北京黑猪 6 000 头，白羽肉鸡 3 000 万只，蛋鸡 42 万只，北京鸭 130 万只。

同月　艾莱发喜公司获"中国焙烤食品糖制品行业（冷冻饮品）十强企业"称号。

7 月 11—14 日　首农集团所属三元食品股份公司、北京首农物流有限公司、百年栗园公司、怀来正大有限公司 4 家企业通过农业部农垦局质量追溯系统建设项目验收。

7 月 13 日　五环顺通中心荣获 2016 年度"中国冷链物流百强企业"殊荣。

7 月 14 日　首农集团纪委召开二级企业纪委书记上半年述职工作会。

同日　在 2017 中国（北京）国际妇女儿童产业博览会上，三元爱力优奶粉、三元轻能优酪乳获"妇儿博览会消费者好口碑"奖，三元布朗旎烧酸奶、三元极致有机鲜牛奶获"妇儿博览会质量金奖"。

7 月 17 日　由三元食品股份公司工会和培训学院组织的"首届'三元杯'全市食品行业技能大赛"启动会在京召开。

7 月 22 日　中共北京市委常委、副市长阴和俊等到峪口禽业公司调研科技创新工作。

7 月 29 日　三元食品股份公司/复星集团与 Montagu IV FPCI 等签署交易文件，收购 Brassica Top Co S. A. 及 PPN Management SAS（"目标公司"）100％的股权，目标公司均为法国及意大利领先植物食品制造商 St-Hubert SAS 的控股股东。

8 月 2 日　北京降暴雨，长阳农场地区降水量达到 182.8 毫米。

8 月 7 日　农业部农垦局《农垦情况》第 26 期刊文称，北京农垦已完成办社会职能改革任务。

8 月 8 日　国家食品药品监督管理总局发布第二批婴幼儿乳粉产品名单，河北三元 3 个婴幼儿乳粉产品配方成功注册。

8 月 15 日　首农集团党委表彰《大事记》编写工作先进集体和《大事记》优秀作品。

8 月 17 日　养猪中心与宁夏银川湖城万头养殖公司合作的"北京养猪育种中心银川湖城养殖示范基地"揭牌。

8 月 20 日　首农畜牧河南分公司被中国奶业协会认定为"学生饮用奶奶源基地"。

8 月 21 日　首农集团取得中粮资本投资有限公司入资证明，标志着集团参与中粮资本增资混改项目全面完成，集团对中粮资本投资 9 亿元，为中粮资本第四大股东。

8 月 23 日　三元食品股份公司被授予"海外院士专家北京工作站分站"。

8 月 25 日　首农集团党委召开史志工作会议，决定转入第二阶段《北京农垦志》编纂工作。

8 月 31 日　首农集团召开 2017 年度知识产权工作会暨先进工作者表彰大会。

同日　《科技日报》根据中国畜牧协会发布的《中国禽业发展报告（2016）》报道：峪口禽业公司的蛋种鸡市场占有率达到 40％以上，意味着中国人每吃 10 枚鸡蛋就有 4 枚源自峪口禽业培育的京系列高产蛋鸡，峪口禽业已成为从蛋鸡养殖场到引领中国蛋鸡育种产业的世界三大蛋鸡育种公司之一。

8 月　东郊农场所属的宜兴科创慧谷投资发展有限公司开发建设的宜兴清华科技园一期工程被北京市优质工程评审委员会评选为"2017—2018 年度结构长城杯金质奖"。

同月　三元蓝标爱力优婴幼儿配方奶粉通过国家配方注册审批。

9 月 8 日　北京农学院与三元食品股份公司签署《合作协议》。

9 月 11 日　首农股份与中信农业在北京宣布，双方签约，以 1.83 亿美元的价格联合收购英国樱桃谷农场有限公司 100％的股权。这是我国动物育种行业第一次跨国收购，我国将全部掌控百年前流失的品种"北京鸭"的育种技术和专利权。

9 月 12 日　首农集团公司与河南省南阳市政府签署《战略合作框架协议》。

同日　首农集团举办《北京农垦志》编纂培训班，130 余人参加培训。

9 月 15 日　双河农场举行 15 万吨/年稻谷加工生产线竣工庆典。

9 月 18 日　柳州三元乳品加工厂邀请德国乳品专家 Dieter Doose 对乳制品中的风味发酵乳进行为期 7 天的现场技术指导。

9 月 19 日　黑六牧业公司燕丹基地完成养殖基地疏解搬迁工作，7 000 头北京黑猪搬迁到京外的过渡养殖场。

9月21日　中共北京市委常委、副市长阴和俊到三元食品股份公司调研北京农垦改革发展情况。

同日　国家生猪遗传评估中心认定养猪育种中心为"全国猪基因组选择平台"成员单位。

9月22日　三元食品股份公司、百年栗园公司、裕农公司荣获"2017年北京农业好品牌"称号。

9月23日　中共北京市委副书记景俊海到御道口牧场奶牛示范场调研生态涵养区保护、京津冀生态协同发展情况。

9月25日　首农畜牧与河南省上蔡县政府、河南京开农业发展有限公司签署《标准化肉牛养殖场项目框架协议书》。

9月28日　首农集团党委召开党支部规范建设试点部署工作会议,70家基层党支部被列为规范化建设试点。

9月29日　首农集团与北京市房地集团有限公司签署《非经营性资产移交框架协议》。11月16日,市国资委批复首农集团向房地集团移交非经营性资产。

同日　北京丘比被中国质量检验协会评选为"全国质量诚信标杆典型企业"。

10月9日　中共中央政治局委员、中共北京市委书记蔡奇检查党的十九大安全服务保障工作,在首农集团展位前听取总经理薛刚关于落实党的十九大产品供应情况的汇报。

同日　首农集团制定《关于市属国有企业退休人员社会化管理工作方案》,成立企业剥离办社会职能工作领导小组和退休人员社会化专项工作小组,决定采用移交属地社保所的方式实行退休人员社会化管理。

10月13日　金星鸭业公司荣获"北京烤鸭正宗原料供应商"称号。

10月16日　滦平华都公司和金星鸭业公司荣获"中国肉类食品行业强势企业"称号。

10月17日　在第四个国家扶贫日,三元奶粉营养扶贫活动——"让贫困家庭宝宝喝上国产好奶粉"走进革命老区阜平县,向全县4 360名三岁以下幼儿捐赠奶粉和营养扶贫手册。

10月18—24日　全国劳动模范、奶牛中心副主任丛慧敏出席中共十九大。

10月20日　首农集团同意上海首农在香港设立子公司,总投资3亿元,注册资本1亿元。公司主营业务为农产品批发交易、农产品国际贸易等。

10月21日　首农集团党委召开基层党建工作重点任务专项督导工作部署会。

10月23日　双河农场第11公司万亩优质高产水稻示范基地引入激光平地智能化信息技术,解决了水田平整土地的难题。

10月25日　中育种猪育种公司获得由市科委、市财政局、市国家税务局、市地方税务局联合颁发的《高新技术企业》证书。

10月26日　首农畜牧与河南省兰考县政府、河南豫牛农牧科技有限公司签署《万头标准化奶牛肉牛养殖场项目框架协议书》。

10月27日　张家口市政府、首农集团、张家口建设发展集团有限公司签署《农业项目合作开发框架协议》。

10月　南口农场获市农业局认证的市级"优级农业标准化基地"称号。

11月11日　在不踩点、不提前打招呼、不预先安排的情况下,中共中央政治局委员、中共北京市委书记蔡奇视察双桥塞隆国际文创园,并听取首农集团党委副书记、总经理薛刚的汇报。

11月14日　首农集团举办2017"安康杯"竞赛活动。

11月17日　中共北京市委副书记、代市长陈吉宁,副市长程红等到三元食品北京工业园调研食品安全工作。

11月18日　中共北京市委常委、宣传部部长杜飞进到双桥塞隆国际文创园调研。

11月21日　首农集团召开"开展安全隐患大排查大清理大整治专项行动"部署动员会。

同日　首农集团党委传达学习中共北京市委十二届三次全会和全市领导干部警示教育大会的会议精神。

11 月 22 日　中育种猪公司第一批基因组选择公猪诞生并应用于实际生产。

11 月 25 日　北京市副市长卢彦到三元食品北京工业园调研。

11 月 26 日　首农集团与云南省玉溪市政府签署《战略合作框架协议》。

11 月 28—29 日　农业部、国家食品药品监督管理总局等领导带领 2017 年全国"双安双创"现场会代表 300 多人到三元食品北京工业园参观。北京市副市长卢彦及首农集团总经理薛刚等陪同参观。

11 月　三元农业与中国农业大学农学院签署《战略合作协议》，中国农业大学农学院"乡村振兴人才培养基地"正式挂牌。

同月　三元食品股份公司被中央精神文明建设指导委员会授予"全国文明单位"荣誉称号，三元食品股份公司党委被中共北京市委授予"北京市思想政治工作优秀单位"荣誉称号。

12 月 1 日　首农股份增加注册资本 14 000 万股，由中信现代农业投资有限公司全部认购，认购后，公司总股本为 84 000 万股。

12 月 5 日　河北三元出品的"恩贝益"婴儿配方奶粉和"爱欣宝"婴儿配方奶粉通过婴幼儿配方奶粉注册。

12 月 7 日　金星鸭业公司院士专家工作站成为首批通过中国科学技术协会认证审核的院士专家工作站。

同日　北京市双河农场在首农集团备案的公章变更为"北京市（甘南）双河农场"，与农场营业执照及组织代码名称一致。

12 月 8 日　在第八届"北京影响力"评选活动颁奖晚会上，"首农"品牌荣获"最具影响力十大品牌"称号。

同日　三元食品股份公司成为首批"国家食物营养教育示范基地"的单位之一。裕农公司获"2017 年度中餐好食材优秀供应商"称号。

12 月 10 日　首农畜牧获 2017 中国畜牧饲料行业"十大时代企业"称号。

12 月 14 日　京国资〔2017〕215 号文通知首农集团、京粮集团、二商集团三家企业进行重组，首农集团更名为北京首农食品集团有限公司。

12 月 15 日　中共北京市委召开首农集团、京粮集团、二商集团领导干部会议，市国资委党委书记、主任林抚生主持会议并宣布三家企业联合重组的决定，中共北京市委组织部常务副部长贾沫微宣布中共北京市委、市政府有关人事任免的决定：王国丰任首农食品集团党委书记、董事长，薛刚任党委副书记、副董事长、总经理，王瑶任党委副书记、副董事长。中共北京市委常委、副市长阴和俊出席并讲话。

同日　首农集团与西藏自治区拉萨市政府签署《战略合作协议》。

12 月 19 日　甘肃三元乳业有限公司举行新建乳品厂项目试生产仪式。

12 月 21 日　首农集团同意西郊农场成立北京翠湖农业科技有限公司，并利用接收的前章村奶牛二场畜牧及农业用地规划建设翠湖双创农业生态园，以"平台＋"模式运营。

12 月 22 日　三元品牌荣获"中国乳业领军品牌"称号。

12 月 25 日　首农集团与旗下的三元食品股份公司、首农股份公司共同作为 LP，投资复星集团牵头成立的北京星元健康消费产业投资基金（有限合伙）。同时，首农股份与上海复星健康产业控股有限公司合作成立"北京星元创新股权投资基金管理有限公司"，负责管理该产业基金运作。

12 月 28 日　首农集团与北京京东世纪贸易有限公司签署《战略合作框架协议书》。

同日　北京首农电商科技有限公司在 2017 第三届中国农牧品牌年度盛典上荣获"2017 中国农牧行业十大年度品牌"称号。

12 月 31 日　从 2015 年起，至 2017 年年底止，首农集团累计疏解整治 310 万米²，其中拆除腾退 224 万米²、综合整治 86 万米²，涉及土地超过 1 333.33 公顷，人口近 10 万人。这组数据超过北京市属国有企业总疏解腾退面积的三分之一以上。

12月　三元食品公司党委完成的《凝心聚力抓党建，驰而不息固根魂——党建工作实践》荣获北京市国企党建研究会2017年度课题调研一等奖。

本年　首农集团党委顺利完成二级单位党委和纪检委的换届选举工作。46户国有农场和国有企业顺利完成公司制改革。

单位全称与简称对照表

全　　称	简　　称
中央人民政府农业部	中央农业部
国家科学技术委员会	国家科委
国家发展和改革委员会	国家发展改革委
国家计划委员会	国家计委
国家经济委员会	国家经委
国家科学技术部	国家科技部或科技部
国家质量监督检验检疫总局	国家质检总局
国家标准化管理委员会	国家标准委
国家认证认可监督管理委员会	国家认监委
华北人民政府农业部	华北农业部
中国共产党北京市委员会	中共北京市委或市委
北京市人民政府委员会、北京市人民政府	市政府
北京市人民委员会	市人委
北京市革命委员会	市革委会
北平市人民政府郊区工作委员会、北京市人民政府郊区工作委员会	市郊委
中共北京市委农村工作部	市委农工部
中共北京市委农村工作委员会	市委农工委
北京市人民政府农村工作委员会	市农委
北京市革命委员会农林办公室	市革委会农林办
北京市人民政府农林办公室	市农办
北京市计划委员会	市计委
北京市发展和改革委员会	市发改委
北京市经济委员会	市经委
北京市经济和信息化委员会	市经信委
北京市商务委员会	市商委
北京市国有资产管理局	市国资局
北京市国有资产监督管理委员会	市国资委
北京市工商行政管理局	市工商局
北京市对外经济贸易委员会	市外经贸委
北京市交通委员会	市交通委
北京市科学技术委员会	市科委
北京市科学技术协会	市科协
北京市国土资源局	市国土局

（续）

全　称	简　称
北京市环境保护局	市环保局
北京市城市规划管理局	市规划局
北京市规划和国土资源管理委员会	市规土委
北京市供销合作总社	市供销总社
北京市教育委员会	市教委
北京国有资本经营管理中心	国管中心
北京市机构编制委员会	市编制委
北京市机构编制委员会办公室	市编制办
北京市技术监督局	市技监局
北京市质量技术监督局	市质监局
北京市人力资源和社会保障局	市人力社保局
北京市安全生产监督管理局	市安监局
国家税务局北京市税务局	市国税局
北京市地方税务局	市地税局
北京市劳动教养工作管理局	市劳教局
北京市成人教育局	市成教局
首都精神文明建设委员会	首都文明委
中共北京市委党校成人教育学院	市委党校成教院
北京农村商业银行股份有限公司	北京农商行
北京市国营农场管理局	市农场局
北京市长城农工商联合企业	长城农工商
北京市农工商联合总公司	总公司
北京三元集团总公司	集团总公司
北京三元集团有限责任公司	三元集团或集团公司
北京首都农业集团有限公司	首农集团或集团公司
国营北京市五里店农场	五里店农场
农业部双桥农场、国营北京市双桥农场、北京市双桥农场有限公司	双桥农场
农业部双桥机械化农场、农垦部双桥机械化农场	双桥机械化农场
国营北京市彰化农场	彰化农场
国营北京市西郊农场、北京市西郊农场、北京市西郊农场有限公司	西郊农场
国营北京市南郊农场、北京市南郊农场、北京市南郊农场有限公司	南郊农场
国营北京市卢沟桥农场、北京市卢沟桥农场有限公司	卢沟桥农场
国营北京龙泉寺家禽场	龙泉寺家禽场
北京市朝阳区朝阳农场、国营北京市朝阳农场	朝阳农场
国营北京市香山农场	香山农场
国营北京市西山农场	西山农场
公私合营东郊畜牧场、国营北京市东郊农场、北京市东郊农场有限公司	东郊农场

（续）

全　　称	简　称
公私合营北郊畜牧场、国营北京市北郊畜牧场、国营北京市北郊农场、北京市北郊农场有限公司	北郊农场
河北省通县县农场、河北省通县农场	通县农场
国营农大农场	农大农场
国营北京市东北旺农场、北京市东北旺农场	东北旺农场
国营北京市延庆农场、北京市延庆农场、北京市延庆农场有限公司	延庆农场
国营北京市长辛店农场	长辛店农场
国营北京市长阳畜牧场、国营北京市长阳农场、北京市长阳农场有限公司	长阳农场
国营北京市永乐店农场、北京市永乐店农场有限公司	永乐店农场
全国农业展览馆农场	农展馆农场
国营北京市种畜场	市种畜场
国营北京市东坝农场	东坝农场
国营北京市南口农场、北京市南口农场、北京市南口农场有限公司	南口农场
北京市巨山农场、北京市巨山农场有限公司	巨山农场
国营北京市东风农场、北京市东风农场有限公司	东风农场
国营北京市牛奶站	市牛奶站
国营北京市牛奶公司、北京市牛奶公司	牛奶公司
北京市京联奶牛公司	京联公司
北京光明饭店有限公司	光明饭店
北京东苑公寓有限公司	东苑公寓
北京市东风农工商公司	东风农工商
北京市双桥农工商公司	双桥农工商
北京市朝阳工商实业总公司	朝阳实业总公司
北京市长阳农工商	长阳农工商
北京艾莱发喜食品有限公司	艾莱发喜公司
北京市三环实业公司、北京市三环实业总公司	三环公司
北京市国营农场管理局职工大学	局职大
北京市农工商联合总公司职工大学	总公司职大
北京三元香山商务会馆	香山商务会馆
北京首农香山会议中心、北京首农香山会议中心有限公司	香山会议中心
北京麦当劳食品有限公司	北京麦当劳
广东麦当劳食品有限公司、广东三元麦当劳食品有限公司	广东麦当劳
北京市长城农工商联合企业兽医总站、北京市农工商联合总公司兽医总站、北京市农工商联合总公司畜牧兽医总站、北京三元集团畜牧兽医总站	畜牧兽医总站
北京市昌华物业服务中心	昌华物业
北京长城农工商奶牛研究所、北京农工商联合总公司奶牛研究所	奶牛研究所
北京市养猪育种中心	养猪育种中心
北京奶牛中心	奶牛中心
北京市 SPF 猪育种管理中心	SPF 猪中心
SPF 种猪资源场	SPF 猪场

（续）

全　称	简　称
中荷农业部-北京畜牧培训示范中心	中荷畜牧培训中心
中国-瑞典北京奶业培训中心	中瑞奶业培训中心
北京长城丹育畜产有限公司	长城丹玉公司
北京市长城农工商供销公司	供销公司
北京市华成商贸公司、北京华成商贸有限公司	华成商贸公司
北京市慎昌实业公司	慎昌公司
北京朝阳公寓有限公司	朝阳公寓
北京市华农物资公司、北京市华农物资有限公司	华农物资公司
北京三元绿化工程公司、北京三元绿化工程有限公司	三元绿化公司
北京三元酒店管理有限责任公司	三元酒店公司
北京龙冠房地产开发有限责任公司	龙冠房地产公司
北京华康宾馆、北京华康宾馆有限公司	华康宾馆
北京东枫国际体育文化有限公司	东枫国际公司
北京市燕庆能源供应公司	燕庆能源公司
北京市燕庆旺泰成品油销售有限公司	燕庆旺泰公司
北京卡夫食品有限公司	北京卡夫
北京匹比包装制品有限公司	匹比包装公司
北京辛普劳食品加工有限公司	北京辛普劳
北京荷美尔食品有限公司	北京荷美尔
北京盛福大厦有限公司	盛福大厦
京泰实业（集团）有限公司	京泰实业（集团）
香港京泰农工商有限公司	京泰农工商
香港京泰百鑫有限公司	京泰百鑫
北京市通达房地产开发建设总公司	通达公司
北京企业（食品）有限公司（Beijing Enterprises〈Dairy〉Limited）	北企食品
北京控股有限公司	北京控股
北京三元食品有限公司	三元食品有限公司
北京三元食品股份有限公司	三元食品股份公司或三元食品
三元普度国际资本与贸易有限公司	三元普度公司
加拿大克劳利置业有限公司（Crowley Property Limited）	克劳利公司
阿瓦隆乳业有限公司（Avalon Diary Ltd.）	阿瓦隆乳业公司
法国圣休伯特公司（St Hubert）	圣休伯特公司
上海三元食品有限公司	上海三元
河北三鹿集团股份有限公司	三鹿集团
河北三元食品有限公司	河北三元
山东三元乳业有限公司	山东三元
北京安德鲁水果食品有限公司	北京安德鲁
河北石家庄三鹿集团股份有限公司	三鹿集团
北京百麦食品有限公司	北京百麦

（续）

全　称	简　称
北京金星鸭业中心	金星鸭业中心或金星鸭业
北京金星鸭业有限公司	金星鸭业公司或金星鸭业
北京市花卉服务公司	花卉公司
北京市长城建筑工程公司、北京市长城建筑工程总公司	长建公司或长建总公司
北京三元建设工程公司、北京三元建设集团有限公司、北京三元建设有限公司	三元建设集团或三元建设
北京丘比食品有限公司	北京丘比
杭州丘比食品有限公司	杭州丘比
北京市金垦科贸发展公司	金垦公司
北京三元种业股份有限公司、北京三元种业有限公司、北京三元种业科技股份有限公司	三元种业
北京世新华盛牧业科技有限公司	世新华盛公司
北京黑六牧业科技有限公司	黑六牧业公司
北京三元创业投资有限公司	三元创投公司
北京市佳程经济技术协作公司	佳程经协公司
北京三元绿荷奶牛养殖中心	绿荷中心或三元绿荷
北京三元石油有限公司	三元石油公司
北京三元出租汽车有限公司	三元出租车公司
北京汽车服务有限责任公司	北汽服公司
北京三元置业有限公司	三元置业公司
北京昊达房地产开发有限责任公司	昊达房地产公司
北京三元博雅科技孵化器有限公司	三元博雅公司
北京塞隆国际文化发展有限公司	塞隆国际公司
北京塞隆国际文化创意园	塞隆国际文创园
北京三元安达建筑有限公司	安达建筑公司
北京双益达建安工程有限公司	双益达建安公司
北京市长城机床附件有限责任公司	长城机床附件公司
北京崇启机动车服务有限公司	北京崇启
北京壳牌石油有限公司	北京壳牌
北京三元梅园乳品发展有限公司	三元梅园
北京市五环顺通中心	五环顺通中心
北京五环顺通供应链管理有限公司	五环顺通公司
北京南郊农业生产经营管理中心	南郊农管中心
北京馨德润酒店管理有限公司	馨德润酒店
北京中科电商谷投资有限公司	中科电商谷
北京立时达药业有限公司	立时达药业
北京太洋药业有限公司、北京太洋药业股份有限公司	太洋药业
北京三元农业有限公司	三元农业

（续）

全　称	简　称
承德三元有限责任公司	承德三元公司
北京三元环都物流有限公司	环都物流公司
北京三元双日食品物流有限公司	双日物流公司
北京首农三元物流有限公司	首农三元物流公司
北京五元物流中心	五元物流
北京首农食品经营中心	首农食品中心
北京首农食品有限公司	首农食品公司
北京首农供应链管理有限公司	首农供应链管理公司
首农供应链（大连）有限公司	首农大连公司
天津港首农食品进出口贸易有限公司	天津港首农公司
北京大秦物流有限公司	大秦物流
北京胜利混凝土建材有限公司	胜利建材
北京华都集团、北京华都集团公司、北京华都集团有限责任公司	华都集团
北京市大发畜产公司	大发公司
北京大发正大有限公司	大发正大公司
北京家禽育种有限公司	家禽育种公司
北京华都肉鸡公司	华都肉鸡公司
北京市峪口养鸡总场	峪口养鸡总场
北京市华都峪口禽业有限责任公司	峪口禽业公司
北京华都种猪繁育有限责任公司	华都种猪公司
河北滦平华都食品有限公司	滦平华都公司
北京华都阳光食品有限责任公司	华都阳光公司
北京爱拔益加家禽育种有限公司	爱拔益加公司
北京华都诗华生物制品有限公司	华都诗华公司
河北省国营御道口牧场、承德三元御道口牧场有限责任公司	御道口牧场
北京市双河农场、北京市（甘南）双河农场	双河农场
北京绿荷牛业有限责任公司	绿荷牛业公司
北京百年栗园生态农业有限公司	百年栗园公司
北京中育种猪养殖中心	中育种猪中心
北京中育种猪有限责任公司	中育种猪公司
承德三元中育畜产有限责任公司	承德畜产公司
承德三元金星鸭业有限责任公司	承德鸭业公司
北京首农畜牧发展有限公司	首农畜牧
首农辛普劳北京农业有限公司	首农辛普劳公司
新加坡骏麒投资公司（Clarindale Investments Pte. Ltd.）	AEP
北京双塔绿谷农业有限公司	双塔绿谷公司

（续）

全　称	简　称
上海首农投资控股有限公司	上海首农
河北首农现代农业科技有限公司	河北首农
河北首农定州现代循环农业科技示范园区	河北首农定州园区
北京市裕农优质农产品贸易公司、北京市裕农优质农产品种植公司、北京市裕农优质农产品种植有限公司	裕农公司
天津首农东疆牧业有限责任公司	东疆牧业
北京首农股份有限公司	首农股份
北京农垦绿色食品办公室	农垦绿办

后 记

　　《北京农垦志》（1949—2017）由《北京农垦志》编纂委员会承编，《北京农垦志》编辑部编纂，历时四年，五易其稿，终于和读者见面了。

　　根据中华人民共和国国史学会农垦史研究分会的要求，原北京首都农业集团有限公司修志工作委员会在 2017 年 8 月完成《北京农垦大事记》的基础上，于当年 10 月正式启动《北京农垦志》编纂工作。为了保证编写质量和工作进度，首农集团成立了《北京农垦志》编纂委员会，组建了编写班子。在《北京农垦志》编纂委员会的领导下，各篇、章、节确定了第一执笔人及执笔人，并对编写人员进行了培训。《北京农垦志》编辑部制定了编纂工作进度，随时协调在编写工作中需要研究讨论的问题。经过上下结合、内外结合及多轮次的讨论修改，于 2021 年 9 月完成志稿。可以说，《北京农垦志》是集体智慧的结晶。

　　《北京农垦志》是继《北京农垦大事记》（1949—2015）之后，北京农垦文化建设上又一个重要的典籍。《北京农垦志》遵循实事求是的科学态度，不虚美、不掩过，突出了区域特点和行业特点，在史料的采用以及写作上，力求恪守新方志学的原则和志体的基本要求。我们衷心希望《北京农垦志》的出版，进一步丰富北京农垦研究史料，助益中国农垦史乃至中国国有农业经济史的研究。

　　《北京农垦志》采用述、记、志、图、表、录等体裁，以志为主。志设 8 篇，共 35 章、128 节；有图 54 张、表 279 张；全书共 160 万字。有文前照片 32 帧，由蔡朝辉、王美玲选编，傅鹏审定。全书由范为常统稿总纂。

　　集团总部各部室以及所属各企业、各单位史志办公室对本书的编纂工作给予了很大支持，搜集并提供了有关资料，并提出了许多修改意见。参与本书编写的有（排名不分先后）：

　　概述：范为常。

　　第一篇：范为常、刘荣、高雨芹。

　　第二篇：刘巧香、张红涛、范为常、朱顺国、任金焕、陈国强、卫美凤、赵凤菇、蔡川、武建亮、曲中甲、胡刚、辛利、赵九莲、赵娜、曹伟、马海宁、胡胜强、卢海、李冬立、郭凯文、兰皓祥、陈华林、王宏卫。

　　第三篇：唐燕平、范为常、王辉、李中辉、何小唐、尹莹、宋丹祥、赵军峰、段佳臣、杨希、贾柯、王晓琳、牛晨艳、刘继超、初晓宁。

　　第四篇：范为常、王玉贵、周全、茅为立、赵保京、郑建、贾建伟、吴祖鑫、初晓宁、兰皓祥、李德勇、王雪飞、郗雪薇。

　　第五篇：范为常、马薇、马恩、陈璞、茅为立、季术、李德勇、贾建伟、初晓宁、郭凯文、刘想。

　　第六篇：范为常、郗雪薇、马魁元、葛长凤、孙辉、王雪松、付盈、刘净、廖坤元、杜梦远、吴家雄、王宏伟、吴海云、潘希成、王珏、蔡赫、路玉杰、樊皓月、贾建伟、吴祖鑫、郭芳、谷子、周辉、初晓宁、沙瑾、李兵、李斌、王美玲、崔存华、茅为立、潘彪、王峰、赵秀丽、曲中甲、郭君君、杨波、王怡娟、常瑜、刘瑞龙。

第七篇：范为常、刘巧香、余良文、兰皓祥、张宇、袁恒。

第八篇：吴海云、高凤清、陈一、邵光海、付佳、邵春梅、林航、孟建华、黄智勇、尹德立、雷坤石、聂志芳、李蓓蓓、王莹、傅鹏、王美玲、门海涛、蔡朝辉、范为常、茅为立、樊建会。

志稿第一篇的各企业简介、第三篇和第四篇的部分企业简介、2016—2017 年大事记，均由集团有关二级单位史志办编写或提供有关史料。集团公司企业文化部全体同志和集团档案室常瑜同志为编纂工作做了许多服务工作。

在此，谨向以上单位及同志表示感谢。

在志稿征求修改意见的阶段，编辑部广泛听取了中华人民共和国国史学会农垦史研究分会的专家、首农集团退休的老领导和各二级单位史志办公室的意见。农业农村部党组原副书记、副部长刘成果，农业农村部农垦局原局长魏克佳，中国农业博物馆研究所原所长、农业农村部农业文化遗产专家委员会副主任曹幸穗，农业农村部农垦局一级巡视员彭剑良，中国农垦经济发展中心主任李尚兰，北京市国资委原副主任张宪平，中国农垦经济发展中心副主任陈忠毅，中国社会科学院当代中国研究所第二研究室主任郑有贵，黑龙江省农垦总局史志办顾问陈平，中国农垦经济发展中心经济研究处处长李红梅等，以及首农集团老领导包宗业、葛祥书、赵东升、曲中甲、金万能、湾彦锦、宋春来、谢磊等同志，为本书提供了许多有价值的修改意见。北京首农食品集团有限公司总经理马建梅同志为本书作序，本书扉页的书名由刘成果同志题写。本书的责任编辑刘昊阳女士在编辑过程中付出了巨大的努力，她的认真和严谨使本书改掉了不少陋处。在此，谨向所有关心、支持本志书编纂及出版的领导、专家、编辑一并表示衷心的感谢。

由于部分历史久远的史料已难以获取，以及受参加编写工作的同志业务水平的限制，本志错漏之处在所难免，敬希读者批评指正。

《北京农垦志》编辑部　谨识

2022 年 10 月